清末立宪运动史料丛刊 ㉑

江苏谘议局 上卷

主编 胡绳武
副主编 牛贯杰 戴鞍钢
高洪兴 编

国家清史编纂委员会·文献丛刊

国家出版基金项目

山西人民出版社

本书获中国人民大学"中央高校建设世界一流大学（学科）和特色发展引导专项资金"支持

"十二五"国家重点图书出版规划项目

国家清史编纂委员会出版委员会

主　　任　戴逸

执行主任　马大正　崔建飞

委　　员　卜　键　朱诚如　成崇德　郭成康

　　　　　潘振平　徐兆仁　邹爱莲

学术秘书　赫晓琳　李　岚

《清末立宪运动史料丛刊》出版工作委员会

主　任　　贾新田　胡彦威

副主任　　姚　军　梁晋华

统　筹　　蒙莉莉

委　员　　（以姓氏笔画为序）

王新斐　冯灵芝　史美珍　刘小玲　吉　昊

李　靖　李　鑫　张小芳　张志杰　何赵云

杜厚勤　张彦彬　柳承旭　武　静　郝文霞

贺　权　贾登红　崔人杰　阎卫斌　傅晓红

翟丽娟　蔡咏卉　魏美荣

总序

戴逸

二〇〇二年八月，国家批准建议纂修清史之报告，十一月成立由十四部委组成之领导小组，十二月十二日成立清史编纂委员会，清史编纂工程于焉肇始。清史之编纂酝酿已久，清亡以后，北洋政府曾聘专家编写《清史稿》，历时十四年成书。识者议其评判不公，记载多误，难成信史，久欲重撰新史，以世事多乱不果。中华人民共和国成立后，中央领导亦多次推动修清史之事，皆因故中辍。新世纪之始，国家安定，经济发展，建设成绩辉煌，而清史研究亦有重大进步，学界又倡修史之议，国家采纳众见，决定启动此新世纪标志性文化工程。清代为我国最后之封建王朝，统治中国二百六十八年之久，距今未远。清代众多之历史和社会问题与今日息息相关。欲知今日中国国情，必当追溯清代之历史，故而编纂一部详细、可信、公允之清代历史实属切要之举。编史要务，首在采集史料，广搜确证，以为依据。必藉此史料，乃能窥见历史陈迹。故史料为历史研究之基础，研究者必须积累大量史料，勤于梳理，善于分析，去粗取精，去伪存真，由此及彼，由表及里，进行科学之抽象，上升为理性之认识，才能洞察过去，认识历史规律。史料之于历史研究，犹如水之于鱼，空气之于鸟，水涸则鱼逝，气盈则鸟飞。历史科学之辉煌殿堂必须岿然耸立于丰富、确凿、可靠之史料基础上,不能构建于虚无缥缈之中。吾侪于编史之始,即整理、出版"文献丛刊"、"档案丛刊",二者广收各种史料,均为清史编纂工程之重要组成部分,一以供修撰清史之用,提高著作质量;二为抢救、保护、开发清代之文化资源,继承和弘扬历史文化遗产。清代之史料,具有自身之特点,可以概括为多、乱、散、新四字。一曰多。我国素称诗书礼义之邦,存世典籍汗牛充栋,尤以清代为盛。盖清代统治较久,文化发达,学士才人,比肩相望,传世之经籍史乘、诸子百家、文字声韵、目录金石、书画艺术、诗文小说,远轶前朝,积贮文献之多,如恒河沙数,不可胜计。昔梁元帝聚书十四万卷于江陵,西魏军攻掠,悉燔于火,人谓丧失天下典籍之半数,是五世纪时中国书籍总数尚不甚多。宋代印刷术推广,载籍日众,至清代而浩如烟海,难窥其涯涘矣!《清史稿·艺文志》著录清代书籍九千六百三十三种,人议其疏漏太多。武作成作《清史稿艺文志补编》,增补书一万零四百三十八种,超过原志著录之数。彭国栋亦有《重修清史艺文志》,著录书一万八千零五十九种。近年王绍曾更求详备,致力十余年,遍览群籍,手抄目验,成《清史稿艺文志拾遗》,增补书至五万四千八百八十种,超过原志五倍半,此尚非清代存留书之全豹。王绍曾先生言:"余等未见书目尚多,即已见之目,因工作粗疏,未尽钩稽而失之眉睫者,所在多有。"清代书籍总数若干,至今尚未能确知。清代不仅书籍浩繁,尚有大量政府档案留存于世。中国历朝历代档案已丧失殆尽(除近代考古发掘所得甲骨、简牍外),而清朝中枢机关(内阁、军机处)档案,秘藏内廷,尚称完整。加上地方存留之档案,多达二千万件。档案为历史事件发生过程中形成之文件,出之于当事人亲身经历和直接记录,具有较高之真实性、可靠性。大量档案之留存极大地改善了研究条件,俾历史学家得以运用第一手资料追踪往事,了解历史真相。二曰乱。清代以前之典籍,经历代学者整理、研究,对其数量、类别、版本、流传、收藏、真伪及价值已有大致了解。清代编纂《四库全书》,大规模清理、甄别存世之古籍。因政治原因,查禁、篡改、销毁所谓"悖逆"、"违碍"书籍,造成文化之浩劫。但此时经师大儒,联袂入馆,勤力校理,尽瘁编务。政府亦投入巨资以修明文治,故所获成果甚丰。对收录之三千多种书籍和未收之六千多种存目书撰写详明精切之提要，撮其内容要旨，述其体例篇章，论其学术是非，叙其版本源流，编成二百卷《四库全书总目》，洵为读书之典要、后学之津梁。乾隆以后，至于清末，文字之狱渐戢，印刷之术益精，故而人竞著述，家娴诗文，各握灵蛇之珠，众怀昆冈之璧，千舸齐发，万木争荣，学风大盛，典籍之积累远迈从前。惟晚清以来，外强侵凌，干戈四起，国家多难，人民离散，未能投入力量对大量新出之典籍再作整理，而政府档案，深藏中秘，更无由一见。故不仅不知存世清代文献档案之总数，即书籍分类如何变通、版本庋藏应否标明，加以部居舛误，界划难清，亥豕鲁鱼，订正未遑。大量稿本、抄本、孤本、珍本，土埋尘封，行将澌灭；殿刻本、局刊本、精校本与坊间劣本混淆杂陈。我国自有典籍以来，其繁杂混乱未有甚于清代典籍者矣！三曰散。清代文献、档案，非常分散，分别庋藏于中央与地方各个图书馆、档案馆、博物馆、教学研究机构与私人手中。即以清代中央一级之档案言，除北京中国第一历史档案馆所藏一千万件以外，尚有一大部分档案在战争时期流离播迁，现存于台北故宫博物院。此外，尚有藏于沈阳辽宁省档案馆之圣训、玉牒、满文老档、黑图档等，藏于大连市档案馆之内务府档案，藏于江苏泰州市博物馆之题本、奏折、录副奏折。至于清代各地方政府之档案文书，损毁极大，但尚有劫后残余，璞玉浑金，含章蕴秀，数量颇丰，价值亦高。如河北获鹿县档案、吉林省边务档案、黑龙江将军衙门档案、河南巡抚藩司衙门档案、湖南安化县永历帝与吴三桂档案、四川巴县与南部县档案、浙江安徽江西等省之鱼鳞册、徽州契约文书、内蒙古各盟旗蒙文档案、广东粤海关档案、云南省彝文傣文档案、西藏噶厦政府藏文档案等等分别藏于全国各省市自治区，甚至清代两广总督衙门档案（亦称《叶名琛档案》），被英法联军抢掠西运，今藏于英国伦敦。清代流传下之稿本、抄本，数量丰富，因其从未刻印，弥足珍贵，如曾国藩、李鸿章、翁同龢、盛宣怀、张謇、赵凤昌之家藏资料。至于清代之诗文集、尺牍、家谱、日记、笔记、方志、碑刻等品类繁多，数量浩瀚，北京、上海、南京、广州、天津、武汉及各大学图书馆中，均有不少贮存。丰城之剑气腾霄，合浦之珠光射日，寻访必有所获。最近，余有江南之行，在苏州、常熟两地图书馆、博物馆中，得见所存稿本、抄本之目录，即有数百种之多。某些书籍，在中国大陆已甚稀少，在海外各国反能见到，如太平天国之文书。当年在太平军区域内，为通行之书籍，太平天国失败后，悉遭清政府查禁焚毁，现在中国，已难见到，而在海外，由于各国外交官、传教士、商人竞相搜求，携赴海外，故今日在外国图书馆中保存之太平天国文书较多。二十世纪内，向达、萧一山、王重民、王庆成诸先生曾在世界各地寻觅太平天国文献，收获甚丰。四曰新。清代为传统社会向近代社会之过渡阶段，处于中西文化冲突与交融之中，产生一大批内容新颖、形式多样之文化典籍。清朝初年，西方耶稣会传教士来华，携来自然科学、艺术和西方宗教知识。乾隆时编《四库全书》，曾收录欧几里得《几何原本》，利玛窦《乾坤体义》，熊三拔《泰西水法》、《简平仪说》等书。迄至晚清，中国力图自强，学习西方，翻译各类西方著作，如上海墨海书馆、江南制造局译书馆所译声光化电之书，后严复所译《天演论》、《原富》、《法意》等名著，林纾所译《茶花女遗事》、《黑奴吁天录》等文艺小说。中学西学，摩荡激励，旧学新学，斗妍争胜，知识剧增，推陈出新，晚清典籍多别开生面、石破天惊之论，数千年来所未见，饱学宿儒所不知。突破中国传统之知识框架，书籍之内容、形式，超经史子集之范围，越子曰诗云之牢笼，发生前所未有之革命性变化，出现众多新类目、新体例、新内容。清朝实现国家之大统一，组成中国之多民族大家庭，出现以满文、蒙古文、藏文、维吾尔文、傣文、彝文书写之文书，构成为清代文献之组成部分，使得清代文献、档案更加丰富，更加充实，更加绚丽多彩。清代之文献、档案为我国珍贵之历史文化遗产，其数量之庞大、品类之多样、涵盖之宽广、内容之丰富在全世界之文献、档案宝库中实属罕见。正因其具有多、乱、散、新之特点，故必须投入巨大之人力、财力进行搜集、整理、出版。吾侪因编纂清史之需，贾其余力，整理出版其中一小部分；且欲安装网络，设数据库，运用现代科技手段，进行贮存、检索，以利研究工作。惟清代典籍浩瀚，吾侪汲深绠短，蚁衔蚊负，力薄难任，望洋兴叹，未能做更大规模之工作。观历代文献档案，频遭浩劫，水火兵虫，纷至沓来，古代典籍，百不存五，可为浩叹！切望后来之政府学人重视保护文献档案之工程,投入力量,持续努力,再接再厉,使卷帙长存,瑰宝永驻,中华民族数千年之文献档案得以流传永远,沾溉将来,是所愿也!

二〇〇四年

序言

胡绳武

清末立宪运动是一场全国性的政治运动。这场运动历时9年（1903—1911），波及除内外蒙古、青海、西藏之外的全国22个行省（内地18个省、东北三省和新疆），对辛亥革命前后的中国政治、经济、社会和思想文化均产生过重要的影响。这场运动的人和事，自宣统年间以来不断地有国内外学者们进行研究和评议。由于研究者的立场与观点不同，对这场运动的人和事的评议自然是见仁见智的。但研究者们一致感到研究立宪运动的困难之一在于史料相对缺乏。中华人民共和国成立后，国家重视对近百年历史的研究，在中国史学会的主持下，曾出版过一套《中国近代史资料丛刊》。这套资料的出版对中国近代史的教学与研究曾产生了很好的推动作用，但这套资料丛刊却没有把立宪运动包括在内。

有关立宪运动的文献资料，除1979年中华书局出版过一部《清末筹备立宪档案史料》外，尚无一套比较完整的立宪运动文献资料丛刊，这给中国近代史的教学与研究带来一定的影响。为此，中华书局编辑部于1986年曾拟定编辑一套《立宪运动》的文献资料，作为《中国近代史资料丛刊》的续编出版，并邀请我作为这套文献资料丛刊的主编。我当时因为正在撰写《辛亥革命史稿》，无力承担此项工作而加以婉拒。当时中华书局近代史编辑室的主任陈铮向我表示这项工作可在《辛亥革命史稿》完成以后再着手进行，并希望我能将此项工作接受下来。当时我的研究生程为坤讲师也希望我将这项工作接受下来，并表示愿意全力帮助我完成文献资料的搜集与整理工作。这样，我就终于将此项工作接受下来，并开始注意有关立宪运动文献资料的搜集工作。1990年以后，《辛亥革命史稿》的撰写工作虽然已经完成，程为坤却已出国留学，我又年近七十，无力单独承担，此项工作遂告中断。其后，我曾争取与中国人民大学图书馆古籍整理研究所合作，希望继续完成这套资料的搜集与整理工作，后因故再次中断。已经搜集却又未经整理的有关立宪运动的文献资料只好堆积存放。

2002年国家清史纂修工程启动后，清史编纂委员会主任戴逸教授动员我组织力量，将《立宪运动》这套文献资料的整理工作作为国家清史纂修工程文献整理项目之一继续下去，争取完成。我考虑到早在1986年即已接受中华书局近代史编辑室委托，承担《立宪运动》的主编工作，中途虽因客观原因中断，但我内心总觉得对学术界和出版社欠了一笔账，不免感到内疚，现在有机会将这套《立宪运动》作为清史文献项目之一列入计划，这是给我完成上世纪中断了的《立宪运动》这套文献资料的一个极好机会，遂于2004年向国家清史编纂委员会正式提出申请，并于2005年获得通过，正式立项。

这套《清末立宪运动史料丛刊》总的要求是，能够较为全面地反映这场运动的发展全貌，对该运动发生的历史背景、酝酿与兴起、发展和声势、它与民主革命运动及清廷预备仿行立宪的关系、立宪团体、立宪派人士的思想与活动，以及该运动对于中国近代社会历史所造成的影响诸方面，均得到合乎实际的说明。

以往《中国近代史资料丛刊》的编辑方法大致有三种：一是按资料的类型进行整理编辑，如《太平天国》；二是按事件发展进行编辑，如《辛亥革命》；三是二者结合，如《第二次鸦片战争》。本套文献资料大体依照第三种形式，从以下八个方面对相关资料进行搜集、整理与编辑：一、立宪运动的酝酿与发动；二、立宪派与革命派的论战；三、清廷的预备仿行立宪；四、立宪团体；五、国会请愿运动；六、资政院；七、各省谘议局；八、有关立宪运动的外文资料。谘议局文献的选编范围涉及12个行省，即顺直谘议局、奉天谘议局、吉林谘议局、山西谘议局、山东谘议局、江苏谘议局、浙江谘议局、福建谘议局、广东谘议局、江西谘议局、湖南谘议局、四川谘议局。参加本项目的成员及分工如下：中国社会科学院近代史研究所李细珠研究员（立宪运动的酝酿与发动、福建谘议局），清华大学马克思主义学院王宪明教授（立宪派与革命派的论战、有关立宪运动的外文资料），首都师范大学历史系迟云飞教授（清廷的预备仿行立宪），北京大学历史系尚小明教授（立宪团体、国会请愿运动、山西谘议局、山东谘议局），中国人民大学历史学院牛贯杰副教授（资政院、湖南谘议局、广东谘议局），北京师范大学历史学院邱涛副教授（顺直谘议局），中国社会科学院法学研究所孙家红副研究员（奉天谘议局、吉林谘议局），上海图书馆上海科学技术情报研究所高洪兴研究员（江苏谘议局），广东警官学院法律系沈晓敏教授（浙江谘议局），中山大学历史系廖伟章教授（广东谘议局），南昌大学历史系黄志繁教授（江西谘议局），四川大学城市研究所何一民教授（四川谘议局）。

值得说明的是，这套文献资料丛刊立项伊始，清史编纂委员会考虑到我年事已高，故建议增加一位项目主持人，我们经过商议，聘请复旦大学历史系戴鞍钢教授为主持人。项目进行期间，他审阅了700余万字的文稿，并提出具体的修改意见，帮助我承担了不少审阅初稿的任务。牛贯杰副教授承担了大量烦琐沉重的学术辅助工作。清史编纂委员会文献组的王汝丰教授、出版组孟超编审对本项目给予了特别的关心与指导。没有他们的帮助，很难相信这套文献资料丛刊能够如期完成，在此表示诚挚的谢意。同时，山西人民出版社的领导也给予了特别的关注，编辑们付出了辛勤的努力，在此一并致谢。

当然，囿于种种因素，我们不可能将22个行省的谘议局文献全部搜求于内，只选择性地摘取了12个行省的相关文献，这些省份涵盖了沿江沿海、中原腹地、京畿重地与清王朝的龙兴之地——吉林与奉天两省。此外，我们对各省谘议局文献的选编原则以谘议局本身文献为主，因此，规模方面无法做到整齐划一，而且数量各有不同。这些不足和局限，衷心期待学术界进行批评和补正。

2014 年 10 月

凡例

一、本文献为类编资料，资料来源均在正文结尾处标明。

二、本文献按照立宪运动发生、发展的脉络分为三十卷，各卷内容为：第一卷，立宪运动的酝酿与发动；第二卷，立宪派与革命派的论战；第三至六卷，清廷的预备仿行立宪；第七至八卷，立宪团体；第九至十卷，国会请愿运动；第十一至十二卷，资政院；第十三卷，顺直谘议局；第十四至十五卷，奉天谘议局；第十六至十七卷，吉林谘议局；第十八卷，山西谘议局；第十九至二十卷，山东谘议局；第二十一至二十二卷，江苏谘议局；第二十三卷，浙江谘议局；第二十四至二十五卷，福建谘议局；第二十六卷，广东谘议局；第二十七卷，江西谘议局；第二十八卷，湖南谘议局；第二十九卷，四川谘议局；第三十卷，有关立宪运动的外文资料。

三、文献史料如有原名，一律沿用；如没有原名，则由整理者自行拟定，文中注明。

四、资料原文所用繁体字，在不会造成歧义的情况下改为通行简化字。某些具体人名、地名不在此限。异体字、通假字尽量保持文献原貌。

五、本书在纂辑过程中，对清末惯用的一些字词，悉仍其旧，如"豫备立宪"、"豫算"、"筹画"、"画一"、"澈底"、"坐次"、"帐目"、"缕晰陈之"、"详晰"、"人材"、"发见"、"札覆"、"叠次"、"身分"、"省分"、"择尤"等。文中还有许多反复出现的字词属于此种情形，不在此一一列举。

六、文献资料均由编者标点、分段与校勘。错别字用（）标出，并于〔〕中标明正确字，脱字以【】标明，衍字以〈〉标明，无法辨识文字和原公文中故意省略之字，均以□标示。

七、原稿繁体竖排，今改为简体横排。原稿中"左"、"如左"、"左列"、"右"、"如右"、"右列"等文字均保留原貌，一律不作改动。

八、为便于读者更好地利用资料，整理者对有必要加注的地方一律加注，以脚注标明。

整理说明

江苏省谘议局的情况大致可分为宁、苏两属分别筹设筹办处的筹办时期与宁、苏筹办处合并统一以后的江苏谘议局时期两大阶段。

现存江苏省谘议局的文献，筹办时期，单行本有《江苏苏属谘议局筹办处报告书》、《宁属谘议局筹办处报告书》上卷，《江南秭贩丛书》之一和《江苏谘议局研究会报告》三种；江苏谘议局时期，单行本有《江苏谘议局议员题名录》上下、《江苏谘议局第一年度报告》六册、《江苏谘议局第二年度报告》第一册、《江苏谘议局议事细则》（宣统二年九月修订）、《江苏谘议局厘金改办认捐案文牍》、《江苏谘议局议决规划全省教育案》、《江苏谘议局议决预算宣统三年宁属地方行政经费预算案附会议厅审定各款理由表册》、《江苏谘议局省议会常年临时会议决案摘要》、《江苏谘议局省议会常年临时会议史案摘要》。其中《江苏谘议局议员题名录》、《江苏谘议局议决规划全省教育案》、《江苏谘议局省议会常年临时会议决案摘要》、《江苏谘议局省议会常年临时会议史案摘要》谘议局部分未予收录，原因是江苏谘议局议员姓名在《江苏谘议局第一年度报告》第三册中有记载；《江苏谘议局议决规划全省教育案》所收《江苏谘议局议决规划全省教育案》、《江苏谘议局议决推广初等教育方法案》分别见于《江苏谘议局第一年度报告》第一册、《江苏谘议局第二年度报告》第一册，《江苏各属劝学所、教育会联合会议决案》则非谘议局议决之案；《江苏谘议局省议会常年临时会议决案摘要》、《江苏谘议局省议会常年临时会议史案摘要》仅为摘要，原案已见《江苏谘议局第一年度报告》、《江苏谘议局第二年度报告》。此外，《江苏谘议局第二年度报告》第一册在《呈报督部堂、抚部院议决交令、督交复议限制州县罚款案文十月十三日》后原附说明"原札载入本届常会督院复文，兹不重录"，《呈报督部堂、抚部院议决抚交、交令复议公定苏属漕米折价案文十月十四》后原附说明"原札载入本届常会抚院复文，兹不重录"，《呈报督部堂、抚部院议决抚交、交令复议规定选举县视学章程案文十月十三日》后原附说明"原札见本届常会抚院复文，兹不重录"，则当时应该印有或已准备刊印《江苏谘议局第二年度报告》第二册，但编者未见此册。

除了单行本资料外，又据《南洋官报》、《申报》所载择要加以补充，还专门补充了《时报》光绪三十三年八月初九日（1907年9月16日）所载《上海各团体代表大会纪事为议设谘议局事》一文。

在资料的具体编选上，遵循以下原则：

一、对各单行印刷的谘议局文献内容基本保持原样。但部分原有篇目与正文中的标题在文字上稍有出入者，皆依正文标题为准。正文中大部分篇目都冠有"一件"字样而少数未冠有"一件"字样，皆略去。原有标题不完整者，补全。《申报》等报道中原无标题者另拟标题。《申报》在报道后加按语者，在"按"前加"《申报》"等字。

二、不同的原单行本中所载内容偶有重复的，据现在编排的次序，仅在第一次出现时收录全文，以后出现时，篇目照录，正文中则说明参见何处。

三、《江苏谘议局第一年度报告》第一册之"江苏谘议局第一届常年会议报告"、第五册之"江苏谘议局第二届临时会议案报告"、《江苏谘议局第二年度报告》第一册之"江苏谘议局第三届第二年度常年会议案报告"，原书在正文前有目次，目次内容为已经议决案、议而未决案、未及提议案、毋庸提议案、未及审查案等各种情况的件数，皆略去。

四、第一年度报告第六册、第二年度报告正文标题，时间在后，其余各册正文标题时间在前，为保持原样，一律照旧。

五、原文中数字表达方式不一，现予以统一。原文"零数"、"另数"并用，现统一为"零数"。

六、《江苏苏属谘议局筹办处报告书》之《初选举投票所办事细则》后附《谘议局选举章程》第二章第五节第二十九条至第三十五条、第七节第四十一条至第四十八条、第六章第九十六条至第一百三条；《初选举开票所办事细则》后附《谘议局选举章程》第二章第八节第四十九条至第五十二条；《复选举投票所办事细则》后载"附录选举章程（与初选所录者同不另载）"数字；《复选举开票所办事细则》后节录《谘议局选举章程》第七十条文，一概省略不录。《江苏谘议局第二年度报告》第一册有少数文牍后面原附说明"原札载入本届常会抚院复文，兹不重录"之类文辞，亦概予省略。

七、《江苏苏属谘议局筹办处报告书》之《札发初选开票计数单》所载"计数单"样张，原为线装同叶两面各印一张，因其完全相同，只录一张。

八、《江苏谘议局议决预算宣统三年宁属地方行政经费预算案附会议厅审定各款理由表册》之《对于督院宣谕附发宣统三年宁属预算案始末办理情形简明表之声明》后原有《宣统三年宁属预算案始末办理情形简明表》，内容即前文除"声明"部分的其余部分，今不录。

九、《申报》、《南洋官报》所载资料中，督抚与宪政编查馆、资政院来往文件内容不限于江苏者不录；请愿速开国会的内容不录；开会闭会日期呈文、督饬《南洋官报》刊登札文之类例行公文及所述内容已见各单行册的各级公文不录；所述内容分别记述各府厅州县筹备选举情况的报道，仅例示性地选录《长元吴预备选举人名册事务所》、《常属宜荆两县士绅会议筹办初选举事务》两篇，其余不录。

十、原文对清末惯用的一些字词，有不合于现今习惯但无妨理解的，如"画一"之类，一仍其旧。

十一、原文中的注释文字和括号中的文字用比正文小一号楷体表示。

高洪兴
2016 年 10 月

目录

上 卷

第一编 筹办时期

第一部分 关于江苏全省筹办资料

上海各团体代表大会纪事 ································· 001
江苏预备立宪公会拟呈督抚两院谘议局选举章程文 ················· 002
江苏谘议局议员选举章程 ································· 004
江督端等又奏地方自治局附设谘议局片 ······················· 006
督宪端苏抚陈奏江苏省城开办自治谘议两局折 ··················· 006
江苏谘议局调查会通告 ··································· 008
江苏绅士上督宪酌拟谘议局筹办处大略办法公呈 ················· 009
江苏绅士集议谘议局纪事 ································· 010

苏绅集议谘议局续记……………………………………………………………… 011

苏抚饬司筹办谘议局……………………………………………………………… 012

苏绅公举谘议局筹办处总会办公呈…………………………………………… 012

谘议局选举调查之始例………………………………江苏谘议局调查会稿 013

苏属谘议局筹办处王蒋二君致宁筹办处张仇二君书………………………… 016

督部堂端致宪政编查馆电………………………………………………………… 017

宪政编查馆复电…………………………………………………………………… 017

苏省议员旅沪同志预备会公启…………………………………………………… 017

苏省议员旅沪同志预备会简章…………………………………………………… 018

苏省旅沪议员预备会纪事………………………………………………………… 019

旅沪议员预备会纪事……………………………………………………………… 020

第二部分 苏属谘议局筹办处

A.《江苏苏属谘议局筹办处报告书》

抚宪札行谘议局筹办处章程文………………………………………………… 021

呈报遵改苏省谘议局为苏省谘议局筹办处并开办及
　开用关防日期文………………………………………………………………… 022

本处呈报抚宪拟具筹办处章程文……………………………………………… 023

江苏苏属谘议局筹办处选举事宜预定日期表………………………………… 025

抚宪札发晓谕绅民创设谘议局缘由告示……………………………………… 027

札发晓谕告示并附解释章程…………………………………………………… 028

本处撰拟晓谕告示并解释各项资格及调查罚则各条………………………… 029

札饬苏属五府州应设选举调查事务所文……………………………………… 032

通饬各属照丹阳县所拟调查员办事规则办理文……………………………… 033

丹阳县罗拟选举调查员办事规则……………………………………………… 034

札发司选员办事规则……………………………………………………………… 036

本处酌拟司选员办事规则十条………………………………………………… 037

苏省各属设立办理选举事务所日期表………………………………………… 038

目 录

本处转行宪政编查馆电复解释选举章程疑义并抄电…………………………039
咨复京口驻防初选复选投票开票附于丹徒县镇江府同日举行文………… 041
札各属遇选举事件提前赶办新旧交替专案移交文………………………… 041
札饬各属将办理选举情形十日一报文…………………………………………042
通饬各属选举人名册务须详细审查果无一误再行呈送文……………………042
通饬抚札准馆电本省寄居人准在寄居地方投票惟须呈明批准撤销本籍
　选举权及被选举权文…………………………………………………………043
札饬各属宣示选举人名册应照章办理文………………………………………044
饬各属庄长甲长一律剔除电文………………………………………………… 045
抚宪札饬本处核配议员暨分配初选当选人文…………………………………045
本处详报核配议员暨分配初选当选人缮折列表文……………………………046
本处呈督抚宪核配议员暨【分】配初选当选人清折 …………………………047
本处拟定初选举投票所开票所办事细则通饬文………………………………051
饬知初选举投票纸投票簿投票匦并投票所开票所办事规则由处置
　（脩）〔备〕订定先行转饬知照文…………………………………………052
初选举投票所办事细则…………………………………………………………052
初选举开票所办事细则…………………………………………………………054
复选举投票所办事细则…………………………………………………………055
复选举开票所办事细则…………………………………………………………057
札发初选开票计数单……………………………………………………………058
札知初选当选人票额文…………………………………………………………060
通饬各属出示晓谕各投票人务须亲自投票文…………………………………061
通饬投票只准一日完毕不能挪移延长文………………………………………061
通饬选举诉讼须亲自呈诉邮禀不理文…………………………………………062
札发各属初选复选知会书呈明书及当选执照议员执照并饬缴款
　归垫文…………………………………………………………………………062
札饬拟定复选投票所开票所办事细则…………………………………………063
札饬颁发复选告示文……………………………………………………………063
督抚宪奏报江苏苏属谘议局筹办处半年办理情形折…………………………064

催取宝山县人名册电文 066
复金坛县初选当选人辞职无人递补电文 066
通饬初选投票一律当日完毕电文 066
询宪政编查馆重行投票应合并计算抑每次计算电文 067
复常州府次多数如何开列电文 067
复常州府华秉钧应否开入第二次次多数电文 068
复常州府初选当选人杨桢投票无效电文 068
复常州府缺额如何开列电文 069
复镇江府候补未足数应否免投电文 069
通饬复选投票两电文 070
复松江府缺额照初选办理电文 070
抚宪询宪政编查馆候补当选人电文 071
抚宪询宪政编查馆候补当选人投票电文 071
江苏苏属谘议局筹办处职员表 072
苏州府属初选当选人 074
松江府属初选当选人 075
常州府属初选当选人 076
镇江府属初选当选人 078
太仓州属初选当选人 079
苏州府属复选当选人 079
松江府属复选当选人 080
常州府属复选当选人 080
镇江府属复选当选人 081
太仓州属复选当选人 081
京口驻防属复选当选人 082
抚宪致宪政馆复选完竣电文 082

B. 《南洋官报》、《申报》所载苏属谘议局筹办处资料（补充）

一、《南洋官报》所载苏属谘议局筹办处资料

苏垣谘议局筹办处九月初十日、十一日会议 083

苏属谘议局筹办处札各府州县文…………………………………………084
苏抚宪陈批丹阳县罗令遵饬筹办初选事宜文……………………………085
苏抚陈札各属谘议局公文随到随发文……………………………………086
苏抚陈致宪政编查馆电文…………………………………………………086

二、《申报》所载苏属谘议局筹办处资料

筹办谘议局选举…………………………………………………………087
苏省筹办谘议局近状………………………………………………………088
长元吴预备选举人名册事务所……………………………………………088
常属宜荆两县士绅会议筹办初选举事务…………………………………089
苏垣谘议局筹办处议设宣讲所暨十六日开办情形………………………089
江苏筹办谘议局进行表 ………………………………江苏谘议局调查会稿 090
苏省谘议局筹办处办公事宜………………………………………………091
苏省谘议局筹办处机构、人事变换暨会议办理选举事宜………………091
苏谘议局选举调查功候表 ……………………………江苏谘议局调查会稿 092
苏属谘议局改定职员名称…………………………………………………093
苏省谘议局筹办处札派司选员分赴各处…………………………………093
苏省谘议局筹办处禀准建局地址…………………………………………094
苏省谘议局筹办处札派赴金坛县司选员…………………………………094
苏省谘议局筹办处奉批核准经费…………………………………………095
苏省谘议局筹办处札各属不得将吸食鸦片之人充当调查绅董及
　列入选举者………………………………………………………………095
江苏苏属谘议局筹办处选举调查进行表…………………………………097
为谘议局局址苏抚札筹办处文及筹办处勘址情形………………………099
为黄端履等禀称华娄两邑办理选举假手于素有烟癖之庄董图董等情
　华娄事务所邮禀苏垣筹办处文…………………………………………100
为驻防专额议员额数苏省筹办处致宁省筹办处电………………………101
为驻防专额议员额数江苏陈伯帅致江督端午帅电暨江督复电…………101
为拟订投票所开票所办事细则苏属筹办处札各县文……………………102
苏抚陈中丞致京口奎统制电………………………………………………102

005 /

武阳乡董劝阻初选投票……103
奉贤县增生朱良翰、翁仁杰为选举事联名呈控……103
元和县附生张一【澧】禀复选监督文……104
松江府戚守批娄县附生葛益庚等禀控杜炎年岁未合选举资格由……104
苏省谘议局筹办处致各属初选监督函……105
复选监督为书办索费之奇闻……106
长元吴初选举之弊……106
青浦县生监汪承宽等禀讦该县初选当选人营私舞弊……107
靖江附生孙士彬赴府呈控初选监督之子索诈……107
松江复选监督戚太守牌示……108
金匮县当选人毕鸿模等七人被控均有烟癖……108
松江府复选监督戚太守批青浦县廪生李家骥、生员刘广礼控陈珍彝
　　被选违章禀……109
松江府太守审理汪承宽等禀控何绘书等案……110
金匮县当选人毕鸿模等七人被控均有烟癖审理办法……111
松江府太守审理青浦县汪承宽等禀控案判词暨批文……111
靖江附生孙士彬呈控初选监督之子索诈案调查结果……114
青浦廪生李家骥等控当选人陈珍彝案堂判……114
锡金绅士黄龙骧等四十余人因调验鸦片原告未便监视上
　　复选监督禀……116
常州赵诏等因马俞本被夺公权事控告于定一复选举舞弊案……117
常州府批赵诏等禀控于定一复选举舞弊由……118
常熟县附生周书等六人呈控复选举当选人俞亮不合议员资格……118
侯廻等人赴臬辕为俞亮辩诬……119
徐州时澄清等邮禀臬辕请将复选当选人张鸿鼎调验撤换暨臬司批……119
张士达、姚士谔等胪陈俞亮劣迹四款上控抚辕……120
樊方伯批兴化县附生魏筠以选举公权受剥禀……120

目 录

第三部分　宁属谘议局筹办处

A.《宁属谘议局筹办处报告书》（上卷）

开办日期启用关防呈文	121
通饬各属设立调查事务所札并电	121
请督宪饬知文案关于谘议局文件随到随办手折	122
责成地方官札	123
通饬各属限十月底将事务所一律设齐调查员一律派定札	123
请咨送本处章程规略及职员衔名呈文	124
江苏省宁属谘议局筹办处简章	124
江苏省宁属谘议局筹办处办事规略	126
职员名单	127
调查选举浅说	129
宁属谘议局筹办处预定调查选举事宜日期表	131
派委司选员赴各属督促查造人名册札	133
司选科员出发时无庸开去各学堂底差移文	133
司选员分赴各属办理调查请拨川资旅费银两呈文	134
司选科员办事细则	134
各州县调查事务所简章	136
调查员办事细则	137
调查须知	139
海门厅申请以教佐为初选监督批	141
呈请馆示电	141
通饬各属勿怀观望电	142
通州申报设立选举调查事务所日期批	143
江甘两县会禀遵饬筹办初选举调查详细情形并呈方法刊单职名清折批	143
饬催各属迅将办理情形禀报札	144
饬各州县认真厘剔选举资格札	144

007 /

致各属调查草簿切实厘剔函……145
请军宪饬令明协领等来处会同研究调查选举事宜呈文……145
驻防选举请示办法呈文……146
请提学司查明驻防取进学额移文……146
请定驻防议员额数呈文……147
通饬各属人名册是否造齐人数若干立即呈报札……148
通饬各属遵照本处规定画一办法札……148
饬知宣示人名册办法札……149
限制诉讼告示并规条……149
诘诉规条二则……150
讦告规条四则……150
致各属查照馆电变通办理函……151
致泰兴县函……151
致各属封印期内照常办事函……151
申明权限牌示……152
致各省筹办处请录示馆电全文函……152
睢宁县详送人名草册批并札……153
桃源县申送人名草册批……153
邳州申送人名草册批……154
沛县申送人名草册批……154
饬催各属速送人名清册札……155
致各属令更正清册函……155
高淳县申送人名清册批……155
山阳县补送人名清册批……156
专差守取溧水县确定清册札……156
委江都袁令查勘兴东七场界线札……157
呈督宪酌拟兴东界线暂行办法请示饬遵文……157
江都袁令禀查勘七场界线并筹议办法批……159

B.《南洋官报》、《申报》所载宁属谘议局筹办处资料（补充）

一、《南洋官报》所载宁属谘议局筹办处资料

督宪端尚书莅苏省宁属谘议局筹办处行开处礼宣演文…………160
总理宁属谘议局筹办处张殿撰演说文…………161
督宪谕饬人民切勿观望自弃谘议局选举权示文…………162
督部堂端札宁藩司筹指专款建筑谘议局文…………163
督部堂端咨江宁将军京口副都统驻防议员酌派旗员会办文…………165
宁藩司樊详督抚宪各州县办理选举调查人名草册分别记功文…………165
宁属谘议局筹办处札东台兴化二县遵督宪批暂照袁令电禀变通办法
　　以期不误定限文…………166
宁属谘议局筹办处批邳睢宿公（名）〔民〕禀求分设复选投票由…………167
宁属谘议局筹办处批丰县申送人名草册由…………167
宁属谘议局筹办处札邳州及宿睢两县毋得分设复选区文…………168
宁属谘议局筹办处批徐州睢宁县禀遵章办理选举调查情形
　　开折呈核由…………169
督部堂端批上元县职员茅以忠禀陈选举事宜由…………169
督部堂端批职员吴承铨禀劣董违章滥选恳查饬退由…………170
海门厅详报办理选举事宜文…………170
宁属谘议局筹办处呈督宪各厅州县合于选举资格人名实数文…………172
宁属谘议局筹办处呈督宪拟派员会同各地方官绅办理初选请札
　　发川资旅费文…………173
宁属谘议局筹办处批扬州府嵩守禀请将调查自治责令议员分投
　　办理由…………174
宁属谘议局筹办处札扬州府议员未便分办调查自治两局文…………174
甘泉县万令启型详谘议局筹办处遵饬厘剔冒滥文…………175
督部堂端札各府州支配选举议员名额文…………176
宁属谘议局筹办处晓谕圈购地址内各地户听候指传发价及
　　限日迁让示文…………177
督部堂端抚部院陈致宪政编查馆请增谘议局议员名额电文…………177

宁属谘议局筹办处批盐城县折呈得力绅士名号由……………………………… 178
宁属谘议局筹办处奉督宪端批宁属士绅张謇等呈请电奏增加议员名额由…… 179
督部堂端札宁属谘议局筹办处会同苏抚部院奏陈宁属筹办处办理情形文…… 180
督部堂端札巡警谘议两局会同筹备巡警路工局经费文……………………… 182
宁属谘议局筹办处批江宁县禀复奉发县丞邓嘉藻等禀请查照章程办理
　　一案并附缴原禀呈候示遵由………………………………………………… 183
汇录宁属各州县初选举当选人姓名票数……………… 据谘议局筹办处来稿 184
宁属谘议局筹办处札上元县查明高锦江被控劣迹文………………………… 189
宁属谘议局筹办处札六合县查明审票办法不能齐一是否属实文…………… 190
宁属谘议局筹办处通饬慎重选举议员厘剔冒滥文…………………………… 190
宁属谘议局筹办处批溧水县禀选举经费拨用积谷款项由…………………… 191
宁属谘议局筹办处札发四府二直隶州复选规则并办法等件文……………… 192
宁属谘议局筹办处批如皋县禀陈初选举情形并当选名折由………………… 195
宁属复选举当选议员姓名票数……………………… 据谘议局筹办处来稿 195
宁属谘议局筹办处批江宁府申送复选人名清册由…………………………… 197
扬州府嵩守峋申报宁属谘议局筹办处泰州凌恩锡不愿应选请以
　　程恩洋递补一案情形文……………………………………………………… 197
宁属谘议局筹办处批扬州府申复泰州程恩洋一案由………………………… 200
宁属谘议局筹办处批江宁驻防候补知府锦山禀误被株连迫求澡雪由……… 200
宁属谘议局筹办处奉督宪札准度支部咨江宁省城建筑谘议局
　　一案文………………………………………………………………………… 201
宁属谘议局筹办处批江浦县禀遵饬查复刘世泽顶补方凤池当选名额及
　　张智周被控各节据实陈明由………………………………………………… 202
宁属谘议局筹办处批甘泉县附贡生徐炳昌禀选举被遗反遭诬谤恳恩昭雪
　　以免再误由…………………………………………………………………… 203
督部堂端咨江宁将军准宪政编查馆咨各省驻防议员选举应照学额
　　办理文………………………………………………………………………… 204
宁属谘议局筹办处批盐城县禀调查选举经费除动拨积谷育婴二款不敷
　　之款悉由官绅设法筹补开折请示核销由…………………………………… 205

宁属谘议局筹办处批仪征县禀据绅士厉书青等公禀马慎修身家清白
据情转禀由……205

宁属谘议局筹办处批句容县禀选举用款拟在积谷提拨归垫造册
呈请核示由……206

宁属谘议局筹办处批桃源县申送选举事务所各项开支报销清册由……206

宁属谘议局筹办处移宁藩司请将通州初选监督学正陈汝恭记功文……207

宁属谘议局筹办处札盐城县切实禀复张曾谦有无骚扰文……207

宁属谘议局筹办处批元宁两县详送选举收支各款暨任事士绅
衔名清折祈批示备案由……208

宁属谘议局筹办处批睢宁县邵令式善禀选举经费请在积谷项下
支销由……208

宁属谘议局筹办处呈督宪请奖扬州府嵩守文……210

宁属谘议局筹办处批海州办理初选出力员绅请分别给奖由……211

宁属谘议局筹办处批山阳文生高溥报告淮郡育婴堂司庄舞弊恳请切实
调查整顿由……212

两江督部堂致宪政编查馆电文……213

宪政编查馆复两江督部堂电文……214

谘议局筹办处详督宪据江苏驻防专额议员崇朴等呈请咨明宪政编查馆
剖示疑义以便祗遵文……214

谘议局筹办处批邳州廪生陈士髦禀无端被诬遵章剖诉由……215

督部堂张札谘议局筹办处准宪政编查馆电谘议局预算决算
明定权限文……216

二、《申报》所载宁属谘议局筹办处资料

宁属组织谘议局筹办处逐日筹议情形……217

江督端午帅札宁属各州县文……219

江督端咨江宁将军迅饬旗员调查选举事宜依限筹办造册文……220

宁属谘议局筹办处筹设事宜……220

宁属谘议局筹办处筹备事宜……221

江宁筹办处致各厅州县函……222

011/

江督批江宁谘议局筹办处呈京口驻防应否归宁属办理由 ……………… 222
江督批曾国霖等禀谘议局筹办处职员皆系现办学务之人应否改委由 …… 223
江宁筹办处选举调查进行表 ……………………………………………… 223
江督批安东增生徐立权等禀劣董张浩然以诈术获选恳请饬县撤换由 …… 225

第四部分　宁苏分合问题

孟杨两君致宁属总会办书 ………………………………………………… 226
张謇等对于谘议局宁苏分合问题之意见 ………………………………… 227
宁苏谘议局分合问题 ………………………………… 王同愈　蒋炳章稿 227
驳江衡所说之谘议局 ………………………………………… 苏民来稿 230
江苏谘议局当设于苏州说 …………………………………… 姚士瀛稿 233
常州府属八县选举调查事务所上筹办处总协理书 ……………………… 234
沈恩孚致苏筹办处王蒋两君书 …………………………………………… 235
书江苏谘议局筹办事最近见闻 ……………………………… 沈同芳稿 236
王胜之蒋季和两太史复宁筹办处函 ……………………………………… 238
江苏谘议局分合问题解决之方法 ………………………… 江宁 夏仁瑞 242
宁属报告谘议局分合之意见 ……………………………………………… 243
论江苏谘议局分合问题解决之法 ………………………… 常熟 丁祖荫 244
宁属谘议局分合问题意见书 ……………………………… 江宁 沈启运 245
电请解决江苏谘议局分合问题 …………………………………………… 246
电请解决江苏谘议局分合问题续志 ……………………………………… 247
补录督抚会商要电 ………………………………………………………… 248
江苏谘议局分合问题之评论 ……………………………………………… 248
宪政馆电复江督苏抚 ……………………………………………………… 250
各属绅士莅苏公举议绅纪事 ……………………………………………… 250
宁属谘议局筹办处奉督宪札前据宁苏两属诸绅呈请谘议局
　合设在宁邹绅不愿列名应予摘除文 ………………………………… 251
苏绅电告已举代表 ………………………………………………………… 252

记苏属代表到宁会议谘议局建设事宜……………………………………… 252

苏属谘议局筹办处移宁属谘议局筹办处文……………………………… 253

第五部分 关于开办谘议局及谘议局选举的议论

敬告谘议局初选选举人 …………………………………… 金山 黄瑞履 稿 254

闻二月初一日之江苏人 ……………………………………… 陈瑞玠 稿 256

苏属举行初选举投票颂言 …………………………………………… 旧 恨 258

论今日选举之弊 ……………………………………………………… 酉 阳 260

论华娄之违法选举 ……………………………………………………… 262

金匮裘廷梁君答严几道先生书 ………………………………………… 265

读裘廷梁君书感言 ……………………………………………………… 266

江苏初选举之结果如是 ………………………………………………… 267

江苏之今日 …………………………………………………………… 渭 269

论议员之性质 ………………………………………………………… 酉 阳 271

论常州复选监督对于选举诉讼之失当 ………………………………… 273

所希望于新议员者 ……………………………………………………… 274

敬告苏属新议员 …………………………………………… 常熟 丁祖荫芝孙 稿 275

第六部分 江苏谘议局研究会

A.《江苏谘议局研究会报告》

一、本会会务

公呈一：请设谘议局研究会 …………………………………………… 277

公呈二：报告成立并请刊发图记 ……………………………………… 278

公呈三：为调查事 ……………………………………………………… 279

江苏谘议局研究会简章 ………………………………………………… 279

江苏谘议局研究会暂定职员会规则 …………………………………… 281

江苏谘议局研究会暂定调查简则 ……………………………………… 282

江苏谘议局研究会暂定编辑简则 …………………………………… 283
江苏谘议局研究会四月二十六、二十七日成立大会报告 ………… 284
各州县认定会捐表 ……………………………………………………… 286
会员认缴特别捐及常年捐报告单 …………………………………… 287
职员会议案一 …………………………………………………………… 290
职员会议案二 …………………………………………………………… 291
职员会议案三 …………………………………………………………… 291

二、会员意见书

孟君森意见书 …………………………………………………………… 292
沈君恩孚意见书 ………………………………………………………… 296
王君纳善意见书（节录） ……………………………………………… 299
仇君继恒意见书 ………………………………………………………… 300
夏君寅官意见书 ………………………………………………………… 301
吴君荣萃意见书（节录） ……………………………………………… 301
陈君福咸意见书（节录） ……………………………………………… 303
钱君以振意见书 ………………………………………………………… 304
张君曾璧意见书 ………………………………………………………… 306
夏君仁瑞意见书 ………………………………………………………… 307
顾君花岩意见书（节录） ……………………………………………… 307
卢君重庆意见书（节录） ……………………………………………… 308
许君家恒意见书 ………………………………………………………… 309
贾君雪堂意见书（节录） ……………………………………………… 310
蒋君近垣意见书（节录） ……………………………………………… 310
吴君温叟意见书（节录） ……………………………………………… 311
储君南强、谢君保衡、杨君晓意见书 ……………………………… 312
汪君家声意见书（节录） ……………………………………………… 312
茅君谦意见书（节录） ………………………………………………… 313
谢君保衡意见书 ………………………………………………………… 314
张君延寿意见书 ………………………………………………………… 315

鲍君友恪意见书……317

凌君文渊意见书……318

朱君励志意见书……320

艾君曾恪意见书……323

本省财政调查细目……仇君继恒 稿 325

会员意见书分类表……328

三、各属调查报告

江宁府属报告……331

淮安府属报告……332

通州州属报告……334

苏州府属报告……335

常州府属报告……336

太仓州属报告……339

B.《申报》所载江苏谘议局研究会资料

谘议局研究会预备调查……342

江苏谘议局研究会致各府州公呈……343

研究会派员抄阅案牍……343

江苏谘议局研究会招待议员大会纪事……344

第二编　江苏谘议局时期

第一部分　江苏谘议局刊行资料

《江苏谘议局议事细则》……345

《江苏谘议局第一年度报告》第一册

江苏谘议局第一届常年会议案报告……355

江苏谘议局第一届常年会呈报议决案汇录……363

(一) 议定可行事件

呈报督抚可行事件文（通稿） ············ 363
九月十三日会议议决代呈清河县绅士张符元等清淮灾荒请愿书案 ············ 364
九月十五日会议议决督部堂交议宁省接筑芜湖铁路案 ············ 365
九月二十六日会议议决筹兴水利为谘议局基本金之设备案 ············ 366
九月三十日会议议决筑海清铁路以工代赈案 ············ 366
十月初四日会议议决督部堂交议淮扬水利应请自东堤宝应以下邵伯以上一律改修石工案 ············ 368
十月初四日会议议决苏路公司请议瓜清路线应走东堤或西堤案 ············ 371
十月初四日会议议决学务公所整顿事宜请转饬两提学司案 ············ 371
十月初四日会议议决规划全省教育案 ············ 372
十月初八日会议议决宁苏合办女子师范学堂请就南菁学堂改设案 ············ 375
十月初十日会议议决抚部院交议联合农会组织农林公司案 ············ 375
十月十四日会议议决抚部院交议清查荒地案 ············ 377
十月十四日会议议决督部堂交议调查户口案 ············ 378
十月十四日会议议决抚部院交议度量权衡改制推行案 ············ 382
十月十四日会议议决整顿商会案 ············ 384
十月十四日会议议决高淳一县水无去路，民纳虚粮，数百年民瘼应予奏请豁除案 ············ 384
十月十四日会议议决抚部院交议补救州县困难案 ············ 385
十月十四日会议议决代呈商法调查案理由书及浅说请咨送法律馆以资采择案 ············ 388
十月十五日会议议决抚部院交议筹定自治经费案 ············ 389
十月十五日会议议决设立公司开垦淮海苇荡营荒地案 ············ 391
十月十七日会议议决抚部院交议清查公款公产办法纲要案 ············ 392
十月十七日会议议决抚部院交议改订厘金征收方法案 ············ 394
十月十七日会议议决抚部院交议整顿契税方案 ············ 396
十月十七日会议议决抚部院交议筹办共进会案 ············ 399
十月十七日会议议决整顿淮北盐务兼筹海州自治经费案 ············ 400

十月十七日会议议决筹办本省巡警案 …………………………………………… 403
十月十七日会议议决抚部院交议实行禁烟案 ………………………………… 405
十月十七日会议议决整顿征收丁漕积弊案 …………………………………… 407
十月十七日会议议决补救淮南盐务案 ………………………………………… 409
十月十七日会议议决整顿运商违章朦收案 …………………………………… 411
十月十八日会议议决本省审判厅请缩短年限提前办理案 …………………… 414
十月十八日会议议决整顿淮安关卡以苏商困案 ……………………………… 414
十月十八日会议议决本省单行章程规则截清已行未行界限分别交存
  交议案 ……………………………………………………………………… 415

（二）议定不可行事件

呈报督抚议决不可行事件文（通稿）……………………………………… 417
九月二十四日会议议决督部堂交议限制铜元所询治本治标二说皆不可行
  请联合各省奏请速定币制案 …………………………………………… 417
九月二十六日会议议决停止官纸专卖以免官民交困案 ……………………… 418
九月三十日会议议决裁督派视学员案 ………………………………………… 419
九月三十日会议议决裁撤江楚编译局案 ……………………………………… 419
十月初四日会议议决革除官营商报案 ………………………………………… 420
十月初八日会议议决永远停止彩票案 ………………………………………… 421
十月初十日会议议决海州灾赈官绅办理不善有碍宪政案 …………………… 421
十月十五日会议议决修改前呈革除官营商报案 ……………………………… 422
十月十七日会议议决节删江南财政总局详改宁藩司所属契税章程案 ……… 423
十月十七日会议议决积谷钱款严禁州县存库案 ……………………………… 424

（三）陈请建议事件

呈报督抚公决建议南漕改折陈请代奏案 ……………………………………… 425
呈报督抚公决建议免征田房典税陈请代奏案 ………………………………… 429

（四）呈请批答事件

呈请督抚批答裕宁裕苏发行钞票之质问案 …………………………………… 430

（五）申复咨询事件

呈报督抚会议议决申复抚部院交议实行印花税方法案 ……………………… 431

《江苏谘议局第一年度报告》第二册

江苏谘议局第一届常年会议决案督抚复文汇录

（一）督部堂复文

九月二十二日张督部堂复代呈清河县绅士张符元等清淮灾荒请愿书案札文 ··· 432

九月二十四日张督部堂复交议宁省接筑芜湖铁路案札文 ····································· 432

十月二十一日张督部堂抄送宁省铁路总管理处申复建筑经费暨营业盈亏数目札文 ··· 433

十月初六日张督部堂复裕宁裕苏发行钞票之质问案札文 ····································· 436

十月十八日张督部堂复海州灾赈官绅办理不善有碍宪政案札文 ························· 437

十月二十一日张督部堂复筹兴水利等案十一条札文 ·· 437

十二月初二日张督部堂复抚部院交议度量权衡改制推行案札文 ························· 440

十二月初二日张督部堂复抚部院交议清查公款公产办法纲要案札文 ················· 440

十二月初二日张督部堂复抚部院交议整顿契税方法案札文 ································ 440

十二月初二日张督部堂复抚部院交议实行印花税方法案札文 ···························· 441

十二月初二日张督部堂复抚部院交议实行禁烟案札文 ·· 441

十二月初三日张督部堂复抚部院交议联合农会组织农林公司案札文 ················· 441

十二月初三日张督部堂复抚部院交议改订厘金征收方法案札文 ························ 441

十二月二十一日张督部堂复积谷钱款严禁州县存库案札文 ································ 441

十二月二十七日张督部堂复交议调查户口案札文 ·· 442

十二月二十七日张督部堂复抚部院交议清查荒地案补救州县困难案筹定自治经费案札文 ··· 442

十二月二十七日张督部堂复整顿商会案札文 ··· 443

十二月二十七日张督部堂复高淳一县水无去路民纳虚粮数百年民瘼应予奏请豁除案札文 ··· 443

十二月二十七日张督部堂复代呈《商法调查案理由书》及《浅说》请咨送法律馆以资采择案札文 ·· 443

十二月二十七日张督部堂复本省单行章程规则截清已行未行界限分别交存交议案札文 ··· 443

十二月二十七日张督部堂复永远停止彩票案札文……443

十二月二十七日张督部堂复节删江南财政总局详改宁藩司所属契税章程案札文……444

正月初二日张督部堂复规画全省教育案札文……444

正月初二日张督部堂复宁苏两属合办女子师范学堂请就南菁学堂改设案札文……446

正月初二日张督部堂会同宝抚部院复请停官纸专卖以免官民交困案札文……446

正月二十六日张督部堂会同宝抚部院复革除官营商报二案札文……447

正月二十七日张督部堂会同宝抚部院复设立公司开垦淮海苇荡营荒地案札文……447

正月二十七日张督部堂复整顿征收丁漕积弊案札文……447

正月二十七日张督部堂续复永远停止彩票案改为交局复议札文……447

正月二十八日张督部堂会同宝抚部院复整顿淮安关卡以苏商困案札文……448

二月初一日张督部堂复抚部院交议筹办共进会案札文……448

二月初一日张督部堂会同宝抚部院复整顿运商违章朦收案补救淮南盐务案整顿淮北盐务兼筹海州自治经费案札文……448

二月初六日张督部堂续复交议调查户口案改为交局复议札文……448

二月初八日张督部堂复知札催宁学司迅速详复议案札文……449

二月初九日张督部堂复筹办本省巡警案札文……449

二月初九日张督部堂行知农工商部咨复整顿商会案札文……449

二月初十日张督部堂复知札催宁藩司迅速议复抚部院交议整顿契税方法案札文……450

二月初十日张督部堂会同宝抚部院复设立公司开垦淮海苇荡营荒地案札文……450

二月初十日张督部堂复建议南漕改折案免征田房典税案札文……450

二月初十日张督部堂复本省审判厅请缩短年限提前办理案札文……450

二月十六日张督部堂行知法律馆咨复代呈《商法调查案理由书》及《浅说》案札文……451

二月二十二日张督部堂会同宝抚部院续复建议南漕改折案札文……451

二月二十二日张督部堂续复整顿契税方法案札文……451
二月二十四日张督部堂会同宝抚部院续复设立公司开垦淮海苇荡营荒地案札文……452
三月十二日张督部堂复筹兴水利案裁撤江楚编译局案学务公所整顿事宜案札文……455
三月十六日张督部堂抄折行知奏改江楚编译局案为江苏通志局札文……455
三月二十五日张督部堂交令复议规画全省教育案内乙之五一条札文……456
三月十五日张督部堂交令复议规画全省教育案内乙之六一条札文……457
三月二十八日张督部堂复公布本省单行章程规则截清已行未行界限分别交存交议案裁撤江楚编译局案札文……458

（二）抚部院复文

十月初十日瑞抚部院复停止官纸专卖以免官民交困案回批……459
十月初十日瑞抚部院复裕宁、裕苏发行钞票之责问案回批……459
十月十八日瑞抚部院复代呈清河县绅士张符元等清淮灾荒请愿书案札文……459
十月二十三日瑞抚部院复裁督派视学员及裁撤江楚编译局札文……459
十月二十九日瑞抚部院复革除官营商报案札文……459
十月二十九日瑞抚部院复海州灾赈官绅办理不善有碍宪政案札文……460
十月二十九日瑞抚部院行知张督部堂电开另举邵长镕等筹办札文……460
十月二十九日瑞抚部院复交议筹办共进会案札文……460
十月三十日瑞抚部院复督部堂交议宁省接筑芜湖铁路案札文……460
十月三十日瑞抚部院复筹兴水利为谘议局基本金之设备案札文……461
十月三十日瑞抚部院复筑海清铁路以工代赈案札文……461
十月三十日瑞抚部院复督部堂交议淮扬水利应请自东堤宝应以下邵伯以上一律改修石工案札文……461
十月三十日瑞抚部院复苏路公司请议瓜清路线走东堤或西堤案札文……461
十月三十日瑞抚部院复交议清查荒地案札文……461
十月三十日瑞抚部院复督部堂交议调查户口案札文……461
十月三十日瑞抚部院复高淳一县水无去路民纳虚粮数百年民瘼应予奏请豁除案札文……462

| 目 录 |

十月三十日瑞抚部院复交议补救州县困难案札文 462

十月三十日瑞抚部院复交议筹定自治经费案清查公款公产办法纲要案札文 462

十月三十日瑞抚部院复设立公司开垦淮海苇荡营荒地案札文 462

十月三十日瑞抚部院复交议改订厘金征收方法案札文 462

十月三十日瑞抚部院复节删江南财政总局详改宁藩司所属契税章程案札文 463

十月三十日瑞抚部院复整顿淮北盐务兼筹海州自治经费案札文 463

十月三十日瑞抚部院复筹办本省巡警案札文 463

十月三十日瑞抚部院复本省审判厅请缩短年限提前办理案札文 463

十月三十日瑞抚部院复整顿淮安关卡以苏商困案札文 464

十月三十日瑞抚部院复本省单行章程规则截清已行未行界限分别交存交议案札文 464

十月三十日瑞抚部院复积谷钱款严禁州县存库案札文 464

十月三十日瑞抚部院复建议免征田房典税案札文 464

十一月初四日瑞抚部院复交议度量权衡改制推行暨联合农会组织农林公司案札文 464

十月初四日瑞抚部院复建议南漕改折案札文 466

十一月初四日瑞抚部院复整顿商会以图进步案札文 466

十一月初四日瑞抚部院复代呈《商法调查案理由书》及《浅说》请咨送法律馆以资采择案札文 466

十一月初四日瑞抚部院复交议整顿契税方法案札文 466

十一月初四日瑞抚部院复交议实行禁烟案札文 466

十一月初四日瑞抚部院复补救淮南盐务案札文 467

十一月初四日瑞抚部院复整顿征收丁漕积弊案札文 467

十一月初四日瑞抚部院复整顿运商违章朦收案札文 467

十一月初十日陆护抚院复瑞前抚部院交议实行印花税方法案札文 467

十二月初二日陆护院续复瑞前抚部院交议整顿契税方法案札文 467

十二月初三日陆护抚院续复本省审判厅请缩短年限提前办理案札文 468

十二月初三日陆护抚院复规画全省教育案、学务公所整顿事宜案、宁苏
　　合办女子师范学堂请就南菁学堂改设案札文 …………………………… 470
十二月十二日陆护抚院续复裕宁裕苏发行钞票之质问案札文 …………… 474
十二月十三日陆护抚院续复筹办本省巡警改为交局复议札文 …………… 475
十二月十三日陆护抚院复督部堂交议限制铜元所询治本治标二说皆不可行，
　　请联合各省奏请速定币制案札文 ……………………………………… 476
十月十三日陆护抚院复永远停止彩票案札文 ……………………………… 476
十二月二十五日陆护抚院续复本省审判厅请缩短年限提前办理案改为交局
　　复议札文 ………………………………………………………………… 477
正月十四日陆护抚院行知张督部堂咨复筹办共进会案未便奏请札文 …… 477
正月十七日陆护抚院复呈请公布积谷钱款严禁州县存库案札文 ………… 478
正月二十四日陆护抚院续复规画全省教育案宁苏合办女子师范学堂请就南菁
　　学堂改设案交局复议文 ………………………………………………… 478
正月二十四日陆护抚院续复整顿契税方法案交局复议札文 ……………… 480
二月十六日宝抚部院行知农工商部咨复整顿商会以图进步案札文 ……… 481
二月十六日宝抚部院续复瑞前抚部院交议清查荒地案札文 ……………… 481
二月十六日宝抚部院续复设立公司开垦淮海苇荡营荒地案札文 ………… 481
二月十六日宝抚部院续复革除官营商报二案札文 ………………………… 482
二月二十五日宝抚部院行知法律馆咨复代呈《商法调查案理由书》及
　　《浅说》案札文 ………………………………………………………… 482
二月二十五日宝抚部院续复瑞前抚部院交议补救州县困难案札文 ……… 482
二月三十日宝抚部院续复瑞前抚部院交议请查荒地案札文 ……………… 485
四月初八日宝抚部院复本省单行章程规则截清已行未行界限分别交存
　　交议案裁撤江楚编译局案札文 ………………………………………… 487
四月初八日宝抚部院复改订厘金征收方法案札文 ………………………… 487
四月初九日宝抚部院复整顿征收丁漕积弊案札文 ………………………… 487
四月初九日宝抚部院续复整顿征收丁漕积弊案札文 ……………………… 488

江苏谘议局第一届常年会议决议案续呈文件汇录

九月十八日呈请张督部堂札发宁芜铁路图册并咨皖省文 ………………… 488

十一月初六日呈报督抚准安徽谘议局移复永远停止彩票案文……488

十一月二十六日呈复张督部堂札复筹兴水利等案十一条并呈报抚部院文……489

十一月二十九日呈复瑞前抚部院札复筹办全省巡警案并呈报督部堂文……494

十二月初一日第一期呈请督抚裁夺施行未经札复各议案文……494

十二月初十日呈复陆护抚院札复瑞前抚部院交议整顿契税方法案并呈报督部堂文……498

十二月初十日呈复陆护抚院札复本省审判厅请缩短年限提前办理案并呈报督部堂文……500

十二月初十日第二期呈请陆护抚院迅予裁夺施行未经札复各议案文……500

十二月十一日第二期呈请张督部堂迅予裁夺施行未经札复各议案文……500

十二月十一日呈复陆护抚院札复规画全省教育案、宁苏合办女子师范学堂请就南菁学堂改设案并呈报督部堂文……503

十二月十四日呈明陆护抚院札复整顿契税方法案、洋商道契司详误写华商道契请饬改正并报督部堂文……504

十二月二十四日呈请督抚公布积谷钱款严禁州县存库案文……505

正月二十一日呈复张督部堂札复交议调查户口规则案并呈报抚部院文……505

正月二十一日呈请督部堂公布高淳一县水无去路民纳虚粮数百年民瘼应予奏请豁除案及本省单行章程规则截清已行未行界限分别交存交议案文……505

正月二十二日呈复督部堂札复永远停止彩票案【文】……505

正月二十二日呈报张督部堂奉陆护抚院札复暨准甘肃谘议局移复永远停止彩票案文……506

正月二十四日第三期呈请张督部堂迅予裁夺施行未经札复各议案文……506

正月二十四日呈张督部堂请将瑞前抚部院交议筹办共进会案交局复议并报抚部院文……507

正月二十四日呈请督抚公布改订厘金征收方法案文……507

正月二十四日呈请宝抚部院公布整顿征收丁漕积弊案文……507

二月初四日呈请督抚咨催江北提督迅予核复设立公司开垦淮海苇荡营荒地案文……508

二月初四日呈请张督部堂迅将交议调查户口案交局复议文……508

二月初四日第四期呈请张督部堂迅予裁夺饬司详复及未经札复各议案文…… 508

二月初四日第四期呈请抚部院迅予裁夺司道核议各议案文…… 509

二月初五日呈送宁藩司高淳虚粮议决案理由书审查会报告书及高淳、金坛、
　溧阳、宜兴、荆溪蛟雨灾区工赈图说文…… 510

三月初六日呈请张督部堂于开临时会前分别札复筹兴水利等案文…… 512

三月十七日呈请督抚公布本省单行章程规则截清已行未行界限分别交存
　交议案、裁撤江楚编译局案文…… 513

第一编　筹办时期

第一部分　关于江苏全省筹办资料

上海各团体代表大会纪事

为议设谘议局事

初八日下午二时，上海各团体因上海道瑞观察照会公举代表集会于总工程局议草创省城谘议局章程事。计到会之团体如下：

预备立宪公会、宪政研究会、地方自治研究会、地方公益研究会、江苏教育总会、上海劝学所、商务总会、商学公会、商务分所、东南城地方会、西北城自治、上海城厢内外总工程局。

各团体各举代表五人，到会者共五十余人。首由总工程局领袖总董李平书君布告开会之原由；次由众公推李平书君为临时主席，沈友卿君、夏颂来君为临时书记员；次选举起草员。计当选者七人，姓名如下：

雷奋：四十一票，沈同芳：二十四票，孟昭常：二十一票，沈恩孚：十九票，夏清贻：十三票，吴馨：十二票，秦瑞玠：十一票。

再则议立事务所事。经众议定以地方自治研究会为事务所。事务所议定以后，又议通过期限，后议定以九月初十为起草竣事之期，以九月十四为集议通过之期。后又由雷继兴君提议设立谘议局紧要问题须在起草之先公同解决，以免通过为难与会之人。又公同讯究良久，至五点半方始散会。

（地方公益研究会）

附录：各团体代表名单

预备立宪公会：孟庸生、沈友卿、陆伟士、秦晋华、孟莼生
宪政研究会：夏颂来、雷继兴、沈信卿、罗孝高、马（湘）〔相〕伯
地方自治研究会：黄韧之、姚伯欣、李平书、梅问赓、张铁民
地方公益研究会：汪季航、贾叔香、周菊屏、姚子梁、蔡山泉
江苏教育总会：沈友卿、雷继兴、曾孟朴、沈信卿、袁观澜
劝学所：顾丹泉、项莲生、叶醴雯、秦砚畦、瞿绍伊
商务总会：周金箴、刘柏生、谢纶辉、朱葆三、沈仲礼
商学公会：李云书、胡二梅、刘厚生、李兰舟、庄得之
商务分所：王一亭、沈梅伯、沈缦云、林景周、张乐君
东南城地方会：郭聘之、胡访鹤、王□泉、凌伯华、施静珊
西北城地方会：蔡子莆、刘中孚、姚孟埙、李佑之、曹幹臣
总工程局：祁冕廷、穆杼斋、吴畹九、姚子让、莫子经

《时报》，光绪三十三年八月初九日（1907年9月16日）

江苏预备立宪公会拟呈督抚两院谘议局选举章程文

呈为遵旨组织谘议局公拟章程仰恳核饬遵照事：窃绅等恭读本年九月十三日

上谕"著各省督抚均在省会速设谘议局，慎选公正明达官绅创办其事，即由各属合格绅民公举贤能作为该局议员，断不可使品行悖谬、营私武断之人滥厕其间，凡地方因革事宜议员公同集议，候本省大吏裁夺施行，其各府州县议事会一并预为筹画"等因，钦此。仰见朝廷推行宪政、挈领提纲之至意。传颂之下，感激难名，浃旬之间，父老子弟交相奋勉，皆曰我国家亿万年有道之基胥在于是，我大公祖既仰体朝廷之心以为心，即我江苏士民亦当体大公祖之心以为心，若能克日兴办，首睹盛化之隆，岂非上愿。于是相与召集宁苏两属各府厅州县士绅于上海会议数次，妥议章程，金谓本年五月间曾蒙督抚宪承准军机处片交两广总督部堂岑奏《谨拟预备立宪阶级》一折札发司道核议，当经瑞升道照会在沪江苏教育总会等十二团体公同拟议，旋由十二团体会议公举起草员七人研究两月之久作成草案，又经十二团体逐条通过，均已公认。查此项章程皆依据法理，并采取各国地方议会制度及天津自治局章程参酌而成，原期通行于各省，既经多数人之公认，则我江苏自可适用，似无须更拟。考其大纲，分议事会、参事会两部。议事会以合格之绅民公举贤能组织之，为全省之意思机关①，但有议决之权而无执行之权，断不容丝毫侵占办事界限。参事会以督抚司道及公正明达之绅士数人组织之，为全省之行政合议机关，于执行之际实有完全无缺之权，亦断不受议事会丝毫之侵占。此与各国地方制度及中国行政官厅之体制均无不合。至议员之额数、选举之方法、会期之疏数，亦与江苏情形恰合，并无窒碍难行之处。用敢敬谨缮呈叩求明示。至现时组织之法，拟先在省城设立选举局，专办选举之事，另订专章由各府厅州县选举员开报选举局汇齐造册详请大公祖察核认可然后开办。其选举章程一并呈附鉴核。至各厅州县议事会应一面饬令各属趱办，至谘议局成立后由谘议局官绅督促尤易集事。总之，谘议局成立之日即受行政官厅之指挥监督，其议决事项即恪遵谕旨，候本省大吏裁夺施行，断不至有纷扰之弊。故绅等亦不复存观望之心。为此具呈，伏乞大公祖大人俯赐鉴核批示祗遵，俾立宪之宏规先建立于蚌蠓之下，庶荩臣之硕画足上慰夫宵旰之劳，不胜屏息待命之至。谨呈。

---

① "意思机关"，为表达民意、诉求之机关。

江苏谘议局议员选举章程①

第一章 总 纲

第一条 本章程为江苏省谘议局员第一次选举暂行章程，呈请督抚批饬施行之。

第二条 本章程为酌合目前情势，于原定谘议局章程选举各条所有变通之处各附理由说明之。

第二章 选举资格

第三条 省谘议局议员由本省所属各厅州县合格之绅民中选出案原定谘议局章程第四条咨议员由各厅州县议事会议员中选出，本章程云由各厅州县合格之绅民众选出，盖第一次选举时厅州县会未成立故也，每一厅州县各举三人，但二厅州县以上同城者得不分厅州县界，依总数通选直隶厅州之直辖地等于一厅州。

第四条 凡本厅州县人民年在二十五岁以上公正明达而具左开各项之一者得为谘议局议员：

一、有政治经验，或明习法政，或学术高尚、德望素著者。

二、绅富热心公益已有表（见）〔现〕者案热心公益必须独力倡办一事或捐助巨款者方为合格。

三、兴办实业著有成效者案实业之资本必须在一万以上方为合格。

合前列各项资格之一者，不论现在本籍与否，以能应每年一月之常会及其他临时会并生计，可为名誉职者为限。

---

① 此前已有《谘议局章程草案拟稿》，见《申报》光绪三十三年九月十六日、十七日（1907年10月22日、23日）。

第五条　凡有左开各项之一者不得为谘议局议员：

一、犯国律载明之刑罚或因私罪褫革者。

二、为不正当之营业者。

三、失财产上之信用确有实据而尚未清了者。

四、有心疾者。

五、吸食鸦片烟者案原定厅州县会章程中停止选举权条下有曾受地方公费周恤一条，本章程无之，以合于第四条之资格者决不复有此等人在其中也。

第六条　凡有左列之身分者不得为谘议局议员：

一、现为本省幕职。

二、现为巡警职役。

三、现为胥吏案原定厅州县章程中有军人、学生、僧道宗教师各项，本章程无之，其理由与前条同。

第七条　上海南北市及淮南北盐商得于各厅州县定额之外特别选举谘议局议员。上海南北市合选三人，淮南北盐商合选三人，其选举方法，上海由商务总会、总工程局，淮南北由盐商公所自理之案此条为江苏省所独有，故原订谘议局章程无之，将来江苏谘议局依原订章程实行应将本条加入。

第三章　选举机关

案以下各条原定谘议局章程皆无之，盖依原订章程第十条之规定关于选举细则当由各厅州县议事会决议施行，今第一次选举无厅州县会，故有左之规定也。

第八条　本章程之选举由督抚在省城设立选举局，派员为选举局长执行之。关于选举事务，选举局对于各厅州县有督催之权。

第九条　本章程由选举局札发各厅州县，限五日以内公布。

第十条　本章程自公布后，即由本厅州县长官照会劝学所、教育会及商会调查本厅州县之合于第四条之资格者，限十五日内开报汇齐造册。前项之名册当置公处纵览三日无异议然后申送选举局。但关于私事不得为异议之口实。自公布至申送，其期不得过一月。

第十一条　选举局自接到申送名册后十日以内规定投票细则，札发各厅州县举行选举。

《南洋官报》旬报第一百四册，戊申正月二十日（1908年2月21日）

江督端等又奏地方自治局附设谘议局片

再，本年五月十一日承准军机大臣字寄"两广总督岑春煊奏《预备立宪阶级》一折，奉旨'外省设谘议局各节著各省督抚妥议具奏'等因，钦此，遵旨寄信"前来，当经分饬司道核议。旋于九月十三日奉上谕"钦奉皇太后懿旨，前经降旨于京师设立资政院，各省亦应有采取舆论之所，俾其指陈通省利病，筹计本省治安，并为资政院储材之阶，著各省督抚在省会速设谘议局，慎选公正明达官绅创办其事"等因，钦此。谘议局之设已奉明旨，其岑春煊前奏各节自毋庸更行议复。又准资政院咨开"谘议局事关重要，其详细章程若由外定恐难画一，此时应先设局所，俟由院拟定章草咨商各省议妥后奏请颁布"等因。查谘议局章程既应俟资政院奏定，则各省先设局所自为讨论预备起见，臣等现于地方自治局内附设谘议局，即以自治局原委局长参事兼领谘议局事，由局广延士绅详加研究，以为议会之预备，一俟资政院颁发详章再行遵照妥慎办理。谨合词附片具陈。伏乞圣鉴。谨奏。光绪三十四年正月初九日奉朱批"该衙门知道"，钦此。

《南洋官报》旬报第一百七册，戊申二月二十日（1908年3月22日）

督宪端苏抚陈奏江苏省城开办自治谘议两局折

奏为江苏省城设立自治谘议两局遴委官绅先行开办恭折仰祈圣鉴事：窃于光

绪三十三年八月二十三日奉上谕："钦奉皇太后懿旨，著民政部妥拟自治章程请旨饬下各省督抚择地依次试办。"又于九月十三日奉上谕："朕钦奉皇太后懿旨著各省督抚均在省会速设谘议局，慎选公正明达官绅创办其事各等因，钦此。"当经臣方先就江宁省城设立筹办地方自治总局并附设谘议局，派员延绅详加研究，已将开办情形会同臣启泰具奏在案。伏查自治谘议两局同为立宪之基础，泰西各国宪法各有不同，而近可取法者莫如日本，然其维新之初亦复几经考察，因时改良，乃得渐收整齐划一之效，至今犹未能臻于完备。中国情形较异，人民程度未齐，举行太骤，或不免成效未睹流弊先滋。此前奉明诏宣布宪政而不能不先之以预备也。江苏省会距上海最近，交通既早，智识灌输风气之开通过于他属，自奉预备立宪之谕旨，群情鼓舞，望治孔殷，自应官为提倡，俾绅民切实讲求，庶几法理互相研究，人材藉以养成，以仰副朝廷亟图自强之至意。既经臣启泰就苏州省城择地并设自治谘议两局，均以藩学臬三司总理局务，札委江苏候补道王仁东、苏州府知府何刚德充两局局长。又委后补知府陆懋勋、长洲县知县宗能述、元和县知县魏诗诠、吴县知县金元烺同为该两局参事，并照会省绅翰林院侍讲邹福保为自治局局长，其余课员以下由总理会同局长遴选娴习法理官绅分别委用，已经刊给木质关防，次第开局，酌拟简章，就省城长洲、元和、吴县三邑先行试办。自开局以来，每值星期，臣启泰必亲诣该两局督同总理、局长、参事诸员邀集苏绅王同愈、江衡、蒋炳章、潘祖谦、尤先甲、陶治元、孔昭晋、张履谦、吴韶生、石祖芬、程增瑞、吴本善等将自治谘议两局应行事宜详加讨论，一俟民政部及资政院拟定详细章程奏准颁行，即行遵奉办理。该两局所需经费均由藩库分别筹拨，自治局用项应俟地方筹有的款再议归还，谘议局用款应请作正开销，其省外各府州县间有绅士请设自治会者，臣等拟令先行试办，并饬该地方官妥为监督，勿任稍有流弊，统俟省城办有明效并奉到奏定章程再行次第推广，通饬遵办。除分咨宪政编查馆、资政院、民政部查照外，所有江苏省城设立自治谘议两局遴委官绅先行开办缘由谨合词恭折具奏。伏乞皇太后、皇上圣鉴训示。谨奏。光绪三十四年五月十二日。奉朱批，"衙门知道"，钦此。

《南洋官报》旬报第一百十八册，戊申六月初十日（1908年7月8日）

江苏谘议局调查会通告

本年六月二十四日宪政编查馆王大臣奏请谘议局章程并选举章程，奉上谕各省限文到之日起于一年内一律办齐。今已相距一月有余，各省已奉文者不少，官民寂然尚无举动。要知谘议局初选举之期在正月十五，复选举之期在三月十五，先时不知预备，临事必致仓皇。谕旨严切，延缓之罪谁敢担承？同人等合议设一调查会，一面呈询官长有无文到，一面通告各处自行预备补助官力以应朝旨。吾士民躬逢特典，骤获参政之权，仰答圣明，各宜自勉。谨开今日应办事宜如左：

一、谘议局起手第一义，当造选举人名册。此册本由官长调查监造，其调查时仍赖士民分投助理。今日徒以各省距京有远近，各州县距省又有远近，奉文之日参差不同，彼此观望，遂一无举动，同人恐官民转瞬将受违旨之咎，是以相约先行调查，印成选举人名册草簿，照钦定章程开载明晰，送呈地方官以便誊入正册草簿样张另附。

二、谘议局系创举，州县衙门无例可援，办事诸多迟缓，同人公呈督抚，吁请札催各属，吾士民之在里者各宜陈请地方官照钦定章程速核明选举草簿，办理正册，以明吾士民并无因循贻误官长之罪。

三、自行调查之法。照选举人名册应载事项，请各属劝学所、教育会、商会三种团体及城乡董保担任。劝学所、教育会查办过学务三年之人及得有中外中学以上卒业文凭之人，商会查营业资本或不动产即田产房产满五千元以上之人，并客籍寄居满十年而营业资本或不动产满万元以上之人。董保查办过公益事务半年及营业资本或不动产值满五千元以上之人并客籍寄居满十年而营业资本或不动产值满万元以上之人。再请各属稍提公费酌给酬劳与吏书礼书兵书学书四种办公之人，吏书查绅士曾任七品以上实缺文官之人，礼书查曾得举贡之人，兵书查曾任五品以上实缺武官之人，学书查在学之廪增附等人。凡能及上开资格之一，其年纪已满二十五岁者，皆为有选举资格之人，调查填注，是为选举原簿草簿此草簿系调查时底簿，无须送官。又于其中除去八项剥夺选举权之人：一、品行悖谬指革命党等，营私武断指讼棍有案等者；二、曾处监禁以上之刑者；三、营业不正指身为娼优隶卒者；四、失财产上之信用，被人控实尚未清结指倒账被控者；五、吸食鸦片者；六、有心疾指痴癫者；七、身家不清白者；八、不识文义指不识字不能自书选举票者。

再除去五项停止选举权之人：一、本省官吏或幕友；二、常备军人及征调期之续备后备军人总之指现当征兵之人；三、巡警官吏；四、僧道及其他宗教师指天主耶稣等教士；五、各学堂肄业生。

既除去以上各项之人后，再誊一本，是为选举人名册之草簿。

以上三事，吾士民有辅助官长及呈催官长之责，同人等更力请督抚严催各官长，至初选举既行，是为吾调查会第一段责任完毕。共襄盛举，是在我父老兄弟焉。

草簿样张附：

姓名	年岁	本省府州县人	住所	寄居年本省人不填，外省人须在十年以上
每人只填一项即为合格，如兼有四项资格，愿并填者听。	办过某项学务公益事务			须在三年以上
	出身或举贡生员，或某学堂毕业			
	官阶			须实缺文七品武五品以上未经参革者。
	营业资本、不动产			须当计值五千元以上，寄籍万元以上。

《申报》，光绪三十四年八月十三日（1908年9月8日）

江苏绅士上督宪酌拟谘议局筹办处大略办法公呈

呈为遵旨酌拟请设谘议局筹办处恭请批示祇遵事：窃绅等恭读六月二十四日

谕旨并颁发《谘议局章程》六十二条、《选举章程》一百十五条，限于一年以内一律办齐。圣谟洋洋，所以鼓舞而策励之者，无微不至。今闻又通咨各省设立筹办处，则从前各省假定之谘议局，其为不适于近今事情，必须另选公正员绅另设办事处所，实为一定不易之理。谨按章程六十二条载"未尽事宜得由各省谘议局拟具草案呈由督抚咨送编查馆会同资政院核议"，又第五十二条"办事处细则由谘议局自定"，是一切详细规章本有必须会商订立之处。况宁苏两属关系密切，尤不能孤行己意，各不相谋。兹由两属绅商学界公同集议，即就宁苏两省垣设立处所，实行筹办，其间应办事宜如调查选举、制定预算议案等事，真如茧丝牛毛不可胜数。现在奉旨已届两月，距明年九月开会不过一年，即使兼营并进急起直追，犹虞不及。若复因循以为安，容与以为悦，虽有良法美意，势必废搁不行。即行矣，势必虚有其表而终归于无实。台端提倡于始而策勉于终，此又绅等所殷殷仰望而不能自已者也。至于谘议局详细办法自应斟酌江苏全省情形，届时再行呈报。再筹办全以得人为主，得人则事事可以进行，不得人则日日皆成延宕，所有筹办处总会办及以下各员照章应官绅并用，除官一方面应请台端选择委员，至绅一方面现已集议公推，一俟举定，即行开单呈请酌派，合并声明。除呈督部堂、抚部院外，相应呈请迅赐鉴核批示施行，不胜迫切待命之至。谨呈。

《南洋官报》旬报第一百廿八册，戊申九月二十日（1908年10月14日）

江苏绅士集议谘议局纪事

昨日江苏全省士绅在上海江苏教育总会筹议谘议局事宜，到会者约二百余人，宁属居三分之二，苏松两属亦有远道至者。二时开会，先由沈友卿先生报告开会缘起，公推仇涞之先生继恒为主席，委托陶席山先生宣读呈词呈词附后。主席说明呈稿删改理由，且言此呈但就筹办处大略情形立言，至谘议局之分合及应设何处，统俟明年设立谘议局时再行集议。蒋季和先生言筹办处选举尚待集议公推,而苏省官界已有二十六日会议之说,恐不待选举即有酌派之员,似选举急宜从速。又言呈稿因巡抚移驻清江之风说,江苏全省情形尚未大定,故但言筹办处不及谘议局。但谘议局设立之时而应行研究之事尚未就绪,必不能临时猝议,故宜将谘议局十二条目逐时研究。沈友卿先生答言,人民一方面本拟设一研究会,在今日第三款提议。仇主席提议研究会办法,大致谓宁苏各设筹办处,会已不相统属,故在上海交通适中之地设一研究会,为精神上之联合。当将研究会简章请众公决,且说明简章系标明宗旨,得众同意乃另推起草再议详章及会员职员各种办法。众皆赞成。兹将决定简章列左:

定名:江苏谘议局研究会

宗旨:以联络江苏全省绅民,研究关于谘议局之法理事实,以期增进议员知识为宗旨。

责任:一、解释谘议局章程。二、调查本省利弊。三、调查各省关于谘议局之行政规章。四、讲求各国议会规则及地方自治制度。

事务所:上海总会设上海酱园一弄教育总会事务所,宁苏两垣分设支会,江宁设夫子庙宁垣教育总会事务所,苏垣设古市巷苏垣教育总会事务所。

后又提议关于筹办处各事及选举筹办处职员之手续,议定延长会期一日。今日下午二时仍在教育总会开会。

附:江苏绅士上督抚酌拟谘议局筹办处大略办法公呈【略。见上文】

《申报》,光绪三十四年八月廿五日(1908年9月20日)

苏绅集议谘议局续记

江苏绅士昨日下午二时半仍在教育总会开会,由沈友卿君报告开会缘起,公推马良为主席。旋发选举票,由宁苏两属同人各举省垣谘议局筹办处总会办,计宁属当选者四人：张謇四十九票、仇继恒三十三票、魏家骅二十九票、许鼎霖十二票；苏属当选者四人：王同愈三十三票、王清穆马良各十二票、蒋炳章十一票。举定后，即拟开单请督抚选用。旋又议研究会办法，大旨主张督促各地方速造选举人名册为入手之基。五时半散会。

《申报》，光绪三十四年八月廿六日（1908年9月21日）

苏抚饬司筹办谘议局

日前苏抚接军机处通电，略谓时事多艰，非立宪无以收富强之效。幸奉明诏颁示年限，亟应钦遵谕旨，将逐年应办事宜妥速筹议。其第一年筹办之事为谘议局。谘议局为宪政基础，希迅速筹办，内外臣工同受国恩，惟有极力图报等语。陈中丞以谘议局一事朝廷颇为注意，各省亦将前后开办，苏省为风气早开之地，自应早日成立以树风声。省垣虽曾设有谘议局，惟一切筹办方法尚无端绪，亟当从速照章妥办。爰特札饬藩学臬三司克日会议妥章详请开办。

《申报》，光绪三十四年八月廿七日（1908年9月22日）

苏绅公举谘议局筹办处总会办公呈

窃绅等前于请开设谘议局筹办处呈内声明，就上海集议之便公推公正明达绅士数人以备酌派筹办处总会办之选等情。现已于本月二十五日公同投票，计宁属推举翰林院修撰张謇、前翰林院庶吉士陕西开缺知县仇继恒、前山东东昌府知府魏家骅、安徽候补道许鼎霖为最多数，苏属推举翰林院秘书郎王同愈、前直隶按察司使王清穆、候选道马良、翰林院编修蒋炳章为最多数，相应呈请大公祖大人分别酌量委派总会办各一人，以便筹办处早日开设。至其余各职员应候筹办处成立时察度职务繁简，由总会办酌定人数，会同推举，再行分别呈请委派。正缮呈间，接马绅良函称年老多病，势难驻省办事，不敢当选等语，合并声明。所有公推正绅呈请委派缘由理合具呈，恭请鉴核施行。谨呈。

《申报》，光绪三十四年八月廿七日（1908年9月22日）

谘议局选举调查之始例

江苏谘议局调查会 稿

谘议局选举之调查以苏省武阳二县为最早，其著手次序及预算日期可分为三节，兹述其大略，以为首举之例，冀可通行于一省或推放于全国，愿吾士民有调查之责者览焉。

一、宣讲。调查之前，城市先宣讲一日，并召集商学界及各董事开谈话会数次，拟定条例，名曰调查须知，条文已见各报，与各董事及商学界之热心任事者互相研究解释明白，即由各董事择商学界中之一二人协同担任。如是者计五日。

各乡则先召集各乡董事到城讲说一日，又开谈话会数次，即将调查须知分发各乡董，互相研究解释明白，即由各乡董担任其本乡调查之责。如是者计五日。乡董主其本乡，又召集图董讲解如前。如是者计三日。

案：以上共计十三日，是为调查以前之预备，经此预备而城乡调查之责皆有人担任矣。惟召集开会及拟定调查须知等事自有哉。

一、发动之机关，他州县亦只患其不发动耳，一发动则何难之有。

二、注册。调查之事以填注草册为正文。草册格式本会已先有刻本，武阳即承用此式翻印数千张付调查员分投填注。分区之法，以原定坊厢之区域为界线，即以各坊厢董事及商学界之在本坊厢内有住所者担任之。每一坊厢，大者二三里，小者仅里许，逐户稽查，三日而遍。其中有须复询者，有须补遗者，有疑义须商榷者，又三日而遍。凡六日而卒事。

各乡亦分区调查，其分区以图为界，每图委托图董及住在本图之士商一二人辅助之，而总其成于乡董。每图纵横约五里，逐户稽查，三日而遍。又复询补遗商榷疑义，又三日而遍。凡六日而卒事。

案：填注草册，城乡皆六日而毕，即使城乡动手之日先后不齐，则宽假四日，并足十日足矣。且本坊厢与本乡图之人皆素所深悉，某人合资格，某人不合资格，某人合某项资格，皆了然于胸中，五项资格中，如曾办学务、公益事务，曾得举贡生员之出身，曾在某学堂毕业，曾任实缺官，皆历历可数，不须亲至其门向其本人或家属叨叨絮语，而草册上已可代填。所欲亲往询问者，不过年岁一项而已。至五千元以上之财产则较为难悉，然在乡图，则某户有田若干亩，有屋若干楹，完银若干两，纳粮若干石，在本图董事之胸中固亦历历可数，故不难在乡图而难在城市。城市之民，邻里董保亦有能知其大概者，某人家产决不止五千元，某人家产决不满五千元，此亦可一言而决，惟中人之家在疑似之间则须亲往一询耳。然则填注草册之事亦不甚难矣也。

三、审查。草册填齐即为调查已毕，复汇集一处公推绅士数人复审之，各乡则汇集于乡董，由乡董复审之，其期以五日为限。

案：调查既分区办理，则其交界之处所难保无重复脱漏之病，此应复审者一。一人有两住所，跨列两区而调查员则两存之，至汇集时必当开除其一，此应复审者二。注册时有不明晰者，有不如法者，必须改正，此应复审者三。复审期内并未缮成清册，留此时间听人追加更正，层次恰合。

又案：以上预算凡二十八日，期以匝月，颇足以从容而将事矣。论者畏其繁重，不敢施手，不知所谓繁重者，惟恐有冒滥及放弃二者之病而已。冒滥者自可以复审时剔除之，放弃者，隐匿财产不肯入册，则调查员自当谆谆劝告，请其追加。若告之而不见信，则亦听之，不能因少数之人而延宕造册之时期也。

再，敝会前经刊发通告一纸，内开调查方法，系请劝学所、教育会、商会、自治团体及城乡善堂公局担任，又请吏书礼书兵书学书四种办公之人查造举贡生员文武职官名册等情，业蒙各贵处察入矣。兹据武阳调查员述称此法尚多窒碍，不如归各地方固有之区域分区办理较为便利。敝会以武阳办事诸君已有此经验，分区之法业已见诸施行，自当从速改正，应请各贵处查照察酌情形改用分区调查之法以期迅速。是否有当，仍希裁夺。

附：调查手续

按武阳调查手续已登各报，兹略加删改以成通法。谨条例如左：

一、调查区域。城市以坊厢为界，各乡以图为界。按坊厢乡图之名词各处不同，兹特举以为例，总之以固有之区域为区域可也。

一、调查员以本区董事为主，以本区内之士商一二人为补。按武阳以商学界为主而以董事为辅。兹恐各处商学界能任事者少，不可为通法，故改之。

一、每一调查员须携带调查须知、调查手续各一纸，选举人原簿各若干张，记事簿一本，笔一支。

一、选举人原簿宜编齐号数，如一区内无一合格之人，应将空白者缴还，不可遗失，以便稽考。

一、记事簿应于调查完毕之日与选举人原簿一并缴还。

一、调查员务必挨户调查，如一街巷中两面皆有居户，须查毕一面再查一面，不可忽东忽西以免遗漏。

一、凡有选举资格五项中之一，而有谘议局章程第六条第七条各项事情者，仍当列入，而于记事簿上注明以便剔除。

一、遇有出游在外者最宜注意不可遗漏。

一、调查时遇有本人他适而其家族又不能应答，则须访之邻右或留字约本人至调查员处补填。

一、全家俱不在本地而在本地有财产者，仍当列入，但须访明邻右及其亲族。

一、调查区交界处应彼此接洽以免重复脱漏。

一、调查以六日完毕，六日内茶点零用可开支公款。按调查之正文只六日，合前后预备及复审亦不过一月，本无需重费，所费者当以印刷缮写为大宗，盖调查须知、调查手续、选举人原簿，每项多至数千张，少亦数百张，非印刷不办。至调查完毕之日，汇造清册，多至十余万字，少亦数万字，非募人誊写不办。至调查员茶点零用固其小焉者也。若各董事视为应尽之义务,则并无须开支耳。此条似可酌办,非必要条件也。

一、《谘议局章程》第六第七两条所载失选举权及停止选举权之事项,均载调查须知中,惟吸食鸦片一项调查须知未经列入,不可漏记。

《申报》,光绪三十四年九月十六日(1908年10月10日)

苏属谘议局筹办处王蒋二君致宁筹办处张仇二君书

径启者:昨见报载,宪政编查馆复尊处电文各条俱可遵行,惟丙项"寄居人资格非本府本县人与非本省人均系一律",按诸实际理论似均有窒碍难行之处。查谘议局章程第四五条寄居人与本籍人互为对峙,非本籍人始为寄居人,是只有本省与非本省之界限,本省以内并无本府县与他府县之区别也,如宪政编查馆复电云云核与原章之意甚有出入,且一省中各府县之人互为寄居者其数甚众,每有局章第三条之各项资格而能合局章第四条之资格则鲜,强以行之寄居年限,或能满十年以上而财产满一万元者往往百不逮一,语其利害关系初无异于本府县人,必令各返原籍府县而行使选举权,则或苦于往返之不便,或因原籍无相稔可举之人,乃群放弃其应行使之选举权,当非立法者之本意,又显分畛域,至同省之他府县人亦斤斤焉摈而外之,示民以不广,影响之及于他事者颇巨。某等盖不能无鳃鳃之虑。尊处是否照办抑或另行请示,祈迅速示复,企望无已。

《申报》,光绪三十四年十一月初六日(1908年11月29日)

督部堂端致宪政编查馆电

宪政馆鉴：据前电示当选票额以投票人实数计算，惟各省初行选举，仍虑不能足额，如须重行选举，或至三次四次选举，是否均照初次投票人实数计算，抑各按照每次投票人实数计算？各省风气未尽开通，重行选举投票人数必较初次为少，选举次数愈多投票人数亦必愈减，概照初次投票人实数核算恐有终不足额之虞，究应如何办理之处，祈酌核明示。

宪政编查馆复电

南京制台：元电悉。当选票额既以投票人实数计算，如须重行选举，自无庸照初次投票人之数，可照每次投票人实数核算办理。此复。谏。印。

《南洋官报》第九期，宣统元年二月三十日（1909年3月21日）；又载《申报》，宣统元年二月二十六日（1909年3月17日）

苏省议员旅沪同志预备会公启

我苏省复选之期视他省为特早，然自各属一律选定，距谘议局开会时仅四阅月耳。此四阅月中各议员之研求有素，遇一问题批隙导窾不待迟回者，吾知其大有人也。怵于负荷之重且巨，急起直追，求扩闻见，如恐弗及者又大有人也。虽然，我苏省今日所处地位与他省异，地狭而民众，俗疲而政繁，大江南北风土人情迥异，所受利弊亦各殊，通盘筹画求所以致阖省之治安、增吾民之幸福者非群聚而谋之不为功。上月间宁垣研究会成立，固将深求夫全省利病之所在及其善后之方法，为议员助。顾为议员者知其所以助之，不知其所以促之，事与我界，时不我宽，凡在局中，同兹感触。鄙人等逆计议员先期会集之难，又见议员先事研究之不可以已，爰就沪上倡设议员预备会，各属同志或不惮道里之阻惠然肯来，或各就地域之宜并行组织，机关既立，情愫斯通，于鄙人等求助他山勉思寡过之意，其亦有引为同情者乎？发起人：潘鸿鼎、秦瑞玠、孟森、雷奋、夏曰琦、张家镇、孟昭常、张开圻同启。

《申报》，宣统元年五月十九日（1909年7月6日）

苏省议员旅沪同志预备会简章

一、宗旨：联合本省议员研究关于谘议局之责任权限，为对付督抚所交议案及谘议局自行草具议案之预备。

二、会所：假上海静安寺路预备立宪公会事务所通信处新马路昌寿里六十五号张雄伯。

三、会员：凡被选为本省议员者皆得为本会会员。

四、责任：

甲）会员预备之范围，限于《谘议局章程》第六章责任权限。

乙）调查编辑不设专员，各会员于地方行政利弊或为平昔注意之事或目今必应提议之事，一面详细调查，一面即编立条目交由本会分别妥议，为谘议局议案之预备。

丙）本会与本省谘议局研究会联络一气，研究会提出各问题已得要领者本会以责任所在自当益加审核讨论可否，以无负预备之宗旨。

丁）按《谘议局章程》第六章第十二款"收受本省自治会或人民陈请建议事件"云云，本会既立于预备之地位，凡地方自治团体或人民拟请谘议局建议之事件，不妨先具说略，交由本会分别研究，庶谘议局开会议事时较有把握。

戊）凡一事件应否研究及提出研究先后次序凭众公决。

五、会期：每逢星期六午后三时至六时会议一次，其有不能常川到会者，得随时提出意见书交会审议以广搜罗而均意志。

六、置备：

甲）凡必需备考之案牍及清理财政局陆续编出各种报告册、比较表说明书等，应设法向各该衙局抄阅以资查核。

乙）应用书籍中如系巨帙或坊肆所罕购者由本会酌量分别借购。

七、附则：本会详细规则另订。

《申报》，宣统元年五月十九日（1909年7月6日）

苏省旅沪议员预备会纪事

本月初一日为苏省旅沪同志议员预备会第二次开会之期，潘铸禹、夏苟宾、孟莼生、孙子远等先后到会。商议各事如下：一、议局章第二十一条第一项应兴应革事件范围广博，目前尤宜注重应革事宜。一、议南漕改折官民两利，拟再详细调查列入议案；一、议各州县征收丁漕自定柜价，抑勒银洋，并不收铜元之弊，亟宜设法革除。闻下星期六再行集议。

《申报》，宣统元年六月初二日（1909年7月18日）

旅沪议员预备会纪事

本月之十五日为旅沪议员开第四次预备会之期。是日到者孟森、潘鸿鼎、秦瑞玠、顾瑞、张家镇、孟昭常、陶惟坻诸君。提议事件如左：一、议省局派销官印刷纸事。江苏新立官印刷纸厂，自六月初一日起派销官印刷纸，计分官用品及民用品两种，定价过高，且妨碍民业，其民用品中有须贴用部颁印花票者，若限买官纸，不啻重征，即各种官用品亦似无省局派销之必要，徒形剥削而益增官困，当议补救之方法。一、议州县厘卡勒短洋价事。苏属各州县及各厘卡征收丁漕各项捐税往往勒短洋价及限制铜元，现据调查确悉州县征收丁忙漕折于铜元仅许搭用二三成，洋价每元照市勒短百数十文不等，房捐每元仅作一千文，抑勒更多。至厘金局卡则更藉口应收卡钱概不收纳铜元，且银洋每元亦仅作价一千文，似此情形无异暗将铜元减折，亟宜设法以杜其弊。

《申报》，宣统元年六月十七日（1909年8月2日）

第二部分 苏属谘议局筹办处

A.《江苏苏属谘议局筹办处报告书》

抚宪札行谘议局筹办处章程文

为札行事：光绪三十四年八月初一日承准宪政编查馆王大臣咨："本馆会同资政院具奏拟呈《谘议局章程》附加按语及《议员选举章程》一折，光绪三十四年六月二十四日内阁奉上谕：'朕钦奉慈禧端佑康颐昭豫庄诚寿恭钦献崇熙皇太后懿旨，宪政编查馆、资政院王大臣奕劻、溥伦等会奏拟呈各省谘议局及议员选举各章程一折，谘议局为采取舆论之所，并为资政院预储议员之阶，议院基础即肇于此，事体重大，亟宜详慎厘定。兹据该王大臣拟呈各项章程详加披阅，尚属周妥，均照所议办理，即著各督抚迅速举办实力奉行，自奉到章程之日起限一年内一律办齐。朝廷轸念民依，将来使国民与闻政事以示大公，因先于各省设谘议局以资历练。凡我士庶均当共体时艰，同摅忠爱，于本省地方应兴应革之利弊切实指陈，于国民应尽之义务、应循之秩序竭诚践守，勿挟私心以妨公益，勿逞意气以紊成规，勿见事太易而议论稍涉嚣张，勿权限不明而定法致滋侵越，总期民情不虞壅蔽，国宪咸知遵循。各该督抚等亦当本集思广益之怀，行好恶同民之政，虚公审察，惟善是从，庶几上下一心，渐臻上理。至于选举议员尤宜督率各该地方有司认真监督，精择慎取，断不准使心术不正、行止有亏之人托足其内致妨治安。该王大臣所陈要义三端甚为中肯，如宣布开设议院年限一节自是立宪国必有之义。但各国宪政本难强同，要不外乎行政之权在官吏、建言之权在议员，而大经大法上以之执行罔越，下以之遵奉弗违。中国立宪政体前已降旨宣示，必须切实预备慎始图终方不至托空言而鲜实效。著宪政编查馆、资政院王大臣督同馆院谙习法政人员甄采列邦之良规，折衷本国之成宪，迅将君主宪法大纲暨议院选举各法择要编辑，并将议院未开以前逐年应行筹备各事分期拟议，（驴）〔胪〕列具奏呈览，俟朝廷亲裁后当即将开设议院年限钦定宣布以立臣工进行之准则而副吾民望治之殷怀，并使天下臣民晓然于朝廷因时制宜变法图强之至意。'钦此。钦遵。查谘议局关系重要，选举事宜尤属创办，此次所订章程头绪繁多，条文细密，各省如有疑义应随时咨询本馆以便详为解释俾免歧误，其选举票、投票匦及当选执照等件亦经拟定格式期归一律。现在谘议局尚未成立，各省应就省会地方先行设立该局筹办处，由督抚钦遵谕旨选派公正明达官绅创办其事，所有各省现设之谘议局一律改称谘议局筹办处，俾免混淆，俟一年内筹办就绪，谘议局成立后，即按照此次奏定章程办理，将筹办处概行裁撤。其筹办处详细章程由各省自行酌定，仍咨送本馆备查。至谘议局开办后与地方官吏往来公文体制，督抚用札行，司道以下用照会，谘议局均用呈文，并应由本省督抚刊给该局木质关防以资钤用。相应恭录谕旨、刷印原奏清单并选举票式、投票匦式、初选当选及议员执照式共四纸咨行贵抚钦遵查照办理可也。外，另寄原奏清单及选举票等式一百分"等因，到本部院。承准此，并据邮局将前项奏单票式等件递送前来。查苏省前已设立谘议局分派员绅开办在案。兹准前因，即遵旨将该局改称苏省谘议局筹办处以归一律，一面改刊关防另札饬发。除将原奏章程及选举票等式分别存发外，合并札发。札到该处即便查收通颁各府州厅县一体钦遵查照办理，并先将详细章程妥为酌拟呈候核定转咨。毋违。此札。

呈报遵改苏省谘议局为苏省谘议局筹办处并开办及开用关防日期文

为呈报事：光绪三十四年八月十一日奉宪台札饬遵照宪政编查馆咨将苏省原设谘议局改为苏省谘议局筹办处、酌拟章程呈候转咨，又于八月十九日奉宪台饬据善后局刊刻苏省谘议局筹办处关防一颗札发收领开用,并将原用谘议局关防一颗封送善后局销毁具报,计发关防一颗各等因,奉此。本司职道等遵将原有谘议局改为苏省谘议局筹办处,租赁城内太平巷房屋作为局所,于九月十六日开办并开用关防。除详拟章程、委员分科办事、呈请转咨并将原用谘议局关防封送善后局销毁外,理合具文呈报宪台查核。为此呈乞照验施行。须至呈者。

本处呈报抚宪拟具筹办处章程文

为呈请事:案奉宪台札饬遵照宪政编查馆咨将苏省原设谘议局改为苏省谘议局筹办处、酌拟章程呈候转咨等因,业经本司职道等将筹办处开办日期呈报宪鉴在案。兹公同商酌谨拟《苏省谘议局筹办处章程》十二条,是否有当,理合开折呈请宪台鉴核,咨送宪政编查馆备查。除呈报督宪外,为此备由呈乞照验施行。谨拟《苏省谘议局筹办处章程》十二条录呈钧鉴。

总　纲

第一条　本处以筹办设立谘议局一切事宜为宗旨,谘议局成立时即行裁撤。

职　员

第二条　本处由抚院派委,藩学臬三司为督办,并委明达官绅为专任职员,其应派职员如左:

一总办,一会办,一总理,一协理①,一提调,一科长,一科员,一司选员。

总协理、提调、科长、司选员均由抚院委派,其科员均由本处委派详报,②

---

①　《南洋官报》戊申十月三十日,旬报第一百三十二册所载无"总理"、"协理"。
②　《南洋官报》戊申十月三十日,旬报第一百三十二册:"总会办、提调、【科】长均由抚院委派,科员、司选各员均由本处委派详报"。

仍官绅并用。

分　科

第三条　本处应办各事分为三科如左：

一、选举科：掌解释谘议局选举章程及关于选举各项事宜；

一、文牍科：掌本处一应文牍事宜；

一、庶务科：掌本处一应庶务及会计事宜。

第四条　每科各设科长一员，另设科员数员以分理之。应设科员如左：

甲、选举科①

一、分理关于选举及编纂各事；

一、分理关于选举报告登记及调查各事。

乙、文牍科

一、分理文件之撰拟各事；

一、分理文件之收发及检存案卷各事；

一、分理文件之收发及监用关防各事；

一、分理文件之缮校各事。

丙、庶务科

一、分理款项之收支及购置各事；

一、分理不关于他科之一切杂事。

权　限

第五条　会办及总协理均商同总办处理本处各事宜②。

第六条　各科长商承总会办、总协理率同本科科员办理本科事宜③。

第七条　各科员商承本科科长分理本科事宜。

第八条　本处得详请抚院委派谘习法政员绅为司选员④分赴各府厅州县为该

---

① 《南洋官报》戊申十月三十日，旬报第一百三十二册所载，在"选举科"及后面"文牍科"、"庶务科"后皆有"管理左列一切事项"等字。

② 《南洋官报》戊申十月三十日，旬报第一百三十二册："总会办商同督办处理本处各事宜"。

③ 《南洋官报》戊申十月三十日，旬报第一百三十二册所载此条无"总协理"等字。

④ 《南洋官报》戊申十月三十日，旬报第一百三十二册："本处得遴派谘习法政员绅为司选员"。

属士绅讲演谘议局选举章程并帮同地方官筹备初选复选一切事宜。

第九条　司选员对于派赴各地方所办选举事宜有会同查催之责。

定　期

第十条　谘议局现限三十五年九月初一日为成立之期，应将办理调查选举各事另定筹办日期表。

经　费

第十一条　本处经费分为开办费、常年费二种，由本处预算详请抚院指拨。

附　则

第十二条　本处章程详定后如有未尽事宜，或有应增应减及更改之处，随时更订呈院核定施行。

江苏苏属谘议局筹办处选举事宜预定日期表

一、设立筹办处：本年九月十六日。

二、颁发晓谕告示、解释章程、各州县设立预备选举事务所：九月十六至十月初九日。

三、调查选举资格、编查选举名簿：十月初十至十一月廿九日。

四、初选监督审查编定选举人名册：十二月初一至初十日。

五、宣示人名册：十二月十一至二十日。

六、选举人呈诉，初选复选监督之判定：十二月廿一至正月初十日。

七、初选监督申送人名册，督抚分配议员额数榜示各复选区，初选监督分划投票区张贴选举告示：正月十一至二十九日①。

八、复选监督分配初选当选人额数，榜示各初选区张贴选举告示：二月初一至十五日。

九、复选监督颁发投票纸，初选监督颁发投票簿、投票匦等：二月十六至二月三十日②。

十、初选投票：闰二月初一日。

十一、初选开票检票：闰二月初四日。

十二、重行选举：当选人不足额时行之，闰二月初七日。

十三、重行开票：同上，闰二月初十日。

十四、知会初选当选人：闰二月十三日。

十五、初选当选人呈明情愿应选：闰二月十四日至二十三日。

十六、给与执照并榜示姓名：闰二月二十四日至二十六日。

十七、申报复选监督：闰二月廿七日至三月初六日。

十八、复选监督造复选人名册，颁发投票簿、投票匦等：三月初七至十二日。

十九、复选投票：三月十五日。

二十、复选开票检票：三月十八日。

二十一、知会复选当选人：三月十九至三月二十八日。

二十二、复选当选人呈明情愿应选：三月二十九至四月初八日。

二十三、给与当选人执照并榜示姓名：四月初九至十四日。

二十四、申报督抚：四月十五至二十九日③。

二十五、谘议局成立：九（期）〔月〕初一日。

自设立筹办处至裁撤筹办处，计期不足一年，阶级凡二十五，各宜程功刻日无晷刻可以自逸。如实行时不得不有所增损，当随后酌改以期适合。

---

① 《南洋官报》戊申十月三十日，旬报第一百三十二册所载，无"初选监督申送人名册"。又"二十九日"作"三十日"。按：宣统元年正月无三十日。

② 《南洋官报》戊申十月三十日，旬报第一百三十二册所载，"二月三十日"作"二月二十五日"。

③ 《南洋官报》戊申十月三十日，旬报第一百三十二册所载，"二十九日"作"三十日"。

抚宪札发晓谕绅民创设谘议局缘由告示

为晓谕事：照得前准宪政编查馆文开：六月二十四日奉上谕"谘议局为采取舆论之所，著各督抚迅速举办，限一年内一律办齐"等因，钦此，并颁到《谘议局章程》六十二条、《议员选举章程》一百十五条。旋又准宪政编查馆咨各省先设谘议局筹办处各在案。谘议局为议院基础，筹办处即所以谋谘议局之成立。江苏额定议员六十六名，自应按苏属各厅州县选举合格之人数多寡核定议员名数，遵照章程以本管之府厅州县官为初选、复选监督，于选举期三个月以前由初选监督分划本管投票区域，按照选举资格详细调查，将合格者造具选举人名册，其调查员应由初监督分设，办事细则亦由初选拟定，并先期颁示选举日期及投票开票处所、投票方法，派定管理、监察各员。至复选时应办各事即由复选监督酌定，原颁章程至为明晰，均经札饬该筹办处转饬一体遵照。现在筹办处虽经开设，距一年办齐之期为时甚迫，诚恐各属绅民等于例意未及周知，又或传说讹谬以致诸多误会，观望不前，不得不括其大要明白示谕。查谘议局应设议长、副议长等名目，其应办事件综计十有二款：一、议决本省应兴应革事件；二、议决本省岁出入预算事件；三、议决本省岁出入决算事件；四、议决本省税法及公债事件；五、议决本省担任义务之增加事件；六、议决本省单行章程规则之增删修改事件；七、议决本省权利之存废事件；八、选举资政院议员事件；九、申复资政院咨询事件；十、申复督抚咨询事件；十一、公断和解本省自治会之争议事件；十二、收受本省自治会或人民陈请建议事件。前七款议督抚起草于开会时提议，但除第二三款外谘议局亦得自行草具议案。盖议员将来之职任异常重要，故今日之办理选举自当限以资格，凡属本省籍贯之男子年满二十五岁以上，一、曾在本省地方办理学务及其他公益事务满三年以上著有成绩者；二、曾在本国外国中学堂及与中学同等或中学以上之学堂毕业得有文凭者；三、有举贡生员以上之出身者者；四、曾任实缺职官文七品、武五品以上未被参革者；五、在本省地方有五千元以上之营业资本或不动产者。以上均有选举之权。凡非本省籍贯之男子，寄居本省满十年以上，在寄居地方有一万元以上之营业资本或不动产者亦得有选举之权。惟被选举者无论本籍寄居具须年满三十岁以上，所以重代表国民之任也。其不合格者：一、品行悖谬营私武断者；二、曾处监禁以上之刑者；三、营业不正者；四、失财产上之信用被人控实尚未清结者；五、吸食鸦片者；六、有心疾者；七、身家不清白者；八、不识文义者。凡有一于此皆不得有选举权及被选举权。又：一、本省官吏或幕友；二、常备军人及征调期间之续备后备军人；三、巡警官吏；四、僧道及其他宗教师；五、各学堂肄业生。以上人等均①停止选举权及被选举权。至现充小学堂教员者则亦停止其被选举权。此合格不合格之大较也。此外则票纸由官颁发，投票时有一定之方法，检票时凡写不依式、夹写他事、字迹模糊、不用所发票纸选出之人，不合被选举资格，皆应作废。当选人于接到初选监督知会二十日内自行呈明情愿应选，逾期不复作为不愿应选，凡此皆不可不知者也。更有当选无效、改选补选、诉讼罚则各条尤宜留意。为此示仰阖属绅民一体知悉。尔等须知朝廷博采舆论，设立议员，俾之与闻政事，集议建言，指陈通省利病，筹计地方治安。议员资格如此贵重，当此筹办选举之始务宜仰体德意，恪守章程，凡有合格之人万勿瞻望徘徊迟疑自误，致令造册逾限。如果初选监督所设之调查员耳目未周或有遗漏，尔绅民亦可各举所知，俾监督派员调查属实以便入册。仍各将官刊馆颁章程详细阅看，不得稍有误会，其各凛遵毋违。切切特示。

札发晓谕告示并附解释章程

为札发事：照得现在办理选举系属创举，期限既定以一年，章程复归于简要，诚恐各属人民或则观望怀疑或则纷歧误会，本处业已札发《调查须知》，俾

---

① 原作"填"，疑误。

办理选举人员得资参考在案。兹复编就晓谕告示并将章程逐条解释附列于后,刷印多张,合亟札发各属张贴,俾众周知。札到该□即便遵照分投城厢乡镇张贴晓谕。仍将奉到告示日期发贴区所报处查考。毋违。此札。

计札发告示　张
四府一州及所属各厅州县

本处撰拟晓谕告示并解释各项资格及调查罚则各条

为剀切晓谕事：照得本处奉抚宪札饬设立专为筹办谘议局一切事宜,所有《谘议局章程》及《选举章程》已奉抚宪详晰晓谕在案。查谘议局系为资政院基础,于本省应兴应革事宜均有指陈利弊之权,凡全省绅民有与定章资格相合者皆得有选举权及被选举权,实为朝廷特与人民以与闻政事之权。凡全省绅民有资格相合得有选举权及被选举权者,于地方情弊身家利害均可据实直言、详细敷陈。为地方造幸福,即为身家谋乐利,故东西各国人民视得选举权及被选举权者咸以为非常荣誉,称为公民,举国尊之敬之。中国现当创办之始,阖属绅民或有未能尽解谘议局之设立为绅民莫大之利益、极要之关系者,或漠不关心,或怠以将事,不独上负朝廷之特典,亦且自弃公民之权利,于立宪前途阻碍非浅。本处遵旨设立以来日夕忧惕,用特剀切晓谕,为此示仰阖属绅民一体知悉,自示之后尔绅民等务宜父诏其子、兄勉其弟,友朋姻娅转相告语,须知谘议局之利益、议员资格之贵重,上为国家立宪之要政,下为地方自治实行之枢纽,于尔等身家均有密切关系,必期家喻户晓,努力同心。又须知谘议局之议员皆由尔绅民等选举而来,即当切实考求孰为与定章相合有选举资格者须先行调查,列为选举名册,如或遗漏不列,则此后即无选举权及被选举权,关系尔绅民等至为重大,万勿自误。但调查员耳目难周,各当举尔所知以辅助其不及,亦可自行具报以便列入名册。尔绅民等须知凡为国民苟无选举权及被选举者,将于地方情弊、身家利害皆无建言之权，若不早日声明则以合格之公民竟至坐弃权利，与《谘议局章程》第六条所载各项之剥夺公权者相等，甚为可惜。本处不惮再三谆谕，尔绅民等各宜深悉此意，庶地方官吏得将名册赶紧造就，则投票等事自可顺次举行，俾谘议局得以如期成立，以建将来资政院之基础。本处实有厚望焉。但各项资格及停止公权、剥夺公权、调查罚则各条律文奥赜，或非尽人能喻，庸特附加诠释条列示后，其各一体遵照。切切勿违。特示。

计开：

第三条　凡属本省籍贯之男子年满二十五岁以上具左列资格之一者有选举谘议局议员之权。

解释：具左列资格之一者，即谓有下开五项资格中之一种皆得有选举权。遇一人兼有数资格者，或尽行填入人名册，或单填一项，均听本人自愿。

一、曾在本省地方办理学务及其他公益事务满三年以上著有成绩者。

解释：办理学务者指官立、私立、公立学堂及各项讲习所、传习所、教育会、劝学所等之职员而言；办理公益事务者指曾经官署承认之地方公益团体之职员及各善举局所之董事而言。限以三年者，自任职日起按月接算，学务、公益两项可以并计。

二、曾在本国或在外国中学堂及与中学同等或中学以上之学堂毕业得有文凭者。

解释：此以中学以上既经毕业，现不在学堂者为限，但指得有毕业文凭者，不问等第均为合格。

三、有举贡生员以上之出身者。

解释：指得举人、贡生、秀才以上之科名者。

四、曾任实缺职官文七品、武五品以上未被参革者。

解释：曾任实缺一语，署理代理亦在其内，惟代理署理者之原官必以文七品以上、武五品以上之实职为限 如府经县丞署过或代过知县仍不合格，候补、候选及仅有升衔封典者不在此例。

五、在本省地方有五千元以上之营业资本或不动产者。

解释：营业资本与不动产两项可以并计，在五千元以上者止填五千元以上字样，不必列其细数。

第四条　凡在本省籍贯之男子，年满二十五岁，寄居本省满十年以上，在寄居地方有一万元以上之营业资本或不动产者亦得有选举谘议局议员之权。

解释：有实业或置田房于本省而寓居不久，或久居本籍迄未置备资产，及有资产而不及一万元者皆不在内。

第六条　凡有左列情事之一者不得有选举权及被选举权。

解释：有当于本条下开八项之一种，即有第三条、第四条、第五条之资格者悉归无效。

一、品行悖谬营私武断者。

解释：以确有昭著之劣迹为断。

二、曾处监禁以上之刑者。

解释：以曾受监禁之罚者为断。

三、营业不正者。

解释：例如设妓馆者，以饮食用物为睹者，造作或售卖烟具、赌具及烟膏者。

四、失财产上之信用被人控实尚未清结者。

解释：例如经商倒账、民人负欠被控属实，判令清偿迄未遵断了案者。

五、吸食鸦片者。

解释：以现吸未戒为断。

六、有心疾者。

解释：指疯狂痴呆之可以言语形状推定者。

七、身家不清白者。

解释：以本人曾就倡优隶卒等职业，或其父兄子弟现为倡优隶卒者为断。

八、不识文义者。

解释：以不能自书选举票为断。

第七条　左列人等停止其选举权及被选举权。

解释：凡合于第三条、第四条资格之人虽不犯第六条之各项而因其职业有宜停止其选人及被选之理由也。

一、本省官吏或幕友。

解释：凡在本省实缺或候补各官皆在本项范围以内，惟教官不在此例，幕友以在衙署局所等有定职受薪俸者为断，书吏亦同。

二、常备军人及征调期间之续备后备军人。

解释：现在仅特征兵及就募投効之营兵等言。

三、巡警官吏。

解释：指管带巡警者及警兵警察之现在供职者。

四、僧道及其他宗教师。

解释：僧道之选举权一概停止，余如回教之老师、天主教之神甫、耶稣教之牧师与僧道同，寻常教民不在此限。

五、各学堂肄业生。

解释：肄业生以现在者为断。

第九十五条　以诈[①]术获登选举人名册者，或变更选举人名册者，处十元以上一百元以下之罚金。

解释：诈术包括一切欺诈行为之方法，此指无第三第四等条之资格，或混朦于先而滥登选举人名册，或窜改于后而变更选举人名册者而言，但经登入或变更即为犯罪。

札饬苏属五府州应设选举调查事务所文

为札饬事：照得本处为筹办谘议局一切事宜而设。谘议局以明年九月初一为成立之期，必须赶办选举方免误期。查《选举章程》，初选举以厅州县为选举区，复选举以府、直隶厅州为选举区，直隶厅州之本管地方及府之有本管地方者均作为选举区。初选区，厅以该同知、通判，州县以该知州、知县为初选监督，复选举区，府以该知府，直隶厅州以该同知、通判、知州为复选监督。府、直隶厅州之本管地方作为初选区者由该知府、同知、通判、知州遴派教佐员为（复）

---

① 原作"作"。疑误。据《南洋官报》戊申十一月廿九日，旬报第一百三十五册所载改。

〔初〕选监督。凡为初选复选监督者有监督选举事宜种种之责任，事体极为繁重。除将选举监督，照章各以本衙门为办理选举事务之所外，亟应遴选公正明达士绅帮同办理一切事宜，克期告竣。除分札各厅州县遵办外，为此札仰该府州即便查照，先就本衙门设立办理选举事务之所，一面查明如有该府州之本管地方应作为初选区者，迅即遴派教佐员为初选监督，会绅另设选举调查事务所一处，仍遵章拟订调查员办事细则，并会同绅商学界赶将选举事宜分投办理，克期告竣，以免迟误，致碍大局，并将设立日期及办事职员姓名先行报查以后，凡关于选举一切事宜均一面随时直接报告及质问于本处，以便检察查考并为颁发章程详切解释，无得率误违悖，是为至要。毋违。此札。

通饬各属照丹阳县所拟调查员办事规则办理文

为札饬事：照得办理选举事属创行，各县既无户口之统计，人民又鲜政治之思想，调查颇极繁难。本处正拟商订调查普通办法以为各属所循守，适据丹阳县罗令良鉴拟订《选举调查员办事规则》禀奉抚宪批处酌议。本处查核罗令所拟章程，除调查区域应就各该地方广狭分划办理，调查经费亦须就地酌筹，调查时期应照本处所发分配日期表依期办理外，其余各条均堪为各属一定不易之办法，应即通饬各属一律照办，合行札饬，札到该府厅州县即便遵照办理，毋延。此札。

丹阳县罗拟选举调查员办事规则

第一章 总纲

第一条 本规则遵照选举章程第十八条以组织调查事务为宗旨。

第二章

第二条 现假商会地方设调查事务所以资办公,邀集绅商学界之有资望学识者共十人担任所中事务。

第三章 调查区域

第三条 本邑所分投票区系照从前划定之学区办理,共计十区,每区之中仍照固有之图团区域分段调查。

第四章 调查表式

第四条 各区调查应依左列之表式：

姓名　年岁　籍贯　区数　住所　外省人寄居年数须十年以上
办理学务及公益　　　　须在三年以上
某学堂毕业文凭　　　　须在中学堂以上
举贡生员以上出身
职官　　　　　　　　　文七品武五品以上之未参革者
营业资本或不动产　　　值五千元以上,寄籍须万元以上

第五章 调查员

第五条 凡调查员以受有初选监督委任状为凭信。

第六章 调查员数及资格

第六条 乡镇每区四人,城厢一区八人,均按户口疏密而分配之。

第七条 调查员须具左列之资格:

一、年在二十五岁以上。

一、熟悉本区情形。

一、有法政知识。

一、品行无亏。

一、不染嗜好。

第七章 调查员之费给

第八条 调查员于调查时需用车马船只等项应照章给值。

第九条 调查员因公费用另记一账,俟调查事毕报知事务所核算给还。

第十条 调查员均系愿尽义务之士绅,不支薪水。

第八章 调查员之职务及权限

第十一条 调查时须随身携带图表及人名簿记事册。

第十二条 调查时须照表式详细填注,不得舛误遗漏。

第十三条 调查时会同知照该区图董,事情请其协助。

第十四条 调查时须先向该区各地方剀切演说选举之关系,毋使放弃权利。

第十五条 被调查者外出,应与其家人约定日期再往调查。

第十六条 被调查者举家外出,应询其邻右或其戚族。

第十七条 调查时除应调查事项外,不得考问他事。

第十八条 调查时或有疑义不能确定,应书之记事册呈事务所核办。

第十九条 此区调查员与彼区调查员应随时接洽,如遇交界之处须防遗漏重复等弊。

第二十条 被调查者如有嫚骂无体等事,调查员应即退出,报告事务所办理,不可与之争辨。

第九章　调查员之任免

第二十一条　调查员之委任，由事务所公推呈请初选监督决定，给以委任状。

第二十二条　调查员有犯左列事项者，事务所即报告初选监督立解其任：

一、藉端扰累。

一、品行有亏。

一、旷废职务。

一、填注不实。

第十章　调查时期

第二十三条　城厢以两个月为限，乡镇以一个月为限。

第二十四条　前条规定之时期非有意外阻碍不得展缓。

第十一章　经费

第二十五条　调查经费暂由初选监督筹拨交事务所经理。

第十二章　附则

第二十六条　本规则遵选举章程第十八条以复选监督核定之日为施行之期。

札发司选员办事规则

为札发事：光绪三十四年十一月初五日奉抚宪陈批本处详报酌拟司选员办事规则由，奉批："据详已悉。察核折开所拟规则甚属妥洽，仰即作速刷印分别札发遵照办理，缴。折存"等因。奉此。兹经本处将所拟规则逐条刷印，除札发各厅县司选员外，合行札发，札到该员、厅、县，即便会同官绅遵照办理。毋违。此札。

本处酌拟司选员办事规则十条

计开：

第一条　司选员由本处遴选明白事理谙习法政者详请抚院委派。

第二条　司选员分赴所派地方，应与地方官及当地士绅解释谘议局议员选举章程并调查造册等各种方法。

第三条　司选员应帮同地方官会集当地士绅从速设立选举调查事务所，并帮同该事务所实行调查造册等各项事宜。

第四条　司选员应办各事务按照本处所颁发之日期表，不得稍有歧误，如在定限内另订详细分（得）〔日〕办事之表者听。

第五条　司选员对于派往地方所办选举事宜认为不合者，得随时商同地方官或当地士绅更正之。

第六条　司选员应将派往地方办理选举情形每三日具报本处一次以凭查核。

第七条　司选员遇疑义不能解释可请由本处答复。

第八条　司选员如有办事为难情形可陈请本处核办。

第九条　司选员公费、川资由本处支给，所派往地方但准预备食宿处所，该司选员不得收受一切馈遗。

第十条　司选员之职务以人名册告竣为止，在派往各地方不得干涉无关选举之事，并不得于职务未告竣以前擅离所派往之地方。

苏省各属设立办理选举事务所日期表

府厅州县名	设立日期	禀报日期
苏州府属		
太湖厅	十月二十一日	十一月初八日
靖湖厅	十一月十二日	十一月十四日
长洲县	十月初三日	十月十二日
元和县	十月初三日	十月十二日
吴县	九月二十五日	十月十一日
昆山县	十月初一日	十月二十一日
新阳县	九月二十三日	十月初十日
常熟县	十月初五日	十月十七日
昭文县	十月初五日	十月十七日
吴江县	十月初九日	十月十九日
震泽县	十月初九日	十月十九日
松江府属		
川沙厅	十月初五日	十一月初二日
华亭县	十月初五日	十月三十日
娄县	十月初五日	十月三十日
奉贤县	十月初八日	十月三十日
金山县	十月初三日	十月三十日
上海县	十月初一日	十月二十六日
南汇县	九月二十五日	十一月初二日
青浦县	十月初十日	十月二十二日
常州府属		
武进县	十月初一	十月初十日

续表

府厅州县名	设立日期	禀报日期
阳湖县	十月初一	十月初十日
无锡县	九月二十五日	十月二十二日
金匮县	九月二十五日	十月二十二日
江阴县	十月十六日	十月二十五日
宜兴县	九月初八日	十一月十一日
荆溪县	九月初八日	十一月十一日
靖江县	十月初一日	十月十九日
镇江府		
太平洲厅	十一月二十日	十一月二十七日
丹徒县	十月初十日	十月二十四日
丹阳县	九月二十一日	十月十四日
金坛县	十月初一日	十月二十四日
溧阳县	十一月初十日	十一月二十六日
附京口驻防	十一月十二日	十二月初二日
太仓州		
本州	十月十一日	十月十六日
镇洋县	十月十一日	十月十六日
崇明县	十月初六日	十月　日
嘉定县	九月十七日	十月十三日
宝山县	九月二十日	十月十七日

本处转行宪政编查馆电复解释选举章程疑义并抄电

札行事：本年十月初三日奉抚宪陈札开："光绪三十四年九月廿八日承准宪政编查馆沁电内开：'养电悉。查谘议局选举章程第二条初选举以厅州县为选举区，则选举人应均以籍隶各该厅州县及其寄居人合格者为限，至投票区之设专为投票人便利起见，故投票人当属何投票区自应以其住居所在地方为准，若住居不在本籍而本籍又无住宅，无从定其所属者，可列入其现住相近之本籍投票区名簿内，即以该区为其投票之地，似此办理，即同城州县之处亦无窒碍，种种疑义自然冰释。其五十四条姓名不符四字系指票数与名数多寡不同而言，惟放弃选举权情节却非四字所能赅括，即如空白投票检数虽符而仍与不投票者无异，故补足一语以期周密，希即转饬遵办。此复'等因，到本部院。承准此，合抄去电札行，札到该处即便遵照办理。毋违，此札。计抄去电"等因。奉此，合就抄电札行，札到该府州即便转行所属各厅县传知办理选举事务官绅一体知照。毋违。此札。

计抄电：

北京宪政馆（均）〔钧〕鉴：苏省谘议局筹办处业经遵照奏定章程遴选明达官绅创办，已于本月十六日开局，所有办法章程及各员绅衔名容即咨呈立案。顷据筹办处官绅详称："查《谘议局选举章程》第四十一条'投票人以列名本属投票所之投票簿者为限'，对于被投票者并未明定界说，疑义乃丛生。甲说被投票人与投票人同以本属投票区为限，乙说被投票人以本属初选区为限，丙说被投票人以本属复选区为限。甲说最狭，自不可据，丙说最广，亦非初选时应据，自以乙说为近。但有同城州县之处，如苏人籍贯在长邑，住所在元邑，造册时应入何邑之册，依籍贯则在长邑并无住所，何从定其投票区之所属；依住所而执乙说，则投票者将不得（调）〔选〕其同籍之人。且苏垣三邑同治，昔日科举不分畛域，故籍贯住所都不相同，彼此任事，亦几统三邑而为一，故投票于长邑各区者有选举某人，元邑各区必有同举某人者。设以二十票为当选票额，某人于三邑各得十九票，俱不得为当选人，彼得二十票于一邑者方可为当选人。是五十七人信仰之效力转不如二十人信仰效力之厚，似亦非情理之平。此种关系有同城州县之处皆然，非第苏城也。开票检数自以各本区为限，无并算之法，然在有同城州县者似实际不得不并算。可否准同城州县于开票检数后互以票数知照一体并算，则投票区域即可依住所为定。如不得并算，则或依籍贯或依住所，皆有窒碍。现正调查造册，究应如何办理，谨候饬遵。又第五十四条有姓名不符云云，投票用无名单记法，投票簿与选举票对照，何从别其姓名之符否。如仅指姓名之数，则与下文放弃选举权何所区别？以上两端恳请电达北京宪政馆详晰指示俾使执行"

等情前来,特(萧)〔肃〕电询,敬恳电复,以便饬遵为祷。启泰,养。

咨复京口驻防初选复选投票开票附于丹徒县镇江府同日举行文

为咨复事:光绪三十四年十二月初二日准贵副都统咨开:"京防府县同城,将来选举名册造成,所有投票、开票各事是否由府县监督抑由京防自行办理之处无从悬断,商请查照馆章核议具复以凭饬办"等因。准此。查《谘议局议员选举章程》第一百十一条"专额议员初选投票开票事宜附于京旗及驻防相近之初选投票开票所同日举行",第一百十二条"专额议员复选投票开票事宜附于省城或将军、都统、城守尉所驻及相近之复选投票所开【票】所同日举行"各等语,自应将京防初选投票、开票附于丹徒县之投票所、开票所同日举行,复选投票开票附于镇江府之投票所、开票所同日举行,即由府县监督,毋庸由京防自行办理。除由本处札饬镇江府、丹徒县遵照办理外,合亟备文咨复贵副都统请烦查照饬办施行。须咨。

札各属遇选举事件提前赶办新旧交替专案移交文

为札饬事:照得苏省谘议局应遵一年办齐之旨,移于三十五年九月初一日依期成立。现在赶办选举为期甚促,嗣后各该府厅州县照章有初选复选监督之责者,凡遇关系选举事件务须提前赶办,如值新旧交替,后任初到情形未熟,应由前任专案移交并暂行帮同照料一月半月,以期诸事接洽,免致迟误。合行札饬。札到该某,即便遵照办理,并将奉文遵办日期报查。毋违。此札。

札饬各属将办理选举情形十日一报文

为札饬事：照得苏省谘议局应遵一年办齐之旨，务于三十五年九月初一日依期成立。现在办理选举事宜为期甚迫，且事属创始，章程细密，若非慎之又慎，诚恐贻误实多。本处现思为督促审查起见，应由各该厅州县照章有初选监督之责者，务将所办初选举一切事宜情形十日具报一次，如有延缓错误之处以便本处有所稽核，得以随时催办纠正免误大局。俟初选举事竣，各府州亦应将所办复选事宜十日一报。合行札饬。札到该府厅州县迅速照办，仍将奉敬日期具报本处查考。毋违，此札。

通饬各属选举人名册务须详细审查果无一误再行呈送文

为札饬事：照得《谘议局选举章程》第十七条初选监督应按照选举资格详细调查将合格者造具选举人名册；第十九条选举人名册应载事项如左：一、姓名、年岁、籍贯、住所或寄居、年限。二、办过某项学务及其他公益事务并其年限。三、出身。四、官阶。五、营业资本或不动产之某项所值确数；第二十一条选举人名册造成后初选监督应即呈由复选监督申报督抚；第二十五条选举人名册确定后应分存各投票所及开票所并由督抚咨报民政部各等语，自应遵照办理。兹据江阴、靖江、武进、太湖等厅县呈送选举人名册到处，其中错误不一而足，如于五项资格全行空白未曾填写一项，办理学务、公益事务并未注明何项学堂、何项公益及几年以上，甚至年岁未填，业茧董事列入公益，办理保甲、办理河工、帮办团练暨庄长、甲长等名目是否由县照会抑系谕单派充均未详细声叙，而江阴县册中选举人名字且竟有与御名下一字左从亻右从义相同者，靖江县并将照章应呈由复选监督申报督抚辗转咨民政部之名册一并呈请本处转送，种种歧误实属粗疏已极，岂章程与本处迭次札饬并未一曾寓目耶？除将各该厅县选举人名册分别札饬批示发还改正再行送处查核外，合亟通饬札到该府州即便转饬所属一体遵照，务将选举人名册详细审查，按照章程及本处迭次札饬果无一误，再行协定缮清四分，呈由复选监督申请督抚宪转咨民政部并另缮送处备查暨分存各投票所及开票所，以符定章而免歧误。毋违。切切此札。

通饬抚札准馆电本省寄居人准在寄居地方投票惟须呈明批准撤销本籍选举权及被选举权文

为通饬事：光绪三十四年十二月①二十三日奉抚宪陈札开："光绪三十四年十二月十九日准宪政编查馆啸电内开'查《谘议局选举章程》第二条初选举以厅州县为选举区，复选举以直隶厅州为复选区，是选举及被选举人自应各以籍隶各该区者为限，每届选举之期，选举人自应各归本籍投票，此系采用籍贯主义不得不然之办法，故寄居异府异县者若不愿回籍只能照章程第四条寄居人资格一律办理。此事迭据各省电询，业经本馆详细声复在案。惟各省来电屡以如此办理于选举人外所不便为言。本馆斟酌情形，自应量予变通以期便利。今拟：凡本省人具有局章第三条资格之一而寄居异府异县者，若于寄居地方确系寄居且置有产业，准其在寄居地方投票，其寄居年限及产业多少均可不论，惟须由本人呈请本籍选举监督声明愿在寄居地方投票，其本籍选举权及被选举权即撤销，经批准后应将批词作为凭证呈明寄居地方选举监督，乃可归入寄居地方行其选举权及被选举权，其未经呈明批准者应仍照本馆迭次电复照寄居人资格一律办理，庶于变通之中仍寓限制之意。至外省寄居人应照本馆明定章程，不得援以为例，即希通饬

---

① 原作"十三月"，疑误。

遵照'等因，到本部院。承准此。除电复饬遵外，合就札行，札到该处即便通饬各属一体遵照办理。毋违。此札。"等因。奉此，合亟通饬，札到该府州即便转饬所属各厅县一体遵照办理。毋违。此札。

札饬各属宣示选举人名册应照章办理文

为札饬事：查《选举章程》第二十一条载，选举人名册造成后初选监督应于选举期三个月以前颁发各投票所宣示公众；又第二十二条，宣示人名册以二十日为期，如本人以为错误遗漏，准于宣示期内取具凭证呈请初选监督更正，前项呈请更正初选监督应于收呈之日起二十日判定准否；又第二十三条，初选监督判定毋庸更正时有不服者得呈诉于复选监督，复选监督判定期限照前条第二次办理；又第二十四条，凡过宣示期限即为确定不得再请更正，各等语。是宣示选举人名册原恐调查有不实，资格有不合，人数有遗漏，非预先发交投票所宣示俾得公同查阅，则调查之不实无从更正，资格之不合无从剔除，人数之遗漏无从补报，将何以为确定之依据。现在各属选举人名册多已告成，投票区亦已划定，自应赶紧筹办投票所房屋，将选举人名册照章发所宣示，俾有疑者得以入内查对，一面将宣示、更正、判定、过期各日期预先出示遍贴各区晓谕咸使周知，其查对时间亦须明定每日自某时起至某时止任人纵览，方足以昭核实而杜后言。兹查长元吴选举人名册并未照章颁发投票所宣示，仅贴名榜一纸，既虑风雨摧残，又无宣示期限，榜上重名讹字遗漏错误无册可稽，使人从何补报更正办理，实属不合。省会如此，外县可知，亟应明切申儆以符定章。除通饬各属照章办理外，为此札仰该县等即便遵照办理，毋再草率违误。切切。仍饬将遵办情形报处查考。此札。

饬各属庄长甲长一律剔除电文

苏州府何太守、松江戚太守、常州长太守、镇江承太守、太仓吴直刺鉴：查阳湖等县选举人名册内有庄长、甲长等名目，前经通饬查询，未据禀复。兹本处公同议决，如系专管漕粮，是人民纳税应尽之义务，未能名为公益事务，且各属亦未尽一律入册，应即剔除以昭公允，希即转饬各属一体遵办为要。筹办处。鱼。

抚宪札饬本处核配议员暨分配初选当选人文

为札饬事：案奉宪政编查馆颁发《选举章程》第六十七条所定每届由督抚按照各该复选区选举人名册总数以全省议员定额分配之。现各属人名册已陆续详送前来，虽尚有一二县未到，而确定人名数均已具报在案，似可凭核分配以免误初选之期。为此汇抄苏松常镇太各属选举人名确数，仰该筹办处即将各属人数详细稽核，按照六十八条分配之法从速配定详报以便榜示各复选区及咨报民政部。至初选当选人额数本由各府州自行分配，但筹办处为办理各属选举之总汇，亦应照二十六七两条所定方法代为核配通饬遵行以资周妥而免歧误。札到该处即便遵照办理，迅速核配，分别详报饬知。毋违。切切特札。

本处详报核配议员暨分配初选当选人缮折列表文

为遵饬详报事：宣统元年二月十六日奉宪台札开，案奉宪政编查馆颁发《选举章程》第六十七条云云等因，奉此。查各属选举人名册前奉宪台转发并据各属送处，当以资格各项填写多讹，逐属批饬更正将册发还在案。第各属选举人名数既经确定具报，诚如宪示自可凭核分配。奉饬前因，合将各属报到确定人数详细稽核，按照定章妥为分配。查江苏省苏属五府州选举人总数共计五万九千六百四十三人，以定额江苏议员六十六名除之，应以九百零三人得选出议员一名。苏州府属十一厅县计一万零二百四十八人，应选出议员十一名外，余零数三百十五人；松江府属八厅县计一万三千零十八人，应选出议员十四名外，余零数三百七十六人；常州府属八县计一万九千零九十八人，应选出议员二十一名外，余零数一百三十五人；镇江府属五厅县计一万零一百二十三人，应选出议员十一名外，余零数一百九十人；太仓直隶州及所属四县计七千一百五十六人，应选出议员柒名外，余零数八百三十五人，合计五府州共应选出议员六十四名，尚不足定额二名，照章比较零数多寡分归太仓直隶州、松江府各选出一名以符定额。至初选当选人额数兹亦遵饬由处照章核配，札饬各府州转饬办理。所有奉饬核配议员暨核配初选当选人名额数缘由，除饬各府州遵照办理外，理合缮具清折并开列简明表具文详送，仰祈宪台鉴核批示祗遵，为此备由具详，伏乞照详施行。须至详者。

计详送清折一扣，简明表一纸。

本处呈督抚宪核配议员暨【分】配初选当选人清折

计开：

一、分配议员。查《选举章程》第六十七条载，复选当选人为谘议局议员，其各复选区应得议员若干名，每届由督抚按照各该复选区选举人名册总数以全省议员定额分配之；第六十八条载，复选当选人分配之法，由督抚于各复选区选举人名册报齐后，按照名册以该省议员定额除全省选举人总数视得数多寡定若干选举人得选出议员一名，再以此数分除各复选区选举人数，视得数多寡定各该复选区应出议员若干名，其各复选区有选举人数不敷选出议员一名或敷选出若干名之外仍有零数致议员不足定额者，比较各复选区零数多寡将余额依此归零数较多之区选出之。若两区以上零数相等，其余额应归何区以抽签定之等各语。兹查五府州选举人总数五万九千六百四十三人，以定额江苏议员六十六名除之，定九百零三人得选出议员一名。谨依法开列如左：

甲）苏州府属十一厅县共一万零二百四十八人，应选出议员十一名外，余零数三百十五人。

乙）松江府属八厅县共一万三千零十八人，应选出议员十四名外，余零数三百七十六人。

丙）常州府属八县共一万九千零九十八人，应选出议员二十一名外，余零数一百三十五人。

丁）镇江府属五厅县共一万零一百二十三人，应选出议员十一名外，余零数一百九十人。

戊）太仓直隶州及所属四县共七千一百五十六人，应选出议员七名外，余零数八百三十五人。

以上五府州共计应选出议员六十四名，尚不足定额二名，照章比较零数，分归太仓直隶州选出一名，松江府选出一名。

二、分配初选当选人。查《选举章程》第二十六条载，初选当选人额数按照议员定额加多十倍，每届由复选监督遵照督抚所定该复选区议员额数十乘之为该复选区当选人额数分配于各厅州县；第二十七条载，初选当选人分配之法，由复选监督以该复选区应出当选人额数除全区选举人总数，视得数多寡定选举人，每若干名得选出当选人一名，再以此数分除各初选区选举人数，视得数多寡定各该初选区应出当选人若干名，其各初选区有选举人数不敷选出当选人一名或敷选若干名之外仍有零数致当选人不足当额者，比较各初选区零数多寡将余额依此归零数较多之区选出之。若两区以上零数相等，其余额应归何区以抽签定之各等语。兹查苏州府应选出初选当选人一百一十人，以之除所属十一厅县选举人总数每九十三人得初选当选人一名。

子）太湖厅选举人三百四十二人，应选出初选当选人三名外，余零数六十三人。

丑）靖湖厅选举人一百另四人，应选出初选当选人一名外，余零数十一人。

寅）长洲县选举人一千一百八十四人，应选出初选当选人十二名外，余零数六十八人。

卯）元和县选举人一千一百三十八人，应选出初选当选人十二名外，余零数二十二人。

辰）吴县选举人一千七百四十人，应选出初选当选人十八名外，余零数六十六人。

巳）吴江县选举人一千四百四十七人，应选出初选当选人十五名外，余零数五十二人。

午）震泽县选举人一千另另四人，应选出初选当选人十名外，余零数七十四人。

未）常熟县选举人一千二百四十五人，应选出初选当选人十三名外，余零数三十六人。

申）昭文县选举人七百二十九人，应选出初选当选人七名外，余零数七十八人。

酉）昆山县选举人七百四十八人，应选出初选当选人八名外，余零数四人。

戌）新阳县选举人五百七十七人，应选出初选当选人六名外，余零数一十九人。

以上十一厅县计应选出初选当选人一百零五名，尚不足应选额数五名，照章比较零数分归昭文县、震泽县、长洲县、吴县、太湖厅各选出一名。

松江府应选出初选当选人一百五十人，以之除所属八厅县选举人总数，每八十六人得初选当选人一名。

子）川沙厅选举人四百七十人，应选出初选当选人五名外，余零数四十五人。

丑）华亭县选举人一千二百八十一人，应选出初选当选人十四名外，余零数七十七人。

寅）娄县选举人一千六百十二人，应选出初选当选人十八名外，余零数六十四人。

卯）奉贤县选举人一千零九十人，应选出初选当选人十二名外，余零数五十八人。

辰）金山县选举人六百七十六人，应选出初选当选人七名外，余零数七十四人。

巳）上海县选举人三千七百七十二人，应选出初选当选人四十三名外，余零数七十四人。

午）南汇县选举人二千二百三十七人，应选出初选当选人二十六名外，余零数一人。

未）青浦县选举人一千八百七十三人，应选出初选当选人二十一名外，余零数六十九人。

以上八厅县计应选出初选当选人一百四十六名，尚不足应选额数四名，照章比较零数分归华亭县、上海县、金山县、青浦县各选出一名。

常州府应选出初选当选人二百一十人，以之除所属八县选举人总数，每九十人得初选当选人一名。

子）武进县选举人二千九百十六人，应选出初选当选人三十二名外，余零数三十六人。

丑）阳湖县选举人二千五百三十二人，应选出初选当选人二十八名外，余零数十二人。

寅）无锡县选举人二千六百二十九人，应选出初选当选人二十九名外，余零数十九人。

卯）金匮县选举人二千七百六十五人，应选出初选当选人三十名外，余零数六十五人。

辰）宜兴县选举人二千零七十一人，应选出初选当选人二十三名外，余零数一人。

巳）荆溪县选举人一千四百五十四人，应选出初选当选人十六名外，余零数十四人。

午）江阴县选举人二千九百八十七人，应选出初选当选人三十三名外，余零数十七人。

未）靖江县选举人一千七百四十四人，应选出初选当选人十九名外，余零数三十四人。

以上八县计应选出初选当选人二百一十名，适敷额数，并无不足。

镇江府应选出初选当选人一百一十名，以之除所属五厅县选举人总数，每九十二人得初选当选人一名。

子）太平州厅选举人三百八十八人，应选出初选当选人四名外，余零数二十人。

丑）丹徒县选举人二千六百十五人，应选出初选当选人二十八名外，余零数三十九人。

寅）丹阳县选举人三千零八十五人，应选出初选当选人三十三名外，余零数四十九人。

卯）金坛县选举人一千八百七十七人，应选出初选当选人二十名外，余零数三十二人。

辰）溧阳县选举人二千一百六十三人，应选出初选当选人二十三名外，余零数四十七人。

以上五厅县计应选出初选当选人一百零八名，尚不足应选额数二名，照章比较零数分归丹阳县、溧阳县各选出一名。

太仓直隶州应选出初选当选人八十名，以之除本州及所属四县选举人总数，每八十九人得初选当选人一名。

子）本州选举人一千一百十八人，应选出初选当选人十二名外，余零数五十人。

丑）镇洋县选举人八百十八人，应选出初选当选人九名外，余零数十七人。

寅）崇明县选举人一千九百三十八人，应选出初选当选人二十一名外，余零数六十九人。

卯）嘉定县选举人二千一百五十七人，应选出初选当选人二十四名外，余零数二十一人。

辰）宝山县选举人一千一百二十五人，应选出初选当选人十二名外，余零数五十七人。

以上五州县计应选出初选当选人七十八名，尚不足应选额数二名，照章比较零数，分归崇明县、宝山县各选出一名。

再，京口驻防专额议员二名，选出初选当选人应得二十名，照章附于镇江府复选，丹徒县初选，理合声明。

本处拟定初选举投票所开票所办事细则通饬文

为札发事：照得《谘议局议员选举章程》第三十六条内开"投票所办事细则由初选监督拟订呈请复选监督核定施行"等语，本处恐各属所拟办法分歧，且俟复选监督核定有需时日，不如由处酌定划一章程通饬照办为妥，用将投票所及开票所办事细则一并拟定俾免歧误。除呈报抚宪外，合亟札发，札到该□即便遵照分别办理。毋违。此札。

札苏松常镇太五府州、太湖等四厅、长元吴等三十二县。

饬知初选举投票纸投票簿投票匦
并投票所开票所办事规则由处置(脩)〔备〕订定先行转饬知照文

　　为饬知事：照得《谘议局议员选举章程》，投票纸应由复选监督按照定式制成，投票簿、投票匦应由初选监督分别造具照式制成，投票所办事细则应由初选监督拟订呈请复选监督核定施行。兹本处恐各属所制所拟未能斠若划一，纸张尺寸有精粗大小之殊，呈请核定有辗转时日之虑，业已由处将投票纸、投票簿、投票匦三种按照定式垫款饬匠置备，并将投票所办事规则连同开票所办事规则一并拟订核定，以期一律而免迟误。除俟置备齐全印刷告成再行分别札发外，合先饬知，札到该府州，即便转饬一体知照。此札。

初选举投票所办事细则

　　第一条　初选监督划定投票区后，应于每投票区适中之地设投票所一处。
　　第二条　投票所中应办各事由初选监督督率投票管理员、监察员经理。
　　第三条　投票所应将初选举人名册公布众览。
　　第四条　投票所中各置投票簿一册。
　　第五条　投票所中应分设出入线路。兹定其布置之法如下：
一、入门处。
二、投票人签字领票处。
三、写票处应视投票人多寡酌分数处，每处置办笔墨一具。
四、贴示章程规则处宜设于写票处近旁。

五、投票处。

六、出门处。

以上各处均须粘贴字条令人注意。

第六条　投票管理员、监察员除协同经理《选举章程》第八条、第十条所定职掌外，应分任下列各事：

一、监视投票人签字及发给投票纸。管理员掌之。

二、指示出入监视写票投票及问答有关选举各事。监察员掌之。

第七条　投票所应将下列各事贴示令人注意：

一、选举票内所书被选举人名号应以人名册所载者为限。

二、被选举人应以同厅州县人为限，不以同投票区人为限。

三、应录《选举章程》第五十五条全文并每项附以简明解释。

第八条　投票管理员、监察员按照《选举章程》第八条第二项决定投票之应否收受时，除投票人写自己姓名于投票纸上及投票纸不盖初选监督印信或所盖印信有差误者外，不得擅行拒绝如长洲县投票所中而投票纸上所盖印信非长洲县知县之印信，是为差误，亦属不应收受。

第九条　投票管理员、监察员派定后，除疾病等万不得已事故外，不准辞退。至投票日，管理员、监察员尤不准偶离职守。

第十条　投票日，初选监督应亲莅城内及近城之投票所监督一切事宜。

第十一条　投票所及投票匦之键钥，管理员、监察员应协任掌管之责。

第十二条　凡投票人或选举关系人及管理员、监察员等如有种种违法情事俱应按照下开各项罚则办理。

第十三条　除本细则外，其他各事宜应遵照《选举章程》第二章第五节、第七节及第六章各条办理。

初选举开票所办事细则

第一条　各厅州县应各于初选监督驻在地设开票所一处。

第二条　开票所中应办各事由初选监督协同开票管理员、监察员经理。

第三条　开票所中布置之法如下：

一、开票案。

二、安置投票匦处。

三、得票计数案宜分列开票案左右。

四、检票案宜与计数案相连。

五、参观席宜在开票案之前。

第四条　开票时，初选监督应亲莅开票所督同开票管理员、监察员当众公开。

第五条　开票管理员、监察员除协同经理《选举章程》第九条、第十条所定职掌外，并应协同经理下列各事：

一、管守投票匦。

二、开票唱名。

三、得票计数。

四、记载废票之数。

五、检集投票纸。

六、照料参观人。

以上各项应先期由初选监督商同开票所各管理员、监察员分别认定以免临时推诿。

第六条　初选举得票计数应预印计数单备用单式及用法另文颁发。

第七条　掌得票计数者于开票唱名时核与计数单所填之姓名相符即高声接应戳记单内，俟开票完毕即核计戳记，于单尾注明得票之总数。

第八条　开票时遇有应照《选举章程》第五十五条作废之票，应别置一处，并别置废票簿登记之。

第九条　开票当日不得完毕时，或继烛或次日续开，应由初选监督与管理员、监察员商定当众宣布。

第十条　开票后，检查票数，遇有得票同数者，其名次先后应由初选监督抽签定之。

第十一条　检查票数后，应将得票及废票数目即日宣示并报由初选监督榜示。

第十二条　开票管理员、监察员派定后，除疾病等万不得已事故外，不准辞退。至开票时，管理员、监察员尤不准偶离职守。

第十三条　开票所及投票匦之键钥管理员监察员应协任掌管之责。

第十四条　办理选举人如违法擅开投票匦或取出投票匦中之选举票者，处一月以上一年以下监禁，或三十元以上三百元以下之罚金。

第十五条　除本细则外，其他各事应遵照《选举章程》第二章第八节各条办理。

复选举投票所办事细则

第一条　复选举投票由初选当选人齐集复选监督所在地方行之。

第二条　复选投票所由复选监督酌定。

第三条　投票所中应办各事由复选监督督率投票管理员、监察员经理。

第四条　投票所应将复选人名册公布众览。

第五条　投票所中各置投票簿一册。

第六条　投票所中应分设出入线路。兹定其布置之法如下：

一、入门处。

二、投票人签字领票处。

三、写票处应视投票人多寡酌分数处，每处置办笔墨一具。

四、贴示章程规则处宜设于写票处近旁。

五、投票处。

六、出门处。

第七条　投票管理员、监察员除协同经理《选举章程》第七十条所定职掌外应分任下列各事：

一、监视投票人签字及发给投票纸。管理员掌之。

二、指示出入监视写票投票及问答有关选举各事。监察员掌之。

第八条　投票所应将下列各事贴示令人注意：

一、选举票内所书被选举人以同一选（选）〔举〕区为限，不以复选人名册所载者为限，并不以初选人名册为限。

二、应录《选举章程》第五十五条全文并每项附以简明解释。

第九条　投票管理员、监察员按照《选举章程》第八条第二项决定投票之应否收受时，如投票人不用本所所发投票纸及投票纸未盖有复选监督印信，或所盖印信有差误、磨损、破碎、墨污不可辨者，不得收受。

第十条　投票管理员、监察员派定后，除有疾病等万不得已事故外，不准辞退。至投票，管理员、监察员尤不准偶离职守。

第十一条　投票日，复选监督应亲莅投票所监督一切事宜。

第十二条　投票所及投票匦之键钥，管理员、监察员应协任掌管之责。

第十三条　凡投票人或选举关系人及管理员、监察员等有种种违法情事俱应按照下开各项罚则办理。

第十四条　除本细则外，其他各事宜应遵照《选举章程》第二章第五节、第七节及六章各条办理。

复选举开票所办事细则

第一条　复选开票所由复选监督酌定。

第二条　开票所中应办各事由复选监督协同开票管理员、监察员经理。

第三条　开票所中布置之法如下：

一、开票案。

二、安置投票匦处。

三、得票记数案宜分列开票案左右。

四、检票案宜与记数案相连。

五、参观席宜在开票案之前。

第四条　开票时复选监督应亲莅开票所督同开票管理员、监察员当众公开。

第五条　开票管理员、监察员除协同经理《选举章程》第九条、第十条所定职掌外，并应协同经理下列各事：

一、管守投票匦。

二、开票唱名。

三、得票计数。

四、记载废票之数。

五、检集投票纸。

六、照料参观人。

以上各项应先期由初选监督商同开票所各管理员、监察员分别认定以免临时推诿。

第六条　复选举得票记数应预印计数单备用单式及用法另文颁发。

第七条　掌得票记数者于开票唱名时，核与记数单所填之姓名相符即高声接应戳记单内，俟开票完毕即核计戳记，于单尾注明得票之总数。

第八条　开票时遇有应照《选举章程》第五十五条作废之票，应别置一处并别置废票簿登记之。

第九条　开票当日不得完毕时，或继烛或次日续开，应由复选监督与管理员、监察员商定当众宣布。

第十条　开票后，检查票数，遇有得票同数者，其名次先后应由复选监督抽签定之。

第十一条　检查票数后，应将得票及废票数目即日宣示并报由复选监督榜示。

第十二条　开票管理员、监察员派定后，除疾病等万不得已事故外，不准辞退。至开票时，管理员、监察员尤不准偶离职守。

第十三条　开票所及投票匦之键钥，管理员及监察员应协任掌管之责。

第十四条　办理选举人如违法擅开投票匦或取出投票匦中之选举票者，处一月以上一年以下监禁，或三十元以上三百元以下之罚金。

第十五条　除本细则外，其他各事应遵照《选举章程》第二章第八节各条办理。

札发初选开票计数单

为札发事：照得本处详定《初选举开票所办事规则》，业经札发各属照办在案。兹查规则第六条内开"初选举得票计数应预印计数单备用"等语，现由本处拟定格式并注明用法，印刷多张，合亟札发应用。札到该府州，即便按照后开各属数目转发，并将收到及转发数目、日期详报本处备查。至此项计数单每纸需工料洋银三厘，该府州亦即按照转发数目核算饬属一并缴价归垫。毋违。切切此札。

数十\数单	二	四	六	八	一〇	一二	一四	一六	一八	二〇
一										
二										
三										
四										
五										合
六										计
七										
八										
九										
一〇										

数十\数单	一	三	五	七	九	一一	一三	一五	一七	一九
一										
二										
三										
四										
五										
六										
七										
八										票
九										
一〇										

每得一票即在格内盖一选字红戳

札知初选当选人票额文

为札饬事：照得《谘议局议员选举章程》第五十六条载"初选以本区应出当选人额数除选举人总数，将得数之半为当选票额，非得票满该额以上者不得为初选当选人"等语。又奉抚宪陈札行准宪政编查馆咨行复安徽巡抚电内开："第五十六条当选票额，所有初选举以本区当选人额数除本区实在投票总数，以得数之半为当选票额，复选举当选票额亦可用同一解释"等因。查选举事属创办，各属选举人未必尽数前来投票，若照章办理或不免再选之烦，自应遵照馆电以初选应出之当选人额数除选举人实到投票之数，以其平均所得之数折半即为初选举之当选票额，以期便利而免再选，所有各属开票时初选监督应督同开票管理员、监察员先将投票实数详细核算，再以各该初选举区应出之初选当选人额数除之，除得之数即为每初选当选人之平均票额，复将平均票额折半即为初选当选人之票额。设投票实数为五百人，该初选区应出初选当选人十人，以十除五百，得数为五十，即每初选当选人之平均票额。复将五十折半得数为二十五，即每初选当选人之票额，凡得票数满二十五者即合格为当选人。各属投票人数及当选人数多寡以此类推，合亟饬知，札到该府州即便转饬所属厅县一律遵照办理，于开票时督同管理、监察各员先将实到投票人数详细核算，以该初选区应出之当选额除之，名平均，折半定为当选票额，毋稍错误。至当选人名须以得票多寡为序，票数同者以抽签定之，及得票满额而当选人名额已满者作为初选候补当选人，均即查照定章办理。切切毋违。此札。

通饬各属出示晓谕各投票人务须亲自投票文

为通饬事：照得各属办理初选举应用之投票纸、投票簿、投票匦及投票办事规则，业经本处置备订定札发在案。惟查初选举投票事属创办，各投票人虽已查明资格、编定册簿，应有投票之权，而投票方法素未谙悉，临事仓猝，或致所投之票为无效，或则路僻事繁临时不到，不特自弃其权利，且虑请人代理及顶替诸弊，致与定章不合，亟应由各初选监督先期剀切晓谕劝令各该投票人届投票时期务各亲自到投票区所照章签字领票投票，切勿放弃权利，以符定章。合亟通饬。札到该府州，即便转饬所属厅县一体遵照，速行撰缮明白告示张贴城厢乡镇晓谕，俾众周知，是所至要。切切此札。

通饬投票只准一日完毕不能挪移延长文

为通饬事：照得本处前经详定以闰二月初一日为初选投票日期，闰二月初七日为重行选举投票日期，列表札饬各属一体遵照办理在案。惟投票事宜应以当日完毕，断难前后挪移及延长时日以免滋弊。披阅报端，见有昆新事务所登载告白，竟将初选投票日期前后挪移，又据青浦、武进、阳湖等县纷纷呈请将投票日期延长，殊为不合办法。除分别电饬批斥外，合亟通札到该府州，即速转饬各属一体遵照，投票日期不能挪移延长，无论城乡各区只准同此一日完毕。切切毋违。特札。

通饬选举诉讼须亲自呈诉邮禀不理文

为通饬事：宣统元年二月二十四日奉抚宪陈批松江府禀选举诉讼须亲自前来呈诉，邮禀概不准行，乞赐核示由。奉批："查邮递控告禀件概不准理迭经本部院通饬遵照在案，据禀选举诉讼与民间诉讼无异，必须亲自呈递，凡有邮禀概不准理，系为杜绝挟嫌刁告起见，自应照办，仰苏属谘议筹办处通饬各属一体遵照，仍候督部堂批示。缴。"等因。奉此。查此案前据该府禀处，当经批示准如所请在案。兹奉前因，除札行松江府外，合就通饬。札到该府州，即便转饬所属各厅县一体遵照，毋违。此札。

札发各属初选复选知会书呈明书及当选执照议员执照并饬缴款归垫文

为札发事：照得《谘议局议员选举章程》第六十条"当选人确定后应即榜示并由初选监督具名分别知会各当选人"；第六十一条"当选人接到知会后应自知会之日起二十日以内呈明情愿应选，其逾期不复者作为不愿应选"；第六十二条"凡呈明情愿应选者，由初选监督酌定日期给与当选执照为凭"；第六十三条"当选执照由复选监督按照定式制成，于选举期二十日以前分交初选监督"；第七十七条"复选当选人确定后应即榜示，并由复选监督具名分别知会各当选人，当选人呈明情愿应选后由复选监督定期给与议员执照为凭，其呈明期限照六十一条办理"等语。兹本处恐各属办法未能斠若画一，知会书、呈明书格式未具，填写多误，当选执照与议员执照纸张尺寸有精粗大小之殊，用将知会书及呈明书拟格式连同当选执照、议员执照按照定式一并刷印齐全，札发各属分别领用。札到该府州，即便遵照，并分别转发所属厅县一体领用。知会书及呈明书每分印工纸张需银洋四厘半，当选执照每张需银洋四厘半，议员执照每张需银洋二分五厘，均系本处垫款，该府州应即合计共发若干、共银洋若干随同此次收到知会书、呈明书、当选执照、议员执照报文如数缴处。毋违。切切此札。

札饬拟定复选投票所开票所办事细则

为札发事：照得《议员选举章程》第七十条载"复选投票所及开票所由复选监督酌定，其管理员、监察员及一切章程均照第二十九条至第三十五条及第四十九条至第五十二条办理，所有办事细则由复选监督酌定施行"等语。兹本处恐各府州所拟未能斠若划一，不如由处酌定以免办法纷歧，用特将复选举投票所及开票所办事细则一并订定。除呈报抚宪外，合亟札发。札到该府州即便遵照分别办理。毋违。此札。

札饬颁发复选告示文

为札饬事：照得《选举章程》第六十九条载复选监督应于该选举期一个月以前颁发选举告示，其应载事项如左：一复选日期，二复选投票所及开票所地址，三投票方法等语。查现距三月十五日复选投票日期不远，应即照章颁发告示晓谕复选举人等知悉，为此札仰该府州即便遵照办理，切速毋违。此札。

督抚宪奏报江苏苏属谘议局筹办处半年办理情形折

奏为遵设江苏省城谘议局筹办处并胪陈第一年办法情形恭折仰祈圣鉴事：窃查光绪三十四年六月二十四日钦奉孝钦显皇后懿旨："宪政编查馆、资政院王大臣等会奏拟呈各省谘议局及议员选举章程一折，详加披阅，尚属周妥，均照所议办理，著各督抚迅速举办实力奉行，自奉到章程之日起限一年内一律办齐"等因，钦此。本年正月二十七日又钦奉谕旨："前经宪政编查馆奏定分年筹备事宜，本年各省均应举行谘议局选举等事，著各省将军督抚督率所属选用公正明慎之员绅一律依限成立"等因，钦此。跪聆之下，仰见朝廷慎重宪政，注意实行，海内臣民同深钦感。臣等遵照宪政编查馆章程，将以前所设江苏省城谘议局改为筹办处，派委官绅分充总会办、总协理暨科长等分职治事，拟定章程，于上年九月十六日具报开办在案。查自开办以来至上年十二月底止为一届，查照馆章应于今年二月将筹备事宜胪列具奏。谨将办法情形敬为我皇上缕晰陈之：

一、各属设选举事务所而令绅民另立调查所以资辅助也。查谘议局为立宪之基础，选举关人民之特权。章程既极缜密，时期又复迫促，事属创举，若非官民同心合力，则迟误固所不免，流弊亦恐难防。因饬遵照馆章各以府厅州县本衙门为办理选举事务所，复选本地明达士绅另设选举调查事务所，专调查合境人民具有选举资格者编定名册呈由①本管府厅州县察核送省，其各厅县中有发起较迟、查造不及者，则遴委法政毕业员绅为司选员分赴各属帮同赶办。绅以辅官之所不逮，而司选员又以辅绅之所不逮，未及六旬，各属人名册一律编成。此名册之所筹办者一也。

一、变通初选举期限而于复选仍遵②定限以免贻误也。查宪政编查馆章程原

---

① 原文漏"呈由"二字，据《申报》宣统元年三月初七日（1909年4月26日）补入。
② "复选仍遵"，原文作"通选"，误。据《申报》宣统元年三月初七日（1909年4月26日）改。

定于正月十五日举行初选，三月十五日举行复选，惟创办之始前无所承，一切措施均须临时组织，况人民程度尚浅，非将选举之事详定细则刊布告示，则于被选之责任、投票之权限皆必茫然，至于合格绅民尤须调查确实，更非一朝一夕之故，皆初选以前最繁杂之事。至于复选，则已有辙可寻，较之初选为力稍易，故将初选投票之期展至闰二月初一日举行，其复选投票仍照馆章以三月十五日为期，庶几循序而进，不误谘议局九月成立之限。此选举之所筹办者二也。

一、分配议员名数而于当选人仍严加甄别以昭慎重也。查苏属四府一州三十六厅县自人名册编成后，其合选举资格者共五万九千六百四十三人，业已遵照馆章核配议员额数并分配初选当选人额数宣示各属，其复选初选监督均遵令以府州厅县学正等官分别充任，管理、监察各员亦均照章保荐派定，至京口驻防地属镇江府丹徒县，即附由该县该府举行初选复选事宜，并照学额设专额议员二名，所有投票开票办事细则及投票匦与投票纸簿、知会书、执照等件均由筹办处依式制备发交各属领用，业于本月初一日举行初选，不足额并令重选，总以足额为止。所幸民智渐开，遵崇秩序，毫无滋扰，得以初选告成，当选人中有声名素劣而占票数最多者亦经札县照章将其选举权及被选权一律注销，总期将来当选议员皆有公正之人格，不使害群者搀入其中，为宪政之诟病。此选额之所筹办者三也。

一、撙节常年经费而于建筑事仍力求坚壮以垂久远也。查谘议局为一省舆论机关，故馆章于应办条件且予以议决本省岁出入财政之权。今开办伊始，必须核实开支方足以资模范。经臣等迭饬筹办处遇事撙节，力戒浮糜，兼差各员不支薪水，协办各绅半尽义务，自上年九月至十二月底止决算出入约计开办费银一千零六十八两，每月支用之费不过千金，为数已俭，无可再减。惟建筑谘议局一事似须宽筹经费备具规模。盖苏州去沪甚近，轮车顷刻即达，开议之时各国官商必有来此旁听者，若过示狭隘，不足以昭体制而壮观瞻。前经札饬藩司筹议，据详省城旧有铜元局基屋较为扩大，可以拆补改造，第房屋应用何式，款项应须若干，一时未能核定，应俟江宁筹办处所派调查日本议会委员回国后参照图示酌量办理，克期告竣。所有改筑经费暨一切开支均饬由苏藩司筹拨，恳恩准予作正开销。此经费之所筹办者四也。

以上各节均已半年以来切实筹备之件。初选现今办竣，复选为日匪遥，臣等仍当督饬员绅勤慎将事，以期始终无误。所有遵设江苏谘议局筹办处及第一届办法情形各缘由除咨报宪政编查馆外，谨合词恭折具陈。伏乞皇上圣鉴。谨奏。

催取宝山县人名册电文

宝山县胡鉴：选举名册独该县至今未到，贻误全局，咎将谁属？仰即刻将人名确数电报抚院及本处，册赶由州转，勿再片延。筹办处。元。

复金坛县初选当选人辞职无人递补电文

丹阳县转金坛县鉴：电悉。初选当选人辞职无候补当选人，止可任缺，不得以次多数递补。筹办处。艳。

附：原电

苏州筹办处宪鉴：金坛初选两次，仅符原额二十名，现据冯煦等四人辞不应选，可否即以次多数充补，乞示。知县守晟禀。

通饬初选投票一律当日完毕电文

初选投票准定闰月初一当日完毕，无论城乡均不能挪移延长，仰即飞饬各属遵办。筹办处。效。

询宪政编查馆重行投票应合并计算抑每次计算电文

宪政编查馆钧鉴：查贵馆复江宁谏电"重行选举照每次投票人实数核算"等语，应遵照办理。惟原选所得票数与重行投票所得票数若合并计算难免有重复之弊，若每次另算恐重行投票时仍不足额，难免有至再至三之烦。如何变通办理之处乞示遵。启泰。支。

复电云：苏州抚台：支电悉。票数应每次另算，如仍不足额只能再选三选。此复。宪政编查馆。庚，印。

复常州府次多数如何开列电文

常州府长鉴：巧电悉。倍开次多数先佟第二次，不足再以第一次次多数并开足数。筹办处。皓。

附：原电

苏州筹办处宪鉴：巧电敬悉。候补当选人照定额加半预备，应以次多数加倍开列，是否以第一次开票次多数加倍开列抑以第二次次多数佟先开列，不足再开第一次，乞电示。祗遵。知府长明禀。巧。

复常州府华秉钧应否开入第二次次多数电文

常州府长鉴：华秉钧重选不得票，第一次次多数已消灭，无庸开列。筹办处。马。

附：原电

苏州筹办处钧鉴：华秉钧第一次得四票，开列次票中，重选未得票，此次选候补人应否仍予开列第一次次票中，乞电示。知府长明叩。

复常州府初选当选人杨桢投票无效电文

常州府长鉴：电悉。杨桢既经投票，姑免查销，惟调验不到，若复选当选作为无效，仰即妥办。筹办处。删。

附：原电

苏州筹办处宪钧鉴：杨桢被控吸烟，由府调验，示期来署，乃杨桢之子杨尤照在金匮本县禀称伊父现已赴浙，应候其回里即行来府投到。适金匮袁令公出进省，由金匮典史申报前来，致复选册上未经除名。现值复选之期，杨桢并不来府投到，径自签字投票入匦，刻经查出，应否作未经判定论，或将八属所投之票全体作废，立候电示祇遵。知府长明叩。

又附：常州绅士来电

苏州筹办处宪钧鉴：金匮初选当选人杨桢被控吸烟，由府调验，逾限不到，已撤选举权，今仍列入名册，已投票入匦，且投票人均不验执照，难保无冒顶情弊，应否全体作废重选，乞澈究。俞复、王镜藻、秦瑞玠、蔡文森、蒋士荣等叩。删。

复常州府缺额如何开列电文

常州府长鉴：电悉。缺额六名照章加倍开列重投，至候补人一节昨已电询宪政馆，俟得复再电告另行遵办。筹办处。铣。

附：原电

苏州筹办处宪鉴：奉初九日通饬，复选如不足额连日接投，总以足额及有候（辅）〔补〕当选人为止。今日开票不足六名，若照初选举重选办法，将次多数加倍开列十二名，以缺额人数除实到投票人数，如重选当选票额则候补当选人恐不发生。应否虚拟候（辅）〔补〕人额数加入次多数加倍开列再行投票，请飞速电示。常州府长明叩。铣。

复镇江府候补未足数应否免投电文

镇江府承鉴：啸电悉。镇属候补应得六名，赶速重投足数，毋得延诿。筹办处。皓。

附：原电

苏州筹办处宪鉴：巧电悉。镇属复选开票当选人十一名，候补二名，驻防当选人二名，候补二名，今晨来署，情愿应选者已书定十一名，其余六名开票后即各回乡，当将知会书专人分送。兹查各县来人因事已完毕，均各散回，若再重投（舆）〔与〕转饬，知廿三断赶不及。惟镇属候补已有二名，可否免予重投，乞电示。璋禀。啸。

通饬复选投票两电文

复选投票当日完毕，开票改为十六，以免酝延。电（剄）〔到〕速即晓谕。筹办处。歌。

又电云：顷得宪政馆复电，候补当选人准照定额加半预备，应照章将次多数加倍开列，定于二十一日重投，即日开票，不足接投，至迟不得过二十三日，因会议厅廿五开办也。筹办处。巧。

复松江府缺额照初选办理电文

松江府戚鉴：缺额重投应照初选办理，至候补人一节已电询宪政馆，俟得复即电告另行遵办。筹办处。铣。

附：原电

苏州筹办处宪钧鉴：本日开票尚缺五名，重投票额如仍照七十四条章程应五票当选，如照初选办理以番额除算则须十五票，决难足额，且即足额而无候补当选人，再投无额可计。究应如何，均乞急复。知府杨。

抚宪询宪政编查馆候补当选人电文

宪政编查馆钧鉴：选举缺额必以候补当选人递补，而候补当选人之难得无异原额。缘初选不足额而行再选三选者大都仅仅足额而无候补当选人，以致辞职后无人推补。苏省各属现办情形大率如此。复选关系甚大，苟同初选，势必议员缺额，照章虽可补选，究竟繁重，可否量予变通，于议员定额外酌定候补当选人若干名，如应出十名议员之复选区得预备半数五名之候补当选人，倘届时选出仅敷议员或虽有候补当选人而未满此次预备之数者，准其为候补当选人重行选举，至足数而止。复选之候补当选人原以备补议员，今以原有选举议员之人同时选举候补当选人，可免后日补选之繁而与章程原义亦无大背，应否照准，伏乞迅赐复示遵行。启泰。覃，印。

复电云：覃电悉。预选候补当选人事属可行，应照来电办理，希即转饬遵照。宪政编查馆。（籐）〔篠〕，印。

抚宪询宪政编查馆候补当选人投票电文

宪政编查馆钧鉴：复选候补当选人加半预备蒙照准。现复选重行投票均已遵照第五十七条初选举办法，至为候补人投票是否即以复选第一次次多数照应备候补额数加倍开列投至足额而止，急乞示遵。启泰。皓。

复电云：皓电悉。复选候补投票即照来电办理，希饬遵照。宪政编查馆。漾。

又载《南洋官报》第二十二期，宣统元年四月初五日（1909年5月23日）

江苏苏属谘议局筹办处职员表

总办			
前布政使司	瑞澂	莘儒	满洲正黄旗人
署布政使司	左孝同	子异	湖南湘阴县人
提学使司	樊恭煦	介轩	浙江仁和县人
按察使司	左孝同	子异	湖南湘阴县人
署按察使司	赵滨彦	渭卿	浙江归安县人
会办			
奏调江苏四川补用道	熊希龄	秉三	湖南凤凰厅人
候补道	王仁东	旭庄	福建闽县人
候补道	夏敬观	剑尘	江西新建县人
总理			
翰林院侍讲	邹福保	咏春	江苏元和县人
翰林院撰文	王同愈	胜之	江苏元和县人
协理			
前直隶按察使司	王清穆	丹揆	江苏崇明县人
翰林院编修	蒋炳章	季和	江苏吴县人
提调			
保送知府	陆懋勋	勉侪	浙江仁和县人
顾问员			
日本早稻田大学法政毕业生	杨廷栋	翼之	江苏长洲县人
日本早稻田大学法政毕业生	雷奋	继兴	江苏华亭县人

续表

选举科			
科长			
科员，日本法政大学毕业生	潘承锷	砚生	江苏长洲县人
科员，日本法政大学毕业生	费廷璜	玉如	江苏长洲县人
司选员，候补知县	张绍骞	宝槎	湖北咸宁县人
司选员，试用从九品	郑隆奎	鼎丞	浙江乌程县人
司选员，日本法政大学毕业生	张家成	次泉	江苏长洲县人
司选员，日本法政大学毕业生	朱景圻	荫臣	浙江乌程县人
司选员，法政学堂毕业生	蒋鸿元	寿之	江苏元和县人
司选员，法政学堂毕业生	邵祖雍	修三	安徽□□县人
司选员，日本警监学校毕业生	徐金熊	利生	江苏崇明县人
司选员，武阳商会坐办	于定一	瑾怀	江苏阳湖县人
文牍科			
前科长，候补知县	商言志	笙伯	浙江嵊县人
科长，指分江西试用知县	胡颖之	栗长	浙江山阴县人
收发委员，候补知县	黎广润	泽生	湖北黄陂县人
前监印委员，候补通判	徐之模	怡堂	浙江海盐县人
监印委员，直隶州用候补知县	严宝骐	伯经	浙江乌程县人
缮校员，候补直隶州州同	卢鸿钧	紫衡	河南永城县人
缮校员，候补府经历	范家祺	寿眉	广西临桂县人
缮校员，候补县丞	刘秉钧	縠葊	江西新昌县人
缮校员，候补县丞	何应森	鄂卿	浙江萧山县人
缮校员，候补县丞	陈忠顺	勉斋	浙江钱塘县人
缮校员，候补巡检	刘瑞玮	豫声	河南商城县人
前缮校员，候补府经历	俞廷藩	苏樵	浙江会稽县人
庶务科			
科长，候补知县	金彭年	吟谷	浙江黄岩县人
科员，候补同知	黄凤年	山农	江西南城县人
科员，丁忧浙江候补知县	吴曾涛	问潮	江苏吴县人
会计员，法政优等毕业生	毛启才	梅生	江苏长洲县人

苏州府属初选当选人

太湖厅：

姜昌鼎、翁长炳、叶哲淦、金鉴。

靖湖厅：

罗饴。

长洲县：

潘承锷、朱祖晖、沈祖荫、周凤翔、倪开鼎、吴凤清、杨廷栋、马应骥、陆基、尤鸿焘、谢鹍、费廷璜、张炳翔。

元和县：

陶惟坻、王同愈、曹士龙、邹福保不愿应选、江衡、沈恩镂、祝秉纲、金国桢不愿应选、陈世培、陈昌壬、夏康保、蒋鸿元。

吴县：

孔昭晋、庄鸿书、俞武功、尤先甲、钱家麟、姜文蔚、蒋炳章、叶昌裕、王亦曾、王昌、颜彦聪、吴本齐、冯泽衍、潘祖谦、曹元弼、陶治元、姚铣、徐基、张家良不愿应选。

吴江县：

陆拥书、沈廷镛、邻慈縠、金祖泽、费树达、毛洒丰、鲍其淦、洪鹗、金楸基、徐文藻、沈毓清、凌昌烽、凌家杰、任延曦、金祖辉。

震泽县：

曹吴铨、孙祖禄、曹缵明、程世瑞、汤之铭、凌棻、王家炎、王征寿、黄元蕊、凌鼎、周树藩。

常熟县：

丁祖荫、沈祖轼、杨同时、耿政德、邵松年、俞钟果、狄恩霖、张祖诚、庞鸿济、缪曾溥、蒋凤梧、宗嘉树、邹鲁望。

昭文县：

徐元绶、马元培、刘永昌、李士瓒、张振庠、赵允绶、何鸿鋆、郭冠英。

昆山县：

顾振岳、李文粲、蔡璜、胡国梁、蒋大光、张遇高、孙邦英、金宏淦。

新阳县：

方还、钱鎏、王同球、沈锦标、赵诒翼、王颂文。

松江府属初选当选人

川沙厅：

陆家骥、黄炎培、顾懿渊、张志鹤、包志澄。

华亭县：

雷奋、周钺、谢葆钧、顾堃、周曰庠、盛之骥、顾元昌、顾烺奎、钱维桂、杨兆椿、张廷杰、张乐韶、杨春霖、陈镕经、朱文彬。

奉贤县：

朱家驹、杨士魁、孙炽昌、陶望侃、朱赞臣、庄礼柔、庄仁镇、吴振寰、陆渠、徐元音、范镕、庄登瀛。

娄县：

周作孚、朱继常、马超群、戴鸣凤、张秉彝、程福基、杜炎、张开圻、李芳谟、钱葆田、吴士祺、沈葵、林增鉴、朱廷扬、陈宗振、陆瑞清、吴懋仁、程信上。

金山县：

俞秉钧、黄端履、高煌、陈贻芬、黄继曾、沈嘉树、叶秉常、彭元鼎。

上海县：

李钟珏、姚文枬、刘增祥、秦锡田、唐锡瑞、顾言、郁怀智、李祖佑、马轶群、朱寿朋、林曾赉、蔡正蒙、王丰玉、姚文栋、王增祺、王震、莫锡纶、朱开甲、钱椒、刘志涛、顾镜清、陆文麓、杨维邦、郭廷鉁、赵履福、李宗邺、朱日宣、姜渭渔、蒋家凤、杨鸿藻、周文彬、谢源深、梅豫枨、苏本炎、叶景沄、孙焘、盛麟书、顾履桂、王铨运、吴馨、王纳善、钱允利、范熙瑞、顾鸿逵。

南汇县：

秦始基、朱祥绂、张仁庠、谢起凤、黄廷珍、顾忠宣、胡咸章、钱瑞瑸、马戴仁、黄炳奎、顾偬钺、龚源本、傅恭弼、潘锷、黄报廷、潘光泽、徐守清、王嘉福、夏祖庚、瞿鑫、张伯尚、唐宗义、陶元斗、陈光鉴、胡世英、王树屏。

青浦：

张家镇、黄封、张之珍、陈珍彝、朱光辅、金咏榴、席淦不愿应选、许其荣、徐宗德、蔡钟秀、张毓英、许启琳、许启秀、钱学乾、沈树敏、陈作成、朱履中、施恩需、高蕴玉、吴炳熙、唐宝淦、何绘书不应选。

常州府属初选当选人

武进县：

蒋勋、恽用康、于定一、薛英、沈绍元、曹炳、朱溥恩、傅遴、童可钦、赵烜、奚臻、张子良、蒋驰誉、陶汝器、卜学渊、钱以振、庄洪、恽毓华、赵祖抃、庄殿彝、吴振、程鸿起、徐鸿、姚宗圣、屠宽、丁述义、卢正衡、赵晋年、张定谟、吴敏、吴宏澍、陈桂生、陈书年。

阳湖县：

孟昭常、钱振锽、孙其仁、沈世钰、庄殿华、黄迥、高景宪、戴彬、庄钟英、赵衡、段鸿模、唐际盛、冯希贤、徐寓、姚祖泰、段彦伟、奚廷选、钱选、唐策鳌、卞士元、王鸿惠、丁同育、白炳勋、吴钰、恽彦彬不愿应选、恽祖祁不愿应选、姚大椿不愿应选、虞孝谐不愿应选。

无锡县：

汪本络、温荣镳、叶芬、高莹、袁宗沂、孙靖圻、陆绍云、唐汝文、孙觐墀、胡丽荣、蒋士松、孙钟伟、秦瑞玠、钱应运、华申祺、陈国章、孙肇圻、薛葆沅、蔡文森、华文川、蒋士荣、王镜藻、薛宝铨、王维坪、侯鸿鉴、荣宗铨、周廷弼、陆寿禧、陶时中。

金匮县：

俞霖、沈祖约、顾宝钰、须毓珍、华锡琦、张鉴、陈保龄、顾宝琛、顾鸣冈、华鸿模、章曜、俞复、顾绍可、孙思赞、华秉钧、邹文雄、朱正元、过锡昌、钱晋康、诸宗源、苏高鼎、杨桢、蔡学辉、华文汇、裘廷梁不愿应选、徐葆树不应选、李应祥不愿应选、严金清不愿应选、过秉圭不愿应选、毕鸿模不愿应选。

宜兴县：

谢保衡、钱铫、黄应中、杨寿祺、周志培、储南强、萧蔚章、邵善养、钱青、褚宗堂、储之儒、程丕承、蒋克勋、吕赞虞、童斐、蒋炳华、陈薇藩、周蔚、任曾培、杨宗震、徐德辉、储沧曙、任锡汾不愿应选。

荆溪县：

吴其澍、潘嗣曾、吴鸿基、丁镜人、吕启允、宗逢洲、杨权、葛鹏程、吴鸿甲、余克明、李逢庆、史国琛、徐致治、杨比錀、崔克慎、吴用宾不愿应选。

江阴县：

王宝桐、金文翰、陈冀毓、张濂、缪荃荪、吴增元、姜凤衔、陈名经、唐国华、章际治、包宗怡、宋宝渊、朱襄唐、夏诒元、吴德均、郑祖煦、缪垲、祝廷华、郁芳润、蒋镛、朱紫封、蒋保康、徐尔毂、张洵佳、郭丕纲、李燕、叶成理、陈保宗、张男寅、王楚书、薛含章、黄凤辉、陈康祖不愿应选。

靖江县：

范循让不应选、袁今露、朱树云、瞿树霖、盛德新、刘庭炽、郑熙璋、瞿树榕、瞿树本、方翼鹏、商文蔚不应选、黄自纯、黄锦中、杨名浩、朱树侃、盛德宝、陶鸿藻、祝平治、朱颉云。

镇江府属初选当选人

太平厅：

姚湘、郭晓岚、祝立本、戴锦城。

丹徒县：

鲍心增、杨邦彦、尹克昌、陈庆年、吴佐清、王树勋、茅谦、吴士锜、潘锡康、赵宗抃、王恩佩、仲京生、刘世荣、吴兆曾、王振文、任璪、童琮、陈义、朱绍周、柳贻征、胡炳、李寿源、钱乃鏩、曹家麟、柳昕、曹汝金不愿应选、赵蓉增、卢兆恒以上两名无效。

京口驻防：

崇朴、延祥、爱仁、桂芳、奎照、有鸿、恩厚、旭朝、炳宽、桂金、清选、云路、穆都哩、东升、殿扬、荣高、荣魁、延杰、恩沛无效、恩华无效。

丹阳县：

潘钟清、马良、贡自东、何恩煌、马光辉、康济、张文蔚、马仁镜、顾奎、朱泰荣、荆云锦、赵瑞豫、杨颔虎、姜光辅、周云辂、徐培璐、林作宾、孙国钧、朱毓麟、董继昌、林懿均、王承辉、吴赞元、王承毅、姜武扬、朱渊、贺绍章、杨景云、林兆昺、沈龙章、洪铭鼎、束秉勋、杭伟、眭国襄。

金坛县：

冯煦、潘志、薛绍州、王士杰、于澂、吴贞义、陈允中、王祥麟、冯选青、王贯、盛邦彦、汤继瑞、庄荣、陈汝舟、杨立本、冯沛然、王咏梅、朱振纲、陈泽春、巫光彩。

溧阳县：

马敬培、朱麟、虞渊、史良、王述曾、狄维恂、史谦吉、赵寅元、史悠飑、狄葆贤、狄允偬、钱逢选、杨德纯、史古良、石晋初、葛怀文、宋宾、宋葆麒、王聘儒、周书、潘福潜、周绍永、陈起黄、蒋坤泽。

太仓州属初选当选人

闵元燮、陆祖馨、许承岳、赵金传、金承望、后应麒、熊世忠、龚汝标、章国祥、胡福元、钱泰阶、唐文治。

镇洋县：

洪锡范、郁宗钦，洪保婴、顾暟、陆祖亮、李联璧、邵圻、陈祖邕、徐荫阶不愿应选。

嘉定县：

戴思恭无效、李汝堃、金文翰、顾瑞、陆锦林、夏曰琦、钱元辙、黄守孚、黄世祚、黄增禧、夏曰瑑、钱江、张世雄、郁文燕、李汝恒、许朝贵、潘元善、王周祚、陈乃钧、陈庆容、葛以浩不愿应选、李树勋、沈祖同、陈清芬。

宝山县：

钱淦、王钟琦、杨逢时、陆曾燕、左思冲、潘鸿鼎、袁希涛不愿应选、施赞唐、钱衡铨、朱贻烈、张福辰、李维勋、钱衡璋。

崇明县：

黄仁、苏云璋、薛万英、王师曾、严师孟、周廷璋、施征睿、陈邦彦、张应榖、王清穆不克应选、龚铎、施允文、张其旋、瞿观保、张德华、顾汉儒、宋文玢、龚鹏飞、邵占魁、沈锡功、林可培、龚凤不应选。

苏州府属复选当选人

复选当选人十一名

金祖泽、钱崇威、方还、孔昭晋辞选、费树达、王同愈辞选、丁祖荫、俞亮、江衡辞选、蔡璜、陶惟垎。以上议员

后补当选人六名

刘永昌补、邵松年辞选、杨廷栋补、蒋炳章补、潘承锷、费廷璜。

松江府属复选当选人

复选当选人十五名

金咏榴、张家镇、雷奋、朱祥黼①、穆湘瑶、张开圻、谢源深、黄炎培、朱家驹、盛之骥、顾忠宣、黄端履、姚文枡、朱开甲、秦锡田。以上议员

后补当选人八名

顾言、谢葆钧、许其荣、秦始基、王丰镐、黄继曾、沈树敏、庄礼柔。

常州府属复选当选人

复选当选人二十一名

朱溥恩、储南强、孟昭常、庄殿华辞选、于定一、胡丽荣、孙靖圻、顾鸣冈、孟森、钱以振、蒋镛、吴鸿基、蒋士松、黄应中、刘廷炽、王楚书、苏高鼎、谢保衡、瞿树榕、秦瑞玠、赵衡。以上议员

后补当选人十一名

屠宽补、俞复、章际治、黄锦中、吴增元、俞霖、华文川、朱颉云、华

---

① 初选当选人中有作"朱祥绂"。

（甲）〔申〕祺、郑祖煦、华堂。

镇江府属复选当选人

复选当选人十一名
狄葆贤、马敬培、马良、吴佐清、何恩煌、王士杰、陈庆年、陈允中、史耀堂、赵瑞豫、姜光辅。以上议员
后补当选人六名
王承毅、陈义、林懿钧、鲍心增、茅谦、任璪。

太仓州属复选当选人

复选当选人八名
夏曰琦、林可培、洪锡范、顾瑞、陆祖馨、苏云章、潘鸿鼎、严师孟。以上议员
候补当选人四名
钱淦、黄守孚、顾暟、李汝恒。

京口驻防属复选当选人

复选当选人二名
崇朴、延祥。以上议员
候补当选人二名
桂芳、奎照。

抚宪致宪政馆复选完竣电文

宪政编查馆钧鉴：选举定章正月十五为初选期，三月十五日为复选期。苏属筹备处甫于上年九月设立，事属初创，头绪纷繁，初选日期不能不酌量挪展，复选自应遵依定限。仍恐各属纷歧延缓，饬由筹备处将一切办法分别定期通饬各属遵照办理，其有解说不明者由处随时指示。兹苏属各府州复选事宜均已依限办理，其后补当选人加半预备及重行投票照初选章程办理均经电商钧馆核准。现在正额后补已一律如数选定，所选亦多品端学粹之人，舆论允洽，诉讼期内并无联名上控等情。所有苏属复选举遵限办理缘由谨以电闻。启泰。江。

复电云：江电悉。谘议局复选举如期蒇事，且多得人，为各省先，欣慰之至。宪政馆。蒸。

B.《南洋官报》、《申报》所载苏属谘议局筹办处资料(补充)

一、《南洋官报》所载苏属谘议局筹办处资料

苏垣谘议局筹办处九月初十日、十一日会议

苏垣谘议局筹办处自委官绅合办后，经绅总办邹侍讲福保、王太史同愈、蒋编修炳章等邀请本城绅商学界于初十日午后二时在草桥堍三县教育会事务所开会筹商应行各事，并选举会员等。四时散会。是日开会秩序录下：一、报告开会宗旨蔡翔如。二、公推高等学堂监督谘议局会办蒋季和太史为临时主席。三、推举各团体以地方自治研究会、学务总会、教育会、商会、苏商体育会、拒烟会为六大团体，每团体各举二人为职务员俟次日再行议定。四、借元妙观方丈道院为机关处。五、劝各团体助开办经费，当场捐集七百余元。旋经众议，十一日再在方丈内开会复议组织各事及派职务员。时已钟鸣五下，即摇铃散会。

十一日午后二时复在元妙观方丈内新设谘议局事务所开会续议。先由蒋太史宣告办事必须人材，由各团体各举数人以备担任所长之选。当经众公举自治会王胜之，教育会蒋季和、吴讷士，劝学所祝心渊、陆雨安、陆师龙，商务总会尤鼎孚、吴卓人、吴似村，苏商体育会邹椿如、程秉芝，拒烟会姚清溪、王文周，善堂董事江霄伟、陶念乔、石子源，丰备义仓潘济之诸君，俾将来轮流到所办事。复举定倪咏裳、杭筱轩为会计员，蔡翔时、潘砚生为起草员，吴养元、陈公孟、王康民、王杏村、谢序卿、汤耕余为书记员。其调查员等项俟下期开会再定。所有本处应议应办各务及关涉谘议事件均在方丈内事务所接洽，特雇陆积安为司书，常川驻所照料一切。每月以星期一为常会，二时开会，四时散，逐日各绅董

轮流到所办事，早九时起，至四时散。其莅会日期由各绅自行认定，星期二吴讷士、程秉芝，星期三蒋季和、王文周、陈师龙，星期四潘济之、陶念乔、吴似村，星期五石子源、尤鼎孚、吴卓人，星期六祝心渊、邹椿如、陆雨安，星期王胜之、江霄伟、陆雨安。其所集办事经费七百余元统交会计员收管应用，如有不敷，由王胜之太史任之。其应行组织各事俟下次会议复商。

《南洋官报》旬报第一百廿九册，戊申九月三十日（1908年10月24日）

苏属谘议局筹办处札各府州县文

照得谘议局奉旨限一年办齐，屈计明年九月初一日即为谘议局开办之期。谘议局之成立即以选举为根本，本处有统率举办之责。现计各属办理选举时日迫促，若不分期预定办法，计日程功，必至迟误期限，将何以副朝廷实行立宪之至意。近年朝廷遇有兴革每以直隶、江苏为天下先，设明年九月苏省谘议局未克成立，咎将奚逭？本司道等奉委创设筹办处以来深以谘议局不克依期成立引为大惧，兹就苏省情形自本年九月十六本处开办之日起分配日期，预定办法，至明年九月初一日谘议局成立止，列表通饬各属一律照办以期必成而免参差。除呈报督抚宪外，为此札仰该府州即便遵照依期办理，毋稍刻延致干重戾。此札。

计发办理选举日期表一纸。

《南洋官报》旬报第一百三十二册，戊申十月三十日（1908年11月23日）

苏抚宪陈批丹阳县罗令遵饬筹办初选事宜文

查近来奉行新政，类皆颁有章程，江苏风气开通先于他省，似遵章而行，不应有所延误，然犹不免后时者，诚如来禀"或以条文有疑义，遂聚讼以废时；或以办法无秩序，致欲行而中阻；其因循玩忽者更无论矣"数语，可谓切中时病。禀中第一条审释名义固应讨论精确以免意见纷歧；第二条匀配初选复选期限以不逾来年九月初一日之限为主义，尤为必应变通、必应规定之举，仰苏筹办处迅速详慎考核，连同第三条共谋辅助一节并酌议详复通饬遵行。至选举调查员办事细则应由初选监督拟订呈请复选监督核定施行，然必待初选之各厅州县分拟再呈，由复选之府厅州县核定，已不免旷时持久，设所拟未能妥洽，或难免参差，势必更多转折。本部院复阅该县附呈折表，除投票区所应由各厅州县各按本管地方之广狭、人口之多寡分别划定，至多不得过十区，毋庸彼此一律外，其所拟调查员办事细则极为周妥，并即由该处复加察核通行苏属应办复选之各府厅州县及应办初选之各厅州县逐细阅看，如有意见不同、应行斟酌损益之处，即于文到五日内各抒所见，连同划分投票区所一并禀陈该处，听候复核，否则即以该处所发之规则为一律照办之章程以免纷纭迁缓之弊，仍令先将奉文日期报查。该县罗令此次禀折所陈均属确当，具见于新政讲求有素而办公敏捷，毫无习气亦于此可见，应由处转行嘉奖，一面录报督部堂暨候批示。缴禀抄发，折表均发录存。即缴。

《南洋官报》旬报第一百三十三册，戊申十一月初十日（1908年12月3日）；又载《申报》，光绪三十四年十月二十一日（1908年11月14日）

苏抚陈札各属谘议局公文随到随发文

苏抚宪陈伯帅以今届应办谘议局各事，各属俱观望不前，且查咨议公文经过各驿站，铺书站夫往往延不分发，实属不法，若改邮递亦有不便，因行司札府转饬各州县，嗣后凡遇谘议局公文须在封面添加谘议局紧要公文字样，各驿站亦随到随发，不准片刻延宕，如违即行革办。

《南洋官报》旬报第一百三十三册，戊申十一月初十日（1908年12月3日）

苏抚陈致宪政编查馆电文

宪政编查馆鉴：前奉沁电内开：查《谘议局选举章程》第二条初选举以厅州县为选举区，则选举人被选举人均以籍隶各该州县及其寄居人合格者为限等因，遵即转饬照办去后。顷据筹办处详称，据长元吴绅士潘祖谦、华娄绅士谢葆钧马超群、武阳绅士（挥）〔恽〕祖祁恽用康、宜荆绅士任锡汾、太镇绅士钱三畏、顾【暟】、杨瑛、江震绅士金祖泽、钱崇威，常昭绅士殷崇光，昆新绅士陈观澜方还，锡金绅士华洪模等呈称，查《谘议局选举章程》第二条初选举以厅州县为选举区，而于同城州县并无特别定规，伏念同城州县多析置于雍正之初，非设官时即定分治之制，故区划只存于官厅名义之上，至历史地理人情风俗及利害关系生活根据初无彼此之别，即办事界限与各人相互间之信仰力亦毫无歧异，如教育会、劝学所、商会等公益团体凡在同城州县莫不并合为一，今选举时必令同城州县分额各选，则实有窒碍难行之处，如甲县人田庐坟墓财产以及亲戚故旧皆在乙县，则其利害关系与所欲举之人亦在乙县，徒以籍隶甲县，遂不得举其所信仰之人，是以籍贯之虚位抛弃其信仰之实际，且同城州县往往有父子兄弟异籍者，彼一家之关系尚不以籍贯而异，自更不能因籍贯之不同而分画全城之关系彰彰然矣。特联名恳请电商钧馆准将同城州县合造一册并额通选初选监督，应办各事俱会衔会印，庶于事实较便而于法意亦不致抵触等情，详请电商钧馆前来，理合据详电请钧示，求速电复以便饬遵为祷。

《南洋官报》旬报第一百三十六册，戊申十二月初十日（1909年1月1日）；又载《申报》，光绪三十四年十一月十四日（1908年12月7日）

二、《申报》所载苏属谘议局筹办处资料

筹办谘议局选举

常州绅商于昨日在武阳商会集议设立筹备谘议局事务所。恽绅莘云筹拨八百元，商会、劝学所各筹一百元为该所经费，先刊调查选举人名簿，推恽莘云、恽北生两绅为正副会长，钱琳叔、于瑾怀为常驻干事，屠元伯等十一人为干事，另推钱琳叔、徐果人、于瑾怀三君于二十四日赴沪代表筹议宁苏设立谘议局问题。

《申报》，光绪三十四年八月廿三日（1908年9月18日）

苏省筹办谘议局近状

苏省谘议局前本附设城北沧浪亭善后局内。现苏抚陈中丞以谘议局既改筹办处，事务繁多，谕令长洲县赵豹文大令另觅房屋以资办公。闻赵大令勘得大太平巷内民房一所较为宽敞，堪为谘议局筹办处之用。已与房主商定租价，禀请中丞择日迁移。

苏抚陈中丞以谘议局筹办处照宪政馆咨文应官绅并用，现已札委苏藩学臬三司为三总理，奏调补用道熊秉三观察为总办，又委苏州府何霄雅太守、候补道王旭庄观察、候补府陆勉侪太守为三会办，长元吴三首县为提调。至绅界所用人员，先有邹福宝翰讲派充总办之说，嗣接上海开会选举总会办公呈，故照会至今未出。

《申报》，光绪三十四年九月初一日（1908年9月25日）；又载《南洋官报》旬报第一百廿八册，戊申九月二十日（1908年10月14日），文字稍异

长元吴预备选举人名册事务所

长元吴预备选举人名册事务所来函云：现在谘议局筹办处另行设在太平巷，定十六日开局。至敝处系绅界发起，专以编造长元吴三县选举人名册，暂设事务所于玄妙观内，即须择日开会选派调查等员。

《申报》，光绪三十四年九月十六日（1908年10月10日）

常属宜荆两县士绅会议筹办初选举事务

九月初七日下午城乡士绅于明伦堂开会,到者约计千人。先由赖邑尊宣讲谕旨,次史献甫君演说谘议局设立之关系,储朴臣君解说谘议局章程,储铸农君报告同郡各县办法及公拟之宜荆筹办初选举事务所简章,次议公筹经费及城乡分推干事、调查、宣讲等员,分定期限赶办,次由两邑尊按照城乡区图分发名册及调查须知、章程等件,并议决设事务所于文昌宫。议毕散会。

《申报》,光绪三十四年九月十八日(1908年10月12日)

苏垣谘议局筹办处议设宣讲所暨十六日开办情形

苏垣官立谘议局筹办处前经租定太平巷民屋为办公之所。兹闻该处总会办议定办法,拟先从调查入手,惟下流社会智识未开,倘即实行调查,则民间必滋疑虑妄生谣言。现已议定设立宣讲所数处,讲明理由,俾知此次调查以备将来选举地步,一俟堪定区域,即当开讲。

又闻十六日筹办处开办时,瑞莘儒方伯因病未到,其余自陈中丞至各司道、首府县、省垣各绅及筹办处各职员均于下午二时聚集行开局礼。陈中丞谓明年九月谘议局即须成立,及今筹办时期甚促,一切事总以迅速为主。当时议定先由中丞出示晓谕开导,使全省人不可稍有误会,再通饬五属,如有照例行公事延搁者,从严撤参,并嘱筹办处呈拟条规,听候核夺。旋即兴辞先去。后筹办处各职员又商酌进行办法,并酌派各科科员以资辅佐。五下钟散会。

《申报》，光绪三十四年九月廿日（1908年10月14日）

江苏筹办谘议局进行表

江苏谘议局调查会 稿

苏府属：长元吴九月初十开会，现正调查。常昭上年已立地方自治会，调查甚易，闻约半月可以卒事。昆新闻定于九月二十三日开会筹议调查。江震。太湖。

太仓州属：太镇。崇明九月初三开会，禀县未奉批。嘉定九月十七开会筹议调查，江桥一处已调查。宝山城乡调查已毕，九月十九日开会筹议调查各乡。

松江府属：华娄拟开会。上海士民禀奉县尊照会于九月十七开会，现正调查。青浦现正筹议调查。奉贤，南汇，金山，川沙。

常州府属：武阳城厢调查已毕，各乡限九月卒事。锡金现正调查。宜荆现正调查，约十月初十卒事，江阴士民动议调查。靖江。

镇江府属：丹徒拟开会。丹阳。金坛。溧阳。太平州。

按：右表武阳最早，宜荆次之，一限九月卒事，一限十月初十卒事，可谓勤奋矣。其次锡金，亦当不远，此岂惟士民之力，贤有司实赞成之。若曰此奉旨限办之事尔，士民能早建议甚善。嗟夫诚如是则四境欢声雷动矣。长元吴居全省之首树之风声，官民可告无罪。上海禀县则如响斯音，崇明禀县则置之不答，何其不相侔也。表中所注，以华娄、丹徒拟开会为最不满人意，拟者，未定之词也，其未注者，恐是诹访之不备。若江震等处，固不应寂寂，三十六厅州县，动议者已经过半，未动议者以松镇为多。或曰松守不乐，盖别有故，镇守开通，抑又何耶？松属文明一发轫即至，至常之靖江、镇之太平州可虑哉。以三十六厅州县，萃于交通便利之处而犹不能恪遵功令，限正月十五日行初选举，固吾苏属之耻，然或为一二县所牵掣，则泄沓之咎将谁归哉！

《申报》，光绪三十四年九月廿一日（1908年10月15日）

苏省谘议局筹办处办公事宜

苏省谘议局筹办处绅官前曾议定除星期休息外，每日办事时刻自上午九时至下午四时为止，各科科长科员应常川驻处办理本科一切事宜，现已分定三科办事，编纂科、文牍科、庶务【科】，业由陈中丞分别委派。至总会办则每日下午二时到处，即与科长等团坐商谈本日各事，有余刻则复提议明日所办各事。议事时备一记事簿，议决一事即载入记事簿中以便稽考。又闻苏抚晓谕示稿已由筹办处拟就呈候核定即可发往各属张贴示众，并由抚宪严札合属，嗣后与筹办处往来文牍俱应视为异常紧要，稍有延误定干撤参。

《申报》，光绪三十四年九月廿三日（1908年10月17日）

苏省谘议局筹办处机构、人事变换暨会议办理选举事宜

苏省谘议局筹办处前设之编纂科现已改为选举科，日前由抚院委派杨廷栋为选举科科长，商言志为文牍科科长商委文牍科已见前报，金彭年为庶务科科长。闻筹办处章程已拟定十一条呈候抚院核定即行颁发各属。昨日筹办处各职员会议选举监督之事，谓照章程选举监督应各以本衙门为办理选举事务之所，惟现当创办之际，头绪纷繁，地方官素未研究，颇虑无从措手，亟应由当地士绅出而协助，庶调查造册等事可以克期告竣云云。爰请通饬合属府厅州县除照章各以本衙门为办理选举事务之所，赶即切实办理外，另行召集士绅设立选举调查事务所，以为地方官补助机关。闻刻已行文各属矣。

《申报》，光绪三十四年九月廿五日（1908年10月19日）

苏谘议局选举调查功候表

江苏谘议局调查会 稿

苏府属：长元吴现已开始调查，大约以十日或十五日为限，各乡约初八九开始调查。常昭现正调查，约一月可告竣，报载禀批系另是一事。江震现正调查，约十月中旬告竣。昆新十月初一开调查员会，约定即日调查，至初十日卒事，城厢初三日开会。太湖奉饬筹办。

太仓州属：太镇东区议事会十月一日议推定调查员。崇明禀县之后无闻。嘉定以十月初六至十月二十五日为调查造册期。宝山调查将毕，现方在审查补遗中。

松江府属：华娄十月初一日会议已定办法。上海现正调查。青浦十月二十日开会。奉贤现正赶印选举人名格簿格。南汇用调查户口法。金山十月初一起分投调查，约一月竣事。川沙。

常州府属：武阳调查将毕，现方在审查补遗中。锡金现正调查，城厢定十月初十完毕，各乡定十月二十日完毕。宜荆调查将毕。江阴士民动议之后无确信。靖江。

镇江府属：丹徒已开会两次，推举调查员。丹阳十月一日起分投调查，投票区投票所已定。金坛初动议。溧阳。太平州。

案右表除调查将毕及已有期限者不论外，崇明禀县、江阴动议皆最早，而至今无闻，何其久也，必有以也。青浦十月二十日开会，抑可为迂缓。南汇以调查户口与调查选举人资格并为一事，似非善法，不知能改易方针以无失时否？太湖既奉饬自为一区，则川沙、太平事同一律，当已行文矣。华娄办法以纡徐为妍，然彼中多开明之士，或不至后期。靖江、溧阳寂寂如故，报纸比之西藏、蒙古痛诋之而不动，奈之何哉？筹办处限各县以十一月三十日册报初选监督，可谓不慢不震,若靖江、溧阳、川沙、太平等处非有司选员持严檄以督之,不知其可也。区区数百里之间,程度之不同如此,有识者心【焉】数之矣。孟昭常识。

《申报》,光绪三十四年十月初八日(1908年11月1日)

苏属谘议局改定职员名称

苏抚陈伯帅以江宁谘议局筹办处系派藩学二司为总办,巡道为会办,绅士分为总理协理,宁苏系属一省,应归一律,自应以苏藩瑞方伯、臬司左廉访、苏提学樊学司改为该处总办,候选道熊观察希龄、王观察仁东改为会办,候补知府陆守懋勋为提调,绅士邹福保、王同愈改为总理,绅士王清穆、蒋炳章改为协理,其苏州府长元吴三首县各有初选复选监督之责任,均毋庸兼充筹办处差务。刻将以上情形附片奏明分别下札委充矣。

《申报》,光绪三十四年十月二十三日(1908年11月16日)

苏省谘议局筹办处札派司选员分赴各处

苏省谘议局筹办处司道昨特札派太平厅司选员知县张绍骞、太湖厅司选员县丞朱景圻、靖湖厅司选员从九郑隆奎、江阴司选员日本法政毕业生张象成、溧阳司选员蒋鸿元昨报误书慰祖等数人,筹办处面谕该员等到后即行会同地方官绅剀切晓谕县属绅民告以谘议局之利益、议员资格之贵重,一面赶紧举办调查选举事务,不得因国恤期内一再玩延以误初选监督日期等情。各员等奉谕后已于十一十二等日禀辞起程。

《申报》，光绪三十四年十一月十四日（1908年12月7日）

苏省谘议局筹办处禀准建局地址

苏省谘议局筹办处以文庙西首有旷地一方约二十余亩，前曾列入荒册，当经禀准上宪将是地留作建造谘议局之用，刻已饬委查勘界址估计材料以便兴工。

《申报》，光绪三十四年十一月十五日（1908年12月8日）

苏省谘议局筹办处札派赴金坛县司选员

苏省谘议局筹办处前于未经呈报开办选举调查事务所之各厅州县已札委司选员前往催促。兹又查有金坛县亦未呈报开办，爰特添委试用巡检邵祖雍饬令前往督催。该员即于十一日禀辞起程。

《申报》，光绪三十四年十一月十七日（1908年12月10日）

苏省谘议局筹办处奉批核准经费

苏省谘议局筹办处昨奉抚宪陈中丞批饬将该局筹定款项及开办经费若干、常年经费若干、每月应支若干详细造册呈案。现闻各司道已核定本处每月局员薪资夫马费用一切等项约在一千二百余两左右，并将开办经费、常年经费银两开支筹款情形开明缮折详请核示，已经中丞批准饬遵矣。又该处收发科员通判徐之模奉抚宪委署武进县篆，遗缺委派候补知县严宝骐接办，已于二十五日到差视事。

《申报》，光绪三十四年十二月初二日（1908年12月24日）

苏省谘议局筹办处札各属不得将吸食鸦片之人充当调查绅董及列入选举者

苏省谘议局筹办处札各属文云：照得《谘议局章程》第六条吸食鸦片者不得有选举权及被选举权，自系指现在吸食尚未戒绝者而言，业经本处解释章程并由本处选举科科长杨廷栋编纂调查须知详明声叙札发各属照办在案。兹据金山县选举调查事务所正所长黄端履、副所长叶秉常呈称，窃绅等于本年十月间奉宪设立金山选举调查事务所遵章办理，交相勖勉于消极，款内吸食鸦片一项尤为注意，非特现吸未戒者概不入册，即去烟服药烟瘾尚未戒绝亦在摈弃之列，盖药为烟之替代物，一日不除药即一日不断【瘾】，烟虽去而瘾自在也。此非不计及将来选举人之多寡，特恐一涉通融，即于朝廷禁烟前途必有大碍，故一任吸烟者如何仇怨、如何反对，皆在所不顾。近闻南汇、青浦等邑其调查时苟本人声明愿戒即一律入册，至明岁选举时仍未戒绝即停其投票权。又闻华娄两邑之调查册则竟假手于素有烟癖之庄董图董，以绅等所闻，如毗连金山之华亭南乡图董李翰、侯元宰、张声雅等无一非烟癖深重者，以素有烟癖之人委以调查资格之事，其烟员满册不问可知。又如愿戒一说，微论其空漠无据也，即果愿矣，亦仅有意思而未可指为事实，法律依事实为判断，自陈愿戒即许入册岂真所谓妄言妄听者欤？至谓烟未戒绝，投票时可夺其权，则彼时名册已确定，骤加以未戒绝之判语，彼必有词以抵抗，抗则必行试验，然试问今日投票今日试验，二者同时并行果能乎？否耶。章程内剥夺公权之项凡八，皆依据各国通例，惟吸食鸦片一项为中国所独有，此盖于选举资格之中特寓。盖烟之令，朝廷于此一项深恶痛绝，犯此者无论其具何等名位资望，均屏诸公民之外，凡在我民应如何激励奋发奉行德意，以上为朝廷作立宪之基础，下为地方沽自治之荣光。若视为虚应故事，或以吸烟者厕入其间，则既予以选举权不能夺其被选举权，将来议员人材仍以吸烟者滥竽其间，则凡欲戒者可不戒，已戒者可复吸，煌煌部章视同虚设，国家禁烟之举从此永无尽除之一日，而宪政之机亦从此扫地矣。绅等见闻虽狭，然窃以为松属如此，苏省可知，苏省若此，他省可知。宪政方颁，其始基之坏已如此，势必贻误全局，腾笑外人，中国前途可胜痛哭，取怨邻邑尚何敢辞为？特沥陈闻见之所及，迫求迅赐通饬各属初选监督严行复查，务使吸烟之人剔除净尽，庶宪政可以实行，强国始基卜于此举，绅等不胜迫切待命之至等情前来，除批示外，合亟通饬，札到该□，务即照会事务所办理选举调查各绅，凡吸食鸦片应以调查时业已戒绝者为断，毋稍宽假，如现未戒绝者即系吸食鸦片，应照章不得有选举权及被选举权，倘有朦混列入名册者应即查明剔除毋违，自此次通饬之后再有吸食鸦片之人充当调查绅董及列入选举者，惟该□是问。

《申报》，光绪三十四年十二月初五日（1908年12月27日）

江苏苏属谘议局筹办处选举调查进行表

苏州府属

靖湖厅：司选员报告调查事务所成立　调查已竣　人名册簿告成是否送复选监督请示核遵

太湖厅：司选员报告调查事务所成立　已调查

长洲县：县报告调查事务所成立　调查已竣　人名册簿告成　合格一千一百二十五人

元和县：县报告　同　同　同　合格一千一百六十九人

吴县：县报告　同　同　同　合格一千七百三十五人

昆山县：县报告　同　同　同　申报划定投票四区

常熟县：县报告调查事务所成立　已调查

新阳县：县报告　成立　调查已竣　同　申报划定投票四区

昭文县：县报告　成立　已调查

震泽县：县报告　成立　已调查

吴江县：县报告　成立　已调查　　详报监观员另行选充办理

太仓州属

镇洋县：县报告调查事务所成立　调查已竣　　申报划定投票区十四所

嘉定县：县报告　成立　同　人名册簿告成　合格二千一

百九十余人，呈报初选举情形

  崇明县：县报告   成立 已调查

  宝山县：县报告   成立 已调查

  松江府属

  府报告   成立 调查已竣 禀初复送投票纸投票瓿是否由省颁发并报设立复选举事务所日期

  川沙厅：司选员报告调查事务所成立 调查已竣 人名册簿告成已呈厅 合格者五百余人

  奉贤县：县报告   成立 同   申报分划投票五区

  金山县：县报告   成立 同   人名册簿告成已呈初选监督处

  南汇县：县报告   成立 同   人名草簿告成

  华亭县：县报告   成立 同   人名册簿告成

  娄县：县报告   成立 同   人名册簿告成

  上海县：县报告   成立 同   同 申报分划四十二区并按旬办理情形

  青浦县：县报告   成立 已调查 申报按旬办理选举情形

  常州府属

  武进县：县报告   成立 调查已竣 人名册簿告成

  无锡县：县报告   成立 同   同

  江阴县：司选员报告成（告）〔立〕 同   同 申报按旬办理选举事宜

  荆溪县：县报告   成立 已调查 抚批选举情形暨饬发办事简章

  阳湖县：县报告   成立 调查已竣 人名册簿告成

  金匮县：县报告   成立 已调查

  宜兴县：县报告   成立 已调查 抚批选举情形暨饬发办事简章

  靖江县：县报告   成立 已调查 申送调查事务细则清折

镇江府属

太平厅：司选员报告成立　　　　　　已调查

丹徒县：县报告　　　　成立　调查已竣　人名册簿告成已呈初选监督并呈事实清折

金坛县：司选员报告成立　　　　　同　　　同　申报分划八区

丹阳县：县报告成立　　　　　　　同　　　同　已呈初选监督处

溧阳县：司选员报告成立　　　　已调查　申报分划投票八区并按旬办理情形及规则呈核

京口都统咨报京防选举调查事务所成立，所拟简章请备案。又：咨商京防选举事宜是否由府县监督抑由京防自行办理。

《申报》，光绪三十四年十二月十二日（1909年1月3日）

为谘议局局址苏抚札筹办处文及筹办处勘址情形

苏抚陈伯帅昨札筹办处文云：案查九月十三日上谕着各省督抚均在省会速设谘议局等因，当经遵设筹办处派委官绅开办，饬令遵照定章筹办选举调查事宜在案。查该处为筹办谘议局而设，匆促开办不得不租赁房舍创始经营。惟此系国家要政，期限一年选举成立，江苏额设局员六十六名，转瞬选举齐全，人数甚多，必须有办公之区方足以树规模而饬纲纪。方今为时已迫，若不豫为修建，必致贻误事机，应即于省城内建立谘议局一所，由该处迅为踏勘地址绘图估费，一面由苏布政使筹拨专款遴派妥员详请委令承修，务赶于明春兴工，庶可不误期限。除行司外，合即札知，札〔刻〕〔到〕该处即便遵照迅速妥商办理，立候禀复，毋违。

筹办处总会办等奉札后商定将盘门瑞光塔左近荒地二十余亩派员前往勘验，业已绘图估费，闻日内即须禀复抚宪察核。

《申报》，光绪三十四年十二月十三日（1909年1月4日）

为黄端履等禀称华娄两邑办理选举假手于素有烟癖之庄董图董等情华娄事务所邮禀苏垣筹办处文

华娄事务所正副所长十一日邮禀苏垣筹办处，略谓：绅等奉华娄两县宪照会内开奉钧处札文，据金山县选举调查事务所所长黄端履、叶秉常禀称华娄两邑办理选举假手于素有烟癖之庄图董等情。窃思本所于十月二十二日成立之后，由同人讨论调查入手办法，因期限紧促地方辽阔，自当以熟悉本区各地段情形者担任调查以期迅速，而旧办事员或有他故即另推就近公正合格士商分投办理。自经草册汇齐到所之后，绅等又以华娄两境窎远，各有百里之遥，人数有四千之众，见闻虽广，然掩耳逃目诚恐在所不免。是以商奉两县尊照会城乡各区资望素优学识卓著者二十人为两县审查员，严定办法逐日到所按名审定，又经分认地段，将稍涉疑似者禀县展限十日分别挨户复查，犯一消极资格即担任公益为地方热心办事之员、素含积极资格数项者亦无不剔除净尽。故经审查之后，合之原册除去九百余人之多，是绅等审慎周详早上体朝廷禁烟之前途，法难宽假，与夫宪政自治之基础，事在实行，当早在上宪洞察之中矣。查本所为辅助机关，将来草册呈县后初选监督本有公布呈诉之条。绅等见闻疏狭，错误遗留事所不免，乃本所草册尚未造竣，选举人名亦未宣布，而黄端履等指为烟员满册，不问可知，果何所据而云然。且所指李翰、侯元宰、张声雅三人未经初选监督给予调查证书，本所亦向不知其人，即检对审定草册亦未列有所指各名，似不免以耳为目，捕风捉影，本所同人似不庸置辩。惟近在邻县而可以个人臆断将何以解于他省他府之人，况法律以事实为断，黄端履等亦言之能详矣。事关公共名誉，绅等亦岂能缄默。兹本所赶将草册造送外，谨将审定章程一扣呈请宪台大人迅赐鉴核，一面札饬金山县传知该所长勿播风说以起邻县之疑而贻各属之误。是否有当，恭候钧裁。

《申报》按：黄端履诉状自是一孔之见，而邻近州县审查员鉴此前车，竟有将烟癖已戒之人亦被剔除者。立言之不可不慎如是。

《申报》，光绪三十四年十二月十四日（1909年1月5日）

为驻防专额议员额数苏省筹办处致宁省筹办处电

苏省筹办处致宁省筹办处电云：馆章驻防专额议员视旧日取进学额全数在十名以内设一名，二十名以内设二名，二十名以外设三名。本处前准苏提学司移称京口驻防每届岁科红案在十名以内，应设议员一名。兹准京口副都统以尚有翻译学额取进生员每届岁科两试由将军出题扃试取进均在十名以外，合二者并计学额在二十名左右，意在设议员二名，未知江宁驻防应设专额议员是否合学院考取政进学额及将军考试翻译学额二者并计，请即查明电复以期一律。

《申报》，光绪三十四年十二月二十日（1909年1月11日）

为驻防专额议员额数江苏陈伯帅致江督端午帅电暨江督复电

江苏陈伯帅致江督端午帅电云：馆章驻防专额议员视旧日取进学额全数在十名以内设一名，二十名以内设二名，二十名以外设三名。前据苏提学司禀称京口驻防每届岁科红案在十名以内，应设议员一名。兹准京口副都统以尚有翻译学额取进生员每届岁科两试由将军出题扃试取进均在十名以外，合二者并计学额在二十名左右，意在设议员两名，未知江宁驻防应设专额议员几名，应否电询宪政编查馆请即查明电复以期一律。

江督复苏抚电云：驻防议员名额，寻绎章程由督抚会同将军都统定之，语意似其名数由各省会核酌定。顷晤军帅云，翻译学额既按年取进，自应并计加议员一名以免偏枯，恐电馆转生枝节，所言甚当，拟即径用并计办法勿庸电馆，尊意如何？

《申报》，宣统元年正月初十日（1909年1月31日）

为拟订投票所开票所办事细则苏属筹办处札各县文

江苏苏属筹办处札各县云：照得《谘议局议员选举章程》第三十六条内开投票所办事细则由初选监督拟订呈请复选监督核定施行等语。兹本处恐各属所拟办法纷歧且需复选监督核定有需时日，不如由处酌定画一章程通饬照办为妥，用将投票所及开票所办事细则一并拟定俾免歧误，除呈报抚宪外，合亟札发，札到该县即便遵照分别办理。毋违。

《申报》，宣统元年正月十二日（1909年2月2日）

苏抚陈中丞致京口奎统制电

苏抚陈中丞致京口奎统制云：驻防议员名额现与午帅往复电商，即连翻译并计京防应设议员二名，除饬苏属谘议局筹办处转行府县遵照外，特此电闻。

《申报》，宣统元年正月十五日（1909年2月5日）

武阳乡董劝阻初选投票

武阳选举事务所近日因监察员业已派定，特开谈话会以齐各员办法。有乡董马某者当大庭广众之前昌言阻挠，自称学宗孔孟，不以长国家务财用之小人所定章程为意，庶人议政无道可知，利字刀旁言权利者皆有杀机。闻者愕然。现闻事务所呈邑令撤销该董谕单，而该董逢人劝阻投票，又有犯消极资格之各乡董和之，恐放弃选举权之人必以武阳为独多。该两邑调查最早而结果如此。马董朋比书差屡次破坏乡董公所以张差焰，撤销后尚未易使之敛迹也。

《申报》，宣统元年二月二十七日（1909年3月18日）

奉贤县增生朱良翰、翁仁杰为选举事联名呈控

奉贤县增生朱良翰、翁仁杰联名控诸府署，谓生等不犯消极资格，何以竟被停权，而当选之林钦照，案卷累累，应否褫夺。复选监督戚太守以兹事何以不于事前声诉，迟至选定详后始来控告，谕姑退候批。太守旋饬各房书吏检齐林钦照案卷呈核。

《申报》，宣统元年闰二月十七日（1909年4月7日）

元和县附生张一【澧】禀复选监督文

元和县附生张一【澧】禀苏州复选监督云：为选举初选无效遵章依限诉讼恳请提前审判事：窃谨按《谘议局章程》第一章第六条左列八项有一者不得有选举权及被选举权；又按《谘议局议员选举章程》第四章第二节第八十一条被选举资格不符为当选无效；第五章第八十八条选举人倘确认当选人被选举资格不符，得向该管衙门呈控；第九十条凡呈控应自选举之日起三十日以内为限，第九十二条凡选举诉讼事件应于各种诉讼事件内提前审判，不得稽延；第六章第九十五条以诈术获登选举人名册者处十元以上一百元以下之罚金；第一百三条于处罚后二年以上十年以下不得为选举人及被选举人各等语。查有吴县当选人姜文蔚向充木渎镇董，鱼肉乡民，夜郎自大，群以牛大叔呼之，且烟瘾甚深，调查时诈称烟已戒净，初选期前大开宴会，以运动当选为事。充其鬼蜮伎俩，万一复选当选，恐扰害一镇者将以扰害全省，关系甚巨，利害甚明。为特恳请大公祖大人提前审判，照章办理，实为公便。谨禀。

《申报》，宣统元年闰二月二十日（1909年4月10日）

松江府戚守批娄县附生葛益庚等禀控杜炎年岁未合选举资格由

娄县附生葛益庚等赴府禀控举人杜炎年岁未合选举资格，并检呈朱卷。奉复选监督戚升准太守批云：杜炎朱卷阅悉。惟从前科举时代增减年龄几成习惯，朱卷尤多粉饰，不足为据，然不足为宪政之累。查《谘议局章程》第三条年满二十五岁以上者有选举谘【议】局议员之权，第五条年满三十岁以上得被选举为谘议局议员。杜炎年龄无论为二十九为三十，均之只能视为二十五岁以上之人，不能视为三十岁以上之人，界限自明，奚庸多辩。现据杜炎禀复，亦自称照章仅有选举议员之权，将来复选时无被选资格。有断然者来禀，有杜炎应否被选之语，殆疑初选当选人即被选为议员欤。该生等恐属误会。近奉筹办处宪颁发复选投票办事细则，第八条申明选举票内所书选举人不以复选人名册所载者为限等因。夫载入复选人名册，非初选当选人乎？书票既不以名册为限，然则议员可及于名册以外，初选当选人，不过选举议员之人复选投票，是谓有选举谘议局议员之权，年满二十五岁以上者足以当之矣。按之章程，证之细则，解释似应如是。但事属创办，研究不厌求详，仍候禀请筹办处宪明白批示以昭慎重可也。

《申报》，宣统元年闰二月二十一日（1909年4月11日）

苏省谘议局筹办处致各属初选监督函

径启者：现届复选日期不远，所有各项手续业经本处札饬各复选监督照章办理在案。惟被选举权定章极为简要，亦已由处查照定章及参酌宪政编查馆复各省电文拟定投票须知三条，印刷多张。兹特寄请照收，务即分给各初选当选人，俾复选投票时有所依据是要。

附：复选投票须知

复选被选举资格：凡年满三十岁，合格于《谘议局章程》第五条而不为第六七八条所限制者，即为合格。兹将复选应注意之处列举之：

第一，不以初选当选人为限。凡初选未当选而有复选之被选举资格者皆可举之。

第二，不以初选区为限。凡同府州之各厅县有被选举资格者皆可举之。

第三，不以初选选举人名册为限。凡同一复选区具有得选为议员之资格者则虽初选时未入名册亦可举之。

《申报》，宣统元年闰二月二十一日（1909年4月11日）

复选监督为书办索费之奇闻

常州府长智伯太守昨照会八邑绅士于闰月十五日会议复选事宜。是日六邑绅士先后冒雨而至，往谒太守，太守不见，传命往武阳选举调查事务所。待至午后，事务所致函往问究竟在何处会议，太守亦不答。六邑绅士皆恚，将各散矣。而太守于日晡时忽至。六邑绅士避而不之见。太守问事务所某绅曰："向例府考，各县有津贴书办纸笔费十二元，今届复选举，特邀八邑绅士集议，使之照例津贴。今既已散归，只可别定期日再开会议"云云。夫为书办区区津贴而号召六邑绅士远道跋涉，又不以时见，而使之恚而各散，说者比诸骊山烽火云。

《申报》，宣统元年闰二月二十一日（1909年4月11日）

长元吴初选举之弊

长元吴初选举已于十七日一律告竣，当经初选监督禀知各宪在案。惟现悉学界中人以三邑当选人有不合选举资格甚多，或身为董事营私武断，或沾染烟癖不顾公益，如某某等尤为劣迹昭著。现已有人胪陈各款具呈该管官衙门诉讼矣。

《申报》，宣统元年闰二月二十二日（1909年4月12日）

青浦县生监汪承宽等禀讦该县初选当选人营私舞弊

青浦县生监汪承宽等禀讦该县当选之朱光辅等四人内有一人于选举事宜营私舞弊，其余均烟癖未除。复选监督戚太守以此系一面之词，未能悬断，即饬青浦县知会被控吸烟者来府入所查验，派妥员监察，并准原告一同入所从旁监察，如其实有烟癖，立即照章办理，虚则坐诬。其被控营私舞弊者亦饬该县转饬该区管理员将指控各节据实禀复，并知会被告到府集讯。惟复选名册应于三月初七日造送，期限已迫，未可迁延，因又谕令原告在郡守候，并限被告于三月初一日到府，极迟至初三日为止，逾期不到，即停止其选举权。如被告到齐，原告不到，亦即将案注销，并闻原告于本月二十六日午前具禀戚太守立刻批发专差飞檄，限翌日午后到县，责令该县饬承录批，于二十八日清晨分派晓事专差知会被告各绅问明何日到府，先行申报，管理员禀复公牍亦限初一日送府，如有延误须将承差提案严办云。

《申报》，宣统元年闰二月二十八日（1909年4月18日）

靖江附生孙士彬赴府呈控初选监督之子索诈

靖江附生孙士彬日昨赴府呈控。据称初次调查伊即列入人名册，后因初选监督之子某索诈洋四百元不遂，致被剔除云云。现长智白太守已委发审委员邵大令鼎前往查讯。

《申报》，宣统元年三月初一日（1909年4月20日）

松江复选监督戚太守牌示

宣统元年闰月廿七日奉筹办处批示本府禀年满二十五岁以上之人初选当选是否许其复选投票由。奉批："查章程第三条定选举议员者之资格须年满二十五岁以上，第五条定被选为议员者之资格须年满三十岁以上。初选当选人仅有选举议员之权而非即得议员，复选当选人不但不以初选当选人为限，且不以选举人名册为限。该府于葛益庚等所控杜炎年岁不符各节驳斥甚当，并称杜炎年龄照章仅有选举议员之权，将来复选时无被选为议员资格，如此解释与章程第三条、第五条均不相背，仰即查照办理可也。"等因。到府，合亟牌仰原告及选举人一体知照。

《申报》，宣统元年三月初二日（1909年4月21日）

金匮县当选人毕鸿模等七人被控均有烟癖

金匮县当选人中毕鸿模等七人前经邑绅杨某等呈控均有烟癖，初选监督袁令以照章须禀复选监督审判。本月二十八日禀经长太尊派委莅锡，由初选监督先期知会被控各人齐集劝学所磋商，听候调验。是日下午三时，府委袁令及被控人等决第到府磋商良久，均云早除此癖，自愿请验。府委袁令拟令各具请验禀帖以便由委带府呈请复选监督定期招致调验。

《申报》，宣统元年三月初二日（1909年4月21日）

松江府复选监督戚太守批青浦县廪生李家骥、生员刘广礼控陈珍彝被选违章禀

松江府复选监督戚太守批青浦县廪生李家骥、生员刘广礼控陈珍彝被选违章禀云：查选举诉讼与寻常诉讼有公私之别。寻常诉讼往往切己之事，不切己者不干预也。选举诉讼则不然，【正】惟其事不干己而关系地方利害，其人犯消极资格滥膺选举必为地方之蠹，有人焉独伸公愤诉讼而剔除之，壮哉志士，良可敬焉。即使所控不实，出于怀疑误控，心本无他，犹当曲谅其心，未忍以诬告罪之。盖诉讼之心公也，非私也，非以一己之嫌怨快其报复也。否则事不干己者不告，来告者无非夙昔嫌怨之所致，其视照章提前审判似专为若辈报复嫌怨而开方便之门。夫报复嫌怨适值其人犯消极资格则咎由自取，嫌怨姑置不论，论其人之不当选举犹可恕也。所患者数十人之投票选举权不敌一二人架词之诉讼，凡尽地方义务者安得人人而悦，平日积有嫌怨，一日被选举即被讼累，此而不坐诬，正人君子将以被选举为大戒，只有营私结党，则畏其气焰之盛，莫敢诉讼，如此社会演如此恶习，不知谘议局之前途如何矣。松属自各县开票，报纸所纪载，座客所谈助，匿名信函所投递，谓某也不肖，某也无耻，一一举其历史，如数家珍，然卒不见有正式之诉讼。现查诉讼两起，其一控何绘书，其一控陈珍彝。何与陈是否犯消极资格，选举有无诈术，尚待研讯方可定断，而控何者汪为之首，控陈者李为之首。汪之于何历年势如水火，各立党派，遇事龃龉，案卷厚至七八寸，甚至因学堂冲突，视学员钱学乾前往调查开会议决，是何而非汪。今则诉讼内牵及钱学乾矣。挟其嫌怨之成见，倘不准该原告亲自从旁监察，势必纠缠不已，更有何法以杜借口。至李之于陈，嫌怨之深，光绪三十二年二月间已据田前县详复，遇事动辄反对，而至今尚有未结之案件。嗟乎，选举何事也，选举诉讼出于万不得已之公愤，岂为报复嫌怨之捷径？穷其流弊，我恐有心人不但选举为松江哭，即诉讼亦当为松江哭矣。何绘书等业已限传，陈珍彝亦应饬县传案并检卷送

核。该生即来案备责，该被告之虚实曲直，鉴空衡平，听其自取。选举资格关系至重，岂能以嫌怨之故稍从宽假。特此两案之诉讼起于嫌怨确凿有据，不能不先揭其隐以正人心，仰一体知照。

《申报》，宣统元年三月初四日（1909年4月23日）

松江府太守审理汪承宽等禀控何绘书等案

初四日午后府尊戚太守升坐堂皇，传原告汪承宽、费宗德、朱鲁芹、王韦训、王殿臣，被告何绘书共六人植立案前。太守谓今日系选举诉讼，然两造均由积嫌而起，卷案吊到者厚至七八寸，不能不一一研究。爰将学堂、善堂、河道、街衢各款目逐一诘讯。两造争辩良久。太守谓历观各卷，汪何两党互相缠讼，并无丝毫公心，虽各处董事何莫不然而以重（古）〔固〕为甚，借义务两字为大题目，实则只知权利而已。今何绘书为当选人，是否合格应俟查明核断，惟念初次选举风潮已如此，即如娄县亦闹得议论蜂起，深愿复选时各人顾全大局，选一公正士绅以息谣啄。至本案牵涉钱绅等烟癖则需尔汪朱诸人到所陪验。汪朱同称钱绅已据禀报戒净，生等亦自愿递禀述明。太守谓姑候开导，钱绅肯免验最好。时已入晚，遂退堂。

《申报》，宣统元年三月初六日（1909年4月25日）

金匮县当选人毕鸿模等七人被控均有烟癖审理办法

金匮县当选人中毕鸿模、徐葆树、陈保龄、须毓珍、顾宝珏、杨桢、章曜等七人均有烟癖,业经邑绅杨某等呈控,当由长太守派委来锡查办一节已志前报。兹金匮县袁令复接到长守札文,略谓毕鸿模、徐葆树二人已自行告退,毋庸置议,其余陈保龄等五人现奉筹办处宪核示,应照松府戚守办法由府切实调验具报等因,札到该县,立即遵照,速将初选中被控吸烟之陈保龄等五人限三日内传集原告一并同送来府听候查验禀复,倘被告逾限不到即停止其选举权,原告不到亦将控案注销云云。现金令已饬吏分别知照。

《申报》,宣统元年三月初九日（1909年4月28日）

松江府太守审理青浦县汪承宽等禀控案判词暨批文

青浦县汪承宽等禀控选举当选人监生何绘书一案业经复选监督戚太守判定。兹将堂判录下：甚矣,汪何两姓朋党重于亲戚而祸患伏于权利,非一朝夕之故也。乡间以董事为尊贵,地方公事不难武断,经手公款迟迟不报销,即报销亦一片糊涂,设被指控,则其党出头,谬托公论,董事安然无恙,鬼蜮之技、狼狈之奸,群偗护符,获分余润。其党虽无恶不作亦得以安然无恙。有如此莫大之权利,谁肯放弃哉。汪与何本属亲戚,汪承宽之父汪祥龙充三十余年董事,资格最老,何绘书起而代之,从此互相倾轧,互相攻讦,妄立南北党名目,该处不党南即党北,势如水火,控案累累,其党左之右之,诪张为幻,官吏目为之眩,商民口为之噤。赵前县乃两罢之,谕汪祥龙、何绘书均不准充董事,权利失矣。尚思藉义务为桑榆之补,各办学堂,不幸又因学堂冲突,斯皆历历有案可稽者。去冬该邑公推选举调查员,重固派三人,屏汪而推何,在公推之意,殆谓彼善于此,而就各案核之,汪固劣矣,何亦非佳士,所谓五十步笑百步者也。现在汪承宽所开各案多系何绘书与其父汪祥龙互控之案,汪承宽只悉攻讦此处缺十余字,并未深思各案有已结者、有未结者,其中如诬良为窃之款无案而捏称有案,更属荒谬。综各案之大概,汪祥龙未必全是,何绘书未必全非。至重固调查当初犯烟癖之徒,如汪祥龙及何绘书之弟何绅书概列草册,厥后汪祥龙黜落,何绘书亦投票不到。若第三次投票,何绘书奉派监察员,以扫墓不到,汪承宽未经奉派,反监察其间。既查有顶替两人票犹未写即行驱逐,该两人是否不谙规则抑受何人运动,据管理员禀复无从查悉,事后更无从究诘,未可指为何绘书之弊。又观型堂朱鲁芹等以初七日得信已晚赶不上投票归咎于何绘书,则朱鲁芹等太不谙事理矣。初七日重行选举系筹办处宪所定日期,早经发表,通省皆知,观型堂何得不知?岂待人人送信哉?且送信非监察员之责,一经道破,朱鲁芹等各已恍然。总之何绘书纵无选举弊窦之可言,而核其控案、考其品行,实与彼平日行止相符。此处缺数字应照章作为当选无效,饬县缴还执照,尚系因汪承宽挟有嫌怨之故稍从宽假。此选举诉讼之结束。他若两造办理学堂及未结各案应由县另行议结,不在选举诉讼范围之内。从前控案悉汪祥龙具名,此次选举诉讼在县则汪祥龙具名,在府则汪承宽具名,未免两歧,盖汪祥龙鼎鼎大名,知为本府所深悉,故不敢到府耳。本府曲体尔为人子之心,不忍传尔父到案,汪承宽其感悟否?何绘书供称不再干外事,有离乡远游之意。汪承宽读过《论语》、《礼记》,当知几谏之道,勿陷亲于不义。本府愿汪承宽孝养其父,奉以戒烟丸,愈于奉甘旨。尤愿汪何两姓亲戚和好如故,消灭南北党名目,权利之心稍消,他日办地方自治勿梦想董事,重固之福,亦汪何之福也。未到案之徐培荣、吴银堂据钱视学员称系乡民不识文义,不过汪承宽借以列名,然到案之费宗德亦默默无语,看似公禀,实则仅汪之控何,此为假公济私之习惯。案已讯结,免其深究。汪承宽前控当选人钱学乾、朱光辅、张之珍三人犯有烟癖,现供查明,该三人确已戒除,坚求免验。此非儿戏,该生姑退而三思,明日来案禀复,另行批示各结附卷。此判。

第一编　筹办时期

又汪承宽等禀复查明当选人钱学乾等烟已戒除，具给免验销案。戚守批云：该生汪承宽昨日当堂称误控当选人钱学乾、朱光辅、张之珍三人犯有烟癖，坚求免验，本府令其退而三思。现据禀查明三人确已戒除，具结注销前来。此则本府所逆料者。前批该三人入所验烟，须该生亲自从旁监察，职是故也。试思钱绅学乾青邑公推为视学员已四年矣，去冬选举调查公推为所长，今又当选得票多数，若非钱绅素有品学，何以屡次公推？岂屡次公推不足凭而凭该生一面之词，所控不实，何难逆料。乃因视学员调查学堂，开会议决，指斥其谬，积有嫌怨，遽牵入何绘书案内，冒昧殊甚。至朱光辅、张之珍二人有无烟瘾，本府是未深悉，及观该生前禀而知之矣。前禀定系讼师捉刀，讼师不晓选举诉讼与寻常诉讼有别。寻常诉讼往往任意罗织，控一事则牵及他事，控一人则牵及他人，枝节横生，作惝恍迷离之举约被人扯去二十字，其余不复穷诘，以免拖累。此诚控案者与问案者之习惯矣。若选举所关甚重，人人各有选举权，诉讼须事事踏实，岂容牵混。该讼师恐汪承宽单衔具禀显系偏见，乃添列费宗德、徐培荣、吴银堂托为公禀，又虑汪之控何露嫌怨痕迹，乃带叙钱学乾等三人以掩之。该生试自取前禀复读一过，恍然于满纸皆控何绘书之词，钱绅等三人不过约略数语，亦不禀请查验。其为随笔带叙无疑。夫选举诉讼何事也，本府岂听其随笔了之。其究也，徐培荣、吴银堂不肯到案，而到案之费宗德默默无语，尔父汪祥龙与何绘书互控之案历历可稽，嫌怨痕迹卒不可掩。然而具禀时已如见其肺肝，欲盖弥彰，拙哉，吾国之讼师也。且该生亦知验烟之为难，否则使房屋僻净、四围隔绝，其始入也，先就浴室脱除衣袴，易其新者，铺盖各项加意搜检，然而非得可恃之人与之同住同行同食同宿，刻刻不离左右，昼夜分班，以全副精神轮流坐守，则犹是皮相耳。安得华陀之术剖脏腑而视之。此一难也。必谓当选人必无烟癖，其将谁欺？无如犯烟癖者幸而漏网，未必被控，其被控者大率嫌怨所至，诪张为幻。此一难也。委员虽极认真验无烟癖，而控者不以为徇情即以为舞弊，委员何苦被人笑骂？以故闻委此差避之若浼，多方力辞。此又一难也。综此三难，倘非原告亲自从旁监察，恐事后不自咎控之不实而归咎于验之不实，晓晓不已矣。本府所以逆料其将来而预防讼师巧诈也。现禀坚求免验，自属见几。钱绅学乾等次第投到，经本府婉言劝导，不为已甚，应准其销案。所愿诸君子研究选举诉讼之法，泯私意而彰公理，勿以寻常视之。当选人果有烟癖，尽可控告，不必因噎废食，即怀疑误控，亦足谅其心之无他。斯善矣。结附。此批。

《申报》原案语按：原文缺字，有被案中人扯毁，有房吏自行扯去，只得付缺。

《申报》，宣统元年三月初十—十一日（1909年4月29—30日）

靖江附生孙士彬呈控初选监督之子索诈案调查结果

孙士彬具控初选监督之子索诈未遂致被除名一案已志本报。兹经邵大令往查，所控全属子虚，实因该生平日营私武断故被夺权。邵令不欲结怨于彼，现仍与复权，含糊了事。闻该地正绅大不谓然云。

《申报》，宣统元年三月初十一日（1909年4月30日）

青浦廪生李家骥等控当选人陈珍彝案堂判

青浦廪生李家骥等控当选人附贡生陈珍彝一案堂判列下：廪生李家骥、俏生刘广礼控当选人陈珍彝，计有关于调查者两款，有关于品行者四款，饬县检齐案卷并送到事务所记事簿逐条察核，如该廪生等所指陈珍彝调查陈坊区以薙发匠莫道儒、炮手许尔梅营业不正滥入选举名册，查前奉筹办处宪解释，例如设妓馆者，以饮食用物为赌者，造作或售卖烟具赌具及烟膏者，为营业不正，而炮手、薙发匠未见明文，究竟炮手之业有何不正，诘之该廪生，亦无的确之解释。况充炮手者系许尔梅之祖父，其祖父充炮手，其后人有五千元以上之资格不准入册，未免苛矣。薙发匠于科举时代原不准考试，列之选举册似乎贻笑大方，惟陈珍彝曾报告事务所，该所曾榜示该区，声明错误，得以更正。李家骥、刘广礼同为陈坊区调查员，当时何安缄默，留待今日攻讦乎？夫调查发起之初社会心理率主从宽，陈珍彝以莫道儒、许尔梅各有五千元以上之资格，仍将薙发匠、炮手分注于记事簿听事务所去取，则非陈珍彝有意朦混可知矣。所指王杨氏一款，王杨氏无子立嗣，呈□田前县批准，合于择贤择爱之例。王福星妄思夺产，讼棍把持缠扰不休，经责押而后已。陈珍彝为王杨氏之婿，偕亲族会禀，缘由义也，非利也。所指沈阿登一款，该生等牵涉陈珍彝，经田前县提赌棍沈尔登讯明，房主陈珍彝并无分肥之事。所指夺凤凰山学堂公产一款，三星堂庙产拨入陈珍彝所办之学堂，田前县批准出示在先，时隔年余，查书铭等起而争之，擅自收租，另办学堂，陈珍彝仅收租洋八元而止。是查夺陈非陈夺查，查固该廪生之表弟也，袒护亲戚，颠之倒之，人情之常，而藉此为选举诉讼谬矣。此外又有去年该廪生控佃户陆志成一款，陆志成谓有付度据，该廪生谓陈珍彝函禀该县包庇陆志成，而陈珍彝以邮禀被人冒捏辩明在案，既系冒捏，则与陈珍彝无干。至付度据如何情形，案犹未结，难分虚实，该廪生应赴县自与陆姓讯结。至刘广礼办学堂一年即停而收半山庵田租四年不止，该县批归劝学所，该所嘱陈珍彝劝导，刘广礼置之不理，应由县另行据办，均不在选举诉讼之范围矣。以上共六款。关于调查则如彼，关于品行则如此，据之章程，悖谬乎？营私乎？武断乎？该廪生嫌怨之深动辄牵控，该前县详府详提学宪，有案可稽，言之历历，一则曰反对，再则曰意气，然陈珍彝不敢当董事，历年屡次告退，各前县屡批坚留，田前县则批"该董藉词推诿，必有别故，不妨明诉。凡地方公正者多不合时趋，而私曲者每图利己，两相龃龉，遂至诸事腐败，本县深悉其病"等语。此批语极含蓄，该廪生其深味之。该区初选陈珍彝得三十四票，若云运动而来，该廪生又无从指证。夫以三十四人之选举权不敌一二人嫌怨之诉讼，有是理乎？各区乡董恒不满人意，顾十步之内岂无芳草，必一概抹煞，非持论之平也。陈珍彝既查无劣迹，应准其初选当选。李家骥等从宽申饬。切结，附卷。此判。

《申报》，宣统元年三月十三日（1909年5月2日）

锡金绅士黄龙骧等四十余人因调验鸦片
原告未便监视上复选监督禀

　　锡金绅士黄龙骧等四十余人因调验鸦片原告未便监视，日前联名禀陈复选监督。原文录下：为比照邻郡，案情各异，应请据案申详，另定察验办法以昭公允而垂成例事。窃治等前呈锡金两邑当选人有犯谘议局章吸食鸦片情事蒙饬县传知赴府听候查验等因，治等奉传于三月初八日到郡，业蒙传见谕知各情。治等当因未携行李呈明准于十一日再行来郡听候饬传等情。治等此次回里，邀同原列名各人会商，适松府戚太尊办理选举诉讼案由登载本月初十日沪上报纸。彼案与治等所控者情形全属不同。彼案系汪承宽与何绘书积案互控，此次乘选举诉讼时期欲控夺何之选举权，因借钱朱等三人为陪客，案辞专系控何而略叙钱张等。治等与所控各人并无陈案牵涉，且所控专系吃食鸦片。此与彼案不同者一也。彼案所控钱朱等三人毫无实据，事近挟嫌。治等原呈所控吃食鸦片者共有十余人，业由本人陆续自行告退辞选者已过大半，所控显非不实。此与彼等不同者二也。彼案汪承宽强列徐吴黄①三人托为公禀，后来徐吴不肯到案，黄虽到而默默无言。治等所具公函公呈列名者共四十余人，此次到郡者虽仅十人，所不能全到者均为职业所牵制，路程相隔，每行辄须一二日，若在本县传见，则列名全体定然一齐可到。此与彼案不同者三也。总之，彼案所控，戚太尊逆知别有案情，特批饬汪生亲自从旁监察以钳制其狡猾诬陷之谋，治等所控专为慎重宪政，奉行谘议局章程，为地方小民隐杜烟患起见，故自当选名单发表以后，集众人之耳目，得调查确实之凭证，因列呈吸烟未经戒绝之人备案请核。治等与诸人生同闾里，多半系亲戚故旧，平素毫无仇隙，所以不避嫌怨而为之者，盖因今日朝廷叠颁厉禁而谘

---

① "黄"，在《松江府太守审理青浦县汪承宽等禀控案判词暨批文》一文中无"黄"某，对应者是"费宗德"。

议局章程列有专条，若吃烟者仍列当选人之中，彼小民不识大体，将目禁令为具文，以后于地方禁烟事宜不免渐生玩视之心。况近者筹办处宪台又续申告辞，凡议员当选中若有吃烟之人，应由复选监督担其责任。此则治等苟有所知尤不敢隐匿不闻者也。治等控案既与松案情形各异，松案有嫌怨，故应令其亲自监察，治等无嫌怨，且与所举发者均系亲戚故旧，不便监察。松案戚太尊确知诬陷，故以亲自监察钳制其狡狯之谋，治等并无诬陷证据，故不愿受亲自监察之钳制。况察验一事诚如戚太尊批示所云为难情形种种确实，近来又有新发明之代烟品物，一芥子之微可抵烟力数钱之用，甚有将吗啡水渍于手巾及辫发嗅或餂之即可抵瘾者。治等素不习于监察查验情形，就使亲自从旁监察，又何能穷其变相乎？故如治等此次控案最后以亲自监察者难之，影响所及，人人知畏难自退，将来决无再有此种控案矣。若无善法以补救之，不如竟将谘议局章程吃食鸦片一条删除之为愈耳。今者调验之权既系贤长官主之，察验之事应由贤长官任之，原诉讼人尤未便侵其权限，但使察验之后实已能戒除净尽，治等与同乡一面亦甚愿多一不吃鸦片之人，万不敢退有后言。若临验时苟掩贤长官之耳目而居乡仍萌故习，则治等见闻较近，尚可续行呈闻，俾惩其欺饰贤长官之诈。为此具禀各情，环求大公祖大人迅赐据案申详，恳请筹办处宪台另定察验办法以昭公允而垂成例，实为公便。上呈。

《申报》，宣统元年三月十四日（1909年5月3日）

常州赵诏等因马俞本被夺公权事控告于定一复选举舞弊案

常郡赵诏等因马俞本被夺公权事控告于定一选举舞弊等情已志前报。近悉抚藩臬各宪均已批回府署，大概以所控是否属实饬府县速行查复。乃赵诏等日内又有禀到县，谓马俞本初选曾得三票，本在重选之列，后为于定一舞弊，竟私将马名除去，易以于之私人王志仁等语。闻府县业将前后所禀及宪批一并照会地方各团体秉公查复。惟闻此次马某剥夺重选被选权实以苏筹办处早已批准斥革乡董在前，初选举开票时选举监督谓马以阻扰选举已被斥革，决无仍有被选举权之理，遂以次多数王志仁升补宣示有案，并非于定一所能舞弊云。

《申报》，宣统元年三月二十九日（1909年5月18日）

常州府批赵诏等禀控于定一复选举舞弊由

赵诏等具控于定一已迭志本报，事经武进县徐怡堂大令照会绅商学界确切查明，所控各节全属子虚。伊等一击不中，遂又运动钱振锽多人联名复控各宪。兹奉府宪批示如下：查前据赵诏等以于定一劣迹多端控，奉抚宪批示到府，经转饬武进县查明复夺。嗣因延未复到，又经札委阳湖县查复去后。兹据陈令禀称，此案曲直，武邑均有案卷可证，且初选举一事系该管之县监督员绅办理，事非别县可知，请仍檄饬武邑徐令查卷查复以昭核实等情。正在核批间，即据武进县详称案经照会绅商学界确切详查，佥以赵诏等所控失实，逐层指驳，牒复到县核卷相符，转详前来。查于定一被控各节既经绅商学界明晰驳复，县中查核案卷情形亦属相同，是于定一并无劣迹尚属可信，惟既据并禀，应候臬宪批示遵行。

《申报》，宣统元年四月十四日（1909年6月1日）

常熟县附生周书等六人呈控复选举当选人俞亮不合议员资格

常熟县附生周书等六人以苏州府属新议员俞亮劣迹多端，不合议员资格，赴臬辕呈控，略云：二十三年分俞保义曾控新阳漕书，经府宪批饬长洲县讯办，旋有人说项，遂罚洋千元，革去五品职衔。后俞保义改名亮，前年曾入南菁学堂，因滋事革退。前次唐学宪按临苏属，俞得规保揽江阴考童入场，事发，旋将廪生斥革。其余种种作恶鱼肉乡里不止一端，禀乞批饬斥退议员，另行选充。

《申报》，宣统元年四月二十日（1909年6月7日）

侯廻等人赴臬辕为俞亮辩诬

苏州新选议员俞亮被人赴臬辕控告等情已记前报，兹悉俞已由侯廻等数人于日昨赴臬辕具禀代为洗刷，以周书等所控各情皆系怀挟私嫌藉图报复，并以俞亮办理地方公益事宜皆有成绩可观等情求请察核。未知上宪如何批示也。

《申报》，宣统元年四月二十五日（1909年6月12日）

徐州时澄清等邮禀臬辕请将复选当选人张鸿鼎调验撤换暨臬司批

徐州职员时澄清、史守疆、江焕文等由邮递具禀臬辕，略云：徐州复选举当选之张鸿鼎以纨绔遗传染市井习惯，且帷薄不修，豪赌无行，而烟癖之深尤属罕与伦比，伊逢人辄云戒烟，实则吸嗜如故，不过假此为运动当选之媒，禀叩将张鸿鼎调验撤换。赵廉访批云：据禀张鸿鼎素有烟癖，原不合选举资格，惟禀系邮递，难保非捏名妄控，仰徐州府先传原禀列名之时澄清等到案讯明核办具复。

《申报》，宣统元年五月十六日（1909年7月3日）

张士达、姚士谔等胪陈俞亮劣迹四款上控抚辕

苏府复选当选议员俞亮前因声名恶劣迭被控告已纪前报。兹悉俞近又被该处南塘士绅张士达、姚士谔等胪陈劣迹四款上控抚辕。一、俞系因案被革廪生；二、前在南菁学堂与教习为难，唆令全体罢课要挟；三、抗欠钱粮，代为包庇，曾在新阳县署被控有罪；四、办理团防，曾遣团勇拘拿租户，敲伤踝骨，几酿命案。并以苏府为人才渊薮，而以抗粮之革廪充谘议局之新议员，不独为苏人士羞等情。未知新抚瑞莘帅若何批示也。

《申报》，宣统元年五月廿八日（1909年7月15日）

樊方伯批兴化县附生魏筠以选举公权受剥禀

扬属兴化县附生魏筠前以选举公权受剥禀请樊方伯恢复。兹奉批云：该生不刁健、不好讼、声名不劣、品行不坏，吴令删之于前，吕令禀之于后，新旧之令尹非若家庭之世譬，何其同恶一至如此。本司前批饬县遵照前禀批示办理系指县禀而言，今谓系该生前禀，不刁耶？禀云吴前县代人受过，吕公祖办事颠顸不健耶？即此已不待多言。仰扬州府饬县仍遵前批办理为要。

《申报》，宣统元年六月初一日（1909年7月17日）

第三部分　宁属谘议局筹办处

A.《宁属谘议局筹办处报告书》（上卷）

开办日期启用关防呈文

为呈报事：迭奉宪檄，承准宪政编查馆咨："钦奉谕旨：'各省谘议局通饬迅速举办，限一年一律办齐。'等因，钦此。钦遵饬即查照馆章在于江宁省城设立谘议局筹办处并陆续札委照会各员绅为总、会办与总、协理，并委派科长、科员分科治事。"各等因暨奉发木质关防一颗到处，遵于光绪三十四年十月十一日开处，即于是日启用关防。除督饬科长、科员定拟章程妥速办理暨分别移行外，所有开处及启用关防日期理合具文申报，仰祈宪台鉴核。为此呈乞照验施行。须至呈者。

通饬各属设立调查事务所札并电

为札饬事：照得本处为筹备谘议局一切事宜而设。谘议局以明年九月为成立之期，必须赶办选举方免迟误。查《选举章程》，初选举以厅州县为选举区，初选区各厅州县以该同知、通判、知州、知县为初选监督，有监督初选投票开票及选举一切事宜暨保荐初选投票开票管理员、监察员，筹办初选投票区投票所、开票所地址种种责任。除照章以本衙门为办理选举之所外，亟应遴选公正明达士绅另设选举调查事务所，将造册事宜刻日办齐以为选举辅助之机关。合行札饬。札到该□即便查照，于文到三日内会同绅士另设选举调查事务所一处，其有绅士先行设立者亦即改名为选举调查事务所，协同绅商学界赶将选举事宜分投办理，克期告竣，以免贻误大局，并将设立日期及办事职员姓名先行报查，以后凡关于选举事宜及有质问之处均即随时直接本处以便检查而期径捷，是为至要。除昨已专电各府分饬遵照外，合再札行，无违。切切此札。

谘议局成立期限甚迫，望饬各属速选公正明达绅士按照章程设立调查事务所，万无迟误，应须用项在地方公款内筹拨，格外撙节开支，切勿派捐，至要。筹办处增祥等，元，印。

请督宪饬知文案关于谘议局文件随到随办手折

敬呈者：窃谘议局筹办处遵照奏定章程颁发选举期限另立一表，自本月十一日开局起至明年九月初一成立谘议局止，此一年中按月按日皆有限饬各府州县应办之事，惟既立有一定限期，则筹办处下行文件均应于限期以前十日内行到该属方可责该属以逾限之咎，譬如限期定十一月初一至十二月初十日为选举调查人名册编定之期，若筹办处行文迟于十一月十五日始至该属，则该属只有二十五日之期，必至潦草塞责或竟误事，反以筹办处文到稽迟为借口。应请宪台饬令文案各员凡关于筹办处详请批办之件随到随即拟稿呈请判行。无任叩祷。

第一编 筹办时期

责成地方官札

为通札饬遵事：照得现在遵奉上谕筹办谘议局一年成立，定限綦严。开办伊始，自以首先查造人名册为第一要义。除已札饬各属遴选公正明达官绅设立选举调查事务所赶将造册事宜克期告竣外，查选举为谘议局之初基，一切办法固应官绅同负责任，但绅士义务所在有无毅力不过名誉之问题，地方官职守所关能否奉行实有考成之干系。奏定章程以各厅州县为初选举区，同知、通判、知州、知县为初选举监督，责有攸归，况向来习惯凡有地方办理公事皆须借重官力始能成立，以过渡之时代为立宪之权舆，假使地方官不能提倡于前，必致因循坐误于后。须知此项人名册系合属举办，四府二直隶州一直隶厅合计人数均匀支配之事，假使全属告成而一属竟甘放废，在该地方岂不独自向隅。万一本属放废而并致全属不能进行，在该地方官又岂能当此重咎。为此专札严饬，札到该厅州县立即遵照另单所定限期实心办理，依期成立，目前尤以人名册为最要，凡关于查造手续务必事事尽心，实力倡导，如果踊跃从事早日观成，则该厅州县之实行新政干练有为可以类推，自应从优奖励。若意图诿卸致误期限，定即撤参不贷。再此札务必常置座右，时时检视，俟选举既毕再行归档，如有交替亦即专案交代。此系限期成立之事，万不可一刻耽延。如果彼此观望以致贻误，将来查明何人执咎按照惩处，亦不能任其推诿也。切切无违。特札。

通饬各属限十月底将事务所一律设齐调查员一律派定札

为札饬事：照得各属开办选举以调查议员资格、制造人名草簿为最要条件，必须刻日造成，应饬各属于十一月底一律办竣以便如期选举，所有各属官绅应行分设之事务所节经电札迅速设立。兹由本处公同议决，应饬各属将事务所调查方法于十月底一律定妥，其调查各员亦于其时一律派齐，以期即日进行，不误期限。除先行电府转饬外，合行札饬，札到该□即便遵照办理，并仰于成立之日即刻电达本处，其未通电报处所应立刻函禀本府转电本处。毋稍延误，切切特札。

请咨送本处章程规略及职员衔名呈文

为呈请核咨事：窃本司等遵奉宪饬设立谘议局筹办处，业将开办日期呈报在案。伏思本处为总理宁属选举之地，事属创办，定限严切，必须力袪敷衍因循之习始能催督各属收通力合作之功，自应妥定章程以资循守。兹谨将公同拟定章程并本处办事规略连同职员名单呈请宪台鉴核咨送宪政编查馆备案。是否有当理合具文呈请。除呈抚宪外，为此备由呈乞照案施行。须至呈者。

江苏省宁属谘议局筹办处简章

第一章　宗　旨

第一条　本处专为筹办谘议局而设，俟谘议局成立后即行裁（撤）〔撤〕。

第二章　职　员

第二条　本处所设职员如在：
一、总办

一、总理

一、会办

一、协理

一、科长

一、科员

第三条　本处办事分设四科如左①：

一、法制科：掌解释章程编纂规则等事。

一、文牍科：掌撰拟公牍检存文卷等事。

一、司选科：掌选举调查并派员分往各属督促辅助等事。

一、庶务科：掌处理庶务收支款项等事。

第三章　职　务

第四条　总办、总理统率各科办理本处一切事宜。

第五条　会办、协理商同总办、总理办理本处一切事宜，但总办、总理因事不能到处任事②时得代行其职权。

第六条　各科长商承总会办、总协理率同本科科员办理本科事宜。

第七条　各科员商同本科科长分理本科事宜。

第八条　司选科员除留处办事外，应分赴各属督促辅助③各地方官筹办调查初选及复选一切事宜。

第四章　期　限

第九条　以遵照谕旨谘议局限一年成立为标准，其办事时期另订日期表依限进行。

第五章　经　费

第十条　本处经费分为开办经费、常年经费二种，由本处预算呈院指拨。

---

① 《南洋官报》戊申十一月二十日，旬报第一百三十四册"本处办事分设"作"本处分为四科"。
② 《南洋官报》戊申十一月二十日，旬报第一百三十四册无"任事"二字。
③ 《南洋官报》戊申十一月二十日，旬报第一百三十四册，"辅助"作"辅佐"。

第六章 附　则

第十一条　本章程以奉文日为施行之期。

第十二条　本章程有未尽事宜应行增改者随时拟具草案呈院核准施行。①

江苏省宁属谘议局筹办处办事规略

一、会议：谘议局定限一年成立，开办伊始事尤繁赜，初开办十日内总办以次各职员均逐日到处办事，以后定为每三日会议一次午后一时起至四时止，总会办、总协理暨科长、科员咸集，一切应行之事公同议决。常川驻处之会办、协理每日同科长、科员至办公厅办事午前十时起至十二时止，午后二时起至五时止。

一、执行：会议议决之事有三人以上之画押但须有总办一人便可施行以免延滞。

一、驻处：总会办、总协理中各推一人常川驻处办事，各科长、科员除逐日到处办事外，并应每科每日一人轮流驻宿。其司选科员自本处开办之日起一星期内逐日午后三时起至九时止到本处研究关于调查选举之章程以便克期出发。

一、稽察：本处各员固当提纲挈领督促进行，然实行办理仍在各府厅州县选举事务所之迅速从事始能如期告竣。除由本处派往司选科员催督外，其府厅州县办事之勤惰应由本处随时稽察，如有延误限期者详请记过撤参，办理妥速者详请奖励，并先请督宪严札通饬。

一、文书：以单简明白而能迅捷为主，一切繁文概从删减。文书体例，上行文件官绅无庸区别，下行文件但用筹办处司道，通称绅士，不必列衔。

一、经费：参考苏州筹办处及本省调查局、自治局办法，约须开办经费贰千

---

① 《南洋官报》戊申十一月二十日，旬报第一百三十四册，本条作第十三条。另有第十二条，文曰："第十二条、本处办事规程另定细则施行之。"

两，每月经费贰千两。此项经费应请督宪指拨。

一、司书：暂定四人，以后酌量事务繁简随时增减。

职员名单

一、总办

藩司樊增祥

学司陈伯陶

一、总理

翰林院修撰张謇

一、会办

盐巡道荣恒

奏调江苏候补道熊希龄

江苏候补道赵从嘉

江苏候补道李瑞清

一、协理

前翰林院庶吉士仇继恒

安徽候补道许鼎霖

翰林院编修夏寅官

前广东高雷阳道段云书

兼科长，前河南南阳府知府周钺

一、法制科

科长，前留日法政大学毕业、优廪生卢重庆

科员，候选主事、留日法政毕业徐庭麟

科员，候选按察司经历、留日法政专科毕业吴荣萃

一、文牍科

协理兼科长，前河南南阳府知府周钺

科员，浙江候补知县赵宽

科员，浙江候补巡检梁世祚

一、司选科

科长，分省试用直隶州汪秉忠

驻处科员，候选同知吴涑

科员，拣选知县夏仁瑞

出发科员，江苏候补知县邓彦远

科员，江苏候补知县马昌期

科员，江苏候补知县张曾谦

科员，候选县丞陶春荣

科员，候选县丞邱以谦

科员，日本法政毕业生徐检礼

科员，师范毕业、附生凌文渊

科员，直隶州同知孙启椿

科员，留日师范毕业生仇埰

科员，拣选知县谭庆藻

科员，拣选知县祁世倬

科员，留日普通毕业、优廪生童康富

科员，师范毕业、附生陈光甲

科员，前沭阳县训导徐联芳

科员，附贡生王朴

科员，师范毕业、贡生严桂彬

科员，候选训导龚肇新

科员，附贡生张锦睦

科员，陕西大挑知县闻溥

科员，东文学堂毕业、附生杨冰

科员，候选知县李禔农

科员，留日经纬学堂毕业、附生杨永

科员，日本师范毕业生、候选训导夏斌

科员，正任东台知县何元泰

科员，江苏候补知县卢运昌

科员，日本法政毕业生许崇光

科员，日本法政毕业生胡伯言

科员，师范毕业倪宝琛

科员，协领明喜

科员，廪生札克达纳

科员，候选县丞袁葆恒

科员，江苏候补同知陈永熙

一、庶务科

科长，江苏候补知县易焕鼎

科员，候选同知顾琪

科长，江苏候补同知徐静

调查选举浅说

今年六月二十四日奉上谕令各省设立谘议局，然谘议局不能自然成立也，必须有经营此谘议局之地，预备此谘议局之人，所以先设立筹办处。筹办处者，筹画办理此谘议局之谓也。或谓急急筹办此谘议局究竟有何益处。欲知谘议局之利益必先明谘议局之解释。何以谓之谘？谘者谘询也，官有举动而访问于民谓之谘。何以谓之议？议者议论也，民有意思而建白于官谓之议，皆是一种舆论机关立言地位。或谓仅仅能立言又有何益。不知从前地方与官府所以事事隔阂不能整顿者，皆由于官有情而不能下通，民有情而不能上达。譬如官要替百姓做一件事，官原思有利于民也，然作事之初不先访问百姓如何做法，得失不知，曲直不晓，骤然以一二人之思想作去，往往无利而反有害，此不谘之弊也。官要教百姓出一项钱，民亦非敢不出也，然出钱以后交之于官并不知如何用法，究竟此钱用去是否有益于国计，有益于民生，百姓皆不得过问，以致关于出钱之事往往疑虑多而踊跃少，此不议之过也。知不谘议之害便知谘议之利，则谘议局之必须设立断可知矣。

谘议局为立言之地，其处于此地而有发言之权者谓之议员。宁属议员额数五十五人，此五十五人者代表吾江淮扬徐海通四府二直隶州一直隶厅中数百万人民之意见，于凡当兴者之何以兴，当革者之何以革，义务之何以担任，权利之何以保存，而增益议决之权皆惟此五十五人是赖，其责任可谓重矣。此五十五人非如向者薄俗可以钻营奔竞而至，亦非官场中一二人之意见可以徇情委托而来也。此次定章实为选举。选举之法如何？譬如我我者假设之词，人人皆自称为我，系有选举权之人，手持选举票一纸，将来于选举之时将我心中向所信任为有学问、有经验、能作事、无私心之人书于票上投于选举筒中，开筒之后选举此人者获居多数，则此人实为人人之信任可想而知，以之充当议员其能据持公理发为正论又可想而知。然则充当议员者人也，而所以使之充当议员者我也，我何以能使之充当议员，以我有选取议员之权也。得多数有选举权之人而举之便可以使众所信任之人为议员，然则选举权之尊重宝贵而不可放弃也明矣。

何以谓之选举权？现奏准谘议局章程定为有选举资格者五种。然一厅州县之中人民众矣，何人为有资格，何人为无资格，何人为有资格而丧失其资格，何人为有选举权而停止其选举权，是非调查不可。调查之法，先将一厅州县分为若干区，每区查明其有选举资格者若干人，是为选举人，书之于册，是为人名册。譬如一县分为十区，十区人名册皆已成立，然后由县汇为总册申送至省。又由省城汇集各府州县之总数均匀分配，定为每若干人中选出一人，即选举议员之人，譬如定为每百人中选出一人，本县人名册若有选举人三千人，则本县应选出当选人三十人，是为初选举。初选既毕，申送于府，府又于每十人中选出一人，是为复选当选人，即将来谘议局之议员。然则复选举必根据于初选举，初选举必根据于人名册，人名册不成立，以后种种虽欲举办而无从，是目前至急之事惟有以查造人名册为第一要义。人名册关系既如此之重，则赶紧查造格外详细自为一定不移之理。惟向来习惯，查造册籍每有数弊，一曰敷衍。即如办理保甲、书写门牌，往往户籍不清，丁口不报，随意填注，潦草塞责，此一弊也。二曰因循。初尚紧急，继而怠慢，终而休歇，此二弊也。三曰隐匿。关于财产此弊尤甚，巨家富户讳莫如深，惧贻派捐之累。此次所谓五千元之财产系为选举而设不是为派捐而设，假如为派捐而设则但考其财产一条足矣，何必又有其他四种之资格，此外尚有种种抉择，如年龄一项必须二十五岁方为合格。试问天下岂有摊派捐款而尚计及出捐者之岁数，二十五岁以上方能出捐，二十五岁以下便不能出捐，有是理乎？即此一端而所谓五千元财产一条不为派捐而设亦可信矣。此一层尤须明白晓譬，切不可狃于习惯将自己财产隐匿不告以致自失资格、自弃权利。或疑查记年岁安知不为将来抽丁当兵之地，不知以后海陆军人资格颇贵重，须要学过，不是人人可以充当，无庸疑虑。总之，人名册中有资格能选举之人多，则将来当选之人必多，即所占议员之额数必多；人名册中有资格能选举之人少，则当选之人必少，即议员之额必少，甚至一县并一人而无之。试问一县如果并无一议员，将来本县有利当兴、有弊当革，何人为之建议乎？建议且不能，何有于实行乎？谘议局为中国历史上近二千年以来未有之创举，恐人民尚有不知其利益者，故作为浅说俾易于知晓并转相传告，则成立非难矣。

宁属谘议局筹办处预定调查选举事宜日期表①

谘议局限一年成立，宁筹办处开办又后于苏者将一月，时期更促。兹按照原定章程参酌地方情势量为变通，预定调查选举事宜日期列下：

一、设立筹办处。　　　十月十一日。

二、各州县设立选举调查事务所约二十日。　　限十月三十日。

三、各州县实行调查，造成草册约三十日。　　限十一月二十九日。

四、各州县编审人名册约五日。

---

① 《南洋官报》戊申十一月二十日，旬报第一百三十四册载此日期表行文有所不同，如三、四、五、六、七列为"二"之下的甲、乙、丙、丁、戊，预估时间和截止日期表达方式也有异，但内容实无二致。

五、宣示人名册，约十五日。　　限十二月二十日。

六、选举人呈诉，初选监督判定约二十日。

七、确定人名册约五日。　　限正月十五日。

　　按：选举呈诉及判定日期似乎过迫，然宣示人名册以后初选投票以前为日甚宽似可断定。至人名多寡即有出入亦不过多，似不必旷日久待也。

八、初选监督申送选举人名册，由复选监督呈报到省约二十日。　　限二月初五日。

九、督抚支配议员额数约五日。

十、宣示议员额数于各复选区约十五日。

十一、复选监督分配初选当选人额数于初选监督约十日。　　限闰二月初五日。

十二、初选监督颁发投票簿、投票纸、投票匦于各投票区约三日。

十三、初选投票。　　限闰二月十一日。

十四、各投票所送投票匦于初选监督约三日。

十五、初选举开票检票。

十六、初选当举选人票不足额再行投票开票约五日。

十七、知会初选当选人约二日。

十八、初选当选人呈明情愿承认书约二十日。

十九、给与初选当选人执照约二日。

二十、申报初选当选人名姓于复选监督约十日。　　限三月三十日。

二十一、复选监督预备复选各事约五日。

二十二、复选投票。　　限四月初五日。

二十三、复选开票检票。

二十四、复选举选人票不足额再行投票开票约二日。

二十五、知会复选当选人约二日。

二十六、复选当选人呈明情愿承认书约二十日。

　　以上第二十五、第二十六两项系约略豫定日期，至复选当选人其居处或距复选举区过远而日期不敷者不妨稍微延长，不必拘泥。

二十七、给与当选人执照并榜示姓名约二日。

二十八、申报督抚。　　　　限四月三十日。

按：以上拟定办事日期以调查选举资格造成草簿为第一限期，初选投票为第二限期，复选投票为第三限期，各府州县必须依期竣事，不得逾限。至每一期中办事条目亦约定日程，各地斟酌情形，顺序办理，总以不逾三大限期为要。

派委司选员赴各属督促查造人名册札

为札委事：照得谘议局筹办事宜以调查选举资格、编造人名簿册为起点，其责成专在州县协同当地绅士依限进行，庶免迟误。惟近来各州县风气虽已逐渐开通，然程度未齐，情形各异，恐不免办法参差，违误期限，设将来有一处不能如期竣事或办理未能合宜，即足为全局之累。现已由本处派委该员等每日到处将馆颁章程会同讨论研究经旬议有画一办法，应即分赴各属相助为理，兹特派委该员前往□□会同地方官绅妥速催办。在各该牧令身任监督，责无旁贷，自宜联合员绅遵章赶办，不得以派有省员意存推诿，而在该员有辅助官绅之责，凡解释规制、敦促进行均宜遵照定章和共济，固不可因循贻误，亦不得稍存意见致生枝节。至应需旅费已由本处筹给，该员等文明进步，各知自爱，当不致于地方稍有扰累也。除札饬外，合亟札委。札到该员即便遵照驰赴该处会同地方官遵札办理，毋负委任。切切特札。

司选科员出发时无庸开去各学堂底差移文

为移知事：案照本处于十月十一日成立，筹办各事以调查选举为最先，创办伊始，诚恐各属未能依限进行，仿照苏属设立司选一科委派科员分赴各属督促辅助。惟各员由绅学界公举，半系各学堂担任职务之员，兹事体大，不得不借资群力。现已研究章程规定细则，克期出发，所有本堂职务业经饬令各觅妥人暂代。但事属因公，为时无几，一俟事竣，即行回堂照旧任职，应请无庸开去底差。除呈明督宪外，理合移行贵堂，请烦查照施行。须至移者。

司选员分赴各属办理调查请拨川资旅费银两呈文

为呈请札发事：窃奉宪台札开："各州县开办选举，事属创办，头绪纷繁，期限迫促，深恐有办法参差违误期限等情，亟应拣选科员分赴各处敦促辅助。"等因。奉此。查司选科科员等逐日到处研究章程，现均条目详明，自应饬赴各属敦促辅助早观厥成，应需出发川资由司道等审度远近公同酌定。又该员等到差后每员每日发给旅费杂用银壹两正，先行具领两月，俟回省时按日核算，并严饬该员等所至地方概不得索取夫马供应等费。刻下应发远近川资、两月旅费计需银二千零六十两。所派职名川资清单另折缮呈鉴核，需领之款仰恳札饬财政局从速发给，俾该员等克日起行，实为公便。须至呈者。

司选科员办事细则

一、科员到各州县担任敦促及辅助职务，至实行调查仍由各州县官绅自办。
一、科员出发直达各厅州县，并与教育会、劝学所、商会、农会各团体接洽，询问办事情形。其调查事务所已经成立者，查其办事是否合法，随时改良促其进行；其调查事务所未经成立者，应随时请地方官照会公正明达士绅开会组织，照本处代订章程，克期办理。

一、科员至各厅州县时得借住公共团体处所，其本科员及仆从伙食等费由本处开支，不受地方供给。

一、科员住所既定后，即应将各厅州县已否开办调查情形报告本处，十日以内间日报告一次，十日以后五日报告一次，如有特别事件须随时报告，其重要万不可缓者亦得电达报告书编号记入各员记事簿。

一、科员报告书中以印章为凭，无印章者无效，惟所用之章须于出发前印存本处以备查核信纸即用稿纸以便汇编。

一、科员有出发两县或两县以上者，至甲县时须将住址通知乙县，以便函商一切。至乙县时同。

一、科员到各厅州县，其敦促辅助之程限必俟该处调查完全进行始能暂离。其调查将完结时仍应酌量各厅州县情形按时考察以免衍期。

一、科员在各厅州县时应调查其管理员及监察员是否派定，并初选投票区域是否筹定。

一、科员于初选复选开票时仍应出发辅助开票检票一切事宜。

一、科员敦促考查事毕回省，仍按时到处分任亲查各文件以免棼乱。

一、本科员出发应带各种文件如左：

一）谘议局章程。

二）调查须知。

三）调查事务所简章。

四）调查员办事细则。

五）选举人原簿。

六）白话浅说。

七）谘议局章程表解。

八）本科科员出发后办事细则。

九）各项公文。

十）各科员记事簿。

一、各员到各属后应办事件如左：

一）先贴浅解并散给《选举浅说》。

二）组织事务所，其已设而不完备者为之改良。

三）划分区域，派定调查员。

四）调查员研究选举资格及调查方法。

五）实地调查时考察其是否合法而改良之。

六）征集原簿记事簿。

七）造成人名册。

各州县调查事务所简章

第一章　宗　旨

第一条　以辅助初选监督筹办调查为宗旨，俟选举人名册告成后即行裁撤。

第二章　处　所

第二条　初选监督衙署及其他办理公益处所皆得附设，不便附设者得由初选监督酌定地方设立。

第三章　职　员

第三条　本所应设职员如左：

一、所长：一人

二、副所长：一人或二人

三、调查员：无定员，以足敷调查不误造成选举人草簿之限期为断。

四、书记：一人

五、会计：一人

第四章　职　务

第四条　所长掌筹办调查及凡关于选举之豫筹事宜。

第五条　副所长掌辅助所长筹办一切事宜，但所长因事不能任事时得代行其职权。

第六条　调查员掌实行调查事宜。

第七条　书记掌撰拟保存本所之公牍文件。

第八条　会计掌本所收支事宜。

第九条　所长、副所长、书记、会计均应逐日到所办事。

第五章　调　查

第十条　所长、副所长应督同调查员研究章程以为实行调查之地。

第十一条　调查实行应先由初选监督分定调查区并分配调查员俾各专其责。

第十二条　调查员实行调查时另定调查细则施行之。

第六章　期　限

第十三条　以选举人名册造成为期限。

第七章　经　费

第十四条　本所经费由地方公款撙节动用。

第八章

第十五条　本章程未尽事宜由本处随时更订。

调查员办事细则

第一条　调查员于分配区域后各于所担任区域内详细调查。

第二条　调查时应携带草簿、记事簿、笔墨等件，并须携带本处所定之《调查须知》，以便有疑义时得以查照办理。

第三条　本区与他区相邻之处，调查时应与他区调查员接洽，其与他县相邻之处应与他县有关系之调查员接洽以免疏漏重复之弊。

第四条　调查员各给证书，如调查时有请览者应即出示。

第五条　调查员应各于担任区域内以白话演说选举权之重要再行调查，至调查时仍须斟酌情形择要演说。

第六条　乡间调查应先通知董事协助。

第七条　街市中两面有居户者须查毕一面再查一面，毋忽东忽西以致漏略。

第八条　数户同居者分别调查，填注时分别列号，勿忽略致相混淆，其一姓分炊者亦同。

第九条　调查时由初选监督或事务所豫定出勤时间，每日至少不得下于七小时。

第十条　调查员对于被调查人务宜庄肃和蔼，遇有相当询问并宜据要回答。

第十一条　被调查人系合格者，应按照原簿中所列逐项填注。

第十二条　被调查人合格而第五六两条所载应行剥夺或停止其公权者，应于填注资格之外并于记事簿中记明其剥夺及停止之事实，但记事簿务宜秘密，勿因宣泄致启冲突。

第十三条　填注草簿务须字画清楚，其有遗误应行补正者以勿致模糊为要。

第十四条　被调查人外出无法询问者，即于记事簿内随时记明并留字约期再往调查，或令被调查人诣调查员处补填。

第十五条　按照前条办理而被调查人放弃权利无法询问者，应详记于记事簿中并报告事务所。

第十六条　被调查人确系无选举资格者，调查时若值其外出可无庸按照第十四条、第十五条办理，但据邻右陈述请乡图董事证实之而填入草簿并详载记事簿中。

第十七条　凡调查一户毕后，应给以受调查证一纸为据。

第十八条　调查员于区域过大或期限迫促不足竣事时，得自请他员襄助。

第十九条　调查员所需日费其及车马船只等费另记清账，于事竣后交由事务所核明给还。

第二十条　调查竣事应将草簿及身份证书一律缴还事务所。

调查须知

第一 总纲

一、调查草簿即为选举人名册之基础，于选举资格有疑似者及确有选举资格而应剥夺或停止其公权者尤宜注意。

一、住所地名之上须注明某府某县。

第二 选举资格

一、凡选举人以本省人为合格，其外省人必寄居十年而又有一万元财产方为合格。

一、本省内之外府县人与外省人同。

一、年满二十五岁系指选举时而言，其调查草簿中年满二十四岁之人即为合格，但人名册中须书写明年年岁。

一、办理学务兼官立、公立、私立各学堂而言，凡监督、堂长、教务、斋务、庶务各员，各科教员，及学务公所、劝学所、教育会中办事人员均包括在内，私塾以曾经改良经劝学所及地方官核准注册有案者为限。

一、公益事务，如各项善堂、各公益团体及乡村镇图等董事由地方公推而得官厅承认者皆是。

一、凡办理学务、公益事务满三年，未被人控诉，查有实据者均以有成绩论。

一、办理学务、公益事务之年限得并合前后计算。

例：办理学务二年，又办理善举一年，得通算为三年。

又例：办理学务二年，中隔数年又办理善举一年，亦得通算为三年。

一、举贡生员但以文为限，武举武生不得有选举权。

一、凡文七品、武五品，以相当本职署事到任者皆为合格。

一、职官被参革者，其生员以上及中学毕业之资格一并消灭。

一、恩荫、难荫得有选举权。

一、营业资本及不动产满五千元者皆为合格，其资本与不动产合计满五千元者亦为合格，但系合资者仍以各人所出实本为断。

资本不动产在万元以上者，一户中得有二人之选举权。

甲）例：一家有五千元以上资产，而父子兄弟叔侄等同居者，以家长之名入册，如其家长愿以余丁入册者亦听，但余丁须满二十五岁。

乙）资产满一万元以上而家长声言分配于余丁者均可入册，但入册之余丁须满二十五岁。

丙）家长有五千元以上资产而为剥夺或停止其公权者，可以余丁之名入册，但入册之余丁须满二十五岁。

凡得以入册之余丁系指一户中实系同财者而言，不得以已经分析无关系之家族朦混影射。

第三　剥夺公权

一、品行悖谬营私武断，指宗旨歧邪、干犯名教及讼棍土豪劣迹昭著者而言，但须以被控有案经官审实为断。

一、曾处笞杖之刑者与曾处监禁以上之刑者同。

一、营业不正者，指聚赌窝娼开设烟灯等而言。

一、吸食鸦片与否以调查时为断。

一、不识文义以不能书写被选举人姓名为断。

第四　停止公权

一、本省官吏及幕友皆停止其选举权，其局中办事员不得包括于其内。

一、中国现无续备后备军人，惟常备军人应以军籍停止其选举权。

一、各学堂肄业生指现在学堂者而言，其在传习所、讲习所期内者亦同。

一、凡属第七条之停止公权者得随时请求复查回复其选举权。

海门厅申请以教佐为初选监督批

据申已悉，该厅既无属县，照馆章应以邻府为复选区。查松江系属邻府，隔属隔江；欲指附扬州，又远隔四县，均有未便。来文请照章程第四条以教佐为初选监督，以该同知为复选监督。此条系指有属县者而言，该厅并无属县，是将来初选复选皆系一属自为选举，与他府州厅之合属选举者迥不相同，未便援此条为确据。查海门地形习惯皆与通州相近，且科举旧例亦系附于通州，该厅复选自应仍附通州办理。惟直隶厅与直隶州阶级平等，以复选附直隶州因无属县之故并非有所统属，应行文件均用平行以示区别而存体制，仰即遵照办理实力进行。此缴。册折存。

呈请馆示电

宪政编查馆钧鉴：宁属谘议局筹办处于本月十一日成立，除将本处章程职员名单另行咨送备案外，所有应行请示各条胪陈请核：

甲、生员以上出身，文武是否一律？

乙、参革职官，设其人有他项资格，如中学毕业及生员以上出身，是否一并（销）〔消〕灭？

丙、非本省人须寄居十年有壹万元财产，非本府本县人是否一律，有无差别？

丁、被选举人既无规定资格，设所选之人或出于人名册之外，其票是否有效？

戊、小学堂教员停止被选举权。查现在各属小学堂教员皆系开通秀异之材，且多合他项资格，设停止其被选举权，窃恐人人辞职，于教员普及极有影响，可否暂为变通，无庸停止，如果被选为议员，令其辞教育之职。

己、管理选举员不得与于选举人及被选举人之例。查管理员既无薪水又停止其公权，省会及府城或可以候补各官充之，偏僻州县每处管理员极少亦须一二十人，且非公正明达者不能胜任，诚恐无人肯充，应作何变通办法？

以上各条均请核定电复。督宪端赴皖，藩司增祥谨代。个印。

附：宪政编查馆复电

南京藩台：辰个电悉，所询各条核复如后：

甲、生员以上出身应以文为限。

乙、参革职官，惟所有中学毕业及生员以上出身应一并革除，至其他项资格不在此限。

丙、寄居人资格，非本府本县人与非本省人均系一律。

丁、初选被举人即为复选选举人，自应即以人名册内所载为限，其票始为有效，至复选被选举人本无人名册，自可不拘。

戊、小学教员应仍停止被选举权，若不停被选而令当选后辞议员之职，恐有重选之烦。

己、管理选举员不得与于选举及被选举一节，系为预防流弊起见，似仍以限制为是，惟查直隶办法有即以巡警官吏、小学教员等项充当管理员者，似可仿办，希即转饬遵照。

宪政编查馆敬。

通饬各属勿怀观望电

本处所派司选各员已于二十四日出发，计应次第分到各属。现遭国讳，恭读大行遗诏，谆谆以实行宪政为训，良以立宪各国观瞻所系，不容稍懈。又本处以选举条件电京请示宪政馆，即于二十四日电复，足见事在必行，不容一日稍缓。所有关于谘议局筹办各事务仍饬属切实迅速进行，万勿观望致误。切切。宁筹办处详等。宥印。

通州申报设立选举调查事务所日期批

据报该州设立选举调查事务所日期并职名清折均悉。本处自设立以后通饬各州县文电交驰，业经旬日尚鲜报到。兹阅来申，已于二十四日设立事务所，实居三十六属之先。正在核办间，又接三十日来电，语同前因。具见办事勤奋，殊堪嘉慰。该州自治局早经成立，此次调查选举即由自治局协议，推举职员，先事有备，自可迎刃而解，仰即会同绅员克日进行及早蒇事以副厚望。切切此缴。

江甘两县会禀遵饬筹办初选举调查详细情形并呈方法刊单职名清折批

据禀已悉。该二县实行调查自二十三至二十八日即将城内草簿造齐，办理颇为迅速，所拟城外调查各情亦皆条理分明。仰即会同绅士妥速筹办以期早日观成。附刊各单思虑周密，秩次井然，极堪嘉许。惟选举资格解释内所称武举武生皆可入册及虽经罣误而其科第资格仍可公认两条，前经本处电请宪政编查馆宣示，旋奉复电内开"生员以上出身应以文为限，参革职官所有中学毕毕业及生员以上出身应一并革除，至其他项资格不在此限"各等语，当即转行通饬在案，应知会调查各员遵照办理。至吸食鸦片一条，查禁烟大臣早经严定限期，岂有预备选举之人反可宽限至四个月之久，况四月之后如果并未戒断又复何从稽考，所释似未允洽，应以目前已否戒断者为限。此批。清册刊单存。

饬催各属迅将办理情形禀报札

　　为札催事：照得谘议局选举以各厅州县为初选举区，应各就本署设立选举事务所以为会归之地，并遴选正绅另设选举调查事务所以为补助机关，即经札饬分别设立，并将成立日期具报在案。兹查浃旬以来虽据通州、江都等州县陆续以遵饬设立禀报到处，其未经报设者尚居全属之半，若不从严饬催必致违逾期限，贻误大局。合亟札饬。札到该□，迅即查照前札将选举事务所暨选举调查事务所究于何时成立并将现办选举已否分定区域、如何遵限进行之处先就大概情形即日报查。此系刻不容缓之事，定限严切，如或玩违致误，本处惟有按照定章详请参撤，决不能为人受过，务各依限赶办，毋稍观望，切切特札。

饬各州县认真厘剔选举资格札

　　为札饬事：照得选举为谘议局入手办法，关系甚大，本处已选派司员分赴厅州县敦促调查。刻据各属报告人名草册将次告成。查馆定章程，得有选举资格者定限虽宽，而停止及剥夺之法亦极周密，以议员将来有与闻政事之权，责任綦重，若品行有亏且为议员之玷。各该管厅州县为初选监督，宜如何谨慎从事此次人名草簿造成当详加考核，倘有应停止及剥夺选举权者不得瞻徇情面，务必照章厘剔。再，值烟禁功令森严，尤宜细加访察，犯此者不得滥列簿中致生讦告也。毋违，切切特札。

致各属调查草簿切实厘剔函

径启者：各属调责查人名草簿业已陆续具报成立，除赣榆、高淳、溧水仅及千人，其余皆三四千人，少亦二千人。各调查员自系按照章程第三条资格暨六七条驳夺停止事件切实查照。但人数既多，其中难保无稍从宽假之处，及此尚未确定之时，务必切实厘剔，无致将来酿成诉讼牵掣全局，章程第七十九至一百四条殊可凛也。

请军宪饬令明协领等来处会同研究调查选举事宜呈文

为呈请事：案奉督宪端札饬宁省遵章派委官绅设立谘议局筹办处，节经咨达宪署，并请照章迅饬旗员将调查选举各事宜依限筹办造册呈送以便会同汇核各在案。兹准宪咨，已饬派镶黄旗明协领喜、岁贡生候选府经历云骑尉札克达纳二员办理斯事，咨烦查核，并饬处查照，合就札处知照等因。奉此。遵查《谘议局章程》第二条按语内开，将来旗制裁改，旗人自应以所居地方为本籍，未改以前暂设议员专额，京旗则附顺直，驻防则附各省等语。是现在江宁驻防选举与宁属民籍选举既须同归一处举办，其办法自应一律。伏思馆颁章程中有必须申明解释方能瞭晰之处，业经本处陆续呈请督宪电询宪政编查馆示有确切办法，其调查方法、进行期限以及簿册格式亦经分别厘定，旗籍与民籍容有不能尽同之处，大致当不甚相悬，自应力求联合期免参差。拟请宪台札饬所派二员来至本处会同各科员参合旗制逐一研究，庶杜歧异而重要政。其该员应给薪水银两自应由本局查照局章按月支给银三十二两以资办公。所有请饬委旗员来处研究办法以期划一各缘由是否有当，理合具文呈请，伏乞宪台照呈施行。须至呈者。

驻防选举请示办法呈文

为呈请示遵事：窃照《谘议局章程》第二条"各省驻防均以所住地方为本籍，旗制未改以前得于该省议员定额外每省暂设专额一名至三名，其名数由督抚会同将军都统定之"，又《议员选举章程》第一百八条"各省驻防专额议员之数，视旧日取进学额全数在十名以内者设议员一名，二十名以内者设二名，二十名以外设三名"各等因。查京口驻防地方，其区域实在苏属，寻绎第二条按语，将来旗制裁改自应以所居地方为本籍等语之意，似该驻防应归苏属办理，惟向隶于江宁将军，应否归并宁属专额选举之内，抑仍以所住居地方为断，其江宁驻防学额旧有若干，现在议员应定几名为额，本处均未敢擅定，理合具文呈请宪台鉴核。除详督抚宪外，为此备由呈乞示祗遵，望切施行。须至呈者。

请提学司查明驻防取进学额移文

为移请查复事：窃奉抚宪陈批本处请示京口驻防专额选举应归何属办理呈批。查此案前据苏属谘议筹办处具详请示，当以《谘议局章程》第二条"各省驻防均以所住地方为本籍"二语固系指将来更改旗制以后而言，然目前虽未改旗制而此项专额议员应归何处选举自当以所驻地方为准。镇江既隶苏属，则京口驻防选举事宜应归苏属办理似无疑义。惟《选举章程》第一百八条叙明专额议员之数"视该省驻防旧日取进学领全数在十名以内者设一名，二十名以内设二名，二十名以外设三名，由督抚会同将军都统定之"等语，未知京口驻防旧时取进学额与江宁驻防学额是否各有定数，若当时两处驻防共一学额并未分别江宁若干京口若干，则此时选举专额议员只可归并江宁办理，即经批令移询苏提学司先将京口驻防学额若干与江宁是分是合查明移复详候酌定在案。据呈前情，仰即一体移询宁提学司查案速复再行详候核定，并录报督部堂暨候批示毋违此批等因，奉此。奉批到处，理合备文移知，伏乞从速查复并案详候宪批祇遵。须至移者。

请定驻防议员额数呈文

为据情呈请事：案据江西督粮道锡恩、吏部候补主事果晟、通政司裁缺笔帖式元兴、江西候补知府承恩、民政部七品小京官善溥、宁防协领吉林、宁防协领三音布、保用知府锦山、江苏候补通判钟瀛、广东候补直隶州知州存庆、广东候补知县秉堃、江苏候补知县德清、江苏候补巡检绍华、江苏候补巡检金瑞、恩贡生广荧、岁贡生长鑫、附生春森、迈拉逊、承先、富勒、浑布、庆森、承秀等呈称：窃查宪政编查馆奏定《谘议局章程》第二条"京旂及各省驻防均以所住地方为本籍，但旂制未改以前京旂得于顺直议员定额外暂设专额十名，各省驻防得于该省议员定额外每省暂设专额一名至三名，其名数由各督抚会同将军都统定之"，又《议员选举章程》第一百八条"各省驻防专额议员之数视该省驻防旧日取进学额全数在十名以内者设议员一名，二十名以内设二名，二十名以外设三名，由各省督抚会同将军都统定之"各等因。绅等伏查宁防自粤匪乱后原额至今未复，近科学额每次仅取进八九名不等，详译定章第一百八条应设议员名数视该省驻防旧日取进学额定之之义似非专以现在取进学额为断。查本防旧日学额应考人数较多，每次取进均逾十名，且本防尚有翻译学额，科岁两试，试卷系咨送礼部，每次取进自五名至八名不等。若合两项并计，是每次学额约在二十名左右。现届选举期近，议员名数亟应预定，理合据实陈明等情具呈到处。伏查驻防议员专额照章应由宪台会同将军都统核定。兹据该绅等呈请酌定名额前来，理合据情转请，伏乞宪台俯赐咨会军宪将江宁驻防议员名额会核确定行知到处以凭遵办，为此备由呈乞照呈施行。须至呈者。

通饬各属人名册是否造齐人数若干立即呈报札

为札饬事：照得选举之始首重调查，前经通饬各属，业经陆续具报事务所成立。惟呈报日久，究竟如何进行，人名草册是否造齐，殊不可知，为此专札饬催。札到仰即将人名草册何日成立、人数若干立即呈报，一面按照本处所发宣示人名册办法按区宣示，俟人名册确定后再行呈报督抚宪并本处，以便支配额数，实行选举，无误限期，是为至要。切切无违。特札。

通饬各属遵照本处规定画一办法札

为札饬事：照得各属选举必须有画一办法方可免参差不齐。兹查各属来禀附呈办事规则，与本处所颁章程往往有不符之处，此在章程未经颁到以前地方官急于进行意为厘订原难免稍有出入，既经奉文之后自合遵照本处《调查须知》及各种规则办理，即前经禀定亦应逐细照改，不得以漏未批饬听其歧异。本处为同一规定，期于将来会同选举不致凿枘，各属应共体此意，毋任自为风气。除分行外，合就札饬。札到该□即便遵照办理。毋违。切切特札。

饬知宣示人名册办法札

为札饬事：照得谘议局筹办伊始以调查为入手，前经本处委派司选各员分赴各属督促进行并据各属陆续具报事务所成立。现在实行调查，当已刻期竣事。查《选举章程》第二十一条内载选举人名册告成后初选监督应即呈由复选监督申报督抚并于选举期前颁发各投票所宣示公众等语。兹由本处酌定宣示人名册办法二条，仰即遵照切实办理。再发去诉讼告示一纸并即照录多张发贴各处以资遵守而遏讼端，无违。特札。

计开：

宣示人名册办法二条

一、人名册审定后，应按照各区分别编造各自为册，但宣示时除本区人名外应并将本县各区人民一并宣示因投票时合县之人皆得被选举，不拘本区。

二、宣示之法。将本区及本县各区合格人名姓汇录齐全榜示于本区投票所墙外以便观览，如有遗漏，准其自向调查事务所或初选监督呈报添注，其有诉讼者另立诉讼规条行之。

限制诉讼告示并规条

为晓谕事：照得本处遵照奏定章程筹办谘议局先从选举调查入手，业经委派司选各员携带调查规则及原簿等件分赴各属督促进行。现在各属均已具报事务所成立实行调查，转瞬必将竣事。惟调查一项最为繁复，一州一县多者丁口数十万，少亦十数万，仅恃数十人从事调查，稍不周详，则人名册中遗漏与宽滥二弊必不能免，二者既不能免，则自己之请诉与他人之讦告必且相因而生，若不先事预筹，诚恐控牍繁兴，是未得选举之益先受争讼之害。除已札饬初选监督将人名草册认真审定外，相应订立请诉规条二则、讦告规条四则先事晓谕周知以示限制而资防范，为此通行晓谕。须知此次选举乃近二千年来所无之旷典，躬逢斯盛，自应彼此勖勉以期早日成立，切不可务为攻讦，假公益之名报睚眦之怨，纷纷诉讼，缠绕不休，转负朝廷振兴宪政提倡民风之意，切切无违。特示。

诘诉规条二则

一、应有资格之人而调查员漏未列入者，自应立时添注入册。

二、本有资格之人调查员注为应剥夺停止而本人不认为应剥夺停止者，应令取具有选举权者二人以上之保证书呈由初选监督核定方准入册。

讦告规条四则

一、应遵照章程以宣示人名册后二十日为限，逾期不得控告。

二、须有选举权者二人以上列名方准控告，但列名人须亲身投递，不得捏名。

三、裁判后控告得实，则被控者分别剥夺停止其选举权被选举权，控告不实则诬告者分别剥夺停止其选举权被选举权。

四、其有裁判不及者，被控告人得以取具三人以上之保证书便可入册，保证书须亲自投递，但入册以后仍须裁判。如控告不实，则诬告人分别剥夺停止其选举权被选举权，控告得实，则被控人暨保证人均分别剥夺停止其选举权被选举权。

致各属查照馆电变通办理函

径启者：昨因迭奉馆电如寄居资格等项与本处先前解释不同，业已传电由各府直隶州转饬先行遵办。惟电传较简，兹将馆电全文抄录刷印函寄，望即查照办理，将草册厘剔更正。其本省寄居人资格，馆电既已通融，不至如先前限制之严，自应变通以期便利。惟为期甚迫，若不从速办理，虽有美意，必不能得其实益。想在事诸君必能善体斯意也。

致泰兴县函

接阅来函，殊深诧异。馆电变通异籍办法系为非本府本县人之寄居不满十年无万元财产者而设，至已满十年有万元财产者虽外省人尚可入册，岂有本省人而反不能入册之理。该县忽将已满十年有万元财产者删去，此种误会实出意想之外，真令人不可思议也。

致各属封印期内照常办事函

径启者：官场向来习惯，封印后停止办事，岁晚务闲，略资憩息，固其所也，惟调查选举系限定日期刻不容缓之事，一经停搁则贻误必多。查本处所订办事日期表限二月初五日便须将各属确定人名册一律赍送到省，且中间尚有宣示人名册及呈诉判定诸事，即使昕夕告劳犹虞不及，假使封印期内停止多日，试问何从集事乎。兹特专函布达，务望传知选举调查在事诸君，务必照常办事，不可暂时辍止。节往来酬酢之繁文为预备议院之实事，想亦乐得而为之者也。

申明权限牌示

为牌示事：照得本处系为筹办谘议局而设，专理江淮扬徐海通调查选举事宜。近来屡接各处投寄禀函指陈地方利弊及诉讼事件，此行政官之职掌，非本处权限以内之事，无可批答，亦无从发还。特此悬牌通知，以后如有此等禀函无庸再投，即投寄到处，亦概难准理，幸勿以为异也。此示。

致各省筹办处请录示馆电全文函

径启者：《谘议局章程》，各省皆有解释疑问向宪政编查馆请示之件，诚恐登报或未齐全以及阅报时有未及尽览之处，拟请将去电回电各印一分寄下以资参酌，无任企盼。

睢宁县详送人名草册批并札

详册阅悉。选举调查不比向来循例之事可以查照办理，自不免稍觉繁难。惟前次司选员所带册式一纸四名系属选举原簿，后次颁发册式一纸六名系属人名清册，用处本各不同。该县及调查事务所各员并不细心查明，各作各用，以致纷纭繁扰，无所适从，是一再改写皆自取之过，他人不任受也。至此次所赍草簿七本应俟本处逐细查核后再行发还照造清册。事关新政，不厌求详，该县及事务所不必存急就之心，亦不可有畏难之见，须知此系各县通办之事，并非该县独为其难，无庸鳃鳃过虑也。详册存，人名册七本存核后再发还。此批。

为札发事：前阅该县详册，力言周折繁费种种困难，当经批示去后。兹逐细查核草册所填各种资格，条分缕析详明精当，殊堪嘉许。前统阅已送各册以通州为首屈一指。该县草册亦有未遑多让之势，足见苦心经营，非草率塞责者可比，办事人贤劳良不可掩也。其尚有一二未能尽合，经本处签出之处，仰即厘剔更正，速造确定清册申送以便呈请督宪支配额数再行饬知遵照。此札。

桃源县申送人名草册批

据申送选举调查人名草册七本，本处逐加查核，所开资格条分缕析确当详明。五区之中将公益、学识、财产、客籍分项胪列尤为眉目井然，部居不紊。昨见通州草册以为独出无两，暨见睢宁册有未遑多让之势。兹该县册几欲突过通州，足见地方虽然僻远，但使督率得人，调度有法，未尝不可与文明之地争先竞进也。此册筹办伊始当系李令倡导之力为多，陈令规随于后其劳亦不可没，候移知藩署将李令记功二次、陈令记功一次，事务所办事诸绅仰陈令查明呈候本处酌给奖励。其间有一二未能尽合，经本处逐条签出，仰即厘剔更正，照造清册。此批。

邳州申送人名草册批

据该州申送草册六本，本处逐加查核，所开资格本已详明，兼之该事务所核册之人于应当剥夺停止者切实厘剔毫不迁就，似此认真从事实为各属所无之特色，仰将事务所办事得力诸人择尤开具衔名行号申送本处以便酌给奖赏。该州督率有方，并行司记功一次。至册中尚有未尽合式之处经本处逐条签出，仰即速行更正照造清册。本省官吏系外省之人服官本省者不能入册，至本县之人服官外省不能停止其选举权，此层尤宜注意，不可误也。此批。

沛县申送人名草册批

据专差赍送草册五本前来，本处逐加核阅，大致清楚无甚舛错。惟来禀云"徧查章程及本处预定日期表均无先送人名册明文"，并谓"展转申送有妨宣示日期"等语。查本处前阅江宁、东台等县申送草册错误较多，因通电各属一律先送本处查核免致清册造成之后再复驳回，是于整齐之中仍寓体恤之意，即如该县草册亦须厘剔更正，假使此次先不送省，将来造成清册岂不徒费笔墨乎。至草册送省侭可仍据该事务所底簿誊写宣示，何致有误限期。本处通电各属，现据送到草册者业已三十三处，未到者仅丰县、砀山、阜宁三县，是并非于该县独有所苛求也。此册赍回，仰即查照签出各处迅即改正造具清册申送，万一约计期限不能赶上二月初五之前送省,务即查明人名、确定数目电报以便汇呈督宪。切切。此批。

饬催各属速送人名清册札

为札饬事:照得本处前次颁发预定日期表,限二月初五日各属人名册由复选监督申报到省。现在距离甚近,不可再迟,为此专札飞饬,札到该州、县、厅,务即依期申送本处,立等汇齐呈请督宪支配额数。如恐由府转赍致延时日,或即径赍本处,一面具册同时申送复选监督查核。事关通省选举,万勿迟延致误时限。切切特札。

致各属令更正清册函

敬启者:各属赍送人名草册,本处细加查核,错误层出不穷,除已在原册签注外,诚恐尚有挂漏。兹将各条汇录油印分寄各属,务望于复核时查照厘剔更正再行缮造清册,免至再有错误徒多周折也。藉颂筹安。

高淳县申送人名清册批

据申送人名清册前来。查本处前次专差饬催清册,据该县申称清册赶造不及，先将确数二千一百名申报本处，已据所报确数呈请督宪支配名额电饬各复选监督按照所得名数支配初选当选人行知各初选监督遵照办理。现在相距业已旬日，该县申送名册忽称多得八名，虽云资格相符，然试问支配已定，本处岂能呈请督宪重行支配。选举重事，确定名额本有一定限期，岂容忽多忽少，视同儿戏。仰即照依二千一百名确数造具请册申送本处以便转赍民政部。事关咨部要件，切勿意为出入致干驳诘。此批。

山阳县补送人名清册批

据送寄居人名册请汇入前册办理等情。查本省寄居人办法，本处于奉文之日早经专札行知该县，自当于造送清册之先照章细核。兹于呈送清册后多日忽复造册补报至一百八十八名之多，此时距确定人名限期已过旬日，本处早据各属呈报确数呈请督宪支配议员名数，电饬各复选监督按照所得名数支配初选当选人行知各初选监督遵照办理。无论案经确定，断不能以一隅牵动全局，即使勉徇所请冒昧呈请督宪重行支配，试问能否不干驳诘。况各州县闻风效尤，必致请补纷纷，重行支配且将不止一次，初选投票亦必至于衍期。该县试思如果照此办理尚复成何政体。选举重事，定限綦严，本处于事前三令五申谆谆告诫，乃该县任意增添视同儿戏，是诚何心。所请汇入前册之处万难照准，仰即仍照前定清册举行投票，如或抗违致滋贻误，该县恐不能当比重咎也。凛之。切切此批。册发还。

专差守取溧水县确定清册札

为札饬事：照得前次该县送到人名草册，旋即核明发回，行令该县赶紧厘剔更正，依限迅造确定清册申送，并屡次函电交驰限令于二月初三四日送省，并附函声明，如果清册万来不及，亦须将确定实数电报。现在各处俱以报齐，独该县迟久不到，岂该令将此事置之不理耶。此系六属均匀支配限期必办之事，该县一处迟延遂至牵掣全局不能进行，实堪痛恨。兹特飞札专差守取，仰将确定清册即刻查交该差赍回。如清册尚未写成，即将确定实数先行开明交该差带回，仍一面即行专差赍送清册。限期已过，本处立等核办，不能片刻耽迟，勿再违延致干参究。特札。

委江都袁令查勘兴东七场界线札

为札饬事：照得本处办理选举调查，分派司选员前赴各属辅助进行，计宁属三十六厅州县调查人名总数均已报告竣事。惟扬属东台、兴化两县因丁溪、草堰、刘庄等七场界在东兴之间颇多轇轕，以致名册至今未能审定，迭据吴令、彭令禀函暨兴化调查事务所公启，各执一词。省城相去较远，无从悬解。为此札仰该府即日委派江都袁令亲往兴东七场地方切实查明界线，调取志书，参考习惯，究竟属东属兴会同两处官绅妥为筹定以息纷争，就近传知各该县赶将名册厘正并禀由该府速复本处。选举期迫，切勿迟误，彭令、吴令禀函及兴化公函均抄发，图并发，仍缴，此札。

呈督宪酌拟兴东界线暂行办法请示饬遵文

呈为兴东两县界线纷淆酌拟暂行办法以期无误初选仰请批示饬遵事：窃本处前以兴化、东台两县因丁溪、草堰、刘庄等七场界在东兴之间，颇多轇轕，以致名册日久未能成立,迭据彭令、吴令禀函暨兴化调查事务所公启,各执一词。本司等以省城相距较远,无从悬解,札饬扬州府即日委派江都袁令亲往兴东七场地方切实查明界线,调取志书,参考习惯,会同两处官绅妥筹办法,去后。兹据袁令电禀内称:"奉委查考兴东界线习惯一案,遵经驰抵东邑,并邀集官绅调取志书参考习惯查明界线大势。缘①兴东所称七场,实只丁溪、草堰、刘庄三场,其归并丁溪之小海及附近之沈灶、归并草堰之白驹及附近之西团皆属镇廛,统计三场四镇均在串场河以东,民粮全归东邑,有达部册案可凭;学籍悉隶兴邑,有两邑志书可证。其行政范围则东邑约居十之七八,兴邑仅居十之二三。考兴志境图系以民田经界为主,故就河西分界;东志境图系以行政范围为主,故在河东分治,而种种习惯无不错杂纷歧,即如乾隆三十三年泰州分析东台县治时东台学额仅分十名,兴化学额竟至三十余名之多,加以商籍混淆,趋多避少,习惯自然,而东邑人士自顾学额,故亦不问七场镇考籍,致贻今日之争执也。恭读宪札,先查界线,已见挈领提纲,惟选举期迫,若俟界线勘定再议选举,诚恐有误初选投票时期。不得已会商两邑官绅,除界线习惯及筹议以后办法另由知县禀请宪示外,所有七场初选通融支配,拟暂照两邑界线大势,以调查刘庄、白驹两场镇各项资格三百四十六人,无论有无东邑民粮,应暂归兴邑册报。又丁溪、草堰、小海、沈灶、西团五场镇各项资格三百二十人,无论是否兴邑学籍应暂归东邑册报。此乃顾全初选通融办理,将来请示分界后究应如何办理,再候宪处核示饬遵。且照此通融支配,核与《两淮盐法志》所载场冢大致亦不剌谬。东邑士绅尚知仰体宪廑,勉强通融,兴邑士绅未免固执己见,始终争衡,知县一再调停磋商多日,竟不肯熟筹选举大局稍就范围,以致舌敝唇焦,仍无效果,上负委任,抱愧良深,亦无可如何。谨先电陈"等情前来。本司等详加查核,窃计两县致争之由,由于七场地方界连两邑,犬牙相错,民灶混淆,兼之考试籍贯以及民刑诉讼,绅民惟便是图,任意避就,行之既久,视为固然,此其辐輹之端,固非一朝夕之故。现在东台县所执以民粮词讼为主,兴化县县所执以学额籍贯为主,各有理由,碍难偏据。正本清源之法自应遴选妥员勘定界线,厘正籍贯。惟现在选举期迫,二月初五日即系本处预定呈送清册之期,若俟勘定界线后再行造送名

---

① 原文误排为"綫"。据《南洋官报》宣统元年二月初五日第四期改。

册，必致贻误。袁令所陈办法系为顾全初选起见，在该员心无适莫，于两县均无所用其偏徇，且将来复选之时系属全府通选，即名籍稍有通融，于额数并无出入，而兴化士绅始终不受调停未免胶执，若听其纷纭不为解决，必致以一隅之事牵误全局，惟有呈请宪台批准暂照袁令所禀变通办法，不得固执，以期不误定限。所有分界善后事宜仍应由该县等另禀请勘。是否有当，伏乞宪台迅赐批示以凭饬遵。为此备由呈乞照呈施行。须至呈者。

江都袁令禀查勘七场界线并筹议办法批

据禀暨另单清折图志钧悉。查兴东七场界连两邑，民灶混淆，考试诉讼各图便利，习之不察久矣。此次因选举调查乃始动其争持之念。九年立宪，今甫权舆，将来举办自治，权利义务关于地方之界域者尤大，自非简派妥员勘定界线不足以为正本清源之计。惟选举期迫，展转迟延，必致以一隅而误全局。前据电禀前来，业已呈明督宪并奉批示准照该令所拟变通办法办理，已由本处札饬该二县，以刘庄、白驹两场调查合格者三百四十六人暂归兴化，丁溪、草堰、小海、沈灶、西团五场镇合格者三百二十人暂归东台，赶紧汇造清册，俾二月初三四日专差送省以期无误支配议员名额矣。仰即知照并报该管本府。缴。分图清晰之至，姑存备阅，志书四本发还。

B.《南洋官报》、《申报》所载宁属谘议局筹办处资料（补充）

一、《南洋官报》所载宁属谘议局筹办处资料

督宪端尚书莅苏省宁属谘议局筹办处行开处礼宣演文

今日为筹办谘议局开局之第一日，此为人民与闻政权之始，亦即人民有担负地方责任之始。惟是兹事体大，今日为筹办期，明年九月初一日为谘议局应行成立期，江南文明交通冠于南服，巨人长德，率能以公益为天下倡，按日程功岂虞不给。惟默察数月以来士夫所筹备、条文所解释、章程所施行，明通都邑间井已然有条理，而僻陋之邦颇闻有因循诿卸误解名义纷乱无纪者。假使谘议局不能届期成立，此实本部堂与江南士夫之耻。今日窃愿在事诸君以先导自任，分劝各地人民者，计有两端：一曰毋推诿。凡爱国者必先爱乡，能爱乡则必能任其乡之事。秦汉以来乡官制微，士居农工商之上有空文而无实用，地方利弊之兴革全赖之官，平民程度日下，一二任事之绅董所任率为一善堂一局所之事，自好之士甚者且以不任为高。亭林顾氏言匹夫有责，盖为不任事者嘅夫其言之也。今日政府既以言论之权属诸地方，又以公举贤能之权属诸合格绅民，是政府方责任人民，人民受政府之委托即应为地方研究利弊自达政府以为政府尽责任，如是则所任者为一地方之事，非一人一家之事，而一人一家之身命财产亦未尝不于此寄，此而不任，是谓自弃且弃国家。此愿诸君详为说明者一也。一曰毋误释名义。今日各地方之筹办谘议局事务所为调查选举时期，非选举议员时期，部章以五项资格定选举权，其以财产为重者以地方税则有关系，以名位学识为重者以研究地方利弊有关系，其不能有选举权者即由有选举权者代表其言论意思，是就名义言为限制选举，就实际言何尝不同于普通选举，第使人人不放弃其选举权，即可自保其权

利，其所选之议员必能得人。若于调查选举之时纷扰攻讦、误会条文不选举权之争，惟被选举权之争，此其人不独昧于议员之责任，并且昧于议员之名义，此愿诸君详为说明者又一也。总之，谘议局早一日成立，即行政机关早一日完备。专制政体对于人民何尝不为人民谋乐利谋安全，而恒不及人民之自为谋，而人民之不自为谋其究也，至不知有国家，而国家亦自不能以人民应尽之责任责之人民。惟自有谘议局为言论之总汇，人民担荷之轻重既可上闻于政府，政府谋国之艰难亦可下谅于士庶，盖一方面为保障人民权利计，一方面即为发生人民义务计，何利不可兴，何弊不可革。凡属地方人民宜如何欢迎以成此盛举。本部堂今日备位江南则为地方行政长官，归而家居亦即为绅，官绅要恉无非期望地方发达以发达其国而已，在事诸君幸共勉焉。

《南洋官报》旬报第一百三十一册，戊申十月二十日（1908年11月13日）

总理宁属谘议局筹办处张殿撰演说文

今日为谘议局筹办处成立之日，即为筹办谘议局事之第一日，筹办之责任在统筹宁六属调查选举之全局，提纲挈领督促进行，使四府二州一厅之选举名册同时造成，历初选复选之阶级而得五十五议员成立谘议局为国会之权舆，筹办处官绅对于兹事之责任乃毕。独是谘议局之设立谕旨既限以一年，而常年会会期章程又定于九月初一日，是明年九月适届一年期满，应为奉旨开会之期殆无疑义。惟自六月二十四日奉旨以迄今日，过去之百有七日已抛诸无用，自今日始照章依期筹办各事计有六十九项之多，苟非急起直追，必不能刻期竣事。假使有一二初选区造册后期，则他事亦因之延误，是即以统筹全局之地误全局之事，其不称朝廷与民更始之盛意罪如何敢当，抑惧世之观我新政者以为江苏风气开通最早一谘议局筹办事犹且后期，将何以解于边远各省。以一省论苏属前我而成立者二十五日，交通之便、组织之速过于宁属，譬诸兄弟亦岂可无竞爽济美之思。由是以推我宁属官绅得不悚然而起。惟是绅士之能力在酌量地方情形、辅助官长之行政而已，至于督促之实权仍惟贤长官是赖。今我督帅陶斋尚书则固尝奉天子明命周历欧美考察政治陈请立宪之伟人，方伯、提学又皆学识闳通、深明治乱安危、能造福于我父老子弟之君子，其必能破除行政衙门文牍吏胥一切迂滞之旧习，增速率于进行之机关可以预期。设我宁属三十六厅州县之人不能各自奋勉，以万折必东之心策百道并进之力，以求无误明年九月开会之期，则张謇之咎益无词以解免。张謇等薄劣，所望三十六厅州县贤豪长者相维相助，踔厉奋发，筹办之事及期告成，明年九月扬国旗奏雅乐，张謇等复从诸贤长后恭迓尚书督帅莅行谘议局开会之礼，岂不盛哉。

《南洋官报》旬报第一百三十二册，戊申十月三十日（1908年11月23日）

督宪谕饬人民切勿观望自弃谘议局选举权示文

为出示晓谕事：案于光绪三十四年七月二十九日承准宪政编查馆咨会同资政院奏奉谕旨"各省谘议局饬各督抚迅速举办，自奉到章程之日起限一年一律办齐"等因，钦此。钦遵。当经通饬所属遵照奏定《谘议局章程》暨《选举议员章程》开办选举，并在省城设立谘议局筹办处，派委员绅综理其事，并通行饬遵在案。查谘议局为采取舆论之地，预备实行宪政此为始基。中国古昔盛时即有谋及庶人之制，师箴矇诵，经籍昭垂，东西各邦亦莫不以开设议会为宪政之基础。我国家轸念民瘼，称则古先，参考各国之成规，默察民情之所向，沛此至优极渥之旷典，使人民有预闻政事之权，凡我绅民自应罄竭知能共摅忠爱尊荣秩序，屏去嚣张，上下一心共襄盛业。惟该局定限一年成立，举凡初选复选、调查资格、分配员额，头绪纷繁，限期迫促，全恃本地公正明达通知时事之士绅剀切详明广布德意，并助地方官认真经理，庶选举收得人之效而朝廷忧乐饥溺之至意民间实被其施。除一切条教由地方官随时宣告外，合亟出示晓谕，为此示仰合属绅民人等一体钦遵照章办理，毋稍观望。尔等须知凡列选举人名册者乃有选举之权利，东西各国称为公民，视为最荣最重之事；又须知所选议员为全体人民之代表，即尔等身家利害所系，必当遵照谕旨不使心术不正行止有亏之人托足其内，致妨治安，务须按照资格悉心调查，秉公选举，毋得视同秦越，致误期限。尔等谊切梓桑，尚其各抒悃诚，共谋公益，弼成圣世好恶同民之政，本部堂有厚望焉。

《南洋官报》旬报第一百三十五册，戊申十一月廿九日（1908年12月22日）；又载《申报》，光绪三十四年十一月十四日（1908年12月7日）三张二版

督部堂端札宁藩司筹指专款建筑谘议局文

据宁属谘议局筹办处呈称："窃惟谘议局为议院基础，亦即宪政之先声。本年钦奉谕旨通饬筹办定限一年成立，届计明年指今年九月即系召集议员开会之期，此在我国为振古未有之刱闻。盛会初开，必有东西外宾前来观礼，即全省绅商学界欣逢旷典，亦必多不辞跋涉愿厕旁观之席，冀广见闻者。边远省份或尚可苟简从事，南洋地望既居各省之先，我宪台为发起宪政之人，矜式四方，尤为观瞻所集。维时中外宾朋辐辏并至，中西报馆访事亦将载笔其间，苟精神形式稍有不完，皆足以腾笑外邦，致旁观之指摘。计自本处设立以来至于今日，下距开会为时不过九月，规制既不容隘狭，而期限又苦不从容，若不将建筑事宜早日图维，诚恐有缓不及事之虑。本司等一再会议，谨将应行筹办各节为我宪台缕晰陈之。
一、相度地址。查该局建设以会场为至要，而从屋亦不可不全。窃计会场之内应列席者为议长、议员、行政长官、书记员、报馆记事，应列座者为外省各官绅学界暨东西外宾，人数既众，断非狭地所能容。即会场以外常驻员宜有办事所，会食应有饭堂，退会时宜有憩息所，宾客宜有招待所，凡此均系万不可少之处。即门外停息车马亦必场地宽广始足以便回旋。就本城闲置各廨舍中周历相度，其小

者湫隘断不敷用，其大者亦形式全不中程，实苦无可迁就。再三忖计，惟有呈请于省城北首空旷之地，指定若干亩，按照公园办法向地主价购以为该局基址。一、调查形势。谘议局本系参酌中外之制而设，前无因袭，必当调查各国之办法，参会本国之情形。查各国制度，议院始于国都，下与地方之自议会直接，惟联邦则各邦自设议会，帝国但统其大纲。谘议局为地方自治与中央集权之枢纽，性质虽与联邦不同，其形模则实与相似。然联邦远在欧美，势难派员前往实地调查，惟日本地近文同，民情亦不甚相远，前往考察，川费既不甚巨，还国之期亦较速，拟请派员前往日本会同留学之能事者就东京议院与各府议会将其形式规模与建筑费用逐细详考，绘图贴说，携归送呈，以便斟酌丰俭，参仿营造。一面筹拨经费。查谘议局既经设立以后，逐年开会永无停辍之期，则创建之初断不可苟且图功，不规久远。现在规模尚未确定，所需用费尚难悬估，然约略计之恐非数万金不办。当此经费困难期限迫促，若不预为筹定，深恐临时骤需巨款支拨无从，拟请迅赐札饬司局将此项建筑之费准拨若干，早日核筹定数，俾资缔构而免贻误。以上各条均系在事各员会同酌拟，意见相同，理合具词呈请鉴核批示祇遵"等情到本部院。据此，除批，据呈已悉，谘议局为议院基础，中外观听所系，自不容苟简从事。所呈相度地址、调查形式、筹拨经费各节均归紧要。省垣各廨舍既均无可迁就，所请于城北空地按照公园办法向地主价购自可照准。惟广袤计须若干，何处较为便利，应由该处自行相度合宜之地确定亩数禀候核夺。其派员前往日本调查建筑事宜应准遴员札委给咨考察，至所需经费候札饬宁藩司暨财政局会同该处切实估计核定数目筹指专款，详候饬拨。仰即遵照。此批。印发外，札司遵照迅速会同该处处切实估计筹指专款，详候饬拨。

《南洋官报》第一期，宣统元年正月二十日（1909年2月10日）

督部堂端咨江宁将军京口副都统驻防议员酌派旗员会办文

咨照事。本月（指去年）二十八日接准宪政编查馆电开："本月二十三日本馆具奏京旗驻防专额议员选举事宜一折内开：各省驻防次将军、都统、城守尉，就驻防旗员中于投票开票管理员外，酌派会办选举管理员一员，会同该管地方官办理旗人选举。所有贴发告示及知会等事仍由各该地方官专办以免纷歧。奉旨：依议。钦此。除咨行外，希即迅转各将军、都统及驻防衙门饬属遵办"等因，到本部堂。承准此，除分咨并行筹办处遵照外，相应抄电咨照。为此合咨贵将军、都统请烦遵照办理施行。

《南洋官报》第三期，宣统元年正月二十九日（1909年2月19日）

宁藩司樊详督抚宪各州县办理选举调查人名草册分别记功文

详请事。窃照宁属谘议局筹办处移开："本处筹办选举调查资格审定名册事理最为繁赜，全赖各地方官领会法意，督率解事，绅董悉心询访，如法编造。现在各州县人名草簿已据陆续送齐，本处派令科员分别初核复核，遂细考校，以桃源、通州、睢宁、江浦等州县所送草簿登记既少疏舛，资格尤为详晰，最为翔实合法，相应移请将后开各员分别等差记注功次"等因，准此。本司复查其最称优异者为前署桃源县知县李令宣龚，该令前经本司调署首县，辄于交卸桃篆后径赴上海托病坚辞，及调署砀山又复禀求另委。本司因其任性规避，傲不可长，且虑人人效尤，难乎为上，详请停委三年以示惩罚，奉宪批准在案。夫以前事论宪恩坐负姑息非所以爱人，以今事言法政精娴有功亦足以抵过，况证以平日之循声，桃源之遗爱，固属八闽之儁，亦是江左之良。夫法本因人而施，大德不掩一眚，才贵及时而用，人生能几三年，伏惟宪台霆瞋雨喜，至公本出于至明，瑕掩瑜呈，使功不如于使过。相应详请将李令宣龚停委三年处分从宽一并销除。其余各州县，若署通州直隶州知州关炯、睢宁县邵式善、署江浦县知县邝兆雷均请记大功三次，署六合县知县翁延年、署盐城县知县王绍曾均请记大功二次，邳州知州应祖锡、现署桃源县知县陈杭均请记大功一次。其草册之最荒率者无若砀山之秦献祥、丰县之王之全，该二员业经革职，应勿庸议。为此具申，伏乞照详施行。

《南洋官报》第五期，宣统元年二月初十日（1909年3月1日）

宁属谘议局筹办处札东台兴化二县遵督宪批暂照袁令电禀变通办法以期不误定限文

札饬事。照得该县与东台兴化因丁溪等七场互相争执一案，经江都袁令电称原文已见前本报第四期所登谘议局筹办处呈督宪文中等情前来。本处以该二县始终固执不受调停，惟有勘定界线为正本清源之法。惟选举期迫，二月初五日即系本处截止呈送、确定清册、汇呈督宪支配名额之时，若再辗转迟延，必致以一隅之事牵动全局，惟有呈请督宪批准暂照袁令电禀变通办法以期不误定限。昨奉督宪批："据呈县界橠輵恐误定限，请变通办理等情，应即如呈照准，仰速转饬该两县传谕绅民毋得争执，迅即确定清册如期呈送，此缴"等因，奉此。为此飞札饬知，札到该县迅即遵奉督宪批示照袁令电禀变通办法，以调查刘庄、白驹两场镇各项资格三百四十六人暂归兴化，以丁溪、草堰、小海、沈灶、西团五场镇各项资格三百二十人暂归东台，赶紧汇造清册，俾二月初三四日专差赍送本处以期无误支配议员名额。此系暂时变通办法，将来分界事宜应由该县另禀请勘。事关选举，万无迟误干咎。切切，特示。

《南洋官报》第五期，宣统元年二月初十日（1909年3月1日）

宁属谘议局筹办处批邳睢宿公（名）〔民〕禀求分设复选投票由

禀悉。各省属县距府治遥远者甚多，似该三县之相距四百里者缕指难罄。该民所陈办法致人而不致于人，其自为计甚善，然各属惟便是图，纷纷效尤，本处将不胜其渎。况该三县初选当选应赴复选者至多不过数十人，岂能因此少数之不便轻变定章，所请断难照准。仰即知照。此批。

《南洋官报》第五期，宣统元年二月初十日（1909年3月1日）

宁属谘议局筹办处批丰县申送人名草册由

该县人名草册迟久不来，函电交催，始据于二十五日送到草册五本。本处逐加查核，简陋疏舛不一而足，即如丰县"豐"字皆写作"丰"字，笔画又草率已极，直不成字。住处除中区及南区前半本注明外，余皆写作东区、西区、北区等字，并不填出地名，笼统已极，太不成事。财产一项上首既刻一"五千元"，下首"共"字之下又加一戳，竟成五千元元，直是笑话。今上御名自应改作贻、宜等字，即不然亦应敬缺末笔，何得将起笔缺去，左方仅写一"丨"，殊属荒谬之至。其他如漏填资格、漏填省府县名，公益并不注明年限，会董并不注明何项会董，外省寄居人仅止三年又无万元财产，种种错误不可枚举。该令行将解组，意兴颓唐，绅士人等生长是邦，初不随地方官为进退，何亦苟简从事一至于此。九年立宪，今已权舆，将来地方行政皆当官与民同负责任，而且天演公理优劣竞争。江南夙号大邦，假使以如此之人材、如此之程度进而欲与各属相雄长，其不处于劣败之数者鲜矣。有比较而后有争心，有争心而后有进步，该地方绅士其慎勿画然自放也。发回各册，仰即照依签出之处赶紧厘剔更正，照造清册，速行申送。如约计时期万赶不及，即将确定实数迅电本处，务必能佇初三四日将电报送到，切勿再迟致误通省支配额数。是为至要。缴。

《南洋官报》第五期，宣统元年二月初十日（1909年3月1日）

宁属谘议局筹办处札邳州及宿睢两县毋得分设复选区文

札饬事。据邳宿睢三邑公民蔡凤声等公禀"所居之境去府治距四百余里，若复选时初选当选人齐集复选监督所在地方，则道途跋涉，风雨不时，必有畏而裹足甘弃公权。请在旧邳州羊山庙分设复选投票区"等情前来。查该三县应赴复选者未必能得多数，馆章亦无因路远而分设复选之条，碍难照准。除批示外，合将原禀及批示一并抄发。札到该县，转行该民等一并知照。特札。

《南洋官报》第六期，宣统元年二月十五日（1909年3月6日）

宁属谘议局筹办处批徐州睢宁县
禀遵章办理选举调查情形开折呈核由

禀折均悉。该县筹办选举并未将事务所名称分别厘定，仰即按照迭次函札会同省委司选员遵章办理，赶速进行，毋逾定限。所呈《调查须知》，细加查核，悉系查照苏属武阳两县办法，原无不可，惟其中武举生员皆可入册一条，现准馆电生员以上出身应以文为限办法大相径庭，必须照改。又参革之官如有别项资格亦可入册，但不载官阶一条，核与馆电所云"参革之官惟所有中学毕业及生员以上出身应一并革除，至其他项资格不在此限"等语界说亦不能尽，其他字句之间以校武阳原章颇有讹误，其"本地人虽无住所而有财产五千元以上者仍不入册"一条"不"字竟系"可"字之讹，尤为疏舛。要知文字小讹，尚属无关紧要，此则误在办法，若任其讹谬，贻误匪浅。仰即遵照批饬暨迭次颁发章程分别照改，毋稍延误，仍候各宪批示。缴，折存。

《南洋官报》第六期，宣统元年二月十五日（1909年3月6日）

督部堂端批上元县职员茅以忠禀陈选举事宜由

据禀，请变通谘议局选举章程，揆其用意，似欲专重人品而不必拘拘于资格。查各国议员选举专以财产为标准。现章参用资望、学识、名位等资格，已寓补偏救弊之意，乡党自好之士苟有五种资格之一既可被举，其途亦觉甚宽。至于行止有亏之人，即善于运动亦未必能得多人之同意，况有剥夺公权等条例，又岂能禁人之指摘，是定章立法固甚周密。该员所陈散漫而无限制，殊无足以供甄采。所请变通定章之处应毋庸议。仰即知照。此批。折存。

《南洋官报》第七期，宣统元年二月二十日（1909年3月11日）

督部堂端批职员吴承铨禀劣董违章滥选恳查饬退由

据禀，该县董事马慎修劣迹如果确实，其选举公权自应剥夺。惟查定章，谘议局议员选举诉讼初选应向府县、直隶厅州衙门呈控，复选应向按察使衙门呈控，若纷纷来辕禀讦，本部堂将不胜其渎。该职【员】即照章赴该管扬州府衙门呈控可也。此批。

《南洋官报》第七期，宣统元年二月二十日（1909年3月11日）

海门厅详报办理选举事宜文

详报事。本年戊申九月十九日奉督宪端札开："光绪三十四年七月二十九日承准宪政编查馆咨本馆会同资政院具奏拟呈谘议局选举章程附加按语及议员选举章程一折，光绪三十四年六月二十四日内阁奉上谕中略，钦此，钦遵。查谘议局关系重要，选举事宜尤属创办，此次所定章程头绪繁多，条文细密，各省如有疑义，应随时咨询本馆以便详为解释，俾免歧误。其选举票、投票匦及当选执照等件亦经拟定格式期归一律。现在谘议局尚未成立，各省应就省会地方先行设立该局筹办处，由督抚钦遵谕旨选派公正明达官绅创办其事。所有各省现设之谘议局应一律改称谘议局筹办处，俾免混淆，俟一年内筹办就绪，谘议局成立后即按照此次奏定章程办理，将筹办处概行裁撤。其筹办处详细章程由各省自行酌定，仍送本馆备查。至谘议局开办后与地方官吏来往公文体制，督抚用札行，司道以下用照会，谘议局均用呈文，并应由本省督抚刊给该局木质关防以资钤用。相应恭录谕旨、刷印原奏清单并选举票式、投票匦式、初选当选及议员执照式共四纸咨行贵督钦遵查照办理可也等因，并清单票式到本部院，承准此。除分别咨行外，合将清单票式一并札发札厅即便通饬所属一体遵照办理毋违。"等因，并蒙颁发章程票式下厅。又奉臬宪左、道宪刘札同前由，奉此。同知遵即按照章程邀集绅董妥商筹办，度定署东文昌宫后院设立选举调查事务所一处，名曰海门选举调查事务所，照会前河南候补知县龚绅世清为所长，廪贡生樊绅璞为副长，候选教谕沈绅藏寿为驻所干事兼书记员，沈绅则扬为驻所干事兼会计员，陈绅大猷为庶务员，会同筹办在案。兹据在籍河南知县龚世清、四品封典教职沈燮均、劝学所总理樊璞、前署昆山县教谕沈藏寿、候选直隶州判施起江、沈祺、龚其伟、大挑教谕刘启征、试用训导王思兼、岁贡陈大纶、赵师鼎，廪贡沈则扬呈称："职等恭读明诏，觇绎选举调查各章程，仰见朝廷孜孜求治予民闻政之至意，倘不先为筹备，不唯滞一邑之进步速率，且将阻全省之执行机关。唯是调查之法繁简各异，海门村户居处星散，仅就各乡镇董查询未免罣漏粗疏，贻人口实。今拟划分区域，择就地熟悉情形，堪胜调查责任者各认职务，分段编查，以期早日蒇事，庶不误明年选举期限。所有筹办选举调查事务所简章缮折呈乞转详立案。再查《议员选举章程》第二节直隶厅州之本管地方及府之有本管地方者均作为初选区，直隶厅无属县者以附近之府为复选区。第三节初选区厅以该同知、通判、知州为复选监督，又府直隶厅州之本管地方作为初选区者，由该知府、同知、通判、知州遴派教佐员为初选监督。职等按海门系直隶厅，本无属县，若以附近之府为复选区，厥有二难：东南唯松江府，大江暌隔邻而不近，况宁苏各有专属，未便分歧，此一难也。西北唯扬州府，中介通州，各属民风俗尚互有不同，似不能移多数人员就核于五百里外素不闻问之区，此又一难也。可否按照第四条遴选教佐员为初选监督，即认仁宪为复选监督，应请详请省垣筹办处核定遵办"等情到厅，据此。现经同知会同龚绅等择于本年十月十五日将选举调查事务所先行开办，查照现定规则按照海境划定学区，分为九区，每区再分南北中为三段，每段公推调查员一人，仍由同知谕令会同该区董事挨户调查。除俟该员等将选举人名册一律填齐呈送悉遵定章妥速布置以期无误选举，仍将办理情形随时报明外，合将厅境开办选举调查事务所日期先行具文详报，并将龚绅等拟呈筹办选举调查事务所章程、调查规则并驻所办事员绅姓名开折一并附呈，仰祈宪台鉴核。再海门厅系直隶厅而无属县，照章应以附近之府为复选区，惟邻府相距较远，一切殊多不便，可否酌量变通，准如该绅等所请按照选举章程第四条办法遴派教佐为初选监督，以同知为复选监督，并乞迅赐核定电谕饬遵，俾免稽迟，实为公便。除详督抚宪暨江藩苏臬本道宪外，为此备由具详，伏乞照详施行。须至详者。

《南洋官报》第七期，宣统元年二月二十日（1909年3月11日）

宁属谘议局筹办处呈督宪各厅州县合于选举资格人名实数文

呈为各属选举人名册业已报齐，仰请迅赐支配名额以便饬遵事：窃照《选举章程》第六十七条"复选当选人为谘议局议员，各复选区应得议员若干名由督抚按各复选区选举人名册总数以全省议员定额分配之"。又第六十八条"复选当选人分配之法由督抚于各复选区选举人名册报齐后按照名册以该省议员定额除全省选举人总数，视得数多寡定若干选举人得选出议员一名，再以此数分除各复选区选举人数，视得数多寡定各该复选区应出议员若干名。其各复选区有选举人数不敷选出议员一名，或敷选若干名之外仍有零数，致议员不足定额者，比较各复选区零数多寡，将余额依次归零数较多之区选出之。若两区以上零数相等，其余额应归何区以抽签定之"等因。本处自上年十月十一日开办时即经拟定限期，限令于二月初五日将清册造送。现各属业已依限报齐。兹特开具清单呈览，仰请宪台迅赐支配，以便将各得议员名数行知复选监督，再由复选监督按照定章支配初选当选人名数行知各州县遵照办理。为此呈请照准施行。须至呈者。

计开：上元县三千七百六十五名，江宁县四千五十七名，江浦县三千八百八十五名，六合县二千四百六十九名，句容县二千三百九十五名，溧水县二千一百四十四名，高淳县二千一百名，江都县四千六百四十五名，甘泉县二千八百八十一名，山阳县三千五十七名，清河县二千八百二名，盐城县三千二百十四名，阜宁县三千二十名，桃源县二千六名，安东县三千五百五十五名，铜山县三千三百九十一名，宿迁县三千四十名，睢宁县二千一百四十六名，仪征县三千五十三名，高邮州三千二百二十五名，宝应县一千七百五十九名，兴化县二千七百八十七名，泰州三千三百八十六名，东台县三千六百七十二名，海州二千八百二十名，沭阳县三千七百六十三名，赣榆县一千二十七名，邳州一千九百六十四名，丰县二千六百名，沛县二千一百八十二名，萧县二千十名，砀山县一千六百三十三名，通州四千四十六名，泰兴县二千六百四十七名，如皋县三千四百五十五名，海门厅二千二百二十九名。

以上选举人共十万二千八百二十九名。

《南洋官报》第七期，宣统元年二月二十日（1909年3月11日）

宁属谘议局筹办处呈督宪拟派员会同各地方官绅办理初选请札发川资旅费文

呈请札发事。窃本处开办后遣派司选科员分赴各属调查选举辅促进行业经呈明在案。人名草簿告成，该员等已陆续回省。闰二月十一日为初选日期，届时投票检票各项俱属创举，诚恐州县等未必尽能合法。本处令司选各员自初一日开会研究，十日每州县仍派一员前往会同官绅办理初选事宜。除上元、江宁、通州三属毋庸派往，江甘系属同城只派一员，共派三十二员。出发前曾领到川资旅费二千六十四两，尚存银四百八十两。此次出发统计不敷银一千四百两，仰祈饬财政局如数拨给，应俟初选事毕该员等回省销差一并核实造具清册报销外，所请续拨川资旅费银两理合备文呈请宪台照呈施行。须至呈者。

《南洋官报》第七期，宣统元年二月二十日（1909年3月11日）

宁属谘议局筹办处批扬州府嵩守禀请将调查自治责令议员分投办理由

据禀，谘议局为地方自治之机关，成立之后请将调查自治责令议员分投办等情。查三项事理虽若相因，然谘议局员应在省垣会议要政，调查事项应由本地官绅合力调查，地方自治应在籍分区办事，各有责成，万难兼顾。既据并禀督宪，仰即静候批示遵办。此缴。

《南洋官报》第八期，宣统元年二月二十五日（1909年3月16日）

宁属谘议局筹办处札扬州府议员未便分办调查自治两局文

札饬事。前据该府禀称谘议局成立之后可否即派议员分办调查自治两局事宜由，业经本处明白批示。兹奉督宪端批："调查自治同为新政要端，谘议局事本相因责令议员分办诚属一气贯注，惟谘议局为京师议院地方议会之枢纽，一经成立，即须召集议员如期开会，常会期满或须接续会期，或须临时召集。该议员既负责任，岂能专顾本籍之事。就调查自治两事计之，调查项下惟责令查报民俗习惯，以本地之人言本地之事或可得其真相，如调查行政事实即恐不免隔阂，是固不如地方官督同绅董造报呼应灵而程功速也。至于地方自治，现在城镇乡章程业已颁发，本年即须筹办，且颁有选举章程，将来此项职员需材甚多，并须在本籍分区任事，岂区区数议员所能兼任。是该府所陈议论虽甚条达，于事实固多窒碍也。所请奏明归并之处应毋庸议。仰谘议局筹办处转饬遵照。此缴。"等因，奉此。合亟录批转饬，仰即遵照。毋违。特札。

《南洋官报》第八期，宣统元年二月二十五日（1909年3月16日）

甘泉县万令启型详谘议局筹办处遵饬厘剔冒滥文

据情转复事。宣统元年正月二十七日奉宪台札："据邵伯镇徐廷澜等来函称：该镇调查员调查资格种种冒滥意者多得人数，为将来选举议员地步。查选举为宪政权舆，本处节次札行，谆谆以严行厘剔相告诫，若如该学生来函，则是全以多多益善为宗，绝不管其人之应否剥夺、应否停止。调查如此，将来之选举可知，尚复成何事体。兹将原信抄发，仰即督同事务所认真厘剔，切实删减。罚则具在，勿弁髦视之也。毋违。"等因，并奉抄发原信下县。奉经抄单照会事务所遵照删减，去后。兹准事务所函称：调查之事应以户籍为准。本国户籍法向来尚未实行，纵有保甲官册，但详于姓氏而略其身分，以致无从考核，是必赖调查员之确查，而民智未开，匿以不报，致调查员调查时有种种困难也。调查之弊不出二途，曰缺曰滥，而本届虑缺之心实甚于滥，此非一县然也。单开徐生等所指不合格之人共三十五名，内有重名三，实为三十二名。敝所详加比对，内有徐廷澜等九名既据称系属学生，理应循呈诉之例代为除名，其许溥等九人从前虽有嗜好，敝所复查时已据声称戒除，今奉照会，不得不再行询查。又据许溥等亲笔切实函称均确早已戒断，访之该镇同人佥云确实，敝所未便剔除。至所称刘百融等四人以外籍本未入册，郭廉等二人确无嗜好，严元藻等二人确已戒除，毛昌琦等三人财产实系合格，杨诰虽曾经结讼并未失财产之信用，刘绍堃确系识字未便概论致令向隅，惟查王于益讼案并非剥夺公权者可比，但现已退董遵示摘除，毛昌霖财产虽可合格而负债甚巨，蒋辰耀前有嗜好，虽已戒除，今敝所询咨该镇之人，谓蒋戒绝者独居少数，理宜摘除。伏思馆章特别呈诉诉讼之法原以矫正调查之误，徐生等关怀桑梓，无非慎重选举之道，而敝所调查员多系各尽义务，亦未可以偶尔不察即议其非，使热心公益者因之却步也。除开清单外，为此详悉陈述，伏乞据情转详等情前来，知县复查无异，理合据情详复并开清单附呈，仰祈宪台鉴核，深为公便。为此备由具申。伏乞照详施行。须至书册者。

《南洋官报》第八期，宣统元年二月二十五日（1909年3月16日）

督部堂端札各府州支配选举议员名额文

札饬事。宣统元年二月十二日据宁属谘议局筹办处呈称："本处自上年开办时即经拟定限期，限令于二月初五日将人名清册造送。现各属业已依限报齐，兹特开具清单呈请迅赐支配以便将各得议员名数行知复选监督，再由复选监督按照定章支配初选当选人名数行知各州县遵照办理"等情，当经本部堂案据所开人名确数查照定章支配确定，计江宁府应得复选当选议员十一名，扬州府应得十四名，淮安府应得九名，徐州府应得十名，海州应得四名，通州应得七名。除分电各府州按照所得员数支配初选当选人行知各属遵照办理外，合将各属人名细数暨如何支配方法开单札发俾众周知。札到该□，即便转饬遵照办理。毋违。

《南洋官报》第九期，宣统元年二月三十日（1909年3月21日）

宁属谘议局筹办处晓谕圈购地址内各地户听候指传发价及限日迁让示文

晓谕事。照得宁省遵章设立谘议局，亟应圈购地址刻期营构。本处周历相度，惟城北裴家桥一带地方最为合宜，当经具文请照公园章程向地主价购，呈奉督宪批准在案。兹查此项地亩已由本处遣派科员会同上元县饬传工役甲长各地户等眼同丈量，所有合用之地计共一百十三亩七分，亟应分别等第照章发价，定于本月二十三日至二十七日为给发地价之期。该地户等应即于所定期内听候本处指户传唤赴城北善司庵呈缴旧契粮串查照后开价值填写官契以凭核明发价给领，毋或抗传自误。所有本处核发地价皆由委员与该地户直接，概不假手家丁、差役、甲长人等，并无丝毫折扣。倘有人在外需索留难，准各地户指名禀究，决不宽贷。诚恐未及周知，合亟出示晓谕。为此示仰各地户一体遵照，听候指传发价。该处住户凡在指定建筑会场范围之内，应限即日迁让以便克期兴工。其余均限三月内一律迁让。至该地户等多系贫苦之家，业经本处委员详细禀报，本处深悉民艰，一切概从宽厚，以示体恤。须知此系奉旨饬办之件，限期严切，毋得观望不前，致干未便。切切，特示。

《南洋官报》第九期，宣统元年二月三十日（1909年3月21日）

督部堂端抚部院陈致宪政编查馆请增谘议局议员名额电文

顷接宁属士绅张謇等三十四人联衔呈称："按谘议局章程按语，宁苏议员名额之标准于学额外兼取漕粮。考各国选举皆视税额多寡、户口盛衰以定议员名数。查漕粮诚宁轻苏重，而江苏财赋大宗莫如盐务课厘，计每年征解六百数十万两，其产出自宁属所辖之地，以馆章增额之例推之，盐漕同为国家岁入，此宁属议员应行酌加者一。又查选举名数，宁得十万二千余人，苏得五万九千余人，以户口衡定额之多寡，此宁属议员应行酌加者二。况以两属分额参差，于一省既苦不平均，于合议又动多窒碍。细绎馆章案语，声明不得已参酌定额之故，其用意非不留待更端，所虑一经选举遂成定案，不得不合词呈请据情电奏，吁恳饬馆加定宁属员额，使与苏等"等情。核其情词，实属持之有故，似应量予变通以昭公允。谨先行奉商，乞赐电复以凭遵办。

《南洋官报》第十一期，宣统元年闰二月初十日（1909年3月31日）

宁属谘议局筹办处批盐城县折呈得力绅士名号由

据禀，于事务所发起之初组织情形言之历历，地方向来习惯，公正绅士率以不与闻公事为高尚，以致地方官遇有要政常苦于襄赞无人。陶绅资望本高，又复尽心公益，此次与张绅、卞绅共赞选事，克底于成，其劳自不可没。候（汇）〔会〕各属士绅分别酌给匾额楹联一并颁发给领。此批。

《南洋官报》第十二期，宣统元年闰二月十五日（1909年4月5日）

宁属谘议局筹办处奉督宪端批宁属士绅张謇等呈请电奏增加议员名额由

来牍阅悉。当经本部堂电商宪政编查馆。兹准电复，内开："艳电悉。查各省议员定额均以学额为标准，宁苏员额据漕粮加增本属例外，若宁属再因盐课议加，是于学额之外添出两种加额之办法。产盐省份极多，独加一省殊欠平允。至选举人数较多，现当初次调查，各处办理未必一律，亦难率据以变定章。总之，议员定额本以比照户口多寡为最当，惟户口既尚无确数，故照学额漕粮定其多寡，将来按照筹办年限，各省汇报人口总数以后，标准既有一定，自可再行据此奏改，现在碍难轻事变更。即希转饬遵照。"等因，仰谘议局筹办处即行移会诸绅知照。此复。呈抄发。

附：抄呈

敬禀者：窃按《谘议局章程》第二章第二条案语，意谓宁苏议员名额之标准于学额外兼取漕粮，与他省仅取学额者有别，于宁属增九名，得五十五名，于苏属增二十三名，得六十六名，盖宁苏丁漕之轻重为一与三之比例，规定至有根据。考各国选举法，其主要皆视税额之多寡、户口之盛衰以定议员名数，此通例也。绅等谨引馆章取法之意义按切宁属现在之情形，以为议员额数即不能增过于苏亦当与苏相等。夫仅以漕粮言，诚宁轻而苏重，而通以赋税言，则宁重而苏轻。盖江苏财政大宗莫如盐务课厘，并计每年征解六百数十万两，其产出自宁属所辖之地，其税纳自驻在宁属之商，而其出入主自宁属最高行政之官。以馆章增额之例推之，盐漕同为国家岁入之大政，同为地方赋税之性质，同为人民负担之义务，即同有应享权利之报酬，此宁属议员应酌加者一。又查光绪二十八年户部报告，江苏人口之数为二千三百九十八万有奇，系合宁苏而言。苏属面积较小，即谓人稠，三十六州县约计不过千万。再比较两属选举人名册，宁得十万二千余人，苏得五万九千余人，其多寡可见。议员有代表人民言论意思之责，其员数自当取则于户口，今宁苏定额之多寡乃适成反比例，似非公允。此宁属议员应酌加者又一。况以两属分额参差之故，于一省通选既苦不平均，于合议机关又动多窒碍。议者至据以为馆章分局之法案，言论多歧，影响至巨。绅等细绎馆章案语，声明不得已参酌定额之故，其用意非不留待更端至为详慎，所虑一经选举遂成定案，不得不沥陈意见，合词渎呈，伏乞俯赐鉴核，据情代为电奏，吁恳圣慈饬下宪政编查馆加定宁属员额，使与苏等。感荷无既。初选期迫，不胜待命之至。谨呈。

《南洋官报》第十三期，宣统元年闰二月二十日（1909年4月10日）

督部堂端札宁属谘议局筹办处会同苏抚部院奏陈宁属筹办处办理情形文

抄折札行事。照得遵设江宁谘议局筹办处并胪陈办理情形，经本部堂于宣统元年二月二十五日会同江苏抚部院恭折专差具奏。除俟奉到朱批另再恭录咨行外，合就抄折札行。札到该处，即便遵照。特札。

附：奏稿

奏为遵设江宁谘议局筹办处并胪陈办理情形恭折仰祈圣鉴事：窃查光绪三十四年六月二十四日钦奉孝钦显皇后懿旨"宪政编查馆、资政院王大臣等会奏拟呈各省谘议局及议员选举章程一折，详加披阅，尚属周妥，均即所议办理，著各督抚迅速举办实力奉行，自奉到章程之日起限一年内一律办齐"等因，钦此，并准宪政编查馆刷印原奏暨章程清单咨行前来，仰见圣慈好恶同民，实行宪政之至意，江表臣庶钦感同深。臣等遵于十月间将三十三年业经奏设之江宁谘议局遵照馆章改为筹办处，派委江宁布政使樊增祥、提学使陈伯陶为总办，江宁盐巡道荣恒、江苏候补道李瑞清、赵从嘉、熊希龄等为会办，在籍翰林院修撰张謇为总理，丁忧翰林院编修夏寅官、丁忧前广东高雷阳道段云书、安徽候补道许鼎霖、前陕西富平县知县仇继恒等为协理，并分别遴委科长科员，拟定章程，饬令认真筹办，业经咨报宪政编查馆在案。兹查开办以来距今数月，其办事规程、进行秩序亦即稍具崖略，粗定指归。谨条列大概办法为我皇上缕晰陈之：

一、规定期限。查馆颁章程定正月十五日举行初选，三月十五日举行复选。当此创办伊始，无成例可循，民间知识不齐，未能家喻户晓，非比户讲演劝导则调查资格断难详确。加以转行文书，研究疑义，动费时日。若必拘执初选复选期限，恐多疏舛。窃计召集会员定限九月为日较舒，尚可量为变通，略加宽展，但求无误会期，不妨从容将事，由筹办处会同商榷，拟定以闰二月十一日为初选期，四月初五日为复选期。又虑奉行者始则任意因循，继则潦草塞责，爰举初选复选定期以前应行筹办各事件均为之酌定日数，通饬照办，并于交通不便之地以函电佐其不逮，总期顺序进行，克期集事，此筹办之在期限者一也。

一、统一规制。按定章，选举调查及投票细则应由初选复选监督核定。查宁属府厅州县三十有余，其间守令虽不乏通知时事之才，然调查选举事属创行，未必尽能了澈，且审释名义、斟酌宽严，政见未必相同，即办法断难齐一。若不示之标准，以致一省之内各为风气，办法纷歧。爰于开办之初遴选娴习法政、明白事理之官绅派为司选科员，饬令会集一处，将定章公同研究，商定划一办法，即令分赴各属会合本地官绅如法筹办。所有各项办事规则均由省局拟定颁发，期于通省一致，无抵牾触背之虞。此筹办之在规制者一也。

一、确定名册。查筹办选举以审定资格为最难，若徒以调查责之牧令而本地绅耆不为助理，则所查断难详确。臣等于开办之初即撰具剀切示谕刊发各属，遍为张贴，以宣布朝廷之德意，并由筹办处以权利之不宜放弃、资格之必须审查演为白话浅解，交由出发科员随处颁发，广为劝导，务使穷乡僻壤咸晓然于选举一事为人民荣幸之途，鼓舞欢欣，热心辅助，将人名草簿清册依限造送，此筹办之在名册者一也。

一、筹议建筑。查谘议局为议院初基，本应次第建设，为一劳永逸之计，略事扩充，纵不能立底完成，亦必须隐合规制，庶备将来议院成立时因以为用，无劳改作，亟宜酌仿外邦之制度，参合本地之情形。臣端方前赴欧美参观议院，大率规模宏壮，未能一蹴而几。惟日本地近文同，民情亦不甚相远，业据筹办处呈请选派曾习工科之学生前赴该国，就东京议院与各府议会，将其形模规制费用逐细调查，绘具图说，以凭参酌仿造。并就江宁省城北首购办空旷之地以为会场基址，一俟该员回国，即当参以臣端方考查所见，斟酌丰俭，刻期营构。此筹办之在建筑者一也。

以上各节均系数月以来体察情形，斟酌变通，切实筹办。现在选举名册业经遵限确定，所有初选复选当可如期举行。臣等仍当督饬在事各员严定功过，不任稍涉延玩，致误成立。其开办常年额支活支暨司选员出发旅费以及购地建筑各项经费，均饬由财政局陆续筹拨，其各属调查费用准于地方公款内撙节动支。事关宪政，恳恩准予作正开销。除咨报宪政编查馆查核外，所有遵设江宁谘议局筹办处暨胪陈办理情形各缘由谨合词恭折具陈。伏乞皇上圣鉴。谨奏。

《南洋官报》第十四期，宣统元年闰二月二十五日（1909年4月15日）；又载《申报》，宣统元年闰二月二十一日（1909年4月11日）

督部堂端札巡警谘议两局会同筹备巡警路工局经费文

札饬事：据江南财政局详称，据提调案呈，窃查宁垣开办巡警，所有该局常年经费除新兵营原有底饷外，其余银两向归宁藩司库拨解济用。嗣因司库无款，奉饬改由财政局设法筹拨，计自光绪三十三年二月份起截至三十四年十二月份止，共计拨给巡警路工局各项经费银三十一万九千八百八十六两六钱四分，除在经收牙帖铺灯膏各项捐款动用外，又在彩票月饷项下垫拨银二十一万五千四百二十一两八钱一厘五毫八丝七忽，均经分别呈报在案。兹奉宪台札开，彩票捐项不得移作他用，饬即专款存储以备拨还第二届正金洋行借款之用等因，自应遵照办理，将前在彩票项内垫拨巡警路工局经费湘平银二十一万五千四百二十一两八钱一厘五毫八丝七忽如数划出，专款列收，备还借款，以符定案。惟巡警路工局经费按月支放,为数甚巨,除动用牙帖铺灯膏各捐,此外别无的款,财政局以事关地方要政,不得不勉力筹维设法挪垫。然无源之流易竭,则未雨之计宜先,应请宪台札饬巡警路工局会同谘议局切实筹备以济要需。除移司外,理合详祈宪台鉴核查考俯赐批示饬遵等情,到本部堂,据此。除批,据详已悉,查巡警经费为地方行政经费,前在彩票月捐项下拨付,本系暂时垫用,现在票捐既经专款存储,巡警为地方要政,虽经该局勉力筹维,设法挪垫,无源之水自不得不作未雨之谋,仰候分饬巡警路工局、谘议局切实筹备以济要需。缴。印发外,合行札饬,札到该局即便遵照会同切实筹备以济要需。毋违。此札。

《南洋官报》第十五期,宣统元年闰二月二十九日(1909年4月19日)

宁属谘议局筹办处批江宁县禀复奉发县丞邓嘉藻等禀请查照章程办理一案并附缴原禀呈候示遵由

据禀,该县初选开票有第四区谷里村投票瓯票纸与他瓯散乱不同,经检票员等诘责,当据监察员章广祺报告此瓯系茶引大使黄乃枢管理,当日因检查号簿与票数不符,黄大使恐以少票受过,于未经封锁以前当众开瓯检点,未及禁止,旋即当众封锁,并无他项情弊,并据章广祺呈明如果查有实弊,愿将被举票数作为无效等语。当即开瓯检点,瓯中并无足数当选之票,即章广祺于此瓯未开以前业已积有一百一票,而此瓯仅有八票,可见决非舞弊。当时会众判决拟将此瓯章广祺之票一律撤消。黄大使系无选举权之人,似可免其置议等情。查章程第一百二条违法擅开投票瓯与违法干涉选举人之投票同罚处一月以上一年以下之监禁,或三十元以上三百元以下之罚金,该员等既负管理监察责任,自应恪守定章,勤慎从事,乃竟于不应开票之地擅开票瓯,殊堪诧异,虽据称该大使系为慎重公事起见,然章广祺既司监察,何以不力为阻止,即所云当众查票,究竟当时在场实有几人,众人意见如何,均未据明晰声叙,亦殊漏略。惟察核所禀既云当众开查,又云当众封锁，是当场不止一人已可概见，且章广祺他瓯之票已有一百一票之多，而此瓯之内仅止八票，票数并不多于他瓯，此外亦并无足数当选之票，是无别项情弊之语似尚可信。揣其情形，大抵由于投票一事系属创办，该员等毫无阅历，又于条文未能细心研究，率尔从事，致斯违误。第开办之始即令毫无情弊，亦应小惩大戒，以警玩忽。姑念初次违章，免予深究，从宽将章广祺所得一百余票全数作为无效并处以条文中最少之数，罚令出洋三十元以息人言。黄大使乃枢虽系无选举权，亦应移司记过一次以为慎重过当致滋疑窦者戒。仰即遵照办理。此批。

《南洋官报》第十六期，宣统元年三月初五日（1909年4月24日）

汇录宁属各州县初选举当选人姓名票数

据谘议局筹办处来稿

上元县

唐庆昇拨回原籍九十四票、仇继恒七十九票、陶保晋七十九票、陈荫槐六十四票、冯德恩六十一票、王守诚五十七票、秦达四十八票、黄靖海四十一票、徐宗绩一百三票、王鼎晋七十一票、王文畿六十四票、高锦江六十票、潘志远五十八票、洪昺五十票、华镕四十六票、陈坤镛四十四票、李诚四十四票、孙启椿三十八票、陈金才三十八票。

江宁县

章广祺一百一票、张子林八十票、魏家骅七十二票、方瑜六十七票、端木浚六十票、张如芹五十六票、徐堃锡五十六票。次多数二十八名：王宗炳四十八票、严正彬四十五票、常经文四十二票、赵名璧四十二票、朱积祺三十七票、李国铨三十三票、龚肇新三十一票、刘惟勤二十六票、周锦川二十六票、蒋培鑫二十四票、江庆沅二十三票、杨熙昌二十一票、方镇二十一票、沈启运二十票、戴荣章二十票、程先甲十九票、施作霖十九票、庞秉衡十七票、龚乃保十七票、杨钟杰十六票、周锦廷十六票、焦于江十五票、王恭灿十五票、刘启勋十四票、宋恩铨十四票、何葆鼎十四票、黄思永十四票、李鸿才十四票。

句容县

潘道裕九十票、骆文凤八十二票、王致厚八十一票、周应达七十八票、周鈢六十七票、唐庆昇六十一票、严惟清五十九票、蒋鸣庆五十七票、鲁德源五十七票、倪安澜五十六票、杨声远五十六票、陈鹏来五十三票、王栋材四十九票。

溧水县

窦恩荣一百七十七票、章玉山一百一十七票、严作霖一百一十一票、濮贤锦八十五票、严懋修七十八票、魏耀先六十二票。重行投票当选五名：吴荣波一百六十四票、杨黻臣一百四十九票、汤立贤一百四十三票、陶祥霖一百三十七票、孙淦一百三十二票。

高淳县

魏熙载、施仁、王嘉宾、周于德、史同文、傅进珍、王育英、赵庄、夏文浚、王寅恭、王渭阳。候补当选：吴国春。

江都县

莫鸿滨一百三十票、郭麐珍一百二十七票、凌鸿寿一百十九票、关朴一百十四票、沈广铭一百八票、王景琦一百八票、朱德恒一百二票、李绍祖九十三票、周树年八十六票、王庆余八十一票、常怀俊八十一票、韩慕慈六十九票。

甘泉县

林春第九十八票、蒋彭龄八十五票、张长生七十六票、张贻典七十一票、詹介臣六十九票、徐国宝六十六票、丁策六十四票、任兆荣五十一票、阮恩霖四十九票。

仪征县

陶其质八十八票、汪秉忠七十五票、周恩均七十二票、吴蓉镜六十五票、黄金绶五十六票、鲍浚明五十票、吴在文五十票。次多数二十名：周恩堡三十九票、孙崇祖三十七票、汪一德三十五票、李宝琛二十七票、汪廷杰二十六票、李廷菜二十四票、蒋联沅二十三票、鲍贵藻二十二票、张亮采二十票、张允顗十九票、鲍贵蓉十八票、刘荣椿十八票、卜长清十八票、李振业十八票、黄正山①十八票、曹晋廷十七票、刘长杞十七票、鲍长明十七票、何家泰十六票、樊德馨十五票。鲍贵藻九十五票、刘荣椿七十三票、曹晋廷九十二票、樊德馨七十一票、李宝琛九十票、周恩堡七十票、张允顗八十九票、何家泰六十九票、汪廷杰八十五票。候补当选：汪一德五十八票、张亮采七十七票、黄山正②五十八票。

兴化县

杨以豐、赵应榆、吴景云、翁钟、朱占春、刘鸿文。

宝应县

吴锡英、王鼎彝。

泰州

王培蓁九十八票、滕举傅九十七票、陈良弼七十七票、刘芹九十六票、王锡光八十三票、徐炳华七十八票、黄树深七十一票、周纮顺二百三十五票、崔保龄一百九十二票、顾元杰一百七十六票、凌文渊一百六十二票、王家杰一百五十票、朱葆逵一百五十票、李毓彬一百四十九票、程恩洋一百二十五票、王廷琥一百二十三票、曹炳耀一百十五票、余文海一百十三票、王辅臣一百五票、凌恩锡一百二十五票不愿当选。

---

① ②前作"黄正山"，后作"黄山正"，不知何者为是。

山阳县

周虎臣一百四十三票、郝崇寿九十五票、顾震福八十二票、汪九成六十四票、董冠群五十九票、严庆成五十五票、卢璈四十七票、陈德凤四十七票。次多数十六名：郝应乾四十四票、张仲沅四十二票、王宝琦四十二票、陶钟寅三十五票、周钧三十二票、谭骏二十八票、吴绍钵二十六票、杨钧二十四票、杨鸿猷二十票、金涛十七票、乔西琴十六票、杨士元十五票、邰从瑞十二票、葛镇淮十二票、秦保遇十一票、谷绍銮十一票。

盐城县

陶鸿庆八十三票、陈宗谌七十六票、李绳武七十二票。

清河县

吴涑一百三十五票、王化南一百十九票、仲绍周一百八票、王义成一百零七票、张惠人九十四票、陈恩沛八十九票、张香山八十七票、陈官彦二百四十五票、韩道立二百四十五票、张坦二百三十二票、李豫成二百票、张品金一百九十二票、朱湛霖一百八十五票、朱立仁一百八十五票。候补当选：丁启棠一百六十五票、杜俊彦一百四十九票、朱瑞梧一百四十二票、程人鹄一百二十六票、吴钟骥一百三票。

萧　县

段书云一百三票、胡警之九十四票、谢法冉一百二十七票、王明哲一百五十三票、侯镜芙一百八票、周承霁一百一票、张庆琮一百八票、王桂陵一百一票、孟昭潜一百八票、李牲甫一百三票、邵世恩九十票。候补当选：縱衍君八十七票、冯友征八十二票。

通　州

顾鸿阊一百五十七票、孙宝书一百五十六票、张謇一百十四票、宋钧九十四票、于振声八十八票、单嘉荣七十八票、沈厚堂七十二票、姜垚七十二票。次多数三十名：程逢恩六十八票、张澐生六十六票、季祥德六十票、宋焕五十票、成谞四十九票、李宗四十七票、周阶荣四十四票、熊晟四十三票、张鸿甲三十六票、张荫穀三十票、刘永康三十票、张闻捷二十八票、江春二十七票、张容二十六票、郁志仁二十五票、江镜秋二十五票、江晟二十四票、戴燮勋二十四票、王振铎二十四票、许绳志二十二票、张察二十一票、梁如楫二十一票、徐恩荣二十票、周汇瀛十九票、陈澍十九票、陈润生十九票、凌国荣十九票、成荣泽十九票、陈树棻十九票、顾鸣岐十七票。

如皋县

沙元炳一百十四票、朱祖荣六十五票、张藩六十票。次多数三十二名：马锦繁五十八票、顾锡祥十九票、顾思诏十九票、罗长年十九票、尤绂三十九票、葛振鹭五十八票、潘荫东五十二票、陈汝锡四十九票、周荫棠三十五票、宋继曾三十八票、卢骏三十八票、汪云龙三十七票、郑之臻三十三票、李长华三十五票、金文源三十五票、王增祥三十五票、张锦华二十九票、沈逢昌三十一票、陈其嘉三十票、顾绳宗三十票、李承标二十六票、沙元榘二十八票、黄文浚二十八票、金圻二十六票、顾锡爵十九票、田焕光二十三票、许树枌二十票、范迪善二十票、姚森林十八票、马章南十八票、冒云程十六票、曹溥十六票。

泰兴县

张鑑泉二百九十一票、丁国英一百八票、朱世梁九十九票、吴懋德八十八票、朱卜璋八十三票、陈经镕八十票、冷世铨七十八票、薛守素七十七票、张祖基七十七票。

沭阳县

袁永良一百六十九票、耿星垣一百二十四票、仲士立八十六票、张曙东八十一票。

海门厅

龚世清二百三十五票、黄国柱八十二票、王思兼八十票、张翯飞七十九票、张树典六十八票。次多数：施恩溥、杨点、赵师鼎、黄祖温、秦文浚、张云纪、沈斌若、沈则杨、杨家骏、陈猷、黄魁雄、陈大纶、沈燮均、沈鸣球、朱成乐、徐锦。

《南洋官报》第十六期，宣统元年三月初五日（1909年4月24日）；《南洋官报》第十七期，宣统元年三月初十日（1909年4月29日）；《南洋官报》第十八期，宣统元年三月十五日（1909年5月4日）；《南洋官报》第十九期，宣统元年三月二十日（1909年5月9日）；《南洋官报》第二十一期，宣统元年三月二十九日（1909年5月18日）

宁属谘议局筹办处札上元县查明高锦江被控劣迹文

札饬事。据职员周橒等以诱骗当选劣迹多端等情禀控高锦江前来，除批示外，查该职员等所控如果属实，高锦江实为劣董之巨魁，一乡之大蠹，王法所不能容，矧又诱骗当选，污我宪政，仰该县查照指控各节逐一确切查明，如所言不诬，即将初选当选立予剥夺，一面立提到案，严加惩处，剪除奸宄以清选政而卫地方，是则父母斯民之责也，并将查办情形速复核夺。禀折并发，仍缴。切切毋违。特札。

《南洋官报》第十八期，宣统元年三月十五日（1909年5月4日）

宁属谘议局筹办处札六合县查明审票办法不能齐一是否属实文

札发事：据文生李锡麟以审票不实，遵章依限呈诉请提前裁判等因具禀前来。查核所禀似非无因，除批，据禀，该县第二次开票该生计得七十七票，因被剔去字画小讹者二十二票，致未当选，而事务所长王桂馨号一山，则无论桂馨一山之票一概作为有效，其他名号讹误者尤多，呈请派员审检以昭核实等情。查选举人名自应以榜示人名册为准，即或虑票不足额，名号并用，审票办法亦应通县一律方为平允。该生所禀办法歧异各节是否属实，仰六合县详细审查，如果宽严不能齐一之处自应量为驳正，以免藉口。挂发外，仰该县即速查明，秉公办理，无庸岐视，是为至要。复选期近，切勿稍延。特札。

《南洋官报》第十八期，宣统元年三月十五日（1909年5月4日）

宁属谘议局筹办处通饬慎重选举议员厘剔冒滥文

札饬事。案据各属呈报初选完竣并将当选人名姓票数折报前来，本司道细加披阅，证以平日之所闻，参以近时之考问，知其中名誉素优才德出众者固不乏人，然诡遇一时幸而获选者亦复不少。此辈如何当选之由原不必燃犀铸鼎穷形尽相，或不自揣度，于复选时仍有猎取议员之心，则宪政前途妨害甚大。本处同事诸绅苦于不便置词，本司道既在筹办之列，将来谘议局效果之美恶即不得存而不论。兹苦口为初选当选诸君剀切陈之。查《谘议局章程》第六章职任权限共十二条：一、议决本省应兴应革事件。二、议决本省岁出入预算事件。三、议决本省岁出入决算事件。四、议决本省税法及公债事件。五、议决本省担任义务之增加事件。六、议决本省单行章程规则之增删修改事件。七、议决本省权利之存废事件。八、选举资政院议员事件。九、申复资政院咨询事件。十、申复督抚咨询事件。十一、公断和解本省自治会之争议事件。十二、收受本省自治会或人民陈请建议事件。为议员者职事何等之繁，责任何等之重，此即在达人硕彦出入扬历者当之犹且退然如不自胜，假使以混迹乡间自称雄长之人出而应选，微特问政事而不知，问法理而不晓，卤莽灭裂，贻害甚多，即如开会之时，一省行政长官督抚司道七十二属之通才名德皆集其间，议论举动皆关瞻视，独以不学无术之身虱乎其际，启口举足皆为笑柄，人生贵适意，何必自处于荆天棘地之中。况议员所得不过旅费，平时无禄入也。省会所议皆为一省大政，非若自治局可以与闻本地之事也。大凡人所以汲汲皇皇意欲攫为已有不肯推贤让能者，为其可以自利，可以求荣。今既无可自利，且或求荣而反辱，则何如坦白乃心仍举名誉素优才德出众之人应选，自己置身事外不思猎取议员之为愈。本司道等为慎重选举起见，仰初选监督切实告知初选当选诸人，劝其慎选贤能，切不可不度德不量力，冒昧争营，自求入选。再查《选举章程》第七条复选监督有决定复选当选人之责，将来复选当选时如有名望才德不足胜议员之任者，仰复选监督仍当切实厘剔，不可容其冒滥也。切切特札。

《南洋官报》第十九期，宣统元年三月二十日（1909年5月9日）

宁属谘议局筹办处批溧水县禀选举经费拨用积谷款项由

据禀，在存典积谷项下借拨款项充作选举经费应准照各属通例借用五百千文，余由该县官绅自行设法弥补。惜现在该县赍来人名册仅止一分，其应报解民政部暨各处之册均未造送。该令交替之际，若将五百千全数开支，将来后任凭何办理？应酌留一百千为后任造册之用，该令任内准其开支四百千以清款目，仰即遵照。此批。

《南洋官报》第十九期，宣统元年三月二十日（1909年5月9日）

宁属谘议局筹办处札发四府二直隶州复选规则并办法等件文

札饬事。案查《选举章程》第七条复选监督职掌有监督复选投票开票及全区选举事宜，择定复选投票所开票所地址，派定复选投票开票管理员、监察员之权。又六十九条复选监督应于选举期一个月以前颁发选举告示，其应载事项：一复选日期，二复选投票所开票所地址，三投票方法。又七十条所有办事细则由复选监督酌定施行，等因。现在复选期近，自应遵照切实办理。为此专札饬知并将复选举投票办法、开票办法及复选举注意、书票处规则、投票处规则共五种一并札发。札到，仰即遵照，一面将如何办理情形申报备查。切切无违。特札。

计黏发复选举投票办法、复选举开票办法、复选举注意、复选举书票处规则、复选举投票处规则。

复选举办法

一、颁发外县或张贴本城告示示知投票场所及日期。示内附列各条：甲）务须到所投票，不可放弃权利。乙）不可倩人替代。丙）被选举人不以初选当选人为限。丁）被选举人不以初选人名册为限。戊）被选举人以同一复选举区者为限，不以同一初选举区者为限。己）小学教员不得有被选举权。庚）必须选举名望尊重才德出众之人，断不可徇私妄举，亦不可受人运动。辛）吸食鸦片之人万不可举，纵或当选，将来亦须除退，不如不举。

一、派定管理监察员。甲）管理员以实任候补官或绅士中之未为初选当选人者任之。乙）监察员请各县绅士承认，首县多请数人，外县各请一二人。

一、设置场所。甲）府署及他公所皆可，择宽广者用之。乙）大门内设签名发票处。丙）二门内设书票处。丁）大堂或正厅设投票处，中安投票匦。戊）设出门处，投票后即令出门，门外人不得拦入。

一、实行投票。甲）验明初选当选执照。乙）于投票簿本人名下签字。丙）发给票纸。丁）书票。书票处黏贴复选举注意及书票规则。戊）投票。投票处黏贴投票规则。己）封锁票匦。

复选开票办法

一、先期张贴告示示知投票场所及日期。

一、择定开票场所。即在投票所最便。

一、派定管理监察员。甲）检票二人。乙）写黑板二人。丙）写簿记二人。丁）收票二人。

一、分派参观人数，视地广狭分散入场券。甲）特别入场券先期致送。乙）普通入场券临时散给，先到先发，券完为止，无券不得入场。

一、实行开票。甲）比对票数，先将票匦当众开封开锁检查，投票若干比对票簿签名之数是否相符。乙）次第唱票，一人书于牌上，二人录于簿上，以便核对。丙）总计票数，牌簿两项比对，得票最多及次多数者以次登记票数，同者以抽签定之。

一、检定当选。按照馆章，以本区应出议员额数除初选当选人总数，将得数之半为当选票额。

一、重行选举。如得票半数者不及应得议员之额，将次多数加倍开列重行选举。

一、候补当选。得票满复选当选票额而当选人数已满者，作为复选候补当选人。

一、检存票纸。

一、知照当选，俟呈明情愿应选后发给复选当选知照。

复选举注意

一、被选举人不以初选当选人为限。初选当选人不过有选举复选当选人之权,并非复选当选人必限制于初选当选人之内。

一、被选举人不以初选人名册为限,复选当选人不必有五种资格,但本省人年满三十岁,外省人寄居满十年并年满三十岁,而无第六条剥夺情事、第七条停止情事者皆可被选。

一、被选举人以同一复选举区者为限,不以同一初选举区者为限。如以府为复选区者,凡同一府内之人皆可彼此互选,其以直隶厅州为复选区者仿此。

一、小学教员不得有被选举权。复选当选人即为议员,与初选当选人仅有选举权者不同。

复选举书票规则

一、每票一纸,只准选举一人,违者其票无效。

二、选举人不得于票上自书姓名。

三、字迹须清楚,勿令模糊不可辨识。

四、用别纸投票者其票无效。

五、票内宜书被选举人正名,无庸书别字外号,致开票时计算差误。

六、票内不得夹写他事,其因名姓相同书被选举人官阶(成)〔职〕业以便识别者不在此限。

七、写票时不得彼此互相交谈商议。

八、写票人不知程式,管理监察员可明白指告之,但不得示意所应选举之人。

复选举投票规则

一、每投票人只准投票一张,管匦员须察看所投之票是否一张再令投入。

二、投票人除关于投票事宜得与职员问答外,不得涉及他语。

三、投票人如有放弃选举权者,应将空白票纸投入匦内,不得交于管理监察员。

《南洋官报》第二十期,宣统元年三月二十五日(1909年5月14日)

宁属谘议局筹办处批如皋县禀陈初选举情形并当选名折由

禀折均悉。仰俟各该当选人情愿承认后给与执照,一面申报该复选监督汇办复选,无误期限。另单禀马绅锦繁、沙绅元炳襄办初选劳瘁不辞,又各捐助百元以补经费之不足,急公勇义信足风励一时,应俟书发匾额各一方以资矜式。此次办理选举,各属常谓经费艰难,该令首先捐廉以为之倡,绅士亦踊跃捐资以襄盛举,他处所竭蹶不遑者该县独行所无事,克底于成。今之办理新政者若皆似此爱惜物力,举重若轻,岂复有骚扰繁苛之弊耶。应行藩司记大功一次,俾资鼓励。夹单存。

《南洋官报》第二十二期,宣统元年四月初五日(1909年5月23日)

宁属复选举当选议员姓名票数

据谘议局筹办处来稿

江宁府

初次当选议员十一名:王乃屏七票、张智周七票、陶保晋七票、蒋鸣庆六票、仇继恒六票、吴荣萃六票、侯瀛六票、王嘉宾六票、唐庆昇六票、方瑜五票、严懋修五票。初次候补议员一名:孙启椿五票。该员所得票数与当选议员方瑜、严懋修二员票数相同,遵章当堂抽签应作为候补议员。二次重选候补议员五名:龚肇新十四票、叶家宝十一票、徐宗绩十一票、张子林十一票、濮贤锦十票。

江宁驻防：

初次当选议员二名：忠俊四票、锦山四票。二次当选候补议员一名：善润二票。

扬州府

复选议员当选人正额十四名：夏寅官，东台县人，十一票；周树年，江都县人，八票；梁葵，江都县人，八票；张允顗，仪征县人，八票；谭庆藻，高邮州人，八票；顾咏葵，兴化县人，八票；汪秉忠，仪征县人，八票；张鹤第，甘泉县人，八票；朱莘生，宝应县人，八票；凌鸿寿，江都县人，七票；周鋐顺，泰州人，七票；凌文渊，泰州人，七票；马士杰，高邮州人，七票；赵铉钲，东台县人，七票。

候补当选七名：徐振熙，兴化县人，七票〔签定为候补当选人〕；李坚，甘泉县人，五票〔签定先后次序〕；王锡光，泰州人，五票；吴郁堂，高邮州人，五票；徐廷麟，甘泉县人，五票。以上第一次选定。徐炳华，泰州人，二十六票；鲍贵藻，仪征县人，二十一票。以上第二次选定。

海　州

复选议员当选人四名：施云鹭十一票、许鼎霖九票、耿兆丰九票、邵长镕五票。

候补当选四名：纪澍溶十票，袁永良八票，姜有珍六票，张福年五票。

徐　州

复选议员当选人十名：高梅仙、段庆晓、朱芳曾、王立廷、李鸿筹、张伯英、张鸿鼎、谈士髦、冯珍文、苌蔚。

候补当选五名：胡伯言、卓则濂、刘彦昆、蔡培元、祁世倬。

《南洋官报》第二十三期，宣统元年四月初十日（1909年5月28日）
《南洋官报》第二十五期，宣统元年四月二十日（1909年6月7日）

宁属谘议局筹办处批江宁府申送复选人名清册由

据申报复选名册前来。查江浦县初次折报并无候补当选人，此次方凤池删去，忽然补入刘世泽一名，似非正常办法。又六合县初选有王文彩一名，此次因何扣除将李锦淮一名补入，应由该复选监督调查明晰，再予投票。正批发间，据姜传甲、方凤池、李嘉隽各以挟私变更败坏新政等词呈控张智周前来。查现在已临复选，本不应纷纷具控，惟方凤池、刘世泽二名临时掉换，所控张智周情弊似非无因。仰该府一并查明办理。此批。原禀三件发仍缴。

《南洋官报》第二十四期，宣统元年四月十五日（1909年6月2日）

扬州府嵩守峋申报宁属谘议局筹办处泰州凌恩锡不愿应选请以程恩洋递补一案情形文

申报事。据泰州优廪生陈铭德、监生宋鸿宾、五品翎顶陈鉴清、从九职衔陈樾森禀称：窃生等案谘议局奏定章程五十七条内载明当选人不足定额应由初选监督就得票较多者加倍开列姓名再行投票云云，泰属初次选举得当选七名，照支配定额十九名尚缺十二名，应加倍开列二十四名重行开选。生等接阅续选宣示榜二十四名后乃多列四名，计共二十八名。生等会议以为与定章不符，随即雇舟往城以此意面禀初选监督，请其将四名多数开除。监督龙州主云：此四名仅候补当选之预备，须俟二十四名选补已毕后方能挨补，此次续选虽得票占最多数，亦不能越补。生等面奉此谕随往事务所，已悉初选监督已以此意函达事务所矣，因即星夜返港，重行选举。乃自发甀后接到当选宣示榜，开列续选当选十二名，则有后四名中之程恩洋与焉。夫前此之多列四名者既误于先，今以四名为候补当选之预备者即越次为初选当选，复误于后。生等因事关宪政，岂容稍涉含糊，爰特录具颠末邮呈复选监督大人电鉴，恳将二十四名后之不应当选程恩洋一名开除，并将缺额一名谕饬初选监督重行续选以昭公允而符定章，实为公便，望恩上呈等情，当以凡当选缺额照章应就得票较多者按照所缺额数加倍开列再行投票。今该州初选缺额十二名，自应将次多数之人加倍开列二十四名，何以多开四名？该廪生等既关心选举，何以并不力争于前，及在二十四名以外之程恩洋当选何又早不诉讼，迟至复选期限迫届重行续选万办不及之时始请重选，实属不合。惟该州续选是否开列二十八名，因何多开，及当选之程恩洋是否列在二十四名之外，因何将额外之人予以当选？今如将程恩洋扣除，有无候补当选之人可以推补？其候补当选之人是否在二十四名之内？批饬泰州查复，去后。兹该州以初选投票合计十区共投二千六百八十六票，以十九除之，得七十票零为一人当选，计当选者只有七人，自应遵章按照支配当选额数加倍开列姓名再行投票以补其缺，当就次多数中以次递算，截至十九票为止，适符加倍之制额。内有凌恩锡一名，名得十六票，号得二票，又乡人误写洽字四票，共得二十二票。泰州乡间锡洽土读同音，公决有效，自应在二十四名之列。程恩洋初选只一十八票，谓凌恩锡误写洽字四票应作无效，其时如以凌为有效，则程恩洋争执不休，其势汹汹。如以程恩洋为合额，则十八票者尚有陈国华、高炳华、于士辉三人，而凌恩锡之二十二票又已公同议决于先，未便率尔挽越。相持许久，竟不能决，当经知州引证定章，即拟抽签为断，虽若辈多方阻扰，决不为所摇惑。第查十八票者并未全到，一时无从著手，且当日情势若非从速决定，必致大起风潮，将有不可思议之举动。司选凌君文渊及事务所诸人力主和平，一再要求请稍变通办理。知州以事关重要，未肯遽允。旋据所中函称增入得十八票者四人共二十八名为候补当选之预备，尚觉无甚窒碍等语，知州审酌再三，既未便始终坚持，又不能稍任凌躐，爰就来函"候补预备"一语，于姑允迁就之中仍寓慎重之道，当即函复所增四人续选如或当选不得列于初选所缺十二人之内，亦不得越补于续选当选人及后补续选当选人之先，必俟初选当选十九名中有缺额时先由应派重选满足票数者补足而后方能挨次递补，由所详明宣示，同人均为认可，连日纷呶，莫衷一是者得此始获安靖无哗。此续选多列四名迫而出此之实在原因也。迨二月二十三日重选开票，应以一百二票为当选，凌恩锡共得一百二十二票，程恩洋共得一百二十五票，其数稍多，然凌恩锡初次开票既公认为二十二票，自应以凌恩锡为当选，庶与定章不甚背谬，与知州复函宗旨亦相吻合，并经知州将事务所原函连同复函当众重行宣布，均无异言，本可就此完议。乃程恩洋复起与争，较量不已，激烈现象更甚于前。知州苦心调停，力持接续投票办法，金谓当此农忙之时乡人决非所愿，如再接续投票，不能保其必来，万一不服传（挽）〔唤〕，票数无多，其中转多妨碍，且亦不能因此个人牵动全局，应请主持各等语。正筹议间，适据凌恩锡君当场报告不愿应选，请以程恩洋补之。在凌恩锡固属难能可贵，在全体亦无不极力赞成。知州以权限所关甚不许可，第以选举本地方之公益，当选为全体之代表，既为全体所公认，而多次投票妨农累民势所不免，自亦不得不量予体恤。且凌恩锡出于本心毫无勉强，即此次具禀之陈铭德等四人既先来署诘问，告以原委，两次又均在场，并未闻有异议，诚如宪批并不力争于前又不及早诉讼，是何主义殊难索解。知州不设成心，更无私见，所愿地方日进文明，共保名誉，或初选决裂实于谘议局前途大有障碍，委曲求全，权宜从众，固有不得已之苦衷，亦实处不得不然之势，此额外予以当选之困难始末也。现值复选期届，候补当选中应选无人，应否仍以程恩祥充选抑或如何办理处，伏候钧裁，非知州所敢擅拟。奉饬前因，理合觍缕复陈。呈函稿并将原禀附缴，仰乞俯赐察夺训示施行等情禀复前来。除批。查凌恩锡辞选原由是否行诸公牍，应即检齐解附查核，并传凌恩锡一并到府听候询问，仰即由州于二十九日以前照会该选举人并限于四月初三日以前来府。如故违不到即为默许。毋延。印发外，理合具文申报，仰祈宪台鉴核俯赐批示，祗遵。为此备由具申，伏乞照验施行。

《南洋官报》第二十四期，宣统元年四月十五日（1909年6月2日）

宁属谘议局筹办处批扬州府申复泰州程恩洋一案由

据呈，泰州凌恩锡不愿应选，请以程恩祥递补等情。查候补当选之预备定章只准加倍开列，龙牧俯顺舆情，多开四名，虽系权宜省事起见，然既经开列即不能禁开列在后者之越次当选，即勉强以只准作为候补当选相限制，然候补当选之中如有名次在前之人被不应开列者僭越在前，则争端又将由此而起。是在图省事而终竟不能省事，越轶定章其流弊固宜至此。现在凌恩锡既不愿应选，程恩祥虽似可以递补，然实与定章相违，又为陈铭德所禀讦，是其不协舆情已可概见，自应即予扣除以平群情而符定制。复选期迫，不及重行选举，应即任其缺额，各属投票亦未必尽能全数应选。该邑缺少一名亦无碍大局也。仰即遵照。此缴。

《南洋官报》第二十六期，宣统元年四月二十五日（1909 年 6 月 12 日）

宁属谘议局筹办处批江宁驻防候补知府锦山禀误被株连迫求澡雪由

察核来禀，该绅清白，乃心断不屑运动选举自可共信。所请以原禀发登官报应准照办。此批。

附：原禀

禀为误被株连，迫求询问得实，急予澡雪事：窃职以光绪丙子举人掌教宁防崇文书院十余年，嗣由京官改外，迭奉前川督锡公、前皖抚冯公电调委差，历有年所。客冬回旗就医，军宪清留办万顷湖垦务，辞未应命。近复由皖回宁料理引见，到省，乃以目疾小作勾留。不料本月初五日复选举时竟尔当选。旋为小京官善溥告发，谓与忠俊、钟瀛、善润三人均由投票管理员培英运动而得，兼有种种之证据。学界轰传，致成笑柄。伏思职生平雅知自爱，一切外事向不与闻，况此次被选系出意外，以常行出外之人势难兼任其事，初不知于善溥何怨，于培英何恩，而以连累及之一至于此。倘事不得白，则名节事大，其何以立于人世乎？至培英曾否为他人运动亦不暇知，所知者一己之问心无愧而已。为此迫求宪台大人一面以职当选之名作为无效，一面传培英到局询以是职托代运动及无故多事否，俟吐实后其咎有应得之处自应照章办理以为殃及善良者戒，并恳将此项原由俯准全登《南洋官报》以正是非且杜悠悠之口，则感且不朽矣。上禀。

《南洋官报》第二十六期，宣统元年四月二十五日（1909年6月12日）

宁属谘议局筹办处奉督宪札准度支部咨江宁省城建筑谘议局一案文

札行事。宣统元年四月初六日准度支部咨制用司案呈内阁抄出两江总督、江苏巡抚奏遵设江宁谘议局筹办处并胪陈办理情形一折，宣统元年闰二月十二日奉朱批，"该衙门知道"，钦此。钦遵到部。原奏内称谘议局为议院初基，亟宜酌仿外邦之制度参合本地之情形，惟日本地近文同，业派曾习工科之学生前赴该国将其形模规制费用调查，绘具图说以凭仿造，并就江宁省城北购空旷之地以为会场基址，斟酌丰俭，刻期营构，其开办常年额支活支暨司选员书旅费以及购地建筑各项经费均饬由财政局陆续筹拨，其各局调查费用准于地方公款内撙节动支，恳准作正开销等语。查谘议局筹办处事关要政，局用经费应准作正开销。惟建筑规制务在适用，不必徒侈外观致滋縻费，俟估就工料确数即行绘具图说取具保结分咨民政部及本部存案以备核销。其开办常年额支活支各款究竟每项若干，在财政局何款项下动支，原折未及详叙，应令查明声复。至各地方选举调查一切费用应就各该地方原有公款内撙节动支，不得作正开销。相应恭录朱批咨行两江总督遵照办理可也等因，到本部堂。准此，合就札行，札到该处即便遵照所指各节分别查明详候核咨，仍报明抚部院查考。勿违。此札。

《南洋官报》第二十七期，宣统元年四月三十日（1909年6月17日）

宁属谘议局筹办处批江浦县禀遵饬查复刘世泽顶补方凤池当选名额及张智周被控各节据实陈明由

禀悉。查《选举章程》第八十二条当选无效，如已给与执照，应令缴还并将姓名职衔及其缘由榜示。方凤池如果不能应选，理应自行报告，该县查询属实令其缴还执照，再以候补当选人递补始为正当办法。乃据张智周、滕亦中之言遂将其投票权扣除。来禀谓方凤池妻死属实，似不得谓之捏告。不知妻死是一事，选举又是一事。妻死属实，妻死而不愿应选是否属实，此岂能含糊笼统。至谓刘世泽并不赴府投票则猜疑之迹已泯，尤属奇异。方凤池所争者自己之投票权也，自己之投票权业已撤销，则刘世泽之赴府不赴府投票不投票于方凤池有何加损？且刘世泽如果理应递补，则递补之后自应光明正大赴府投票，何以又复迟疑不赴，殊不可解。总之议员关系重要，张智周屡被控告，众望不孚，即该县曲予周旋，似亦难居之不疑，谬膺斯选。案经饬府查办，仍候札行江宁府迅速秉公办理，无致迟延迁就。此批。

《南洋官报》第二十八期，宣统元年五月初五日（1909年6月22日）

宁属谘议局筹办处批甘泉县附贡生徐炳昌禀选举被遗反遭诬谤恳恩昭雪以免再误由

据禀已悉。该生如果控案注销，烟瘾戒断，自应免其剥夺公权，候饬县查照办理。此批。

附：原禀

国子监典籍衔附贡生徐炳昌禀为选举被遗反遭诬谤恳恩昭雪以免再误事：窃生系扬州府甘泉县附贡生，向当邵伯镇善堂董事兼办团练事宜，历有年所。去冬甘泉县创办选举，设局调查。生往第七区，讵草榜发出竟无生名，始则以为偶然遗漏，及询之调查员毛昌绪，谓生曾经被控有案并吸食洋烟等情。伏思五项资格之中生兼出身、公益、财产三项，何以忍被剥夺。至控案系日本留学生邱正夔等于光绪三十一年在督辕控告，谓附生佘长庚等匿名揭帖阻扰学捐以致罢市，闻系生暗中唆使。前督宪周札府饬县讯明禀复核夺，后因确查无据，经学务公所代为调处，劝生协同学董将学捐劝成表明心迹，遂由会长叙明各节具禀详请销案。不料正夔心怀叵测，复于光绪三十三年欲将邵伯玉皇阁中所有庙产拨充学费。镇绅许澜等因有前朝江都县罗公功德在民供奉神牌载在祠典，不忍湮没，具禀力争。伊遂朦禀学宪，不但牵涉生前已结之案，且谓此禀亦是生盗许名。生因赴省申诉，并蒙学务议绅、教育会会员梁焱、汪秉忠等代为报告宁垣教育总会，恳请帮扶昭雪，佥以为事关学务，因特开会公议，皆知其曲在邱，遂由教育总会函商学宪饬县秉公查明是否属实。旋经前县陈申复前来，已由许澜等赴县赴省自行具禀承认与生无涉，当蒙学宪批示如详销案在案，文牍俱在，听候稽查。且咨议章程必为人控实及案尚未清方可剥夺公权，而控生之案早已注销。至生前因病偶吸洋烟，业已遵谕戒断，如恐不实，情愿赴所请验，不难水落石出。查宪政编查馆复筹办处电文"革职人员如有他项资格照常入册"，夫已经革职尚可有权，控而不实可想而知。生苦于僻处邵伯镇，耳目难周，迨生知悉，已经逾限，不合违章递禀。然一误于前，焉能再误于后，况除选举外，地方公益非止一端，此次若不力争，他日即不容参议。为此伏乞宪台大人俯察下情，可否恩准将调查各员因何误会以致扣除生名各项情由饬县宣示存案，以俟下届补入，彰幽拾遗，实为公便。上禀。

《南洋官报》第二十八期，宣统元年五月初五日（1909年6月22日）

督部堂端咨江宁将军准宪政编查馆咨各省驻防议员选举应照学额办理文

咨明事：宣统元年四月初七日准宪政编查馆王大臣咨本馆奏定《谘议局章程》第二条"京旗及各省驻防均以所在地为本籍，但旗制未改以前京旗得于顺直议员定额外暂设专额十名，各省驻防得于该省议员定额外暂设专额一名至三名"等语。查外驻防之设本为昔日因时制宜办法，有全省俱无者，有一省一处者，亦有一省数处者。省既不同，制亦各异。《谘议局章程》各省驻防一语本指驻防住所而言，并非合全省数处驻防均只限于三名以内，是各省之驻防，凡将军、都统、副都统、城守尉各定专辖区域者，地方既相隔越，学额亦复旧有，应各查照议员选举章程"学额在十名以内选举议员一名，在二十名以内选举议员二名，在二十名以外选举议员三名"办理，庶免误会而归画一。相应咨行查照办理可也等因，到本部堂。准此，相应咨明，为此合咨贵将军请烦查照，分别移行转饬所属一体遵办施行。

《南洋官报》第二十九期，宣统元年五月初十日（1909年6月27日）

宁属谘议局筹办处批盐城县禀调查选举经费除动拨积谷育婴二款不敷之款悉由官绅设法筹补开折请示核销由

禀折均悉。综计折开总数计一千四百九十余千之多。该县地非首要，何遽需费如此之巨，虽据称不敷之款概由官绅弥补，然动用公款已轶出前批五百元之外。详核细账，有开办自治研究所讲员修金二百千一条。此项与调查选举无涉，何以含混引入。又如司选员旅费均由本处核发，并通饬无庸供应，何以折内复有司选员福食旅费一项。仰将此项供应暨误列之故切实查明明白声复。此外有无如前误行列入之款，仰再详晰核明具报复夺。仍候督抚宪批示。缴。折存。

《南洋官报》第三十期，宣统元年五月十五日（1909年7月2日）

宁属谘议局筹办处批仪征县禀据绅士厉书青等公禀马慎修身家清白据情转禀由

禀悉。此案前据嵩守饬委施令查复，马慎修系杨前令门丁马春山之子，委系身家不清。兹该令复准邑绅厉书青等联名禀称"马慎修之父敬贤实系都前县姻亲，杨前县留办文牍，后经捐有官职，有捐照及案稿可验。现在寄居日久，并与邑绅结有姻亲。名誉攸关，谨据情转禀"等情，核与嵩守复禀颇相歧异。本处详加复核，来禀捐有职官一层在捐例庞杂之时履历三代本难尽信，未可据为典要，惟既与邑绅结有姻亲关系，搢绅体面不可不加审核。究竟马慎修身家清白是否为合邑绅民多数所公认，仰该县确切访明声复以凭核夺。此缴。

《南洋官报》第三十期，宣统元年五月十五日（1909年7月2日）；又载《申报》，宣统元年六月初六日（1909年7月22日）

宁属谘议局筹办处批句容县禀选举用款拟在积谷提拨归垫造册呈请核示由

禀册均悉。查核支销各账，颇多滥费。即如修理房屋用洋一百三十余元，调查事务所设立不过数月，俓可附属于向有各公所之内，何必多此一项？修理投票所栅栏洋五十三元，此项栅栏俓可向民间借用木料稍加捆扎便可应用，事毕即还，何须糜费？其余火食等项亦复不能撙节。查本处前定各属支款均以五百千为限，该县地非繁富，筹款维艰，何能任意开支，转出于普通限制之外。仰即切实删除，准于积谷项下借支钱五百千文，其余不敷之数由官绅自行设法弥补。此批。

《南洋官报》第三十一期，宣统元年月五月二十日（1909年7月7日）

宁属谘议局筹办处批桃源县申送选举事务所各项开支报销清册由

据申送初选举开支销册前来。查本处前次批定各处支款均以五百千文为限。该县此次用钱二百千文又洋五百余元，应查照各处通例准于积谷项下借支五百千文，其余不敷之款由官绅自行设法弥补以归画一。此批。

《南洋官报》第三十一期，宣统元年月五月二十日（1909年7月7日）

宁属谘议局筹办处移宁藩司请将通州初选监督学正陈汝恭记功文

移请事。据通州直隶州知州申称："通境办理选举自初选以至复选，条例秩然，并无控诉事件。推厥原因，皆由调查确实选举公平所致，洵为宁属选举模范。其复选监督系前署州关牧已蒙记大功三次在案。至初选监督系学正陈汝恭，应如何酌奖之处，伏候宪裁。为此备由具申，伏乞照验施行"等因，到处。据此。查该州遵照馆章以教佐为初选监督，此次该教职办理调查选举均属有条不紊，自应酌加奖勉。为此合移贵司请将通州学正陈汝恭记功一次以资鼓励，望切施行。须至移者。

《南洋官报》第四十期，宣统元年七月初五日（1909年8月20日）

宁属谘议局筹办处札盐城县切实禀复张曾谦有无骚扰文

札饬事。前据该县开呈选举调查经费清折内开司选员福食及下乡抽查用费七十千五百余文。本总办察阅之下深滋诧异，以此次司选员出发川资旅费在在从优，临行时又复告诫再三，惟恐骚扰地方，致贻口实。乃据折开用数，张令到县仍复耗该县经费七十余千，既辜本总办加厚之初心，又縻该地方难得之公款，不得不加之惩罚。其时张令已委禁烟公所清理牌照之差，立即撤销以资儆戒。乃据张令来禀，将两次到县情形言之历历，果尔，是张令到县不过扰累事务所供张十日而已，平原小住，何至遽费多金。至第二次移住署内，则是该县与张令同寅酬酢之情，岂能向事务所索还用费。究竟此款七十余千由何处开支，张令所禀各情是否属实，仰该县切实禀复，无得含糊取咎。切切特札。

《南洋官报》第四十期，宣统元年七月初五日（1909 年 8 月 20 日）

宁属谘议局筹办处批元宁两县详送选举
收支各款暨任事士绅衔名清折祈批示备案由

详册均悉。该县地居省会，任务殷骈，选举调查尤称繁赜。该令等督率有方，不劳而理，且各捐廉补助经费三百余元、钱数十千文，实堪嘉许，候行司各记大功一次。办事诸绅劳力输财，热心公益，自应酌给奖励。除仇绅系本处协理暨捐数奇零无庸给奖外，所有开单之程绅先甲以次八人及捐资之缎业公所于绅、刘绅，救生局、义渡局均应分别书发匾对以资矜式。仍候藩司批示。缴。册折存。此批。

《南洋官报》第四十期，宣统元年七月初五日（1909 年 8 月 20 日）

宁属谘议局筹办处批睢宁县邵令式善禀
选举经费请在积谷项下支销由

禀及清册均悉。此次办理选举，据各州县申报用款无不轶出本处所定五百千文以外，独该县谨用钱三百六十余千，力戒虚浮，精心办事，殊堪嘉尚。所请在积谷项下支销应即照准，另单恺切详明，字字如布帛菽粟，真近来办新政者之药石之楷模也。应将禀单刊发官报以资矜式。该令循吏丰裁，去人不远，中心藏写何日忘之，所请将事务所热心办事各绅酌予奖励，仰即将该绅等衔名行号详晰开呈，由本处奖给匾对以资鼓励，仍候藩司批示。缴。

附：原禀

敬禀者：窃照睢邑设立选举调查事务所办理初选举事宜，遵限告竣，均经先后禀陈宪鉴各在案。伏思选举调查事属创始，本无专款预备，以关乎立宪要政不得不先行挪垫应付一切，以期无误事机。当此经济困难之时，公款支绌，兼筹并顾，经知县与在事各员绅互相告勉，期以无草率无虚糜。赖各员恪守斯旨，力戒浮夸。现在蒇事，统计调查之旅费、缮写之薪工、票匦纸张之价值，必不可少之需共用钱三百六十六千一百十六文，实系减无可减之款。近闻各属类皆报蒙核销，仰见宪恩高厚，鉴属邑之苦况，促新政之进行。逖听之余莫名感佩。睢邑事同一律，而用款既未浮糜，缺况又复瘠苦。所有此项用款三百六十六千一百十六文理合核实造报，仰祈鉴核，俯赐批准在于积谷项下如数支销，实为德便。

敬再禀者：窃维新政非止一端，而筹款之难亦半由于用款之费。盖恒情率好逸而畏劳，崇奢而鄙俭，顾私而忘公，坐此数病，以致动辄所费不资，而凡事皆非一手一足之（烈）〔力〕所能奏功，地方官不能不籍绅董协助而又未由变多数人之恒情，实为近今之通患。睢邑地居偏僻，风气之开通较晚。然朴实耐劳有足多者。查此次调查选举各员率皆正士而不辞劳顿，不事奢华，不营私计，体公家之支绌，领用各款爱惜节省逾于己囊，而所长傅毓祥、庶务兼会计员陈世根尤为首屈一指，以故调查至五十二员之众，周历至两月之久，重选至三次之多，综计用款仅三百数十串，款不虚糜而事不草率。曩蒙宪处以所送草簿翔实垂赐优奖，知县受宠若惊，顾念幸无贻误，无非赖邦人士赞助之功，若不据实上闻，惭恐益甚。且当此庶政日新之际，无不藉地方绅董之赞成，其爱惜公款者必能力顾公益，倘邀奖劝，观听一新，果能崇实绌华，争相效慕，则待举之事无限，未始不可藉此鼓舞以利推行。所有办理选举事宜之出力员绅傅毓祥、陈世根等拟乞恩酌予奖励，以劝将来。是否有当，理合加单禀请。伏祈俯赐核示祗遵。临禀不胜惶悚之至。

《南洋官报》第四十期，宣统元年七月初五日（1909年8月20日）

宁属谘议局筹办处呈督宪请奖扬州府嵩守文

呈请酌奖事。窃据扬州府知府嵩峋禀称"窃知府办理复选举谘议局议员已将投票开票办法情形禀报宪鉴，并将当选员姓名先行开折申报在案，一面照章榜示备文知会，旋由各当选员具呈应选愿书分期来谒，知府随时延见，幸皆公正明达具有学识，遂即填发当选执照，于是复选事竣，乃将投票开票所遵章裁撤。惟知府办理此事详细情形有前次申禀所未述及者，敢再觍缕陈之。计自上年九月奉文颁发章程，续奉宪台预定办事日期，比见条文细密，时期紧迫，先将章程逐条研究，摘出应办各条顺序编录，粘诸座右，次第进行，并在署中设立事务所，委员管理庶务，照会江甘两县办理初选各绅会同襄办，以资熟手而期连贯。凡关于初选者勤加督促，关于复选者预为布置。及至各属初选告竣，饬各保送复选监察员来府监察投票开票事宜，俾临时识认投票之人以昭慎重。又请于绅齐庆等为总监察。复选期近，催令各属初选当选人先期来郡，分日接见，嘱令慎选贤能。知府犹虑其未尽体会，复于投票前一日至投票所召集各属初选当选人宣示前奉宪札共同阅看，以免滥举非人。四月初五日为原定复选投票之期，按照章程知府本可毋庸亲莅，第恐各员绅未能谨慎将事，故于是日清晨率同派定管理监察各员绅亲诣投票所举行投票，并先酌派巡警到所巡护。各员绅皆能谨守规则，投票人亦皆恪遵定章，井然秩然，气象肃穆。知府因念书票处尤关紧要，故由知府镇日坐视，凡投票人至此书票者均亲自验明初选执照然后监视书票，庶免自书己名等弊。午后六点钟事毕，当将票匦严密封固，由知府带回本署。初六日早（辰）〔晨〕恭备仪仗彩亭，将票匦舁送府中学堂开票所，知府复率管理监察各员绅当众启匦检票，所幸票数整齐，一日竣事，实非初念所及料知。知府伏思此事本属创举，在事诸人均未素习，办理稍或不慎，必致弊窦丛生，横遭物议。数日以来兢业不渝，幸能集事，是皆仰赖我宪台先期训诲周详，故能有所遵循免致丛脞。兹已饬承造具复选当选各员履历清册并后补当选各员清册，理合肃泐禀呈，仰祈察核，留存一份备案，其余各份转呈（咨）〔资〕政院、民政部、宪政编查馆、督抚宪鉴核查考。计禀呈清册各六份"等因，到处。据此。查宪政以实行为要，非奉承尽力则美名亦等虚悬，官场以澄叙为先，非激励有方则良吏无由知勉。此次本处办理调查选举时以催督进行之责望之各复选监督，然勤勤恳恳始终不懈者惟嵩守为最，计自初选以前凡有行知该府催促各州县之件无不立时奉行，奉行之后无不立时禀复。至复选为该府专责，慎重周密，井井有条，证以禀陈之公牍，既堪按籍以稽，问诸赴选之绅民尤属群言允协。似此认真办事实为各府之冠。拟请宪台酌给奖励以为力行宪政者劝。至应如何奖励之处，仍请钧裁。除将该府呈送各议员履历清册附呈抚宪外，理合具文呈请，伏乞照呈施行。须至呈者。

《南洋官报》第四十一期，宣统元年七月初十日（1909年8月25日）

宁属谘议局筹办处批海州办理初选出力员绅请分别给奖由

详册均悉。据称该州初选监督章州同元荫实心办事，井井有条，张典史箕掌理文牍详审周密，且因该州财政尤艰，均皆各尽义务，不支夫马，自应行司酌给奖赏以资鼓励。应移司将章州同元荫、张典史箕均俟先酌委优缺一次。所称章州同系正途人员，拟请比照考职新章，凡举贡出身之佐贰而等项亦须酌委县缺一层，本省能否照办，应由司署酌核办理。至事务所所长葛绅润田等办事热心、有益桑梓，仰将衔名行号详晰开呈，应由本处酌书匾联分发给领。仍候督抚宪暨藩司批示。缴。

《南洋官报》第四十一期，宣统元年七月初十日（1909年8月25日）

宁属谘议局筹办处批山阳文生高溥
报告淮郡育婴堂司庄舞弊恳请切实调查整顿由

　　来牍悉。堂董营私，司庄舞弊，以地方有限之公产供若辈无赖之侵渔，事属普通，情殊可恨，况以百余名额之育婴堂现仅有十数名。所云穿婴孩、吃婴孩及卖婴孩一节如果属实，尤堪发指。惟本处系为筹备谘议局一切事宜而设，此事之调查整顿应禀由自治总局核办，且该生所称谘议局调查员想系前办该邑选举之调查员，初选事竣，其名目即应销灭，兹犹沿用亦殊未合。既该邑有如此劣董，不妨联合公正士绅呈请地方官切实查办，本处固不便越权也。原禀发还。此批。

附：原禀

　　敬启者：窃思秉公者毋挟私情，而循私者难逃公论，理固然也。查淮郡育婴堂善举公地也，堂中之田公田也，每岁出入开支亦公项而公用也，即管理堂董皆妥选公正之人以司其事，安有一毫之私以舞其弊乎？有之，则自司庄顾玉昆始。查顾玉昆系堂董顾云松之子，前经文生吴春田、乔怀芬先后禀控司庄舞弊情形，荷蒙提宪委派淮军厅查复。顾董以父子之嫌管理堂务恐遭物议，因保王益安接办，当奉提宪批准。生查王益安与顾董至戚，去岁秋收之时依然顾董之子到庄收租，蒙混可知。复经普济堂董禀称，王益安已于去年三月就馆奉天省，明为王姓司庄，实则顾姓办事，特保文生周鏠接办以杜其弊。顾董以权属他人，复保汪宝桢充司庄之任。又奉提宪仰淮安府饬山阳县查复。旋奉该县照会育婴、普济两堂董公同查明周汪二姓谁可胜任。彼时顾董并未公同查明，反禀普济堂越俎多事。及查汪宝桢又系顾戚，顾董知汪不称其职，复保王霞生管理，且王霞生年仅十余岁，系王益安之子，庄务并不熟谙，至今仍为顾董之子假冒。虽奉提宪批查，嗣经顾之堂兄举人顾震福在府县署代为运动，又兼乃弟为提辕书房稿生，从中舞弊，竟然无恙。呜呼，我山阳善举已属无多，惟此项公田约计每年当有余资，以上何董经理，原来两千余石租稻尚能续置一千有余，刻下三千余石租稻且稻价加倍于前，而每年仍患不足，究不知经理之人良心何在也。庄务固如此，若堂中之弊尤不忍言。原定收养婴孩额数一百余名，均在堂中宿膳，现闻仅十余名。堂董不敢稽查，以司事侵吞堂款故也。司事不畏堂董稽查，以同一侵吞堂款故也。至于上下其手，穿婴孩、吃婴孩以及卖婴孩以肥己，种种积弊天理难容。若当清理财政之时不加整顿，则我山阳永成黑暗之天日矣。为此据实报告，敬请切实调查整顿，实为公便。

《南洋官报》第四十二期，宣统元年七月十五日（1909年8月30日）

两江督部堂致宪政编查馆电文

宪政编查馆钧鉴：宁属谘议局筹办处转据驻防议员崇朴等呈称"查《谘议局章程》第二十一条首列应办本省各事件，本省字义范围甚广，是否包举驻防在内。现今旗制尚未裁改，凡提出之议案推至于驻防该地方者，应否由专额议员自行议决抑照章由多数议员共同议决，及议决后之执行应照章专归督抚抑仍归将军、副都统，如军、统概不执行，究宜如何办理。综兹疑义，大惧牴触，呈恳咨达钧馆请为明确剖示"等情。查核所呈各节，关系抚民职任权限。理合据情电请钧处鉴核。开会期近，乞分晰电复以便饬遵。骏叩。马。

《南洋官报》第四十七期，宣统元年八月初十日（1909年9月23日）

宪政编查馆复两江督部堂电文

南京制台鉴：马电悉。驻防原在本省之内，自应包入。其提出议案推及驻防地方者，除国家定制本非谘议局所得参预外，凡与本省有相关者，应即公同议决。专额议员为数无几，不得自行决议。至议决后执行之处，仍查照旧章办理。宪政编查馆。有。

《南洋官报》第四十七期，宣统元年八月初十日（1909年9月23日）

谘议局筹办处详督宪据江苏驻防专额议员崇朴等呈请咨明宪政编查馆剖示疑义以便袛遵文

据情呈请事。据江苏驻防专额议员崇朴、善润、延祥、忠俊等呈称"查《谘议局章程》第六章职任权限胪列谘议局应办本省各事件。案本省二字范围甚广，现今旗制尚未裁改，曾否包举驻防在内。驻防之包举与否既未定明，则凡提出本省之议案推至于驻防该地方者，应由专额议员自行议决抑照章由多数议员共同议决，及议决后之执行应照章专归督抚抑仍归将军、副都统，如军、统概不执行，究宜如何办理。综兹疑义，悉属要图。盖旗制渐事变通，而宪政亟待预备，揆诸议会之性质大惧其牴牾。绅等谬被选举，亦欲与议时不屈不挠，仰副朝廷勤求民隐之至意。为此公恳宪台俯赐鉴核代详督宪咨请宪政编查馆明确剖示以便袛遵，庶不致贻讥旷职矣"等语。据此，职处未便壅于上闻。为此据情呈请宪台鉴核。该绅所呈是否有当，伏乞批示袛遵。除呈抚宪外，理合备文呈乞照呈施行。须至呈者。

《南洋官报》第四十七期，宣统元年八月初十日（1909 年 9 月 23 日）

谘议局筹办处批邳州廪生陈士髦禀无端被诬遵章剖诉由

禀悉。查此案于七月十一日奉督宪抄发崔荣申等禀，批"陈士髦是否小学教员，应否停止选举，仰谘议局筹办处查明禀复以凭核办。禀抄发"等因。奉此，当经本处呈复。查此案前于五月初三日徐州府田守来电称：邳州应牧禀复选当选陈士髦现充圯上高等小学教员，素行诡谲，无端生事，此次当选啧有烦言等语。查陈士髦既充教员，名誉不佳，应遵章剥夺，以后补之胡伯言接补，乞电示遵等因。当经本处以"陈士髦既系乡评不洽，且小学教员照章本应停止，准以胡伯言递补"电复，去后。兹奉宪台抄发崔荣申等禀词，察核来禀谓"陈士髦品端学粹，才具优长"，又谓"陈士髦去岁充当圯上小学教员，年终业已辞退"具禀州署有案。品行原无界说，于彼于此初无形迹可求。至辞退教员有案可稽，文牍具在，自难含混。拟仍札饬该府州检查原卷是否辞退教员禀明。州署有案，如果系属子虚乌有，自应照章停止，无庸议及品行等事。如果实系有案，自不能以去岁之教员停止今年之被选。惟品行一层，一则曰素行诡谲，无端生事，一则曰品端学粹，才具优长，各执一词，殊难确定。现在庶政公诸舆论，议员同列，似不能偏袒于其间。拟请札饬徐州府迅速知照该府各议员于应否来省之便先行齐集徐州府城投票公决一次，每议员各投以票，无庸书列投票人姓名，当众开票，如谓陈士髦品行端正者居多则陈士髦无庸撤退，如谓陈士髦品行不端者居多则陈士髦自应撤退，遵章以胡伯言递补。如此秉公判断似足以昭平允而免嫌疑。所有遵示查复并拟具办法缘由理合具文呈请鉴核。现在距九月初一日开会之日无多，距八月初一召集之期尤近，如能照所议办法办理，是否由宪辕径札徐州府遵办抑仍由本处札饬徐州府，请赐批示祗遵等因。兹于七月二十四日奉批：据复，邳州陈士髦停止被选情形拟议判决办法尚属公允,应即照准,仰迅饬府遵照办理等因。奉此。旋经本处札饬该府迅即遵照办理。再:恐此件到府约计时日如已在议员来省起身之后,将来只好于省城公决。合并檄知,等语。已札行徐州府遵照办理矣。兹据来禀,合即饬知遵照。此批。

《南洋官报》第四十八期,宣统元年八月十五日(1909年9月28日)

督部堂张札谘议局筹办处准
宪政编查馆电谘议局预算决算明定权限文

札行事。宣统元年八月十四日准宪政编查馆元电开"洪,本馆复鲁抚电称,谘议局议决预算限于本省行政费,所谓本省行政费乃与国家行政费对举之词,即指地方办事用费而言,至国家经费与地方经费如何区别,《清理财政章程》第十四条第三项业经定有明文,应请查照办理。其决算事件谘议局与监理财政官如何划分权限之处,查《清理财政章程》"各省决算应先汇送财政局经监理官检查后仍由督抚咨送度支部,其属于地方行政经费者由部奏交督抚送谘议局议决",所定权限似已分明。至试办预算决算照筹备清单应自宣统二年为始,本年谘议局自无从议及。其余照章应议各项或有关涉本省财政局者仍不在此限等因。除电复鲁抚外,希即转饬遵照"等因,到本部堂。准此,除电复并行宁属清理财政局外,合就札行。札到该局即便遵照办理。毋违。

《南洋官报》第五十一期,宣统元年八月三十日(1909年10月13日)

二、《申报》所载宁属谘议局筹办处资料

宁属组织谘议局筹办处逐日筹议情形

宁属组织谘议局筹办处刻已略有端绪。兹将逐日筹议情形摘要列举：

八月二十七日绅士投递第一次公呈，二十九日投递第二次公呈。九月初四日许九香先生电邀张季公至宁筹商一切，即于次日同谒大府。张许两先生意恉以别有他项职务不能驻省专任斯事，公推仇涞之、魏梅村两先生驻局专办以一事权。大府之意则于四公均将藉重，故采纳公呈，照会四绅，经理局务及派官筹办立案，统于初五日定议。

初十日，督辕送到公呈批复两件。批词录左：

一件、贵绅等公呈公同推举正绅筹办谘议局筹办处由。来牍阅悉，谘议局为舆论会归之地，官绅本应同负责任。该局未经成立之先，组织草案，详定规则，事理至为綦赜，自当迅设筹办处，切实议办所议，公同推举正绅开单呈候酌要办法极是，希候集议选定，照章遴委仍候抚部院批复。

又一件、贵绅等公呈推选谘议局筹办处正绅请派委由。来牍阅悉，希候照章派委。此复。

十三日仇涞之先生莅教育总会报告谘议局筹办处委派正绅行将发表，闻官界拟以樊云门先生为总办，绅界则以张季直先生为总理。是日仇先生并报告已函致张许两先生，另函转托沈友卿先生敦促二公到宁会议并筹议处所及以后组织方法。

十五日，筹办地方自治局奉到督署委派筹办谘议局官绅樊藩司等札文一件姓名已录前报

附致上海张许两先生电：议局开会，众盼甚切，乞速临。望复。恒等。皓。

又致农工商局熊秉三观察电：宁属议局同幸主持，亟盼贲临开办。继恒等。皓。

十六日，仇涞之先生莅教育总会报告樊方伯已电促张许两公来宁会商开办事宜。是日由仇先生与宁府各绅筹议宁府事务所组织方法，并与宁属各绅筹议全体办事方法，定议十七十九两日次第开会集议。十七日宁属同人集江苏教育总会宁垣事务所提议组织江宁府属筹办谘议局事务所议案。

一名称：江宁府属筹办谘议局事务所元宁两县事务所附设所内

一宗旨：以敦促全国筹办谘议局之进行为宗旨

一处所：暂设江宁府属教育会事务所

一职务：先推书记一员，陈君萍荪驻所办事，其余职员即由到会诸君排日担任，每日两人。现在筹办处尚未成立，尚无一定职务，暂订每星期午前九时、星期三午后三时到所集议。

一经费：预算约五千元，元宁两县担任七成三千五百元外，五县担任三成一千五百元。

仇涞之先生提议谘议局筹办处官绅现已发表，亟应先行组织宁府事务所，合力筹办。闻苏属皆由各团体更番担任，宁府拟既照办。诸君有愿担任者应承认签名。兹将签名担任义务各员录下：

夏蔼如、孙绍筠、张曾璧、陈萍荪、顾花岩、濮仲垕、贾云堂、程一夔、王一山、顾配卮、祝成之、龚绍三、杨缉庵、侯建伯、章厚之、窦田莱、善丰之、仇亮卿、施震卿、陈玉曜、夏楫颜、朱信君、巴蘅滨、陈伯埜。

九月十九日宁属同人集宁垣事务所筹议组织办法，是日到会者约一百三十余人。

一、议决宁六属寓省诸君各担任敦促本籍筹办谘议局事宜，俟散会后各属自行公推担任人数，当场报告。

一、议决筹办处暂借察院，谘议局请拨督练公所。

一、议决目前所需经济暂由教育总会代筹，将来筹办拨还。

一、议职务分法制、选举附调查员、文牍、庶务附会计四科，员数再订。

一、议筹办处草章，公推杨冷仙、杨漱春、徐馥孙、陆莲荪、窦田莱、钟叔进、陈瀛生、夏蔼如、汪彝伯、崔聘臣十人主稿，七日脱草。

扬属当场票举担任员：汪彝伯、栾公约、凌文渊、杨冰、徐庭麟、徐联芳、杨永。

淮属公推人员：乔伯起、童乐斋、庞馨吾、刘冠今、黄伯坚、陈福颐、陈福成、吴涑、杨润。

通属公推人员：崔聘臣、季钧君、黄韩五、严笃裁。

公订二十六日续行开会。

《申报》，光绪三十四年九月廿七—廿八日（1908年10月21—22日）

江督端午帅札宁属各州县文

江督端午帅札宁属各州县文云：各省谘议局钦奉谕旨饬于一年内一律办齐，当经本部堂通饬遵办并于江宁省城设立谘议局筹办处，派委员绅即日开办在案。查谘议局以开办选举为入手办法，而选举之责成首在州县牧令，有初选监督之责，亟应会同绅商学界遵限赶办以免迟误，应各就本衙门设立选举事务所以为办公之地，所有调查资格登记簿册非本地人不能周知，亟应邀集士绅分期办理以为地方官之辅助，其会集办事之处应名为选举调查事务所，如此分别厘定，各专责任，而名称亦不致混淆。如有在未经奉札之前先期设立者，应无论官立绅立，一律改从今称以归划一。

《申报》，光绪三十四年十月初八日（1908年11月1日）

江督端咨江宁将军迅饬旗员调查选举事宜依限筹办造册文

江督端咨江宁将军迅饬旗员调查选举事宜依限筹办造册文云：六月二十四日宪政编查馆奏奉谕旨饬各省谘议局限于一年内一律办齐，当经在江宁省城设立谘议局筹办处，派委官绅即日开办，节经咨达冰案。兹查《谘议局章程》第二条京旗及各省驻防均以所住地方为本籍，但旗制未改以前，京旗得以顺直议员定额外暂设专额十名，各省驻防均于该省议员定额外每省暂设专额一名至三名，其名数由各督抚会同将军都统定之。又《议员选举章程》第一百八条各省驻防专额议员之数视该省驻防旧日取进学额全数在十名以内者设议员一名，二十名以内者设二名，二十名以外设三名，由各该省督抚会同将军都统定之各等因，自合遵照办理，相应咨请。为此合咨贵将军请烦查照馆章迅饬旗员将调查选举各事宜依限筹办造册呈送，以便会同贵将军汇核施行。

《申报》，光绪三十四年十月十二日（1908年11月5日）

宁属谘议局筹办处筹设事宜

筹办处以将来谘议局成立科员执事人等职任甚多，均须预定，昨日张季直先生来宁莅会，联结团体，以扬淮徐海通各属均须公举职员，爰特刊发传单，于初九日上午在府教育会提议支配谘议局筹备处职员以定各执事之权限。

宁属谘议局草创之始，业奉江督纷纷札委会办及科长等员，日昨各所员提议借用督练公所地方为办事所。旋以新屋尚未落成，迁移无期，未能解决，刻已定谘议局之总机关即在中协衙门改建，惟事关阖属，规摸宏阔，会场地方必须能容千人方合规则，但限于库款难筹，绅界又无此巨力，闻已由张季直先生会商樊方伯、仇涞之君面禀江督赶速指示筹款办法俾有归宿云。

《申报》，光绪三十四年十月十四日（1908年11月7日）

宁属谘议局筹办处筹备事宜

宁垣谘议局筹办处设在中协署，于十一日开局，一面经江督将开办情形电咨政府，复于十七日在本局开特别大会，联合官绅商三界集议，到者不下数百人。其入手办法注重调查户口及人民财产，由资格相当之调查员报告担任。其次会议常年经费预算须九十元，遵照谕旨不动公款，由地方各自认筹。是日提议虽略有头绪，然仍须续行开会方能解决。又访函云十七日开特别大会，首由局长杨子勤太守报告开局以来之事及经济困难情形、所办之事如设研究所招宁属士绅研究自治学理，立宣讲所讲演自治浅说、启发愚氓。目前急需筹办者为调查户口一事。宪政编查馆九年预备表，凡调查户口及颁布城乡镇自治章程拟于明年实行，今日距明年仅七十余日，若不早为筹办，何以能刻期成立，副地方士绅之望。筹及经（泽）〔费〕问题，拟就地方公款筹拨五千元，加以官款五千，为调查户口经费。提议之款约分五类：一、普育堂，二、崇善堂，三、救生局，四、义渡局，五、商团，经众认可。嗣又提议陈绅藿圃条陈开浚秦淮河筑坝灌水事宜，议由自治局派员会同巡道警局委员切实履勘查复后再行核办。

《申报》，光绪三十四年十月二十二日（1908年11月15日）

江宁筹办处致各厅州县函

江宁筹办处致各厅州县函云：本处筹办谘议局选举各事宜业经派司选员驰往各处辅助敦促，并将选举章程详细规则刷印多部分携前往，所有办事程限日期一并列入规则之内，以期克日准行，毋稍延缓。现在叠遭国讳，地方官如礼举哀，例行事件或稍从缓，原属出自至情，惟恭读大行遗诏，谆谆以实行宪政为训戒，诚以兹事体大，内为薄海人民所企望，外为环球岛国所观瞻，如能早日告成，正可慰两宫在天之灵爽，且本处前以选举章程内有半涉疑似之处条举电呈宪政编查馆请示，旋于二十四日奉到来电原电已录前报逐条答复，可见志在必行，即辇毂之下亦未能一日暂从停搁。由此类推，则凡负地方监督之任者其责备益见其严，其期限即愈形其迫。除已电致该管府转行外，用再专函奉布，伏望督会绅员迅速实力进行。国制哭临，自有时日，慎勿借口推延以致牵累大局，至盼至盼。

《申报》，光绪三十四年十一月初三日（1908年11月26日）

江督批江宁谘议局筹办处呈京口驻防应否归宁属办理由

江宁谘议局筹办处以京口驻防应否归宁属办理呈商江督，当奉端午帅批示：查京口驻防昨据苏州谘议局筹办处以应否归宁属选举等情请示，当以《谘议局章程》第二条按语"将来斾制裁改旗人应以所居地方为本籍"寻绎斯义，自应归入苏属为正办，批饬迅详抚院径咨核办，一面咨商将军，径咨苏省汇核办理并核明见复各在案。据呈前情，应俟咨复到日再行饬知，仰即遵照。

《申报》,光绪三十四年十一月十五日(1908年12月8日)

江督批曾国霖等禀谘议局筹办处
职员皆系现办学务之人应否改委由

江南法政讲习所毕业生附生曾国霖、县丞舒厚礼、监生韩富年、巡检项声树、从九朱琦、县丞程善等十八人,以谘议局筹办处委任各职员皆系现充各学堂监学、教员、办理学务之人,与奏办两江法政学堂之案及谘议局章程多有未合,应否仍由办学务兼充抑应改委法政毕业学生专任其事等情,禀请江督究应改委与否伏赐示遵,当奉批云:禀悉。筹办处之性质系为筹办谘议局而设,各科科员所办均系管理之事,馆颁章程于小学教员仅停其被选举权,不言停止其管理权,该生等岂竟误以管理员为议员耶?诸生谙习法政,何于办事界说尚未瞭澈,且将来实行新政,正多需才之处,何患无自见之地而必为此无谓之争竞,殊为该生等不取,所请应毋庸议。仰即知照,此批。章程发还。并访闻此件拟批时有"跃冶必非良金,争食必非佳士,意在月廪薪金而已"之语。

《申报》,光绪三十四年十一月十五日(1908年12月8日)

江宁筹办处选举调查进行表

江宁府属
    上元   司选员报告调查事务所成立   已调查
    江宁   同   同

句容	同	同
溧水	同	同
江浦	县禀报成立	同
六合	司选员报告成立	同
高淳	同	同
淮安府属		
山阳	司选员报告成立	
阜宁	县电告成立	已调查
盐城	司选员报告成立	同
清河	县函报成立	同
安东	府电报成立	
桃源	司选员报告成立	已调查
海州属		
海州	司选员报告成立	
赣榆	电告成立	
沭阳	司选员报告成立	已调查
扬州府属		
江都	司选员报告成立	已调查
甘泉	同	同
仪征	同	同
高邮	同	同
兴化	同	同
宝应	同	同
泰州	同	同
东台	同	同
通州属		
通州	司选员报告成立	已调查
如皋	电报成立	同
泰兴	县禀报成立	同

徐州府属

铜山	电告成立	已调查
萧	同	
砀山	报告成立	已调查
丰		
沛	县文报成立	
邳	电告成立	已调查
宿迁	同	同
睢宁	同	同

以上据各属报告，断自十一月十九日为止。

《申报》，光绪三十四年十一月廿七日（1908年12月20日）

江督批安东增生徐立权等禀劣董张浩然以诈术获选恳请饬县撤换由

安东增生徐立权等禀称，劣衿以诈术获选，恳请饬县撤换。奉江督批云：据禀劣董张浩然控案累累，朦举事务所长以致调查资格诸多冒滥等情，如果所控非虚，实足为调查选举之污点。查选举诉讼照章应于复选监督处呈控，若纷纷来辕递呈，本部堂将不胜其渎，仰即录批该管知府衙门递禀可也。此批。

《申报》，宣统元年闰二月二十一日（1909年4月11日）

第四部分　宁苏分合问题

孟杨两君致宁属总会办书

江苏自谘议局章程发布以后，江南北几有划分两省之势。原宪政馆宁苏各自定额之意，不过因吾省学额不敷，照漕粮额增加议员，而宁苏增加之算法不同，故各自计数。吾省财政多不可分，即他行政亦多统于江督，监督行政当就其行政全权者监督之。或以为谘议局现分，久之自能使一切行政俱不截然成两省界畔，岂知江南北各止四府一二州，凭空劈分为二，以小团体作小结构，负担小义务，主张小权利，二十一省无所变动，独我江苏受众建力小之祸将来有所设施不得与于各行省之列。其尤近者明年选举资政院【议】员，江南北即不能通选，自隘其取材之途，后年资政院开，江苏应出十二三人，即不能同表现一种心理，以故苏人士颇不欲自蹙其进步。今主持筹办处之王蒋两太史即以宁苏合局为宗旨，苏属之知爱其群大约可想，两先生必能知宁属舆论并卓见，对于此局之分合自必早有主裁。季直先生徐州设行省之议自为另一问题，就目前大局而论窃欲征诸伟抱以验江南北心理之异同，此事非他省人所当评论也。肃布奉商，希赐复为荷。

《申报》，光绪三十四年十一月初十日（1908年12月3日）

张謇等对于谘议局宁苏分合问题之意见

又筹办处绅士王、蒋太史等昨接南京张殿撰謇等来函，有将来建设谘议局宜设宁省合而为一，不惟事权可以划一，即于政治财政问题亦属裨益非浅等语，王太史等亦极赞成，惟宜合宜分须由全体决议，当请杨绅翼之拟就谘议局分合理由书即日刷印颁发各属事务所绅董阅看以备研究而决从违。

《申报》，光绪三十四年十二月初四日（1908年12月26日）

宁苏谘议局分合问题

王同愈　蒋炳章 稿

径启者：顷接宁筹办处张、仇、许、夏、段、周诸公来函，言得孟杨二君书论宁苏谘议局不可分设，并已得同愈、炳章之同意，如果合设一局，则设局之地当在宁而不在苏。凡宁人对于此说自无不表同情者，但苏人全体是否承认，嘱为征集意见以便取决多数等因。同愈等私持此说颇久，惟关系重大，非三数人所应擅决。今愿宣布臆见，以求教于诸君子前，倘蒙惠锡嘉言，谨当竦息以俟。兹将主分主合之理由并列而评论之。

甲、主分之理由

一、谘议局章程于宁苏议员各分名额，是为宁苏谘议局应分之证。

二、主务官厅如藩司学司俱宁苏分立，是又为宁苏谘议局应分之证。

三、谘议局章程言各省谘议局设于督抚所驻之地。今江苏督抚分驻宁苏，是又为宁苏谘议局应分之证。

评论：第一说据局章分额为证。惟谘议局议员名额系按照该省学额总数百分之五为准。江苏全省本定八十九名，继因苏省漕粮最重，学额较少，因复就漕粮每三万石加增一名，而宁苏漕粮仍有多寡之殊，不便统算，乃分计宁属漕粮共二十七万石，应增议员九名，其原有学额总数百分之五，为四十六名，合之得五十五名。苏属漕粮共六十九万石，应增议员二十三名，其原有学额总数百分之五，为四十三名，合之得六十六名。局章分额之意在此，不足据为分局之证也。

第二说据藩学分设为证。按顺治初本设左右二布政使并驻江宁府。后分右使驻苏州府。康熙朝停左右之名，分上江下江两布政使。乾隆朝又分下江之江淮扬徐四府通海二州增设江宁布政使，而苏州布政使专辖苏松常镇四府太仓一州，仍驻苏州。是宁苏之分设藩司仅在乾隆朝，非初制即分者也，语其职事，不过分理其所辖各属之丁银漕米而已通海虽直隶宁藩司而又与常镇两府同受常镇道管辖。学使系新设之缺，在昔学政宁苏相共，今新立学校较多，因分设专官以董理之。而宁藩苏藩宁学苏学仍皆受成于督抚，非宁藩宁学隶于督，苏藩苏学隶于抚也。分设官厅，取便职务，是亦不足据为分局之证，况臬司合宁苏而为一，说者独未之知乎？淮扬道仅兼按察使虚衔，并不兼理合属刑名。

第三说据督抚分驻为证。惟局章之意，言谘议局应设于督驻之地或抚驻之地。各省中有有督无抚者，有有抚无督者，因并列之。在他省同城督抚皆已裁撤，存者惟江苏省，然究不得谓为两省，第能言江苏一省中有督有抚，不能因有督有抚之故即横劈一省为两省。既为一省，自应设谘议局一处，督抚虽分驻，行政区划不随之而分割，是又不足为分局之证。彼直隶总督与顺天府尹，固并列之行政长官也，然顺直已合设一谘议局矣，亦一省不能分割为两省之证也。

乙、主合之理由

一、江苏省系兼指宁苏两属而言，既合宁苏两属为一省，自应合宁苏设一谘议局。

二、行政权皆有统一之势，谘议局有指陈通省利病筹计地方治安之责，自应设立统一机关以应付之。

评论：第一说就行政区划立论，自不可易，已详甲说第三项评论之中。统观章程全文，断不可在一省之中有两谘议局。

第二说就行政权立论。按道光以前，苏抚与江督之关系略似赣皖，于苏松常太镇五属苏抚得完全行使其行政权。兵兴以来各事渐有统一于江督之倾向，苏属财政，除丁漕之奏销案由抚专政外，厘金及沪镇关税之奏销案，即须与江督会衔，皖之米厘茶厘、赣之木厘，苏抚尤不能预闻。苏属为浙盐引地，故苏抚于两淮盐务更绝无顾问之权。军政外交，大都皆江督主政商务局差宁属由督委，苏局即督抚会委，则苏抚对于苏松常太镇五属之权限可知。夫行政权既有统一之势，安可无一机关以应付之，顺时势以合事机，主合之理由所以甚长也。或谓谘议局开会时多质询行政长官之事，如宁苏合局，局所在宁，则开会时藩司学司及督办厘金各官将奔走宁苏以应议员之质询，案卷累累，又难于辇运而去。其实不然。微论宁苏关系不能如湖南湖北、广东广西之截然分为两省，即令分局，宁属各官未必无应苏议员质询之事，苏属各官又未必无应宁议员质询之事，奔走必不可免，但断不必日日伺于设局之地，议事先定分日开议之表，某日议某事，与某官有关应质询者，隔日电知，当日乘汽车而至，无虑其衍期；议毕即返，无虑其滞留。且与议员交接之事多在督抚开会时，应质询督抚以下各官者甚少，惟苏抚必于宁少驻数日而已，此亦非不可行之事。至各署局案卷，开议时安所用之应检案查核者，尚在未开议时议员之预备临时搜罗恐已不胜其烦，故或者之说不足以为主合之理由之中梗。

丙、折衷之理由

宁苏两属有应合议之事，有应分议之事，可就两省会分设两局，会期四十日，前二十日为分议之期，后二十日为合议之期。

评论：如此说则遇有应合议者势必彼此相往返，于实际甚苦其不便。且各以二十日为会期，所议各事亦恐不能如期终结，若合设一局，则于合议之事其便利自不待言，即遇应分议者亦可分日分时，使彼此不相挽越，庶乎意见融洽，全省耳目齐一，不致多所疑阻。此于无形之关系甚巨，不可不加审慎者也。

综观以上所述，惟乙说于名义实际两不相悖，同愈等实赞同之。抑同愈等更有言者：谘议局为代表一省舆论之地，利害得失胥与全省人身家子孙有至密极切之关系，筹计之始，必务其大者远者。设显其南北之畛域，或致其乡土之依恋，规规然主分而不主合，则是自狭其范围而灭缩他人任事之力已，且先承其弊，人亦继之而大困。在昔明代安庆本属南直隶，迨国初始分划为一行省，乃跼蹐于八府五州之中，力薄势微，不足以有所建树，尤可为主分者之殷鉴。今虽合宁苏为一，其幅员尚远不逮四川之广，人口尚远不逮广东之众。犹欲分割大江南北，各以四府一二州为一区域，则真如孟杨二君所谓以小团体作小结构、负担小义务、主张小权利矣。各省皆赖设谘议局以益坚通省之团结之力，独我江苏转因有谘议局而显江南江北之界，以自薄其任事之能力。他日者受众建力小之祸，有所设施不得复与各行省并，我江苏人士其何以堪此。故江苏谘议局合则宁苏皆蒙其利，分则宁苏皆受其害。利害之分一言可决，合谋乡土之意当为诸君子所同具。今主持宁筹办处诸公既群以宁苏合局为宗旨，则宁属舆论大约可见。苏人士之爱其群者当不后于他人。若硁硁然辨别或宁或苏一方面之利害，则非同愈等所敢赞一词。敬布腹心，惟诸君子有以教之，企望来教，以便汇复张仇诸公。临楮皇皇，不尽欲言，祇候公安。王同愈、蒋炳章同启。

《申报》，光绪三十四年十二月初五—六日（1908年12月27—28日）

驳江衡所说之谘议局

苏民 来稿

孟杨王蒋，谬承褒奖，何以克当。今从有说焉以下，就江衡所说各条一一驳正以一全省观听。

江衡曰：谘议局为一省言论之汇归，充其大智慧大魄力其权力终不能越一言字，谘议字并从言，有言之权能言之人，非居于行政之位操行政之权也。

驳之曰：正惟不居行政之位，故不必拘定一处城垣，有如分防守土者然。岂分局乃不越言字，合局即越于言字乎？

江衡曰：行政之权督操之抚操之，不得谓督有权抚无权也，不得谓督驻之地是省会抚驻之地非省会也，朝旨明言均设谘议局矣。今乃以苏省为宁省之附属，为不得横劈一省为两省，是将以取销苏省名称裁撤苏抚员缺为谘议局中第一问题矣，是苏省之称苏抚之缺不废于朝廷而废于谘议局矣。岂曰南洋之开通，腹地之闭守，朝廷命官于江督苏抚意分轩轾乎，此必无之理也。

驳之曰：督与抚之权自是行政权，与谘议局无涉。苏抚当裁与否自在朝廷，更与谘议局无涉。江宁亦苏人耳，当为苏人计利害，不当为行政官启争权之萌，以士民而挑官长之隙，更不当拥护行政官而以全省民命为媚官之具。谘议局为地方利弊而设，非为拥护一官而设，议员固无能力为朝廷裁官，官亦尝赖士民之拥护而始免于裁，此非徒吾士民非所与知，恐官长稍明事理亦不任受此拥护之功也。

江衡曰：诸君之对于谘议局，为筹款计既赖有一苏藩，以行政言若可无一苏抚，经费责任于官操纵，听命于绅人，将曰苏绅之权重一至此乎？

驳之曰：筹款在官，苏绅即当依恋此官，为乳子之恋母乎？绅存此心，是可以货取，官存此心，是可以贿合，此至无耻之言官绅皆不愿闻。且苏藩所筹之款本吾苏人之款，江衡亦有分焉，谓江衡亦摊得少许之款谘议局应分设于江衡住宅，犹有理也。以是款感激苏藩之恩，苏藩其宁受宠而惊矣。苏藩承王命来苏，岂当以国家之帑项有要挟士民之用乎？

江衡曰：苏抚政烦责重，凡百新政急赖谘议局绅条议，且时常接见以期近捷，事有两省应合议者，有应分议者，苏抚间一至宁犹可，若每会必赴宁局，则轻易出境事所难行，且名有监督议会之权，而实同于遥制，此不便于官者一也。

驳之曰：吾士民但求江苏省之谘议局止有一所，以便合议，在宁在苏原无成心。江衡言合议分议，竟倡言两省，吾江苏果何时分两省乎？督固管辖及苏，抚亦何尝不管辖及宁，督抚既不同城，则设局于宁固距抚稍远，设局于苏不距督等远乎？吾江衡能令宁属议员就苏设局，吾亦苏人，岂不大愿，然事实所不能也。至监督，则宁亦有督，非仅苏抚有耳目而江督即为聋盲。愿吾江衡勿虑。

江衡曰：苏绅之堪应谘议局选者必已担任本地职务，在本地兼任数事已不免顾此失彼，宁苏火车虽通，常常赴宁无论夫马支应岁耗不资，其于本地职务必更旷废，此不便于绅者一也。

驳之曰：遇事多多益善，此真狡兔三窟之谋。顾在苏则江衡可以多一窟矣。松常镇太之议员其又如旷废何？开会不过四十日，其莅会之火车票自应开支公项，必曰早出暮归，则听各人自便，何所谓不资之耗。至常驻员则分宜专任其事，谢绝一切以为之，恐虽有兔窟亦未便终踞矣。

江衡曰：谘议局之职任亦甚烦矣。章程第六章载明应办事件凡十二条，实心实力为之，即就苏藩属五府州论恐已汲汲不遑。语曰行百里者半九十，又曰非知之艰，行之惟艰。

驳之曰：职任之烦不因府州之多也，有全省之合局乃可行其职任。若政出两途而我自居其一偏以谋之，实心实力何用。江衡惟不知谘议局职任，以为范围可大可小，故妄为此言，请更读章程，更读十二条，固皆以本省为量者也。

江衡曰：但言谘议局权力又有说焉。设有人于此能联合二十二省之人材齐壹二十二省之意见，此方是大团体大结构大义务大权利，一宁局不犹小欤？

驳之曰：此九年以后所以诏开国会诚如江衡言也。今既为省谘议局则至小固当以省为限矣。

江衡曰：宁苏两省会各设一局，办事果各得人则宁苏均蒙其利，倘合设一局而不得其人，则宁苏仍受其害。利害之系不在局之分合，而在当局之人。

驳之曰：得人与否是否与分合有关，八股废后何庸掉此虚机以存国粹。若一省而设两局虽得人何以措手？苏人士皆能言之，特非江衡所知耳。

江衡曰：今日之事议既出，于苏属有此密切关系，必应各抒意见无待宁属之嘱为征集。至所称汇复张、仇诸公，此与宁绅无关，全在苏绅慎其所发耳。

驳之曰：宁绅嘱征意见，正恐有窟穴城社如江衡者流，以此示其慎耳。江衡乃反以此不满于宁绅耶，有密切之关系而抒意见，今日之抒意见者自不少矣，慎其所发，谨承明教，则吾敢倡言曰宜合而已。

江衡曰：古今人惟狂者可以进取，然或夷考其行而不掩，则不如姑从实处做去，缓从宽处著想。鄙人非好为反对，诚不敢附嘐嘐之见知无解于硁硁之讥，愿居少数，特不知所谓多数者果足恃焉否耶？

驳之曰：主合者非狂，钦定章程自以一省设谘议局，然则宽处著想者在朝廷，实处做去者在遵章设局而主合之绅士。江衡既自知少数，则舆论已定矣，乃问多数者果足恃否。夫议会之原理多数自应足恃，至挑官与绅之衅因有所挟以破坏之，则士绅诚有不足恃者在。然主张合局之人所恃者明其公理耳，非争意气而以必成为期，则可恃者在我，非江衡所能操纵也。

以上为驳江衡而云然。至谘议局一省止有一局之正当解释，通省人备言之，无庸赘述矣。

《申报》，光绪三十四年十二月十六—十七日（1909年1月7—8日）

江苏谘议局当设于苏州说

姚士瀛 稿

欲解决江苏设立谘议局之场所，当先明认江苏二字之名义及两江总督之权限。江苏者约江宁苏州二省会之名而名之，不得以省会有二而遂判为两省也。主分者固非正当之说，主合者亦非根本之论。盖宁苏二字即江苏二字之变名，其意义仍同此。就江苏二字之名义而知江苏固天然不当有两谘议局也。既为江苏之谘议局，则局所应设在苏而不当在宁。何以言之？江宁虽为总督所驻之地，然非如直隶总督之专辖直隶一省，亦非如云贵、陕甘、湖广、闽浙等总督之因同城无巡抚而行巡抚事者也，其权限总辖皖赣苏三省而非有偏重于苏也。使以江督位在苏抚上而使苏局就设宁地，是视江督为江苏一省之总督，江督之权反因之而狭矣。否则江西、安徽之谘议局均如赘旒，胥当统属于江督矣。试问皖赣二省之谘议局其独自设置，而江督遂无统辖之权耶？抑设于各该巡抚所驻之地而仍仰承江督之意旨耶？抑竟以江宁有督而不当设于巡抚所驻之地耶？苏与皖赣，事同一律，独自设置，固当在苏，即仰承督意亦必在苏。皖赣之巡抚属于宁而局不设于宁，则知江督之权限为统辖三省之机关，非专辖苏省，不过因驻节江宁，离皖赣较远而遂若专为江苏之行政长官耳。此由江督之权限而知谘议局之必当在苏也。顾或虑局设在苏，苏松常镇诚便矣，江北地方辽阔，离省太遥，集议之时诸多不便。虽然，以此为虑者何其所见之小而所虑之未能深远也。江淮扬徐之于苏州，较之西北各省版图绵廓、山岳险阻而赴省者，孰便孰不便？设竟以集议为不便，则将来召集国会更将以不便而放弃其责任耶？总之谘议局集一省之舆论，当谋设置后之筹画，不当争分合之意见。某苏人也，而主张设局于苏，非敢有私意也。诚据以上之二理由而贡一得之愚耳。

按：主张合设一局诸公之意见只要求达合设之目的，并未有一定设宁之成见也。盖设局在苏，吾人岂不大愿，第以江督既驻宁垣，自与皖赣情形不同，且历来行政上之事权习惯，江督与苏抚互有牵连之处，而抚且事事禀承于督焉。以势而论，设宁较顺，故创为设宁之论耳。夫岂真有爱于宁而定欲设在宁地，亦岂有恶于苏而定欲与凭依城社之苏绅争执设局之场所也哉。

《申报》，光绪三十四年十二月二十一日（1909年1月12日）

常州府属八县选举调查事务所上筹办处总协理书

筹办处总协理大人钧鉴：敬肃者，自宁苏设局有分合问题起后，蒙赐书征求意见。敝府属各事务所已先后以主张合局之意作复，并佩苏绅力顾其大，钦颂无量。自顷以来叠见报章所载，异议竟未尽泯，敝府属各所深用骇异，或以市町村为解，岂将以全省谘议局夺市町村之职。又或谓各省皆中国人民不应自相竞争，无庸计团体之大小，岂知团体本不禁竞争，朝廷颁谘议局章程即明定本省与他省争议事件勒为条文矣。夫省与省之必有争议，以本非一团体也，宁苏合则将来争议在他省与本省，宁苏分则吾省将自生争议。敝府属各所不忍为少数人意见所把持，用再合词奉渎。窃闻外间汹汹之论谓宪政馆有憾于吾苏，故留此疑窦于议员名额之中，令吾苏人自相争执以为众建之力小之计，敝所万不敢信为实然，仍以孟杨王蒋所解释者为当。在抚宪本辖江苏全省，宁苏一分，苏抚宪岂遂专辖五属，擅改朝廷官制而自放职守之半乎？故知苏抚宪以下之官长断无主分之理，宪政馆断无主分之心，若竟以一二不便私图之绅牵掣大局，敝所等敢告不敏止知遵钦定章程认省为界畔，直接禀承资政院以成议事机关，断不能先与宁属隔膜遇事又彼此牵率。他省皆直接行政长官，上接资政院，吾苏独多一移商辨难之周折，苏人何辜而致凡百政事皆后于他省，非但后于他省而已，并恐牵缀多端直无所措其手足。其受害尤近者，邻省已预备议题，吾苏方周张内讧，论事实则后人，论颜面则滋赧，此不能不谓为一二持异议者之过也。如果异议有效，吾苏既不得与各行省齿，复何颜扰扰于事务所作此败坏公益之罪人乎。敝属所以设事务所之意在得全省之议员为全省主张权利义务之关系，否则不敢与闻。敢布区区，惟大力主持为叩。

《申报》，宣统元年正月初九日（1909年1月30日）

沈恩孚致苏筹办处王蒋两君书

顷诵大札条举吾省谘议局宁苏两属应合不应分之理由，敬佩高论。此事在谘议局章程颁布时恩孚固尝稍稍研究，即持应合不应分之议，今请为两公更引其绪。谘议局既为各省采取舆论之地，则必为完全之一省而后有完全之一局。今宁藩学之所辖固吾省之半也，苏藩学之所辖亦吾省之半也，均无可以特立一局之理，故所谓合者非合也，行政之区域宜然，而顾发生主分主合之两问题者，则以吾江苏一省之中而督驻宁抚驻苏，且谘议局章程分宁绅之名额耳。此二说者两公既辨之详矣，如以一省之中督抚并驻而主张分局之说，而设如旧日有同城之督抚亦将一城而两局乎？此有以知其必不然矣。况《谘议局章程》第二条案语上云各该省下云宁苏两处，处与省之界说甚严，一省一局法定也，两处而两局非法定也，此又可不烦言而解者。今使即以江苏与两江之名义陈说宁苏万无可以不合之理由。江苏何自得名？以江宁与苏州得名；两江何自得名？以江南与江西得名。江南之名沿自明代，岂江苏安徽之二省又夫人知之，故江苏巡抚者完全有宁苏两属之监督权者也，两江总督者其监督权非可以江苏一省为限者也。如两江总督而至安徽则可以莅安徽之谘议局，两江总督而至江西则可以莅江西之谘议局，而顾曰宁设一局以两江总督监督之，苏设一局以江苏巡抚监督之，是不惟抑损江苏巡抚之权半而两江总督之监督权本可及于三省者乃仅及一省之半矣。此万不可行之说也。或曰如子言则吾省之谘议局不惟不应宁苏分设，直当设于巡抚所驻之苏州矣，则应之曰此又胶柱之见也。谘议局章程不云设于督抚所驻之地乎？吾一省之中而既驻督复驻抚，则设于抚所驻之地可也，设于督所驻之地亦可也，是在两筹办处之合筹之又何斤斤为，为宁属各地方之交通未便者计则固可以设局于宁为宜。若夫宁苏两属利害共同之关系识时者类能道之可无事哓哓矣。

《申报》，宣统元年正月廿三日（1909年2月13日）

书江苏谘议局筹办事最近见闻

沈同芳 稿

去年九十月之交同芳曾书筹办谘议所见闻以贡于社会，于宁苏分合问题略采宁绅之说，谓当俟两属被选议员举定后召集解决，盖凡决一事非有议事机关则无多少数之可言。两属议员共一百二十一人，既由选举而出，自有代表全省舆论之责任，故一切议案预备皆应由此一百二十一人共同研究称量一过以待谘议局成立之时发表。分合问题非至其时将议案逐一称量亦不能知应分应合之实际。近阅报章，知有征意见书之举，而于是意见书纷如。夫既曰意见书，殆不过供议员称量之资料，以并非甲说为可从，亦非以乙说为必不可从者也。同芳常州人也，至宁至苏俱不过四五小时，主合主分各派亦皆一二与同芳雅故，固无所用其左右袒。惟同芳以为宁苏之应合向于江苏教育总会成立时即曾发表意见，不俟今日，顾今兹以个人之见解其应合之理由尚有足为诸君研究之资料者，毋固毋我，苟取是说而进焉，知者或不以为忤也。

分与合之理由各执一说，其可与否，当由议员公决之，同芳非其人，今亦非其时也。同芳之所谓应合者，其理由颇极简单。今先设一问曰，今日之谘议局是否为省谘议局？度无论主分主合者，必较然一致也。再设一问曰，今日之江苏省是否合江宁苏州两省郡之名词？今日之江苏巡抚是否为统辖宁扬淮徐海通海苏松常镇太之主务官厅？度无论主分主合者，亦必较然一致也。然者何为分？吾闻主分者则根据谘议局章程曰江宁五十五名，江苏六十六名，固明明分矣。虽然以空言解释章程不如以章程解释章程，此亦昔人治经以经解经之法也。

章程第一条言，谘议局为各省采取舆论之地，以指陈通省利病筹计地方治安为宗旨等语。夫曰通省必通全省而后可也。江苏省之名称既人人知为合江宁苏州组成之名词，不闻江苏省之外别有江宁省之名称也。惟江宁藩学司、江苏藩学司以江宁与江苏名词相对待，然章程又明明云各省谘议局设于督抚所驻之地，非设于藩学等司所驻之地也。故吾江苏谘议局不欲筹计通省则已，如曰通省也则江宁各属在江苏通省内乎抑在江苏通省外乎？此不待辨而自明者也。

难者曰章程固云设于督抚所驻之地，江苏巡抚为全省之主务官厅，则江苏谘议局应设在苏州而不在江宁。则解之曰，江苏二字既为江宁苏州组成之名称，则巡抚视江宁苏州等省会也无以异也。然则同芳视宁苏亦何以异而赞成在宁，曰江宁为总督所驻地，凡吾苏与皖赣交互之关系或将就总督而取决焉。此其所以在苏不若在宁之便也。如江安粮道则兼及皖省，两江师范则兼及江西，余可类推。

难者又曰章程第七章督抚亲自莅局行开会式，而案语有由督抚召集之语。如设在江宁则督抚同行莅会乎抑苏抚无须莅会乎？答之曰，此手续上之问题，原无甚出入，虽然，按之旧习惯则亦甚便。查科举时代向由安徽江苏巡抚迭为监临，巡抚有事则由学政代办。忆乙酉苏抚谭序初中丞戊子皖抚陈六舟中丞为监临，此就同芳所见者。未尝以巡抚至宁垣为不便也。尔时航轨不尽交通，然上下江士子于于而集亦未尝以为不便也，今则仅费数句钟之时间，而巡抚之名义巡行各属亦分所宜，断非朝觐讼狱不之益而之启之比例。况现在交涉日烦，总督且以时至苏至沪亦不能守深居简出之旧如今年禁烟大会江督即至沪，而何惑乎巡抚之至宁。然则开会召集其必督抚共同执行之又无疑也。

难者曰子言固然，但章程议员之额何为分江宁江苏？则解之曰查章程原案语有云惟宁苏两处漕粮最重而学额较少，故就漕粮每三万石加增一名，于江宁增九名，江苏增二十三名等语，是江宁江苏云者犹藩学司之所辖，必曰江宁等处苏州等处也至今藩学官衔尚如此，且案语明明言宁苏两处非宁苏两省，若谓章程之江苏二字即为苏松常镇太之专名，恐统辖江苏全省之巡抚其名义已大相左。且又有一证焉,科举时代会试之中额先期降旨曰江苏若干名,此江苏二字固明明统八府三州一厅而言,何尝别而言之曰江宁若干名江苏若干名,故同芳之意章程案语本甚明晰,若尚虑其以辞害意,则应申请更正曰江苏一百二十一名,内宁属五十五名,苏属六十六名,其庶几文字义完足矣乎。

要而言之,此分合问题将来预备议案时必能共同研究而审知其实际。日月逝矣,吾苏未尝有预备议案之事,故对于分合问题一若仅凭文字之切劘而不免渐流于偏激。吾闻浙中耆儒硕彦组织议案预备会,所发表之意见至为闳远,吾苏之耆儒硕彦乎所方争者必不在彼而在此。忆忆去秋九月同芳至宁垣,与仇涞老谈及此事,涞老曰吾宁毫无成见,即如教育总会至今宁人赴沪亦未以为不便且乐赞成焉。夫所谓不便者当合公与私而衡量之,苟便于公即不大便于私犹将为之,况公者私之所积,安有便于公而不便于私者耶?在主分者之意见亦坦然可信其无私,况文明会议事前多一切劘则事后之地位亦愈形其稳固,惜游迹匆匆,不及至苏与一二雅故握手商榷,遂不免视笺注骚雅之例仍落言筌,此则于我心有戚戚焉者也。

《申报》,宣统元年二月初五—六日(1909年2月24—25日)

王胜之蒋季和两太史复宁筹办处函

报告苏属多数主张合设谘议局

曩奉惠书嘱将孟杨两君函论宁苏合局之旨质诸舆论,以卜从违,具仰审慎周详之美意,当由某等具书通告五属士民暨在京诸乡老。顷始陆续得复,多数主合,公论昭然。其经研究而益明者,吾省督抚两宪皆辖全省,不敢以畛域之见减缩官长辖境之事以就便安乡土之私。所尤感者,主分及主折衷之函亦有数起,虽居少数,然实不为苟同所见必伸以供究心真理者之评判。谨通检敝处投到各函备摘要义开单呈察,较其分率,固以合局为归,存其异同用广集思之益,统希公鉴。

主合者三十函中，计以团体具名者十三函，俱主合局在宁；以个人具名者十七函，主合局在宁者十三，主合局在苏者三，主合局在宁而在苏设议务处者一。其要义如左：

常州府八邑选举调查事务所：宪政馆分额之意已详原书，苏抚本辖江苏全省，宁苏分局苏抚将专辖五属，擅改官制，当为主分者之罪。敝所止知谨遵钦定章程，认省为界，不能先与宁属隔膜以破全省权利义务之关系。

崇明选举调查事务所：谘议局为省议会基础，一省中断不可设两局，况凡百政事均有应合不应分之势。

江阴选举调查事务所：县会等宜分，分则事简而易周，省会宜合，意思既易同一，即对于地方自治各团体亦易为事实上之调和，况就江邑情形论之尤必与宁属相合。

靖江选举调查事务所：邑人意见相同，定从合议。

武进阳湖选举调查事务所：发达教育，提倡实业，扩张商务，与其就五属之力为之，不如合大江南北十二属之力为之，况宁苏行政不能划然分清，谘议局又安可以言分。

华亭娄县选举调查事务所：省设一局名义宜然，实际利便更不待言。

嘉定选举调查事务所：宁苏合局自是正办。

丹阳选举调查事务所：江苏一省虽督抚并驻而行政机关初未分裂，故行政之议决机关亦宜合而不宜分。

昆山新阳教育会：宁苏自应合局，即就局所论节省建筑之费亦足轻吾民之负担。

常熟昭文教育会：宁苏合局深表同情。

吴江震泽教育会：意同上。

奉贤选举调查事务所：苏省虽分设两布政使，然所辖政治相同，自应合而议之，若各地俱须设立议事机关，则俟地方自治广行之后。一国不能设两国会，一省安可设两省议会乎。

奉贤劝学所：江苏一省夙未分裂，凡行政区域行政权皆纯然在同一范围之内，即任事之力合则厚分则薄，利害易明，何庸多辨。

沈信卿孝廉：谘议局为各省采取舆论之地，必为完全之一省而后可以设局，宁苏各为吾省之半，均无设局之理。如以督抚并驻，则旧日督抚同城亦将一城两局乎？况局章第二条案语云各该省下云宁苏两处，处与省之界限甚严，一省一局可不烦言，况江苏本为江宁苏州相合之名，又乌可以言分局，局所则在宁在苏均可，第为宁属交通不便之地方计，固以设局在宁为宜。

张济诚君：江苏为一省，省设一谘议局，故名义上应合。畛域泯则意见融合，团体大则力量厚，故事理上应合。谘议局为全省意思机关，一省中发表意思之地，宜统一，故法理宜合。

李兰舟太守：江苏督抚之行政能否绝然分画，将来能否彼此独立，分合问题可由此解决，如上海隶苏属而交涉由江督主持，则谘议局之应合不应分可知。

陆凤石尚书，吴蔚若、邹紫东侍郎，汪芝房翰郎，胡劭介、单束笙部郎，腊前约日公商，佥以宁苏两地虽设二藩，究系同省，自应合设谘议局庶提纲挈领互相联络，其地尤以金陵为宜。

王君九、王琴希部郎：宁苏宜合，尤宜在宁，此于苏人实无所损，交通既便，往返止一日之程，且谘议局为全省公有物，即设于苏，苏人不能据为己有，何必争执。

伍伯纯君：宁苏谘议局万无分设之理，即分属宁苏之事仍应合议而不应分议，局所尤当在宁。

裘葆良孝廉：宁苏分局则江苏庶政所谓公诸舆论者将仅及其半，恐非朝廷之意，且宁局与苏局如有争议将援局章第二十九条请资政院核决乎？何如共处一堂之为意见融洽乎？

杨蕴玉君：局章言应兴应革及预算决算等项统本省而言。

蔡松如君：宁苏谘议局之应合稍明事理者莫不知之，且有一必合之证据，两属地丁奏销皆苏抚专政。顷见官报载苏抚奏据江宁布政使详称江宁等属地丁钱粮因抚藩不同城例准展限一个月造报云云。此实宁苏不能分之确据。

单束笙部郎：旅京同乡已由元和尚书等公函答复具达宁苏谘议局必合之恉，凡吾苏人断不可因乡土之依恋强分南北之畛域，局所尤须在宁。

周子均君：江苏两字本兼括江宁与江苏而言，宁苏既为一省，则谘议局之有一无二何俟多言，故非特不应言分且不必言合。

叶永孚君：宁苏分局不特事实上诸多窒碍，名义上似亦未当，顺直相合其明证也。

沈友卿太史：江苏省之名称即人人知为合江宁苏州组成之名词，不闻江苏省之外别有江宁省之名称也，故吾江苏谘议局不欲筹计通省则已，如曰通省也，则江宁各属在江苏通省内乎抑在江苏通省外乎，此不待辨而自明者也。

陶君乐君、周仲英君、姚学洲君、王士洲君、张景范君、雷亮采君：熟察舆论，江苏谘议局必出于合，惟其位置必宜在苏。江督为三省行政长官，江苏谘议局之应受江督之监督者，犹皖赣谘议局也。若设局在宁而以管辖三省之总督为监督，则江督之权过狭，且何以处江苏与皖赣。苏抚则为一省行政长官，而谘议局为一省议事机关，故应在苏不应在宁。

俞武功君：大意同上。

张叔鹏大令：主合理由不尽可据，主分理由不尽可非，折衷言之，江苏谘议局应合设于苏，与皖赣谘议局同受江督之监督。

陶念桥中翰：江苏谘议局宜合设于宁而于苏地别设一议务处，则统一之中寓呼吸灵通之机，于事实较便。

主折衷者一函，要义如左：

朱锡绂太史、姚子让大令：江苏谘议局办法宜如原书丙说，合议之地甲年在宁乙年在苏。

主分者计四函，要义如左：

江霄伟观察：督抚所驻地皆为省会，即皆应设谘议局。若合局在宁，则苏抚苏绅不免有跋涉之劳，且谘议局职务繁重，仅就五属为之忧虞其不及，安可空务广远乎？

孔康侯主政：局章言谘议局设于督抚所驻之地，明明督驻之地、抚驻之地皆当有谘议局。江宁江苏议员名额对峙，不能改并字句以释之，且宁苏分局，则苏局中可兼及苏皖赣事之一部分由江督监督之，苏局中可兼及宁事之一部分而不及皖赣由苏抚监督之，名义最正。若夫行政得失全不系乎境域之大小而系乎用心之公私、办事之勤惰，且团体之设每由小而至大，日本往事可以殷鉴。

曹叔彦太史：谘议局应设于各省省会，江苏一省既能分宁苏两省会，则两省会中何不可设两谘议局，如分设两局于事甚便，宁局之事督咨之宁绅而议之，苏局之事抚咨之苏绅而议之。合局在宁则越国鄙远,苏绅不易过问,议员乃得上下其手矣。苟如议者之言充类至义之尽,则必撤省会之名。凡省城制度皆随之而撤,地方治安将不可保。可见合局之议万不可行。

　　王步瀛君:宁苏宜分局,一切权利义务莫不可分。合局则第一选举议长必有隔阂,第二财政难于调查,第三议事必有龃龉,第四局所难于择定,况局章分议员名额则主分之意固已昭然若揭。

《申报》,宣统元年二月二十四—二十六日(1909年3月15—17日)

江苏谘议局分合问题解决之方法

江宁　夏仁瑞

　　谘议局为省议会观局章第一章第一条第二十一条可见,无分合之可言,江苏省何以独生分合之问题,将谓生于两属行政上之习惯耶。然而法律足以改良习惯,则宪政编查馆章程之贻误不得不执其咎也,不曰江苏议员若干名,而曰江宁五十五名、江苏六十六名,以江宁、江苏与他二十一行省平列,又立两种选举标准,显示分张之法案,其贻误一。宁额少苏额多宁属讵无他税可加额者,虽无厚薄之见,显有轻重之畸,致疑合局议事取决多数之不便,其贻误二。以江宁苏州对举,已落筌蹄矣。乃以江宁江苏对举今江宁苏州而名江苏省,犹安徽福建之比,举一省统系之名词独归之于苏属,故有谓江督乃兼辖三省惟苏抚苏臬为全省之主务官厅,自当以苏为省会,且谓仅可移宁局以合于苏,断无移苏局以合于宁之理,其贻误三。根本上有此三大误,故苏之主分者多附会一三两义,宁之主分者多援据一二两义,其主合者则执江苏统系之名义以临之,然卒无解于章程偏举江宁之说,故主合派虽有至高之理论,而一折以法律之条文不筈与主分派而助之攻而彼理论之中坚将破。然则我江苏金瓯无缺之省议会非江苏人自破之,破之者宪政编查馆,然而我卒不解章程一则曰指陈通省利病,再则曰凡所列举均以本省之事为止。省云省云,岂吾江苏省之外又有一江宁省乎?果以何为省界乎?法律条文矛盾相僢将何以示天下?今议者乃欲徧征两属意见请决于馆,仁瑞以为无取此纷纷为也,直由两筹办处电诘馆章,其误耶则要求更正之,并重定江苏名额—省议会不容有两种选举标准,江宁郭君已论之,其非误耶则馆意可知,吾当请旨以取进止耳,此从根本上求解决之方法也,不然手胼口沫于郢书燕说之中冥行盲舞互相抨击,吾恐立法者转匿笑其旁也。

《申报》,宣统元年二月二十九日(1909年3月20日)

宁属报告谘议局分合之意见

苏属人士对于谘议局一事多主合办,兹闻宁人征集意见,已于初七日在教育会研究,则主分者多。兹将各人意见摘要录左:

主分派

黄慎之学士、吴向之参议:议员名额两属悬殊,合局议事取决多数,宁人恐无胜理,故非势均力敌,与其合毋宁分,宁人若能别筹补救善法尤妙。

郭宝书君:谘议局区域之大下无关于实际上之利害,惟一经合局显背章程原义,复碍宁人权利。其前三说皆就选举上主论,暂略。第四说,议员名为代表全省,实则事实未必然,强苏人议宁事,恐不能熟悉情形,如遇苏宁利害相反之事,假有偏袒于其间,而以议员之多数为标准,宁人将奈何?故定额既有多少,自当照章分局。

杨濑春君、徐萼楼君:照章程,宁苏对举,一宜分。又设于督抚所驻之地,江苏兼有督抚,二宜分。员额多寡不同,难于合局议决,三宜分。两属选举实数悬殊,一局不宜有两种当选票额,四宜分。合局后互选议长恐皆苏人,五宜分。

主合派

段少沧观察、张云生孝廉：识时之士多主合局，惟建置局所当在宁不当在苏。

夏蔼如君：以局章第一章第一条、第六章第二十一条观之，谘议局为省议会，无分合之可言，江苏独有分之说者，由馆章贻误之。一误于宁苏之分额，再误于分额所寡不均，三误于江宁江苏对举，以一省统合之名义归之苏属，两属纷议实基于此。当由两筹办处电请馆章要求更正，则合自定。

主分而应设合议场者

吴拔其君：馆章以宁苏与各省排列而员额不嫌其相差，明谓应分设两局，若强合之，必生员额相差问题，即增宁额使等于苏，而目前选举人实数两属既不同，仍不免两丁分配标准之弊，似非一省合局正当办法。总之利害相反时虽合局其实际必分，利害共同时虽分局其实际必合，如以分局为妨碍行政省制，则另设一合议场所，各推等数之员会议亦无不可。

主合而事实上有困难者

仇亮卿君、龚铭三君：以省义言分不如合，惟议员名额不均，是造成分局之基础，如沽大同之美名，必贻事实之困难。

《申报》，宣统元年闰二月十五日（1909年4月5）

论江苏谘议局分合问题解决之法

常熟 丁祖荫

吾江苏谘议局分合之问题，四阅月而不能解决。始以理论相争持，继以意见相驳难，终至笔舌战争而各不相下，至他省所亟亟筹备之议案反恝然置之而不过问。噫，时至今日正吾民保存权利协力进行之时代，顾犹挟书生成见，互为城府，而自陷于失时败群之道乎？虽然，分合问题一日不解决，即建设问题一日不能著手。亮哉，金松岑君之言曰召集吾苏人士之代表以评判此问题，诚公且普速且易之解决法也。然试问今日三十六厅州县之公民正办理初选举之不遑，能立时来集乎？且程途远近之不侔，公举代表之需日，及至代表会齐之日，已届复选举之期矣。与其筑室道谋，无裨成议，不如在复选举之后半月征集宁苏被举之议员，或在宁，或在苏，或在交通便利地开一评判大会，公决此问题，如金君言继续预备之议案、集议自治之方法，皆可于此时行也。否则代表自代表，议员自议员，无论有前二者之不方便，于预备等事不犹有隔阂者在乎？曰主分主合，合苏合宁之三派，不犹有成见在其中乎？况未复举则为两属公民之代表，已复举即为两属之议员，固无庸于正当之议员外别举所谓代表也。如两属之公民，于金君之说外有然余说者，则可先上其议于筹办处，持久不决之分合问题一经正式会议有不难崇朝立判者。若断断分合之辩论，金君固五万九千余公民中之个人，亦无以代表五万九千余权之舆论。请还以质之金君。

《申报》，宣统元年闰二月十八日（1909年4月8日）

宁属谘议局分合问题意见书

江宁 沈启运

江苏谘议局主分主合与在宁在苏建设各理由已详于苏人士意见书矣见二月下旬《申报》。及诵我江宁夏君仁瑞所论解决方法一则见二月二十九日《申报》，窃叹夏君指陈三误暨从根本上解决诸说洵为至论，何也？往日科举时代，乡试中额只分上下江额数，上江为皖省，下江为江苏省，未闻江苏省名额又分江宁苏州为二，是江苏之为一省可知。夫江苏既为一省，自不得有两谘议局更可知。惟在宁在苏建设一节殊难解释前日报载宪政编查馆复电，请增宁属议员名额之说已不行矣，彼夏君所谓重行更定之处毋庸议。将设于宁耶，宁为督驻之地，原与局章无背，顾或者曰：宁地虽为督驻，然总督所辖不止江苏一省，皖赣两省均为总督辖境，彼皖赣两省之谘议局既分设于该两省巡抚所驻之地，则江苏谘议局亦宜设于江苏巡抚所驻之地，似应设于苏不应设于宁。此一说也将设于苏耶，苏为抚驻之地，亦与局章无背。顾或者曰：局章仅言谘议局设于督抚所驻之地，并未言设于督抚所辖之地，驻与辖有别，且考国朝定制巡抚仍归总督节制，今江苏省内既有总督在，又驻于宁，似应设于宁不应设于苏，此又一说也。愚谓两说皆是，无已，惟有仍从苏人某君意见甲年议于宁乙年议于苏之说较为两平见二月下旬《申报》汇载苏人士意见书。

何以言之？盖谘议局重在议而议又重在人。局者不过议事之地也，但求所议之事与议事之人联合为一，不分为二，至于议事之地即分为二，如江苏现有两谘议局筹办处，似亦于事实上无大障碍。甲年议于宁，会集宁局，由江宁行政长官主持，而分报于苏州行政长官；乙年议于苏，会集苏局，由苏州行政长官主持，而分报于江宁行政长官。如旧例营务及洋务由两江总督主政，报明苏抚；钱粮奏销由苏抚主政，报明两江总督是。如以建筑费为虑，则谘议局为地方人民公共权利之地，即担任建筑费亦地方人民应尽之义务也，否则一有固执便涉意气，一涉意气便多勉强，恐非可大可久之道耳。可不慎哉！

《申报》，宣统元年闰二月二十七日、三月初三日（1909年4月17日、4月22日）

电请解决江苏谘议局分合问题

江督端午帅、苏抚陈伯帅以谘议局复选议员转瞬届期，且该局成立为期不远，而宁苏分合问题迄未解决，近又据江苏绅士请示办法亟宜迅速决定，昨特会衔电请宪政编查馆明示办理。复电如何探明续录。

《申报》，宣统元年三月十三日（1909年5月2日）

电请解决江苏谘议局分合问题续志

江苏督抚前因谘议局分合问题尚未解决，电请宪政编查馆明示办法各情已纪本报，兹将电文录下：江苏谘议局经方等在江宁、苏州派委员绅设立筹办处分头筹办并将办理情形奏咨在案。兹据两筹办处总协理会衔呈称，谘议局为指陈通省利弊之地，江苏实括宁苏两属而言，不得析为两省，因督抚分驻，又各有藩学两司遂有主分之论。绅等以分合问题事关全省，应与全省人谋之，爰函商京外各绅征集意见，统计宁苏主合者三十八人，主分者二十八人，开折呈鉴，乞电请馆示等情。综核折呈各条，主合者实居全数之大半，所持之说有谓宁苏本是一省，断不能设两局者。有谓宁苏行政机关初未剖分，就此议决亦宜合不宜分者。有谓交涉事件归江督主政，地丁奏销归苏抚主政，实为宁苏不能分之确据者。有谓宁苏政治多同，自应合议，一国无两国会，一省安可设两议会者。有谓发达教育，提倡实业，扩张商务，与其就五属之力为之，不如合大江南北之力为之者。有谓宁苏本同省，省设一局，名义上应合，畛域泯则意见融，团体大则力量厚，事理上宜合。该局为发表意思之地，宜求统一，法理上宜合者。有谓宁苏分局，如有争议将援局章第二十九条请资政院议决乎，何如共处一堂，意见可期融洽者。有谓局章所称应兴应革事件及预算决算等皆统本省而言，如其分局将全省权利义务有难以统筹者。有谓宁苏合局就建筑经费而言亦足轻吾民之担负者。核其情词均言之成理，持之有故。至于主分者，以名额不均，恐合议之时人数不敌，致碍权利。有谓督抚之地并应设局，即有持督抚同城无并设两局之理以驳之者。其余或谓江南北风气不同，会议恐生困难，或缩小团体范围精神易于贯注。虽亦有所执持，大抵因名额分列一端发生，否则局于一隅之利病其义似较狭隘。查局章，虽名额分列，并无分列之明文，亦无一省准设两局之明文。一省一局既系通章，现在士绅意见复显有注重，即主分者亦多兼筹联合之法，并有请要求更正者。谘议局本官绅同负责任之事，似宜即群情之向背以定办法，庶合公诸舆论之意。今距开局之期不过数月,办法不定无以为召集之预备,非由钧处审计熟筹折衷至当,予以切实之解决不可。特此据情详晰奉商。如荷允准将江苏谘议局按照通章合设在宁,务恳即于此时迅即指定,从速电示,俾利进行。至为盼祷。

《申报》,宣统元年三月十七日(1909 年 5 月 6 日)

补录督抚会商要电

江督端午帅因谘议局分合问题一事曾电商苏抚。原电如下:

洪。青电敬悉,尊意亦主合局,并允诸绅注重之意详晰声叙,具见我公俯顺舆情,不设成见,莫名钦佩。兹已如教会衔详晰电馆。议员公决一层已如命删去矣。

《申报》,宣统元年三月十七日(1909 年 5 月 6 日)

江苏谘议局分合问题之评论

苏属复选举已于三月十五日举行矣,其尚有未及额者,常州已于十七日重行开票,松江亦将于二十二日召集重选,则苏属六十六议员所未足者仅数人而已。宁属初选举亦已举行矣,而复选举期即在下月,则宁属五十五议员不数日亦将发现于世。顾议员举矣,试问谘议局安设?

江苏谘议局分合问题久未解决。近经江苏督抚会衔电请宪政编查馆明示办法,现虽未据复电,而主合之局可望有成。夫谘议局成立之期即在九月初一,距今不过五月有数日耳，而此五月有数日中谘议局之建设、议案之预备、兴革事宜之调查咸待部署。主分主合各挟意见，颇有相持莫下之势，此何为者？舍其大而争其细，窃谓宁苏人不取也。盖江苏实括宁苏两属而言，谘议局为指陈通省利害之地，不得析为两省，实为此案之铁据。即以两派主张之人数言之，主合者三十八人，主分者仅二十八人，主分之人数已少去三之一，则证以京外士绅之意见，亦趋向于主合一方面者居其多数，以人数多少决之，亦当合局而不应分局。无已，请更举两派争执之理由略举如左：

一、主张合局者之理由

主张合局者所举之理由，有谓宁苏本是一省，断不能设有两局；有谓宁苏行政机关初未剖分，就此议决，亦宜合不宜分；有谓交涉事件归江督主政，地丁奏销归苏抚主政，实为宁苏不能分之确据；有谓宁苏政治多同，自应合设，一国无两国会，一省安可设两谘议局；有谓发达教育，提倡实业，扩张商务，与其就五属之力为之，不如合大江南北十二属之力为之；有谓宁苏本同省，省设一局则名义上应合，畛域泯则意见融合，团体大则力量厚，事理上应合，该（会）〔局〕为发表意思之地，宜求统一，故法理宜合；有谓宁苏分局，如有争议将援局章第二十九条请资政院议决乎，何如共处一堂，意见可期融洽；有谓局章所称应兴应革事件及预算决算等皆统本省而言，如其分局将全省权利义务有难以统筹；有谓宁苏合局就建筑经费而言亦足轻吾民之担负。

二、主张分局者之理由

主张分局者所举之理由，有谓名额不均，恐合议之时人数不敌，致碍权利；有谓督抚之地并应设局；有谓江南北风气不同，会议恐生困难；有谓缩小团体范围精神易于贯注。

总观以上两派所举之理由，主张合局诸说，其意见较公，其识量较远，于事理较切，于利害较明。主张分局诸说，其意见较隘，其识量较卑，于事理较背，于利害较肤。而两派者至今犹持蚌鹬，以致谘议局未能建设，议案无从预备，一切利害兴革事宜无由著手，是谁之过欤？曰是争执者之故。争执者各争执，非一派之争执也。是谁之过？曰是主张分局者之过，盖不欲争而不得不争者，主合之说是也；不必争执而强词夺理者，主分之说是也。何以断之？断之于两派所举之理由。

争执不已，必至磋跎，今且无可磋跎矣。时不我待，九月之期瞬目即是，而谘议局之建设未定也，议案之预备未行也，一切地方利弊兴革之所在尚未调查也。厥咎何由？由于分合问题之争执。

《申报》，宣统元年三月十九日（1909年5月8日）

宪政馆电复江督苏抚

宪政馆日前电复江督苏抚云：南京制台、苏州抚台：洪。寒电悉。宁苏二属议员既据两筹办处呈称京外各绅多数皆主并入一局，持论颇正，亦与定章无违，应准如所议，设江苏谘议局于江宁省城，其宁苏议员额数仍照定章分别选举。希即饬遵。宪政编查馆。巧。

《申报》，宣统元年三月二十四日（1909年5月13日）

各属绅士莅苏公举议绅纪事

江苏苏【属】筹办处以谘议局合设在宁，前奉抚宪札饬召集苏属五属绅士开会集议，公举议绅赴宁商议建筑问题。日昨该处开会，计原邀绅士六十五人，当时到者，苏府属：刘雅宾、蒋炳章、孔昭晋、江衡、尤先甲、陶治元、吴韶生、杨廷栋、庞鸿文、邵松年。松府属：姚文栋、姚文枏、穆湘瑶、谢葆钧、雷奋、朱家驹、张家镇、陈宪章。常府属：钱以振、孟昭常、秦瑞玠、孙鸣圻、史国琛、储南强、蒋镛、王楚书、刘庭炽、盛德新、瞿树松。镇府属：陶骏保、何恩煌、狄葆贤。太仓州属：潘鸿鼎、钱淦、夏曰琦。计三十五人。是日松江府属举定议绅姚文枬、陈宪章，常州府属举定议绅储南强、孟森，镇江府属举定议绅陶骏保、何恩煌，太仓州属举定议绅潘鸿鼎、夏曰琦，均皆承认。惟当时苏绅对于合局一事未能满意，故未举一人，经各绅询问何以不举之故，并谓今日非研究分合问题之日，是公举议绅之时，于是苏绅之开通者均默然无言，而某某两绅则云现已另有公呈督抚宪暨宪政编查馆察核后再行定议。

《申报》，宣统元年四月十七日（1909年6月4日）

宁属谘议局筹办处奉督宪札前据宁苏两属诸绅呈请谘议局合设在宁邹绅不愿列名应予摘除文

札行事。窃照宁苏谘议局分合问题，前据该绅呈请电奉宪政编查馆复示合设在宁，即经行饬遵照在案。查此案原呈正系由两筹办处总协理诸绅全体具名。兹据邹乡绅福保函称，该局分合之说福保始终主分，前呈之意偏重合局，与鄙见不符，不知何人捏登贱名，应请饬查。当经录函行饬该处查复。兹据宁筹办处张绅謇等声复：前呈系由苏筹办处王绅同愈等来宁与宁筹办处诸绅会合商定，计两筹办处张绅謇、夏绅寅官、段绅书云、许绅鼎霖、仇绅继恒、王绅同愈、蒋绅炳章、王绅清穆八人，意见均属相同。因邹绅同在筹办处，未便屏而不列，爰一体列入以示和衷共济之意。仅邹绅一人未及先行通知，理合据实声复等情。据此。查立宪政体凡事取决多数，至于个人言论苟不逾法律不能禁其自由。前呈所列邹绅之名应请摘除以昭核实。除分咨外，合就行知。札到该处即便知照。此札。

《南洋官报》第二十六期，宣统元年四月二十五日（1909年6月12日）

苏绅电告已举代表

二十七日苏府属士绅在江宁上抚帅电云：苏府士绅现因谘议局研究会之便在宁集商补举方绅还、丁绅祖荫为苏府属代表，与松常镇太所举各绅会商合局事宜。除陈督帅并告陆守外，合肃电请鉴核。苏府属绅士蒋炳章等廿八人公叩。

《申报》，宣统元年四月二十九日（1909年6月16日）

记苏属代表到宁会议谘议局建设事宜

四月二十八日上午□句钟苏松常镇太代表姚子让、陈菊生、孟莼生、储铸农、潘铸禹、夏芍宾、陶朴青、方惟一、丁芝生等九人到宁属筹办处会议谘议局建设事宜，参阅图样此图系先由孙君支夏、辛君汉赴日调查并参用督帅由西洋带归各图斟酌绘成并偕同该处总协理张季直、仇涞之、夏虎臣诸公往勘局址，坐落金陵北城鼓楼下紫竹林地方，计广六千四百二十三方，局所占三百四十六方，平台占六方有八，余地拟为支配各属议员宿舍并广辟马路之用。时工匠方在规画会场界线，总监理为曹君秉仁，承办工程者为蔡曹二工匠，由上海投标估定价银九万八千两，择定五月初二日开工。地势宽宏，邻近宁城，铁路交通便利，对面即为公园，空气新鲜，洵为合宜之地。堪毕后，下午二时复在该处开会集议，官界到者为樊方伯、陈学使、李赵两观察、陆太守，绅界除苏属代表九人外，又有段少沧、顾花岩、夏蔼如诸公，当场公决图样合用俟印成后分寄各属，并以建筑工程务须布置周密，期臻完备，势不能以九月开局为限，届时行开幕礼拟暂借八旗会馆应用，亦尚宽敞。谈话至三时散会。

《申报》，宣统元年五月初一日（1909年6月18日）

苏属谘议局筹办处移宁属谘议局筹办处文

移会事。宣统元年四月二十二日奉抚宪陈札开，"照得江苏谘议局拟并设于江宁省城一案，前准督部堂端电嘱遴委员绅赴宁商办，当经札饬苏筹办处邀绅集议，公举数人呈候派员偕往在案。兹据该处将举定各绅士姓名开呈前来，自应派员偕往商办。兹查有筹办处提调陆太守懋勋堪以派委，除先电达督部堂外，合行抄电札知。札到该处即便移行知照。毋违。此札。计抄电"等因。奉此。除移行外，相应抄电备文移请贵处，即烦知照施行。须至移者。

附：抄电

南京督帅钧鉴：洪。前承电嘱遴派官绅赴宁商办谘议局合并事宜，当经札饬苏筹办处邀绅集议，公举数人由处函致四府一州柬请各绅于十五日到处开会。松属举定姚文枬、陈宪章，常属举定储南强、孟森，镇属举定陶骏保、何恩煌，太属举定潘鸿鼎、夏曰琦，惟苏属诸绅因与合并一层一意见不合坚不举人，只好先派委员陆守懋勋偕同松常镇太四属绅士先行来宁商办一切。谨以电闻。口口印。

《南洋官报》第三十期，宣统元年五月十五日（1909年7月2日）

第五部分　关于开办谘议局及谘议局选举的议论

敬告谘议局初选选举人

金山 黄瑞履 稿

恭喜恭喜，列位从今年起要享著一种最大的幸福了。幸福在那里呢？就是这各省谘议局选举一事。谘议局有什么关系？选举是什么解说？我想列位中懂得的却不少，但选举是向来没有的事，其中不大明白的也很多，在下不嫌累赘说给列位听听，要劝列位看这选举的事同家中切己的事一般，到了投票时候无论什么要事都暂搁一边，大家到投票所投一张票，这确是真正的权利，万万不可放过的。

我们中国的百姓但知有家不知有国，关于一国的事情都推在皇帝身上。这是什么缘故呢？中国的政治叫做专制政治，四千年来朝代虽换了不少，政治大权操诸少数人之手倒是前后一样的，或大或小，或难或易，百姓丝毫不得干与。在京朝里头不过几个有权的宰相和那各部大臣拟就草稿请皇帝批准发下各省，就叫各省的百姓服从了。外省的事体只要督抚行一公文发下各州县，也就叫各州县的百姓服从了。加税呢？借债呢？割地送外国人呢？真正做主的皇帝只有二分，官倒有八分，官要什么，百姓谁敢驳他谁敢抗他。一年又一年，习惯成自然，到了如今民气越弄越弱，国势越弄越坏。列位啊试想，今日的世界还有专制国的立足地么？俄罗斯定宪法了，土耳其开国会了，单是我们中国依然上下隔膜，百姓的知识依然得过且过，唉，苟不惺悟转来，再隔十年怕不容易翻身了。去年六月二十四日我孝钦显皇后、德宗景皇帝特下谕旨一道叫各省设立谘议局，以后一省应办事件均归局中议决督抚方能公布施行，做中国人民的从此可参预政治，自己看本省地方那一件应兴办的、那一件应革除的切切实实整顿起来，非但一身受益，那子孙也享用不尽。各省谘议局既一律办齐，将来合拢来开个国会，也弗忧措手不及。我想贪官劣董是省省有的，向日欺压小民横行无忌，以致百姓吃种种的亏，自谘议局设立后则断断乎没有了。

独是一省的百姓不知有几千万，谘议局只有一处，不能个个来议事的，不得不定一额数，其名目曰议员。议员是百姓公举的非官府私派的，列位有选举他人的特权，心中有一著实可靠平日所信得过的，不妨写将出来，他日开票后得数最多之人果为我所选举的，这不是快活的事么？但在下有一句话要告诉明白，列位所举的并非谘议局议员，却仍是选举议员的选举人。外国有一种选举法，称为复选，一名间接选举，又名两段选举，先教普通选举人选出若干名，再由被选的若干人选出议员，这又什么缘故？大约初行选举的时候国民辨识力很弱，佥有选出不正当之人滥竽充数，于是用两段选举法，就是说第一次被选的资格稍高，叫他选举议员，自不致茫无头绪。然现今东西各国除掉瑞典丹麦搭德联邦中几个小国没有用间接选举的，因全国的百姓对于选举这件事已如布帛菽粟一般没有不慎重的，即没有选出不正当之人的。我们中国谘议局既采取外国制度用选举法选出议员，为什么要从复选呢？据政府的意思说人民程度不到，这句话亦早已听惯了，倘程度不到骤然行直接选举，人家说有两种弊病，一则受人运动，一则选举不当。这两句话列位相信不相信呢？依在下想起来，如第一说列位是断不犯的，古人说得好君子自重，列位要做君子，那有受人运动的道理，况被选的人为公众尽义务，自己毫无权利，这运动二字岂不是白费功夫么？如第二说中国教育未普及，智识缺乏，固无须为列位隐瞒，即在下自问也怕有这种缺点，然事前能预备预备，放开眼光仔细的认了一回那一位有才识的、那一位有学问的，提起笔来直写下去，断不致惹出许多笑话。故在下又有一句话请列位注意，到了初选那一天虽非直接选议员，却不可推著有事自甘放弃，更不可张三李四随便写写，果是有才识有学问的，虽是我的仇家也不妨举他，若并无才识学问，无论至亲好友是万不能写上的。列位啊，果能选举得人，那程度不到的冤枉话可洗涤净尽了，挨到宣统四年谘议局更换议员时政府或径许国民直接选举亦未可知。若朦朦胧胧看做无关紧要的事，将来选出的选举人仍是寻常人物，或系旧日媚官欺民的董事，恐程度不到的话列位已自己供实，在下即生有百舌还能替列位辨护吗？

再有一说。经书上讲的同声相应同气相求，可见世界上的好人才能够引出好人。列位所举的选举人假使才识学问一点也没有，要叫他举好好的人来做谘议局议员，这如何办得到呢？一省的重大担子不得好好的议员挑起来，列位想想将来所议的事件断不会体贴人情的，把这种议员所议的施行出来，种种苦痛仍是百姓受著，列位到此地位只怕哑子吃黄连有口没处说呢。列位要晓得国是人人有份的，一省的政治人人该望他进步的，快快提起脑儿想一个才学两全的人写在票纸上，他日的好处真说不尽呢。至于投票的方法，届时可问管理员，监察员自然明白，在下也不必多说罢。

《申报》，宣统元年二月初三—四日（1909年2月22—23日）

闰二月初一日之江苏人

陈瑞玠 稿

宣统元年闰二月初一日我江苏人有宜注意之一事。其事维何？曰省谘议局议员之初选举投票。

初选举投票之宜注意若何？曰凡各厅州县列入选举人名册得有选举权者务必届期亲到各本区投票所照章投票，实行选举而已。

其必须到所投票实行选举者何也？此有数说请略陈之。

省谘议局向为中国所未有，实自今年宣统元年为始，因本省地方之利弊兴革，官治总不如自治之亲切，故特许各属绅士设立联合机关发抒政见以通官民之暌隔而免贵族之把持，于是有省谘议局之设立，因而有省谘议局议员之选举，复因而有省谘议局议员选举之预备，特由各厅州县行初选投票。此系奉旨兴办之事，为国家大典，理合恭应明诏切实遵行。此宜到者一。

投票者选举权实行之方法，有权选举而并不到所投票，与未始有选举权者无异，虽非为人所剥夺停止而出于自愿抛弃，然究未免轻视此选举权。选举权者公法上之权利，所谓公权，就省谘议局言之，为有因此而得参预本省地方行政之权利，所谓参政利，此种权利并非人人所能享有，外国人不必论，即本国臣民亦惟于各本省地方有团体之关系及适当之资格者始随其身份地位以为义务之酬报而许得享有之，顾轻于放弃亦殊可惜。此宜到者二。

仅仅投票选举似于地方政治未见何等之参预，而得谓之参政利者，盖参预之方法有直接有间接，自行到场决议是为直接参预，委人代理主持是为间接参预，投票选举者因不能人人多数到场为直接参预，而互相选任少数代表为间接参预，然间接之参预是亦参预也，既可以参预，是即权利也，故议员之投票选举亦可谓为参预地方政治。有形之权利人争取之，无形之权利人多弃之。然既明为权利矣，以其无形也而忽弃之则非也。此宜到者三。

选举投票之事，在营利团体有行之者矣，各种商业公司之选任职员是也。在公益团体亦有行之者矣，各处教育会商会之选任事务员是也。今有一极大之公司、极大之总会于此，其目的不为私益而为公利，其关系非仅一二人，而为多数人，其区域不限于一厅州县而通贯于全省，其事项非局于教育商务之一种而包括法律、经济、财政、吏治、交通、卫生等之全部，是非私人之营利的团体，亦非局部之公益的团体，而为最高级之地方政治的团体，有如今日各省新设之谘议局，一旦为议员之选举而开所投票，试举彼以例此，即小以见大，其踊跃进取当何如？此宜到者四。

直省大小官吏为国家之机关，由政府所任命，而各省谘议局以下各种议员为人民之机关，由乡里所推择。一则听用舍于上级，一则听去取于多数，形式虽异，性质略同。向来士子由主试所选拔，命官有大吏之举荐，今省谘议局议员由各属合格绅民互相推选而出不妨亦作如是观。虽初选投票所选者尚非议员而仅为议员之选举人，然议员之选举人实较被选之议员尤为重要，莫轻视此所投之一票，出入多寡，隐操用舍去取之大权。此宜到者五。

向来地方推举绅董等事仅由本地方官照会一二优势者为之，自余商民人等一概不得过问。今朝廷预备立宪，庶政公之舆论，先办各省谘议局，许各属合格绅民选举议员，破除从前各种阶级，地方绅士之范围大为推广，其名位显赫齿德兼备者无论，即学界青年向自居于后辈者亦以其具有学识而升进之，有财产五千元以上向或见侮于势豪者亦以其能治生劝业而优异之，又办理地方学务公益著有成效者不论有无出生官阶财产亦加崇其身份。凡合局章五项资格之一者，总之一律平等认为本地方绅士，列入选举人名册准其投票选举，此比之各赐民爵一级仅获体面虚荣曾无实权自护者更为有益。言念及此，当可跃然兴起。此宜到者六。

省谘议局议员初选举投票义取普及，城乡无间，各投票所分区设立，近者即在本镇，远亦不逾十里，彼此往返无虞劳顿，入内投票仅书被选举人姓名数字，不致多费脑力，谓苦无暇晷，则自午前八时起至午（核）〔后〕六时止，可视各人之便随时到所领票写投，事毕即出，并无许多延搁之处，无论其为权利也，即视投票为一种游戏之事亦极有兴趣，在热心公益之人且有专心此事不惮远道而回实行投票选举者，何况近在乡里，相去咫尺。此宜到者七。

各国向讥我中国人谓无合群共动之精神，无活泼进取之气象，社会静穆知顾其私，关于国家及地方共同之事不免相率推诿淡漠，即去年各省呈请速开国会政府之于我人民亦虑其程度不及，谓恐不知何者为权利，与以议事选举之权或致多所放弃。前之一说施之于我江苏人为厚诬，后之一说施之于我江苏人为过虑，然固未可以此咎外人，亦未可以此咎政府也。盖吾向者旧社会所固有之习惯专动于私利，全国上下关系浅薄，一种拘滞涣散之情状，亦实有以招致之。今省谘议局议员之初选举投票为日不远，顾我江苏之合格绅民得有选举投票权者各自注意努力，务请一雪此言以为快。

《申报》，宣统元年二月二十七日（1909年3月18日）

苏属举行初选举投票颂言

旧 恨

今日何日？为苏省谘议局议员初选举投票之第一日，为我国人民渐次参政之第一日，为我全国中一部分人民公然参政之第一日。天眷圣清聿新政体，谘议设局，民权始伸，而我四府一直隶州三十五厅州县之苏属人民首先参政，首先享福，首先投票，首先开省谘议局实行初选之幕。记者不敏，敬为我中国人民贺，敬为我江苏全省人民贺，尤敬为我江苏之苏属人民贺。

今日之初选投票何自起为互选代表，使举适宜之合格人民任为议员，而效忠于本地方即效力于谘议局也。谘议局之效用何自见，为官治不如自治之亲切，以本省之人监督本省之财、议决本省之政，所以表现人民之意思、疏通上下之暌隔，畀合格之人民以参政权也。参政权之畀予何自来，为我德宗景皇帝俯念时艰，慨然定预备立宪之局，先办谘议局，许人民选举议员以谋地方之幸福。我皇上继述先志，屡诏催办而始有今日初选之盛举。然则今日之苏属人民沐今皇之新赐，尤必念先帝之旧恩，而认真筹办之结果，争先以慰先帝之灵。此其可贺者一也。

筹办选举，首重官力，筹办处有督促各属之责，主之者督抚也。初选监督有遵章办理之责，任之者州县也。使督抚而稍懈其进行之督促，则观望之相守，何有于进行？使州县而稍有其办理之失宜，则手续之未完，何有于投票？督抚即不懈怠而所以为各属谋者一有未周，则投票之期必有不能提前者。州县即多遵办，而苟有一州县之稍缓，则投票之期亦必有不能一律者。苏省之举行初选也，宁属限本月十一，苏属限今日，相距不过旬日而翘然居各省之先，虽苏省夙号开通，办理较易，而督抚之札催电促为各属代谋者无微不至，各州县之仰承宪意而相观相摩不敢因一部掣全体之肘，而合力以追他省之先，其贤劳亦可想见。然则江苏之初选不得不推江苏官吏之伟画荩筹有以致此。此其可贺者一也。

助官力之不逮者必赖士绅。筹办处之行动，其一部之职员绅士也，投票人以人名册为限，而人名册之造成以调查资格为前提，其分任调查者绅士也。使筹办处之绅士能力有所不足，即行动或有非宜，使调查之绅士任事稍有粗疏，即名册必多漏误。行动失宜则各州县无遵循之具，名册漏误则初选举无举行之期，绅士之有关于投票实行如此。苏省之筹办处亦或有得力于绅士者，而选举资格之调查则各属虽有先后之不同，主严主宽虽有主义之不一，其因调查失当致起诉讼者闻见殊不多。若夫筹办选举之先各属士绅协力鼓吹，竭力提倡，使一二颟顸之州县不得不起而从事，则其热心公益实足示豪于他省者。然则今日之盛举未始非地（力）〔方〕士绅与有力焉。此其可贺者又一也。

谘议局成立之期各省一律，而今日独为江苏初选投票之期，虽福建初选日期据该省筹办处所定期限应亦在今日举行，然观其计算选举人总数分配议员额数常有舛误,常有更改,则目前手续之纠纷可知。又如闽侯两县选举事务所接到初选监督指定投票所日期在二月初一,而告示则押正月念一,该省官场之失信如此,则该省初选举之改期亦未可定。若山西则三月十五,云南则四月初二,浙江则四月十五,湖南四川河南则五月初一,广西则五月十五,广东则六月初一,其他诸省之举行初选未知何日,而据各报所载,有调查未竣者,有人名册未报者,有分区未定者,有设所未备者。要之初选愈缓,则谘议局开会之期愈近,开会愈近,则一切之手续愈迫促。迁延复迁延,必有不能克期成立者。然则今日苏属之举行初选,不仅为苏属幸,实足为各省立其范。记者之贡述亦不仅为苏属官民贺,尤愿为各省促其程,各省之办理选举者观于江苏之今日得无有闻而兴起者乎?则举国人民之福,于区区苏属乎何有。

《申报》,宣统元年闰二月初一日(1909年3月22日)

论今日选举之弊

酉 阳

谘议局选举之开幕,非我国民参政之第一日乎?非我国民出黑暗而放光明之第一机会乎?顾江苏之初选举今已蒇事,而证以舆论之所腾布与吾人之所观察,则见有数种新发生之社会状态,骤见之虽以为异,其实无足异也,如过渡然,未达彼岸而簸荡于波浪之中;如萌芽然,未立骨干而附着于泥土之上,其不能遽有正当之效果,固其宜耳。今日国民之对此事尚无知识,牵率而来强作解人,而积惯武断之土豪与貌托热心之俗士,遂得羁縻笼络以遂其借公济私之伎俩。诚哉国民程度之不足也。虽然,国民勿以为蒙垢也,凡宪政之成立,必需此经历之初步,而后逐渐进行,逐渐改良,以抵于完善之境地。吾之所以揭其弊者,乃欲国民研究进步而非伺瑕抵隙以寒热心任事者之胆也。

一、投票人之不到也。此种人约分两等。一则愚民。彼于新世界从无听睹,但知向来官场交涉富民必是劝捐，今先查财产，其为劝捐无疑。虽经通人解释，犹以为选举其名劝捐其实也。此为下等之观念。一则介士。平日痛恨于官绅之朋比、新旧之冲突，束身自好，不与外事，虽明知宪政之理由，犹以为国民程度不到，多一作为反多一纷扰，不愿置身于此种漩涡。此为上等之观念。下等者什之八，上等者什之二。下等者虽卑陋可笑，然亦政府之素无信用致之；上等者品格诚为可贵，然知私德而不知公德。若人人如此，则举世将无尽义务之人。此今日选举之病也。

一、选举人之无识也。绅界学界，城中必占多数，而各不相下，意见纷歧，其势最为涣散。此自举甲，彼自举乙，票数以分而见少。乡间绅衿较少，但小有功名，稍有家世，略通世故者，即为人望所归，亲谊世谊，牵藤附葛，互相攀援，其势颇为团结，选举专注一人，故得票偏多。试以城中选举失败之人与乡间选举获胜之人比较才识，恐有不可同年而语者。彼来自田间毫无学识之人，尚不知选举为何事，（鸟）〔乌〕知选举人之孰为胜任，但就所知亲友与吾最善者即贸然填票以塞责，而此种人一唱百和，偏居最多数。此又今日选举之病也。

一、被选举人之运动也。各属当选人数发布，清议哗然，有毫无人望而得多数者，有劣迹昭著而得最多数者，有鼎鼎大名驰誉法政而落孙山外者。叩其内容，则得多数者或从运动来。人非大不肖，皆有密切之亲友，而且最善把持者，必最能钻谋，东奔西走，以丐二三十人之选举，固易易耳。彼等亦自为解嘲曰："欧美选举，盛称运动，原非不正当之办法，且运动在吾，允不允在彼，但彼肯允吾运动，即吾之信用。"而其真有学问自负品格者，鄙之而不屑为，虽有亲友推崇，犹以嫌疑却之，则竟知己廖廖矣。虽不敢谓各县如此，各人如此，而如某某者，固如司马昭之心事，路人皆知。此又今日选举之病也。

总之，国民不知法政骤然而命之选举，譬如大海捞针，何从而选举之，非妄举即私举耳。其结果与前日之城董乡董无异耳。然而无害也。吾得断之曰：彼选举者必粗通文义也，必稍有身家也，必略有知识也。人之才干皆从历练而出，人之品格亦从爱惜而来。今无论初被选举者之非即议员也，即果为议员，实地练习自能集思广益，自顾名誉亦能革面洗心。果如此，则将来之所成就安知其不如今日之鼎鼎大名者。古人所谓人之欲善谁不如我，即此谓也。若谓某人定可为议员，某人定不可为议员，则仍拘墟之见，亦即朋党所由来，即旧政界中亦以为戒，况宪政新机讵可有此谬点乎？夫君主立宪，先有德意志，后有日本。德意志行之于战胜之后，日本行之于覆幕之后，其选民之杰出者经无数之缔造艰难而各有所表见，独吾国则安坐而得之，选民之杂处侪类犹之泾渭同流，非有分水之犀不能划其清浊也。但望此后法政学日益发明，国民程度日益高尚，则下届选举必得美满之效果。以今日为嚆矢可也。

《申报》，宣统元年闰二月初九日（1909年3月30日）

论华娄之违法选举

谘议局选举，于我国为创办，于我苏为独先。办理得宜，远足立各省之模范，近足令本省人民兴起其重视选举之观念，即将来城镇乡自治职员之选举莫不视此次办理之如何而间接以受其心理敬怠之影响，一或不当，不独贻邻省羞，不独邻省之不明事理者且将援我苏为口实而奉为办理之圭臬而留为选举之污点，即本省之无识乡民因未得其利先睹其害，则此后之选举，无论为谘议局，为议事会、董事会，皆将有深闭固拒而避之若浼者。然则今日苏属之办理初选举其关系固绝巨。而报纸有指导社会之责，得宜者扬之以示表率，失宜者砭之以警当局，此固报馆记者所有事者也。今请本此主意以论华娄之选举。

苏属自闰月朔举行初选举投票，而各州县发现之怪状报章所载以华娄为独多，虽他县选举之内幕因揭破者少而未露其真相，第即已揭之华娄观之，则办理者之种种违法、选举人之运动狂热，不有以砭之，将使选举之尊严因此亵渎，安宁之社会因此搔扰，而影响于选举前途者不少。试举其违法之最著者为主持选举者告。

甲、初选监督之违法

《选举章程》第六条规定初选监督职掌，其第二项载"保荐初选投票开票管理员及监察员",第七条规定复选监督职掌,其第二项载"派定初选复选投票开票管理员及监察员",可知管理员、监察员在初选监督不过有保荐于复选监督之责而无派定之权。华娄监察员先由调查事务所所长开单保荐于初选监督,而由初选监督径送照会,是以所长而行初选监督之职掌,以初选监督而侵复选监督之特权,虽照会中有详准复选监督字样,然派定必有证书,照会者派定之证书也,派定为复选监督之职掌,则证明派定之照会必复选监督而后可以发送,若华娄两令于保荐为懈怠其职掌,于派定为滥行其特权。违法一。

《章程》第三十二条载"投票所除本所职员及投票人与巡警外,他人不得阑入"。所谓职员当指办理选举人员而言,所谓办理选举人员当指监督、管理员、监察员而言,此外皆非职员,即皆不得阑入之他人也。华亭第一区投票所初一日投票时有跟丁二名梭巡于投票人书票之时,或指示其折叠之方法,或监视其被举之姓名,无论监督跟丁未便入所,即随管理员来者,回顾监督之名义亦应挥之使出,而滥厕于职员之列,是何为者?又如娄县第一区另有帮察员、招待员多人,任意出入,闻该员并无照会,临时由娄令发一名片邀请,无论帮察员、招待员名目为章程所无,非本所职员可比,就令有之,不以正式之书类证明其职掌而仅用个人之名片俾任意出入于所中,揆诸法理当不认其有效。既属无效,则帮察员、招待员即在他人之列而为章程所不许。违法二。

投票用无名单之法第四十五条,投票匦于投票时外,应严加封锁第四十条,所以示秘密也。投票开票,除管理员、监察员外,初选监督有监督选举之责第六条第一项,所以示慎之又慎也。初四娄县开票时,检点匦内票纸核诸投票簿实到之票忽少五票,在事诸员惊慌无措,历二小时之久,忽有某监察员声称票已查得,系由监督误置他簿所致。而娄令饰词则谓此五票者来自某区,因系作废之白票未投匦中而偶置于他簿云尔。不知票纸之有效无效当由检票时当众核定,未开票时安知其为废票,藉曰知之,投票者必自投于匦中,投票之管理或监察者亦当姑任其入匦以待开票时之检定,而匦外之废票何来者?即谓因废票故未曾入匦,则娄令于将开票时亦应预为声明,乃时已薄暮,参观者往来嘈杂毫无秩序之际而票数忽缺,而身任监督之娄令迟之又久而始有如此之饰词,安知无别项情弊,安知非娄令急智姑取空白之余票而藉以搪塞。夫选举务取慎密,而已投之票发现于未开票时之匦外,则匦内之票难保无漏泄之事。违法三。

乙、办理选举人员之违法

投票者选举人之特权，于法令范围以内有任意选举之自由，不受他人之胁迫者也，如或胁迫，则法律必施以禁罚，所以保护选举人之自由也。初七日娄县重行投票，有杜某将入所投票，帮察员朱某姑隐其名突执其手，谓不举钱某定将干涉，此何等行为？何等口吻？揆诸《选举章程》第九十八条非所谓以暴行胁迫妨碍选举人欤？本条规定一月以上一年以下之监禁，或三十元以上三百元以下之罚金，而朱某公然无忌，无论帮察员非章程所应有，而朱某之暴行胁迫致妨投票之自由已如此。违法一。

投票人之书票，无论其依式与否，监察员无干涉之权，即不依式不过无效而止，而决定其有效无效者，开票所职员之事，非投票所监察之责也。且选举既取秘密主义，监察员本不当逼视其书票，既不得逼视，则书票之是否依式，本不劳监察员之指示而干涉其自由。乃娄县初一日投票有乡民因朱钱两人均曾知照，拟先书朱名继书钱名，监察员朱某见其书写己名已毕，遽令投匦，不知乡愚无识固属可嗤，然即一票两名不过写不依式第五十五条一项，付诸无效而已，乃必强为干涉，一若监察员之职掌固可以指挥其书票者，即此以推，彼所干涉当不止一乡民，揆诸章程一百二条，非所谓违法干涉选举人之投票者欤？违法二。

办理选举人员有保守秘密之义务，章程于漏泄选举票上之姓名施罚尤重第一百一条，所以示办理者不可不守秘密也。娄县两次投票，朱某皆任监察员，写票时必立案旁监视，不终日间而某人举某人、某人得几票，票匦未开而外间已喧传殆徧，非办理人员之漏泄孰从而知之？办理人员之监视写票既以朱某为唯一之认真，则非朱某之漏泄又孰而知之？违法三。

丙、选举人之违法

《章程》第九十五条载："以诈术获登选举人名册者（虚）〔处〕十元以上一百元以下之罚金"。所谓诈术者就狭义言则以不正当之手续而冀因欺骗以幸达其目的是也。当调查时娄县朱某以积年老瘾经审查员除名，投验前干谒该所某提调，既叙师生，复送贽敬，其后三日过瘾之物皆由提调预备，其结果遂得复登选举人名册。事果确凿，则揆诸九十五条之规定非诈术而何？非因行使诈术之结果获登选举人名册而何？违法一。

以上所述不过荦荦大端，其余若杜某年龄官册实年均未满三十，乃彼既扬言不凭官册，而娄县选举人名册又置杜于已满三十之列，此端一开，则选举人以诈术获登选举人名册者仅年龄一项已纷不易理，而选举权被选举权之区别失其可依之标准。此外违法之点未获该邑人士之报告，无从悬测。总之苏属选举之违法就今观之当推华娄为最著，就华娄观之尤以娄县为奇特。夫使办理者稍有其乖方之点而不致显违章程，则过渡时代应历之阶级自或有种种之怪象，盖事属创办，诸未熟习，在上者固当宽以待后，即论事者亦当谅其困难而不必为求全责备之论以妨其进行。若夫前述之现象，则违法彰彰无可遁饰，苟在上者不加究诘，在下者不即揭发，则法律失其效，两邑蒙其羞，恶因既造，良果难收，他邑效尤则他邑之选举坏，他省效尤则他省之选举坏，他年效尤，他年之城镇乡选举效尤靡所往而不坏。然则奈何？曰《选举章程》第七十九条第二项载办理选举不遵定章者选举无效，第八十条载初选有前条第一二款情节者其初选为无效。华娄之违法选举既如前述，与其姑息放任而影响将及于他邑他省他年他选举，孰若即初选乍完之际而急加查究，如果办理者不遵定章，则适用七十九及八十条之规定，令其克日再选，仍不误于谘议局成立之期，而惩一足以儆百，是筹办处之责也。若夫该邑士绅既知种种之违法，与其搔扰纠纷，社会无安宁之秩序，孰若亟搜证据，适用八十七及九十、九十一等条之规定而行正式之呈控，此则该邑士绅咸有责焉者矣。本报对于谘议局事素持积极助长主义，今观华娄之违法选举恐其妨我选举前途也，故揭其所见如此。

《申报》，宣统元年闰二月十二—十三日（1909年4月2—3日）

金匮裘廷梁君答严几道先生书

昨奉手教，正如久病恶闻人声，忽闻要言妙道，足以荡涤沈霾，其为欢乐殆未可量。前者谒晤末由，继以书自通，又浮沈几案间，迟久始达事，固奇矣。不图先生乃引为疚心之端，敬感挚爱。廷梁年来卒卒寡欢，生不逢时，不能有所树立，窃愿自侪于天然淘汰之列，而里巷少年以其年辈稍高，遇事辄推挽之。去岁诏办谘议局，举国风起泉涌，筹办选举，遂亦勉起任事。区区七尺尚不能自由，他可知矣。比者苏省州县因票额递高，往往重选至三四次而乡董居其八九。于是时论哗然。廷梁之愚以为乡董当选适合于见代社会之心理，未足为奇。彼既无一定之目的，必不能自越其天然之范围，使其反之，真乃怪异耳。比者以事至郡，郡人士方喷喷谋补救私。窃以为乡董无可厚非者，彼其才望卓著者无论矣，即余子碌碌，使其身列议员，随同议决，其力固足以执行。彼空谈学识之人，与乡董比权量力，固不可同年语矣。如天之福，使各郡额定议员悉以乡董充之，其收效必较专举学识为尤大。其故何也？地位使然也，时势使然也。才力以历练而成，智慧因困难而出，苟立宪徒有其名，害且深于专制。彼为乡董者，既居于狂窘之地位，必将自奋于学识之一途，他日社会开通、团体巩固，意或萌芽于兹，未可知也。居乡恒郁郁，行当赴沪，饫闻言论，藉慰数年来想望之忱。

　　裘君此言得毋牢骚过甚乎！充其意，将欲以负耒戴笠之乡人治天下也。讲法政有学识之城绅，可束置高阁，而辍耕陇亩，目不识丁之乡董可以奋然而起矣。敢问常府之城绅尚何纷纷扰扰为。

《申报》，宣统元年闰二月二十四日（1909年4月14日）

读裘廷梁君书感言

　　裘君谓"如天之福，使各郡额定议员悉以乡董充之，其收效必较专举学识为尤大"，又谓"彼空谈学识之人，与乡董比权量力，固不可同年语"，将城绅一笔抹煞，议论诚不免过激。虽然，窃谓此次初选举当选人中或犯消极资格者，或武断营私者，或闇冗不明事理者，指不胜屈，若以此等人格与乡董校阅者，亦不敢决其孰优而孰绌矣。

《申报》，宣统元年闰二月二十五日（1909年4月15日）

江苏初选举之结果如是

语曰：君子爱人以德，细人爱人以姑息。记者虽不敢以君子自居，亦何敢以小人自任。爰本斯义，以论江苏初选举事。夫初选举一事，其种种谬妄诡谲之点，本报既倾筐倒箧以出之，记者顾何怨于彼哉。好尽言以招人过，国武子所以见杀于齐也。记者不敢以见杀为戒，而复尽其缕缕之诚者，非甘为怨府也。立宪何等事，议员何等人，岂容以委琐龌龊之辈滥竽充数，记者决不敢缄默自安，以见好于若辈，亦不敢曲为解说以蹈运动选举之嫌。故特不避繁琐，为故作恕辞者一询其理由。

若曰以江苏士民对于筹办谘议局一事进行最速可作恕辞，顾筹办谘议局进行最速，不第江苏，尚有福建。若因其进行之速而一切谬妄诡谲之点可以不问，有是理乎？夫谘议局者，江苏之谘议局，非少数议员之谘议局也，速之于前而败之于后，将焉用其最速进行之谘议局为？此不可解者一。

若曰苟非蓄意弄诈，即不妨加以恕词。不知所谓蓄意弄诈四字将为何等之解说乎？或强人选举，或倩人投票，此种手段不知其蓄意出之抑非蓄意出之乎？如是尚不得曰弄诈，将何者而可曰弄诈？不咎其蓄意弄诈而目言者舞文弄法。此不可解者二。

若曰以章程简略，办事方法每有不能以文字尽者。如某县之入所票、某县之招待员不得为过。以此言之，并此简略之章程可以不用，一任地方官绅之布置之可矣。不知多一种名目，其中即多一种弊窦。江苏八府三州县，余独无闻，而独以某县闻也，岂某县办法之程度独高于他县耶？此不可解者三。

若曰以其编造人名册时，调查者类挟一扩张权利之思想，未遑详审，可以另眼相看，此在实际上虽为必不可免之纷争，而在法律上亦有不可逭之议论。章程具在，非仅壮观瞻也，据事直书，亦所以尽惩一儆余之义耳。若推夫人之心胸而置若辈于不论不议之列，于若辈固为得计矣。其如江苏之人民乎？此不可解者四。

若曰选举运动者尚不知被选为初选当选人究有何等作用，可以任其为之。不知若辈始而运动初选当选者，必继而运动复选当选，万一不幸而获，仍肆其逞霸乡里抗视官府之心胸，则有何说？即使仅得一初选当选而止以偿其虚荣之观念，则选举非沽名钓誉之场，安能任若辈之蝇营狗苟以败坏立宪之基础耶。此不可解者五。

若曰受运动者犹盲人瞎马百无一知，本不足怪，不知受运动者其人不足深论，而主运动者其人亦不足深责乎？若因其不足责而置之，则若辈将常为不足深论之人格，而主运动者益得逞其诡术，无或已时。是直以选举区为一运动场而已。此不可解者六。

总之，立宪之能否实行，全视今年九月各省成立之谘议局，而各省谘议局之能否有效，全在复选所选之议员。今日不能求全责备于先，一任若辈之多方运动，后日且欲出一语发一言而无补者。作法于凉，其弊犹贪；作法于贪，弊将若何？且方法之不能完善，措施之未能确当，犹得谅之曰必经之阶级，因其必经之阶级而即遂无可加以责备之辞，已属万无是理。况手续之未当可由曲折而达，而心术之不正亦可由曲折而达乎？不咎运动者之妄作妄为，而咎责备者之冷嘲热骂，不知其立言者将何所取义也。

且选举运动，想不仅某邑为然，特适于某邑而发耳。记者不敢存细人姑息之心，略尽武子尽言之义。盖选举一事，狭之关于一省之利害，推之及于全国之存亡，故不辞笔舌之劳而哓哓不已者，为立宪前途危耳，怨固有所不敢辞，聊尽记者之言责而已。

《申报》，宣统元年闰二月二十六日（1909年4月16日）

江苏之今日

江苏复选举人注意

渭

三月十五日届期矣。江苏谘议局之复选举非今日欤？决定议员之谁某谁某非今日欤？江苏之议员得其人则江苏之地方人民蒙其福，一复选区之议员得其人则一复选区之地方人民蒙其福，而所以造福者必自今日始。江苏之议员失其人则江苏之地方人民被其害，一复选区之议员失其人则一复选区之地方人民被其害，而所以贻害者又必自今日始。何也？今日者，固苏属六十六议员之姓氏暂投诸票匦，逾一昼夜而脱颖，越五阅月而判我地方人民休戚者也。然则江苏人宜重视今日江苏选举议员之复选举人，尤宜注意今日，即记者谋效忠于江苏，对于江苏复选举人而为选举之忠告者，更不敢放弃最后机会之今日。

江苏初选举之丑态为世所诟病者不知凡几，虽然初选举者不过举出当选人而已，纵办事之不合法，被选者之不合格，而于谘议局之前途尚无直接之影响。至于复选则异是，盖即选举谘议局之议员也，将来谘议局之结果如何实已胚胎于此。各地当选人虽不可谓尽属合格，然寥寥此数究不若初选举人之品类不齐，从事选举之茫无把握也。其必能选出才德出众，确能为地方谋公益之议员，固可不虚一般人士之望矣。但当局昏昏乃人之常情，记者仍不无鳃鳃过虑之处，爰再申说二层，倘亦今日复选诸君子所乐闻者欤。

设立谘议局在谋一省利弊之兴革，非为一州一县计也。将来城镇乡地方自治成立，凡会议地方事务之局所甚多，自乡而镇而城均必有如谘议局之设。城镇乡隶于县，由县而府而省，易言之，谘议局者即省会也。按谘议局章程，原定谘议局开会议事，须就通省立论，不得偏举一州一县之事。据是而论，则为谘议局之议员者宜具何种学识而后始可胜任乎？心术行谊姑不论，即就可稍稍发言议事之一点而论，亦必其人有统筹全省一切事宜之学识而后可也。又按谘议局选举章程，于被选举资格一层绳之甚宽，只问年龄合格及犯消极资格与否，此外均不计及，原为广罗人才起见，以此为准则，不问其为农为工为商，但合被选资格者皆可举之也。故另有不限初选当选人、不限初选举区、不限初选名册之三层，范围宽溥，毫无抑制，选举之自由可谓极矣，当局者苟能虚心访求，何患不能选出合格之人。窃以为章程之规定既如是其宽，侭可脱尽顾虑，就一邑之中择其心术行谊学识才力均无缺点，且又家资富足，优游无事，不汲汲为衣食谋者任举之可耳。十室之邑必有忠信，百里之地岂无其选？苟其稍有意识，稍知抉择，则绅商学界之中平日为我所敬服者岂无其人？我但选出能为地方谋公益之人可矣，其他均所不计也。不必束缚于章程，亦不必追随于人后，更不必存徇情避嫌之心，光明正大，勇毅果决，斯真大丈夫之所为耳。盖公正之士绅一地能有几人，好恶之见，人有同情，我举此人，安见人不之举，不期而得多数，而得当选，非选举最良之效果乎？此选举议员者所宜慎思决行者乎。

  谘议局既为统筹全省之利害而设，凡身任议员者其责任何等重大，选举者既不可轻于投票，热心为议员者亦何得妄想当选，甚至施其鬼蜮之计而美其名曰选举运动，多见其不自量耳。谘议局九月召集，去今仅及半载，其为议案而须决议者种类之多，头绪之繁，苟非学识素养、明毅有决断者岂难能知难思退之感，必于全省之吏治民事军备财政教育实业等项洞见利弊，确然有兴革之见，而后始可应付裕如。倘胸中毫无主见，贸然列席，人云亦云，则非特为同僚所见轻，且不免为一般人士所诽笑，当此之时，内疚神明，外惭清议，徒觉进退两难，蹙焉不能自安，回问初心，虽悔亦无及矣。诸君须知谘议局议员系地方公举，为地方议事之人，凡所议者决非含糊草率之可以了事，发一言须有若干之价值，决一议须有若干之价值，既不可任意胡言，又不宜绝口不谈，盖其事有甚难者。富于学识之人被举为议员，固义不容辞，在无此资格者，慎勿谬事运动，致贻后悔。前届初选之当选人多系乡董，虽由于乡人专注此辈，然亦运动之结果也。推其所以热心运动之故，厥有三端：有以为初选后即为议员者，有以为此次不争当选即不能安于乡董之位者，亦有未充乡董以为此次当选后即可为乡董者。有此种种误会，故运动之潮流为之大盛。当局者倘不悟其昔日之非，则际此复选必有仍用其手段以求当选者。是则深堪为谘议局之前途忧矣。非谓乡董之不宜当选，诚以学识之开展、才具之优胜，乡不及城。有断然者，以其域于一隅，故步自封也。总之诸君须知为议员之实难，毋徒慕议员之虚荣。况议员究非官职可比，诚无所谓显荣也，且可以一言决之，确有议员资格者必不至运动，凡运动者必乏议员资格，原无分城与乡也。今敢正言以相告曰，议员实不易为，毋生企羡之心，此希望为议员者所宜猛省回头者也。

要而言之，选举谘议局议员关系于全省大局之利害，不可为个人计，并不可为亲友计。我所举者必以能胜议员之职、能为地方谋公益者为归。苟其合格，无论为家人为亲友与夫不相识者决意举之可耳。如是则选举上之种种窒碍、种种纷扰庶可一扫而尽也乎。

《申报》，宣统元年三月十五日（1909年5月4日）

论议员之性质

酉 阳

今日者，非吾江苏复选举开票之期乎？开票期者，议员成立之日也，自有中国以来议员开幕之日也。议员之资格及责任，局章详载之，无俟赘论。不佞见乎社会对于议员之观念有一大谬点在，因特为揭明议员之性质，作议员之标本，作议员成立期之颂言，作社会对于议员之心理之南针之金鉴，知言者其许吾乎？

今社会对于议员之观念必曰复选当选者为议员，不当选者为非议员，申言之，议员者当选之个人之议员，而与不当选者无涉。呜呼此即谬点所在也。夫议员者，非彼个人之议员，乃社会共同组织之议员也。若吾不为议员，遂谓议员与吾无涉，何以需吾之选举乎？吾既选举之，非即吾之代表乎？吾之代表，非即吾乎？人人有一吾寄于议员之体，则议员者人之集合体也。既为集合体，无论其为义务为权利。目为义务，固同负之义务也；目为权利，亦同享之权利也。持此观念以为对付议员之方法，而后真议员发现于社会心理之中，而后真宪政生活于社会心理之中矣。

吾何以知社会心理之谬也？盖观于初选举时有两种心理。其一必欲当选，竭力运动者也；其一可得可失，以一票塞责者也。以此推之，则复选举之心理犹此两种：其一即向之必欲当选者，得为议员，则假公济私，凌轹社会，不得则多方倾轧，必破坏议员而后快。其一即向之可得可失者，得则为议员之备员，旅进旅退，失则置身事外，议员之贤否听之，议案之是非听之，但求事不及己而已足。此两派者，一则视议员为个人之权利，而议员为众忌所归。一则视议员为个人之义务，而议员为孤立之物。此其所见虽有高下清浊之殊，而总之未识议员之性质也。

果识议员之性质为共同组织之性质，则为议员者非特不能凌轹社会，且必求助于社会；不为议员者非特不可疑忌议员，且必效力于议员。夫宪政方在萌芽，议员原为创格，地方户口之多寡，财政之出入，一切应兴应革之利弊，虽绅商学界之鼎鼎大名者无能周知之，此议员之困难也。议员即虚怀访问，而一人之心力有限，加以官场之酬酢，同僚之周旋，势不能以仆仆道途、席不暇暖之身审查一府一县之事，此又议员之困难也。此种困难社会当设法补助之。又以社会中人纷如散沙，势难团结，则初选当选人当设法提挈之，盖初选当选人为社会之领袖议员之心腹，责无旁贷，要之，所以共同组织此议员者也。

然则，议员不当有所预备乎？曰有之，学识也，道德也。学识者，宪政之法理也；道德者，正直无私、爱护社会也。议员不备此，为不合格，个人之羞也。地方一切利弊谓之议员资料，非议员个人所能预备，必共同组织议员者为之预备，否则为不完全之议员，为有形式无精神之议员，非议员误社会，乃社会误议员也。吾请特取一简明之名词以广告于社会曰：议员者，列席之议员也；凡有选举权者，不列席之议员也，亦议员也，集多数人以成此议员，所以有议员之价值也。若如今日社会之两种心理，其视议员犹之科举时代之举人进士，则举人进士固已车载斗量矣，何纷纷为！

《申报》，宣统元年三月十六日（1909年5月5日）

论常州复选监督对于选举诉讼之失当

选举诉讼，载在谘议局章程者也；选举资格亦载在谘议局章程者也。以身犯烟癖不合资格之故而诉讼于复选监督，局章所明认为当提前审判者也。乃明明当审判之人而忽欲弛审判之责，并引一情节相殊之成案以为弛责之地。奇矣哉，长守之计谋；狡矣哉，长守之办法。

苏属初选开票后，当选人运动之劣迹久为世所诟病，间有一二诉讼于复选监督者，类皆从宽判结，顾全情面，敷演塞责焉而已。而尤著者，莫如常州复选监督长守之对于锡金诉讼，彼其心绝不问何者为犯消极资格，何者为被选举资格，何者为复选监督所应担负之职掌，惟沾沾以卸责为心，援他府成例，别创一自便私图之法，故使原告监察以难其事。呜呼狡矣。

考《谘议局选举章程》八十八条文云，凡选举人倘确认当选人员有左列情节者得向该管衙门呈控：一、被选举资格不符；二、当选票数不实。是明明予人以诉讼也。又第九十二条文云：凡选举诉讼事件应于各种诉讼事件内提前审判。是复选监督明明负审判之责任也。盖选举议员与他项不同，其人为一方代表，其事关系一方之利害。选举得人则一方蒙其福，选举失人则一方被其殃，苟谓不当，不妨诉讼，并未别设一原告监视之专条以绝后来诉讼之路。馆定章程至明且晰，初不解长守何据而别欲援他府成例于馆章之外另订新章以为处置诉讼之地。抑亦奇矣。

青浦之诉讼以挟嫌以牵累，得戚守之判断而其事初定。若锡金之诉讼则固非挟嫌非牵累也，原告不便监察之理由由锡金人士现已一再禀陈复选监督及筹办处大吏矣，则其事之或蒙转圜亦未可知。但记者于此窃鳃鳃焉为过虑之举。夫选举之不能无诉讼，理也，诉讼之不得不有待于审判，亦情也。一邑之中，其号为明达者几何？其号为明达而能不沾染嗜好者又几何？苛求愈严切，资格愈完美，即愈以促宪政之进行。使于此而必欲援松江成例迫令原告从旁监察，则无论其事之不可行，即行矣，而复选监督之权限何在？且令此风一倡，相率效尤，苏省开其端，他省踵其后，被选者不必问其资格何若，诉讼者不必定向复选监督，一听其自审而自判焉可耳。小之酿口舌纷争之祸，大之即成械斗报复性之阶，将朝廷设官分职之谓何？以广采舆论之地而忽成（箝）〔钳〕制舆论之场，复选监督之自为计则得矣，其如不合选举诉讼之原则何哉？

在长守之命意，岂不曰多数之选举转不敌少数之诉讼？天下必无是理。不知此次选举，地方自治会尚未设立，各项之组织机关尚未完备，各属当选人率以乡董为多，虽曰出于众情之推戴，实由于平日之声威。氓之蚩蚩，百端待理，蓦闻议员二字，初不识何人足膺此选，惟以平日仰望之乡董列名充选，则他日之需求亦似良便。具不然者，乡董平日率以武断乡曲为事，使于此而无以结其欢心，则安排他年之鱼肉矣。票数之多，大率由此，初非以道德之崇高也而举之，亦非以知识之丰富也而举之。诉讼之繁兴在复选监督平情而理之耳，若必欲执他处成例以相绳，其不类于卖椟还珠者几希。

《申报》，宣统元年三月十七日（1909年5月6日）

所希望于新议员者

谘议局议员为我国第一届国民代表之徽号，最有荣誉之名称，最担重大之责任，一省安危惟此数十人之议员是赖。今江苏省之苏属六十六人已举定矣。此六十六人中有素具热心毅力、素富思想、素有学问者乎，则记者愿祝以益加研究而增进其阅历。此六十六人中有心地光明而硁硁自好、其任事之热心毅力有稍形薄弱而不如人者乎，则记者愿祝其亟自鼓励，视公事如私事，勇往直前而不稍退却。此六十六人中有富有才力思想而其胸臆不免稍决褊浅、情面有时难却者乎，则记者愿祝其祛除私见而相示以大公，一洗其从前瞻徇之积习而一扩其从前狭隘之襟怀。此固记者所私心默祷者也。

抑更有进者。前此绅界对于官场非事事和附之即隐隐然互相对垒而各树之帜。今谘议局之设，国民非欲以议员与官场对垒也，正欲以议员通官民之情也；亦非欲以议员和附官场也，正欲藉议员联络官场、合力以谋地方公益也。然则为议员者宜先化除官民畛域之见，尤宜力去曲徇官场之习，而总以悉心为国民为主。此记者所希望者一。

江苏省之谘议局，先有分合问题之争执，今观江督苏抚之电请，则宪政馆当必俯从舆论而合设一局也可知，然则苏宁虽分两属其实一省也，我苏属议员与宁属议员万勿因从前争执之故而稍存意见，亦勿因宁苏两属而稍分疆域，此后当如一家然，以团结一气为主。此记者所希望者二。

诸君膺公民之选举，既愿出而担任矣，则此谘议局应行提议之事是诸君唯一之责务也。窃愿诸君捐弃其杂务，贡献其精神，以谋我苏省公共之事业。召集之期转瞬即届，议案之若何预备，办事之手续孰缓孰急，均宜亟起以图之。诸君试思一省之事既举而付诸六十六人之肩矣，担负之重为何如耶？此记者所希望者三。

《申报》，宣统元年三月十九日（1909年5月8日）

敬告苏属新议员

常熟 丁祖荫 芝孙 稿

今日为吾苏新议员出现之日，今日为吾苏新议员发生责任之日，今日为三十六厅州县之选民万目睽睽群相注视之日。转瞬五阅月，开办之期已届，诸议员将本所研究发摅伟论，为吾苏民造福乎？抑列座伴食旅进旅退，假议员之名以□身乎？此五阅月之时期大足以觇议员之价值，大足以定谘议局之影响。

之六十六议员中，固不得谓皆无预备无经验之人也。然按诸议员职任，章程所载第一至八之条项，何等之纠纷，何等之繁密，何等之重大，一言贻误，殃及万民，顾可以操持无具之身漫为尝试，不虞一朝偾蹶者乎？一人不能兼万能，智者千虑有一失，顾吾新议员勿自满勿自恃，勿易天下事，勿喜一日功，速筹预备之方法，以共策进行也。

之六十六议员，姓名不相闻，觌目不相识，萃大江南北声气不通之士，以共图预备，共策进行，是不可不有预备议案会之设置，是不可不有通信机关部之组织。吾闻若浙若闽复选举未行而预备会已次第成立，亮哉，根本上之解决宜如是耳，比闻江苏人士亦有研究会之建议，其宗旨为辅助议员之机关，而实包含监督议员之性质，先几之务，正不必歧而二之也。章程谓议员非议员皆可入会，吾谓被选为议员者必当一律入会，定期七月举行犹晚也，斯会早一日成立，议员即多一日预备，会期宜长不宜短，宜数不宜宽，会地宜海上而于宁苏别设事务所，附设一通信机关以征求各人之意见，以便各地之质问。其于法理事实上宜各任一科<small>如地方应兴应革财政出入税法公债等项</small>，尽心研究，协力调查，所知者胪陈以闻，所疑者虚衷质询，此五阅月中正可藉以养成新议员之资格，且得交换议员非议员之知识也。

之六十六新议员，于此时期中而研究有得，克尽厥职，固受万人之欢迎。于此时期中而玩忽将事，一朝陨越，即受万人之唾骂。今日可惊可喜者，新议员他日可喜可贺者，亦新议员他日可忧可惧者，新议员他日可哭可吊者，亦新议员绸缪阴雨，多难所以兴邦，容易秋风，拭目而观隹士，顾吾新议员勿负此大好之光阴以重亵宝贵之名誉也。

《申报》，宣统元年四月初一日（1909年5月19日）

第六部分　江苏谘议局研究会

A.《江苏谘议局研究会报告》

一、本会会务

公呈一：请设谘议局研究会

呈为请设谘议局研究会以为辅助议员之机关仰请鉴核示遵事。

窃自筹办处设立以后，宁苏两属人民清册先后告成，自必按照预定初选复选日期遵守章程所定资格妥慎选举，切实进行，以期无负朝廷采取舆论因时制宜之至意。惟是选举者国家所以广建言之路，资格不必过严，研究者人民所以开知识之原，预备不容不早，谨按章程第六章职任权限自议决本省应兴应革至收受本省自治会或人民陈请建议事件共十二款，又资政院议员得由各省谘议局选举，是近自本省土俗民情沿革大事以及朝章国故郡国利病，旁及列邦之自治规章、议会制度，皆在议员指陈规划之中，其寄任可谓大矣，而第以五种之资格衡之，非特仅有财产之人不足窥其崖略，即具有以上四种者或资格虽备而新知尚待精求或理想甚高而经验未能遍广，求其踌躇满志足副议员之量而无愧，固非易易。《记》曰"学然后知不足"，又曰"凡事预则立"，假使以操持无具之身出而应选而欲得政界中之信用与社会上之欢迎不可得也。绅等前次会集公议呈请设立筹办处之时即经提议及此，顷调查已毕，次第选举，距九月初一开会不过半年，实行研究尤不可缓，现拟就宁垣设立会所，令各厅州县各举会员，于法理事实两端详细分科尽心考究，并延就通人以供采访，广罗书籍以备参稽，总求早一日研求则有一日之进益，多一人预备则有一人之知能，庶几供本省之论择而有余，即备京师之顾问而亦无不足，此则绅等所共相勖（免）〔勉〕，想亦台衡所乐与赞成者也。谨将章程若干条录呈钧案，仰求迅赐批示以便克期成立，无任颙企。再，本会与教育等会事同一律，应请发给图记用资信守。除呈督部堂、抚部院外，相应呈请鉴核施行。某等谨呈。

督批：来牍阅悉。谘议局议员为国民代表，责任甚重，当此创办之初，诚如来牍所云求其足副议员之量而无愧者殊非易易，诸绅拟设会研究以为议员之辅助，既可阐明法理复可广储人才，于宪政前途殊多裨益，所拟章程亦简当周匝切实可行，希即会合同志如法组织成立之后再呈候刊给图记以资信守可也。仍候抚部院批答。此复。折存。

抚批：来牍已悉，希候督部堂核示并候札行苏属筹办处知照。此复。

公呈二：报告成立并请刊发图记

敬呈者：窃　等前于三月间呈请设立谘议局研究会，荷蒙钧批"谘议局议员为国民代表，责任甚重，当此创办之初诚如来牍所云求其足副议员之量而无愧者殊非易易，诸绅拟设会研究以为议员之补助，既可阐明法理复可广储人材，于宪政前途殊多裨益，所拟章程亦简当周匝切实可行，希即会合同志如法组织，成立之后再呈候刊给图记以资信守"等因。奉此。当即通告全省士绅于四月二十六日齐集宁垣教育总会事务所开成立大会，当场举定正副会长暨各项职员，暂借法政讲习所为会所，并推定驻会办事员，按照呈定章程切实进行以期无负提倡诱掖之至意，应请刊发图记一方以资信用实为公便。除呈抚部院外，理合呈请鉴核施行。谨呈。

呈苏抚稿略同

公呈三：为调查事

江苏咨议局研究会为呈请事：窃本会前经呈准开办，于四月二十六日成立，业已具文呈报在案。查谘议局为言论机关，然必根据于事实而后发为言论，不至游移而无主、扞格而难行。以故本会开办伊始首先以调查为第一要义，其关于人情风俗者自可随时随地博访周咨，惟征收制度、行政规章，向来衙署各有专司，非查考案牍不能悬揣而知其窍要。兹据苏府主任调查员钱崇威、蒋凤梧函称"体察苏府情形，正式调查必须由总会呈明督抚宪饬司行府札县，以便遇事接洽不至搪突"等语，此等情实，不独苏州一府为然。本会前呈简章第九条有"现行案牍须查者，备文向衙署局所借钞或派会员往阅"之规定，已奉批准立案，理合援案呈请饬由宁苏两司行府札县，俾调查员得所依据，以免阻隔而利进行，实为公便。至此项调查员衔名应由本会开单知照各地方官，并谆嘱各调查员遵守规则不令逾越范围以期两无窒碍。再，本会前奉批示允于成立以后刊发图记以资信用，现在尚未奉到，故此次未能加盖图记，尚请迅速刊发，是所企望。除呈督抚部堂、抚部院外，相应具文呈请仰乞鉴核施行。谨呈。

江苏谘议局研究会简章

一、宗旨

本会以联络全省绅民研究关于谘议局之职任、权限以为辅助议员之机关为宗旨。

二、会所

设会所于江宁，通信处于苏州。

三、会员

甲、凡被选为议员与未被选为议员者皆得为本会会员。

乙、每厅州县各举会员三人，多举者听。

丙、不由地方团体公举者，但有《谘议局章程》第三条资格经本会会员三人以上之介绍便得为本会会员。

丁、外省人有《谘议局章程》第四条资格经本会会员三人以上之介绍亦得为本会会员。

戊、会员无须驻会。

己、凡本会会员犯《谘议局章程》第六条及不守本会规则者，经会员公同议决令其退会。

四、职员

会长一人，副会长二人，调查员无定员，编辑员无定员，驻会书记兼会计员一人。

五、责任

会员研究事件以《谘议局章程》第六章之责任权限为范围。

六、职权

甲、会长综理全会事务，有支配会员分门研究及预备提出议案之权。

乙、副会长襄理全会事务，有协同会长支配提议之权。

丙、调查员各因其地位才力之所及实行调查报告。

丁、编辑员掌荟萃调查员报告、编立专条以为议案之根据。

戊、书记兼会计员掌往来文件函牍暨银钱出入等事。

七、会期

甲、常会每年七月举行，由会长定期召集。

乙、临时会须有全会会员三分之一以上连署请求者方得开会。

八、经费

不收会费、会捐，常年费由各厅州县地方分认，大县百元，次七十元，次五十元。

九、典籍

甲、印行各书向官私各书局征取，不能得者备价购买。

乙、现行案牍须查考者，备文向衙署局所借抄或派会员往阅。

十、附则

本会职员举定时另订详细规则。

江苏谘议局研究会暂定职员会规则

第一条　职员会以会长、副会长、编辑员、调查主任及驻会办事员组织之。

第二条　职员会以每月第二星期日及第四星期日为常会期，其开会时间自午前九时起至十二时止。

第三条　常会期外如有紧要事件，会长、副会长得召集临时职员会。

第四条　临时职员会先期三日登报通告，常会期不在此例。

第五条　职员常会非有职员十人以上到会不得开议，临时会不在此例。

第六条　职员会以会长为主席，会长不到会以副会长为主席，副会长亦不到会临时公推年长之职员为主席。

第七条　职员会决议事件以到会职员过半数为断。

第八条　职员会决议事件必记录议事薄，经主席者签字。

第九条　职员会得按照本会简章第十条附则订立详细规则以补会章之所不及。

第十条　本会会员如有资格不符或有简章第三条已项情事者，职员会有审查报告之责。

江苏谘议局研究会暂定调查简则

第一条　本会会员皆有分任本地方或所在地方调查之责。

第二条　各府、直隶厅州设调查主任二人，各由本属会员公推报告本会。

第三条　本会调查事件约分三类如左：

甲、普通调查：本会预备提议事件经会员大会公决由全体会员共同担任者。

乙、特别调查：各属预备提议事件经本属调查机关公决由本属会员共同担任者。

丙、临时调查：临时发生之问题经职员会公决应由某属会员调查者。

第四条　各属调查主任应会同编辑员联合本属会员组织本属调查机关议定左开各项事宜：

一、本属地方应行调查事件之细目。

二、实行调查之方法及其次第。

三、各会员分任调查之支配。

四、各州县通信机关。

五、本属各会员调查报告之截止期。

第五条　各属调查主任须将前条各项事宜于议定后七日以内报告本会。

第六条　关于调查事件本会应行通告各属调查机关者如左：

一、调查简则。

二、编辑简则。

三、会员意见书。

四、关于普通调查应行通告之件。

五、关于临时调查应行通告之件。

六、关于调查简则第五条之报告。

第七条　各属实行特别调查时，如有关涉他属之事件，须由他属会员协同调查者，得由调查主任报告本会，按照第三条临时调查之例办理，得复后，即将调查所得通知该属调查机关。

第八条　各属调查报告，关于普通调查者，一律由调查主任汇交本会，以便邀集编辑员公同编辑，以六月三十日为截止期。关于特别调查者，随时由调查主任交由本属编辑员编成草案报告本会，以七月大会前三日为截止期。

第九条　各属调查经费，除临时调查应由本会补助，其余由调查主任会同本属会员公同筹议。

第十条　会员有以个人调查所得报告本会者，本会统作为意见书通告各属调查机关。

江苏谘议局研究会暂定编辑简则

第一条　本会编辑员以每属二人为率，于大会时公推。

第二条　编辑员之责任如左：

甲、编辑各属普通调查之报告。

乙、编辑本属特别调查之报告。

第三条　编辑普通调查报告时，应由全体编辑员组织编辑员会以均责任。

第四条　编辑员会由会长于七月常会前十日召集之。

第五条　编辑员会期以五日为限。

第六条　编辑员会应办理事件如左：

一、报告本属特别调查编辑情形。

二、公同阅看各属普通调查报告书。

三、分别报告书之种类分任编辑。

四、议定编辑之纲要。

第七条　关于编辑事件，调查主任或驻会办事员得陈述意见于编辑员会。

江苏谘议局研究会四月二十六、二十七日成立大会报告

一、公举正副会长。

用记名投票法每票写被举者三人：

张謇：一百九十六票，仇继恒：一百〇八票，马良：八十一票。

次多数：

蒋炳章：六十七票，夏寅官：二十四票，许鼎霖：二十四票。

一、公推编辑员。

由会长推举经众会员公认。

宁属编辑员：

卢重庆、陈官彦、陆维李、吴涑、张荫穀、习良枢、谭庆藻、杨永

徐海到会会员较少，俟随后推举。

苏属编辑员：

杨大骥、沈恩孚、张毓英、姚明煇、孟森、秦瑞玠、陈义、赵瑞豫、黄守孚、许朝贵

一、公推各属调查主任。

每属二人，由各属会员自行公推。

江宁府属

调查主任：夏仁瑞、陶保晋

通信处：本会会所

扬州府属

调查主任：夏寅官、周树年

通信处：南京大行宫东街夏君虎臣处，扬州左卫街济源典周君穀人处。

淮安府属

调查主任：陈福咸、张符元

通信处：清江河北岸江北公学朱伯符转交张瑞臣，南京门帘桥陈夒生。

通州属

调查主任：严桂彬、张藩。

通信处：

苏州府属

调查主任：吴本齐、钱崇威。

通信处：苏州草桥公立中学蒋韶九转交。

松江府属

调查主任：穆湘瑶、雷奋。

通信处：上海南市总工程局转交穆杼斋

常州府属

调查主任：朱溥恩、童斐。

通信处：常州府中学堂

镇江府属

调查主任：茅谦、吴佐清

通信处：

大仓州属

调查主任：洪锡范、林可培

通信处：太仓中学堂

徐海到会会员较少，俟随后推举。

一、会长报告拟推驻会办事员二人，经众赞成：

主任：雷奋，副主任：钟福庆。

一、议定本会会所暂借南京城内娃娃桥法政讲习所。

一、会长宣布本会常年会费简章所定大县百元，次七十，次五十，并非确定之等级，不过约定一至少之数以为各地方量力认缴之标准而已，各县认缴常年费者请不必拘泥向来大县、中县、小县之分别云云。计各属已认者如另单。

一、议各会员意见书二十余件，汇交驻会办事员俟第二日开会以前清出头绪预备提议。

二十七日由驻会办事员编成意见书分类表分送各会员。

一、会长提议就意见书分类表所列各种问题提出最要者作为本会本年必须研究之问题，由各属会员分任调查。经众决议下开三项为最要问题，全体会员共担调查研究之责，其余各问题由各属会员各视其地方之利害关系择要调查。

一）地丁征收问题。

二）补救铜元流弊问题。

三）筹集地方自治经费问题。

一、会长提议会员分认调查办法有三，请各会员择宜认定：

甲、请本日到会会员分别认定调查某项事件。

乙、请到会会员先行认定某属调查某项事件，散会后各偕同本府州各会员分别认定，俾一星期内报告本会。

丙、请到会会员散会后将分类表中公认最要问题必须提议事件与同府州各会员分类认定，俾二星期报告本会。

宁扬淮松太各属均认照丙条办法。

一、提议每月出报告一册，众赞成。

一、提议会员应否缴纳会费。

会长宣言，本会会员既须担调查编辑之责，似不宜再加以纳费之义务，惟经费支绌最足以阻碍进步，各会员若能各视其力量所及为本会多设筹款之法，则其影响于本会前途者必非区区会费所可同年而语云云。各会员乃停议会费问题而各自担认特别捐或常年捐如另单。

各州县认定会捐表

上元百元已缴

江宁百元已缴

通州百元已缴

苏属各县会捐五月十五日缴。方君还报告。常昭已缴

镇属各县会捐五月十五日缴。茅君谦报告。丹徒已缴

武阳两县会捐五月十五日缴。钱君以振报告。

锡金两县会捐五月十五日缴。邹君伟人报告。

宜荆两县会捐五月十五日缴。

如泰两县会捐照中县承认，五月十五日缴。沙君健庵、金君蘅意报告。如皋已缴

华娄两县会捐各认七十元，五月十五日缴。雷君奋报告。

上南两县各认一百元，五月十五日缴。姚子让君、朱子浩君、顾旬侯君报告。南汇已缴

江浦县认会捐五十元。侯君瀛、王君观钊报告。已缴

海州任一百元，赣沭两县各认五十元，六月十五日缴。黄君锴、许君崇光报告。

海门认七十元，六月十五日缴。沈幼瑜君报告。

清河会捐五月十五日缴。陈石逸、王子周、张瑞臣三君报告。已缴

六合认五十元，五月十五日缴。吴拨其君报告。已缴

阜宁认七十元，五月底缴。杨君雨田报告。

宝应认五十元，五月初五日缴。

高淳认七十元已缴

金山县认五十元。黄君端履报告。

会员认缴特别捐及常年捐报告单

狄楚青先生特别捐一百元已收

张季直先生特别捐一百元

仇涞之先生同上

方燮尹先生同上

陈善余先生同上已收
邹文雄先生特别捐五十元
潘毅远先生同上已收
丁祖荫先生同上已收
孙叠波先生同上
张星源先生同上
张瑞臣先生同上已收
沙健庵先生同上
金蘅意先生同上
马俊卿先生同上
周穀人先生同上
宗受于先生同上
汪彝伯先生同上
刘申叔先生特别捐四十元
顾花岩先生特别捐三十元
凌鸿寿先生特别捐二十五元
梁慕韩先生同上
周镜溪先生特别捐二十元已收
夏虎臣先生同上已收
赵介石先生同上
姜铁先生同上已收
柳翼谋先生同上已收
徐子山先生同上
周尘佛先生同上已收
张树屏先生特别捐十五元
沙士度先生同上
沈幼瑜先生特别捐十元
陆同一先生同上
朱仲脩先生同上已收

赵叔琴先生同上已收

蒋韶九先生同上已收

刘绍祖先生同上

朱房山先生同上

成晓湘先生同上

鲍执之先生同上

李补均先生同上

汪子骅先生同上

张芳远先生同上

赵浣先生同上已收

杨漱春先生同上

王凤林先生特别捐四元已收

松府全体会员认常年捐二百元。穆抒斋报告

葛凤舞先生认常年捐十元

顾国恩先生同上

沈信卿先生同上已收

谢湘周先生同上

丁芷生先生同上

储铸农先生同上

杨翼之先生同上已收

钱琳叔先生同上已收

方惟一先生同上

于瑾怀先生同上已收

陈傅君先生同上

孟莼孙先生同上已收

凌植支先生同上

屠元博先生同上已收

毛元征先生同上

朱欉竹先生同上已收

方秉璋先生同上
茅子贞先生同上
任筱渔先生同上
陈宜甫先生同上
杨振声先生同
夏蔼如先生同上
吴佐卿先生同上
陶席山先生同上
王子周先生同上
蔡望之先生同上

职员会议案一

五月初十日

一、宣布职员会规则，公议通过。

二、宣布调查简则，公议通过。

三、宣布编辑简则，公议通过。

四、公议以后介绍会员入会者须用本会所刻介绍书，其从前由会员介绍入会者亦须补填介绍书，惟由团体公举入会者不必补填介绍书。

五、公议现在各府均已设调查机关，不必于会所之外另设通信处于苏州，惟简章条文暂不更动。

职员会议案二

五月二十四日

一、议推举徐属调查编辑员。

推定编辑员二人如下：

张少溥先生、张云生先生

推定调查主任二人如下：

祁汉云先生、王鸿弼先生

一、议推举海属调查编辑员。

推定编辑员二人如下：

程桂南生生、徐康侯先生

推定调查主任二人如下：

许融轩先生、袁少初先生

一、议定将呈请督抚札各属文印出送各主任调查，请将各县调查员举定以便开单知照各地方官。

一、议职员会自下次起改于午后三时起开会。

职员会议案三

六月初九日

一、议决与东京谘议局事务所调查会联络，遇有事务应委托调查者可委托调查，一面由会略补助其经费，每年补助二百元。

二、议决与各省预备议案会彼此随时通信以资参考。

三、议决由会酌购议员必要书籍若干种，抄录书目寄各议员劝其购阅，其已购阅者则毋庸议。

遇有新出书籍由会先购一份，各职员轮流阅看，评其优劣作一提要。

四、议决由会承购饮冰《财政原论》壹百部，书到后照实价佽本会会员购买阅看此书由马湘伯先生介绍。

二、会员意见书

孟君森意见书

一、当使谘议局开会后即可议事，则开议以前必有之事项应预为筹定。此有两事见章程第四十五条：

甲、议事细则，乙、旁听规则。

一、依上条同理更有可预为筹定者一事见章程第五十二条：办事细则。

一、当研究持议宗旨。凡议员从经验而来者多重事实，从学问而来者多重学说。专重学说往往彼此攻驳，反致抛荒事实，宜乘研究时公众将宗旨大约规定，冀开议稍减空言往复之弊。其余议事之秩序则自有议事细则在。

一、谘议局应办事宜共有十二款章程第二十一条，除后五款关系稍轻且系事实发生之应著暂无庸研究外，就前七款公拟研究问题。

今以私见呈请公酌：

甲）第二、第三两款，遵照宪政馆咨，今年不办预算，决算更无论矣，姑将此两款剔除，其余尚存五款。

乙）第一款本省应兴应革事件。此款核其不犯四、五、六、七各款之范围，私拟数问题如左：

应兴：徐海垦荒、瓜清造路、导淮入海。

应革：南漕改折此事有益国家财政，人人能言之，当切实言其无损京师民食之故。

此款范围内有难定兴革之宜而尚待调查者：一、调查本省有山之地方有无矿产。二、调查松江盐场与浙省之关系。三、调查淮南盐斤缺乏之故。四、调查漕督旧辖之财政名目。五、调查全省教育经费。六、调查本省公发纸币之信用。七、调查本省公营报业之盈亏。

丙）本省税法及公债事件。此款本在预算范围之外，则无损税额，而整顿税法自是谘议局应办事件。查吾国现在仰为大宗而实最不合法之税莫如厘金，此事极耐研究，其研究之标准有数端：一、光绪二十八、九年英美日续订通商行船约本定裁厘加税办法，裁厘后改征销场税。销场之名义究竟何解？夫销货之场即营业之所，各国营业税法条理具在，视我厘金之专靠比较别无标准可稽而虚张三联票之名实则穷年累世莫能澈究者相悬甚远。又有所谓落地税者亦毫无标准，与厘金无异。今之销场税不用落地之名，当研究其本义。二、吉林近改厘金为统税，意在渐趋营业税办法，其方法当作研究资料。三、为目前苟且之计，不改营业税，是否亦宜办统捐。统捐即认捐也。查光绪三十一年张中堂督两湖改湖北厘金为统捐专案具奏，近陈筱帅又奏称成效昭著，而本省已办认捐者就苏藩司所属而言崇明即已办成，当作研究方式。四、认捐为官所不喜而商民则受惠无穷，无所用其留难，而于国家度支无损。浙省嘉、湖两属办此数年，委员常叹息作弊之法较少，得嘉湖一厘差岁不过得数千金，无横财可发，此为成效之一端；嘉、湖商民近年安心营业，受委员之累较之往时十止一二，且委员作弊恒求与商联络而不能以威力相胁，此为成效之二端，当作研究先例。五、认捐必先有税额。查上年十月督宪奏金陵厘捐光绪三十三上半年收数共银十八万四千四十两一钱五分四厘四毫三丝五忽，是为宁属半年厘捐总数。又查上年十一月抚宪奏苏沪厘局三十三年分收数，苏省总局共收库银四万五千一百三十七两八钱三分二厘一毫六丝六忽、洋元三十六万七百二十八元二角八分八厘七毫、钱八十七万二千九百三十八千三百四十五文三款皆奉准开支九分局用，另收苏淞沪局解锡常铁路旱卡捐库银十两八钱三分四厘，钱一千八百四十八千一百七十二文，再另收苏关税务司解内地邮政分局代抽厘金洋六千六百九十八元九角另收两款与局卡无涉，实可不计。淞沪总局共收库平银三十九万七千五百十四两二分二厘六毫奉准开支九分局用，实收库银三十六万一千七百三十七两七钱六分六毫，洋二十万八千四百四十五元一角四分三毫奉准开支九分局用，实收洋十八万九千六百八十五元七分七厘七毫，钱七十七万一千五百九十二千五百八十二文奉准开支九分局用，实收钱七十万二千一百四十九千二百五十文，另收邮局递寄包裹代征库银八千三百五十五两二钱九分四厘七毫，再另收沪属铁路旱卡捐库银百一十两五钱二分，洋八百三十二元，钱二千八百三千二百六十八文另收两款亦与局卡无涉。再《光绪会典》载十三年各省厘金册报江苏收银二百二十八万一千一百八十一两有奇。此皆当作研究根据。

公债事宜今年未敢提议，一则预算未行，再则信用不足。

丁）本省担任义务之增加事件。此款亦在预算范围之外，则为今年应办事件。章程案语明谓二、三、四、五各款皆指财政义务之性质尤明。夫议决原以定其可否加增并非一定不许加增之谓，但既不以预算相示，谘议局虽欲赞同加增凭何计议。窃谓今年遇此项事宜惟有一概否决庶合法意，征银解银事乃其著者，此外凡向来未有之征款本年谘议局中皆有为民请命之天职。

戊）本省单行章程之增删修改事件。苏属旧有省例，但皆旧例，不甚足与提议，宁属未知有无，总之此事当分三类：一、虽奉部文饬定而并非全国通行之例与本省有特别关系而定者此类虽不止江苏一省所独有之关系，但视其非全国通行，即系与若干省为特别关系，在苏言苏可矣，二、督抚饬司或司详督抚而定者，三、各府厅州县上详而定者此类虽不行于全省，但视其业经上详立案，即合于本省单行之旨，宜加研究。

以上三类案由宜以职权请督抚饬司检交，未必逐加拟议，即为遵守计亦当以此交付谘议局。吾研究会中即宜用正式公文提取之以便审其有无增删修改之宜，开会时可与议决。

再，查浙江抚宪增固帅已将历届奏销底册及到任司道省局所递手折凡浙省行政枢机及财务款目皆移交筹办处绅士就加研究以定参与方针，实为开诚公布嘉惠士绅之德意，拟请援例要求两帅札发备查。

再，民之疾苦所以不获上闻，官之慈祥所以不获下逮，中间有一最大之横梗在，则书役是也。各衙门书役定额本自无多，然一缺可容数十人，人或一月而当值一日半日，或数月而当值一日半日，于是化一额为无数额，此其人皆不事生产，专以择肥而噬为业，盈天下皆驱土著之民为虎狼朘削，地方坐耗元气，良懦遭际之不平，当为个人特定之害。至一国所受之害，试综计千数百州县以及各正印衙门衣食于弄法殃民者奚啻数百万人，若如国家定额实在资以执役不及百分之一厘剔而还之民，民再负担警察经费，化利为害，莫此为要。夫尽裁吏役或当俟官制改定以后，今特查照功令勒定讼费章程，此即本局选举章程第九十四条所谓所有讼费等项悉照通行章程办理者也。既见局章，苟吾省不见此项通行章程，即不得为遵章之谘议局，此固属于职权无可推诿。增删修改之责此其一。

因整顿书役，当并厘剔各州县之书差费以轻官累。增删修改之责此其二。

踏勘相验等事，或关灾荒等，本非讼事，或虽关讼事而当其踏勘相验且不遽言事主之苦累，地方邻佑已被供亿骚扰之烦。旧时各属或本有定章，或尚无之。增删修改之责此其三。

讼事签差下乡，乡保随办供应，并加以协缉协解之名。乡保本非雇役，殷户供差以重正供，何能责以捕役之所为，乡保所费再派之地方。衙门签一乡差，地方耗及数家之产，乃至并非讼事，如忙漕启征照例发一由单、送一告示，不过通知之意，而差役亦必假借官威饱其欲壑而后去。功令汗漫，百弊丛生。增删修改之责此其四。

凡一切章程，从前亦有修明之日，因执行之任惟寄之官，监督之任惟寄之一二旧董，今后地方自治成立固可监察官之纵役与董之比差，然亦需妥立监督章程俾资遵守，况今日自治尚未成立乎。增删修改之责此其五。

己）本省之权利存废事件。据案语乃指立法事宜，则单行章程之足为本省权利者当稽核而后可见，本局以职权请督抚饬司移交通行章程稽核再定。

一、当预定议事日程，就各项应议事件酌定会期内以几日了某事。

一、当于会期一个半月月前请督抚交下议案照章除预算决算外，督抚与谘议局相互起草，见局章第二十五条，照章于开会前三十日通知议员以便编入议事日程。

沈君恩孚意见书

恩孚按：谘议局之职任权限章程第二十一条所载凡十二款，惟第一款之应兴应革事件范围最广。我国习惯向用消极主义，以致各项事业无从发达，故谘议局入手当注意于应兴之事，而应革之事可暂从缓议，其有显著之弊为目前所不能不革者，一方面以消极为作用，一方面仍当以积极为精神，是则所希望于今日之谘议局也。谨就管见所及条列以备诸君子之研究：

一、税法

本省税法在谘议局议决范围之内，今宪政官奏定逐年筹备事宜清单，颁布地方税章程在宣统三年，颁布国家税章程在宣统四年，江苏各项税额较他省为重，拥膏腴之虚名，受竭泽而渔之实祸，苟不及早筹画迁延二三年，民困愈不支矣。兹揭其重要各项如左：

甲）地丁

地丁现征之额每银一两已加至二千四百文，近以币制不速定而铜元又充斥，官铸不已而外洋私铸者且源源而来，银价日高，官民俱困，几几不可终日，苟非统筹各方面之利害，则暂逻其害者一而隐受其害者且什伯。欲计画善后之办法，应有一定之秩序。窃谓先宜速停官铸之铜元而严查私铸之入口，使银价不至再高，一面由督抚请旨饬度支部速定新币制，以大银元一当小银元十，小银元一当铜元十，铜元一当制钱十，为不易之位，而以现时之银价定新币之重量如现价每库平七钱二分之银元一枚约易铜元一百三十五枚，铜元百枚仅抵库平银约五钱，则新币一元之重量竟可定为库平五钱，如奏定币制时照此价有涨落则准次推算。此位既定而后更定税则，易串票之几两几钱几分为几元几角几分奏明办理，而以现征之二千四百文当两元四角，除去地方官办公费六角、赔款带征二角，以一元六角当旧时解库之数，所有各项外加名目统行革除，则民不加赋而官困亦舒矣。或疑议税法而兼及币制颇涉中央行政之范围，不知币制与税法实有相互之关系，币制不定十进之位则税法必随之紊乱，而民生日用之受其影响者愈多，且尚有一最后之结果，必须预计者，部收各省之款，既革除生银之习惯而易两为元诚进化矣，苟全国财政尚有一二用两之处，则用元之新制必不能固定。前广东初铸银元时本明定为每元千文，而其后仍随市价为涨落，则部库收入仍以两计之故也。今赔款之载在约章者尚以两计，应急与各国商定将约文中之两字统改为元或照现价折算，或利用各国减收赔款之议商请改两为元，否则国内币制虽已一律用元而内政之画一必仍为外交所牵动，此尤宜请旨饬度支、外务两部早为之计者也。

乙）漕粮

漕粮之议改折久矣，亦官民两便之事也，所以久不决者，虑转输不便，京仓受其影响耳。今海陆大通，轮船铁道均可转运，诚定一律改折，而京仓需米之时以一电责成于商会，旬日间而集事矣，即不幸海疆有警，尚有火车装载，改折之议何待迟回。至按照时价逐年奏定则固无弊，其折价可即由谘议局议定，较之仅取决于少数绅士当益公允。

丙）厘金

厘金之病商固已万口一词，徒以为岁入大宗未能骤革，外人方促我以践裁厘加税之约，果能实行加税何乐而不裁厘，特此须取决于中央政府，或尚需时。现他省改办统捐者固无窒碍，裁厘之希望既难骤达，则暂改统捐亦可杜中饱而苏商困。

丁）盐课盐厘

就场征税不问所之为弥枭之上策，惟淮盐占江南岁入巨额，更张太骤，恐收数忽短，亦非万全之计，且票商之利益未可置之不问，是宜试办一二处，即以旧日之票商经理，而以新收之额比较旧额，如有增无减或所减之数与缉私之费相埒则自可通行无弊，而产盐之地无私非官，非特肩挑小贩不绝其营生之路，而枭化为良亦可预决。况淮南煮盐本重，以至产盐不足，多借销淮北之盐，有名为场而实无盐者，岂可不急筹根本之办法者乎？

二、地方自治经费

此项经费之类别已见于《城镇乡地方自治》第九十条，目前当以教育费为最要，而以载在自治范围之各款为次要。盖教育不发达，地方人民之知识不增进，凡所经营之各项事业皆无确当之设施也。略述如左：

甲）苏藩学详定之积谷带征一款正名为地方公益附捐，宁苏一律办理。

查苏松常太镇五府州积谷带征旧案，漕粮每石带征钱一百文，嗣援锡金案请一律改为地方兴学之用，迭经京外官绅磋商，始由苏藩学详定中稔之年除拨五成积谷外，其余五成全留本地方办学，大熟之年则留七成兴办地方学务，省提三成补助省城学费，奉苏抚院批如详办理，曾由前苏提学使周照会江苏教育总会在案，应将此项带征按照《城镇乡地方自治章程》正名为地方公益附捐，不论上稔中稔之年统以五成为地方兴学费，其五成归自治公所按年分配，如需办积谷即由此五成内支出。宁属各厅州县比照苏属一律办理。

乙）向归地方绅董管理之公款公产请督抚通饬各地方官清查造表呈报，即正名为自治经费，由地方议事会举员管理，酌定任期。

议事会未成立时，先定管理绅董之任期，仍以旧董管理，期满后经议事会之续举者仍得接充，其本为某项之经费均暂仍其旧，惟不得仍沿有养无教之习惯。

丙）地方官办公费本系地方公益附捐性质，税法甲条之议实行后应酌拨为地方自治经费，《城镇乡地方自治章程》第九十二条第三项附捐数目不得过原征捐税定数十分之一。前定地丁银每两征钱二千，时以一千四百文为正额，六百文为办公费，此六百文即地方公益附捐之性质，比较正额之数过于十分之四，盖以各地方公益事宜由官助款者甚多，谓之办公费固有名实相符之处，今已成习惯，似不能援照新章重加限制。如实行税法甲条之议办公费确定为二元四角内之六角，应按照各地方公益事宜由官助款之习惯官绅协议酌拨办公费为自治经费，庶已办之事业由官助款者不至有所变迁，未办之事业略可措手。

三、导淮

导淮之议不惟为淮南北直接之利，而亦为江以南间接之利。彼无灾荒则此免筹赈，农利日溥则其他之实业易兴，其关系之重大不待识时者而能道之。乃数年以来迄无成议者巨款不易集耳。然窃谓必不可少之费惟局用及工程师之薪金而已，其工役则可以兵代之，雇用得力之工程师（范）数人而拨调无事坐食之兵听其指挥，分段分期克日举办，或亦非大难事。所愿官绅之协力以筹也。

沈恩孚草拟

王君纳善意见书（节录）

二、税法中之地丁。此管见以为宜复古制分收者也。一以平地主之负担，一以尽国民之责任。盖离地无人，离人无事，故立宪国民有二大责任，一曰当兵，一即纳税也。立国之要义三，土地、人民、主权而已。向之摊丁入地实离地与人而二之，国土既与人民分离，主权将谁与扶持乎？此外侮之所以日亟也，此卖国者之所以不绝也。今欲杜卖国之隐患而奋爱国之热心，安可无维系之作用乎？欲免专制之苛虐，安可不尽立宪国国民之义务乎？此宜我民自发愿心而不必待政府之命令也，则提倡鼓吹之责固本会同人分内事也。或谓国民程度未及，此议尚非其时，则国之大政无不先唤起舆论。及今提倡，庶九年期满国会成立乃可籍手从事，否则国会既开而人民犹不能人人纳直接国税将何以为后盾乎？且所难者征收法耳，窃以为地方自治一律成立以后，户籍既有可稽，即以委任自治机关办理此事亦无难也。

三、税法中之房捐。此为沈议所未及。管见以为此乃因赔款而增收者。赔款各省有定额，而各府县征收则多寡不均，酌盈剂虚原不必斤斤计较，然立宪国财政所收何用无不有一定之名分，统一省额解赔款计之，既有关税，又有厘金，又有忙银之加征，又有房捐，究竟为多为少，吾民一向茫然。西人谓吾国因赔款而加赋取于民者将几倍其数，此应清查确数，必果有余，应留房捐为地方税以供自治之用，而目前所急应示信于民以稍释民困者则银圆铜圆之任意抑勒也。币制不一之弊已详沈议，兹不赘。

仇君继恒意见书

征银解银

征银解银既蒙部驳，然州县不敷征解，其贤者将洁身而去，其不肖者必别有取偿，无以养廉官则苦矣，而亦非地方之福。应如何妥筹办法，俾官不复以赔贴为虑而亦不至重累民生始为两全之策。

铜元

铜元盛行，银价增涨不已，官民皆受其害，非独征解一层，须为官设法补救也。大抵补救铜元必先停铸，但已铸之元应否收回，收回之后是否复用，若有折耗当以何款填偿，均应筹计。

地方自治

地方自治势不能缓至数年以后始行著手，一经著手，在在需财，地方财政既未即时规定，慈善事业之款又俱向来各有各用，决无大宗余财可以挹注。应否先行指定何款如附加税之类先行指收一二宗以便开办。

治匪

青红帮匪徧地皆是，劫夺之案日有所闻，乡曲善良不敢报官，即报官亦不能破获百一，盖闾阎之不能安枕久矣，当请官以何法治之并以何法补官之不及。

禁烟

禁烟已由官办，惟官力不到之处必资社会之补助，应如何妥议章程以期与官力相补庶烟害早绝。

赌博

赌博费时耗财，官绅庶众均受其害，近来一种赌博谓之麻雀为害尤烈，无人不赌，无时不赌，无地不赌，几如流行病症到处传染，输赢之巨亦复骇人听闻。应如何设法严禁以冀挽救。

夏君寅官意见书

运河自苏常至清淮，为江苏全省之血脉，昔人用人工以开凿利赖至今，近则淮扬两府利害相因，水多则有泛滥之虞，水涸则有浅滞之患，入秋汛则高邮至兴东时虞溃决，农民日夜皇皇，苏路北线用东堤西堤之议闻尚未定，疏导之势非通筹全局不足以免其鱼之灾。

淮南北盐课甲于各省，敝邑为泰州分司所驻之地，县境有七场隶之，生长于斯见闻甚伙。近日运商场商虽公费多而利仍厚，惟煎丁困苦，举全家男妇老稚祁寒暑雨不能一饱，反不如居灶地之农人尚可自给生计。艰则廉耻丧，盗窃抢掠无所不为，私枭白昼横行，缉私之兵其凶狞者胜于枭匪，商民交困，非切实调查变通盐法不足以救目前之弊而收之盐课之利。

铜元之害影响及于全国，惟食力小民尤剧，纸币充斥则现银日少，铜元充斥则制钱全无，生计日蹙，下邑视都会尤甚，非划一制币不足以补救之。

吴君荣萃意见书（节录）

一、论征兵退伍

本省征兵已届退伍之期，既经退伍即为归休兵，应免受国家给料。惟中国应征者大率无业游民，其始未受国民教育，故退伍后亦不能自为营业。在日本军队给料甚少（以其一切费用已由国家负担），归休兵则绝对无给料。如此次退伍之兵仍不能尽免给料，则凡本国人除应免役外，人人有充兵役之义务，即归休兵日渐加多，国家安能胜如许之负担。国家既无给料而又不能自为营业，则服兵役之时期用无穷之经费训练而成者特养成后日为盗之资格耳。是宜筹画处置之方法，使之自谋生计，庶征兵制度之为防卫国家者不至有害于国家。或曰江北一带未垦之地极多，另订开垦之法使退伍之兵任之，适与中国古代寓兵于农之意相合，此法可实行欤？近日督练公所所订征兵退伍章程何如，拟参考之而加以筹画。

二、论食盐专卖

本省每于收入不敷支出时以其差额强使鹾商负担之，而鹾商之所从出不外乎盐斤加价，仍是消费者间接负担之，适同于日本消费税之性质，故谓与其以增加此项消费税为公共经济之收入，不如仿日本之法归国家专卖，改为准公共经济之收入，纳收税于营利之中似较简单易行。考日本明治三十八年以盐为国家专卖业，其盐系由私人制造，归国家收买独占而专卖之，贩卖者必受政府之许可指定，不得搀合他物，外国盐输入政府许可者亦准贩卖。惟独占之弊在可以自由增价，盐为生活必要品，未免使平民受害。然国家为人民之集合体，未有不为人民谋利益，国家专卖断无任意增价之事，且在立宪的国家凡有害人民之利益者议会无不反抗，所虑本省盐政条议繁多，成案复杂，必留心于此者详为调查细加研究方可设法变更行之无弊。是所望于同会诸君子。

三、豫防纸币之充斥

在经济学上以纸币发行为金融界附行业务，惟国立银行有发行之权，然委之于多数银行不如委之于单一银行。日本只有一国立银行（日本银行），美国则甚多，皆有发行之权。中国能以户部银行为中央银行，于各省设出张所，其发行纸币之权中央银行独操之最为上策。今就本省论，已有裕宁、裕苏矣，其发行之纸币无论不能全国画一，即就本省论，使不问社会流通之程度若何漫无限制，必至于额数太多，币价低落，物价腾贵，害与今日之铜元相等。且铜元现货也，纸币只凭信用程度以流通，若无相当额之准备金最易惹金融界之恐慌，不如研究方法豫为限制，使适至金融界活动而止，又从而稽核其准备金相当与否，庶不至有过额之发行使市场扰乱。

四、补救铜元之弊害

铜元充斥之害一如纸币发行过额，于上题既言之矣。惟今日补救方法论者极多，有谓收回重铸，使与铜价相当，以多数改为少数；有谓限以一定时日酌数收回作为公债，听以其余少数流通。窃谓前法其亏在国，后法其亏在民。亏在国而国家骤难措此巨资，亏在民则当其以公债收铜元之时，如贫者仅有铜元若干，日用仰给，忽以数内之若干易为公债券，势必不敷日用，而豫于闻风时争相设法用出，其极端必至于铜元停止流通而市场因以扰乱。今拟暂为停发银元、纸币，依其信用而以铜元之分期兑换纸币代发行之，发行若干即收回铜元若干，重铸价格相当之铜元，而所用之铜元、纸币或依信用力延长流通更妙，否则分期兑换国家亦不遽受亏累。是在研究者决之以供议案之提出。

五、禁赌博宜先废富签业

赌博之事中国旧律处罚极严，但未见实行耳，然在警律上亦谓之违警罪。方今整顿警政自不难禁绝赌博。窃怪人民与人民赌博则科以违警罪，人民与国家赌博则公然不顾何也？盖赌博之最大而害最溥者莫如富签业。富签业以国家为赌博之主体，而人民各以射幸的行为以求欲望之充足，其结果必至虚掷其金钱消失其财产，国家害民以取利莫此为甚。此在欧洲大陆国有行之者，如伊大利、奥大利、普鲁士等国是，然其为害民之业论者早非之矣。中国人民侥幸得财之欲望最甚，国家再以富签业导之，其流弊必至于发萌盗心，甚非社会福也。今拟于本省废除江南彩票及其他附行彩票为中国先，惟望同会诸君子知此项收入本抵何种必要之支出，骤然废除必于财政上大受影响，须另辟一种财源，使此种财源多收一分即将富签业减少一分，渐减以至于无，则禁赌博效果之极大者也。

陈君福咸意见书（节录）

监督财政之方法

监督财政为谘议局第二之天职，欲实行监督财政非实行预算不可，但第一次谘议局开会欲实行预算有种种之困难。预算必先清理，现各省清理财政期以三年，尚未定能否蒇事，今欲以数月间清理之，此必不能者，其难一。预算必指定某款归某款所用，不能挪移，江南财政若不准挪移，则束手待毙，以何法补救之，其难二。预算必出入相抵，其入款不足者由议员负担筹款，江南每岁不足数百万，以何法筹之，其难三。若欲实行则有此等困难，若因其难而不实行，则固有之权利竟放弃之，何庸立此谘议局。果以何法能避此困难而达实行之目的，是宜研究者二。

钱君以振意见书

查《谘议局章【程】》第二十五条云"第二十一条所开第一至第七各款，除第二、三款外，谘议局得自行草具议案"。观条文所开范围之广几有涵盖一切之势，盖国会未开，立法者之意，一省之事谘议局议之，一国之事资政院议之，本无中央行政、地方行政之分。自上年冬间宪政馆通咨各省谘议局预算决算办法文应按照九年筹备清单于光绪三十六年方将各省岁出入总数交谘议局议决，次年方办决算，则宣统三年以前之谘议局议事之权不完全矣。又申明预算决算以各本地方办事用费为限，国家行政经费不在其内。又《清理财政章程》第十四条第三款申明地方行政经费指教育、警察、实业等项，至此而谘议局之权不得不较章程缩小，而中央与地方之分亦于兹以起。然目下资政院未开，国会且在八年以后，而事之利害切肤，迫不及待者，虽事属中央，谘议局亦不能置之不问，惟有建议于中央政府听其采择行之而已。兹值研究会第一次开幕，应行预备之事头绪繁多，似宜由会员各抒所见，逐条开列，或待调查，或须征集意见，至开局时方可编成议案。兹就鄙见所及条列于左：

甲、关于谘议局内部之事

选举议长、副议长、常驻议员之方法议事之规则。

谘议局章程应呈请督抚奏明修改之条文。

按以上两节皆局中内部之事，原可俟开局后再议。惟会期仅四十日，延长不过十日。第一次应议之事正多，上开各项似宜及早议定，免妨开局后议事时间。然研究会会期亦不能过长，应否举定起草员俟第二次开会再行议决，至开局时仍作为正式议案呈请督抚核定。

乙、本省应兴应革事件

实行普及教育之方法应征集意见。

本省所立高等师范实业巡警各学堂改良之方法应先行调查。

留学东洋西洋之补助如美国退还赔款遣派留学生，究竟苏省退还之款若干，应派学生几人，应如何选派，应先行调查再征意见。

停止本省鼓铸铜元并建议于中央政府画一币制，一面急筹本省铜元补救之方法此虽关涉中央行政，而铜元之害迫于眉睫，应征集意见。

南漕改折之计划应征集意见。

裁撤厘局改办统捐应先行调查厘捐收数及厘局之扰民，再征改办统捐之意见。

筹办导淮应调查淮海一带之地理再行征集意见。

丙、关于财政案之各项事件

裕宁、裕苏及各官营事业之组织及监督之方法应开列名目先行调查再征意见。

教育经费应调查收入之数及收入之种类。

巡警经费同上。

丁、关于法律案之调集事项

民政：如巡警、工程、清乡、积谷、水利各种章程规则及惯例。

财政：如各地方禀定所筹之捐或官厅为地方用费所筹之捐各种章程规则及惯例。

教育：如学务公所、劝学所、教育会、图书馆、各学堂各种章程规则及惯例。

司法：如裁判诉讼、监狱、习艺所、押所各种章程规则及惯例。

交通：如轮船、铁路各种章程规则及惯例。

实业：如官营事业、银行、垦荒、森林、畜牧、渔蚕、农工商会各种章程规则及惯例。

外交：如租界、商埠各种章程规则及惯例。

按：欲求地方之发达，必立法完善，而后行政者有所依据，至如司法、外交虽关涉中央行政，然利害切身不能不加以研究。上开各项应开列名目分头调查。

张君曾壁意见书

一、淮盐脱销宜筹补救之方

近岁淮盐动辄脱销，至有借运芦盐之举，谓销数骤增，物力不给似也。然从前引地未尽规复，产盐之数今不昔若，此其明证。据最近之调查，以为海滩日涨则旧灶去水益远，挹注不便，此一困也。百货腾贵，煎盐之丁日获工资不敷生计，于是舍其旧业而从事于渔樵诸务，丁日减而灶日虚，此二困也。夫灶远则宜迁，商力不继补助之责在贤长官。乃近闻增票以百计，售银逾百万，若能移此项以为迁灶之费，岂不甚善。至盐斤加价者屡矣，而产地之价鲜闻加增，官无以恤商，商又安有以恤丁，其任其舍业而逃者势也。惟是迁延不察，每岁以借运为事，运费增而售价益贵，驯至洋盐以廉价相招徕藉为灌输之计，此最可惧，曷勿借箸筹之。

一、官纸专卖宜防重叠之税

南洋印刷官厂经始于往岁，品物之发行则定期于本年六月，于是自官用之粮串文册以迄民用之经折帐簿等项均须由厂专卖，商民不得私制私销。或谓是规仿日本国家印刷厂之例也，效法美国各部印刷专科之制也。然据所闻，日本国家印刷厂之发行品则法令全书也，官报印纸也，邮便切手也，证券也，或则权利在我，或则便利因人，虽挟垄断之谋而无强迫之实。至若所闻美国各部印刷专科，则由官刊印者专属发明新理、实验工业一切统计报告等书，是殆守秘密主意，非徒为专利计也。今南洋印刷厂之建设将举官商民一切日用之纸极多数须由该厂专卖，虽在东西各国未闻此例，且近闻拟定价值逾于私制不啻十倍，即以官用品一项而言，大邑粮串动逾十万。往岁淮属倡议增每串加收钱二十文，岁得巨款藉资兴学，而侍御入告指为病民，新令甫行，旋即停罢。今官纸专卖则每串价值已逾二十，较之从前病民之政岂非更甚，至各大署文件、巨商票据，日用所需盈千累百，今遽增数十倍之价，诚恐官商交困而民间受间接之害尤属不堪。况部颁印花志在必行，如南洋一省不用，未免互歧。如官纸专卖之后更用印花，是谓复税，蚩蚩小民何以胜此。有发言之责者幸勿钳口不谈也。

夏君仁瑞意见书

设简易识字学塾

近日自治局调查城厢户口兼及学龄儿童，闻下等社会子弟不学者甚多，省恒如此，各属可知，此于宪政前途大有障碍。查九年筹备宪政清单，宣统元年应创设厅州县简易识字学堂，此项学堂系补两等小学之不及，办理得法足普国民教育。惟学部编定课本未知何日告成，告成后又须于京师试行三月始颁布，恐误今年期限，似宜研究第一级暂定课本及筹款设塾办法及时开办。

中小学校添官话一课

地球各国语言之不统一莫如中国，非特省与省不同，县与县亦不同，此于目前省谘议局已有障碍，他日合议于国会更形不便。似宜于中小学校添官话一课逐渐改良。

顾君花岩意见书（节录）

征兵改募兵之害

江苏举办征兵本名是而实非，而反对者甚力，近且仍复募兵之制，专取淮徐海之民，以其强武甲于他属也。然兵之可用者只有数年，势不能无裁撤之一日，今其各归乡里乎地方骤添此有力无业之人，隐患何堪设想，况淮徐海地利未兴，素称瘠壤，遣散之兵归而复出者又属必有之事，则害更偏于全省矣。此不可不早为计及也。

卢君重庆意见书（节录）

一、编订管理地方公产章程

按各国于地方公产保护最力，日本称为基本财产珍重尤倍于各国。我国旧例惟置重于官款，而地方财产官无保护之责，刁绅劣董任意把持，弊窦丛生，视为固然，以地方公共之财产不能谋地方公共之利益最为可惜。现值维新百度，既以国家行政、地方行政同为宪政要端，则其待用之款即同为一国生活命脉之所系，况九年预备，国家需款固多，地方待用尤巨，此种自治团体初非公帑可为之把注。是地方少一分侵蚀即人民少一分负担，故应比照公款严定罚则，管理方法亦并详焉。

一、编订奖励地方兴业章程

兴业之道一曰奖励，一曰保护，二者缺一，富源不开。泰西之航业、日本之渔业，奖励之制至今不废，至于保护政策尤为各国富强之基。今者宪政实施，地方自有财政，谓宜就一省之力兴一省之业，如森林、矿产、农业、工业等，各订专章，庶理财不专节流而筹捐不皆消费。

一、纸币调查案

发行钞币关系极巨。各国之例须调查全国经济界，酌定每年发行之数，编订条例，由商业银行发行之，意主便商，非图罔利。各省发行纸币本非部章，即或未能骤停，亦宜少有所限，《谘议局章程》第二十一条发行公债须经议会公决，印造纸币事体正同。

许君家恒意见书

一、禁淫祀。神道设教，圣人以之信教自由，各国所许，独本省江北一带淫祀随地而有，其甚者僵石枯木奉若神灵，而游手无业之辈因得假托附会惑世诬民，无形之患永无纪极矣。是宜就祠庙之载在祀典暨宗教家之所奉祀者外尽撤一切无名不正之祀，将其祠屋祭产拨作学舍学费，庶几一举两得。

二、定章服。服不衷者身之灾，埃及之弱由奢侈，而日本近日哈伊卡拉西俗高领、日本美观之通称之风盛行，博士金井氏亦以为极恶之现象。我国法制严明，章服之间本自秩然有序，逮夫商埠既辟，捐例又开，尊卑淆杂不可究诘，东南各省及通商各大埠侈靡尤甚，其始不过富商大贾与纨绔子弟相率为奇袤妇服，渐而间阎阛阓贫窭小民衣必绫罗，色必鈇丽，亦可危矣。是宜申明旧制，详稽等级，将一切服物定立新章，使不得逾越，庶于社会经济、国家富强两有裨益。

三、查荒地。国必期其无旷土乃中国之古训，无主之地归国有又各国之通例。现东北诸省旷地千里往往而有，即本省徐海一带荒地亦多不耕不种，地力长湮，人口日增，何以为养，是宜清查招垦，或人民有愿买者亦可低价卖却之，否则就西国国有土地之经营方法如直接管理法、小作法、请负管理法之类择善而从，亦易得良好之结果。

四、设工坊。劝工之制中国自古有之，而所谓模范工场者又时见于泰东西各国如德国之屑布尔陶器工场及麦酒工场之类。本省宁苏两府城内业织者各不下数千家，近俱以洋绸洋缎之输入增多而不免有歇业之虞。是宜用官力以提倡而改用机器以轻成本、采取新法以广销场，庶几上行下效而利权可以收回，较之加重输入税以塞其来源者尤为易行。

贾君雪堂意见书（节录）

洋商内地开设行栈

洋商不准在内地开设行栈载在约章，意固深远。乃省垣地方有日人开设店铺数所，初犹隐其洋商之名，今则颜其额曰某某洋行某某洋行矣，其实虽一小铺而将来主客营业交涉之冲突及列国利益均沾之要求，其隐患盖不可言也。议禁为便。

筹办地方银行以兴实业

国之所以有旷土游民者，实业不兴之故也。实业之所以不兴者，财政困难之故也。今之天下库帑支绌而官无财，廛市萧索而民无财，亦实在之情形矣，而要之皆运掉不灵之故也。夫财犹水也，聚之则见多，分之则见少，聚之则运掉能灵，分之则运掉不灵。若筹设地方银行，合地方慈善事业之款目及其他地方之公款存集于中，任以公正殷实之绅商，仍董以各团体之董事，借以为兴办地方实业之张本，事虽举办不易，或宜首议及之。

蒋君近垣意见书（节录）

财政

一、征银。苏省征钱解银由来已久，曾文正明定银价时银本不贱，官之赢余亦不甚厚。迨光绪十年后银价渐落，官乃愈肥民愈瘠矣。近年银价骤长，因铜元充斥之故，此亦时会所趋，挽回不易者也。若长此不变则官累难堪，若遽改征银恐民困益亟。民间向不用银，昔年犹有收藏，近则铢两皆绝，完粮以银圆折钱胥吏尚高下其手，若银之成色价值小民茫然更易舞弊，便官而不免虐民，必须银币造成可以直接完粮方能议改，今非其时。惟州县有迫不及待之势，应如何设法变通，是有待于研究者。

水利

一、江北。通扬虽属水乡而支河淤浅，遇旱即涸，各村庄皆有私沟，若时时挑浚亦可收一溉之益。徐海两属暨淮属之清安桃三邑，一望平沙无容水区，亦无取水之处，谚所谓靠天收也，似宜取法山西，多开水井，或仿古人沟洫之制，于田畔开沟，旱潦均不无小补。惟土质坚松不同，淤沙各异，何处宜井，何处宜沟，何处沟井皆不宜，须别求补救之方法，是有待于研究者。

吴君温叟意见书（节录）

一、淮扬水道不治，稍涨则长堤危急，下河人民有为鱼之祸；旱则水涸见底，下河稻田无以资灌溉，商旅壅阏，南北隔越，为患甚大，亟宜调查弊端以图补救。

一、禁种罂粟。现闻江苏各属均一律肃清，自是一大幸事。惟徐属民生瘠苦，民情强悍，前有此项利益以资其生尚不免有骚扰闾阎之举，今既失此，宜有以善其后也，亟宜调查该属物植所宜，购买种子俾令播种。又罂粟成熟在二麦前，如令改种他项植物，亦应择其宜于此时者。既于青黄不接时有所得而糊口，且不误其种禾也。

储君南强、谢君保衡、杨君晓意见书

甲、省垣各署局岁入款目总数

乙、各府属之关署局卡岁入款目总数

丙、通省解京外销协拨款目总数

丁、各厅州县解省留支款目总数

戊、通省盐政之积弊

己、通省忙漕项下征解费用之积弊

庚、全省公共之地方公产公款各项岁入清数

辛、全省地方公共事务之分项岁出清数

壬、各府厅州县之地方公款公产各项岁入清数

癸、各府厅州县之地方公共事务分项岁出清数

子、通省学务情形

丑、通省办理警察之现状

右条仅就所见略举大概，应请汇合各属所拟条目，编定一调查细表分列各项子目，发给调查员实行。

汪君家声意见书（节录）

一、议储蓄基本金

储蓄者所以发展社会之事业而增进其幸福者也，充裕则兴，减耗则衰，乏绝则百事不振。今城乡待举之事孔殷，贫瘠亦日甚。明治要者知其无如何而姑后之

非计也。夫积微成巨，因基为高，忽而不图，长此何极。议先调查本邑之各项收【入】以为基本财产，立办事之基础，其储蓄管理之法别以专章定之。列目如左：

一）随粮草带征之积谷。

二）慈善事业之剩金。

三）迎神演戏赛会之剩金。

四）充公田房之租入。

五）市税以店房定之，村税以田亩定之。

六）荒田认领开垦之租入。

七）官荒山林之租入。

右七项皆储为母金，其办事以子金支出之。贷与之法另规定之。

一、议辅行强迫教育

城一而乡十则城民少而乡民蕃，选举之所出从乎大多数，工商之所营生货产于农，故乡民尤亟于豫教也。普通学系为一般之愚民，今议宣达朝延强迫教育之意，由乡董确查学龄之童，迫令就学，有不学者罚其父兄，其教习访于教育会或劝学所，其课程以一人而用单级之教授，于普通讲习之外更授以适切农家之学科，其经费仍其旧有，或尚未设学，移取无益不急之费以建之，不敷则起本乡地税以足之。总令无人不学，而后一般之愚民智识乃有进步，农业乃能发达也。

茅君谦意见书（节录）

一、田赋类

忙漕名目吾省大略相同，然丁口已洒于地亩，而所出地丁钱有城乡之不同，并城中有不出地丁钱者，有邱领户者，有户领邱者，有出差役之钱者，有不出差徭之费者，其所完忙漕各项以钱代银，银价各府不齐，即各县科则亦容有不等。最难解者，有几升几合之户，其所代银价往往包零为整，溢收之数不知几何。又有串票之费，各县不一，然零串既多，竟有合若干串费可完斗石之正供。又有粮差册书之陋规，亦小户受亏最巨。以上宜如何调查切实熟筹挽救。

一、关税类

常关、海关、厘金、落地税、骡马税，各项征收有例收之价目，有各货之等差，有分局之验票，有下卡之补收，有票费之多寡，有例加之勖重，有规定之员司，有无稽之签役，有坐船，有巡船，有关房，有局屋。其所收款有无弊混抑有独苛于小民之负贩者。

谢君保衡意见书

保衡谨案：《谘议局章程》二十一条第四项议决本省税法及公债事件。查本省税法之坏莫甚于厘金，而地丁征解之法次之，当日研究会上既公认地丁征收为目前最要之问题矣，则请就地丁而略贡臆说如左：

地丁为国家正税，本无所谓弊也，乃近数年来官民俱困者弊在于征银解银而不能直接实行其银征银解，分厘之涨落，金融之短长悉听命于钱业中人。各地自为风气，处心积虑用以损害县官。县官不胜赔累之困，惟有抑勒洋价以为补苴，既知抑勒之风不可以久，乃创为银征银解以解说之，究其实在与从前征收之法何尝小有异同，不过巧立名目欲损民以益官耳。况吾江苏州县大率用圆用角居多，一旦责令粮户以圆易块方许完纳，则纹色高低纷扰必甚，若仍许以银元铜元准银折兑，则涨落任意，弊等于前，无怪士绅之多不赞成也。

今银征银解之问题既遭部驳矣，民间欣然色喜，以为战胜，独不思部驳病官，一转移而部准则病民，故病官非久计也。无论陋规讼费，一切巧取填补。预备立宪时代州县官不敢明目张胆为之，然而官病既甚，则逃差逃缺足以要挟上官。上官不能独理，势必多方饰说以邀部准。查光绪三十二年上忙钱粮每两加钱二百文，部中严辞批驳，民皆额手，乃末及一年而部已照准矣。故夫银征银解一时虽遭部驳，未必易一时而不邀部准，萌芽虽折，根荄未绝于大吏之心，万一又如三十二年加征之故智亦将如之何哉。

为今之计，当以征银圆解银圆为简便而弊少，有如本国之白选、墨西哥之鹰圆，市面通作库平七钱二分，江苏上则平田每亩每忙征银五分五厘，则一银圆可纳忙银十三亩零，较之从前征收之法每圆多出二角，而强以每两计之不啻三角已，此三角银圆核之现行洋价可抵钱四百余文，侭可仍令粮户随忙缴纳，以二百文作赔款，二百文作办公津贴，州县直收直解不为钱业中人所困，无庸抑勒洋价，小民得以直截完纳，即使铜元充斥而地丁之征收不受其影响矣。

虽然，粮串之印刷不可沿用几两几钱几分几厘也，当改为应完几元几角几分几厘。例如平田壹百亩向完五两五钱，今既用圆，则应照圆科算作为七元二分，准此递加递减，所有附加各税仍不难铢两悉称，不过粮房粮书于初改章时稍有不惯耳，变定之后依然成法矣。如此办法，不病官，不病民，赋不加而用自饶，币制且不必变更，何庸纷纷争议乎哉。

难者或曰：如子之说民便矣，赔款与办公经费有著矣，其如州县署用之不彀何？曰是不足虑也。往时忙银平余每两多不过二三百文，各种提款干脩陋规皆出其中，宦囊依然充足。现当清理财政之际，一切规费渐次裁减，署用必有制限，尔时或尚不敷，再议津贴未晚。保衡对于地丁征收之意见如此。是否可行，惟在会诸君子有以教之，幸甚！

保衡再案：宜兴一县通年忙银九万两赢，以每两二百文核算，通年应出钱壹万八千余串，除去三分之一作办公费，尚余钱壹万二千余串，署用已不为少，况又有官格契之半价、鸦片膏捐之盈余、漕米折色三成之费脚、新垦给单之规费种种永不揭晓之利益，均足填补宦囊，惟为数多寡须俟调查方知耳。

张君延寿意见书

仆淮人也，顷承淮属人士来函并调查表件，以财政为最要问题，以调查出入款目为入手办法，诚为先务之急。惟调查之方法与其目的之所在则未明言，不知诸君之意将以各衙署局所之簿籍为根据乎抑欲得财政之真相乎。《南洋官报》载江南财政局预算每年收支约不敷二百四五十万两，各州县地方自治官绅皆以无款观望，将来人民负担之增加势所必至。江苏号称富庶，税目最繁，丛弊亦最多，而通融报销为官吏之长技，此不难查，此不必查。窃谓财政之真相不在有根据之收支而在无根据之中饱，此不可不注意也。就人民一方面论，欲增其异日之负担不为除其积年之蠹害，公私朘削，患且不可胜言。就国家一方面论，中饱为财政上一大病根，不于今日荡涤邪秽刷新耳目，无论何种方法，多辟一利源即多凿一弊孔。中饱之术巧者万变，其通常行之而不为怪者大别有二：一蚀于正款之内，一溢于正款之外。夫收自官吏者皆出自人民者也，请勿但查官吏之收数，必并查人民之实在出数如厘捐进款确数虽无由尽悉，但能逐细访求必能得其概略。销于官吏者皆用于公家者也，请勿但查官吏之销数，必并查公家之实在用数如学堂、警察等局所薪工若干、杂费若干，一一稽核必无遁情。如此则正款以内之真相得矣。衙署局所每办一事无不用财，开办必立案，立案必报销，于是官场则有委员夫马费，书吏则有经承纸笔费，久而名为例规，昌言无忌，与正款相终始（近惟学务衙门稍革此弊），少拂其欲，指驳随之，而其例规之多寡则视正款之数与经理之状况以为衡，地方贪污之士绅相与狼狈何所不至，廉正者患其败事也则亦勉徇其意而不能揭诸册报，则亦姑用官场融销之法，此等簿籍可援为调查之根据乎？是宜一一搜剔务穷其情状而止，如此则正款以外之真相得矣。夫国家之公费无不出之于人民，凡若此者非有恶于个人也，为人民之负担与国家财政之改革计也。或疑事无根据言之奚益，不知议员调查财政非与人争讼必得左证而后可以定谳者比也，始于询访固非出一人之私，终于宣布岂能关旁观之口，况以本地之士绅考本地之事实，种种情状固已目击而身受之，而赢余例规诸名词政界中人视为应享之权利彼且坦然不以为讳，而烦我辈代惜其羽毛哉，若以为劳烦贾怨或伤政体，将俟诸天然之淘汰，则非鄙人之所敢知矣。

鲍君友恪意见书

承示补救铜元流弊问题统限于两星期内，凡有同志各具意见书分别寄呈以备采择而待否决，仰见箸筹在握轸恤为怀，正本清源，惩前毖后，谋诸全体，具有深心，钦佩之余，企幸无似。窃查铜元充斥几徧寰球，利少害多，钱贱银贵，社会现种种之障碍，财政受种种之困难，名为流通，实则消耗，调查各省，大致相同，凡文告所指陈及报章所建议皆已言之详尽，无待赘词，唯以值此时艰，对于民困欲穷求其流弊必直揭其原因。当铜元开创之初，但顾目前未思善后，始由于法值之无定率，继由于市价之不公平，逐使贪吏猾胥奸商黠贾得以高下其手出入其间，况复官铸日见其增多，私铸又从而附益，私铸发现且不止于中国，即外国亦已潜相仿造，暗自灌输。近如日本国民私运东洋铜胚阑入内地，用手摇机器日夜鼓铸，铸成铜币转销于上海地方操其奇赢，日游都市，较诸中国固工省而价廉，人情罔利营私无不趋之若鹜，任外人之攘夺吸我民膏，倾同种之资财输于他族，卒之价值愈贬，银洋愈昂，铜质渐以消磨，制钱终于缺乏，因而百物腾贵，四境恐慌，民生既迫于呼号，匪类将起而煽惑，斯其充斥为害如水益深如火益热，后患究伊于胡底。今之关心民瘼者未尝不痛陈利害亟思补救挽回，而议论纷纭，尚未折衷于一是。或议仿照银元小角贴水，或议全将已铸铜元收回，或议重铸价格相当之铜元，殊不知贴水则多亏折，无术弥缝，收回则皆废弃，何物通用，若欲重为改铸，必以一铜元足抵十制钱，则经费浩繁，资本艰巨，国家无此财力，难以实行。三说于斯似均未能允协。为今之计，急则治标，先在节流，要非停止鼓铸，查禁私铸不可。停止鼓铸，俾来源已绝，去路自稀，有减无增，保无漫溢，再为联合各省划一流通，更不至有涨跌高低之病。查禁私铸应由地方官各就管辖境内严密访拿，从重惩治，并由沪道商诸日本领事按照约章连同彼国私贩一律禁绝，想诘以大义，持以公法，两国邦交素睦，当必帖服允从也。果能照此试行，随后徐图进步，维持圜法，保守利权在此一举。处于今日思患预防，姑以为补救铜元之一助云尔。然犹有可虑者，铜元而外又有纸币，铜元之害显，纸币之害深。以一空纸实当百钱，全恃社会上之信用，若预备之金不足，补助之品又虚，一旦周转不灵有失信用，持票兑换纷至沓来，势不得不急于应付，应付不及必至挪移，挪移不及必至倒闭，所有纸币尽成废物，即使按照破产而偿还减折贻累无穷，加以赝鼎潜滋，由于奸徒私造，机械变诈，真伪混淆，隐忍则暗损基金，剔除则牵动全局，亦足为阛阓之隐患。故铜元之害尚在贫民，纸币之害已在巨商，一并害及富室。今欲挽救其失，自以不用纸币为上策。倘或济市面之穷，藉以流转，应请国家制造钞票颁行各省以归划一，不独转运内地交通利便，且有以抵制外国道胜、正金、汇丰等银行输入通行之纸币。现在商部创设大清银行，绅商拟设公司银行，皆为当今之急务，如将来银行设定，则纸币尚可酌行，但民间钱典业遇不得已而发行纸币必须先将预备金存储于总银行，所发行之纸币不得超过预备金三分之一，仍须将纸币实数报明注册，尤不得滥发滥用，有此节制又何患其充斥哉。至于私造伪票本干例禁，一经觉察照例治罪，谁不畏法，亦当取鉴前车不敢复蹈故辙。是则挽回纸币即以补救铜元之计议耳。区区一得之愚，是否有当，敢以质诸高明。

凌君文渊意见书

宣统己酉四月二十六日为吾江苏全省谘议局研究会成立之期，次日发布研究问题二十有九，就中以地丁征收、补救铜元流弊、筹集地方自治经费三问题为最要。渊谓三问题中惟地丁征收必得六十三州县出入各款详确之调查乃能解决办法，兹姑就平昔对于此题之意见略述大概以供研究。

自征银解银电邀部驳后，人民欣然以喜，而州县怒然以忧。渊谓此未足为人民庆也。夫人民之贫困人人知之，州县之赔累人人知之，病民非矣，病官亦非，病官非矣，病官而迫其病民则尤非，不观税契加价、积谷带征二事乎，名非加赋也而实与加赋何殊？州县赔累之不已，则必别立新名以便取偿，前例具存，其何能免？危一。官之病民，无名烈于有名，无形酷于有形，州县既为亲民之官，积威所在何求不可，贪墨接轸讵必有可假之名可见之迹。脂膏有限，取求无穷，危二。就令为州县者秉性廉退不忍诛求，而资产有涯赔累无已，监追撤参前后相望，到任者力求免脱，未到者视为畏途。今吾省州县中已有弃官潜遁及奉檄文不赴者。循是不改，恐廉吏裹足而贪墨塞途，即加纠治已无所及，危三。议者以部驳征银为人民最后之战胜，欣欣然有喜色，而不知此三危者犹爆黄磷于空气之中行不待引而自发，此无他，未为州县计也。虽然，为今日州县计殆有缓急轻重之分，未可一概论也。曩者地丁收数多，优缺也，今则为瘠缺；曩者地丁收数少，瘠缺也，今则为优缺；曩者地丁多而漕亦多，或有他项陋规者，今仍不失为优缺；曩者地丁多而漕不多或全无，或无他项陋规者，今则实为瘠缺。州县所入其肥瘠优劣殊异如此，则补救之方自不能悉衷于大同，必举吾六十三州县最近之情状一一查核而厘定之孰为最瘠，孰为次瘠，量其缓急轻重而施以适当之体恤乃为正本清源之道。然而查核州县度支之难不在收入而在支出，查核支出之难不在正销而在规费。书吏之陋规如藩署办灾费、地丁核册费、漕米核册费、上下忙规费、漕规等；道署漕规、奏销等费；臬署解人犯、秋省等费，府署漕忙规等费、委员之程仪及其他之杂费如上司到任办差费、门包、节规、犯人过境、盗案捕缉等费，罄竹难书，俱成巨数，而尤以书吏、委员两端视为牢不可破之命脉，案牍之准驳系此，宪眷之隆替系此，乃至官职之黜陟系此，稍一悭吝，祸败立至，虽有督抚监司烛其隐微痛加抉摘，而为州县者且深闭固拒，饰有为无，至于逢层宪之怒而弗屑。盖宪怒可息，而书吏、委员之怒不可得而息也。书吏、委员与其他杂费取之州县者既百出其端无有暨讫，为州县者不取之人民而谁取乎？是故欲州县不多取于人民，必先使书吏、委员及其他杂费无所取于州县，而为州县确定支出之款项若者宜裁，若者宜减，漏卮既塞，则收回之数殆有过于平余之津贴，为州县者又何事晓口瘏舌以争不可必得之征银解银问题耶？规费既裁，然后视地方事务繁简酌定公费，每年制预算表呈藩宪核定，年终决算详报即以本地方原有入款为地方官公费，盈则归公，歉则补助，凡应补助之公费概由藩署发给州县，既无规费，所有出款皆为正宗开支，为数必已大减，即赖补助数必不巨矣，其征收地丁钱粮及关于一切财政事宜悉宜藩宪遴委专员掌管其事，并须规定薪资免动公款。州县一旦不摄财政，则凡书吏、委员与夫向之恣意取求者其视线将不属于州县之一身，州县或得从容以敷政教，而人民庶亦有以自安乎。吾省宁苏两属情形不同，而同属之各州县其情形亦互异，将来办法势难一律，惟裁汰陋规酌定公费苟能同此目的以进行，则征收地丁虽循旧章实于官民两无所损。至规费之若何裁汰，公费之若何酌定，各职员正在调查未毕之时，非通观全局不敢妄加论议。渊闇陋妄陈所见，惟与会诸君子匡救之。

朱君励志意见书

谘议局研究会提议最要三问题：

一、征银解银。

二、铜元弊制。

三、筹议地方自治经费。

征银之说起于银贵，银贵由于铜币之充斥，铜币充斥由于以三四文工本杂以铅铁造一铜元赢利六七，利赢太多而各省竞铸，其利犹在官，奸民私铸其利犹在不轨之民。乃民欲窃铸，官严诇而禁之；官欲多铸，部察知而停之，而各省之藉口余铜已积、垫款虚悬，请侭铜铸以清垫款固至今未已。而各国洋行售赁机器铜版印纹者无所售无所赁，乃起而自铸，费工本十之三四，收赢利十之六七，或即在内地洋场自铸，或更由外洋输入，而举以收内地之银易中国之货，而银洋与货物皆涌贵，铜元之充斥尚靡已也。铜元充斥而成本轻，民间日用所需相比例而贵，民既隐忍受其害而无可言，而征钱解银官向利其银值有余钱以为津贴者，至此乃先受铜元充斥之累，欲民代任之矣。统江南北论之，其害南重于北。宝应地偏于北，旧征银一两纳钱二千四百四十，后捐积谷一百六十，后又加府学堂捐一百，最近以新政议租捐五百四十六，通前合计每两银纳三千二百四十六。米每石旧纳五千五百五十二越年加五百，后加府学堂捐一百，最近以新政议加一千，通前合计每石征六千六百五十二串。无论钱米钱分升合多少，旧纳钱五，今加府县学各五，通前纳钱十五钱米共十六万串，此其大概也叙述稍赘备调查。江南征钱轻而赋则过重，沿南宋官田之征与明太祖恶其为元固守苛罚，虽历蒙圣朝宽大之蠲减而赋则仍重，江南田赋甲于天下，信乎其甲于天下也。然即今以征钱易解银，江北连火耗解费固未至二千四百四十，江南二千二三百亦尚未不敷，所不足各州县吏胥解银外之津贴尔。今不揣其本而齐其末，征银外重议加津贴乎抑不乎？故官当收外国铸铜元之利权不当使民独代任铜元之流弊，故欲决第一之问题，实在第二铜元与币制能速提议解决否也。

　　币制利弊之解决，其本在金银本位，其标在铜元本位。今日铜元充斥之病亟矣。亟则治标，不熟审其标之所由病，病固未易去也。其病之未易去有四：一充斥不易停也。民可禁铸，官可停铸，而外洋固不可禁不可停。二充斥不胜收也。甲收而乙铸之，彼铸不已而我收无已，以银元角收之弊先在银币，以纸币收之弊必至于废格纸币。三充斥不可收而改也。以三四文铜本杂铅铁朽质，提铜费工本折耗甚巨。四充斥不易减折也。明明当十而欲七八六七之，市廛纷扰官民计较，吴越歧异，孰能画一。凡此数病愈亟治标病且不可治。侧闻度支部近日最后之议似尚可行，其曰：金币一值银币十；银币两种，大者一足色平六钱五分与主铸七钱二分夹外质之鹰洋，各督抚议同，于通商便利，一足色平九钱七分五厘较库平小市平大，与主中国用两收自主权，各督抚议同，于中国税赋便利；次又以银币小者数种辅之，由一角而二角五角，又半五角为四开，半一角为五分，其于大者值两，次者值鹰洋一枚，配用均适合，一两之币易银角十五，一元之币易小元十角，银本位大小均画一，惟一角易铜元十不能强使之齐，以其工本三四而使之值十，余利太多，而私铸者众且易也。今部中议者欲造白铜币当二十，又一当五十，愚意部拟欲以白铜币当二十者欲值之倍乎今之铜元也，然将以五当银角一乎？仰以十当银角一乎？以五则人知其工本之不值，以十则银大元且值二千，银值且愈贵，计不如精造铜币不杂铅铁稍重铢两使倍于铜元之工本，为之文曰十准银角一，以定铜本位，而旧有之铜元不必停、不必改、不必收、不必减，而实轻者值自轻，如昔日当十大钱京则称二十，每银一两且易十数千而银不以此贵，钱亦未尝以此多私铸也。十准银角一，币既通行，更以纸币准此币值，于值千外更作五百、三百、四百、二百、一百以辅之，则铜元且自轻自停、自长自消，相机收之可也，减而半之如昔之当十亦可也，既无赢利，铸不禁自停矣。故欲禁铜元充斥莫亟于以精美铜币先定铜本位。至历朝制钱，白铜者四当白铜币一，黄紫铜者五当白铜币一，则私销除而国粹可保。如此则银值画一均平，彼为征银议者见钱贵恐又将征钱，此不待烦言而解者也。

征银解银之不可，以其迹近加赋也，以其非列祖列宗爱民永不准加赋之圣意也，而米每石加至千一百，银每两加至六百四十六，其明加赋而巧为辞莫如宝应筹备新政经费之租捐，虽曰绅民数人之禀请，虽曰试办一年，而将来自治经费既不足用且无所出，则试办者且将长办，暂捐者且将加捐，他县或援以为口实，此岂法之善者哉。今欲筹所以停租捐且宽筹经费以备自治之用者，其道有二：一因地而筹之，一因民所利而筹之。何谓因地？收濒湖淤垫之滩勿再任豪强坐并，永归地方为公共自治之经费。宝应湖中淤滩旧隶漕河督，今隶提帅。湖有滩，黠者请丈量，亩纳数十文，漕河督承领，岁纳亩廿余文，充道学务费，遂为己有，其后再有淤垫必先佽先领者如前承领，遂垄断兼并世为利薮。夫官荒之地叠奉旨饬查以广兴植民之利，今请此后再有淤垫概由地方如前缴价纳租承领，永归自治所经费之用，此因地而筹者一。曷谓因民所利？宝应无多出产，所产惟五谷，以田与户口计约须粜三分之一计百余万石，自江北、江南河运停办数十万石后而盐城运顺直之路、仙女镇销宁波叠假口济外洋而封禁，近又或以小水旱并内地亦封禁，而譲销路于芜湖，并本省镇、沪亦不能达，故米价较沪少至一元四五角。谷贱伤农，农伤本病，本病而末亦病，元气彫敝不通功易事害之也。小有水旱，市贾又居奇，逐末之民又以市贾居奇而逞事，而积谷既移之他用，平粜又无一款，可为痛心。考之外洋米粮出口往往与货物同为大宗，况谷者出于地而无穷，果使流通而利农，农有余利自必熟垦加肥以尽地利，则不待劝而谷收必倍多。农利而工商必俱利，但当防其匮竭宽为储竭，计不如收平粜捐而驰禁。今若严定章程，使商会领运票，自治局验放，每米麦一石买者卖者各纳二十五文，则以一百万少数计可得五万千，以三之一为平粜，积谷岁岁增加永不匮竭，余二成三万余千以三之一抵补租捐而迹近加赋之租捐可停，不至移祸邻县加捐藉为口实，其二万千为筹备地方经费供自治之用，不致更以经费不足更议竭流而渔，加捐之下策矣。不伤财，不害民，民乐流通而农自劝，商自利，工自畅销，仰保存国家爱民永不加赋之深仁休美，一举而众善备百弊除，所谓因民所利而筹经费，此诚策之上者也。

艾君曾恪意见书

前阅日报，读悉江苏谘议局研究会议决最要问题，以地丁征收列为第一，而王君纳善、沈君恩孚、孟君森、钱君以振各抒所见，以资讨论。恪敢效一得之愚，谨就所知分缮征收忙漕节略。忙之征钱解银以每两核明余数，漕之征钱解米及折解以每石核明余数，算到厘毫丝忽，并提出应查各项注明调查之法以备研究会诸君采用。各州县情形容或不同，洋价参差特甚，今以各邑酌中之数合算，上下忙固所余无几，漕则余利较多，以漕抵忙不至赔累，担任调查地丁征收者务必忙漕合查方能指出实在盈绌，而各邑之肥瘠亦于以见，征银解银之问题可以早决矣。

苏省各州县征银节略

各邑忙银每两收钱二千四百文，近来有收三成铜元七成银元者，亦有全收银元者。兹分等列左：

银铜元七三搭收者，柜价约脮计每征银一两收洋一元四角二分四厘，酌中以此合库平银九钱五分四厘，又收钱七百二十文，酌中以此合库平银三钱六分三厘二毫，两共收库平银一两三钱一分七厘二毫_{如洋价不满脮，合收银数尚多，计每元作短十文，每两即多收银七厘二毫。}

全收银元者价亦约脮计每征银一两，收洋二元三分三厘九毫，此合库平银一两三钱六分二厘七毫。

解银一两连火工需银一两五分_{将来银币通行之后火工可除去。}

每两提解三分平余，连火工需银三分一厘五毫_{亦有提解四五分者。}

每两提解赔款二百文，连火工需银一钱三厘九毫_{赔款不用元宝，火工可除。}

书差辛饭每两该钱合银九分_{此以至多计之，间有五六分及八分者不等。}

除解支外，计银铜元七三搭收者每两净余银四分一厘八毫，合钱八十三文。

又计全收银元者每两净余银八分七厘三毫,合钱一百七十三文。

一、应调查各邑实征银数此数宜向藩司衙门调查较为确实,杂税银数一并调查。

一、应调查各邑柜收洋价暨搭收铜元成数此数宜由各邑议员就近向地保细查。

以上二项调查明晰即可核见各邑忙银平余确数。

一、应调查各邑各项幕友人数以及官眷家属人数各有若干,月给各役工食若干,监犯口粮若干,两忙捐款若干。此项最难著手,必须向署内之人细查,如见厨役则问以每日开饭几客,要在各邑议员随机应变以查出署内实情为止。

此项调查明晰,即可核见各邑署用数目,并可以平余抵支署用究竟有无不敷。

苏省各州厅县征漕节略

按漕米折价系由藩司核定,历年收数不同,兹依光绪三十四年冬漕及宣统元年春漕定价开列如左

银铜元七三搭收者,照上年定价,每石连公费脚费收钱六千七百零二文,以柜价折计算收洋四元四分四厘三毫,比合库平银二两七钱九厘六毫八丝一忽;又收钱二千零十文,则合库平银一两四分六厘八毫七丝,两共合收库平银三两七钱五分六厘五毫五丝一忽,全收银元者亦以折计算,每征米一石收洋五元七角七分七厘五毫九丝,比合库平银三两八钱七分九毫八丝五忽。

解米一石,上年米市每石四元四角,比合库平银二两九钱四分八厘。

折解一石,上年提银二两八钱五分。

每石提解练兵经费一百零八文,连火工需银五分六厘二毫五丝。

又每石提三分平余,连火工需银三分一厘五毫间有提四五分者。

书差辛饭赏犒每石约该钱合银一钱七分七厘八丝一忽间有不到此数者。

解米之外,每石以银元铜元七三搭收计算,净余银五钱四分三厘七毫二丝。

又计全收银元者,每石余银六钱五分八厘一毫五丝四忽。

折解之外,每石如以银铜元七三搭收,净余银六钱四分一厘七毫二丝。

又计全收银元者,每石余银七钱五分六厘一毫五丝四忽。

一、应调查各邑实征米数此宜向藩司衙门调查。

一、应调查各邑漕米洋价暨搭收铜元成数宜由各邑议员向地保完户切实调查。

一、应调查各邑仓收米数亦宜由议员调查。

一、应调查各邑买米价值宜向无锡、常熟及上海各米行调查。

一、应调查各邑实运米数宜向藩署调查。

一、应调查各邑折解米数同上。

以上各项调查明晰即可核见各邑漕米平余确数。

一、应调查随漕捐款，幕友、跟役、官眷一切衙署开销此项应合二忙通年调实，各邑议员相机行事，实无一定相当查法，惟孝敬不可作捐款论。

前列各节调查明晰，除去署用，即可核见征漕实余之数，设使两忙竟有不敷之处，即以漕米平余抵补后亦可核见全年实余之数。

本省财政调查细目

仇君继恒 稿

甲、入款

一、关于地丁之部

江宁府：地丁正银，上、下忙上、中、下则每亩若干。

芦课

屯粮

带征如积谷、串捐、自治研究所经费之类

淮扬徐海通苏松常镇太：均同上。

二、关于漕粮之部

苏州督粮道：漕粮若干，漕项若干，起运若干，折征若干。

江安督粮道：同上。

三、关于关税之部

扬由关额征若干，实征若干

淮安关同上

以上常关

江海关正税、半税

镇江关

金陵关

苏州关均同上

以上洋关

四、关于盐政之部

灶盐

晒盐

场商

运商

岸商

十二圩

大通督销局

江西督销局

湖北督销局

湖南督销局

正阳盐厘

五河盐厘

各岸督销如江甘五岸、高溧句三岸之类

五、关于杂捐杂税之部

地各不同，不能殚举，只能各查各府列款记注。

六、关于营业之部

铁路：沪宁、宁省、津浦。

招商局

官钱局

纱厂纯用商人资本者不在调查之列

刷印厂

七、关于厘金之部

金陵厘捐局分局若干、如何抽收、每年收数

苏州厘金局

淞沪厘金局均同上

上河木厘局

芜湖米厘局

乙、出款

一、关于军事之部

南京第九镇、南京混成协、江北第〇镇、

苏州第〇协、旗营饷项、绿营饷项、

南京巡辑营、江北盐捕营、苏州飞划营、

长江水师、外海水师、上海机器局、

金陵机器局、火药局、军械所、

各处炮台、要塞工程局。

二、关于教育之部

师范、中学、幼稚园、陆师、

高等、小学、女学、水师、

商业、实业、蚕桑、方言、

法政、存古、测绘、自治研究所、

裁判养成所、监狱养成所、

编译书局、图书馆、

东西洋游学经费、

各学堂及各学会补助费。

三、关于巡警之部

金陵巡警局、苏州巡警局、

扬州巡警局、清江巡警局、

上海巡警局、各府州县巡警局、

宪兵司令部。

四、关于赔款之部

庚子赔款、镑亏。

五、关于水利之部

江北堤工局、

上海浚浦局。

六、关于建筑之部

马路工程局

工料所

七、关于京协各饷之部

八、关于衙署局所开支之部

会员意见书分类表

第一，关于财政者

甲类

一、地丁征收问题：

甲）地丁宜复古制分收说王君纳善

乙）征银元解银元说沈君恩孚

丙）预算未成立以前征银解银问题依据法意应当否决说孟君森

二、漕粮改折问题：沈、钱君以振

三、厘金改革问题：

甲）改办统捐沈、孟、钱

乙）研究销场税孟

丙）改办认捐孟

四、盐课盐厘问题：

甲）就场征税沈

乙）归国家专卖吴君荣萃

丙）筹定淮盐脱销补救方法张君曾璧

丁）调查淮南盐斤缺乏之故孟

戊）体恤煎丁困苦夏君寅官

附：甲）调查松江盐场与浙省之关系孟

乙）改良两浙盐法以弭枭患王

乙类

一、补救铜元流弊：

甲）停止鼓铸钱、沈

乙）筹抵折耗收回已铸之元仇君继恒

丙）严查私铸沈

丁）发行铜元钞票，收回已铸者，重铸价格相当之铜元吴

二、预防纸币①之充斥卢君善之、吴、夏、孟

丙类

一、筹集地方自治经费：

甲）留房捐为地方税王

乙）以积谷带征之五成归地方自治公所沈

丙）清查各地方公款公产正名为地方自治经费沈

丁）地方官办公费本系地方公益附捐性质，应酌拨为地方自治经费沈

二、划定本省教育经费：孟、钱

丁类

一、变通税契办法蒋君近垣

二、防官纸专卖重税之弊张

第二，本省应兴事宜

一、江北水利：

甲）导淮入海沈、孟、钱

乙）多开水井田畔开沟蒋君近垣

丙）疏导运河夏、鲍君铨生

二、徐海垦荒孟、许君家恒

---

① 纸币，原作"纸弊"，疑误。

三、实行普及教育钱、徐君子山、顾君花岩、鲍君铨生

附：甲）设简易识字学塾仇君亮卿、夏君蔼如

乙）设简易乡学贾君雪堂

丙）私塾改良普设宜讲鲍

第三，关于实业者

一、提倡农会杨君翼之

二、整顿商会杨

三、设工场许君子常

四、整兴工艺吴

五、筹办地方银行贾

六、推广蚕桑贾

第四，关于行政者

甲类

一、征兵：

甲）豫防改征为募之害顾

乙）使征兵之退伍者垦荒于江北吴

二、巡警：

甲）调查经费钱

乙）改良办法徐

三、调查户籍：徐

乙类

一、禁烟，二、禁赌，三、禁私娼，四、禁淫祀

丙类

一、治帮匪枭匪，二、整顿书役

第五，关于谘议局内部事宜

一、议事细则孟、钱

二、旁听规则孟

三、办事细则孟

四、选举议长、副议长及常驻议员之方法钱

三、各属调查报告

江宁府属报告

五月二十四日开会组织江宁府属调查机关并筹调查方法，兹将到会题名并议决事件一并通告。

一、到会提名略

一、议各县设立调查机关

上元设于娃娃桥法政讲习所。

江宁设于夫子庙江苏教育总会宁垣事务所。

句容设于句容县劝学所省垣通信处暂在九儿巷蒋近垣先生宅内。

溧水因无人到会故未议定。

高淳设于高淳县学堂内。

江浦设于城内土地祠。

六合设于六合劝学所。

江宁驻防善君淳之报告俟公同议定再行通知。

一、议定府属总机关名称文曰：江苏谘议局研究会。

宁郡总调查处七县定名曰：江苏谘议局研究会某县调查处。

一、府属总机关仍在省垣法政讲习所。

一、议总机关邮费、纸张、笔墨、腊纸、油墨等件及开会杂费需用甚多，议决常年经费由各县担任筹措，暂定每县每年二十元以资津贴。

一、议本年会费即由各县主任承认回县筹措，佇六月内缴至宁郡总调查处。

一、推定各县主任、调查员姓名列左：

上元：陈桂芬萍孙、凌玉成琢之、陶保晋席山

江宁：张汝芹曾璧、夏仁瑞蔼如、陈赓卿尧臣

句容：蒋鸣庆近垣、唐庆昇云阶、宋道一贯之

溧水：俟该县报告后再行通知

高淳：巍熙载亮卿、施仁静斋、王嘉宾鹿鸣

江浦：侯瀛小斋、唐庆鑅侣生、詹殿林筱山

六合：孙锡恩叠波、陈家麟逸士、戴仁星南

一、提议调查各县事件

地丁征收情形，漕粮征收情形及改折意见，厘金，盐厘，本地教育经费，补救铜元方法，农田水利，各衙署讼费，巡警现在状况及改良方法，中等以上各学堂经费及内容。

地方公款事目积谷，积谷代征，积谷代征自治经费，义仓，救生，恤嫠，育婴，养老，栖流，赛会，义渡，义学，乡团，商团，因利局，水龙会，社庙公产，宾兴费，各项善堂，各项公举善举，民立各学堂，各业捐，车捐，船捐，巡警捐，牙贴捐，房捐，膏捐，税契，落地捐。

议决调查事件头绪繁多，非一二月所能竣事，公议调查事件照总会议决最要三项—地丁征收问题，二补救铜元问题，三筹集自治经费问题提前调查，限六月底报告总调查处。

一、议调查最要三项外，如有余力，调查其他事件亦可报告。

淮安府属报告

淮属财政调查各要件

甲、入款

一）地丁

芦课，正银上下忙上、中、下则每亩若干，屯粮，带征如积谷串捐之类带征自治研究所经费若干，学田，滩租，海滩租由道署征收者，丰济仓地租，各善堂地租。

二）漕粮漕粮若干，漕项若干，折征若干

三）盐课

灶盐，晒盐，场商，运商，六岸，督销。

四）厘金各就本县所有捐局确查开列

以上四项为最要，于六月内调查完毕会场议决第一报告期限六月底。

五）关税

淮安关额征若干，实征若干

六）杂税杂捐如米厘、麦厘、膏酒烟房等捐，各就本县所有列目详查

七）营业

官钱局，内河招商局，邮政局。

以上三项为次要，于八月内调查完毕第二报告期限八月底。

乙、出款

一）军政

江北十三协饷，绿营饷，盐捕营饷，军械所，江北督练公所，江北粮饷局，徐防支应局。

二）京协各饷就提署及江北收支总局确查

三）衙署局所各开支须详细列目确查

四）赔款如盐斤加价

五）水利

江北堤工局，各河务厅支款。

以上五项为最重要，于六月内调查完毕。

六）教育

江北师范，中学，各小学，女学，蚕桑，自治研究所及讲习所，实业如试验场、艺徒学堂等，警察员弁学堂，各县劝学所，教育会，游学费，各学堂补助费。

七）巡警

江北巡警总局，各县巡警局。

八）各善堂开支

以上三项为次要，于八月内调查完毕。

通州州属报告

五月十六日谘议局研究会如皋会员提议事件：

一、地丁征收问题漕粮、芦课、群租、荡课附内

黄哲人君认调查芦课。

胡耘生君认调查掘港荡课。

潘保之君认调查丰利场荡课已有意见书。

沙健庵君认调查地漕全部。

一、补救铜元流弊问题。

请由商会调查铜元历年市价列表，至补救铜元流弊会员各陈意见书。

一、筹画地方自治经费问题分开办费、经常费二种

改良画定地丁征收银价。

改良画定漕米征收价目。

改良画定地漕芦课串票价目。

留房捐为地方税是否可行。

查照教育会前议案拨典规一半充地方自治费。

截留金扬善后捐二成充地方自治费以上均经常费。

筹画开办费办法。

地方自治费关于地丁、漕米、地漕、芦课串票三项筹备后应如何补助官吏办公费。

以上均请会员各陈意见书，以五月底为限。

苏州府属报告

苏府地丁各项征收实数表说明表式附后

调查地丁之本意发生于地丁、芦课征银解银之问题。征银解银问题发生于铜元之充斥，民间完纳银元柜价或短于市价，完纳铜元又有限制与抑勒，其所受之亏损漕粮项下与地丁芦课无异，故于地丁芦课之后附及漕粮。既附漕粮，因兼及杂税，则关于官收之款项略备矣。

苏府地方自治经费说明表式附后

本表所列经费类别悉依《城镇乡地方自治章程》所规定，调查者须随带原章随时参照。

公益捐之附捐、特捐自治章程之附捐、特捐皆指征收之款，其有事关公益志愿捐助不由征收者特列为非征收之捐有即在公款公产八项范围之内者亦当于本项下注明各类中之收支状况，或以甲项名义收入而于乙项名义支出者亦须分别注明。

款项有无从列入八项中者则填入其他一切款项条下，尚有巨大款项历久而不知其来源者，又或附捐特捐无收支数可查者则填入备考。

厅州县地丁各项征收实数表				宣统　年　月　日　调查员姓名			
款项	原额	现征数	现解数	银元柜价与市价之差	铜元完纳之限制数及有无抑价	备考	调查意见
地丁							
芦课							
漕米是否折银							
杂税							

厅州县城镇乡地方自治经费表 宣统 年 月 日 调查员姓名			管理人员	收支状况	备考	调查意见
公款	学务					
	卫生					
	道路工程					
	农工商务					
	善举					
公产	公共营业					
	现筹款项					
	其他一切款项					
公益捐	附捐					
	特捐					
	非征收之捐					
	罚金					

苏府主任调查吴本齐君因事辞职，当由苏府会员公推蒋凤梧君担任。本会附志。

常州府属报告

四月三十日常属调查员议决应行调查事件：

调查地丁征收情形。

调查漕粮征收情形及改折意见。

调查厘金。

调查盐厘。

补救铜元方法。

调查地方各项税则如房捐、膏捐、税契、牙税、中费捐、渔税、落地税、积谷带征、串捐、各业捐、巡警捐之类。

调查各项陋规。

调查本地教育经费。

调查巡警现在状况征集改良方法。

调查江阴白茆河经费及现状。

调查中等以上各学堂经费及内容。

调查府县罪犯习艺所。

调查各衙署讼费。

一、议决以常州府中学堂为通信处。

一、议决各县俟十日内开会分认上开各事件并报告调查主任。

附：各县通信处

武阳：双桂坊武阳商会

锡金：

江阴：东城内辅延小学堂

靖江：城内劝学所

宜荆：城内自治公所

武阳两县分认调查表

地丁征收情形：恽北生用康、钱琳叔以振

漕粮征收情形及改折意见：恽北生、钱琳叔

厘金：于瑾怀定一

盐厘：于瑾怀

地方各项税则房捐、膏捐、税契、牙税、渔税、中费捐、落地捐、积谷带征、串捐、各业捐、巡警捐等类：恽北生、于瑾怀、钱琳叔、朱稚竹溥恩

各项陋规：于瑾怀

本地教育经费：徐果人寓

巡警现在状况及改良方法：于瑾怀、伍博纯达

中等以上各学堂经费及内容：屠元博宽

府县罪犯习艺所：徐果人、屠元博

各衙署讼费：屠元博

补救铜元方法：于瑾怀、伍博纯

右属武阳两邑调查员所查，以武阳两邑为限。

锡金两县分认调查表

地丁漕粮征收情形：顾蔼人、孙子远

厘金、盐厘：华艺三

地方各项税则：胡和梅

各项陋规：苏梯云、邹纬辰

本地教育经费：孙子远

巡警之现状：蒋遇春

犯罪习艺所：蒋遇春

各衙门讼费：顾蔼人

江阴分认调查表

调查地丁征收情形：章启之、章慰农、沙怀甫

调查漕粮征收情形及改折意见：陈守臣

调查厘金：未定

调查盐厘：未定

补救铜元方法：章慰农

调查地方各项税则：吴汀鹭、吴惠甫、章启之、王翊唐

调查各项陋规：合认

调查本地教育经费教育会、劝学所：

调查巡警现在状况征集改良方法：吴汀鹭

调查江阴白茆河经费及现状：吴汀鹭

调查中等以上各学经费及内容：章琴若

调查罪犯习艺所：陈守臣

调查各衙署讼费：合认

靖江分认调查表

地丁征收情形：刘磬心庭炽

漕粮征收情形及改折意见：朱禹声树侃

厘金：朱禹声、刘磬心

盐厘：朱禹声、瞿杞南树榕

地方各项税则房捐、膏捐、税契、牙税、积谷带征、串捐、巡警捐等类：刘磬心、朱禹声、瞿杞南

各项陋规：瞿杞南

本地教育经费：刘磬心

巡警现在状况及改良方法：盛子英德新

罪犯习艺所：瞿杞南

各衙署讼费：盛子英

补救铜圆方法：刘磬心、瞿杞南

太仓州属报告

太属集议调查事宜

一、议决调查机关设在太仓中学堂。

一、议决本属地方应行调查事件之细目。

一、议决由到会人分任本地调查，俟各同本地后即将细目中事件再按州县情形推举相当同志分类赶办。兹列分任调查之到会人名如左：

徐君荫阶洪君锡范代表　分任调查太仓、镇洋

夏君曰琦、许君朝贵、黄君守孚　分任调查嘉定

潘君鸿鼎、钱君淦　分任调查宝山

严君师孟、苏君云章、昝君元恺　分任调查崇明

一、议决调查以六月二十五日为截止期。

一、议决本会职员会推举旅宁同乡赵君厚生这太属代表。

太属财政调查细目

第一项　入款以分类之便各条兼列开支费

甲、地丁

一、各州县正银上下忙总数若干，共分几则，每则每亩若干，芦课若干，屯粮若干。二、带征总数若干，分类如积谷、自治、研究所、教育、河（上）〔工〕、海塘等经费分数若干，名称如串捐之类分几类。三、银圆完纳之价格以何者为标准。四、办法如何赴纳县柜或直接或间接有何利弊及承办者之称号。

乙、漕粮

一、各州县本色总数若干，漕项若干，起运费若干。二、折征若干及带征若干项数。三、办法情形。四、折征意见。

丙、关税

一、各州县关所若干，实解总数额定或否若干，各关实解数与实收数若干及开支若干并一切情形。二、关税与厘金征收数多寡之比较。

丁、盐政

一、灶盐、晒盐、场商、运商、岸商、督销局数、盐官名称、盐厘、销数若干、盐之成本及卖价（近时）、局所员辛一切开支。附一、盐斤就销场加价以充地方自治经费之意见。

戊、杂捐、杂税

房捐、膏捐、税契、渔税、中费捐、落地捐、各业捐如米捐肉捐茶捐等、巡警捐等各数，各捐之申解上级官厅及留作本州县中央机关或本区经费并办法、数目与应用之称项所在。

第二项　出款

甲、军事

一、绿营官兵俸饷及兵之额数及实数。二、长江外海水师船数、官名及兵之

额数、实在数并饷项，飞划营及盐捕营之官兵数与俸饷数。三、火药局。四、军械所。五、炮台。

乙、教育

一、中学、高等及初等小学、幼稚园、简字、女学、实业_{如商业及蚕桑各学}堂。二、法政讲习所。三、自治研究所。四、罪犯习艺所。五、图书陈列馆。六、东西洋游学。七、劝学所、教育会等经费及职员教员之额数、俸数与各校学生数并学费。

丙、巡警　局所员兵额数、支费实数、现状及改良办法。

丁、其他地方要政及团体与善堂　如清丈局、公善堂、积谷、育婴、清节、同仁堂之类经费所自出之总数及岁支之数。

戊、水利　海塘、隄工与河工现状及经费所自出并办法。

己、建筑马路工程局

庚、衙署局所　一、开支数，二、衙门讼费，三、各项陋规。

辛、赔款　庚子赔款摊派数、镑亏。

壬、协济本境以外之款　一、协款所自出。二、数目。附三、对丁协款之意见。

第三项　附

甲、铜元价值近年低降之次序及时月

乙、第一次就征兵士　一、名数。二、退伍后如何位置。

B. 《申报》所载江苏谘议局研究会资料

谘议局研究会预备调查

研究会成立以后,各事皆以调查为入手方法,惟有应秘密调查者,有应正式调查者。除秘密调查各件由会员各自分任外,凡须正式调查者,非先由督抚通饬,深恐地方官多所留难,该会因呈各督抚遇有应查各署案牍,拟派会员往阅,请行司饬知等情。兹奉瑞中丞批云:来牍阅悉,该局有预备议草之责任,而研究会为其基础,凡属地方征收制度、行政规章自应准与调查以符公诸舆论之意。惟各地方衙署有可以宣布之条件,有应守秘密之文卷,不能不分别划清以免歧误者,如丁漕、团练、警察、水利、学务、善举等项,此在应行调查可以宣布之列也,至一切关于司法范围以及核办未定之案,则不在应行调查之内,地方官本有应守秘密之职务,自不得任便取阅传抄以杜纷歧而清权限。察核来牍所称此项调查员衔名应由该会开单知照各地方官并谆嘱各调查员遵守规则,不令逾越范围以期两无窒碍等语,用意至为周密,该地方官自应开诚布公妥为接洽以为实行宪政之预备。除札行两藩司转饬各地方官及各局所一体知照外,希即遵照,仍候督部堂批示。此复。

《申报》,宣统元年六月十五日(1909年7月31日)

江苏谘议局研究会致各府州公呈

为调查现行案牍事

本会前于呈请开办文内附呈简章内载现行案牍须查考者备文向衙署局所借抄或派会员往阅等因,已奉批准立案,旋据苏府主任调查员钱崇威等函称:"体察苏府情形,正式调查必须由总会呈明督抚宪饬司行府札县以便遇事接洽,不至唐突。"本会以此等情实不独苏州一府为然,当即备文呈请,旋经先后奉到督抚宪批示,均有檄饬各署局遵照办理等语,相应开具□属调查员名单呈明冰案,希即转饬贵属各州县妥为接洽。至本会调查员业已谆嘱遵守规则,不至逾越范围。为此具呈知照。

《申报》,宣统元年七月初六日(1909年8月21日)

研究会派员抄阅案牍

江苏谘议局研究会呈督宪文云:谘议局为言论机关,然必根据于事实而后发为言论,不至游移而无主,扞格而难行,以故本会开辟伊始首先以调查为第一要义,其关于人情风俗者自可随时随地博访周咨,惟征收制度、行政规章向来衙署各有专司,非查考案牍不能悬揣而知其窾要。兹据苏府主任调查员钱崇威、蒋凤梧函称:"体察苏府情形,正式调查必须由总会呈明督抚宪饬司行府札县以便遇事接洽,不至搪突"等语,此等情实不独苏州一府为然,本会前呈简章第九条有"现行案牍须查考者备文向衙署局所借抄或派会员往阅之",已奉批准立案,理合援案呈请饬由宁苏两司行府札县俾调查员得所依据，以免阻隔而利进行，实为公便。至此项调查员衔名应由本会开单知照各地方官并谆嘱各调查员遵守规则，不令逾越范围以期两无窒碍。

　　督宪批：来呈阅悉。案虽前经批准，然各署局所案牍山积，若概准传抄，不特漫无限制，深恐别滋流弊。查核来呈，意主根据事实以为研究之资，料所有现行规制先经宣布之件自可如呈准予抄阅，俾资研究，其有关系重要应守秘密者或案未核定不便泄宣者，此项文牍既与该会之进行无关，自未便一律准抄致多窒碍，应候檄饬各署局所查照批指分别办理，凡斯明定权限于破除隔阂而仍不越乎范围，与该会力求接洽而免搪突，其用意亦正相訢合也。希即查照，仍候抚部院批示。缴。

《申报》，宣统元年八月初五日（1909年9月18日）

江苏谘议局研究会招待议员大会纪事

　　三十日下午一时江苏谘议局研究会在商团开茶话会，招待议员。到会者约二百余人。首由马会长宣布开会宗旨，并演说时局危迫，议员之担负甚重，社会之希望于议员甚奢，议员非放开眼光善用其热心热力不足以达救国救民之目的，语语沉痛，闻者为之下泪。次由谘议局议长议员及研究会会员相继演说，大致分三种议论：一、非开国会不足以对外组织责任内阁，不足以安内。二、要求开设国会固是要著，然非唤起一般舆论，仍无以为国会之后盾，宣讲一事似不可缓。三、富贵不淫，威武不屈，议员之可贵者在此，议员之不易为者亦在此。最后由研究会驻会办事员报告今日招待议员之举，一方代全省人民表欢迎希望之意，一方愿议员先定本年谘议局应抱何等之目的，应执何等之态度，而可于九月初一以后实行代议士之责任云云。散会时已六下钟矣。

《申报》，宣统元年九月初三日（1909年10月16日）

第二编　江苏谘议局时期

第一部分　江苏谘议局刊行资料

《江苏谘议局议事细则》

宣统二年九月修订①

第一章　议事时间

第一条　凡议事以午后一时为开议时刻，午后五时三十分为散会时刻，三时以后得休息三十分。

第二条　凡未经议长宣告开议以前及已经议长宣告散会以后，议员不得就议

---

① 宣统元年（1909）江苏谘议局成立时制订了《江苏谘议局议事细则草案》，见《申报》宣统元年八月廿八－九月初二日（1909年10月11日－15日）。

题发言。

第三条　凡议事之日，如至午后一时而到会议员尚不满《谘议局章程》第三十五条之定数者，得由议长酌量展延开议时刻。如展延二次仍不满定数者，即由议长宣告散会。

第二章　议事日表

第四条　凡谘议局应议事件，应由议长将其次序及开议日时编定议事日表先期通知各议员。

第五条　凡按照议事日表应行开议之事件以外，如有紧急事件经议员五人以上提议或议长自认为应俟先开议者，得由议员公决变更议事日表。

第六条　凡议事日表所定议事之日不能将本日应议事件开议，或虽经开议而当日不能完毕者，应由议长重定日表通知各议员。

第三章　议事方法

第一节　审议及审查

第一款　审　议

第七条　谘议局遇有重要问题，得开审议会以期议事之详尽。

第八条　审议会以全局议员之会议行之。

第九条　谘议局每会期开会之始，由议员用记名投票法互选审议长一人，以得票过半数者为当选。

议长、副议长不在前项被选之列。

第十条　审议会非由议长或议员十人以上提议经谘议局之议决不得开议，已经决议应开审议会时，除即时开会外，应由议长指定开会日期载入议事日表。

第十一条　审议会非有议员三分之一以上到会不得开议。

第十二条　审议会之议事，以到会议员过半数之所决为准，可否同数则取决于审议长。

第十三条　议员在审议会对于同一件事得数次发言。

第十四条　议员在审议会，如有临时提议，得二人以上之赞成即可作为议题。

第十五条　审议会开会时，议长应退居议员席而以审议长为主席。

审议长之席以书记长之席充之，书记长之职务由书记代行之。

第十六条　审议长整理审议会之议事，维持秩序。

第十七条　审议长有事故时，以第一审查长代行其职务，第一审查长亦有事故时，顺次以第二审查长以下代行之。

第十八条　审议长对于议题如欲发表意见，得于到会议员中指定代理者一人使就审议长之席。

第十九条　审议会议事毕，应由审议长请议长出席，而以审议之结果报告于谘议局。

第二十条　审议会如至散会时刻议事尚不能终局，应由审议长请议长出席，而以当日审议情形报告于谘议局。

议长得前项之报告，应再定续开审议会日期，载入议事日表。

第二十一条　审议会如有不能议决之事件，应由审议长请议长出席，而以该事件报告于谘议局。

第二十二条　审议会如有违背《谘议局章程》或《议事细则》，紊乱议场秩序者，议长得不待审议长之报告自行出席，以停止审议会。

第二十三条　审议会开会时禁止旁听。

第二款　审　查

第二十四条　谘议局得因事务之必要，酌设各项审查会，分类审查，为议事之预备。

凡督抚提出之议案必交审查会审查之。

第二十五条　审查员分常任审查员及特别审查员二种。

第二十六条　常任审查员于谘议局每会期开会之始，由议员用无名连记投票法互选之，以得票最多数者为当选，其员额如左：

一、财政审查员，十九人。

二、法律审查员，十一人。

三、请议审查员，十三人。

四、资格审查员，七人。

前项审查员，如有议员十人以上提议，经谘议局之议决，得不用互选法而由议长委任之。

议长、副议长不在本条被选之列。

第二十七条　财政审查会应行审查之事如左：

一、本省预算案及决算案。

二、与本省预算决算有关系之财政案。

第二十八条　法律审查会应行审查之事件如左：

一、督抚提出之法律案。

二、谘议局提出之法律案。

第二十九条　凡兼有财政、法律两项关系之事件，得由该两审查会联合审查。

第三十条　凡本省自治会或人民陈请建议事件，一律由请议审查会审查其格式及内容，分别应行提议与否报告于谘议局。

凡人民陈请建议之事件，非有议员之介绍并记明陈请人之姓名、年岁、籍贯、职业、住所、盖有图章者，谘议局概不收受，其自治会陈请建议之事件亦须由代表者署名并盖自治会图记。

谘议局议员对于请议审查会报告无须提议之事件，如一星期内并无十人以上之异议者，即以审查会之报告为确定。

第三十一条　凡关于议员资格之事件，一律先交资格审查会审查，而后由谘议局议决之。

凡议员对于他议员之资格如有异议者，应作声明书二通，叙述原委及证据，署名盖章，向议长提出之。

议长接到此项声明书后，以其一通交付资格审查会，一通送交被告之议员，限定日期作答辩书，经由议长报告于审查会。如无故逾期不答，审查会得径将审查之结果报告于议长。

第三十二条　特别审查员，遇有必须审查之特种事件，经谘议局公认，临时依本细则第二十六条之规定，由议员互选或由议长委任之，其员额视审查事件之繁简而定。

常任审查员亦可被选为特别审查员。

第三十三条　凡被选为审查员者，非有正当之事由不得辞职。

第三十四条　各项审查会各设审查长一人，整理审查会之议事，维持秩序。

第三十五条　各项审查会各设理事一人，掌审查会之议事录及其他文件，审查长有事故时并代行其职务。

第三十六条　审查长及理事，由各项审查员用无名投票法互选之，以得票最多数者为当选。

第三十七条　各项审查会开会日期，未经谘议局指定者，由审查长定之。

第三十八条　审查会不得于谘议局会议时间内开会，但得谘议局之许可者不在此限。

第三十九条　审查会非有审查员半数以上到会，不得开议，其议事以到会审查员过半数之所决为准，可否同数则取决于审查长。

第四十条　审查会开会时，除议员外禁止旁听，但由审查会之议决亦得谢绝议员之旁听。

第四十一条　审查会议事时，审查员对于同一事件得数次发言。

第四十二条　审查会得请议长向各官署调取关于审查事件之文件。

第四十三条　审查会开会时，议员对于审查事件如有意见，得到会陈述，惟须得审查会之认可。

第四十四条　每一事件审查已毕，审查会应作报告书交由议长通知各议员，但议长认为秘密者不在此限。

第四十五条　谘议局得酌定期限使审查会为审查之报告，如审查会无故稽迟，谘议局得另行选任审查员。

第四十六条　审查会议事录，由审查长及理事签名，于其职务完毕后，连同各种应用文件交由办事处保存之。

第二节　会　议

第一款　提　议

第四十七条　议员提议事件，应草具议案说明理由，并须有五人以上之赞成者，连同具名交由议长通告各议员。

第四十八条　议员对于应议之议案提议修正者，亦照前条办理，其决议之顺序，原案后于修正案，审查会提出之修正案后于议员提出之修正案。

凡已经发布之提议案，各议员对于同一问题发表意见，概作为修正案。

第四十九条　议员于请议审查会报告应行提议之事件以外，提出建议案，或对于本省行政事件及会议厅议决事件提议呈请督抚批答者，均照本细则第四十七条办理。

第五十条　议员提议《谘议局章程》第二十八条之事件，须有十人以上之同意方可列为议题。

第五十一条　议员提议《谘议局章程》第二十七条之事件，须有二十人以上之同意方可列为议题。

第五十二条　议员于议场上临时提出意见者，除《谘议局章程》及本细则特定提议人数及赞成人数之事项外，须得一人之赞成方可提议。

第二款　讨　论

第五十三条　议员对于议事日表所载之议题欲发表意见者，得于会议之前预将姓名及反对或赞成之意报告书记。

第五十四条　书记依各议员报告之先后编列发言表送交议长。

第五十五条　议长于讨论之始，宣布发言表内反对人数、赞成人数，按照发言表，先反对者后赞成者，以次交互指令发言。

第五十六条　未经预告之议员对于讨论之事件有反对或赞成之意见欲临时发表者，应俟发言表上所列同意见之议员发言已毕，起立报明号数及何种意见，得议长之许可而后发言。

第五十七条　凡发言必在演坛，但极简短之发言及得议长之特许者不在此限。

第五十八条　凡讨论，不涉议题以外。

第五十九条　讨论时不得对于同一议题发言至二次以上，但左开各项不在此限：

一、质疑或应答者。

二、辨明自己所提议之案之趣旨者。

三、审查会之报告人辩明报告之趣旨者。

四、督抚或督抚所派之员辩明交议事件或批答事件之趣旨者。

五、《谘议局章程》第十一章之当事者，或本细则第三十一条之被告议员辩明事实及其缘由者。

第六十条　议长对于各议题欲自与于讨论之列，应预先通告，至该议题讨论开始之时，即退居议员席，而由副议长入议长席。

议长既与于讨论，非至该问题表决以后，不得复入议长席。

第六十一条　议长确认发言之人已尽，即宣告讨论终局。

第六十二条　凡发言之人未尽而有议员五人以上要求议长宣告讨论终局者，得由议长询诸到会议员公决之。

第三款　表　决

第六十三条　凡表决之际，应由议长先将应行取决可否之问题布告议员，已经议长布告以后，无论何人不得再就议题发言。

第六十四条　凡表决之际，议长应令赞成者起立计算其多少之数，宣告可否之结果。

凡表决起立者，须俟议长宣告可否之结果然后复坐。

如多少数不能明确，或三人以上之议员对于议长之宣告提出异议者，应由议长命书记按照议员席顺次唱号再令赞成者起立以决可否。

第六十五条　凡表决之际，经议长认为必要，或有议员五人以上之要求，得不用起立表决法而用投票表决法。

第六十六条　凡投票表决，分记名投票、无名投票二种，赞成者用白色票，反对者用青色票。

第六十七条　投票时，由议长命书记按照议员席顺次唱号，各由本人投入投票匦。

第六十八条　投票表决之结果，若议长认为并无错误，议员不得提出异议。

第六十九条　表决之际，应将议场出入之处暂行关闭，凡不在议场之议员不得加入。

第四款　读　会

第七十条　凡本省预算案及关于法律之议案，必经三读会以议决之。

第七十一条　第一读会，于议长将议案通告各议员后隔二日行之。

第七十二条　第一读会由书记将议案朗读之，凡提出该议案之议员及督抚或督抚所派之员，得于书记朗读以后辩明其趣旨。

议员对于议案如有疑义，得要求提出该议案之议员及督抚或督抚所派之员说明之。

议长得以便宜省略议案之朗读。

第七十三条　凡督抚提出之议案，谘议局按照前条办理后，应交审查会审查之，待其报告就该议案之大纲付之讨论，议决应否开第二读会。

凡议员提出之议案，按照前条办理后，即由到会议员讨论该议案之大纲，议决应否开第二读会。如有议员二人以上提议，经到会议员公决应交审查会者，照前项办理。

凡经谘议局议决不开第二读会之议案，以废弃论。

第七十四条　第二读会于第一读会完毕后隔二日行之，但议长得令议员公决缩短时日或与第一读会同日行之。

第七十五条　第二读会由书记将议案逐条朗读公决可否。

议长得以便宜省略议案之朗读或变更逐条决议之顺序。

第七十六条　第二读会之终，谘议局得以便宜将议案交由审查会整理关于修正之条项及字句。

第七十七条　第三读会于第二读会完毕后隔二日行之，但议长得令议员公决缩短时日或与第二读会同日行之。

第七十八条　第三读会议决议案全体之可否。

第三读会除更正文字或发见议案中前后抵触之处及与现行法律抵触事项以外，不得提议修正。

第四章　议事录及速记录

第一节　议事录

第七十九条　议事录应载事项如左：

一、关于谘议局成立及开会闭会之事项并其年月日时。

二、开议散会及休息之日时。

三、每会议议员到会之数。

四、议长或审议长及审查会报告之事件。

五、应行会议之议题。

六、临时提议之议题并提议及赞成者之姓名。

七、决议之事件。

八、表决可否之数。

九、谘议局认为必要之事项。

第八十条　议事录应由议长或代理之副议长并书记长或代理之书记署名盖章。

第二节　速记录

第八十一条　速记录用速记法记载议事时一切言论。

第八十二条　凡记载有遗漏或错误时，议员得于速记录通告之当日午后八时以前要求订正，惟订正之处以议长所许可者为限，并不得变更演说之趣旨。

第五章　议场秩序

第八十三条　谘议局每会期开会之始，由议长命书记长抽签定各议员之席次，并附以号数，议员入议场时应按照签定之号数入席。

第八十四条　凡议员入议场者，除开会式应冠服外，一律天青对襟马褂并穿靴。

第八十五条　凡雨具、洋伞、风帽、斗篷等物不得携入议场。

第八十六条　议场内勿吸烟，勿食果点，勿涕唾在地。

第八十七条　议事时非为参考，不得阅读报纸及书籍。

第八十八条　议事时无论何人不得哗笑或发赞成反对之声，妨碍他人之演说及议案之朗读。

第八十九条　议长鸣警铃时无论何人皆须沈默。

第九十条　凡议场上有紊乱议场秩序者，议员得随时唤起议长之注意。

第九十一条　议员会议时，如有违背《谘议局章程》及《议事细则》，或紊乱议场秩序者，议长除执行《谘议局章程》第四十三条外，得依据本细则第三十二条特设审查会，待其报告交由谘议局，议决应否照《谘议局章程》第五十八条办理。

第九十二条　到会议员于开议后非休息时间不得无故退出议场。

议员于开议后，续到者须将名刺交与书记而后入席。

第九十三条　凡议员因有事故不能于会议时到会者，应具理由书预定日数向议长请假，其因疾病或其他不得已事故未经请假而不到会者，应补具理由书报告议长得其承认。

凡请假时未经议长许可或事后未得议长承认之阙席议员，以无故不到会论。

凡议员阙席次数及日数并其请假之理由，应宣示于全体议员。

关于议员请假及会议时到会时刻，谘议局议员得于《谘议局章程》及本细则范围以内另行公订规约互守之。

第六章 警察

第九十四条 谘议局应设守卫及巡警，受议长之指挥执行谘议局内部之警察权。

第九十五条 谘议局除自行雇用守卫外，得于每会期开会之始，先期酌定巡警员数呈请督抚饬派，由谘议局编制之。

第九十六条 谘议局得因事务之必要设置守卫长，受议长之指挥统率守卫及巡警。

第九十七条 谘议局议场以内之警察，守卫掌之，议场以外之警察，巡警掌之，巡警非经议长命令不得入议场以内。

第九十八条 谘议局开会时，凡纠察旁听席、查验旁听券、指导旁听人等职务，统由守卫掌理。

第九十九条 谘议局之灯火及消防扫除等事，应由守卫监督之。

第一百条 谘议局闭会后，所有关于巡警职务均归守卫掌理。

第七章 常驻议员

第一百一条 谘议局常驻议员应办事件，非经协议，不得以谘议局之名义行之。

第一百二条 谘议局常驻议员每月至少开协议二次，其期日由议长或常驻议员五人以上之同意定之。

第一百三条 常驻议员协议会，非有常驻议员三分之二以上到会不得开议。

第一百四条 常驻议员协议会之议事，以到会常驻议员过半数之所决为准，可否同数则取决于议长。

第一百五条　常驻议员协议会开会时，除由议长主席外，副议长同列议决之数，议长如有事故以副议长代之。

第一百六条　常驻议员协议会开会时，禁止旁听，但经协议会认许者之不在此限。

第一百七条　谘议局议决可行事件已经呈报督抚，督抚于会期内并未交令复议者，常驻议员有按期呈请公布施行之责。

第一百八条　谘议局议决不可行事件已经呈报督抚，抚督抚于会期内并未交令复议者，常驻议员有按期呈请更正施行之责。

第一百九条　谘议局议决留交常驻议员调查及进行之事件，常驻议员有按照议案分别办理之责。

第一百十条　凡常驻议员按照《谘议局章程》第十二条及本细则第一百七条至第一百九条办理之事件，应由议长于次期谘议局开会时报告于全体议员。

第一百十一条　常驻议员得自订关于议事及办事之规约，惟不得出于《谘议局章程》及本细则范围以外。

《江苏谘议局第一年度报告》第一册

江苏谘议局第一届常年会议案报告

第一类　已经决议案

甲、督抚交议

一、限制铜元案督，否决

二、调查户口案督，修正后可决

三、淮扬水利案督，汇集他案修正后可决

四、宁省接芜湖铁路案督，修正后可决

五、筹定地方自治费案抚，汇集他案修正后可决

六、补救州县困难案抚，汇集他案修正后可决

七、清查荒地案抚，修正后可决

八、联合农会组织农林公司案抚，修正后可决

九、实行禁烟案抚，修正后可决

十、实行印花税方法案抚，否决

十一、改订厘金征收方法案抚，汇集他案修正后可决

十二、整顿税契方法案抚，汇集他案修正后分为三案如左：

　　一）整顿税契方法案，可决

　　二）节删江南财政总局详改宁藩司所属税契章程案，可决

　　三）建议免征田房典税案，可决

十三、度量权衡改制推行案抚，修正后可决

十四、筹办共进会案抚，汇集他案修正后可决

十五、清查公款公产办法纲要抚，修正后可决

乙、议员提议

一、实行印花税减轻田房契税案丁祖荫，否决

二、官膏专买停止膏捐案丁祖荫，否决

三、南漕改折匀定公费案丁祖荫，汇乙十二

四、移带征积谷为地方自治教育经费改正名称案金祖泽，否决

五、州县赔累案仇继恒，汇甲六

六、首县尽职案仇继恒，汇甲六

七、治匪案仇继恒，汇集他案修正后改名如左：

筹办本省巡警案，可决

八、清查官银钱局案仇继恒，否决

九、禁止雀牌案仇继恒，否决

十、定简字课本案仇继恒，否决

十一、整顿苏属学务案丁祖荫，汇丙二

十二、建议南漕改折案方还，汇集他案修正后可决

十三、实行清理户口大纲案孙启椿，否决

十四、议筹地方自治经费案侯瀛，汇甲五

十五、实行改良土货案唐庆昇，甲十四

十六、厘定积谷章程案唐庆昇，汇集他案修正后改名如左：

积谷钱款严禁州县存库案，可决

十七、革除征收积弊案唐庆昇，汇集他案修正后改名如左：

整顿征收丁漕积弊案，可决

十八、实行反坐法案王乃屏，否决

十九、改良征收案方瑜，否决

二十、肃清帮匪案方瑜，汇乙七

二十一、讲求水利案方瑜，否决

二十二、筹高淳县水路及为民宽赋案王嘉宾，修正后改名如左：

高淳一县水无去路民纳虚粮数百年民瘼应予奏请豁除案，可决

二十三、先通淮水下游以澹沉灾案王化南等，汇甲三

二十四、整顿淮安关卡以舒商困案王化南等，修正后可决

二十五、清理淮北垣运以裕课源案王化南等，否决

二十六、禁烟牌票宜认真经理案周虎臣，汇甲九

二十七、划清地方自治经费案周虎臣，汇甲五

二十八、救荒平粜四策案周虎臣，汇乙十六

二十九、运河东堤改修石工案马士杰，汇甲三

三十、通筹地方自治经费案张鹤第，汇甲五

三十一、补救江北水利案顾咏葵，汇甲三

三十二、支配教育经费案王以昭等，否决

三十三、治匪宜严案王以昭等，汇乙七

三十四、厘捐认缴案王以昭等，汇甲十一

三十五、整顿田赋案王锡爵，汇乙十七

三十六、依限设立简易学塾并仿刊暂用课本案张延寿，否决

三十七、援照苏属成案提拨带征积谷补助地方教育费案张延寿，否决

三十八、厘金改办统捐案张延寿，否决

三十九、筹兴水利为谘议局基本金之设备案张謇，可决

四十、裁抑书役蠹害案蔡璜，汇集他案修正后改名如：

本省审判厅请缩短年限提前办理案，可决

四十一、治淮案周树年，汇甲三

四十二、官荒新涨充作地方自治经费案谢源深，汇甲五

四十三、整顿积谷案凌鸿寿，汇乙十六

四十四、减收如皋丁漕陋规改拨地方自治经费案沙元炳，汇乙十七

四十五、筑海清铁路以工代振案许鼎霖，修正后可决

四十六、体恤煎丁案夏寅官，汇丙十四

四十七、整顿商会案于定一，修正后可决

四十八、停止官纸专卖案丁祖荫，汇集他案修正后可决

四十九、普及教育由改良私塾入手案朱溥恩，否决

五十、裕宁裕苏发行钞票之质问案杨廷栋，可决

五十一、改厘金为认捐案沙元炳，汇甲十一

五十二、请停南洋印刷厂以免官民困累案张家镇，汇乙四十八

五十三、本省漕米折价应由谘议局议定案张家镇，否决

五十四、实行劝学案谭庆藻，否决

五十五、州县征收忙漕柜价一律照市案顾瑞，汇乙十七

五十六、整顿书役先从裁汰入手案张鸿鼎，汇乙四十

五十七、改设统捐案张鸿鼎，否决

五十八、厘捐由自治局联合商会认缴案顾忠宣，汇甲十一

五十九、试行普及教育方法案林可培，汇丙二

六十、宁属设立清查公款公产事务所案陈官彦，汇甲十五

六十一、严禁彩票案姚文枬等，汇集他案修正后改名如左：

永远停止彩票案，可决

六十二、禁止彩票案黄瑞履，汇乙六十一

六十三、革除官营商报案于定一等，可决

六十四、徐州实行垦荒案胡伯言，汇甲五

六十五、整顿运商违章朦收案凌文渊等，修正后可决

六十六、整顿书差积弊案严师孟，汇乙四十

六十七、本省单行章程规则截清已行未行界限分别交存交议案张謇，修正后可决

六十八、清查徐州湖田公款案张伯英，汇甲五

六十九、速立地方裁判所以除民害案张鉴泉，汇乙四十

七十、宁苏合办女子师范学堂请就南菁学堂改设案丁祖荫等，可决

七十一、设立公司开辟淮海苇荡营荒地案张延寿等，可决

七十二、修改前呈革除官营商报案于定一等，可决

丙、人民请议

一、盛泽厘捐请议洋价照市并搭缴铜元五成案盛泽商会，汇甲十一

二、议定全省教育费案江苏教育总会，汇集他案修正后改为四案如左：

    一）裁督派视学员案，可决

    二）裁撤江楚编译局案，可决

    三）学务公所整顿事宜请转饬两提学司案，可决

    四）规画全省教育案，可决

三、清淮灾荒请愿案张符元等，可决

四、瓜清路线应走东堤或西堤案苏省铁路公司，修正后可决

五、宁属教育改良案教育总会宁事务所，汇丙二

六、普及教育分期办法案伍达，否决

七、划定自治经费案谘议局研究会，汇甲五

八、剔除批解丁漕规费以恤州县案谘议局研究会，汇甲六

九、请停止发行官纸以免重税案谘议局研究会，汇乙四十八

十、请改厘金为认捐案谘议局研究会，汇甲十一

十一、淮扬水利案沈廷良等，否决

十二、体恤煎丁案刘启佑，汇丙十四

十三、整顿通属盐务案刘邦霖等，汇丙十四

十四、补救场商案通泰场商，汇集他案修正后改名如左：

补救淮南盐务案，可决

十五、整顿书差案孙绍祖等，汇乙四十

十六、如皋积谷捐拨充地方自治教育经费改正名称案如皋自治公所，否决

十七、代呈商法调查案理由书及浅说案上海商务总会等，可决

十八、均平洋价以弥书吏之弊案石鸣球等，汇乙十七

十九、概给由单以便民杜弊案石鸣球等，汇乙十七

二十、海州勒捐困民案宋启桂等，修正后改名如左：

　　海州振灾官绅办理不善有碍宪政案，可决

二十一、府租拨充自治经费案赵祖抃，汇甲五

二十二、挽救海属盐务案张福年等，修正后改名如左：

　　整顿淮北盐务兼筹海州自治经费案，可决

以上议决案中应分别呈报督抚者共四十六案。

第二类　议而未决案

丁、议员提议

一、厘丁土地图籍案蔡璜

二、变通自治进行案蔡璜

三、划一（弊）〔币〕制案方还

四、缩短镇乡自治期限与城会一律成立案邵长镕

五、地方自治当先办测绘案沙元炳

六、租界外民地买卖停转道契案潘鸿鼎

七、裁撤下砂两盐场及崇明场各大使案秦锡田

八、责成教育会劝学所实行宣讲案朱溥恩

九、补救淮北运河案张鸿鼎

十、城镇乡自治缩短年限案于定一等

十一、阻止洋商在内地私设行栈案顾忠宣

十二、实行普及宣讲案朱家驹

十三、苏属盐课摊派地丁项下裁撤缉私巡盐各营案秦锡田

十四、设立专门医学校案黄端履

十五、设法律专修公学养成辩护人才案马良

十六、补救江苏教育事宜案屠宽

戊、人民请议

一、徐海水患治法案 邳州教育会

二、淮北水利案 徐守增

三、浚修马陵断麓案 陆文椿

四、陈士髦撤除议员辩诬案 邳州教育会等

第三类　未及提议案

已、议员提议

一、均平公民任责案 蔡璜

二、松属州南奉金等厅县及上邑东境免派昭镇海塘工费案 顾忠宣等

三、酌定州县公费以纾官民之困案 凌文渊

四、安置退伍征兵案 蒋鸣庆

五、改正地方自治章程文书程序案 黄端履

六、实行禁止缠足案 周纮顺

七、请电争资政院议员额数案 潘承锷

八、整顿宁苏两属学务案 严师孟等

九、征兵退伍善后方法案 苏云章

十、征兵善后案 高梅仙

庚、人民请议

一、组织宁自治筹办处案 施遇春等

二、代呈督抚拨款补助中国新公学案 中国新公学

三、泰州修筑堤工案 许燮堂等

第四类　毋庸提议

辛、人民请议

一、砀山仓谷积弊案 砀山教育会

二、筹画砀山地方自治经费案 砀山教育会

三、扬州水利案 胡震

四、扬城学务案 胡震

五、举办公膏官督商办案 胡震

六、江南财政局颁行税契新章骤难实行案 胡震

七、官纸欲崇信用必廉价值案 胡震

八、禁烟案 孙绍组 等

九、整顿崇明包捐厘金案 黄宝铭 等

十、剔除淮关弊害案 丁福钧 等

十一、泰州义仓积谷案 徐荫桐 等

十三、分别公款公产界限案 郑慈谷 等

以上经审查后备同类之案参考者。

十四、请行徐海屯田印串案 铜山县乡民

十五、税契繁杂请求提议改正案 汪潭

十六、关涉议员何恩煜资格案 丹阳人民

十七、剔除铜邑小伙计时俸案 铜山县乡民

十八、救济砀山水害案 砀山教育会

十九、实行国民教育案 王义成 等

二十、禁米谷出口案 胡震

二十一、早日集股开办瓜清铁路案 胡震

二十二、禁止淮徐海三属流民案 胡震

二十三、请办淮属安邑工振案 朱士翘 等

二十四、设立息讼公所案 陶望侃 等

二十五、宜陵开通涵洞裁撤关捐案 赵春霖 等

二十六、宜陵拟设农会分所案 赵春霖 等

二十七、盐巡不入内港案 陶望侃 等

二十八、苏属房捐拨百之五充自治经费案 马戴仁 等

二十九、早清外债案 汪锡曾 等

三十、移拨筹集沛县自治经费案 赵锡蕃 等

三十一、维持钱业案 江宁钱业

三十二、绿营委弁充巡警案 嵇鸣山

三十三、消除迷信案 孙绍祖 等

三十四、酌提公产兴学案石鸣球等

三十五、裁汰陋规以遏地保之贪案石鸣球等

三十六、筹款修垦以备水厚生案石鸣球等

三十七、振兴蚕桑维持学务案武进紫溪学堂

以上经审查后废弃者。

第五类　未及审查案

壬、人民请议

一、蠲免牙税案江阴商会

二、筹捐兴办巡警案俞隆辉等

三、请议争《民吁日报》被封案萧笃秀等

四、请议组织海军协会案萧笃秀等

五、宁垣四区模范小学不能附属师范学堂案仇垛等

总计右五类甲乙丙丁戊己庚辛壬九项共得议案一百八十四件。

办事处编订

江苏谘议局第一届常年会呈报议决案汇录

（一）议定可行事件

呈报督抚可行事件文（通稿）

　　为呈报议决事件案。查奏定《谘议局章程》第四十二条内开"凡议决事件，除议长副议长同意认为应秘密者外，均公布之，并应随时报告督抚及资政院"等语。　月　日本局会议议决一件，合行缮折呈报，除汇呈资政院暨呈抚部院、督部堂并本局自行公布外，谨查照《谘议局章程》第二十二条，声明此为议定

可行事件，理合呈请督部堂、抚部院公布施行。须至呈者。

九月十三日会议议决代呈清河县绅士张符元等清淮灾荒请愿书案

查《谘议局章程》第二十一条内开，谘议局应办事件其第十二项为收受本省自治会或人民陈请建议事件，又案语云以通人民之情悃，据此则本局于人民情悃以代通为应办事件，自应代为呈请施行。

附录：《清淮灾荒请愿书》

今年吾淮灾荒原因与光绪丙午年不同，故结果较丙午年尤甚。丙午水灾已耳，米麦价至春三四月每斗六七百至八九百文已耳，今大荒之后，元气未复，车逻早启，秔稻失收，此为外界源泉壅塞之原因，光绪丙午未有之也。今年三月苗甫怀新，螟虫为孽，捕扑月余，苗亦俱尽，继以苦旱，播种不生。蝗误于前，旱误于后，无麦无禾，灾象已成，而高燥之区尤甚，光绪丙未有之也。高地无望，下者或存，补救桑榆未为过晚，乃五月初旬勾萌甫达，淫雨匝月，根柢未深，淹没殆尽，雨水未退，山水涌来，清安桃地本洼下，虽有沟渠，反为邻壑。清河之南乡洪湖滩，若和泰时世等号于工续涸复涸等滩，方数十里，水深一二尺至七八尺不等；北乡之杨庄、县西、县后等镇承清桃界河下流之水决水案至今未结及夏家湖、蒋家港受盐河沿岸之水、牛皮镇、周家荡、黄家荡、金家口、渔沟镇受六塘河沿岸之水平地水深二三尺，皆沈没月馀始涸，以致他处雨水停滞无从宣泄，淤汙徧野，晚禾亦不及种矣。至如安东、桃源亦罹此患，为内界失收之原因。总此数因，遂成今果，秋成未毕，食物沸腾，斗米一元，斗麦千钱，薪价称是，光绪三十三年春间所未有而今秋已过之矣。此则淮人士所共闻知者也。清河丁粮向系县署坐支，湖租则属提辕财政，向来凡有灾歉皆在县署及湖租局呈报转详，今岁六月亦由南乡总董张香山及王尧弼、北乡总董仲绍周、张品金、吴钟骥、张坦、刘立城等先后禀报，凡七起，当经县尊暨湖租局委分别履堪详办在案。今上宪委查江北灾区，清邑灾黎咸有更生之望，乃现已深秋，尚未查及，众庶嗷嗷，不堪久待。夫请蠲请赈本人民非分之求，物力艰难，绅等讵不筹之已熟，但比户既无宿储，邻境又皆遇侁。夫一夫向隅，举坐不欢，清邑同被灾荒，似应一体抚恤，倘交冬令流亡就食，难可截留，一旦聚而不散，其乱离可虑，其死丧更属可怜。素仰诸君急人之急，造福地方，今当议会成立，有收受人民请愿之权，用敢沥陈地方灾荒情形，乞为请命，设法救济生肉灾黎，绅等幸甚，民生幸甚。清河县绅士张符元、王登云、程人鹄、闻溥、王义成、张香山等公上。

衔名年岁另列于左：

花翎三品衔道员用直隶候补知府张符元五十四岁

湖北大挑知县程人鹄六十九岁

陕西大挑知县闻溥五十二岁

优廪生王义成三十九岁

奏留两江补用参将张香山六十岁

拣选知县王登云五十岁

淮属议绅吴涑四十一岁

介绍议员：桃源庄其仁，清河王化南。

九月十五日会议议决督部堂交议宁省接筑芜湖铁路案

查芜宁铁路界涉两省，既经端前督部堂建议展筑，自应由宁皖绅商集资筑成，惟由宁城起至江苏尽境共长若干里，路线所经有无名城巨镇，应先确实调查，方可估计建造成本之多寡及将来收入之衰旺，应请督部堂将前此洋员测勘之图发阅。又宁省铁路所需成本及通车后盈亏若何均应请督部堂详细检卷示知藉资比例，庶筹办时确有把握，一面并请督部堂行令皖省绅商集议，俟有端绪再由宁皖绅商会议办法呈明督部堂然后施行。

附录：原案

宁省自造铁路原为便商旅保路权起见，自上年八月开车以来收费日增，渐形发达。端前督部堂乃建议由宁城展至芜湖，曾派洋员察勘路线，而宁沪公司洋总管即有应归伊造或会商分造之说，且引原订合同沪宁路线百里之内他人不得另筑等词一再争执。查宁芜相距将二百里，与沪宁公司范围绝不相涉，且宁为该路尾闾，亦无再行展长百里之理，此段路线经由太平府城以达芜湖，沿途颇有市镇，宁芜又皆通都大邑，设有新关，商市尤称繁盛，果能筹款兴筑，获利当有把握。目前库款支绌，官力实有未逮，似可由宁皖绅商筹立公司集资筑成，既杜他人之觊觎，更获交通之便利，于商业路权均有裨益。第兹事体大，果否能行，应请公同议决。

九月二十六日会议议决筹兴水利为谘议局基本金之设备案

查督部堂交议淮扬水利一案内称"一劳永逸之谋，未敢轻于从事，目前补救，急则治标"等语，本局除遵议修堤各事宜另复外，兹就督部堂所谓不轻从事之范围，勉体官中帑项之为难，由本局自行组织尝试之法，成效虽未可知，规画必有自始。公决议案六条如左：

一、设江淮水利公司。

二、以谘议局负江淮水利公司之责。

三、先从事于测量。

四、先结水利协会，会员不限于本省人。

五、谘议局常驻员对于江淮水利得于不背议决之范围内时时推行，至有成效而止。

六、水利公司至得有余利时，取十分之三听谘议局之支配以充各出资地方及全省发育之用，水利公司得监视其充用之当否，不得拒绝或减少其所取十分之三余利。

九月三十日会议议决筑海清铁路以工代赈案

查海清铁路经前督部堂端派洋工程司测量平水图册一律完全。本年海属水灾奇重，转瞬已交冬令，官赈既难普及，义赈更成弩末，若不急筹路工，藉资赈抚，一旦饥民南下求食，必至扰乱全省治安。决议请督部堂、抚部院奏请息借大清银行三百万元，赶筑海清铁路，以工代赈，计冬春土石各工发价不止百万，灾黎得百万实惠，即公家省百万赈款，所有借款筑路办法及其计画议决如左：

一、请督部堂、抚部院会奏息借大清银行三百万元赶筑海清铁路，以工代赈，俾年内先拨百万以便刻期开工。兹定其付息还本之法：

甲）借款三百万元，常年认息七厘，以三十年为期。

乙）前十年付息，后二十年分年摊还本息，另立付息还本表。

一、全路工程约需款四百五十万元，所有分年摊还大清银行借款三百万元及不足之一百五十万元，统由海属及各府州县绅民担任。兹定其分别担任之法：

甲）海赣沭绅民担任三百万元，分三十年缴清。认股三十元者每年交一元，认股三百元者每年交十元，余以类推，统限年内一律认定。

乙）其余一百五十万元另向各府州县分投招股，约以二年为招足之期。

一、请督部堂、抚部院会奏设立商办海清铁路有限公司，受成于苏路公司，悉遵苏路章程办理，并咨农工商部、度支部、邮传部，俟奏准后另订详章公举总协理呈部立案。

一、请督部堂专奏俟海清铁路告成即令淮北官运商运各盐概由铁路运送西坝，不得再藉船运夹私。

一、无论海属外属股分均以交款之日为起息之日，随时填给股票息折收执。官息常年七厘，至其余利则按股均分，统于开车之次年三月初一日凭票折付给。

一、请督部堂、抚部院于奏准后饬海赣沭州县造具印册会同议员选举正绅分别劝股，凡认股之人均亲将股数填明册内以为担任之证据。

一、海属绅民如愿一次交足先交数年者听便。

以上七条说明办法

一、关于公司利益之计划：

甲）运盐四百八十万包，每包运费一角，岁得四十八万元。

乙）运粮米以二百万石计，每石百斤运费一角，岁得二十万元。

丙）运百货以一百万石计，每石百斤运费一角，岁得十万元

丁）载客每日以三百元计，岁得十万八千元。

统计岁得八十八万八千元，除养路费二十万，净获余利六十八万八千元。

一、关于国家利益之计画：

甲）改归铁路运盐，所有商运官运各船夹带私盐之弊不禁自绝，约计化私为公之盐至少可得一百二十万包，岁可增盐课三十一万五千余两，盐厘一百二十万千文。

乙）盐由路运，但须就场缉私，所有沿途缉私盐卡炮船巡防队等均可裁减，约计岁可省银二十万两之谱。

一、关于海属人民利益之计画：

甲）海属屡患水灾，固由洪湖、运河淤垫不能容纳，亦由盐河六坝横梗宣

泄不及，六堘专为蓄水运盐计，而民田则因此受害甚巨，以前筑埧开埧官民互争，屡酿命案，得由铁路运盐，则六埧常年可开，自无水患。

乙）海属为私枭巨盗荟萃之所，往往结党数百，连劫各村，官力缉捕实有未逮。铁路通行，江北提台派兵半日即至，枭盗咸知畏惮，自可弭患无形。

丙）海属土货出境、洋货入境，转运极难，商务未易发达，铁路告成，转输最便，农工商务可望振兴。

丁）海属风气闭塞，由于交通不便，文明输入最难，铁路一通，视学教员不至仍视海属为畏途。

一、关于赈务利益之计划：

甲）海属本年水灾实甚于光绪丙午，情形之惨屡见报章，约计三属应赈抚者五十万口，每口日赈三十文，自本年冬月起至来年四月止计一百八十日，每口需钱五千四百文，共需赈款二百七十万千文。库空如洗，官赈极难，邑鲜富绅，劝捐不易及此，赶办路工，饥民可得土石方价一百万两，即可省官赈一百万两。

乙）丙午饥民，清江聚至五十万之多，扬州、镇江、南京亦聚至二三十万，资遣回籍，所费不赀，回籍之后仍须赈抚，若不早办工赈，势必仍蹈前辙，更恐扰乱江淮治安。

丙）海属灾重如此，例应奏准发帑赈济，改为借款，认息七厘，十五年即可利过于本，此外本利仍按年摊还，赈抚之法未有过于此者。

以上四条说明计划。

十月初四日会议议决督部堂交议淮扬水利应请自东堤宝应以下邵伯以上一律改修石工案

查督部堂交议案内所询办法，原有公家借款兴修归下河各州县民田认捐几成分年带征抵还一策。兹议得运河水势上承沂泗，西接淮湖，湖面从宝应以下邵伯以上面积极阔，水涨之时湖河通连，全恃运河一线东堤为水作障。堤东各州县民田逾千万亩，欲保民食，自应力求保坝，因保坝而致运堤崩溃则民命民食两不保全，长此不图，后患将日亟。惟西堤滨湖处所多系碎石工段，现已由督部堂派员堪估，刻日兴修。至运河东堤向系土（扫）〔埽〕工程，年年翻筑，柴有空心，土无坚质，即大加兴修，缓急决不可恃。现在通筹利害，议将运河东堤从宝应以下邵伯以上一律改修石工，每年立秋十日后如运河水涨归江，各坝不能宣泄，不得已于车、南、新三坝之中酌开一二坝分泄水势，以为兼筹并顾之计，下河人民从此安心农业，公家历年岁修抢险各费亦可节省。惟百数十里石工需款甚巨，议由运堤以东各州县民田凡有利害关系者分别摊认。下河民田在千万亩以上，按亩摊捐可得巨数，分年带征摊还，每年每亩分摊认缴数亦有限。再由公家分认，似更易于著手。修筑石堤时兼于高邮、宝应一带堤东有引水河处酌添减水闸洞十数座，水小足资灌溉，水大兼利宣泄，更将运河浚深，使水行畅利。从前工员积习偷减浮糜皆所不免，此次议请督部堂设立淮扬水利总局，由官绅分任其事，估工筹款，力除隔阂，平时疏浚运河及湖口淤垫之处可将挖圽机器船改归淮扬水利总局以为疏浚之用。至于治本之计，上下游地平水平以及各湖河潴水之容积、泄水之分量，亟应实地测量是否可以设法分疏，力争上游或于盛涨之时多辟去路，俟逐段测量预筹经费，另行开办淮扬水利总局，所有设局估工及修堤浚河之款，除公家分认几成外，余由堤东各州县在所有民田内按亩分年摊认，开办之款应先由公家借款兴修，一面核估摊捐，一面借款兴办。淮扬水利关系江北全局，民食民命厉害甚大，应请督部堂速核实行。

附录：原案

淮扬运河上以山东沂泗诸水为来源，下以入江为去路，淮河又挟豫皖两境之水经洪泽、高宝诸湖而来注，每至水势盛涨危逼运坝下河五六州县，如、兴、东、宝、泰等属农田均岌岌有朝不保暮之虑，计自丁酉、戊戌、丙午以逮今兹十年之中，巨灾四见，其他小灾以急电求缓开坝者几若岁以为常。论者主导淮入海，洵属一劳永逸之谋。第以巨帑难筹，或以地形不便，未敢轻于从事。目前补救之法，惟有仍将运河两堤大加修整并加工挑浚河身以为急则治标之计。查运河东西两堤，东堤之外皆各州县民田，而西堤实为东堤保障，近年以财政支绌，仅能将东堤择要补苴，西堤则年久失修，其残缺处所湖浪每每直扑东堤，而较矮之处又往往湖河相连，以致东堤愈形吃重。此时欲将大修与挑浚并举，需费颇属不赀，专恃官中筹款，财力实有未逮。考高邮、兴化各志，从前修堤挑河均有由民田摊捐之案，拟查照历届成案，官民分认合筹，或先全由公家借款兴修，归下河各州县民田认捐几成，分年带征抵还。运河两堤之安危为下河切己之利害，虽属摊捐田亩，无非自卫身家。惟民情果否乐从，能否举办，应请熟察通筹，公同议决。

计抄送昔年修河成案一纸：

查道光三十年两江总督陆建瀛会同钦使福济饬修西堤，工费由道复核减估，扬河厅准银十七万二千四十余两，江运厅准银六万三千五百八十余两，统计两厅共准银二十三万五千六百二十余两，先行垫款给办完竣，在下河各州县按田摊征还款，高邮州详报得受西堤利益民田一万五千九百五十五顷零，每年应征丁减钱粮银二万七千八百八十九两零，按两核计，应共摊西堤公费银二万六千九百四十两零，分作八年十六限，每限照额征，无闰，丁减钱粮银一两，科摊西堤银六分三毫零。

咸丰六年知州张鹏展以城北界首镇一带运河河身淤垫，堤工卑薄，饬民董乘水涸农隙时分段按田挑捞，并饬城南埧口门于河中滩面处筑与石底相平，毋使水冲石底，又中坝碑亭水碗亦须用土填实。嗣议每田十亩出夫挑土一方，照依业食佃力，如有不愿挑土者，每方捐给夫价一百六十文，每亩计捐钱十六文，以期费轻易成。其驻工董事分三段责成，由三十里铺起至琵琶闸止为南段，由琵琶闸起至马棚湾止为中段，由马棚湾起至界首镇止为北段。

咸丰十一年知州胡海平议定河堤岁修章程，申详本府朱昕，由本府复申请漕河宪吴棠，略云：河缺已奉裁汰，各工改归地方，河库无款可拨，一切工程均须藉资民力捐输修办。前经卑属知高邮州会商绅董，拟于邻境田地按亩摊捐备办，除湖西田亩不应摊捐外，所有运河东岸各总里受益田地，无论丁减歉熟，每亩一律捐钱十八文以归划一，每年于春初开明各户田册，按照议定捐数按户填明联票分别擎执存查，谕饬公正绅董设局收捐储局，以备修护堤埧工程专款随时提用，事竣核实报销，其余公用不得率行动拨。至里下河各州县，仍请札饬预议章程捐备，于每年大汛以前，先将捐钱解邮，俾得早为修筑齐整，共资保卫而免贻误。查运河东岸，上自山宝交界起，下至瓜州江口止，绵亘三百余里，除江都县之湾头以下无工可计外，宝应高甘境内两岸长堤土石砖（扫）〔埽〕闸埧等工乃为里下两河亿万生灵之保障，所关匪细，常年岁修工费自应预为筹计以昭慎重，通饬受益之通州、如皋、盐城、阜宁、江都、甘泉、高邮、宝应、泰州、兴化、东台等州一律按亩捐解宪库以备拨用。嗣奉漕河宪札饬筹议按亩摊捐章程禀复办理。

同治元年漕河总督吴棠饬高邮州修堤工，经知州马鸿翔谕董会议，各村每田一顷出夫十二名赴工挑筑土方，或一日或数日，夫数全到即给照归农，或已身无暇，则以钱雇夫，每夫一名作钱一百五十文，亦听便。至西堤砌石及大汛抢险力有不赡，仍俟兴化、东台、泰州及里下河各州县赴工接济以均劳逸。

同治四年两江总督李鸿章、漕河总督吴棠札饬高邮州修理堤埧各工援照道光年间摊修西堤成案，责令受益各州县在地丁项下按田摊捐，经费限一月内由该牧令先行垫解以济急需。知州唐瀹禀复先行堵闭车新二埧，俾下游农田旱涝河道亦免浅涩之虞，所有埧底各工应请择要次第估办，奉摊捐银照依上届成案，每额征丁减钱粮银一两拟摊堤费捐银三钱二分以舒民力，剔熟摊征，不准蒂欠往后，均于秋成后循案办理。

十月初四日会议议决苏路公司请议瓜清路线应走东堤或西堤案

查山阳、宝应、高邮三县境内路线应走西堤。经行清河境内，宜于何处渡河与清徐接轨，应由苏路公司随时酌量。邵伯以南河湖混合，应由西堤尽处架桥通过，多留水道以便宣泄，其间若何施工，仍由公司就当日测量路线参以现时舆论斟酌进行。

十月初四日会议议决学务公所整顿事宜请转饬两提学司案

一、提学使按照部章应督率所属职员限定钟点每日入所办公，议请将所定办公钟点宣示各地方办学人员，俾得依时到所禀承一切。

一、议长议绅应请每年于教育总会大会期内按照定额加倍选举，开单呈报督部堂、抚部院暨提学司，以备择定后分别延聘奏咨，其被选举资格不以教育总会会员为限。

查宁属议长议绅向由公举，于部章范围以内加以慎重，实无流弊，应请将本条定为本省单行法以附部章而行，宁苏一律办理。

一、议长议绅应定会议日期，以尽赞画之责，会议时请提学使主席抉择可否公布施行。

一、课长课员应查照部章切实办事并刊行各种报告以备办学人员之研究，其有旷职者应即照章撤换，以绝因循敷衍之弊。

十月初四日会议议决规划全省教育案

甲、关于教育费之规定

一、省教育费综于学务公所，地方教育费综于劝学所，均责成岁制预算决算表。

省教育费官款居多，地方教育费公款多于官款。论办理统计，似公款散而难稽，官款较易查核。然各学堂官款由各署局直接支放者居多，甚或并未行知有案，以致教育费支出有不见于提学司之报部表册而转见于各署局之销册者，嗣后应令各署局支放之款关于省教育者拨由学务公所支放，关于地方教育者拨由劝学所支放，以期统一。如实有不便之处，不得不直接支放，亦须将拨款案由、支放日月行文报告，俾有完全之统计。至公款，应由劝学所调查，期无遗漏。

一、各项教育费收入之数应照光绪三十四年统计，务使有增无减。

推广教育，以增筹经费为第一义，惟筹画不易，一面设法增加，一面应先将现有之额加意维持。查现行统计表式，收入款分官款、公款、产业租入、存本利息、乐捐、派捐、学生缴纳、杂收入八种，除乐捐及学生缴纳两种外，其余应照光绪三十四年统计原额列入预算，不足者筹补，不的实者使的实。学堂有办理不合法者，虽令停闭，不得将其原有之款充教育以外之用，纵有节存之款，亦当提出，不宜并入第二年预算案内。

一、地方教育费视其性质别为厅州县教育费与城镇乡教育费。

厅州县教育费即城镇乡公共之费，即以办城镇乡公共之事，以后厅州县教育费不足必取给于城镇乡，城镇乡所筹教育费内尚当提出厅州县之一分。今就原有之款划分之，则姑以其收入有公共性质而不能画分者归之厅州县，其非公共性质或虽有公共性质而可以划分者归之城镇乡。

一、厅州县教育费之支出，定为劝学所、高等小学、女子高等小学、初等实业学中学【堂】、初级师范学【堂】六项。

此六项为厅州所不可少者，惟后三项如力有未逮，得联合他厅州县办理，其劝学所经费最多不得过全境教育费十分之一。

一、城镇乡教育费之支出以初等小学半日学堂为主。

注意普及不能不先并力办此两项学堂。今办学者喜于滥设两等小学，实为一弊。权其缓急，设一两等不如分其经费多设初等，庶教育有普及之望，若物力果充，初等小学毕业生果多，未尝不可兼办高等及他项学堂。

乙、关于各学堂之设置

一、宁苏两省垣高等学堂应合设完全学科，其如何分类办理，或扩充或合并，请饬两提学司协议定之。

查高等学堂章程共分三类，其第三类为入医科大学之预备。吾国医学视东西各国瞠乎其后，地方自治办成后，公众卫生之事尤需此项人才，不可不加意培养，应照章添设此类以植医学之始基。惟两校经费虽宁多于苏，欲其完全设备，均尚不敷，应请饬两提学司协议，或按类分办，或两校并筹扩充，或并为一校，择定办法。

一、裁撤苏垣英文专修馆，改办中等工业学堂及工业教员讲习所。

此馆于光绪三十四年设立，原拟仿照方言学堂办法，冀得中西兼通之士。乃招考録取人数聊聊，曾习英文二三年者仅六七人，余皆初学，程度甚低，并有因国文无普通资格，特设预科专修国文不修英文者，后经部议，但能比照体操专修科之例办理，于是更非原办时之意趣。此馆实有不能持久之势。照去年统计，自四月至十二月止，每学生一人所费官款需三百三十五元，几与高等学堂相等，不如即行裁撤，以其经费改办中等工业学堂。查此项实业学堂历奉部催设立，因地制宜，则机织色染为三吴世业，亟宜研究改良。若推广其科目，则土木科、漆工科、图稿绘画科皆宜次第设立，并应同时设立工业教员讲习所以广师资。

一、设女子师范学堂，其经费由两提学司会同两藩司筹拨。

各地方女学渐兴，而女教员所在缺乏，各女学堂附设之师范科类皆自为风气，无一定之宗旨。有官立女师范以为标准，则学风渐趋齐一而响应亦多，且部章颁行已久，岂宜长此因循，应请饬两提学司会同两藩司筹指的款拨充经费。

一、筹设水产业中学，其经费由两提学司会同两藩司筹拨。

水产业为中等农业学堂之一科，本省沿海滨江临湖之地居多，天然美利放弃至为可惜，宜急择相宜之地筹设水产业中学堂一所以资提倡。其经费筹法同上。

一、江北农工试验场宜改办中等农业学堂设农林蚕业三科。

江北农工试验场坐落清江浦郊外，开办多年，名称屡改，成绩殊尠。查场地广约二百亩，种有桑树多株，既未能切实办理，而专凭实验不究学理自亦难期进步。查中等农业学堂章程，分农业、林业、蚕业、兽医科、水产业五科，原听酌量设置，不必全备。今查该场情形，于农林蚕业甚为相宜，不如就此基地及原有经费改办中等农业学堂，设农业、蚕业、林业三科，延聘长于此项专科之员切实办理，既立振兴实业之基，并收因地制宜之效。

一、两淮中学与扬州中学宜筹商合并。

两淮中学经费系旧时三书院之款，原名仪董中学，由运司督同扬州府经理，至三十二年改名两淮，专隶运司，始与地方划分界限，因之扬府另办中学，其经费专恃八邑忙漕串捐。年来水灾迭见，遂至经费奇绌，而学生人数日增，办理备极困难，拟请督部堂饬宁学司会商运司督同扬州府规画合并，既节经费，兼可统一教科，仍兼收淮商子弟，与本籍学生视同一律，化町畦而复旧观，实属有益无损。

丙、关于各学堂之整理

一、官立各学堂监督宜予以完全用人权。

学堂监督进退校员之权，不足以专责成。官立学堂各项职员教员照章由提学使分别聘用委派，惟延访之权应专责之该校监督，其不称职者亦由监督禀请提学辞退以一事权。

一、严汰各学堂冗员。

官立各学堂庶务斋务等职设员太多，如苏垣师范学堂管理员多至十余人，高等学堂职员有并不到堂任事，迹近干薪者。设员愈多，糜费愈巨，而校务愈以不举。是宜严加裁汰，必使一员得一员之用，庶几款不虚糜。

一、苏垣师范学堂急当注意初级认真办理。

此校一误于专用日本人，再误于办事者教育上之知识太短。今优级已成残局，恐难补救，若新招之初级生更不注意，则终无振作之日矣。师范教育费断不宜惜，以后停招优级专办初级，不患经费不足，不延日本教员，优待中国教员，不患教师难得其人，亦视任事者之何如耳。至附属小学不妨扩充原有初等之五年者，更以所余经费增设四年三年及单级教授者，使一律完全，则试教有实习之地，参观多研究之资，亦师范设备所不可少也。

一、宁属初级师范、两淮师范、江北师范应统归宁提学司管辖。

此数校均在宁提司范围之内，应由提学司派员监督以专责成。

一、宁垣四十区小学、苏垣二十二区小学应各设法改归地方接办。

此项小学在兴学之始先于省城设立，以资模范，自不可少。今日事理，小学必应责成地方办理方为正当，若省城取给于官款，外州县如何？城厢取给于官款，各乡镇又如何？明知地方教育费有限，目前无接办之力，宜饬下各地方分年逐渐接办，或饬改数校为师范附属小学均无不可。

一、宁垣四十区小学及模范小学四所应各撤去总办归提学司管辖。

以小学而派监司管理，体制未合，四十区小学应归劝学所管理。今以一时未能接办，即饬提学司暂行管辖。总之无庸另设总办。如谓四十区教员数十百人之多，必有总汇处以为纲领，应饬提学司于学务公所设立一处以为聚集四十区教员之地，并许上元、江宁县视学随时调查。至模范小学四所既向隶初级师范监督，应即正名为该师范附属小学，更无庸另设总办。

十月初八日会议议决宁苏合办女子师范学堂请就南菁学堂改设案

查初四日本局所决议曾有宁苏女子师范学堂其经费由两提学司会同藩司筹办之案，今就南菁本有之款设本省急需之学，经费校舍俱就已成之基础为之，实为事半功倍。

十月初十日会议议决抚部院交议联合农会组织农林公司案

查抚部院交议原案所举两事，一为设农会联合会，一为设农林公司，意在补部章所未尽，自是切实可行，惟有尚应推广及修正之处条列如左：

一、农务总会及分会应先赶速成立。

按联合会系农会成立后事，目前省垣总会既未成立，地方分会遂多观望。查农会应由何等人发起，章程未有明文，惟农工商部原奏有应由各该地方官于筹设农会时邀集士民拟定[①]便宜办事规则等语，是地方官实有邀集筹设之责，应请督部堂[②]、抚部院通饬所属地方官赶速邀集士民筹设此项农会并照章酌拨公款办

[①]《南洋官报》宣统二年四月二十日，第九十二期所载"定"作"订"。
[②]《南洋官报》宣统二年四月二十日，第九十二期所载无"督部堂"三字。

理，省垣总会限以年内成立，各厅州县分会限明年三月以前一律成立，然后各府厅州联合会得以督促举办。

一、农林公司应准联合设立。

按①原案内载有"各州县农务分会如已成立，即宜附设一农林公司，各就本处荒地量为种植"等语。查各厅州县赤地童山满目皆是者固属不少，而在户口较密农事较勤之处荒地容或不多，必令每一州县设一公司，或于事实不无窒碍，应准荒地较少之厅州县联合数邑或一府州设一公司，庶集赀既易能力亦充。

一、农务分会分所应各附设农场。

按照定章，总会地方应设农事试验场，分会分所应设农事半日学堂、农事演说会场，招集附近农民授以农学大意。查农事试验场所需壤地较广，经费亦多，虑非分会分所地方能一律举办。惟既照章招集农民演讲农学，不可无实地试验以鼓兴趣而资模范，应仿初等实业学堂附设试验肥料场办法，于分会分所成之日就农事半日学堂近侧附设农场一区，或购民田或用公地，规模无取乎大，需费亦自不多，但得究心农学及老于农事者数人主持试验，庶演讲不为空言，乡农易兴观感，藉收农事改良之实效。

一、以上三条宁苏两藩司所属应一律办理。

附录：原案

案查农工商部奏定宪政预备章程，第一年议立农务总分会并以次设立农业学堂及农事试验场，纾国计而裕民生，诚属救时良策。江苏夙号奥区，兼饶水利，尤宜提前赶办，树各省之风声。惟部颁农林表饬属照填，到者盖寡，官吏固不热心，地方亦无团体。兹就部章所未尽者酌议二条：一曰设农会联合会。各处设立农会自必遵照部章依期成立。惟一县一会各不相谋，办法既不免参差，成效亦断难速觏。无争竞即无优劣固为不易之论，似宜就每府农会设一联合会，由各县农会公举会员参互往来，共相研究，并于农会附属之农业学堂、农林试验场逐年按照成迹摄照影片，一一对勘，以谋改良而资推广，所费省而收效宏，必有以促农事之进行也。一曰设农林公司。前奉明诏切实推广清荒开垦兴办农林各事宜。江

---

① 《南洋官报》宣统二年四月二十日，第九十二期所载"按"咨后有"奉发"二字。

南江北兵燹以后元气未充，赤地童山所在皆有，若仅恃地方官筹办实属力有未周。各州县农务分会如已成立，即宜附设一农林公司，各就本处荒地分别平原山麓，相其土宜，量为种植，先行凑集开办资本，逐渐扩充，经理得宜，自能愈推愈广。如镇江之明农公司、昆山之垦牧公司皆为人所唾弃不顾之地，一经规画，成效昭然。倘得各处绅民仿此办理，十年之后社会生计当不似今之困难。综上二议，一则立农业之根本，一则谋农业之扩张，但取事之易行，不必过为高论，应请公同筹议决之。

十月十四日会议议决抚部院交议清查荒地案

查抚部院交议原案，以局署举办清荒久无成效，今酌定方法遴选绅董办理，实系切要之计。目前城镇乡地方自治次第成立，议即责成各地方自治公所清查，查出之荒地作为该城镇乡公产，既裕自治之经费，藉收清荒之实效。议定办法八条如下：

一、各厅州县荒地责成城镇乡地方自治公所各就本区域分（段）〔段〕清查，自治公所未成立以前由地方公举正绅办理。①

二、清查时就各该荒地丈量亩分，编立字号，分别官荒民荒有主无主，各将坵形圩势四至界限绘图注说，呈报该地方衙门存案。

三、查出之有主民荒，除应催令该业主赶速自行垦种外，如系官荒及无主民荒，即作为该城镇乡公产，由地方官给予执照，归自治公所分别设法垦种，按照荒地十年起科成例承粮，其系山荒开垦，应查照光绪三十一年镇江成案宽限十五年升科。

四、查出之官荒有被人私自占垦者，即由自治公所令原垦者缴价承领，如无力缴价，即令承佃或酌给垦费收回，另行招佃，均无庸追究既往，以免扰累。

五、凡无主民荒，经自治公所垦辟后，如在二十年以内复有业主出头执有确实凭据认领者，除自垦辟之年起至本年止所有历届采租完粮均仍归公所外，应将该地连同执照给还管业，惟得令该业主酌偿垦费。

---

① 《南洋官报》宣统二年五月初十日，第九十六期所载无"自治公所未成立以前由地方公举正绅办理"一行。

六、清查时所需经费应于该地方公款内酌拨垫用，俟将来所垦地亩内得有租息如数归还。

七、每届年终，由城镇乡自治公所各将该区域内本年分查出之荒地分别项目汇总造册，呈送该地方衙门备案。

八、以上七条宁苏一律办理。

附录：原案

苏省大江南北千里沃衍，自经兵燹，粮额迄未垦复，弃利于地，论者惜之，固以振兴农业为今日切要之图，然入手之初必先清厘荒地。荒地散坐各州县，区域既广，厘剔匪易，省城农局总其大纲，只能责成州县。州县庶务纷繁，又责成乡图保长，年复一年互相隐匿，遂无成效可观，应如何酌定方法，遴选绅董，划分（叚）〔段〕落，实力调查，将官荒民荒之垧形科则圩号亩分绘为图式，列为表册，庶可辨别土宜，推广农林，为地方兴自然之利，应请公同筹议决之。

十月十四日会议议决督部堂交议调查户口案

查督部堂交议调查户口案并抄送宁省调查户口通则一件，其注意处计分两层：一曰如何妥筹办法，使民皆信从，不生阻扰。一曰现定之通则有无增减变通之处。本局查得推行之法，在部章第二十六条至三十一条业已悉心厘订，其他均属事实问题，无一定之办法。至原定通则虽已颁发通行，就中各条似尚不能无缺憾之处，如第五条街巷名称之"街巷"二字下少一"等"字，易令读者误公名为专名而生城乡不能通用之虑。第七条推及新建之房屋，恐调查者误以空屋亦须列号入册，至户数不能确实，似不如改为"新立之门户"五字较觉妥洽。第八条特设不列户名目而释之以"芦棚茅屋不成家屋"八字，定名似嫌未惬。第九条以尊卑分正附，系为维持伦纪起见，惟若尊属赁居卑属房屋亦依此办理，则失其本然之性质，似宜加"惟有主客之别者不在此限"十一字，庶调查者有所依据。第十七条"官署口数应由本局备文附表请其照表填送"云云，按照部定调查户口章程第十六条，查口票应由调查员交每户户主填报，至官署等项民政部现有通行表式，依普通办法，只须向调查者将表分交各官署照式填报，实无需乎备文，否则别官署于学堂、善堂等项之外，即是别官吏于一般人民之外，易使人民减杀其信从之念而阻扰以生,似宜将"备文附表"四字删去,易以"按照部定表式交各调查处分送各官署"十六字。第十八条定旗籍户口之办法。查旗籍统于军宪,江宁驻防历年查报旗籍户口当有专章,现民政部为户口事通饬各省,往往以将军督抚并提,是旂制未变通以前尚无统一之办法,仍可各自遵章分办,似宜将原文"旗籍户口"以下二十二字删去,易以"满城户口除旗籍另由军宪造册报部外其"十七字。第十九条外国人所设商店与教堂、书院、医院并列,并未分清通商口岸与内地之界限,此为最大缺点,应请设法申明以杜流弊。第二十一条"关于生死婚嫁"云云,"关"字之上应查照部章第二十二条加"自查口票填报之日起嗣后"十一字,庶使一般人民咸知调查之次第而畏难之意无由生。又部章所定调查年限,有人户总数与人口总数之分,此项通则既并户数口数为一次调查,似应参照部章另设期限,俾各厅州县得刻日告成。他如船户应另行分段列号,特别调查,亦为部章所规定而通则未有明文,此皆应行斟酌者也。但此项通则系已经通行之件,江宁等处早已遵照办理,与他种草案之必待谘议局决议而后颁行者不同,苟无大碍,即不必轻易更改,致执行者无所措手。兹拟变通之法,凡原案条文概不更动,惟依通则第二十七条所谓未尽事宜之例增订附则三条开列如左:

一、各厅州县船户应另行分(叚)〔段〕列号,仍照部章及本通则办理。

一、各厅州县调查户口期限,应依部章第二十三条第二项提前办理之例,于宣统二年十月以前一律告竣。

一、各厅州县得于部章及本通则范围以内酌量地方情形另订细则以利推行。

再:本局熟筹利害,尚有三事应请督部堂察核施行:

一、徐海等处风气未开,对于调查事务深恐迟迟不举,至误限期①,应由调查总监督遴派妥员分赴徐海等属会同各该监督敦促进行以重要政。

一、通则规定调查外国人商店办法宜限于通商口岸,至外国人在内地私设商店行栈实背条约,未便置之不问,应另饬地方官详细查明,如有开设内地之外国商店行栈,即行详请洋务局照会领事转饬迁回租界以重约章。

一、民政部规定,调查衙署局所、学堂、庙宇、医院、报馆、善堂、会馆、

---

① 《南洋官报》宣统二年四月十五日,第九十一期所载"限期"作"期限"。

教堂及外国旅居营业等项人数之办法，业已咨行各省，惟于外国旅居营业一项并未指明通商口岸，恐奉行者不无误会，应请督部堂于奉到此项咨文后详加考订，或电部修正，然后施行。

附录：原案

筹备宪政无不以户籍为根本。现在各省户口已由民政部奏奉谕旨实行调查，按照奉行调查户口章程第四十条内开"本章程实行细则由各该总监督拟定通行仍申报民政部立案"等因，现在宁属各厅州县调查户口通则业经江南筹办自治局拟定通行在案。查中国版籍不清由来已久，此次调查似因实创，其在通都大邑，民智已开，推行尚易，其在僻远州县，风气固塞，难保不怀疑误会，以为苛扰累民。前此江西瑞州、宁都之事即其明征。诸君子桑梓之邦于风俗民情之习惯知之已稔，应如何妥筹办法方能使民皆信从不生扰阻，现定之通则有无应行增减变通之处，应请公同议决。

计抄送宁省调查户口通则一件。

附录：宁属各厅州调查户口通则

第一条　本局遵照部章第四十条得另订宁属各厅州县调查户口细则。

第二条　各厅州县调查户口应以本管地方官为监督。

第三条　各厅州县应就管辖地方分配区（叚）〔段〕设立调查处。

第四条　各户门牌，由该管地方监督遵照部式制定，发交各调查处编钉。

第五条　填写门牌，除照部颁格式注明某区某（叚）〔段〕外，应于门牌上添注街巷名称列号。

第六条　编号次序以街首至街尾为讫，其有附属小巷无特定名称者，应接续挨次编列，不得另编号数。

第七条　编号既定后，或添有新建之房屋，其门牌号数应编入原号之末。

第八条　调查户数除照部章分别正户附户外，另立假定户及不列户名目。

按：假定户系指衙署局所、学堂、善堂、祠庙及商肆工厂等项而言，此项本不得以户论，但住户附居其内者亦间有之，若径以住户填作正户或填作附户，于事理多有未合，应立假定户名目为正户代名词，以便分别正附，编钉门牌。又不列户系指芦棚茅屋不成家屋者而言，此项亦不得以户论，应另立不列户名目填注门牌，以便查口时按口计算。

第九条　凡族居一门已经分爨者，以尊属为正户，余为附户。

第十条　凡假定户应照部章规定正户例编钉门牌。

第十一条　凡假定户内附有住户者，应照部章规定附户例别（订）〔钉〕门牌。

第十二条　凡不列户门牌，应注明不列户字样另号编钉附于各街巷号数之末。

第十三条　各户门牌编钉后，该户如有迁移情事，应由该户主将新迁区段号数及迁移月日各就住居地之调查处呈报。

第十四条　调查口数由该管地方监督遵照部颁格式制定查口票，发交调查处。

第十五条　凡在官署局所、学堂、善堂及商肆工厂内执事之人，应分别本地有无住所各填总数。

第十六、凡恤养鳏寡孤独之各项善堂，其收容人数应照该堂名册填写。

第十七条　调查官署口数，省垣应由本局备文附表请其照表填送，其各属官署由各该监督查照办理。

第十八条　旗籍户口由本局备文详请军宪饬司造册送局汇报，但非旗籍而住居满城者仍须派员调查。

第十九条　凡所属境内有外国人居住及设立教堂、书院、医院、商店者，应由该管监督详请洋务局照会各国领事转饬该居留人遵章听候调查。其中国税关、邮政及中国人民公司、商店雇用外国人者，即于应填表内分别添填雇用或聘用外国人若干名字样，惟须注明其国籍、职业等项，至领事府应仿照衙署例由调查处送给表式请其填（驻）〔注〕。

第二十条　调查员应备记事簿一本，记载每日调查情形呈送调查长查核，如各户有学龄儿童应分别入学者几人、未入学者几人填注，其职业不正及吃食鸦片者尤宜详细注明。

第二十一条　关于生死婚嫁承继来往等事，各（叚）〔段〕调查员应分立册簿随时登记。

第二十二条　呈报生产子女，应将该子女姓名、籍贯、生年月日及嫡庶长次，并其父母姓名年岁职业一并报（名）〔明〕入册。

第二十三条　呈报死亡，应将死者姓名、年岁、籍贯、职业、住所暨死亡月日并死者亲属一一详细登记。

第二十四条　呈报婚嫁，应将夫妇姓氏、年岁、籍贯、职业、住所并其父母姓氏年岁及媒妁者姓名、籍贯、职业、住所均须报明入册。

第二十五条　呈报承继，应将本生父母、承继父母家族关系及其姓名、年岁、职业、住所并承继人姓名、年岁、职业、住所一并报明，由调查处派员访查确实方能入册。

第二十六条　调查往来人数，应由各监督酌量地方情形另定办法。

第二十七条　以上各条，如有未尽事宜，应随时增订施行。

十月十四日会议议决抚部院交议度量权衡改制推行案

查原案关于度量权衡推行事项系属本省单行章程，所谓先定进行方针者，以责成自治公所与地方官同负责任为要点。按划一度量权衡为振兴实业之先导，自应按照部章提前办理。现在各处自治公所先后成立，应即承认为辅助机关承售官器。惟原拟办法有尚宜酌改者，有应由督部堂、抚部院切实申明者条列于下：

一、第三项称官器造成后由地方官发交自治公所与商会一同照章发买，而第一项规定辅助机关意似撇开商会，将疑商会但有承售之义务而无劝谕稽查之义务，似不如以自治公所与商会两两并提均认为辅助机关，于推行方法较为周密。

一、"决定专卖处所"云云，与部颁章程第二条由部设厂制造专卖之说语相冲突，似宜改为承卖。

以上二条系就原案酌改者。

一、既拟缩短实行期限，则部章第十七条检留一种之说为不适用，惟实行开始之时如旧器未能一概勒令废止，宜由自治公所及商会于奉饬后将该地方习用之各旧器与新器确实折合详细列表榜示公众以杜弊混。

一、"缩短实行期限"一语似无范围之可言，惟查部章第十五条"拟饬售卖绸缎布帛之店、业成衣木匠之人均领用新制之尺，卖买米谷豆麦之店均领用新制之斗斛，票店钱庄质肆均领用新制之法码"云云，又第二十五条"各省领部帖开设之牙行均领用度量权衡新器"云云，数语最为扼要。现在部章第二十四条分年办理之法既不适用，此项商民领用官器应即在自治公所成立之时，至领用之期限若何似不可不为确定。

以上二条应由督部堂、抚部院切实申明者。

附录：原案

案查农工商部前于宪政九年预备案内奏明划一全国度量权衡，并将奏定度量权衡制度图表章程咨送到苏，自应设立度量权衡局以为推行之总机关。惟兹事体大，头绪纷繁，必先定进行之方针，庶可示官民之标准。苏省商务繁盛，户口众多，尤应早为预备。兹将关于推行各事项条列于下以备研究而取众决：一曰规定辅助机关。查部章第三十一条"各省度量权衡局派员会同地方官及商会调查商民习用各器"，又第三十七条"各地方官及商会有督率稽查之责"云云，紃①绎部章，是以责成商会为辅助机关。惟苏省商会尚未全设，且权限范围甚狭，只可行于商界，不能普及齐民，似未能负完全之责任。苏省商民用器各为风气错杂纷糅，地方官既耳目难周，商会亦鞭长莫及，现各处均设自治公所，理宜担任此项义务，承认为辅助机关，所有关于推行各事均佐官厅悉心开导，照章执行，与地方官同负责任。公所与商民相处切近，社会程度人情习惯无不洞见，劝谕既易信从，稽查亦较周密。一曰缩短实行期限。查部定推行新制以十年为期，而第十六条云"如有易于改定省分不必拘十年之限"，苏省各属用器与新器之差率不过十于一之比例，伸缩盈虚易于折合。又部章第二十一条云"奉天、山东、河南等省旧用各器均比官器大至数倍，拟俟新器成后即饬令全行改用"，是诸省之所大不便②者尚以强迫行之，如苏省之小有出入更易令行禁止，似宜缩短期限，不论省府厅县城镇市乡，均以③自治公所成立之期为新器实行之日，官民交励奋勉图功，鼓立宪之精神，为各省之模范。一曰决定专卖处所。查部章第七条"商民所用各器颁发各省度量权衡局转由地方官发交各商会或殷实商店经理贩卖"，苏省乡镇甚多，商会及殷实商店不能随处皆有，购置恐嫌不便，如自治公所认为辅

---

① 《南洋官报》宣统二年四月初十日，第九十期所载"紃"作"细"。
② 《南洋官报》宣统二年四月初十日，第九十期所载"不便"作"异"。
③ 《南洋官报》宣统二年四月初十日，第九十期所载"以"作"宜"。

助执行机关，即应尽承售官器义务，官器造成后即由地方官发交自治公所，与商会一同照章发卖，商民等随时可买，易于取携，亦便民之一道。以上各条根据部章引伸其意，按诸苏省情形能否照办，应请公同筹议决之。

十月十四日会议议决整顿商会案

查各省倡设商会以来，商务未见起色，拟设法为本省整顿以图商业进步，条具如后：

第一、筹经费。部章第二十一款定商会筹费之范围：一、注册费，二、凭据费，三、簿册费，均系由商酌输而仍为保商之用，宜由各商会妥订章程，随时收集，以充费用。

第二、扩知识。各商会应附设研究所，其研究之种类有二：

甲）关于一般之法令例如地方自治章程尤为各分会所应注意，否则权限不明，两方之间易起冲突

乙）关于商业之法令

此二种当延聘通知法律之教习按期讲授，总协理及会董等亦必按期听讲，无少间断，庶有实效。

第三、谋进步。关于进步必要之事务计分四种：

甲）编制商业统计。

乙）研究各业盛衰之理由。

丙）讲求土货改良之方法。

丁）设商品陈列所。

第四、劝督促。各厅州县未设商会者明定期限一律组织成立。

十月十四日会议议决高淳一县水无去路，
民纳虚粮，数百年民瘼应予奏请豁除案

查高淳水患，一由于东坝之筑，再由于胭脂河之塞，三由于万顷湖筑湖成圩，以致水路为之阻塞，受害甚巨，应如何疏通水路，非实地测量另开支河不能永御水患。议由本局常驻议员通告元宁溧水高各县自治事务所举员会同测量勘议办理。惟查高淳田亩以筑东坝后沉失过多，居民积受摊赔虚粮苦累，历朝报淹豁

粮迄未奉准，光绪四年秦县令曾熙三次详经前督部堂沈、抚部院吴顶奏准豁虚粮十万五千余亩，尚有十万余亩迄未清豁，每遇荒年未能摊完，地方官率又于灾后带征，甚且灾年亦有，带征之累，民不堪命，历有岁年，应请督部堂、抚部院将高淳向来未尽清豁之虚粮尚有若干一并查明奏豁，使邑民均享国家覆帱之泽。再本年高淳水灾甚剧，初次呈报灾区已有十一万余亩，继由唐昌乡民呈报二四五六八九等灾区大小共十五六圩，计田一万余亩，现经委员履勘，仅准报灾区六万余亩，未及半数，小民受累实深，并请饬司派员履勘查明现在应行蠲免灾区核准全数邀免，庶目前被灾之民不至再受追呼之累。

十月十四日会议议决抚部院交议补救州县困难案

查原案以补救州县困难标题，其性质为国家行政经费，于法不当由本局筹议。惟忙漕征收改章关涉本省税法及本省人民负担义务之增加，照章自应详议答复。查原案以官俸未定，设为目前救急两策，一则忙银照市价合钱外加公费规复，一则忙漕均折收洋码，每元作六钱七分有奇，漕折定每石五元，忙折定每两一元五角，外加公费规复。本局一再审查，不能不逐层声辨并另开议定可行事件于后呈请公布实行。

一、声辨公费规复之名目不应外加。按：原案以忙银公费每两六百，漕米公费每石一千，均系曾文正公奏定。查漕米公费见于《会典》，而忙银公费六百文之原奏，呈奉督部堂札复，以搜查无获当咨请抚部院抄发，嗣由抚部院委员交到同治七年、十年前督部堂曾文正公两次加价会奏折片抄本，七年折内载有前护抚臣刘于同治四年裁去浮收钱漕案内会折奏准征收地漕银一两连公费折钱二千文等语，十年折内载有前护抚臣刘于裁除浮收钱漕案内会折奏准征收地漕银一两，照当时市价每两易钱一千四百文，加公费钱六百文，共计每两折收钱二千文等语。两折所叙不同，而同治四年前护院刘原奏全文委员口述已无可寻觅。窃查此项奏案明载《会典》及《漕运全书》，皆只称征收地漕各款条银每两折钱以二千文为率，并无公费六百文字样，不知十年曾折所引究何所本，细绎曾折文义不过声叙当时市价，并非直引刘奏原文，果刘奏原文所有者则《会典》、《漕运全书》不应遗漏。查二书为刊行之官书，刘折为原案之根据，既查无忙银公费，亟应辨明不宜增此名目。至规复一项始于庚子以后，系规复从前银价，以解库言，固在正银之外，就征收言，实在银价之中，当时但称规复，亦并未另立名目。此名目上不应外加之理由也。

二、声辨公费规复之实际不能外加。按：前说银照市价以现在每两一千九百七十文计之，外加八百文，即较定价二千四百文多出三百七十文。后说每银一两作一元五角，以现在洋价一千三百四十文计之，须钱二千十文外加八百文，较定价二千四百文多出四百十文。查历来丁银定价最高无过二千四百文，同治十年曾文正公加价案内有嗣后银价如稍有增昂亦不得再行借口增益等语，并无随忙奏报之说，盖深知一增再增，至于二千四百文而极，故严立之限，数十年来部臣遵循前议未之或改，诚知苏省丁漕负担极重，若再增加，实有未逮，此实际上不能外加之理由也。

以上二说均不可行。原案并询以外有无他策。查官吏困难事属实在，人民负担无可增加，如为根本之补救，惟有要求政府速行新币定官俸，官俸未定以前先就本省通筹匀定州县公费最为切要。惟恐非即时可以实行，为目前计，莫如先从节流着手。查各州县呈送藩司岁出入清表支出恒数万元不等，其中可以裁省者不少。兹条举于下：

甲）宜免提平余

此项平余，每银一两提三四五分不等，以缺之大中小为区别。当时银贱钱贵，征收丁忙余利甚厚，无妨提取。今则银贵银贱，州县且苦不足，安有所余，似不应明知其无而强责之使有。宁属已经免提，苏属现多欠解，应请仿照宁属一律停止。

乙）宜分别裁减轻平镕耗等费

此项名目不等，轻平每解司库银千两须加三十二两有余，随正附解。查州县买银解库已有实申贴水一种，每百两约须银一两，纹色已经兑足，此项轻平似属重出，应请革除。镕耗一项，查系司库官银匠等所得，每千两须银八两有余，作为倾镕火耗。按银色已有宝申足兑，此项镕耗太多，应予酌减，至规复原案本系征钱，尤不应再有轻平镕耗等费，应请一并革除。

丙）宜停止流摊各款

州县前后任流摊各款多至数万，少亦数千，年积一年，继任者受累无穷。此弊宜予设法革绝，先自本年起无论何项永远不得禀请摊派，其从前已禀定者自本年起暂行停止，俟匀定州县公费后列入预算，分年摊还。惟仍应立一限制，每年至多若干，不得使公费有名无实。

丁）宜革除上司衙门书吏解案需索并免津贴上司书吏纸工辛饭等费。

州县办案均须经由上司衙门书吏随案取费，已成陋习，命盗案件所取尤多，恒至数百金，故州县遇事往往惮于详报，殊为吏治之累，应请切实革除，嗣后州县申报案件不得再行需索分文，其向来津贴上司衙门书吏纸工辛饭等费并予革除。

戊）宜停止州县馈送上司幕友节敬干脩等费。

己）宜革除上司衙门安衙换季办差等费。

庚）上司衙门常年所派委员应一律发给川资停除州县馈送程敬。

辛）州县养廉近来多抵扣上司衙门捐款，亦应请自后免予抵扣。

壬）京外各官书报多行札州县为派销之地，此后应定州县除自备一份外，余应一律免派。

以上各项裁减之后为数亦不少。州县既免困难，即可专心吏治，而原案所称折收洋价参差不齐之弊，不应再见，官民当可相安，应请督部堂、抚部院分别札饬议行，并一面力图根本补救之策。

附录：原案

今日为吏治计为地方计，莫急于厘定忙漕折收之法，事机迫切，固须臾无可缓矣。苏省兵燹以前忙银一两漕米一石动辄浮收十数千，自曾文正公明定公费后遂将忙漕银价米价分忙分漕随市涨落，随时奏报定案，而忙银公费每两收六百，漕米公费每石收一千，有一定数目，有奏明案据。凡州县造申纸张、书差辛工、司库提款、地方捐款、交代摊款、常年署用以及司道府衙门之行政公费，无一不取给于此。其时银贱钱贵出入相抵差可支持，故数十年来遵循弗失，官无浮收之弊，民无追呼之累，论者谓征赋之法苏省差善良有以焉。自顷铜元充斥，银贵钱贱，每两涨至一千九百六十七文，骎骎乎尚有加无已。试以目前忙银每两收二千四百文计，除去公费六百文及规复赔款二百文外，仅存一千六百文耳，收钱解银不敷至巨，日积月累力绝计穷，于是折收洋价，有制七铜三之说，有参差不齐之弊，征赋之法日坏一日，州县之困、司库之危亦日甚一日。当此新旧过渡官俸未定之时，不得不设法挽救，先顾目前之急。其说有二：或谓照市定价分忙奏报，旧制最为公恕。今冬漕折价仍照市价核定，忙银应一律照办，如库平银一两市价合钱若干即定为折数若干，每当二八两月分忙奏报一次，公费、规复两项照案带收银钱洋听民完纳，则百弊尽绝，此一说也。或谓柜收银米，以钱折洋，洋价故有参差之弊，若忙漕核收洋码，此弊不禁自除。如漕米每石市价五元，即定漕价五元，忙银市价照库平申合洋厘每元六钱七分有奇，即每两折收洋一元五角，正银正米以洋算者一概收洋，公费、规复以钱计者一概收钱，则斠若画一，官与民两无所伤，此又一说也。究竟二说以孰为便，舍此外有无他策，应请公同筹议决之。

十月十四日会议议决代呈商法调查案理由书及浅说请咨送法律馆以资采择案

查《谘议局章程》第二十一条谘议局应办事件内第十二款为收受本省自治会或人民陈请建议事件。兹本局据上海商务总会、商学公会移称："宪政告成，在由人治进为法治，况内而兴业外而通商尤不可无一定之纪律以维信用，是民商法之编订在立宪预备之期为甚要。按九年筹备次序，各省埠审判厅本年即应开办，而民商等律之编订颁行须迟至宣统八年以后，非有各省绅商热心辅助似不足以促法典编纂之进行而为法权收回之预备。民商私法本须参酌各地习惯，与刑律诉讼等不同，敝会等发起调查，参合法理与习惯，共成《商法调查草案理由书》三册、《浅说》一册，请付议会公决后呈请咨送"等情，到局。准此。查此书名为"商法调查案"，实系商法中公司之一部。盖其调查之次第先注意于公司，故列为第一编，其所拟条文凡三百三十四条，较之现行商律多至三分之二，分别公司种类，详论其名称性质，均有依据。观其序例及命名之意，盖谓我国公司未见发达，多由于办法之未善，因调查其受弊之处，拟加规定，此以法理矫正习惯之意也。又调查其习惯有暗合法理之处则载以成文，此以法理认定习惯之意也。又调查公司事业将来之进步，必发见何种事实而预以明文规定之，此以法理尊社会进步之意也。其所拟各条又皆调查东西各国法典而取其所长。编纂虽付诸学者而发端实起于商人，中多经验之言，于我国现办之公司既多所纠正，而继起之公司亦日臻巩固，于商业前途关系甚巨。既经商会等陈请前来，理合代为呈请督部堂、抚部院转咨法律馆大臣，恳将本书应存应删应驳之处迅赐核定，早日施行，俾商人早受法律保障之利，岂惟商人之幸。又此书计分《理由书》三册、《浅说》一册，《理由》详细，以备学者之研稽，《浅说》简明，以备商人之省览，各有用意，合并呈明。

计附呈商法调查案理由书及浅说各二分共八册。

十月十五日会议议决抚部院交议筹定自治经费案

查原案共分三层：第一，原有之公款公产如何分配？第二，未有之附捐特捐如何征收？第三，吏胥董保之中饱如何移拨？于分配公款公产则以杜争端归实用为主，于征收附捐特捐则以居民不苦扰累而地方克受其福为归。本此主义逐层议决如左：

甲）关于公款公产之规定

一、各地方公款公产，凡在《城镇乡自治章程》第五条第一至第六款之列者，自宣统元年十月起一律责成管理人岁制预算决算表公布之。

一、前项公款公产属于厅州县者，应于厅州县自治成立以后归厅州县董事会管理或监督之，属于城乡者应于本城乡自治成立以后归城镇董事会乡董管理或监督之，其预算决算一律由议事会决议。

一、各厅州县原有之公款公产应俟厅州县自治成立以后，由厅州县议事会按照各项公款公产之性质分析其来源及用途之界限，定为厅州县所有之公款公产及城镇乡所有之公款公产，未经画定以前，城镇乡自治公所不得擅用，其确有明文专属城厢或某镇某乡者不在此例。

一、厅州县自治未成立以前，城镇乡地方如无专属之公款公产，得呈请地方官于本厅州县公款公产租息项下拨借若干以为开办自治之用，其拨借之数以足敷调查及选举之用为限。

以上四条就固有者而整理之，即原案所谓杜争端而归实用之法。

一、自治区域内如有无主荒地或新涨洲地，得由自治公所查报承领，设法垦辟作为公产。

以上一条就未有者而裒集之，不特为地方辟利，抑有益于国课。

乙）关于附捐特捐之规定

一、各地方已经禀定之自治经费、教育经费及各项善举之经费，无论附捐特捐，应一律正名为公益捐，仍照常分别征收。

一、宁属各厅州县，前经江南筹办地方自治局详定每地丁银一两带征自治经费钱二十文，漕米一石带征自治经费钱四十文，本年暂充省城自治研究所学费，以后永远作为地方自治专款。苏属各厅州县应自本年冬漕起一律仿照宁属成案，每地丁银一两带征公益捐二十文，漕米一石带征公益捐四十文，拨作各该城镇乡地方自治经费。

一、宁苏各属田房契税向有带收地方公益捐，如育婴、义渡、善堂、学务之类，多者五六十文，少者亦三四十文不等。度支部奏定酌加契税试办章程，每两九分而外不准丝毫多收，而各省原收款目则明许拨还，宁苏全省亟应厘正名称，画定扣收之数，应自部定新章实行之日起每契价银一两扣收公益捐三分，即在正税九分内扣除作为本地方自治经费，其应行抵补学堂、善举等项由各该地方自治公所匀拨济用。

一、江宁提学司详定抽收锡箔捐成案，每锡箔售价百文抽收钱一文，以一半归学堂经费，一半归地方自治经费，苏属各厅州县亦有通饬抽收箔捐之案，迄今尚未一律举办。此项特捐征之于迷信之品，值百抽一，微细已甚，应改为每售价百文抽收公益捐五文，请督部堂、抚部院通饬各属一律实行，其已设自治公所各地方应遵照《自治章程》第九十六条由自治公所办理。

以上四条就已有之附捐特捐立画一之则而为推行全省之计为本问题入手办法。

一、各地方自治公所得就左列各项征收特捐。

甲）奢侈消耗之品，如烟酒捐、茶捐、肉捐之类。

乙）一切作为无益之事，如戏捐、经忏捐之类。

查《城镇乡地方自治章程》第九十二条第二项但言于官府所征捐税之外另定种类名目征收者为特捐，此外并无制限。宁苏各属地方情形不同，特捐性质应各以本地方能否通行为断，本无通省画一之理。欲使居民不苦扰累而地方克受其福，惟有列举可以征收特捐之种类名目以为标准，使各地方办自治者既有法定之范围，又有参酌之余地，亦原案所谓有益自治前途之意也。至本地方大宗物产，如棉花丝米豆麦之类亦可酌量地方情形征收特捐以助自治之进步，惟不得以此妨碍小民生计。

一、各地方如有民间已出之款向归吏胥董保所得而按其性质可移拨自治公所之用者，得由自治公所酌量地方情形呈请地方官核办。

以上二条指明各地方可以征收之捐与夫可以转移之款，但示自治公所以标准而不设强行之规定，俾各地方得以视居民之力量程度而增益之。地方自治之本义固当如是。

附录：原案

《地方自治章程》颁行以来，已于省垣照章设立自治筹办处。现对于各属筹备进行方法大致粗定，预计明年春夏之交城厢议事会、董事会必可一律成立。惟议事会、董事会成立后即各有应办之事，如学务、卫生、道路、工程、振兴农工商务及各项善举皆在地方自治范围以内，而办事必须款项。查地方公款公产照章本可正名为自治经费，然公款公产有专属城厢者，有专属镇乡者，有为城镇乡所共有者，有不能确定其所隶之区域者，应如何参酌习惯研究其来源用途之界限，指定何种公款公产应拨归城厢自治公所之用，何种公款公产应拨归或镇或乡自治公所之用，何种公款公产应拨归将来厅州县自治公所之用，庶杜争端而归实用，此必预为筹拟者一也。各地方原有公款公产为数大都有限，未必适敷自治公所之需，如因陋就简则自治永无发达之期，稍求美备则经费竟乏搜罗之术。查定章除将原有公款公产拨充自治经费外，本可征收公益捐。公益捐又分为特捐附捐两种，但应查酌分析如何情形始可令其担荷特捐，如何情形始可令其担荷附捐，总期居民不苦扰累而地方克受其福，方与自治前途有益。或民间有已出之款向归吏胥保董所得而其性质可移拨自治公所之用者，亦应就各地方情形详细讨论，此必预为筹拟者二也。以上二端于地方自治关系至巨，一则注重于分配原有之款，一则注重于筹集未有之款，应请公同筹议决之。

十月十五日会议议决设立公司开垦淮海苇荡营荒地案

淮海两属荒地本多，尤以苇荡营为最。查苇荡营樵兵为供黄河柴埽而设，每兵授田百亩，责令蓄水养柴。自黄河北徙，例应裁兵升科，乃狃于成案，未即更张，仅令按亩完纳军需，仍沿樵兵之名，逐致凭藉兵威聚赌窝匪，无所不至，州县因案查究，营弁多方袒庇，甚有（肤）〔赴〕诉漕督，致遭严斥者。于是州县相率为戒，遇有樵兵觇法，大半敷衍了事，而苇荡两营遂永为藏垢纳污之所、枭匪盗贼窟穴，其中抬人勒赎成为风俗，拉牛勒赎视为故常，历任州县莫可如何。漕督屡有开垦之议，御吏亦有升科之奏，皆因民风强悍未敢轻举。实则两营兵田，右营尚系兵业，左营已展转私售，数易其主，多非兵有，但仍顶冒兵名，致为营弁劫持，加收军需，浮派私费，敲诈之惨甚于催科，民方日盼开领以为生业，即有转售纠葛之纷，但能以本省熟悉之人理本省田土之事，轻重缓急因地制宜，自不至于隔膜，焉有拂情暴动之虑？惟少数之营弁荡棍以为失此名词，不便渔利，特倡民风强悍之言，以为阻扰开垦之计耳。督部堂、前任漕运总督洞悉情形，曾主开垦，惜在任未久不及举办。现本局查照奏定章程，议决本省应兴应革事件为职务之首款，自当实力奉行。查苇荡右营隶于阜宁，苇荡左营隶于海州，约计两营兵田近百万亩，新淤荒滩数尤过此，一经奏准开垦，可立得缴价钱百余万上下，垦熟升科而岁增正赋银三四万两，较之仅征军需，不敷樵兵放饷，需由公家拨款给发，其得失之数暸然。况裁撤樵兵，领垦归农，匪徒无可托足，地方自获安宁，尤于自治前途有密切之关系。革淮海数百年隐患，兴淮海数十世大利，是为本局第一重大职务，应请先予奏准开垦，一面由本省人民集合公司开办，俟奉准后详细查考斟酌清理疏通之法，续订公司章程，及查照荒地缴价升科成案，另由本局常驻员呈请核定实行。

十月十七日会议议决抚部院交议清查公款公产办法纲要案

查抚部院交议清查公款公产办法纲要，系苏属地方自治筹办处所拟定。现经本局议决，纲要全文十三条中应添加一条，其所添条文应列作第十三条，而移原文第十三条作为第十四条，又原文第五条内略有修正。兹依本局议决改定之全文开列如左：

一、清查公款公产按照度支部咨文办理。

二、各厅州县均设立清查公款公产事务所，由本地方官于城乡士绅中遴派素行公正众望允孚者五人以上详请本府、直隶州核发照会充任。

三、各府及直隶州设立督查公所，即由该府州任督查之责，将各属清查事宜切实钩稽，毋任隐匿，报由自治筹办处汇核。

四、清查时有阻碍情事，必须委员会同办理者，由该管府州酌核饬办。

五、凡经收捐款处所及各团体动用地方公款公产或征收捐款支办者，皆清查之。惟义庄、祠堂、家庵及公所会馆系私人资格所有，不在清查之列。

六、凡先贤祠庙及社庙等由公建者，所有财产均以公款公产论，其募化建造或一部分之人集资建造，虽有财产并不充地方公用者不在此限。

七、凡私人捐附财产办理公益事务者，皆一律清查，原捐人不得有所主张，惟管理人所报不实得公言之。

八、清查之法，由各事务所通知各管理人自行填报，事务所有审查复核之责，其表式应一律遵照颁发定式填写，审查复核时如有疑义得检查其簿据。

九、填表共须四份，一呈报本地方官，一呈报本府、直隶州，一呈报自治筹办处，一存该事务所。如有决算表或征信录者随表附缴四分。

十、各事务所将各管理人所填之公款公产表汇齐后，应编造总表四份，与分表一并存报。

十一、管理人抗匿不报，一经察出属实，除撤销管理人并追缴所管财产，另举人接管外，即由地方官究追，一面禀由该管府州详办。

十二、清查之期以　　月　　日起，　　月　　日止，其细则及分期次序由自治筹办处核定。

十三、凡公款公产清查毕，地方官于十日内将所填之公款公产表揭示于该公款公产所在地。

十四、督查公所暨各事务所办事细则，由该公所及各事务所自行酌定。再公款公产必待清查，宁苏事同一律，请并通饬宁藩司所属各厅州县一体限期设立清查公款公产事务所，俾自治进步宁苏同等。

附录：原案

一、清查公款公产按照度支部咨文办理。

二、各厅州县均设立清查公款公产事务所，由本地方官于城乡士绅中遴派素行公正众望允孚者五人以上，详请本府、直隶州核发照会充任。

三、各府及直隶州设立督查公所，即由该府州任督查之责，将各属清查事宜切实钩稽，毋任隐匿，报由自治筹办处汇核。

四、清查时有阻碍情事，必须委员会同办理者，由该官府州酌核饬办。

五、凡经收捐款处所及各团体局所动用地方公款或征收捐款支办者，皆清查之，惟祠堂、义庄系私人资格所有，公所会馆系不仅本籍人所有者不在清查之列。

六、凡先贤祠庙及社庙等由公建者，所有财产均以公款公产论，其募化建造或一部分之人集资建造，虽有财产并不充地方公用者，不在此限。

七、凡私人捐附财产办理公益事务者，皆一律清查，原捐人不得有所主张，惟管理人所报不实得公言之。

八、清查之法由各事务所通知各管理人自行填报，事务所有审查复核之责，其表式应一律遵照颁发定式填写，审查复核时如有疑义得检查其簿据。

九、填表共须四份，一呈报本地方官，一呈报本府、直隶州，一呈报自治筹办处，一存该事务所。如有决算表或征信录者随表附缴四份。

十、各事务所将各管理人所填之公款公产表汇齐后，应编造总表四份，与分表一并存报。

十一、管理人抗匿不报，一经察出属实，除撤销管理人并追缴所管财产，另举人接管外，即由地方官究追，一面禀由该管府州详办。

十二、清查之期以　　月　　日起，　　月　　日止，其细则及分期次序由自治筹办处核定。

十三、督查公所暨各事务所办事细则，由该公所及各事务所自行酌定。

十月十七日会议议决抚部院交议改订厘金征收方法案

为呈报议决事件事。案查奏定《谘议局章程》第二十二条内开"谘议局议定可行事件呈候督抚公布施行"，又第四十二条内开"凡议决事件除议长副议长同意认为应行秘密者外均公布之，并应随时报告督抚及资政院"各等语。前奉抚部院交议改定厘金征收方法案一件，兹于十月十七日会议议决，佥以原案所开减折收洋各说按之事实尚多窒碍，谨议定改办认捐方法，查照局章第二十二条声明此为议定可行事件，理合备文缮折先行具报，俟所议办法有把握后再行呈请督部堂、抚部院核定施行。除汇呈资政院暨呈抚部院、督部堂并本局自行公布外，为此呈请督部堂、抚部院鉴核公布。须至呈者。

计开：

查抚部院交议改订厘金征收方法，以银贵钱贱，捐款暗损，拟一面为公家筹补，将分成搭收铜元全数改收银元，一面仍体恤商艰，将五成减收为四、十成减收为八，按之事实尚多窒碍。兹经议定，先将原案不可行之故详细复陈，再将本局所拟将来改办方法声明大意。谨分别开列如左：

甲）原案不可行之故共有四说。

一、原案变通捐章系为体恤商情起见。查现在洋数与钱数之比较不仅十与八之比例，五减为四、十减为八，合计只有八折，统按洋数核算无非明减暗增，是未体恤商艰，转滋商困。

二、自各物昂贵，商人货物向以钱计者不得不增价，或改作洋数，而货价愈贵，成本愈重，获利愈微，商情艰难迥非昔比，今若厘金尽改洋数，公家所得即商人所失，仍以其所失取偿于货价，贵益加贵，商人受直接之害，民间受间接之害。

三、铜元充斥，商民已受苦累，犹幸国家捐税尚许搭用，藉以稍维信用而广流通。若厘金统改收洋，铜元愈形阻滞，影响所及，市面必致恐慌，而鼓铸铜元之弊益滋口实，大碍圜法，即有伤政体。

四、货捐必有找零，改钱为洋，则不满圆者例用小角，藉口贴水，转滋弊窦，尚不如钱洋对搭找零，本系钱数，无从挑剔。

至原案所云司巡弊混，此系积习相沿，非功令所能禁绝。盖有厘卡不能无司巡，有司巡不能无弊混，欲求革除，非从根本上解决不能收效。根本之解决惟有裁撤厘卡，使商人自认缴捐。现方筹议认捐办法，所有前项改钱为洋一节应请免予施行。

乙）本局议定将来改办之方法。

江苏厘捐向设苏州、淞沪、江宁、江北四总局，分卡共以数百，计全省收捐年约三百余万，其间百弊丛生。总局以比较责成各卡，谓可剥除弊窦，增加税项。各卡则操纵取盈，久成习惯。商人之狡黠者因缘为奸，良懦者历受苦累。本省商业之不发达此其一大原因。近或改办统捐，裁撤多数之厘卡，并为少数，经过货物一次捐足，少一厘卡商民少受一分之害，而于局用开支不无减省，又为公家之受益。然裁撤不尽，其害未绝，加以本省地方水道纷歧，少数之卡稽查难尽，论税法原理不因改统捐而有当，论本省事实且欲改统捐而未必尽能就绪。夫厘金之害，对于商民为需索留难，对于公家为隐匿弊混。今欲使国家税额无损商民阻害可除，非改办不为功。查各国有营业税而无厘金，营业税由商民核实认缴而以地方团体为查察机关，官吏但总其税额之成，故绝无苛累烦扰之弊。今虽未能改办营业税，然革除厘卡之弊害固不可以缓，改为认捐则渐近营业税之趋向。照近年奏销之总额分别各厅州县厘卡之收数由各业自认缴纳，尽裁厘卡，使本省境内商旅并免通过税之不均以渐合经济学之公例，且局委司巡尽去则以其中饱还之商民以纾商困，公家亦可免局用开支而仍于抽厘原额丝毫无损，此实公私两利之举也。但此事非立时可就，应于闭会后交由常驻议员，俟各属商会确凿调查各业捐数，依照各卡原额筹议办法，分别认定，再为呈请通饬实行。至原案所开分成搭收铜元一节，在认捐未实行前仍请通饬照向章办理。

附录：原案

厘金为间接国税，各项解款本以银计，苏省征收以钱为率。比年以来银贵钱贱，捐款暗损而抵支洋款军饷一切要需所短甚巨，无可筹补，于是银元铜元分成搭收，洋价市价不无参差，此单行法之未善也。说者谓捐则与货价理宜随时消长，当时百货捐章统以钱计，盖亦按货价酌定。今者百物昂贵非复昔比，因时制宜钱数应改洋数，论目前商情艰难宜予体恤，则从前捐章计惟有酌量变通，譬如货捐折收五成或减为四成，米捐应收十成或减为八成，而以向收之钱数统按洋数核算庶可整齐画一，洋价之参差，司巡之弊混，皆不禁自除，然于厘课商情是否两无窒碍，应请公同筹议决之。

十月十七日会议议决抚部院交议整顿契税方案

查原案指出民间积习，一为隐漏正税，一为缩短契价，且谓部颁新章收税较重，则隐匿取巧之弊必更甚于前，诚为洞烛事理之论。夫至弊甚于前，势将查无可查罚不胜罚，则与其税则增而收数反减，岂若税则减而收数反增。况部颁试办新章税则系照四川湖广奏案从其多数推行各省，但各省情形不同，江苏田房价昂，耕种居住营业不易，极费较量，故四川、湖广旧则最重之契税不能施之江苏，犹江苏最重之田赋不能施之四川、湖广，此节若由督部堂、抚部院特奏缓加，则用损上益下之美名收以与为取之实效，实与筹款本意非但不背而且有裨。惟试办业已开始，应俟体察情形再定，此时未便悬拟，但就原案发问范围内研究方法如下：

一、原案发问如何定稽查之法。本局以为稽查之责官绅共担其任，然无论由官稽查由绅稽查，似必寄耳目于他人。本局反复研究，与其寄耳目于少数人烦扰而断难周徧，何如寄耳目于地方全体周徧而毫不烦扰。寄耳目于地方全体其方法奈何？则宽定地方公益附捐是也。部章第三条第十三条本有附收款目分别拨还之文，以直隶学费起例自可核实遵办。查宁苏各邑带收地方公益捐如育婴、义渡、善堂、学务之类种种不一，而近年尤以学费为多，或以中费为名，或以银价为名，统计各种捐数各邑多寡不等，虽亦有超过正税三分之数者，而究以二分外三分内者居多。今为全体稽查起见，亦拟从其多数推行全省，定为本省单行法专条，其文曰：田房买契税银试办九分内拨作地方公益捐三分，以一分为厅州县自治费，二分为城镇乡自治费，如此则置产业者一经完纳契税，即于得有地方行征官保证之外又得本厅州县全体及本城镇乡全体之两重保证，且既尽地方公益之义务，亦即得地方全体之保护，而免产业上之扰累，有此利益，或可稍忘税则之加重而有踊跃输将之希望，地方全体亦必因公益关系互相劝诫，自行设法稽查，隐匿取巧之弊势必渐无所容，所谓周徧而毫不烦扰者如此。

一、原案发问如何定惩罚之条。本局以为惩罚本有国家之法令在，然欲以惩罚驱之于后必以利便导之于前。前抚部院聂在苏藩司任内详文有云"平心而论，前此漏税厥咎不尽在业户，果使昭示大公，犹怀观望，可决其必不然"，此诚探本之论。今以讨论所得方法条具如下：

一曰划一折价以便民也。通用银元之处，宜查照浙江省办法，每税银一两折一元五角，通用钱文之处，宜查照向章，每税银一两折二千文。惟契价载钱数者亦应以每二千文折作价两一两，契价载元数者亦应以每一元五角折作价银一两，以示大公，宁苏一律办理，如此则针孔相符，毫无浮溢，方与部章丝毫不准多收之文相符。

一曰撤除不适用之旧例以免阻碍也。现行事例契价满千两者须申送本管府直隶州查验，周折既多，需索亦倍，纳税者视为畏途。查此例载于《会典》，系乾隆三十一年议准，尔时银贵物贱，田房价逾千两者殆不多觏，今则数千两之契价寻常皆是，情形大非昔比，亟当因时变通，且《会典》所载议准之案专指直隶一省，何时通行各省《会典》未载，应请查明撤除。

一曰通商口岸洋商道契宜一律征税以免相形不平也。查洋商买屋租地公平定价载在约章，本无优免契税条文。咸丰三年美约第十二款载明照例税契用印外地方官不得阻止等语，可见不税契者地方官有阻止之权。乃向来从未收税致成习惯，甚至光绪三十年沪道创议华商道契亦竟详请援免尤属离奇。租界地价最昂，一契动辄巨万，竟有专事为人经手卖买因而致富者，乃国家独舍此不税，而于铢积寸累勤俭储蓄之家人生产不稍宽假，事理不平无过于此，无怪人心不服，甘于隐漏也。应请札饬各关道筹议，务于本年十一月起凡道契一律征税以遵定章。

一曰革除浮费宁苏一律以免歧异也。查苏省光绪三十年详定章程第一条内开"现在宁省拟由藩司刊刻刷印三联契纸盖印发各厅州县听民领用，从前契尾一概停发，苏省自应仿办"等语。乃苏省实行已久，定价契纸每张一百四十文，而宁属则于官板契纸外仍须兼用契尾，且契纸定价由二百四十文加至一元之多，再须征收契尾钱二百四十文浮收之数尚不在内。应请一律革除，务使宁苏办法不致歧异。

以上四条，欲使纳税者无所不平，无所不便，所谓以利便导之于前者如此。

一、原案发问如何使正税无可隐漏契价无可缩减。本局以为革除积习当以惩罚为最后方法。欲施惩罚必先稽查，欲施稽查必先劝导，欲加劝导必先予以种种之便利。便利非条举所能尽，在地方官绅随时体察循序进行，而每一方法之中对于隐税与对于缩价又必各分为两阶级。是故隐税者未尽惩罚则对于缩价不必稽查，稽查亦不服也。隐税者未尽稽查，则对于缩价不必劝导，劝导亦勿从也。操切则无功，循序则日进，大致可分为五期：第一期对于隐税之劝导，第二期稽查隐税，第三期惩罚隐税及对于缩价之劝导，第四期稽查缩价，第五期惩罚缩价。至缩价者可施以惩罚而整顿之责始完。每期至短三月至多半年。当试办加税之际，此事诚为至难，但得官绅协力，一面筹画种种之便利，一面循序进行，则效果如何，克期可睹，尚非迂远。

以上三节系答复原案。

一、推广原案提议整顿。本局谨查度支部新定税契章程，原奏以集款而民不扰为宗旨，其第十二条内开"税契向归州县经征，去年九月间川督奏设经征局，税契一项改由该局经征，近据奏称成效大著，惟本年四月间奏明各省局所均须次第裁撤，则该省之设立经征分局自应统隶于藩司，至各省能否一律照办之处应由各督抚体察情形酌量办理"等语，是四川之经征分局统于藩司，准各省照办以期设法便民，则凡州县经征积弊极深之处亟应查照部议改弦更张。现在宁属浮收积弊极深，徐海尤甚，拟请遵仿四川经征分局办法由地方自治会经征，归该管州县官监督，以期扫除积弊，按月由自治会汇缴州县衙门解拨，一面册报藩司。此事为目前急务，应请通饬各厅州县一律遵办。

以上一节系推广原案。

附录：原案

田房契税为国家应入正项，取诸置产之富户，无损贫民之生计。乃苏省民间积习，田地以单串为重税者绝少，房屋间有纳税者又缩短其契价，历年以来暗损公家正税为数至巨。现奉部颁新章，卖契每两税九分，典契每两税六分，收税较重则隐匿取巧之弊度必更甚于前。如按户稽查则近于烦挠，如因仍其旧则难以实行，宜如何定稽查之法、惩罚之条，使正税无可隐漏，契价无可缩减，应请公同筹议决之。

十月十七日会议议决抚部院交议筹办共进会案

查原案主设共进会之宗旨有二：一欲以共进会为物产会之预备，二欲以共进会固劝业会之基础，而其办法则谓当由各州县绅商团体设一共进会事务所，就各该地方原有大宗出品专提数种互相比较，借公所为会场，每年开会一次，择其精良以施奖励。简省易行，自无可议。原案又谓此事固由行政官之倡助以辟其端，亦必借市区之协赞以厚其力。本局以为欲使行政官克尽倡助之责，非严定程限以此事为州县之考成不可；使各地方实收协赞之功，非先为自治团体规定劝业之费不可。拟请督部堂、抚部院通饬各州县会同商会、自治会限期举办，列入考成，并令各城镇乡自治公所于本地方自治经费中画定劝业费，列入预算，庶使倡助者不托空言而协赞者有所藉手，一二年后各厅州县之共进会必有可观。

以上一节系答复原案请促共进会之进行。

再，国民之实业思想尤以消除实业家之疑虑为急。南洋劝业会为国家提倡实业开幕之举，朝廷特沛纶音豁免赛品厘税，而税务处颁行免税章程，以各国限制外国赛品进口之成例施诸国内之劝业会，于内外重轻之际颇觉权衡未当，观其所定联单报运赛品沿途不征税厘办法及赛品在会场分别征免办法，多方限制，多方束缚，视赛品与寻常商品无异，使商人望而却步，甚非谕旨所谓分别豁免之意。如第二条核算赛品税厘，责令商人加倍具保，第十条明定优待洋货之法，第十二条由金陵关随时派员驻场稽征厘税，第十三条赛品永远留置会场或退回原处者方能沾免税之实惠，为章程中谬误之大者，其余失于苛细之处更不一而足，其足以阻碍劝业会前途甚大。窃谓商品有征无免，赛品有免无征，此为各国通例，谕旨所谓分别豁免者在此，而税务处章程乃以赛品在会场分别征免标题根本已误，且各省报运赛品可由出品协会担任，本省报运赛品可由各府物产会担任，决无为营业目的而以商品混入赛品之虑。拟请督部堂、抚部院会奏请饬税务处将此项章程分别更正。此即原案巩固劝业会基础之意。

以上一节系引伸原案请除共进会之障碍。

附录：原案

赛会之举创自欧洲，物产竞争端资比较。现在南洋劝业会业已创办，全国欢迎，各府绅商对于此举亦共具热心，竭力赞助，故各府物产会均能次第成立。惟是府者州县之积也，物产会者共进会之积也，若各州县每年不集其全境之出品以设共进会，则事无预备，业无改良，虽各府日日号召征集欲开物产会，必不能得美满之观念，完全之效果。目下教育展览会风气已开，而农工两门尚无人提倡，即今为计，当由各州县绅商团体设一共进会事务所，就各该地方原有大宗出品专提数种，如丝如绵如绸缎之类，各行各业互相比较，如日本之一六会、二五会者，每年开会一次，借公所为会场，以同业为职员，以技师为评议员，择其精良以施奖励。然此事固由行政官之倡助以辟其端，亦必借市区之协赞以厚其力，果能全省成立，则五年之间劝业会之基础可以巩固，是在于谋自治者之相助为理矣，应请公同筹议决之。

十月十七日会议议决整顿淮北盐务兼筹海州自治经费案

一、请革除积弊规复原额。查淮北盐额例行四十六万引，粤匪乱后减运至二十九万引，现已增至三十六万引。所以尚未能复原额者良由私盐充斥之故。水陆关卡炮船皆为缉私而设，乃多一关卡炮船必缴足陋规始查验放行，否则按包过秤，多半斤则指为夹私，少半斤则指为偷漏，一经禀办，人固科罪，船并充公。于是良善船户皆视运盐为畏途，而狡黠船户乃以运盐为捷径，约计每运盐百包非夹带私盐二三十包不足以供关卡炮船之婪索。此犹专指商运之船而言，若官运之船夹私数犹倍此。而沿途私枭以此持官之短，遂敢明目张胆，大帮返运，而关卡炮船竟无可如何，此私盐所以日多而官额所以难复也，应请优给关卡炮船薪水口粮，严禁从前一切陋规并速筑海清铁路以定运盐统一之法则。原额四十六万引自可一律规复，岁增国家课厘六十万千，岁养无业贫民十数万人，垣商亦可岁加盐价九万两，补助修整池产讲求盐色，庶几海属盐务可以维持于不敝。

一、请添设豫卡以杜芦私。查淮北票盐岸销以豫省为大宗，而豫岸近被芦盐侵销，以致淮盐日见壅滞。芦盐成本、运力、官捐、私费俱轻，每斤运豫售钱七十文，安得不侵销？淮盐成本、运力、官捐、私费俱重，每斤运豫售钱一百文，安得不滞销？淮盐由盐河运河展转盘坝，已不抵芦盐由火车转运之便利，而淮盐厘金向章仅由五河、正阳两卡抽收每包各五百文，今则三河尖、乌龙集、往流集、道卡、息城县、光州、分州均设卡抽厘。且湖贩售盐以钱作价，各卡抽厘收银折钱，如三河尖等处有每银一两减折至一千四百文、一千数十文者，湖贩受亏既巨，每斤虽售百文尚虞不敷成本，其滞销与否勿暇计及。况淮盐按包缴纳课厘无可隐匿偷漏，而芦盐则包课一百二十万包，溢销无课，是侵销一引之私即全获一引之利，减价出售尚有馀润，较之淮盐加价滞销，其得失之数可知。考淮南鄂岸曾为川私粤私侵销，几无挽回之术，后经鄂省于扼要处所设卡重收川粤厘金，不一二年而川私粤私绝迹，此实以征为禁良法，应请仿行于豫省芦盐侵入要地，分设盐卡，重抽盐厘，以芦盐与淮监售价相埒为准，自无滞销之患。再计所抽芦盐厘金酌减淮盐三河尖等处厘金，挹彼注兹，于国家毫无损失，于盐政大有裨益，庶几豫岸淮盐不至尽为芦盐侵夺。

一、请江滁六岸招商承运。查淮南产盐谓之南盐，淮北产盐谓之北盐，而北盐中由西坝至扬庄装船出洪泽湖抵正阳关者谓之湖运，由西坝至清江装船出扬子江抵十二圩者谓之江运。湖运销皖北豫东各食岸，向归商运，江运销皖省桐城舒城等八州县，又滁来全三州县暨山清等六岸，初亦在商运旧额之内，继因乱后商力不逮，暂由官运，俟招有商人承运仍归商运，此定案也。乃官办以来积久弊生，票商垣商俱受其累，以致淮北盐务竟有江河日下之势。其累在票商者，每当捆运新盐时必先争捆江运之盐，迨至轮捆商运之盐，河水已浅，盘堤分驳费已不赀，且官运必派购上盐，商运则上中下三等搭掣，商欲调换上盐，仍须每包贴色一钱归官，受亏更巨，所谓累在票商者此也。其累在垣商者，商运每引发给盐本银九钱，官运每引发给盐本银六钱二分，是每引短给盐价二钱八分。商运每包捆盐一百十斤，官运每包捆盐一百二三十斤不等，至西垻官运盐栈每包盐实交九十六斤，是每包又多收盐三十斤上下，所谓累在垣商者此也。若票商垣商交受其害，则尤在官运之夹私，姑以官运每岁十万引论之，每包夹私三十包，可得夹私十二万包，每包多收三十斤，可得余斤十万包。南盐缺产，江运加倍，余斤夹私亦倍之。商运官任缉私，长船尚须纳贿方能偷漏；官运官自缉私，密订陋规，最易容隐。官运商运之得失无待蓍龟矣。此外藉名收买私盐，捏报功盐以及淌销补斤等弊官亦防不胜防。所有余斤夹私买私功盐无非搭销食岸，是以私盐充斥，官盐滞销至于此极。承平数十年，生齿日繁。而食盐并不加增，其故坐此。光绪甲午，前署督部堂张曾经候补道程、张两观察先后条陈请将江运改归商运，加增票价以充军需，奉饬运司议复。及前署督部堂张卸任，运司遂据瓜栈总办议驳。应请督部堂准将官运皖岸八州县及滁来全三县并淮北六岸改招商办，分别承运，以符旧案。在国家所得化私为公之盐可岁增税厘二十万斤，并可立获票价二十余万两，在票商垣商可得相当售价以为考究疏销改良之计，是一举而上足以利国下足以利民，较之搜刮别项经费不可以道里计。

一、请济南余盐援案自运。查淮南之盐以草贵而缺产，淮北之盐以卤淡而缺产，于是始有倡借东盐之举。查东盐每百斤初定价银七钱，继则涨至一两五钱，最后增至二两之谱，较之淮北票盐每包一百十斤价银二钱二分五厘悬殊未免太甚。闻票商自借东盐以来亏折六十万两当非虚语。光绪三十三年冬前署督部堂端电饬淮北三场垣商增铺新圩，有"既可接济南销且可开通废岸，庶免乞借邻盐利权外溢"等语，并由分司殷殷劝导，饬令三场垣商竭力顾全大局，首先增铺新圩六十座，共计池滩三百六十余面。继有同德昌在中富灶地开铺新圩九座，以五圩归同德昌，尚有四圩仍归官办。以上新铺之圩均为济南而设，乃开铺在后之同德昌与官圩均经禀定销额，并准自运到栈，且准由海轮径运到栈，独三场垣商先铺之新圩仍强令尽归官运，并照江运官价每引发银六钱二分，且勒捐常年缉费四万两。垣商曾经一再禀请定额自运，虽奉前督部堂端通饬准北三场转饬垣商禀复每年能收济南盐若干万引，当经三场垣商禀明认销五十万引。详查本年产盐截至夏至节至止已收盐九十万引，除正纲江运等五十万引外，已收济南盐四十万引，加以秋扫，则认销之五十万引实有盈无绌，始批准试运，三十万引仍未批准自运。既与新铺之同德昌圩、官圩同一济南，何以独令垣商新圩有向隅之叹。前借东盐尚准东商自运，何以本地产盐独禁垣商自运，盖官运则余利归官，商运则余利归商。余利在商尚可加工池滩，力求整顿终有发达之一日；余利在官则官运积弊前议已详，必至票商垣商同归于尽而后已。应请督部堂准援新铺之同德昌等成案归垣商自运到栈，照同德昌等一例按轮搭售以苏商困而免复借东盐。再此项济南余盐准销三十万引，奉饬认加缉私经费四万两，是于正项盐价六钱二分内又扣去缉私每引一钱三分三厘，商力实有不逮。并请督部堂准其豁免以顾成本，庶可无误济南。

以上四条俟督部堂公布施行后，淮北商人自愿即将官运招商所加盐价以一半捐助地方自治经费，作补助实业、疏浚河道、推广学堂之用，一半作修整池滩、改良盐产之用。济南余盐由商自运，裁除各费每包愿捐钱一百文，一并充作地方自治经费。保全海属盐务，维持海属自治在此一举。

十月十七日会议议决筹办本省巡警案

案查宪政编查馆奏定逐年筹办事宜清单，所有巡警一项自宣统元年筹办开始，需至宣统七年厅州县及乡镇方限其一律完备。本局以为敷设巡警为开办地方自治之起点，巡警不备，即地方上各种事宜无从着手。地方自治现已准缩短期限，提前赶办，是厅州县及乡镇各处巡警亦不得不提前赶办，相辅施行。兹将议定之筹办方法及其次第期限开列如左：

一、宁苏两省垣各设巡警筹办处为上级督促之机关，其目有五：

甲）速办警务学堂及巡警教练所，以筹办处总办为其监督。

乙）调查各处所办之巡警，妥筹淘汰抽换之法。

丙）设置城市巡警时筹定编制之法，督饬地方官趱办。

丁）设置乡镇巡警时筹定分区配置之法，督饬地方官趱办。

戊）巡警筹办处章程及警务学堂、巡警教练所各章程均系本省单行章程，须经谘议局之决议，在闭会期内须经常驻议员之协议。

附说：我江苏未设巡警道，无以为全省巡警上级监督之机关，实为行政上一大缺点。然各属巡警未有端倪，特设一道以领之，似尚非必要。惟筹办时期不可无一督促之机关，故必设巡警筹办处以总其成，其总办应请督部堂、抚部院派员充任。方筹办时，以设学堂为第一要义，故即由总办兼充监督，亦惟能充监督之人方可为总办也。各处已办之巡警可存者百无一二，淘汰抽换宜有手法，故亦作为筹办事宜之一。城市编制之法及镇乡分区配置之法，非由上级规定则下无所禀承，必致纷乱，非严行督促则必怠缓失事，故宜明定为筹办处之职务，非若今之巡警总局专办省城警务而可置通省巡警改良进步之事于不问。章程之良否，即成绩之优劣所系，不可不慎，且系本省单行章程，在谘议局议决范围以内，故必经谘议局或常驻议员之议决。

一、筹办巡警事宜宜分期立限，其目有六：

甲）宁苏两省垣各设警务学堂一所，其学员以候补官及本地绅士充任，宁苏各以二百人为率，限六个月毕业。　　　　　宣统二年正月至六月

乙）各厅州县设立巡警教练所，其额以一百名为率，限六个月毕业。

宣统二年七月至十二月

丙）警务学堂续开一班。　　　　　宣统二年七月至十二月

丁）各厅州县巡警教练所续开一班，以二百名为率。

宣统三年正月至六月

戊）各厅州县城治巡警一律完成。　　　　　宣统三年正月至六月

己）各乡镇巡警择要布置，限一年完成。

宣统三年七月至宣统四年六月

附说：筹办时除设立警务学堂及巡警教练所之外，直无所谓筹，无所谓办。盖教练时即是筹办，卒业时即是完成，非二事也。宁苏两属各三十余厅州县，而每厅州县城厢居民繁盛者大率在五万以上，十万以下，每厅州县城厢以外之居民平均以四十万计，依日本市区每人口八百置警察一名，町村每人口二千置警察一名，则每一城巡警名额必在六十名以上，一百二十名以下，平均可假定为一百人，各厅州县镇乡平均当置警察二百名，每厅州县城镇乡需用巡官警长十余人，

三十余厅州县计当用四百人，先办城市，故先以二百人为额，专设警务学堂以养成之。其学期系仿照日本速成办法，故以六个月毕业。巡警教练所专教巡士，每厅州县各需数百名，先办城市亦需百名，自应由各厅州县分设，惟教员难得，故以宣统二年正月至六月先办警务学堂，俟其毕业之后分赴各厅州县充巡警教练所所长或教员，亦以六个月毕业，至宣统二年十二月而巡官警长及巡士已足分布于城厢矣，故以宣统三年正月至六月为厅州县城厢设置完成之期。至各镇乡需用警材则以宣统二年七月至十二月续开警务学堂一班，宣统三年正月至六月各厅州县续开巡警教练所一班，镇乡需用巡士名额较多，故续开之班以二百名为额，至卒业之后而乡镇又足敷分布矣。惟乡镇地广，配置较难，故期以一年，以宣统三年七月至宣统四年六月为一律完成之期。

一、筹定巡警经费，其目有四：

甲）省城巡警局、警察学堂原有之经费。

乙）各厅州县现办巡警之经费。

丙）各厅州县原有保甲团练之费。

丁）实行苏会议厅议案截留房捐。

附说：省城巡警局乃一省之公款，自应作为全省筹办巡警上级机关之用，而省城所设之巡警局似应另筹地方公款以足之方为正当办法。至现在所设之警察学堂即可为本案所筹设学堂之基础，其经费可不待另筹，其各厅州县已办巡警之处所动用之经费与未办巡警之处所有保甲团练之费当筹办时期应令据实开报，俾筹办处审知其多寡之数而后指导其筹款之方。惟经费过少决不敷用，不能不筹定大宗的款。查苏省会议厅议案有截留房捐办理警察之议，房捐为地方税，警察为保护闾阎之安宁秩序而设，以房捐作为警察费无异使街市居民纳捐以易保护之利。

再，绿营有禁暴诘奸之责，今既归巡警，则巡警完成后即可裁撤，其饷项亦必归之巡警，情理至为平允，应请督部堂、抚部院准照会议厅议案迅予实行。

十月十七日会议议决抚部院交议实行禁烟案

查禁烟一事功令綦严，关系至巨。原案以铲除积弊为要图，以缩短期限为宗旨，此在两江禁烟公所章程其调查禁制各科立法已极严密。苏属未有刊本，而禁烟办法大旨相同。若以督率之责归之地方官，稽查之责委之地方自治公所，实力奉行，互相督促，自可奏效。惟照本省现行禁烟章程尚有必须申明加入者数端开列如左：

一、各厅州县如有未设戒烟公会者，宜通饬地方官勒限成立，或附入自治公所办理亦可。

二、各厅州县如有土膏各店，地方官宜严加约束，如有违章等事，不论大小一律封闭。

三、牌照捐收自吸户，本非就土加捐，宜责成各土膏店一律照收，不得以洋药藉口。

四、请照部颁购烟执照章程，申明第二条及第八条第七款之规定，不得稍为变通。

五、实行《江南变通禁烟章程》第六约第七项。吸烟之人不甚畏剥公权而断无不愿财产权利。前项章程第六约第七项内开："凡民刑事一切诉讼，原告被告及中证人均须于状式上注明有无嗜好字样，受理官除命盗等项重件照常准行分别勒戒外，其余细故，原告吸烟者词不受理，被告吸烟者除本案断结外，酌量惩罚，中证人吸烟者不准到堂。若捏词掩饰，经受理官查出发所戒烟，并予薄惩"等语。非常之举，虽骇观听，然国家与外人立约禁净十年之限转瞬即满，非有异常之震动不足以收速效，惟请稍假以期限，自宣统二年正月初一日始为本省境内一律实行，庶为情法兼尽。

附录：原案

吾国受鸦片流毒为害至深，廷诏部章勒限以十年禁绝而委任于地方人民者，一则曰准设戒烟会以宏善举，再则曰责成地方官督率绅董以期实行，诚以事关国势之强弱、民命之寿夭，必官民协力通筹认真办理，斯可克期净尽扫除积痼。查本省禁烟事宜，地方绅董多不乐尽劝导之责，或辗转互相弊匿，甚至分给牌照，重叠朦领，经手居奇，藉端索费，而行旅执照乃为客栈之护符，坊制药方不免奸商之射利，良由群策未抒则稽查不力，弊端未绝则政令难行。江苏风气开通，自治之期成独早，如何而后划除欺匿之弊，缩短禁绝之期，辅官治之进行，为法律之补助，应请公同筹议决之。

十月十七日会议议决整顿征收丁漕积弊案

一、遵章收纳铜元。铜元为国家制币，所有丁漕厘课照例准民完纳。查光绪三十一年户部奏请饬下各将军督抚倘有故意抑勒倡为交官不用铜元之说者，即著严行参处以昭信用而维圜法，当经奉旨依议在案。乃地方官视为具文，遇有粮户完纳忙银，竟听柜书任意抑勒铜元，殊为违法。应请通饬各厅州县，凡丁漕厘课，或完银币，或纳铜元，务令悉从民便以符成例。

一、照市平定柜价。各厅州县征收忙粮，遇有缴纳银元，往往抑短价值，少或八九十文，多至一二百文。民力几何，何能胜此无穷之朘削，丹阳之祸可为寒心。应请严饬各地方官以后忙粮征收银元务依市价不得低抑。

一、严禁巧取加价。定章漕粮过年缴纳者，每石加价五百文，乃各厅州县间有因贪收此项加价，至十二月中旬以后乡民赴柜完粮，柜书竟不肯收纳，强令过年完缴者，殊属非法，应请通饬禁绝。

一、勘剔被灾田亩。田亩被灾，轻重不等，自地方官处置失平，儒良者有灾照征，桀黠者无灾转缓，甚且始而捏灾，继而卖灾，总书以历年所余灾免之数转卖催粮之人，分肥于衙署而取盈于穷檐，向来惯技如此。此后各地遇有歉灾，应听地方自治职员据实呈报该厅州县署详请派委履勘，将该坐落田亩受灾轻重分别注明，榜示灾区及城镇要道，俾众周知，庶书吏不能因缘舞弊。

以上四条关于全省者应请通饬施行。

一、改良由单串票。徐海征收之弊视他属为尤甚，由单串票模糊无字，缓征减免隐匿不填，愚民何知任其朦混，非改良由单串票不足以杜绝浮收。应请通饬徐海州县于每年开征之前会同自治公所妥议丁漕三联由单串票格式，背面印文条列征收银钱、带收附捐与串票捐方法及本年丁漕缓征带征减免分数，正面印文备填粮户姓名、应征银数、折收钱数、带收附捐钱数，申请藩司察核，交印刷局照式刷印领用，俾粮户一目了然，不至再受浮收之害，或由藩司核准札饬州县照式刊印亦可。此项由单串票每张准收粮户钱五文，以一半缴充印刷纸工，一半津贴书吏办公，此外不得私索分文，违者照例惩办。由单串票格式附列如左：

拟海州沭阳由单串票背面条文：

一、每征地丁银一两加收耗费银若干，每征漕米一石折收银若干，亦照加耗费，均准粮户按照由单载明银数向裕宁官钱局及殷实各钱庄自买银票投柜完纳。

一、每征银一两带收积谷钱若干串，捐钱若干串，票捐若干，自治经费钱若干，均一律缴钱。

一、改良由单串票，每张准收钱五文，充印刷纸工书吏饮食。

一、本年上下忙漕折有无减免缓征带征等事，均须查照定案将实征分数详晰叙明，不得合混致干严办。

拟徐州八属与海属之赣榆县由单串票背面条文

一、每地丁银一两折收钱若干，每征漕米一石折收钱若干，均准粮户按照由单载明钱数用裕宁官钱局及殷实钱庄铜元钱票投柜完纳。

一、每地丁银一两带收串捐钱若干，串捐票若干，自治经费若干。

一、每漕米一石带收积谷钱若干，串票捐若干，自治经费钱若干。

一、改良由单串票，每张准收钱五文，充印刷纸工书吏饭食。

一、本年上下忙漕折有无减免缓征带征等事，均须查照定案将实收分数详晰叙明，不得合混，致干严办。

拟海州沭阳两州县由单串票格式：

易知由单	粮户执照	根存
某某州县正堂 为预发易知由单事照得本年征收某忙漕分数业经遵照勘定奏案刊印由单票背面以昭核实兹有某某粮户应完某粮正银若干两带收积谷钱若干串捐钱若干串票捐若干自治经费钱若干此外用印盖戳浮费一概革除倘敢私加照例治罪除侯征收时掣给串票外合先发给易知由单以便照章依限完纳不得延误致干差催 字第 号 银	某某州县正堂 为掣给串票事照得本年征收某忙漕分数业经遵照勘定奏案刊印由单票背面以昭核实兹有某某粮户实完某粮正银若干两带收积谷钱若干串捐钱若干串票捐若干自治经费钱若干收钱若干此外用印盖戳浮费一概革除倘敢私加照例治罪除分别解拨外合掣给串票收执为据 宣统 年 月 日 字第 号 银	某某州县正堂 为存根事兹有某某粮户某粮正银若干两照章加收耗费银若干外带收积谷钱若干串捐钱若干串票捐若干自治经费钱若干共收银若干除填给串票外合立存根备查 宣统 年 月 日 共 已完

徐州八属与海属之赣榆县应仿此格式刊印，惟于征银加耗语句应改作完某粮正银若干，照章折收钱若干。余同。

以上一条专属徐海二属者应请特饬施行。

一、照章规复柜收。查如皋地丁定价每银一两折收钱二千五百文，带征积谷钱二百文，串票五文，漕米定价每石解银二两一钱，加一耗银二钱一分，改折收钱五千五百文，随收水脚钱五十二文，凡造串纸价、书差辛工、官长赢余皆在内，此正章也。乃历久相沿，官不柜收，遂有书报差报等名目。书报委于包户有资本而为人代纳丁漕者谓之包户，中分书吏、非书吏两种，差报委于跑千户乡里无赖，为粮差之伙，俗呼跑千户，层层递加，遂至地丁每银一两至少收钱二千八九百文甚至三千数百文，漕米一石至少收钱八九千文甚至十二千文，每串票一张至少收钱六十四文甚至一百二十八文不等，地丁书岁分其所得六七千千，漕总书岁分其所得八九千千，以分饷于官署幕友家丁、地方刁绅劣董，以致小民疾苦呼吁不问，诚可骇叹。应请饬下地方官规复柜收，将书报、差报、包户、跑千户等名目悉数革除，所有地丁漕米折价带征之积谷串票捐随收之水脚钱以及此外自治练兵经费悉照定案征收，此外不得丝毫多取，以苏民困。

以上一条专属于通属之如皋县者，应请特饬施行。

十月十七日会议议决补救淮南盐务案

查盐务之弊其根本在于盐法，近日渐知就场征税之为上策，由部派员调查，尚未宣布办法，目前未敢轻议。惟去其太甚，议定急救之法五条，开列如左：

一、内河各捐宜禁移拨。从前泰埧交卸，通泰场商捐款极少，因代运商运盐，经过内河，是以捐款繁重。然在前每引不过七百文上下，现增至一千五百余文。若能一款一用尚可得其实济，无如动辄移拨本项之捐，不能济本项之急。即如圩河一项，场商每引捐银二分，运商每引捐银三分，每年销盐约五十万引，捐银应有二万五千两，圩河即三四年兴挑一次，捐银余存仍应不少，况于今七载迄未兴挑，积存应钜。乃现闻圩河款项早已挪作他用，所以场盐年年冬令纤道而行，或筑埧灌塘，或绕越出江，既受费用之累，且多风浪之险，此中苦况无可上陈。又如坝工一项，场商每引捐钱六十文，每年应有三万千文，而开埧堵埧每年用钱不过一万余千文，逐年以来存积亦复甚巨，近年启闭每多不能应时，徒使盐运阻碍。今闻积存之款又复挪作别用矣。其余捐款姑不具论，请将圩河、埧工两项之款捐存局内，由场商按月领回，届时察看情形，河道何时应挑，埧工应开应堵，即行由商禀请派员官督商办，庶几款不虚縻，工归实济，于场于运均有裨益。

二、缉私经费宜予核实。查两淮私盐充斥，缉私营兵至不可少，但缉费一项从前捐款业已重迭，勇粮每引捐钱三十三文四毫，炮船每引捐钱十五文，缉费每引捐钱一百二十文，共计每年已有八九万串。近年添设营头，派兵驻扎范堤，银饷自必加增，然核数未免过巨。即如上年培养商灶加增牌价案内，上色场分每引扣缴缉费四百五十文，顶梁场分每引扣缴三百文，即此一款，每年已将十五六万串，此外又令场运商岁捐银饷二万余两。又程运司举办缉私案内，于杂款中按年提缴银十万两。前后并计银钱两款统共不下五十万串，照淮南现时营兵而论，缉费似有余存，拟请调查实在，将新加牌价内之缉费发还归商，俾得稍资补苴，抑或将商捐各缉私费全行归商领回，由商自行分场募兵堵缉以期联络。

三、食盐炊草宜清界限。查通泰系产盐之区，老弱妇女担卖食盐律所不禁，且草荡有灶荡，有民荡，堤外灶荡之草所以煎盐，堤内民荡之草所以炊爨，如灶草不足，则民荡亦例须供煎。然现在灶荡之草准煎盐之草奚止加倍，灶民家有积草累年烂成灰土者，如是则灶草之运售且可不必禁阻，何论民荡。乃营兵奉有查缉盐草之令，食盐炊草一律拘拿，民人因买食盐炊草而被累比比皆是。目下市中盐草之价异常腾贵，居民咸抱食淡断火之忧。拟请将食盐炊草与私盐灶草划清界限，调查每年每场供煎之草究需若干，不妨宽留一倍，其余听其运售，并请通饬酌定章程广行晓谕，庶人民不致违禁而获戾。

四、内河营兵宜还旧驻。查缉捕营向驻沿江各口，本属扼要，自赵运司请移驻范公堤外，此内河各场驻兵之始。今又不驻于堤外而驻于街市繁盛之区，兵民杂处，最易生衅，管带复加徇庇，以致在外滋事益无顾忌，每值兵民冲突，动辄开枪，诬为枭党，一与抵抗，则以拒捕之名送官究办，而民人呈诉，有理难伸，食盐炊草被其拘获，惟有拱手相让，不敢与辨。驻扎以来不法之事，一奸淫，二劫掠，三讹索，四凶殴，其见于地方绅民之禀揭、州县衙门之案牍及新闻报纸者不能悉数。拟请将内河营兵饬令仍驻沿江各口，以复旧制而纾民怨。

五、煎丁困苦宜加体恤。查煎丁受种种压制，皆由盐法不改而生，一时无从尽革。为补救万一之计，应请严禁场商折算桶斤、高抬洋价、减扣钱串诸弊，稍纾目前之祸。

十月十七日会议议决整顿运商违章朦收案

查江南财政以盐务为大宗，银贵钱贱，场商及官民罔不受困而独运商坐享其优利，此天下至不平之事也。运商在栈买盐系用钱文，在局售盐系收银两，初定章程时每银一两约兑钱一千五百文左右，嗣以银价加贵，案定盐局减收盐厘，运商减收岸价，以求其平。及钱价稍贵，运商一再禀请津贴钱价，始则争回原减之岸价，继则受贴公家之盐厘。但叠次禀准，官商均声明一俟银价至一千五百文以外即应遵章核减。不谓自光绪三十一年至今，银价日贵，而运商竟敢背案违章，不惟不自请减岸价，并将官贴之盐厘一并朦收如故，将永为运商之私利。今日地方公益百端待举，而困于财政，势成通病。本省绅士曾在端督任内公禀请将运商所赢协助北线路股，乃时隔半年未见执行。今届本局开会，本省议员固应提议，而淮为产盐之地，皖赣湘鄂则皆为淮盐行销之地，各省皆以为言，因而各省之谘议局皆函电诘问本局作何办法。嗣经议定呈请查案，责令运商将前复之岸价并津贴之盐厘一并遵案如数核减以济地方公益之用。惟前经本局议定测量江北水道、规画江淮水利公司，此次议决将该核减之款充测量经费以便早日设立公司，为江北造百世之福。

附录：本案理由书及各省函电

一、理由书

自同治七年前阁督部堂曾札饬各岸督销局，以初定章时每银一两约兑钱一千五百文内外，今可兑钱一千六百数十文及七百文不等，运商在局售盐系收银两，在栈买盐系用钱文，一出一入便宜不少，应减各局售价，酌定鄂湘西岸每斤减价三钱，皖局每百斤减价二钱，在运商本利内扣去一半，应解盐厘内扣去一半，将来银价如跌至一千五百文以内仍当随时酌复示谕遵办在案。是盐价增减当以银一两兑钱一千五百文为标准为不可移易之案据。当光绪二十八年冬钱价骤涨时，每两银兑钱一千二百数十文，运商援案禀乞酌复原价，津贴钱价亏耗，并声明倘以后钱价兑至一千六百文以上，仍将岸价酌减，商等断不敢稍有异词等情。经前运司江据情详请鄂湘西皖四岸一律酌复原价一钱，俟钱价渐平，兑至一千六百文，即当随时核减，奉前署督部堂张批准遵办在案。嗣又据鄂湘西三岸商人以皖岸每百斤酌复一钱，核与原减一钱之价已复一半，鄂湘西三岸每百斤亦复一钱，与原减三钱之数不及一半，未免偏枯，禀奉前督部堂刘批司议复，将该三岸一律加回五分在案，从此四岸运商均复原减售价一半矣。二十九年钱荒更甚，其价愈昂，每银一两仅兑钱一千一百三十四十文，商乃又禀称："钱贵银贱较前尤甚，每运盐一大票，其盐价水脚各杂项共须钱五千余串，以现在钱价每串合银八钱九分，较之从前化钱缴价不过六钱七八分一串计加成本千金之谱，商等受亏非常困苦，乞再酌复原减一半之价以示体恤，倘以后银价每两兑钱一千六百余文，仍请将岸价随时酌减以昭平允"等情，经前运司程以再复原减一半之价系应提归盐厘款内，第念偿款案内新加厘课，又值钱价奇昂，商情更困，详请再将原减一半售价按数全复，暂行贴商以济眉急，仍俟钱价渐平再行酌夺，奉前署督部堂张批准遵办在案。就案论事，是前以已减之价还商后又以公家之款贴商，前后合计，鄂湘西三岸每百斤计共加银三钱，皖岸每百斤计共加银二钱，运商获此补助可谓至优。迨至三十一年钱价渐平，前署督部堂周电饬前运司恩，以"应归盐厘之款暂行贴商本属格外体恤，去前两年运商得此津贴获利甚巨，现在钱价每银一两兑钱一千四百文左右，系在原议一千五百文之内，商利尚厚，此本系公家应收之厘，此后自应归还公家之用，当此库储奇绌，收还盐厘并非格外搜括，速谕四岸运商将同治七年份盐厘所扣之款一律归还盐厘以重公款"等因。运商一再禀求，谓甲午以还六七年来迭捐巨款五六百万金，二十七年筹备偿款一案又令新加每引盐厘八钱课三钱，每大票计加银五百五十两，如此次大宪期在必提此项津贴，请将鄂湘西三岸自新纲开办为始，每百斤酌提五分拨归盐厘，等情。前运司恩据情禀复，奉前署督部堂周批驳，以"二十九年分所复岸价本系公家应收之厘，津贴商人两年有余，公家所失已在百万以上，体恤不为不周，当此时事艰难财政困绌，即加增课厘派捐巨款亦该商等谊不容辞，乃照案应行归还之公款尚复渎求减免，实属不明事理，所议应不准行"等因。前运司恩复请提归公款稍留余地以恤商艰，奉前署督部堂周批定原贴之数暂先收回八成，其余二成暂行贴商，此后察看商力若何再行酌量办理在案。

总稽以上减价及叠次加复之案，是银价若至一千五百文以外，运商即应声明请减毫无疑义。乃自三十一年八月以后，银价日渐增长，运商不但于加复原减一半之价未为遵案请减，即盐厘二成应请提归公家者亦隐为私利。前督部堂端以整顿运商着补票价，两次缴款一百八十万金，闻运司方且居以为功，不知三十二年钱价每两银兑钱一千五六百文时即应遵前阁督部堂曾定案，不准运商朦收复价津贴两款，至三十三年钱价跌至一千六百文时，尤应照运商原禀一千六百文以上请减、前运司详定一千六百文核减之案揭明核减。今自三十四年每银一两递增至兑钱一千九百数十文，朦收如故，以今钱价核算，凡运商售盐百斤除复价一半、盐厘二成不计外，又除厘金报效公费一切加价外，运商净得本利银二两零，准之曾文正定案一千五百文，是每百斤增钱九百数十文，每大票约计钱价可增银一千五百余两，复按之钱贵银贱时运商自称每须加成本千金，今非特不须加本而已，更增羡余一千五百余金。窃意运商此时犹有可以藉口者约有三说：

甲）谓甲午以还共捐巨款五六百万金。不知每捐百万准奖实官，以七八折售票请奖，核其实数，每百万所捐仅银二三十万。

乙）谓偿款新加厘课。不知每票共银五百五十两，银贵钱贱之时，钱价所赢每票约增银一千五百余两，除完新加厘课，尚可余及千金。

丙）谓前督宪端曾着令补缴票价已共缴银一百八十万两。不知以银贵钱贱三四年之久，照前阁督部堂曾定案应追缴复回原减岸价一半盐厘津贴二成，总共计之抵偿一百八十万金，亦属有盈无绌。

二、湖北谘议局来函

敬启者：鄂省财力支绌异常。查淮盐引地惟鄂居最，运商遵章应减及盐厘二成贴商之款年计颇钜，前经贵省绅士提议规复，当道闻未施行。现在谘议局成立，筹款亦应尽之责，敝局正议提出此案，亮贵局早有同情。事关数省公益，为此布达，即希詧照酌议赐复。

三、湖南谘议局来电

谘议局鉴：淮商加复钱价一款久应提充公益，敝局已提议请抚咨江督照湘岸销数提作路款。昨奉来讯，深感同心。请贵局代表敝省意见并入议案呈请江督裁决施行，毋任感盼。余函详。湘谘议局。艳。

四、江西谘议局来电

谘议局鉴：盐事请贵局代表直接与盐院交涉，仍俟呈抚咨请。赣议局。东。

五、湖北谘议局来电

谘议局鉴：议提运商应减款项案，贵省督抚已否裁核施行，请电鄂。鄂谘议局。洽。

十月十八日会议议决本省审判厅请缩短年限提前办理案

查宪政逐年筹备清单，省城及商埠之审判厅限在明年成立，各府厅州县城治之审判厅成立之期须在宣统五年，镇乡则在七年，为时太远，吾民之生命身体财产名誉保护不可一日缓，与其就书差捕班逐项枚举，何如提纲挈领，请速普设审判厅专理民刑词讼。盖书役捕班之应给予相当工食，不准需索，一名一卯，不准白役顶充，以逮不准设立差房班管均明有例禁。无如审判厅属于行政官吏，则此等弊窦要难杜绝。得专掌民刑词讼之审判厅，则雇用公役、缮送书状、签提逮捕、禀状准驳、讯问断结自有一定之成法。故现在非请提前普设审判厅无以收廓清诸弊之效。今日吾民所承民刑词讼之弊，有在于官吏者，有在于书差捕班者，有在于吾民自身者，其间头绪纷繁，必不能枝枝节节为之订一法设一例也。虽审判人才之养成非可操切，而府厅州县之急须得公平审判、民刑事件繁赜重要，直不减于省城商埠。今纵不能并镇乡审判厅同时成立，而府厅州县城治之审判厅实不容稍缓。今拟请督部堂、抚部院饬下本省法政学堂及司法研究所等认真多集官绅广为造就，奏请将府厅州县城治审判厅提前与省城商埠同时举办，诚以府厅州县城治不少冲繁要地，书差捕班之困民一息不能容忍，在上不过加增学习司法之学员已获筹办之要领，省城、府厅州县城治同时成立，庶宪政前途与自治警察有互相维系之效。

十月十八日会议议决整顿淮安关卡以苏商困案

一、派委专员。府道各有专职，兼理关务，则府道任印委，印委又任家丁，层层朦蔽，势愈隔而难通。上年专委道员办理，以历年比较专其责任，按季清查各口，事得身亲，以定赏罚，自少苛索抑勒之弊。现承督部堂仿照上年办法，专委程道，实为办理关务要着，请永久遵行，勿再令地方道府兼司关务。

二、裁并冗口。地方多一局所即多一开支，纵费不在官而在民，民财空而官费奚出？惟择其最要之口如清江口可稽其漏报，落地草堰口可查其出口绕越，其余五口皆可归并之类委任明干官吏，厚薪俸以养其廉，而附近无名各口一律归并，则事不烦而民不扰，必设卡愈少收税愈多。

三、整顿联票。部章三联税单，右联报部，令商人自填货物税银；中联交商收执，左联存根，均由关照填货物税银。立法本善，病在监督并不实行，每于报销时雇用士人数十名，备具墨盒数十个，密嘱按照销册各将右联分填货物税银，以期笔迹不同，墨色各异，免遭部诘。自裁监督改任道府以来仍沿故智，是以关吏舞弊依然如昔，比较愈严，黑费亦因之愈增，无怪商务日形凋弊，民有变本加厉之言。现奉督部堂改派专员督办关务。专员初任，无可顾忌，应请饬令上顾国税下体商情，实事求是，以除积弊。

四、刊布税则。收税关章于法自应公布，请饬专员查明现在实行税则，排印减折划一章程，俾商民易于遵守，并优给员司薪水，裁革各项陋规，一切按照部章办理。若员司有于新印税章之外巧立名目，多收规费，即时按律惩办。

五、画定银价。现在币制未定，征收多以银两计数。银两本有市价，而淮关收银自定折价，每两价至合二十余千文。从来收银积弊，缴银则大其平，缴钱则高其价，自是通病。请嗣后饬关务专员照市定价，或应收耗羡若干，明定数目，刊入关章，一并公布。

十月十八日会议议决本省单行章程规则截清已行未行界限分别交存交议案

查奏定《谘议局章程》第二十一条明定谘议局应办事件，第六款为议决本省单行章程规则之增删修改事件，第七款为议决本省权利之存废事件，又按语有云六七两款为参预立法事宜。据此，则凡属本省之单行法自应由督部堂、抚部院交议或由议员自行提议，经本局议决后呈请公布施行始为有效，惟以不侵国家立法权及本省督抚行政命令权为限。据宪政编查馆复于钦使奏陈谘议局章程权限折谓"全国通行法律须由钦定颁行，惟各省之风俗习惯不同，不能无特别之单行法，而施行法律之细则各省情形不一，亦不能不令各省自定，凡根本于国家法律之单行章程规则属于督抚权限内者自应由谘议局参预以收集思广益之效"，此即声明国家立法权以外，凡属本省通行章程规则应由本局议决之定例。又据本年宪政编查馆复督部堂转饬江南调查局电文谓"单行法与行政规章之区别，即宪法上法律与命令之区别，同一章程名称有法律性质者，大者为法典，小者为单行法，其有命令性质者则为行政规章，各省单行法照《谘议局章程》第二十一条'须给谘议局议决'，与行政规章不同"，此即声明行政命令权以外，凡含有法律性质之章程规则应由本局议决之定例。既查照局章及馆电并奏案，在本局职任权限内有须参预本省立法事宜之责任，自必先行调查本省现行之各种法规以为依据。惟官书深秘，公牍纷繁，虽在创制之初非无通饬之文，或揭示晓谕之事而日久浸多遗忘，调查每难得实，转使多年掌案之书吏得以颠倒舞弄而应行守法之人民末由共喻，此决非明定章程之本意。在全国中央法制，外间尚有专辑之书，至各省自定之规章则苏藩司所属从前曾有江苏省例之刊布，今亦久不赓续，宁藩司所属则并此而无之，两淮盐法粗有专书，至厘务捐章则更为暗昧纷然淆乱，徒为司巡所窟穴藉以罔民取利。以全省通行之法律关系于人民之利病者至巨，而顾不为昭示，非特无以使一般社会之服习信从，且本局即欲按照局章第二十一条参预增删修改之事，不见原文亦何从措意。现当谘议局成立伊始，首应划分新旧案截清界限，以本年九月初一日谘议局开办之日为断，嗣后如有新订之本省单行法，自应照章由本局议决然后呈请公布施行始为有效，其以前宁苏两属所有已经订定通行之单行法应即归入旧案，但有必须增删修改之处一切仍照局章第二十一条第六款办理。兹除全国通行之法律及本省督抚之行政命令本局未便侵越外，其合本省单行法规之性质而为本局参预立法之权限所及者略分类例开具如左：

一、关于丁漕征收之章程规则。

二、关于田房契纸牙帖典当市房烟膏等正杂各税捐之章程规则。

三、关于厘务卡捐及认捐之章程规则。

四、关于盐务厘课征收之章程规则。

五、关于警务之章程规则。

六、关于地方自治施行之章程规则。

七、关于调查户口及禁烟之章程规则。

八、关于海塘河堤各种工程之章程规则。

九、关于教育及农商务等各种团体之章程规则。

十、其余各种属于本省单行法之章程规则。

以上各项，无论名为法规、章制、则例、案卷以及有无刊本，总之现时通行于宁苏两属及宁苏各全属而为人民所当遵守者，应请督部堂、抚部院酌定期限，迅即饬行司道以下各衙署局所分别调取，务期齐全，饬抄一份随时移送本局存备检阅，并请督部堂、抚部院准将行文日期一面知照本局，虽在本局闭会以后仍得按照前经批准之本局《议事细则》第一百六条交由常驻议员接办。

（二）议定不可行事件

呈报督抚议决不可行事件文（通稿）

为呈报议决事件事：案查奏定《谘议局章程》第四十二条内开"凡议决事件除议长、副议长同意认为应行秘密者外均公布之，并应随时报告督抚及资政院"等语。　月　日本局会议议决一件，合行缮折呈报。除汇呈资政院暨呈抚部院、督部堂并本局自行公布外，谨查照《谘议局章程》第二十三条声明，此为议定不可行事件，理合呈请督部堂、抚部院更正施行。须至呈者。

九月二十四日会议议决督部堂交议限制铜元
所询治本治标二说皆不可行请联合各省奏请速定币制案

查督部堂交议限制铜元案系分治本治标二说，今审察地方情形决其孰优，条议如下：

一、治本说。

甲）严禁私铸，犯则重惩。查私铸律有专条，即非铜元充斥亦应严禁以维圜法。本省私铸应请责成各厅州县，外来私铸责成各关卡分别切实查禁。惟现在市面铜元已成供过于求之势，专恃禁私尚恐难以挽救。

乙）限制数目使银钱有一定之价值。币价涨落由于供求之或过不及，此为经济学之公例，无可强制者，若币制未定强为划定比价，大势所趋断非法律所能收效，且虑强划比价，而后比价贱则民间物价必因以日贵，有碍生计，比价贵则各省铜元群皆争集吾省以易吾低价之银元，民间之有银元者或且藏匿居奇，将银元益见其少铜元益见其多，而市面之纷扰转甚。

二、治标说。

圆满用圆，角满用角，其崎零不成角数者始以铜元为辅助之品，此必币制划一本位确定而后可以通行。现在市面各项货物逐渐改用洋码，此系自然之趋势，若一旦著为禁令，谓元满必用元、角满必用角，恐铜元之用途骤狭，即比价骤低，凡小本经营以及店铺买卖之零琐者所入铜元皆将争求兑换，风声所播市面或因之恐慌，而公家又无力徧设兑换机关以善其后，此流弊之不可不防者也。且查徐州一带银元绝少，专用铜元，尤为推行之障碍。

综观二说，按之经济学理，揆之地方情形，以为前说甲项系执行国律，不待推求，但其功效只能预防加厉而无救于目前；其乙项及后说皆系币制划一后正当之办法，且系全国之事，非一省所能为力，若蹳等实行，转滋流弊，再四筹商，实无完全补救之法，惟有请督部堂联合各省奏请速定币制。币制一日不定，祸机一日不绝。正本清源，道在是矣。

附录：原案

鼓铸铜元本为补救钱荒起见。乃各省图有余利，相继争铸，私铸复乘机阑入。宁苏两省近因私铸充斥，加以邻省侵灌，遂致银贵钱贱，官民交受其困，既不能废置勿用，又未便听其减折，不早为计，流弊何穷？主治本者谓宜严禁私铸，犯则重惩，又谓限制数目，使银钱有一定之价值，庶市侩不致任情涨落而币制可期画一。主治标者谓宜元满用元、角满用角，其畸零不成角数者始以铜元为补助之品，此系不限制之限制。二说孰优，应请审察地方情形公同议决。

九月二十六日会议议决停止官纸专卖以免官民交困案

查《官印刷厂专卖章程》为本省单行章程，并嫌阑入本省税法。本局案照奏定章程第二十一条"应办事件在会议时提议议决照章认为不可行事件应请更正施行"，兹将其不可行之理由及更正之方法分别开列如左：

甲）不可行之理由

一、妨碍公益。官用品皆系政治之进步或疾苦之上闻，督促之疏通之尚恐不暇，无设法妨碍之之理。

二、违背法律。《印花税章程》第三条"凡关系国家或地方公益善举事业所用之契据账簿均可不贴印花",官用品皆在关系国家或地方之范围,法律所不税,本省不敢违背。

三、若累州县。体恤州县困难近日成一理论,官纸为州县困难之一端。

四、阻扰国税。凡契据账簿若以官纸为法律上之效力,则置印花税于何地?若不生效力,人民不应无故出资。

以上四端皆为不可行之理由中较重大者,其余糜费烦苛等弊姑置不议。

乙）更正之方法

一、废除南洋印刷官厂现行章程。

二、与商铺纸张一律公平交易,解除官力之拘束。

三、销撤各色差委名目,照商铺经理。

九月三十日会议议决裁督派视学员案

甲）不可行之理由

学部定章省视学员隶属学务公所,乃宁省有前督部堂委视学官一人,既违部例,又且侵官,而学务公所照章应派省视学六人,转因经费无出,止派专员四人,其二人以课员兼充,于职务两有妨碍。

乙）更正之方法

应请将督派视学官裁撤,即以其薪水百金增设学务公所省视学二员以符定章之名义。

九月三十日会议议决裁撤江楚编译局案

甲）不可行之理由

江楚编译局开办之意,原为学堂应用图籍而设。乃开局近十年,所出之书无多,大小各学堂间有采用该局课本者亦甚聊聊,闻每月尚糜千五百金之多,无谓已甚。

乙）更正之方法

即日停支江楚编译局用费,移作别项教育行政经费,其已成之书籍板本归并官书局管理。

十月初四日会议议决革除官营商报案

查上海现行之《中外日报》、《舆论时事报》、《申报》，或纯系官款，或半系官款，其按月由官津贴之款更多少不等，且有外国文之《上海泰晤士报》，尤勒派衙署局所以及官立学堂担任贴款。据前月十五日发行之《南洋官报》所载，本省清理财政局移请财政总局照复文内查见二月一个月中已有《申报》馆垫款湘平银一万八千九百余两，其他历年垫入《中外日报》、《舆论时事报》等馆者可知。更查见江宁财政局一处已有《泰晤士报》津贴银三千六百两，其他勒派全省衙署局所学堂等处者可知。又查见各报馆经费湘平银九千六百两，未知此项经费供报馆若干时日之用。近年上海报馆往往为本省行政官所开，初以为官自解其私囊，虽官冒商名，淆乱清议，情理大有不合，然人民无担负义务之关系，已隐忍相安，今既知官营商报仍用本省官款，明见报销。查照奏定章程第二十八条原有"本省官绅如有违法等事，谘议局得指明确据呈侯督抚查办"等语，惟念事在开局以前，但照章程第二十三条"议定为不可行事件呈请更正施行"，议决如左：

甲）不可行之理由

一、官报由官负责，商报由商负责，官冒商名行销报纸，无此宪政。

一、报馆营业非国家行政，经费乃令本省强加负担，无此税则。

一、营业必有盈亏，官营商报乃令本省岁输数万两，比于天府正供，无此国法。

一、外国报纸，无论文字不同阅看者少，即官长皆能读西文，亦无强令阅看之理。宁苏两属官署局所以及官立学堂勒派每年万余两之《上海泰晤士报》，贴款克剥，僚属间接取盈于人民，驱本省官民悉为外商牛马，无此政体。

乙）更正之方法

一、上海官冒商名之《中外日报》、《舆论时事报》、《申报》应即日退还商人，停支官款。

一、上海官冒商名之《中外日报》、《舆论时事报》、《申报》，所有官入之垫款应勒令提还，若不能提还，应即查明原经手之员陪缴。

一、《上海泰晤士报》之贴款应通饬衙署局所及官立学堂即日停贴。

十月初八日会议议决永远停止彩票案

查售卖彩票无异开赌，奖励游惰，破坏道德，贻祸之烈莫此为甚。是亦本省应革事件之一种。本局谨按奏定章程第二十一条"应办事件在会议时提议议决定为不可行事件，应请督部堂、抚部院更正施行"，兹将其理由及更正方法分别如左：

甲）不可行之理由

一、彩票报效所得几何而令社会受莫大之弊害，以赌诱民有乖政体。

一、外人租界禁令綦严，有犯必惩。视彩票店之所在即为租界非租界之境畔，相形之下有伤国体。

乙）更正之方法

一、永远停止江南彩票，应请督部堂将承办江南彩票之禀未批准者严词驳斥，已批准者立予取销，并请即行具奏永远停止，不准再有彩票。

一、永遵停止安徽省彩票。安徽为督部堂兼辖省分，而彩票为各省流行之害，应请照江南彩票一律严禁。

一、劝业签捐。广东、厦门、北山、六围等票，应请督部堂、抚部院严饬各厅州县一律永远禁止在本省境内发卖并饬各厅州县将境内有无售卖彩票情事列入月报册内。

一、严罚私售彩票之人，犯者毁其票，处三月之监禁，再犯倍之，三犯又倍之。

一、各省无论已行彩票与否，除本局将本议案通移各省谘议局外，仍请督部堂、抚部院通咨各部各省一体严禁。

十月初十日会议议决海州灾赈官绅办理不善有碍宪政案

甲）不可行之理由

查海州赈灾本系急务，乃绅董处之过当，变劝捐为勒捐，竟率据上年调查选举人名册凡以五千元资本或不动产为选举资格者按册追呼勒派捐款，为数甚巨，稍不如数辄朦官签差追缴，差扰不已，甚至押追。伏念灾区捐赈，人民固应激发天良，官绅亦只有劝导之方，断无逼勒之理，且选举资格乃国家尊重之公权，并非吏胥蹂躏之把柄，似此按籍诛求，不但为选举本局议员之障碍，并将来办理地方自治复有调查选民之事，经此荼毒，选民皆有身家之惧，调查员且有性命之忧，宪政前途阻力甚大。

乙）更正之方法

一、不得援选举人名册内五千元资格为派捐标准。

二、吊销派捐所签差票。

三、另举五十一镇公正绅董劝捐，并公举筹赈总会总协理，用正当方法筹赈。

十月十五日会议议决修改前呈革除官营商报案

为呈报议决修改前呈议决事件事。窃本月初四日本局议决革除官营商报案一件，业于本月初六日呈报在案，兹经续行议决修改，理合备文缮折呈报，除汇呈资政院暨呈抚部院、督部堂外，为此呈请督部堂、抚部院照议更正施行。须至呈者。

计开：

窃本局于本年十月初四日会议议决革除官营商报案一件，业经呈报督部堂、抚部院更正施行在案。兹续查得上年苏松太道蔡以上海各报昌言无忌，据事直书，有碍行政，设法先将《中外》、《舆论》两报购回自办，次又将《申报》归南北洋合资筹办，继又将《时事报》、《沪报》一并买回归并，先后所购各报共付股本、月费两项银十六万七百四十一两九钱八分，均在苏松太道经理各省解到开浚黄浦经费息款项下挪借，声明自光绪三十四年四月分起每年由江海关道捐廉摊还银一万两。现宣统元年四月已还银一万两，计十七年之后方能摊还完毕，挪借之款并无利息。此事均经详奉前督部堂端批准咨部，用是知此项官营商报并已达部立案。前次议决之案于现时事实尚有未符，因共同议决续定更正方法八条开列如下：

一、《舆论报》、《沪报》既经并入《舆论时事报》、《中外日报》之内，是此两种之报业已销灭，其股本股息应向《舆论时事报》、《中外日报》两馆清算。

一、《申报》既系南北洋合资筹办，除北洋所垫之款与本省无涉外，其南洋所垫官款一万八千九百余两本银之息应向《申报》清算。

一、南北洋官办之《申报》应正名为南北洋官办《申报》，苏松太道流摊十七年之款所办之《中外日报》、《舆论时事报》应正名为苏松太道办《中外日报》及苏松太道办《舆论时事报》。

一、浚浦项下借款十六万七百四十一两九钱八分，既奉部准予免息，国家每年受亏非细。查报馆本系营业性质，购办之款本称股本，则《中外日报》、《舆论时事报》自应缴纳官息，以普通股息七厘计算，每年应缴息银一万一千数百两，以此息款岁提一万两照案还浚浦局借款，可省苏松太道之流摊，亦为官轻累之一法。如苏松太道必欲捐廉以急公义，应请将《中外日报》、《舆论时事报》应缴官息拨充本省行政经费而免除本省人民他项杂碎负担，俾沾苏松太道捐廉办公之实惠。

一、《中外日报》、《舆论时事报》、《申报》既系咨部立案官款办理之报，应请饬各该报馆照官报体例办理，所有应行公布之行政事件应发交各该报馆登载。

一、官长所以监督人民，个人不法可依法律惩治，团体不法可以法律解散，无冷嘲热讽之理。嗣后《中外日报》、《舆论时事报》、《申报》等各官报除发布公共事件之外，如有不伦之语不合官报体裁，应请治以相当之罪。

一、《上海泰晤士报》津贴不得勒派各衙署局所及官立学堂，应径用官款，归交际费项内支销。

一、各该官报既系咨部立案所办，除将前案乙项之第一第二两条声明取消外，应请督部堂、抚部院将本议决案加入一并更正施行。

十月十七日会议议决节删江南财政总局详改宁藩司所属契税章程案

为呈报议决事件事。案查奏定《谘议局章程》第二十一条所开谘议局应办事件内第六款为议决本省单行章程规则之增删修改事件，又第二十三条内开谘议局议定不可行事件得呈请督抚更正施行，又第四十二条内开"凡议决事件除议长、副议长同意认为应行秘密者外均公布之并应随时报告督抚及资政院"各等语，本局于十月十七日会议谨按局章第二十一条第六款应办项下议决节删江南财政总局详改宁藩司所属契税章程案一件，并查照局章第二十三条声明所删各条为议定不可行事件。理合备文缮折呈请督部堂、抚部院照章更正。除汇呈资政院暨呈抚部院、督部堂并本局自行公布外，为此呈请督部堂、抚部院鉴核迅予更正施行。须至呈者。

计开：

查光绪三十四年江南财政总局详改宁藩司所属契税章程内有四条断不可行，亟须删去。具列如左：

一、向章官契纸一张，收钱二百四十文，已较苏藩司所属多百文，乃犹以为未足，改为银七钱二分，折合一元，加至四五倍之多，其用处则但以办公纸饭、员司薪费等名目了之。应删。

一、向来各州县带收学堂善举各项，大约每契价一两收钱四五十文，此本系地方公益正用，今乃减为二十文，且以州县办公名目分去十文，仅留十文，以致学堂善举之费骤见支绌而浮费之数过于正税，转未革除。应删。

一、民间自用工本建造房屋，责令照地契价加两倍报税，祖遗地基无价可计者照时估值纳税，并草屋亦不能免，创从来未有之苛政。应删。

一、州县征税按月比较以定功过，徒有拘牵之累而非进行之法，民间置买田房岂能按月平均，即征税无从按月比较。应删。

十月十七日会议议决积谷钱款严禁州县存库案

甲）不可行之理由

积谷一项原为备荒而设，轮路较通之地不妨易积谷为积钱。查宁藩司通饬积谷章程捐存钱文不准积存属库，违者记过撤任，严杜亏挪，定例至为周密。乃宁属各州县往往显背定章，任意亏挪。砀山一县历任县令挪欠仓谷至两万余串，已革；丰县令王之全就捕蝗一案浮销仓款至九千余串。是皆积款存库之弊，侵渔之巨至堪骇异。

乙）更正之方法

自本年始将各州县所收积谷项下或钱或谷逐一清查究竟实存若干，然后改良办法。自宣统二年为始，每年由地方官招集地方公正绅士公举仓董办理，俟厅州县地方自治成立即归厅州县董事会管理而官居监察之地位，其捐积钱文应由管理者存典生息，取具典领存案，设欲提取款项，应由该管府直隶州或藩司印谕为凭，不得由县径提。

（三）陈请建议事件

呈报督抚公决建议南漕改折陈请代奏案

为呈报公决建议事件事。查奏定章程第二十一条所开谘议局应办事件内第十二款为收受本省自治会或人民陈请建议事件，是本局应有建议之职务。考"建议"二字之意义由仿照外国议院法而生。据日本议院法，建议与议决截然两事，议定后可请行政官公布施行者谓之议决案，议定后不能遽请行政官公布施行者谓之建议案。伏查办漕之法不适用于今日，其病国病民之患，除浙江省外，为本省所独有，本省人民之陈请建议此事者其人至伙，不可主名。然定之以国家之税法，本省行政官虽欲为民请命，亦必奏请后奉旨俞允而后可行。由是知此项事件本局有建议之职而无议决之权。本月初十日会议撰成建议书一通，公决呈请督部堂、抚部院代奏请旨。除呈抚部院、督部堂外，为此缮具清折备文呈请督部堂、抚部院迅予照议施行。须至呈者。

计呈建议书一通

为呈请代奏本局公决建议案恳将本省漕粮改折银两照地丁一律办理事。窃查南漕之弊莫甚于河运而稍杀于海运，去烦就便诚为改良，顾本未拨也，种种弊窦犹缘附而生。譬如人生积垢不经洗濯更易新衣必不能绝其虮虱之萌蘖。故同治初年故绅吴县冯桂芬即经创议改折，迨后光绪二十一、二十二、二十四等年署督张文襄暨侍讲学士瑞洵、刑部郎中英秀先后陈奏，议格未行。德宗景皇帝洞烛积弊，于二十七年七月特降谕旨一律改征折色，是改折之议本无疑义。今且研究其弊之所在而一一疏证之：

一曰不合于税之原理也。世界租税古初均征物产，迨文化日进，制币流行，则统征制币。盖九州物产之供本属国家交通未便时不得已之举，诚能陆有火车海有轮船，举皇室日用品物均可自行采办，必不忍复责斯民运输重滋扰累。故今日漕运即无种种弊窦亦宜裁撤以恤民艰，世界公理未应独异，所谓不合于税则之原理者此也。

一曰有碍于行政之纲要也。国家官制皆因重要职务而设，独漕务一项设官孔多而终岁责任仅运漕米百万石。在交通未便之时此事亦不为不重，今则以二三商人一二月之力办之而有余，顾令数十百官为之独不为闲冗乎？且州县为亲民之官，地方新政方办理不遑，而顾责以办漕买米垫补转运沪局验收挑剔虑干处分，皇皇焉若负泰山之重，而谓尚留心民瘼乎？夫既予民以本折兼收而各州县应解额数乃责成一定，于是视藩司每年所定之折价以计赢亏，折价高于市价则州县买米代解，坐获赢余，即可以致富；若比较稍短，则立受赔累，可以致贫。是名为行政官实居商贩地位而兼有赌博性质者也。因有此赌博之性质，希翼折价或高可以骤然致富，故今日州县独争银价之赔累而不揭漕运之弊，然卒之赔者十九赢者十一。近今州县之负亏累累者大半由于米价上之损失，岂不可叹？人非尽不肖，驱之使不能为治，谁之过欤？所谓有碍于行政纲要者此也。

一曰不宜于现在之形势也。农业发达势不能无易种。往者东南田亩皆植稻米，今则桑棉并种，谷产之数遂岁有出入，故浙省漕运皆就无锡买米。据苏属而论，蚕桑渐兴，纱厂渐多，风气所趋必不能一律种稻，而每岁漕运犹责成江浙。以鄂豫沿铁路省分处处产米并不采办，是舍其眉睫而求之肩背也。且官运繁重，一旦海警猝闻，转恐运输不便，非如商运之为公法所许不容敌国禁阻也。张文襄有言"官运所窒碍者商运或可通行"，老成谋国至为深远。所谓不宜于现在之形势者此也。

以上三者见漕运之不可复行如是。然议者或犹挟数难以为梗阻，试述其说，复为驳义，以穷究其事理焉。

其一说曰：南漕停运则南米壅积，谷贱伤农。应之曰：国家漕运，赣豫鲁皖湘鄂江浙八省原额四百余万石，今六省停止，不闻有赣豫鲁皖湘鄂之人要求复完本色以苏农困也。即江苏而论，江北停漕亦经数年，不闻谷价低贱有老农辍耕而叹也。南中棉者种棉桑者种桑，不输于北，无国课为之尾闾，而花价丝价不闻稍贬，孰谓停漕即谷贱乎？布帛菽粟一日不可无，洋商购运且屡乞弛禁而未有以应，诚虑其输出而至踊贵以扰乱市面也，而谓有壅积之患乎？

其二说曰：京师无米，商贩囤积居奇，米价骤腾，闾阎乏食，兵民交困，必生事端。应之曰：譬犹行路，有人于此自南而往只有一途，而自东自西自北者且千途万径，人欲舍南以行，而议者乃谓自擘其足虑不可通行，有是理乎？南漕官运，自南之一途也，改折招商，千途万径也，而谓转有乏食之虞交困之患乎？且官运既停，商人千百，王道坦坦，皆可转运，国家必不令一二少数之人准设运米专利公司以居闲垄断也。不设专利公司，则好利之私五心六意，虽欲囤积居奇，其将何途之从？以四百万石漕米减至百万而京师之食米如故，四成而去其三卒无所害，则并其一而去之果独为害乎？商运千百，窃意北地米价或且稍平焉。观都中市肆百货充斥，未尝皆北地产，抑未尝皆中国产，谁为之运而犹重劳官力乎？必不然也。

其三说曰：江苏漕米每石折银二两一钱零，外加运费七钱零，浙江漕米每石折银一两六钱，外加运费八钱零，若全数改折，以银易米，适与市价相等，是于帑项无甚出入，节省运费其说不足恃。应之曰：江浙运费七钱八钱，此官办时之价耳，若改折归商则按石计费。曾访诸沪商，凿凿言之，谓包抵京仓平均运费不及三钱，计可省五成之三，即不下数十万金。此数十万金固明明自剔中饱除糜费来也。夫以国家财政有中饱浮糜至数十万金之巨，犹不即日剔除，以为剔除之而无益于帑项也，是明知其弊而与漕务人员有狼狈不能相离之势，岂心乎国计民生者所忍出此言乎？且即以帑项计亦可尝无益。查光绪二十四年八月庆亲王复奏有云：除运费而外仓项银二十七万、漕官费银七万、卫费银七万四千、运河费银四十四万三千，其本漕务例外支销之款尚不在内，故复奏又称改折放折，若以一两五钱给官俸旂粮，公家岁约余银一百七十余万，二两发给则余银一百二十余万，合之漕河仓卫等费八十余万，则通共余银二百万有奇，此固见之朝奏自系确数。今即折放更优予宽价，余银亦尚不赀，而谓其无所益乎？为国家清理财政，剔中饱除浮糜，纵令无益帑项亦当毅然为之，而矧其所益者巨至于如是也。故今日而不变法自强预备立宪则已，欲变法自强预备立宪而犹听南漕之弊若虮虱之萌孽，缘缀涂附不复为之廓然一清焉，国欲治可得乎？

由是而言，则以上三说均不足以为据明矣。或又谓员役兵卫无所得食，虑其为害地方，招商局无所装运，虑其亏耗愈多。此与反对铁路者谓有碍船户，阻挠裁厘者谓无可安插委员同一见解，迂惑谬妄益不足辨。惟折漕以后如何办法亦应一一规定。今具其说如下：

一曰就京师买米由商贩运以清积弊也。历届部臣议驳改折辄以京师无米、商贩囤积居奇、米价骤腾、闾阎乏食、民兵交困必生事端为词。今拟酌筹招商运济之法，商米由海运津则江海关给护照，从铁道运京则江汉关给护照，各以一百万石为率，轻其运费，免其税项，严其稽查，试行一二年，京师米价必较贱于今日。商运既受保护，轻免之种种利益，蜀粤吴楚之米四道交至，如水就下，囤积者何奇可居？此所谓办法者一也。

二曰发给官俸旂粮一概折银，以省周折也。夫京师俸饷之发给仓米非为官兵之不能以银易米，盖因仓库充实，故定例俸饷搭放本色，藉此为推陈易新之计耳。但京官为南人则食米，为北人则食麦，所领白粮变粜居多，且宪政筹办清单次第实行，则官俸兵饷决当另订新章一概折银，部议自有折衷。此所谓办法者二也。

三曰折价归并地丁以符成案也。查《会典》载山东、江苏等省原定永折漕粮，每石连耗折征银五钱至八钱不等，其价银统归地丁奏销案内报部。嗣因军兴，各省奏请将起运漕粮改征折色，江南之江淮等属稌米每石折银一两三钱，粳米一两四钱，粟米一两二钱，其海州、赣榆、沭阳、桃源、清河、阜宁、宿迁等七州县每石二两四钱，嘉定、宝山二县民折官办，查照市价随时奏明办理等语。此次改折系属永折，不应比照民折官办之法，自应永定折价，归并地丁征收奏销以符成案。惟如何折中定价之处听候部议。此所谓办法者三也。

四曰节省运费，应解应兑应改拨他项公用，分别条目，正其名称也。夫南运漕白粮皆有正耗，循名核实，正外有耗，必非正供，今既并解部中，自当无庸再议，报部之款则仍解部，一也。至沙船食耗轻剥食耗二升余米漕赠五米等等，凡系外销款项，其性质本属附加税之列，河运停后不知移作何用，而各州县报销名目如故，应概予免提，改为附征地方税充作自治经费，外销款项仍归外用，二也。至若各州县原解漕务衙门行政经费及行月粮等银，漕运既停，自应免解，为各州县办公津贴以补赔累，三也。而一切名目均当逐项改正。吾国政界之弊患在所有款项久已移作他①用而其名犹存，数十百年仍沿袭旧文，稽核册籍，即身亲办事者或至未悉原因，留其可以为弊之隙，弊焉得而不生？总而言之，解部者为国家税，应名之曰国家地租税，外用者为地方务税，应名之曰附征地方税。度支

---

① 原作"地"，疑误。

部所颁清理财政章程即注意两税之划清，此所谓办法者四也。

综上研究，弊端三条，驳正谬说三条，规画办法四条，由本局再四审查，卒经多数公决。查照奏定《谘议局章程》第二十一条第十二款所开建议事件，参之法律名词，知建议为议会中之一种专名，因施行之权不在本省长官，即呈请施行之案不当名为议决，特许建议以通情悃，仰体朝廷广求舆论之意，不敢知而不言，有伤宪政，为此按照法理具文呈请督部堂、抚部院，伏乞代奏皇上圣鉴训示施行。谨呈。

呈报督抚公决建议免征田房典税陈请代奏案

为呈报公决建议事件事。案查奏定《谘议局章程》第二十一条所开谘议局应办事件内第十二款为收受本省自治会或人民陈请建议事件，是本局应有建议之职务。前奉抚部院交议整顿契税一案，业由本局于本月十七日会议议决另文具报。惟查部颁新章第二条照湖南章程典价一律收税六分，本省人民陈请本局依据旧例恳求豁免。查此系部章，非本局所能议决，因于同日会议撰成建议书一通公决呈请督部堂、抚部院代奏请旨。除呈抚部院、督部堂外，为此缮具清折备文呈请督部堂、抚部院迅予照议施行。再建议案与议决案之区别业于本月十五日本局呈报公决建议事件文内引证法理详析剖陈，合并声明。须至呈者。

计呈建议书一通

为呈请代奏本局公决建议案，恳将田房典税免予征收事。窃度支部奏颁《酌加契税试办章程》第二条照湖南章程典价一律收税六分。查江苏典契自嘉庆十五年例案，删除乾隆三十五年旧例不复收税，现欲骤照买契旧例倍征，实有窒碍为难之处。按本省情形，典产可分两种，一种系指田作抵按月交息，田仍原主耕种，虽半年亦可还本，此法最为便民，必令纳税六分，恐半年获利尚有不敷。若令加重利息，则贫者益苦。若令限期还本，则贫者益难自便。一种系田交典主承业，限期取赎，然原主未及限而欲出卖，卖与典主则典税固许抵买税，卖与他人则典税成虚掷矣，必到限而后许卖，则贫者益苦。总之典者重在利息，与买者用意不同，故无利则不典。富者不肯通融，即贫者无从借贷，关系非细。且典产者于借贷之中仍有保守产业之思想，大抵出于务本，贫民尤当加意体恤。部臣原奏以无碍贫民生计为本旨，试办章程第一条文揭明此意，而典税实系取之贫民，有碍生计。苏省田房价昂，田赋亦重，农户居户营业艰难，尤非他省可比，应请督部堂、抚部院据实陈奏为民请命，免征田房典税，仍遵嘉庆十五年例案办理，民生幸甚。谨呈。

（四）呈请批答事件

呈请督抚批答裕宁裕苏发行钞票之质问案

为呈请事。案查奏定《谘议局章程》第二十六条内开"谘议局于本省行政事件及会议厅议决事件如有疑问得呈请督抚批答"等语，九月二十六日本局会议议决裕宁、裕苏发行钞票之质问案一件，理合呈请督部堂、抚部院照章批答。除呈抚部院、督部堂外，为此呈请督部堂、抚部院迅予答复。须至呈者。

计开：

甲）关于发行者

一、发出之钞票总银额若干。

一、钞票之种类若干如一元五元十元等之种类。

一、龙元票及鹰元票各若干。

一、钞票上之字号。

乙）关于限制者

一、发行之始曾否预定额数。

一、每次发行是否以市面情形为标准。

一、度支部奏定限制滥发钞票专章第九条，裕宁裕苏曾否照办。

一、宣统二年起是否实行每年收回二成之说。

一、准备金是否有现款十分之四，其余十分之六是否有确实可靠之契券备抵此项现款，契券是否俱存各该局抑别有储藏之处。

（五）申复咨询事件

呈报督抚会议议决申复抚部院交议实行印花税方法案

为呈报议决事件事。案查奏定《谘议局章程》第二十一内开应办事件第十款为申复督抚咨询事件，又四十二条内开"凡议决事件，除议长、副议长同意认为应行秘密者外，均公布之，并应随时报告督抚及资政院"各等语，十月十七日本局会议抚部院交议实行印花税方法案一件，事系税法而不在本省范围之内，谨按局章第二十一条第十款所开定为本局应行申复事件。惟原案非惟咨询，实系交议，故仍参用会议成式作为议决事件，照章呈报，除汇呈资政院暨呈抚部院、督部堂并本局自行公布外，为此备文缮折呈请督部堂、抚部院鉴核。须至呈者。

计开：

查现行印花税法系就民间财产货物授受买卖借贷之际，由人民自购印花贴于契据簿籍以代税款，杜绝官吏中饱之弊端，养成人民守法之习惯，较之他项捐税办法大异。惟事属创始，商民未尽悉其性质，经理又未必得宜，近年商情凋敝，既苦于旧有捐税未能分别减蠲，又苦于推行新政辄增种种负担，积困生疑，积疑成阻，自系必至之势。原案称苏省田房契税民间尚十不税一，以此类推，难望其一一贴用，抚部院洞悉为难情状，谅应奏请从缓实行。查度支部研究印花税办法原奏，谓应从宽简入手，疏节阔目，略植初基，但求养成人民贴用印花之习惯，不能骤计国家收入巨款。又税则第十二条载有地方官毋庸派人查验以免骚扰等语，实亦早见及此。惟有假以时日，不预存一大宗收入之希望，亦不必特立劝导之方法。

附录：原案

印花税取之甚微，积之甚巨，东西各国相继踵行，卓著成效，实裕国便民之良策。中国仿行伊始，部定税则章程至微至简，冀养成国民之信用。第苏省田房契税民间尚十不税一，以此类推，欲望其一一贴用，难矣。近自禁烟令下，药税无著，部筹抵补之法，将以此为大宗。所虑推行无效，则必另筹他策。与其多一名目，使民间重荷担负，似不如设法劝导踊跃输税之为愈矣。必如何能实行无阻，应请公同筹议决之

《江苏谘议局第一年度报告》第二册

江苏谘议局第一届常年会议决案督抚复文汇录

（一）督部堂复文

九月二十二日张督部堂复代呈清河县绅士张符元等清淮灾荒请愿书案札文

为札复事：宣统元年九月十八日据该局呈报议决一事，系代呈清河绅士张符元等清淮灾荒请愿书。查本年夏间运河盛涨，开放车逻南关两坝，幸下河底水甚小，尚少被淹，惟海州三属大水为灾，淮属之安东、阜宁地近海州，桃源、清河地近湖滩，均略有被浸，惟安阜稍重，桃源次之，清河最轻，除海属业经办赈外，其安阜等县亦已饬司酌量拨款补助贫民，并复借款派员分赴奉天、芜湖两处购运粮米举办平粜以资接济灾民，谅不致缺食。清河并未成灾，曾经委员查复，迥非海州等属可比。惟滨湖田亩稍有歉收，自当饬司酌拨粜粮俾得一体平粜，用示体恤。除札江宁藩司遵照办理外，合就札复。札到该局，即便知照。此札。

九月二十四日张督部堂复交议宁省接筑芜湖铁路案札文

为札行事：案准该局呈报议决事件并附清折议决接筑芜湖铁路案一件到本大

臣，据此。查洋员测勘路线原图，本署未经存档，业据呈抄行宁省铁路管理处王道，饬令连同宁省铁路成本盈亏报折一并呈送以凭核发，其皖省绅商会议一节应候本大臣抄案咨请皖抚部院发交安徽谘议局会议。除分别咨行外，合行札知。札到该局即便知照。特札。

十月二十一日张督部堂抄送宁省铁路总管理处申复建筑经费暨营业盈亏数目札文

为札行事：据宁省铁路总管理处申称："窃奉宪台札开：'据江苏谘议局呈称："窃本局前奉督部堂交议宁芜铁路一案，现今本局议决，业已另文呈报在案。惟查照议决案内应请督部堂饬将洋员测勘细图及宁省路局案卷账册札发到局，并因关系皖省，应请督部堂咨行该省，令该省绅商集议，俟有端绪，再由两省绅商会议办法呈明督部堂核定。"等因呈请鉴核，分别札发咨行。又据另呈并折各等情，到本大臣。据此。除札复外，合抄另呈并折札饬遵照刻日检呈洋员测绘宁芜路线原图并宁省铁路成本盈亏截算确数开折呈送以凭核发'等因。奉此。伏查勘视宁芜铁路系奉前督宪端面谕，温道秉忠会同顾问洋员格林森前往履视，职处未经与闻，该洋员回省仅止面陈大略情形，并未测绘路线，亦未绘有图式发存职处，实系无从检呈。奉饬前因，谨将宁省铁路建筑经费暨营业盈亏数目开具简明清折备文申祈鉴核饬发。"等情并清折，到本大臣。据此。合抄折札知。为此札行谘议局查照。须至札者。

计抄折：

建筑项下

宁省铁路建筑经费共计拨借各库关局成本银四十六万八千两，所有实支数目因工程未竣尚未截数造报。

营业项下（自光绪三十四年八月分开车起至宣统元年七月止）

光绪三十四年八月分：

收售火车票价漕平银三千五百五十九两七钱四分三厘。

支本月局用行车开支及铁路巡警金川门看守兵薪饷漕平银二千十六两四钱二分九厘。

九月分：

收售票价漕平银三千六百十一两六钱六分三厘。

支本月局用行车开支及铁路巡警金川门看守兵薪饷漕平银二千五十五两八钱三分七厘。

十月分：

收售票价漕平银五千七百二十四两六钱四分七厘。

支本月局用行车开支及铁路巡警金川门看守兵薪饷各款漕平银二千三百十九两三钱九分一厘。

十一月分：

收售票价漕平银四千八百十八两五钱一分五厘。

支本月局用行车开支及铁路巡警金川门看守兵薪饷各款漕平银二千七百五十七两九钱七分二厘。

十二月分：

收售票价漕平银五千九百九十五两七钱九分一厘。

收八月起年底止官钱局往来存账生息漕平银一百十八两一分二厘。

支本月局用行车开支及铁路巡警金川门看守兵薪饷漕平银三千三百三十五两七分六厘。

宣统元年正月分：

收售票价漕平银六千九百八十两九分九厘。

支本月局用行车开支及铁路巡警金川门看守兵薪饷各款漕平银三千二百六十三两七钱八分二厘。

二月分：

收售票价漕平银五千七百九十五两四分五厘。

支本月局用行车开支及铁路巡警金川门看守兵薪饷各款漕平银三千八百七两四钱七分。

闰二月分：

收售票价漕平银五千九百六十两二分六厘。

支本月局用行车开支及铁路巡警金川门看守兵薪饷各款漕平银三千六百十八两七分四厘。

三月分：

收售票价漕平银五千四百十七两一钱八分五厘。

支本月局用行车开支及铁路巡警金川门看守兵薪饷各款漕平银三千三百五十八两五钱九分一厘。

四月分：

收售票价漕平银四千九百二十九两四钱四分三厘。

支本月局用行车开支及铁路巡警金川门看守兵薪饷各款漕平银三千七百十二两九钱八分六厘。

五月分：

收售票价漕平银五千七百九十二两九钱一厘。

支本月局用行车开支及铁路巡警金川门看守兵薪饷各款漕平银三千六百四十五两一钱七分三厘。

六月分：

收售票价漕平银五千二百四十两四分九厘。

支本月局用行车开支及铁路巡警金川门看守兵薪饷各款漕平银四千二百八十八两九钱五分四厘。

七月分：

收售票价漕平银五千六百四十二两六钱六分六厘。

收正月分至七月分止官钱局往来生息银四百五十八两一分八厘。

支本月局用行车开支及铁路巡警金川门看守兵薪饷各款漕平银三千七百三两三钱六分五厘。

以上自光绪三十四年八月至宣统元年七月一年期满，

总共收漕平银七万四十三两八钱九分三厘，

支漕平银四万一千八百八十三两七钱三分。

除支实存一年盈余漕平银二万八千一百六十两一钱六分三厘。

谨查以上一年盈余款内应提存官利库平银一万二千两，申合漕平银一万二千三百十二两，归公十成余利漕平银一万一千三百二十两一钱一分六厘，公积漕平银一千一百三十二两一分二厘，三成红奖漕平银三千三百九十六两三分五厘。

再本路于上年八月朔开车，先由下关开至无量庵，次至太平桥督署中正街，至十二月二十八日始开至江口。全路开车，理合登明。

十月初六日张督部堂复裕宁裕苏发行钞票之质问案札文

为札行事：案据谘议局呈称本局议决裕宁、裕苏发行钞票之质问案一件呈请批答等情，据此。除裕苏质问案应由抚部院核明批答外，其裕宁质问案经本部堂饬裕宁官银钱局逐条登答并据该局缮呈清折答复前来，合行抄折札发。为此札行谘议局查照。须至札者。

计抄折：

甲）关于发行者

一、发出之钞票总银额若干。

查总局截至八月底止发出银元钞票十九万三百六十元，各分局庄发出银元钞票一百八十三万八千六十三元，两共发出银元钞票二百二万八千四百二十三元。九月分，各分局道路远近不一，报册未齐，故以八月底核计。

一、钞票之种类若干。

查裕宁局发行银元钞票向分一元、五元、十元三种。

一、龙元票及鹰元票各若干。

查本局刷印龙元票六百五十五万四千七百元，鹰元票四百四十三万七千元，内已编号龙元票三百十六万九千七百元，鹰元票二百七万五千元。现正续编龙元票三百三十八万五千元，鹰元票二百三十六万二千元。

一、钞票上之字号。

查本局已编号银元票五百二十四万四千七百元，共计一千六百二十三字，每字一千号，惟内有赳字号十元票八百张，镇字号一元票七百张，共合前数，理合登明。

乙）关于限制者。

一、发行之始曾否预定额数。

查发行之始未定限制，续经议定以一千万元为额。

一、每次发行是否以市面情形为标准。

查银元钞票或在总局发行，或转发各分局发行，均察看市面需用之情形为发票多寡之标准。

一、度支部奏定限制滥发钞票专章第九条裕宁曾否照办。

查部章以宣统二年起各处钞票陆续收回，原恐各处滥发钞票，并未准备现金，以致牵动市面，不能不为杜渐防微之计。本局行用钞票于原定额数仅及二成，且票本分别存放，商民持票取银，即到即付，现拟俟度支部钞票颁发，即备资本金购回部颁钞票，将本局钞票陆续换回。因近来各国钞票畅行内地，实为莫大漏卮，本局行用钞票不但使市面周转灵通，且为挽回利权起见，已详请督宪咨部立案。

一、宣统二年起是否实行收回二成之说。

查此条已于前条明晰登注。

一、准备金是否有现款十分之四，其余十分之六是否有确实可靠之契券备抵？此项现款契券是否均存各该局抑别有储藏之处？

查总局发出钞票每日均有报单，不出二十万元左右，核计存库现银每日报单亦不下在十余万两，不止十分之四。各分局发出钞票每月出入统计约共一百八十余万元，计存库现金亦在四成以上。其余十分之六或系分存各典，或系商号往来，或以货物抵押，均有确实可靠之契券存总分各局妥为储藏。

再藩、运库及支应、筹防等局原发资本三十五万两，又各司关局厂存银一百四十四万三千余两，以资周转而维市面。

十月十八日张督部堂复海州灾赈官绅办理不善有碍宪政案札文

为札复事：宣统元年十月十四日接据江苏谘议局呈报议决海州灾赈官绅办理不善拟请更正一件。查本年海属被水成灾，筹办赈抚官款支绌，不能不募捐协助。惟该州官绅未能妥为劝办，自应更改，所议不得援选举人名册内五千元资格为派捐标准，及吊销派捐所签差票暨另举五十一镇公正绅董劝捐并公举筹赈总会总协理，用正当方法筹赈，三则均属允协，本部堂先已电饬督办海属赈务委员洪道檠及该州谢牧元洪查照办理。据呈前由，应饬印委迅速遵办具报。除分别咨行外，合就札复谘议局查照。须至札者。

十月二十一日张督部堂复筹兴水利等案十一条札文

为札行事。案查宪政编查馆奏定《谘议局章程》第六章第二十二条内开"谘议局议定可行事件呈候督抚公布施行，若督抚不以为然，应说明原委，令谘议局复议",第二十三条内开"谘议局议定不可行事件,若督抚不以为然,照前条第二项办理",第八章第四十七条内开"谘议局议事踰越权限,由督抚劝告"等因。兹据谘议局迭次呈送议案前来,当经本部堂按照定章详加审核并交会议厅公同决议,有应公布施行者,有应令复议者,有应劝告毋庸提议者,逐条答复,计共十一条。除咨呈资政院暨咨会抚部院查照并未经核定各议案候续交会议厅议决再行知照外,为此粘单札行谘议局查照。须至札者。

计粘单:

江淮水利公司议案

此项议案意主导准先从测量入手,自是正办。惟定名曰水利公司,是否意在招股?又据声称体官帑之为难,自行组织,则一切经费是否悉由地方担任?所谓余利是否指他日涸出之地亩而言?所谓议决之范围是何条件?均应逐一指陈以凭裁度。抑更有进者,江淮水利之兴废国家与人民利害共之,今谘议局独任其难,本部堂仅仅以赞助维持为当官之义务已极负疚,岂容更有异议。惟是循绎议案第二条曰以谘议局负公司之责、第五条曰常驻员得时时进行,是以言论机关与执行机关合而为一,实非谘议局应有之责任。虽以公司名义治事,与干涉行政有别,然三权分立之说用意深远,地方自治不过团体之初级,而议事会与参事会已立于对待地位,惟最下级之町村不能成立议会者始以议决与执行合并之。谘议局具有省会规摸,言论乃其特权,未便下同町村办法。固知议员皆极一时之选,即另立机关,亦不能舍此别求人材,然议决与执行总宜划分为二。本部堂为遵守馆章宝贵言论特权起见,想议员必能默体此意,复加筹议也。

海清铁路议案

建筑铁路,即以工代赈,一举而两善备。披览胪列各条,计划详尽,端绪炳然,亟愿官绅合力即日举行。惟是筑路与办赈合之固为两美,离之亦有两说。在官一方面果能立借巨款,藉路工以济官赈之穷,不胜大愿。然银行乃营业性质,铁路又系商办,必欲官中假赈抚之名,强银行出借无可指抵之巨款,窃意必办不到。此赈灾之说也。在铁道一方面言之,曰商办,曰受成于苏路公司,曰悉照苏路章程办理,则此项借款自应公司提议,股东公决,即以公司名义向银行商借方为适当办法,若因赈抚急需,遂责令苏路公司负担十五年利过于本之债款,不知公司能承认否?此筑路之说也。总之官中筹赈艰窘万端,非不渴望此议之成立,凡所疑滞更望筹虑及之。

扬属堤工改建石堤按亩摊捐议案

所议修堤浚河酌添减水闸洞各节规画具有条理，款由下河民田按亩摊捐，公家分认，尤见立论持平。惟石堤需款甚巨，必须切实查勘，核见修费确数，方能将借款开办分别摊认各节详晰定议，候抄议案札行淮扬道暨现委勘估堤工委员邀集士绅公同查勘妥议具详以凭核办。至扬属本有堤工总局工员习于偷惰，自应严饬整顿，如因兼筹浚河增闸事宜，堤工二字不足赅括，即如所议更名为淮扬水利总局，俟此案详定开办后饬由淮扬道及该局总办延请扬属讲求水利实心任事之士绅入局参议，以收集思广益之效。

江楚编译局议案

编译局之应裁与否，以编书译书之应办不应办为断。至如议案所称开局以来出书无多，此应整顿改良之问题，非应裁撤之问题。查编译关系教育译学诚不易言。至编纂事宜，则《江南通志》失修者百余年，所关于政教之兴替为尤巨。此外如各属乡土志以及学堂参考诸书正应及时纂辑以为学部之辅助，未便遽予裁撤。应候札饬司局就原有经费另行组织，实力整顿。

督派视学员议案

督派视学员系前督部堂任内之事，既与部章不合，应即撤销，所遗薪水百金并如所议札行提学司归入学务公所，增设省视学二员以符部定六人之数。仍照章详请本部堂札委可也。

请提学使入所办公议案

昨准宪政馆电开，凡属国家行政事宜毋庸由谘议局提议，业经札行在案。查提学使限定钟点入所办公，载在学部奏定官制及办事权限章程，提学使早经遵办，自系国家行政范围以内之事，应遵馆电毋须提议。

议长议绅照额选举议案

查前抚部院陈据宁苏学务公所议长函咨请学部将议长议绅改由选举，旋准咨复"议长系参画学务并备咨询，应由督抚、学司遴选；教育会长系采决众议总理会务，应由会中公举，各有职任，两不相蒙。案经奏定，未可更张"等因。经前督部堂札行学司知照在案。所议与部章不合，未便允行。

议长议绅应定会议日期议案

候行提学司酌度施行。

课长课员应切实办事议案

查课长课员均由提学使立有考勤簿，其办事成绩复经载入《学务杂志》。此系提学司行政权限以内之事，载入学部奏定章程，应遵馆电，毋须提议。

高宝路线应架桥留水道议案

候行文苏路公司察度办理。

补救铜元应划一币制议案

划一币制，政府正在议办，事端烦复，必须顺序进行，即使联合奏请仍恐未能速定，于事实无裨益，且币制既非本省行政事宜，按照馆电亦难据以奏请。

十二月初二日张督部堂复抚部院交议度量权衡改制推行案札文

为札复事：据谘议局呈称议决抚部院交议度量权衡改制推行案等由。查此案已准瑞前抚部院咨会，将应交复议事由说明原委交局复议并行苏藩司遵照等因。除由本部堂行知宁藩司暨度量权衡局外，为此札复谘议局查照。须至札者。

十二月初二日张督部堂复抚部院交议清查公款公产办法纲要案札文

为札复事：据谘议局呈称议决抚部院交议清查公款公产办法等由。查此案已准瑞前抚部院咨会札行宁苏两藩司暨自治筹办处分别移行通饬并咨请饬登《南洋官报》公布。除由本部堂一体分行并饬登官报外，为此札复谘议局查照。须至札者。

十二月初二日张督部堂复抚部院交议整顿契税方法案札文

为札复事：据谘议局呈称议决抚部院交议整顿契税方法一案。查此案已准瑞前抚部院咨会札行苏藩司按照答复各节悉心酌核具复核办，其推广原案一节并咨请核饬遵办等因。除行宁藩司一体酌核妥议详办外，为此札复谘议局查照。须至札者。

十二月初二日张督部堂复抚部院交议实行印花税方法案札文

为札复事：据谘议局呈称议决抚部院交议实行印花税方法等由。查此案现准陆护抚部院咨会"印花税系奉旨实行，势难奏请从缓，惟推行之始务从宽简，不得不假以时日，所议亦属实情，札行苏藩司饬属会同商会、自治会妥为筹办，以期逐渐普及"等因。除由本部堂行知宁藩司一体遵办外，为此札复谘议局查照。须至札者。

十二月初二日张督部堂复抚部院交议实行禁烟案札文

为札复事：据谘议局呈称议决抚部院交议实行禁烟案一件等由，到本部堂。据此。查此案现准瑞前抚部院咨会分行藩臬司、禁烟公所遵办，除由本部堂札行宁藩司、江宁禁烟公所一体遵办并札南洋官报局公布外，为此札复谘议局查照。须至札者。

十二月初三日张督部堂复抚部院交议联合农会组织农林公司案札文

为札复事：据谘议局呈称议决抚部院交议联合农会组织农林公司一案。查此案已准瑞前抚部院咨会"将应交复议事由说明原委行局复议并行农工商局遵照"等因。除由本部堂札行商务局一体遵照外，为此札复谘议局查照。须至札者。

十二月初三日张督部堂复抚部院交议改订厘金征收方法案札文

为札复事：据谘议局呈称议决抚部院交议改订厘金征收方法一案。查此案已准瑞前抚部院咨会"酌减捐则改收洋元，既据公同议决，尚多窒碍，自应暂循旧章免予纷更。仍俟各业认捐，议定切实办法，果于国家正税无损，再行酌核办理咨请并饬金陵、江北两厘局遵照"等因。除分行外，为此札复谘议局查照。须至札者。

十二月二十一日张督部堂复积谷钱款严禁州县存库案札文

为札复事：案准抚部院咨开"据江苏谘议局呈称议决积谷钱款严禁州县存库一案等情，到本部院。据此。查所议更正方法均与苏省积谷定章相符，应准照办。除行宁苏两藩司饬属一体遵办并查明砀山、丰县亏挪确数严行勒追具报并札复谘议局外咨会查照，并据谘议局呈前项议案"前来。除行宁藩司一体饬属遵办并严查亏挪情形勒追禀办外，为此札复谘议局查照。须至札者。

十二月二十七日张督部堂复交议调查户口案札文

为札复事：据谘议局呈议决交议调查户口规则一案开具清折呈送前来。本部堂详加察核，如议《调查户口通则》第五条街巷名称之"街巷"二字下加一"等"字，应即照加。又第七条"新建之房屋"五字似不知改为"新立之门户"五字。查调查户口必须见有住户方能列号填牌，通则所谓编号既定，已在调查竣事之后，如有添建新屋，似不致空屋误作实户，此条似可无须修改。又第八条特设不列户名目，定名似嫌未惬，现已查照议案饬令改为"下等户"三字以期允洽。又第九条拟加十一字一节，查《通则》所载第九条系指祖遗房屋子孙族居无从分别先后者而言，若议案所谓尊属赁居卑属房屋自可查照部章第十一条办理，此条似可无须修改。又第十七条删去"备文附表"四字易以"按照部定表式"等十六字，查备文与否与事理无甚出入，既据谘议局提议，应即照议修改。又第十八条定旅籍户口之办法，候咨商军署酌核办理。又第十九条并未分清通商口岸各节，候行金陵关道、洋务局会同江南筹办自治局查照约章妥为酌办。又第二十一条关字之上加增十一字一节，查《通则》第二十一条系为调查员应行立册登记之规定，并非对于人民而言，似可无须修改。又增订附则三条，第一条调查各厅州县船户应如何分段列号切实办理，候行自治局妥筹复夺；第二条第三条一并行局分别酌办。又熟筹利害三条，第一条应饬自治局照议施行，第二条应并入《修正通则》第十九条由道局等妥筹办理，第三条俟得部咨后再行核办。除分行外，为此札复谘议局查照，须至札者。

十二月二十七日张督部堂复抚部院交议清查荒地案
补救州县困难案筹定自治经费案札文

为札复事：据谘议局呈议决交议清查荒地，又补救州县困难办法，又筹定自治经费各案，先后开具清折呈送前来。查以上三案均系苏抚部院交议之件，业经本部堂咨请苏抚部院主政核复。为此札复谘议局查照。须至札者。

十二月二十七日张督部堂复整顿商会案札文

为札复事：据谘议局呈议决整顿商会以图进步一案开具清折呈送前来。察核所议各条均极切要，应即饬知总分各会照议办理，并咨会农工商部立案。除分别咨行并饬南洋官报局公布外，为此札复谘议局查照。须至札者。

十二月二十七日张督部堂复高淳一县水无去路民纳虚粮数百年民瘼应予奏请豁除案札文

为札复事：据谘议局呈议决高淳虚粮应予奏请豁除一案开具清折呈送前来。查高淳虚粮相沿已数百余年，积困至今，久为民累，目下民力凋【敝】更甚于前，自应将闾阎疾苦情形会同苏抚部院据实奏陈为民请命，候札行宁藩司查明该县虚粮确数详复核办。至据称本年该县被水灾区共有田十二余万亩，已由司饬令江宁府再行复查以照核实。为此札复谘议局查照。须至札者。

十二月二十七日张督部堂复代呈《商法调查案理由书》及《浅说》请咨送法律馆以资采择案札文

为札复事：据谘议局呈议决代呈商法调查案请咨送法律馆一案开具清折并呈送《商法调查案理由书》及《浅说》各二分前来。查此项《理由书》及《浅说》既经谘议局议决代呈，应即咨送法律馆以备采择。除将书册分别存送暨行南洋官报局公布外，为此札复谘议局查照。须至札者。

十二月二十七日张督部堂复本省单行章程规则截清已行未行界限分别交存交议案札文

为札复事：据谘议局呈议决本省单行章程规则截清已行未行界限分别交存交议案一案开具清折呈送前来。查此案现经本部堂札饬宁藩司核明移行淮运司及宁属各衙署局所学堂一体查明办理。为此札复谘议局查照。须至札者。

十二月二十七日张督部堂复永远停止彩票案札文

为札复事：据谘议局呈议决永远停止彩票一案开具清折呈送前来。查停办彩票自是正办，惟湖北广东等省各种彩票亦在苏省售销，必须联合各省同时停办方与事体有裨。现经本部堂咨商举办彩票各省督部堂、抚部院酌核办理，俟复到再行核办。为此札复谘议局查照。须至札者。

十二月二十七日张督部堂复节删江南财政总局详改宁藩司所属契税章程案札文

为札复事：据谘议局呈议决节删宁属契税章程一案开具清折呈送前来。本部堂详加察核，第一条官契纸收洋一元一节，查前准度支部奏准新章第九条"官纸一项收费亦不一律，应暂准仍旧，俟官版契纸发行酌中定价，各省所收经费即一律停止"等因。此项官纸费部章既暂准仍旧，应暂行照办，一俟部颁官版契纸，此项票费即行停止。第二条各州县带收善举各项一节，查州县办公经费十文业据财政局详准裁减拨加学堂善举等项之用，既充地方公用，自可无须议删。第三条造房报税一节，查此项定章凡系自备工料建造者均令照章纳税，系取诸有力者家，与累及贫民有间，至草屋估价在百元以上者始照章办理，其不及百元者即予免税，此系无庸议删。第四条州县征税按月比较一节，查各州县每月申送比较清册，所以防玩泄而便钩稽，至于核定功过仍以一年征数统计，并非按月计算，仍应照旧办理。以上各条按照定章应交谘议局复议。为此札复咨议案查照。须至札者。

正月初二日张督部堂复规画全省教育案札文

为札复事：据谘议局呈议决规画全省教育一案开具清折呈送前来，现经本部堂详加察核开单逐条答复，为此抄粘札复谘议局查照。须至札者。

计抄粘：

甲第一条

目下江苏财政困难已极，各署局支放全省教育各款，或垫解，或借拨，随时设法应付倍极为难，若拨由学务公所支放实有不便之处，一时尚难办到，须俟财政清理就绪方可照行办理，统计始能完善。此节应交谘议局复议，至地方教育费拨由劝学所支放各节，已札行宁苏两学前饬属各就地方情形妥筹办理。

甲之二

此条自是为维持教育经费起见。惟以苏省财力而论，公家能维持现有之额已属匪易，加筹之法总须惟力是视。应如所议，先将现有之额加意维持，仍随时妥筹增加之法。其余各节由宁苏两学司核明办理。

甲之三、四、五各条

已饬宁苏两学司分饬各属会同劝学所、教育会妥筹办理。

乙第一条

已饬宁苏两学司妥为协议。

乙之二

查苏垣英文馆业经苏学司详请拟改中等工业学堂，其科目拟就木工、染织、窑业、漆工、图稿、绘画五科中择要酌设，并派周京等五人出洋考察。谘议局所议办法正与此同。

乙之三

查此案谘议局续有议决，宁苏合办女子师范学堂请就南菁学堂改设一案应并归续议案内核议，另行札复。

乙之四

已饬宁苏两学司妥为筹商办理。

乙之五

已饬宁学司移会淮扬海道将历年办理该场情形复司再行详复察夺。

乙之六

已饬宁学司移行淮运司、扬州府筹商办法，俟复到再行酌定。

丙第一条

已饬宁苏两学司遵照办理。

丙之二

已饬宁苏两学司随时考察，如有冗员即行裁汰。

丙之三

已饬苏学司认真办理。惟据称以后停招优级专办初级，如将来优级师范不敷任用，仍当体察情形妥议筹办。至扩充附属小学一节已由苏学司详准添建五所，旁及管理储藏各室办法正与议案相符。

丙之四

应查照部章归提学使节制。

丙之五

改归地方接办自是正当办法，惟须俟地方税划分后方有把握，已饬宁苏两学司分别筹商办理。至酌改数校为师范附属，事有窒碍，缘师范附属不重在师范生已毕业后可以实施教授而在将毕业时之练习，非附近本堂不特往返维艰，且恐教员往来监视反抛荒本堂功课。此节应交谘议局复议。

丙之六

已行宁学司酌核办理。至模范小学正名为初级师范附属小学，其窒碍之处与前条议改师范附属大致相同。此节亦应交谘议局复议。

正月初二日张督部堂复宁苏两属合办女子师范学堂请就南菁学堂改设案札文

为札复事：据谘议局呈议决宁苏合办女子师范学堂请就南菁学堂改设一案开具清折呈送前来。查南菁学堂初议改师范教育总会，嗣复议改文科高等，近又因中学毕业人太少未能遽办文科高等正科，拟先从中学办起，俟中学学生足敷升学再行停办中学专办高等。此案业经先后奏咨，事已定议，未便再改他项学堂。惟女子师范本为学部预备立宪第二年即须筹办之事，现在宁垣如官立粹敏女学堂、江南女子学校、公立毓秀女学均设有师范一班，并有公立女子初级师范学堂一所，粹敏并附设有幼稚园，是女子师范宁垣虽尚未完备，业已粗具规模。当此经费奇绌之时又难从新缔造，似不如就宁垣现有之官立粹敏等校合并数堂款项办一完全女子师范学堂，宁苏通力合作，以期有成，应由宁苏两学司会同两藩司妥商办理。此案应交谘议局复议，为此札复谘议局查照。须至札者。

正月初二日张督部堂会同宝抚部院复请停官纸专卖以免官民交困案札文

为札复事：据谘议局呈议决请停官纸专卖一案开具清折呈送前来。查南洋官办印刷厂系端前督部堂参仿东西各国制度奏请试行，自开办以来无论官用民用并未一律遵章行使。现计官本亏耗甚巨，应札饬该厂悉心妥筹，或招商承领，或专办代人印刷而不售纸，逐渐收束，总期不拂舆情，官帑亦不致无著方为妥善。所请更正各方法一时尚难办到。除分别咨行外，应照章交谘议局复议。为此札复谘议局查照。再本部院会衔不会印，合并知照。须至札者。

正月二十六日张督部堂会同宝抚部院复革除官营商报二案札文

为札复事：据谘议局呈议决革除官营商报又修改革除官营商报各议案先后开具清折呈送前来。查此项官营商报经端前督部堂咨部有案，现经本部堂奏明停办并饬江海关道将停办一应事宜妥筹详报。至《泰晤士报》一事亦已饬令江海关道妥为收束矣。除分别咨行并行官报局登报外，为此札复谘议局查照。再本部院会衔不会印，合并知照。须至札者。

正月二十七日张督部堂会同宝抚部院复设立公司开垦淮海苇荡营荒地案札文

为札复事：据谘议局呈议决设立公司开垦苇荡营荒地一案开具清折呈送前来。查苇荡营樵兵为供给河工柴（扫）〔埽〕而设，向归江北提督主政办理。现经查照来呈咨商江北提督分别详查主政核办，为此札复谘议局查照。再本部院会衔不会印，合并知照。须至札者。

正月二十七日张督部堂复整顿征收丁漕积弊案札文

为札复事：据谘议局呈议决整顿征收丁漕积弊一案开具清折呈送前来。查此案应札行宁苏两藩司分别核明通饬所属实力整顿，如有捏灾卖灾以及浮收抑勒等弊即行详请从严参处。除分别咨行并行官报局登报外，为此札复谘议局查照。须至札者。

正月二十七日张督部堂续复永远停止彩票案改为交局复议札文

为札复事：据谘议局呈奉札开据谘议局呈议决永远停止彩票一案中略，理合呈请照章交局复议等因，前来。应如呈交局复议。为此札复谘议局查照。须至札者。

正月二十八日张督部堂会同宝抚部院复整顿淮安关卡以苏商困案札文

为札复事：据谘议局呈议决整顿淮安关卡以苏商困一案开具清折呈送前来。查淮安关务部堂前经派委专员经理，其用意与谘议局议案正复相同。所呈整顿各条自为杜弊恤商起见，业经札行淮安关程道妥为筹办，其应行整顿者即行禀请办理以除积弊而恤商艰。除分别咨行并行南洋官报局登报外，为此札复谘议局查照。再本部院会衔不会印，合并知照。须至札者。

二月初一日张督部堂复抚部院交议筹办共进会案札文

为札复事：据谘议局呈议决交议筹办共进会一案开具清折呈送前来，并准江苏抚部院咨同前由。查南洋劝业会所有各省赴赛物品准其以三联单报运，沿途免征，该赛品陈列后凡在场沽售与转运他处销售者均照章补征税厘，业经农工商部会同度支部、税务处奏准咨行在案。是赛品免征售品不免部中已明示限制，未（使）〔便〕再行奏请。除咨复苏抚部院查照外，应照章交谘议局复议，为此札复谘议局查照。须至札者。

二月初一日张督部堂会同宝抚部院复整顿运商违章朦收案补救淮南盐务案整顿淮北盐务兼筹海州自治经费案札文

为札复事：据谘议局呈议决整顿运商朦收、补救淮南盐务、整顿淮北盐务兼筹海州自治经费各议案先后开具清折呈送前来。查以上三案正在详查核办间，接淮督办盐政大臣电开本月十六日敝处具奏督办盐政章程，奉旨依议，钦此，自应以奉旨之日为实行之期。查章程内开一切因革提倡事宜由督办主持会部办理，用人行政一切事宜均由督办主持等因，是盐务各事宜均须由督办大臣主政办理，应照章均交谘议局复议。为此札复谘议局查照。再本部院会衔不会印，合并知照。须至札者。

二月初六日张督部堂续复交议调查户口案改为交局复议札文

为札复事：据谘议局呈称议决交议调查户口规则一案，请将札复不以为然各条改为交局复议等由，应如呈交谘议局复议。为此札复谘议局查照。须至札者。

二月初八日张督部堂复知札催宁学司迅速详复议案札文

为札复事：宣统二年二月初五日据谘议局呈称："查三月初九日召集开会遵章应于二月初九日以前将本届应议事件预先通知各议员，俾事前有所研求，所有前承饬司详复及未经札复之件请迅予裁夺，于本月初八日以前札行到局俾得依期预行通告，并据折开，一规画全省教育案内乙之五一条于正月初二日接奉札复，已饬宁学司移会淮扬道将历年办理该场情形复司再行详复察夺；乙之六一条于正月初二日接奉札复，已饬宁学司移行淮运司、扬州府筹商办理，俟复到再行酌定。"等由，到本部堂。据此。查以上议案两条前经札饬宁学司分别移行详复察夺在案。兹据呈前由，除札催该司查照前案迅速详复核办外，为此札复谘议局查照。须至札者。

二月初九日张督部堂复筹办本省巡警案札文

为札复事：据谘议局呈议决筹办本省巡警议案开具清折呈送前来。查宁属巡警前委李道家焯为总监，其职任与苏属汪道瑞闿相同，近据该道详准分派委员前往各属调查筹办巡警情形督促进行，与议案所称总局不应专办省城巡警而置通省于不顾，用意正相吻合。所陈各条意在提前赶办，早观厥成。惟城镇乡巡警成立期限早经宪政编查馆奏准通行，秩序井然，共宜遵守，似应按照定章，依限实力办理，毋须再行更改，致与馆章不符。至宁属现办巡警及高等巡警学堂各项用款应以现有之经费核实筹办，若截留房捐及巡警完成后裁汰绿营腾出底饷拨充警费，业经苏抚部院说明理由札复查照。此案照章应交谘议局复议。为此札复谘议局查照。须至札者。

二月初九日张督部堂行知农工商部咨复整顿商会案札文

为札知事：宣统二年二月初四日准农工商部咨："接准咨称据谘议局呈议决整顿商会以图进步一案抄折咨请查照立案等因，准此。查原折内开议决事项四条均系切要可行，应准立案，相应咨复贵督查照可也。"等因，到本大臣。准此。除咨行外，为此札行谘议局查照。须至札者。

二月初十日张督部堂复知札催宁藩司迅速议复抚部院交议整顿契税方法案札文

为札复事：宣统二年二月初五日据谘议局呈称："查三月初九日召集开会遵章应于二月初九以前将本届应议事件预先通知各议员，俾事前有所研求，所有前承饬司详复及未经札复之件请迅予裁夺，于本月初八日以前札行到局俾得依期预行通告，并据折开，一整顿契税方法案，于上年十二月初二日接奉札复行宁藩司一体酌核妥议详办。"等由，到本部堂。据此。查谘议局议决苏抚部院交议整顿契税方法一案前准瑞升抚院咨会声明推广原案一节请核饬遵办等因，业经抄录议案札行宁藩司酌核议详在案。兹据呈前由，除札催该司查照前案迅速议复核办外，为此札复谘议局查照。须至札者。

二月初十日张督部堂会同宝抚部院复设立公司开垦淮海苇荡营荒地案札文

为札复事：宣统二年二月初五日据谘议局呈奉札开谘议局呈议决设立公司开垦淮海苇荡营荒地一案中略，以便通告等情前来。除先由本部堂电请江北提部堂迅予核复并会衔咨会外，为此札复谘议局查照。再本部院会衔不会印，合并知照。须至札者。

二月初十日张督部堂复建议南漕改折案免征田房典税案札文

为札复事：前据谘议局呈建议漕粮改折及免征田房典税两案业经咨请苏抚部院主政核办。兹据谘议局因开临时会开折呈催核办前来，除电请苏抚部院察酌情形会衔札复外，为此札复谘议局查照。须至札者。

二月初十日张督部堂复本省审判厅请缩短年限提前办理案札文

为札复事：据谘议局呈议决本省审判厅请缩短年限提前办理一案开具清折呈送暨准苏抚部院饬据苏臬司详复并咨会业已抄详札复谘议局等因前来。查谘议局拟将各府厅州县城治应设审判厅与省城商埠同时举办，自系为廓清词讼积弊起见。惟审判人才之养成非可操切，谘议局亦曾鉴及于此，且其中关涉于审判厅者事类甚多，如学习检察吏编设警察巡士等项，均属互相维系，必须事事完备庶可无碍进行。本部堂详加察核，此事似非一蹴可几，即司详何处早有成议即何处提前开办亦属斟酌两可之辞，未能收额若画一之效，似宜遵照宪政编查馆九年筹备章程实力奉行依限举办，未便奏请提前办理致与馆章不符。此案照章应交谘议局复议，为此札复谘议局查照。须至札者。

二月十六日张督部堂行知法律馆咨复代呈《商法调查案理由书》及《浅说》案札文

为札知事：宣统二年二月初十日准修订法律馆咨"案准贵督咨开据江苏谘议局呈议决代呈商法调查案请咨送法律馆一案。查此项《理由书》及《浅说》既经谘议局议决代呈，应咨送贵馆以备采择等因。除存馆备考外，相应咨复贵督查照可也"等因，到本大臣。准此。为此札行谘议局查照。须至札者。

二月二十二日张督部堂会同宝抚部院续复建议南漕改折案札文

为札复事：照得谘议局建议南漕改折一案上年十月间开折呈请代奏，即经抄折札饬苏藩司、粮道会同确核具复。兹据该司道详称："二十七年七月间钦奉谕旨改征折色，时甫匝月，即令办运南糟百万石以济开放。二十八年复奉饬部议复，仍令江浙两省于所征本色内酌留京斛米一百万石，声明南米无论如何昂贵非奉特旨不得截留漕粮。上年因秋收减歉恳请改折二十万石亦仅准缓运。所议全漕改折未敢擅拟。"等情，会详前来。查此案所议改折理由至为明晰，但南漕为天庾正供，既据该司道查明，屡经度支部奏定非奉特旨不得截留，所议全漕改折未便代为转奏。相应札复谘议局查照。再本部堂会衔不会印，合并声明。须至札者。

二月二十二日张督部堂续复整顿契税方法案札文

为札复事：据谘议局呈决整顿契税方法一案当经抄录议案札行宁藩司核议具复。兹据详复前来。查自治会分期劝导撤除送府旧例两条业经苏抚部院裁夺以为可行，饬司转饬苏属各州县照办，应由宁藩司通饬宁属各州县一体遵办以归一律。又革除浮费一条，查各该州县征收此项税银，自不得于定章之外略有丝毫浮费，应由司严饬各该属核实办理，不准吏胥稍有弊混，如敢阳奉阴违，一经发觉，定即从严参处。至宁属契纸定价，按照部章暂准仍旧，已于核复节删宁属契税章程案内交局复议，应由局查照前札办理。又华洋道契一律收税一条，前准苏部院咨会已饬江海关道核复，应俟复到后由苏抚部院主政核办。其余各条并准苏抚部院咨会，均属不以为然，应即查照来咨照章交局复议。为此札复谘议局查照。须至札者。

二月二十四日张督部堂会同宝抚部院续复设立公司开垦淮海苇荡营荒地案札文

为札行事：宣统二年二月十六日江北提部堂王咨开："宣统元年十一月二十四日准咨开据江苏谘议局呈开垦淮海苇荡营议案。查苇荡营自河督裁并后隶于漕督衙门，漕督裁后系贵提部堂衙门兼管，谘议局所议裁撤樵兵、领垦归农、缴价升科各节关系兴革要政，相应抄印议案咨请贵提部堂主政核夺见复，以凭札复谘议局查照。除分行淮扬海道外，咨请查照等因，并抄议案到本部堂准此。查谘议局所呈苇荡营裁兵归农开垦荒地，系为整顿地方起见，自应及时举办，且南河工需常虞支绌，荡地能增巨款，于河防殊多裨益，当经派员周咨博访研究利害并实地测量求其实际，免致卤莽操切窒碍难行。兹查苇荡两营欠发之饷已至十一季之多，必须补清欠饷始能议及裁撤，两营已垦成熟及产柴苇之地经樵兵及荡地住户承办多年，为其衣食所资，裁营后仍须原种原领，免致失所。其两营草地及盐蒿碱荒各地急须招人认垦，以开利源。拟仿照洪泽湖滩招领章程，每亩先缴压租若干，各户承领时须呈明几年内开垦成熟，如届期并未开垦或开垦未齐，即将未垦之地仍行收回另行招垦，以杜无力之户任意占领之弊。已领之地在未经成熟之时，每亩仍照旧章征收草租，已经成熟之后，应比照现在熟田柴价缴纳租钱，庶免新旧种户有所偏枯。至缴价升科一议恐办理迟延时日，征收反致减少。缘滨海一带课则极小，海阜两州县全境岁征钱漕正科不过二万余两，荡地一隅若改章升科，能收若干已可想见，故不若仍其向章征收地租之为愈也。两营之地本隶海阜两属，辖境之内民事刑事向来属之州县，屡次饬查，近年来并无阻碍地方行政之弊。兹将分派委员前往苇荡营确查各情形及参考本衙门案卷，凡与改革苇荡营有关系者一并开单咨请酌核办理，并抄单及地图两纸。"等因，到本部堂。准此。

查江北提部堂所拟办法与谘议局议案间有不同之处，应照章交谘议局复议，为此抄录来单并照绘地图札行谘议局查照。再本部院会衔不会印，合并知照。须至札者。

计抄单：

一、界址

苇荡左营隶海州境，分三汛，曰出河汛，曰南汛，曰北汛。

出河泛东至大潮河，西至灶地有官沟为界，南至大潮河，北至五图河。

南泛东至临海荒滩，西至灶地，南至灶地均有围墙为界，北至车轴河。

北泛东至临海荒滩，西至灶地有围墙为界，南至车轴河，北至卤河。

苇荡右营隶于阜宁境，分三汛，曰北汛，曰南汛，曰西汛。三汛地势毗连，东至条海埝，西至官民圩，南至双洋河，北至官民圩。

一、地亩

左营

熟地三千一百余顷圩埂界沟在内。

苇柴地一千七百余顷圩埂界沟在内。

盐蒿地五百余顷。

该营地亩约共五千四百余顷。另有挡潮圩外临海荒滩，除同德昌铺筑盐圩占地五百九十余顷外，其余尚未丈量。

右营

苇柴地约六百顷圩埂水沟在内。

草地一千六百余顷圩埂水沟在内。

盐蒿碱荒地共九百顷。

该营地亩约共三千二百余顷，内有同福昌铺筑盐圩占地一百四十九顷。该营条海埝外尚有临海滩地七八百顷，内拨归同福昌铺筑盐圩占地五百三十九顷有草滩三十顷。

以上两营四种地亩，熟地均系樵兵开垦；苇地盘根甚深，成熟不易，且柴苇出息亦有可观，无须另行垦种，俾免徒劳无益；其余草蒿等地急须开垦以扩利源，惟右营草地卤气颇甚，前经试垦未见成效，能否全垦尚无把握。

一、兵额

左营存兵五百七十一名。

右营存兵五百七十六名。

一、户口

左营熟苇等地经无力承乏之兵押给分办等绅民共约四千余户。

左营境内居住兵民共约八千户，男女大小丁口约六万余，皆赖荡地出产以为生活。

右营境内居住兵民共约一千七百余户，男女大小丁口约一万零，谋生情形略同左营。

查两营现在住户如此之多，无论如何改章，先须筹计此等人生计。

一、俸饷

左营每年应领银七千五百余两，又钱本钱五百八十余千。

右营每年应领银七千六百余两，又钱本钱五百九十余千。

该两营光绪三十三、四两年及宣统元年俸饷等项均积欠未发，计银四万五千余两，又钱三千五百余千。

查此项饷银积欠至三年，积款至数万。如欲改章，先须筹还。

一、征收

左营每年征正杂等款钱约三万三千千文。

右营每年征正杂等款钱约一万三千余千文。

两营正杂二款并计每年约征钱四万五六千串，年岁丰歉略有增减。

同德昌所用地亩每年缴租钱六百七十余千。

同福昌所用地亩每年缴租钱六百四十余千。

每年征收工需由本衙门核定总数行知收支局出示晓谕该两营，由营分派各泛，由泛分派各队，由队分派各兵，应摊若干均榜示荡中征收局门首，众目共睹，非营泛官弁书差目兵所能增减，当无加收浮派等弊。

查两营地亩除草地及盐蒿碱荒外，其能征收之地约五千四百顷，以正杂各款科算，每亩约征钱八十余文。按左营界外已垦成熟之学田、灶田每亩完租由七八文至十五六文止，右营界外之地亩每亩完租由十数文至三十文止。营地既与学灶各田毗邻，将来改章亦有关碍之处。又查各汛樵兵遇有事故及开革辞退者，其承领樵地之新兵均须出钱贴补旧兵，谓之荡底，因历年开荒成熟，耗费工本，虽系樵兵私例，但相沿已久，亦有情理可言，熟田荡底每分多者千串，少者七八百串，柴地荡底则因排沟修圩以备出筏，每分多者五六百串，少者三四百串，此亦改章时应顾及之处。

三月十二日张督部堂复筹兴水利案裁撤江楚编译局案学务公所整顿事宜案札文

为札复事：据谘议局呈："窃本局第二届临时会开会之期已近，所有迭次奉到交令复议之件业已络绎通告各议员，俾事前有所准备。兹续查得本局议决筹兴水利为谘议局基本金之设备一案、裁撤江楚编译局一案、学务公所整顿事宜一案，孰当公布孰当复议，应请迅予裁夺，于开会期前分别札复到局以便准备。"等由，到本部堂。据此。查以上三案现经本部堂开单逐条核复，除咨行外，为此抄粘札复谘议局查照。须至札者。

计抄单：

一、江淮水利公司议案

查导淮先从测量入手自是正办，本部堂早经赞成，惟此项应如何组织，原呈仅举大纲，尚未详晰声叙，应即交局复议。

一、裁撤江楚编译局议案

查江楚编译局业于上年奏明改为江（楚）〔苏〕通志局，现抄录原奏另文札局知照。

一、学务公所整顿事宜议案

第一条 查提学使督率所属职员限定钟点入所办公载在部章，前经行司遵照，应由该司仍查照部章办理。

第二条 查此案前苏抚部院业经咨请部示，以案经奏定，未可更张，咨复所议与部章未合，应由局复议。

第三条 前已行司酌度施行，尚未据复，现又行催。

第四条 应由司仍查照部章办理。

三月十六日张督部堂抄折行知奏改江楚编译局案为江苏通志局札文

为札知事：为照请将江楚编译局改为江苏通志局重修志书一案，经本部堂于宣统元年十一月二十七日同护理江苏巡抚部院陆恭折具奏，十二月二十八日差弁赍回原折，奉朱批"著照所请，学部知道"，钦此。除咨行外，为此抄折札行谘议局查照。须至札者。

计抄折：

奏为请将江楚编译局改为江苏通志局重修志书恭折仰祈圣鉴事：窃维各省之有通志为一省疆域山川典章风俗沿革之所在，其事至重，洵为必不可少之书。《江南通志》初成于康熙二十三年，重修于乾隆元年，迄今垂一百七十余年未经修辑，以江淮重镇之地、声名文物之邦而志乘久付阙如，甚憾事也。百余年来更历乾嘉道咸同光六朝之久，应纪之大经大政固已书不胜书，高庙南巡蠲租赐复一切仁施盛典允宜备登简册。咸丰军兴以后发逆踞金陵为伪都，实与军事相终始。各国相继通商立约，南洋又为交涉总汇之枢机。加以近年百度维新，举凡官制、学校、财赋、军政、轮路、邮电、租界、商埠，或为旧制之所无，或已全改旧法，更张损益，端绪繁多，厘订纂修几同创始，实非赓续成书搜遗补阙者所可同日而语，是修志难而今日修江南之志则尤难。然及今不修，以后益难措手。臣人骏初莅是邦，即怀斯志，政务倥偬，未暇兼及。兹查江宁省城向有江楚编译官书局一所，系光绪二十七年前督臣刘坤一与前湖广督臣张之洞会同奏设，专译东西教科书以备学堂应用。译才匪易，成书寥寥，糜费鲜功，为时诟病。臣等现与司道商酌，拟将江楚编译局裁撤改为江苏通志局，专修志书，延聘在籍四品卿衔翰林院编修缪荃孙为总纂，其分纂以下各员绅慎选通儒宿学、明达治体、谙悉掌故者分别委充，勿任冗滥，先由总纂审定凡例，举其大纲类别，分门逐加注说，一面征集府州县志书并广搜官书及私家著述以资参核，分投派绅采访以广见闻，上继乾隆丙辰，下迄光绪戊申，悉为编入。所需经费，先就编译局原有之款供支，不敷另行筹补。臣等仍当随时敦率在局诸绅悉心编纂，务期抉择精审纪律详明，他日书成裒然成帙，山川要塞披图而瞭如指掌，典章制度开卷而灿若列眉。于以上窥列圣鸿谟骏烈之昭垂，下备合省官绅士林之考镜，信今传后，蔚成巨观，岂不懿欤？所有请修通志缘由谨会同恭折具陈。伏乞皇上圣鉴训示。谨奏。

三月二十五日张督部堂交令复议规画全省教育案内乙之五一条札文

为札行事：据谘议局呈议决规画全省教育案内乙之五一条，当经本部堂札饬宁学司移会淮扬道查询历年办理情形具复核办札局知照在案。兹据宁学司具详前来本部堂。查江北清江工艺局初名蚕桑试验场，嗣改为溥利公司，继又改为江北农工实业学堂，其实质则为农工试验场。旋又改为今名。名称互异，沿革不同。该局所办之事止灌桑育蚕种蔬织布四项，与实业课程相距甚远。查核该局经费，除金陵厘捐局外销款内月解七百千外，基本金仅储三千三百余两，以之改办中等农业学堂既鲜合格之学生，又无可恃之的款，似应改办初等农工实业学堂附属农工试验场，除汰冗员节省经费，俟学生程度稍有进步，该堂款项稍有赢余，即改升中等以符名实。惟此系更定方法，照章应交谘议局复议。为此札行谘议局查照，须至札者。

三月十五日张督部堂交令复议规画全省教育案内乙之六一条札文

为札行事：前据谘议局呈议决规画全省教育案内乙之六一条，当经本部堂札饬宁学司移行淮运司、扬州府筹商办法札局知照在案。兹据宁学司、淮运司会详前来，本部堂详加察核，两淮中学堂其初名为仪董学堂，系程前司任内创设。当时扬州风气尚未大开，安梅书院仍由司署照常课士。程前司鉴于他省各处书院均先后改为学堂，遂酌提书院一半之经费禀设仪董学堂，仍留一半经费为尊古书院膏火。及赵前司到任后，以该堂学科未尽完备，复经禀请更改章程，推广学额，因改名为两淮中学堂，并陆续改设高等小学及八区小学，又将尊古书院改为师范学堂，向于盐引内所提书院之经费遂尽改为学堂之经费，又复于贡规平余项下酌量提拨资助，兼收淮商子弟与地方人士肄业其间。然两相比较，地方人士实居多数。至光绪三十四年扬州府以学部定章各府均应设一府中学堂，遂另筹捐款设立扬州府中学堂，其经费则由八属担任，以忙漕串捐为大宗的款。两堂既系分办，其大概章程虽均遵部章办理，而学制一切则不免有所歧异。查两堂先后设立，文实分途，其学科势不能统一，而所定学额较之中学定章人数皆有不足，所用经费则分办较合办为多，此谘议局原议合并之缘因也。现经本部堂与宁学司等一再筹商，似宜另议办法。查学部叠次文牍均饬各处竭力筹款多设学堂以广教育，今若将两淮中学与府中学合并则转少一学堂。近奉部章，每府应设一实业学堂。查府中学设立二年有余，规模已具，只须斟酌盈虚即能完备，似不必消灭一学堂以完全一学堂，不如两存之为便。惟扬州府既设有中学，两淮可不必再办中学，且去岁奉到部章，中学堂必具有文实两科，当由两淮中学与府中学会商分办文科实科，至两淮中学则系办实科。查实科所授科学与实业学堂相近，是两淮中学改办实业则经费既无须另筹，而学科教习亦不至大有更张，似觉事半功倍。且扬州府本无实业学堂，今以两淮中学酌量改办，与部章既属相符，且与府中学各办各事，所有客籍本籍聪颖子弟亦可以性之所近分别肄业，似于并顾兼筹之中又可收因才教育之效。兹拟具章程四条抄单交谘议局复议，为此札行谘议局查照。须至札者。

计抄拟具章程四条：

一、办法。案照部章每府应设一实业学堂，以现在经济困难之时更筹办实业万难措手，拟将两淮中学改办初等实业学堂，其一切详细章程拟委扬州府监督该堂后再由该府酌量情形禀司核办。

二、名称。两淮中学经费系出于淮南盐厘，拟改名为淮南公立扬州中学堂，将来改办实业则为淮南公立扬州实业学堂。

三、学额。两淮中学系梅花、安定各书院改办，本有外省外府本府学额，俟改办实业学堂后，应由扬州府查照旧章酌量办理。

四、权限。应委扬州府为正监督，另委深明学务之员驻堂办理一切，仍当就近禀由淮运司核夺。至其中关于学科教员之事，宁学司亦当随时调查情形斟酌办理。

准以上章程四条就大概情形酌拟，所有未尽事宜随时察核办理。

三月二十八日张督部堂复公布本省单行章程规则截清已行未行界限分别交存交议案裁撤江楚编译局案札文

为札复事：据谘议局呈"按局章第二十二条、二十三条、二十四条后附之按语内载有'谘议局议定可行事件督抚若无异议有公布施行之责'等语。查上届议会议决本省单行章程规则，截清已行未行界限分别交存交议一案、裁撤江楚编译局一案，业承照允施行，呈请迅予公布"等由前来。除抄录议案札饬官报局公布外，为此札复谘议局查照。须至札者。

（二）抚部院复文

十月初十日瑞抚部院复停止官纸专卖以免官民交困案回批

来牍阅悉，已咨请南洋大臣主政核明札复矣，希即知照。此复。折存。

十月初十日瑞抚部院复裕宁、裕苏发行钞票之责问案回批

来牍阅悉，已分饬宁苏两藩司转饬裕宁、裕苏局刻日查明，逐条拟答呈候核复矣，希即知照。此复。折存。

十月十八日瑞抚部院复代呈清河县绅士张符元等清淮灾荒请愿书案札文

为札复事：据江苏谘议局呈称议决代呈清河绅士张符元等清淮灾荒请愿书一案等情，到院。据此。查此案现准督部堂张咨会清河，并未成灾，非海州等属可比，惟滨湖田亩稍有歉收，自当饬司酌拨槩粮，俾得一体平粜，用示体恤。除行司照办暨札复外，咨会查照等因前来，为此札复谘议局查照，须至札者。

十月二十三日瑞抚部院复裁督派视学员及裁撤江楚编译局札文

为札复事：据江苏谘议局呈称议决裁督派视学员案暨裁撤江楚编译局案二件开折呈请更正等情，到院。据此。除咨请督部堂主政核办外，为此札复谘议局查照。须至札者。

十月二十九日瑞抚部院复革除官营商报案札文

为札复事：据江苏谘议局先后呈报十月初四、十五两日议决修改革除官营商报一案开折呈请更正各等情，到院。据此。除咨商督部堂主政核办并挈衔公布外，为此札复谘议局查照。须至札者。

十月二十九日瑞抚部院复海州灾赈官绅办理不善有碍宪政案札文

为札复事：宣统元年十月十八日据江苏谘议局呈称议决海州灾赈官绅办理不善有碍宪政一案等情，到本部院。据此。查灾赈祇可劝捐，无勒派之理，该州按照选举人名册内五千元资格为派捐标准，甚至签差追缴骚扰不堪。因宪政而行苛政，实属荒谬。除电请督部堂挈衔电饬该州即照议决案更正外，为此札复谘议局查照。须至札者。

十月二十九日瑞抚部院行知张督部堂电开另举邵长镕等筹办札文

为札行事：宣统元年十月二十三日准督部堂张漾电内开："马电悉。谘议局呈报海州灾赈官绅办理不善议案，前已电饬督办赈务洪道暨谢牧查照更改。嗣据洪道等电复，谓非按选举名册派捐，官绅意见不无参差，当饬樊藩司转商许绅鼎霖另举海州议员邵长镕等三人回州筹办。又据海属学界高佩荃等联禀谓与海州在省绅富磋议，拟每田一亩捐钱二百文左右，杨绅学焜等业已认捐，并举正绅袁永良等三人充筹赈会总协理，又举吴宝芬等十二人分办捐赈事务。复经电饬洪道、谢牧与邵绅长镕等妥商办理，并严饬不得派差催缴，亦不得再按选举名册派捐，当可杜抑勒而免藉口，知注谨闻。"等因，到本部院。准此。为此札复谘议局查照。须至札者。

十月二十九日瑞抚部院复交议筹办共进会案札文

为札复事：据江苏谘议局呈报议决本部院交议筹办共进会一案开折呈请鉴核等情，到院。据此。除咨请督部堂查照挈衔会奏公布示复施行外，为此札复咨该局查照。须至札者。

十月三十日瑞抚部院复督部堂交议宁省接筑芜湖铁路案札文

为札复事：据江苏谘议局呈称议决答复督部堂交议宁省接筑芜湖铁路案一件开折呈请公布等情，到本部院。据此。除咨请督部堂主政核明挈衔公布外，为此札行谘议局查照。须至札者。

十月三十日瑞抚部院复筹兴水利为谘议局基本金之设备案札文

为札复事：宣统元年十月初三日据江苏谘议局呈称议决筹兴水利为谘议局基本金之设备一案等情，到本部院。据此。除咨商督部堂挚衔公布外，为此札复谘议局查照。须至札者。

十月三十日瑞抚部院复筑海清铁路以工代赈案札文

为札复事：据江苏谘议局呈称议决筑海清铁路以工代赈案一件开折呈请公布等情，到本部院。据此。除咨请督部堂主核挚衔公布外，为此札行谘议局查照。须至札者。

十月三十日瑞抚部院复督部堂交议淮扬水利应请自东堤宝应以下邵伯以上一律改修石工案札文

为札复事：宣统元年十月十二日据江苏谘议局呈称议决督部堂交议淮扬水利应请自东堤宝应以下邵伯以上一律改修石工一案等情，到本部院。据此。除咨请督部堂主核挚衔公布外，为此札复谘议局查照。须至札者。

十月三十日瑞抚部院复苏路公司请议瓜清路线走东堤或西堤案札文

为札复事：据江苏谘议局呈称议决苏路公司请议瓜清路线应走东堤或西堤一案开折呈请公布等情，到本部院。据此。除咨请督部堂主政挚衔公布外，为此札行谘议局查照。须至札者。

十月三十日瑞抚部院复交议清查荒地案札文

为札复事：宣统元年十月十九日据江苏谘议局呈称议决清查荒地一案等情，到本部院。据此。除札苏藩司确核妥议详办外，为此先行札复谘议局查照。须至札者。

十月三十日瑞抚部院复督部堂交议调查户口案札文

为札复事：据江苏谘议局呈称议决督部堂交议调查户口一案开折呈请公布等

情，到本部院。据此。除咨请督部堂主核挈衔公布外，为此札行谘议局查照。须至札者。

十月三十日瑞抚部院复高淳一县水无去路
民纳虚粮数百年民瘼应予奏请豁除案札文

为札复事：宣统元年十月十九日据江苏谘议局呈称议决高淳一县水无去路民纳虚粮数百年民瘼应予奏请豁除一案等情，到本部院。据此。除咨请督部堂主核示复外，为此札复谘议局查照。须至札者。

十月三十日瑞抚部院复交议补救州县困难案札文

为札复事：宣统元年十月十九日据江苏谘议局呈称议决补救州县困难一案等情，到本部院。据此。除札苏藩司按照所议各节逐一确核妥议详办外，为此先行札复谘议局查照。须至札者。

十月三十日瑞抚部院复交议筹定自治经费案
清查公款公产办法纲要案札文

为札复事：本月十九、二十一等日据江苏谘议局先后呈送议决筹定自治经费案及议决清查公款公产办法纲要案清折二扣到本部院。据此。除咨请督部堂会衔饬登《南洋官报》公布并行宁苏两藩司暨苏属自治筹办处分别移行通饬外，为此札复谘议局查照。须至札者。

十月三十日瑞抚部院复设立公司开垦淮海苇荡营荒地案札文

为札复事：宣统元年十月十九日据江苏谘议局呈称议决设立公司开垦淮海苇荡营荒地一案等情，到本部院。据此。除咨请督部堂主核挈衔公布外，为此札复谘议局查照。须至札者。

十月三十日瑞抚部院复交议改订厘金征收方法案札文

为札复事：据江苏谘议局呈报议决改订厘金征收方法一案开折呈请鉴核等情，到本部院。据此。查酌减捐则改收洋元既据公同议决尚多窒碍，自应暂循旧章免予纷更，仍俟各业认捐议定切实办法，果于国家正税无损再行酌核办理。除行苏沪两厘局并咨会督部堂分行金陵、江北两厘局一体遵照外，为此札复谘议局查照。须至札者。

十月三十日瑞抚部院复节删江南财政总局详改宁藩司所属契税章程案札文

为札复事：宣统元年十月二十一日据江苏谘议局呈称议决节删江南财政总局详改宁藩司所属契税章程一案等情，到本部院。据此。除咨请督部堂主核挈衔公布外，为此札复谘议局查照。须至札者。

十月三十日瑞抚部院复整顿淮北盐务兼筹海州自治经费案札文

为札复事：宣统元年十月二十二日据江苏谘议局呈称议决整顿淮北盐务兼筹海州自经费一案等情，到本部院。据此。除咨请督部堂主政挈衔公布外，为此札复谘议局查照。须至札者。

十月三十日瑞抚部院复筹办本省巡警案札文

为札复事：据江苏谘议局呈称议决筹办本省巡警案一件开折呈请公布等情，到本部院。据此。查苏属巡警总局前已遵照部章改为警务公所，现又札委总办上海巡警局汪道瑞闿为总监，驻扎苏城，所有苏松常镇太五府州属巡警事宜责成该公所督趣进行，依限成立，不必再改为巡警筹办处，屡易名目多所纷更。房捐一项将来应归地方税，惟此时国税预算尚未厘订，房捐抵支赔款关系紧要，应暂仍其旧，俟日后筹有的款再议拨充警费。至于绿营饷糈开支国家正项，即使全数裁汰，腾出底饷，亦应为扩充新军之用，不能留办巡警。其余所指经费均可照办。除札苏属警务公所查照办理并咨督部堂酌核宁省情形挈衔公布外，为此札行谘议局查照。须至札者。

十月三十日瑞抚部院复本省审判厅请缩短年限提前办理案札文

为札复事：据江苏谘议局呈称议决本省审判厅请缩短年限提前办理案一件开折呈请公布等情，到本部院。据此。除札臬司遵照察酌筹议办理具复外，为此札复谘议局查照。须至札者。

十月三十日瑞抚部院复整顿淮安关卡以苏商困案札文

为札复事：宣统元年十月二十二日据江苏谘议局呈称议决整顿淮安关卡以苏商困一案等情，到本部院。据此。除咨请督部堂主政挈衔公布外，为此札复谘议局查照。须至札者。

十月三十日瑞抚部院复本省单行章程规则截清
已行未行界限分别交存交议案札文

为札复事：宣统元年十月二十二日据江苏谘议局呈称议决本省单行章程规则截清已行未行界限分别存交存议一案等情，到本部院。据此。除行苏藩司移行各衙署局所一体遵办外，为此札复谘议局查照。须至札者。

十月三十日瑞抚部院复积谷钱款严禁州县存库案札文

为札复事：宣统元年十月二十二日据江苏谘议局呈称议决积谷钱款严禁州县存库一案等情，到本部院。据此。查所议更正方法均与苏省积谷定章相符，应即照办。除行宁苏两藩司饬属一体遵办并查明砀山、丰县亏挪确数严行饬追具报外，为此札复谘议局查照。须至札者。

十月三十日瑞抚部院复建议免征田房典税案札文

为札复事：据江苏谘议局呈称公决建议恳将田房典税免予征收一案等情，到本部院。据此。除行苏藩司核案具复并咨督部堂主政核办外，为此先行札复谘议局查照。须至札者。

十一月初四日瑞抚部院复交议度量权衡
改制推行暨联合农会组织农林公司案札文

为札行事：宣统元年十月十八日据江苏谘议局呈称议决度量权衡改制推行一案等情，到本部院。据此。查《谘议局章程》第二十二条：谘议局议定可行事件呈候督抚公布施行前项公布施行事件，若督抚不以为然，应说明原委事由，令谘议局复议。兹察核所议度量权衡推行案、联合农会组织农林公司案二件，本部院尚有意见欲待磋商者，合照章说明原委事由，盼即复议具复以便公布施行。除将即可公布施行者先行苏藩司暨农工商局并咨督部堂核办外，为此札行谘议局查照。须至札者。

计送复议案二件：

据呈报交议议决案二件，逐条参绎，有即当公布施行者，有尚待磋议者，合再逐条说明原委事由，请即复议见复，以便公布施行。

一、交议度量权衡改制推进案。查原案第一条责任自治公所为辅助机关及第三条决定专卖处所均经谘议局就原案略加修正，意义较为周匝，自可施行。惟第二条缩短实行期限，谘议局请再切实声明。查检留一种及分年办理之法固为慎重起见，惟新器实行期限似以直捷进行为宗旨，非强迫缩短不足以一国民之趋向。拟饬度量权衡局即日派员会同自治公所及商会先事调查各处习用之器一一比对部颁新器折算升降之数，详细列表晓示商民，并遵部章第十五条及第二十五条，各业贸易出入一时虽暂用旧器，要必以新器之数合算以为将来改制之利导，一俟新器制成即可一律推行以免折算之苦，至领用期限即以宪政编查馆规定城镇乡自治成立年限为准。自治与改制二事联为一体，执简驭繁无过于是矣。

一、交议联合农会组织农林公司案。原案只此两条，审查修正案加入附设农场一条，较原案益为完备，议决案于联合农会一条请通饬所属地方官赶速邀集士民筹办，省垣总会限年内成立，各厅州县分会限明年三月以前成立以便举办联合会，自是扼要之论。惟只省垣设一总会，责令统摄全省分会，情势泛散，恐未能督促进行，不如每府州设一总会，为一府州农业之总机关，各厅州县分会胥归其督察，比照商会之例选举总协理，统理农会事宜。其选举范围，于一府州之中不拘籍隶府治县治但有合于部章负当选之资格，均得被选为总协理，担任考察农业之责，每于四孟之月按县调查，由总协理轮流巡察以均劳逸，一年一任，悉视商会定章办理。以一府州之人办一府州之事情形不至隔阂，似比以一总会而提挈数十分会较易收效。又设立农林公司议决案请照联合农会办法以荒地较少之处联合数县或一府州合立公司，自可施行。至农会附设农场一条办理亦属切实，无须磋议，应俟农会成立后饬令照议办理。

十月初四日瑞抚部院复建议南漕改折案札文

为札复事：宣统元年十月十九日据江苏谘议局呈称公决建议本省漕粮改折银两并归地丁征收奏销一案等情，到本部院。据此。除行苏藩司粮道确核具复并咨商督部堂外，为此先行札复谘议局查照。须至札者。

十一月初四日瑞抚部院复整顿商会以图进步案札文

为札复事：据江苏谘议局呈称议决整顿商会以图进步一案等情，到本部院。据此。查原案四条切中情弊，力谋改良进步办法至为切当。各处虽有商会而商务毫无起色，皆未注意于此之故，应即饬总分各会即日照议办理，一面咨会农工商部立案。除咨请督部堂主政挈衔分别咨行公布外，为此札复谘议局查照。须至札者。

十一月初四日瑞抚部院复代呈《商法调查案理由书》及《浅说》请咨送法律馆以资采择案札文

为札复事：据江苏谘议局呈称议决代呈商法调查案呈请咨送法律馆以资采择一案等情，到院。据此。除咨请督部堂挈衔咨送法律馆大臣采择并饬登《南洋官报》公布外，为此札复谘议局查照。须至札者。

十一月初四日瑞抚部院复交议整顿契税方法案札文

为札复事：宣统元年十月二十二日据江苏谘议局呈称会议议决整顿契税方法一案等情，到本部院。据此。除行苏藩司按照答复各节悉心酌核具复核办并将推广原案一节咨请督部堂核饬遵办外，为此先行札复谘议局查照。须至札者。

十一月初四日瑞抚部院复交议实行禁烟案札文

为札复事：据江苏谘议局呈称议决实行禁烟案一件缮折呈请公布等情，到本部院。据此。除咨请督部堂会衔札饬南洋官报局公布并分行藩、臬、禁烟公所外，为此札行谘议局查照。须至札者。

十一月初四日瑞抚部院复补救淮南盐务案札文

为札复事：宣统元年十月二十三日据江苏谘议局呈称议决补救淮南盐务一案等情，到本部院。据此。除咨请督部堂主政核办外，为此札复谘议局查照。须至札者。

十一月初四日瑞抚部院复整顿征收丁漕积弊案札文

为札复事：宣统元年十月二十三日据江苏谘议局呈称议决整顿征收丁漕积弊一案等情，到本部院。据此。除行江苏两藩司核饬各属一体遵办外，为此札复谘议局查照。须至札者。

十一月初四日瑞抚部院复整顿运商违章朦收案札文

为札复事：宣统元年十月二十三日据江苏谘议局呈称议决整顿运商违章朦收一案等情，到本部院。据此。除咨请督部堂主政核办外，为此札复谘议局查照。须至札者。

十一月初十日陆护抚院复瑞前抚部院交议实行印花税方法案札文

为札复事：查接管卷内，宣统元年十月二十二日据江苏谘议局呈称议决瑞前升院交议实行印花税方法一案等情，移交到本护院。准此。查印花税奉旨实行，势难奏请从缓，惟推行之始务从宽简，不得不假以时日，所议亦属实情。除札行苏藩司饬属会同商会、自治会妥为筹办以期逐渐普及并咨呈督部堂外，为此札复谘议局查照。须至札者。

十二月初二日陆护院续复瑞前抚部院交议整顿契税方法案札文

为札行事：据苏藩司详称："窃奉升任抚院瑞札：'据江苏谘议局呈称会议议决整顿契税方法一案等情，到院，札司按照议决案答复各节悉心酌核，分别可行不可行，说明理由具复核办。'等因，到司。奉此。伏查田房契税为国家应入正项。苏省地大物博，契税一款岁入约仅三四万，比较各省税收独绌，良因民间积习，执业以单串为凭，不重印契，间有遵章纳税者，税小户不税大户，税房产不税田产，隐漏缩减，漠不为怪，地方奉行故事，一切稽查惩罚之道未得其要，故至此极。现奉部颁新章，买契加征九分，典契加征六分，收税复重，弊混更甚，必筹所以整顿之策。此次议决案答复方法至为详备，本署司悉心察核，为自治会分五期劝导，撤除千两以上送府旧例，革除浮费，不得于官契纸价外多收分毫，通商口岸华商道契一律征税四节均属通行无碍，应请分饬立案。其间有未合部章者似难照办，试为分别陈其理由：一、划一折价。按苏省征收税契向照忙银定章每两折收钱二千四百文，连公费规复在内，若仿浙省折收洋一元五角或钱二千文，则公费规复无著，从何筹补？此层终不可行，仍应查照部章第十条完银折钱，暂仍其旧，准照各省现行章程办理。一、划拨公益捐三分。按部章十三条拨还学费额款系指原有附收报部立案者而言，故举直隶为例，本无之款自不在此限。苏省因库储奇绌，先经详定，将加征典买税银除解部一半外，截留一半作为本省新政用款。今若再拨公益捐，则解部一半抵补药厘势将安出？且田房契税纯属国家税性质，宪政编查馆议复《清理财政章程》第十五条声明各省岁入当国家税地方税未定以前谘议局不得议减现行税率，所有划拨公益捐一节恐不可行，拟请毋庸置议。一、自治会经征税银。按田房契税向归州县经收解司，苏省未设经征分局，仍应循旧办理。契税亦催科之一，本属州县专责，自治会有劝导稽查之方，无代官收税之理，虽为推广税契，究嫌逾越权限，此事断不可行。以上三节诸多窒碍，不得不逐层声复再加推求。至划拨公益捐三分已于筹定自治经费案奉饬刊登《南洋官报》公布，应否提出另议，伏候钧裁。缘奉前因，相应核议，详祈核示。"等情，到本护院，据此。查税契一项系国家正税，苏省库储奇绌，由司详请将加征税银截留一半作为本省新政用款，业经咨部立案，所请划拨公益捐三分自应勿庸置议，由地方官绅另行筹画。除批示通行并将通商口岸道契征税一节札行上海道筹议并咨呈督部堂查照外，为此札复谘议局查照。须至札者。

十二月初三日陆护抚院续复本省审判厅请缩短年限提前办理案札文

为札复事：据臬司详奉饬本省审判厅请缩短年限提前办理一案遵核酌议请示等情，到本部院。据此。除批。查巡警及罪犯习艺所、改良监狱羁所俱为审判厅必要之补助机关，而开办时建筑之费、成立后经常之费需款甚巨，尤须量而后动，若应用之款项尚未筹定，补助之机关亦未完备，徒促其进行年限，各牧令不能无米为炊，势必仍误成立之期，即使敷衍将事，草草成立，亦恐贻画虎类犬之诮。司议以何处早有成议，何处即提前开办，不必定以年限办理甚为允当，希即通饬遵照并候札知谘议局查照，仍候督部堂批示。此复。印发外，为此札行谘议局查照。须至札者。

计抄详：

江苏按察使司为遵议详复事：宣统元年十月二十九日奉前升抚宪瑞札开："据江苏谘议局议决本省审判厅请缩短年限提前办理案一件开折呈请公布等情，到本部院。据此。合就抄折札行，札到该司即便遵照察酌筹议办理具复，此札。"计抄折内开："查宪政逐年筹备清单，省城及商埠之审判厅限在明年成立，各府厅州县城治之审判厅成立之期须在宣统五年，镇乡则在七年，为时太远，吾民之生命身体财产名誉保护不可一日缓，与其就书差捕班逐项枚举，何如提纲挈领请速普设审判厅专理民刑词讼。盖书役捕班之应给予相当工食不准需索，一名一卯不准白役顶充，以逮不准设立差房班管均明有例禁，无如审判属于行政官吏，则此等弊窦要难杜绝，得专掌民刑词讼之审判厅，则雇佣工役、缮送书状、签提逮捕、禀状准驳、讯问断结自有一定之成法，故现在非请提前普设审判厅无以收廓清诸弊之效。今日吾民所承民刑词讼之弊有在于官吏者，有在于书差捕班者，有在于吾民自身者，其间头绪纷繁，必不能枝枝节节为之定一法设一例也。虽审判人才之养成非可操切，而府厅州县之急须得公平审判民刑事件繁赜重要直不减于省城商埠。今纵不能并镇乡审判厅同时成立，而府厅州县城治之审判厅实不容稍缓。今拟请督部堂、抚部院饬下本省法政学堂、研究所等认真多集官绅广为造就，奏请将府厅州县城治审判厅提前与省城商埠同时举办。诚以府厅州县城治不少冲繁要地，书差捕班之困民一息不能容忍，在上不过加增学习司法之学员已获筹办之要领，省城、府厅州县城治同时成立，庶宪政前途与自治警察有互相维系之效。"等因。遵查前奉法部奏明咨行各省分别年限先从省城及商埠筹设各级审判厅并附设检察厅，而后及于各府厅州县，再及于各乡镇，诚以中国行政官而兼司法混合已久，一日离而晰之，特设各级审判厅并附检察厅为司法独立之地位，必须养成堪胜审判及检察之人材而后能措施悉当，尤必须豫筹经营建筑及一切俸薪工食之需费而后可布置周详，且其中关涉于审判厅者事类甚多，如罪犯习艺所、监狱羁所分别改良以及学习检验吏、遍设警察巡士，均属互相维系，必处处妥贴血脉贯通庶几开办之日方免隔阂。现值库款支绌百废待举，若此事行之过骤，同时并办，非特人才缺乏，经费难支，而其间脉络未尽灵通，转恐蹈粉饰敷衍之弊。是以大部先饬由各省省城及各商埠筹设以为模范，再逐渐推行，用意良为周挚，即本司衙门先请设审判厅筹办处以提挈纲领，亦无非为督促进行起见，事体繁重，实未敢谓一蹴可几。若果如谘议局所议缩短年限，将各府厅州县城治应设审判与省城及各商埠同时举办，俾书差把持需索一切困难积弊早日廓清，实为各宪与本司所至愿。特恐言之匪艰，行之惟艰。第江苏夙号文物之邦，近尤风气开通，不乏热心志士。谘议局既请缩短年限，十室之邑必有忠信，况在通都大邑之区，就地计议，当必有起而愿任义务者。本司悉心筹画，应请通饬各属府厅州县熟商地方公正绅士，先将巡警及罪犯习艺所、监狱羁所分别设法切实改良，一面再将拟设地方审判厅并附设检察厅如何相度地址、如何筹款建筑及应需各项经费查照部章逐一秉公妥议，确有指拨之项，禀复察核，但能何处早有成议，即何处提前开办，不必定以年限，彼时再请奏咨陈明，事无不可，本司亦赶将司法研究所并检验学习所督同各教习于各学员学生加紧上课，或添班讲习，以备审判、检察及检验之委用，似此既无碍于进行，亦不紊于秩序，倘获先期就绪，实为江苏之光荣，亦足资各省所则效矣。所有遵饬酌议缘由是否有当，理合具文详复，仰祈宪台鉴核附赐批示，以便通饬遵办，实为公便。除详督宪外，为此备由另册具呈，伏乞照详施行。

十二月初三日陆护抚院复规画全省教育案、学务公所整顿事宜案、宁苏合办女子师范学堂请就南菁学堂改设案札文

为札行事：据苏州提学司详称："窃于十月十三日奉发谘议局议决规划全省教育案一件；同日又奉发谘议局议决学务公所整顿事宜暨宁苏合设女子师范各一件，抄粘饬司核议详复；又樊学司详请添设初等小学八所案内奉批以谘议局规画地方教育案内称应设法改归地方接办饬司核议具复，各等因。又于十一月初八日准署藩司移奉督宪张札发答复谘议局议案十一条内载关于学务者四条先后到司，奉经定期会集学务公所议绅暨办事员绅并省城学堂监督、总理各员于初十日就公所宣示，除业奉督宪议驳学务各条毋庸再行提议暨专隶宁属学务各条应由宁司另案办理外，均令各抒意见以资采择，并参酌事势证以成案，有为现在所已行者，

有现在未能遽行者，有应咨商移查者，有与司署行政向章相合者，所有应行议复各条理合缮具清折备文呈请宪台鉴赐核示并祈饬发会议厅议决祗遵。"等情，到本护院。据此。除批，来牍备悉，此案既经学务公所员绅集议询谋佥同，原可照办。惟查甲之一条学务公所不能收放各署局款项，目前既有窒碍，即便财政清理就绪，其辗转周折不如一律循旧办理以省纷更而归直捷。甲之三四五各条所议原为教育前途起见，但就公所经费而论，统计已难确定。各属情形大抵相同，近来学款繁多，鱼肉蔬菜几于无一不捐，操之太切，诚恐民情疑阻反碍进步，应由各州县酌量本地情形督同劝学所、教育会查议复办。乙之一条高等学堂议招新生添办第三类，此事应以投考学生届时能否成班为断，南菁尚未开办，若裁去第一类添办第三类，学科仍未完全，中学毕业生目前给不应求，今将在堂学生转送宁校而求不可必得之新生，苏校势将停办，且学生愈少用款愈糜，亦非补救费多人少之本意。第一类学生自应办至毕业为止，毋庸送宁，俾竟学业而顺人情。丙之五条小学添办八区，当务所急亟应由官先行设立自治公所，果能筹款接收，无须公家担任经济，极合东西各国小学办法，俟自治公所成立后先令将官中未办之十区先行筹款试办以足四十区之数。如果财力有余，办理合法，再令将官办之三十区逐年接办以符原议。其余各条悉照所议办理，所有未尽事宜即归入续议案内核议具报察酌，有应付议者交会议厅取决。希即知照并录报督部堂查考，仍候批示。此复。印发外，合就抄折札行谘议局查照。须至札者。

计开清折一扣：

一、谘议局议决规画全省教育案各条。

甲之一、省教育费综于学务公所，地方教育费综于劝学所，均责成岁制预算决算表。

按此条系为财政谋统一，为统计策完全。立议最关体要。兹议定施行之方法如下：

各署局支放之款关于省教育费者，若拨由学务公所支放实有不便之处，一时尚难办到。当俟财政清理就绪再行设法照行。至各署局直接支放之款由学署行文各署局各将拨款案由支放日月行文报告，俾得办完全之统计，自可照行。惟各署局报告如有遗漏，公所仍无从查考，如必欲各署局径放之学款悉数报告学务公所，应请度支部核办奏销之时，凡系教育费用出自各署局者，如未报由学司载入报部表册不能核销，或者可无遗漏。

附：说明学务公所暂时不能收放各署局款项之理由：

甲）各署局应放各学堂之款设遇缓不济急之时，学务公所无从垫款。

乙）上海及镇江各学堂向系由沪镇两关道就近拨放，若改由苏垣学务公所转放，则周折反多，恐滋贻误。

丙）各署局径放之省教育费，其中并有并无的款者如日本五校经费系由藩库筹解，然其款仍摊自州县，现在定案仅令州县摊至第三年止，然且不能照解，至第四年起则并未定案，尤无著落，提学无筹款之权，更不能收回代放。

附：说明各署局报告拨款案由放款月日恐有遗漏之理由：

甲）各署局径放之款，借拨既无定款，经理又各分门，从前咨查藩库发放教育费复核所开款目率较公所随时查得之款为少，即坐此病。

乙）各署局径放之款不论年假暑假，随时新增或停止，苟使各署局不能随时报告公所，竟属无从调查。

甲之二、各项教育费所收入之数应照光绪三十四年统计，务使有增无减。

按此条系为维持全省教育经费起见，所虑周密，应请公布施行。惟经费性质不同，有有额定者，有无额定者，亟应声明。如就学务公所入款言之，三十四年分最少，因三关税款奉驳盐斤加价未准也。自宣统元年起虽有再加二文，盐价略抵关税，然此项加价银两系以捆运盐斤之多寡为进退，则款目盈绌即属不能预定。

甲之三四五各条应与甲之一、甲之二两条中关系劝学所各节行令苏局各州县督同劝学所、教育会查照办理。

乙之一、宁苏两省垣高等学堂应合设完全学科，其如何分类办理，或扩充或合并，请饬两提学使协议定之。

按二类分办之说卷，查本年筹备宪政列表达部案内声明省城高等改办第二第三类，其第一类则专归南菁办理。本应俟部复后改办，现议定明年上学期添招新班即办第二类第三类，其现在在堂之第一类学生拟送往江宁高等学堂肄业。

乙之二、裁撤英文馆，改办中等工业学堂及工业教员讲习所。

按此馆樊学司任内即以部议该馆定章未符中学，势难持久，拟改中等工业学堂，其科目拟就木工、染织、窑业、漆工、图稿、绘画五科中择要酌设，于九月十九日详派周京等五人出洋考察并于十月十三日一律启程,一面已将改办缘由详奉升抚宪咨部各在案。此次谘议局所议办法正与此同。

乙之三、原案关于女子师范,因谘议局于十月初八日续有议决宁苏合办女子师范学堂,请就南菁改设一条应并归续议案内核议。

乙之四、原案系筹设水产业中学,已于咨商南菁改办女学案内并案咨请宁学司商复。

乙之五六两条系属宁案,应归宁学司核议。

丙之一、官立各学堂监督宜予以完全用人之权。

按苏属官立各校职员教员向章于年前行文各监督堂长出具考语,拟定进退,开单呈由提学使核明行文,各监督堂长本有完全用人之权,与议决案相符。

丙之二、严汰各学堂冗员。

按高等学堂并不到堂人员,应由学司行文朱监督查复核办。至师范学堂办事人员,姚监督前送来致谘议局书,大致以苏垣师范生常二三百人寄宿,舍分内外两处,故设检察三人,余均照章一人。又因慎重卫生,添置校医一人,核诸定章,亦不为多等语。应随时由学司考察是否称职,倘迹近冗员,即行裁汰。

丙之三、苏垣师范学堂急当注意初级认真办理。

按该校宣统二年本不添招优级,惟永远停招优级之说,将来或优级师范不敷任用,恐不能不再议续开。至扩充附属小学一节,查樊学司任内以该校讲堂不敷,详准添建五所,旁及管理、储藏各室,业已开工,年内限竣,即为扩充班级以求完备起见,与议决案相符。

丙之四、系属宁案,应归宁学司核议。

丙之五、宁垣四十区小学、苏垣二十二区小学,应各设法改归地方接办。

按改地方接办之说,必待自治公所成立方有著落。此时省城二十二区小学既皆满额,报名者恒见屏不纳,自应及时添设。若使地方既无力接办,官中又不增设,于学务实有损害。应先由学司遵照叠次奏案于现办二十二所外先行添办八所,合成三十所,俟自治公所成立后逐年限令接办十所。至未办之十所,仍责成自治公所开足以符原案四十所之数,届时并详请奏咨立案。

二、十月初八日议决宁苏合办女子师范学堂请就南菁改设一条。

按南菁僻在江阴,交通不便,以之改设女子师范,恐就学人稀,女学难期发达,势难照行,似不如两属合筹经费,另择适中之地建设为正办。至南菁改办原委,大部初议改师范,教育总会一再议改文科高等。毛前司奉部饬筹议从总会之请改办文科,详奉前督宪端、升抚宪瑞于本年六月初九日奏奉朱批"该部知道",钦此。嗣该堂校舍工竣,樊学司遵照奏案办理,惟以中学毕业人数太少,未能遽办文科高等正科,援照顺天成案,先从文科中学办起,俟中学学生足敷升学,再行停办中学专办高等。又于十月二十三日详请督宪张、升抚宪瑞鉴核咨部,各在案。现已咨商宁学司,应俟复到再议。

三、十月初四日议决学务公所整顿事宜四条

按原案第一条、第二条、第四条昨准藩司转移督宪札,业经札复谘议局在案。其原案第三条系议长、议绅应定会议日期,现议暂定每星期三合议长、议绅及公所员绅于下午二点钟至五点钟为会议时期,合并声明。

十二月十二日陆护抚院续复裕宁裕苏发行钞票之质问案札文

为札复事:据兼署苏州樊藩司呈称:"案奉前院台札,据江苏谘议局呈称,案查奏定《谘议局章程》第二十六条内开谘议局于本省行政事件及会议厅议决事件如有疑问,得呈请督抚批答等语。九月二十六日本局会议议决裕宁、裕苏发行钞票之质问案一件,理合呈请照章批答等情到院,抄粘札司,转饬裕苏局遵照刻日查明,逐条拟答呈候核复。去后。兹于本年十一月十二日据该局申称遵即按照原文各节遂条答复缮具清折呈送鉴核等情,到司。据此。合将送到清折具文呈候核复。"等情,到本护院。据此。为此抄粘札复谘议局查照,须至札者。

计抄粘

甲)关于发行者

一、发出之钞票总银额若干。

查总局截至九月底止发出银元钞票五十一万六千九百八十八元,各分局发出银元钞票二十一万四千三百四十一元,存局银元票二十六万九千九百二十九元。

一、钞票之种类干。

查裕苏钞票分一元、五元、十元三种。

一、龙元票、鹰元票若干。

查裕苏局初次刷印一元龙票十五万元,第二次添印有前升抚宪陈肖像龙元票四十六万九千六百元、鹰元票五十三万四百元，合计一百万元，第三次奉前升藩宪瑞改良票式订印龙票五十七万元、鹰票四十三万元，合计一百万元，盖章存储藩库，由局陆续将第二次发行之票收回截角分批解缴藩库倒换第三次新票行用以符定额一百万元之数。又查第一次旧龙票尚有一千二百五十八元流行在外不计定额之内，应俟随时收回缴库销毁登明。

一、钞票上之字号。

查第一次票按千字文编列，自天字号起至大字号止，每字一千张。第二次龙票编裕字、鹰票编苏字，第三次龙票编博厚高三字，鹰票编利字乐字。

乙）关于限制者

一、发行之始曾否预定额数。

查裕苏局发行钞票议定一百万元为额。

一、每次发行是否以市面情形为标准。

查总分各局发行钞票俱以现银现洋照市价兑换，其余各庄号往来均视市面情形以及洋厘申缩为发行多寡之标准。

一、度支部奏定限制滥发钞票专章第九条裕苏曾否照办？

查裕苏局已遵奉部颁表式将发行准备各数填送大部察核，业已照办。

一、宣统二年起是否实行收回二成之说。

查此条自当逐年遵照部章办理，如购换度支部纸币应另案详议。

一、准备金是否有现款十分之四？其余十分之六是否有确实可靠之契券备抵此项现款？契券是否俱存各该局抑别有储藏之处？

查裕苏局钞票共额一百万元，总分各局发行在外每月出入统计约在七十余万元，计各局储存准备应付钞票现款每逾四成之数，其余均有估值货物、保险房产以及确实可靠之契券储藏各局以昭信用。

再藩库发存资本银十三万两，牙厘善后两局发存长期银八万两，各署局所活支存款三十六万三千余两，以资周转而维市面。

十二月十三日陆护抚院续复筹办本省巡警改为交局复议札文

为札复事：据江苏谘议局呈称："十月三十日奉前升任部院瑞札开，据本局呈称议决筹办本省巡警案乘一件中略改为交令本局复议以符定章。"等因，到本护院。据此。合就遵照《谘议局章程》第二十二条第二项将前升任部院瑞札复筹办本省巡警案一件所有不以为然各条开单抄粘改为交局复议，请烦查照。须至札者。

计开：

一、宁苏两省各设巡警筹办处为上级督促之机关条目项内：

甲）应遵部章设立警务公所，已派汪道瑞闿为总监，驻扎苏城，所有苏松常镇太五府州巡警事宜责成该公所督趣进行，依限成立，不必再改为巡警筹办处。屡易名目，多所纷更。

戊）巡警筹办处应改为警务公所。

一、筹定巡警经费条目项内：

丁）实行苏会议厅议案截留房捐。房捐一项将来应改为地方税，惟此时国家税预算尚未厘订，房捐抵支赔款关系紧要，暂仍其旧，俟日后筹有的款再议拨充警费。至绿营饷糈开支，国家正项即使全数裁汰，腾出底饷，亦应为扩充新军之用，不能留办巡警。其余所指经费均可照办。

十二月十三日陆护抚院复督部堂交议限制铜元所询治本治标二说皆不可行，请联合各省奏请速定币制案札文

为札复事：案据江苏谘议局呈称督部堂交议限制铜元所询治本治标二说皆不可行，请联合各省奏请速定币制一案即请更正等情到院。查此案系督部堂交议，业经瑞升部院咨请督部堂主核在案。为此札复谘议局查照。须至札者。

十月十三日陆护抚院复永远停止彩票案札文

为札复事：案据江苏谘议局呈称议决永远停止彩票一案请即更正等情，到本护院。据此。查此案十月十八日于瑞升部院任内即以所议各节多在两江兼辖范围以内，当经咨请督部堂主政核办在案。兹据呈催本护院，查苏局向不开彩票，惟私售他处彩票之店所在多有，除札饬各属严禁外，合行札复谘议局请烦查照。须至札者。

十二月二十五日陆护抚院续复本省审判厅请缩短年限提前办理案改为交局复议札文

为札行事：据江苏谘议局呈称："奉抚部院札文内开，据臬司详奉饬本省审判厅请缩短年限提前办理一案中略改为交局复议以符奏章而重宪政。"等情，到本护院。据此。查中国以行政官而兼司法沿之已久，其官吏书差之弊积重难返，前次谘议局所言已洞见症痂，今既离行政官而设审判以除宿弊，自应提前普设早观厥成。谘议局前议缩短年限将各府厅州县城治应设审判厅与省城及各商埠同时举办，具见救时之热心，为廓清诸弊之盛举。惟查宪政逐年筹备事宜，此项审判分别年限，先从省城及商埠筹设各级审判厅并附设检察厅，而后及于各府厅州县，再及于各乡镇。其所以必渐次推行者，实由关涉于审判厅者事类甚多，如臬司前详所言之罪犯习艺所、监狱羁所必当分别改良以及学习检验吏、编设警察巡士①均属互相维系，必使处处血脉贯通，庶几开办不致隔阂，而其尤要之两端，则人才之难得、经费之难筹也。谘议局谓将法政学堂及司法研究所等认真多集官绅广为造就，则于人才之说得其要矣，顾经费之问题尚难解决也。查京师前设审判厅，岁费六七万金，本年苏省派员至日本调查其审判厅，建筑费至数十万金。现就苏省一处计之，所有高等地方初级各审判及检察厅应需开办并常年经费非十万金不办，现已筹划经年，款尚未集，焦灼实深。苏省如此，推之宁省可知，推之商埠又可知。若更推之于各府厅州县，骤欲得此大宗巨款，将安所出？此所以踌躇审慎未敢遽议也。即臬司议详"何处早有成议，即何处提前开办"亦第预悬，此冀望之心汲汲恐未能遂。今谘议局既欲各厅徧设，其愿甚盛，惟此经费一层必须预计妥筹无苛无扰务期实在有著，经费既集，余事乃有所措手矣。应由谘议局复议再行裁夺。为此札行谘议局即便查照议复呈夺。须至札者。

正月十四日陆护抚院行知张督部堂咨复筹办共进会案未便奏请札文

为札知事：宣统元年十二月二十七日准南洋通商大臣张咨："案准升任抚部院瑞咨开，据江苏谘议局呈报议决本部院交议筹办共进会一案，查核所议赛品豁

---

① 前录《十二月初三日陆护抚院续复本省审判厅请缩短年限提前办理案札文》"编"作"徧"。

免厘税之处似无流弊，祈挈衔会奏公布等因。准此。查南洋劝业会所有各省赴赛物品准其以三联单报运沿途免征，该赛品陈列后，凡在场沽售与转运他处销售者，均照章补征税厘，业经农工商部会同度支部、税务处奏准咨行在案。是赛品免征售品不免，部中已明示限制，未便再行奏请咨复查照。"等因，到本护院。准此。为此札行谘议局查照。须至札者。

正月十七日陆护抚院复呈请公布积谷钱款严禁州县存库案札文

为札复事：宣统元年十二月二十八日据江苏谘议局呈称："宣统元年十二月二十一日案奉督部堂札开，案准抚部院咨开，据江苏谘议局呈称议决积谷钱款严禁州县存库一案中略，为此具文呈请抚部院鉴核。"等情，到本护院。据此。查苏属并无官报，故用正式公牍分行两藩司布告各属周知遵办。据呈前情，除咨请督部堂就近饬登《南洋官报》公布外，为此札复谘议局查照。须至札复者。

正月二十四日陆护抚院续复规画全省教育案宁苏合办女子师范学堂请就南菁学堂改设案交局复议文

为札复事：案据江苏谘议局呈称十二月初三日奉抚部院札开据苏州提学司详称中略，为此呈请察核施行等情。据此。查甲之一条学务公所不能收放各署局款项学司原详说明理由三条至为明确，乙条沪镇各学堂支款向由两关道就近拨放，其窒碍处有在财政混淆之外者，本抚院前批所谓即使财政清理就绪，展转周折则一，即局绅原案所谓实有不便之处不得不直接支放者也。本护院过虑之词与局绅原案本旨正合，是非得失互证益明，至司详说明各署局报告恐有遗漏之理由二条正为统计完密起见，原详已筹及欲免遗漏之方法，用意自在实行，初无所谓不以为然，类于二字范围甚廓，更未便为学司承认。本护院前批于报告公所一节并未提出批示即系包入其余各条悉照所议办理之内，亦非不以为然。惟既据局绅呈请前来，凡事不厌详求，自可改为交局复议以资商榷。甲之二三四五条，本护院前批各节系因局绅原案甲之二条有云"一面设法增加一面应先将现有之额加意维持。查现行统计表式收入款分官款、公款、产业、租入、存本、利息、乐捐派捐、学生缴纳杂收入八种，除乐捐及学生缴入两种外，其余应照光绪三十四年统计原额列入预算，不足者筹补，不的实者使之的实"各等语。夫曰一面筹加一面维持，又曰不足者筹补不的实者使之的实，自系同时并进之说。此次徐图二字原文概未声叙，本护院无从默悟，且收入款中乐捐及学生缴纳两种既已提出另计，而派捐一种则括入应照光绪三十四年统计原额列入预算之内。目前派定之捐尚将有事于筹加，将来不足之捐更安所逃于筹补？本护院将为学务民情兼筹并顾起见，所虑操之太切者正指此。前批行令各属会所查议复办，良以谘议局具有省会规模，立于高等总机关地位。一切地方事宜有谘议局揽其纲领，自应有厅州县自治各团体详其节目，初非取销谘议局原议而别取决于各会所也。且既云查议复办，则查复至日自应照章公布，设本护院不以为然，自可照章交局复议，于馆章初不相背。至原案甲之三四五各条原与捐输无涉，而按之事实似不免有致人疑阻之虑。如甲之三条所以泯厅州县与城镇乡之争端，用意至精。惟地方教育费既有公共性质非公共性质与可以画分或不能画分之别，要其岁入之款恒未必能适合于厅州县与城镇乡应用之数，则核定分数及画分款目之时似不可无适当之方法。甲之四条为劝学所筹定经费而仍令有限制，甲之五条注意普及不令滥设两等义均切要，惟过瘠苦之厅州县劝学所经费之入不敷出者情形差别未可概论，且支配城镇乡两等经费，分设初等，或此后兼办高等之时亦应因地制宜，预为规定方法。此又前批行令查议复办之本意也。又宁苏合办女子师范学堂请就南菁改设一案，现据宁学司复称女子师范本预备立宪第二年应行筹备之事，现在宁垣如官立粹敏女学堂、江南女子学校、公立毓秀女学均设有师范一班，并有公立女子初级师范学堂一所，粹敏并附设有幼稚园，是女子师范宁垣已粗具规模，惟尚未组织完善耳。今议就南菁学堂改设女子师范。查南菁设在江阴，僻处一隅，交通甚不便利，且于宣统元年五月已奉督抚会奏改办文科高等学堂，钦奉朱批在案，似未便改办他项学堂。况学部筹办第三年各省应设存古学堂，今文科高等除各国文科外，本有本国文科一部，经史词章皆在科目之中，已含存古性质，更属不可中废。特女子师范关系至为紧要，当此经费支绌之时亦万难从新缔造，似不如就宁垣现有之粹敏等校合并数堂款项办一完全女子师范学堂，则常年经费所加无几，如筹款建立校舍，添购书籍器具，为费亦不过巨，事半功倍，较南菁改办便利多矣，应请交局复议等情并将原案逐条核复前来。除分别咨呈督部堂查照核办并行宁苏两学司知照外，合行札复，为此札行谘议局查照存案复议。须至札者。

正月二十四日陆护抚院续复整顿契税方法案交局复议札文

　　为札复事：据谘议局呈称：奉本护部院札文内开谘议局议决整顿契税方法一案中略，理合具文缮折呈请复核等情，到本护院。据此。查议决整顿契税案内自治会分期劝导、撤除送府旧例、革除浮费三条已经本护院裁夺可行，批复藩司先用正式公牍布告苏属各州县照办，一面咨会督部堂查照宁属情形如何，有无异同之处，仍应候督部堂复加核定，然后刊登《南洋【官】报》宣布周知。华洋道契一律收税一条事涉洋商，应考查条约，已饬上海道核复可行与否，仍应俟复到裁夺。至契税正银划留公益捐三分一节，查《谘议局章程》第六章第二十一条自一至七凡谘议局应行议决事件皆冠有本省字样，案语云以本省之事为止，亦与资政院所定权限有国家地方之分；又宪政编查馆议复于大臣奏陈谘议局章程权限一折内开"凡属国家行政非谘议局所得参预，国家租税非谘议局所得议决"；又度支部奏定《清理财政章程》第十五条声明"各省岁入当国税地方税未分以前谘议局不得议减现行税率"等语，是谘议局之职任权限至为明晰，奏案定章班班可考。上年十月十九、二十二两日谘议局呈送议决案两件，一系筹画自治经费，一系整顿契税方法，均有请拨公益捐三分一节。瑞升部院因自治经费议案有忙漕带征之款，彼时州县开漕转瞬届期立待施行，未可稍缓，故先咨请督部堂会衔公布契税议决方法，间有侵减国税之语，不尽可行则行司核议，当时公布文内因划留公益捐三分应另候核复一层漏未说明，故又将契税方法行司核议缘由专案札复谘议局查照。夫既行司核议，即为可行与否尚未裁夺之确证。迨藩司议复，本护院悉心酌核，契税为国家正项，无论解部留用皆抵支国家行政经费。瑞升部院原交整顿契税议案，意在定稽查之法、惩罚之条，使正税无可隐漏，契价无可减缩，并未令议税率之增减、税项之支配。今议决案所请划留三分，名曰公益捐抵支地方行政范围之内之自治费，已不免逾越权限，与原案发问本旨不符。况以国家正税留拨地方行政经费，使国家行政之专款因而缩减，则与议减现行税率何异？按诸奏案定章本非谘议局所得议决，自无交令复议之理。本议院故直截下断曰勿庸置议，此"勿庸置议"四字即恪遵奏案定章办理。他如每两折收洋一元五角、自治会经征税银两节，因藩司核复之日谘议局已闭会，少数常驻议员无复议之权，应存俟下届开会再令复议，故仅札复谘议局查照，且遵照宪政编查馆来电督抚不以为然之议案并不得由常驻议员具文申辩,则来折声辩各节只可作为无效。除划留公益捐一条万不可行,应查照前次札文勿庸置议外,其余各条仍札复谘议局存案,俟下次开会再行照章复议,听候裁夺。除咨督部堂外,为此札复谘议局查照。至宪政编查馆来电兹并抄录札知。须至札者。

计抄电

苏州陆抚台鉴：前准宪政编查馆冬电,谘议局所呈议案果系逾越权限,照局章四十七条督抚有劝告之权,并无庸交令复议。若该局以为并非越权者,应俟下次开会另议,不得仅由常驻议员具文申辩,希查照办理云。骏啸印。

二月十六日宝抚部院行知农工商部咨复整顿商会以图进步案札文

为札知事：宣统二年二月初三日准农工商部咨"接准咨称据谘议局呈议决整顿商会以图进步一案抄折咨请查照立案等因,准此。查原折内开议决事项四条均系切要可行,应准立案,相应咨复贵抚查照可也"等因,到本部院。准此。为此札知谘议局查照,须至札者。

二月十六日宝抚部院续复瑞前抚部院交议清查荒地案札文

为札复事：案于本年二月初六日据谘议局开折汇催札饬司道核议各案到院,查核折开,一为清查荒地案,一为整顿契税方法案华洋道契一律收税条卷。查清查荒地案前经司局议详"土地为国有产业,若为地方自治公产,是国有与公有界限未免相混",由会议厅公决"以按则缴价为正办,惟先缴价后领地与先领地后缴价以及升科年限与缴回地价如何分拨应候部示"等情,甫经札饬苏藩司细加审核详候奏咨。其华洋道契一律收税一条亦尚未据上海道详复。除札催候复到再行核办外,相应先行札复谘议局查照。再折开尚有补救州县困难一案,容即另文核复,合并声明。须至札者。

二月十六日宝抚部院续复设立公司开垦淮海苇荡营荒地案札文

为札复事：宣统二年二月初六日据江苏谘议局呈称,正月二十七日奉札开据谘议局呈议决设立公司开垦淮海苇荡营荒地一案中略,呈请迅予施行,等情,到本部院。据此。除咨催江北提督部堂主政核办外,为此札复谘议局查照。须至札者。

二月十六日宝抚部院续复革除官营商报二案札文

为札知事：宣统二年二月初三日准南洋通商大臣张咨："据江苏谘议局呈议决草除官营商报又修改革除官营商报各议案先后开具清折呈送前来。查此项中略除会列台衔札复谘议局查照并行江海关道及南洋官报局登报外，咨会查照。"等因，到本部院。准此。为此札知谘议局查照。须至札者。

二月二十五日宝抚部院行知法律馆咨复代呈
《商法调查案理由书》及《浅说》案札文

为札知事：宣统二年二月初八日准修订法律馆咨"案准贵抚咨开据江苏谘议局呈议决代呈商法调查案请咨送法律馆一案。查此项《理由书》及《浅说》既经谘议局议决代呈，应咨送贵馆以备采择等因。除存馆备考外，相应咨复贵抚查照可也"等因，到本部院。准此。为此札知谘议局查照。须至札者。

二月二十五日宝抚部院续复瑞前抚部院交议补救州县困难案札文

为札复事：据谘议局呈送议决补救州县困难一案清折到院，当经前部院札饬苏藩司逐条议复并由会议厅公同决议在案。兹将应交议及应行应缓各理由开单札复谘议局分别查照办理。须至札者。

计开：

一、公费规复之名目

原案曾文正公奏定忙银公费每两六百文，漕米公费每石一千文。文正一代名臣，寻常言论且有最重之价值，何况见诸奏牍者。所引刘折固属原案之根据，然要不得谓刘折可信而曾折不可信也。曾折明有公费字样，谓非政典所许必奉明旨驳正。既未奉驳，即谓公费名目自文正奏准始可也。来呈谓细绎曾折文义，不过声叙当日市价，并非直引刘奏原文。即如所云，可见当时征收地漕银两亦以市价为衡，所余即为公费。如果不应有此名目，则每两收钱一千四百文足矣，安用二千文耶？至规复一项原系筹抵赔款，若浙省则直称带收赔款三百文矣。苏省不曰带收而曰规复，亦以规复银价因时损益，非若带收之永著为令。名义虽有未符，盖诚有所不忍于人民者，似未可援为今日之口实也。此公费规复名目上之理由也。

二、公费规复之实际

原案随忙定价核改洋码两说，一以免解款赔贴之累，一以防柜价短抑之弊，大公至正，最为平恕。来呈谓前说每两多钱三百七十文，后说每两多钱四百文。夫实以市价洋码为准，是由钱本位渐进而为银本位、洋本位矣。新币未定以前应有此适当之预备。来呈以钱本位为比较，于原案本旨殊未相侔，且苏省田租多以洋元核计。赋从租出，业主可得之于佃户，国家不能得之于人民，按之公理似亦未洽。所引同治十年曾折为证，曾折所谓银价稍有增昂者，未尝不预为后日之计。今银价高至一千九百数十文，较当日奚啻四与三之比例，固不得谓之稍有增昂矣。此公费规复实际上之理由也。

以上二节为答复来呈声辩理由。总之忙漕之必须变通，其原因有二，一在本额之不能缺，一在公费之不能少。就本额言，忙漕本应人民照银完纳，准以相当之钱数代完，原为便民起见。今因代完之钱数不敷原银本数，自当仍令应完之人民各补其缺，不当由代解之地方官独受其累，此乃持平公理，并非专为地方官著想。前议两法系补原额之不足，并非于额外加增负担。瑞前都院交议宗旨只在取决随忙定价与核改洋码二者之孰便。若原额必须补足，本无待集议也。来呈决为均不可行，系误补偿不足为增加负担，于交议原意未符。以公费言，忙漕二项均须随征带收，由于各衙门并无额定行政经费，规复一项尤为赔款要需，州县居官一日即有一日应解应用之款，此时公费固无定期，新币官俸亦均非目前所能颁行，徒使身任州县者日以张罗畏累为心，更何能治理地方各政，关系吏治大局殊非浅鲜。来呈以节流为言，无论尚有不能即行者，即使悉如所议办理，杯水车薪何补全局？用特引申前义交局复议，究竟随忙定价与核改洋码何者较宜，希再公同筹议决之。至条举节流九端，均系应行改革之事，但值此帑项奇绌，巧妇难为无米之炊，兼营并进，实非易易，目前办法，只可先其所急，庶几协力维持转移危局较易为力。兹经逐条公决核复如左：

甲、免提平余

查丁漕平余司库岁入约十二三万，厘金抵还洋款以后，奉部拨补，此其一也。欲期停免，必预先筹抵补，司库窘迫万状，一时安能得此巨款，按照目前州县赔贴情形,尤以地丁平余为甚,只可饬司筹定款项,先将各属地丁平余详候奏咨停免以舒眉急。

乙、裁减轻平火耗

查银匠火工镕耗与币制相关。新币未行则倾镕难免,司库折漕清赋两项每千随解倾镕火耗四十两零,专款存储以备赈抚善举之用,与正项无异。其余兑收各款除银匠火工镕耗不计外,每千两随征附解火耗二十二两零。司署办公别无款项,旧制相沿,本同公费,现已由司开折移送清理财政局在案,自应遵照部章行知清理财政局提前列表汇案详咨核办。

丙、停止流摊各款

查州县流摊捐款辗转接替,纠纷百端,本非正办,自本年起不准再派,早经通行有案。惟从前禀定旧案一经停止,愈积愈多,即使将来列入预算,始终仍须摊补,为现任舒喘息,转使后任负重累,似尚未得其平。且流摊案内大都列抵应解应放之款,捐摊虽可暂停,解放势难中此。应归入厘定官俸案内续议。

丁、革除书吏解案需索并免贴纸工辛饭等费

查书吏遇案需索大都解勘时为多,申报命盗案件苏省未闻有费。此等弊习法所必惩,久经通饬有案,自当重申禁令,切实革除。至纸工辛饭理应归各衙门自行发给,只以习惯相仍,大小官署均无确定之公费,书吏入卯不领分文,纸张笔墨且系自备,于是饬属捐解俾资办公,行之既久,遂假托名义百弊丛生,诚堪痛恨。闻清理财政局现正分别调查,拟备改定官制后移充各新署科员书记薪费纸墨之用,应即行知清理财政局提前汇办。

戊、停止上司衙门幕友节敬干修等费

己、革除上司衙门安衙换季办差等费。

庚、停除馈送委员川资程敬。

查上司衙门幕友节敬干修及安衙换季办差等费,间惟府署有之,司道以上衙门幕友无此陋规,亦从不与州县交接,其安衙换季办差等事皆因公署私宅不分界限而起,一切器具什物能如各局所之前后移交则其弊自绝。省城院司道署近已详准停免,另由司库筹款拨给,不致累及州县。至委员出差向由善后局发给川资,本不准馈送程敬,私与私受厥咎惟均。以上三端自应一律革除以核名实而杜私弊。

辛、免扣养廉捐款

查州县养廉扣抵捐款理本未协，但所扣秋审恤因木价工价等款关于行政经费居多，一经停免，款无所出，历久相沿。此项名义本属不正，现在州县困难已达极点，自应通饬一律豁免以示体恤。一面饬司查照确数分饬司关道局通筹抵补。

壬、免派京外各书报

查派销书报亦属弊政，上年已将《农学》、《蒙学》两报详请停免。苏省别无派销之件，惟部派书报恐难遽停，或暂以此数为限逐渐减免。此项为数无几，尚易解决，应由各州县酌量情形禀明办理。

二月三十日宝抚部院续复瑞前抚部院交议请查荒地案札文

为札复事：案照谘议局议决清查荒地一案，前据呈催业将饬司细加审核缘由先行札复，一面行催在案。兹据该司详复前来，相应将公同决议应行应改各节逐条登注汇开清单札复谘议局分别复议查照。须至札者。

计开：

原议第一条　各厅州县荒地责成城镇乡地方自治公所各就本区域分段清查。

查苏属省城内及商埠附郭之地清荒事宜已由农工商局办理有年，将届完竣，自应仍旧，勿庸更张。其省属远乡暨外府厅州县未著成效，自当酌改办法，照原议责成自治公所清查，仍遵奏案由农工商局统为考核以收整齐划一之效。惟各属开办应俟自治区域划定后按划定区域由本区清查，如甲区清出荒地应由甲区自治公所领垦，乙区清出荒地应由乙区自治公所领垦，庶民业与公所不致互生觊觎。

原议第二条　清查时就各该荒地丈量亩分，编列字号，分别官荒民荒有主无主，各将坵形圩势四至界限绘图注说呈报该地方衙门存案。

查此条为清荒入手办法，所定规则至为妥善，惟呈报存案一节，除该地方衙门外，农工商局既总其成，仍应一面径报农工商局较有纲领，以便提挈。

原议第三条　查出之有主民荒，除应催令该业主赶速自行垦种外，如系官荒及无主民荒，即作为该城镇乡公产，由地方官给予执照归自治公所分别设法垦种，按照荒地十年起科成例承种。其系山荒开垦，应查照光绪三十一年镇江成案宽限十五年升科。

查土地为国有产业，若以一团体之名义不出代价遽将清出荒地永作地方自治公产，是国有与公有界限未免相混。查陈前部院奏定领荒章程分为三等缴价，上等每亩二千文，中等一千五百文，下等一千文，定价甚宽，措缴亦易，自应遵照，一律先令缴价然后领地，以清界限而免事后追呼，徒烦案牍。其应给地照俟图册报到由农工商局按照册报填发、地方官加印给执。至近来垦荒风气大开，二三年后即可坐享地利，升科旧例已不适用，应将平地缩为五年，山地缩为十年，分别升科，用昭核实。

原议第四条　查出之官荒有被人私垦占者，即由自治公所令原垦者缴价承领，如无力缴价，即令承佃或酌给垦费，收回另行招佃，均无庸追究既往，以免扰累。

查此条为杜绝扰累起见，自属可行。

原议第五条　凡无主民荒经自治公所垦辟后，如在二十年以内复有业主出头执有确实凭据认领者，除自垦辟之年起至本年止所有历届收租完粮均仍归公所外，应将该地连同执照给还业主，惟得命该业主酌偿垦费。

按此条办法平允，自可照行。惟现即改为缴价领地，所有原缴地价亦应令业主偿还。

原议第六条　清查时所需经费应于该地方公款内酌拨垫用，俟将来所垦地亩内得有租息如数归还。

查自治公所每年忙漕带收捐款原系作为地方自治公益经费，此项清荒之用事关公益，自可就此取给，不必另拨他款。各属缴到地价应由地方官全数解司充饷或留备各项实业行政经费，惟公所清荒不无劳勚，将来领地缴价可照民业酌减二成俾示优异。

原议第七条　每届年终，由城镇乡自治公所各将该区域内本年查出之荒地分别项目汇造总册呈报由地方衙门备案。

查每年仅于年终造册汇报一次未免积压，今拟酌改为每季造报一次。除呈报该地方衙门外，仍应一面呈报农工商局备案。

原议第八条　以上七条宁苏一律办理。

查江宁情形不同，能否一律办理应候宁藩司核议详请解决。

四月初八日宝抚部院复本省单行章程规则截清已行未行界限分别交存交议案裁撤江楚编译局案札文

为札复事：据江苏谘议局呈称"上届议会议决本省单行章程规则截清已行未行界限分别交存交议，又裁撤江楚编译局，二案业承照允呈请饬登《南洋官报》迅予公布"等语，到本部院。据此。除咨请督部堂会衔饬登《南洋官报》公布并转行遵照外，为此札复谘议局查照。须至札者。

四月初八日宝抚部院复改订厘金征收方法案札文

为札复事：据江苏谘议局呈称"奉札开'议决改订厘金征收方法一案既据公同议决尚多窒碍，自应暂循旧章免予纷更，仍俟各业认捐议定切实办法，果于国家正税无损，再行酌核办理'等因。奉此。查局章第二十四条后附之案语，谘议局议定可行事件，督抚若无异议，即有公布施行之责。此案既蒙照准，呈请饬登《南洋官报》公布以符定章"等情，到本部院。据此。除咨请督部堂核明饬登《南洋官报》公布外，为此札复谘议局查照。须至札者。

四月初九日宝抚部院复整顿征收丁漕积弊案札文

为札复事：案据谘议局呈送议决整顿丁糟积弊一案到院，当经瑞前部院饬司核饬各属遵办，并先行札复在案。兹据苏藩司详称："查谘议局整顿丁漕积弊第五六七各条专为徐海两属及通海之如皋而发，应归宁藩司核办外，其一至四各条关于全省通筹复核间于今昔情形官民意见容有未尽融洽之处，特再逐加引伸附列案语，俾资遵行而免窒碍。一、遵章收纳铜元。按铜元充斥，银价骤涨，虽为州县困累大原因，断无概行拒绝之理，应由各属体察收纳。一、照市平定柜价。按漕价照市价，柜价照当牌，历经刊发司示通贴晓谕。现在币制未定，各州县应暂遵饬比照核收牌示，柜前不得任意低昂致干查究。一、严禁巧取加价。按贪收加价巧取病民。强令花户过年完粮，从前间有此弊。近值州县困难，但求早日清完，藉资凑解，断无抑勒峻拒，希冀年外加价之微利，转贻年内筹垫之实累。惟其弊不可不防，应申明一体禁绝。一、勘剔被灾田亩。按捏灾卖灾等弊权操吏胥，在所不免。若由自治会协同查报，为地方尽义务，兼可补州县耳目所不及，一举两得，永著为令。以上四条尤须量为区别。前两条作为暂行办法，后两条应饬永远立案，如此官民兼顾，庶几积弊一空。经此次实行整顿，地方官如敢违抗，定即严参惩处。若业户观望疲玩贻误赋税，国法所不容，即为公民所不认。届时当再由司酌核情节分别办理。除通饬各属遵办外，相应核议详复。"等情，到院。除批示外，相应将苏藩司核饬遵办各节札复谘议局查照。须至札者。

四月初九日宝抚部院续复整顿征收丁漕积弊案札文

为札复事：案据谘议局呈请将议决整顿征收丁漕积弊一案登报公布到院。查此案经瑞前部院札复饬司核饬遵办在案，现据苏藩司核明详复，已将转饬遵办各节另行札复在案。据呈前情，相应札复谘议局查照。须至札者。

江苏谘议局第一届常年会议决议案续呈文件汇录

九月十八日呈请张督部堂札发宁芜铁路图册并咨皖省文

为呈请事：窃本局前奉督部堂交议宁芜铁路一案，现经本局议决业已另文呈报在案。惟查照议决案内应请督部堂饬将洋员测勘细图及宁省路局案卷账册札发到局，并因关系皖省，应请督部堂咨行该省，令该省绅商集议，俟有端绪再由两省绅商会议办法呈明督部堂核定等因，为此具文呈请督部堂鉴核分别札发咨行。须至呈者。

十一月初六日呈报督抚准安徽谘议局移复永远停止彩票案文

为呈报事：窃本局于十一月初三日准安徽谘议局移称，十月十四日接准移开，窃照敝局于十月初八日议决永远停止彩票案一件，业经按照奏定章程第二十三条声明此为议定不可行事件，分别呈请两江总督部堂暨江苏巡抚部院照章更正施行各在案。惟查本议案乙项第五款载有各省无论已行彩票与否，除本局将本议案通移各省谘议局外，仍请督部堂、抚部院通咨各部各省一体严禁等语。除抄粘议案呈报分移外，相应备文移知，为此合移贵局请烦查照，计粘单。等因。准此。查各省所行彩票本属非法，惟皖省铁路彩票其性质实系劝股，不中彩者尚须换给股票，原与寻常彩票不同。敝局前于提议整顿路政案内已经申叙彩票劝股究与公司集股性质不合，议决即刻行停止，适准前因，相应备文移复，为此移复请烦查等因。准此。理合据移备文呈报，为此呈请督部堂、抚部院鉴核。须至呈者。

十一月二十六日呈复张督部堂札复筹兴水利等案十一条并呈报抚部院文

为呈复、呈报事：案奉督部堂札行答复本局议案十一条札文内开"案查宪政编查馆奏定《谘议局章程》第六章第二十二条中略，为此粘单札行查照"等因，并粘单到局。奉此。查奏定章程第二十二条、第二十三条自是行政长官对于议会之正当办法，惟必有不以为然之处然后可交令复议，如文义未明或事实未瞭，行政官与本局在开会期内则据章程第二十一条第十款固有咨询申复之文，即在闭会期内据章程第十二条亦仍可行咨询申复之事，似未可概用复议字样，盖复议之结果据章程第二十四条"若谘议局仍执前议，督抚得将全案咨送资政院核议"等语，是复议即启争执之端，以本省之督抚不能核定本省谘议局之议案致动辄请命于资政院，已非官民协和力维宪政之本意。窃谓事苟得已，贤大吏当不忍出此。至奏定章程第四十七条其文曰"谘议局有左列情事督抚得令其停会：一、议事有逾越权限不受督抚劝告者，二、所决事件违背法律者，三、议员在会场有狂暴举动议长不能处理者"，按此则四十七条所规定与札文所引字句不同，盖谓谘议局已经违法将受停会之处分。故其下又紧接第四十八条"督抚奏请解散谘议局之情事"，其第三款有"不遵停会之命令或屡经停会而仍不悛改者"等语，是此等条文专为惩罚谘议局而设，似非答复议案时所当援引。夫咨该局为先帝明诏所许代表舆论之地，议员为地方选举所迫勉尽义务之人，但有劳怨是任并无权利可言，天下断不应有恋栈之议员，即必无惮于解散之议会。此札到局已在闭会之后一日，现经常驻议员协议呈复，先将札文体裁逐一声辩请督部堂严饬会议厅承行书吏勿得以议会要政率意从事致伤督部堂上体朝旨下重舆论之至意。本局为预备立宪政体攸关，理合据实呈请督部堂察核施行，其答复议案十一条另折逐条声叙，请重付会议厅审议后再行复示祗遵。除汇呈资政院暨呈报督部堂、抚部院外，为此呈请督部堂迅予施行、抚部院察鉴。须至呈者。

计呈清折一扣：

一、江淮水利公司议案

查督部堂原文首开"此项议案意主导淮先从测量入手，自是正办"；又称"江淮水利之兴废，国家与人民利害共之。今谘议局独任其艰，本部堂仅仅以赞助维持为当官之义务已极负疚，岂容更有异议"等语。似此则本局所议深荷督部堂褒许且谦尊而光，令本局感而且愧。观于郑重其词直揭国家与人民利害相共之旨，此固绝非不以为然，又无更定办法，应饬重议之处似无庸交令复议。详绎复文，推定为照章之咨询，分别申复如左：

一、咨询之文曰："定名水利公司是否意在招股。"本局谨为申复曰：公司自必招股，惟股非立时可招，必测量确有把握然后开招庶无架空敛财之病。此事为久远之规画，今日尚说不到招股一层，但既已定名公司，则将来必需招股自无疑义。

二、咨询之文曰："又据声称体官帑之为难自行组织，则一切经费是否悉由地方担任。"本局谨为申复曰：既体官帑为难，既称自行组织，则其经费自由地方担任，其经费在公司成立以后出于招股而得之，在甫从事于测量之初期则必别筹垫济，至招股时附入股份，查本省地方盐务有向为运商违章朦收银价羡余之款取以充用，无损于官帑，并无损于商利，而足以厘正盐务。此事另有议案呈报在案，除六七年之大祸，造江北全境并及邻省之大福，移弊混之款项以图国家人民所共之利害，本局规画之迹合两议案观之自然明晰。

三、咨询之文曰："所谓余利是否指他日涸出之地亩而言。"本局谨为申复曰：公司必计余利乃可招股，水利公司之余利自必出于涸出之地亩，以数百年弃之泽国之地亩一旦涸出复为国家生齿所寄之田土，升科缴价，其利在官，而公司得执业招佃，收其租息以偿所费导淮之本息，此一定之计画。

四、咨询之文曰："所谓议决之范围是何条件。"本局谨为申复曰：议决案呈报督抚而后有效，以已呈报之本案及另报运商违章朦收案为范围，目前别无他项条件。

五、咨询之文曰："循绎议案第二条以谘议局负公司之责，第五条曰常驻议员得时时进行，是以言论机关与执行机关合而为一实非谘议局应有之责任，虽以公司名义治事与干涉行政有别，然三权分立之说用意深远，地方自治不过团体之初级，而议事会与参事会已立于对待地位。惟最下级之町村不能成立议会者始以议决与执行合并之。谘议局具有省会规模，言论乃其特权，未便下同町村办法固知。议员皆极一时之选，即另立机关亦不能舍此别求人材。然议决与执行总宜划分为二。本部堂为遵守馆章宝贵言论特权起见，想议员必默体此意复加筹议也。"本局谨为申复曰：此段文字繁多，当分数层释之：

甲、议案言谘议局负公司之责，复文谓实非谘议局应有之责。查黄河北徙已数十年，倡议导淮已十数辈，惟有言语而无责任，虽以左文襄公之权力而无所成。从前惟官能任责，而无奈官如传舍不可以久，人民则不堪任责，且即欲任责而事体太巨，信用不足。惟谘议局为法定之机关，议员为本省之土著，合任另筹测绘之费于前，分任协集疏浚之股于后，是为负责。负责云者，负组织公司之责。谘议局对公司而负责，即可知其非自为公司，谘议局亦何肯每事为人负责，正以导淮一事除谘议局外无人能负此责不得已而负之。本省应兴应革之故莫大于此，为国为民皆当认此为应有之责，非拘文牵义所能为诟病也。

乙、议案言常驻议员得时时进行，复文谓似此则言论机关与执行机关合而为一。查本局《议事细则》第七章规定常驻议员其一百八条云："谘议局议决留交常驻议员调查及进行之事件，常驻议员有按照议案分别办理之责。"此项细则于本年八月间奉电召集后照章议定呈请批准，于九月初十日奉札内开"所拟各项规则尚属妥协，应准照办，并一面由局公布"等语。当时督部堂深念谘议局既有常川办事之常驻员，自与国会不同，断无令常驻议员坐糜一年公费之理，而本局所定细则明明划清议决留交字样，除局章第十二条由议长委任外不令常驻员得议新发生之事件，防范谨严，有合章程本意，故蒙嘉予公布。查进行之意与执行不同，观于本案时时进行之下紧接一语曰至有成效而止，可以见其分别之故。盖执行以办事之方法言，无成效时事固当办，有成效后更有事可办，安有止时？进行则以事之次序言，如谘议局分内之步骤。至公司成立是为有效，有效以后即公司之事，故曰至有成效而止，诚以谘议局非营利之事业，导淮利害关系至巨而上下缩手不为，是以为之呼号，为之规画，为之求请，为之布告而已。

丙、复文谓"议事会参事会立于对待地位,惟最下级之町村不能成立议会者始以议决与执行合并之"。查上年奏定城镇乡自治章程,最小之乡至不能成立议会者亦有选民会与乡董相对待,并无合并之制。本局恪遵部章不敢谓议决执行有可合并之理,督部堂亦未便明示人民致启将来乡自治会纷竞之渐。

丁、复文谓"议员极一时之选,即另立机关不能舍此别求人才"等语。语近嘲讽,本局守对于长官之名义不便置议。

二、海清铁路议案

查督部堂原文首开"建筑铁路即以工代赈,一举而两善皆备。披览胪列各条,计画详尽,端绪炳然。亟欲官绅合力,即日举行"。又称"官中筹赈艰窘万端,非不满望此议之成立"。据此则本局所议与督部堂施济之仁、擘画之伟实相契合,既非不以为然,又无更定办法,似无庸交令复议。详绎复文,归结于疑滞之端更需筹虑,尤为咨询事件确据。今认定照章咨询者则有两事:

一、咨询之文曰:"在官一方面果能立借巨款,藉路工以济官赈之穷,不胜大愿。然银行乃营业性质,铁路又系商办,必欲官中假赈抚之名强银行出借无可抵之巨款,窃虑必办不到。"本局谨为申复曰,:以工济赈,果有大愿,则苟存一线冀望,尚当勉力图维,况指抵巨款原案自有各府州县绅民担任办法两条,至银行满意与否当听银行答复,无所谓官中假名相强,似不必以路系商办为不能强借之理由也。

二、咨询之文曰:"在铁路一方面言之曰商办曰受成,于苏路公司曰悉照苏路章程办理,则此项借款自应由公司提议股东公决,即以公司名义向银行商借,方为适当办法。若因赈抚急需,遂责令苏路公司负担十五年利过于本之债款,不知公司能承认否。"本局谨为申复曰:苏路公司奏案本称苏省铁路公司,本省境内无论已勘未勘各线,如有另设之商办公司,必由苏路公司转咨立案然后许其开办,则所谓受成、所谓悉照苏路章程办理,皆系遵农工商部奏案而言。至十五年利过于本之债但当问生利之多寡以为衡,不当问利之过本与否,债务年限既长,利息无不过本,海清铁路照原案本系请督部堂、抚部院会奏设立商办海清铁路有限公司,其利益又备载原案,设立公司后自应由海清铁路公司承认,不必问苏路公司也。

抑本局更有不能已于言者。海清造路本为督部堂分筹赈之责,今会议厅支节延宕已误灾民，虽近蒙拨款十余万充赈，车薪杯水于事何裨，致近日流亡载道。查邮传部奏筹备宪政清单定筑海清铁路本在宣统元年前，此因谋急赈为民纾祸亦即为部分劳。今既后时而部任筹备事宜亦且限迫岁除无容再缓，明年春赈谅可藉大部造路之款以充之，其或更有耽延春赈无著，至时正烦钧虑，应请咨催邮传部按期开筑，则为民请命，犹是札文满望成立之德意。

三、扬属堤工改建石堤按亩摊捐议案

查督部堂既经核准此案，应即予公布施行。

四、江楚编译局议案

查督部堂既经核为应整顿改良之问题，惟办法不同，非原议案之意，应请查照局章第二十三条正名为交令复议之案，似未便不容复议，别出办法。

五、督派视学员议案

查督部堂既经核准此案，应请即予公布施行。

六、请提学使入所办公议案

查督部堂以此为无须提议列入札文应行劝告项内，似于原案本意无涉。原案并非请提学使入所办公，系为地方办学人员禀承一切起见，恳求学务公所宣示提学使遵照部章所定办公之钟点，复文标题似已误会。兹再将原文录呈如左：

提学使按照都章督率所属职员限定钟点每日入所办公，应请将所定办公之钟点宣示各地方办学人员，俾得依时到所禀承一切。

七、议长议绅照额选举议案

查督部堂以此为未便允行，想亦在劝告之列。惟查原案系照额倍选，呈请择定，实为督抚学司遴选之预备，本与教育会自选会长办法不同，即与陈前抚部院据函咨请之案亦异，且原案系根据宁属成例而言，为宁苏一律起见，并经声明于部章范围以内加意郑重等语，足表并非更改部章，拟请无庸劝告，仍予公布施行。

八、议长议绅应定会议日期议案

查督部堂既行提学使酌度施行，应请行催两提学使复到行知。

九、课长课员应切实办事议案

查督部堂以此为无须提议列入札文劝告项内，惟本局遵照部章请行政官申明办理，并无不合。应请无庸劝告，仍望公布宁苏一律施行。

十、高宝路线应架桥留水道议案

查督部堂既行文苏路公司察度办理，应请行催苏路公司复到行知。

十一、补救铜元应划一币制议案

查铜元必应补救，督部堂殷殷发问，具仰关心民瘼。然因本局一复而不肯以一奏慰本省人民，并以非本省行政示劝告之意，似觉前后歧出。查铜元本系国币，币制不一，价格低昂，人民受损之大过于州县何啻数百倍，故议及补救即议及币制，否则督部堂交议之初何必以非本省行政事宜陷本局于逾越权限之地。伏查近日人民尚有伏阙上书呈请速定币制者，本局自认为民请命，为地方官补救困难，呈请督部堂入奏并无不合，只求开示督部堂补救之意是否始终一律，应请无庸劝告。

十一月二十九日呈复瑞前抚部院札复
筹办全省巡警案并呈报督部堂文

为呈报呈复事：十月三十日奉前升任部院瑞札开据本局呈称议决筹办全省巡警案一件中略，为此札行等因。奉此。查奏定章程第二十二条第二项内开，前项呈候施行事件若督抚不以为然，应说明原委事由，令谘议局复议等语，据此，则本局所有议定呈候施行事件若抚部院有不以为然之处，只能照章说明原委交令本局复议，若本局仍执前议，照局章第二十四条亦只能将全案咨送资政院核议。至第四十六条所载裁夺施行之权，证诸案语实指第二十二条所载事项而言。兹奉前因，本局为恪遵奏章慎保职权起见，理合呈请抚部院将前升任部院瑞札复筹办本省巡警案一件所有不以为然各条改为交令本局复议以符定章。除呈复抚部院、呈报督部堂外，为此具文申报呈请督部堂鉴核、申复呈请抚部院察核施行。须至呈者。

十二月初一日第一期呈请督抚裁夺施行未经札复各议案文

为呈请事：窃本局遵照奏定章程第四十五条议定议事细则，业蒙督部堂、前抚部院批准公布在案。查该细则第一百六条内开，谘议局议决可行事件已经呈报督抚，督抚于会期内并未交令复议者，常驻议员有按期呈请公布施行之责；第一百七条内开，谘议局议决不可行事件已经呈报督抚，督抚于会期内并未交令复议者，常驻议员有按期呈请更正施行之责等语。本月二十日为本局常驻议员第一次协议之期，所有大会期内议决事件除已蒙督部堂、抚部院札复各案外，其余迭次呈报之件理合按照细则开具清折具文呈请。为此呈请督部堂、抚部院迅予察核分别施行。须至呈者。

计开：

一）议定可行事件

一、抚部院交议筹定自治经费案 十月十八日呈报

前案业蒙抚部院咨请督部堂会衔饬登发《南洋官报》公布，并行宁苏两藩司暨苏属自治筹办处分别移行通饬。

一、抚部院交议清查公款公产办法纲要案 十月十九日呈报

前案业蒙抚部院咨请督部堂会衔饬登《南洋官报》公布，并行宁苏两藩司暨苏属自治筹办处分别移行通饬。

一、整顿商会案 十月十七日呈报

前案业蒙抚部院饬知总分各会即日照议办理，一面咨会农工商部立案并咨请督部堂主核挈衔分别咨行公布。

一、抚部院交议实行禁烟案 十月二十二日呈报

前案业蒙抚部院咨请督部堂会衔札饬南洋官报局公布并分行藩臬司暨禁烟公所。

一、整顿征收丁漕积弊案 十月二十二日呈报

前案业蒙抚部院行宁苏两藩司核饬各属一体遵办。

以上五案应请督部堂迅予分别咨行公布，俾已定施行之案不再延滞。

一、抚部院交议改订厘金征收方法案 十月十九日呈报

前案业蒙抚部院札复酌减捐则改收洋元，既据公同议决尚多窒碍，自应暂循旧章免予纷更，仍俟各业认捐议定切实办法，果于国家正税无损再行酌核办理，已行苏沪两厘局并咨会督部堂分行金陵、江北两厘局一体遵照。

以上二案应请督部堂迅予公布，通饬金陵、江北两厘局一律施行。

一、督部堂交议调查户口案 十月十六日呈报

前案业蒙抚部院咨请督部堂督部堂主核挈衔公布。

一、代呈《商法调查案理由书》及《浅说》请咨送法律馆以资采择案 十月十

八日呈报

前案业蒙抚部院咨请督部堂挈衔咨送法律馆大臣采择并饬登《南洋官报》公布。

一、设立公司开垦淮海苇荡营荒地案十月十八日呈报

前案业蒙抚部院咨请督部堂主核挈衔公布。

一、抚部院交议筹办共进会案十月二十一日呈报

前案业蒙抚部院咨请督部堂查照挈衔会奏公布示复施行。

一、整顿淮北盐务兼筹海州自治经费案十月二十一日呈报

前案业蒙抚部院咨请督部堂主政挈衔公布。

一、整顿淮安关卡以苏商困案十月二十一日呈报

前案业蒙抚部院咨请督部堂挈衔公布。

以上六条应请督部堂迅予主核会衔公布施行。

一、筹办本省巡警案十月二十一日呈报

前案业蒙抚部院札复苏属巡警总局，已遵照部章改为巡警公所，不必再改为巡警筹办处。屡易名目，多所纷更。房捐一项将来应归地方税，此时国税预算尚未厘定，房捐抵支赔款应暂仍其旧，俟将来筹有的款再议拨充警费。至于绿营饷糈开支，国家正款不能留办巡警，其余所指经费均可照办，已札苏属警务公所查照办理，并咨督部堂酌核宁省情形挈衔公布。

以上一案除抚部院不以为然各节照章呈请交令复议外，其余业蒙抚部院照办各节应请督部堂迅予会衔公布施行。

一、抚部院交议联合农会组织农林公司案十月十四日呈报

前案业蒙抚部院札复，内除联合农会一条尚有意见，照章说明原委事由交本局复议外，余条已先行苏藩司暨农工商局并咨督部堂核办。

一、抚部院交议度量权衡改制推行案十月十七日呈报

前案业蒙抚部院札复，内除缩短期限一条尚有意见，照章说明原委事由交本局复议外，余条已先行苏藩司暨农工商局并咨督部堂核办。

以上三案除抚部院交令复议各条外，余条应请督部堂迅于核办施行。

一、抚部院交议整顿契税方法案十月二十一日呈报

前案业蒙抚部院行苏藩司按照答复各节悉心酌核具复核办，兹将推广原案一

节咨请督部堂核饬遵办。

一、高淳一县水无去路民纳虚粮数百年民瘼应予奏请豁除案十月十七日呈报

前案业蒙抚部院咨请督部堂主核示复。

一、补救淮南盐务案十月二十二日呈报

前案业蒙抚部院咨请督部堂主政核办。

一、整顿运商违章朦收案十月二十二日呈报

前案业蒙抚部院咨请督部堂主政核办。

以上四案应请督部堂迅予核办公布施行。

一、本省单行章程截清已行未行界限分别交存交议案十月二十一日呈报

前案业蒙抚部院行苏藩司移行各衙署局一体遵办。

以上一案应请督部堂迅予公布通饬宁属各衙署局一体施行。

一、抚部院交议清查荒地案十月十五日呈报

前案业蒙抚部院札苏藩司确核妥议详办。

一、抚部院交议补救州县困难案十月十八日呈报

前案业蒙抚部院札苏藩司按照所议各节逐一确核妥议详办。

一、本省审判厅请缩短年限提前办理案十月二十一日呈报

前案业蒙抚部院札臬司遵照察酌筹议办理具复。

以上三案应请督部堂迅予察核公布通饬宁苏两属一律施行。

一、规画全省教育案十月初八日呈报

一、宁苏女子师范学堂请就南菁学堂改设案十月十三日呈报

以上二案除呈请抚部院公布施行外，应请督部堂迅予照案公布施行。

二）议定不可行事件。

一、积谷钱款严禁州县存库案十月二十一日呈报

前案业蒙抚部院行宁苏两藩司饬属一体遵办，并查明砀山、丰县亏挪确数严行勒追具报。

以上一案应请督部堂加札饬办行查，毋令延搁。

一、革除官营商报案十月初六日呈报

一、修改前呈革除官营商报案十月十五日呈报

前二案业蒙抚部院咨商督部堂主政核办并挈衔公布。

一、节删江南财政总局详改宁藩司所属契税章程案十月十九日呈报

前案业蒙抚部院咨请督部堂主核挈衔公布。

以上三案应请督部堂迅予主核会衔公布更正施行。

一、停止官纸专卖以免官民交困案九月二十八日呈报

前案业蒙抚部院咨请督部堂主政核明札复。

以上一案应请督部堂迅予主核更正施行。

一、永远停止彩票案十月初十日呈报

以上一案除呈请抚部院更正施行外，应请督部堂迅予照案更正施行。

三）陈请建议事件

一、建议南漕改折陈请代奏案十月十五日呈报

前案业蒙抚部院行苏藩司暨粮道确核具复并咨商督部堂主政核办。

一、建议免征田房典税陈请代奏案十月二十一日呈报

前案业蒙抚部院行苏藩司核案具复并咨商督部堂主政核办。

以上二案应请督部堂迅予照案代奏以通人民之情悃。

计开抚：

一、学务公所整顿事宜请饬两提学司案十月初六日呈报

一、规画全省教育案十月初八日呈报

一、宁苏女子师范学堂请就南菁学堂改设案十月十三日呈报

以上三案为议决可行事件，应请抚部院迅予公布施行。

一、督部堂交议限制铜元案九月二十六日呈报

一、永远停止彩票案十月初十日呈报

以上二案为议决不可行事件，应请抚部院迅予更正施行。

十二月初十日呈复陆护抚院札复瑞前抚部院
交议整顿契税方法案并呈报督部堂文

为呈报呈复事：本月初二日本局奉到抚部院札文内开据苏藩司详称中略，为此札复查照等因，奉此。查本局原案自治会分期劝导、撤除送府旧例、革除浮费、道契一律收税等四节，既蒙裁夺可行，应请即予公布施行以符局章第二十二条本义。札文后半据司详指驳三条而抚部院自加断语谓"划拨公益捐三分勿庸

置议",此"勿庸置议"四字是否抚部院不以原案为然,如果不以为然,应照局章第二十二条交令复议,奏定局章明明有交令复议之文,抚部院自应遵守。至仿浙省每两折收洋一元五角一节、自治会经征税银一节,司详虽有指驳,抚部院不赞一词,是否即以司详原文为定?本局综合司详所驳三节逐一声辩,理合具文缮折呈请督部堂鉴察、抚部院核复。除呈复抚部院、呈报督部堂外,为此呈请督部堂鉴察公布宁苏一律施行、抚部院仍照原案公布施行。须至呈者。

计开:

一、仿浙省折收一节,司详称苏省征收契税中略,准照各省现行章程办理。本局查忙银每两收钱二千四百文,连公费规复在内,自是奏案契税照忙银折收,不过比照办法,奏案内未见有规复公费并及杂税之文。今本局请照部复浙省办法,所以图将来之救正。浙省既奉部核准,苏省自可按照办理,盖通用银圆之处每两折收一元五角,不用银圆之处则折收二千文,至公允也。且部章第十四条明定每征一分扣提一厘为径征官吏办公之用,此即征收契税之公费,不应重复涍混苦累人民。此节请照原案公布施行。

二、划拨公益捐三分一节。司详称按部章第十三条中略,拟请勿庸置议。本局查拨还报部立案之款原案意本如此。盖本省既截留一半作新政用款。夫新政事固多端,而自治尤关重要,既经详定截留,正宜划拨作地方正用。前部院瑞所以于自治经费议案已将契税划拨三分一款公布施行,若将甫经奉饬公布之案遽予取消,非特无以取信于人民,亦恐无此政体。至此项公益捐既与解部之款无涉,自不必以议减税率有妨抵补药厘为虑。本局正惟不敢议减现行税率,故但遵照部章并遵照本省详定成案呈请划拨,是议拨非议减也,应请仍予公布施行。

三、自治会经征一节。前详称田房契税中略,此事断不可行。本局查札文于自治会分期劝导一节许为通行无碍,但劝导之成效以经征而后见,且考之自治制度,各国下级自治团体无不有收税之职,自治会之董事等本系公吏,与向日所谓董事迥不相同。又况各业认捐包捐所在多有,似不得谓人民无代官收税之理。前部院瑞交议之意既欲推广税额,尤在杜绝弊混。向来官吏经征任意朦收,宁属被控有案姑且弗论,今苏藩司承议此案,竟于部定一厘公费以外更混言公费规复,恐非前部院瑞厘剔经征方法之盛意。夫由官吏经征耗此一厘公费而不足,如令自治会经征凡所扣提可悉充自治正用,利弊损益灼然可见。况部章第十二条载有去年川督奏设经征局契税一项，由局征收成效大著，各省能否一律照办应由各督抚酌量办理等语。部章原不必定由州县经征，本局以为经征此项契税，责成自治会似较川省特设经征局于地方更为有益，似无断不可行之理，应请仍予公布施行。

十二月初十日呈复陆护抚院札复本省审判厅请缩短年限提前办理案并呈报督部堂文

为呈报呈复事：本月初三日奉抚部院札文内开据臬司详中略，为此札行等因并抄详到局。奉此。查奏定《谘议局章程》第二十二条第二项载有前项呈候施行事件，若督抚不以为然，应说明原委事由令谘议局复议；第二十三条载有若督抚不以为然照前条第二项办理等语，又第四十六条载有各省督抚于谘议局之议案有裁夺施行之权，其附加之案语则谓裁夺施行即指第二十二、二十三两条所载事项而言。据此，知督抚对于谘议局之议案其裁夺之权以交令复议为限。兹奉前因，理合呈请抚部院将司详奉饬核议本省审判厅请缩短年限提前办理一案改为交局复议以符奏章而重宪政。除呈复抚部院、呈报督部堂外，为此呈请督部堂鉴察、抚部院鉴核施行。须至呈者。

十二月初十日第二期呈请陆护抚院迅予裁夺施行未经札复各议案文

为呈请事：案奉批准本局《议事细则》第一百七条内开，谘议局议决不可行事件已经呈报督抚，督抚于会期内并未交令复议者，常驻议员有按期呈请更正施行之责等语。本月初五日为本局常驻议员第二次协议之期，查会期中呈报事件除业经札复各案外，尚有督部堂交议限制铜元案暨永远停止彩票案皆系本局议定不可行事件，迄今未蒙裁夺，理合照章备文呈请。为此呈请抚部院迅予更正施行。须至呈者。

十二月十一日第二期呈请张督部堂迅予裁夺施行未经札复各议案文

为呈请事：案奉批准本局《议事细则》第一百六条内开，谘议局议决可行事件已经呈报督抚，督抚于会期内并未交令复议者，常驻议员有按期呈请公布施行之责；第一百七条内开，谘议局议决不可行事件已经呈报督抚，督抚于会期内并未交令复议者，常驻议员有按期呈请更正施行之责等语。本月初五日为本局常驻议员第二次协议之期，所有大会期内议决事件除已蒙札复各案外，其余迭次呈报之件理合开列清折具文呈请，为此呈请督部堂迅于察核分别施行。须至呈者。

计开：

一）议定可行事件

一、抚部院交议筹定自治经费案十月十八日呈报

前案业蒙抚部院咨请督部堂会衔饬登《南洋官报》公布并行宁苏两藩司暨自治筹办处分别移行通饬。

一、整顿商会案十月十七日呈报

前案业蒙抚部院饬知总分各会即日照议办理，一面咨会农工商部立案并咨请督部堂主政挈衔分别咨行公布。

一、整顿征收丁漕积弊案十月二十二日呈报

前案业蒙抚部院行宁苏两藩司核饬各属一体遵办。

以上三案应请督部堂迅予会衔分别咨行公布，令已饬施行之案不再延滞。

一、督部堂交议调查户口案十月十六日呈报

前案业蒙抚部院咨请督部堂主核挈衔公布。

一、代呈《商法调查案理由书》及《浅说》请咨送法律馆以资采择案十月十八日呈报

前案业蒙抚部院咨请督部堂挈衔咨送法律馆大臣采择并饬登《南洋官报》公布。

一、设立公司开垦淮海苇荡营荒地案十月十八日呈报

前案业蒙抚部院咨请督部堂主核挈衔公布。

一、抚部院交议筹办共进会案十月二十一日呈报

前案业蒙抚部院咨请督部堂查照挈衔会奏公布示复施行。

一、整顿淮北盐务兼筹海州自治经费案十月二十一日呈报

前案业蒙抚部院咨请督部堂主政挈衔公布。

一、整顿淮安关卡以苏商困案十月二十一日呈报

前案业蒙抚部院咨请督部堂主政挈衔公布。

以上六案应请督部堂迅予主核会衔公布施行。

一、筹办本省巡警案十月二十一日呈报

以上一案除抚部院不以为然各节业经照章呈请交令复议外，其余业蒙抚部院照办各节应请督部堂迅予会衔公布施行。

一、高淳一县水无去路民纳虚粮数百年民瘼应予奏请豁除案十月十七日呈报

前案业蒙抚部院咨请督部堂主核示复。

一、补救淮南盐务案十月二十二日呈报

前案业蒙抚部院咨请督部堂主政核办。

一、整顿运商违章朦收案十月二十二日呈报

前案业蒙抚部院咨请督部堂主政核办。

以上三案应请督部堂迅予核办公布施行。

一、本省单行章程规则截清已行未行界限分别交存交议案十月二十一日呈报

前案业蒙抚部院行苏藩司移行各衙署局所一体遵办。

以上一案应请督部堂迅予公布通饬宁属各衙署局所一体施行。

一、抚部院交议清查荒地案十月十五日呈报

前案业蒙抚部院札苏藩司确核妥议详办。

一、抚部院交议补救州县困难案十月十八日呈报

前案业蒙抚部院札苏藩司按照所议各节逐一确核妥议详办。

以上二案应请督部堂迅予察核公布，通饬宁苏两属一律施行。

一、本省审判厅请缩短年限提前办理案十月二十一日呈报

以上一案业蒙抚部院据臬司详复批发到局，除另文呈请抚部院交令复议外，应请督部堂迅予裁夺施行。

一、规画全省教育案十月初八日呈报

一、宁苏女子师范学堂请就南菁学堂改设案十月十三日呈报

以上二案业蒙抚部院据苏学司详复各节批发到局。除抚部院不以为然之处另呈请交令复议及据案申辩外，应请督部堂迅予照议公布施行。

二）议定不可行事件

一、积谷钱款严禁州县存库案十月二十一日呈报

前案业蒙抚部院行宁苏两藩司饬属一体遵办，并查明砀山、丰县亏挪确数严行勒追具报。

以上一案应请督部堂加札饬办行查，毋令延搁。

一、革除官营商报案十月初六日呈报

一、修改前呈革除官营商报案十月十五日呈报

前二案业蒙抚部院咨商督部堂主政核办并挈衔公布。

一、节删江南财政局详改宁藩司所属契税章程案十月十九日呈报

前案业蒙抚部院咨请督部堂主核挈衔公布。

以上三案应请督部堂迅予主核会衔公布更正施行。

一、停止官纸专卖以免官民交困案九月二十八日呈报

前案业蒙抚部院咨请督部堂主政核明札复。

以上一案应请督部堂迅予主核更正施行。

一、永远停止彩票案十月初十日呈报

以上一案除呈请抚部院更正施行外，应请督部堂迅予照案更正施行。

三）陈请建议事件

一、建议南漕改折陈请代奏案十月十五日呈报

前案业蒙抚部院行苏藩司暨粮道确核具复并咨商督部堂主政核办。

一、建议免征田房典税陈请代奏案十月二十一日呈报

前案业蒙抚部院行苏藩司核案具复并咨商督部堂主政核办。

以上二案应请督部堂迅予照案代奏以通人民之情悃。

十二月十一日呈复陆护抚院札复规画全省教育案、宁苏合办女子师范学堂请就南菁学堂改设案并呈报督部堂文

为呈报呈复事：十二月初二日奉抚部院札开据苏州提学司详称中略，合就抄折札行等因并清折到局。奉此。查甲之一条学司原详所谓学务公所暂时不能收放各署局款项之理由，其弊实坐财政混淆，学务公所不能握教育行政统一之权，若财政果能清理就绪，行政官自应遵照奏章将教育一项用款预算出入交由本局议决，其辗转周折之烦抚部院似可毋庸过虑。惟学司原详既谓拨由学务公所支放一时尚难办到，又虑各署局报告拨款案由、放款月日恐有遗漏，是亦类于不以为然，应请抚部院遵照奏章第二十二条第二项仍交本局复议。甲之二三四五各条，抚部院以为近来学款繁多，鱼肉蔬菜几于无一不捐，操之太切，诚恐民情疑阻，反碍进步，应由各州县酌量本地情形，督同劝学所、教育会查议复办。查本局原

案甲之二条系请以各项教育费收入之数应照光绪三十四年统计，务使有增无减。此案原议本以增筹经费匪可过亟，祇只求先将现有之原额加意维持，不得以原有之款移充教育以外之用，一面再徐图加增，并非有急切指捐之条，未解抚部院之所谓操之太切者究何所指。又甲之三条系请以地方教育费视其性质别为厅州县教育费与城镇乡教育费，此条原意系就原有之款画分界限，所以平各地方厅州县与城镇乡款项之纷争。甲之四条系请以厅州县教育费之支出定为劝学所、高等小学、女子高等小学、初等实业学【堂】、中学、初级师范学【堂】六项。甲之五条系请以城镇乡教育费之支出，以初等小学半日学堂为主。以上两条原意均系就原有之款规定用途，所以谋各地方厅州县及城镇乡教育之发达，与抚部院司详原批所谓"鱼肉蔬菜无一不捐"、所谓"民情疑阻反碍进步"均无关涉。至由各州县督同劝学所、教育会查议复办一层，窃维各地方劝学所、教育会均为厅州县自治范围中之一团体，谘议局具有省会规模，局内议员即为各地方厅州县所举之代表，本局议定之案如抚部院不以为然，照章只有仍交本局复议之文。抚部院若无异议，照章即有公布施行之责，无庸转辗周折。以上甲之二三四五各条应请抚部院遵照奏章仍予公布施行。又宁苏合办女子师范学堂请就南菁学堂改设一案，应请俟宁学司复到后照章仍交本局复议，合并声明。所有奉抚部院札复批发苏学司详复核议规画全省教育等案分别声辩各缘由，除呈复抚部院、呈报督部堂外，理合具文呈报呈复，为此呈请督部堂鉴察、抚部院察核施行。须至呈者。

十二月十四日呈明陆护抚院札复整顿契税方法案、洋商道契司详误写华商道契请饬改正并报督部堂文

为呈报呈请事：前奉抚部院札行苏藩司详本局议决整顿契税方法案一件，业经本局另文具报、具复呈请抚部院照章改为交令复议在案。兹又查得本局原案所请通商口岸洋商道契一律征税一节虽经司详以为通行无碍呈请分饬立案，并蒙抚部院札行上海道筹议并咨呈督部堂查照。惟查司详原文误写洋商道契为华商道契，一字之讹关系出入不小，理合备文辩明呈请抚部院，一面饬司改正一面札知上海道并咨请督部堂查照。除呈复抚部院、呈报督部堂外，为此呈请督部堂鉴察、抚部院察核施行。须至呈者。

十二月二十四日呈请督抚公布积谷钱款严禁州县存库案文

为呈请事：宣统元年十二月二十一日案奉督部堂札开，案准抚部院咨开据江苏谘议局呈称议决积谷钱款严禁存库一案中略，为此札复谘议局查照等因。奉此。查此案既经核准，应请饬登《南洋官报》公布。除呈抚部院、督部堂外，为此具文呈请督部堂、抚部院鉴察施行。须至呈者。

正月二十一日呈复张督部堂札复交议
调查户口规则案并呈报抚部院文

为呈复呈报事：宣统元年十二月二十七日接奉督部堂札开：据谘议局呈议决交议调查户口一案中略，为此札复等因，奉此。查《谘议局章程》第二十二条第二项内开"前项呈候施行事件若督抚不以为然应说明原委事由，令谘议局复议"等语，据此，知本局议定事件若督部堂不以为然即应照章说明原委事由交令复议。兹奉前因，理合呈请督部堂将前项札复各条改为交局复议以符定章。除呈报抚部院、呈请督部堂外，为此呈请督部堂察核施行、呈报抚部院鉴察。须至呈者。

正月二十一日呈请督部堂公布高淳一县
水无去路民纳虚粮数百年民瘼应予奏请豁除案及本省单行章程规则
截清已行未行界限分别交存交议案文

为呈请事：宣统元年十二月二十七日接奉札复本局议决高淳虚粮应予奏请豁除一案，又本省单行章程规则截清已行未行界限分别交存交议一案，业蒙督部堂分别札司查办准予施行。惟查《谘议局章程》第二十四条后附之案话，谘议局议定可行事件督抚若无异议即有公布施行之责。兹奉前因，理合呈请饬登《南洋官报》公布以符定章，为此备文呈请督部堂迅予施行。须至呈者。

正月二十二日呈复督部堂札复永远停止彩票案【文】

为呈请事：宣统元年十二月二十七日奉督部堂札开据谘议局呈议决永远停止彩票一案中略，再行核办等因。奉此。查局章第二十三条谘议局呈请更正施行案件若督抚不以为然，应说明原委事由交局复议。此案必须联合各省再行核办，不由本省自申禁令，非原议案仰望之意，是即不以为然，理合呈请督部堂照章交局复议。为此备文呈请督部堂察核施行。须至呈者。

正月二十二日呈报张督部堂奉陆护抚院札复暨准甘肃谘议局移复永远停止彩票案文

为呈报事：宣统元年十二月十三日奉抚部院札开"据江苏谘议局呈称议决永远停止彩票一案中略，合行札复等因，奉此。又于同月二十七日准甘肃谘议局移开案准移明永远停止彩票一案，并抄单一纸等因。准此。除呈报陕甘总督部堂暨甘肃布政司通饬各属一体永远严禁外，拟合移复"等因。准此。理合并案呈报，为此呈请督部堂鉴察。须至呈者。

正月二十四日第三期呈请张督部堂迅予裁夺施行未经札复各议案文

为呈请事：案查前奉批准本局《议事细则》第一百六条本局议决呈报可行事件督抚并未交令复议者常驻议员有按期呈请公布施行之责。本月二十日为常驻议员第三次协议之期，所有大会期内议决事件除已蒙札复各案及筹办共进会一案另文呈复外，理合开列清折按期呈请，为此备文呈请督部堂迅予公布施行。须至呈者。

计开：

一、整顿征收丁漕积弊案九月二十三日呈报

前案业蒙抚部院行宁苏两藩司核饬各属一体遵办，应请督部堂加札饬遵并饬登《南洋官报》公布。

一、筹办本省巡警案十月二十一日呈报

前案除抚部院不以为然各节业经照章交令复议外，其余均蒙照案施行。

一、本省审判厅请缩短年限提前办理案十月二十一日呈报

前案经抚部院照章交令复议。

以上二案应请督部堂迅予裁夺施行。

一、停止官纸专卖以免官民交困案九月二十八日呈报

一、革除官营商报案十月十五日呈报

一、修改革除官营商报案十月十五日呈报

一、建议南漕改折陈请代奏案十月十五日呈报

一、设立公司开垦淮海苇荡营荒地案十月十八日呈报

一、整顿淮北盐务兼筹海州自治经费案十月二十一日呈报

一、整顿治安关卡以苏商困案十月二十一日呈报

一、建议免征田房典税陈请代奏案十月二十一日呈报

一、补救淮南盐务案十月二十二日呈报

一、整顿运商违章朦收案十月二十二日呈报

以上十案业经抚部院咨请主政核办，应请督部堂迅予裁夺施行。

正月二十四日呈张督部堂请将瑞前抚部院交议筹办共进会案交局复议并报抚部院文

为呈请呈报事：本年正月十四日奉抚部院札开准南洋通商大臣张咨案准中略，为此札行查照等因。奉此。查局章第二十二条谘议局呈候施行事件若督抚不以为然，应说明原委事由交令复议。今督部堂既不以奏请免征赛品为然，自应照章交局复议以重宪政。兹奉前因，理合备文呈请。除呈报抚部院、呈请督部堂外，为此呈请督部堂察核施行、呈报抚部院鉴察。须至呈者。

正月二十四日呈请督抚公布改订厘金征收方法案文

为呈请事：宣统元年十月三十日奉前升任瑞抚部院札开"据江苏谘议局呈报议决改订厘金征收方法案中略，为此札复"等因。奉此。又于十二月初三日奉督部堂札开"据谘议局呈称议决抚部院交议改订厘金征收方法议案中略，为此札复"等因。奉此。查局章第二十四条后附之案语，谘议局议定可行事件督抚若无异议即有公布施行之责。此案既蒙督部堂、抚部院照准施行，理合呈请饬登《南洋官报》公布以符定章。除呈抚部院、督部堂外，为此呈请督部堂、抚部院迅予施行。须至呈者。

正月二十四日呈请宝抚部院公布整顿征收丁漕积弊案文

为呈请事：宣统元年十一月初四日奉前升任瑞部院札开："据谘议局呈称议

决整顿征收丁漕积弊一案等情，到本部院。据此。除行宁苏两藩司核饬各属一体遵办外，为此札复。"等因。奉此。查局章第二十四条后附之案语本局议定可行事督抚若无异议即有公布施行之责，此案既蒙前升任瑞抚部院照准施行，理合呈请抚部院饬登《南洋官报》公布以符定章，为此呈请抚部院鉴核迅予施行。须至呈者。

二月初四日呈请督抚咨催江北提督迅予核复设立公司开垦淮海苇荡营荒地案文

为呈请事：正月二十七日奉札开"据谘议局呈议决设立公司开垦淮海苇荡营荒地一案开具清折呈送前来。查苇荡营樵兵为供给河工柴（扫）〔埽〕而设，向归江北提督主政办理。现经查照来呈咨商江北提督分别详查主政核办，为此札复"等因。查三月初九日召集开会之期业蒙照准施行，本局遵章应于二月初九日以前将本届应议事件预行通知各议员俾事前有所研求，应请会衔咨催江北提督迅予核复，于二月初八日以前札复到局以便通告。除呈抚部院、督部堂外，为此呈请抚部院、督部堂迅予施行。须至呈者。

二月初四日呈请张督部堂迅将交议调查户口案交局复议文

为呈请事：查本局议决督部堂交议调查户口一案，前奉札复业已具文呈请照章改为交局复议在案。三月初九日开会之期业蒙会电召集，本局例应于开会三十日前将本届应议事件预行通知全体议员，应请督部堂迅将前案发交复议，俾得照章依期通告。为此呈请督部堂裁夺施行。须至呈者。

二月初四日第四期呈请张督部堂迅予裁夺饬司详复及未经札复各议案文

为呈请事：查三月初九日召集开会之期业蒙督部堂照准施行，本局遵章应于二月初九日以前将本届应议事件预先通知各议员，俾事前有所研求，所有前承饬司详复及未经札复之件应请督部堂迅予裁夺，于本月初八日以前札行到局，俾得依期预行通告，为此开列清折备文呈请督部堂核夺施行。须至呈者。

计开：

一、整顿契税方法案

前案于去年十二月初二日接奉札复行宁藩司一体酌核妥议详办。

一、规画全省教育案

乙之五

前案于正月初二日接奉札复已饬宁学司移会淮扬海道将历年办理该场情形复司再行详复察夺。

乙之六

前案于正月初二日接奉札复已饬宁学司移行淮运司、扬州府筹商办法，俟复到再行酌定。

一、筹办本省巡警案

一、本省审判厅请缩短年限提前办理案

以上二案应请督部堂酌核宁属情形裁夺施行。

一、建议南漕改折陈请代奏案

一、建议免征田房典税陈请代奏案

以上二案应请督部堂准予代奏以通人民之情悃。

二月初四日第四期呈请抚部院迅予裁夺司道核议各议案文

为呈请事：查三月初九日召集开会之期业蒙督部堂、抚部院照准施行，本局遵章应于二月初九日以前将本届应议事件预先通知各议员，俾事前有所研求。所有前抚部院核饬司道核议之件应请抚部院迅予裁夺，于本月初八日以前札行到局俾得依期预行通告，为此开列清折备文呈请抚部院核夺施行。须至呈者。

计开：

一、交议清查荒地案

前案于去年十月三十日奉前抚部院札复札苏藩司确核妥议详办。

一、交议补救州县困难案

前案于去年十月三十日奉前抚部院札复札苏藩司按照所议各节逐一确核妥议详办。

一、整顿契税方法案、华洋道契一律收税条

前于正月二十四日奉前护抚部院札复，事涉洋商，应考条约，已饬上海道核复可行与否，仍应俟复到裁夺。

二月初五日呈送宁藩司高淳虚粮议决案理由书审查会报告书及高淳、金坛、溧阳、宜兴、荆溪蛟雨灾区工赈图说文

为呈送事：宣统二年正月二十九日接奉贵司咨开奉督宪张札开中略，移司核办施行等因，奉此。遵即抄录本局议决高淳虚粮应予奏请豁除案、王议员嘉宾理由书、审查会报告书各一件及关于此案之高淳、金坛、溧阳、宜兴、荆溪蛟雨灾区工赈图说一册，相应一并呈送鉴核，为此备文呈送贵司查照。须至呈者。

计呈：

一、高淳一县水无去路，民纳虚粮数百年民瘼应予奏请豁除议决案见《第一年度报告》第一册《议决案汇录》

一、高淳王议员嘉宾理由书

高淳一县代三吴受水害者五百年于兹矣案高淳东界溧阳，西界太平府当涂县，南界广德州建平县、宁国府宣城县，北界溧水，中间水道自西徂东向经溧阳、宜兴以达太湖案此河相传为春秋伍员所凿，故又名胥溪，其时不过一线水流耳案有以此水当禹贡之中江者，非是，前人已正其误。南唐将杨濠用兵宣州，修筑五堰，以时启闭，藉以转运，是为今日东坝之始基。然水满可以启泄，犹不至病民也。案《宋范成大集》有自邓步至银林诗即此。最初误于宋单锷《吴中水利书》案：中有下流疏浚三江口上源堵塞此河之说。苏轼上之于朝而未行，遂为明代建筑东坝之张本。次则误于明洪武朝因堰建闸改为运道案：避苏常运河出江之险，改由此至高淳经天生桥溧水以达金陵，闸既加高，逆水之性遏令西流。永乐北迁，运河既废，吴中适遭水患，遂援单锷之说建筑东坝，滴水不通，遂成泽国。嗣因天生桥下复被砂石填淤，水益无出路矣。自东坝筑后，几使高淳全境皆水案南为南湖，西为西湖及万顷湖、花津湖，北为石臼湖，中为固城湖。固城一湖浸没良田十余万亩，而以其粮洒派民田，每亩加二升完纳。此种浮粮历明迄今，至我大行景皇帝之初年始克豁免。是高淳一邑代三吴纳此数百年无田之粮也。高淳人言决东坝则三吴之人力阻之，言修复天生桥故道则隶省之上元、江宁等县疑阻之，是高淳以一邑忍而受无穷之害，终不能言决东坝以毙三吴之民，又不能言疏浚天生桥以困我同郡之人民，何不幸而为高淳之民也！犹未已也！高淳西南界之万顷湖者汇宁国府西北流之水，由湖吐出，西经芜湖入大江案

宁国府东北流之水经建平界入溧阳之三塔荡，其西北流之水注此，水涨则受水，水有停潴，不至泛滥，退则牧马案宋时废湖，明后沿为草场，内有菱草，得收余利。乃近年来藉口农田水利，筑湖成圩，与水争地，水无所归，冲突横溢，分灌高淳，受水之害有加无已，是又以高淳受数百年之水患为未足而更益重其害也！犹未已也！如上说则历年常受水患可知。顾地方僻处，距省窎远，士少显达，民复愿善，每有呈报到官，准灾与不准灾听之；及至委勘，成灾与不成灾亦听之；分数不明，留抵不办，往往今年呈报，明年带征，灾后带一年之征酷于平时加一倍之赋案民间有不报灾免带征之谚，甚有一忙带两年之征者，皆年年竭蹶措办以清正供案高淳钱粮每年清解比较旧为江苏通省之冠。今皇上即位，有诏豁免光绪三十二年以前漕粮旧欠，高厚之恩普天同戴，高淳多以完纳在前蠲免失望，第知急公奉上，不及援例邀恩，先后异趣，遂致感泣殊情。即如本年五月初旬之水汩地滔天，涨漫东坝，坝石为飞，居民抢护，幸得保全。若一经崩溃，下游不复堪问。以一东坝拯救数郡而高淳境内淹没之无数可知，小圩约剩百中之五六，致永丰等二三大圩虽堵塞未溃，积水内浸亦占全圩面积十分之六七。地方呈报委员勘验既必无滥准，想亦必无枉征，大吏题缓题免自有权衡，然以我高淳之习惯则又惟安排来年带征而已。灾无免征之年，水无出口之路，地为江南数大郡中流之砥柱，民为数百年困苦无告之穷民，直道苟在，公论斯彰。嘉宾有伤心桑梓之感，谘议局有提议利弊之权，恳祈审查设法补救，为水筹路以抒积困，为民宽赋以澹沈灾，不胜祷切之至。

嘉宾再案：东坝既未便议决，或谓宜就天生桥胭脂河故道疏通引水北流，再引而西，别开支河，经牛首山入大江，不独高淳之水稍有出路，即当涂、溧水等县皆有泄水之利益。然此事关数县，非嘉宾所敢独建是议者也。

一、高淳水患特别审查会报告书

本局以王议员嘉宾提议事件关系重大，议决特开审查会审查之。据该会报告如左：

高淳水患一由于东坝之筑，再由于胭脂河之塞，三由于万顷湖筑湖成圩以致水路为之阻塞，受害甚巨。应如何疏通水路非实地测量另开支河不能永御水患。此事应请交常驻议员通告元、宁、溧水、高淳各县自治事务所举员会同测量勘议办理。惟查高淳田亩以筑东坝沉失过多，居民积受摊赔虚粮苦累，历朝报淹豁粮迄未奉准。光绪四年秦县令曾熙三次详经沈前督部堂、吴前抚部院顶奏准豁虚粮十万五千余亩，尚有十万余亩未能清豁。地方官率于灾年代征，灾后代征，历年以来民不堪命。本年水灾更甚，初次呈报灾区已十一万余亩，继由唐昌乡民呈报二四五六八九等灾区大小共十五六圩，计田一万余亩。现经大吏委员履勘，仅准报灾区六万余亩，免灾仅及半数，小民受累实深，应请制台饬司派员复勘查明应行蠲免灾区核准全数邀免，俾被灾之民不至再受追呼之累。本审查会公同商酌，意见相同，谨报告议长请付众公决。

前项报告书提出时并附交宣统元年江苏高淳、金坛、溧阳、宜兴、荆溪蛟雨灾区《工赈图说》一册，是为虚粮十余万亩未经清豁之根据，由是再经议场公决呈报议案具如前稿，合并声明，并呈《工赈图说》一册备核。

一、高淳、金坛、溧阳、宜兴、荆溪蛟雨灾区《工赈图说》另有石印单行本

附录：宁藩司来文

为咨请事：奉督宪张札开："据谘议局呈议决高淳虚粮应予奏请豁除一案开具清折呈送前来。查高淳虚粮相沿已数千余年，积困至今久为民累。目下民力雕敝更甚于前，自应将闾阎疾苦情形会同苏抚部院据实奏陈为民请命，应饬该司查明该县虚粮确数详复核办。至据称上年被水灾区共有田十二余万亩并应由司饬令江宁府再行复查以昭核实。除札复谘议局查照并咨明抚部院外，札司遵照确查详办毋违。"等因，到司。奉此。查高淳县上年被水灾田业据江宁府复勘禀司汇案详办在案，所有高淳虚粮自应遵照院宪指饬查办，惟须将原续案据分别校勘办理始免歧误，合亟咨请，为此合咨贵局烦为查照，希即将议案抄折移司核办施行。须至咨者。

三月初六日呈请张督部堂于开临时会前分别札复筹兴水利等案文

为呈请事：窃本局第二届临时开会之期已近，所有迭次奉到交令复议之件业已络绎通告各议员，俾事前有所准备。兹续查得本局议决筹兴水利为谘议局基本金之设备一案、裁撤江楚编译局一案、学务公所整顿事宜一案，孰当公布，孰当复议，应请督部堂迅予裁夺，于开会期前分别札复到局以便准备。理合备文呈请，为此呈请督部堂察核施行。再筹筑海清铁路以工代赈案已奉大部兴办，交议

补救铜元案原案正意业蒙照准，均无庸再请核示，以故不复列入，合并声明。须至呈者。

三月十七日呈请督抚公布本省单行章程规则截清已行未行界限分别交存交议案、裁撤江楚编译局案文

为呈请事：按局章第二十二条、二十三条、二十四条后附之案语内载有"谘议局议定可行事件，督抚若无异议有公布施行之责"等语。查上届议会议决本省单行章程规则截清已行未行界限分别交存交议一案、裁撤江楚编译局一案，业承照允施行，惟至今未蒙饬登《南洋官报》公布，按之局章尚为未结，本局呈报资政院时多一声叙似为未洽，理合备文呈请，为此呈请督部堂、抚部院迅予公布。除呈抚部院、督部堂外，须至呈者。

国家清史编纂委员会·文献丛刊

主编 胡绳武

副主编 牛贯杰 戴鞍钢

清末立宪运动史料丛刊 ㉒

江苏谘议局 下卷

高洪兴 编

山西人民出版社

本书获中国人民大学"中央高校建设世界一流大学（学科）和特色发展引导专项资金"支持

"十二五"国家重点图书出版规划项目

国家清史编纂委员会出版委员会

主　　任　戴　逸

执行主任　马大正　崔建飞

委　　员　卜　键　朱诚如　成崇德　郭成康
　　　　　潘振平　徐兆仁　邹爱莲

学术秘书　赫晓琳　李　岚

《清末立宪运动史料丛刊》出版工作委员会

主　　任　　贾新田　胡彦威

副 主 任　　姚　军　梁晋华

统　　筹　　蒙莉莉

委　　员　　（以姓氏笔画为序）

王新斐　冯灵芝　史美珍　刘小玲　吉　昊

李　靖　李　鑫　张小芳　张志杰　何赵云

杜厚勤　张彦彬　柳承旭　武　静　郝文霞

贺　权　贾登红　崔人杰　阎卫斌　傅晓红

翟丽娟　蔡咏卉　魏美荣

目录

下 卷

第二编 江苏谘议局时期

第一部分 江苏谘议局刊行资料

《江苏谘议局第一年度报告》第三册
江苏谘议局第一届常年会议事录……515
《江苏谘议局第一年度报告》第四册
江苏谘议局第二届临时会议事录……599
《江苏谘议局第一年度报告》第五册
江苏谘议局第二届临时会议案报告目次……620
江苏谘议局第二届第一年度临时会呈报议决案汇录……623

（一）呈候公布施行事件

三月十二日呈报督抚议决抚部院交议整顿契税方法案内洋商道契
　　一律征税一条请公布施行案……………………………………………… 623
三月十三日呈报督抚复议上届议决抚部院交议整顿契税方法案内
　　折价及经征两条案……………………………………………………… 624
三月十三日呈报督抚复议上届抚部院交议整顿契税方法议决案内
　　划拨公益捐三分一条请督促实行案…………………………………… 626
三月十三日呈报督抚复议上届议决节删宁属契税章程案……………… 629
三月十三日呈报督抚复议上届议决停止官纸专卖以免官民交困案…… 631
三月十三日呈报督抚复议上届议决筹办本省巡警案…………………… 632
三月十四日呈报督抚复议上届议决抚部院交议度量权衡改制推进案… 632
三月十五日呈报督抚复议上届议决规画全省教育案内甲之一丙之
　　五六各条案……………………………………………………………… 633
三月十五日呈报督、呈复抚声辩上届议决规画全省教育案内甲之
　　二三四五各条案………………………………………………………… 634
三月十五日呈报督抚复议上届议决宁苏合办女子师范学堂请就南菁
　　学堂改设案……………………………………………………………… 636
三月十六日呈报督抚复议上届议决永远停止彩票案…………………… 636
三月十五日呈报督抚复议上届议决整顿运商违章朦收暨补救淮南盐务
　　整顿淮北盐务等三案…………………………………………………… 637
三月十六日呈报督抚复议上届议决设立公司开垦淮海苇荡营荒地案… 637
三月十九日呈报督抚复议上届议决抚部院交议筹办共进会案………… 638
三月十九日呈报督抚复议上届议决本省审判厅缩短年限提前办理案… 639
三月十九日呈报督抚复议上届议决学务公所整顿事宜内第二条案…… 639
三月二十日呈督抚复议上届议决筹兴江淮水利公司案………………… 640
三月二十日呈报督抚复议上届议决督部堂交议调查户口通则案……… 643
三月二十日呈报督抚议决抄呈粤鄂禁止湖北签捐彩票往来电文案…… 645
三月二十一日呈报督抚议决租界外民地买卖停转道契案……………… 646
三月二十一日呈报督抚议决代呈甘泉县士绅陈忠溥等堤工请愿书案… 646

三月二十七日呈报督抚议决阻止洋商在内地私设行栈商店案……648
三月二十七日呈报督抚议决声明学务公所整顿事宜案内苏学司
　　办公钟点请先由学务公所通告教育会、劝学所案……648
三月二十八日呈报督抚议决米价日昂维持民食案……649
三月二十八日呈报督抚议决宁苏两属忙漕带征自治经费领用分配办法案……649
三月二十八日呈报督抚复议上届议决规画全省教育案内乙之六一条案……650
三月二十九日呈报督抚复议上届议决规画全省教育案内乙之五一条案……651
三月二十九日呈报督抚复议上届议决抚部院交议清查荒地案……651

（二）呈候更正施行事件
三月十五日呈报督抚复议上届议决抚部院交议补救州县困难案……655
三月十六日呈报督抚复议上届议决抚部院交议联合农会组织农林公司案……658

（三）呈候批答事件
三月十四日呈请督抚批答宁苏筹办府厅州县自治办法案……659
三月十六日呈请督抚批答裕宁裕苏发行钞票继续质问案……660
三月十九日呈请督抚批答司法研究所质问案……662
三月二十五日呈报督抚议决请定泰州滋事后办理方法案……663

（四）呈请查办事件
三月二十一日呈请督抚查办苏松太道蔡乃煌违法案……663

（五）呈请转咨核复事件
三月二十九日呈报督抚议决声叙淮南北盐务案内各条请一并转咨
　　督办核复案……673

（六）呈请发交复议事件
三月二十八日呈请督抚饬钞宝山租地案牍交局复议案……676

附：未经呈报事件
三月十七日议决豫计地方自治经费厘订地方税界限应请开国会案……677
三月二十七日议决厘金改办认捐进行方法案……677

《江苏谘议局第一年度报告》第六册
江苏谘议局第二届第一年度临时会议决案督部堂、抚部院复文汇录……679

督部堂复文

(一) 呈请公布施行事件

张督部堂札复复议上届整顿税契方法洋商道契一律收税案文
　　三月二十日 ··· 679

张督部堂札复复议上届整顿税契方法划一折价及自治会经征案文
　　三月二十日 ··· 680

张督部堂札复复议上届整顿契税方法划拨公益捐三分案文　三月二十日 ······ 680

张督部堂札复复议上届节删宁属契税章程案文　三月二十五 ······ 680

张督部堂宝抚部院复议上届停止官纸专卖以免官民交困案文
　　三月二十日 ··· 681

张督部堂札复复议上届筹办本省巡警案文　三月二十日 ············ 681

张督部堂札发江南巡警局及高等巡警学堂现办之章程规则文
　　五月初三日 ··· 681

张督部堂札复复议上届度量权衡改制推行案文　三月二十日 ············ 682

张督部堂札复复议上届规划全省教育甲之一丙之五六各条案文
　　三月二十日 ··· 682

张督部堂札复复议上届宁苏合办女子师范学堂案文　三月二十日 ············ 682

张督部堂札复复议上届永远停止彩票案文　三月二十二日 ············ 682

张督部堂札行湖北签捐彩票分年递减办法交局复议案文　四月初八日 ········ 683

张督部堂陆护部院札知湖北签捐彩票展缓至六月分为止不再发销苏省文
　　四月十三日 ··· 685

张督部堂札知禁止安徽彩票销售苏省案文　五月十六日 ················ 686

张督部堂、宝抚部院札复复议上届整顿淮北盐务补救淮南盐务运商
　　违章朦收三案文　三月二十五日 ·· 687

张督部堂宝抚部院札复复议上届设立公司开垦淮海苇荡营荒地案文
　　三月二十日 ··· 689

张督部堂陆护抚部院札复复议上届筹办共进会案文　四月初七日 ········ 689

张督部堂札复复议上届举办本省审判厅请缩短年限案文　三月二十五日 ······ 690

张督部堂札复复议上届整顿学务公所事宜倍选议长议绅并声明
办公钟点案文 三月二十五日 ………………………………………… 690
张督部堂札知学部咨复整顿学务公所事宜倍选议长议绅案文
六月初九日 ………………………………………………………………… 691
张督部堂札复复议上届筹兴江淮水利公司案文 四月初九日 ………… 691
张督部堂札知筹拨江淮水利公司测量经费已由宁苏两属分认文
四月十八日 ………………………………………………………………… 692
张督部堂札行安徽谘议局议决治睢案能否与江淮水利归并办理文
七日初七日 ………………………………………………………………… 693
两江督部堂张、江苏抚部院程、安徽抚部院朱恭录札行军机大臣字寄
翰林院侍读学士恽毓鼎奏请查办滨淮水患案文 七月二十五日 …… 694
张督部堂抄稿札知复奏查办滨淮水患案文 八月初五日 ……………… 696
两江总督部堂张、江苏抚部院程、安徽抚部院朱恭录札知复奏
查办滨淮水患钦奉朱批文 八月二十五日 …………………………… 697
两江总督部堂张、江苏抚部院程、安徽抚部院朱札知农工商部咨复奏
查办滨淮水患钦奉朱批文 九月初三日 ……………………………… 697
张督部堂札复复议上届《调查户口通则》第七第九第二十一各条案文
三月二十五日 ……………………………………………………………… 698
张督部堂札复续议抄呈粤鄂往来电文请援照禁售湖北签捐彩票案文
三月二十五日 ……………………………………………………………… 698
张督部堂札复议决租界外民地买卖停转道契案文 三月二十六日 …… 698
张督部堂札复议决代呈甘泉县士绅陈忠溥等堤工请愿书案文
三月二十七日 ……………………………………………………………… 698
张督部堂札复议决阻止洋商在内地私设行栈商店案文 四月初五日 … 699
张督部堂札复续议苏学司办公钟点先由学务公所通告教育会劝学所案文
四月初七日 ………………………………………………………………… 699
张督部堂札复议决米价日昂维持民食案文 四月初八日 ……………… 699
张督部堂札复复议上届规划全省教育内乙之六一条案文 四月初五日 … 700
张督部堂札复复议上届规划全省教育内乙之五一条案文 四月初七日 … 700

005 /

张督部堂札复复议上届清查荒地案文　四月初八日 …………………… 700
张督部堂札行陆抚部院咨复复议清查荒地案文　五月初三日 ………… 700

(二) 呈请更正施行事件
张督部堂札复复议上届补救州县困难案文　三月二十日 ……………… 701
张督部堂札复复议上届联合农会组织农林公司案文　三月二十日 …… 701

(三) 呈请批答事件
张督部堂札复议决请将宁苏筹办府厅州县自治办法批答案文
　　三月二十五日 …………………………………………………………… 702
张督部堂札复议决裕宁裕苏两官银钱局发行钞票继续质问案文
　　三月二十日 ……………………………………………………………… 707
张督部堂札行裕宁官银钱局详复发行钞票继续质问案文　四月二十三日 …… 708
张督部堂札复议决司法研究所质问案文　三月二十六日 ……………… 710
张督部堂札行苏臬司详复司法研究所质问案文　四月二十九日 ……… 710
张督部堂札复议决将泰州调查户口滋事后办理方法批答案文
　　四月十八日 ……………………………………………………………… 713

(四) 呈请查办事件
张督部堂宝抚部院札复议决呈请查办苏松太道蔡乃煌违法案文
　　三月二十六日 …………………………………………………………… 714

(五) 呈候转咨核复事件
张督部堂陆抚部院札复续议整顿淮北盐务补救淮南盐务呈请
转咨督办盐政处核复案文　四月十一日 ………………………………… 714

抚部院复文
(一) 呈请公布施行事件
宝抚部院札复复议上届整顿税契方法洋商道契一律收税案文
　　四月初八日 ……………………………………………………………… 715
宝抚部院札复上海道禀复整顿税契方法洋商道(税)〔契〕一律收税案文
　　四月初八日 ……………………………………………………………… 715
宝抚部院札复复议上届整顿税契方法划拨公益捐三分及划一折价自治会
　　经征案文　四月初九日 ………………………………………………… 716

宝抚部院札复复议上届节删宁属契税章程案文　四月初八日 …………… 716
宝抚部院札复复议上届停止官纸专卖以免官民交困案文　三月二十八日 …… 716
陆护部院札复复议上届筹办本省巡警案文　四月二十六日 ……………… 717
程抚部院札发苏属高等巡警学堂章程文　五月十二日 ………………… 717
程抚部院札发苏省警务公所章程文　五月二十七日 …………………… 718
程抚部院札发上海巡警总局章程文　六月初七日 ……………………… 718
宝抚部院札复复议上届度量权衡改制推行案文　四月初二日 …………… 718
宝抚部院札复复议上届规划全省教育甲之一丙之五六各条案文
　四月初一日 ………………………………………………………… 718
宝抚部院札复声明上届规划全省教育甲之二三四五各条案文
　四月初二日 ………………………………………………………… 719
宝抚部院札复复议上届宁苏合办女子师范学堂案文　四月初二日 ……… 719
宝抚部院札复复议上届永远停止彩票案文　四月初二日 ………………… 719
宝抚部院札复复议上届整顿淮北盐务补救淮南盐务运商违章朦收三案文
　四月初二日 ………………………………………………………… 719
宝抚部院札复复议上届设立公司开垦淮海苇荡营荒地案文　四月初二日 …… 720
宝抚部院札复复议上届筹办共进会案文　四月初六日 ………………… 720
宝抚部院札复复议上届举办本省审判厅请缩短年限案文　四月初六日 …… 720
宝抚部院札复复议上届整顿学务公所事宜倍选议长议绅并声明办公钟点案文
　四月初五日 ………………………………………………………… 720
陆护抚部院札复苏提学司呈复整顿学务公所事宜倍选议绅并办公钟点案文
　四月二十六日 ……………………………………………………… 721
宝抚部院札复复议上届筹兴江淮水利公司案文　四月初八日 …………… 721
宝抚部院札复复议上届《调查户口通则》第七第九第二十一各条案文
　四月初八日 ………………………………………………………… 721
宝抚部院札复续议抄呈粤鄂往来电文请援照禁售湖北签捐彩票案文
　四月初八日 ………………………………………………………… 722
宝抚部院札复议决代呈甘泉县士绅陈忠溥等堤工请愿书案文
　四月初八日 ………………………………………………………… 722

陆护抚部院札复议决阻止洋商在内地私设行栈商店案文　四月十七日………722
陆护抚部院札复续议苏提学司办公钟点先由学务公所通告教育会劝学所案文
　　四月十四日…………………………………………………………………………723
陆护抚部院札复议决米价日昂维持民食案文　四月十九日………………………723
程抚部院札行苏藩司苏沪两厘局会详米价日昂维持民食案文
　　五月十六日…………………………………………………………………………723
陆护抚部院札复议决宁苏两属忙漕带征自治经费酌定领用办法案文
　　四月十九日…………………………………………………………………………724
陆护抚部院札复复议上届规划全省教育乙之六一条案文　四月十四日…………725
陆护抚部院札复复议上届规划全省教育乙之五一条案文　四月十八日…………725
陆护抚部院札复复议上届清查荒地案文　四月二十一日……………………………725

（二）呈请更正施行事件

宝抚部院札复复议上届补救州县困难案文　四月初九日…………………………726
程抚部院札行宪政编查馆咨复补救州县困难案文　六月十九日…………………726
宝抚部院札复复议上届联合农会组织农林公司案文　四月初二日………………727

（三）呈请批答事件

陆护部院札复议决请将宁苏筹备府厅州县自治办法批答案文
　　四月十八日…………………………………………………………………………727
宝抚部院札复议决裕宁裕苏两官银钱局发行钞票继续质问案文
　　四月初二日…………………………………………………………………………730
陆护抚部院札行裕苏官银钱局呈复发行钞票继续质问案文
　　四月二十一日………………………………………………………………………730
陆护抚部院札复司法研究所质问案文　四月二十六日……………………………732
陆护抚部院札复议决请将泰州调查户口滋事后办理方法批答案文
　　四月二十一日………………………………………………………………………732

（四）呈请查办事件

程抚部院札复呈请查办苏松太道蔡乃煌违法案文　七月初九日…………………733

（五）呈请转咨核复事件

陆护抚部院札复续议整顿淮北盐务补救淮南盐务请转咨督办
　　盐政大臣核复案文　四月十四日 …………………………………… 733

江苏谘议局第一年度协议会呈报督部堂、抚部院交件汇录 ………… 734

（一）呈请认作咨询事件

呈复督部堂、抚部院整顿契税方法洋商道契一律收税案请认作咨询事件文
　　七月初九日 …………………………………………………………… 734

（二）呈请援案办理事件

督部堂通电各属禁止彩票案以六月晦日后为实行之期文　五月二十三日 …… 736
呈请督部堂飞电各属禁止彩票案务期刻日禁绝文　七月初九日 ………… 736
呈请督部堂通饬各属禁止彩票案严订承禁者考成文　七月二十三日 …… 737
呈报督部堂推定江淮水利公司测量局长请发给照会文　五月二十六日 …… 737
呈请督部堂饬拨江淮水利公司测量经费文　七月二十日 …………………… 737
呈请督部堂抚部院发给江淮水利公司测量局关防文　九月十六日 ……… 738
呈请督部堂抚部院转咨东皖两抚江淮水利公司测量所至应由测量局
　　自行陈请商办文　九月十六日 ………………………………………… 738

（三）呈请迅予裁夺事件

呈请抚部院将规划全省教育案内甲之一、丙之五六各条迅予裁夺
　　并呈报督部堂文　六月二十三日 ……………………………………… 739

（四）呈请札催详报事件

呈请督部堂、抚部院札催宁苏两学司将规划本省教育案内乙之四条
　　详报办理情形文　六月初八日 ………………………………………… 739

（五）呈请咨催核复事件

呈请督部堂咨催督办盐政处核复整顿淮北盐务补救淮南盐务两案
　　并呈报抚部院文　六月二十四日 ……………………………………… 740
呈请抚部院咨催宪政编查馆核复整顿税契方法内划拨公益捐及折价经征案
　　并呈报督部堂文　六月二十七日 ……………………………………… 740
呈请督部堂、抚部院咨催江北提部堂核复设立公司开垦苇荡营荒地案文
　　七月初一日 …………………………………………………………… 741

（六）呈请援案转咨事件

呈请抚部院转咨浙江抚部院苏境浙西盐场筹办自治经费案并呈报督部堂文

  五月二十三日 ··· 741

（七）呈请并案办理事件

呈送督部堂、抚部院上海县滩地升科案牍印本请并入查办苏松太道

  蔡乃煌原案文　三月二十八日 ···································· 742

（八）呈请迅予札复事件

呈请督部堂、抚部院将宁苏合办女子师范学堂案迅予札复文

  七月初八日 ··· 743

呈催督部堂、抚部院迅将查办苏松太道蔡乃煌违法情形札复文

  七月初八日 ··· 743

（九）呈请札交宣布及审查事件

呈请督部堂札交关于纠举蔡道乃煌原案各要件以便宣布及公同审查文

  八月初七日 ··· 744

（十）呈请札交复议事件

呈请督部堂、抚部院札交节删宁属契税章程内饬司商订宁苏统一新章

  以便复议文　七月初一日 ·· 745

呈请督部堂札交关于租界外民地买卖停转道契原案宝山县租地案牍

  以便复议并呈报抚部院文　六月二十日 ·························· 745

（十一）呈请申明权限事件

呈复抚部院嗣后如遇意有出入案应请申明权限并呈报督部堂文

  五月二十四日 ··· 746

（十二）呈请变通常例事件

呈复抚部院嗣后对于紧急动议案应请变通常例并呈报督部堂文

  五月二十四日 ··· 746

江苏谘议局第一年度协议会督部堂、抚部院复文汇录 ················ 747

（一）呈请认作咨询事件

张督部堂札复整顿契税方法洋商道契一律收税案已札行江海关道妥筹

  复夺文　七月二十四日 ·· 748

张督部堂札行据交涉司详洋商道契一律收税案文 十一月二十二日……748
程抚部院札复整顿税契方法洋商道契一律收税案已札行江海关道
　　详复核夺文 七月二十七日……752

(二) 呈请援案办理事件
张督部堂札复禁止彩票限期实行案已札行苏臬司遵照文 五月二十九日……752
张督部堂札复禁止彩票刻日禁绝案已电饬苏臬司严饬各属文
　　七月十四日……753
张督部堂札复禁止彩票严订考成案已札行苏臬司等遵办具复文
　　七月二十九日……753
张督部堂札复推定江淮水利公司测量局长发给照会文 六月初六日……754
张督部堂札复饬拨江淮水利公司测量局经费文 七月二十七日……754
张督部堂札复江淮水利公司测量局请发关防已饬财政公所刊给文
　　九月二十六日……754
张督部堂札知准财政公所详遵照刊给江淮水利公司测量局关防文
　　十月二十日……755
程抚部院札复请刊给江淮水利公司测量局关防应候督部堂主政文
　　九月二十二日……755
张督部堂札复江淮水利公司测量所至应自行陈商已转咨东皖两抚院查照文
　　九月二十六日……755

(三) 呈请迅予裁夺事件
程抚部院札复规划全省教育案内甲之一丙之五六各条已饬宁苏两学司
　　遵照办理文 七月初九日……756

(四) 呈请札催详报事件
张督部堂札复规划全省教育案内乙之四条已饬宁苏两学司筹办详复文
　　七月十六日……756

(五) 呈请咨催核复事件
张督部堂札复续议整顿淮北盐务补救淮南盐务两案已转咨督办盐政处核复文
　　七月初五日……757

程抚部院札复续议整顿淮北盐务补救淮南盐务案已咨督部堂主政文

  七月十三日 ·· 757

张督部堂札复准督办盐政大臣咨整顿淮北盐务补救淮南盐务两案文

  九月十二日 ·· 757

程抚部院札行准宪政编查馆咨整顿契税方法内划拨公益捐及折价经征案文

  七月初八日 ·· 759

程抚部院札复整顿税契方法内划拨公益捐及折价经征案已将宪政编查馆

  咨文札局文　七月十八日 ·· 760

程抚部院札行准浙江抚部院咨浙省征收契税划一折价办法文

  九月二十六日 ··· 760

程抚部院札行整顿契税方法案内划一折价一节实行日期文　十月十三日 ······ 761

张督部堂札知准苏抚部院咨整顿契税方法案内划一折价一节实行日期文

  十月二十一日 ··· 761

张督部堂、程抚部院札复设立公司开垦淮海苇荡营荒地案已咨请

  江北提部堂迅复文　七月初九日 ·· 761

程抚部院札复设立公司开垦淮海苇荡营荒地案已咨催江北提部堂核复文

  七月初九日 ·· 762

张督部堂、程抚部院札行准江北提部堂咨设立公司开垦淮海苇荡营荒地案文

  八月初六日 ·· 762

（六）呈请援案转咨事件

 程抚部院札复苏境浙西盐场筹办自治经费案业已咨明浙抚部院

  札饬苏境各盐场遵照文　六月初七日 ··································· 763

（七）呈请并案办理事件

 张督部堂札复呈送上海县滩地升科案牍并入查办苏松太道蔡乃煌原案文

  四月初五日 ·· 764

（八）呈请迅予札复事件

 张督部堂札复宁苏合办女子师范学堂案已饬宁苏两学司会商办理文

  七月十六日 ·· 764

张督部堂札复查办苏松太道蔡乃煌违法案已经具奏并钦奉朱批文
　　七月十四日 ·· 765
张督部堂札行准吏部咨议奏苏松太道蔡乃煌处分案奉旨准其抵销文
　　八月初一日 ·· 767
程抚部院札复查办苏松太道蔡乃煌违法案已咨请督部堂示复文
　　七月十八日 ·· 768
程抚部院札知准督部堂咨片奏苏松太道蔡乃煌违法案已奉朱批文
　　七月三十日 ·· 769
程抚部院札知准督部堂咨复奏查明道员被参各款案已奉朱批文
　　七月三十日 ·· 769
程抚部院札知准督部堂咨查办蔡道乃煌违法案已经分别札复文
　　八月初二日 ·· 769
程抚部院札知准督部堂咨吏部议奏苏松太道蔡乃煌处分案准其抵销文
　　八月二十四日 ··· 770

（九）呈请札交宣布及审查事件

张督部堂札复关于纠举蔡道乃煌原案各要件已饬江海关道录送并具报文
　　八月二十日 ·· 770
张督部堂札复据江海关道录送袁升道与英领事商定承租子地案文
　　十一月十二日 ··· 771

（十）呈请札交复议事件

张督部堂札行据宁藩司详节删宁属契税章程案商订宁苏统一新章文
　　八月十五日 ·· 771
程抚部院札复节删宁属契税章程案已饬宁藩司商订宁苏统一新章文
　　七月初九日 ·· 773
张督部堂札发关于租界外民地买卖停转道契案宝山县租地案牍文
　　六月二十七日 ··· 774
程抚部院札复关于租界外民地买卖停转道契案宝山县租地案牍应候
　　督部堂饬交文　七月初三日 ··· 774
江苏谘议局第一届常年会议决案督部堂、抚部院复文补录 ·················· 774

张督部堂札复议决高淳虚粮恳予豁免案文 十月十五日……774
程抚部院札复议决田房典税免予征收案文 六月二十三日……775

《江苏谘议局第二年度报告》第一册
江苏谘议局第三届第二年度常年会议案报告……775
江苏谘议局第三届第二年度常年会议决案汇录……781

（一）呈请公布施行事件
呈报督部堂、抚部院议决革除民间绝卖田房产业加价恶习案文
　初九日……781
呈报督部堂、抚部院议决公定苏藩司属漕米折价案文 九月初九日……782
呈报督部堂、抚部院议决规定选举县视学章程案文 九月十二日……782
呈报督部堂、抚部院议决轮船协助堤工案文 九月十九日……783
呈报督部堂、抚部院议决截止报买沙滩案文 九月二十日……783
呈报督部堂、抚部院议决州县罚款分别限制案文 九月二十一日……784
呈报督部堂议决抚交、抚部院议决交议自治公所应整顿农务工艺案文
　九月二十二日……784
呈报督部堂议决交议、抚部院议决督交东三省移民殖边案文
　九月二十二日……786
呈报督部堂议决抚交、抚部院议决交议禁止逃荒案文 九月二十三日……788
呈报督部堂、抚部院议决遵札加议本局议案公布施行后之实行方法案文
　九月二十五日……789
呈报督部堂、抚部院议决推广初等教育方法案文 九月二十六日……792
呈报督部堂、抚部院议决江北饥民南下情形危急力筹堵截资遣方法案
　十月初五日……795
呈报督部堂、抚部院议决昭文、镇洋海塘工款案文 十月初六日……796
呈报督部堂、抚部院议决清厘海州积谷亏欠案文 十月初六日……796
呈报督部堂、抚部院议决各卫屯田劈分嵌坐州县管辖征收案文
　十月初七日……797
呈报督部堂议决交议、抚部院议决督交议订举绅分任禁烟事宜规则案文
　十月十三日……798

呈报督部堂议决抚交、抚部院议决交议严订禁烟规约案文
　　十月十三日 ………………………………………………………… 799
呈报督部堂议决交令、抚部院议决督交复议限制州县罚款案文
　　十月十三日 ………………………………………………………… 803
呈报督部堂议决抚交、抚部院议决交令复议公定苏属漕米折价案文
　　十月十四日 ………………………………………………………… 803
呈报督部堂、抚部院议决法令公布规则案文　十月十六日 ………… 804
呈报督部堂、抚部院议决赤山湖简易办法案文　十月十六日 ……… 805
呈报督部堂、抚部院议决江宁府属水患宜专设测量局案文　十月十六日 …… 806
呈报督部堂、抚部院议决收回学田充地方教育经费案文　十月十六日 ……… 806
呈报督部堂、抚部院议决淮属水灾请先浚河流以利宣泄案文
　　十月十七日 ………………………………………………………… 807
呈报督部堂、抚部院议决加修归仁河堤涵洞案文　十月十七日 …… 807
呈报督部堂、抚部院议决疏通淮北运河以工代振案文　十月十八日 …… 808
呈报督部堂、抚部院议决江南实业学堂正名高等并农工分办案文
　　十月十八日 ………………………………………………………… 809
呈报督部堂、抚部院议决规画全省蚕桑事业案文　十月十八日 …… 810
呈报督部堂、抚部院议决溧水虚粮邀免未尽援案请蠲案文　十月二十日 …… 811

(二) 呈请更正施行事件

呈报督部堂议决交议、抚部院议决督交惩创讼棍案文　九月十四日 ……… 812
呈报督部堂议决交令、抚部院议决督交复议租界外民地买卖停转道契案文
　　九月十八日 ………………………………………………………… 814
呈报督部堂议决交令、抚部院议决督交复议节删宁属契税章程案文
　　九月二十日 ………………………………………………………… 815
呈报督部堂议决抚交、抚部院议决交议流通民食案文　九月二十日 …… 815
呈报督部堂议决抚交、抚部院议决交令复议规定选举县视学章程案文
　　十月十三日 ………………………………………………………… 818
呈报督部堂议决抚交、抚部院议决交议兴办利国驿煤铁矿及织业榨油各事案文
　　十月二十三日 ……………………………………………………… 819

呈报督部堂议决抚交、抚部院议决交议推广房捐抵补膏捐案文
  十一月初九日 ·· 828

(三) 呈复咨询事件
 呈报督部堂议决交议、抚部院议决督交振兴三牌楼新市案文
  九月十四日 ·· 829
 呈报督部堂议决抚咨、呈复抚部院议决咨询淮扬水利案文
  九月十八日 ·· 831
 呈报督部堂议决抚交、呈复抚部院议决交议限制自治当选人谢绝案文
  九月二十日 ·· 834
 呈复督部堂议决交议、呈报抚部院议决督交提倡宁镇淮徐海垦牧案文
  九月二十二日 ··· 835
 呈报督部堂议决抚交、呈复抚部院议决交议实行度量权衡新制案文
  九月二十二日 ··· 836
 呈报督部堂议决抚交、呈复抚部院议决交议支配地方财政案文
  九月二十三日 ··· 841
 呈报督部堂议决抚交、呈复抚部院议决交议研究灾荒案文 十月十二日 ······ 845
 呈报督部堂咨询宁属设立工厂案文 十月十三日 ································ 846

(四) 呈请建议事件
 呈报督部堂、抚部院议决呈请奏咨更正邮传部前奏申明商律建议案文
  九月初八日 ·· 847
 呈报督部堂、抚部院议决裁撤下砂、崇明等场盐大使建议案文
  九月二十五日 ··· 848
 呈报督部堂、抚部院议决裁撤江南盐巡道暨江安督粮道两缺建议案文
  十月初六日 ·· 848
 呈报督部堂、抚部院议决江苏一省巡警劝业两道无庸宁苏各设一缺建议案文
  十月初六日 ·· 850

(五) 呈请批答事件
 呈请督部堂、抚部院批答革道蔡乃煌息借洋债之质问案文 九月初八日 ······ 851
 呈请督部堂、抚部院批答宁属创办自治质问案文 九月初八日 ················ 854

呈请抚部院批答整顿契税方法质问案并呈报督部堂文　九月十一日 …………854
呈请督部堂批答复议仍执前议事件办法歧异质问案并呈报抚部院文
　　九月十二日 ……………………………………………………………856
呈请督部堂批答借款维持市面质问案文　十月初六日 …………………857
呈请督部堂批答停止官纸专卖质问案并呈报抚部院文　十月十六日 …857
呈请督部堂、抚部院批答蔡革道息借洋债继续质问案文　十月十六日 …858
呈请督部堂、抚部院批答丰县、邳州违法朦收质问案文　十月十七日 …860
江苏谘议局第三届第二年度常年会专呈资政院文件、议决案汇录…………862
（一）呈复咨询事件
呈复资政院咨询预算岁入有无不符或遗漏文　十月二十八日……………862
（二）呈请核办事件
呈请资政院核办议决张督部堂违背法律并侵夺如谘议局权限案文
　　十月二十二日 …………………………………………………………863
呈请资政院核办议决张督部堂违背法律案文　十月二十二日……………866
《江苏谘议局议决宣统三年宁属地方行政经费预算案附会议厅
　　审定各款理由表册》……………………………………………………869
江苏谘议局议决预算宣统三年宁属地方行政岁出经费清册………………869
江苏谘议局第四届第二年度临时会复议宣统三年宁属预算案清册………894
对于督院宣谕附发宣统三年宁属预算案始末办理情形简明表之声明……915
宣统三年宁属预算案始末办理情形简明表…………………………………927
《江苏谘议局厘金改办认捐案文牍》…………………………………………927
前瑞抚部院交议改订厘金征收方法原案……………………………………927
呈报议决改订厘金征收方法案文……………………………………………927
抚部院札复本局呈报改订厘金征收方法案文………………………………927
督部堂札复本局呈报改订厘金征收方法案文………………………………927
呈请公布改订厘金征收方法案文……………………………………………928
抚部院札复议决改订厘金征收方法案咨督核明登报公布文………………928
督部堂札饬南洋官报局公布谘议局议决改订厘金征收方法案文…………928
调查苏属商会对于厘金改办认捐意见一览表………………………………928

调查宁属商会对于厘金改办认捐意见一览表⋯⋯⋯⋯⋯⋯⋯⋯⋯⋯⋯⋯ 930
苏牙厘局抄送各分局光绪三十四年分比较数清单⋯⋯⋯⋯⋯⋯⋯⋯⋯ 931
淞沪厘局抄送各局卡光绪三十四年分比较数清单⋯⋯⋯⋯⋯⋯⋯⋯⋯ 934
调查金陵、苏州、淞沪三厘局光绪三十四年收入总数清单⋯⋯⋯⋯⋯ 936
记各地方特别情形及同人研究之意见⋯⋯⋯⋯⋯⋯⋯⋯⋯⋯⋯⋯⋯⋯ 937
调查浙省嘉兴向办认捐情形⋯⋯⋯⋯⋯⋯⋯⋯⋯⋯⋯⋯⋯⋯⋯⋯⋯⋯ 940
本局临时会议议决厘金改办认捐进行方法案⋯⋯⋯⋯⋯⋯⋯⋯⋯⋯⋯ 940
通知全省商会开联合会启⋯⋯⋯⋯⋯⋯⋯⋯⋯⋯⋯⋯⋯⋯⋯⋯⋯⋯⋯ 941
报告全省商会联合会厘金改办认捐案概略⋯⋯⋯⋯⋯⋯⋯⋯⋯⋯⋯⋯ 941
全省商会联合会纪事录⋯⋯⋯⋯⋯⋯⋯⋯⋯⋯⋯⋯⋯⋯⋯⋯⋯⋯⋯⋯ 942
筹办江苏全省认捐事务所简章⋯⋯⋯⋯⋯⋯⋯⋯⋯⋯⋯⋯⋯⋯⋯⋯⋯ 944
筹办江苏全省认捐事务所进行日期表⋯⋯⋯⋯⋯⋯⋯⋯⋯⋯⋯⋯⋯⋯ 945

第二部分　《申报》、《南洋官报》所载江苏谘议局资料（补充）

苏省谘议局预备会欢迎议员⋯⋯⋯⋯⋯⋯⋯⋯⋯⋯⋯⋯⋯⋯⋯⋯⋯⋯ 946
江苏谘议局举定正副议长⋯⋯⋯⋯⋯⋯⋯⋯⋯⋯⋯⋯⋯⋯⋯⋯⋯⋯⋯ 946
续志江苏谘议局选举议长详情⋯⋯⋯⋯⋯⋯⋯⋯⋯⋯⋯⋯⋯⋯⋯⋯⋯ 947
苏抚致宪政编查馆电⋯⋯⋯⋯⋯⋯⋯⋯⋯⋯⋯⋯⋯⋯⋯⋯⋯⋯⋯⋯⋯ 948
宪政编查馆复苏抚电⋯⋯⋯⋯⋯⋯⋯⋯⋯⋯⋯⋯⋯⋯⋯⋯⋯⋯⋯⋯⋯ 948
江苏谘议局开预备会初志⋯⋯⋯⋯⋯⋯⋯⋯⋯⋯⋯⋯⋯⋯⋯⋯⋯⋯⋯ 948
江苏谘议局开预备会续志⋯⋯⋯⋯⋯⋯⋯⋯⋯⋯⋯⋯⋯⋯⋯⋯⋯⋯⋯ 949
江苏谘议局开预备会三志⋯⋯⋯⋯⋯⋯⋯⋯⋯⋯⋯⋯⋯⋯⋯⋯⋯⋯⋯ 950
江苏谘议局开预备会四志⋯⋯⋯⋯⋯⋯⋯⋯⋯⋯⋯⋯⋯⋯⋯⋯⋯⋯⋯ 951
江苏谘议局旁听规则⋯⋯⋯⋯⋯⋯⋯⋯⋯⋯⋯⋯⋯⋯⋯⋯⋯⋯⋯⋯⋯ 951
江苏谘议局办事处办事细则⋯⋯⋯⋯⋯⋯⋯⋯⋯⋯⋯⋯⋯⋯⋯⋯⋯⋯ 952
江苏谘议局呈督宪请饬抄曾文正公忙漕公费原案文⋯⋯⋯⋯⋯⋯⋯⋯ 955
江苏谘议局议员互守规约⋯⋯⋯⋯⋯⋯⋯⋯⋯⋯⋯⋯⋯⋯⋯⋯⋯⋯⋯ 956
江苏谘议局呈报督部堂、抚部院本局闭会日期文⋯⋯⋯⋯⋯⋯⋯⋯⋯ 957

目 录

江苏巡抚瑞会同两江总督张奏苏属谘议局经费报销片……………………… 957
两江总督张、江苏巡抚瑞会奏筹拨谘议局建筑银两及常年经费片………… 958
组织谘议局机关之反对者……………………………………………………… 959
督部堂张札江宁司道局所府县按照谘议局续呈议案所列事宜各具
　意见书备文申送文…………………………………………………………… 959
江苏谘议局移各府厅州县请送各属志书文…………………………………… 960
谘议局致江督函………………………………………………………………… 960
奉省江苏同乡官为筹汇江北振款致张议长函………………………………… 961
复奉省江苏同乡官函…………………………………………………………… 961
督部堂张札复谘议局呈谢奏请截漕及筹款购粮免厘文……………………… 962
江苏谘议局清查荒地议案苏抚部院咨督部堂文……………………………… 962
宁藩司樊移知各司关道局奏定谘议局建筑常年经费宁苏各半分
　认银两部文…………………………………………………………………… 963
督部堂张札宁藩司邳州应牧祖锡撤销选择议员禀撤不实应记大过一次
　由司注册文…………………………………………………………………… 964
督部堂张批淮属议员周虎臣等禀公寓期迫再请饬府拨款
　以应急需由…………………………………………………………………… 966
江苏谘议局之质问案…………………………………………………………… 966
江苏谘议局呈请更正邮部奏案………………………………………………… 967
苏议局临时会纪事……………………………………………………………… 968
江苏谘议局法律审查会报告书………………………………………………… 968
江苏谘议局议员周树年对于抚院咨询贫民劝工所及以工代赈
　办法意见书…………………………………………………………………… 969
江苏谘议局财政审查会报告书………………………………………………… 971
苏议员调制年来预算之意见…………………………………………………… 972
呜呼宁属之议员………………………………………………………………… 973
江苏谘议局呈报议决徐州盗贼纷扰应速设法整顿以保治安案……………… 974
苏议局催请公布预算案……………………………………………… 言者谆谆 975
辞职书…………………………………………………………………………… 976

竟听江苏谘议局解散耶……………………………………………………… 978
江督为议员辞职事复苏抚电……………………………………………… 979
苏议局解散问题……………………………………………… 希　夷 980
两江总督张人骏为宁属预算事电奏…………………………………… 981
江苏京官大会纪事………………………………………………………… 981
江苏谘议局辞职议员呈内阁、资政院、宪政编查馆、度支部、
　　督抚院文………………………………………………………………… 982
两江总督张人骏奏谘议局决议预算案删减增补碍难实行并陈始末
　　办理情形折…………………………………………………………… 986
张謇觐见详陈江苏谘议局议员辞职原因……………………………… 988
宁苏议员复职之手续…………………………………………………… 988
江苏议员复职之宣言…………………………………………………… 989
苏谘议局发起阻借洋兵电……………………………………………… 989

第二编　江苏谘议局时期

第一部分　江苏谘议局刊行资料

《江苏谘议局第一年度报告》第三册

江苏谘议局第一届常年会议事录

本局先时由督抚召集全体议员互选正议长一人如左：张謇

次互选副议长二人如左：蒋炳章、仇继恒

又以抽签法定各议员席次如左：

孟昭常：第一号。沈臧寿：第二号。庄其仁：第三号。丁祖荫：第四号。张家镇：第五号。于振声：第六号。高梅仙：第七号。汪秉忠：第八号。善润：第九号。段庆熙：第一〇号。史耀堂：第一一号。吴荣萃：第一二号。姚文枬：第一三号。刘永昌：第一四号。周纮顺：第一五号：潘鸿鼎：第一六号。张鉴泉：

第一七号。潘承锷：第一八号。扬廷栋：第一九号。马敬培：第二〇号。施云鹭：第二一号。李鸿筹：第二二号。盛之骥：第二三号。秦锡田：第二四号。蒋炳章：第二五号。穆湘瑶：第二六号。顾忠宣：第二七号。沙元炳：第二八号。苏高鼎：第二九。蔡璜：第三〇号。方还：第三一号。金祖泽：第三二号。谢源深：第三三号。朱祥黻：第三四号。吴鸿基：第三五号。仇继恒：第三六号。张荫榖：第三七号。张开圻：第三八号。陈允中：第三九号。朱继之：第四〇号。钱以振：第四一号。刘廷炽：第四二号。储南强：第四三号。顾咏葵：第四四号。蒋镛：第四五号。陈庆年：第四六号。雷奋：第四七号。秦瑞玠：第四八号。费树达：第四九号。陶惟坻：第五〇号。苏云章：第五一号。于定一：第五二号。王士杰：第五三号。马良：第五四号。吴佐清：第五五号。狄葆贤：第五六号。屠宽：第五七号。金咏榴：第五八号。朱家驹：第五九号。王锡爵：第六〇号。赵钲鋐：第六一号。朱莘生：第六二号。张鹤第：第六三号。延祥：第六四号。王乃屏：第六五号。洪锡范：第六六号。张謇：第六七号。马士杰：第六八号。俞复：第六九号。陶保晋：第七〇号。王楚书：第七一号。赵衡：第七二号。孙靖圻：第七三号。张鸿鼎：第七四号。夏寅官：第七五号。忠俊：第七六号。候瀛：第七七号。孙启椿：第七八号。蒋士松：第七九号。张允颢：第八〇号。严懋修：第八一号。林可培：第八二号。唐庆升：第八三号。陆祖馨：第八四号。孙宝书：第八五号。谭庆藻：第八六号。纪树镕：第八七号。黄端履：第八八号。蒋鸣庆：第八九号。陈官彦：第九〇号。周树年：第九一号。方瑜：第九二号。凌文渊：第九三号。崇朴：第九四号。邵长镕：第九五号。王嘉宾：第九六号。梁荄：第九七号。冯珍文：第九八号。许鼎霖：第九九号。叶蔚：第一〇〇号。顾瑞：第一〇一号。黄炎培：第一〇二号。严师孟：第一〇三号。王以昭：第一〇四号。朱溥恩：第一〇五号。张伯英：第一〇六号。胡伯言：第一〇七号。玉立廷：第一〇八号。赵承霖：第一〇九号。凌鸿寿：第一一〇号。朱方曾：第一一一号。张延寿：第一一二号。周虎臣：第一一三号。王化南：第一一四号。顾鸣冈：第一一五号。姜光辅：第一一六号。朱开甲：第一一七号。钱崇威：第一一八号。何恩煌：第一一九号。胡丽荣：第一二〇号。瞿树榕：第一二一号。黄应中：第一二二号。赵瑞豫：第一二三号。夏曰琦：第一二四号。谢保衡：第一二五号。

按席次签定后，王土杰辞，由王承毅补，张允顗辞，由王锡光补，纪树镕辞，由袁永良补，何恩煌辞，由陈义补。并志。

九月初一日上午九时行开局式。

到局议员一百十六人。

本省行政长次官，制台张人骏、抚台瑞澂、藩台樊增祥、学台陈伯陶、粮道王仁东、盐道王瓘、江宁府杨钟羲、上元县赵兴霆均莅局。

开局礼式如左：

一、议员冠服齐集本局，就议员憩息室。

二、行政长次官莅局，就行政长次官憩息室。

三、行政官、议员同至礼堂，左右立，行相见礼三揖。

四、摇铃开会。

五、行政官退往会场，入行政官席。

六、议员退往会场，分别入议长、议员席。

七、行政官、议长、议员均起立，恭上筹备宪政旷典开始，祝词读毕就坐。

八、制台、抚台宣诵开会词。

九、议长宣诵答词。

十、摇铃散会。

十一、行政官、议员同退。

十二、行政官、议员至茶会厅茶会。

附录：颂词

中国臣民自古有忠君爱国之诚而不知所以致其忠爱之道，以故亿万斯年仅成颂祷之词，尟观实行之效。向来习惯视政治为学问之美名而不引为负荷之责任，固吾士大夫之羞，抑亦时会使然，虽圣哲无能为也。懿铄圣清建大同之规，开未有之局，预备立宪肇造万世一系之麻，先皇帝手造维新而大勋未集，适以今上建元之岁开各省谘议局为国会之基础。今日为法定开局之日，莅事之人及参观嘉礼之来会者咸穆然思国家亿万年有道之长，自天子以至于庶人共肩奠定之巩固之之任，千载虚词一朝将为常典。人骏、瑞澂等奉朝命之尊，謇等膺民选之重，今日以国家法律所制定相见于一堂，此后或攻错以有成，或和衷以共济，总期阐发忠爱二字实际，无规规于古来以虚谀之习而自谓至诚，此其所以矢报于国家者也。谨合词而为之颂。

制台开会词

翳夫韬铎之设輶轩之使好恶从民之义自古已然，于今为烈。乃者为江苏谘议局开会之始，上系朝廷立宪图强之期望，下对国民合群思治之恳诚，外为五洲万国所共瞻，其典至隆，其关系至重也。本省位置居直隶之次，财赋为东南之冠，人才萃吴会之英，鄙人何幸承乏是邦，适逢斯盛，而又惧夫盛名之下欲副其实，凡官于斯、绅于斯、士农工商于斯者其担荷成就必有之足餍上下四方观听之甚难乎求慊也。夫议政行政各有界限，论议之权公之于民，执行之责重之于官，然欲提议而策使必行当思遵行而共践所议。孔子曰："名之必可言，言之必可行。"窃愿与在局诸议员所属诸公民共守此训。尝闻西哲斯宾塞尔《群学政惑》一篇，其驳论政家成见进论事效相反以及法令民度于妄求上理之惑，率多阅历有得之言，亦皆可资参考者。要之天下安危匹夫有责，是即近世公民之说所取意，诸议员皆积学明通重负时望之贤，应举出为公民代表，即鄙人在任所倚以宣通上下讨论政见之人，鄙见所布倘不以为谬而教之助之乎，企予望之矣。

抚台开会词

谘议局今日举行开幕典礼，使者今与张制军同莅斯会，忻庆实多。自奉明诏预备立宪，今三年矣，而谘议局首先成立，此诚我国四千余年历史未有之光荣，抑亦江苏七十余州厅县人民公共之幸福。撢考东西各国立宪之初不待人民之要求而获参与政事之权利者盖不可得，我国人民独能享此特别利益，实由德宗景皇帝仰承懿训，俯念时艰，毅然成此伟业。谟诰昭垂，光炳简册，此使者与诸君所感奋而不能忘者。今者谘议局之成立即为今上皇帝御极之元年，此又全国人民之大纪念也。然使者尚有拳拳之意敢正告于诸君，江苏风气开通先于天下，筹备立宪尤利进行。自复选竣事以后，凡地方应兴应革之事件士绅集议而研讨者不遗余力，使者实有愧之。惟是谘议局既为辅助行政之机关，又处监察行政之地位，与各国地方议会名异而实同。然各国议会制度地方每有规画条件，必经通过方见施行，此议会为行政之先导也，而谘议局则对于地方尚有改良政俗之性质。除旧布新，百端待举，是现今谘议局之责任又有难于各国地方之议会者。使者材能无似，亦窃愿竭其心力从诸君之后相与筹画以期实行。今虽稍稍有所建议，但囿于一隅未见其大。然或政关改革有难置为缓图，或事待推行必须决之庶论。惟地方多一事建设则人民多一分担负，此在代表群情，允当宽筹民力，斯又使者属望诸君而愿有以勖翼行政各官之不逮也。至于破除上下隔阂之积习，阐明官民维系之原理，指陈利病筹计治安，端赖权商用为忠告。使者惟有敬祝诸君循守九年预备之秩序，进求完全国会之模范，不特使者之幸，江苏之幸，实我全国之幸也。

议长议员（容）〔答〕词

江苏谘议局今日法定开会，制台、抚台遵钦定章程来局行礼。謇等虽学识卑陋，未知参与政治之能力如何，然官民不可分而后有政治，江苏政治即国家一省之政治，尽力于江苏以尽力于国家。謇等忝就议员之职，自应抱此主义。谨以此答制台、抚台仰体朝旨以相敦勉之厚望。

议　长　张　謇

书记长　孟　森

初二日休会。

初三日休会。

初四日星期休会。

初五日下午一时开会。

到会议员一百六人。

本日互选审议长及审查员，预定顺序如左：

一、选举审议长。

二、选举财政审查员。

三、选举法律审查员。

四、选举请议审查员。

五、选举资格审查员。

张议长主席报告现照本局《议事细则》第九条用记名投票法互选审议长一人。

互选之结果得当选人如左：

许鼎霖：八十一票。

主席报告照本局《议事细则》第二十五条用无名连记投票法互选财政审查员十九人。

五十四号提议请照本条内变例不用互选法，由议长委任，赞成在十人以上。

用起立表决法，以对于八十人之二十五人少数否决五十四号动议。

互选结果得当选人如左：

夏寅官九十三票、沙元炳七十六票、林可培七十三票、储南强七十二票、陈庆年七十二票、凌文渊七十一票、周树年六十六票、张延寿六十一票、穆湘瑶五十九票、金祖泽五十六票、黄炎培五十三票、邵长镕五十三票、孙启椿五十票、姚文枬四十九票、俞复四十九票、于定一四十五票、汪秉忠四十四票、叶蔚四十票、王楚书二十九票。

主席报告应再互选法律审查员十一人。

五十四号提议请将法律请议资格三项审查员改用委任法，赞成在十人以上。

用起立表决法以全体起立可决五十四号动议。

主席报告委定后明日宣布，本日散会时已过，应散会。

六时散会。

议　长　张　謇
书记长　孟　森

初六日下午一时开会。

到会议员百四人。

制台委员虞汝钧、朱之英、陶昌贤、章理纶，抚台委员夏敬观、孙毓骥、金兆蕃、王得庚、田宝荣代表莅会。

本日应行会议之议题：

一、宣布委定法律请议资格三项审查员。

二、宣布制台交议四案，请制台陈述意见。

甲、限制铜元案。

乙、调查户口案。

丙、淮扬水利案。

丁、宁省接筑芜湖铁路案。

三、宣布抚台交议十一案，请抚台陈述意见。

甲、筹定自治经费案。

乙、补救州县困难案。

丙、清查荒地案。

丁、联合农会组织农林公司案。

戊、实行禁烟案。

己、实行印花税方法案。

庚、改订厘金征收方法案。

辛、整顿契税方法案。

壬、度量权衡改制推行案。

癸、筹办共进会案。

子、清查公款公产办法纲要案。

议长主席报告委定法律请议资格三项审查会员如左：

法律审查员十一人：

雷奋、张家镇、秦瑞玠、陶保晋、钱崇威、沈臧寿、潘鸿鼎、潘承锷、王立廷、张荫毂、善润。

请议审查员十三人：

马良、王锡爵、马士杰、屠宽、王乃屏、洪锡范、梁荟、孙靖圻、刘永昌、张伯英、施云鹭、张开圻、孙宝书

资格审查员七人：

崇朴、周虎臣、王嘉宾、蒋士松、丁祖荫、凌鸿寿、高梅仙

主席报告财政、法律二会遇有相联之关系，似应会同审查。又遇有特别事故应设特别审查员时，各科审查员似亦可被选。

全体赞成。

四十七号提议应将此两层加入《议事细则》，赞成在一人以上。

用起立表决法，以全体起立可决四十七号动议。

主席报告宣布制台交议四案，书记长朗读，制台代表顺次陈述意见并答议员之质问。

主席报告照本局《议事细则》第二十三条应将制台交议案交审查会审查之。

三时休息，三时三十分续会。

主席报告宣布抚台交议十一案，书记长朗读，抚台代表顺次陈述意见并答议员之质问。

附录：抚台代表演说稿二

补救州县困难

某等奉抚宪命来会陈说州县困难情形。查照贵局《细则》第七十一条章程辩明趣旨。兹将州县所以致困之由再申言之。同治四年曾文正公督两江，银米随市定价，另定忙漕公费，忙银每两随收六百，漕米每石随收一千。其时物价平减，摊捐毫无，署用既省，且从无提款名目，是以公费办公无虞竭蹶。迨提款行而州县一困，铜圆盛而州县再困，迄今日而达于极点，影响所及，司库将有空乏之患。原夫提款之始银价每两易钱不足一千四百文，折收连公费共钱两千文，冬漕定价亦较时价有盈，于是先后分等提取，如银米中提三四五分之平余，漕费中提一百零八文之练兵费及年外五百文之加价，皆系出于银价米价之盈余，而银米原定之公费则相沿不改。迨光绪二十一年以来银米翔贵，征不敷解，迄今每两折收二千四百文，除去公费六百，规复二百，实只收钱一千六百文，而责令州县易一千九百六七十文之银，为之批解，亏耗不资，积成巨累，以故通省无不赔之缺，在任无不累之官矣。试将银米出入款项列表如左：

忙银入款

每两共收二千四百文

出款

每两解库平银合钱一千九百七十文

随解规复钱二百文

又四分平余合钱七十八文 此款三四五分不等，酌中以四分计之

前三款倾镕火耗钱一百十二文

书辛差饭造串纸张约扯钱一百文 各县不一，自八九十文至一百二十文不等，上海独巨，共须一百七十文，酌中核计。

收支相抵约不敷钱六十文 此外地方捐款交代流摊及全年署用全归无著。

冬漕入款：

每石漕价五千六百五十文 照三十四年定价

随收公费钱一千文

费脚钱五十二文

共钱六千七百二文

出款

每石米价合钱五千六百五十文 盈亏无定，姑照原价计。

解费脚钱五十二文 此款分解司道两库，有照市易银者，有一三合银者，有以千抵两者，有八申易银者，按照原款上兑约赔一成以外。

前款合银赔贴约扯钱六文

运沪脚力三角八分，合钱五百文

袋价银三分，合钱五十七文

斛力钱五文

练兵经费钱一百八文

四分平余合钱七十八文 又火耗四文

白粮赔贴约摊钱一百文

书辛差饭造串纸张共扯一百六十文

漕用杂款约摊钱三十文

收支相抵约不敷钱四十八文 年前垫款购米赔贴庄息尚未并算。

右表比较银米出入收不敷支，虽折漕清赋无须运费，而有折解火耗，又有清赋一钱，公费之提所余之数仍不足抵补起运不敷之亏，而原定银米项下公费统归乌有，常年署用大缺岁需五万余串洋价涨后，署用暗加每月匀扯四千余串，上海县尚不止此数，月需钱五千余串，中缺简缺亦岁需一两万串不等，从何取给，其可以撙节之干修、漕馆、规费、酬应早已裁汰，而行政经费如幕友修脯、仆役工饭、巡防、

警察、监押、口粮、缉捕、审勘、递解经费、火食茶炉油烛纸张、地方捐款、委员程敬、三节开销及上宪衙门补助公费，其中如本府公费、宪书辛工、各学堂学生津贴及学报官报各项报费、过境差务、安衙换季等类均为经常要需，况新政频兴待款而理，尤非赤手空拳所能集事，应如何设法筹补之处，特再引申陈说以备讨论。

改订厘金征收方法案

今日奉抚宪命令来会陈说意见，议案第七款议改订厘金征收方法。查苏省厘金向分苏州松沪两总局，两局所收厘金除抵赔款二百万外，近年先后奉拨陵工、海军经费、新旧军饷、浚浦经费、学堂、各局所开支并新政用款，合计每年已入不敷出约短二十余万，部派拨款络绎而至尚不在内。凡支解之项均以银计，而征收方法苏沪两局除牙帖、厂纱、沙船各项大宗货物落地捐向章收银，丝茧等项向章收洋，此外各水卡百货、米粮以及上海落地捐、米粮、窑货等项向章均以钱计。向以银洋计者解款并无折耗，以钱计者收钱解银亏耗日巨，无可筹补，于是银元铜元分成搭收，洋价市价不无参差。苏局五成收钱五成收洋，洋价每元作一千文，以所收五成之钱按现在市价扯平折算每元合钱一千一百六十文，若以铜元市价计之仅短一百数十文。沪局钱款凡属落地大宗多由认商总缴，水卡内米粮棉花两项均仍以钱计，惟有水卡货捐三成收钱七成收洋，洋价以沪市制钱铜元两项之价扯平，核计每元合钱一千二百六十文，若以铜元市价计之，亦尚短数十文。此项洋余，苏局每年约得银元九万余两。从前一千六百余文易银一两，现须一千九百六七十文，而以五成之钱易征银款，每年约有四十五六万，暗亏亦有九万余两，即藉洋价之余以补易银之亏，仅足相抵。沪局以钱易银为数更多，暗亏约有十万余两，而洋余一项仅有水卡货捐七成收洋，洋价又较市仅短数十文，每年只得钱二万四千余串，以补易银之亏，更属不敷。在商家一方面不免以抑勒洋价为言，在公家一方面但期弥补易银暗亏而犹不足，此诚征收方法之不善也。且查捐则本以值百抽五为率，苏省各厘局均在咸同年间设立，彼时物价尚平，即据以规定捐则。嗣以商情艰困，除统捐总捐落地各货外，又将各水卡货捐改为五成抽收，将物折半，两担作一担计算，捐章照旧，是向之以值百抽五为率者不啻改以值百抽二五为率。米粮一项原定捐则本较货捐为轻，又恐贩运出口，与民食有妨，仍收十成，按石核计。迨今物价遂步增高，而捐则尚仍其旧，以现时货价计之，大率不及值百抽二五者居多，加以两担折一担计算，种种弊混由此而生，此又征收方法之不善也。度支各款均以银计，而捐则以银洋钱三项分定，致以钱易银亏耗甚巨，原定捐则又不随时价估计修改。是规定于国家法律者本属完善，徒以征收方法诸未周密，致多困难。现议将钱数改为洋数，庶可整齐画一，并拟重定捐则，将各水卡货捐减为四成，米捐减为八成，此实抚宪体恤商艰之深意，并为征收方法切实改良。某等奉命来会陈说，谨举梗概以备讨论。

绸缎时价每斤平均约洋十元左右，经过苏沪各卡共捐银二钱三分六厘，合值百抽三厘五。

糙米时价每石约四元七八角，经过苏沪各卡共捐钱二百四十五文，合值百抽四厘四。

棉花时价每百斤约钱四十千左右，合苏沪统捐共捐钱六百文，合值百抽一厘五。

厂纱时价每包约银一百十一两，产地总捐一两八钱，合值百抽一厘六。

以上均系照章应十成抽收之货，现今捐则尚不及值百抽五，其余各货大率类此。

主席报告抚台交议案应照制台交议案一律办理，本日应议事件已毕。

五时三十分散会。

议　长　张　謇
书记长　孟　森

初七日下午一时开财政法律请议资格四审查会，互选审查长及理事。据各审查会报告如左：

财政：审查长夏寅官，理事姚文枬

法律：审查长雷奋，理事秦瑞玠

请议：审查长马良，理事张伯英

资格：审查长崇朴，理事凌鸿寿

初八日下午一时开会，到会议员百十人。

本日应行会议之议题：

一、宣布制台交议各案分别审查。

二、宣布丁祖荫实行印花税、减轻田房契税案。

三、宣布丁祖荫官膏专卖停止膏捐案。

四、宣布丁祖荫南漕改折匀定公费案。

五、宣布金祖泽移带征积谷为地方自治教育经费改正名称案。

六、宣布方还南漕改折案。

张议长主席报告制台抚台交议各案分别交各审查会如左：

限制铜元案、补救州县困难案、清查荒地案以上交财政审查会审查

调查户口案、实行禁烟案、度量权衡改制推行案以上交法律审查会审查

筹定地方自治经费案、联合农会组织农林公司案、实行印花税方法案、改订厘金征收方法案、整顿契税方法案、清查公款公产办法纲要案以上交财政法律两审查会会同审查。

主席报告尚有三案似不能属于财政、法律，应否认为特种事件，照本局《议事细则》第三十条设特别审查员。

全能赞成

五十四号提议此项特别审查员应请议长按事之繁简酌定员额委任办理，赞成在十人以上。

用起立表决法，以全体起立可决五十四号动议。

主席报告委定员额人名如左：

第一特别审查会审查淮扬水利案，委审查员九人：

陈官彦、张延寿、凌鸿寿、马士杰、许鼎霖、沙元炳、张伯英、叶蔚、夏寅官。

第二特别审查会审审查宁省接筑芜湖铁路案，委审查员三人：

孙启椿、陶保晋、杨廷栋。

第三特别审查会审查筹办共进会案，委审查员四人：

马良、孙宝书、梁荌、雷奋。

主席报告宣布丁祖荫实行印花税减轻田房契税案，书记长朗读，本人陈述意见。

主席请讨论公决。

讨论终局，五十七号提议请将本案交财政法律两审查会并入契税案内。赞成一人以上。

用起立表决法，以全体起立可决五十七号动议。

主席报告宣布丁祖荫官膏专卖停止膏捐案，书记长朗读，本人陈述意见。

主席请讨论公决。

讨论终局，四十七号提议请将本案交法律审查会并入禁烟案内审查。赞成在一人以上。

用起立表决法，以全体起立可决四十七号动议。

主席报告宣布丁祖荫南漕改折匀定公费案，书记朗读，本人陈述意见。

主席请讨论公决。

讨论终局，五十七号提议请将本案交财政法律两审查会审查，赞成在一人以上。

用起立表决法，以全体起立可决五十七号动议。

主席报告宣布金祖泽移带征积谷为地方自治教育经费改正名称案，书记长朗读，本人陈述意见。

主席请讨论公决。

讨论终局，百二号提议请将本案交财政法律两审查会并入自治经费案内审查，赞成在一人以上。

用起立表决法以全体起立可决百二号动议。

主席报告宣布方还南漕改折案，书记长朗读，本人陈述意见。

主席请讨论公决。

讨论终局，四号提议请将本案交财政法律两审查会并入丁祖荫提议案内审查，赞成在一人以上。

用起立表决法，以全体起立可决四号动议。

三时休息，三时三十分续会。

主席报告本日议事日表已毕，现拟将下次开会应议事件提前开议。

全体赞成。

主席报告宣布仇继恒州县赔累案，书记长朗读，本人陈述意见。

主席请讨论公决。

讨论终局，八十八号提议请将本案交财政审查会并入补救州县困难案审查，赞成在一人以上。

用起立表决法，以全体起立可决八十八号动议。

主席报告宣布仇继恒首县尽职案，书记长郎读，本人陈述意见。

主席请讨论公决。

讨论终局，五十七号提议请将本案交财政审查会并入补救州县困难案审查，赞成在一人以上。

用起立表决法，以全体起立可决五十七号动议。

主席报告宣布仇继恒治匪案，书记长朗读，本人陈述意见。

主席请讨论公决。

讨论终局，四十七号提议治匪之要在筹办巡警，请将本案交法律审查会照此意修正之，赞成在一人以上。

用起立表决法，以全体起立可决四十七号动议。

主席报告宣布仇继恒清查官银钱局案，书记长朗续，本人陈述意见。

主席请讨论公决。

讨论终局，四十七号提议请将本案交财政审查会审查，赞成在一人以上。

用起立表决法，以全体起立可决四十七号动议。

主席报告宣布仇继恒禁止雀牌案，书记长朗续，本人陈述意见。

主席请讨论全决。

讨论终局，用起立表决法，以对于六十五人之四十四人少数否决本案。

五时三十分散会。

议　长　张　謇

书记长　孟　森

初九日下午一时开各项审查会。

初十日下午一时开会。

到会议员八十八人。

本日应行会议之议题：

一、宣布仇继恒定简字课本案

二、宣布丁祖荫整顿苏属学务案

三、宣布孙启椿实行清理户口大纲案

四、宣布唐庆升厘订积谷章程案

五、宣布张延寿援照苏属成案拨带征积谷补助教育费案

六、宣布凌鸿寿整顿积谷案

七、宣布周虎臣救荒平粜四策案

八、宣布唐庆升革除征收积弊案

九、宣布方瑜改良征收案

十、宣布王锡爵等整顿田赋案

张议长假蒋副议长代理主席报告宣布仇继恒定简字课本案，书记长朗读，本人陈述意见。

主席请讨论公决。

讨论终局，用起立表决法，以对于七十九人之八人少数否决本案。

主席报告宣布丁祖荫整顿苏属学务案，书记长朗读，本人陈述意见。

主席请讨论公决。

讨论终局，百二号提议本案关系全省学务，似应认为特种事件，照本局《议事细则》三十条设特别审员审查之，赞成在一人以上。

用起立表决法，以对于七人之八十人多数可决百二号动议。

主席报告宣布孙启椿实行清理户口大纲案，书记长朗读，本人陈述意见。

主席请讨论公决。

讨论终局，八十八号提议请将本案交法律审查会并入清查户口案内审查，赞成在一人以上。

用起立表决，以对于十二人之七十五人多数可决八十八号动议。

三时休息，三时三十分续会。

主席报告宣布唐庆升厘定积谷章程，书记长朗读，本人陈述意见。

主席报告本日议事日表第五项与本案为同一事件，拟一体宣布讨论公决。

全体赞成。

主席报告宣布凌鸿寿整顿积谷案，书记长朗读，本人陈述意见。

主席请一并讨论公决。

讨论终局，四十七号提议请将本二案交财政法律两审查会审查，赞成在一人以上。

用起立表决法，以全体起立可决四十七号动议。

主席报告宣布张延寿援照苏属成案拨带征积谷补助教育费案，书记长朗读，本人陈述意。

主席请讨论公决。

讨论终局，十三号提议请将本案交财政法律两审查会并入自治经费案内审查，赞成在一人以上

用起立表决法，以对于七人之八十人多数可决十三号动议。

主席报告散会时已届，本日未及提议事件应重定日表通知，惟以后议员对于提出议案有赞成或反对之意见，务请照本局《议事细则》五十一条办理，若有修正意见则请照四十六条办理。

五时三十分散会。

议　长　张　謇

书记长　孟　森

十一日下午一时开各项审查会。

十二日休会。

十三日下午一时开会，到会议员八十六人内续到六人。

本日应行会议之议题：

一、报告制台批答本局《议事细则》情形。

二、公决组织学务特别审查事件。

三、宣布周虎臣救荒平粜四策案。

四、宣布唐庆升革除征收积弊案。

五、宣布方瑜改良征收案。

六、宣布王锡爵整顿田赋案。

七、宣布王化南等先通淮水下游以澹沈灾案。

八、宣布马士杰运河东堤改修石工案。

九、宣布顾咏葵补救江北水利案。

十、宣布周树年治淮案。

十一、宣布请议审查会报告提出清淮灾荒请愿案。

十二、宣布审查宁省接筑芜湖铁路案报告讨论公决。

张议长假蒋副议长代理主席报告：

一、本局《议事细则》业奉制台批准公布。

二、学务事项甚多，此项特别审查员拟多选数人，其任期与会期相终始。

全体赞成。

主席问此项审查员是否用互选法。

全体反对互选，用委任法。

二号提议此项审查员应每府各派一人，赞成在一人以上。

用起立表决法，以对于五十一人之二十九人少数否决二号动议。

主席报告现假定额数为十三人，请公决。

全体赞成。

主席报告委定人名如左：

姚文枬、沙元炳、潘鸿鼎、许鼎霖、梁荽、陶保晋、俞复、屠宽、黄炎培、汪秉忠、吴佐清、丁祖荫、陶惟坻。

主席报告宣布周虎臣救荒平粜四策案，书记长朗读，本人陈述意见。

主席请讨论公决。

讨论终局，十七号提议请将本案交财政法律两审查会审查，赞成在一人以上。

用起立表决法，以对于七人之七十八人多数可决十七号动议。

主席报告宣布唐庆升革除征收积弊案，书记长朗读，本人陈述意见。

百十二号提议请将本日议事日表上第五第六两议案一同宣布讨论公决，赞成在一人以上。

用起立表决法，以全体起立可决百十二号动议。

主席报告宣布方瑜改良征收案、王锡爵等整顿田赋案，书记长朗读，本人顺次陈述意见。

主席请一并讨论公决。

讨论终局，四十一号提议请将本三案交财政法律两审查会审查，赞成在一人以上。

用起立表决法，以对于二人之八十三人多数可决四十一号动议。

主席报告宣布王化南等先通淮水下游以澹沉灾案，书记长朗读，本人陈述意见。

主席请讨论公决。

讨论终局，六十五号提议请将本案交第一特别审查会并案审查，赞成在一人以上。

用起立表决法，以全体起立可决六十五号动议。

三时休息，三时三十分续会。

主席报告宣布马士杰运河东堤改修石工案，书记长朗读，本人病假函托顾咏葵代述意见。

主席请讨论公决。

讨论终局，八号提议请将本案亦交第一特别审查会并案审查，赞成在一人以上。

用起立表决法以对于四人之八十一人多数可决八号动议。

主席报告宣布顾咏葵补救江北水利案，书记长朗读，本人陈述意见。

主席请讨论公决。

讨论终局，四十七号提议请将本案亦交第一特别审查会并案审查，赞成在一人以上。

用起立表决，以全体起立可决四十七号动议。

主席报告宣布周树年治淮案，书记长朗读，本人陈述意见。

主席请讨论公决。

讨论终局，百二号提议请将本案亦交第一特别审查会并案审查，赞成在一人以上。

用起立表决法，以对于二人之八十三人多数可决百二号动议。

主席报告宣布请议审查会报告应行提出之清淮灾荒请愿案，书记长朗读。

主席请讨论公决。

讨论终局，用起立表决法，以对于五人之八十人多数可决本案。

主席报告宣布第二特别审查会审查制台宁省接筑芜湖铁路案报告，书记长朗读。

主席请讨论公决审查会修正条项。

讨论终局，用起立表决法，以对于二人之八十三人多数可决照审查会报告修正原案。

主席报告本日应议事件已毕，查《议事细则》九十二条末项应公订关于议员请假及会议时到会时刻之规约，此项规约起草员应公推抑委任请公决。

多数请委任。

主席报告委任秦瑞玠为起草员。

五时三十分散会。

　　　　　　　　　　　　　　　　　　　　　　副议长　蒋炳章

　　　　　　　　　　　　　　　　　　　　　　书记长　孟　森

十四日下午一时开各项审查会。

十五日下午一时开会。

到会议员九十二人内续到九人

制台委员虞汝钧、伍光建、陈瀚莅会。

本日应行会议之议题：

一、宣布王以昭等支配教育经赞案。

二、宣布张延寿依限设立简字学塾并仿刊暂用课本案。

三、宣布请议审查会报告提出议定全省教育经费案。

四、宣布朱溥恩普及教育由私塾改良入手案。

五、宣布唐庆升实行改良土货以保利权案。

六、宣布王乃屏实行反坐法案。

七、宣布方瑜肃清帮匪案。

八、宣布王以昭等治匪宜严案。

九、宣布周虎臣禁烟牌票宜认真办理以求实效案。

十、宣布方瑜讲求水利案。

十一、宣布公决宁省接筑芜湖铁路案呈复文。

十二、宣布方还划一币制案。

张议长假蒋副议长代理主席报告宣布王以昭等支配教育经费案，书记长朗读，本人陈述意见。

九十七号提议本日议事日表内有议定通省教育经费一案，请俟提出后一并讨论，赞成在一人以上。

用起立表决法，以对于五人之七十七人多数可决九十七号动议。

主席报告宣布张延寿依限设立简字学塾并仿刊暂用课本案，书记长朗读，本人陈述意见。

五十四号提议请照前支配教育经费案办法，赞成在一人以上。

用起立表决法，以对于二人之八十四人多数可决五十四号动议。

主席报告现须代表江苏教育总会陈述请议案之理由，照《谘议局章程》第十一条请仇副议长主席。

仇副议长代理主席，蒋副议长退入议员席。

主席报告宣布江苏教育总会请议全省教育经费案，书记长朗读，二十五号代表总会陈述意见。

主席请讨论公决。

讨论终局，二号提议请将本案连同前两案交第四特别审查会并案审查，赞成在一人以上。

用起立表决法，以对于四人之八十七人多数可决二号动议。

仇副议长退入议员席，仍由蒋副议长主席。

主席报告宣布朱溥恩普及教育当由改良私塾入手案，书记长朗读，本人陈述意见。

主席请连前二案一并讨论公决。

讨论终局，四十七号提议请将本案交第四特别审查会并案审查，赞成在一人以上。

用起立表决法，以对于四人之八十七人多数可决四十七号动议。

三时休息，三时三十分续会。

主席报告宣布宣布唐庆升实行改良土货案，书记长朗读，本人陈述意见。

主席请讨论公决。

讨论终局，九十四号请将本案交第三特别审查会并案审查，赞成在一人以上。

用起立表决法，以对于十二人之七十八人多数可决九十四号动议。

主席报告宣布王乃屏实行反坐法案，书记长朗读，本人陈述意见。

主席请讨论公决。

讨论终局，用起立表决法，以对于七十九人之十一人少数否决本案。

主席报告宣布方瑜肃清帮匪案，书记长朗读，本人陈述意见。

三十八号请将本日议事日表上第八项一同宣布，讨论公决，赞成在一人以上。

用起立表决法，以对于四人之八十六人多数可决三十八号动仪。

主席报告宣布王以昭等治匪宜严案，书记长朗读。

主席请一并讨论公决。

讨论终局，四号请将本二案交法律审查会并入治匪案内审查，赞成在一人以上。

用起立表决法，以对于八人之八十二人多数可决四号动议。

主席报告宣布唐庆升禁烟牌票宜认真办理案，书记长朗读，本人陈述意见。

主席请讨论公决。

讨论终局，四十七号请将本案交法律审查会并入实行禁烟案内审查，赞成在一人以上。

用起立表决法，以全体起立可决四十七号动议。

主席报告宣布方瑜讲求水利案，书记长朗读，本人陈述意见。

主席请讨论公决。

讨论终局，用起立表决法，以对于五十九人之三十一人少数否决本案。

主席报告宣布宁省接筑芜湖铁路案呈复文，书记长朗读。

主席请公决全案。

用起立表决法，以对于四人之八十六人多数可决全案。

主席报告散会时已届，本日未及提议事件应重定日表通知。

五时三十分散会。

副议长　蒋炳章、仇继恒

书记长　孟　森

十六日下午一时开各项审查会。

十七日下午一时开会。

到会议员八十九人内续到七人

制台委员伍光建、虞汝钧莅会。

本日应行会议之议题：

一、宣布审查限制铜元案报告，讨论应否开第二读会。

二、宣布审查调查户口案报告，讨论应否开第二读会。

三、宣布审查清查荒地案报告，讨论应否开第二读会。

四、宣布审查联合农会组织农林公司案报告，讨论公决。

五、宣布审查方还划一币制案

张议长、蒋副议长均假仇副议长代理主席报告宣布审查制台限制铜元案报告，书记长朗读。

主席请讨论大纲公决应否开第二读会。

讨论终局，用起立表决法以对于五人之八十三人多数可决问第二读会。

主席报告宣布审查制台调查户口案报告，书记长朗读。

主席请讨论大纲公决应否开第二读会。

讨论终局，用起立决法，以对于四人之八十四人多数可决开第二读会。

主席报告宣布审查抚台清查荒地案报告，书记长朗读。

主席请讨论大纲公决应否开第二读会。

讨论终局，用起立表决法，以对于四人之八十四人多数可决开第二读会。

三时休息，三时三十分续会。

主席报告现有议员梁葵、马良、夏寅官、汪秉忠、吴佐清、陈庆年、赵瑞豫、沙元炳、陈允中、张鉴泉、陶保晋、屠宽、洪锡范、周树年、狄葆贤、周纮顺、孙启椿、张家镇、张延寿、胡伯言共二十八人因现奉宪政编查馆霁电规定谘议局与行政官行文体制似未妥协，援照《议事细则》第七条请开审议会，应开与否，请公决。

用起立表决法，以对于四人之八十三人多数可决开审议会。

八号提议请实时开会，赞成人甚多。

用起立表决法，以对于八人之七十九人多数可决八号动议。

主席报告本日审议长缺席，照《议事细则》十七条请第一审查长夏君寅官出席，谢绝旁听，实时开会。

张议长退入议员席，开审议会。

五时十五分，审议长请张议长出席报告审议之结果，决请谘议局电宪政编查馆要求更定办法，业推雷奋、马良、陈庆年、陶保晋、屠宽为起草员，拟定电稿，继续审议。

主席报告定二十日下午一时续开审议会。散会时已届，本日未及提议事件应重定日表通知。

副议长　仇继恒
书记长　孟森

十八日星期休会。

十九日下午一时开各项审查会。

二十日下午一时开会。

到会议员七十九人续到十二人。

本日应行会议之议题：

一开审议会。

二、制台交议限制铜元案开第二读会。

三、制台交议调查户口案开第二读会。

四、抚台交议清查荒地案开第二读会。

五、宣布审查联合农会组织农林公司案报告讨论公决。

六、宣布方还划一币制案。

张议长假蒋副议长代理主席报告续开审议会，请审议长出席即时开会。

蒋副议长退入议员席，开审议会。

三时十分审议请蒋副议长出席报告审议之结果，已公决电稿请谘议局即达宪政编查馆，电文如左：

北京宪政编查馆钧鉴：督抚转霁电敬悉。立宪政体议政行政互相维系，义无轩轾。查公牍往来呈则上达札属御下，若督抚对于谘议局概用札行，是议局法团几等诸行政下级官厅，殊非宪政所宜。伏读上年六月二十四日上谕，谘议局为采取舆论之所，并为资政院预储议员之阶梯，议院基础即肇于此。又谓行政之权在官吏，建言之权在议员。大哉王言，昭示薄海，明定两权，尚何疑义，公牍体裁自以相当为是。若督抚于谘议局用札而于京堂翰林之议长则用照会，是直重个人之资格而轻公共之法团，谘议局之地位从此尚能确定乎？伏乞俯赐鉴核，按照法理明定公牍往来格式电复施行。江苏谘议局。号印。

三时十五分休息，三时四十五分续会。

主席报告制台限制铜元案开第二读会，现先宣布钱以振修正案，书记长朗读，本人事假请五十二号代述意见。

主席请讨论公决。

讨论终局，用起立表决法，以全体起立可决本案。

百二号提议严禁私铸是圜法非补放铜元之法，即使铜元不充斥，亦断无不严禁之理，此意应请加入修正条项中。赞成在五人以上。

用起立表决法，以对于六人之七十二人多数可决百二号动议。

九十九号提议此时求限制之法及将来定币制，皆系全国之事，非一省之事，此意应请加入修正条项中。赞成在五人以上。

用起立表决法，以对于三人之七十五人多数可决九十九号动议。

主席报告照《议事细则》七十五条，现应将各修正条项交由财政审查会就原案整理之。散会时已届，本日未及提议事件应重定日表通知。

五时三十分散会。

副议长　蒋炳章

书记长　孟　森

二十一日下午一时开各项审查会。

二十二日下午一时开会。

到会议员七十九人续到六人。

本日应行会议之议题：

一、制台交议调查户口案开第二读会。

二、抚台交议清查荒地案开第二读会。

三、宣布审查联合农会组织农林公司案报告讨论全决。

四、宣布请议审查会报告提出剔除批解丁漕陋规以恤州县案。

五、宣布方还划一币制案。

六、宣布杨廷栋裕宁裕苏发行钞票之质问案。

七、宣布丁祖荫请停官纸专卖案。

八、宣布张家镇请停办南洋刷印官厂以免官民交困案。

九、宣布请议审查会报告提出请停止发行官纸以免重税案。

张议长假蒋副议长代理主席报告制台调查户口案开第二读会，现先宣布陈官彦修正案，省略朗读，本人陈述意见。

主席请逐条讨论公决。

第一条讨论终局，用起立表决法，以对于七十四人之三人少数否决本条。

第二条讨论终局，九十九号提议解决本条之疑问应于制台所发通则第九条下添"如尊属附居卑幼户内，仍以卑幼为正户"二语，赞成在五人以上。

用起立表决法，以对于十五人之六十二人多数可决九十九号动议。

第三条讨论终局，用起立表决法，以对于七十四人之三人少数否决本条。

第四条讨论终局，用起立表决法，以对于七十一人之五人少数否决本条。

第五条讨论终局，用起立表决法，以对于六十人之十六人少数否决本条。

第六条讨论终局，用起立表决法，以对于二十五人之五十一人多数可决本条。

三时休息，三时三十分续会。

第七条讨论终局，用起立表决法，以对于八人之六十九人多数可决本条。

九十九号提议淮海等地风气未开，应仿谘议局成案派司选员敦促进行，请公决加入修正条项，赞成在五人以上。

十三号提议制台原案本令妥筹办法，此层系属办法，可载入复文，无须加入修正条项。赞成在五人以上。

用起立表决法，以对于四人之七十三人多数可决十三号动议。

主席报告应将修正各条项交由法律审查会就原案整理之。现抚台交议清查荒地案开第二读会，先宣布于定一修正案，书记长朗读，本人陈述意见。

百二号提议尚有张延寿清查荒地修正案请一并宣布，连同审查会报告中修正条项并起讨论，再行分别公决。赞成在一人以上。

用起立表决法，以对于一人之七十六人多数可决百二号动议。

主席报告宣布张延寿修正案，书记长朗读，本人陈述意见。

主席请并起讨论公决。

讨论未毕，主席报告散会时已届，本案及此外未及提议事件应重定日表通知。

五时三十分散会。

           副议长 蒋炳章

           书记长 孟 森

二十三日下午一时开各项审查会。

二十四日下午一时开会。

到会议员七十七人内续到七人。

本日应行会议之议题：

一、宣布整理限制铜元案报告开第三读会。

二、抚台交议清查荒地案续开第二读会。

三、宣布审查联合农会组织农林公司案报告讨论公决。

四、宣布请议审查会报告提出剔除批解丁漕规费以恤州县案。

五、宣布方还划一币制案。

六、宣布杨廷栋裕宁裕苏发行钞票之质问案。

七、宣布丁祖荫请停官纸专卖案。

八、宣布张家镇请停办南洋官印刷厂案。

九、宣布请议审查会报告提出请停止发行官纸以免重税案。

十、宣布于定一整顿商会案。

十一、宣布请议审查会报告提出瓜清路线应走东堤或西堤案。

张议长主席报告宣布整理限制铜元案报告开第三读会，书记长朗读。

主席请公决全案。

五号提议本案之末"速颁新币"句应改为"速定币制"，"新币一日不行"应改为"币制一日不定"。赞成在五人以上。

用起立表决法，以对于三人之六十六人多数可决五号动议。

主席报告抚台交议清查荒地案续开第二读会，请讨论公决于定一修正案。

三时十五分休息，三时四十五分续会。

讨论终局，九十九号提议本案第三条由地方官遴选绅董恐未妥，应修正。赞成在五人以上。

用起立表决法，嗣因多少数不能明确，改用唱号表决法，以对于三十三人之四十一人多数可决九十九号动议。

五十四号提议本案第六条二年以内期限太促，应改二十年，赞成在五人以上。

用起立表决法，以对于三十二人之四十一人多数可决五十四号动议。

九十九号提议本案第七条可删。赞成在五人以上。

用起立表决法，以对于十一人之六十三人多数可决九十九号动议。

六十三号提议本案第八条由地方官拨款似未妥，应改用地方公款。赞成在五人以上。

用起立表决法，以对于五人之六十九人多数可决六十三号动议。

主席报告散会时已届，本案及此外未及提议事件应重定日表通知。

五时三十分散会。

议　长　张　謇

书记长　孟　森

二十五日下午一时开各项审查会。

二十六日下午一时开会。

到会议员八十七人内续到四人。

本日应行会议之议题：

一、抚台交议清查荒地案续开第二读会。

二、宣布审查联合农会组织农林公司案报告讨论公决。

三、宣布请议审查会报告提出剔除批解丁漕规费以恤州县案。

四、宣布方还划一币制案。

五、宣布杨廷栋裕宁裕苏发行钞票之质问案。

六、宣布丁祖荫请停官纸专卖案。

七、宣布张家镇请停办南洋官印刷厂案。

八、宣布请议审查会报告提出请停止发行官纸以免重税案。

九、宣布于定一整顿商会案。

十、宣布请议审查会报告提出瓜清路线应走东堤或西堤案。

十一、宣布张謇筹兴水利公司为谘议局之基本金案。

张议长主席报告抚台交议清查荒地案续开第二读会，请讨论公决张延寿修正案。

二号提议请连已经议决之于君修正案一并交审查会兼采，赞成在一人以上。

用起立表决法，以对于三人之七十九人多数可决二号动议。

二十号提议山地升科当与田荡有别，镇江山荒开垦成案系十五年升科，应否援引加入修正条项，赞成之人甚多。

主席报告二十号所提系援引成案以兴地利而纾民力，自无不赞成，似可无庸表决，即交审查会采入修正条项。

全体赞成。

主席请讨论公决审查会修正条项。

讨论终局，九十九号提议审查会报告意在清丈，现在自治未成立，遽尔从事，恐至扰民，应请取消。赞成在五人以上。

用起立表决法，以对于十七人之六十五人多数可决九十九号动议。

主席报告应将修正条项交由审查会就原案整理之。现宣布审查抚台交议联合农会组织农林公司案报告。书记长朗读。

主席请讨论公决。

讨论终局,九十九号提议宜规定进行方法。赞成在五人以上。

百二号提议审查会报告中修正条项有与部章不符处应改正。赞成在五人以上。

五号提议请将原案仍交审查会就九十九号、百二号动议整理之。赞成在一人以上。

用起立表决法,以全体起立可决五号动议。

主席报告宣布请议审查会报告提出剔除批解丁漕规费以恤州县案。书记长朗读。

主席请讨论公决。

讨论终局,二十六号提议本案请开审议会讨论之。赞成在十人以上。

用起立表决法,以对于八人之七十八人多数可决二十六号动议。

主席报告开会日期俟排入议事日表通知,现宣布方还划一币制案。书记长朗读。

主席请讨论公决。

讨论终局,二十六号提议本案亦应开审议会讨论之。赞成在十人以上。

用起立表决法,以全体起立可决二十六号动议。

主席报告开会日期亦俟排入议事日表通知,现宣布杨廷栋裕宁裕苏发行钞票之质问案。

书记长朗读。

主席请讨论公决。

讨论终局,用起立表决法以对于三十一人之五十五人多数可决本案。

主席报告宣布丁祖荫请停官纸专卖案、张家镇请停办南洋官印刷厂以免官民困累案、谘议局研究会请停止发行官纸以免重税案。书记长以次朗读。

主席请讨论公决。

讨论终局,用起立表决法,以对于九人之七十七人多数可决本三案汇呈督抚。

主席报告宣布于定一整顿商会案。书记长朗读,本人陈述意见。

附录：于定一演说稿

整顿商会

一、规定商会之事务。

甲）设商品陈列所。

乙）筹办共进会。

丙）编制商业统计。

自中外通商始知世界有商战。优胜败劣固天演之公理也。东西各国之保护商人，民法而外有特定之商法，远适异国有领事公使为之护持，出口货则轻其税率，而又有巩固之金融机关以资其输转。其培植商智商业有专门之学堂，商学有特别之博士，即商业会议所亦有完全之规约。以视我国商人航海有禁，关卡阻扰，裁判无法，保护无方，相去天渊。商人又薄于自待，终日营营于微末，无进取之可言。于是积因成果，一遇外人势力之竞争而捉襟肘见困难之情形遂以毕露。夫教育为现时急务，吾人皆知注意而于商业则或忽视之，殊不思商业实为国家之命脉，其负担之重如国家岁入及地方要举强半取给于商人。商业兴衰关系绝大，然欲谋挽救亦岂易言。自商部奏定各省举办商会数载以来，我苏省各属设立商会者甚多，已设立者当为之谋进步，未设立者当敦促其成立，此则开通商智振兴商业之发轫也。农工商部曾向各商会征集物品设劝工陈列所于京师，不戒而毁于火。今闻复谋创设中央之陈列所，固为各省先导计。然仅有一中央陈列所果足为二十二行省工商之观感否？则知商品陈列所之设立曷可以缓！

农工商部曾奏定爵赏章程，顾何以颁行数年应者绝少，盖商智未开实业无由振兴，且此项章程商人知之者鲜，即或知之，其能躐等而幸邀奖励乎？事不从细微处入手根本上考求，虽有重赏亦属虚悬，实业萌芽必发始于民间，行远自迩，登高自卑，则知共进会之组织又曷可以缓。

一、地方之商业其源流变迁盛衰消长必有要点在，寻绎而探讨之始恍然于其所由来，然后足以谋挽救。曩曾著《武阳土布攻良说》，虽布业商人狃于积习未能实行，然未尝不确知其故心折吾言。又尝厕身常州商会三载，以阅历访求参考所得欲就武阳商业之源流变迁编辑成书，以供商界之研究，使商人阅之不至数典忘祖而爱重其事业之心思油然而生。惜以奔走无宁息未遂所愿。今若责成商会编制统计，则调查所及，庶于华洋销货之比较、金融机关之缺乏、生计之盈亏、现时之状况得以渐悉焉。

二、组织商业研究所

甲）研究关于商业之法令。

乙）讲求土货改良之方法。

丙）研究各业盛衰之理由。

丁）关于商业必要之科学，设补习科。

今日者土货锐减，洋货日增，利源外溢，难以亿兆计。不亟讲求土货之改良，循是以往同归于尽而已，则诚大可惧大可悲。夫商智之闭塞其原因甚复杂，然今日商界之主人翁固即此多数闭塞之商人，而足以为商人之枢纽者舍商会又莫属。教育普及尚犹有待，即普及矣岂能待后之学者习商业而始谋挽救，则惟有属望于今日之商人。望其挽救，不得不与以挽救之智识也。且以今日无智识之商人处无法律保护之时代，其情势危迫何可胜言。试观华商与洋商讼每受不平之判决，痛切剥肤，茫然莫知其所以。彼若以洋商所享之强权出于天授我而屈抑亦天职使然，此诚吾人所不忍言。即以今日之政府朝发一命令暮颁一章程，其关系于商业者如度量权衡之画一、纸币之限制，又如牙税之率增九倍、盐斤之骤加数文、印花为通行税则，而本省复有官纸之专卖，厘金为黑闇税则举世各国之所无。若者为利，若者为害，商人莫辨其适从，亦惟有瞠目结舌以相对耳。不特此也，铜元充斥终日受之害者孰如商人之见闻真切哉？彼虽疾首痛心日思挽救，亦仅以减折及争改洋码为苟安旦夕，只顾一身之计而不知请求画定币制、改铸良币易除劣币为一劳永逸清源正本之图。吾人对于此一般商人将以待其自悟欤抑有以启发之而使之进于知觉欤？吾又见今日之商会终日纷纭于追收债务、清理纠葛之举，外此若无所事事焉。夫秉公理论从众公断固本于部定章程，以今日审判未成致令商会侵夺权限为商事之裁判而又绝不知法律为何物，其流弊曷可究诘。既是以观，则知商业研究所之组织实今日商会必要之图也。

三、商会经费按年预算决算

国家之财政必有预算决算宣告于人民始为之负荷其经济，地方自治亦然，此文明之公理也。以商会之经费既取之于商人，当必有昭示其信用者。乃观经费充裕之商会类多任意挥霍，竭蹶之商会又患无从措筹。事前无预算则其所收入莫肯仔肩，事后无决算则其所支出无从征信，仅有年终之报销或并报销而无之。商会之与商人既未能诚信相孚，于是待举之百端因以废止，则知预算决算之关系非细故也。

四、明定期限令各厅州县之未设商会者一律组织成立。

上所云者为各属已成立商会者言之。江苏夙号开通，乃征之各属尚有并商会而无之者。南洋劝业会、博览会之始基也，吾人非以此会为当务之急哉！劝业会开幕于明年，各属当先开物产会及出品协会，官民络绎，笔舌纷驰，奔走相劝告，闻已设商会之地觉著手尚易，未设商会之地尤难集合。以劝业会之盛举发起于江苏，而江苏尚有未设商会之厅州县，何其名实之不相侔也，则惟有限期设立之一法耳。

主席请讨论公决。

讨论终局，九十九号提议：一、未成立商会之地应督促成立。二、公举董事。三、妥订章程。报告此三意应请加入作为修正条项。赞成在五人以上。

用起立表决法，以对于二十人之六十五人多数可决九十九号动议。

主席报告应将修正条项连同原案交由法律审查会整理之再行公决。现宣布苏路公司瓜清路线应走东堤或西堤案。书记长朗读。

主席请讨论公决。

讨论终局，百十二号提议请将本案交特别审查会审查，赞成在一人以上。

用起立表决法，以对于九人之七十六人多数可决百十二号动议。

主席问此项特别审查员是否用互选法。

全体反对互选，用委任法。

主席报告委任淮扬两府全体议员为此项特别审查员。现有自行提议之议案请蒋副议长主席。

蒋副议长代理主席，张议长退入议员席。

主席报告宣布张謇筹兴水利为谘议局基本金之设备案。书记长朗读，本人陈述意见。

附录：张謇演说稿

筹兴水利为谘议局基本金之设备

　　国家为预备立宪开国会而设谘议局。谘议局之义务，在通人民之愿望，兴利除弊。谘议局之权利，在受政府之补助，集会建言。今谘议局既成立矣，凡稍有知识之人，孰不望其巩固发达，增本省无疆之幸福。顾兴利除弊，须有资本；徒陈愿望，则理论皆虚。集会建言，须谋自立；专恃补助，则倚赖可耻。然则以兴大利除大弊为谘议员担负之实行，即为谘议局基本之设备，岂非开局第一日应议之第一事乎？其事维何？即光绪三十二年流亡数万方里之人民，靡费五六百万之赈款，人人所知徐海之大灾也。前乎三十二年者，有二十三四年之灾，而今年又见矣。方三十二年大灾筹赈之时，謇不自量度，亦尝推灾之所由来与灾之所可救，请以工代赈，请大①治淮。前督部堂亦尝采謇之说入告，设局测量矣。顾阻之者非一人，阻之言非一辙，无穷希望，顿时消灭。设使当时犹有人助之，稍稍致力焉，或不致有今年之灾，即有灾或不如是之甚。往者已矣，凡我江苏之人苟有人心者，其必不愿永留此致灾之母以鱼吾民也必矣。灾所由来，由黄河北徙，海口淤垫；由郑州河决，洪湖淤垫；由漕改海运，运河淤垫。海口垫则宣泄难，湖河垫则容潴难。故经一水灾，湖河必益垫；湖河益垫，水益易为灾：此亦相因而必至之势矣。三十二年之赈，靡官、义赈款六百余万两，本年亦非二三百万不办，此损失之在官者。江北被灾民田，何止数千万亩？以亩值银三元计之，所失奚翅万万？此损失之在民者。特中国向无岁计表，官民损失之数均未暇措意耳。若不及此急谋淮与沂、泗诸水入海入江之路，不特江北水患未有已时，窃恐皖北、江南亦均受其影响。惟疏浚入江入海，厥工甚巨，未易集事。当库款奇绌之时，请拨固难邀准，而民智未开之际，劝捐亦必无功。再四思维，惟有由全省议员发起组织一全省水利公司，即名曰江苏水利公司；集股开办，众擎易举。皖北同病水灾，若愿协谋，尤可得多助之益。入手办法，先事测量。测量之法，以海

---

① 《张謇全集》所录"大"字后有一"举"字。

平面为主，次而江，又次而徐、海、淮、扬、凤①、泗、沂、曹相关之各湖河底及地平面，分其高下为泄泻之准，又按各湖河容水之立方与海口、江口泄水之容积，为疏导之准。测量之人：先选已习测绘之学生，一面养成测绘及河海工程之学生，分段次第从事；将来或更延荷兰工师为之督率。大约测绘图成，工价估定，即可定招股额数。工必按期进行，股则分任劝集。后来次第涸出之田即为前此协助附股之利。所有规画测绘所需由谘议局担任经理之义务，盖常驻员有公费，办事处有酬金，藉为投身公益之机，尚非椟腹从公之比。至聘用专门之员，及糜费舟车之用，暂由全体议员结一水利协会赞助经营。测绘图成，确有把握，然后定章集股，计日兴工。疏浚之法：浚湖使水有所潴，浚河使水有所泄，浚出之土，筑圩培堤，相地为之，使水有防，将见微山、洪泽、高宝诸湖可次第成良田数百万亩。测量之始，即由公司划清本省与山东、安徽之界；涸后开垦，按则升科所得田租，除开支及公积外，十成均分：以六成作股东余利；以一成作公司办事人员红奖；以一成半作本省地方自治经费按各州县入股多寡支配分拨；余一成半，即归谘议局经费。谘议局经费以预备补助全省发育为宗旨。倘得全体议员之赞成，更要求行政官之维护，岂非地方自治纲要中所谓实业、教育、救恤、工程四者兼备之事乎？团体者，美名也；谘议局者，团体之一也。以利害实有相共之事结合团体，与以利害理论之事结合团体，其用情之孰亲孰疏，凝力之孰厚孰薄，范围之孰广孰狭，效果之孰大孰小，愿诸君思之。謇不胜馨香祈祷之至。謇前有《复淮私议》、《议办导淮公司纲要》并前绘之图，稍俟数日，重印奉布。谨具议案如左：

一、定名：世无但有利而无害之事，亦无但有害而无利之事；善用之则能为害者亦利，不善用之则能为利者亦害；水其尤著者也。中原之水次于河者，淮为最大；沂、泗之水会而入海。故道既为河夺，一支乃专入江，一支并于河而不畅；于是淮、扬受淮之害七八而利仅二三。自河北徙，淮之故道日淤垫日高，其他潴水、泄水之湖河亦淤而高；淮不能容，沂、泗诸水无可会，泛滥四溢，而徐、海遂兼受其害。故治淮须兼治沂、泗，尤须先治潴水之湖、泄水之河。湖河治而徐、海、淮、扬治；淮治而颖、凤、沂、曹且大治。溥哉利也！故当定案一

---

① 《张謇全集》所录"凤"字后有一"颖"字。

条，其文曰："江淮水利公司"。

二、负责：自光绪二十三四年至于今日，星纪一周，而徐海之灾四见矣。大官蔽于昏庸不职之监司，监司蔽于因缘为奸之弁吏。治河有利也，办赈有利也，留河以酿赈尤有利也；此弁吏之所长，而不肖之监司唯其左右焉。大官则于水之未成灾也，曰："启坝耳，放闸耳"；灾成，则曰："赈耳，赈耳"。方赈皇皇，赈已即忘；论官之职，宜若可罪而不足罪也。吾侪之生长游息于是邦，亲见吾父老子弟之身受其害，至于十二年四灾，而犹若睹若不睹焉，宁暇责彼视为传舍之官？今谘议局成立，朝廷明明诏吾侪小民兴利除弊矣，而可以已乎。是利也大利也，弊亦大弊也，非合我全省人之力，诚不足以谋之。而谘议局不负责，则谁负其责？故当定案一条，其文曰："以谘议局负江淮水利公司之责。"

三、规序：害见于乙，而害之源在甲；不治甲则乙之害不已也。委在丙，不治丙，则乙之害仍不已也。因害以为利，其原委亦视此。今江淮水利所相关之地，何止数十百万方里？若不得其高下相距之度，容泄方面之数，而贸然从事，是治乙而不求甲、丙也。为一方计则可，为全体计则不可，一时计则可，久远计则不可。知其不可而仓卒苟且以从事，非独浪费金钱亦即有伤事理。故当定案一条，其文曰："先从事于测量。"

四、合力：淮不治之害，皖与苏共之；治则利亦相共。沂、泗发源居徐、海上游，害独中于江苏，而山东不与，而微山湖淤滩之利则共之。共利而不共害者，不足引以为助。只可自入东境测量；测量之后，划定地界，免将来之争执而已。皖既利害与共，而苏尤为淮之尾闾，洪泽湖地与皖相错，其必乐与我共图其成者，可以人情推测而知也。故当定案一条，其文曰："先结水利协会，会员不限于本省人。"

五、课功：具呈立案也，设局测量也，估工集股也，皆未兴工以前事；或用人工，或用机器，如何分段，如何分年，皆兴工以后事。千端万绪，事体宏大。若仅以谘议局会期四十日之议员负此重任，其道无由。惟有责成常驻议员，得就议决范围内，谋其所以进行，以立法而兼监督之地位；而任公司之事者，以所进行月报于谘议局，互相策勉。否则道谋而三年不成，入市而一哄即散，犹空言也。故当定案一条，其文曰："谘议局常驻议员对于江淮水利，得于不背议决之范围内，时时进行，至有成效而止。"

六、均报：凡他公司招股后始有事，江淮水利公司则艰巨在未招股之先。艰巨历尽，公司乃成；成则百年之大利归于一事之法团。谘议局无可以营业之性质，亦无庸居义务之成功。然全省合力以博取之利益，除科本计利外，所有赢余不容不分，以助全省之发达，而全省发达之事，皆谘议员所有事也。故当定案一条，其文曰："水利公司至得有余利时，取其十分之三，听谘议局之支配，以充各出赀地方及全省发育之用；水利公司得监视其充用之当否，不得拒绝或减少其所取十分之三之余利。"

按：筹兴水利公司一案意在为江北永除症结，实行测量时并不专以导淮为唯一之宗旨。本届议会关于此项议案演说极多，各有主张，要以本案为公决之件，其余各稿俟测量后或别归一项目整理，今不具列。

补录：张謇续演旧稿

复淮浚河标本兼治议

人有恒言曰江苏为东南财赋之区，恤乎其不足信也。以苏属言，赋虽屡减，其重尤甲于天下；以宁属言，江北州县田赋虽不重，顾以兵燹不及，故厘捐繁重乃过于苏。合两布政司所入国家新旧政所需及庚子赔款，一切取焉不足则岁益之以房捐、膏捐、典捐、帖捐，政府朝采一言暮建一策，责江苏奉行为天下望尤切，江苏之人日弊弊焉谋所以应官者，又谋所以为地方者，又谋所以应他省非时之急难者。其款无一不取之于民，而民之生日繁，而地不加辟也，农工商日守其故而业不加进也，两布政司舍日搜索于房膏帖典诸捐他无术也。驯是以往，即无天灾，民之生计且日蹙，何况时会所乘，灾患迭起，将有不忍言不忍言者乎！

今者徐海淮扬之灾见矣，与徐邻者安徽之凤颖亳泗及山东河南之近徐诸地均被灾矣，徐海之饥民流亡而聚于清河者已五十万、宿州之饥民已三十万，其流于扬镇者尚不在此数，大吏虑其过江而扰及未灾之州县将并塞夫筹赈之源也，严戒沿江文武官吏盛兵以为之防，意非不善也，独念我淮扬之民何以至此。往者不可谏矣，今若不亟谋所以抚存之之策，则百万饥民求一日之不死而为乱可悯也，不为乱而枕藉以俱死尤可悯也。今之大吏亦皇皇然求所以振之术，无论江苏之财力当振金山、振云南、振广东、振湖南、振江宁镇江之后势已衰竭，不能呫嗫办百万数十万之款，即得矣而各聚数万数十万之饥民于一隅，抚辑保全必无善策。且闻徐海淮扬及凤颖亳泗低下之田迄未能及时种麦，春夏遥遥无青可接，此低下之田即占少数，设或来年夏秋复有如今岁之霪雨，又将何以待之？嗟乎嗟乎！治病者当知病所由受之处而后治之，舍是则枝枝节节而治之未尝不小愈，而病根终伏，一触感于六气之淫而即发，屡发即不救矣！大吏者固受国家之委托而生聚吾民者也，而忍其不救而不为之所乎？今我为大吏陈我徐海淮扬及凤颖亳泗灾民病所由受之处：

夫徐海淮扬凤颖亳泗，兹数州县者皆淮水所经之地也。按之《禹贡》，淮水故道自河南桐柏县历安徽颖凤盱泗经江苏桃源、清河、安东云梯关而入海。泗水自泗水县历曲阜、滋阳、济宁、邹县经南阳、微山二湖南行为中河，至清口入淮。沂自沂水县历兰山、郯城经骆马湖南行会中河入淮，所谓东会于泗沂东入于海也。自宋河决澶州而河与淮合，自明刘大夏筑断黄陆冈而河遂夺淮，终明之世迄于本朝淮扬遂永被其害。其所以被害之故，在治河之臣止治河而不治淮，河流挟沙扼淮之吭，日垫日高，淮益缩弱，一遇盛涨，惟有横决。至咸丰初河决铜瓦厢而北，而兰阳、考城以东之河道以涸，然同治五年尤有清水潭之决，淮之不治其害益明。山阳丁氏显是年著论请复淮水故道，旋又著捷议补议别议管议，指陈利害，分条析理至为明白，而当时之大吏无能行之者。左文襄公督两江独具远识，毅然为导淮之计此光绪九、十年事文，文襄亲自勘视，规画有案，其款檄海分司徐绍垣就北盐内筹备，大约加引十六万计银一百二十余万两，票费三十余万两，厘课三十余万两，此外尚有疏浚江宁赤山湖、大冶秦淮之议，皆伟业也，会以移督闽浙不果。今距文襄之去二十六年耳，我徐海淮扬及凤颖亳泗之民果有百万流亡之日。

嗟夫，古语有之焦头烂额为上客，其不信然乎？方清水潭决之后今年大灾之前，中间督两江者岂无名臣？何以规导淮者独一左文襄公？岂不曰大乱之后民力不逮欤？然清水潭之决何尝不在粤乱初定东乱未平之际，而既决则又不能不堵，徒使淮扬徐海滨海纵横数百里之地丧民命以万计、丧民产以数百万计已耳。今国日益蹙民日益穷矣，大灾遽至，良绌于应，然百万流亡之民能不振乎？抑徒振之为上客已乎？愿我大吏且焦头烂额且曲突徙薪也。曲突徙薪奈何？请本丁氏之言献议曰复淮，曰浚河，曰以工代振。

循丁氏之言，废黄河底高于中运河宿迁县境底一丈六尺，高于洪泽湖底一丈一尺，自成子河桃源县境达云梯关口四百四十余里，势若建瓴。治下游则辟云梯关东马港口外越港，经小黄河入大潮河以达海。治上游则先浚杨庄引沂泗之水入废黄河，每十里开一跌塘，长十丈、广七十丈、深二三丈，贯塘以引河，河头面广十二丈，尾广六丈，底广均半之，深以过水五尺为度，藉沂泗之水攻沙以先之。次开张福口，引河由七堡顺清二口引洪泽湖之水入废黄河，合沂泗以畅之。张福引河每五里一跌塘，塘长六十丈，广二十四丈，深一丈六七尺。贯塘之河广八丈，底半之，深亦以过水五尺为度言五尺者，洪泽湖底高于中运河以下五尺。修盱工，堵成子，固遥堤，塞三河刘老涧，辟清口，浚淮河，分期五年，次第施工，需费一百四十六万余两，策大利十二，捷径四，靖浮言五，计土方，料夫役，度地形，审器用。今去丁氏著论议时已四十年，不特废黄河底加高，洪泽、微山、昭阳诸湖底亦日加高，硕项、骆马诸湖且成田矣。潴水无所，泄水无路，一遘霪雨遂成大灾，必合全局而筹为久安之计，须测量徐海淮扬及凤颖亳泗数十州县地方之面积及其高下，统计常年之雨量，废黄河、淮河、洪泽、微山、昭阳诸湖之容积，清口、马港口深广之度，每时刻泄泻之水方，精绘全图，筹集巨款，然后施工，斯为上策。然施于今日等诸揖让而救焚，仍于以工代赈之义无当也。

执以工代振之说，或且为一切救急之谋。甲说以铁路垫土工程代振，不知路工垫土先须测量地平以定高下，待测定而后垫土至速亦须明年正月。乙说借外债兴工垫土以代振，饮酖止渴殆尤不可已。惟有规丁氏复淮之议，图文襄未施之工，而加之以浚河。河者，杨庄以上曹单徐邳以下之废黄河也，自山东滕县韩庄至宿迁百数十里淤垫弥甚，盖运河废而河随之，故今年之灾濒河之州县与淮无异，为濒淮之民计不得不兼为濒河之民计濒河为徐海淮及山东曹单滕一带，濒淮为凤颖亳泗及河南之陈州一带。

夫徐海凤颖之民风强悍夫人而知之，流离失所数至百万，其宜散而不宜聚亦夫人而知之。今为治标计，惟有官绅协力就现聚之众查明乡贯里居分别给资派兵护遣归里，由各州县官绅料理，籍其丁壮给以畚锸，以兵法部勒，各就河淮所经之区使任疏浚之役，而予以稍优之值，俾赡其老稚妇女，一面按丁氏跌塘引河之法画区分段，简其年长之人率之，而官绅更迭临工为之督察，为之抚绥，如此则势散而易治，工分而易集。一面采购杂粮芋干分输于各州县通运较便之地，俱其贩粜，务使不匮，以四十年前丁氏所约之段计之，殆非二百万不足集事。以百万人日食二十钱计之，四阅月且须三百六十万。似二百万尚不及三分之二，然得此以稍奠其流亡而煦濡于就莩，即为国家利害计，亦大吏筹度所必及，况又有工之所言耶。若虑猝无巨款可筹，则有本年两广总督、广西巡抚动用要款赈灾之例在。

虽然广西之事固不足例我徐海淮扬也。复淮浚河岂惟治本，抑犹有可收之利。洪泽、高宝、白马、氾社、氾光、邵伯等湖旧系民田，自黄河南徙，淮水潴于洪泽而洪泽之湖田废，自洪泽涨而南泄汇成泽国而高宝、白马、氾社、氾光、邵伯之湖田废。高宝江泰圩凹之田荒于坝水，海赣沭安近河之田亦危于坝水。今若复淮而畅清口以泄洪泽之水，则洪泽之湖田出，迤南诸湖不受洪泽之逼则迤南诸湖之湖田出，至于高宝江泰漕堤无涨决之患，海赣沭安低田有泻潦之区，南则溯淮而上而凤颍盱泗安，北则溯河而上而徐邳桃宿亦安，犹止利于治本者也。

按丁氏前议废黄河中泓高于湖底一丈一尺者仅五六十里，此外或高七八尺、或四五尺、或一二尺，而洪湖志桩冬春之际存水仅五六尺。今阅四十年，河底高而湖底亦高，比诸洪泽湖平时水深者不过丈，浅者漾于滩上，或仅一二尺。由昔之说推之则水之泄也易，由今所闻推之则田之出也多，约计洪泽、高宝、白马、氾社、氾光、邵伯等湖以及盱眙、天长濒湖处所可出之田可一万方里凡五百四十万亩，即宽留水道及不遽可田之地去其四亦得三百二十四万亩。新例涂滩亩收缴价三钱二分亦得一百余万两，此利之在国者。无须量圩听民领筑，圩成之后以每亩值五元计可值一千六百余万元，此利之在民者。以是言，治标则赈不虚，以是言，治本则工不虚。设犹有瞻顾而徘徊焉，江湘之间赤子方弄潢池之兵，设或不逞之徒从而生心，利用我百万流亡失所之民，轶国家之范围，即曰彼冻饿之余不足歼，独不需兵费乎？国家养兵顾以歼是冻馁之余为用乎？朝廷之仁大吏之明必不出此。谨议。

复淮浚河标本兼治议后语

下走以同治十三年游淮安，见丁氏议，韪之蓄此于中三十二年矣。浚河则光绪三十一年游徐州时就所见闻策画如是。前议稿甫脱，得同治六年至十年复淮之案。丁氏著议在同治五年，六年春淮安绅士裴荫森等以此议请于前督曾文正公，许分别缓急次第行工，秋间奏奉部议，十月奉依议之旨。七年文正公委员逐段估勘，经淮扬道刘咸绘图造册呈报。文正以是秋移督直隶，兹事遂辍。八年淮绅蔡则沄等复呈请都察院代奏，奉旨饬总督马新贻、漕督张之万、巡抚丁日昌议，以饷需支绌巨款难筹且部议挽黄南行与导淮歧异疏复上，仍下部议。部以导淮为挽黄先声，请饬督抚，力为其难。九年文正再督两江，则沄等复请，批答以巨款难筹逐渐展步。此所得于官牍之大略也。文正规画而未筹款，文襄筹款而未举办，然二公之以此事为当行灼然无疑。部议合挽黄导淮言之，盖为漕运。漕运既罢，河自安流，岂有无端挽回使复病淮之理。论者必谓时艰而民穷，然正惟时艰，正惟民穷，不堪屡灾贻朝廷忧，故愿望我大吏俛省刍荛之议也。抑有言者，三十年前疆臣大吏即无不喋喋言穷，而三十年来试问上所耗者几何？下所丧者几何？乡人有家中落者，其手弟知苟安非计，愤然称贷于戚友，辛苦经商十余年而尽复所失，其他或不博不狎邪亦不知生计，见人呐呐不能作一语，杜门缩屋至于无聊而冻馁者比比也。能治生则生不能生，虽体仅一衣、日仅一食能免于穷死乎。或乃鉴于漫浪营业而失败者以为不如寂守之犹失半而得半，是何异甲噎而乙并废食，不咎漫浪之非而咎营业，吾其如此凉血而并不能动之物何也。

主席请讨论公决。

讨论终局，用起立表决法，以对于一人之八十四人多数可决本案。

主席报告本日应议事件已毕。

五时三十分散会。

议　长　张　謇
副议长　蒋炳章
书记长　孟　森

二十七日下午一时开各项审查会。

二十八日下午一时开会。

到会议员九十八人内续到七人。

本日应行会议之议题：

一、宣布审查度量权衡改制推行案报告，讨论应否开第二读会。

二、宣布审查实行印花税方法案报告，讨论应否开第二读会。

三、宣布侯瀛议筹地方自治经费案。

四、宣布周虎臣划清地方自治经费案。

五、宣布长鹤第通筹地方自治经费案。

六、宣布谢源深官荒新涨充作地方自治经费案。

七、宣布沙元炳减收如皋丁漕陋规改拨地方自治经费案。

八、宣布请议审查会报告提出划定自治经费案。

九、宣布陈官彦宁属设立清查公款公产事务所案。

十、宣布许鼎霖筑海清铁路以工代赈案。

十一、宣布于定一等革除官营商报案。

十二、宣布王嘉宾筹高淳县水路及为民宽赋案。

十三、宣布张鸿鼎补救淮北运河案。

十四、宣布请议审查会报告提出淮扬水利案。

张议长主席报告海州灾振甚亟，许君鼎霖要求变更日表将第十项提在第三项议决，赞成已得五人以上，请公决。

全体赞成。

主席报告宣布审查抚台度量权衡改制推行案报告，书记长朗读。

主席请讨论大纲公决应否开第二读会。

讨论终局，用起立表决法，以对于十九人之七十七人多数可决即日开第二读会。

主席报告抚台度量权衡改制推行案开第二读会，书记长朗读。

主席请讨论公决审查会修正条项。

讨论终局，用起立表决法，以对于十六人之八十人多数可决照审查报告修正原案。

主席报告应将修正条项仍交审查会就原案整理之。

三时十五分休息，三时四十五分续会。

主席报告宣布审查抚台实行印花税方法案报告，书记长朗读。

主席请讨论大纲，公决应否开第二读会。

讨论终局，用起立表决法，以对于三十一人之六十五人多数可决即日开第二读会。

主席报告抚台实行印花税方法案开第二读会，书记长朗读。

主席请讨论公决审查会修正条项。

讨论终局，用起立表决法，以对于二十二人之七十四人多数可决照审查报告修正原案。

主席报告应将修正条项仍交审查会就原案整理之。现宣布许鼎霖筑海清铁路以工代振案，书记长朗读。

主席请讨论公决。

讨论终局，七十号提议请将本案交特别审查会审查，赞成在一人以上。

用起立表决法，以对于二十人之七十四人多数可决七十号动议。

主席问此项审查员是否用互选法。

全体反对互选，用委任法。

主席报告委任此项特别审查员如左：

陶保晋、孙启椿、夏寅官、周树年、梁荄、马士杰、张延寿、陈官彦、周虎臣、段庆熙、王立廷、张伯英、叶蔚、施云鹭、许鼎霖、邵长镕、袁永良、孙宝书、沈臧寿、雷奋、蔡璜、穆湘瑶、张家镇、于定一、钱以振、秦瑞玠、狄葆贤、马良、林可培、潘鸿鼎

七十号提议灾振事亟照本局《议事细则》第四十三条请此项特别审查会俾明日审查完毕。赞成在一人以上。

用起立表决法，以对于八人之八十六人多数可决七十号动议。

主席报告散会时已届，本日未及提议事件应重定日表通知。

五时三十分散会。

议　长　张　謇

书记长　孟　森

二十九日下午一时开各项审查会。

三十日下午一时开会。

到会议员九十人内续到三人。

本日应行会议之议题：

一、宣布审查筑海清铁路以工代赈案报告讨论公决。

二、宣布侯瀛议筹地方自治经费案。

三、宣布周虎臣划清地方自治经费案。

四、宣布张鹤第通筹地方自治经费案。

五、宣布谢源深官荒新涨充作地方自治经费案。

六、宣布沙元炳减收如皋丁漕陋规改拨地方自治经费案。

七、宣布请议审查会报告提出划定自治经费案。

八、宣布陈官彦宁属设立清查公款公产事务所案。

九、宣布谭庆藻实行劝学案。

十、宣布请议审查会报告提出宁属教育改良案。

十一、宣布请议审查会报告提出普及教育分期办法案。

十二、宣布林可培试行普及教育方法案。

十三、宣布于定一等革除官营商报案。

十四、宣布王嘉宾筹高淳县水路及为民宽赋案。

十五、宣布张鸿鼎补补救淮北运河案。

十六、宣布请议审查会报告提出淮扬水利案。

张议长主席报告宣布审查许鼎霖筑海清铁路以工代振案报告，书记长朗读。

主府请讨论公决审查会修正条项。

讨论终局，百二号提议审查会所列招股方法乙条应改作"其余一百五十万元另向各州县分头招股，约以二年为招足之期"，赞成在五人以上。

用起立表决法，以对于七人之八十人多数可决百二号动议。

三时十五分休息，三时四十五分续会。

六十八号提议请变更议事日表，将淮扬水利请议案提前议决。赞成在五人以上。

用起立表决法，以对于十六人之七十一人多数可次六十八号动议。

主席报告宣布淮扬水利请议案，书记长朗读。

主府请讨论公决。

讨论终局，用起立表决法，以对于五十六人之三十一人少数否决本案。

主席报告宣布本日议事日表上第三四五六七八关于自治经费各案省略朗读，

请一并讨论公决。

附录：沙元炳演说稿

议如皋减收丁漕陋规改拨为地方自治经费

江北丁漕折钱征收皆有定价，凡造串纸张书差辛工行政经费皆取于定价之中，超过定价则为浮收。此通例也。书差浮收之弊各州县所同，如皋于书差之外复有介于书差非书差之内专吮此血食之人，独异于他州县。盖由于百余年来官不柜收，择户之大者委于书吏，谓之书报，其小者委于差役，谓之差报，每当开征之初，书吏以丁漕串票掣发包户领办，差役以丁漕串票掣发跑千户领办。包户者里中具有赀本之人，或为胥吏，或非胥吏，专代人包纳丁漕而征收其息者也。跑千户者里中游民无赖，为粮差所雇①代其追呼者也。书差之收于包户、跑千户既大逾于定价之数，包户、跑千户之收于民复大逾于供书差之数。此数之外复有包尾名词，如以厘包分、以合包升之类，有迟一季未完者必按月加息三分，或故迟给其票以责其息，至征收之时固皆不收铜元，以银元折钱，又必抑价一二百文，而民之负累愈无穷矣。今试举递加价目立比较表如左：

① "雇"，原作"顾"，疑误。

地丁项下	定价以每两计折收钱二千五百文	书报缴官钱二千三百零八文	差报缴官钱二千零八十文，外有西乡四图每两钱二千文	书吏收包户钱二千五百文，外加补色钱六七十文	包户收民钱二千八九百文不等
漕米项下	定价以每石计解银二两一钱加一耗银二钱一分，折收钱五千五百文，随收水脚钱五十二文	书报缴官钱五千五百文	差报缴官钱四千五百文，外有碎米户八百石，每石缴钱四千文	书吏收包户钱五千八九百文至六千一二百文不等，外每千加补色钱六七十文	包户收民钱八九千文或至十一二千文不等，间有收钱六千四百文者为最少数
芦课项下	定价以每两计钱二千五百文	书报缴官钱二千三百零八文	差报缴官钱二千零八十文	书差收民钱二千六百文	
串票项下	定价以每串计五文			书吏收包户钱六十四文	包户收民六十四文或九十六文至百二十八文不等，间有五文者为最少数

以上凡新增附加之数，如地丁项下积谷二百文、自治局二十文、漕米项下自治局四十文、串票项下练兵经费十文均在外。

观上表浮收之数折中计算，地丁每两约三百文，以额征银二万四千五百余两计之，即得钱七千三百五十千文，漕米每石约四千文，以额征六千一百八十余石计之，即得钱二万零七百二十千文，数已不赀。至串票浮收之数尤可骇异，丁漕两项串票约计二十余万张，以每张六十四文计算，已达至一万二千八百千之多，更何论收钱至九十六、一百二十八者乎。然相沿百余年，官不诘问、民不举发者亦自有故。地丁书岁出其所得六七千千文，漕书岁出其所得八九千千文，以分饷内外官署幕僚家丁所得者名曰提红，地方刁绅劣矜所得者名曰漕规，绅董中之强而黠者或阳避其名而阴收其实，于所应纳之数但索其串而不偿值，乡曲小民不知定价以为沿习已久例固如此，故相忍至今也。

今为民生计，为地方计，自宜急切整顿。整顿之法，应先将包户、跑千户等弊悉数革除，请复柜收，由地方议事会举董监理，酌定任期，议事会未成立以前，即由地方各团体公举正董暂行代理。其征收之数，除新增各项附加之外，每地丁银一两折收钱二千六百文，芦课称是，漕米每石折收钱六千四百文此照向收米价最少数酌定，串票每张二十文，均不得再加。银元照市折钱并准以铜元、小银元为找尾奇零之用，均不得抑价以昭平允。除缴官之银价米价悉仍其旧外，核有赢余，以四成归官署办公经费，以六成归地方自治经费。如此办法有益于民，抑且有益于地方无损于官，亦并无损于书吏。事经地方各团体公认，应请审查公同议决。

讨论终局，百二号提议请统交财政法律审查会并入自治经费案内审查，赞成在一人以上。

用起立表决法，以全体起立可决百二号动议。

主席报告宣布谭庆藻实行劝学案，书记长朗读。

主席请讨论公决。

讨论终局，四十八号提议请将本案交学务审查会并案审查，赞成在一人以上。

用起立表决法，以对于八人之七十九人多数可决四十八号动议。

主席报告宣布请议审查会报告提出宁属教育改良案，书记长朗读。

主席请逐条讨论公决。

讨论终局，顺次用起立表决法逐条表决，以全体起立可决本案第一条，又第二三四五六八各条交学务审查会并案审查，又以对于二十三人之六十四人多数可决本案第七条。

主席报告宣布本日议事日表上第十一、十二关于普及教育两案省略朗读，请一并讨论公决。

讨论终局，四十八号提议请谂将本二案交学务审查会并案审查，赞成在一人以上。

用起立表决法，以全体起立可决四十八号动议。

主席报告散会时已届，本日未及提议事件应重定日表通知。

五时三十分散会。

议　长　张　謇

书记长　孟　森

十月初一日下午一时开各项审查会。

初二日星期休会。

初三日下午一时开各项审查会。

初四日下午一时开会。

到会议员八十七人内续到三人。

本日应行会议之议题：

一、宣布审查关于学务各案报告讨论公决。

二、宣布审查瓜清路线案报告讨论公决。

三、宣布审查淮扬水利案报告讨论公决。

四、宣布于定一等革除官营商报案。

五、宣布王以昭等厘捐认缴案。

六、宣布张延寿厘金改办统捐案。

七、宣布请议审查会报告提出盛泽厘捐请议洋价照市搭缴铜元五成案。

八、宣布沙元炳改厘金为认捐案。

九、宣布张鸿鼎改设统捐案。

十、宣布顾忠宣厘捐由自治局联合商会认缴案。

十一、宣布请议审查会报告提出请改厘金为认捐案。

十二、宣布王化南等整顿淮安关卡以纾商困案。

十三、宣布马良请设法律专修公学案。

十四、宣布王嘉宾筹高淳县水路及为民宽赋案。

十五、宣布张鸿鼎补补淮北运河案。

十六、宣布资格审查会报告提出陈士髦撤销议员辩诬案。

十七、开剔除批解丁漕规费及划一币制两案审议会。

张议长主席报告宣布审查学务各案报告书及修正案，书记长朗读。

主席请讨论公决审查会修正条项。

第一章甲条第一项

讨论终局，十七号提议本项决算表下应添公布字样，赞成在五人以上。

用起立表决法，以对于五十五人之三十一人少数否决十七号动议。

四十七号提议本项"如实有不便之处"以下可删，赞成在五人以上。

用起立表决法，以对于五十四人之三十二人少数否决四十七号动议。

七十号提议本项内民款二字应改为公款，赞成在五人以上。

用起立表决法，以对于三十七人之四十九人多数可决七十号动议。

第二项

讨论终局，百二号提议本项"虽令停闭"以下二语应改为"不得将原有之款充教育以外之用"，赞成在五人以上。

用起立表决法，以对于二十一人之六十五人多数可决百二号动议。

第三项

讨论终局，用起立表决法，以对于二十一人之六十五人多数可次本项。

第四项

讨论终局，四十七号提议本项至"城镇乡物力充足"以下云云应归入第六项内，赞成在五人以上。

用起立表决法，以对于二十三人之六十三人多数可决四十七号动议。

第五项

讨论终局，用起立表决法，以对于五十七人之二十九人少数否决本项。

第六项

百二号提议本项应修正之如左：

一、城镇乡教育费之支出以初等小学、半日学堂为主，注意普及不能不并力办此两项学堂。今办学者喜于滥设两等实为一弊，权其缓急，设一两等不如分其经费多设初等，庶教育有普及之望。如物力充足，初等小学毕业已多，未尝不可兼办高等及各项学堂，但不得因此妨碍其已设立之初等学堂。

赞成在五人以上。

用起立表决法，以对于十五人之七十一人多数可决百二号动议。

第七项

讨论终局，用起立表决法，以对于七十人之十六人少数否决本项。

第八项

讨论终局，用起立表决法，以对于六十一之二十五人少数否决本项。

第九项

讨论终局，用起立表决法，以对于七十二人之十四人少数否决本项。

三时十五分休息，三时四十五分续会。

第十项

讨论终局，四十七号提议本项应改为"劝学所经费最多不得过全境教育费十分之一"，附入四项之末，赞成在五人以上。

用起立表决法，以对于二十七人之五十九人多数可决四十七号动议。

第十一项

讨论终局，用起立表决法，以对于七十七人之九人少数否决本项。

第十二项

讨论终局，用起立表决法，以对于八十人之六人少数否决本项。

第一章乙条第一项

讨论终局，用起立表决法，以对于十三人之七十三人多数可决本项。

第二项

讨论终局，用起立表决法，以全体起立可决本项。

第三项

讨论终局，用起立表决法，以全体起立可决本项。

第四项

讨论终局，四十七号提议经费一层应改请两学司会同两藩司筹拨，不必提明何项款目，赞成在五人以上。

用起立表决法，以对于三十三人之五十三人多数可决四十七号动议。

四十八号提议宁苏女师范不必各设一所，赞成在五人以上。

用起立法决法，以对于三十八人之四十八人多数可决四十八号动议。

第五项

讨论终局，四十七号提议本项请拨经费亦应请两学司会同两藩司筹拨，赞成在五人以上。

用起立表决法，以对于九人之七十七人多数可决四十七号动议。

九十一号提议本项内办法一层似可删去，赞成在五人以上。

用起立法决法，以对于三十人之五十六人多数可决九十一号动议。

第六项

讨论终局，用起立表决法，以全体起立可决本项。

第七项

讨论终局，四十七号提议本项与本章无涉，可删去，赞成在五人以上。

用起立表决法，以全体起立可决四十七号动议

第一章丙条第一项

讨论终局，用起立表决法，以全体起立可决本项。

第二项

讨论终局，五十四号提议本项不必以省城为限，宜删去省城二字，赞成在五人以上。

用起立表决法，以全体起立可决五十四号动议。

第三项

讨论终局，用起立表决法，以对于六十六人之二十人少数否决本项。

第四项

讨论终局，用起立表决法，以全体起立可决本项。

第五项

讨论终局，用起立表决法，以对于五十三人之三十三人少数否决本项。

第六项

讨论终局，用起立表决法，以全体起立可决本项。

第七项

讨论终局，用起立表决法，以对于七十六人之十人少数否决本项。

修正案第二章

讨论终局，用起立表决法，以全体起立可决本章。

主席报告宣布审查瓜清路线案报告。书记长朗读。

主席请讨论公决审查会修正条项。

讨论终局，用起立表决法，以对于十六人之七十人多数可决审查会报告修正原案。

主席报告宣布审查淮扬水利案报告。书记长朗读。

主席请讨论公决审查会修正条项。

四十七号提议本报告修正条项内有"议于江淮水利公司"以下至"暂由淮扬水利总局"担任数语可删去，赞成在五人以上。

用起立表决法，以对于二十七人之五十九人多数可决四十七号动议。

八十八号提议本报告修正条项中"一律改修石工以为切实御水险办法"句以下应节改如左：

立秋十日后如运河水涨归江各坝不能宣泄，不得已于车南新三坝中酌开一两坝分泄水势。

九十一号提议本报告修正条项中"分别摊认"句以下应修改如左：

下河民田在千万亩以上按亩摊捐可得巨数。

赞成者均在五人以上。

顺次用起立表决法，均以全体起立可决八十八、九十一两号动议。

主席报告宣布于定一等革除官营商报案，书记长朗读。

主席请讨论公决。

讨论终局，用起立表决法，以对于一人之八十五人多数可决本案。

主席报告宣布本日议事日表第五至第十二关于厘金征收各案省略朗读，请讨论公决。

附录：沙元炳演说稿

请改厘金为认捐

中外古今无无法之税，现行之厘捐乃无法之甚者也。其始原于军需孔亟，仓皇补苴以适一时之变，相沿不改，遂为厉民之一大政。议者瞋目蹙頞，推原祸始，咸咎曾文正、胡文忠诸先正立法之未善以贻民害，不知天下无历久不变之事，相时制宜，因应无方，曾文正尝言之矣。今有人病热狂谵，投以硝磺覆杯可已病者，不亟求滋养之方而仍进前药，几何不瘠而殒乎？何谓无法？一曰章程无秩序，一曰稽核无标准。元炳江北人也，请言江北自咸同军兴以来粮台分南北，捐章于是有南台北台之名；漕督驻兵清江，于是有漕捐之名；金扬克复，善后局立，于是有金扬善后之名；其时宁波钓船禁止入江，宁帮欲赴扬泰购米，认于正捐之外加输报效捐一道，后更名为货捐，于是有货捐之名。今者南北台消灭无有矣，漕督改官矣，金扬完善矣，钓船入江矣，不亟思厘定税法而仍行此名不副实之捐章。即此捐章之区别，或此局有而彼局无之，或此货无而彼货有之，不知何者为正捐何者为附捐，务多其途以眩商民之耳目，虽老于经商者茫然不能指瞭。于是委员得以依缘为奸，司巡得以上下其手，此章程之未善也。各国税法条理秩如皆有一定之标进，而厘捐稽核仅恃比较法与三联票及总巡侦察而已。夫忙漕为国家正供，岁或不登犹有缓征减折之例，独厘捐不问每岁商货之衰旺，而但责以一定之数，名曰防弊而弊乃愈滋。各局每月报销有余则留存以有待，不足则称贷以求合，上既导以诬罔之门，下适得其奸欺之路。于是横征暴敛靡所不至，民一伸诉委员则自解曰吾顾全比较不得不然也，上官亦恕之曰彼顾全比较不得不然也，而民冤永无雪期矣。至三联捐票尤为有名无实，无论货票不符在在皆然，而票给于商与报缴于上者数又不符，每办月报，无不某名某氏随手填书，若百若千任情出入，票积如山，奚从究诘，总巡偶一出巡，不过各局员费一馈赆多一宴会，于实际毫无影响，此稽核之未善也。自宁属改办统捐，商民咸矫首企足以为从前苛索等弊可以由此减轻，而按之事实适与相反，无论江北统捐不能行之江南，而运河与淮河捐章即不相同，名目之粃杂如故也，卡拦之栉比如故也。名曰首卡一捐概不重征，而又特留补验之名，于是奉行者不问其有无加载，节节留难，层层增补。即以运河北台言之，照章十成七折抽收，乃观姜泰如皋两局，凡货自姜堰各卡起报者约收六成，至海安补三成，至庆余桥补五成，至老坝头补五成，至丁堰补三成，里不逾二百，货未加分毫，即此北台一项已增至二十二成。而力乏桥之南台十成、老坝头之货捐十成以及金扬二成、漕捐四成尚不在此数。至于额外浮收、暗中婪索抑又倍之，按其实收已超过重征之数。是以江北各局员自改办统捐以后收数日增，利源大辟，州县侧目，道路咨嗟。上官审知其事之优也，但计多取，益加比较。然上之所加者一，下之所收者二，而商之取偿者四也，其吮膏吸髓以受间接之害者独吾小民而已。读《谘议局章程》，议决本省税法为谘议局权限内事，亟宜研究以纾民困。窃谓加税免厘之约终须实行，裁厘撤卡载在条文，统捐万不足恃。于此筹变通之法，亟宜改办认捐，先调查各国税法暨各省已办认捐处所现行章程，厘定税法；再调查本省各总局近三年实收数目暨各分局比较数目，划定限制；后调查各州县产地销场，各货物近年衰旺情形，列为表式。调查既明，措手自易，将从前烦碎捐目悉数删除，所有卡拦概行裁撤，土货征之产地，行货责诸行商，每地择商业中殷实干练者数人推为领袖凳司稽查，而以地方官为之监督，按照现时比较认定岁缴若干由地方官径解，藩署总其大成，除开销外，设有赢余，酌提若干成为公积，预备弥补不足并非常事故之用，酌提若干成为地方自治基本金，酌提若干成为地方官公费。如此办法，税额无短绌而各局开支可省，利一。税法有标准，商民无重征苛扰之病，利二。卡栏尽撤，行旅无障碍，利三。以本地之人办本地之事，耳目既周，偷漏自少，利四。分中饱之赀以益自治经费，利五。地方官既担监督责任，补助无庸他求，利六。宜如何设法施行请公决建议。

讨论终局，百十三号提议请将各案统交财政法律两审查会并入改订厘金征收方法案内审查，赞成在一人以上。

用起立法决法，以对于四十一人之四十五人多数可决百十三号动议。

主席报告散会时已过，本日未及提议事件应重定日表通知。

六时散会。

议　长　张　謇

书记长　孟　森

初五日下午一时开各项审查会。

初六日下午一时开会。

到会议员八十七人内续到五人

本日应行会议之议题：

一、议决本局互选资政院议员规则。

二、宣布马良请设法律专修公学案。

三、宣布张鸿鼎补救淮北运河案。

四、宣布请议审查会报告提出徐海水患治法案。

五、宣布请议审查会报告提出浚修马陵断麓案。

六、宣布王嘉宾筹高淳县水路及为民宽赋案。

七、宣布王化南等清理淮北垣运以裕课源案。

八、宣布夏寅官体恤煎丁案。

九、宣布请议审查会报告提出体恤煎丁案

十、宣布请议会审查报告提出整顿通属盐务案。

十一、宣布请议审查会报告提出补救场商案。

十二、宣布凌文渊等整顿运商违章朦收案。

十三、宣布秦锡田裁撤下砂两盐场及崇明各大使案。

十四、宣布秦锡田苏属盐课摊派地丁项下裁撤缉私巡盐各营案。

十五、宣布张謇本省单行章程规则截清已行未行界限分别交存交议案。

十六、宣布请议审查会报告提出如皋拨积谷捐充自治教育经费改正名称案。

十七、宣布胡伯言徐州实行垦荒案。

十八、宣布资格审查会报告提出陈士髦撤消议员辩诬案。

十九、开剔除批解丁漕规费及划一币制两案审议会。

议长主席报告宣布本局办事处草拟互选资政院议员规则，书记长朗读，逐条讨论议决如左：

互选资政院议员规则（全录）

第一款　办理选举人员

甲、互选监督：照章由督部堂抚部院任之。

乙、监察员：照章由互选监督亲莅监察。

丙、管理员：照章由本局办事处任之，其员额如左：

一、投票：签名二员，掌瓯四员。

一、开票：唱名二员，掌票一员，记数六员。

第二款　选举人及被选举人

照章均以本局议员为限。

第三款　互选日期

照章定十月十一日。

第四款　互选场所

照章设本局内。

第五款　投票方法

甲、互选人照章亲赴投票所自行投票。

乙、互选人若因疾病或其他事故，照章得就互选人内委托一人代行投票，惟仍须本人亲书密封，于封面署名画押，连同委托凭证送致受托人，该受托人将封及委托凭证临时向互选监督呈验讫，然后投票。

丙、投票纸照章可亲书密封送致他人代投，是以本局先期发票。今定办法两条如左：

一、票纸于初十日分发，均需本人到局亲领。

二、初十日因故未到者，俾十一日上午九点钟前本人亲到补发票纸。

丁、每票照章连记十四人人。

戊、票末本互选人自署姓名，托人代投者，除票末自署姓名外，仍于密封之上照章署名画押。

己、投票所预设互选人投票簿载明互选人姓名年岁。

庚、十一日上午九时互选人齐集本局，鱼贯由东口入投票所，签名于投票簿后，当互选监督前投票，投毕由西口出。

第六款　开票方法

甲、开票所设本局内。

乙、十一日下午一时互选监督莅所，互选人入参观席。

丙、管理员当互选监督前揭封启匦。

丁、管理员取出票纸点对签名之投票簿无误，报明实到人数，折半定当选票额，仍后唱名。

戊、唱名由记数员于黑板及计数簿上各自登记，其记数之式满五票成一正字。

己、计数毕，由计数员将黑板上之数与计数簿核对。

庚、核对毕，及额者以票数多寡排列先后，报告当选人名。

辛、票额同者以年岁之长幼定先后，年同者抽签定之。

第七款　当选人不足额时决选方法

甲、报告当选人名毕，如未足额，当于十二日行决选。

乙、计未足额几人，取得票次多数者加倍开列于决选榜。

丙、管理员当场发决选票交参观之互选人亲接，未到者照第五款丙项二则办理。

丁、决选票每票照未足额数就决选榜所列人名内选举之。

戊、决选投票开票方法均照互选时办理。

己、一次决选不足，则照前式数次决选，以足额为度。

第八款　决定候补当选人

额满见遗之被选举人依票数多寡依次排列，一律作为候补当选人，票额同者照第六款辛项办理。

第九款　呈送名册及票纸

管理员俟十日以内将左列各项呈送互选监督：

一、当选人名册。

二、候补当选人名册。

三、票纸。

第十款　互选监督复加选定

甲、照章将前列当选人复加选定为资政院议员，榜示投票所。

乙、列名在后之当选人，遇本省选出之资政院议员缺额时，开列在候补当选人之先，由互选监督按照前列姓名复加选定补充。

第十一款　辞选

照章于榜示后二日①内呈明互选监督。

主席报告宣布马良设法律专修公学养成辩护人才案，书记长朗读，本人陈述意见。

主席请讨论公决。

讨论终局，四十八号提议请将本案交法律审查会审查，赞成在一人以上。

用起立表决法，以对于十人之七十五人多数可决四十八号动议。

主席报告宣布本日议事日表上第三、四、五、六关于淮北水利各案省略朗读，请一并讨论公决。

讨论终局，五十一号提议请将本案统交特别审查会审查，赞成在一人以上。

用起立表决法，以全体起立可决五十一号动议。

主席报告宣布王嘉宾筹高淳县水路及为民宽赋案，书记长朗读，本人陈述意见。

---

① 《南洋官报》宣统元年十月十五日，第六十期所载，"二日"作"三日"。

附录：王嘉宾演说稿

筹高淳县水路及为民宽赋

（略。全文已见《江苏谘议局第一年度报告》第二册《江苏谘议局第一届常年会议决案续呈文件》之《二月初五日呈送宁藩司高淳虚粮议决案理由书审查会报告书及高淳、金坛、溧阳、宜兴、荆溪蛟雨灾区工赈图说文》附呈《高淳王议员嘉宾理由书》）

主席请讨论公决。

讨论终局，八十六号提议请将本案交特别审查会审查，赞成在一人以上。

用起立表决法，以对于三十五人之五十人多数可决八十六号动议。

主席问此两项特别审查员是否用互选法。

全体反对互选，用委任法。

主席报告委定员数如左：

淮北水利案：淮徐海三属全体议员。

高淳水患案：江宁府属全体议员。

三时十五分休息，三时四十五分续会。

主席报告宣布本日议事日表上第八、九、十、十一、十二关于淮北盐务各案省略朗读，请一并讨论公决。

附录：各演说稿及请议书

恤煎丁　夏寅官

盐政之敝至今而极矣，煎丁困苦亦至今而弥甚矣。昔我东邑诗人吴嘉纪诗云："白发灶丁低草房，夏日煎盐烈火傍。走出门前炎日里，偷闲一刻是乘凉。"此目击当时灶丁煎盐之苦而痛乎其言之也。然使其终岁勤动犹足以赡养家人敷给衣食犹可言也。今则米草食用百物腾贵，小民生计百窘，而煎丁流离困苦之实状视康雍时殆犹为过之，使吴氏而生于今，其感慨又当何如耶？泰属产盐计十一场，而在吾东台治内者有六七场。兹就耳目所及而见闻有得者略议梗概以供采择。

夫近今煎丁致困情由有二大要，一苦于桶价之减少。案向章东何两场桶价较别场为最次，每桶计九百余文。咸同发逆之乱江路梗塞，盐岸滞销，价减其一。光绪十余年间商人成本不足，无力开收，价又减其一，每桶直落至六百文，而旧价三分仅得其二已。迨光绪二十四年灶丁禀请长价，何垛场大使刘昌龥枪毙灶丁几成巨变，仍由官定价每桶给六百五十文。至光绪三十二年各商就灶开收，增价四十文。三十三四年间陆续增价，合计应得八百余文，而桶盐入垣辄以九折起算，用九七串兑价，故灶丁所得实有足数仍不过六七百文之间。以三桶六分配引计之，商人在场收价只须二千三百余文，而牌价每引则十千余文，且均用制钱足串，是商人坐分其利，所入则如彼其盈；煎丁力食其利，所入则如此其绌，不平孰甚焉。今为恤灶之计，似宜先定桶盐入垣不得用九折起算，而且一律制钱足串，不得用九七兑价，则盐价未增而灶丁所入已稍有生色，再能酌量加价，规复旧定九百之数则尤善已。此桶价之所通筹者一也。一苦于草本之加重。案《盐法志》载盐价之低昂应视各年出草之丰歉为断，今则不然，盐价悉由官定，不必以时增减，而年来草价之加多则日甚一日焉。三十二年未就灶前每桶典草只须二三百文，贵亦不过三四百文，今则倍半其数，每桶须六七百文不等。以倍半之草本抵旧有之盐价，小民力乏赔累何堪。前明户部主事刘宏宇有言曰："支买无度，盐价弗平，则亭户先受其害，必将转徙四方，遗课莫办，而国计亦隐受其影响。"诚非虚语也。今为恤灶之计，似宜实行旧制，以草价之低昂定盐价之涨落，则商民之间两得其平，而典草煎盐之灶丁庶几免赔折之一累，而一价八口之生计少纾焉。此草本之宜兼筹者二也。

总之，淮南各场煎丁灶户每场不下一二万家，而产盐之区埒分土中下三等，上埒每月约得十二伏火—昼夜谓之一伏火，每伏火入垣约得三四桶。中埒约得六七八伏火，下埒约得三五伏火，最下者每年不足十伏火，此埒卤气不升而不报废者以商欠难偿，灶丁虽欲废而商用官之压力以惰煎冷煎提办，不得已勉办伏火销差。其上埒产数虽多而仍不得颗粒归公者良由夹售私盐之弊然，茕茕者氓要非尽乐于为之也。盖每桶，此桶名曰海桶，十桶入垣可得二十三四桶，以垣桶计价每桶六百五十四文八毫，海桶十桶约得九七串十五千有零，煎草成本须六七百文，再加旱角油火修补锹产用物车工扯算约须百文，除开支各项，十桶入垣仅得九七串七千有零。上堉每月约得垣桶三四十桶，除支计得九七串约十一二千文，而上堉之家大小男女约计十人，每日须食米二斗，即粗粮亦须一斗五升，现米价七十二，每月须四十余千，粗粮价值四十六，每月亦须二十余千，通计出入相去悬殊，食米不敷，降食粗粮亦不敷。而下堉之艰苦更不卜可知，亦何怪乎其铤而走险倍价售私，但求一线之生路，虽身罹法纲而莫之恤耶。孟子曰："菽粟如水火而民焉有不仁者乎？"天下有衣食粗足而犹甘冒险忍于背法者必非人情也。然则今盐务虽曰棼杂之甚，倘得行盐政者于煎丁加意矜悯，先就桶价草本而一一变通筹划之，或亦盐法中急则治标之一术与。若夫就场征税，化私为公，举数千百年相沿之积弊而廓清之，则尤为百世不易之长策矣。

体恤煎丁　临城刘启佑请议

研究会发见议题有体恤煎丁案，灶民闻之莫不欢欣鼓舞，感激涕零，谓脱千年之苦海得一线之生机至今始矣。但煎丁困陁，各场之事实不同，即同在一场而彼此之事实又不同。大概言之，不过官商压制四字而已。鄙人对于此问题统筹全局非所敢知，惟是附近之新兴场治痛关乡土，灾切剥肤，虽知识浅陋难安缄默。爰将该场灶丁困陁实况急宜体恤之处略举数条报告。细流土壤，幸勿遗焉。

一、商置与灶置之权利大别也。煎丁自有执照自纳丁粮者谓之灶置盐堉。商人自有执照煎丁完纳丁粮者谓之商置盐堉。官场压制灶置煎丁之前提仅商欠课本名色而已按岁荒称贷给济之类为商欠，古初承领牛牸之类为课本。咸丰七年及去年皆有豁免之定案，官商守神秘主义，煎丁莫之知也，然犹不过催比盐额、勒抑盐价、浮索黑费已耳。至对灶置灶丁之压制力则大可哀矣。试述其政体如下：

一）禁读书。科举时代，有入学者每竭力诬陷褫其衣顶（按盐邑褫革绅士新兴灶籍十之九学册可考），或于稍有文名时禀场笞责之以绝其望。科举停废，煎丁兴办学堂，场商禀县取结勒令拆毁，至今已后追永堕地狱矣。

一）禁耕种。海势东趋，卤气不生之灶地宜棉宜麦，场商明知盐草觖望，但觊觎煎丁地质按盐额系商人所有权，故领执照；地质系灶丁所有权，故纳丁粮，每见开垦必厉禁之前数年乡贤陈玉树先生提倡种棉，场商连禀赵运司飞饬禁止。惟大利所在人所必趋，虽枷锁琳琅，垦者自垦。但鄙人见犯此开垦之法者心切悯之。

一）禁社会。新兴区域分为南十灶、北七灶，而南十灶之灶置盐堉多，北七灶之商置盐垾多。南十灶迎神赛会保甲团练于县治地方同，北七灶不然，古代以来不得建设庙宇，不得照谕董事。有朋酒之私集合，如无官差商使在座，则诬言四起，祸且不测。近因灶丁有群起停煎之议，稍改良焉。

一）禁交涉。灶丁拨盐入垾之后付取桶价，向由场商门丁间接，私小短数听其自然，飞黑规费安之如命。设入内交涉，询问司事，祸在眉睫。虽灶丁中有铮铮皎皎获取科名者，官商仍奴隶待之，牛马畜之，不许交涉云。

一、上垾下垾地理不同也。新兴向以荡数定产额，不分上垾下垾。今则上垾去海已远，官商仍责以产盐之额，煎丁不得不买下垾之盐补其缺额。无论其买盐之价过于商店桶价数倍，赔累不堪，设于下垾运入上垾之中途被官差或商使见者，鲜不以犯私之罪倾家伤命。而下垾草茂卤旺，产额与上垾平均，私垾私盐所在充斥，徒以限于额数又格于盐价之故莫敢入垾。孟子所谓"粒米狼戾，多取之而不为虐则寡取之，粪其田而不足则必取盈焉"，吾于新场之盐政见之。十数年前上垾煎丁中之绅士禀请刘岘帅按则升科，官商合谋褫革前二名衣顶，事遂寝。呜呼孽矣。

一、草本与桶价贵贱倒置也。夫无论人工粮价腾贵异常，煎丁终岁劳动不能自赡，即如草本价值数倍从前而桶价所加无几，又经场商吞没，不曰抵补某费即曰开销兵饷，支离恍惚。煎丁素愚昧，末由得知，知者亦敢怒莫敢言。故现时煎丁所得桶价视其所费草价仅得半数而不足按桶价一律六百六十六文，每桶需草五百斤，上垾每斤三文，下垾稍减，惟以限于产额如纳税然，此私垾私煎积弊实驱鱼驱爵者所自取也。彼场商牌价日增，运销日畅，成本并不搁占而赢利又突过从前。设能琼树万枝略分径寸，实行加价以赡草本，该煎丁又何至甘忍敲朴冒险透私乎？国家又何必糜饷缉私使兵民互杀暗无天日乎？

一、桶量与秤量之不能齐一也。场商泼取产盐以桶计，功令每桶二百斤，其泼量之浮而浅者加多无几，其实而深者每桶虽三百斤亦不足。于是煎丁生命悬于商用之泼夫之手，不得已私纳黑费，偶一违忤，弊害随之。至场商重出垾盐则皆以斤计不以桶计，刁幻如是，上峰明知而永不改良，煎丁又呼天无路。现时齐一度量衡之法令亦已实行，而场盐桶收秤出依然如故，野蛮武断莫是过矣。

右列数事皆见闻确凿之诸大端，其余虐待煎丁之事不胜枚举，诸公或于他之报告书中见之亦未可知。呜呼！红番黑奴日与居处，凡有血气能无痛心，万一诸公于建议之时不弃刍荛详细观察，于普通体恤方法以外特别提议，则不啻生死人而肉白骨矣。

体恤煎丁 张延寿

中国自古无奴隶制度，此政教之差胜于泰西者。然有与奴隶相近而压制虐待殆有甚焉，如盐商之于煎丁是也。泰十一场隶盐者二，曰新兴，曰伍祐，其煎丁之困苦颠连方之粤东之蛋户、浙省之堕民殆无以异。延寿生长斯土，尝往来于二场之间，目击心伤匪伊朝夕。兹陈体恤方法数条请公决：

一、请制台通饬各场，凡盐商筹赀建设之学堂一律准许煎丁子弟入学，其愿附入各地方公立私立各项学校肄业者，均不得拒绝。

一、凡卤气不生之地，既不产盐，宜准许煎丁开垦升科，辨别土宜，或植棉，或树桑，或种稻麦以兴农业而免（瞶）〔旷〕土。

一、度量权衡定制后，凡桶盐入垣，宜照官秤足数计算，不得短折。

一、桶盐入垣后，宜由场商按桶给价，令煎丁自向司事领取，不得由门丁间接，致有短串敛费等弊。

右列各条皆系治标之策。若夫治本方法，惟有变通盐法，就场征税而已，所谓有百利而无一害，受患者又岂徒煎丁一方面已哉。

整顿通属盐务 通州刘邦霖等请议

淮南盐课为国家岁入大宗，日久疲弊，官盐往往缺额，不知者以为私贩充斥所致，其实病不在贩私而在缉私，不关产盐之衰旺而在桶价之克扣。近年庸率日增，桶价如故，贩私有禁，逃煎不能。中国厉民之政未有过于盐法者也。夫煎丁亦吾民耳，责之以洁己奉公可也，责之以枵腹从公不可也。不加桶价而专注重于缉私，殆非正本清源之道。当事者闇于事实，以就场缉私为唯一之方法，致国与民交病而通属受害为尤巨。谨就管见所及为贵局缕析陈之。

一、私盐无论若何严禁终不能绝，即禁绝矣亦与官盐之缺额无关。夫嗜利者人类之公性，贩私有数倍之利，故无业之民如鹜争趋，虽日日枭其首以垂戒，没其货以示罚，而缉者自缉，贩者自贩，不惜舍命冒险为孤注之一掷，且营兵所缉获者皆肩负之穷民，而大宗枭贩则与营兵勾结，营兵也私贩也，是一是二莫可究诘，此私盐之不能禁绝之理由也。就理论上言之，私盐多则官盐必绌，就事实上言之，官盐之缺多由于商人克扣官价、私制盐桶种种剥削如近日余东场私制斛盐大桶已被查破尚未了结，石港场前有其事，而煎丁缴盐入官书差又苛索陋规，每致亏本。官盐亏本势不得不卖私盐，有卖私之煎丁乃有贩私之枭党，不究煎丁之何以卖私而但禁民之贩私，毋论禁不胜禁，即使禁绝而谓将贩私之盐亏本而尽缴诸官，恐无是理。今者水陆营兵屯扎场镇，缉捕不为不严，何以数年来官盐缺额如故，绝无效果也？盖有利而禁人之营私，亏本而责人之急公，两者皆不可必得之事也。故欲官盐足额必须体恤煎丁，欲私盐之绝迹必尽变盐法，行就场征税之法。

一、通郡系产盐之区，老弱妇女担卖食盐律所不禁，且草荡有灶荡有民荡，堤外灶荡之草所以煎盐，堤内民荡之草所以炊爨。如灶草不足则民荡亦例须供煎。然现在灶荡之草准盐煎之额奚止十倍。灶民家有积草累年烂成灰土者，如是则灶草之运售且可不必禁阻，何论民荡。乃营兵奉有查缉盐草之令，食盐炊草一律拘拿，民人因买食盐炊草而被累者比比皆是。目下市中盐草之价异常腾贵，居民咸抱食淡断火之忧。拟请将食盐炊草与私盐灶草划清界限，调查每年每场供煎之草究需若干，不妨宽留一倍，其余听其运售，酌定章程呈请督宪核准，广行晓谕，庶人民不致违禁而获戾。

一、缉捕营向驻沿江各口，本属扼要，自赵运司请移驻范公堤外，此内河各场驻兵之始。今又不驻于堤外而驻于街市繁盛之区，兵民杂处，最易生衅，管带复加徇庇，以致在外滋事益无顾忌，每值兵民冲突，民人手无寸铁而营兵动辄开枪，诬为枭党，一与抵抗，则以拒捕之名送官究办，而民人必自行呈诉，有理难伸。所以乡民之食盐炊草被其拘获惟有拱手相让不敢与辨。驻扎以来不法之事，一奸淫，二劫掠，三讹索，四凶殴，其见于地方绅民之禀揭、州县衙门之案牍及新闻报纸者不能悉数。乡民蓄怨已久，诚恐一发莫遏，贻祸无穷。拟将内河营兵饬令仍驻沿江各口以复旧制而纾民怨。

以上三条是否有当，伏乞共同决议呈请督盐宪奏准施行，是为至祷。

补救场商　　通泰场商许沅请议

窃维淮扬商困难匪伊朝夕，在昔因于积压而余利尚在，卖一引盐究可得一引利，今则因于无形受影响而莫知觉水脚日增矣从前每引不过一千四五百文，现在每引须钱二千二三百文，雇船犹不易得，捐款日加矣从前每引捐钱不过七百文上下，现在每引捐钱须一千五百余文，各物日贵矣即以盐包一项，从前每片不过十六七文，现在每片贵至五十余文，通泰二十场每年统共需用五六百万片，叕计即巨，店用日重矣现在银价日贵，钱价日贱，伙友辛资、忙工工食以及一切日用靡不照前加增倍蓰，是以收盐运盐之成本核计到栈售盐之牌价余利从何而出，加以迩年天时雨旸不一，第利卤气不升，产盐日缺，上年各场惜重资挑河移埠，本年春产出盐稍旺，秋令阴雨连绵卤灰不能暴晒出盐又复减少，致令商灶交困，天意使然，夫复何说。第商人用费悉从引出，引多则费自减，引少则费自增，今乃一引之盐用两引之费，宜乎困愈甚焉。灶户以煎盐为生，得盐乃可得价，盐不出则价从何得？商人虽抚恤接济，而现在商力不充，同处困难，终恐有时而穷。维今计之，似非补救商场不足以甦灶困而维场局。兹特妄拟数端敬求调查而采择焉：

一曰改复坝交。从前场盐本由口岸出江，场商在泰坝交掣。江路肃清后瓜洲设立淮盐总栈，改由七濠口出江。彼时运商初次招徕，曾文正公恐其内河路径不熟，饬令场商代运至栈，由运商津贴场商内河水脚钱每包一百十文，卤耗钱每包三十文。续又迁栈扬子，路程较远，复令运商每包加贴水脚钱二十文，卤耗钱二十文，连前每包共贴一百八十文，按八包成引计算，每引共贴水脚钱一千零四十文，卤耗钱四百文。在昔尚可敷支，近年船料人工无不增贵，场商雇船装运到栈核计水脚支用每引非二千二三百文不可，虽价贵而船尤不易雇，加之上年赵运司严定重盐期限，逾则议罚，场商益增苦累，无论水大水小总须克期趱赶，而沿途起驳雇纤贴给船户住日费用，种种亏累皆因代运而致。现阅四十余年，运商内河路径均已熟悉，揆之以情、度之以理，目下船价如此昂贵、场情如此困难似亦不忍再令场商妄累无辜，拟请仍循旧章，场商盐运泰坝掣交运商，运商自雇内河船只到栈过掣出江，似此变通不过规复成章，并非使运商有所为难，而场商即免亏赔惩罚之大累矣。

一曰内河各捐。查从前泰坝交掣，通泰场商捐款极少，因代运商运盐经过内河，是以捐款繁重，然在前每引不过七百文上下，现增至一千五百余文，若能一款归一款用，尚可得其实济。无知动辄移拨，本项之捐不能济本项之急，即如圩河一项，场商每引捐银二分，运商每引捐银三分，每年销盐约五十万引，捐银应有二万五千两。圩河即三四年兴挑一次，捐银余存仍应不少，况于今七载迄未兴挑，积存应巨。乃现闻圩河款项早已挪作他用，所以场盐年年冬令纤道而行，或筑坝灌塘，或绕越出江，即受费用之累且多风浪之险，此中苦况无可上陈。又如坝工一项，场商每引捐钱六十文，每年应有三万千文，而开坝堵坝每年用钱不过一万余千文，逐年以来存积亦复甚巨。近年启闭每多不能应时，徒使盐运阻碍。今闻积存之款又复挪作别用矣。其余捐款姑不具论。拟请将圩河坝工两项之款捐存在局，由场商按月领回，届时察看情形，河道应挑、坝工应开应堵，即行由商禀请派员官督商办，庶几款不虚縻，工归实济，于场于运均有裨益。

一曰缉私经费。查两淮私盐充斥，缉私营兵至不可少，但缉费一项从前捐款业已重叠，勇粮每引捐钱三十三文四毫，炮船每引捐钱十五文，缉费每引捐钱一百二十文，计共每年已有八九万串。近年添设营头派兵驻扎范堤，营饷自必加增，然核数未免过巨。即如上年培养商灶加增牌价案内，上色场分每引扣缴缉私四百五十文，顶梁场分每引扣缴三百文，即此一款每年已将十五六万串。此外又令场运商岁捐营饷二万余两，又程运司举办缉私案内于杂款中按年提缴银十万两，前后并计银钱两款统共不下五十万串，照淮南现时营兵而论缉费似有余存。拟请调查实在，将新加牌价内之缉费发还归商，俾得稍资补苴，抑或将商捐各缉私费全行归商领回，由商分场自行募兵堵缉以期联络。

一曰牌价规复旧制。查从前场盐售价本属银盘，载在《醝志》。兵燹以后改办票盐，始奉改银为钱。在场商收盐以钱、卖盐以钱，表面而观银钱长落原无出入，而暗中亏折不可胜计，各项用款钱数加增皆因银价之贵所致，所以百业均改银盘洋盘，独场盐一业仍系钱盘，焉得不为亏折？即如钱店共事往来靡不以银核计，收盐时借钱作价化银，卖盐时还钱复又化银收账，一来一往折耗已多。从前卖一引盐得价只有九千余文，可化银七两六钱有零，现在连新加牌价计算卖一引盐得价十一千文有零，只易银五两七钱有奇。按此而观悬殊极远。又加店用伙友辛工等等各项加增亦未始非钱价之贱受其所累。今拟请将场盐牌价改归银盘或洋盘，酌中定价，稍补亏折。好在运商在岸卖盐本以银计，今买盐改钱为银，在运商亦无所出入，而场商即不致受其暗亏。

以上所陈关系盐业。盐业为地方要政之大宗，积困已久，谨请公鉴采择提议代呈督盐院鉴核施行。

讨论终局，五十七号提议请将各案并交财政法律两审查会审查，赞成在一人以上。

用起立表决法，以全体起立可决五十七号动议。

主席报告宣布凌文渊等整顿运商违章朦收案，省略朗读，本人陈述意见，并言于案外尚有提出之意见二：

一、湘鄂赣皖各省亦均将此事提议，皖主以绅士名义具呈，余三省以谘议局名义具呈。本省似应从湘鄂赣等省办法。

二、江淮水利公司现已议定先行测量，能否以此中江苏应得之款即指定为测量之用。

主席请先就原案讨论公决。

讨论终局，五十七号提议请将本案亦交财政法律两审查会审查，赞成在一人以上。

用起立表决法，以全体起立可决五十七号动议。

主席请再讨论公决原提议人案外之意见二则。

讨论终局，用起立表决法，以对于五人之八十人多数可决照湘鄂赣等省办法，又以对于一之八十四人多数可决准作江淮水利公司测量之用。

主席报告宣布本日议事日表上第十四、十五关于盐政两案省略朗读，本人陈述意见。

主席请讨论公决。

讨论终局，百三号提议请将本二案交财政法律两审查会审查，赞成在一人以上。

用起立表决法，以全体起立可决百三号动议。

主席报告现有自行提议之案，请蒋副议长主席。

蒋副议长代理主席，张议长退入议员席。

主席报告宣布张謇本省单行章程规则截清已行未行界限分别交存交议案，书记长朗读，本人陈述意见。

主席请讨论公决。

讨论终局，四十八号提议请将本案交法律审查会审查，赞成在一人以上。

用起立表决法，以全体起立可决四十八号动议。

蒋副议长退入议员席，张议长主席。

主席报告宣布如皋积谷捐拨充自治经费更正名称案,书记长朗读。

主席请讨论公决。

讨论终局,四号提议此案应交财政法律两审查会并入自治经费案审查,赞成在一人以上。

用起立表决法,以全体起立可决四号动议。

主席报告宣布胡伯言徐州实行垦荒案,书记长朗读。

主席请讨论公决。

十三号提议请将本案交财政法律两审查会并入自治经费案内审查,赞成在一人以上。

用起立表决法,以对于四人之八十一人多数可决十三号动议。

主席报告宣布邳州教育会、商会、劝学所为陈士髦撤销议员辨诬案,书记长朗读。

主席请讨论公决。

讨论未决。

主席报告散会时已过,本案及此外未及提议事件应重定日表通知。

六时散会。

议　长　张　謇
副议长　蒋炳章
书记长　孟　森

初七日下午一时开各项审查会。

初八日下午一时开会。

到会议员九十四人内续到十六人。

本日应行会议之议题:

一、宣布请议审查会报告提出上海商务总会等请代呈《商法调查案理由书》及《浅说》案。

二、宣布张伯英请查徐州湖田公款案。

三、宣布张家镇本省漕米折价应由谘议局议定案。

四、宣布顾瑞州县征收忙漕柜价一律照市案。

五、宣布请议审查会报告提出均平洋价以弭书吏之弊案。

六、宣布请议审查会报告提出概给由单以便民杜弊案。

七、宣布潘鸿鼎租界外民地卖买停转道契案。

八、宣布顾忠宣阻止洋商在内地私设行栈案。

九、宣布蔡璜变通自治进行案。

十、宣布邵长镕缩短镇乡自治期限与城会一律成立案。

十一、宣布于定一等城镇乡自治缩短年限案。

十二、宣布蔡璜裁抑书役蠹害案。

十三、宣布张鸿鼎整顿书役先从裁汰入手案。

十四、宣布严师孟整顿书差积弊案。

十五、宣布请议审查会报告提出整顿书差案。

十六、宣布张鉴泉速立地方裁判所以除民害案。

十七、宣布姚文枏等严禁彩票案。

十八、宣布黄端履禁止彩票案。

十九、宣布黄端履设立专门医学校案。

二十、宣布朱溥恩责成教育会、劝学所实行宣讲案。

二十一、宣布朱家驹实行普及宣讲案。

二十二、宣布丁祖荫等宁苏合办女师范请就南菁学堂改设案。

二十三、宣布屠宽补议江苏教育事宜案。

二十四、宣布蔡璜厘订土地图籍案。

二十五、宣布沙元炳地方自治当先办测绘案。

二十六、宣布顾忠宣松属川南奉金等厅县及上邑东境免派昭镇海塘工费案。

二十七、宣布黄端履改正地方自治章程文书程式案。

张议长主席报告宣布上海商务总会等请代呈《商法调查案理由书》及《浅说》案，书记长朗读，一号代表总会陈述意见。

主席请讨论公决。

讨论终局，八号提议论将本案交法律审查会审查，赞成在一人以上。

用起立表决法，以对于九人之八十二人多数可决八号动议。

主席报告宣布张伯英请查徐州湖田公款案，书记长朗读，本人陈述意见。

主席请讨论公决。

讨论终局，百二号提议请将本案交财政法律两审查会并入自治经费案审查，赞成在一人以上。

用起立表决法，以对于五人之八十八人多数可决百二号动议。

主席报告宣布张家镇本省漕米折价应由谘议局议定案，书记长朗读，本人陈述意见。

主席请讨论公决。

讨论终局，四十八号提议本案应俟议决南糟改折案时一同议决，赞成在一人以上。

用起立表决法，以全体起立可决四十八号动议。

主席报告宣布顾瑞州县征收忙漕柜价一律照市案，书记长朗读，本人陈述意见。

主席请讨论公决。

十四号提议请将本日议事日表第五六两议案宣布一同讨论公决，赞成在一人以上。

用起立表决法，以全体起立可决十四号动议。

三时十五分休息，三时四十五分续会。

主席报告宣布石鸣球均平洋价以弭书吏之弊及概给由单以便民杜弊两案，书记长朗读。

主席请一并讨论公决。

讨论终局，四十七号提议请将各案并交法律审查会并入改良征收案内审查，赞成在一人以上。

用起立表决法，以全体起立可决四十七号动议。

主席报告宣布潘鸿鼎租界外民地卖买停转道契及顾忠宣阻止洋商在内地私设行栈两案，书记长朗读，本人顺次陈述意见。

主席请讨论公决。

讨论终局，四十七号提议请将二案统交法律审查会分别审查，赞成在一人以上。

用起立表决法，以对于十三人之八十八人多数可决四十七号动议。

主席报告宣布本日议事日表上第九、十、十一关于自治期限各案省略朗读，请讨论公决。

讨论终局，百二号提议请将各案并交法律审查会审查，赞成在一人以上。

用起立表决法，以全体起立可决百二号动议。

主席报告宣布议事日表第十二、十三、十四、十五、十六关于整顿书役各案，省略朗读，请讨论公决。

讨论终局，九十七号提议将各案一并交法律审查会审查，赞成在一人以上。

用起立表决法，以全体起立可决九十七号动议。

主席报告宣布议事日表第十七、十八关于严禁彩票两案，书记长朗读，本人陈述意见。

主席请讨论公决。

讨论终局，用起立表决法，以全体起立可决本二案汇呈督抚。

主席报告宣布黄端履设立专门医学校案，书记长朗读，本人陈述意见。

主席请讨论公决。

讨论终局，四十八号提议请将本案交学务审查会审查，赞成在一人以上。

用起立表决法，以全体起立可决四十八号动议。

主席报告宣布议事日表第二十、二十一关于宣讲二案省略朗读，本人陈述意见。

主席请讨论公决。

讨论终局，百二号提议请将本二案交学务审查会审查，赞成在一人以上。

用起立表决法，以全体起立可决百二号动议。

主席报告宣布丁祖荫宁苏设立女子师范学堂请就南菁学堂改设案，省略朗读，请讨论公决。

讨论终局，用起立表决法以对于四十二人之五十一人多数可决本案。

主席报告宣布屠宽补议江苏教育事宜案，省略朗读，请讨论公决。

讨论终局，四十八号提议请将本案交学务审查会审查，赞成在一人以上。

用起立表决法，以全体起立可决四十八号动议。

主席报告宣布本日议事日表上第二十四、二十五关于测绘地图二案，省略朗读，本人陈述意见。

主席请讨论公决。

讨论终局，四十一号提议请将本二案交法律审查会审查，赞成在一人以上。

用起立表决法，以全体起立可决四十一号动议。

主席报告散会时已过，余案不及提议。

六时散会。

议　长　张　謇

书记长　孟　森

初九日星期休会。

初十日下午一时开会。

到会议员百十人内续到五人。

本日应行会议之议题：

一、宣布审查南漕改折案报告讨论公决。

二、宣布整理联合农会组织农林公司案报告公决全案。

三、宣布审查清理官银钱局案报告讨论公决。

四、开剔除批解丁漕规费及划一币制两案审议会。

张议长主席报告海州民人宋启桂等请议海州勒捐困民一案业经请议审查会报告应行提议，现下该州情事愈迫似应认为紧急事件提前付议，请公决。

全体赞成。

主席报告宣布宋启桂等海州勒捐困民案，省略朗读。

九十九号代表海州人民陈述情形并请定办法三条如左：

一、劝捐不能以选举册上之五千元为凭。

二、吊销签提押追差票。

三、另举公正绅董劝捐。

主席请讨论公决。

讨论终局，用起立表决法，以全体起立可决右列办法。

十八号提议尚应加入严惩官董一层，赞成者五人。

用起立表决法，以对于百五人之五人少数否决十八号动议。

主席报告宣布审查南漕改折各案报告及修正案，省略朗读，请讨论公决。

九十九号提议修正案中"八旗无食米"句似应删去，赞成在五人以上。

用起立表决法，以全体起立可决九十九号动议。

主席报告张家镇提出本省漕米折价应由谘议局议定案，前经决定俟南漕改折案决议时一同议决，现请讨论公决。

讨论终局，用起立表决法，以对于百一人之九人少数否决本案。

主席报告宣布整理抚台联合农会组织农林公司报告，书记长朗读。

主席请公决全案。

用起立表决法，以全体起立可决全案。

主席报告宣布审查仇继恒清查官银钱局报告，书记长朗读。

主席请讨论公决。

讨论终局，用起立表决法，以全体起立可决照审查会报告本案暂无庸议。

三时休息，三时三十分续会。

主席报告照议事日表上第四项开审议会，请审议长出席，谢绝旁听，即时开会。

张议长退入议员席，开审议会。

五时十五分审议长请张议长出席报告审议之结果：

一、剔除批解丁漕规费案请交财政法律两审查会并入抚台补救州县困难案内一体审查。

二、划一币制案仍交财政法律两审查会会同审查报告再行讨论公决。

主席报告本日应议事件已毕。

五时三十分散会。

议　长　张　謇

书记长　孟　森

十一日上午九时起互选资政院议员，额定七人，倍选十四人，得当选人如左：

许鼎霖一百十票、孟昭常九十四票、雷奋九十二票、夏寅官九十一票、马士杰七十八票、

潘鸿鼎七十五票、沙元炳六十八票、方还六十三票

计不足六人，就次多票数加倍开列定十二日决选。

十二日上午九时举行决选，当选人如左：

秦瑞玠七十五票、姚文枬五十九票、马良五十八票、张家镇五十八票、陶保晋五十八票、

仇继恒五十七票

十三日下午一时开各项审查会。

十四日下午一时开会。

到会议员百六人（内续到五人）。

本日应行会议之议题：

一、宣布整理调查户口案报告开第三读会。

二、宣布整理清查荒地案报告开第三读会。

三、宣布整理度量权衡改制推行案报告开第三读会。

四、宣布审查高淳水患案报告讨论公决。

五、宣布审查整顿商会案报告讨论公决。

六、宣布审查代呈《商法调查案理由书》及《浅说》案报告讨论公决。

七、宣布审查补救州县困难各案报告讨论公决。

八、宣布审查自治经费各案报告讨论应否开第二读会。

九、宣布审查清查公款公产各案报告讨论应否开第二读会。

十、宣布审查自治进行各案讨论公决。

张议长主席报告宣布整理调查户口案报告开第三读会，省略朗读，请公决全案。

九十九号提议徐海等处条内"制台"应改"藩台"。

百十三号提议本条"风气闭塞"应改为"风气未开"。

赞成均五人以上。

顺次用起立表决法，均以全体起立可决九十九号、百十三号动议。

主席报告宣布整理清查荒地案报告开第三读会，省略朗读，请公决全案。

九十九号、百二号提议本案第三条文字应如左意修改：

查出之有主民荒应催令该业主赶速自行垦种外，如系官荒及无主民荒即作为该城镇乡公产，由该地方官给予执照归自治公所分别设法垦种，按照荒地十作升科成例分别承粮，其系山荒开垦应查照光绪三十一年镇江成案宽限十五年升科。

赞成在五人以上。

用起立表决法，以全体起立可决九十九号等动议。

九十九号、百十号提议本案第四条文字应如左意修改：

查出之官荒有被人私自占垦者，应即令原垦者缴价承领，无力缴价即令承佃或酌给垦费由自治公所收回另行招佃，均无庸追究既往以免扰累。

赞成在五人以上。

用起立表决法，以对于四十四人之六十人多数可决九十九号等动议。

四十八号、五十七号、百二号提议本案第五条文字应如左意修改：

凡民荒经自治公所垦辟后，如在二十年以内该业主执有确实凭据认领者，除历年及本年采租完粮均各归公所外，应将该地连同执照交还原主执业，但得令该业主酌偿垦费。

赞成在五人以上。

用起立表决法，以对于二十人之八十五人多数可决四十八号等动议。

三时十五分休息，三时四十五分续会。

主席报告宣布整理度量权衡改制推行案报告开第三读会，省略朗读，请公决全案。

用起立表决法，以全体起立可决全案。

主席报告宣布审查高淳水患案报告，省略朗读，请讨论公决审查会修正条项。

讨论终局，用起立表决法，以全体起立可决照审查会报告修正原案。

主席报告宣布审查整顿商会案报告，省略朗读，请讨论公决。

五十二号陈述原提案时尚有预算决算及限期成立两层仍请加入，赞成在五人以上。

顺次用起立表决法，以对于五十七人之四十七人少数否决预算决算之加入，又以对于四十九人之五十五人多数可决限期成立之加入。

主席报告宣布审查代呈《商法调查案理由书》及《浅说》案报告，省略朗读，请讨论公决。

讨论终局，用起立表决法，以对于四人之百人多数可决本案。

主席报告宣布审查补救州县困难各案报告，书记长朗读。

主席请讨论公决审查会修正条项。

讨论终局，用起立表决法，以全体起立可决照审查会报告修正原案。

主席报告宣布审查筹定地方自治经费各案报告，省略朗读，讨论应否开第二读会。

讨论终局，用起立表决法，以全体起立可决开第二读会。

主席报告散会时已过，本日未及提议事件应重定日表通知。

六时散会。

议　长　张　謇

书记长　孟　森

十五日下午一时开会。

到会议员百人续到八人。

本日应行会议之议题：

一、抚台交议筹定地方自治经费案开第二读会。

二、宣布审查清查公款公产案报告讨论应否开第二读会。

三、宣布审查改订厘金征收方法案报告讨论应否开第二读会。

四、宣布审查自治进行各案报告讨论公决。

五、宣布审查盐务各案报告讨论公决。

六、宣布审查裁撤盐场案报告讨论公决。

七、宣布审查淮北水利各案报告讨论公决。

八、宣布审查设法律专修公学案报告讨论公决。

九、宣布审查学务各案报告讨论公决。

十、宣布审查整顿书役各案报告讨论公决。

十一、宣布审查阻止洋商内地私设行栈案报告讨论公决。

十二、宣布审查租界外停转道契案报告讨论公决。

张议长主席报告现有于定一提出续议官营商报办法案，查前案业经呈报，似应将此案认为紧急事件俾先提议，请公决。

全体赞成。

主席报告宣布于定一续议官营商报办法案，书记长朗读。

主席请讨论公决。

讨论终局，用起立表决法，以对于十六人之七十八人多数可决本案。

主席报告筹定地方自治经费案开第二读会，书记长朗读，议长请讨论公决审查会修正条项。

讨论终局，七十号提议本案甲项第五条似太无限制，应请再研究修改。赞成在五人以上。

用起立表决法，以对于九十三人之六人少数否决七十号动议。

四十七号提议乙项第一条似可并入积谷案内讨论，赞成在五人以上。

用起立表决法，以对于三十人之六十九人多数可决四十七号动议。

百五号提议乙项第三条带征自治经费恐不可行，赞成在五人以上。

用起立表决法，以对于九十六人之三人少数否决百五号动议。

五十七号提议本案应将串捐积谷各捐俱并入其中，定为忙银带征、冬漕带征两种名目，其余名目一律删除，赞成五人。

用起立表决法，以对于九十四人之五人少数否决五十七号动议。

十三号提议本条末"按照城镇乡居民所纳钱粮额数"一语似可删去，赞成在五人以上。

用起立表决法，以对于三十六人之六十三人多数可决十三号动议。

十三号提议乙项第四条公益捐二分太少，应改为三分。赞成在五人以上。

用起立表决法，以对于三十八人之六十一人多数可决十三号动议。

十六号提议本条"附捐"二字应改为"扣收"，四十七号提议本条中自"善堂学务"之类句下应为左之修正：

多有五十六文，少者亦三四十文不等，度支部奏定《酌加契税试办章程》每两九分而外不准丝毫多收，而各省原收款目则明许拨还，宁苏全省亟应厘正名称，画定扣收之数，应自部定新自部定新章实行之日起每契银一两扣收公益捐三分。

赞成在五人以上。

顺次用起立表决法，均以全体起立可决十六号、四十七号动议。

七十五号提议乙项第五条公益捐二文太少，应改五文。赞成在五人以上。

用起立表决法，以全体起立可决七十五号动议。

百十号提议乙项第六条乙款应删去，赞成在五人以上。

用起立表决法，以对于六十一人之三十八人少数否决百十号动议。

主席报告本案各条项研究已详，闭会期迫，似可省去第三读会径呈督抚。

全体赞成。

六十三号提议前提通筹地方自治经费一案请将扬属酒捐改为认捐以便加抽地方自治经费，此层审查会未经采入，可否请特提一案。

赞成在五人以上。

用起立表决法，以对于六十三人之三十五人少数否决六十三号动议。

主席报告淮徐海全体议员提出开辟苇荡营荒地一案前经交审查会采入自治经费案中，据审查会报告须另为一案，现在似应续提此事。

全体赞成。

主席报告宣布开辟淮海苇荡营荒地案，省略朗读，请讨论公决。

讨论终局，用起立表决法，以全体起立可决本案。

主席报告散会时已届，本日未及提议事件应重定日表通知。

五时三十分散会。

议　长　张　謇

书记长　孟　森

十六日星期休会。

十七日下午一时开会。

到会议员百三人内续到二十人。

本日应行会议之议题：

一、议决本局互选议长、副议长、常驻议员细则。

二、宣布审查清查公款公产案报告讨论应否开第二读会。

三、宣布审查改订厘金征收方法案报告讨论应否开第二读会。

四、宣布审查整顿税契方法案报告讨论应否开第二读会。

五、宣布审查实行禁烟案报告讨论公决。

六、宣布审查筹办共进会案报告讨论公决。

七、宣布整理实行印花税方法案报告开第三读会。

八、宣布审查盐务各案报告讨论公决。

九、宣布审查治匪各案报告讨论公决。

十、宣布审查改良征收丁漕方法各案报告讨论公决。

十一、宣布审查整顿积谷各案报告讨论公决。

十二、宣布审查自治进行各案报告讨论公决。

十三、宣布审查裁撤盐场大使案报告讨论公决。

十四、宣布审查淮北水患案报告讨论公决。

十五、宣布审查设法律专修公学案报告讨论公决。

十六、宣布审查学务各案报告讨论公决。

十七、宣布审查整顿书役各案报告讨论公决。

十八、宣布审查阻止洋商内地私设行栈案报告讨论公决。

十九、宣布审查租界外停转道契案报告讨论公决。

二十、宣布审查划一币制案报告讨论公决。

二十一、宣布审查本省单行章程分别交存交议案报告讨论公决。

张议长主席报告宣布前此推定起草员孟昭常、雷奋草拟本局互选议长、副议长、常驻员规则，书记长朗读。

逐条讨论议决如左：

互选正副议长常驻议员细则　（全录）

第一条　本细则为规定本局互选正副议长及常驻议员而设。

第二条　凡互选均于本局议场内行之。

第三条　凡互选非有全体议员三分之二以上到会不能举行。

第四条　凡互选由书记长执行其事务。

第五条　凡互选管理员以办事处职员充之，其员额如左：

一、投票：唱票二员、掌票二员、掌匦二员。

一、开票：唱名二员、掌票二员、记数六员。

第六条　凡互选均用记名投票法。

第七条　互选正副议长用单记法每票一人，常驻议员用一次连记法，照章以全体议员十分之二为定额，每票二十五人。

第八条　凡互选均以得票过半数者为当选，得票同数以年长者为当选，年同以抽签定之。

第九条　凡互选不足票额及互选常驻议员不足定额则用决选法。

第十条　凡决选均以得票较多者计其未足额之数加倍开列重行投票，照第七条办理，以足额为止。

第十一条　互选常驻议员得票过半数者逾于定额时，以得票较少者为候补。常驻议员以票数多寡为序，票同以年长者列前，年同以抽签定之。

第十二条　候补常驻议员之当选额如其定额之半。

第十三条　互选候补常驻议员使用第七条之规定。

第十四条　凡互选当选后非有正当事由不得辞职。

主席报告宣布审查清查公款公产案报告，省略朗读，讨论应否开第二读会。

讨论终局，用起立表决法，以全体起立可决即日开第二读会。

主席报告开清查公款公产案第二读会，省略朗读，请讨论公决审查会修正条项。

讨论终局，用起立表决法，以全体起立可决照审查会报告修正原案，径呈督抚，省去第三读会。

主席报告宣布审查改订厘金征收方法案报告，省略朗读，讨论应否开第二读会。

讨论终局，用起立表决法，以全体起立可决即日开第二读会。

主席报告改订厘金征收方法案开第二读会，省略朗读，请讨论公决审查会修正条项。

讨论终局，用起立表决法，以全体起立可决照审查会报告修正原案径呈督抚，省去第三读会。

百十八号提议征收未改章以前应声明实行搭收铜元，赞成在五人以上。

用起立表决法，以对于二十六人之七十四人多数可决百十八号动议。

三时休息，三时三十分续会。

主席报告宣布审查整顿税契方法案报告，省略朗读，讨论应否开第二读会。

讨论终局，用起立表决法，以全体起立可决即日开第二读会。

主席报告开整顿契税方法案第二读会，省略朗读，请讨论公决审查会修正条项。

讨论终局，十九号提议审查会报告修正条项中惩罚一条但引旧律不引新律未免偏重，不如不引，改云"均有国家法律规定"为善。赞成在五人以上。

用起立表决法，以对于十二人之八十五人多数可决十九号动议。

九十一号提议自治会征收契税一节拟请通饬遵办，不必分孰先孰后。赞成在五人以上。

用起立表决法，以对于二十二人之七十五人多数可决九十一号动议。

主席报告应将修正条项就原案整理之径呈督抚，省去第三读会。现宣布审查实行禁烟案报告，省略朗读，请讨论公决审查会修正条项。

讨论终局，用起立表决法，以全体起立可决照审查会报告修正原案。

四十七号提议从前苏省曾定吸烟人不得为民事诉讼之原告，似可加入，请予实行。赞成在五人以上。

用起立表决法，以对于四十四人之五十四人多数可决四十七号动议。

主席报告宣布审查筹办共进会案报告，省略朗读，请讨论公决审查会修正条项。

讨论终局，用起立表决法，以对于二十八人之七十人多数可决照审查会报告修正原案。

主席报告闭会期迫，未决之案尚多，今晚当继续开会。

全体赞成。

六时休息，八时续会。

百十四号提议淮关积弊困累商民前提整顿一案业经宣布公论交付审查，闭会在即，尚未见审查会报告，应请特予提出呈报督抚办理。赞成在五人以上。

用起立表决法，以全体起立可决百十四号动议。

主席报告宣布整理实行印花税方法案报告开第三读会，书记长朗读。

主席请公决全案。

用起立表决法，以全体起立可次全案。

主席报告宣布审查淮南北盐务及运商违章朦收各案报告，书记长朗读。

主席请讨论公决审查会修正条项。

讨论终局，用起立表决法，以全体起立可决照审查会报告修正各原案。

主席报告宣布审查治匪各案报告，省略朗读，请讨论公决审查会修正条项。

讨论终局，用起立表决法，以全体起立可决照审查会报告修正原案。

主席报告宣布审查改良征收丁漕各案报告，省略朗读，请讨论公决审查会修正条项。

讨论终局，四十七号提议各属征收积弊尤甚之处，如海州、如皋等处皆为指出，似较切实。赞成在五人以上。

用起立表决法，以全体起立可决四十七号动议。

四十七号提议审查会报告修正条项中易知由单一条本系专为海州而发，今海州事既另条指出，此条似可删去。赞成在五人以上。

用起立表决法，以全体起立可决四十七号动议。

百二号提议审查会修正条项中平定柜价一条"其丹阳之祸所由来也"句下应为如左之修改：

应请严饬各地方官此后忙粮征收，银元悉照市价，不得低昂。

赞成在五人以上。

用起立表决法，以全体起立可决百二号动议。

百二号提议各地征收冬漕向有过年加价之例，因之有贪得此项加价，年底乡民交漕竟拒绝不收者，应请严禁。赞成在五人以上。

用起立表决法，以全体起立可决百二号动议。

主席报告整顿积谷各案报告，省略朗读，请讨论公决审查会修正条项。

讨论终局，百十号提议审查会报告修正条项尚应为左之修改：

"原为备荒而设"下二句可删。

"究竟实存若干"下应添"榜示城乡并呈报藩司衙门"。

"官居监察之地位"下应添"所储仓谷除按年推陈出新外"。

"由该管府直隶州"句内"或藩司"三字可删。

赞成在五人以上。

用起立表决法，以全体起立可决百十号动议。

主席报告前议自治经费一案内有积谷正名为公益捐一条曾公决归入本案内讨论议决，究竟应否加入本案，请再讨论公决。

讨论终局，全体反对加入。

主席报告为时已晚，本日未及提议事件应俟互选常驻议员后再行开会议决。

十时散会。

议　长　张　謇

书记长　孟　森

附志：

张君伯英提出请查徐州湖田公款案，胡君伯言提出徐州实行垦荒案，先经交审查会并入自治经费案内审查酌采大意，本日张胡两君请为特别提出，经公决作为补议案。惟未经讨论表决全案之可否，难遽呈报，特志于此以备将来补议时之查核。

十八日上午九时起互选常驻议员，额定二十五人，分为宁十一人，苏十三人，驻防一人，得当选人如左：

宁属七人：

王嘉宾、陈官彦、王立廷、邵长镕、梁棻、陶保晋、顾咏蘷。

苏属及驻防共九人：

储南强、黄炎培、秦瑞玠、杨廷栋、张家镇、姚文枏、马良、钱崇威、崇朴驻防。

计宁不足四人，苏不足五人，各就次多票数加倍开列，并由全体议决二事如左：

一、常驻议员。宁十一，苏十三，驻防一，分额统选。

二、除驻防外，其余八府三州每属至少须有一人当选，如某属有缺，虽已满额，应再专就该属选出一人，而以占额最多之属之当选票数较少者改为候补人。

下午一时举行决选，得当选人如左：

宁属四人：

张荫榖、张伯英、周虎臣、凌鸿寿

苏属五人：

夏曰琦、蒋士松、洪锡范、潘承锷

计苏尚不足一人，仍就次多票数加倍开列，定十九日决选。

主席报告本日下午八时继续昨日开会。

下午八时开会。

到会议员六十六人。

张议长主席。

十九号提议《议员互选细则》第十二、十三两条规定互选半额之常驻议员，细按情势实属无当，似应删去。赞成人甚多。

用起立表决法，以对于五人人之六十人多数可决十九号动议。

四十七号提议日间互选时议决案二条似应加入《细则》。赞成在一人以上。

用起立表决法，以对于三十二人之三十三人少数可决四十七号动议。

百二号提议，今日续会暑刻无多，恐难悉数议决，似应就尤关紧要者先行提议，拟请将昨日议事日表上第二十项提前开议。赞成在五人以上。

八十六号提议昨日议事日表上第十六项亦属紧要，请一并提前议决。赞成在五人以上。

顺次用起立表决法，均以全体起立可决百二号、八十六号动议。

主席报告现在提前开议之第二十项系鄙人自行提出，应请蒋副议长主席。

蒋副议长代理主席，张议长退入议员席。

主席报告宣布审查张謇本省单行章程规则截清已行未行界限分别交存交议案报告，省略朗读，讨论公决审查会修正条项。

讨论终局，用起立表决法，以全体起立可决照审查会报告修正原案。

蒋副议长退入议员席，张议长主席报告宣布审查整顿书役各案报告，省略朗读，请讨论公决审查会修正条项。

讨论终局，用起立表决法，以全体起立可决照审查会报告修正原案。

主席报告时逾十时，余案不及提议。

十时三十分散会。

议　长　张　謇

副议长　蒋炳章

书记长　孟　森

十九日上午九时举行决选，得当选人如左：

吴佐清

张议长报告谘议局左右已圈定各属议员公寓地址，现当以抽签法定其次序，当即抽定次序如左：

子、淮安府，丑、扬州府，寅、通州，卯、太仓州，辰、苏州府，巳、松江府，午、徐州府，未、江宁府，申、海州，酉、常州府，戌、镇江府。

张议长报告常驻议员协议会应订定细则请公推起草员，当即推定如左：

杨廷栋

二十日上午九时行闭幕式。

到会议员七十八人。

张议长主席报告本届常会成绩如左：

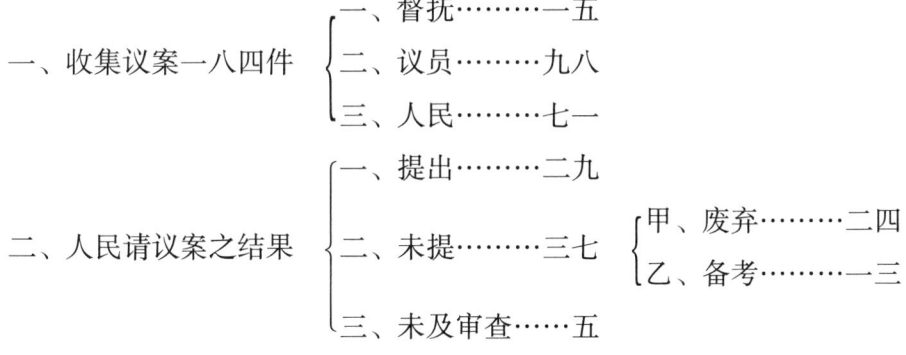

三、应行提议案一四二件 { 一、督抚………一五 / 二、议员………九八 / 三、人民………二九 }

四、已经提议案一二九件 { 一、督抚………一五 / 二、议员………八八 / 三、人民………二六 }

五、已经决议案一〇九件 { 一、督抚………一五 / 二、议员………七二 / 三、人民………二二 }

六、议而未决案二〇件 { 一、议员………一六 / 二、人民………四 }

七、未及提议案一三件 { 一、议员………一〇 / 二、人民………三 }

案本届收集议案过多，闭会期促，不及将议题一一列入。至议决案一〇九件中，除否决各案外，其可决各案有应分者，有应并者，业经照议决情形陆续呈报，尚未截数，统俟随后再行分别报告。

报告毕更宣布闭会词如左：

附录：闭会词

本届议会至今日已为延长十日后之法定闭会日，举数千年十未有之创局竟能和平正大，卓然成一届议会史，官长与人民毫无龃龉痕迹，上下交尽，谁谓吾国之人程度不及此，此为各省所略同而吾省之尤可喜者。宁苏向本一省而政治隐分畛域，设官分职各为号令，遂致吏道民俗互有通塞完缺之不同。乃吾省士民从官治久经分判之余独能以情义相结合，论心理固为能爱其群，皦然特识，论事实尤觉大江南北絜长较短利弊显然，进步自速，此为吾省有谘议局之特长。至其会议之精神、就议场之秩序论，虽议论繁富，或有时而流于驳，然以期望久殷一旦而得法定之言论机关，倾筐倒箧情不自禁，此实人人皆所不免。要之讨论精审，除近日停止议事，惭形散漫而外，以前尚为整饬。至论议案内容，或为本省谋永远之利益，或为人民除非常之弊害，要皆不谬于应兴应革之旨。间有范围太小及不合参预立法之意，徒向行政政官陈乞者，嗣后尚望认定界限，为下届议案之预备。且谘议局为议会基础，从前以研究会为预备之地，闭会以后常驻议员更有研究学问之专责。或此次未为常驻议员，第二年亦多不免被举。二届会期转瞬即届，宜思有以慰全省之望，谓第二届果远胜于第一届之草创则大幸矣。窃谓今于谘议局为最困难时代，对于上下尚未能诚信相孚。《论语》有言："君子信而后谏其君，未信则以为谤己也。信而后劳其民，未信则以为厉己也。"官民隔阂已久，有时在议会为和平立论而行政官已觉其拂逆难堪，此一难也。至人民一方面，立宪之后，其享受幸福固多，而其经济负担亦必较重。今日需款孔殷，百端待举，恐明年交议预算案时，外顾政费内顾民力，稍一不慎，冤谳繁兴，此又一难也。议员处上下交逼之地，非实有学问，能酌盈剂虚画不缺费不扰民之策？任重道远，跂予望之。

十时闭会。

《江苏谘议局第一年度报告》第四册

江苏谘议局第二届临时会议事录

本届议员席次仍照去年签定之数，惟孟昭常、潘鸿鼎、方还、雷奋、马士杰、夏寅官、许鼎霖均以当选资政院议员解职，由章际治、钱淦、费廷璜、顾言、吴郁堂、徐炳华、纪树镕以次补入。

附志：纪议员树镕本系去年海州复选当选人，九月开会时以丁艰辞职。嗣见宪政馆电，丁艰人员但须守制百日毋庸辞退，此次海州许议员鼎霖解职，因仍补入。并志于此。

三月初九日上午九时行开会式。

到会议员八十人。

本省行政长次官制台张人骏、抚台代表苏藩司陆锺琦、宁藩司樊增祥、宁学司李瑞清、盐道王瓘、江宁府杨钟羲、江宁县李廷琳、上元县李岳蘅均莅会。

开会礼式如左：

一、议员冠服齐集本局，就议员憩息室。

二、制台、抚台以次行政官冠服莅局，就行政长次官憩息室。

三、行政官议员同至礼堂，左右立行相见礼（三揖）。

四、摇铃开会。

五、行政官退往议场，入行政官席。

六、议员退往议场，分别入议长议员席。

七、书记长读制台、抚台允准召集札文

八、制台、抚台宣诵开会词。

九、议长宣诵答词。

十、议长宣告散会。

十一、行政官、议员同退。

十二、行政官、议员至茶会厅茶会。

附录：

制台、抚台允准召集札文

督部堂张、抚部院宝为札复事：据谘议局呈称遵章择定于本年三月初九日开临时会，请分电各属召集各议员依期来宁到局齐集并将电文札局俾得预备一切等因。除会同苏抚部院分电各属转致各议员依期到宁外，合将电文抄录札复。为此札行谘议局查照。再本部院会衔不会印，合并知会。须至札者。

计抄电：

镇江、扬州、淮安、徐州、苏州、常州、松江各知府，太仓、通州、海州各直隶州，川沙、海门各同知：据江苏谘议局议长张绅等二十八人呈称："遵章用召集临时会之第三条件择定，本年三月初九日为临时会开会之期，请督抚即日通电各属于三月初九日以前令议员到局齐集以重议会要政。又查局章第三十四条内开'凡召集开会应于三十日以前由议长将本届开会应议事件预先通知各议员',本局遵章应于初九日以前由议长通知本届临时会应议事件。"等由。希即日知会各该厅州县迅即转知各议员依期到宁为要。

督部堂开会词

今日为江苏谘议局临时会开会之期,此会由正副议长暨驻局诸君同意发起。发起之意以为上年所提出之议案,其间多有改良旧制,有必须由局复议方能解决者。若必照章俟至九月开常年会时再行提议,既碍于宪政之进行,又不足塞四方之观听,是以合力组织,倡斯盛举。本部堂深佩诸君子之热心公益,是以不待再计,亟为赞成,所愿诸君子于提议之余熟察社会之程度,曲体困难之情形,言期可行,因势利导以蕲达夫可以实施之目的,苟绝无扞格,本部堂督策施行亦当惟力是视。总期官民一心,日臻上理,俾江苏议会之成绩与宪政之效果灿然可观。此鄙人区区之诚愿于开会之始披露胸臆以为本届开幕之祝焉。

抚部院开会词

今日为江苏谘议局开临时会之期,使者特派藩司代表随制军张公之后得与议长、副议长、议员诸君同莅斯会举行开会礼式,雍雍一堂,懿欤盛哉!使者奉命来守是邦,下车伊始,即稔知诸君子擅政治之卓识,为众望之所归。凡本省应兴应革事宜莫不切实指陈,宏纤毕举,其于议决可行者又必探本立论以期推行尽利而后止。使者躬逢斯盛,得藉诸君协赞之力以成乐利同民之政,自当虚心采纳,择善而从,庶几上下一心,渐臻上理,用仰副朝廷实行宪政之至意。然言之非艰,行之维艰,使者德薄才疏,当此除旧布新庶政并举之时,断不敢坚持成见有拂舆情,亦不敢操切图功致伤政体。惟愿集思广益,讨论不厌求详,救弊补偏,折衷必归至当。此又使者所属望于诸君而思有以匡其不逮也。谨布区区以代颂言。

议长议员答词

国家筹备宪政,以谘议局冠清单之首,重视舆论之德音既昭然矣。夫舆论所由表见之地在谘议局,为议员者不能表见舆论仍如未设以前一切诿其行政之繁剧于长官，此岂国家设局之本意？全省行政之机能以立法与执行各居其半，制台抚台日夜督促属吏之执行，乌能不责望议员之立法？上届会议各议决案事理有未尽者，不经复议致碍施行。謇等忧之，勉请开临时会为之补救，制台抚台之忧吾省者实有过于人民之自忧其地方，以故慨然嘉许立予发电，贤长官励精图治之意深切可知。今日更蒙亲莅垂勉，吾议员有不乐成大吏之美而自薄其桑梓者哉！有可以裨益吾省政治者惟力是视以报长官，此本局人有同心而謇所敢以掬示于高座之前者也。谨以奉答。

议　长　张　謇

书记长　孟　森

初十日下午一时开会。

到会议员八十四人内续到者十人

本日应行会议之议题：

一、报告

甲、第一届常年会委任常驻议员进行事件。

乙、常驻议员协议事件。

丙、本局办事处职员更选事件。

丁、本局经费事件。

二、公决临时会议员川资表。

三、补选审议长。

四、补选审查员。

五、宣布全体常驻议员复议整顿税契案内划拨公益捐三分案。

六、宣布全体常驻议员整顿税契案内洋商道契一律征税请公布施行案。

七、宣布全体常驻议员复议整顿税契案内折价及经征两条案。

八、宣布全体常驻议员复议节删宁属契税章程案。

九、宣布丁祖荫府厅州县自治请同时筹办案。

十、宣布全体常驻议员复议调查户口案。

十一、宣布全体常驻议员复议停止官纸专卖以免官民交困案。

十二、宣布全体常驻议员复议筹办本省巡警案。

张议长假蒋副议长代理主席报告。

甲、第一届常年会委任常驻议员进行事件。

一、筹兴水利为谘议局基本金之设备案。

本案尚未奉督抚确定之答复，现正在呈催中，无从进行。

二、高淳一县水无去路民纳虚粮数百年民瘼应予奏请豁除案。

本案豁免虚粮一层业蒙制台饬司查办，其测勘水路一层俟各属自治会一体成立即行通告。

三、设立公司开垦淮海苇荡营荒地案。

本案现奉制台交局复议，尚未奏准，无从进行。

四、厘金改办认捐案。

本案进行事略及续拟进行方法均经印刷通告，其续拟进行方法应俟排入议事日表公决。

乙、常驻议员协议事件。

去年十一月二十日起至本月初八日止开经常及临时协议会共七次，所有协议情事业经先后刷印通告。

丙、本局办事处职员更选事件。

议事课长袁希濂因亲老不能远离辞职，业经呈奉制台、抚台札准委派徐寯为议事课长。

丁、本局经费事件。

自去年八月下旬起至本月二十九日止业经列表刷印通告。

主席报告本届临时会应发各议员川资前经议长委托常驻议员按照道里远近分别拟定列表刷印通告，是否即照此办理应请公决。

用起立表决法，以全体起立可决照办。

主席报告审议长许鼎霖业已被选资政院议员开缺，应请照章互选一人为审议长。

互选之结果如左：

沙元炳：四十八票。

主席报告财政审查会员夏君寅官，法律审查会员雷君奋、潘君鸿鼎，请议审查会员马君士杰均以被选资政院议员开缺，又财政审查会员沙君元炳现被选为审议长，应举行补选。

十九号提议请由议长委任，无庸互选，赞成在十人以上。

用起立表决法，以全体起立可决十九号动议。

主席报告分别委任如左：

财政：陈官彦、顾咏葵。

法律：杨廷栋、夏曰琦。

请议：陶惟坻。

主席报告宣布全体常驻议员复议整顿税案内划拨公益捐三分案，书记长朗读，主席请讨论公决。

讨论终局，十九号提议本案内应声明督抚行司核议照去年宪政馆复江督电，本无庸告知本局。赞成在五人以上。

用起立表决法，以全体起立可决十九号动议。

主席报告宣布全体常驻议员整顿税案内洋商道契一律征税请公布施行案，书记长朗读，主席请讨论公决。

讨论终局，四十八号提议本案第七条准照云者二语可删，应添入本省单行章程本局应有议决之权一层，赞成在五人以上。

用起立表决法，以全体起立可决四十八号动议。

主席报告宣布全体常驻议员复议节删宁属税契章程案，书记长朗读，主席请讨论公决。

讨论终局，用起立表决法，以全体起立可决全案。

主席报告宣布丁祖荫府厅州县自治请同时筹办案，书记长朗读，主席请讨论公决。

讨论终局，用起立表决法，以对于六人之七十五人多数可决全案。

主席报告宣布全体常驻议员复议调查户口案，书记长朗读，主席请讨论公决。

讨论终局，用起立表决法以对于十二人之六十九人多数可决全案。

主席报告宣布全体常驻议员复议停止官纸专卖以免官民交困案，书记长朗读，主席请讨论公决。

讨论终局，四十八号提议本案但须请督抚将札文中招商承领或代人印刷两条迅速决定办理，无庸更立期限。赞成在五人以上。

用起立表决法，以对于二人之七十九人多数可决四十八号动议。

主席报告宣布全体常驻议员复议筹办本省巡警案，书记长朗读，主席请讨论公决。

讨论终局，用赶起立表决法，以对于二人之七十九人多数可决全案。

主席报告本日议事日表已毕，十一日下午一时开各项审查会，财政、法律两审查会并互选审查长。

五时三十分散会。

　　　　　　　　　　　　　　　　　副议长　蒋炳章

　　　　　　　　　　　　　　　　　书记长　孟　森

十一日下午一时开各项审查会。是日据财政、法律两审查会报告互选审查长及理事如左：

财政：审查长、姚文枬，理事、黄炎培。

法律：审查长、秦端玠，理事、张家镇。

十二日下午一时开会。

到会议员八十四人内续到者七人。

本日应行会议之议题：

一、宣布全体常驻议员复议度量权衡改制推行案。

二、宣布全体常驻议员复议补救州县困难案。

三、宣布全体常驻议员声辨规画全省教育案内甲之二三四五各条案。

四、宣布全体常驻议员复议规画全省教育案内甲之一丙之五六各条案。

五、宣布全体常驻议员复议宁苏合办女子师范请就南菁学堂改设案。

六、宣布全体常驻议员厘金改办认捐进行方法案。

七、宣布全体常驻议员裕宁裕苏发行钞票继续质问案。

八、宣布秦瑞玠等复议设立公司开垦淮海苇荡营荒地案。

九、宣布马良等复议永远停止彩票案。

十、宣布全体常驻议员复议清查荒地案。

张议长假蒋副议长代理主席报告宣布全体常驻议员复议度量权衡改制推行案，书记长朗读，主席请讨论公决。

讨论终局，四十八号提议新器应请官场先自实行以为之倡，赞成在五人以上。

用起立表决法，以全体起立可决四十八号动议。

主席报告宣布全体常驻议员补救州县困难案，省略朗读，请讨论公决。

讨论终局，四十八号提议请引光绪三十三年及光绪三十四年、宣统元年度支部各奏案证明应从节流著手，赞成在五人以上。

用起立表决法，以对于十四人之六十八人多数可决四十八号动议。

主席报告宣布全体常驻议员声辩规画全省教育案内甲之二三四五各条案，书记长朗读，主席请讨论公决。

讨论终局，用起立表决法以对于三人之七十九人多数可决全案。

三时休息，三时三十分续会。

主席报告宣布全体常驻议员复议规画全省教育案内之甲之一丙之五六各条案，书记长朗读，主席请讨论公决。

讨论终局，用起立表决法，以对于十人之七十二人多数可决全案。

主席报告宣布全体常驻议员复议宁苏合办女子师范请就南菁学堂改设案，书记长朗读，主席请讨论公决。

讨论终局，三十六号提议请将本案交特别审查会审查，赞成在一人以上。

用起立表决法，以全体起立可决三十六号动议。

主席问此项特别审查员是否用互选法。

全体赞成用委任法。

主席报告委定人数如左：

姚文枬、秦瑞玠、梁荽、丁祖荫、陶保晋、吴荣萃、陈官彦、屠宽、黄炎培。

主席报告宣布全体常驻议员厘金改办认捐进行方法案，省略朗读，请讨论公决。

讨论终局，百二号提议请将本案交财政法律两审查会审查，赞成在一人以上。

用起立表决法，以全体起立可决百二号动议。

主席报告宣布全体常驻议员裕宁裕苏发行钞票继续质问案，省略朗读，请讨论公决。

讨论终局，十二号提议裕宁裕苏自去年答复本局以后至今陆续发出票额若干应质问，赞成在五人以上。

用起立表决法，以全体起立可决十二号动议。

主席报告散会时已过，本日未及提议事件应重定日表通知。

六时散会。

副议长　蒋炳章
书记长　孟　森

十三日下午一时开各项审查会。

十四日下午一时开会。

到会议员八十五人内续到者十一人。

本日应行会议之议题：

一、宣布秦瑞玠等复议设立公司开垦淮海苇荡营荒地案。

二、宣布马良等复议永远停止彩票案。

三、宣布全体常驻议员复议清查荒地案。

四、宣布全体常驻议员复议本省审判厅缩短年限案。

五、宣布秦瑞玠等复议联合农会组织农林公司案。

六、宣布梁炎等准南北盐务各案呈请批答办法案。

七、宣布张謇预计地方自治经费厘订地方税界限应请开国会案。

八、宣布杨廷栋等呈请督抚查办苏松太道违法案。

张议长销假。因对于本日各议题有发表之意见，并须自行提出议案，仍由蒋副议长代理主席。

主席报告宣布秦瑞玠等复议设立公司开垦淮海苇荡营荒地案，书记长朗读，主席请讨论公决。

讨论终局，四十八号提议复勘时应请行政官广为晓示，以免疑阻。赞成在五人以上。

用起立表决法，以对于二人之七十九人多数可决四十八号动议。

主席报告宣布马良等复议永远停止彩票案，书记长朗读，主席请讨论公决。

讨论终局，十九号提议，本案中对于安徽彩票一节应称"该省士民极愿永远停止与苏实有同情，请督部堂咨询该省长官已未实行"较为切到，赞成在五人以上。

用起立表决法，以对于六人之七十六人多数可决十九号动议。

十八号提议虽不名彩票而实含有赌博性质之票亦应声请一律严禁，赞成在五人以上。

用起立表决法，以全体起立可决十八号动议。

主席报告宣布全体常驻议员复议清查荒地案，省略朗读，请讨论公决。

讨论终局，十三号提议请将本案交财政法律两审查会审查，赞成在一人以上。

用起立表决法，以对于三人之八十人多数可决十三号动议。

主席报告宣布全体常驻议员复议本省审判厅缩短年限案，书记长朗读，主席请讨论公决。

讨论终局，十九号提议本议题原意重在缩短年限，复议案亦应归结至此，请将本案交法律审查会修正。赞成在五人以上。

用起立表决法，以对于九人之七十五人多数可决十九号动议。

主席报告宣布秦瑞玠等复议联合农会组织农林公司案，书记长朗读，主席请讨论公决。

讨论终局，十三号提议本案第四条可加入教育会以为比较，第五条"省府州县"四字可改为"行政官厅"，赞成在五人以上。

用起立表决法，以全体起立可决十三号动议。

十九号提议照本议题原案所定总分会成立之期刻已逾时，应请行政官督促即日成立。赞成在五人以上。

用起立表决法，以对于十四人之七十人多数可决十九号动议。

主席报告宣布梁荽等准南北盐务各案呈请批答办法案，书记长朗读，主席请讨论公决。

讨论终局，十九号提议各案应请督抚咨商督办盐政大臣核明公布施行，无庸作为批答事件。赞成在五人以上。

用起立表决法，以对于五人之七十九人多数可决十九号动议。

三时休息，三时三十分续会。

主席报告报告宁苏合办女子师范问题亟应解决，现已据审查会报告拟变更议事日表即行付议。

全体赞成。

主席报告宣布审查复议宁苏合办女子师范请就南菁学堂改设案报告，省略朗读，请讨论公决审查会修正条项。

讨论终局，除第一第四第五各条可全体赞成外，余用起立表决法，以对于十一人之六十八人多数可决第二条，以对于三十四人之四十五人多致数可决第三条。

百二号提议第六条新创及改设两层不妨并存，待行政官之便宜录用。赞成在五人以上。

用起立表决法，以对于十一人之六十八人多数可决百二号动议。

主席报告散会时已届，本日未及提议之事件应重定日表通知。

五时三十分散会。

副议长　蒋炳章
书记长　孟　森

十五日星期休会

十六日下午一时开各项审查会。

十七日下午一时开会。

到会议员七十七人内续到者七人。

本日应行会议之议题：

一、宣布张謇预计地方自治经费厘订地方税界限应请开国会案。

二、宣布杨廷栋等呈请督抚查办苏松太道违法案。

三、宣布张謇复议筹兴水利公司案。

四、宣布审查复议本省审判厅缩短年限案报告，讨论公决。

五、宣布王嘉宾等修改复议调查户口案。

六、宣布黄炎培等复议整顿学务公所案内第一二两条案。

七、宣布秦瑞玠等复议筹备共进会案。

张议长有自行提出之议案，并对于本日各议题有发表之意见，仍由蒋副议长代理主席。

主席报告宣布张謇预计地方自治经费厘订地方税界限应请开国会案，书记长朗读，本人陈述意见，主席请讨论公决。

讨论终局，十九号提议请由各府议员分头设法调查一体列表，由常驻议员担任征集，约五月底截止以便常会提出呈请督抚代奏并先时通告各省。赞成在五人以上。

用起立表决法，以对于六人之六十八人多数可决十九号动议。

主席报告宣布杨廷栋等呈请督抚查办苏松太道违法案，书记长朗读，本人陈述意见，主席请讨论公决。

讨论终局，用起立表决法，以全体起立可决本案。

十九号提议请将本案交法律审查会整理，赞成在一人以上。

用起立表决法，以对于七人之六十九人多数可次十九号动议。

主席报告宣布张謇复议筹兴水利公司案，书记长朗读，本人陈述意见，主席请讨论公决。

讨论终局，四十八号请改案中"借款"二字为"拨款"，赞成在五人上。

用起立表决法，以对于二十五人之五十一人多数可决四十八号动议。

三时十五分休息，三时四十五分续会。

主席报告宣布审查复议本省审判厅缩短年限案报告，书记长朗读，十九号审查员陈述意见，主席请讨论公决审查会修正办法分原案为复议本省审判厅缩短年限及司法研究所质问两案。

讨论终局，用起立表决法，以全体起立可决照审查会报告修正原案。

主席报告宣布王嘉宾等修改复议调查户口案，书记长朗读，主席请讨论公决。

讨论终局，用起立表决法，以对于二人之七十四人多数可次决全案。

主席报告宣布黄炎培等复议整顿学务公所案内第一二两条案，书记长朗读，主席请讨论公决。

讨论终局，用起立表决法，以全体起立可决全案。

主席报告宣布秦瑞玠等复议筹备共进会案，书记长朗读，主席请讨论公决。

讨论终局，十九号提议本案系关于实业事项，谘议局例得议决，虽系呈请代奏，可无庸名为建议案。赞成在五人以上。

用起立表决法，以对于三人之七十三人多数可决十九号动议。

主席报告本日议事日表已毕，现有徐州府属议员段庆熙函称本届临时会因病不能来宁，九十月间为祖母营葬，恐常会亦不能赴，请予辞职等情，应否允许，请公决。

六十七号提议函中所列事由似难认为正当，应请毋庸允许。

全体赞成。

五时散会。

　　　　　　　　　　　　　　　　　　副议长　蒋炳章

　　　　　　　　　　　　　　　　　　书记长　孟　森

十八日下午一时开各项审查会。

十九日下午一时开会。

到会议员七十八人内续到者十五人。

本日应行会议之议题：

一、宣布顾忠宣阻止洋商内地私设行栈案。

二、宣布钱淦租界外民地买卖停转道契案。

三、宣布审查复议清查荒地案报告讨论公决。

四、宣布整理呈请督抚查办苏松大道违法案报告公决全案。

五、宣布审查厘金改办认捐进行方法案报告讨论公决。

六、宣布请议审查会报告提出修正城镇乡自治章程案。

七、宣布请议审查会报告提出兼有地方性质之公所应否清查案。

张议长主席报告：昨准安徽谘议局函告各省纷往芜湖购米，米价昂贵，民食维艰，请本省截漕济食等语。查此事已由督抚具奏截留十万石，并另购米三十万石以备各属请领，可以无庸更议。惟谘议局为人民之代表，事关预筹民食，应否公致谢忱，请公决。

全体赞成。

主席报告没现有黄炎培等提出续议禁止湖北彩票销行本省案。查禁止彩票业经复议呈报，此案似应认为紧急事件提先取决。

全体赞成。

主席报告宣布黄炎培等续议禁止湖北彩票销行本省案，书记长朗读，本人陈述意见，主席请讨论公决。

讨论终局，三十六号提议请照本案第一条办法呈督抚严行禁止，赞成在五人以上。

用起立表决法，以对于二十六人之五十人多数可决三十六号动议。

主席报告扬属甘泉县士绅请议邵伯堤工危险情形案现有凌君鸿寿等五人请作为紧急事件提先付议，请公决。

全体赞成。

主席报告宣布扬属甘泉县士绅请议邵伯镇堤工危险情形案，六十三号代表陈述意见，主席请讨论公决。

讨论终局，七十八号提议请将本案代呈督抚严饬在事人员务令工坚料实早日竣工，赞成在五人以上。

用起立表决法，以对于十人之六十七人多数可决七十八号动议。

主席报告宣布顾忠宣阻止洋商内地私设行栈案，书记长朗读，本人陈述意见，主席请讨论公决。

讨论终局，百二号提议请将本案交法律审查会审查，赞成在一人以上。

用起立表决法，以全体起立可决百二号动议。

三时休息，三时三十分续会。

主席报告现有徐炳华等九人提出对于泰州调查户口造谣滋事办法案请作为紧急事件提先付议请公决。

全体赞成。

主席报告宣布徐炳华等对于泰州调查户口造谣滋事办法事案。本人陈述意见，主席请讨论公决。

讨论终局，四十八号提议应请督抚严饬地方官分别良莠妥慎办理，赞成在五人以上。

用起立去决法，以对于四人之七十三人多数可决四十八号动议。

主席报告宣布钱淦租界外民地买卖停转道契案，书记长朗读，主席请讨论公决。

讨论终局，用起立表决发以全体起立可决全案。

主席报告宣布审查复议清查荒地案报告，省略朗读，主席请讨论公决审查会修正条项。

讨论终局，百二号提议请将本案仍交财政法律两审查会整理，赞成在一人以上。

用起立去决法，以对于三十七人之四十人多数可决百二号动议。

主席报告宣布整理呈请督抚查办苏松太道违法案报告。省略朗读，主席请讨论公决全案。

讨论终局，用起立表决法以全体起立可决全案。

主席报告现定自二十日起至二十四日止休会，二十五日开各项审查会，二十六日开大会。

本日散会时已过，所有未及提议事件应重定日表通知。

六时散会。

议　长　张　謇

书记长　孟　森

二十日休会。

二十一日休会。

二十二日星期休会。

二十三日休会。

二十四日休会。

二十五日下午一时开各项审查会。

二十六日下午一时开会。

到会议员八十七人内续到者十二人。

本日应行会议之议题：

一、公决增订议事细则两条。

二、宣布整理清查荒地案报告公决全案。

三、宣布审查洋商私设行栈案报告讨论公决。

四、宣布蒋炳章忙漕带征自治经费领用分配方法案。

五、宣布姚文枬等对于督复整顿学务公所事宜呈请声明案。

六、宣布请议审查会报告提出兼有地方性质之公所应否清查案。

七、宣布请议审查会报告提出修正才城镇乡自治章程案。

八、宣布请议审查会报告提出定埠厘卡苛勒商民案。

九、宣布请议审查会报告提出宝应弊政三条案。

十、宣布请议审查会报告提出禁止米粮出口并减免重捐案

十一、宣布资格审查会报告提出陈士髦撤消议员辩诬案。

张议长假蒋副议长对于本日各议题有发表之意见并须自行提出议案，由仇副议长主席。

主席报告现为慎重议场紧急动议起见，特拟增订议事细则两条如左，请公决：

一、嗣后凡议员提出或人民陈请，其事系一地方之事实，非实地调查，不能辨别是非者，不得作紧急动议，且必经审查确据始可议决。

一、嗣后凡一地方之是非系与多数人民有冲突者，不得作紧急动议，且比照适用局章第二十八条情事更应加慎，应有若干人赞成始许提出，请公决。

用起立表决法，以全体起立可决加入《议事细则》。

三十七号提议赞成人数可比照局章二十八条定为十人。赞成在五人以上。

用起立表决法，以对于八人之七十三人多数可决三十七号动议。

十三号提议现在民食昂贵，人心惶迫，所有朱议员祥绂等提出严禁烧锅一案请作为紧急动议提先取决。赞成在五人以上。

十九号提议请将本日议事日表第二项督抚交议之清查荒地案先行议决，即变

更议事日表，将第十项禁米出口案提前宣布，此项紧急动议可以连类取决。赞成在五人以上。

用起立表决法，以全体起立可决十九号动议。

主席报告宣布整理复议清查荒地案报告，书记长朗读，主席请公决全案。

用起立表决法，以全体起立可决全案。

主席报告宣布凌春潮等请议禁米出口并减免重捐案，省略朗读，百十号、四十八号以次代表陈述意见，主席请讨论公决。

讨论终局，十九号提议据百十号及四十四号所述意在禁米出洋，原案所言殊未明瞭，现在只应认定禁米出洋一语事关顾全民食，与严禁烧锅同一用意，可即并案呈报。赞成在五人以上。

用起立表决法，以对于五人之八十一人多数可决十九号动议。

主席报告宣布朱祥绂等米价日昂应请督抚电饬各属严禁烧锅以裕民食案。书记长朗读，本人陈述意见，主席请讨论公决。

讨论终局，用起立表决法，以对于二十七人之五十九多数可决本案。

百十三号提议烧锅当米麦并禁，请加入。赞成在五人以上。

用起立表决法以对于四十人之四十六人多数可决百十三号动议。

四十八号提议烧锅既禁，酒捐亦应照减，以免偏枯。全体赞成。

十九号提议保全民食之法不厌求详，本案既与禁米出洋并成一案，请再援引光绪三十三年上海成案豁免落地捐数月并请普免米厘。赞成在五人以上。

用起立表决法，以全体起立可决十九号动议。

三时三十分休息，四时续会。

主席报告宣布阻止洋商内地私设行栈案报告，书记长朗读，主席请讨论公决审查会修正条项。

讨论终局，七十号提议请于案内"通饬地方官"句下加"巡警局"三字，赞成在五人以上。

用起立表决法，以全体起立可决七十号动议。

主席报告宣布蒋炳章忙漕带征自治经费领用分配方法案。书记长朗读，主席请讨论公决。

讨论终局，四十八号提议本案第一条应加入"宁属自宣统二年上忙始"一句，全体赞成。

十九提议本案第七条应改为"此项公益捐系何区田亩所实征即归田亩所在之区领用"，赞成在五人以上。

用起立表决法，以全体起立可决十九号动议。

主席报告宣布姚文枬等对于督复整顿学务公所事宜呈请声明案。书记长朗读，主席请讨论公决。

讨论终局，用起立表决法，以全体起立可决全案。

主席报告散会时已过，本日未及提议各案应请重定日表通知。

五时四十五分散会。

副议长　仇继恒

书记长　孟　森

二十七日下午一时开会。

到会议员七十七人内续到者十二人。

本日应行会议之议题：

一、宣布制台札令复议规画全省教育案内乙之五条文。

二、宣布制台札令复议规画全省教育案内乙之六条文。

三、宣布制台札复租界外民地买卖停转道契案文。

四、宣布财政法、律审查会辩正制台札复淮南北盐务各案文报告讨论公决。

五、宣布审查厘金改办认捐进行方法案报告讨论公决。

六、宣布资格审查会报告提出陈士髦撤消议员辩诬案。

七、宣布请议审查会报告提出兼有地方性质之公所应否清查案。

八、宣布请议审查会报告提出修正城镇乡自治章程案。

九、宣布请议审查会报告提出定埠厘卡苛勒商民案。

十、宣布请议审查会报告提出宝应弊政三条案。

张议长假蒋副议长代理主席报告宣布制台札令复议规画全省教育案内乙之五条文。书记长朗读，主席请讨论公决。

讨论终局，百二号提议请改文内农工实业学堂为农业学堂，赞成在五人以上。

用起立表决法，以对于五人之六十八人多数可决百二号动议。

四十八号提议请将文内初等二字改为中等。赞成在五人以上。

用起立表决法，以对于十二人之六十一人多数可决四十八号动议。

百二号提议此项中等农业学堂应正名为江北公立，赞成在五人以上。

用起立表决法，以对于九人之六十四人多数可决百二号动议。

主席报告宣布制台札令复议规画全省教育案内乙之六条文，书记长朗读，主席请讨论公决。

讨论未毕。

三时十五分休息，三时四十五分续会。

继续讨论终局，九十七号提议权限一层应请属之学司，惟每年用款报告则由学司转移运司。赞成在五人以上。

用起立表决法，以对于二人之六十二人多数可决九十七号动议。

九十七号提议办法一层应请定为中等实业学堂所有旧日学生由学司商同办学人员妥为分别安置，赞成在五人以上。

用起立表决法，以全体起立可决九十七号动议。

百二号提议名称一层应请正名为公立两淮中等实业学堂，赞成在五人以上。

用起立表决法，以全体起立可决百二号动议。

主席报告宣布制台札复租界外民地买卖停转道契案文，书记长朗读。

十六号提议应呈请制台将光绪二十五六两年全案情形批答再议。十三号提议并应声明文中时事多艰等语不能作为答复本局之理由，又禁止侵占盗卖等情与本案无关。赞成在五人以上。

用起立表决法，以全体起立可决十六、十三两号动议。

主席报告宣布财政、法律两审查会声辩督复淮南北盐务各案报告，省略朗读，主席请讨论公决。

讨论终局，用起立表决法，以全体起立可决照审查会报告呈报督抚。

主席报告宣布审查厘金改办认捐进行方法案报告，书记长朗读，主席请讨论公决。

讨论终局，用起立表决法，以全体起立可决原案。

主席报告宣布邳州教育会等陈士髦撤销议员辩诬案，省略朗读，主席请讨论公决。

讨论终局，九十七号提议请用正式公文呈请学司答复陈士髦究竟是否小学教员，何以此次移送来局之一览表及报告书互相歧异，俟复到再行议决。赞成在一人以上。

用起立表决法以全体起立可决九十七号动议。

主席报告散会时已过，所有其余各案不及提议。

五时四十五分散会。

　　　　　　　　　　　　　　　　　　副议长　蒋炳章
　　　　　　　　　　　　　　　　　　书记长　孟　森

二十八日上午九时行闭会式。

到会议员五十九人。

张议长假蒋副议长代理主席报告本届临时会成绩如左：

一、收集议案五一件
　　一、督抚交令复议………二〇
　　二、议员提议………二〇
　　三、人民………一一

二、人民请议之结果
　　一、提出………七
　　二、未提………四

三、应行提议案四七件
　　一、督抚交令复议………二〇
　　二、议员提议………二〇
　　三、人民请议………七

四、已经提议案四三件
　　一、督抚交令复议………二〇
　　二、议员提议………二〇
　　三、人民请议………三

五、已经决议案四二件
　　一、督抚交令复议………二〇
　　二、议员提议………二〇
　　三、人民请议………二

六、议而未决案一件　　人民请议………一
七、未及提议案四件　　人民请议………四

案闭会期促，右表不及将议题一一列入，应俟随后再行详晰报告。

右表议决各案呈报后，业奉制台札复者二十件。制台抚台会复者四件。

报告毕更宣布闭会辞。

附录：

闭会辞

谘议局章程止有开会礼式，并无闭会礼式，惟本局细则第八十三条自行规定开会式闭会式名目，此为内部之规约，与局章不同，故本局闭会不请行政长官莅场，但由吾议员自将一届议会作一收束，此上届已行之成例也。此次临时会遵章办理一切，秩序远胜上年，自系熟习之故。以临时会而到会者逾百人，皆可见急公之明验。开议事项范围亦较严重，就本届经验再加入补则两条，嗣后或更加慎重吾党以此逐渐进步之意，想今年九月悉心以应行政官交议之预算案或当斟酌得宜，不负朝廷重视舆论之意，则上年常会为喉舌初具，倾筐倒箧不暇审择之会，今届临时会为规模初定应弦赴节渐近自然之会。以此时遥度将来则所可解嘲者谓预算未经交议，议会之功用本缺而不完，以故成效亦罕。转瞬九月预算案来矣，虽交局预算之条项定自中央，各省长官且爱莫能助，然吾党所可自勉者不在款项之难于理解，而在各地方之不囿于偏私，以廓然大公之心支配一省行政经费，事任极重。时日无多，今此之欲言者已略尽矣。愿与诸公更图来日吾局有尺寸之实效，意在斯乎！

十时闭会。

副议长　蒋炳章
书记长　孟　森

《江苏谘议局第一年度报告》第五册

江苏谘议局第二届临时会议案报告目次

第一类　已经议决案

甲、督抚交令复议

一、整顿契税案内划拨公益捐三分案督札，仍执前议

二、节删宁属契税章程案督札，分别更议

三、整顿契税案内折价及经征两条案督抚均札，仍执前议

四、调查户口案督札，分别更议

五、停止官纸专卖以免官民交困案督抚会札，更议

六、筹办本省巡警案督抚均札，分别更议

七、度量权衡改制推行案抚札，更议

八、补救州县困难案抚札，仍执前议

九、本省审判厅请缩短年限案督抚均札，更议

十、规画全省教育案内甲之一丙之五六各条案督抚分札，更议

十一、宁苏合办女子师范请就南菁学堂改设案督抚均札，更议

十二、设立公司开垦淮海苇荡营荒地议督抚会札，引申前议

十三、永远停止彩票案督札，仍执前议

十四、清查荒地案抚札，分别更议

十五、联合农会组织农林公司案抚札，仍执前议

十六、筹兴江淮水利公司案督札，引申前议

十七、整顿学务公所案内第二条案督札，仍执前议

十八、筹办共进会案督札，仍执前议

十九、规画全省教育案内乙之五条案督札，更议

二十、规画全省教育案内乙之六条案督札，更议

二十一、淮南北盐关务案督抚会札，引伸前议

乙、议员提议

一、府厅州县自治请同时筹办案丁祖荫，修正后更名如左：

呈请批答筹办府厅州县自治办法案，可决

二、整顿契税案内洋商道契一律征税请公布施行案全体常驻议员，可决

三、声辩规画全省教育案内甲之二三四五各条案全体常驻议员，修正后可决

四、裕宁裕苏发行钞票继续质问案全体常驻议员，修正后可决

五、呈请督抚查办苏松太道蔡乃煌违法案杨廷栋等，修正后可决。

六、厘金改办认捐进行方法案全体常驻议员，可决

七、预计地方自治经费厘订地方税界限应请开国会案张謇，可决

八、更正复议调查户口通则案王嘉宾等，汇甲四

九、苏州司法研究所质问案法律审查会，可决

十、阻止洋商内地私设行栈案顾忠宣等，修正后可决

十一、租界外民地买卖停转道契案钱淦，修正后可决

十二、对于泰州调查户口造谣滋事办法案徐炳华等，修正后改名如左：

呈请批答泰州调查户口滋事后办理方法案，可决

十三、忙漕带征自治经费领用分配办法案蒋炳章，修正后可决

十四、声明苏学司办公钟点请先由学务公所通告教育会劝学所案姚文枬等，可决

十五、严禁烧锅以裕民食案朱祥绂等，汇集他案后改名如左：

米价日昂请维持民食案，可决

十六、声辩督复淮北盐务四条案财政、法律审查会，汇集他案修正后改名如左：

声叙淮南北盐务案内各条请一并转咨督办核复案，可决

十七、声辩督复淮南盐务五条案财政法律审查会，汇乙十七

十八、抄呈粤鄂往来电文请禁售湖北签捐彩票案黄炎培等，修正后可决

十九、租界外民地买卖停转道契请交复议案钱淦等，可决

丙、人民请议

一、禁止米粮出口并减免重捐案凌春潮等汇乙十六

二、扬属堤工业案陈忠溥等修正后改名如左：

代呈甘泉县士绅陈忠溥等堤工请愿书案，可决

第二类　议而未决案

丁、人民请议

一、陈士髦撤消议员辩诬案邳州教育会等

第三类　未及提议案

戊、人民请议

一、修正城镇乡自治章程案朱赞臣等

二、宝应弊政三条案宝应商会

三、兼有地方性质之公所应否清查案陆拥书等

四、定埠厘卡苛勒商民案吕兆桂等

第四类　毋庸提议【案】

己、人民请议

一、请调查靖江议员瞿树榕劣迹案张勋

二、宁属初级女师范不能与粹敏等校归并案周墨亭女士等

三、宝应厘卡委员吞公纳贿案江宁商船公会

四、地方自治当实行宣讲案徐嘉晋

江苏谘议局第二届第一年度临时会呈报议决案汇录

（一）呈候公布施行事件

三月十二日呈报督抚议决抚部院交议整顿契税方法案内洋商道契一律征税一条请公布施行案

为呈报议决事件事：本月初十日会议查上届议会议决瑞升抚部院交议整顿契税方法一案于上年十月二十一日呈报内有洋商道契一律征税一条列入答复第二节第三项，此案于十一月初四日奉瑞升抚部院札复行苏藩司酌核具复核办，十二月初三日奉督部堂札复行宁藩司一体核议详办各在案。曰详办曰核办，是皆视为应办之事，并无异议。十二月初二日又奉陆抚部院札复据署苏藩司议详指出四节均属通行无碍，应请分饬立案等语，而道契征税即为四节之一确无异议。查《谘议局章程》第二十二、二十三、二十四等条后附之案话内开"谘议局议定可行事件，督抚若无异议，有公布施行之责"等语，乃本年正月二十四日复奉陆抚部院札开"华洋道契一律收税一条事涉洋商，应考查条约，已饬上海道核复可行与否，仍应俟复到裁夺"等因。查条约系刊本通行，本非上海道署独有之文卷，本局原案指明此项约文系咸丰三年《美约》第十二款，开卷即得，自不须俟道核复。又查《宁属契税章程》第六条载有"各国洋人在通商口岸承租屋地及教堂在内地置买公产，照约均应立契报税，由地方官盖印交执，与中国民间无异。现在民间田房契税慨经通用官契纸填写，则洋教堂租地置产自应一律照办，其税价银两应即比照民间按契价数目征收以昭公允。此项契纸应责成各州县查照条约妥晰填注，不得稍涉含混，致生缪辖"等语。观此条文，行政官本明习条约，宁属已切实施行，上海道独迟不核复，未知何意。本局公同议决，应请督部堂、抚部院查照原案迅予公布施行。惟陆护部院札道已在十二月间，则原案议决之十一月起必已不及，应请督部堂、抚部院札行上海道查取实行日期一并饬登

《南洋官报》以昭核实。所有本局议决洋商道契一律征税各缘由理合备文呈报。为此呈请督部堂、抚部院迅予公布施行。须至呈者。

三月十三日呈报督抚复议上届议决抚部院交议整顿契税方法案内折价及经征两条案

为呈报复议事件事：上届议会议决整顿契税方法一案内有两条于本年正月二十四日由陆护部院札交复议。兹经本月初十日开会复议分条议决，理合缮折备文呈报。为此呈请督部堂、抚部院迅予裁夺施行。除呈抚部院、督部堂外，须至呈者。

计开：

甲）划一折价一条。本局原议"通用银元之处宜照浙省办法每税银一两折一元五角，通用钱文之处宜照向章每税银一两折二千文。惟契价载钱数者亦应以每二千文折作价银一两，契价载元数者亦应以每一元五角折作价银一两，宁苏一律办理"等语。奉经陆护部院札复据苏藩司议详"苏省征收契税向照忙银定章每两折钱二千四百文，连公费规复在内若仿浙省收洋一元五角或钱二千文，则公费规复无著，从何筹补，此层终不可行，应查照部章第十条完银折钱暂仍其旧，准照各省现行章程办理"等语。陆护部院据此为原委事由交令本局复议，本局再四研究不得不仍执前议。谨条具理由如下：

一、忙银每两折收二千四百文，连公费规复在内，自是奏案，但原案专指忙银并无兼及杂税之文。

一、部章第十四条明定每加征一分扣提一厘为经征官吏办公之用，此即征收契税之公费，无庸另议筹补，亦不应重复混淆苦累人民。

一、光绪三十四年苏藩司详定官契章程第三条内确有另收规复银价六文凑抵新案赔款一语，此款如果确系凑抵赔款所必需，自应归入向征数目内遵部章第三条第十三条办理，无庸另议筹补。

一、宁苏各有刊行契税章程，即系本省现行章程。宁苏颇有异同，而契价每两税银三分折收六十文则宁苏所同，此为本议案每两折二千文之根据，与部章第十条本无背触。

一、本省除淮北外，大江南北民间通用银元计数立契，若以契载元数折银定应税之数，再以银数折钱定应纳之数，而所纳仍系银元，再将钱价折合完纳，似此辗转折算，即使毫无弊混，亦觉迂绕可笑。况弊端即因此百出，以四川所谓三倒拐者例之，则吾省直可谓之四倒拐。本局所议定为简捷办法，斩除百弊。苏浙接壤，情事正同。浙既奏咨邀准，自可援照办理。

一、预备立宪，清理财政必求办法统一。本局所议以宁苏一律通行无碍为宗旨，并愿以取法邻省择善而从，为全国统一之起点，似不应姑息养弊回护积习。

一、部章第十条暂字即含有徐图统一之意在内，故本局以为弊习自应改革，未可借此条为护符，并当与第十八条参看。

一、部章第一条第二条既有丝毫不准多收之文，经征官吏自不致违章取咎，惟契价与税银折价两歧，即是暗中浮收，故本局定为契价与税银划一折价针孔相符之办法，此为本条议案之要点。抚部院为财政计，为便民计，必无不欲令其划一之意。

以上说明理由八则，应请督部堂、抚部院复加裁夺仍予公布施行。

乙）自治会经征税银一条。原议系因宁属浮收积弊极深，徐海尤甚，拟请遵照部章第十二条酌仿四川经征分局办法由地方自治会经征，归该管州县监督以期扫除积弊，按月由自治会汇缴州县衙门解拨等语，业于上年十一月初四日奉瑞升部院札复咨请督部堂核饬遵办，并不在行司核复之内。又于十二月初二日奉督部堂札复行宁藩司一体酌核妥议详办，迄未续奉札行，自系并无异议。惟本年正月二十四日奉陆护部院札复文内指出此条存俟开会后复议而未经说出原委事由，惟先于上年十二月初二日札复文内叙苏藩司议详原文曰向归州县经收解司仍应循旧办理，曰自治会无代官收税之理，曰究嫌逾越权限，曰此事断不可行，亦但盛气拒绝之词却无理由破的之语，将令本局何所据以复议，姑就有无代官收税之理，是否越权，再加研究，以副陆护部院凡事不厌求详之至意。考各国自治制度，凡下级自治团体无不有代官收税之职务，即以本国习惯而论，捆保办粮与夫各业认捐包捐所在多有，是则代官收税中外远近确有其事，若一概指为无理举动，恐难承认。原议本系汇缴州县，是仍由州县收解，旧弊既可革除，而权限仍循其旧，似无逾越。况州县经征税契积弊极深之处莫不引领云霓，督部堂、抚部院必当有以慰之。本局再四研究，仍应定为可行事件，应请督部堂、抚部院查照瑞升部院咨请核饬遵办原案，复加裁夺，迅予公布施行。

三月十三日呈报督抚复议上届抚部院交议整顿契税方法议决案内划拨公益捐三分一条请督促实行案

为呈报议决事件事：本年正月二十四日奉陆护部院第二次札复本局议决之契税方法一案内指明裁夺可行通饬照办者三条、饬上海道核复应俟复到核夺者一条、交令本局复议者两条、直截下断勿庸置议者一条，除饬道核复一条交令复议两条另行会议呈报外，其指明勿庸置议一条本局于三月初十日会议议决，谨分为三节逐层声复，理合开列清折呈请鉴核，为此呈请督部堂、抚部院迅予察核查照瑞升部院裁夺公布通饬施行之原件督促实行。除呈抚部院、督部堂外，须至呈者。

计开：

一、陆护院第一次札复内开"藩司详称划拨捐三分已于筹定自治经费案内奉饬刊登《南洋官报》公布，应否提出另议"等语，第二次札复内开"上年十月十九、二十二两日谘议局呈送议决案两件，一系筹划自治经费，一系整顿契税方法，均有请拨公益捐三分一节，瑞升部院因自治经费议案有忙漕带征之款，彼时州县开漕转瞬届期，立待施行，未可稍缓，故咨请督部堂会衔公布契税议决方法，间有侵减国税之语不尽可行则行司核议。当时公布文内因划留公益捐三分应另候核复一层漏未说明，故又将契税方法行司核议缘由专案札复谘议局查照。夫既行司核议即为可行与否尚未裁夺之确证"等语。本局以为既经公布通饬，即为已裁夺之确证，至行司核议一节诚如宪政编查馆删电所谓系行政官内部之事，本无庸与局声明，谘议局不必过问。即以行司核议而论，如本局议决之整顿学务公所事宜一案，奉抚部院札交苏学司核议原案共有四条而苏学司仅议复第三条，其第一第二第四各条原详声明业奉督宪驳议无庸再行提议等语，经陆护部院札行本局在案。可见札交核议案内应将督部堂、抚部院先经裁夺之条件提出于核议之外方为正办。契税一案情事正同司详声请提出情节甚合，若谓瑞升部院因公布文内漏未说明，故又将行司核议缘由专案札复，则专案札复文内何以仍未将前文所漏者说明而留以待陆护部院之代为说明，本局之惑滋甚。伏读光绪三十三年九月十三日、三十四年六月二十四日两次谕旨，仰见先朝轸念民依，对于地方兴革事宜何等郑重。若已经督部堂、抚部院裁夺公布通饬施行之议决条件用漏未说明四字即可取消，此非但一案之关系，并非但本省之关系，即使奉到瑞升部院亲自说明札行本局亦不敢承认，瑞升部院固无此弁髦宪政儿戏议案之举动，陆护部院何得以已见诬之，惟有仍认为已经裁夺公布通饬施行之议案请督部堂、抚部院督促施行。

一、陆护部院第二次札复内开："查《谘议局章程》第六章第二十一条自一至七凡谘议局应行议决事件皆冠有本省字样，案语云'以本省之事为止'亦与资政院所定权限有国家地方之分。又宪政编查馆议复于大臣奏陈谘议局章程权限一折内开'凡属国家行政非谘议局所得参预，国家租税非咨议局所得议决'。又度支部奏定《清理财政章程》第十五条声明'各省岁入当国税地方税未分以前谘议局不得议减现行税率'等语。是谘议局之职任权限至为明晰，奏案定章班班可考。契税为国家正项，无论解部留用，皆抵支国家行政经费，瑞升部院原交整顿契税议案意在定稽查之法、惩罚之条，使正税无可隐漏，契价无可减缩，并未令议税率之增减，税项之支配，议决案所请划留三分，名曰公益捐抵支地方行政范围内之自治经费，已不免逾越权限，与原案发问本旨不符。况以国家正税留拨地方行政经费使国家行政之专款因而减缩，则与议减现行税率何异？按诸奏案定章本非谘议局所得议决，自无交令复议之理。本护院故直截下断曰勿庸置议，此勿庸置议四字既恪遵奏案定章办理。"等语。本局谨分甲乙两项切实声明：

甲）本局议决筹画地方自治经费一案暨整顿契税方法一案均有请拨公益捐三分一节，均系请遵部定新章第十三条附收款目分别拨还之文办理。部定条文但云行政及办公必需之款，所谓行政者并未指出国家地方之分，惟以直隶学费起例推之各省，与第三条相同。据《清理财政章程》第十四条第三项之文则部章指出之直隶用款确在地方行政范围以内，且调查直隶此款系为中学堂之用。查中学堂列入部颁《城镇乡地方自治章程》第五条第一款第一项，是部章指出直隶用款确系下级自治范围以内之经费，本局不敢因此而谓部章拨还专指地方自治经费，但地方自治经费确在部章拨还之内则已断无疑义。据此而言，是拨充地方自治经费明为部章所许，实非本局创议，本局根据部章于国家法律范围以内议决本省事宜并非逾越权限，按之局章第二十一条案语及馆复于大臣奏折暨《清理财政章程》第十五条均系毫无违碍，自应切实声明。

乙）本局议决整顿契税方法案内所有请拨公益捐三分一节专为答复瑞升部

院发问如何定稽查之法而设。盖寻常稽查之法，明查则设纠察员，暗查则派侦探队，不敷分布则增额数，不尽可恃则再设稽查之稽查，再派侦探之侦探。如此办法收数未卜而俸薪工食舟车局所纸笔之开支先成巨款，立一法即官中多一费用，亦即民间多一扰累，此为最堪痛恨之弊习。究其结果必致因扰累而匿税愈多、收数愈少，适与立法本意相反。大部定章之时深虑及此，故原奏表明宗旨，一则曰舆情不扰，再则曰务期款集而民不扰。章程第十八条严禁藉端扰民并及违章浮收，第一第二条一再申明此外不准丝毫多收，第三条明定向征之数即在其内，第十三条明定各省附收为必需之款，均系分别拨还，其用意实属一贯，盖各省附收既为必需之款，自应拨还于九分之内，否则将破裂部章本任令多收以扰民乎？抑将赖附收各款兴办之重要事件一律停止乎？大部之意必不如此，故借直隶学费起例使各省一律照办，此其计虑周密诚堪钦佩。瑞升部院交议原文深以按户稽查近于烦扰为虑，用意正同。本局再四研究，欲寻一毫不扰民而税无可匿价无可缩之法，详绎部章深思得之，于是决议宽定地方公益附捐一条，此条实行则匿税缩价者既因损碍本城镇乡公益而为本区所不容，又因损害本厅州县公益而为邻区所不恕。耳目逼近则发觉易，全体人众则纠察周，不费劝导不待惩罚，实为稽查之无上善法。夫论其表面，则设纠察员派侦探队是稽查之法，而宽定公益捐附捐并非稽查之法；论其实际，则宽定公益附捐确是稽查之法，而设员派队竟非稽查之法。若不问实际专讲表面，则设员派队之规条一黠刻小吏优为之，瑞升部院何必煞费踌躇殷殷下问？故本局自信决议原案必于发问宗旨相合，更应切实声明。

总之，此条议案本局系请将原有附收款目实行拨还以遵部章并请从其多数推行全省以收全体稽查在之益。今陆护部院札复抹去请遵部章而指为议减税率，抹去全体稽查而指为与发问宗旨不符，均非本局所能承认，惟有仍请督部堂、抚部院查照原案督促实行。

一、陆护部院第一次札复内开："苏藩司详称按部章第十三条拨还学费额款系指原有附收报部立案者而言，故举直隶为例，本无之款自不在此限。苏省因库储奇绌，先经详定将加征典买税银除解部一半外截留一半作为本省新政用款，今若再拨公益捐则解部一半抵补势将安出。"等语。又开："苏省库储奇绌，司详将加征税银截留一半作为新政用款，业经咨部。"等因。本局谨分为甲乙两项切实声明：

甲）筹画地方自治之议决原案内称"各属田房契税向有代收公益捐，如育婴、义渡、善堂、学务之类，多者五六十文，少亦三四十文不等"之语。整顿契税方法之议决原案内称"各邑代收地方公益捐如育婴、义渡、善堂、学务之类种种不一，而近年尤以学费为多，或以中费为名，或以银价为名，统计各种捐数，各邑多寡不等，虽亦有超过正税三分之数者，而究以二分外三分内者居多"等语。据此两案原文，明指原有附收并非本无之款，此项附收公益捐均系地方自治范围以内之费用。地方自治为宪政第一基础，现方督促进行，而筹款困难各处皆同，亟须设法扶植，万无转夺其固有收款之理。此项固有收款本系下级自治地方费用，多由地方官核准带收，按诸部章本无以曾否报部立案为限，断之明文似无庸添此解释。上年浙抚部院奏报契税情形折内声称"各属带收学堂等项经费遵章统在现加六分中扣除支用，每县计需若干，俟查复汇报"等语。夫因院司无案须俟每县查复概得奏咨邀准，可见部章拨还并不限定报部立案之款尤堪证实。

乙）部章第三条内向征数目与加收数目分别极为例晰，本局议决之公益捐三分系请列入向征数内，而详定咨部立案之截留一半系指明在加收数内，实系两不相妨。虽向征之数增多一分即加收之数减少一分，亦即解部之数与截留之数各减少半分，但部章第三条之向征、第十三条之拨还均不限制若干，自系明示宽大以期新章之实行。至以本省而论，凡行政经费与自治经费同属地方人民之负担，毋所庸其较量。若必欲减自治之一以增截留之半，度抚部院仰赞庙谟，筹备宪政，自必力持大体，断不致徇陆抚部院之成见轻减地方上固有附收之款而贻官民相争之非笑。

三月十三日呈报督抚复议上届议决节删宁属契税章程案

为呈报复议事件事：窃上届常会本局议决节删宁属契税章程一案，去年十二月二十七日奉到札复交令复议，兹于本月初十日开会复议，逐条议决。一、原议第一条系为宁苏一律起见，与另案议决之整顿契税方法答复第二节第四条互相发明。查光绪三十年苏省刊颁《官契章程》十二条，其第一条载"宁省刊印三联契纸停发契尾，苏省自应仿办"等语，第十一条载"苏省向来民间请粘司颁契尾，每张出钱二百四十文。此次应仿照宁省定章民间每领契纸一张，只准取银一钱，作钱一百四十文"等语。乃苏属至今遵守而宁则纸价既一增而再增，契尾又重出收费，问其作何支用，则但云员司薪费、书吏纸饭，是其浮收中饱之巨概可想见，亟当禁革。此项章程试办未久，且原系本省单行章程规则，照《谘议局章程》第二十一条第六项本局自应议决删改。二、原议第二条系为各州县带收学堂善举各项经费，不使原额短绌起见，又与另案议决之筹画地方自治经费乙项第三条暨整顿契税方法答复第一节均系互相发明。自治创办需费甚殷，方当益所本无，岂可夺其固有，应请照本局另行议决之筹定自治经费一案及整顿契税方法一案所指划留公益捐三分之数拨充地方公用以期宁苏统归一律。三、原议第三条系为删除苛例起见，盖契税者税从契而生，今因税屋而令写契，是契从税而生，实所未闻，非但本省无此苛例，即督部堂兼辖之皖赣等省及与本省接壤之山东、河南、浙江等省亦从未有此苛例，而独令本省宁藩属四府二州一厅之人民受此苛例，即谓取诸有力亦岂可非法苛征，况造屋或以居住，或取租息，务本经营，非尽有力，甚或有负债为之者，既以勿累贫民为念，自应一体免税为宜。四、原议第四条系恐民间受间接拘牵之扰累，盖田房买卖固万不能按月平均，亦未可强令按年平均，至藩司核定州县功过本系国家行政，苟不在局章第二十一条第六项范围之内，即不必经本局决议。以上四条均系遵札复议，应请督部堂、抚部院迅予裁夺施行。抑本局更有请者，本省行用官板契纸先经宁藩司议章禀奉前督部堂魏、前抚部院恩以苏省能否兴办饬经苏藩司仿照宁章酌拟十二条禀经批准，并奉魏前部院札饬宁藩司参酌办理，事在光绪三十年间。此项章程苏既仿宁，宁又参苏，实为苏宁协商趋于统一之章程，极因遵守，何以不三四年宁遂弗谋于苏，一再变更紊乱，大背协商统一之本意，且由江南财政总局具稿称为试办章程，其中种种新增苛例采自湘粤远省，断非本省适用，非止屋税一条，诚所谓采非法之权令以为经制，总无名之暴赋以立恒规，是务取财岂云恤隐，故本局愿得宁苏协商统一由司详定之正式章程以资商订，对于此项局拟试办章程不能承认。现值部章新改，事理变迁，应请督部堂、抚部院札饬两藩司协商重订统一新章详送察核查照《谘议局章程》第二十一条第六项交由本局于本年常会决议呈请公布，自较支节删改更能完善，合并陈请。以上公同议决各缘由理合具文呈报，为此呈请督部堂、抚部院迅予裁夺施行。除呈抚部院、督部堂外，须至呈者。

三月十三日呈报督抚复议上届议决停止官纸专卖以免官民交困案

为呈报复议事件事：上届会议议决停止官纸专卖以免官民交困一案于正月二十六日奉督部堂、抚部院会札交令复议，本局于本月初十日会议议决，理合缮折备文呈报，为此呈请督部堂、抚部院公布施行。除呈抚部院、督部堂外，须至呈者。

计开：

一、交令复议之原委事由可分为二：

甲）奏请试行

按试行云者，本含有可行不可行之意在内。原文谓开办以来无论官用民用并未一律遵章行使。计自去年开办至今已逾一载，而官民之间尚未一律行用，是即试行而不可行之确证。

乙）亏耗甚巨

按乙条之意，为官帑计诚不能不计及亏耗以为取偿之地，惟去年开局提议此案时闻该厂已亏八九万金，因循至今闻又亏至十二三万金，常此不停亏耗将何所底止。此本局原议案之所谓糜费等弊姑置不议者。今督部堂已计及之。

一、交令复议之更正方法，亦分为二：

甲）招商承领

按甲条之意，既许商人承领，则厂中一切事务自必改为商人经办，所谓印刷官厂现行章程不废而自废，与原议案更正方法之第二款适相吻合。

乙）专办代人印刷而不售纸

按乙条之意既在专代人印刷，是将此项官厂缩小范围，改营商业，与原议案更正方法之第三款照商铺经理等语亦不相歧异，而原案撤消各色差委名目一层业照商铺办理当亦为督部堂筹画之所及。

综观交令复议之原委事由如彼，而其更正方法又如此，是督部堂、抚部院对于此案已许照原议更正施行，应请即照札复事理从速招商承领，无人承领即改专办代人印刷而不售纸，刻日办理以免亏耗日增，官民交困。

三月十三日呈报督抚复议上届议决筹办本省巡警案

为呈报复议事件事：上年十二月十三日、本年二月初九日先后奉督部堂、抚部院札交复议筹办本省巡警一案，兹于本月初十日开会复议，谨分为四条逐条议决。一、原案设筹办处一节系为筹办时期上级督促起见，既先经设有公所委有总监，名虽异而职任同，诚如督部堂札文所谓与议案正相吻合、抚部院札文所谓不必屡易名目多所更，所有原议案筹办处名目自应查照札文改称警务公所。二、原议分期立限一节本为提前赶办，与地方自治相辅施行起见，但查馆章秩序，厅州县城治巡警本年已届一律完成之期，镇乡巡警明年已届筹办之期，本已无可提前，原议故采日本速成应急办法以冀不误期限。既奉札称按照定章依限实力办理，自系完全辨法，理应查照札文将原议速成应急办法取消。三、原议截留房捐一节系请实行苏会议厅议案，既奉抚部院札称尚未厘订房捐抵支赔款，自应查照札文俟日后补充警费，现在仍请迅筹的款列入本年预算。四、抚部院札称"绿营饷糈即使全数裁汰，腾出底饷亦应为拨充新军之用，不能留办巡警"等因。本局谨按光绪三十二年政务处、兵部会奏议复巡警部尚书徐世昌等奏《绿营疲弱请一律改为巡警》一折内载有各省兴办巡警应需经费颇巨，该尚书等所请挑选制兵改编巡警以饷项充警费及设立学堂教练各办法均尚妥协，拟请饬下各督抚查照该部原奏认真办理以重警政而节虚糜等语。查徐尚书原奏本有每年腾出饷项俟数拨作巡警要需之明文，是当时裁撤绿营之议本为各省改设巡警无款而发，奉旨依议已历五年，应请查照奏案迅予办理。以上复议之件计遵改者三条，仍执前议者一条，应请查照先今议决两条公布施行。再，依据札文，知警务公所、巡警学堂等宁苏皆有已办之成绩，所有章程规则应请督部堂、抚部院照章饬取全分发交本局，理合一并呈请。为此呈请督部堂、抚部院裁夺施行。除呈抚部院、督部堂外，须至呈者。

三月十四日呈报督抚复议上届议决抚部院交议度量权衡改制推进案

为呈报呈复事件事：上届议会议决度量权衡改制推进一案，本局议请酌改两款业于上年十一月初四日接奉瑞升部院札复照准，其呈请切实声明两款瑞升抚部院以为尚有意见，欲待磋商说明原委事由札交复议在案。兹本局于本月十二日开会复议，查瑞升抚部院原札所说明前一款于"暂用旧器之日即将新器之数折合施用"洵可省去"中间习惯一种旧器之阶级"，后一款"确定缩短开用新器之期"，皆与原议呈请之意适相吻合，业经公同议决认为可行，理合补具条文缮折呈报，为此呈请督部堂、抚部院迅予公布施行。再：今届议决于复议条文并补一义：所有行用官器当先责成官署局所而后及商店人民，合并声明。除呈抚部院、督部堂外，须至呈者。

计开：

一、规定辅助机关

度量权衡局即日派员调查各处习用之器，一一比对部颁新器折算升降之数详细列表，会同自治公所及商会晓示商民，并遵部章第十五条及第二十五条劝导各该业：贸易出入一时虽暂用旧器，必以新器之数合算。

二、缩短实行年限

其领用官器期限即以宪政编查馆规定城镇乡自治公所成立年限为准。

三、决定承买处所

由地方官将官器发交自治公所与商会一同照章发卖。

三月十五日呈报督抚复议上届议决规画
全省教育案内甲之一丙之五六各条案

为呈报复议事件事：上届议会议决规画全省教育一案，去年十二月初三日、本年正月初二日二十四日先后接奉督部堂、陆护部院札复，将其中甲之一、丙之五六各条交令复议。兹于本月十二日开会复议，查甲之一条各署局支放全省教育各款拨由学务公所支放一节，既奉督部堂札复谓实有不便之处，自应俟财政清理就绪再请照行，其实有向由各署局就近拨放，如陆护部院抄发司详所指沪镇之类者，可由各署局将拨款案由、放款日月报告学务公所，若恐有遗漏无从查考，应请督部堂、抚部院查照苏提学使原详所称咨请度支部核办奏销之时，凡系教育费用出自各署局者，如未报由学司载入报部表册，不能核销，将此次复议案添加原案甲之一条之后一并公布施行以补原议案实有不便时之办法。丙之五条原议案以地方接办为本义，丙之六条，原议案以裁撤总办为本义，督部堂、抚部院札复文内均无异议，应请迅予公布施行。至丙之五条所谓改数校为师范附属一节乃其余义，若论往返则皆近在同城，何远之有？玩原文语气，既曰或又曰无不可，则是多补一说以待行政者便宜采用，本非决定必行。丙之六条所谓"宁垣模范小学四所既向隶初级师范监督，应即正名为该师范附属小学"等语，此因去年该小学之总办与初级师范监督同委一人，故遂有该小学向隶师范之误会，现既奉督部堂札交复议亟应更正，合将原文"既向隶初级师范监督应即正名为该师范附属小学"二十一字改为"事同一律"四字以免舛误。所有遵札复议公同议决各条理合备文呈报，为此呈请督部堂、抚部院裁夺施行。除呈督部堂、抚部院外。须至呈者。

三月十五日呈报督、呈复抚声辩上届议决规画
全省教育案内甲之二三四五各条案

为呈报呈复事：本局上届议会议决规画全省教育一案，去年十二月初三日、二十四日先后奉到督部堂、陆护部院札复各在案。查是案甲之二三四五各条，督部堂复文内开："甲之二应如所议，先将原有之额加意维持，仍随时妥筹增加之法，其余各节由宁苏两学司核明办理。甲之三四五各条已饬宁苏两学司分饬各属会同劝学所、教育会妥筹办理。"各等因。而陆护部院札复文内抄发司详原批则有"应由各州县酌量本地情形督同劝学所、教育会查议复办"等语。此"查议复办"四字，本局玩诵再三，不胜疑惑，虽奉陆护部院续札反复解释，仍有不能已于言者。查原案甲之二条督部堂札复谓为维持教育经费起见，实蒙鉴及提议之本意，而陆护部院顾念民依，虑及筹捐，且念及鱼肉蔬菜之无一不捐。及本局以原议只求维持现额一面徐图增加并非急切指捐等语切实声复，而陆护部院续札又以原文未叙"徐图"二字无从默悟为言，不知原文明言一面设法增加一面应先将现有之额加意维持，著一先字以维持为先务，即以增加为缓图，其理易明。且所谓设法增加者法亦多矣，岂专指筹捐之谓。夫教育普及为立宪根本，本局区区之愚正以筹办学务不可不兼顾民情，故仅仅议及现款之维持，不敢侈言推广，而陆护部院已虑及筹捐念及鱼肉蔬菜之无一不捐，不知陆护部院恭读逐年筹备宪政清单第七年人民识字义者须得百分之一、第八年须得五十分之一、第九年须得二十分之一，其忧惧惶汗又当何如？在陆护部院学务民情兼筹并顾之盛心为人民者谁不知感，所惧官吏仰承风旨，以为谘议局一言学款，抚院已虑筹捐之操切，

宪意昭然，皆相戒不敢言筹款，不惟不敢言推广，并不敢言维持，浸假而不的实者听其虚悬矣，不足者任其亏短矣。学款日缩即学务日削，如立宪前途何？此则本局所对于甲之二条陆护部院行令查议之文而不胜疑惧者也。又查原案甲之三意在预杜各地方厅州县与城镇乡学款之纷争，甲之四五意在规定厅州县与城镇乡学款之用途，陆护部院第一次札文虽并甲之二条统以筹捐为虑以操切为戒，其第二次札文亦既鉴及与捐无涉，且一则嘉之为用意至精，一则许之为义均切要，而顾行令查议。其行令查议之意，对于甲之三以为核定分数及画分款目不可无适当之方法，对于甲之四五以为过瘠苦之厅州县劝学所经费之入不敷出者情形差别，且支配城镇两等小学经费亦应因地制宜预为规定方法。夫方法诚亟矣，顾事必先体后用，先立大纲后议细目。寻绎札文"查复至日设本护院不以然自可照章交局复议"等语，是大纲尚未确定也，是将因各地方设行方法之拟议而变动谘议局议案之条文也，毋乃与札文所谓"谘议局揽其纲领、厅州县自治团体详其节目，初非取消局议别取决于各会所"等语相矛盾乎？且甲之四条陆护部院亦既明知为劝学所筹定经费仍令其有限制矣，而即授查议权于各地方劝学所，设有从而生心者恶限制经费之不便于私图。窃议案条文之尚可以驳反竞相訾议而不知适背陆护部院重视议案嘉为切要之盛心，此又本局对于甲之三四五条陆护部院行令查议之文而不胜疑惧者也。又，按札叙司详原文内开"奉经会集学务公所议绅暨办事员绅并省城学堂监督、总理各员就公所议决，以为甲之二所虑周密，应请公布施行；甲之三四五应与甲之一二中关系劝学所各节行令苏属各州县督同劝学所、教育会查照办理"，是学务公所会议之结果亦即众意佥同，陆护部院裁断之精详毋亦再思斯可而必易查照办理为查议复办，且申言之曰"查复至日设本护院不以然自可照章交局复议"，或者不察，将以陆护部院用心之审慎疑为有意之玩延，而不知一则曰用意至精，再则曰义均切要，三则曰初非取消局议，即其学务民情兼筹并顾之处亦实与本局命意相同。今既奉督部堂核准分行两司饬属妥议办理矣，所虑地方官绅误解陆护部院札文，将原意在维持学款而反使人不敢言学款，意在预杜争端而转速其冲突，意在规定用途而茫无所适从，不惟大背陆护部院重视议案之本心，或且减督部堂札饬施行之效力。应请抚部院将陆护部院札文易滋误会各节迅予明白宣示札行苏学司剀切饬知所属会同劝学所、教育会妥议办理，俾免误会。为此呈报督部堂鉴察、呈请抚部院察核施行。除呈抚部院、呈报督部堂外，须至呈者。

三月十五日呈报督抚复议上届议决宁苏合办女子师范学堂请就南菁学堂改设案

为呈报复议事件事：上届议会议决宁苏合办女子师范学堂请就南菁学堂改设一案，本年正月初二日、二十四日迭奉督部堂、抚部院札交复议。兹于本月十四日开会复议。查南菁改办文科高等，又仿照顺天成案先办中学，因有奏案在上届议案之先，故不候复议，呈到业已开办，自无庸再执前议。至陆护部院札开两属合筹经费另择适中之地建设，督部堂札开就宁垣现有之官立各校合并数堂款项办一完全女子师范学堂，宁苏通力合作各等因。本局公同议决，佥谓江阴既不便改办，则宁苏合设一完全女子师范学校以在江宁省城最为适中，惟合并数校则裒集之经费无几，而所破坏之女学太多，非教育必求普及之旨。查宁垣汉西门内已有前督部堂端购定之地一百六十亩专备建筑女子师范学校之用，可以作为基础，仍以重新缔造为宜，若实有为难，或就官款最多之一校改设，庶该改设之本校师范班生固可入完全之新校，其余各班生亦可转入本城同等之校，不得已而思其次，尚为较便。理合将复议所决备文呈报，为此呈请督部堂、抚部院裁夺迅予公布施行。除呈抚部院、督部堂外，须至呈者。

三月十六日呈报督抚复议上届议决永远停止彩票案

为呈报复议事件事：上届议会议决永远停止彩票一案，正月二十七日奉督部堂札交复议，兹于三月十四日开会会议，仍分四条逐条议决。查原案第一条系永远停止江南彩票，奉督部堂交令复议后，旋见《南洋官报》登载文件，似已蒙照案永远停止，至深钦佩。惟本局尚未奉到行知，事关本省革弊大端，有议会参与其间乃成禁赌经久之法律，应请督部堂补行到局俾得结束一案，庶呈报资政院时有一归宿。又原案第二条系永远停止安徽彩票。安徽为督部堂兼辖之地，是以敢请督部堂永远停止。前准安徽谘议局来文据称业已自行停止，未知该省行政长官何日实行，应请督部堂行知查催。又第三条系请严饬各属禁售湖北签捐及广东、厦门、北山、六围等票，并饬各属将境内有无售卖彩票情事列入月报册内，而督部堂札复本局则曰咨商各省酌核办理。夫欲各省一律停办则必待咨商，若仅本省售卖则可无待咨商，且广东、厦门业已停办，惟湖北尚蔓延无已。湖北承饷最巨，督部堂即一再咨商，其肯停与否亦在不可知之数。然查湖北彩票销行于江浙粤者居十分之六七，夫停止本省彩票而不禁外来彩票，为邻作壑固非人民所甘心，亦岂官长所忍坐视。粤浙现已禁售，尤为心同此理。前奉陆护部院札复业将私售他处之票饬各属严禁，至仰雷厉风行之盛意。但各属曾否奉行，应请督部堂、抚部院查照原案迅饬各属将境内有无售卖彩票情事列入月报以便稽核。又原案第四条严罚私售彩票之人并原议请督部堂通咨各部各省一体严禁，此条为前三条之裁制方法及善后事宜。以上遵札复议四条理合呈请督部堂、抚部院察核施行并札登官报公布，为此呈请督部堂、抚部院迅予裁夺。除呈抚部院、督部堂外，须至呈者。

三月十五日呈报督抚复议上届议决整顿运商违章朦收暨补救淮南盐务整顿淮北盐务等三案

为呈报复议事件事：上届议会议决两淮盐务三案，于本年二月初一日奉督部堂、抚部院会札，以盐务事宜新章须由督办大臣主政交局复议。兹于三月十日会议议决佥以上届议会固在未设督办盐政大臣以前，即此后之盐务各事宜皆为本省兴革大政，本局仍不能不议，所有上届议决之案应请督部堂、抚部院据情咨请督办盐政大臣酌核公布施行，理合备文呈报，为此呈请督部堂、抚部院裁夺施行。除呈抚部院、督部堂外，须至呈者。

三月十六日呈报督抚复议上届议决设立公司开垦淮海苇荡营荒地案

为呈报复议事件事：上届议会议决设立公司开垦淮海苇荡营荒地一案，于本年二月二十四日奉督部堂、抚部院札转江北提部堂来咨并抄录所拟办法交令复议，兹于本月十四日议会复议，查提部堂咨开各节并不以开垦为不然，惟言其中有种种纠葛困难而已。本局窃谓开垦之事莫要于因地制宜，中国荒地各省皆有，其中有真荒者，有因荒以为利而非真荒者，非为之准情酌理一一清厘，俾各泯其失所之怨，即不免有阻力之生，故凡开垦之区无不有纠葛之事。然即纠葛理清，仍须考验土宜，审度民习，乃能有渐次进行之序，整齐划一之方。查近十年来江苏省滨海开垦施工最难成效，最著者惟有通海垦牧公司，其地亦兼有兵地、盐地、民地三种纠葛，闻其当日清理此三项历时数载事皆就范，且该公司之地距海近而土质咸，御潮泻卤较淮海荒地情形尤为艰苦，该公司所有测绘建筑开垦管理之人皆自训练实习而成，其于垦荒之事经验尤富。现在淮海垦荒情势相等，造端宏大，不可不慎。查光绪三十三年十月间提部堂初莅江北任时即经绘图呈奏苇荡兵佃皆匪情形，具仰提部堂垂意地方志在兴革，公决呈请督部堂、抚部院仍予咨行提部堂恳即日照会通海垦牧公司遴派熟悉垦务之员前赴海州、阜宁苇荡左右营一带地界之内先行履勘测量大致以定开垦方法，此为经营开垦之第一步，并求提部堂饬示营地员弁遇该公司履勘员所到，彼此开诚浃洽，切实指导，以免别生误会。所有公同议决各缘由，理合备文呈报，为此呈请督部堂、抚部院照转提部堂迅予施行。除呈抚部院、督部堂外，须至呈者。

三月十九日呈报督抚复议上届议决抚部院交议筹办共进会案

为呈报复议事件事：上届会议议决瑞升抚部院交议筹办共进会一案于去年十月二十九日、本年二月初一日先后奉瑞升部院、督部堂分别札复。查本局议决答复原案一节拟请通饬各州县会同商会、自治会限期举办列入考成，并令各城镇乡于本地方自治经费中画定劝业费，列入预算各款，督部堂札文内并无异议，应请查照瑞升部院前咨迅予公布施行，其引申原案一节拟请会奏请饬税务处将免税章程分别更正，当以赛品在场沽售与转运他处销售均照章补征税厘，业经农工商部会同度支部、税务处奏准咨行在案，未便再行奏请各等因，由督部堂札交复议。兹于本月十七日议会会议，查瑞升部院原议所称共进会之筹备本责成州县以巩劝业会之基础，而本局前议所请劝业会之赛品免税又系曲体商情，冀除共进会之障碍，两者实相毗辅，首尾循环。督部堂、抚部院于共进会之筹设既愿促其进行而于劝业会之赴赛不克宽其禁限，是于奖励工商提倡实业之盛心总有所未至。本届南洋劝业会开幕系吾国创行盛举，中外注目，风气初开，多方奖掖之不遑，奚事防维之过密。沪商措缴股款，因此不免迟疑，各处运货赴赛，闻亦不甚踊跃，期限既迫，观望实多，无非因赛品陈列后有现售与转售者仍须补征税厘所致。督部堂于南洋商务素仰维持，于劝业会事又兼监督，观听所系，责任攸关，似未可因部中限制在先遂不复设法挽回于后，蠲除苛例，提倡先声，公家所失几何而振兴实业之风声关系实非浅鲜。用敢重申前请，仍恳督部堂、抚部院查照原案会衔出奏，将赴赛物品不论销售与否概行邀免税厘以慰全国喁喁之望，为此呈请督部堂、抚部院分别裁夺公布施行。除呈抚部院、督部堂外，须至呈者。

三月十九日呈报督抚复议上届议决本省审判厅缩短年限提前办理案

为呈报复议事件事：上届议会议决本省审判厅请缩短年限一案，于上年十二月二十五日、本年二月初十日先后奉陆护部院、督部堂札局复议。兹于本月十七日开会会议。查陆护部院札复大旨，以为人才难得经费难筹，而督部堂札复则以司详何处早有成议即何处提前开办，亦为斟酌两可之辞，似宜遵照馆章依限举办，未便奏请提前，致于馆章不符。本局谨案：缩短年限之理由系为促进宪政急收成效起见，奏请提前决无不便之理，至陆护部院以为目前经费难筹人才未备自系实在情形，亦未便仍执前议，惟本局所谓提前之说既未能急切进行，督部堂所谓依限举办自系确切不移之论，应请督部堂、抚部院查明馆章实力奉行，而于预储人才一节尤宜格外注重，俾养成多数适法之学员，庶能胜文明审判之重任，应请札饬臬司将审判厅筹办处应行筹备各事切实举行，毋使落后，致与馆章不符。所有遵札复议各缘由理合备文呈报。为此呈请督部堂、抚部院裁夺施行。除呈抚部院、督部堂外，须至呈者。

三月十九日呈报督抚复议上届议决学务公所整顿事宜内第二条案

为呈报复议事件事：上届议会议决学务公所整顿事宜一案，于本月十二日奉督部堂札复到局，将案内第二条交令复议。兹于十六日议会会议，查原案议长议绅照额倍选呈请择定，系为督抚学司遴选之预备，本与教育会自选会长办法不同，即与陈前抚部院据函咨请之案亦异，实于部章范围以内加意郑重。今承督部堂札交复议，应请仍予公布施行。再原案第一条请提学使宣示入所办公钟点一节，既奉督部堂札复以提学使督率所属职员限定钟点入所办公载在部章，业经行司查照办理，应请督部堂、抚部院札饬两学司将每日办公钟点照案宣示，并请札登《南洋官报》公布，并声明所有公同议决交令复议一条声明原案一条，理合备文呈报，为此呈请督部堂、抚部院迅予裁夺施行。除呈抚部院、督部堂外，须至呈者。

三月二十日呈督抚复议上届议决筹兴江淮水利公司案

为呈报复议事件事：上届议会议决筹兴江淮水利公司一案，于三月十二日奉督部堂札交复议。兹于十七日议会会议，查江北十余年内迭经水灾，计前后人民所失及官赈、义赈所用不下一千万元，而水道不治灾无止日，是以去岁提出拟设江淮水利公司议案，其入手办法即陈明先从事于测量。现奉督部堂交局复议组织公司之法，因公同议决第一步办法十条另缮清折呈侯裁夺。除呈报抚部院、督部堂外，为此呈请督部堂裁夺施行、抚部院鉴察。须至呈者。

计开：

一、测量所定之方向

甲）淮为本体。淮水源自河南，至颍州而始大，故详测宜从颍州始，其颍州以上至于桐柏及所受肥、涡诸水可视颍州以下稍略，是颍州为一方。

乙）沂、泗旧汇于淮，淮失道则沂、泗之道亦失，宜详测沂、泗今所泄之道，是沂、泗为一方。

丙）淮旧病于河，其原实病于运。今运自济宁以下至于清河节节失治，而于沂、泗有相关之利害，是济宁以下为一方。

以上为受水之方三。

丁）云梯关为旧黄河入海之道，即为淮独入海尤旧之道，前人以为可复通，以为不可复通，其说不一。今欲决此二说之从违不能无正确之依据，是云梯关为一方。

戊）海州灌河口分泄淮水，前人有主此策者，亦有不主此策者，以今论之似较云梯关为便，然不详测不能有地势高下之比较，即不能有工程难易利害轻重之比较，是灌河口为一方。

己）吴通刊沟为淮并入江之先路，自黄河北徙运垫益高而淮乃专入江，然固犹有主宜开天长、六合境之旧淮河为分淮于上流之计者，不测之无以定众说，是瓜州、三江营、六合口为一方。

以上为去水之方三。

庚）水之利害迭相为因，治水者不独当去其害，并当计其利。昔日夹淮南北所有微山、骆马、青伊、硕项、洪泽、汜光、白马、氎社诸湖皆潴水较广之区，亦即以水为利之区也。今骆马、青伊、硕项几同平陆矣，微山、洪泽、汎光、白马、甓社等湖亦淤垫不少，各按三十年前以容水立方计恐十去五六矣，而地势平面占泗洲、盱眙、天长、桃源、清河、山阳、宝应、高邮、江都、甘泉十州县如是之广也，宜测其地面之广轮，尤宜测其湖底之深度，非分皖为一段、徐淮为一段、扬为一段测量不可，是为三方。

辛）运河在清江以上及桃源、宿迁境内者为中段，实为复淮故道，或改由灌河口，能否扼工之区要，必应详测乃能合计，是中运河为一方。

以上为潴水及过水之方四。

一、测量所注之关系。无论来水、潴水、过水、去水，总以顺水就下之性，使由地中行为一定应趋之的，故测量极要在河湖底之高下，次为河湖地与岸之高下，又次为河湖平面之广狭、远近，高下不爽则将来酌量建设坝闸斗门涵洞之准也。

一、测量所宜之比例。区域既广，比例过大，则图幅必大，不便检阅，然过小又恐不详，拟分图用二万分之一，总图用五万分之一。

一、测量所需之器具。测分十方，器需十付，有必专用者，有可通用者，专用者须预为订购，通用者可随时议购。

甲）专用。水准彝测水平之高下、齐普雷盖耳测远近较他器便捷、铁索测深浅，兼用绳索各十副，尺牌四十枚，约购价计六千至七千元。

乙）通用。画图纸、铅笔、橡皮、图钉、笔头、海绒、密达尺、三角规、直规、皮带、画图器等，随时定数。

一、测量所竟之期限。期限之长短视方里之大小，湖形凹凸广狭随之，河形曲直远近随之。旧图方里不准，比例亦小，无可确据，须先得河湖之大势，乃能约定方里；得方里之大势，乃能约定期限。姑以通州地方自治区域图五千分之一之测量班数成绩约略推之，除为署雨所阻，八阅月当可成，加以购器设局集人，一年始必有可观之绩。

一、测量所会之局所。南北东西约略适中交通亦较便者，惟清江浦，宜设所于清江浦，或借公所，或租庙宇民房，租费每月约计五六十元。

一、测量所任之人员。人员分驻局出发两等。

甲）驻局。局长一人，主通筹测法、督促进行、监核相度之事。书记一人，主报告通知一切函牍之事。会计一人，主款项出入之事。主任一人，主与局长协商支配测量绘图呈部之事，局长他出亦得暂代。监视一人，主察视各班测量之成绩。以上二人均以能明地势、测量有经验者充之。制图员四人。传递兵二人，除路远可通电讯处外，以二人专司讯件及银物往来，以健实可信熟识道路者充之。厨役二人，门丁一人，伺应杂役二人。共十六人。

乙）出发。每班班长兼测量一人。班员二人，一司绘，一司算。助手二人，以曾学测量尚无经验者充之。夫役二人，传递兵一人，州县差一人，车夫二人。共十一人。十班共一百十人。

一、测量所支之俸给。以公司为主体，局长有乡里义务之责，但有公费而无俸。其余员役分二等，照光绪三十二年班长减三之一，班员减十之二，旅膳费减十之三。款不易筹，必求撙节。

甲）局长一人，公费每月一百元，凡膳费、舟车旅费、自用仆役、酬应费均在内。主任一人，俸四十元，旅费三十元局长及主任有时须与监视员分路察视成绩，故亦须旅费。监视员一人，俸三十二元，旅费三十员。制图员、书记、会计三人，共俸七十二元，膳费十八元。班长十人，共五百元，班员二十人，共俸四百八十元，旅膳费四百元。助手二十人，共俸二百八十元，旅膳费在内。共一千九百八十三元。

乙）局所传递兵二人，共二十八元。厨役二人，上六元，下五元。门丁一人，六元。伺应杂役二人，共十元。测量夫役二十人，共二百元。各班传递兵十人，车夫二十人，共二百四十元。州县差十人，共七十元。均膳费在内。共五百六十五元

一、测量所备之活支略分三种：

甲）添购消耗品，修理彝器，预备旅行之药品，每月约一百元。

乙）局所收发函电及专差或局所应酬犒赏等费，每月约八十元。

丙）意外预备之费，每月约八百元。

以上常支活支每月约计三千五百二十七元。

总计开办之始，彝器、租房等费约七千余元，一年有定活支费约三万二千七百二十四元，共三万九千七百二十四元，意外预备无定活支费约九千六百元，共约四万九千三百二十四元。

一、测量所恃资本，因赴事与集赀之势缓急不能相应，图地方之避害而趋利则赴事之情急，计人情之乐成而难始则集资之效缓，因其不能相应又不可坐视一省积受不已之巨灾而不为之救，故拟缓急相济两策：

甲）以测量之后按图规划河湖之滨所能涸出之地与所需疏浚来水、去水、过水、潴水之资是否相当，为招集股本有利若干之预计。此其缓者。

乙）为赴事计，应请督部堂先拨银五万元以便刻日从事测量，该款在本省地方行政经费第三类实业项下列入预算，俟公司成立再分别应存应缴另案办理。论朝廷痌瘝在抱之仁、督部堂抚字斯民之义，哀此数百年恭顺纳税之人民处于方千里论胥以铺之泽国，知必有愀然不安者。前年之赈既用数百万，今年之赈亦必数十万，灾犹病也。与其置之必病之地而临时补救之责益深，何如去其受病之原而将来医药之赀转省。窃计朝廷之圣、督部堂之明又必计虑及之，徒以时事日艰，财政日窘，不敢于君上为责难之请，而惟是人民图相煦之生度尤为督部堂所矜悯而不忍苦之者。测量暂备之需，目前仰赖拨济，若荷奏明请拨官款一二十万为补助公司成立兴工之用，无论远年，即以前年所费四五百万之赈款较之亦小小之数，但人民相顾有此隐愿而不敢请耳。此其急者。

凡江淮水利公司第一节办法纲要十、子目十有九粗拟如此。其第二节办法为清厘省府州县定界，第三节办法为规画课工，第四节为分年计息，第五节为立法善后，尚非目前所应计及，不便遽陈。

三月二十日呈报督抚复议上届议决督部堂交议调查户口通则案

为呈报复议事件事：上届议会议决督部堂交议《调查户口通则》一案，于本年二月初六日奉督部堂札交复议三条，兹于初十、十六等日议会两次会议分别议决：一《通则》第七条原文"编号既定后或添有新建之房屋，其门牌号数应编入原号之末"等语，谘议局原议以此条推及新建之房屋，恐调查者误以空屋亦须列号入册，至户数不能确实，似不如改为"新立之门户"五字。督部堂札复则谓，调查户口必须见有住户方能列号填牌，通则所谓编号既定，已在调查竣事之后，如有添建新屋似不致空屋误作实户，此条似可无须修改。今按《通则》原文"新建之房屋"五字实不如用"新立之门户"字样为的当，缘调查户口以户口为主，不以房屋为主，《通则》此条为部定章程之所无。部章第十五条载有

"自各户门牌编定之日起,嗣后该户如有迁移等事,应责令该户户主自赴调查处或巡警派出所呈报"等语。据此,曰各户曰该户,似无论新房旧屋皆以户为主。又据民政部《暂定京师调查户口》第十四条载有"门牌各依区域次序编钉以图便利,自此次序编钉后,其有另立门户者作为附号"等语,特揭出另立门户字样,是又为调查户口以户口为主,不以房屋为主之确证。此事恐以调查户口转因房屋而生枝节,应请仍照原议,将《通则》"新建之房屋"字样改为"新立之门户"字样,俾无窒碍。二、《通则》第九条原文"凡族居一门已经分爨者,以尊属为正户,余为附户"等语,谘议局原议以"尊卑分正附系为维持伦纪起见,惟若尊属赁居卑属房屋亦依此条办理,则失其本然之性质,似宜加'惟有主客之别者不在此限'十一字,庶调查者有所依据"。督部堂札复则谓"第九条系指祖遗房屋,子孙族居无从分别先后者而言,若议案所谓尊属赁居卑属房屋自可查照部章第十一条办理,此条似可无须修改"。今按族字之义伦类颇多,恐误以尊卑混淆正附,故为此解释曰不在此限者正与部章第十一条之意互相足成。今督部堂以房屋属祖遗、族居指子孙剖示尤为明晰,请即用督部堂札文另列一项为第九条之第二项,其文曰:"若尊属赁居卑属房屋者,查照部章第十一条办理。"三、通则第二十一条原文"关于生死婚嫁承继来往等事,各段调查员应分立册薄随时登记"等语,谘议局原议"关"字之上应查照部章第二十二条加"自查口票填报之日起嗣后"十一字,庶使人民咸知调查之次第而畏难之意无由生。督部堂札复则谓《通则》第二十一条系为调查员应行立册登记之规定,并非对于人民而言,似可无须修改。今按部章第十五条载有"自各户门牌编定之日起,嗣后该户如有迁移等事应责令该户户主呈报"等语,其第二款载有"前项迁移等事应另列表册备查"等语,盖前款对于人民而言,后款即为调查员立册登记之规定。又部章第二十二条载"自查口票填报之日起,嗣后该户如有生死婚嫁承继往来等事应责令该户户主呈报"等语,其第二款载有"前项生死等事应另列表册备查"等语,盖亦前款对于人民而言,后款亦即为调查员立册登记之规定,皆两两并举。今《通则》于第十三条规仿部章之第十五条亦云"各户门牌编定后,该户如有迁移情事,应由该户户主呈报",后遗去第二款应另列表册一层。推《通则》之意,当谓既有呈报,即应立表册,无须规定也。兹第二十一条实系融并部章之第二十二条第一、第二两款,且于第二十一条下紧接第二十二、二

十三、二十四、二十五、二十六等条载呈报生产、呈报死亡、呈报婚嫁、呈报承继、调查往来人数等事，是此《通则》第二十一条为第二十二条至第二十六条之总挈，一面系为调查员查册记之规定，一面即对于人民。此各条皆引伸部章之义，不得谓专为调查员之规定，即不得删去要领致失本来面目，应请仍将"关"字之上加"自查口票填报之日起嗣后"十一字，庶与部章吻合，即于本通则之执行实有裨益。以上三条均系上届议案所决而为督部堂交令复议之条项业经遵议再加订正，理合呈请照议公布，为此呈请督部堂、抚部院裁夺施行。除呈抚部院、督部堂外，须至呈者。

三月二十日呈报督抚议决抄呈粤鄂禁止湖北签捐彩票往来电文案

为续行呈请事：本月十九日会议，查本省行销彩票尤以湖北签捐票为大宗，禁止本省彩票虽蒙交局复办，其实已荷照办，禁止外来彩票亦经议决呈报在案。兹阅报载鄂粤督部堂往来电文，具见申禁自为各省固有之权，即鄂督部堂亦本无强邻为壑之意。江南事同一律，本省人民不愿多让粤省而鄂督部堂对我江苏尤有芰荷之爱，更未必强旧治以所难堪。事关本省禁令，本无待咨商他省，而外间传闻谓大吏必以和衷为美，前次督部堂札复亦以各省为言。理合抄录报载粤鄂往来电文呈请鉴核。为此备文粘单呈请督部堂、抚部院并入前案迅予公布施行。除呈抚部院、督部堂外，须至呈者。

计开：

鄂督至粤督电：签捐票驻粤分局因尊处禁售已改为南洋分局，本应移设南洋。顷据局员禀称"上年中彩红票照章必截至本年底方能止兑，粤商分销票价旧欠甚巨，亦待陆续催收，拟请暂缓移局，料理对彩收款未完事宜，俟年底事竣移撤"等语，查系实在情形，惟此后彩票应转寄南洋，不准销及粤境，冀符我公禁令。除饬遵外，谨闻并盼复。

粤督复鄂督电：鄂省彩票现值粤省禁赌之时，未便此张彼驰。承示不准销及粤境以符奏案，足纫公谊，至于料理对彩收款暂缓移局亦属实情，惟乞严谕该局员勿再售票，因近来士绅禀评确见此项彩票尚在行销，恐滋藉口也。除转行饬遵外，谨复。

三月二十一日呈报督抚议决租界外民地买卖停转道契案

为呈报议决事件事：本月十九日会议议决租界外民地买卖停转道契一案。查条约所载外国除教育公产外，并无在租界外置业明文，一予通融，则主权既失，交涉横生，势且不可收拾。试举宝山与上海租界历年之关系以概其余。洋商于租界外宝山境内私购地亩为时已久，然未经明许，禁阻非难，自光绪二十六年前上海道蔡奉刘前督部堂、鹿前抚部院允准洋商在宝山境内租用田地给发印契，嗣复以美领事之要求将原定租用界址一切限制之方法准予通融，并改用华洋文契纸，此契署县衔用县印，示宝山与上海略有区别，实即道契之代用品也。现在洋商之置产于宝境者计跨十六图，占地三千二百亩之多，尚骎骎乎有加无已，及其弊害之所至则界滨之填没矣，界石界牌多半划除矣。北四川路窜入宝境既三里有余，而嘉兴桥北首之马路复接筑矣，凡工部局势力蔓延所及，捐税之权、警察之权靡不随之以去，于是推广租界之议迭起循生，本省大吏疲于应付。一则曰宝山非通商口岸不准售地于洋商，再则曰饬令洋商迁回上海租界以符约章，不揣本而齐末，虑终无济。夫种种交涉之棘手由洋商在租界外置地而起，而准转道契即为明许租地执业之证据。为今之计惟有按照条约将前此关于租界外洋商租地及允转道契一切通融办法概行停止，一面迅饬上海道通知各领事布告各洋商此系照约办法，并无庸待其答复，权自我操，更无所用其瞻顾。此议实行，然后责成董保严杜奸民私售种种方法可得而施。诚以上海宝山之关系即全省之关系，亦即国家主权之关系，及今挽救犹胜坐视。理合备文呈请督部堂、抚部院裁夺迅予公布施行。除呈抚部院、督部堂外，须至呈者。

三月二十一日呈报督抚议决代呈甘泉县士绅陈忠溥等堤工请愿书案

为呈报议决事件事：查局章第二十一条谘议局应办事件第十二项为收受本省自治会或人民陈请建议事件，又案语云以通人民之情悃，据此，则本局对于人民之陈请自不得不为代通其情悃。兹于三月十九日会议议决代呈扬属甘泉县士绅陈忠溥等堤工请愿书一件。窃以工员有无情弊督部堂自有权衡，本局未经实地调查，无从干预，惟念运堤关系重大，求其工坚料实早日竣事则本局深表同情。理合将请愿书另折缮呈鉴核。除呈报抚部院、督部堂外，为此备文缮折呈请督部堂、抚部院裁夺施行。须至呈者。

计开：

扬属甘泉县士绅为堤工请愿书

谨将邵伯镇堤工危险情形报告谘议局诸君公鉴：窃以运河一线长堤以邵伯堤工尤关系淮扬两属之人命财产。旧工虽不无倾圮，然旧制尚坚实可恃，是以年来每逢大水危而能安，惟邵伯镇之朱家巷一段工程光绪三十四年经前督宪端札饬查修奏咨在案，迨至去年冬始由堤工局宪估工承修，当冬令水涸如果克日程工，此时早经蒇事，即春令水涨亦可无虞。乃拆卸既在去年，而木料迟至今年正月秒甫到，木石等工于二月间始行开办，是时春水已经发涨，人力已觉难施，是以阖镇士民以工缓料薄电禀督宪在先，复经绅矜等联呈公诉于后，经督宪批饬札复督催在案。惟督批据该局复称木料迟到一月之原因系由河道搁浅所致，又云木料照原估丈尺有加何云料薄。查该镇士绅原禀谓其用西木不用广木，今不辩是何木料而浑云丈尺有加，其承认料薄可想。至迟到一月罪已自供，而复饰词为搁浅，犹忆去年终各路河道通畅，往来货船无算，未闻有以水浅搁阻者。传闻承办工料员沿途夹带他货买卖绕越迟阻以至于此不为无因，而督批犹谓用夫之多寡做工之迟速该局自有权衡云云。案行政之权人民本不当干预，惟承修期限本日三月底竣工，讵自二月初以至今日阴雨连绵，水势日涨，工程或作或辍，虽由天事使然，如果工料早集，趁正月晴霁尽力施工，何患不能计日告竣。是承修各员坐误事机酿成今日岌岌可危之势。职等若再缄默不言，转瞬江潮上泛，湖水下流，而以现在全堤已拆石工未施之险状适当其冲，几何不使里下河一带田庐坟墓人命财产一切付之洪流巨浸中也。近据镇人报告，谓石工仅砌一层，浆汁未干，水已灌入；木桩仅换三成，基础未坚势成蒙盖。无论此时难以收工，即使勉强告成，后患正不堪设想。虽承修各员有保固三年之例，如此敷衍，恐不及三年难免出险。即幸保无事，而此种工程讵可持久。设三年后祸机窃发，又谁担此责任耶？以现在财政如此艰难，而承修河工之员不能上顾国帑下恤民命，承领巨万金钱虚糜若此，致令人民坐此危险，岌岌可忧，职等以贵局有兴利除弊之责，为此公同吁请应如何呈请督抚宪办理之处，不胜迫切待命之至。谨具报告仰候公决施行。

扬属甘泉县安徽试用知县陈忠溥、

优附生毛昌绪

拔贡生任桂森

优附生何寿恒

介绍议员：谭庆藻、顾咏葵、凌鸿寿、周树年、赵钲鋐

三月二十七日呈报督抚议决阻止洋商在内地私设行栈商店案

为呈报议决事件事：本月二十六日会议议决阻止洋商在内地私设行栈商店一案。查条约所载洋人在中国贸易设立行栈商店惟限于通商口岸。光绪二十一年中日《马关条约》载有日本人民在中国内地购买物件得暂租栈房存货一条，曰租曰暂曰购买，意义本极明晰，乃各处内地多有日本洋行擅挂洋牌，显违条约。即以采办之字样为行栈之代名，以购买之条文为售卖之事实，甚至捏名顶替，朦领牙帖，如南汇县周浦、大团等镇日商三井洋行等情事，其违约私开商店者尤不一而足，更为止有售卖并不能影射购买，应请督部堂、抚部院迅行禁阻，一面通饬各厅州县查有此种情节迅即禀明关道照会该管领事一律禁止。至奸侩有心勾串恃为护符或甘作替人虚立保证，实为破坏法律之尤，于中国商业前途影响非浅。除一并通饬查惩外，并应请分饬各商会严密查察，随时禀揭，听候核办，以祛隐患。所有公同议决各缘由理合备文呈报，为此呈请督部堂、抚部院公布施行。除呈抚部院、督部堂外，须至呈者。

三月二十七日呈报督抚议决声明学务公所整顿事宜案内苏学司办公钟点请先由学务公所通告教育会、劝学所案

为呈请事：三月二十五日奉督部堂札复本局复议议决学务公所整顿事宜一案，内开由宁苏两学司将每日办公钟点载入学务杂志等因。奉此。兹于本月二十六日议会会议。查宁属已有此项杂志，苏属尚未见刊行，所有苏提学使每日入所督率办公钟点应请先由苏学务公所通告各教育会暨劝学所，一俟杂志刊行仍行载入。理合呈请札行苏提学使遵照办理。为此呈请督部堂、抚部院迅予裁夺加入前案一并公布施行。除呈抚部院、督部堂外，须至呈者。

三月二十八日呈报督抚议决米价日昂维持民食案

为呈报议决事件事：本月二十六日会议议决米价日昂维持民食一案。查米贵病民已荷督部堂、抚部院奏请截漕筹款采办各在案。惟截漕不过十万石，采办则邻省亦咸以缺米为忧。查各酒坊酿造一项糜费谷石极多，一府之地查有日耗米麦数千石者，全省之大、累月之久，所耗之数倍蓰于截漕采办等所获之数，且移伐性无益之品以济生命之所必需尤非漕需补运采办需筹款之比，应请电饬各厅州县一例暂禁米麦两项酿造，自出示之日为始，违禁必惩，毋稍宽假，并责成自治公所绅董剀切开导，限令停酿，实与民食大有裨益。惟停止酿造期内应该暂停酒捐以恤酒业。再，本局为维持民食起见，更筹得畅其来路与塞其漏卮二策。食米既贵，复加以厘捐，商贩益少，请查照光绪三十三年食米免厘及免落地捐成案以劝来者，此一策也。禁米出洋成案具在，然风闻不无偷运，应请严行申禁，此二策也。劝业会开，食指尤众，不得不更为之计以分督部堂、抚部院民瘼之忧，理合备文呈请督部堂、抚部院迅予公布施行。除呈抚部院、督部堂外，须至呈者。

三月二十八日呈报督抚议决宁苏两属忙漕带征自治经费领用分配办法案

为呈报议决事件事：查本局第一届常年会议议决城镇乡自治经费案内乙节二款，苏属仿照宁属成案，每地丁银一两带征公益捐二十文，漕米一石带征公益捐四十文，拨作各该城镇乡地方自治经费，呈由督部堂、瑞升部院准予公布施行。查苏属各厅州县遵已于上年冬漕为始一律照案带征存备领用，现各属自治公所陆续成立，需款办事，亟应酌定领用办法。兹于本月二十六日会议议决办法八条，理合缮折备文呈报，为此呈请督部堂、抚部院迅予公布施行。除呈报抚部院、督部堂外，须至呈者。

计开：

一、宁苏两属忙漕带征公益捐，宁属先由江南筹办地方自治局详定宣统元年暂充省城自治研究所学费。现定苏属自定宣统元年冬漕为始，宁属自宣统二年忙银为始，一律永远作为城镇乡地方自治经费。其在各城镇乡自治公所未成立时，即先作为各该地方自治筹办经费。

二、此项公益捐由各厅州县分忙分漕照案带征，每届截数应即一并发交承领，不得藉口推展致有挪移亏欠情事。

三、发交承领时，如以银洋作抵，应照各该属征收此项公益捐所定之钱价折合，不得任意抬抑出入悬殊以及纵容胥吏克扣需索。

四、此项公益捐应由各该城镇乡自治公所具领，其未经成立自治公所者应由各该城镇乡禀准设立之自治筹办公所具领，但各镇乡应领之款亦得暂由城厢自治公所或公举三人以上素行廉正之旧有绅董代为领存。

五、城厢自治公所或公举之旧有绅董代领此项公益捐时，应另账存储，妥善经理，并不得移作别用，俟各该镇乡之自治公所成立以后，或自治筹办公所禀准设立以后，即将应得之本息一并分别交还。

六、此项带征之款，原案声明专备城镇乡自治之用，应由各该城镇乡按区分拨，但以前所有带征各款专供全厅州县之公用者自不在此例。

七、此项公益捐视各区地亩所实征即归地亩所在之区领用。

八、以上各条宁苏两属一律办理。

三月二十八日呈报督抚复议上届议决规画全省教育案内乙之六一条案

为呈报复议事件事：三月二十五日奉督部堂札交复议规画全省教育案内乙之六一条并抄粘两淮中学拟章四条到局。兹于本月二十七日议会复议按照单开各条逐一议决，理合备文缮折呈报，为此呈请督部堂、抚部院公布施行。除呈抚部院、督部堂外，须至呈者。

计开：

一、办法。两淮中学改办中等实业学堂，现中学尚未毕业之学生应如何按年毕业逐一结束，由提学使酌量情形办理。

二、名称。两淮中学改名为公立两淮中等实业学堂。

三、学额。两淮中学本有外省外府本府学额，改办实业学堂查照旧章酌量办理。

四、权限。应由提学使直接管辖遴委监督，其应由淮运司核夺各事宜即由监督禀之提学使移行商办。

以上章程四条就大概情形酌拟，所有未尽事宜随时察核办理。

三月二十九日呈报督抚复议上届议决规画全省教育案内乙之五一条案

为呈报复议事件事：本月二十五日奉督部堂札开："前据谘议局呈议决规画全省教育案内乙之五一条，本部堂查江北清江工艺局初名蚕桑试验场，嗣改为浦利公司，继又改为江北农工实业学堂，其实质则为农工试验场，旋又改为今名。名称互异，沿革不同，该局所办之事止灌桑、育蚕、种蔬、织布四项，与实业课程相距甚远。查核该局经费，除金陵厘捐局外销款内月解七百千外，基本金仅储三千三百余两，以之改办中等农业学堂既鲜合格之学生，又无可恃之的款，似应改办初等农工实业学堂附属农工试验场，除汰冗员节省经费，俟学生程度稍有进步，该堂款项稍有赢余，即改升中等以符名实。惟此系更定方法，照章应交谘议局复议。"等因。奉此。兹于二十七日议会复议，窃以该工艺局以经费论每年尚有钱一万千左右，办一中学不为甚乏，惟鲜合格学生，实难遽办中学。查农工实业学堂名义，农与工并为一堂，设备尤难完具，既虑经费不甚充裕，应请查照原议案专办中等农业学堂。至现无合格学生，则按之学部定章，中等农业学堂原可附设初等，应如札开暂设初等农业学堂附属农事试验场，无庸兼工业课程，以期与经费相称，惟应先正名为中等农业学堂，而现办之初等即为中等内附设之学堂，庶改升以后名称无庸改定，其初等学堂亦止以一班为限，无庸递招。再查札开经费之所由来，其性质与公立相应，应冠以公立字样，定名为江北公立中等农业学堂，而现在办法尤以札开除汰冗员节省经费八字为第一要义。所有复议各缘由理合备文呈请。为此呈请督部堂、抚部院公布施行。除呈抚部院、督部堂外，须至呈者。

三月二十九日呈报督抚复议上届议决抚部院交议清查荒地案

为呈报复议事件事：本年二月三十日抚部院第三次札交复议上届议决瑞升部院交议清查荒地一案，兹于本月二十六日议会复议，所有议决各条理合缮折呈报，为此呈请督部堂、抚部院迅予公布施行。除呈抚部院、督部堂外，须至呈者。

计开：

第一条分为四段，复议如左：

甲）札开"苏属省城内及商埠附郭之地清荒事宜已由农工商局办理有年将届完竣，自应仍旧，勿庸更张，其省属远乡暨外府厅州县未著成效，自当酌改办法，照原议责成自治公所清查"等因。本局查各厅州县荒地既奉札照原议责成自治公所清查，自应一律照办，其苏省城内及附郭等处前此已由农工商局代为办理者，自本局议决以后所有查荒报垦应如何移交拨用之处，应由苏垣官绅详察妥议。事属一隅，无须于本局议案条文有所更动。

乙）札开仍遵奏案由农工商局统为考核等因。本局查田土赋税系厅州县官专责①统于藩司，清荒领荒全系田土赋税问题，未及垦务，与农工商局不涉，至各厅州县办理垦务如有应遵《会典》请给牛具籽粮者，或应审查地质肥料者，自应随时请示于农工商局。

丙）札开各属开办应俟自治区域划定后按划定区域由本区清查等因。本局查此层已包于原文"各就本区域"五字之内，无庸增入。

丁）札开"如甲区清出荒地应由甲区自治公所领垦，乙区清出荒地应由乙区自治公所领垦，庶民业与公所不致互生觊觎"等因。本局查此层已包于原议第三条"作为该城镇乡公产"句内，无庸增改原文，且查出之荒地除有主民荒外，既充城镇乡公产，无所谓民业，亦自无从觊觎。

第二条　札开径报农工商局等因。本局查依前条乙项理由可无须增入。

第三条　分为五段复议如左：

甲）札开"土地为国有产业，若以一团体之名义不出代价遽将清出荒地永作为地方自治公产，是国有与公有界限未免相混"等因。本局谨按，土地国有一语准以普天之下莫非王土之义，自甚正大，第领垦者为地方自治团体，不惟与私人之资格迥殊，并非他项团体所堪比拟，若一律责以缴价，又何以别公有于②私有？查荒地缴价专为杜讼息争起见，道光八年陶文毅公《沙洲归公请免缴价》一疏论之綦晰，今定为自治公产，既绝纷争，何烦防杜？自治公所经费类多万分竭蹶，以此相责，阻碍实多。此案瑞升部院交议之时派员代表宣述宗旨，谓在劝业，不在筹款，实深钦佩。但江苏积习相沿已成惯例，本局载入条文恐与劝业本

---

① 《南洋官报》宣统二年五月初十日，第九十六期所载"专责"后有"而"字。
② 《南洋官报》宣统二年五月初十日，第九十六期所载"于"作"与"。

旨抵牾，若用正当理由请免缴价，又恐于行政上别有牵掣触碍，是以再四审量，阙而不议，非疏略也。今奉札交复议，惟有将官荒缴价一节订为本议案附则，期从其宽，数从其减，冀不至大碍垦务。至民荒本为民有之地，其无主者流亡未复致就荒芜，自治公所查明领垦系属暂准执管，非确定为永远公产，更无令缴价之理。

乙）札开"陈前部院奏定领荒章程分为三等缴价，上等每亩二千文，中等一千五百文，下等一千文，定价甚宽，措缴亦易，自应遵照"等因，遵订入附则并依第六条札开"公所酌减二成"一语折合计算。

丙）札开"先令缴价然后领地以清界限而免事后追呼徒烦案牍"等因。本局查自治公所费绌者多，先令垫缴或虞裹足，自应准予变通，限领执照后三年内缴清，订入附则。

丁）札开"应给地照俟图册报到由农工商局按照册报填发地方官加印给执"等因。本局查田亩执业由地方官给予单照系通行正当办法，若改用省垣局署印照，周折既多，需索必倍，沙洲司照蠹弊百出，可为车鉴。至农工商局依第一条乙项理由更无庸增入。

戊）札开"近来垦荒风气大开，二三年后即可坐享地利，升科旧例已不适用，应将平地缩为五年，山地缩为十年，分别升科，用昭核实"等因。本局查垦荒一事收效本远，况多年遗弃之地必系息微功苦，垦辟倍难，山乡硗瘠情形尤甚。苏省逼近口岸，俗尚浮华，惰农过多，欲令垦荒，即宽定升科年限尚不足以资劝诱，瑞升部院交议原案谓年复一年无成效可观，何况更照旧例短缩五年。垦荒本意重在振兴实业，不使弃利于地，苟能广为垦辟，民食足而税源自裕，不在急议升科。荒地十年起科成例具存，自应恪守，不必改缩。至山荒开垦宽定十五年升科年限既系按光绪三十一年镇江成案，江苏全省事同一律，更未便轩轾。

第四条　已蒙裁夺可行，无须复议。

第五条　札开"现既蒙改为缴价领地，所有原缴地价亦应令业主偿还"等因。查民荒无庸缴价已于第三条甲项内声明。

第六条　分为三段复议如左：

甲）札开"每年忙漕带征捐款原系作为地方自治公益经费，此项清荒之用事关公益，自可就此取给，不必另拨他款"等因。本局查自治经费颇巨，忙漕带征无多，清查费用如何支配，应在各该城镇乡预算范围以内，无庸增入本局议案条文。

乙）札开"地价应由地方官全数解司充饷，或留备各项实业行政经费"等因。本局查应遵瑞升部院垦荒在劝业不在筹款之主旨，俟数留充本地方各项实业行政之用，订入附则。

丙）札开"公所清荒不无劳勚，将来领地缴价可照民业酌减二成，俾示优异"等因。遵订入附则。①

第七条　分为两段复议如左：

甲）札开"每年仅于年终造册汇报一次，未免积压。今拟酌改为每季造报一次"等因。本局按清查荒地本非易事，其数有限，其期无定，年终汇报不过作一总②束，亦足以凭考核而免文书形式之纷繁，荒地一经查明即须报领执照，地方衙门本已有案，随查随报，无虞积压。

乙）札开"除呈报该地方衙门外，仍应一面呈报农工商局备案"等因。本局按，依第一条乙项理由无庸增入。

第八条　札开"江宁情形不同，能否一律办理，应候宁藩司核议详请解决"等因。查瑞升部院交议原案首称大江南北本自兼指宁苏，委员代表宣述亦称兼指宁苏，本局前后议案皆遵此旨。抚部院统辖江苏全省本非仅以苏藩属为限，案经裁夺，宁藩司讵得更生异议。惟案末既设附则，此条应改原文为：本议决案宁苏一律办理，请通饬宁苏两属一律施行。

附则　凡有自治公所查出之荒地，除民荒无庸缴价外，官荒应分别缴价，每亩至多一千六百文，次者一千二百文，又次者八百文，其有向例缴价核数不及八百文者仍循其旧，统限于报领给照满三年后缴价，由地方官验明原给执照核收，即于照内注明数目年月，盖印发还。其价留备本地方实业行政之用。

以上附则一条应请加入上届原议决案后一并公布施行。

---

① 《南洋官报》宣统二年五月初十日，第九十六期所载无此丙条。
② 《南洋官报》宣统二年五月初十日，第九十六期所载"总"作"结"。

（二）呈候更正施行事件

三月十五日呈报督抚复议上届议决抚部院交议补救州县困难案

为呈报复议事件事：上届议会议决瑞升部院交议救州县困难一案，本年二月二十五日由抚部院札交复议。兹于本月十二日开会会议。查本局前呈议决案内除节流办法九款大半允照施行外，所有重提原案之随忙定价及核收洋码两说，本局公同议决，仍以为均不可行，应请督部堂、抚部院仍照本局上届议决案务从节流著手，所有不可行之理由理合缮折呈报。为此呈请督部堂、抚部院鉴核施行。除呈抚部院、督部堂外，须至呈者。

计开清折一扣。

谨将宣统二年三月十二日第二届临时会会议议决抚部院交令复议第一届常年会议决瑞升部院交议补救州县困难案不可行之理由开具清折恭呈钧鉴。

计开：

一、就原委事由而论，按此次札复之宗旨计分两端：

甲）谓由本额之不能缺。抚部院札复内开："改银完钱，本为便民，今因代完之钱数不敷原银本额，自当令应完之人民各补其缺，不能令代解之官吏独受其累。"又开："前议两法系补偿不足，并非额外加增负担。"各等语。按：以本额论之，现时忙银折价每两已增加至二千四百文之多，虽应除凑解赔款之规复银价二百文，实计尚得二千二百文。现时市面银价虽较前涨，然每两止合一千九百余文，以二千二百文之实数折缴一千九百余文之额征，方且有盈无绌，似未可谓代完之钱数不敷原银本数。人民本未尝使官吏独受其累，即官吏何得令人民代补其缺。原额本无不足，而借口补偿加收钱文于额定折价之外，谓非额外加增负担而何？

乙）谓由公费之不能少。抚部院札复内开："以公费有忙漕二项，均须随征带收，由各衙门无额定行政经费，规复一项尤为赔款要需"等语。按：以公费而论，若指征收费用有忙银之与漕粮二者须加分别，漕米自有随收之公费，忙银向无代征之公费。漕米之有公费系照昔日全征本色河运未停折收随加余耗之旧制，若忙银则征解两者均较简便，自同治四年改章以后向例但有折价以内不定之羡余，别无折价以外确定之公费，不能创其所本无而与漕米公费相提并论。近日部颁契税新章，所有征收各费亦令于正款内扣支，并不准于定额外需索，此又最近确证。若指一切行政经费而言，是则所谓公费者乃应由国家开支之款，非应由人民加征之款。雍正年间裁提耗羡另给养廉，亦系取之公家，非向民间苛索。近年匀定州县公之议度支部早有通饬，各省亦多已奉行，自可迅筹照办。况此次抚部院札复既允免解平余，又于各种节流办法多允照行，是州县之困难什九可以补救，不必更议忙银改征致隐违永不加赋之祖训。若照札文所云"节流九款即使悉入所议，杯水车薪何补大局"等语，本局以为必以有限膏脂填无穷之溪壑，则本无餍足之期也。

二、就所拟办法而论。照交议原案共分两说：甲随忙定价，乙核收洋码，两者均须外加公费及规复。本局前经议决为不可行，而抚部院札复有不以为然之处，不得不更加声辩。仍分两款辩证如左：

甲）论其名目。

抚部院札复于公费一层内开"曾文正公一代名臣，言论有最重之价值，曾折明有公费字样。设非政典所许，必奉明旨驳正。既未奉驳，即谓公费名目自曾文正公奏准始可也"，又开"来呈谓细绎曾折文义，不过声叙当日市价，并非直引刘奏原文，即如所云，可见当日征收地漕悉议市价为衡，所余即为公费，如果不应有此名目，则收钱一千四百文足矣，安用二千文耶"等语。按：国家赋税人民负担当以法律为准，不以言论为凭。赋法向用条鞭，苏省征忙因苦浮收，奏定折价以清积弊。至同治四年实为一大改革。六百文忙银公费之有无自应以同治四年奏定案为准。此次抚部院札复固以承训刘奏为原案之根据，而刘奏之见于同治朝《东华录》与《会典》及《漕运全书》等刊定本者，但称征收地漕条银每两折收钱二千文，并无忙银公费名目，此后同治七年十年虽经两次奏请增价，不过循照原案并非另改新章，更无由创定六百文公费于折征定价之外。抚部院札文据七年十年两折抄本曰明有字样，曰设非，曰必，曰即谓自曾奏准始可也，曰可见当日云云，直用以意推想之词为断定当然之语，是抚部院于此亦尚不免存疑，其有无此项名目可以额外加抽自不待辩。当同治四年定案之际，所以不仅照市价折收一千四百文而须定以二千文为率者，正因额定折价当预留银价昂贵之余地，故能以定价为准而不以市价为衡。当日以一千四百文之银价而折收二千文，人民不追咎既往之多征，即可知今日以一千九百文之银价而除规复尚折收二千二百文，州县亦不当妄冀将来之滥取矣。抚部院札复于赔款一层内开："苏省不曰带收而曰规复，亦以规复银价因时损益，非带收之永著为令。盖诚有所不忍于人民者，似未可援为今日之口实也"等语。按：规复固系抵解赔款，一出一入，针孔相符。抚部院既知苏省不曰带征而曰规复，为有所不忍于人民，然则亟应仍循旧章不更创改名目而转议永著为令之带征办法。今若划出应解赔款之二百文另征于丁银折价之外，何以解于前人所不忍者而忍之。苏省除庚子新案赔款以外，如甲午赔款及各国债款等均未尝以赔款债款名目向民征取丝毫。光绪三十二年周前督部堂两次奏请拨还规复另征赔款二百文，迭经户部奏驳，谓"从前因赔款甚急尚系规复旧价，今日因调剂属员而竟另取于民"，严驳不准。成案具在，似宜恪守。

右为名目上不应外加之理由。

乙）论其实际。

抚部院札复内开"以市价洋码为准，是由钱本位渐进而为洋本位。新币未定以前应有此适当之预备。来呈以钱本位为比较，于原案本旨殊未相侔"，又开"同治十年曾折所谓银价稍有增昂者，未尝不预为后日之计。今银价之高较当日奚啻四与三之比例，固不得不谓之稍昂矣"各等语。按：本局第一次议决案所谓照前说较多出三百七十文，照后说较多出四百十文，尚就日前之银价而言，若铜元日涨而银元日贵，民间所应多出之数尚不止此。本局非不知币制进化之理，必由用铜元而渐趋于用钱，然今日银铜无法偿铜币无制限，是则铜银兑换及粮赋折征之数今昔多少自有天然之价值，势不能禁人不以钱数为比较。苏省赋额本重，现时忙价已增至二千四百文之多，与同治十年忙价相等。十年曾文正公第二次奏增忙价原折固曾声明嗣后市价虽稍有增昂亦不得借口增益，计当日市价每两易钱一千八百数十文，以现时银价与之相较仍不过稍有增昂，并非指同治四年每两一千四百文之银价，安得与今日相较成三与四之比例乎？是照同治十年奏案已不能借口增益，何况于额定银两而外更议加征。若有新币制适当之预备，必使先泯银元与银两之差，尤必速筹减缩铜元之法。若原案所拟随市定价之说固仍以钱文与银两银元相较，徒于柜价抑勒以外更增一折价高抬之弊，无关于银铜渐进之趋势。即原案改用洋码之说亦不过举征银之实而变更其名以巧避铜元之流毒而使罹铜元之毒者独有人民耳，曾何当于新币制之预备乎？忙银折征之有奏明钱价，不啻于税制上专定法偿，自非新币制成立，不必轻变成法而议改洋码，或照市价，况此两者均有数百文外加之款，民力已竭，何以堪此。札文又开"苏省田租多以洋元计算，赋从租出，业主可得之佃户，国家不能得之于人民，按之公理，似有未洽"等语。苏省田租向收米石，间有折纳亦非尽用洋码，计钱计元悉视彼此契约而定，契约由民间任意缔结，无预政治事宜，其果改洋码与否，非本局所当查核。若今日税法必视业主所得者为比较，则当请国家明改田赋之标准。今无论田赋之标准未改征银且迭经部驳，国家原无多取于民之意，似不当以州县冒国家之名，先审名词，再推公理，则似无所谓未洽矣。

　　右为实际不能外加之理由。

　　总之，随市定价之说为苏省兵燹以前所行，惟因浮收过多，积弊极甚，故经奏改定价折纳，不宜轻废。现时成法转复从前秕政，钱洋折合自应照市，至额征银价无事更张改用洋码之说，非特近年征银之议迭奉部驳，且光绪三十二年户部于违例不收铜元等事尤严申禁。因此本局复议仍议决以上两法均为不可行事件。

　　再原案提议补救州县困难本询此外有无善策。查光绪三十三年度支部复奏称批解藩库银两若何核算、有无亏折以及道府各署一切杂费凡出之于州县者均足以致赔累，应饬确切查明，即行分别裁减。又光绪三十四年及宣统元年度支部复奏称应饬将地芦等项及经费各款详拟办法送部核明酌中厘定。又度支部《清理财政章程》第二十七条规定酌定公费办法亦称提出规费津贴公费。本局因此于第一次议决案早遵部章请从节流著手。兹经复加讨论，应请督部堂、抚部院仍照前议更正施行。

三月十六日呈报督抚复议上届议决抚部院交议联合农会组织农林公司案

　　为呈报复议事件事：上届议会议决瑞升部院交议联合农会组织农林公司一案，去年十一月初四日接奉瑞升部院札复，除照准各节已蒙允准施行外，所有联合农会一条拟就本局议决原案再加推广，每府州添设一农务总会，并说明事由，交令复议。兹于三月十四日开会复议，再三审察，似有可不必多设此一等级者。其理由盖有六端：一、查农工商部奏定《农会简明章程》第二条但云各省应于省城地方设立农务总会，府厅州县酌设分会，并无每府州更应添设总会之明文。二、瑞升部院提出原案本有宜就每府农会设一联合会之语，苟能照原案实行每府州有一联合会，自更不必别有总会。三、省垣总会而外使必更有每府州之总会，无论人才与经费均虞缺乏，且恐层级进而承转烦，反致名目多而实际少。四、以商会教育为比例，亦但有总会与分会之两等，农会理宜从简，既照部章于省垣设有总会，此外自更不必多添阶级。五、农商事务本与政治关系不同，立会之宗旨在图彼此联络，虽有总分之名，并无隶属之实，似不必依行政官之体制逐层徧设。六、近年谘议局选举及城镇乡地方自治等事之筹办皆只就省垣及各厅州县设立机关，并不及于各府直隶厅州，层折少而督促进行较便，农会事宜大略相同，可资参考。以上六端为声明无庸设立府厅州县总会之故。再，本局前因瑞升部院欲设农会联合会自必以照章赶设农务总分会为首务，故经议决省垣总会限去年冬底成立，各厅州县分会限本年三月以前一律成立，业奉瑞升部院扎复称为扼要，自必饬属照办。刻于原定期限，论总会则屈指已逾，论分会亦转瞬立届，果否照议一律成立，实于瑞升部院拟设农会联合会之宗旨关系较切，应请督部堂、抚部院迅饬分别查催，如有尚未奉行之处，应饬即日实行成立。理合备文呈请督部堂、抚部院仍查照原案札登官报公布，并照案查催开报总分各农会成立日期以促进行。为此呈请督部堂、抚部院分别施行。除呈抚部院、督部堂外，须至呈者。

（三）呈候批答事件

三月十四日呈请督抚批答宁苏筹办府厅州县自治办法案

为呈请批答事：查宪政筹办清单自宣统二年至六年筹办府厅州县自治。本省宁苏两属所设之自治局及自治筹办处自应及时举办。本局于三月初十日开会议决应请督部堂、抚部院将宁苏办法批答宣布，理合备文呈请，为此呈请督部堂、抚部院见复施行。须至呈者。

三月十六日呈请督抚批答裕宁裕苏发行钞票继续质问案

为呈请批答事：上届本局会议查照局章第二十六条将所议决裕宁裕苏发行钞票之质问案呈请批答，业于上年十月初六日、十二月十二日先后奉督部堂、抚部院批答，并各粘抄两局清折札发到局。查两局清折所开各款殊多疑问之处，兹于本月十二日会议议决再行照章呈请督部堂、抚部院迅予分别批答，理合缮折备文呈请，为此呈请督部堂、抚部院察核施行。除呈抚部院、督部堂外，须至呈者。

计呈清折一扣：

谨将宣统二年三月十二日第二届临时会会议议决裕宁裕苏发行钞票之质问案开具清折恭呈钧鉴。

计开：

一、裕宁银元钞票预定发行额一千万元，截至去年八月底止总分各局实已发出二百二万八千四百二十三元，制钱、铜元、钞票尚不在此数，未识裕宁现时实在资本总共若干，核与遵章呈报度支部注册之资本总数有无增减。

一、宁垣藩运库及支应、筹防等局原发资本银不过三十五万两，申合银元约五十二万元，即以现时发行仅及原额二成之银元票数相较已逾四五倍，未识裕宁总分各局所准备四成之现银及六成执有契券之放出各款是否确可作为裕宁局所有资本。

一、宁垣司库道局所入均有抵支，似别无大宗余存的款，原发之三十五万资本银两是否另行提作专款，抑仍兼备抵支别项行政费之用。又各司关局厂存银一百四十四万三千余两虽可资以周转，然存银须备提取，实系借款性质，究与资本不同，何以连类而及可概视为预储之票本。

一、度支部奏定《限制各省官商银钱行号滥发纸币章程》第八条称："本章程颁发后只能照现在数目发行，不得逾额增发。"此项章程自去年六月初七日奉旨允准，颁发已久，照章应即将现在发行数目划为定额，以后不再增发。然裕宁申称，截至八月底止共发二百二万八千四百二十三元，除计尚余英龙元票三百二十一万六千二百七十七元编号存局，且称现正续编龙鹰元票五百七十四万七千元，是否仍拟陆续发行须满裕宁原额一千万元之数而止，现在已发出钞票之数究已若干，且合上届裕宁清折所开已发出已编号续编号之三种票纸，其总数又不止原额一千万元，此多余之票更作何用？

一、裕宁申称"本局行用钞票于原定额数仅及二成，且票本分别存放，持票取银即到即付。现拟俟度支部钞票颁发即备资本金购取部颁钞票，将本局钞票陆续换回。近来各国钞票畅行内地，本局行用钞票为挽回利权起见已详请咨部立案"等语，似部定《限制滥发专章》第八条及第十一条裕宁不妨变通办理。然查度支部原奏曾称"臣部所属之大清银行现时所发通用银票于五年之期亦应一律遵守"，又查度支部妥议《清理财政章程折》第三款有"各省官银号发出纸票滥恶实甚，湖北江苏等省为数尤巨，近外人以事关商务曾照会此等纸票是否国家担认"等语，近更行文外务部设法限制各国银行五年以后亦不得在中国发行纸币。由此数事观之，恐五年以内按年收回二成之说未必于裕宁独允融通，所称详请咨部立案之处究竟曾否奉有部准之明文？

右属于裕宁者。

一、裕苏银元钞票预定发行额一百万元，截至去年九月底止总分各局实已发出七十三万一千三百二十九元，制钱钞票尚不在此数。未识裕苏现时实在资本总共若干，核与遵章呈报度支部注册之资本总数有无增减。

一、苏藩库发存资本银不过十三万两，申合银元约十九万五千元，即以现时发行之银元票数相较已逾三倍有奇，未识裕苏总分各局所准备四成之现银及六成之货物房屋与放出各款是否确可作为裕苏局所有资本。

一、苏垣司道局库年收五百万，额支五百三十余万，近年新增各项用款又岁增二十余万，统计岁差将及五十余万，既出入不敷之巨如此，似别无大宗余存的款，司库发出之十三万资本银两是否另行提作专款抑仍兼备抵支别项行政费之用？又牙厘善后两局发存长期银八万两，各署局所活支存款三十六万三千余两，虽可资以周转，然存银须备提取，活期尤甚，实系借款性质，究与资本不同，何以连类而及可概视为预储之票本？

一、上年六月初七日度支部奏准《限制滥发纸币专章》第八条称本章程颁发后只能照现在数目发行不得逾额增发。苏省自奉文后饬据裕苏局开报及由藩司会同财政副监理官亲莅盘查，均截至八月初七日为止，计实在流通在外银元票七十万二千一百六十三元，又制钱票四万九千一百四十四千，声明即以此数作为定额专案报部，以后不得再行增发。顾本局于去年十二月十二日奉陆护部院札复两局质问案抄交裕苏局十一月十二日开报清折，截至九月底止该局共发七十三万一千三百二十九元，核与该局前开及藩司会查报部截止之数较多二万九千一百六十六元，是否于八月初七日截数以后仍陆续增发？

右属于裕苏者。

三月十九日呈请督抚批答司法研究所质问案

为呈请批答事：查局章第二十六条载有谘议局于本省行政事件及会议厅议决事件如有疑问得呈请督抚批答等语，本月十六日会议议决司法研究所质问案一件，理合呈请督部堂、抚部院迅予答复。除呈抚部院、督部堂外，须至呈者。

计呈清折一扣：

谨将宣统二年三月十七日第二届临时会议议决司法研究所质问案一件缮具清折恭呈钧鉴：

查筹办审判厅以养成司法人才为最要关键，今臬司所设之司法研究所虽专为省城商埠之审判厅本年急于成立而设，然该所肄业官员之多不下百十人，影响所及关系非浅，其不宜苟简可知。谨将所怀疑问条列如下：

一、学期。司法研究所章程，甲班期以八个月卒业，乙班亦止以一年，虽开办之日已届省城商埠审判厅成立之年，事前不及预储，迫切任人不得不尔，然敷衍草率恐无以收得人之效。查丙午年前署臬司朱在省城开办法政讲习所以一年毕业，而前抚部院以其年限短促恐无以收培植人才之效果，令此项卒业候补人员仍照新章考试重入法政学堂肄业，用意何等郑重。今之研究所徒以期迫之故数月研究任官终身，办法毋乃太简，此对于学期之不能无疑者一也。

二、学科。该所学科中有讲日本民刑诉讼各法，无论该诉讼法与其主法相辅而行，既未讲该国之民法刑法，学理上已无所依据，且所讲仅仅日本之诉讼法，即审判厅成立亦不能实用，学理实用盖两失之。其他如宪法、民法、商法、刑法均未列入课目，刑律草案止令自修。此对于科目之不能无疑者二也。

三、学员。该所教习三人一二月间更换倩代尽非其旧，种种传说腾笑众口，而谳局人员均定为八个月毕业，予以旁听名义，亦可一体任用，虽其中不少精明强干之员，然武健之风寝成习惯，五刑三木视为利器，旧社会所推为能吏未必适于新社会。此对于教习学员之不能无疑者三也。

总之，司法独立为立宪国之要政，人才不易得则养成之法宜精，养成不合法则堕落之讥可畏。审判厅按照馆章亟应分年设置，试问以何等人才当此文明审判厅之重任？始基不慎，贻害无穷。此本局所以怀疑莫释也。应请批答俾释忧疑。

三月二十五日呈报督抚议决请定泰州滋事后办理方法案

为呈报议决事件事：本月十九日会议议决请定泰州调查户口滋事后办理方法一案。查调查户口为宪政要义，乃因此酿祸，被毁至数十百家之多，阻碍新政关系非细，既经肇事，亟应分别良莠妥慎办理。查此次调查与自治之调查选民不同，按照部章系行政官专责，该地方官于此事措办若何以致成此变端亦应详查核夺。闻江宁藩司已经委员履堪回省禀报，自必定有平允办法。事关宪政前途，理合遵照局章第二十六条呈请批答以释忧疑。除呈抚部院、督部堂外，为此呈请督部堂、抚部院见复施行。须至呈者。

（四）呈请查办事件

三月二十一日呈请督抚查办苏松太道蔡乃煌违法案

为呈请查办事：谨按《谘议局章程》第二十八条内载"本省官绅如有纳贿及违法等事，谘议局得指明确据呈候督抚查办"，其附加之案语载有"谘议局为一省舆论所集之地，官绅有纳贿违法情事，人民必遭其冤，抑自应立予纠举，俾顺群情"各等语。是本省官绅苟有违法纳贿情事，本局实负纠举之责任。兹于三月十九日开会会议苏松太道蔡乃煌莅任以来种种违法举动、损失国权、破坏旧例，甚属有玷职守。查苏松太道掌理华洋交涉关系重大，蔡乃煌久于其任，殊非地方之福。本局谨遵局章第二十八条权限列举蔡道违法事实议决呈请督部堂、抚部院照章查办。理合备文呈请。为此缮具清折连同粘单呈请督部堂、抚部院迅予裁夺施行。除呈抚部院、督部堂外，须至呈者。

计呈清折一扣：

谨将宣统二年三月十九日第二届临时会议议决呈请查办苏松太道蔡乃煌违法案一件缮具清折恭呈钧鉴。

计开：

一、上海租界命案向由上海县相验，会审委员不得擅专干预，载明同治七年订定之《洋泾浜设官章程》第四条，用意至为深远。近年租界裁判权丧失殆尽，惟留此条为一线之存续。乃光绪三十四年蔡道竟明定章程，租界验尸许领事会派人参与，自撤藩篱。违法一。

二、华官审理民刑事件断无外人得以干预之理。乃上年二月各国领事竟向上海县强词要索，将因案提惩之地保吴阿桃释放，田令严拒之，遂径商蔡道立予提道亲讯当堂保释，远近骇然，始知洋人早有所恃，故敢向县强索。违法二。

三、租界洋商价买华人地产，立契有租无卖，与民间卖绝之产不同。乃上年公和祥一案伪单发觉，蔡道于未给道契之先谓系华人诓骗洋人，并非洋人勾串以回护洋商。于已给道契之后，谓系洋商自报升科，并非华人伪造以回护奸贩，遂明认该洋商为母地业户，畀以报升子地之权，与民间卖绝之产无异。迭经上海士绅禀控督部堂，复奉督部堂批饬澈究。蔡道孤行其意，置诸不理。违法三。

四、洋商转立道契必凭县印，田单又须先由业户出立永远租契，又须丈明单地相符，又须查明毫无升科纠葛。以上四项有一未备即不准转契，立法本极周密。乃蔡道一以见好洋商为主义，有单地纠葛疑讼纷起而悍然不顾，竟先给契者，如公和祥一案是。有尚未立契交单而该洋商径向道署商通收价转契者，如小沙渡案。是便私图而启野心，将贻无穷之害。违法四。

五、彩票本导人以赌，非正当之政策。有因筹抵捐饷不得已而为之者，亦必经督抚核准奏咨办理。况本局议决呈请禁止彩票，督部堂、抚部院均允准施行在案。乃蔡道徇私商之意，以仅值十数万元之房屋基地发售数十万元之集益保商彩票，未经禀承擅自批准即令开办，此端一开流弊极大。违法五。

以上五条，除第一、第二两条根据在条约章程而违法事实易于复核无庸别粘文卷外，谨抄粘第三、第四两条全卷及第五条价卖彩票一纸随折呈请鉴核施行。

再，彩票仅止价卖一纸已呈督部堂，合并声明。

计抄粘：

上海绅士周文彬、沈周、蒋士杰、朱承鼎、顾言、萧彤勋、毛恒遇、姜渭渔、刘增祥、李宗邺、顾文郁、蒋庆和、王铨运、曹栋、王增祐、凌鉴冰、李祖祐、刘至信、钱允中、钱端履、杨德圻、蒋清镜等禀为滩地全案求赐札行事：窃上月二十八日由县署抄送宪电内开："上海蔡道：顷接沪绅刘增祥、顾言等效电内称'上海升科局串同奸贩伪造二十三保二图田六十二亩印单售于法商一案，又劝学所请升北十二图田五亩单印不符一案，先后禀请澈查，至今未奉批谕，骇闻沪道已收价给契，奸贩奚朗如、龚琴生亦将饬县释放。将来浚浦填出之地约一万数千亩，援此为例，沪民受害更无底止，迫求迅赐主持大局，幸甚'等语。该两案均已先后批行该道在案，应即转知该绅等知照。督。漾印"等因。查两案钧批仍未奉到，拟请札催转行。至原电所称北十二图之地确系由道收价给契，经工业学堂职员暨劝学所董先后禀陈静候批示。其二十三保二图田六十二亩零既系龚琴生一案，照租界地亩洋人立有价格表估计地价本逾百万金，外间传闻公和祥洋商以四十万贱价得之，嗣闻情弊发觉，知原主定据不能出现，短付十万两，而道署及两局以三十万两朋分营护等语。绅等不知究竟道契曾否发出，如果尚未发出，仍乞严饬扣留以待究明。如果业已发出，则朋分之说诡秘百端，断非绅等所能查明证实，惟有仰乞札饬蔡道将全案卷宗一字不遗刊印公布付诸舆人之论，则是非得失均不能一手掩尽，绅等亦不再哓渎矣。再，现在浚浦局界线画定沪北填出之浦滩约计一万数千亩，外人既坚执先佂母地之约以相要求，宵小又肆朋串分肥之技，私相兜售，恐浦江重要之地将尽入洋商掌握之中。此事为将来计，为大局计，关系极大。为特环求大宪大人先事防维，当机立断。现悉江宁督练公所派有测绘委员来沪测绘扼要军用之地，或即札派该委员将浚浦局画线在填之地一并先行测绘开呈宪台核准后札饬上海道竖立中国公地界石永远遵守不准藉词变价，杜外人觊觎之心，绝奸贩串卖之弊，以保国土而奠居民，不胜延跂屏营之至。谨禀。元年十一月二十一日发。

两江总督电谕。顷接沪绅刘增祥、顾言、王铨运、周文彬、李祖祐、李宗邺、萧彤勋、曹栋、沈周、刘至信公电，以上海地贩奚朗如、已革县书龚琴生勾通会丈局伪造二十三保二图十三图浦湾地六十二亩零之印单售于洋人朦转道契，经前护院宪樊访悉严查迄未申报。现悉纳贿运动将含糊了结。惟道契一发势难挽回，事关国土主权，伏乞电饬。此事是何情形。沪地奸民本于地皮经纪藉华洋界址相错混淆影射因以为利，小者滋讼，大者动启交涉，极应设法防范严究。执事智珠在握，自必应付有法，希即详查复凭察核并酌转该绅等知之。督。东印。

　　复电。督宪钧鉴：洪东电悉。沪上地贩假造印照侵占无主官地盗卖洋商积弊甚重，职道遇有洋商租地案件历经督饬经理人员认真稽察随时行县究惩，不敢稍涉大意。前因英商公和祥新租怡记、茂记、和记三户地亩有八十亩之多，而升科单系光绪十六年分上海县所给，地属租界，又系涨滩，何以久未转道契，情有可疑，再三访察，悉系奚朗如即奚国华串通革县书龚琴生及地保架空所为，当即行县饬提并将会丈局勘复之契扣留，迭经英领迫催，始终坚拒。旋奉瑞抚宪面谕及樊护院访札均经分别行查，只因龚革书被押法捕房，尚未解县，地保亦风闻逃避，则怡记等三照伪业户究属何人即难指实，惟有严切催提书保严讯。经丈员陆令长蓓于请转道契之先照章带同原业户到地丈勘，实不能诿为不知，亦已严饬据实指明，此案一日不结，该令一日不得置身事外。昨据县禀，怡记三照粮册无此户名，其为公家地产无疑。然即有情弊，总须澈查办理不得含糊了结。除再批饬提到书保究出实情另禀外，惟租界内官滩向定章程如查无妨碍，准先佽母地洋业户照子母相生例，至高之价按每亩四百五十两缴纳。是案涨滩母地原业户公和祥不能不准其租用，现愿每亩缴价四百五十元，按丈实官滩六十二亩之数共已缴到二万八千余元，核与至高每亩四百五十两之数不符，拟令照章补足之后再准转契一并租用。至地价一项应照详定咨明商部原案拨还商部存款项下巡警局筑路借款。合并声明。煌印。八月初三日发。

　　上海绅士禀督宪电。南京督宪钧鉴：二十三保滩地伪单一案，昨晚接县函抄送蔡道禀复电文，与事实多有不符，且案未究出实情，何得为查无妨碍。仍请电饬扣契，一面派员澈查。公禀续呈。沪绅刘增祥等叩。庚。宣统元年八月初八日发。

　　督宪来电。上海蔡道：洪江电悉。公和祥新租怡记、茂记、和记地亩既查系奚朗如弊串革书龚琴生所为，县册并无根据，伪造单据盗占公地按中西法律均应严办，似应觅搜证据，与领事正当交涉提回奚、龚澈究，为惩前毖后办法，正如来电所谓不能含糊了结。该道外交能手，论才必能妥办，论责亦无旁贷。此案据士绅禀牍均持之有故，子地纠葛未清，公和祥即不予租亦非无故，岂能援子母相生之例遽缴价承领。所拟补价转契一节应暂毋庸议，仍候究明分别严办为要。督，虞印。八月八日亥刻到。

复电。南京督宪钧鉴：洪虞电敬悉。查公和祥租地一案，如果华洋串通，诚如钧谕应将奚、龚等设法究实承办，并一面与领事正当交涉。第访查此案详情，公和祥实无串通情事，不过洋商缴价向有三等，最高者系四百五十两，渠意欲用廉价承租，而奚等即乘机出为揽办捏造伪单据，希图谎骗地价，此系中人串骗洋人，似不能因此不准该商缴价租用，盖向来洋商租地凡有临浦码头之涨滩即系本商之利益，不容他人租用。公和祥系数十年老商，素有名誉，其母地原立各道契均载明至黄浦字样，果系遵章缴价，断无不准承租之理。此案办法，应以华人伪单吞价为一事，洋商子母相生缴价为一事，分别办法，方昭公允而免枝节。职道凡有交涉，主权所在从未丝毫退让，岂此案独有迁就？然事理所在，除饬缴足至高之价别无办法。辱承训勉，用敢直陈，伏祈察酌。煌。蒸。八月初十日午刻发。

上海绅士刘增祥、顾言等禀为据实复陈请仍饬扣契澈究事：窃初十日晚间职等接到本县田令函奉蔡道抄交钧电一道，内开全叙，又蔡道复电一道，内开全叙各等因。职等细绎复电之用意，欲先准转契再究伪单。窃恐一经转契，伪单即无从究明，彼已达其含糊了结之目的，不胜惶急。爰于次日电禀请仍电饬扣契，谅达钧鉴。查复电所称地贩假造印照侵占官地盗卖洋商积弊甚重等语，切思此种情形近年为甚，总因会丈升科两局与道署幕胥一气勾结，利用地贩奸民，以致案件层见迭出，若非依仗局所，则奸贩无此大胆；若非依仗道署，则局员亦无此大胆。沪道虽云不敢稍涉大意，其如前后左右无一非利市为缘何，此案伪单究竟是否有光绪十六年字样，除道署局所外无人目见。田令访闻行查向局函索单契，局中复以领事藉口单已批销毋庸再验云云，离奇已极。试问单既批销，该洋商有何用处而不肯交出，且不将伪单交出请追被诳之价而反愿再行按亩缴价，恐无是理。租界地亩洋人立有价格表，该地每亩价值银三万两，若照子母相生例至高之价不过四百五十两，仅二百分之三，则该洋商何不径照此办理而犹必租用怡记、茂记、和记之伪单，恐愚不至此。升科局于华民有粮无单之地责令照时价减半缴价，由道禀明，有案可查，乃于母地洋商报升无粮无单之公地以二百分之三为最高价格，其理由安在？既称母地原户不能不准其租用，自为本年新租而言，则何以该洋商又于至高价数外补交二十余年之年租一千九百串由局移送县署，更不可解。种种事实不符情弊重迭若非仰恳宪台遴派清正大员破除情面澈底根究，恐永无水落石出之一日也。至经丈员据实指明究作何语，饬提书保何时可以到案，电文全作含糊悬宕之词，惟以准其租用准其转契为不易之办法。窃谓伪单一案既须究出实情另禀，则目前尚未究出之时该地确有纠葛，并非查无妨碍，按之例章未便准转道契。为此环请大宪大人俯准严饬沪道将公和祥契扣留，一面遴员赴沪澈查，扫除蠹害，职等不胜激切待命之至。谨禀。　　元年十月十三日付邮。

　　督批：禀悉，所陈不为无见，仰江海关道迅即查照历次电饬切实究明禀办。禀抄发。

　　英册第一千七百四十四号地二亩四分厘五毫，估价每亩银三万五千两。

　　又第四十八号四亩七分，估价每亩三万两。

　　又第一千七百二十七号地二亩三分六厘三毫、二亩八分六厘一毫，估价每亩银二万五千两。

　　上海县劝学所总董举人优贡知县姚文枏谨禀：大帅阁下，敬禀者：窃职所经理之旧学基地租地造屋者凡四五十户，近年将租额户名逐细清厘，内有霸抗之顾存余等七八户经职所呈县饬差传谕开导。此七八户者自光绪三十三年正月起已经豁免地租九个月，而九个月之后又被霸地不交抗租不认，计自三十三年十月起至本年二月止又有十七个月，统计已逾二十六个月之久，公产如此，实骇听闻，其中顾姓、胡姓等户并有造言煽惑裹胁他租户情事。署县李令正拟改传为提以冀速了，而苏松太蔡道忽于该租户捏列多名之禀内批饬吊销差票，以致至今悬宕。此一案也。又南乡杨思学区有学董报升请丈在先之沿浦新涨滩地，由前县王令照会职所有案，忽被冒充地保之孙梅汀、冒充业主之朱维海朋串盗卖与久记木行朦升攮敚，经署县李令查悉提到孙梅汀及中人单友山等，讯出勾串诱骗鬼蜮不法种种情节。正在澈究严惩，而苏松太蔡道忽于批详内饬将孙梅汀、单友山等立予开释，并将原案澈销。此又一案也。伏思霸地抗租之顽户、盗卖朦升之奸贩均系地方莠民，县令分别提究，诚为贤父母好恶同民之实德，乃以驻治监司大员甘为庇护，以致案躓不办，增长刁风，影响极大，于地方社会教育有非常之关系。董以职守所在，力争不获，不得不据实上陈，仰吁宪恩俯赐主持，不胜翘首待命之至。所有学基案内首经呈道之印刷品三件、滩地案内乡董抄布之案牍刊本一并签呈钧览。再，滩地案在上年夏间，旧学案在上年冬间，早应揭报。缘李故令在日要以徐图伸理为言，是以迟缓，合并声明。除禀督抚宪外，肃叩崇安。职董文枏谨禀。宣统元年闰二月二十九日。

计呈印刷品四种。

上海县劝学所总董举人优贡知县姚文枏谨禀：大帅阁下，敬禀者：窃职以苏松太蔡道袒护莠民，推翻县案，妨碍教育，据实揭陈，恳赐主持，缮具书禀，于闰二月二十九日发递，迄今已有一月有余，未经奉到批示，外间传闻业蒙批行蔡道禀复，亦未谂所复何语。伏思是非颠倒，邪正混淆，此为地方社会教育莫大之妨碍，而出于在上位者、出于本地方最高级之官厅，则其影响之大尤千百倍于寻常。此职所以惊心动魄，顾念职守，不得不激切上陈者也。所陈两案，均系李故令超琼所办之案而为蔡道所推翻者。李故令仁心正气异口同声，业已盖棺论定，蔡道为何如人自在大帅考核之中，断非部下士民所敢妄置一语。至顾存余等七八户是否系霸地抗租，孙梅汀是否系冒充地保，朱金全、朱阿昌是否冒充业户，并是否均系盗卖朦升之奸贩，则一查即明，似可不待深求。蔡道复禀果能将以上各节逐一剖明，应请俯准抄发原禀俾职自知其误，且以报告于全邑学界。若原禀不能将各节逐一剖明而但取档案中一面之词铺叙搪塞牵扯影射，更请指出各节批饬更令禀复或竟派员查明听候核办，务令是非确定，邪正分明，公理昭彰，于教育原理毫无妨害，使职对于职守可告无罪，则虽治职以干犯长官之罪亦无所恨。戆直之愚，一再渎陈，伏候批示。除禀督抚宪外，叩请崇安。职董文枏谨禀。宣统元年四月十七日。

上海县劝学所总董举人优贡知县姚文枏谨禀：大人阁下，敬禀者：窃本年六月十三日承准上海县照会奉关道蔡札："案照本道禀复遵批详查总董姚文枏上控霸地抗租一案历办情形并录县详批禀呈请察核示遵由。本年四月初四日奉苏抚宪陈批：'据禀已悉，此项旧学基地究竟应归何处经管，所加之租洒扫局与劝学所如何分拨，争执已久，亟应早为理结。劝学所总董姚文枏等既称已与洒扫局全体公决议案六条呈由上海县于上年六月详府核转，何以该府既未详道亦未批县公决，议案究竟如何办法，洒扫局司董曹钟藻与陆文进、李鸿进等又何以互相讦控，种种情形殆为费解。该道因县未办结，批饬亲提集讯，自是正办，仰即迅速秉公讯断，将详细情形禀候核示。至久记木行承买涨滩一案，姚董前禀指为盗卖,且谓系学董报升在先。今核来禀,以该滩系子母相生,由久记与母地各业户议定按亩给价,将子记卖与久记报升营业,经局委勘明禀道批准纳价给契,事在上年二月。上海请将涨荡拨充三林塘蒙学经费,由道批饬移局查勘并未核准,且事在上年三月。据此情形,是久记奉准在先,并非盗卖。学董请拨在后,本未准行。所有姚董前禀荡地一节自可毋庸置议,仰该道即将此次复禀补呈督部堂听候核示祗遵勿迟。此缴。清折存。'并于四月廿五日奉两江督宪端批同前由,奉批:'禀折均悉。查上海旧学基地虽系向归洒扫局收租,为该邑文昌宫祀典之用,但既议加增租价,祀典用费有限,移而兴学亦属正办,应由该道秉公核断从速办结,毋令局所诸董各争意气,转致租户观望,有损公款。至久记木行承买涨滩,既系报升在先,所缴滩价应遵奏案归沪北华界修造马路之用,自未便拨充学费,仰即分别办理具报并饬上海县照会劝学所姚董知照,仍补禀抚部院查核暨候批示。缴。折存。'各等因,到道。奉此。除分别录报外,合就抄禀录批札县照会劝学所姚董知照。"等因。奉此。查此案职于闰二月间以巡道袒护莠民推翻县案,妨碍教育,邮禀揭陈,至四月中旬以未奉批示缮发第二禀,五月十五日奉到前抚宪陈批开:"查该总董前禀经本部院批饬上海道明白禀复,嗣据蔡道禀复并将滩地案由县详及各绅董禀批录折呈送前来,又经批示在案。兹据前情,自应将蔡道复禀及所呈清折连同本部院批示一并抄录随批饬发,仰上海县照会该总董阅看可也,仍饬候督部堂批示。缴。"等因,抄粘由县转行到所。职细阅蔡道禀词,其对于霸地抗租之顽户与朦升盗卖之奸贩婉转曲折以袒护之,真有不可思议者。正拟俟奉到钧案督宪批示具禀陈明,兹奉前因,请将此案不得不仰吁宪恩特别主持之处,敬为宪台陈之。查旧学基一案,端宪批"租户观望有损公款"八字最为切中要害。租户有顽有良,良者输将,顽者观望,事极寻常。今以蔡道袒护之,故观望者变而悍抗,输将者变而观望,日复一日年复一年,公款损失极大,实非关各董意气之故,且此案有历年报销交代之县案,有历次大会报告,有劝学所、洒扫局会同公决之议案六条,有洒扫局公正绅士曹钟藻、莫锡纶、叶景沄、陆文麓、周文彬、曹栋、贾丰芸、范熙瑞等公禀,于款归学务均无异词亦无意气。蔡道概不之信而独信该顽户捏列多名之禀。原禀叙述亦专据一面之词,用意何在实非职愚昧所能仰测。且蔡道原禀对于此案以亲提鞫讯为结束,乃瞬将半载,提讯无期,盖案本明白何待研求,但无可袒护之袒护则以延宕为得计,无可延宕之延宕则以提讯为借题。似此辗转悬阁，公款损失将何底止，此所以不得不仰吁宪恩特别主持者也。初杨学思区正八图涨滩一案，蔡道原禀故遁其词，指职为翻悔，致端前宪批有未便拨充学费之语，实则职之原禀本无一语争款，可复按也。至该涨滩之地学堂报丈系在光绪三十一年，久记报丈系在光绪三十四年，事隔两年，先后分明，乃官吏舞弊，先报后详，后报先详，相距一月，而蔡道遂定详之先后，曾经职等以"办理颠倒，咎在官吏，而原报先后仍有案可查，不当抹煞，请更正以昭公允"具禀蔡道。蔡道无词可答，但批"早经梁升道给契在先，断难翻异"等语。职等又以"梁升道如仍在任，查出朦升盗卖实情，决不回护，仍请更正"等词。蔡道阁禀，履催不批，今乃仍以详之先后为先后声叙上达，致有陈前宪之批示，实则职等禀请蔡道更正之原稿载在职初次禀由呈送案牍刊本之末，亦可复按也。至职禀揭之案实以孙梅汀是否系冒充地保，朱金全、朱阿昌是否系冒充业户最为要点，而蔡道原禀于此节毫无剖辩，但以争款立论故作误会遁而之他，若非意在袒护奸贩何以如此？又不得不仰吁宪恩特别主持者也。总之霸地抗租之顽户、朦升盗卖之奸贩均系地方莠民，执法究惩以为人心世道之坊，地方有司足以了之，今以监司大员甘为袒护逐致仰渎钧听，上烦宪厪，实为地方之不幸。此两事是非邪正皎然易明，倘蒙宪台俯念关系之重，亲核卷宗，将顾存余等各租户是否仍应催办，孙梅汀、朱金生、朱阿昌等是否仍应提讯澈究之处断定饬道最为直捷痛快，否则或指出紧要各节责令蔡道再行明白回复，或会同抚督宪派员澈查禀报再行核断，伏候裁夺施行。至蔡道原禀谓职以争讼为能，又谓职无可理喻，甚至指职为有意欺朦，总属职个人名誉之关系，职不愿急于置辩，惟求俯赐特别主持，使是非确定，邪正分明，公理昭彰，于教育原理毫无妨害，则职虽因此获咎亦所愿也。肃禀恭叩崇安。职文枬谨禀。宣统元年七月二十一日禀两院。

上海县劝学所总董姚文枬、协董刘增祥、李宗邺谨禀。大人阁下，敬禀者：窃职所议设工业中学，于上年暑假后开办预科，嗣因预算完全办法所费不赀，复经蹉议简省办法，均经禀请宪鉴在案。现计明年暑假以后即开办本科，原议简省办法内所称就现有地址规划简单敷用之建筑一节已难再缓，是以一面禀吁筹款，一面公议将劝学所管业二十七保北十二图公地变价凑用以免耽误，乃因升科局填发田单年印不符，呈县请核，由县移局查询，该局置之不复，反函县索回原单，经职所邀众比对伪迹显然，专禀径达宪听又在案。此田议售之初，即有居住该田附近之张雨田央中保来所承买，当与议定价银六千两告以须禀官请单方可作为定局。渠坚请先收银一千五百两，旋因田单一节既经径禀，必须静候宪批，当令张雨田停待，或收回原银，渠均不肯，串出庚兴洋行买办央人介绍求见。职董等当以原议不涉洋商众词拒绝。此八月间事也。乃九月杪忽接县文奉道札以此田已由日商内外棉株式会社缴价四千五百两转日册一百二十八号道契饬县注册并吊销劝学所印单等语，不胜骇异。查此田系沈姓买自马姓，因无粮不敢管业呈县捐充公用，由县将原契发交董事充作宾兴计偕公产，事尚在同治七年间。迨光绪二十六年又经升科局吊验原契，由县声叙原案移局查照，得有该局应仍归书院收管执业等语之回文，照会书院董事照常经理。科举停后，由书院董事移交职所管业，四十年来收支报销均有县案可查。是此田并非无主，岂能任便攘取。现闻蔡道业将所收之价分拨劝业协赞会三千两、龙门师范一千五百两，夺彼与此，虽同系地方公益，但工学建筑迫不及待情形早经陈明钧鉴，所有请筹之款尚未允拨，岂可更夺其自筹之款。惟有吁恳札饬蔡道迅予如数筹还以应眉急，不胜迫切待命之至。至此案买户因职所停待宪批之故串出洋商，洋商因职所拒绝之故沟通道署，道署因另案挟忿之故夺去职所筹款。种种离奇不可思议，而其总原因则在署局地贩一气相生，挟洋为重，非法转契，已为常事。职所之受害犹其至轻者耳。应如何革弊以福地方之处出自宪裁。又年印不符，至今未得局复，原单仍由职所保存，静候宪批，合并声明。除禀抚督宪外，肃请崇安。职董文枬等谨禀。宣统元年十月十一日禀督抚宪。

上海县视学员兼学务总董举人优贡知县姚文枬谨禀。大人阁下，敬禀者：职承准本县田令照会奉关道蔡札："八月初三日奉前抚宪瑞批上海劝学所总董姚文枬禀巡道袒护莠民请特别主持缘由，奉批：报丈滩地总以详案先发为断，盖县详一日不到则道署一日不知，此理易明，不必再生枝节。惟旧学基地究应如何加租、如何拨用，既有公决议案，应由道催提讯断，刻日宣布，免再辗转误会。近来举办新政，百端待理，全赖官与绅和衷共济，若遇事不先讨论，动争意气，为地方计甚非福也。仰上海道遵照办理并传谕该董知照。禀抄发。"等因。循诵之下，感悚良深。伏思职历次禀揭断断不已者，专为辨明是非邪正以卫地方教育以尽学董职分起见。曾于第二次禀首切实声明并不敢意气用事。至滩地一案，宪批县详一日不到道署一日不知诚为确论，但既因不知而被朦即当因已知而更正，此理似更易明，并非另生枝节。况职禀揭蔡道袒护奸贩即发现于第二次县详批语，并非在县详未到之先，有职初次禀内呈送之案牍刊本可查，此不得不切实声明者也。至旧学基地一案，无论如何加租、如何拨用，总之租户断无藉此霸地抗租之理。宪批由道催提讯断，恐仍系加租拨用两问题，而与职禀揭蔡道袒护霸地抗租之顽户无甚关涉。况蔡道借提讯为延宕，以延宕为袒护，职前禀业已陈明。今自八月初三日奉到宪批，至今又已三月有余仍未遵办，则是职之前禀不幸言中。若再责令讯断，不翅明许其延宕，端前督宪批所谓租户观望有损公款者其将何所底止？此又不得不切实声明者也。总之顾存余等十六户是否霸地抗租，应否提办，孙梅汀是否冒充地保，朱姓是否冒充业户，并是否均系盗卖朦升之奸贩，应否澈究，以上各节均为职禀揭案内之要点，即为蔡道是否袒护莠民之依据。伏恳俯赐澈底究明，务使水落石出邪正分而是非明，于地方社会教育不致妨碍，即于职学董之职守不至负疚，否则惟有据理力争而已。虽学董一职已定年终交替，未交替以前亦已禀请代办，但职对于乡土社会教育之关系断难漠视，此职硁硁之愚所为百折不回者也。所有巡道袒护莠民妨碍教育，仍恳宪恩特别主持各缘由合再专禀陈明。再，职于七月杪禀请学司给假三个月前赴宁垣，至十月杪回沪，始得捧诵瑞宪批语，仍未奉到钧案、督宪批示，合并声明，敬请崇安。职董姚文枬谨禀。宣统元年十一月二十日禀督抚宪。

（五）呈请转咨核复事件

三月二十九日呈报督抚议决声叙淮南北盐务案内各条请一并转咨督办核复案

为呈请转咨事：本月二十五日蒙督部堂、抚部院将上届议决关系淮南北盐务三案所有转咨督办盐政大臣并加具各案语抄单札复道局。兹于本月二十七日议会议决。查三案中除运商违章朦收一案已归本省绅士另呈在案，本局不复置议外，其补救淮南整顿淮北盐务两案谨就原案语推求意义，似应声叙加详，俾本局原议案显豁呈露，得上邀督办裁夺，冀于补救整顿之初意有合，理合将声叙各条备文呈请督部堂、抚部院更予咨请督办大臣一并核复，为此缮折呈请督部堂、抚部院鉴核施行。除呈抚部院、督部堂外，须至呈者。

计呈清折一扣：

谨将宣统二年三月二十七日第二届临时会会议议决札复整顿淮北盐务案声叙两条、补救淮南盐务案声叙五条开具清折恭呈钧鉴。

计开：

整顿淮北盐务案声叙两条

一、请江滁六岸招商承运。查桃宿睢邳山清六岸、滁来全三岸，初亦在商运旧额之内。继因兵燹，商力不逮，暂由官运。江运八岸虽由皖商承运，并非运商直接购买垣商之盐，由官代买，自垣商视之仍无异于官运。官利商害具详原案札开案语谓"桃宿睢邳山清六岸现由官运官销，数尚畅旺，所收课项等款列入报册，有益于公。江运八岸自开江后系由皖岸运商承运，滁来全系官运，与商运无异，余利归公报销"等因。本局以为官运则余利在官，商运则余利在商，诚无以异。但票商垣商交受其困，似当在邀悯之列。至招商承运国家即可获票价二十万两，且得化私为公之盐，可岁增税厘二十万千，其有益归公更巨，是一举而数善备也。合行声叙。

二、请济南余盐援案自运。札开案语谓"济南余盐现由官自淮北海口雇轮装运，由海转江，至十二圩扬子栈收储，每引需费若干，截数开报，余利解交江南财政局提归公用。若由商承运，于公有亏"等因。本局查原案系淮北三场垣商援商圩同德昌成案请求自运。案语似专指官圩事项，合行声叙。又闻案语谓"缉费一项，如北不济南，而运南盐为南商所应出，今既以北济南，故饬令照扣淮北应需缉费甚巨，该商并无协济之款"等因。本局查缉费一项本出自运商，非出自垣商，因垣商所得盐价无多，不能协济运盐，缉费即北不济南亦非南商所应出。现于北盐济南三十万引扣去缉费四万两已非事理，至淮北缉费又票贩所出，非垣商所应协济，犹之垣商自出三场缉费亦非票贩所应协济，事理易明，合行声叙。

补救淮南盐务案声叙五条

一、内河各捐宜禁移拨。札开案语谓该捐由淮运司通融酌拨事或有之，则原案内圩河坝工两项之捐款均经挪作他用，已蒙洞鉴。惟于圩河之应行兴挑、坝工之应开应堵，但云办事在人。本局以为官督商办任人而兼任法，严重监督，杜绝挪移，圩河坝工，名与实副，当远胜于得人，则理之侥幸于万一。

二、缉私经费宜予核实。查此条计分两层。一系请调查实在，将新加牌价内之缉费发还归商，俾得稍资补苴。一系将商指各缉私费全行归商领回，由商自行分场募兵堵缉以期联络。今督部堂谓由商自募堵缉有关权限，尚待斟酌，而于新加牌价内之缉费发还归商一层未置可否，但云就款论款不见有余。窃以自募堵缉为权限之所关，在本局亦不容坚执前议。惟体督部堂优恤商人之意，特加声叙，请以调查实在一语为拨还归商之前提，先将所收牌价缉费实数切实查明，果有余存应照议拨还归商。至谓就款论款不见有余似系揣度之辞，难资综核。盖此费之有余存与否未可知也，且即使果无余存，则若缉费一项既于前曾收每引一百二十文，乃于后又加每引四百五十文或每引三百文，后先重叠，一名而两用之。商人何以堪此。

三、食盐炊草宜清界限。札开案语谓"民灶杂处，划清界限甚非易事"。本局以为炊草灶草本自显然有别，堤外灶荡之草所以供煎者是为灶草，堤内民荡之草所以炊爨者是为炊草。灶荡民荡之界限即炊草灶草之界限。其余宽留听用各节具详原案。

四、内河营兵宜还旧驻。札开案语谓谆嘱统领申明纪律。本局以为鞭长莫及。统领果否查察地势，大宪不得而知；营兵果否遵守纪律，统领不得而知。迨至酿成祸端，盐店袒护营兵，州县无从公断，统领关通运署，上宪难定是非，即幸而惩一警百，人民已饱受荼毒。且以就场缉私与沿江缉私相较未见今愈于昔。近来枭匪愈出愈奇，捆载私盐连樯十数艘结成大队，行抵盐营驻扎地方，明与营兵说合，于大数私盐内酌留一二船给与盐兵，俾为缉报邀功之地，此外一概放行。枭匪既越过此重障碍，此外无复稽查，行驶愈便，销售更易，反不如沿江驻兵堵私于出口之时无所谓不扼要，而取势较远则兜拿较易周密，枭匪不敢明目张胆于内地横行无忌也。其甚者，内地各盐店或惮于赴场配盐反就近向缉私舢板买其私枭留给之盐，买价较贱，归充官盆，而盐营禀报犹谓为就场缉私私贩绝迹。

安知缉获之数日少放行之数日多，即使统领得人，何从一一防范，徒令左近小民受不时之蹂躏，吞声饮怨而已。本局灼见就场缉私之无益，用敢切实声叙。

五、煎丁困苦宜加体恤。札开案语谓已电请复价内酌贴场商原为移济灶户起见。既蒙督办盐政大臣电复允准，自不难切实施行。惟原电止云酌贴场商。场商固为运商所苦，灶户又为场商所苦，非商能苦人，法为之也。贴场似未必即能济灶，济灶之法仍在原案。

（六）呈请发交复议事件

三月二十八日呈请督抚饬钞宝山租地案牍交局复议案

为呈请事：本月二十六日奉督部堂札开："据本局本月十九日会议议决租界外民地买卖停转道契一案等由呈请裁夺前来。查宝山地方本非通商口岸，照约洋商不能在彼购置产业。迨光绪二十五年办理扩界时，经江海关李升道竭力磋磨，许以租地税契之法界务始获定议。宝山租地之事磋商一年有余，二十六年十一月始经余升道以值此时局艰屯之会，交涉事件日益繁难，禀准通融办理，并经咨准总署核复有案。目下时事多艰较前益甚，从前业经允许之案势难即予取消，惟谘议局所陈实为保守主权起见，应札饬江海关道转饬宝山县嗣后如有在上宝毗连之处租用地亩务须查明并无侵占盗卖以及别项情弊方准契税，不得藉口有约外通融之案不加查察任意填给以致漫无限制，是为至要。"等因。奉此。兹于本月二十七日议会会议，窃以从前允许之案诚未易即予取消，惟时事多艰，正官民竭力维持之会，所有札饬道县严申侵占盗卖各情弊本办理契税通例。如果藉口通融漫无限制，有官守者自有应得之咎。兹请督部堂将光绪二十五六两年宝山地租案牍饬钞交局复议以便详细推求如何设法挽回，不敢不为本省效力，设为难已甚，亦决不敢挟持空论轻执前议。所有公同议决请交复议各缘由理合备文呈请，为此呈请督部堂、抚部院裁夺施行。除呈抚部院、督部堂外，须至呈者。

附：未经呈报事件

三月十七日议决豫计地方自治经费厘订地方税界限应请开国会案

今者为筹办地方自治事宜之第一年，谨按《城镇乡地方自治章程》第五条所列第一至第六各款，各地方有已办者，有甫办者，有未办者。已办者须扩充，甫办者须持续，未办者须筹办，要之无一不需款项。本条第七款虽以筹集款项等事属之自治范围，然查第九十条所列地方自治经费各款，除第三款按照自治规约所科罚金势必不敷正用外，其第一款之公款公产亦大率已拨充已办及甫办各项之用。至第二款之公益捐其性质分为二种：一附捐，一特捐。附捐数目所规定不得过原征捐税定数十分之一，特捐须另定种类名目，其数目又无规定明文，既不便强迫加征，即未必能集巨款。约计自治范围所需经费姑举通州为例，其数近二百万元。至施于地方之国家行政经费若警察若审判建筑所需约二三万，常年所需约十七八万其数尚不在内。以馆章规定附捐之数用为筹办自治及行政所需约略计之仅五十分之一耳。九年之限倏忽易逝，筹备之事竭蹶难图，届时政府调查则贻误立宪之期，我人民将尸其咎矣。夫欲筹办地方自治事宜，其经费必取给于地方税，税则不定必不足以办自治。今年为预备立宪之第三年，即为厘定地方税之年期，为今之计，惟有按照九年筹备事项及地方原有可计之财政与夫需用不足之数，各州县分别列表汇报谘议局呈请督抚代奏请开国会，合政府及各政务大臣详细规定地方税界限内之名目数目，庶自治之事有所措手，不至坐待贻误立宪之咎。

三月二十七日议决厘金改办认捐进行方法案

查厘金改办认捐一案系上年大会议决，交由常驻议员确凿调查，再行筹议办法。嗣于上年十月十二日先后奉督部堂、抚部院札复，一俟各业认捐议定切实办法，果于国家正税无损，再行酌核办理云云。上年经常驻议员分推调查员于今春分赴宁苏各厅州县说明事由征集意见。据调查报告，宁省商务总会二月间开常年大会，各属分会均有代表到会。调查员赴会提议此事，一体赞成，并另由总会刊印详表发寄各属核填。苏属调查员计共到二十三处，通信者十六处，各地商情均极踊跃赞成，并另具意见书复本局者二十余处，虽间有一二情形不同之处，均系将来办法上之斟酌。此事既稍有端绪，亟应续筹方治①继续进行。兹议决如左：

一、宜设法先开一全体商会之联合大会，将此事逐细研究。分项如下：

甲、先研究认捐法之标准二者孰便。

一）以业分认，由通省之同业认定数目，再分各地同业匀派。

二）以地方分认，再由该地各业自行匀派。

乙、研究产地落地两种捐与各货孰宜。

一）宜于产地一道捐足者。

二）宜于产地落地两处分认者。

丙、研究通省各货孰为大宗、孰为寻常，约拟数目，分别列之。

丁、研究各地市面销场大小分等列之。

戊、研究对于邻省未撤卡进口货之办法。

已、研究洋货子口半税及落地捐之变通。

二、商会联合会研究之结果，应即议定入手办法，或由联合会拟具草案，移送本局，候至本年常会议决呈报督抚请准予酌核办理，或应另招通省各业代表开一各业联合会，详细蹉商再行拟具草案移送本局办理，均由联合会酌量情形而定。

三、预拟筹备认捐之组织。

甲、宜于省垣及通商巨埠如宁苏沪等处各设立一筹办认捐公所，公推商界望实兼隆之人为领袖主持一切。

乙、各厅州县应各设一认捐分所，由各业组织之，名曰某地认捐分所。

丙、详定收捐、缴捐、余存、公积等办法及私贩白拉罚则，由总公所拟定公商。

丁、预算总公所及各分所经费数目，由捐余项内提充之。

---

① "治"字疑误，似应是"法"。

四、各种筹备妥洽认捐数目与国家原收税数捐抵不缺，即应议实行撤卡之期，呈请督部堂、抚部院奏请明旨宣布恪遵办理。

右前一案议决由各属议员各就本地分别调查自治需用经费列表回报本局后，呈请督抚代奏后一案议决，俟全体商会联合大会开后，研究切实办法，呈请督抚酌核办理，是以暂时俱未呈报。特附于此。

《江苏谘议局第一年度报告》第六册

江苏谘议局第二届第一年度临时会议决案
督部堂、抚部院复文汇录

督部堂复文

（一）呈请公布施行事件

张督部堂札复复议上届整顿税契方法洋商道契一律收税案文 三月二十日

为札复事：据江苏谘议局呈称议决洋商道契一律收税请迅予公布施行等由，到本部堂。据此。查此案前经陆护部院行令江海关道查复，现尚未据复到，尚未能作为实行。据呈前由应再札饬该关道考查条约并历年办理情形，能否按照谘议局议案切实施行，迅速详晰具复以凭核办。除分别咨行外，为此札复谘议局查照。须至札者。

张督部堂札复复议上届整顿税契方法划一折价及
自治会经征案文　三月二十日

为札复事：据谘议局呈上届议会议决整顿契税方法一案内有两条于本年正月二十四日由陆护部院札交复议，兹经三月初十日开会复议，分条议决呈请裁夺施行等因，并开具清折呈送前来。查此案本部堂于本年二月二十二日札复谘议局内通饬照办者三条，归入另案节删宁属契税章程案内交局复议者一条，俟江海关道复到再行核办者一条，其余各条声明查照苏抚部院来咨均行交局复议。是折开划一折价一条及自治会经征税银一条均在交局复议之列。现据谘议局来呈，按据陆护部院交局复议理由仍执前议，呈请公布施行，应请苏抚部院复加裁夺主政挈衔办理。除咨请苏抚部院核办外，为此札复谘议局查照。须至札者。

张督部堂札复复议上届整顿契税方法划拨
公益捐三分案文　三月二十日

为札复事：据谘议局呈本年正月二十四日奉陆护都院第二次札复本局议决之整顿税契方法一案内指明裁夺可行通饬照办者三条饬上海道核复，应俟复到核夺者一条，交令本局复议者两条，直截下断勿庸置议者一条。除饬道核复一条、交令复议两条另行会议呈报外，其指明勿庸置议一条，本局于三月初十日会议议决，谨分为三节逐层声复开列清折呈请迅予察核，查照瑞升部院裁夺公布通饬施行之原件督促实行等由，并开具清折呈送前来。查划拨公益捐三分抵支自治经费，前经陆护部院裁夺不以为然，札局知照。现据谘议局来呈仍执前议呈请督促实行，应请苏抚部院复加裁夺主政办理。除咨苏抚部院核办外，为此札复谘议局查照。须至札者。

张督部堂札复复议上届节删宁属契税章程案文　三月二十五

为札复事：据谘议局呈上届常年会本局议决节删宁属契税章程一案，去年十二月二十七日奉到札复交令复议，兹于本月初十日开会复议，逐条议决，呈请裁夺前来。查此案现经札饬宁藩司查照所议妥为协商，俟复到再行核夺，除来呈内划留公益捐一节应归另案札刘复分别咨行外，为此札复谘议局查照。须至札者。

张督部堂宝抚部院复议上届停止官纸专卖以免官民交困案文　三月二十日

为札复事：据谘议局呈上届会议议决停止官纸专卖以免官民交困案，于正月二十六日奉会札交令复议，本局于三月初十日会议议决缮折呈请公布施行等由并开具清折呈送前来。查此案前拟札饬该印刷厂悉心妥筹，或招商承领，或专办代人印刷而不售纸，逐渐收束以期不拂舆情，官帑亦不致无著，会札交局复议。兹据折呈请照札复事由从速办理，应即札饬该厂遵照筹办核实施行。除行该厂遵办并南洋官报局公布外，为此札复谘议局查照。再本部院会衔不会印，合并知照。须至札者。

张督部堂札复复议上届筹办本省巡警案文　三月二十日

为札复事：据谘议局呈"上年十二月十三日、本年二月初九日先后奉督部堂、抚部院札交复议筹办本省巡警一案，兹于三月初十日开会复议，谨分为四条，逐条议决中略，应请查照先今议决两案公布施行。再，依据札文知警务公所、巡警学堂等宁苏皆有已办之成绩，所有章程规则应请督部堂、抚部院照章饬取全分发交"等由到本部堂，据此。查此案谘议局复议分为四条，前三条应即照办，其第四条裁汰绿营腾出底饷附拨充警费一节应俟实行裁汰之时酌核办理，至江宁巡警局及巡警学堂现办之章程规则已分别饬取，俟送到再行札发。除咨会苏抚部院并分行遵照暨行南洋官报局公布外，为此札复谘议局查照。须至札者。

张督部堂札发江南巡警局及高等巡警学堂现办之章程规则文　五月初三日

为札发事：据谘议局呈警务公所、巡警学堂等宁苏皆有已办之成绩，应请饬取章程规则全分发交等由，当经札复俟送到再行札发在案，除苏属章程规则另由苏抚部院饬取札发外，所有江南巡警局及高等巡警学堂现办之章程规则综计十四种兹经饬据备送前来。除批示外，为此札发谘议局查照。须至札者。

计札发章程规则十四种。

张督部堂札复复议上届度量权衡改制推行案文　三月二十日

为札复事：据谘议局呈上届议会议决度量权衡改制推行一案，本局议请酌收两款，业于上年十一月初四日接奉瑞升部院札复照准，其呈请切实声明原委事由札交复议在案，兹本局于三月十二日开会复议中略呈请督部堂、抚部院迅予公布施行中略，开具清折呈送前来。查此案应即札饬宁藩司暨度量衡局查照先今复议各案妥慎办理。除分别咨行并行南洋官报局公布外，为此札复谘议局查照。须至札者。

张督部堂札复复议上届规划全省教育
甲之一丙之五六各条案文　三月二十日

为札复事：据谘议局呈上届议会议决规划全省教育一案，去年十二月初三日、本年正月初二日二十四日先后接奉札复，将其中甲之一、丙之五六各条交令复议，兹于本月十二日开会复议公同议决等由，呈请裁夺前来。查教育各费出自各署局者，应由宁苏两学司移明各该署局，嗣后一面拨款一面移知学司转告学务公所知照，如各该处未能将拨款案由随时移明，即由宁苏两学司查照夏署学司原详办法详请核咨，此外各条均应查照来呈公布施行。除分别咨行外，为此札复谘议局查照。须至札者。

张督部堂札复复议上届宁苏合办女子师范学堂案文　三月二十日

为札复事：据谘议局呈上届议会议决宁苏合办女子师范请就南菁学堂改设一案，本年正月初二日二十四日迭奉札交复议，兹于本月十四日开会复议，公同议决等由，呈请裁夺公布前来。查宁苏合办女子师范学堂既经谘议局议决以江宁省城最为适中之地，应由宁苏两学司查照谘议局所议，或从新缔造，或就官款最多之一校改设，迅速会商妥办，一面移会两藩司商筹的款，一面拟具章程呈候核夺。除分别咨行公布外，为此札复谘议局查照。须至札者。

张督部堂札复复议上届永远停止彩票案文　三月二十二日

为札复事：据谘议局呈上届议会议决永停彩票一案，正月二十七日奉札交令复议，兹于三月十四日开会会议，仍分四条逐条议决等由，具复前来。查江南彩票前经招商接充试办三月，业已饬令停办，由财政局转饬遵照。安徽彩票曾否实行停办，尚未准皖抚部院咨复，现已查照议案咨催办理。至外省彩票不准来苏销售已饬苏臬司通饬各属一律禁止。又惩罚私售彩票之人一条，已行司酌核办理。又通咨各省一条亦已照议核办矣。除分别咨行公布外，为此札复谘议局查照。须至札者。

张督部堂札行湖北签捐彩票分年递减办法交局复议案文　四月初八日

为札交复议事：宣统二年四月初二日准署理湖广总督部堂瑞咨："据湖北签捐总局详称：'窃奉札准两江督部堂张咨"案据谘议局呈议决永停彩票一案开折呈送前来。查停办彩票自是正办，惟湖北、广东等省各种彩票亦在苏省售销，必须联合各省同时停办方与事体有裨，现经本大臣咨商举办彩票各省酌核办理，俟复到再行核办相应抄折咨请查照酌核办理示复等因，准此抄单行局查照核议具复"等因。奉此。职道等窃维签捐筹款本非长久之策，苏省谘议局认为应革事件，请饬禁售，所议自属正当办法。惟查湖北签捐关系新政要需，情形有较他省为重者，为我宪台缕晰陈之。查湖北创设签捐彩票，系因光绪二十六七年间，武汉等处地方、江南、顺直、广东、浙江各省彩票，胶州德国人所设彩票均一时盛行，禁不胜禁，输出之资甚巨，前阁督宪张有鉴于此，急筹抵制，又值庚子赔案筹款维艰，新政举行财力不逮，无可搜罗，因于二十七年十二月奏请仿照各省成案并取法东洋筹款之法，有富签票名目，借彩招徕酌提报效，由鄂省自设签捐票招商承销，所筹之款即为赔款及自强诸要政之用，钦奉谕旨允准，于二十八年二月在汉口设局售票开彩。溯开办迄今历时九载，票额由二万张推广至六万张，盈余由十余万元加增至六十余万元，三十四年冬添设副票六万张，宣统元年正副两票及多一闰月共计盈余直达一百万元外。此项签票在前阁督宪张创设之初本系一时权宜抵制外销之意，迨后因新政繁兴，无款筹拨，惟此签票取诸有盈，出于自然，既非强迫勒捐，亦不尽取内地华民，公家则不费重赀而得巨款，但期办事认真，则遐迩禽服，以故历年逐渐推行，鄂遂倚为经常进款，中间票价虽屡经蹉跌，幸鄂票名誉尚优，又赖历任总督主持于上，得以自保销路，不误要需，实各宪台擘画不得已之苦衷，非谓立宪之国所宜应有也。职局于去年九月鄂省谘议局成立时奉调任督宪陈札饬拟具提议草案。职道即请将签捐所拨新政各项款目交议，俟筹有抵款，即应将签捐裁停以清稗政在案。旋又因谘议局请提签捐各款兴学，奉护院宪杨札饬会同司道议复，复经详请批札谘议局，以现当预备立宪时代，签票将次裁停，应令另筹的款，并请饬下关于指拨签捐款项各局所自行撙节裁减以为裁撤签局地步亦在案。现在鄂省财政入不敷出，频年灾祲，民力凋残。抵款既一时难筹，宪政年程愈进愈促，用款愈久愈繁，各款停拨又属不易，故未行彩票及行票不多各省分之议员纷纷议禁而湖北谘议局议决案内尚无停止之议，亦明知情势使然，非鄂省议员故为宽假也。再，查各国立宪，皆以财政为权舆，视出款之多寡为入款之准绳，预算不敷，即有办国家大票之举，办法微有不同，仍系按月开彩酌提余款以为要政之用。现如美德法奥日本诸国，皆间常行之，以为筹款之善策，不为宪政之诟病。且鄂票销及南洋各埠，每年收回外溢利权为数不赀，即汉口旅居东西外人购票亦复不少，是鄂票利源不专在本国，若舍此另图，湖北水灾十室九空，恐一时遽难筹不烦不扰之良法可备新政之急需。况彩票系奏办之件，前因开办副票满年，详请调任督宪陈咨部，亦准将各款筹定始行停办，是部中亦明知筹款不易，停办为难。部议如此，则鄂省尤未可先竭其饷源，于新政前途致生障碍。此彩票关系鄂省饷源之大概情形。职道等综司其事，管见所及，自应沥陈以备采择。惟是预备立宪已届三年，各省议员请禁纷纷，则销场日减，范围日缩，既难长保利权，支拨各款纷至沓来，又难遽请裁撤。职道等反复筹思，惟有拟请逐年递减之一法，自宣统三年始正副两票或每年各减二万张，限三年减尽，或每年各减一万张，限五年减尽，减尽之年总期在宣统八年预备未满之先，减票之多寡，年限之迟速，即视拨款各局署筹抵裁节之迟速为衡，庶财政不致竭蹶，宪政依限成立，售票各省分咸晓然，于湖北之计日程功亦以逐年递减，去此稗政为进行之方针。倘蒙宪台俯如所议，并请札饬司道会同各署局切实议筹各款，可裁者即逐年裁节，不能裁者即自行筹抵，务须截定年限，期内即各分认筹定，详复时即请咨复两江督宪张转咨兼辖各省分仍暂准照常销售，依限禁止，以巩财政而符宪章。所有奉饬议复停止彩票，拟请分年递减各缘由理合具文详复。'等情，到本署部堂。据此。除批据详湖北签捐彩票关系新政要需，碍难骤停，拟定分年递减办法以期逐渐革除规时立论尚属实在情形，但五年递减太觉迟缓，应如所议，从宣统三年起年减正副票额三分之一，俾三年内限满停止，候据详分咨两江督部堂、江苏抚部院、江西抚部院查照，仍一面由局会同藩学臬三司暨湖北善后局迅将该局指拨各款切实撙节另筹抵补妥定办法，务期早见廓清，是为至要，仰即遵照办理。此缴。等因。印发并先行电达外，相应据情咨请查照饬遵，仍希见复。"等因。到本大臣。准此。查江南彩票现已饬令停办，外省彩票屡据谘议局来呈不得来苏售卖，业已照案札饬苏臬司通饬各属一律禁止并咨明鄂督部堂查照在案。此事系谘议局发起准咨前因，应札交自谘议局复议，俟复到再行核办。除分别咨行外，为此抄录来往电文札行谘议局查照，须至札者。

计抄来往电文：

武昌来电

南京张制台、苏州宝抚台鉴：鄂省签捐筹款，本权宜救急之计，因循不革，渐成秕政，苟能一旦舍去，何快如之！奈目前各项新政恃此为常年的款，澂抵鄂后，（子）〔仔〕细考察，一时竟欲罢不能，事固有心，知其非未能仓猝力行者，此类是也。顷与局员商定，万不获已，年减票额三成之一，伈三年限满停止，冀得从容筹款，设法弥补。明知贵省谘议局议禁外省签票，澂在苏时曾表同情，商请安帅执行，不图鄂省财政窘迫至此，舍此一筹莫展，竟出意计之外。上海为运销枢纽，闻已由县禁售，请先电饬缓禁，俟澂另文咨达再请酌核饬遵，至纫公谊并盼赐复。征。卅印。宣统二年二月三十日亥刻发，三月初一日己刻到。

复武昌电

瑞制台鉴：洪卅电悉。鄂省财政窘迫，签捐一项一时尚难停办，尊意拟年减票额，自是不得已之举，惟外省彩票已于去冬由苏臬司饬属谕禁售卖，札行谘议局知照，江南彩票本年亦已饬令停办，若再饬属缓禁，颇难措词。此案系谘议局发起，照章须由该局复议方能通过，容俟接准大咨后再行酌办。人骏。冬。三月初二日发。

张督部堂陆护部院札知湖北签捐彩票展缓至六月分为止不再发销苏省文　四月十三日

为札知事：宣统二年四月初八日准署湖广总督部堂瑞电开"鄂省签捐彩票应请展缓至六月分一百零三会为止，以后不再发销，其上海分局尚须经理收票兑款事宜，并请缓至兑期届满再行撤局，祈转饬遵办"等因，到本大臣、本抚院。

准此。查此项签捐彩票前准湖广督部堂来咨分作三年递减停业，经本大臣札交谘议局复议，兹复准湖广督部堂来电定明期限至六月分为止，不再发销，自应照办。除电复并饬苏臬司、苏松太道转饬所属遵照办理外，为此抄录来往电文札知谘议局查照。再本护院会衔不会印，合并知照。须至札者。

计抄来往电文：

武昌来电

南京张制台、苏州陆抚台鉴：鄂省签捐前拟分作三年递减停止，已经备文咨达冰案。兹据签捐总局禀上海分局电沪道示禁各省彩票商情恐慌等语，查湖北签捐票乃系供解赔款要需，本与他省彩票有异，今江南谘议局既坚持禁售之议，澂亦何能重拂其意。第该局发票章程各处分局及远埠各商均于两月前发票领销，上海五六两月之票已经领去，若遽尔禁止，势必纷纷退票还款，窒碍甚多，应请展缓至六月分一百零三会为止，俾使票商已领之票得以销售，以后不再发销，其上海分局尚须经理收票兑款事宜，并请缓至兑期届满再行撤局。祈赐转饬遵照办理。至纫公谊。澂。庚印。宣统二年四月初八日到。

复武昌电

武昌瑞制台：庚电悉。鄂省签捐拟分作三年递减停止，昨准来咨，已札交谘议局复议，现准电上海分局拟展至六月分为止，以后不再发销，并请缓至兑期届满再行撤局，自应照办，希蔡道转饬遵照办理。除抄电另文行知苏臬司、蔡道并谘议局外，理合电复。人骏。青。

张督部堂札知禁止安徽彩票销售苏省案文　五月十六日

为札知事：宣统二年五月初九日准安徽抚部院朱咨"据安徽铁路公司呈称：'奉宪台照准两江督部堂张咨据谘议局呈上届议决永停彩票一案。查安徽自办全省铁路，所有就地筹款除招股及茶股米股米捐外，并仿照各省开办彩票，于光绪三十一年七月二十八日经前两江督部堂周、前抚部院诚附片会奏，奉旨允准，当经前总办李京堂遵拟《安徽铁路劝股彩票章程》送部查核并声明在芜湖设局开办，复于上海华界设立总批发行以广销路。嗣奉商部核准照复各在案。前总办李京堂遵即拟定自光绪三十二年五月起设局开办，票额每会设六万张，每张分作十条，除中彩之票照章领彩立兑现洋外，其不中之票不拘号码凑足二十条即换领安徽铁路股票一张息折一扣，扣足四年官利照给，余利一律照分。开办以来信用昭著，咸知此项彩票外虽以彩招徕，内实代积股本于路股，固大有裨益，而于民力亦无所损害，实与他种彩票性质截然不同。现值工需甚殷，招股未齐，正赖劝股彩票票价以资补助而促进行，若骤失此项大宗股本，将于办路前途益形竭蹶。再，此项彩票向未派销，购否听人自愿，既系劝股性质，亦且贸易自由，他省似无禁销之理。至云迹近赌博，亦非笃论。盖赌之为害，大则荡产倾家，小亦废时失业，若购买彩票，每次不过一二条或数条，多亦不过一二张而止，所费系有限制，何况不中之票倘能凑换股票，本利收回，仍属有益无损。总之皖路所办彩票系为劝集股本振兴实业起见，此种方法不惟皖路行之，亦不独中国有之，权其利害，实未可以赌博相提并论，即不必与他种彩票同时禁售。如将来筹集巨款，足敷工需，此项劝股彩票即时可以停办。奈现因用款奇拙，工事难停，不得不暂资挹注以应急需，是以公议此项劝股彩票现时实难停止，仍请照章办理，以维路局。理合据实呈复，仰祈鉴谅咨复两江督部堂察核办理，皖路幸甚'等情，到本部院。据此。相应咨请查照核复。"等因，到本大臣。准此。查江南及广东彩票现在均已停办，湖北彩票已准湖广督部堂来咨至六月分截止，并迭次札饬苏臬司通饬各属禁售外省彩票各在案。安徽彩票事同一律，未便再在江苏各属销售致涉两歧，应仍由苏臬司查案通行各属一体禁售以昭划一。除咨复并行苏臬司遵办外，为此札行谘议局查照。须至札者。

张督部堂、宝抚部院札复复议上届整顿淮北盐务补救淮南盐务运商违章朦收三案文　三月二十五日

为札复事：据谘议局呈称上届议会议决两淮盐务三案于本年二月初一日奉督部堂、抚部院会札，以盐务事宜新章须由督办大臣主政交局复议。兹于三月十四日会议议决中略理合备文呈报，为此呈请前来。查此案本大臣因盐政处甫经设立，案据未全，除将前三案查明办理缘由，各加案语，咨请督办盐政大臣核复外，为此将按语开单札复谘议局查照。再本部院会衔不会印，合并知照。须至札者。

计抄单：

十月十七日议决整顿淮北盐务兼筹海州自治经费案

一、请革除积弊规复原额。本大臣查淮北自每纲加额三十六万引，销数疲滞，戊申纲因销不足额，奏请展限三个月，部议允准船户夹带诚所难免，现已将南北缉私各营统领遴员更换，认真稽查。至谓俟海清铁路建立以后每纲可副四十六万引旧额，其效在后，目前无从预议。

一、请添设豫卡以杜芦私。本大臣查整顿豫岸已据淮运司督同海分司、正阳关督销局、袁令另议办法汇案咨请督办盐政处核复开办，至应否设卡，俟开办时饬正阳督销局察办。

一、请江滁六岸招商承运。本大臣查淮北桃宿睢邳山清六岸现由官运官销，数尚畅旺，所收课项等款列入报册，有益于公，江运八岸自开江后，系由皖岸运商承运，滁来全系官运，与商运无异，余利归公报销，有案可稽，理合登明。

一、请济南余盐援案自运，本大臣查淮北济南余盐现由官自淮北海口雇轮装运，由海转江，至十二圩扬子栈收储，每引需费若干截数开报，余利解交江南财政局提归公用。若由商运，于公有亏。至缉费一项，如北不济南而运南盐，为南商所应出，今既以北济南，故饬令照扣。淮北应需缉费甚巨，该商等并无协济之款，理合登明。

十月十七日议决补救淮南盐务案

一、内河各捐宜禁移拨。本大臣查各捐当时原为专需而设，嗣后由淮运司通融酌拨，事或有之，至办理归商归公亦在办事者得其人耳。

二、缉私经费宜予核实。本大臣查两淮原设缉私，只有盐捕营炮艇数号并盐河水师，规模甚隘。近数年日事扩张，饷糈岁需二十五六万两上下，其原设各营饷尚不在内，就款论款不见有余。至由商自募堵缉，有关权限，尚待斟酌。

三、食盐炊草宜清界限。本大臣查此条系为裕煎便民起见，惟民灶杂处，划清界限甚非易事，若营兵因查草致民户被累，自应查禁。

四、内河营兵宜还旧驻。本大臣查缉私期在扼要，就堤缉私为杜出路起见，若管带约束不严，营兵滋扰，其咎在人。两淮缉私营统领现已更换，本大臣谆属首在申明纪律，至如何扼要以及酌量移驻，应饬由该统领等随时查察地势办理。

五、煎丁困苦宜加体恤。本大臣已电请以复价内酌贴商场，原为移济灶户起见，电复允准，已转行淮运司会同陈道惟彦酌办禀复矣。

十月十七日议决整顿运商违章朦收案

一、理由书

甲、谓甲午以还共捐巨款。

乙、谓偿款新加厘课。

丙、谓前督宪端曾著令补交票价。

二、湖北谘议局来函

三、湖南谘议局来电

四、江西谘议局来电

五、湖北谘议局来电

本大臣所列议案即属复价每引一两八钱之款，现准督办盐政处将商本内每引八钱电复分成摊扣矣。

以上折开三案本大臣将大略逐条各加按语，均候督办盐政大臣核复施行。

张督部堂宝抚部院札复复议上届设立公司开垦淮海苇荡营荒地案文　三月二十日

为札复事：据谘议局呈上届议会议决设立公司开垦淮海苇荡营一案，现拟先行履勘测量办法，呈请转咨迅予施行等由前来。除照录来呈咨请江北提部堂核办见复外，为此札复谘议局查照。再本部院会衔不会印，合并知照。须至札者。

张督部堂陆护抚部院札复复议上届筹办共进会案文　四月初七日

为札复事：据谘议局呈上届议会议决瑞前抚部院交议筹办共进会一案，于去年十月二十九日、本年二月初一日先后接奉札复，兹于本月十七日会议，陈请裁夺公布等由前来。查札复原案一节，应即札饬宁苏两藩司查照办理并公布施行。其引伸原案一节，查谘议局所请系为鼓舞商情起见，应照所议办理，惟劝业会开会在即，若由本大臣会同宝抚部院具折陈请，再由税务处及度支部、农工商部核复，诚恐辗转需时，因于三月二十八日会同宝抚部院电请税务处及度支部、农工商部具奏，无论赛品售品，准予概免税厘。兹于四月初三日接准税务处电复碍难照准等因。除分别咨行外，为此抄录往来电文札复谘议局知照。再本护院会衔不会印，合并知照。须至札者。

计抄往来电文：

致北京电

度支部、农工商部、税务处钧鉴：洪。前据谘议局呈本届南洋劝业会赴赛各物品概请免征税厘，当以赛品免征，售品不免，业经大部钧处奏准通行，未便再行奏请札局知照。兹谘议局开临时会，复以劝业开会系中国创行盛举，中外注目，风气初开，亟宜多方诱掖，庶各处运货赴赛益形踊跃，拟请赛品陈列后无论现售及转售，各货一概免征税厘，呈请核奏等情。察核所请，系为鼓舞商情起见，惟开会在即，若由骏等具折陈请，再由钧处及大部核复，诚恐辗转需时，可否由钧处会同大部具奏，无论赛品售品，准予概免税厘之处，敬候钧裁电复。人骏、宝棻。勘。

致苏州电

宝抚台鉴：洪。顷会台衔电度支部、商部、税务处云：前据谘议局呈照前电译至电复勘等语，谨奉闻。人骏。勘。

北京来电

南京两江总督、苏州江苏巡抚鉴：洪。勘电悉。赛品免税已足鼓舞商情，至现售转售各货与寻常贸易无异，自应照章征税，以重国课，业经奏准订定专章通行遵照，所谓概免税厘之处碍难照准。除行知度农两部外，希查照饬知税务处。冬。宣统二年四月初三日到。

张督部堂札复复议上届举办本省审判厅请缩短年限案文　三月二十五日

为札复事：据谘议局呈本月十七日开会复议本省审判厅请缩短年限一案呈请裁夺前来，应如所请办理。除咨明苏抚部院并行苏臬司遵照外，为此札复谘议局查照。须至札者。

张督部堂札复复议上届整顿学务公所事宜倍选议长议绅并声明办公钟点案文　三月二十五日

为札复事：据谘议局呈上届议会议决学务公所整顿事宜一案，业于本月十二日接奉札复，将案内第二条交令复议。兹于十六日开会公同议决交令复议一条、声明原案一条呈请裁夺前来。查原案议长议绅照额倍选，呈请择定，与部章径由督抚学司遴选似有不同，惟既据谘议局一再来呈，仍执前议，应查照谘议局所议，咨请学部核复，俟复到再行公布。至提学使督率所属职员限定钟点入所办公，本系载在部章，应由宁苏两学司将每日办公钟点载入学务杂志，俾办事人员有所禀承。除分别咨行公布外，为此札复谘议局查照。须至札者。

张督部堂札知学部咨复整顿学务公所事宜倍选议长议绅案文　六月初九日

为札饬事：宣统二年六月初二日准学部咨"准两江总督咨'称据江苏谘议局呈议决学务公所整顿事宜一案，一议长议绅应请每年于教育总会大会期内按照定额加倍选举，开单呈请督抚提学司择定等语，当经本部堂以与部章不合札交谘议局复议。兹复据陈称原案议长议绅照额倍选，呈请择定，系为督抚学司遴选之预备，实于部章范围以内加意郑重，仍请公布等情。查原案议长议绅照额倍选，呈请择定，与部章径由督抚学司遴选似有不同，惟既据谘议局一再来呈，应请核示，俾有遵循'等因，到部准此。查学务公所议长议绅系佐提学使赞画学务并备督抚之咨询，与督抚提学使原处于辅助之地位，非处于敌体之地位，且学务公所人员皆为行政机关而设，自应由督抚提学使秉公选择方能收指臂之效，若由教育会照章倍选，即与公举无异，实与部章不合，碍难照准。况谘议局为地方立法机关，所有用人行政更非该局所得干预，相应咨行贵督转饬遵照可也。"等因，到本部堂。准此。为此札知谘议局查照，须至札者。

张督部堂札复复议上届筹兴江淮水利公司案文　四月初九日

为札复事：据谘议局呈上届议会议决筹兴江淮水利公司一案，于三月十三日奉札交复议。兹于十七日议会会议中略，公同议决第一步办法十条，另缮清折呈候裁夺等由，并清折到本部堂。据此。查谘议局拟设江淮水利公司，先从测量入手，自是至当不易之办法，折呈各节规画极为周详。目下公司尚未成立，集股需时，所有测量各项经费款无所出，自应官为之倡，俾树风声。本部堂详加审度，拟于宁苏司道局库凑拨银三万五千两作为测量之用，当经会同宝抚部院电准度支部核复，准予动拨。惟事体重大，提纲挈领首在得人，应由谘议局公推总协理，拟具公司章程，俾可及时举办，前项测量经费一俟总协理公举有人，即行呈候饬令拨给以资应用。除分别咨行外，为此抄录往来电文札复谘议局查照。须至札者。

计抄往来电文：

致北京电

度支部钧鉴：洪。据谘议局呈：江北十余年来叠经水灾，约计前后人民所失及官振义赈所用不下千万，水道不治，灾无由止。公议拟设江淮水利公司，以测量为入手办法，约计需用洋五万元。目下公司未立，请先由官拨款以为之倡，俟公司成立，再分别应存应缴，另案办理等情。查谘议局所拟导淮办法，事关数省，收效虽远，其利甚溥。现拟先从测量入手，所呈简章亦切实可行。拟由宁苏司道局库凑拨银三万五千两作为测量之费，官为提倡，俾树风声，一面由谘议局拟具公司章程，公推总协理承办一切事宜。案关拨款，可否准予动拨之处，敬候电复。人俊、宝棻。勘。

致苏州电

宝抚台鉴：洪。顷会台衔电度文部云：据谘议局呈照前电译至电复勘等语，谨奉闻。人骏。勘。

北京来电

两江总督鉴：洪。勘电悉。谘议局拟设江淮水利公司，请由司道局库凑拨测量经费银两如无碍京协各饷，即准照拨。度支部。支。

张督部堂札知筹拨江淮水利公司测量经费
已由宁苏两属分认文　四月十八日

为札复事：据谘议局呈上届议会议决筹兴江淮水利公司一案，于三月十二日奉札交复议。兹于十七日议会会议中略公同议决第一步办法十条，另缮清折呈候裁夺等由并清折到本部堂。据此。查谘议局拟设江淮水利公司先从测量入手折呈各节，规画极为周详。目下公司尚未成立，集股需时，所请动拨官款洋五万元作为测量之用，此事关系数省水利，应如所议办理，当于三月二十八日会同宝抚部院电商度支部在江苏司道局库动拨银三万五千两以资应用，旋准度支部电复准予拨用，复经本部堂以此事有关盐运，电明督办盐政处在淮运司库凑拨，并经盐政处电复照办。际此款绌用繁，此项银两应由各该司道局勉为筹拨，俾收众擎易举之效。本部堂详加筹度，宁苏两藩司应各拨银三千两，淮运司应拨银五千两，江安苏州两粮道、金陵苏州松沪三厘局、江南财政局应各拨银四千两，淮运司及宁属道局各款解由宁藩司，苏属道局各款解解由苏藩司，均存储候拨，应由谘议局俟应用时再行请领。除分饬各司道局遵照筹解具报并咨明苏抚部查照暨度支部来往电文昨已抄录札知外，为此抄电札行谘议局查照。须至札者。

计抄往来电文：

致北京电

督办盐政处钧鉴：洪。前据谘议局呈请设立江淮水利公司先从测量入手拟在江苏司道局库拨银三万五千两电请度支部核复如无碍京协各饷即予动拨等因，此事有关盐运，拟在淮运司库动拨银五千两，其余即在宁苏司道局库凑拨，谨奉闻。人骏。青。

北京来电

南京制台鉴：洪。青电悉。江淮水利公司拨款应如尊议，由运库拨银五千两，请饬运司照拨，即将动拨款项详报督办盐政处。元。

张督部堂札行安徽谘议局议决治睢案能否与江淮水利归并办理文　七日初七日

为札行事：准安徽抚院朱咨"接谘议局呈称议决治睢案一件呈候公布施行，计议案清折等情到院，据此。当经抄录札饬妥议在案。兹据劝业道详称'查皖北近年迭遭水患，皆由于睢河淤塞，无轨辙可循所致，欲为急则治标之计自以治睢为入手办法。然洪泽湖为睢水尾闾，自黄河北徙，该湖淤垫日甚，淮水入湖失其故道，动辄泛滥生患，故欲正本清源必先疏通洪泽湖，上游之水方有归宿。谘议局提起治睢议案，以开通下游为上策，固已早见及此。是治睢问题就广义言之，实即导淮问题，盖治睢河而不治淮河入海之故道，则旋开旋淤，仍不足以兴百年之大利。兹事体大，非吾皖一省所能独立擎举。江苏居淮水下游，去年苏省谘议局提出导淮议案，即主张与吾皖合办，利害相关，畛域自泯，所有治睢请愿书自应改作导淮议案，拟请宪台咨商江督宪、苏抚宪并案共筹办法。事关两省水利，固应统筹全局，未便谨就一隅设法也。奉札前因，理合核议详复，仰祈鉴核分咨并札复谘议局查照'等情前来。本部院复加审查，除札复谘议局查照外，相应咨商查照并案，统筹办理见复施行"等因并议案到本部堂，准此。查筹兴江淮水利公司先从测量入手，前经江苏谘议局推定沙编修为测量局长，业经照会并分行在案。此案能否归并办理，应由沙编修酌核见复，除咨复外，为此抄录议案札行谘议局查照，希即知会沙编修酌核办理见复。须至札者。

计抄议案：

查淮北水患以睢为最。睢水自西北至东南横亘皖之北部。自黄河北徙，洪泽湖淤垫，于是睢水故道日益堙塞，宿灵首当其冲，泗虹并受其虐。前抚部院冯倡浚睢之议，委王令宝槐履勘，历时数月，申报最为详晰。其所持办法略分三端：上游以不治为治，中游以节宣为治，下游以开通为治。于睢河利病言之凿凿，办法亦简而有条。惟据虹乡人民陈兆升等、泗州人民杜炳蔚等陈书到局，谓睢河故道涸出之后，移居垦户经地方官按亩陆续升科，今已田园庐墓棋布星罗，必开故道，一切毁坏以复其旧，于情势颇有未便，且乌鸦岭以上数十里，土内悉含沙石，由地面至沙石，浅二三尺，深五六尺不等，沙石质坚，万难疏凿，虽欲开浚，其道无由。至泗州东北东南地方，由新关口至葫芦套一带百数十里，旧皆水乡，葫芦套逼压洪泽湖，每当夏秋之交，南北各水暴涨，群趋于湖，下游宣泄之路既狭，则漫溢为灾，若不为湖水先筹出路而但浚睢河，则是上游可增一特别巨流，沿湖居民荡析，岂堪设想。此又未能统筹全局之所致也。以上情形，各执一是，事属水患，民生国计关系匪轻，议决请抚部院派员就上陈各节切实详勘，是否仍如王令原议办理，或采用所陈意见以救其弊。果能有利无害，即请拨款兴办以重水灾而抒民困。

两江督部堂张、江苏抚部院程、安徽抚部院朱恭录札行军机大臣字寄翰林院侍读学士恽毓鼎奏请查办滨淮水患案文　七月二十五日

为恭录札行事：宣统二年七月十九日承准军机大臣字寄宣统二年七月初五日奉上谕："翰林院侍读学士恽毓鼎奏滨淮水患日深请派员查办筹款修浚一折，着张人骏、程德全、朱家宝遴派通晓河务之员按照所奏各节查明具奏，原折均着钞给阅看。"钦此。遵旨，寄信前来等因，到本部堂。承准此。本部院并钦奉前

因。查导淮一事，先经江苏谘议局议决，拟设江淮水利公司先从测量入手，当经本部堂会同前江苏抚部院宝电准度支部核复，准予拨银三万五千两饬行宁苏司道局库凑解以为测量之用。嗣经谘议局公谁沙编修为测量局长，亦已照会任事在案。现值湖河水涨之时，无从履勘，拟俟秋高水涸，由沙编修督饬测绘各生测量完竣绘具详细图说，见复到日再行遴派通晓河务之员复勘明确妥议办法，另行奏明办理以仰副朝廷弭患恤民之至意。除附片复奏另行抄稿札知外，为此札行谘议局知会沙编修查照办理。再本部院会衔不会印，合并札知。须至札者。

计抄原奏：

奏为滨淮水患日深，拟请派员查办筹款修浚以兴水利而苏民困恭折仰祈圣鉴事：窃维淮水导源桐柏，历河南、安徽、江南以入海，长逾千里，自魏晋以来类皆引水开渠以施灌溉，濒淮田亩悉成膏腴，历史著为美谈，成迹至今未泯。乃近来沿淮州县无年不报水灾，浸灌城邑，漂没田产，自正阳关至高宝一带尽为泽国，小民丧其生计，荡析流离，井里萧条，上下交困，岂长淮之利独甚于古而今适当其害哉？实缘近百年间河身淤塞，下游不通，水无所归，浸成泛滥，水既不利，遂以害民。方今国家财赋仰给于东南，水患濒仍，既不能征收赋税，而发帑赈济更足以耗度支，则何能不熟筹补救之策哉？臣尝博考图籍，证以见闻，而知长淮致害之由实因高堰坝头之障碍。淮源发于胎簪，至桐柏成渠，月水人焉；东过信阳，纳游明洋三河；过罗山，纳狮溮月湾竹竿四河；过息县，纳澺泥间营清水港五河；过光山，纳寨河；过光州，纳小横河；过固始，纳史汝谷三河；过霍邱颍上，纳清润澧东淠颍六河；过寿州，纳东西二淝河；过怀远，纳洱洛芡涡肥五河；过凤阳，纳濠水月明湖；过五河，纳浍浍沱潼四河；过泗州，纳池睢汴三河；至盱眙，然后东汇为洪泽湖。异时黄河由徐至清口，与淮合流，有南下之势，治河者欲束淮以敌河，借清以刷浊，故特坚筑高堰坝头，逼淮由天妃闸以济运，于是豫南皖北纵横注淮之水无从入海，悉以洪湖为归墟，演漾渟潴岁久淤多，水流生滩大半俱成平地，愚民但贪占种之多利，不计容量之日微。以淤塞浅小之湖，安能受浩荡无涯之水，无怪上自颍凤，下达淮扬，漫溢横流，几为故辙。是则高堰坝头之为害也。今黄河久经北徙，堰坝无所用之，当别筹入海之途，使下游得所宣泄。查长淮可以入海之道有二：一由清河东下，穿射阳湖至射阳河口入海；一由清口东北下，由盐河至北潮河入海。射阳河内地湮水曲中，格以运河二堤及沿海之范公堤，海口外更多暗砂，既不便淮水之直趋，又不便商船之出入，不如由清口西坝盐河之为便。盐河在旧黄河之北，势等建瓴。由盐河至安东县，渐折而南，至徐集又东北趋响水口，响水口以下东入海为北潮河，河身宽至百余丈，若引淮由此归海，足资容纳，且去淮河入海故道不远，口外亦无暗砂，疏浚之功宜自此始。尾闾既畅，水有所归，不独颍寿凤泗永澹沈灾，即高宝兴泰亦百年高枕矣。然后相度上游，疏通经流以除淤塞，分浚支流以杀水势，既消盛涨，兼溉民田，可使枯瘠变为膏腴，灾区更成乐土，民生大利无逾于此。或谓当兹财政艰难，何可更糜巨帑，不知浚淮之后有四利焉：从此可免灾赈一也；田不加辟而赋税可增二也，淮河通利，商船云集，可以渐开口岸，为东南辟一繁盛市场三也；由响水口入长淮沿河至信阳州，与铁路交通，可运百货以输汉口四也。夫以年年报灾上下交困之时就令无利可收浚治之工犹不容已，况更可辟久大之利源乎。或以兹事体大未易骤举，可否特旨先派通晓河务之员遍历沿淮州县会同地方官相度利病，详细复陈，然后筹集款之方，议兴工之法，实根本之至计也。臣为兴利苏困起见是否有当，伏乞皇上圣鉴。谨奏。

张督部堂抄稿札知复奏查办滨淮水患案文　八月初五日

　　为抄稿札知事：照得本部堂会同江苏抚部院程、安徽抚部院朱于宣统二年七月二十六日附片复奏查办滨淮水患业经江苏谘议局举绅测量拟俟测勘完竣再行派员复勘议办缘由。除俟奉到朱批另行恭录札知外，为此钞录片稿札行谘议局查照。须至札者。

　　计抄片稿：

　　再，臣人骏于宣统二年七月十九日承准军机大臣字寄宣统二年七月初五日奉上谕："翰林院侍读学士恽毓鼎奏滨淮水患日深，请派员查办筹款修浚一折，著张人骏、程德全、朱家宝遴派通晓河务之员按照所奏各节查明具奏，原折均著钞给阅看。"钦此。遵旨，寄信前来。臣德全、臣家宝均钦奉前因。伏查滨淮水患为日已久，同治六年前督臣曾国藩因绅耆之请倡为导淮之说，厥后屡经议办，迄无成效。光绪三十三年前督臣端方等奏查勘淮河故道一折，力陈导淮四难，当于清江浦设局遴派员绅筹议经年，仍无端绪，旋即将局裁撤。上年江苏谘议局开会，臣人骏列为议案交议，旋经各绅议复，拟设江淮水利公司，先从测量入手，请拨经费试办。臣人骏核其所议办法尚属扼要，当经会同前任江苏抚臣宝棻电请度支部核复，准予拨银三万五千两，饬行宁苏司道局库凑解以为测量之用。嗣经谘议局公推在籍翰林院编修沙元炳为测量局长，拟俟秋高水涸即行开办，亦已照会沙元炳到局任事在案。臣等窃维导淮之后使之专趋入海，既免淮扬昏垫之忧，而盱泗高宝数州县民田，昔之沦没于洪涛巨浸中者亦可复为沃壤，实为江皖生民所利赖，亟宜切实图维。惟筹议已数十年，查勘亦非一次，徵独费繁款绌，抑亦众议纷纭，计非实地测量，无以为入手之方。现值湖河水涨之时，无从履勘，既经谘议局议定选绅设局举办测量事宜，拟俟该绅等测勘完竣，绘具详细图说呈复再行遴派通晓河务之员复勘明确，妥议办法，另行奏明办理以仰副圣主弭患恤民之至意。是否有当，谨合词附片复陈，伏乞圣鉴训示。再，此片系臣人骏主稿，会同臣德全、臣家宝办理，合并陈明。谨奏。

两江总督部堂张、江苏抚部院程、安徽抚部院朱恭录札知复奏查办滨淮水患钦奉朱批文　八月二十五日

为恭录札知事：照得本部堂会同江苏抚部院程、安徽抚部院朱于宣统二年七月二十六日附片复奏查办滨淮水患业经江苏谘议局举绅测量军拟俟测勘完竣再行派员履勘议办缘由，当经抄片札行在案。兹于八月十九日差弁赍回原片，奉朱批："知道了。"钦此。恭录札行谘议局钦遵查照，须至札者。

两江总督部堂张、江苏抚部院程、安徽抚部院朱札知农工商部咨复奏查办滨淮水患钦奉朱批文　九月初三日

为札知事：宣统二年八月二十五日准农工商部咨"宣统二年八月十三日内阁抄出两江总督张附奏复陈滨淮水患拟俟局绅测绘呈复再行履勘议办一片，八月初九日奉朱批'知道了'，钦此。钦遵抄出到部相应恭录咨行贵督钦遵查照，仍将办理情形随时报部备案可也"等因，到本部堂。准此。为此札行谘议局知会沙编修查照。再本部院会衔不会印，合并札知。须至札者。

张督部堂札复复议上届《调查户口通则》第七第九第二十一各条案文　三月二十五日

为札复事：据谘议局呈上届议会议决交议《调查户口通则》一案，于本年二月初六日奉札交复议三条。兹于初十、十六等日议会两次会议分别议决等由，呈请裁夺公布前来，应如所议办理，即由江宁自治局按照谘议局所议将通则分别修改通行遵照。除咨行并公布外，为此札复谘议局查照。须至札者。

张督部堂札复续议抄呈粤鄂往来电文请援照禁售湖北签捐彩票案文　三月二十五日

为札复事：据谘议局呈禁止外来彩票事关本省禁令，本无待咨商他省，抄录报载粤鄂往来电文呈请公布等因前来，除咨湖广督部堂、江苏抚部院并行苏臬司查照及公布外，为此札复谘议局知照。须至札者。

张督部堂札复议决租界外民地买卖停转道契案文　三月二十六日

为札复事：据谘议局呈本月十九日会议议决租界外民地买卖停转道契一案等由呈请裁夺前来。查宝山地方本非通商口岸，照约洋商不能在彼购置产业，迨光绪二十五年办理扩界时，彼族欲一并扩充，经江海关李升道竭力磋磨，许以租地税契之法，界务始获定议。宝山租地之事磋商一年有余，二十六年十一月始经余升道以值此时局艰屯之会交涉事件日益繁难，禀准通融办理，并经咨准总署核复有案。目下时事多艰，较前益甚，从前业经允许之案势难即予取消，惟谘议局所陈实为保守主权起见，应札饬江海关遵照转饬宝山县：嗣后如有在上宝毗连之处租用地亩，务须查明并无侵占盗卖以及别项情弊方准税契，不得借口有约外通融之案，不加查察，任意填给，以致漫无限制，是为至要。除分别咨行外，为此札复谘议局查照。须至札者。

张督部堂札复议决代呈甘泉县士绅陈忠溥等堤工请愿书案文　三月二十七日

为札复事：据谘议局呈三月十九日会议议决代呈扬属甘泉县士绅陈忠溥等堤

工请愿书一件，开具清折呈请裁夺前来。查运河堤工关系重要，公家不惜帑项设有专局经理，原为慎重要工起见。前据该镇士绅电禀业经电饬并批令确切查明禀复。此事总以工坚料实如期竣工为第一要义，李道有修守之责，宜如何黾勉图功，认真将事，人言可畏，民命攸关，该道务当督饬承办各员核实办理，倘敢草率偷减，致有疏虞，恐该员等不能当此重咎也。除咨明苏抚部院并札饬该道遵照办理具复外，为此札复谘议局查照。须至札者。

张督部堂札复议决阻止洋商在内地私设行栈商店案文　四月初五日

为札复事：据谘议局呈三月二十六日会议议决阻止洋商在内地私设行栈商店一案等由，到本大臣。据此。查此案应札饬各关道查照约章妥商办理，除分别札饬遵办外，为此札行谘议局查照。须至札者。

张督部堂札复续议苏学司办公钟点先由学务公所通告教育会劝学所案文　四月初七日

为札复事：据谘议局呈三月二十五接奉札复复议议决学务公所整顿事宜一案，内开由宁苏两学司将每日办公钟点载入学务杂志等因，奉此。兹于本月二十六日议会会议中略理合呈请遵照办理等由，呈请裁夺公布前来。查提学司督率所属职员限定钟点入所办公，本系载在部章，据呈前由，应由苏学司查照办理。除分别咨行外，为此札复谘议局查照。须至札者。

张督部堂札复议决米价日昂维持民食案文　四月初八日

为札复事：据江苏谘议局呈称本月二十六日会议议米价日昂维持民食一案中略理合备文呈请迅予公布等因到本部堂，据此。查禁米出洋一事，上年秋间业已出示通饬禁，昨又会同苏抚部院出示严行申禁并饬地方文武关厘各卡一体查缉在案。至禁止烧锅一节，当此米粮缺乏之时，自应一律暂行禁止以裕民食，应由宁苏两藩司通饬遵办。至停止酿造期内酒捐应否暂停及米厘能否免征，并由两藩司会同各厘捐总局体察情形分别核明议详复夺。除分行并咨会外，为此札复谘议局查照。须至札者。

张督部堂札复复议上届规划全省教育
内乙之六一条案文　四月初五日

为札复事：据谘议局呈三月二十五日奉督堂札文复议规画全省教育案内乙之六一条并抄粘两淮中学拟章四条到局，兹于本月二十七日议会复议按照单开各条逐一议决，理合备文缮折呈报，为此呈请公布施行等由，到本部堂。据此，除札饬宁学司核明移行办理具报公布外，为此札复谘议局查照。须至札者。

张督部堂札复复议上届规划全省教育
内乙之五一条案文　四月初七日

为札复事：据谘议局呈请复议江北清江工艺局应定名为江北公立中等农业学堂等由呈请公布前来，应即照议办理。除行宁学司移行遵办并饬南洋官报局登报公布外，为此札复谘议局查照。须至札者。

张督部堂札复复议上届清查荒地案文　四月初八日

为札复事：据谘议局呈本年二月三十日抚部院第三次札交复议上届议决瑞升部院交议清查荒地一案，兹于本月二十六日议会复议所有议决各条理合缮折呈报，为此呈请迅予公布等由，并开具清折到本部堂。据此。查此案系抚部院交议之件，应由抚部院主政核办。除咨会外，为此札复谘议局查照。须至札者。

张督部堂札行陆抚部院咨复复议清查荒地案文　五月初三日

为札行事：准护理苏抚部院陆咨"据谘议局呈报复议清查荒地一案所有议决各条开折呈请公布等情，查核折开复议各节，与司局原详互相发明，均应照准，其缩减年限一层，既称重在劝业，不必急于升科，并准如复议办理，无庸缩改年限，惟所收地价留充地方实业行政一语尚未明晰，拟改为侭数解司留备本省实业行政经费，俾与土地国有名义相符。除札复并分行司局遵办外，相应咨请查照公布"等因，到本部堂。准此。查此案昨据谘议局来呈，当经咨请抚部院主政核办并札复谘议局查照在案，准咨前因，应即如咨办理。除咨复并札南洋官报局公布暨行宁藩司遵照外，为此札行谘议局查照。须至札者。

(二)呈请更正施行事件

张督部堂札复复议上届补救州县困难案文　三月二十日

为札复事：据谘议局呈上届议会议决瑞升部院交议补救州县困难一案本年二月二十五日抚部院札交复议。兹于三月十二日开会会议。查本局前呈议决案内除节流办法九款，大半允照施行外，所有重提原案之随忙定价及核收洋码两说，本局公同议决仍以为均不可行，应请仍照本局上届议决案，务从节流著手，所有不可行之各理由缮折呈请鉴核等由，并开具清折到本部堂。据此。查此案前据谘议局来呈因系苏抚部院交议之件，咨请苏省主政核复，业经札局知照在案。据呈前由应照案仍请苏抚部院主政核办。除咨会外，为此札复谘议局查照。须至札者。

张督部堂札复复议上届联合农会组织农林公司案文　三月二十日

为札复事：据谘议局呈上届议会议决瑞升部院交议联合农会组织农林公司一案，去年十一月初四日接奉瑞升部院札复除照准各节已蒙允准施行外，所有联合农会一条就谘议局议决原案再加推广说明理由，交令复议。兹于三月十四日开会复议，公决无庸设立府厅州总会并请查催开报总分各农会成立日期等由，呈请分别施行前来。查此案系瑞升部院交令复议，现据议复无庸设立府厅州总会并请查照瑞升部院拟设总分各农会原案饬查各属曾否一律成立，应请苏抚部院主政核复办理。除咨请苏抚部院核办外，为此札复谘议局查照。须至札者。

（三）呈请批答事件

张督部堂札复议决请将宁苏筹办府厅州县自治办法批答案文　三月二十五日

为札发事：据谘议局呈查宪政筹备清单，自宣统二年至六年筹办府厅州县自治，本省宁苏两属所设之自治局及自治筹办处自应及时举办，本局于三月初十日开会议决应请将宁苏办法批答宣布等由，到本部堂。据此。查江宁设立自治总局筹办宁属府厅州县自治事宜，前经该局定有办事次序表册，兹经饬取一分，应即札发，除苏属办事章程应由苏抚部院饬取札发外，为此札复谘议局查照。须至札者。

计发表一册：

江苏宁属筹办地方自治总局及各属办事次序表

谨按：筹办自治条理纷繁，日本变法之初，以其事听之府县不能办理者，官不之强，惟已经成立者不许撤销而已。我国立宪期限之迫与各地财政之艰，较之日本难尤倍蓰。宪政筹备清单自光绪三十四年至宣统六年底七年之久，而后厅州县以下自治一律成立，良以其事至难，非谘议局之筹办仅仅一调查一选举者所可比也。本表以设立研究所为入手办法，次之以调查户口以定其区域，又次之以清理公产以觇其财力，又次之以筹设各级议事会、董事会、公所以植其基础而后以选举终焉。总以循序渐进不误自治成立期限为主。为表如左。

计开：

第一年　宣统元年

遵照宪政筹备清单，本年应筹办城镇乡地方自治，设立研究所及调查人户总数。

一、设立省垣自治研究所，通饬各属选送学生入所肄业，业于去年办成并区别官费自费，分班先后毕业。

一、遵照民政部调查户口章程实行调查并将元宁两县提前赶办，业于本年分别区段实行调查。

　　一、遵照部章编订调查细则颁发各属已办

　　一、通饬各属划分区段设立调查处已办

　　一、通饬各属遵章设立研究所限五月发行

　　一、颁发调查表式于各厅州县限六月发行

　　一、各属设立总调查所筹议调查户口事宜限七月筹议

　　一、各属划分区段设立分调查处并申报情形于本局限九月报齐

　　一、各属实行调查户数限十月开办

　　一、各属筹设自治研究所并申报情形于本局限十二月申报

第二年　宣统二年

遵照宪政筹备清单，本年应续办城镇乡地方自治，筹办厅州县地方自治及汇报人户总数。

　　一、各属研究所一律开学淮徐海研究学员尚未毕业，如未能提前办理，准暂缓至本年五月为限。限正月开办

　　一、通饬各地方官督同绅士调查地方公产限正月发行

　　一、各属筹议调查公产办法并豫定分期调查表申报本局限四月申报

　　一、各属实行公产之调查限五月开办

　　一、各属申报户数册限七月报齐

　　一、审定各属户数册限八月办齐

　　一、各属实行调查口数限八月开办

　　一、各属研究所肄业生一律毕业并将名册讲义申报本局限九月申报

　　一、汇报各属人户总数于民政部限十月呈报

　　一、各属调查公产竣事并分类造具四柱清册申报本局限十二月竣事

第三年　宣统三年

遵照宪政筹备清单，本年应续办城镇乡及厅州县地方自治并调查人口总数。

　　一、通饬各地方官督同绅士清理地方公产并豫定分期清理表呈报本局限正月发行

按：地方公产与附加税赋课并为自治入款大宗，其公产多寡及收支实数虽已于上年调查册报，然各处公产名存实亡者颇多，其为私家把持或借公产名义增殖私产因而公产私产含混不清者亦所在多有。若非豫为清理，则虽自治团体成立必致因财政之饕餮一事不能举办。且其清理方法，与其俟之将来徒生冲突，亦不如于筹办时官绅合力较易见功。

一、各属按照自定分期清理表实行清理本地公产，每一期清理毕，即将清理情形申报本局限二月开办

一、各属清理公产竣事限十二月竣事

第四年　宣统四年

遵照宪政筹备清单，本年应续办厅州县地方自治及城镇乡自治粗具规模并汇报人口总数。

一、筹议各属城镇乡附捐办法限正月开始

一、各属以本地方国税种类数目及其征收方法并地方负担情形申报本局限二月申报

一、通饬各属筹议城镇乡自治公所设备事宜限二月发行

一、编订城镇乡自治细则颁发各属限三月发行

一、通饬各属造报口数册限四月发行

一、各属筹议城镇乡自治公所设备事宜并将其款项及筹议情形申报本局限五月申报

一、各属申报口数册限六月申报

一、各属分划镇乡自治区域并将所属镇乡数目及各镇乡内人口总数申报本局限八月申报

一、审定各属口数册九月竣事

一、筹定各属城镇乡附捐办法限九月筹定

一、汇报各属人口总数于民政部限十月呈报

一、各属分调查处应按照已经划定镇乡区域分配户数册口数册豫为编订以便移交自治公所限十一月竣事

一、各属城镇乡自治公所设备一律完竣限十二月竣

第五年　宣统五年

遵照宪政筹备清单，本年城镇乡自治一律成立，厅州县自治于年内粗具规模。

一、通饬各属调查城镇乡选民人数_{限正月发行}

一、通饬各属筹议厅州县自治公所设备事宜_{限正月发行}

一、筹议各厅州县自治附捐办法_{限二月开始}

一、颁发城镇乡选举期日于各属_{限二月发行}

一、各属申报城镇乡选民册_{限四月申报}

一、各属筹议厅州县自治公所设备事宜并将其款项及筹议情形申报本局_{照五月申报}

一、各属筹定城镇乡自治公所费用并乡董文牍庶务等员薪金数目_{照七月筹定}

一、筹定各厅州县自治附捐办法_{限八月筹定}

一、城镇乡自治一律成立_{限十二月成立}

一、厅州县自治公所设备一律完竣_{限十二月竣事}

一、分调查处移交户数册口数册于自治会_{限十二月移交}

第六年　宣统六年

遵照宪政筹备清单，本年厅州县自治一律成立。

一、通饬各属调查厅州县选民人数_{限正月发行}

一、颁发厅州县选举期日于各属_{限二月发行}

一、各属申报厅州县选民册_{限四月申报}

一、各厅州县筹定自治公所费用并各员应交薪金之数目_{限七月筹定}

一、厅州县自治一律成立_{限十二月成立}

右表所定系分年进行之大纲。查筹办自治头绪纷繁，不特一州县内不能猝然解决者其事甚多，而大之如境界之混淆，小之如财产之轇轕，牵涉两州县以上者亦时时有之。境界不定，则区域无由划，财产不定，则权限无由分，此皆筹办时所宜豫为解决且其解决非可以旦夕冀者。宪政筹备清单所以延长至六年之久，正非无故。惟六年期限系为办事最难之地方而设，本局为筹办全省自治机关，自不得不遵照定章宽立程限，其各州县如有办事较易不必迟至六年者尤应加紧办理，以期早日成立，毋迁延以致观成之无日，亦毋操切以致形式之徒存，是在地方官与士绅神而明之而已。至筹备事体繁多，本表仅能粗举大端，其详细办法当就各处情形随时斟酌办理，如厅州县自治章程颁布后有应行续筹而为本表所未列者，亦俟临时筹议续办。

元宁两县筹办地方自治办事次序表

元宁两县筹办自治，如设研究所、宣讲所、调查户口等事，本较各属为早，其进行自应较各属为先。本表遵照宪政筹备清单特行提早一年以为各属之倡，总期于循序渐进之中不失急起直追之旨。为表如左：

第一年　宣统元年

一、遵章设立研究所已办

一、划分区段设立调查处实行调查户数已办

一、调查公产之收入数及支出数已办

一、城内调查户数竣事限八月竣事

一、城外调查户数竣事限十二月竣事

一、调查公产竣事分类造具四柱清册申报总局限十二月竣事

第二年　宣统二年

一、定分期清理表清理两县公产限正月开办

一、编造户数册限正月开办

一、调查口数限正月开办

一、编造户数册竣事申报总局限四月竣事

一、研究所学生毕业并发给文凭限四月竣事

一、续办研究所以后每一班毕业皆接续办理。限五月开学

一、城内调查口数竣事限七月竣事

一、清理公产竣事限十二月竣事

第三年　宣统三年

一、筹议元宁两县城镇乡附捐办法限正月开始

一、调查元宁两县国税种类数目及其征收方法并地方负担情形申报总局限六月申报

一、城外调查口数竣事限六月竣事

一、筹议城镇乡自治公所设备事宜限六月开始

一、编造口数册限六月开始

一、编造口数册竣事并申报总局限十月竣事

一、城镇乡自治公所设备完竣限十二月竣事

第四年　宣统四年

一、调查城镇乡选民人数限正月开始

一、筹议元宁县自治附捐办法限三月开始

一、调查选民资格竣事并造册申报总局限四月竣事

一、筹议城镇乡实行选举事宜遵照城镇乡选举章程临时另订表施行之。限五月开始

一、筹定城镇乡自治公所费用限九月竣事

一、城镇乡自治成立限十月成立

一、县自治公所设备完竣限十二月竣事

第五年　宣统五年

一、调查县自治选民人数限正月开始

一、调查县自治选民资格竣事并造册申报总局限四月竣事

一、筹议县自治实行选举事宜限五月开始

一、筹议县自治公所费用限九月竣事

一、元宁县自治成立限十月成立

右为元宁两县筹办自治之大纲。表内期限系举其最迟者为衡，如能提前办理，即不必拘泥程序，总以无操切疏漏之弊而能速观成效为筹办之本旨。

张督部堂札复议决裕宁裕苏两官银钱局发行钞票继续质问案文　三月二十日

为札复事：据咨议呈"上届本局会议查照局章第二十六条将所议决裕宁裕苏发行钞票之质问案呈请批答，业于上年十月初六日、十二月十二日先后奉到批答并各粘抄两局清折札发到局。查两局清折所开各款殊多疑问之处，兹于本月十二日会议议决再行照章呈请迅予分别批答缮折呈请察核施行"等由并开具清折到本部堂，据此。查咨议局质问各条应由裕宁、裕苏两官银钱局分别查明详细具复，一俟复到，再行札知。除裕苏质问案应由苏抚部院饬查具复核明批答并行裕宁官银钱局遵照外，为此札复咨议局查照。须至札者。

张督部堂札行裕宁官银钱局详复发行钞票
继续质问案文　四月二十三日

　　为札行事：据裕宁官银钱局详称："窃于宣统二年四月初一日奉宪台札开据谘议局呈上届会议查照局章第二十六条议决裕宁裕苏发行钞票之质问案中略，合抄裕宁质问案札行到局遵照详细查明具复等因，又于初四日奉宪札同前由先后到局。奉此。遵经逐一查核按条拟答，除将答复各条开具清折呈送抚宪备考外，相应开折详祈札复。"等情并清折到本部堂，据此。为此抄折札行谘议局查照，须至札者。

　　计抄折：

　　谨遵宪饬，按照抄发谘议局第二届临时会会议议决裕宁官银钱局发行钞票之质问各条次第逐细具复开折呈请鉴核。

　　计开：

　　一、原折第一条内载裕宁银元钞票预定发行额一千万元，截至去年八月底止，总分各局实已发出二百二万八千四百二十三元，制钱铜元钞票尚不在此数，未识裕宁现时实在资本总共若干，核与遵章呈报度支部注册之资本总数有无增减。

　　查裕宁银元钞票前本预定一千万元为额，当去年六月间度支部奏奉旨准颁行限制章程之时，裕宁局已编号发行之票业有五百二十四万四千七百元，是即发行之数，平日即以此数循环出入，有票为总局用出在分局兑现者，有分局用出来总局兑现者，甚或于前一日用出次日即来局兑取者，盖周转循环本无一定。去年截止八月底止，谘议局来问，其时发用在外者实只二百二万八千四百二十三元之数，其余有曾经用出时适兑回者，并非发行数目，仅此二百二万八千四百余元也。至实在资本即司道局库原发银三十五万两，余则为用出钞票易进现银之票本，本局开办时曾经前宪台奏明立案。

　　一、原折第二条内载宁垣藩运库及支应筹防等局原发资本银不过三十五万两，申合银元约五十二万元，即以现时发行，仅及原额二成之银元票数相较已逾四五倍，未识裕宁总分各局所准备四成之现银及六成执有契券之放出各款是否确可作为裕宁局所有资本。

查此项原本银三十五万两，系属裕宁资本，专备营运。至本局发行钞票，其性质与贷款相同，用出一元之票即有一元之现银收入，收入票本之银即系准备金内分现存放出两种，其现存之准备金约在四成以上，其余六成准备则为执有契券之放出各款。盖资本与票本显分两事，并不合而为一概作为所有资本。

一、原折第三条内载宁垣司库道局所入均有抵支，似别无大宗余存的款，原发之三十五万资本银两是否另行提作专款抑仍兼备抵支别项行政费之用，又各司关局厂存银一百四十四万三千余两，虽可资以周转，然存银须备提取，实系借款性质，究与资本不同，何以连类而及可概视为预储之资本。

查此项银三十五万两原发之案，确系提作专款为裕宁局之资本，并不兼备抵支别项行政费之用。至司关局厂所存银两不过资以周转，藉获营运余利，如遇提取，随时付给，惟来去长存约在一百四五十万两之数，虽不作为裕宁资本，同系官款亦可藉作准备。

一、原折第四条内载度支部奏定《限制各省官商银钱行号滥发纸币章程》第八条称"本章程颁发后只能照现在数目发行，不符逾额增发"，此项章程自去年六月初七日奉旨允准颁发已久，照章应即将现在发行数目划为定额，以后不再增发。然裕宁声称截至八月底止只发二百二万八千四百二十三元，除计尚余龙鹰元票三百二十一万六千二百七十七元编号存局，且称现正续编龙鹰元票五百七十四万七千元，是否仍拟陆续发行，须满裕宁原额一千万元之数而止，现在已发出钞票之数究已若干元，且合上届裕宁清折所开已发出已编号续编号之三种票纸，其总数又不止原额一千万元，此多余之票更作何用？

查本局银元钞票本完一千万元为额，去年奉到部章之时编号发行之票已达五百二十四万四千七百元之数，故续编订，俾符一千万元定额，仍遵章按年收回二成为原额一千万元，其起限之第一年发用在外之票数应八百万元，其余二成之二百万元即系应行收回存销票数，次年发用在外则只准六百万元，以次递收，五年后收回减尽。所有前案答复发用已编续编三种银元钞票，计共一千九十九万一千七百元数目，系指从前刊印已成之票数而言，并非应发行之额数，故比较定额之一千万元数加多，且此一千九十九万七百元内另有从前第一次刊印发行之老钞票七十八万一千七百元，现已陆续收回不用，俟收齐后即呈报宪台存销，其余票数实只一千二十一万元，一俟编足一千万元额数，下剩之二十一万元即涂销作废。

一、原折第五条内载裕宁声称"本局行用钞票于原定额数仅及二成且票本分别存放，持票取银，即到即付，现拟俟度支部钞票颁发，即备资本金购取部颁钞票，将本局钞票陆续换回。近来各国钞票畅行内地，本局行用钞票为挽回利权起见，已详请咨部立案"等语，似部定限制滥发专章第八条及第十一条裕宁不妨变通办理。然查度支部原奏曾称"臣部所属之大清银行现时所发通用银票于五年之限期亦应一律遵守"，又查度支部《妥议清理财政章程折》第三款有"各省官银号发出纸票滥恶实甚，湖北、江苏等省为数尤巨，近日外人以事关商务，曾照会此等之票是否国家担任"等语，近更行文外务部设法限制各国银行五年以后亦不得在中国发行纸币，由此数事观之，恐五年以内按年收回二成之说未必于裕宁独允通融，所称详请咨部立案之处，究竟曾否奉有部准之明文。

查裕宁详细情形，业以上各条遂一答复。至裕宁发行钞票本为挽回利权而设，是以前案答复曾经声明俟度支部钞票颁发即备资本金购领以便将裕宁在外钞票换回，盖部章虽令接年收回五年收尽，而此五年中钞票究不能不用，故必需购领换发维持金融机关。

张督部堂札复议决司法研究所质问案文　三月二十六日

为札复事：据谘议局呈"查局章第二十六条载有谘议局于本省行政事件及会议厅议决事件如有疑问得呈请督抚批答等语。本月十六日会议议决司法研究所质问案一件，理合呈请照章批答"等由，并开呈清折到本部堂。据此。查此案应札行苏臬司逐条查明具复，俟复到再行核明批答。除咨明苏抚部院并札行苏臬司遵照外，为此札复谘议局查照。须至札者。

张督部堂札行苏臬司详复司法研究所质问案文　四月二十九日

为札行事：据谘议局呈会议议决司法研究所质问案一件呈请照章批答等因，当经札复并行苏臬司逐条查明具复，去后。兹据该臬司详称："本司循诵之余具征谘议局郑重司法之意，良用钦佩。窃查本司年前详请设立司法研究所，诚以筹办审判厅必须先行预备审判人才最为要义，欲预备审判人才必先研究法律，欲研究法律必先得熟悉法律之教员方有指归，此固人尽知之也。所难者，现时法律规章未尽完备，当此过渡时代奉钦限宣统二年为各省省城商埠各级审判厅成立之期，时日迫促，设措良难，况审判厅为司法独立机关，凡推检各员及典簿主簿等官，均须具有法学并能知案牍之体例、办理之秩序庶可将昔时幕友书吏一概屏除勿用，开庭时方见维新气象，否则于法理虽或粗知门径，而办事杂乱无章，舛错必多，深恐贻笑于人。本司筹虑再三，必须有深明中国律学并素能办案之人与精习东西各国法政优等毕业人员同为教习，分认课程，庶几新旧沟通不难一贯。无如刑幕一道咸同以来日形肤浅，殊难得人，先经呈请前升抚宪瑞咨调大理院候补推事陈经未至，时近岁首，司法研究所急须开办，不得已由鄂苏分订教习中西三人，本司于此事亦颇详慎遴选，并非苟简从事，奈教学两方面情性未孚，致启语言相激，非关讲解有误，局外传闻类多附会失实，此谘议局疑问之所由来也。今就所开质问三条逐一答复，另行开具清折详请鉴核。"等情，前来。除批示外，为此抄折札行谘议局查照。须至札者。

计抄折一件。

今将谘议局会议司法研究所质问三条逐一拟答开具清折恭呈宪鉴。

计开：

一、学期之疑问。查法学门类较多，义理精深，原非一年及八月所能尽事，然已有根柢与尚鲜根柢者未便同论，资格较深与资格较浅者亦难一致，而审判厅奉文限宣统二年即须成立，时迫才难，极费踌躇，是以前拟司法研究所章程决以调查在法政学堂毕业最优等、优等、中等学员与曾在苏府所设法学研究所之员传试录取者列为甲班，八个月毕业，又以在法政学堂毕业中等以下学员与前升抚宪瑞并本司先后招考录取之候补正佐人员及本省廪贡增附生等暨曾习名法者列为乙班，一年毕业。是未考之先已查其根柢资格，临考之时又察其学识优绌，必录取始准入所研究，较之他省不必考试录取凡略有资格愿入者即可报名研究似本所办法较为郑重，倘非草率敷衍。但期各学员悉心研求并力精进，仍照原定各学期亦可渐臻深造。况原章尚有随时试验分数，将来毕业考试如列次等者不在录用之列，如愿入下期补修自行呈明再行研究试验核办，似立法尚为周密，不至冒滥委任。现在已奉明文俟审判厅成立时须由外咨部奏请简派人员考试录取始能委任，则各学员更无所用其趋避。所有原定学期暂可无须更动，俟下次开班如法政学堂毕业人员较少或须酌展学期再行察夺办理。

二、学科之疑问。查所章原拟课程本为研究紧要学理而设，故不多列门类，恐涉泛滥转致有误时光，且新刑律尚未颁行，只可仍以现行刑律及近年各项章程为主。中国律书虽民刑不分而户律各条罪止笞杖者，固应遵照新章改为罚金，即与各国律法用意相同。又原列法学通论一课，凡宪法、民法、商法、刑法其中亦略陈大概，所研究者贵在法理，不在法之名目，惟民刑诉讼法为审判厅所必要。光绪三十二年法律大臣所奏民刑诉讼法为各省指驳，迄未订定颁行，近始奉宪政编查馆颁到法院编制法声明现距诉讼律告成之期尚远，拟将诉讼律内万不容缓各条先行提出作为诉讼暂行章程，现亦尚未奉到。年前酌拟研究课程，计惟用日本诉讼法列入，盖彼法采自欧洲，其直接在法德两国之法典，其间接实以英国为渊泉，日本撷其精，我国循其辙，一俟诉讼法章程颁到，即可贯澈，似于法理事实两无所失，非于政法有略也。现已奉《法官考试任用章程》，内载科目：一、奏定宪法大纲；二、现行刑律；三、现行各项法律及暂行章程；四、各国民法商法刑法及诉讼法，小注云准由各人自行呈明就其所学种类考试，但至少须认二类；第五、国际法。右列各款以第二至第四为主要科，主要科分数不及格者，余科分数虽多，不得录取等因。核其科目以本所原拟课程相较，尚无背谬，且原章本声明课程名目姑列大概，俟教习到所再行酌定，已饬知该所长与教员酌度办理。至刑律草案本省签注虽法律大臣尚为许可，究未奏定颁行，只可仍列自修以备参攷。

　　三、学员之疑问。谓该所教习三人一二月间更换倩代尽非其旧等语。查教习三人实系更换两人，止因教学两面语言相激，非关讲解有误，第意见既未能融洽，在教员亦不欲迁就，止可另行延订，且尚有一法政教员实未更换，现甫于四月赴都考试暂行倩代也。至旁听一班，所章系指曾习法政现有要差及素在谳局帮审实有经验之员不能骤离而情殷响学者言之，诚以开办审判厅需用各项官员较多，人才难得，非第任推事检察之员须品格相当，即至典薄主薄录事所官等项亦无不须明晓法学，奈所屋不宽，经费不裕，势难收取多人。甲乙两班正佐各员仅设额百名，恐毕业考试未必均能及格可期录用，不能不额外备用旁听之员，然亦须三学期均随同试验，毕业时一体考试，原章声明果能程度较高方准委用，是程度不高者亦不在委用之列。古人讯狱，五听并重，若虽娴法理而拙于言词亦未为全才。谳局人员向日不免武断之风浸成习惯，俱由未先研究法律之故。今法律改良，加以研究，则此等旧社会之人材未必不可改为适用于新社会之人材也。盖人材因时地而迁，似未宜一概屏绝，当在审择之耳。惟开所以来各学员专心探讨者固不乏人，而习染涉于浮嚣者亦所不免，已随时记过并饬该所长将规则重加厘订以昭严肃而重道德。司法重要，本司极盼各学员精求深造，庶几将来克膺审判之重任。今得谘议局关心宪政，勖我始基，极所乐闻。窃愿与教习学员共勉之也。

张督部堂札复议决将泰州调查户口滋事后办理方法批答案文　四月十八日

为札复事：据江苏谘议局呈称三月十九日会议议决请定泰州调查户口滋事后办理方法一案中略理合遵局章第二十六条呈请批答以释忧疑等由到本部堂，据此。查此调查户口本为宪政筹备要端，泰州地方前因调查滋事已据扬州府及泰州先后禀报均经批行臬司饬令获犯讯办在案。据呈前由，正在核办间，据宁藩司录报泰州禀单批示前来，应将（核）〔该〕司批示抄发，惟司中曾否委查，批内未据叙明。除札行该司及自治局查复外，为此札复谘议局查照。须至札者。

计抄录藩司批示一件：

此次泰州因调查户口滋事，贤州牧奔驰四境，晓譬百端，兼以本府督队亲临，流言止息，闾井又安，虽事前未及周防，而变起即行解散，足见官民相信孚及豚鱼。此次谣诼飞流，自宜兴延及东泰，近且上江两县亦复鼓煽嚣腾，幸皆旋起旋平，尚无大害，总由人心易惑人格难齐。江苏虽号开通，然开通者仅止士大夫，非所论于匹夫匹妇也，益以好乱乐祸之奸民造言煽诱蛊惑愚蒙，彼愚民者本不知宪法有何益，调查为何事，其妄于揣测者疑伏抽丁纳税之根而素性愚迷者遂信摄魄勾魂之说，惟其先有疑惧之心，故鼓之而易动，犹幸本无作乱之意，故镇之而易平，此皆可矜之人，若作乱民绳治则大误矣。禀称办法略分四等，其鸣锣聚众为首滋事者酌量监禁，乘机抢掠形同盗匪者照抢夺例拟办，随声附和在场滋闹者惩责取保，误信谣言并未扰害者概予免究。论断公允，实获我心，应即照准。夹单所述各情容亦有之，惟调查员多至八百余人而又克期蒇事，人多则贤否不齐，期短则操切难免，以不识不知之众挟多疑多惧之心，匪徒乘隙流言而又有一二调查员办理不善，几何不平地生波耶？调查事在必行，断不能因愚民滋事而止，亦不能待民智大开始查，然必须先说清楚再行查造，是在贤有司与荐绅耆老之善为开谕矣。两表朗如列眉，各士绅以梓桑义务致毁其家，或有激使然，或无辜受累，仍仰分别办理。

（四）呈请查办事件

张督部堂宝抚部院札复议决呈请查办苏松太道蔡乃煌违法案文　三月二十六日

为札复事：据谘议局呈《谘议局章程》第二十八条内载本省官绅如有纳贿及违法等事谘议局得指明确据呈候督抚查办，兹于三月十九日开会会议苏松太道蔡乃煌莅任以来种种违法举动久于其任，殊非地方之福，列举蔡道违法事实开折呈请查办，前来。查蔡道乃煌既经谘议局列款纠举，自应遴派廉干之大员前往上海确切查明禀复以凭核办。除札委外，为此札复谘议局查照。再本部院会衔不会印，合并知照。须至札者。

（五）呈候转咨核复事件

张督部堂陆抚部院札复续议整顿淮北盐务补救淮南盐务呈请转咨督办盐政处核复案文　四月十一日

为札复事：据谘议局呈称本月二十五日蒙将上届议决关系淮南北盐务三案所有转咨督办盐政大院并加具案语抄单札复到局。兹于本月二十七日会议议决中略理合将声叙各条备文呈请督部堂、抚部院更予咨请督办大臣一并核复，为此缮折呈请，前来。除照录原折咨请督办盐政大臣汇核复办外，为此札复谘议局查照。再本部院会衔不会印，合并知照。须至札者。

抚部院复文

（一）呈请公布施行事件

宝抚部院札复复议上届整顿税契方法洋商道契一律收税案文　四月初八日

为札复事：本年三月十四日据谘议局呈请将整顿税契方法案内洋商道契一律收税一条札饬上海道查取实行日期并登报公布等情到院。查此案现据上海道详复已札复查照在案，相应札复谘议局即便查照，另札办理。须至札者。

宝抚部院札复上海道禀复整顿税契方法洋商道（税）〔契〕一律收税案文　四月初八日

为札复事：照得洋商道契前据谘议局议请一律收税，当以应考条约札复俟饬上海道复到再行裁夺在案。兹据该道复称："查洋商在通商口岸按约租地就上海而论每亩岁缴年租钱一千五百文，各国一律办理。此项年租钱文向由土海县直接收取，除抵钱漕之外，如有余存，作为办公人等一应开支，由来已久。咸丰八年美约第十二款虽有照例税契字样，然数十年来并未照办，推原其故，各国约章往往声明如有相待别国优异之利益，例得一体均沾。有此一节外人藉为趋避，纵有彼严于此者，亦同虚设。盖洋商租地税契不特同时英、法、俄和约无此专条，即以后德、意、日本、比、丹、荷兰、葡萄牙等所订之约亦俱未载及，而法约第四十款又载有别国所定章程不在法国所定条款内者不能限以遵守等语。法国如此，其他可知，未能照办实由于此。今若申明美约照会各国领事饬遵，窃恐徒多口舌，无裨于事，办理实鲜把握，并声明华商在租界外购置地产援请道契系上海商务总会经理移请筹议，尚未复到。"等情，到院。相应据情札复谘议局查照，须至札者。

宝抚部院札复复议上届整顿税契方法划拨公益捐三分及划一折价自治会经征案文　四月初九日

为札复事：本年三月十三日据谘议局呈送临时会议决整顿税契案内划拨公益捐三分清折，同日又送到本案划一折价自治会经征两节清折分别呈请裁夺到院。查此三节均难照行，业经两次札复在案，今谘议局仍执前议，本应送资政院核议，惟现在尚未成立，应否即照上年九月间馆电暂行由馆核复或存俟资政院成立再行集议。除抄录全案并咨宪政编查馆、资政院核办示复外，相应札复谘议局查照。须至札者。

宝抚部院札复复议上届节删宁属契税章程案文　四月初八日

为札复事：据江苏谘议局呈称："上届常年会议决节删宁属契税章程一案，奉札交令复议，兹于本月初十日开会复议，逐条议决呈请迅予裁夺。并准督部堂张咨查宁属契税章程前据谘议局呈请酌量节删，当经饬据宁藩司及财政局详复仍请循旧办理，业经本部堂札复交令复议在案，兹接来呈说明不可行之理由，仍执前议，本部堂复加察核，宁苏本属一省，办法未便两歧，所陈各节亦复言之成理，应由宁藩司查取财政局章程会商苏藩司按照谘议局所议重订全省统一章程，总以遵照部章不拂舆情为主。此项既系本省单行章程，仍俟妥订后呈由本部堂核明交局决议再行公布以符定章，除来呈内划留公益捐一节应归另案札复暨札宁藩司财政局遵照外，咨烦查照"各前来。查此案概经督部堂分饬遵照，应俟妥订章程核明交局决议再行公布，为此先行札复谘议局查照。须至札者。

宝抚部院札复复议上届停止官纸专卖以免官民交困案文　三月二十八日

为札复事：宣统二年三月十五日据江苏谘议局呈称上届会议议决停止官纸专卖以免官民交困一案于正月二十六日奉督部堂、抚部院会札交令复议，本局于本月初十日会议议决，理合缮折备文呈报，为此呈请督部堂抚部院公布施行等情，到本部院。据此。除咨请督部堂主政核办外，为此札复谘议局查照。须至札者。

陆护部院札复复议上届筹办本省巡警案文　四月二十六日

为札复事：案查谘议局呈复议筹办本省巡警一案，宝前抚院未及核复交卸移交前来。查此案已准督部堂札局以"所议四条，前三条应准照办，其第四条裁汰绿营腾出底饷拨充警费一节，应俟实行裁汰之时酌核办理，咨烦查照"等因，到院，即经照案分别札行遵照。除再札催警务公所将章程规则呈送另文札发外，为此札复谘议局查照。须至札者。

程抚部院札发苏属高等巡警学堂章程文　五月十二日

为札发事：据高等巡警学堂申称："宣统二年四月二十六日奉前护宪陆札开：'案查谘议局呈复议筹办本省巡警一案，宝前抚院未及核办交卸移交前来。查此案已准督部堂札局以所议四条前三条应准照办，其第四条裁汰绿营腾出底饷拨充警费一节俟实行裁汰之时酌核办理，至苏属巡警章程规则应候抚部院饬取札发等因转咨到院，既经分别札行遵照在案。今章程规则未据送到，合特札催，札到学堂即便遵照，刻日检齐，呈候札发议谘议局查照，勿延。此札。'等因，到堂。奉此。伏查本学堂自宣统元年春间遵奉部章改办高等并附巡警教练所，当经拟就试办章程暨各项规则详蒙前宪台批准咨送民政部查核，旋奉札知准大部咨复，以所拟各节与部章大致相符，饬即试办等因，遵经照章办理并呈报督宪鉴核各在案。嗣于上年十一月详准添收自费学生附入高等生一体肄业，本年二月各生进堂复将姓名年籍造册呈查，惟附设之教练所专收兵生养成巡警资格，原拟学额暂定一百名，由警务公所将截留巡警底饷每月洋六百元拨充缮宿学费，以两月为一学期，先给修业证书，派令站岗，再将未受教育巡警调所肄习以期更番教练，自去春开办起至年底止已满两月学期者计有三班，本年正拟续招第四班兵学生，乃准警务公所咨称现因厘订新章，所有前项膳宿学费从正月分起停拨等语，是以教练所现在无款再办，只得暂行停止。兹奉前因，理合检呈学堂章程呈候鉴核转发谘议局查照。"等情，到本部院。据此。除批示外，为此札发谘议局查照，须至札者。

计发章程一本。

程抚部院札发苏省警务公所章程文　　五月二十七日

为札发事：据巡警道呈送苏省警务公所现行预备各项章程请发谘议局查考等情前来，除饬批仍移上海巡警总局速将章程呈送外，为此札发谘议局查照，须至札者。

计发章程二本。

程抚部院札发上海巡警总局章程文　　六月初七日

为札发事：案查江苏谘议局呈复议本省巡警一案并请饬取苏属巡警章程规则发交全份等因前来，除苏省警务公所现行预备各项章程业经札发查照外，兹据巡警道呈送上海巡警总局原定各项章程共四本到本部院。据此。为此札发谘议局查照，须至札者。

计发章程四本。

宝抚部院札复复议上届度量权衡改制推行案文　　四月初二日

为札复事：宣统二年三月十五日据江苏谘议局呈称"上届议会议决度量权衡改制推行一案，本局议请酌改两款，业于上年十一月初四日接奉瑞升抚部院札复照准，其请切实声明两款，瑞升抚部院以为尚有意见，欲待磋商说明原委事由札交复议在案。兹本局于本月十二日开会复议中略，理合补具条文呈报，为此呈请督部堂抚部院迅予公布施行。再，今届议决之复议条文并补一义，所有行用官器当先责成官署局所而后及商店人民，合并声明"等情，到本部院。据此。除咨请督部堂会衔饬登《南洋官报》公布并行苏藩司暨农工商局遵照外，为此札复谘议局查照。须至札者。

宝抚部院札复复议上届规划全省教育
甲之一丙之五六各条案文　　四月初一日

为札复事：宣统二年三月十五日据江苏谘议局呈称"上届议会议决规划全省教育一案，遵札将其中甲之一、丙之五六各条开会复议，公同议决备文呈请裁夺"等情，到本部院。据此。除札饬宁苏两提学司核明详复外，为此札复谘议局查照。须至札者。

宝抚部院札复声明上届规划全省教育
甲之二三四五各条案文　四月初二日

为札复事：宣统二年三月十六日据谘议局呈称"上届议会议决规划全省教育一案，先后奉到札复，应请将札文易滋误会各节迅予明白宣示札司饬属会同劝学所、教育会妥筹办理，俾免误会"等情，到本部院。据此。除札苏提学司妥筹办理外，为此札复谘议局查照，须至札者。

宝抚部院札复复议上届宁苏合办
女子师范学堂案文　四月初二日

为札复事：宣统二年三月十七日据江苏谘议局呈称复议上届议会议决宁苏合办女子师范请就南菁学堂改设一案呈请裁夺迅予公布等情，到本部院。据此。查宁苏合办完全女子师范学堂于江宁省城适中之地自属可行，惟从新缔造当此公帑奇绌之时实有为难，只能按照所议就官款最多之校改设为便。除（扎）〔札〕宁苏两提学司会同妥筹复夺外，为此札复谘议局查照。须至札者。

宝抚部院札复复议上届永远停止彩票案文　四月初二日

为札复事：据谘议局呈称复议永远停止彩票仍分四条议决呈请察核公布等情到本部院。据此。查禁售彩票苏属既经照准饬禁在案，自应照案饬属严禁，至宁属如何办理及其余各条应候督部堂主政核办。除咨请外，为此札复谘议局查照。须至札者。

宝抚部院札复复议上届整顿淮北盐务补救
淮南盐务运商违章朦收三案文　四月初二日

为札复事：宣统二年三月十七日据江苏谘议局呈称"上届议会议决两淮盐务三案于本年二月初一日奉督部堂、抚部院会札，以盐务事宜新章须由督办大臣主政交局复议，兹于三月十四日会议议决中略，理合备文呈报，为此呈请督部堂、抚部院裁夺施行"等情，到本部院。据此。除咨请督部堂核办外，为此札复谘议局查照,须至札者。

宝抚部院札复复议上届设立公司开垦
淮海苇荡营荒地案文　四月初二日

为札复事:宣统二年三月十七日接江苏谘议局呈称"上届议会议决设立公司开垦淮海苇荡营荒地一案,于本年二月二十四日奉督部堂、抚部院札转江北提部堂来咨并抄录所拟办法交令复议,兹于本月十四日议会复议中略,理合备文呈报,为此呈请督部堂、抚部院照转提部堂迅予施行"等情,到本部院。据此。除咨请督部堂会衔转咨江北提部堂核办外,为此札复谘议局查照。须至札者。

宝抚部院札复复议上届筹办共进会案文　四月初六日

为札复事:据谘议局呈复议筹办共进会一案请分别裁夺公布等情到本部院。据此。除咨督部堂先将答复原案一节挈衔饬登《南洋官报》公布并将引伸原案一节主政核办暨行农工商局查照,答复一节内所有办法转饬各属遵办外,为此先行札复谘议局查照。须至札者。

宝抚部院札复复议上届举办本省审判厅
请缩短年限案文　四月初六日

为札复事:据江苏谘议局呈称"上届议会议决本省审判厅请缩短年限一案,于上年十二月二十五日、本年二月初十日先后奉陆护部院、督部堂札局复议,兹于本月十七日开会会议中略,理合备文呈请裁夺"等情,到本部院。据此。除札饬臬司遵照馆章将一切应行筹办事项切实举行并咨明督部堂外,为此札行谘议局查照。须至札者。

宝抚部院札复复议上届整顿学务公所事宜倍选议长议绅
并声明办公钟点案文　四月初五日

为札复事:宣统二年三月二十日据江苏谘议局呈称"上届议会议决学务公所整顿事宜一案,奉督部堂札复,将案内第二条交令复议所有公同议决交令复议一条,又声明原案一条呈请迅予裁夺"等情,到本部院。据此。除咨请督部堂主政核办外，为此札复谘议局查照。须至札者。

陆护抚部院札复苏提学司呈复整顿学务公所事宜倍选议绅并办公钟点案文　四月二十六日

为札复事：宣统二年四月十一日据苏提学司呈称"窃奉督院张（扎）〔札〕开据谘议局呈上届议会议决学务公所整顿事宜一案，于本月十二日奉督部堂札复到局，将案内第二条交令复议，兹于十六日议会会议中略（扎）〔札〕司遵照办理具复，又同奉院台札开前由各等因，到司。奉此。查谘议局复议议长绅绅一案仍执前议，既奉督部堂咨请学部核复，自应俟接奉行知查照遵办。至学司限定钟点入所办公一条，奉饬由宁苏两学司将每日办公钟点载入学务杂志，俾办事人员有所禀承。查学务公所办公钟点前经毛前司酌定每日自九钟起至四钟止，惟因学务系属新政，讲求考核，条理至为精细，遇有烦要事件随时延长钟点，历经照此办理。兹奉前因，本年正在排印学务公牍，自应将前项钟点办法一并载入以符宪饬，理合具文呈候鉴核"等情，到本兼护院。据此。为此札复谘议局查照，须至札者。

宝抚部院札复复议上届筹兴江淮水利公司案文　四月初八日

为札复事：宣统二年三月二十一日据江苏谘议局呈称"上届议会议决筹兴江淮水利公司一案，于三月十二日奉督部堂札交复议。兹于十七日议会会议，查江北十余年内叠经水灾，约计前后人民所失及官赈义赈所用不下一千万元，而水道不治，灾无止日，是以去岁提出拟设江淮水利公司议案，其入手办法即陈明先从事于测量。现奉督部堂交局复议组织公司之法，因公同议决第一步办法十条另缮清折呈候裁夺"等语，到本部院。据此。除咨请督部堂裁夺施行外，为此札复谘议局查照。须至札者。

宝抚部院札复复议上届《调查户口通则》第七第九第二十一各条案文　四月初八日

为札复事：据江苏谘议局呈称《调查户口通则》一案奉督部堂交令复议三条业经遵议再加订正呈请裁夺等情到本部院，据此。除咨请督部堂裁夺施行外，为此札复谘议局查照。须至札者。

宝抚部院札复续议抄呈粤鄂往来电文请援照禁售
湖北签捐彩票案文　四月初八日

为札复事：宣统二年三月二十一日据江苏谘议局呈称"本月十九日议会会议，查本省行销彩票尤以湖北签捐票为大宗，禁止本省彩票虽蒙交局复议已荷照办禁止，外来彩票亦经议决呈报在案中略，理合抄录报载粤鄂往来电文呈请鉴核，为此备文粘单呈请督部堂、抚部院并入前案迅予公布施行"等情，到本部院。据此。除咨请督部堂并案核办外，为此札复谘议局查照。须至札者。

宝抚部院札复议决代呈甘泉县士绅陈忠溥等
堤工请愿书案文　四月初八日

为札复事：宣统二年三月二十二日据江苏谘议局呈称查局章第二十一条谘议局应办事件第十二项为收受本省自治会或人民陈请建议事件，又案语云以通人民之情悃，据此则本局对于人民陈请自不得不为代通其情悃。兹于三月十九日会议议决代呈扬属甘泉县士绅陈忠溥等堤工请愿书一件，窃以工员有无情弊督部堂自有权衡，本局未经实地调查，无从干预，惟念运堤关系重大，求其工坚料实早日竣事则本局深表同情，理合将原请愿书另折缮呈鉴核等情到本部院，据此除咨请督部堂察核办理外，为此先行札复谘议局查照，须至札者。

陆护抚部院札复议决阻止洋商在内地
私设行栈商店案文　四月十七日

为札复事：查接管【卷】内据江苏谘议局呈称议决阻止洋商在内地私设行栈商店一案呈请饬禁公布等情移交到本兼护院，准此。查核所呈系遵照条约为保守主权起见，自应公布施行，除分（扎）〔札〕苏洋务局、宁苏沪镇四关道通饬各属一体遵照查明禁止暨行苏农工商局分饬各商会随时协查禀办并咨呈督部堂查照饬登《南洋官报》公布外，为此札复谘议局查照，须至札者。

陆护抚部院札复续议苏提学司办公钟点先由学务公所通告教育会劝学所案文　四月十四日

为札复事：查接管卷内宣统二年三月二十九日据江苏谘议局呈称"三月二十五日奉督部堂札复本局复议议决学务公所整顿事宜一案内开由宁苏两学司将每日办公钟点载入学务杂志等因。奉此。兹于本月二十六日议会会议中略理合呈请（扎）〔札〕行苏提学使遵照办理，为此呈请督部堂、抚部院迅予裁夺加入前案一并公布施行"等情，移交到本兼护院。准此。除札苏提学司照办外，为此札复谘议局查照。须至札者。

陆护抚部院札复议决米价日昂维持民食案文　四月十九日

为札复事：查接管卷内宣统二年三月二十九日据江苏谘议局呈称"议决各酒坊酿造一项糜费谷石极多，请饬各厅州县一例暂禁米麦两项酿造，更筹得畅其来路与塞其漏卮二策呈请公布"等情，移交到本兼护院。准此。查暂禁米麦两项酿酒系为维持民食起见，自应通饬照办。至禁米出洋业已三令五申，来呈既称风闻不无偷运，应再查案申禁。所请暂停酒捐及免米厘、落地捐仍应由司会同体察情形议详复夺。除行宁苏两藩司及各厘局查照办理外，为此札复谘议局查照。须至札者。

程抚部院札行苏藩司苏沪两厘局会详米价日昂维持民食案文　五月十六日

为札行事：宣统二年四月二十七日据苏藩司、苏沪两厘局会详称："窃于本年四月十三日奉总督部堂张札开：'据江苏谘议局呈称本月二十六日会议议决米价日昂维持民食一案中略理合备文呈请迅予公布等由，到本部堂。据此。查禁米出洋一事上年秋间业已出示通饬严禁，昨又会同苏抚部院出示严行申禁并饬地方文武关厘各卡一体查缉在案。禁止烧锅一节，当此米粮缺乏之时自行一律暂行禁止以裕民食，由宁苏两藩司通饬遵办。至停止酿造期内酒捐应否暂停及米厘能否免征并由两藩司会同各厘捐总局体察情形分别核明议详复夺札局遵照办理具复。'等因。又于四月十六日奉院台札，以'暂禁米麦两项酿酒系为维持民食起见，自应通饬照办，至禁米出洋业已三令五申，来呈既称风闻不无偷漏，应再查案申禁，所请暂停酒捐及免米厘、落地捐仍应由局会同体察情形议详复夺札局查照办理'等因，各到局。奉此。伏查光绪三十三年米粮价昂，各处禁止酿酒，应完酒捐未奉停免，此次事同一律，且各卡本系按货抽捐，如无运销过卡自无捐收，无所谓停免。其酒灶作坊坐贾认捐虽与卡捐情形有别，而酿酒在于春冬，现在所销均系造成之酒，今冬如实停酿造，应俟届时再行察酌办理。至米粮一项，光绪三十三年因徐海等属灾赈赴外省购粮平粜，只免江北米捐，内地食米并无统免之案。今届苏属各厅州县米价昂贵，民食维艰，已奉奏准截漕采办，概免厘税。此外购运赈粜之米麦亦皆凭照免厘，足示体恤。况米捐糙粳每石只捐钱三十五文，实不过八成抽收，苏沪各卡统计每石共捐不过一百数十文。屡经考察，米债之贵贱并不在捐，即使停免价亦未必能平，在本局积铢成寸以济洋债、营饷、学费等项要需。客米来源既少，赈粜免厘，米粮捐数大绌，已属收不敷放，若准统免，值此库藏奇绌，应拨各款将何筹补。本司道等体察情形，徒使捐项有缺无益于事，未敢轻议免征。缘奉前因，相应会议具文详候察核批示饬遵。"等情，到本部院。据此。除批据详酿酒系在春冬，现在所捐皆属造成之酒，如果停酿即无运销，本无捐可收，并无所谓停免，况光绪三十三年停止酿酒并未停免酒捐。至于米捐，光绪三十三年亦未统免，此次截漕采办概免厘税，赈粜之米亦皆免厘，足示体恤，并据查明米价之贵并不在捐，所议均属切中事理，自未便轻议免征，仰苏牙厘局分移遵照仍候督部堂批示。缴。印发外，为此札复谘议局查照，须至札者。

陆护抚部院札复议决宁苏两属忙漕带征自治
经费酌定领用办法案文　　四月十九日

为札复事：据谘议局呈称，案查本局第一届常年会议决城镇乡自治经费案内乙节二款苏属仿照宁属成案，每地丁银一两带征公益捐二十文，漕米一石带征公益捐四十文，拨作各城镇乡地方自治经费，呈由张督部堂、瑞升部院准予公布施行。查苏属各厅州县遵已于上年冬漕为始一律照案带征存备领用，现各属自治公所陆续成立，需款办事，亟应酌定领用办法。兹于本月二十六日会议议决办法八条，理合缮折备文呈报，为此呈请抚部院迅予公布施行并清折一扣到宝前部院，未及核办移交前来。查折开所议各案系为预防流弊期归实用起见，自应公布施行。除咨请督部堂挈衔公布暨宁苏两藩司、自治筹办处通饬遵办外，为此札复谘议局查照。须至札者。

陆护抚部院札复复议上届规划全省教育
乙之六一条案文　四月十四日

为札复事：查接管卷内宣统二年三月二十九日据江苏谘议局呈称"三月二十五日奉督部堂札交复议规划全省教育案内乙之六一条并抄粘两淮中学拟定章程四条到局，兹于本月二十七日议会复议按照单开各条逐一议决，理合备文缮折呈报，为此呈请督部堂抚部院公布施行"等情移交到本兼护院。据此。除咨请督部堂主政核办公布外，为此札复谘议局查照。，须至札者。

陆护抚部院札复复议上届规划全省教育
乙之五一条案文　四月十八日

为札复事：查接管卷内宣统二年四月初一日据江苏谘议局呈称复议江北清江工艺局改为江北公立中等农业学堂一案等因移交到本兼护院。准此。除咨呈督部堂核办外，为此札复谘议局查照。须至札者。

陆护抚部院札复复议上届清查荒地案文　四月二十一日

为札复事：据谘议局呈报复议清查荒地一案所有议决各条开折呈请公布等情到院，宝前部院未及核办移交前来。查核折开复议各节与司局原详互相发明均应照准，其缩减年限一层既称重在劝业，不必急于升科，并准如复议办理，无庸缩减年限，惟所收地价留充本地方实业行政一语尚未明晰，拟改为俟数解司留备本省实业行政经费，俾与土地国有名义相符。除分饬宁苏两藩司并农工商局遵办公布外，相应札复谘议局查照。须至札者。

（二）呈请更正施行事件

宝抚部院札复复议上届补救州县困难案文　　四月初九日

为札复事：本年三月十六日据谘议局呈复议补救州县困难案内之随忙定价核改洋码两说仍不可行开折呈请鉴核到院，本应照章抄录全案咨送资政院核议，惟现在尚未成立，应否即照上年九月间馆电暂行由馆核复或存俟资政院成立再行集议之处，除并咨宪政编查馆、资政院核办示复外，相应札复谘议局查照。须至札者。

程抚部院札行宪政编查馆咨复补救州县困难案文　　六月十九日

为札复事：宣统二年六月初八日准宪政编查馆咨"准贵抚咨开'苏省州县困难，以随忙定价、核改洋码二说交议，旋经谘议局议决均不可行，另开节流九条呈复，当即酌量情形分别禁革从缓，因无补大局仍将原说交令复议。兹据谘议局仍执前议开折呈送到院，究应如何解决，本应照章送资政院核议，惟现在尚未成立，应应否即由贵馆解决或存俟资政院成立再行集议之处，除分咨资政院外相应照章抄录全案咨送，为此合咨贵馆，谨请查照核办示复施行'等因前来。查贵抚暨谘议局两次各折除条举节流九端本非交议正题，业经贵抚分别办理，毋庸置议外，其交议原案据称前抚交议宗旨只在取决随忙定价与核改详码二者之孰便，若原额必须补足，本无待集议等语。又查谘议局第一次决议折内称，如为根本之补救，惟有要求政府速行新币定官俸；第二次决议折内称自非新币制成立，不必轻变成法而议改洋码或用市价各等语。查新币制现经度支部奏奉谕旨通行自应钦遵办理，惟田赋事隶度支部，现在应如何征收，将来应如何改定，悉应由部主办，未便由谘议局置议以紊事权，目前如有难决情事仍应随时咨商度支部核定施行。再，查谘议局第一次议决折内称抚院交议原案以补救州县困难标题，其性质为国家行政经费，于法不当由局筹议等语。是公费一节应俟官俸章程实行一体照办,既不当由局筹议,即未便作为谘议局仍执前议事项,所有请俟资政院成立再行集议之处应无庸议。除分咨资政院、度支部外,相应咨复贵抚查照办理,并饬谘议局遵照可也"等因,到本部院。准此。除咨督部堂查照并行苏藩司知照外,相应札复谘议局查照。须至札者。

宝抚部院札复复议上届联合农会
组织农林公司案文　四月初二日

为札复事:据谘议局呈上届议会议决瑞升部院交议联合农会组织农林公司一案,去年十一月初四日接奉瑞升部院札复,除照准各节已蒙允准施行外,所有联合农会一条拟就本局议决原案再加推广,每府州添设一农务总会并说明事由,交令复议。兹于三月十四日开会复议中略,理合备文呈请督部堂、抚部院仍查照原案札登官报公布并照案查催开报总分各农会成立日期以促进行,为此呈请督部堂、抚部院分别施行等情到本部院。据此。查此案交令复议事由原为便于督察起见,现既由局议决每府州添设一总会,与章程事实均有未合,应即仍照前次议决原案办理。除行农工商局饬催总分会赶速成立报查并咨请督部堂会衔饬登《南洋官报》公布外,为此札复谘议局查照。须至札者。

(三) 呈请批答事件

陆护部院札复议决请将宁苏筹备府厅州县
自治办法批答案文　四月十八日

为札复事:案查宣统二年三月十五日据谘议局呈请将宁苏筹备府厅州县自治办法批答宣布等请前来,除宁属办法应由督部堂酌定批答外,所有苏属上级自治即经宝前部院札饬自治筹办处妥筹办法详候答复在案,现据自治筹办处拟定施行细则折及进行日期表送院,相应抄录札发。为此札复谘议局查照,须至札者。

计抄送表折各一件:

苏属自治筹办处拟定各厅州县自治筹备日期详表

一、各厅州县地方官遴选城镇乡公正明达士绅各设本厅州县自治筹备公所各镇乡至少各有参议一人，由该管地方官申报成立从前批准设立之城镇乡筹备自治公所一律裁撤：宣统二年五月十五日止。

一、各厅州县地方官就镇乡固有之境界分划自治区域详请督抚核定：五月十六至六月初十日止。

一、各镇乡各选公正明达士绅为调查员，设立事务所其已批准设立某镇某乡筹备自治公所者不必另设事务所，各于调查前流通宣讲讲调查户口及合格选民乃专为人民谋将来之方便，实系有利无害且选民资格为地方所贵重，故有选举议员、被选举为议员之权，词意须和平恳挚并极浅近，以免乡民误会：六月十一至八月初十日止。

一、各镇乡各就固有区域实行调查分户口总数及合格选民为二册，凡人口满五万以上者定名为某镇，不足五万者定名为某乡：八月十一至十月初十日止。

一、各镇乡一律编造选举人名册：十月十一至十一月初十止。

一、宣示选举人名册并选举人声明错误遗漏自请更正：十一月十一至三十日止。

一、更正选举人名册：十二月初一至初十日止。

一、各镇乡选举人名册确定呈报地方官发选举传单：十二月十一至二十日止。

一、各镇乡乙级选举投票：宣统三年正月初六日。

一、乙级开票检查：正月初七日。

一、各镇乡甲级选举人投票：正月初九日。

一、甲级开票检查：正月初十日。

一、各镇乡榜示当选人姓名及发知会书：正月十一至二十日止。

一、当选人答复应选：正月二十一至二十五日止。

一、地方官发给各镇乡当选议员执照并申报督抚：正月二十六至二月初十日止。

一、各镇乡议事会互选议长副议长：二月十五日。

一、各镇议事会选举总董、董事、名誉董事，各乡议事会选举乡董、乡佐，均由议长呈报自治监督：二月十六至二十日止。

一、自治监督将镇议事会所举正陪总董申请督抚选任，并核准任用董事、名誉董事及乡议事会所举乡董、乡佐，一律发给执照：二月二十一至四月初十日止。

一、各镇乡自治公所一律成立其筹备公所或事务所一律裁撤，镇董事会及乡董、乡佐将本届应议事件通知议事会议员：四月十一至二十日止。

一、各镇乡议事会一律开会：五月初一日。

以上所定期限，凡偏僻各乡户口过少不能设乡议事会者应合并于同一管辖内之城镇乡，或如期设乡选民会及乡董。

一、各厅州县长官就城镇乡区域分划本厅州县自治选举区，以各选举区人口之多寡分配该区应举议员额数申报督抚核准：五月二十至三十日止。

一、各厅州县长官出选举告示载明选举区及各区应举议员额数及选举日期告示内载明，凡居本镇乡接续未满三年未入本镇乡选民册，而居本厅州县接续已满三年，于示后二十日以内一律向本镇乡自治公所自行呈报补入名册：六月初一至三十日止。

一、城镇总董及乡董将确定选举人名册分备副本，由本厅州县长官申报督抚并发选举传单：闰月初一至十五日止。

一、各选举区选举人投票：闰月二十一日。

一、城镇乡自治公所开票：闰月二十五日。

一、城镇总董及乡董榜示当选人姓名并呈报本厅州县长官由长官通知当选人：闰月二十六至七月初五日止。

一、当选人答复应选：七月初六至初十日止。

一、厅州县长官发给当选议员执照并申报督抚：七月十一至二十日止。

一、厅州县长官召集议事会议员召集时行文内载明者，一互选议长副议长日期，一互选参事会参事员及候补参事员日期，一开会议事日期：七月二十一日。

一、厅州县议事议事会互选议长副议长：七月二十七日。

一、厅州县议事会互选参事会参事员及候补参事员：八月初一日。

一、厅州县长官发给当选参事员执照并申报督抚：八月初二至初十日止。

一、各厅州县长官将本届应议事件通知议事会议员：八月十一日至二十日止。

各厅州县议事会一律开会，各筹备公所一处律裁撤：九月初一日。

苏属自治筹办处拟定厅州县自治章程施行细则折

第一条　各厅州县长官各设本厅州县自治筹办公所一处，其应合并设置者照章程第五条办理。

第二条　筹备厅州县自治，应以该厅州县所辖城镇乡自治公所为根据，现苏属四府一州各厅州县城厢自治公所除武阳外已一律成立，应从筹备镇乡自治入手，特分期规定厅州县自治筹备公所之成绩如左：

甲、以镇乡自治公所一律成立为第一期成绩武阳兼筹城镇乡。

乙、以厅州县自治公所一律成立为第二期成绩。

第三条　筹备日期另定详表通行各厅州县遵照办理。

第四条　筹备公所各设所长一人，副所长二人，参议无定额每城镇乡至少各一人。

第五条　前条各职员均由本厅州县长官遴选公正明达士绅任之。

第六条　各厅州县如有区划不便之处应行整理者，各该厅州县得绘具图说声明理由呈候督抚院奏交民政部议定施行。

第七条　各厅州县镇乡区域各以固有之境界为准。

第八条　筹备经费由各该厅州县长官筹集之。

第九条　筹办公所应各拟定办事细则呈由本厅州县长官申报苏属地方自治筹办处核定。

宝抚部院札复议决裕宁裕苏两官银钱局
发行钞票继续质问案文　四月初二日

为札复事：宣统二年三月十七日据江苏谘议局呈称，上届议决裕宁、裕苏发行钞票之质问案先后奉到批答，所开各款殊多疑问之处应再行呈请分别批答等情，到本部院。据此，除行苏藩司转饬裕苏局逐条拟答呈候核复并行裕宁局一体拟答呈请督部堂核复外，为此先行札复咨仪局查照。须至札者。

陆护抚部院札行裕苏官银钱局呈复发行
钞票继续质问案文　四月二十一日

为札复事：宣统二年四月十二日据裕苏官银钱局呈称："本年四月初一日奉

藩宪札奉前宪台札，宣统二年三月十七日据谘议局呈称，上届会议查照局章第二十六条将所议决裕宁、裕苏发行钞票之质问案呈请批答，业奉督部堂、抚部院先后粘抄两局清折札发到局。查折开各款殊多疑问之处，兹于本月十二日会议议决，再行照章呈请督抚宪迅予分别批答等情到院，抄粘札司转饬该局逐条拟答呈候核复等因。奉此，遵即按照所开质问各条逐一答复开折申请鉴核札复。"等情，到本护院。据此，为此抄折札复谘议局查照，须至札者。

计抄粘：

裕苏局谨将谘议局第二届议决发行钞票之质问案逐条拟答开折呈请鉴核。

计开：

一、裕苏银元钞票预定发行额一百万元，截至去年九月底止总分各局实已发出七十三万一千三百二十九元，制钱钞票尚不在此数，未识裕苏现时实在资本总共若干，核与遵章呈报度支部注册之资本总数有无增减？

查本局实在资本银数十三万两，与咨部数目并无增减。

一、苏藩库发存资本银不过十三万，申合银元约十九万五千元，即以现时发行之银元票数相较已逾三倍有奇，未识裕苏总分各局所准备四成之现银及六成之货物、房产与放出各款是否确可作为裕苏局所有资本？

查苏藩库发存之银系属营业资本，其应付钞票准备至少四成之现银及确实可靠之货物、房产可作为本局票本。

一、苏垣司道局库年收五百万，额支五百三十余万，近年新增各项用款又岁增二十余万，统计岁差将及五十余万，既出入不敷之巨如此，似别无大宗余存的款，司库发出之十三万资本银两是否另行提作专款抑仍兼备抵支别项行政费之用？又牙厘、善后两局发存长期银八万两，各署局所活支存款三十六万三千余两，虽可资以周转，然存银须备提取，活期尤甚，实系借款性质，究与资本不同，何以连类而及概视为预储之票本？

查本局资本，实领到藩库放出库平银十三万两，作为专款并不兼备抵支别项行政费之用。所有发行钞票，本局历来办法，他人须以现洋前来兑换，或将货物、房产估值抵押，间有往来之家取用，当时即须照市折银，亦与现洋无异，即是票本之储备。其余各署局所、各庄当号长期存欠、活期支付系属营业本，未视为预储之票本。

一、上年六月初七日度支部奏准《限制滥发纸币专章》第八条"本章程颁发后，只能照现在数目发行，不得逾额增发"，苏省自奉文后饬据裕苏局开报由藩司会同副监理官亲莅盘查，均截至八月初七日为止，计实在流通在外银元票七十万二千一百六十三元，又制钱票四万九千一百四十四千一百文，声明即以此数作为定额专案报部，以后不得再行增发。顾本局于去年十二月十二日奉陆抚部院札复两局质问案抄交裕苏局十一月十二日开报清折，截至九月底止该局共发七十三万一千三百二十九元，核与该局前开及藩司会查报部截止之数较多二万九千一百六十六元，是否于八月初七日截数以后仍陆续增发？

查本局钞票发行额原定一百万元，八月初七日奉藩宪、副监理官会同莅局盘查，即以是日止实在流通在外银元票七十万二千一百六十三元、制钱票四万九千一百四十四千一百文之数开报，嗣于去年十二月十五日奉财政局转奉部文饬知，即以八月初七日盘查之数截止作为发行定额，本局十一月十二日开报清折，九月底较多之数因尚未奉到，以查报日期为定额之明文也。

陆护抚部院札复司法研究所质问案文　　四月二十六日

为札复事：案查江苏谘议局呈送司法研究所质问请迅予答复一案，经宝前部院札司逐条拟答呈候核复，去后。兹据苏臬司详称："宣统二年二月二十九日奉督宪札开'据江苏谘议局呈查局章第二十六条载有谘议局于本省行政事件及会议厅议决事件如有疑问，得呈请督抚批答等语，本月十六日会议议决司法研究所质问案一件，理合呈请照章批答等由，并开具清折到本部堂。据此。查此案应札行苏臬司逐条查明具复，俟复到再行批答札司查明具复'等因，同日又奉前宪台札同前因。奉此。本司循诵之（录）〔余〕具征谘议局郑重司法之至意，良用钦佩中略，今即就所开质问三条逐一答复，另具清折详请鉴核批示。"等情，到本兼护院。据此。除批示外，为此录详抄折札复谘议局查照。须至札者。

计抄粘见督部堂复文

陆护抚部院札复议决请将泰州调查户口滋事后
办理方法批答案文　　四月二十一日

为札复事：查接管案内，据谘议局呈议决请定泰州调查户口滋事后办理方法一案由宝前部院移交到本兼护院。准此。查此案前据泰州剀切示谕开导禀报到院，已批臬司饬府督州将调查事宜妥为办理并严拿滋事首要各犯，务获究惩，毋得操切张皇致滋扰累，仍将平粜事宜妥为筹办以济民食在案。为此札复谘议局查照，须至札者。

（四）呈请查办事件

程抚部院札复呈请查办苏松太道蔡乃煌违法案文　七月初九日

为札复事：前据谘议局纠举上海蔡道违法事实呈请查办一案，业经督部堂会同本部院札委江苏按察使左孝同、江苏候补道王仁东确切查办在案。兹据该司道等查明禀复前来，除咨请督部堂主政核办外，为此札知谘议局请烦查照。须至札者。

（五）呈请转咨核复事件

陆护抚部院札复续议整顿淮北盐务补救淮南盐务请转咨督办盐政大臣核复案文　四月十四日

为札复事：查接管卷内，宣统二年四月初一日据江苏谘议局呈"本月二十五日蒙督部堂、抚部院将上届议决关系淮南北盐务三案所有转咨督办盐政大臣并加具各案语抄单札复到局。兹于本月二十七日议会议决中略，理合将声叙各条备文呈请督部堂、抚部院更咨请督办大臣一并核复，为此缮折呈请抚部院鉴核施行，除呈督部堂外"等情，移交到本兼护院。据此。除咨请督部堂主政核办外，为此札复谘议局查照。须至札者。

江苏谘议局第一年度协议会呈报督部堂、抚部院文件汇录

按：第一年度常年会后，协议会呈报督抚文件已排印在第二册，标题为常年会续呈文件，至协议会督抚复文则附印于常年会督抚复文之后。现已酌量改订，所有临时会后协议会呈报文件另行标题为协议会呈报督抚文件，其督抚复文亦另行排印，标题为协议会督抚复文，特此分划清楚以便检查焉。

（一）呈请认作咨询事件

呈复督部堂、抚部院整顿契税方法洋商道契一律收税案请认作咨询事件文　七月初九日

为呈复事：四月初八日奉前抚部宝札开本年三月十四日据谘议局呈称云云另札办理，同日又奉札开照得洋商道契云云相应据情札复谘议局查照，各等因。奉此。查此案于上年十月十七日议决二十一日呈报，十一月初四奉升抚部院瑞札复，十二月初二日奉督部堂札复，均无异议。同日又奉护抚部院陆札，以通商口岸道契征税一节司详通行无碍，札行上海道筹议等因。本年正月二十四日又奉陆护部院札华洋道契一律收税一条事涉洋商应考查条约，已饬上海道核复可行与否，仍应俟复到裁夺等因。本局以条约刊本通行，非上海道署独有之文卷，且宁属契税章程第六条已责成州县查照条约收税，上海道未便独迟，应请督部堂暨抚

部院照原案公布施行，并札上海道查取实行日期一并饬登官报以昭核实，于本年临时会三月初十日决议，十一日呈报，各在案。兹奉札文：既无实行日期，登报公布之语亦无不以为然，交令复议之文，是上海道虽已复到，而可行与否宝前部院仍未裁夺。本局再四审量，惟有认作咨询事件，由常驻议员协议申复以符馆章。查札叙原详，一则曰数十年来并未照办，再则曰未能照办实由于此，是其种种设难无非探索从前未能照办之缘由，并非发表以后不能照办之理论，又云窃恐徒多口舌无裨于事，亦系疑虑之词，并非决断之语。盖考之约章条文，按之通行法理，此事实系可行，故虽以原详之疑虑，亦但云办理实鲜把握，固知非毫无把握者比也，惟其中种种设难，本局自应逐节解决，以为交涉争辨之预备而符申复咨询之意。谨条具如左：一、上海年租每亩一千五百文，正数系抵完纳钱漕，余数系抵附加带征，均与契税不涉，盖钱漕系年年交纳而契税系一次交纳，性质迥殊，断难牵混。二、免税条文有咸丰八年英约法约美约，十一年德约，同治二年丹约，四年此约，五年义约，八年奥约，均第二款，光绪七年俄约第十四款，无不指明种类名色，并无税契在内，外人如欲藉利益均沾为趋避，试问援据何国约条？三、外人租产与本国人民一例完粮纳税，不须载入约章，美约第十二款以地方官不得阻止为正文，并非税契用印列为专条，道详指为彼严于此，实系谬误。若谓契税不载条约即难照办，试问现收之年租载于何条？四、契税系本国所定法令，外人租产应比照本国人民产业一体遵守，并非别国所定章程，与法约第十四款毫不干涉。以上四节系由上海道未谙约章致多误解，实无不能照办之处，所虑者外人窥见吾国交涉之易欺，非理要求，或奸贩牟利之徒苦其不便，怂恿外人籍生阻力，是在督部堂、抚部院之据理驳斥耳。本局对于行政长官有责难之义，故详晰申复，应请查照原案迅予裁夺公布施行并查取实行日期札复以资结束，实为公便。再，陆护部院饬道核复专指洋商之关系，札文甚明，乃道详结尾又生出华商问题，推诿商会，是以半年余之延宕为未足而将益展其期，颇为可诧，合并揭明。除呈抚部院、督部堂外，为此呈请督部堂、抚部院查核施行，须至呈者。

（二）呈请援案办理事件

督部堂通电各属禁止彩票案以六月晦日后
为实行之期文　　五月二十三日

　　为呈请事：本月十六日奉督部堂札知安徽彩票经皖抚部院咨请缓停。查该省彩票上年业准该省谘议局移文称已议决禁止，此次皖抚部院来咨，督部堂复称未便两歧，仍查案通行禁售，仰见除恶务尽之至意，不但造福于本省亦大慰皖省议会，嗗嗗之望本局同深钦佩，理合输诚答谢。唯更有恳者，鄂督部堂前咨签捐票以六月尽为禁售之期，本局念鄂督部堂勇于从善，足与督部堂为民祛害之旨相得益彰，以故春夏以来各处地方彩票店公然开设，人民亦暂不过问，以副鄂督部堂谆谆展限之意。今距禁售之期已近，彩票之患处处蔓延，非先期严切申谕，恐至临时不免延玩。报载浙江抚部院亦奏禁彩票，以六月初一日实行，现在久已通电各属，苏省事同一律，理合呈请督部堂通电各属一体懔遵，如至六月晦日后尚有私售彩票之店铺，即由各地方官或巡警局照案治罪，似此三令五申以冀人无犯者，届时庶能收廓清之效，伏乞鉴核施行。须至呈者。

呈请督部堂飞电各属禁止彩票案务
期刻日禁绝文　　七月初九日

　　为呈请事：案查五月二十三日本局呈请通电各属以六月晦日后禁售彩票一案，五月二十九日奉督部堂札复，饬由臬司核明限期严饬各属一律晓谕禁售，如敢阳奉阴违有私行售票情事，即行按律禀请惩办勿稍姑容等因在案。现已七月初旬，各属自应遵谕禁止。乃报章揭载道路喧传，则各地仍有违禁私售情事。查此案奉督部堂饬司严禁，不啻三令五申，地方官允宜切实奉行为民祛害，若复因循欺饰私售彩票，其患犹小，弁髦禁令，其患实深。相应呈请督部堂飞电各属刻日禁绝，如更查有私售情事，违法者固罪有应得，执法者亦咎有难辞，似此严定责成，庶几廓清可待，为此呈请督部堂迅予查照施行，须至呈者。

呈请督部堂通饬各属禁止彩票案
严订承禁者考成文　七月二十三日

为呈请事：案查本局前以各地违禁私售彩票呈请飞电各属严定责成刻日禁绝，旋奉札复，电饬苏臬司严饬各属一律查禁等因，并抄电稿到局。奉此。查此案督部堂再四申禁，在贤长官革除弊政之心实已不遗余力，乃迩日调查省城之花牌楼、四象桥、下关等处，各彩票店仍明目张胆公然出售，而地方官毫无觉察。省垣为督部堂耳目接近之地犹且如此，则省外可知，似此泄沓成风，将来必至一切禁令皆成虚设，是不可不深思长虑者也。本局衡情而论，票商以弊为利，弁髦禁令，其罪犹显，地方官职司行法，弁髦禁令，其罪实深。道路传闻皆谓票商辇金四出运动，希冀迁延日月，固未可信，然人民目击督部堂之申禁如彼而票商之私售如此，抑亦何以解其疑乎！应请督部堂迅饬臬司将遵电严禁情形刻日禀复并请径电各属地方官会同巡警局切实查禁，倘此后别经查得某属仍有私售彩票确据，则除票店按律惩办外，并治承禁者以应得之咎，庶专责成。本局为力祛积害保重禁令起见，为此呈请督部堂查照施行。须至呈者。

计附呈花牌楼大得利号售出二百九十八号七月份湖北彩票一纸

呈报督部堂推定江淮水利公司测量局长
请发给照会文　五月二十六日

为呈报事：四月初九、十八两日迭奉札开，江淮水利公司先从测量入手办法，蒙允拨款设局测量在案。兹经本局协议，照案推定如皋县在籍绅士翰林院编修沙元炳为测量局长，即催令该编修来省承领允拨之测量经费，先行置办彝器等项，一面设局预备，俟秋凉时高粱割后督率测绘各生分投实测，理合呈请督部堂迅予照会沙编修到局任事，以便早日程工，伏乞鉴核施行。须至呈者。

呈请督部堂饬拨江淮水利公司测量经费文　七月二十日

为呈请事：案查本年临时会议决筹兴江淮水利公司先从测量水道入手一案，

呈奉督部堂核准施行，并奉咨明大部拨给银三万五千两作为测量之用，照会沙绅元炳为测量局长，先后札复到局。奉此，当即知会沙绅，去后。刻下沙绅业经到宁，亟应购办测量各器，规划设局事宜，相应呈请督部堂将测量经费银三万五千两迅予饬拨到局，以便交由沙绅领用而利进行。为此呈请督部堂查照，须至呈者。

呈请督部堂抚部院发给江淮水利公司测量局关防文　九月十六日

为呈请事：查本局第二届临时会期内议决筹兴江淮水利公司先从测量入手一案，业经督部堂、前抚部院宝会商大部拨银三万五千两作为测量之用，并蒙照会沙绅元炳为测量局长暨札行本局转知沙绅赴司领款各在案。现今沙绅业已抵宁，一俟领到宁苏两藩司拨放之款，即当赴淮滨规划设局。惟兹事体大，设局以后往来文牍较繁，自应由测量局与各有关涉之行政衙门直接，非由督部堂、抚部院给发关防不足以昭慎重，应恳俯准刊给官防一颗，文曰江淮水利公司测量之关防，发由沙绅具领，于开局日启用，俾资信守。除呈抚部院、督部堂外，理合备文呈请督部堂、抚部院迅予核夺施行。须至呈者。

呈请督部堂抚部院转咨东皖两抚江淮水利公司测量所至应由测量局自行陈请商办文　九月十六日

为呈请事：窃查第二届临时会议决筹兴江淮水利公司先从测量入手一案，业经督部堂、前抚院宝会商大部拨银三万五千两作为测量之用，并蒙照会沙绅元炳为测量局长各在案。查江北为患之水毗连山东、安徽两省，欲详测致患之由，必须竟委穷源而后能定导治标准，是东、皖两省界内运淮之水皆当从事测量。惟事关隔省，设测量所至遇有应行商请该二省行政长官协助事宜，若事事呈请转咨商办，固不胜文牍之繁，亦足为进行之障，应请督部堂、抚部院豫为咨明山东巡抚部院、安徽巡抚部院告以现在省设立江淮水利公司测量局，局长为本省绅士沙编修元炳，嗣后彼此联界之水道，测量局所至如有应行商请转饬运淮两岸州县协助各事宜，当由该局长自行陈明商请以免彼此咨转之繁而收迅速进行之效。所有恳详咨明东院两省各缘由理合备文呈请。除呈抚部院、督部堂外，为此呈请督部堂、抚部院核夺施行。再，淮流至安徽凤、颖境内始大，而其源则自河南之桐柏，如须溯源测至河南，应请并咨豫省，统候裁夺酌办。须至呈者。

（三）呈请迅予裁夺事件

呈请抚部院将规划全省教育案内甲之一、丙之五六各条迅予裁夺并呈报督部堂文　六月二十三日

为呈请事：窃本局于正月内先后奉到督部堂、抚部院札开，将上届议会议决规划全省教育案内甲之一、丙之五六各条交令复议，当于三月间临时会复议公同议决呈请裁夺。旋于三月二十日奉到督部堂札开"查各费出自各属局者应由宁苏两学司移明各该署局，嗣后一面拨款一面移知学司转告学务公所知照，如各该处未能将拨款案由随时移明，即由宁苏两学司查照夏学司原详办法详请核咨，此外各条均应查照来呈公布施行"等因，到局。奉此。嗣于四月初三日奉抚部院札开"除札饬宁苏两提学司核明详复察夺外，为此札复"等因。奉此。查此案既奉抚部院札知饬司详复察夺，即为尚未裁夺之案。除再呈请，理合呈请抚部院迅予裁夺施行。除呈报督部堂外，为此呈报督部堂、抚部院查照。须至呈者。

（四）呈请札催详报事件

呈请督部堂、抚部院札催宁苏两学司将规划本省教育案内乙之四条详报办理情形文　六月初八日

为呈请事：案查本局上届常年会议决规画全省教育案乙之四条内载筹设水产业中学其经费应由两提学司会同两藩司筹拨等语，呈奉前护抚部院陆札复已于南

菁改办女学案内咨请宁学司商复，又奉督部堂札复已饬宁苏两学司妥为筹商办理各等因在案。现在距督部堂札复之时已逾半载，此项水产业中学当已筹有端倪，应请督部堂、抚部院札行宁苏两学司将妥商办理情形刻日详候札行本局议决以便及时兴办。除呈抚部、督部堂外，为此呈请督部堂、抚部院查照施行。须至呈者。

（五）呈请咨催核复事件

呈请督部堂咨催督办盐政处核复整顿淮北盐务补救淮南盐务两案并呈报抚部院文　六月二十四日

为呈请咨催事：窃本局三月间临时会复议议决盐务三案呈请转咨督办盐政大臣酌核公布，奉督部堂札复将前三案查明办理缘由各加按语咨请督办盐政大臣核复等因，奉此。本局复经会议，以三案中运商违章朦收一案已归本省士绅另呈在案，本局不复置议，其补救淮南盐务、整顿淮北盐务两案原案语意似有未尽，复详加声叙请转咨督办盐政大臣一并核复，奉督部堂、抚部院札复照录原折咨请督办盐攻大臣汇核复办等因，奉此。事将三月，未奉札知。本年九月常会为时不远，该两案如蒙裁可固亟当公布施行，抑或不以为然亦应说明原委事由，早日交局以凭复议。用敢再请，除再呈请督部堂据情咨催督办盐政大臣务于七月内核复施行，除呈报抚部院外，为此呈请督部堂、抚部院查照，须至呈者。

呈请抚部院咨催宪政编查馆核复整顿税契方法内划拨公益捐及折价经征案并呈报督部堂文　六月二十七日

为呈请事：窃本局于三月间临时会会议议决第一届契税案内划拨公益捐三分一节及划一折价自治会经征二节均难照行，业经两次札复在案。今谘议局仍执前议，本应送资政院核议，唯现在尚未成立，应否即照上年九月间馆电暂行由馆核复或存俟资政院成立再行集议。除钞录全案并咨宪政编查馆、资政院核办示复外，相应札复等因。奉此。迄今两月有余，未奉札知解决方法。事关自治经费及地方兴革要政，人民属望至殷。除已呈请，理合呈请抚部院咨催宪政编查馆迅予裁夺，俾七月内札复到局。除呈报督部堂外，为此呈请督部堂、抚部院查照施行。须至呈者。

呈请督部堂、抚部院咨催江北提部堂核复设立公司
开垦苇荡营荒地案文　七月初一日

为呈催事：案查本年三月间临时会复议上届设立公司开垦淮海苇荡营荒地一案呈奉督部堂、前抚部院宝札复录呈咨请江北提部堂核办见复等因在案，迄今时逾三月，未奉将提部堂核办情形札知。查开垦苇荡营荒地本局议决请从履勘测量入手，意在考求其中纠葛困难各节准情酌理，一一筹解决之方，俾消阻力而兴垦政，在本局循途而进，不敢操切以程功，度提部堂于熟筹审处之余当无不以为然者。为此备文呈请督部堂、抚部院据情咨催提部堂迅予查照施行。除呈抚部院、督部堂外，须至呈者。

（六）呈请援案转咨事件

呈请抚部院转咨浙江抚部院苏境浙西盐场筹办自治经费案并
呈报督部堂文　五月二十三日

为呈请事案：查本局章程第二十一条第十二款本局有收受人民陈请建议之责，又查章程第十二条此项收受人民陈请建议事件得由常驻议员协议办理。本月二十日本局常驻议员协议决定收受川沙厅自治公所职员陆家骥等陈请代呈抚部院恳将本局上届议决业经督部堂、抚部院公布施行筹定自治经费一案转咨浙江抚部院行知浙盐运司饬江苏境内各盐场一体遵照办理等语。除呈报督部堂、呈请抚部

院外，理合另缮陈请原书呈请抚部院迅予咨行、呈报督部堂鉴核。须至呈者。

计呈请议书：

江苏谘议局公鉴，敬陈请者：去年贵局大会议决筹定自治经费一案，本年三月初九日敝公所奉川沙厅照会转奉抚宪札"除公布外饬遵照办理"等因。查此案甲项第五条自治区域内如有无主荒地或新涨洲地，得由自治公所查报承领，设法垦辟作为公产云云。川沙沿海八九两团为下砂二三场灶地，与迤南南汇、奉贤、华亭、金山等属青村、袁浦诸场同受两浙盐运司管辖，此项新涨查报承领必经该管衙门，自应将此项议决案一体行令遵办，既裕滨海诸区自治经费兼革历来沙棍讼争恶习。事关五六厅县，不止川沙一隅，用援贵局章程第二十一条第十二款陈请建议之例陈请贵局代呈抚宪，请将此项筹定自治经费议决案移咨浙抚院行知浙盐运司分饬江苏境内各盐场一体遵照办理以照划一。再，敝公所借用川沙城自治公所议事会图记，合并声明，祗颂公安。

介绍议员黄炎培

陈请人：川沙筹备自治公所职员　徐宗美　四十七岁　附生

陆家骥　四十八岁　附生

蔡宗岳　三十五岁　附生

（七）呈请并案办理事件

呈送督部堂、抚部院上海县滩地升科案牍印本请并入查办苏松太道蔡乃煌原案文　三月二十八日

为呈送事：窃本局议决呈请查办苏松太道蔡乃煌一案已蒙札复派员查办在案。兹续由松江府议员交来上海县滩地升科案牍印本，谓与本局原议案颇可印证，请由本局呈送察核归入原案卷内一并裁夺。为此备文呈请督部堂、抚部院裁夺施行。除呈抚部院、督部堂外，须至呈者。

计呈上海县滩地升科案牍印本二册。

（八）呈请迅予札复事件

呈请督部堂、抚部院将宁苏合办女子师范学堂案迅予札复文　七月初八日

为呈请事：案查本局于本年三月临时会复议上届宁苏合办女子师范请就南菁学堂改设一案呈奉督部堂札复查宁苏合办云云至核夺，又奉宝前抚部院札复查宁苏合办云云至札宁苏两学司会同妥筹复夺各等因在案。查本局复议此案原以从新缔造为期，至就官款最多之校改设本系不得已而思其次之办法，既奉宝前抚部院核明以公帑奇绌采用改设之议，即当及时规划早日观成以兴女教。现在时逾三月，未奉将筹复情形札知，相应备文呈请，为此呈请督部堂、抚部院查照，将改设女子师范学堂情形迅予札复。除呈抚部院、督部堂外，须至呈者。

呈催督部堂、抚部院迅将查办苏松太道蔡乃煌违法情形札复文　七月初八日

为呈催事：案本局于本年三月临时会议决呈请查办苏松太道蔡乃煌违法一案，呈奉督部堂、宝前抚部院札复遴派廉干大员前往上海确切查明禀复核办等因在案，迄今时逾三月，未奉将查办情形札知，殊深惶惑，相应备文呈催。为此呈请督部堂、抚部院查照原呈事由迅将查办情形札复。除呈抚部院、督部堂外，须至呈者。

（九）呈请札交宣布及审查事件

呈请督部堂札交关于纠举蔡道乃煌原案各要件以便宣布及公同审查文　八月初七日

　　为呈请事：案奉督部堂札开前据谘议局呈纠举苏松太道蔡乃煌违法各款请饬查办一案，当经札饬江苏臬司左孝同、江苏候补道王仁东切实查明核办。嗣据该司道等逐款查复，经本大臣详加复核，于宣统二年五月二十九日附片具奏，兹于本年七月初四日差弁赍回原片，奉朱批"知道了"，钦此；又前奉寄谕饬查蔡道被参各款内公和祥承租滩地一节与谘议局纠举公和祥之案情事相同，并经派员查复，亦于是日恭折奏陈差弁一并赍回原折，奉朱批"蔡乃煌著交部议处，余照所请，该部知道"，钦此。除分别咨行外，合就恭录谕旨并抄录原片原折札复谘议局查照，计抄片稿折稿一本，到局。奉此，自应存俟大会时宣布于全体议员。惟查片稿内称租界验尸许领事派人参预一节应饬设法取消，又称吴阿桃应饬勒保交回讯办，又折稿内称革书龚琴生、地贩奚朗如、地保王云甫等并饬上紧勒令严拿到案究明惩治各等语，自必早经札饬遵办，应请督部堂催令将遵办情形逐节禀报札知本局，俾便于开会期内一并宣布。又查本局纠举原案其第三条以洋商产业是租非卖不应认为母地业户界以报升子地之权为要点，其第四条以转契必凭租契及印单又须查无纠葛为要点。兹读片稿谓子地承租与他项地亩必凭田单者不同，折稿谓上海洋商升科之案不自今始，先于光绪二十七年经升道袁与英领商定等语，此节关于权利存废极为重要，应请督部堂将光绪二十七年袁升道原案全文饬承抄录札交本局俾便于开会期内公同审查。为此呈请督部堂察核施行，须至呈者。

（十）呈请札交复议事件

呈请督部堂、抚部院札交节删宁属契税章程内饬司商订宁苏统一新章以便复议文　七月初一日

为呈请事：案查本年三月临时会本局复议上届节删宁属契税章程案内声请督部堂、抚部院札司商订宁苏统一新章一节，呈奉督部堂札复。此案现经札饬宁藩司查照所议妥为协商，俟复到再行核夺；又奉前抚部院宝札复应俟妥订章程核明交局决议各等因在案。现距九月常会为期不远，查本届常会督部堂、抚部院应行交议之案业经本局呈请佇七月十五日以前交局以便照章印刷先期通知在案,。此项契税章程即奉督部堂、抚部院饬司商订，应请查照前呈一体于七月十五日以前核明交局以便通知。除呈抚部院、督部堂外，为此呈请督部堂、抚部院查照施行。须至呈者。

呈请督部堂札交关于租界外民地买卖停转道契原案宝山县租地案牍以便复议并呈报抚部院文　六月二十日

为呈请事：窃本局于三月临时会期内议决租界外民地买卖停转道契一案呈请裁夺施行，旋奉札复、督部堂札复，从前业经允许之案势难即予取消，应札饬江海关道转饬宝山县嗣后务须查明并无别项情节方准税契，不得任意填给以致漫无限制等因，到局。奉此。本局复经会议，当以从前允许之案诚未易即予取消，而时事多艰，正官民竭力维持之会，请将光绪二十五六两年宝山县租地案牍饬抄交局以便详细推求，如可设法挽回，不敢不为本省效力各缘由备文呈请。事隔两月，未奉札发。窃以此事关系主权，恐因循坐视丧失益多，欲谋挽回之策，非从宝山租地案牍中详细推求无从得其要领，至于为难已甚，决不挟持空论轻执前议，已于前呈内据实声明。谨再呈请、除再呈请督部堂将光绪二十五六两年宝山

租地案牍迅饬抄交本局以便详细推求冀得挽回于万一。除呈报抚部院外，为此呈请督部堂、呈报抚部院查照施行，须至呈者。

（十一）呈请申明权限事件

呈复抚部院嗣后如遇意有出入案应请申明权限并呈报督部堂文　五月二十四日

为呈复事：本年四月三十一日奉护抚部院陆札复清查荒地一案分饬遵办公布，又于五月初三日奉督部堂札行已札官报局公布各等因，业经公布，人民已有遵守之效力。查原议案内所收地价留充本地方实业行政一语，护抚部院以为尚未明晰，拟改为悉数解司留备本省实业行政经费等因，较之原案实为明晰。本局审为与原案并无出入，可由常驻议员协议追认，业经公布之案无庸再有商榷。惟查照局章第二十二条议定可行事件督抚如不以为然得交局复议，并无径改字样，嗣后诚恐遇意有出入之处循例径改再经辨正，徒生周折，应再申明本局权限以便永远遵循。为此呈报督部堂、呈请抚部院鉴核。除呈抚部院、督部堂外，须至呈者。

（十二）呈请变通常例事件

呈复抚部院嗣后对于紧急动议案应请变通常例并呈报督部堂文　五月二十四日

为呈复事：本年五月十六日奉抚部札复米价日昂维持民食一案内开"业札

苏藩司、苏沪两厘局会详，据称伏查中略未敢轻议免征"等语。又开"抚部院原批据详中略仍候督部堂批示。缴。"等因，到局。奉此。查本年三月间米价骤涨，霖雨不止，谣言日繁，其势岌岌。本局议员提作紧急动议原系目前急救之法，案经悬阁月余，情势尽变，本无前议之可执，亦无复议之可待，此抚部院所以不援章程第二十二条不以为然则交复议之文而但以司详见复也。惟查民食一事，如果此后雨旸时若，不致再起恐慌，人民尚有何求，本局即更有何说，但救急之议案行政长官亦当以救急之意待之。三月间所呈报之议案直至五月间解决，幸而麦秋天气尚佳①，粒食有望，幸无异变，设或不然，数十日之久变态已不堪设想矣。应请此项议案变通常例于呈到时迅予裁夺可行不可行以便复议，至司详原文遵照宪政编查馆电无需告知本局，前护部院早应当机立断以重民生，今时过境迁，惟有声明前项事理，乞垂钧听。除呈复抚部院、呈报督部堂外，理合呈报呈请，须至呈者。

江苏谘议局第一年度协议会督部堂、抚部院复文汇录

按：第一届常年会、第二届临时会两次议决案所有督抚复文皆系分别排印，兹因协议会呈报之件督抚并不全有复文，故为之合编一处，有则录之无则阙焉。

---

① 佳，疑为"佳"。

（一）呈请认作咨询事件

张督部堂札复整顿契税方法洋商道契一律收税案已札行
江海关道妥筹复夺文　七月二十四日

为札复事：案查本年三月谘议局开临时会议决整顿契税方法案内洋商道契一律收税一条呈请札饬江海关道查取实行日期等由，当经本部堂以此案前经陆护部院札令江海关道查复未据复到尚未能作为实行，即经札饬该关道查明能否按照谘议局议案切实施行详细具复核夺，嗣准宝前抚部院咨查江海关道详复历年办理情形札复谘议局查照各在案。兹据谘议局来呈，以此案实无不能照办之处，仍请公布施行并查取实行日期等前来。本部堂详加察核，谘议局所论四条系按照江海关道来详逐节解决为交涉争辩之预备，来呈谓该道前详种种设难仅系探索从前未能照办之缘由，并非发表以后不能照办之理论，仍执前议，亦复持之有故。惟此项道契行之已数十余年，相沿至今已成积重难返之势，究竟能否办到应由江海关道妥为筹商切实具复以凭核夺。除分别咨行外，为此札复谘议局查照。须至札者。

张督部堂札行据交涉司详洋商道契
一律收税案文　十一月二十二日

为札行事：案据江苏谘议局先后呈请将洋商道契一律收税一案均经札行江海关道详复，并以事关全省交涉，请将全案札发交涉司详细考核妥议禀办在案。兹据汪署司详称遵饬核议，拟请仍照原章办理等情前来。除行江海关道遵照外，为此抄录原详札行谘议局查照。须至札者。

计抄粘：

为详复事：窃奉宪台札开：据江海关道详称：窃照谘议局请将洋商道契一律收税一事前奉饬议遵经职道参考约章查察情形具文详复，于本年七月二十四日续奉苏抚宪程札开，据谘议局呈称"上海道未谙约章，致多误解，实无不能照办之处，仍请公布施行，能否援引约章设法磋商，挽回数十年放弃之权利，应由该道详查条约，体察情形，详复核夺"，并于八月初二日奉宪台札同前由，以此项道契行之数十年，相沿至今，已成积重难返之势，能否办到应由江海关道妥为筹商具复核夺，各等因。奉此。职道当将谘议局指驳各层逐加查核，如"年租正数抵完钱漕，余数抵附加带征，均与税契不涉"一节，查年租一项定章在通商数十年之前，其时尚无附加带征各项名目，谘议局谓为余数作抵附加带征，不知何所据而云然。又"免税条文各国指名种类名色，并无税契在内，外人如藉利益均沾为趋避，试问援据何国条约"一节，查各国条约所载免税种类名色系指西人携带行李、衣服、器具、食物而言，至于洋商租地本有专条，岂能以此为应行报税之据，况税契一项除美约第十二款外，其同时英、法、俄暨续后别国所订约款均无租地报税明文，且美约第三十款声明"嗣后无论关涉通商贸易交往等事情，为该国并其商民从来未沾者，亦当准大合众国官民一体均沾"等语，英、法、德、俄、日本诸国约章既无租地税契字样，则非特不能令别国商人按照美约第十二款照例税契，即美商亦将因各国无租地税契之条援引美约第三十款均沾免税之利益势所必然。又"外人租产与本国人民一例完粮纳税不须载入约章，若谓税契不载条约即难照办，试问现收之年租载于何条"一节，查洋商各口租地果能按照本国人民一律办理，何须另给道契以及有年租名目，盖上海洋商租地系属活租，仍可随时退还业户，故契称付与业户之钱为押租，示与绝卖者有别，其年租先完每亩五千文，嗣议永定轻租减作每亩每年一千五百文，以其余年租三千五百文按照减年租一千增重押租十千之例加入押租之内，每届年底预将次年之租交入银号，此外不许华民另索钱赋，有道光年间旧契可据，虽奉行章程原案因咸丰年间沪城匪乱毁失无存，然按之近年北洋洋务局石印《约章成案汇览·乙编·租建门》内所载天津紫竹林法国租地条款载有崇大臣与哥大臣所定及上海英法美租地章程载有详明三国钦差及两广总督允准方可改办字样，自系两国官宪会议转谕遵行毫无疑议，此确有章程可考者也。又"契税系本国所定法令，外人租产应比照本国人产业一体遵守"一节，查上海西商租地，一切办法既有专章，讵肯另遵中国之法令与华民一体税契，谘议局既谓实无不能照办，自必确有所见，何以又称外人非理要求藉生阻力，未免自相矛盾。总之考究不厌详明但求折衷一是。随即询之律法官，据罗道贞意复称"查洋商道契性质与方单及寻常卖契不同，缘道契系永远租约，其年缴每亩一千五百文系租金契内所载，倘该商并后代管业之人将来以其地转租不禀明本国总领事移道登籍及每年不将每亩年租钱一千五百文预付银号，违犯约章，并经严饬仍抗不遵，则此契作为废纸，地即归官"等语，是洋商租户除缴每年每亩一千五百文租钱外并无他税。查道契本有条约纲领敷设之件，既由政府订定，则督抚关道无权更张，寓居中国之各国商民人等皆在各该本国治外法权范围之内，除约章内所载各种税则外，中国无权另设名目以征洋人之税，凡事理载在条约之内者其权利已与外人共之，非一国所能独断独行。税契一事本属内政，施之华人则可，若谓洋人亦可一律办理，中国无管辖洋人之权。总而言之洋商道契除收年租外决不能征收他税等因。职道又以谘议局原文所叙《宁属税契章程》第六条业已切实施行是否各国洋商在宁租地立契一律照章纳税，复经分别函查去后，旋接金陵关王道函开洋商在金陵下关商埠界内租地转立道契向不完税，又接苏州关王道来函："苏埠租界基地各洋商先后议租，历系由道填契移送洋务局加盖关防照交领事转给，随案收缴地价及按年由县征收地税，并无完纳税契银两"，另将《宁属整顿田房税契章程》代为转询宁藩司检寄。镇江关刘道亦以"各国洋商在通商口岸承租地亩，向系将所立华契呈由彼国领事送道勘换汉洋文契，一式三纸，分别盖印存给，由县注册，每年按亩照章饬纳年租钱文，并不赴县报税，镇江历来照此办理，此与教堂在内地置买公产按照华民办法径自立契送请地方官核明盖印收税交执过户承粮情形本自不同"。咸丰八年《中美条约》第十二款所载照例税契用印一节似即指洋商道契交纳年租钱文而言。局文所叙《宁属税契章程》第六条各节于洋商在口岸租地及教堂在内地置买公产未经区别未知有无误会各等语函复前来，考诸各国约章，如彼调查各关情形如此，是宁属整顿田房税契试办章程第六条虽有洋人在通商口岸租地均应立契报税之语，然并未移会，即金陵本口洋商租地亦未照此新章施行，且查光绪二十九年《中美新约》第十七款载有"中美两国彼此订明两国所立各约章如于一千九百年正月一号当行者现仍施行"等语，按此而论，如从前未经照行以后不能再为援引已可概见，所有美商租地应行照例税契虽于中美旧约第十二款载明，第从前并未照办，久已放弃，现在即使援照旧约第十二款商请美总领事饬令美商以后租地遵照税契，彼将执旧约第三十款及新约第十七款向我争论，断不允行。美国如此,其他可知。然则洋商租产年租之外不能再令税契信而有证。惟谘议局一再呈请,并指职道未谙约章,倘就此定案势必难昭折服。事关全省交涉,应否再将全案发交涉司详加核议另行禀办以昭慎重,具文详祈察核示遵等情,到本部堂。据此,当批:"查洋商在租界内按约租地印给道契,与华民自相买卖者本自不同,据详各节尚属实情。惟事关全省交涉,考求不厌精详,现在江南交涉司一缺已简放汪嘉棠试署,仰候抄录折呈契稿及谘议局前呈一并札发汪署司详加考核妥议禀办,仍候抚部院批示。缴。抄契一扣存,除印发外,合抄道契及谘议局前呈一并札司详细考核妥议禀办"等因并抄单,又奉抚宪程札同前由,各等因并抄粘。奉此。查中国税契则例,买产有税,典产有税,而于民间租地独无税契条文,美约第十二条所载税契用印一节,查历年教堂在内地置产皆照华人一体税契,非但美国为然,各国亦无不皆然;至于各口租地则以美约虽有照例税契之文,因我国实无租地税契之例,数十年以来未能援照美约办理者,实由于此,并非无人能见及也。况通商口岸租地本有专章,既无纳税之明文,只有年租之收入,相沿已久,并无异言,一但责以税契,彼必坚执契非典买可比,骤难更改定章。洋人视财若命,岂肯轻易输将,诚如谘议局所云契税系本国所定法令,外人租产应比照本国人产业一律遵守,今中国本未定有此项法令,即无从责令外人遵守,故谘议局不曰必须办到而但曰实无不能照办之处,是此中难办情形殆已灼有所见。署司详察原案,谘议局援据法理,持议自正,上海道按切事势,无证不搜,辩论各有依据,均足为研究约章进步之证。如但就事而能①,则道契纳税虽非必不可争,实亦不易办到。署司以为与其不能办到徒托空言,不如暂守原章徐图补救。事关外交,似未可轻易更张。至《宁属税契章程》第六条署司公所甫经开办无案可稽,既经上海道查明并未实行,应即毋庸比附。所有遵饬核议洋商租地道契请照原章办理缘由是否有当,理合具文详复,仰祈宪台鉴核俯赐察办示遵。

---

① 能,疑为"论"。

程抚部院札复整顿税契方法洋商道契一律收税案
已札行江海关道详复核夺文　七月二十七日

为札复事：据谘议局呈称奉宝前抚部院札开，本年三月十四日据谘议局呈请将整顿税契方法案内洋商道契一律收税一条中略，除呈督部堂外，呈请查核施行等情，到本部院。据此。查美约第十二款载明照例税契字样，谘议局以此为洋商道契应行纳税之依据，固属正办，而上海道以美约虽有明文，数十年均未实行，各国约章亦无专条，以致洋商地契向不纳税几成习惯，若申明美约照会饬遵，窃恐无裨于事，系慎重外交未肯轻于发端起见。惟美约既有明文，则辨论自有根据，能否援引约章设法磋商以冀挽回数十年放弃之权利，应由上海道详查条约体察情形详复核夺。至华商在租界外购置地产自应一律税契，不准隐匿，以杜取巧。除札行上海道遵照并咨督部堂外，为此札复谘议局查照。须至札者。

（二）呈请援案办理事件

张督部堂札复禁止彩票限期实行案
已札行苏臬司遵照文　五月二十九日

为札复事：据谘议局呈称"鄂省签捐票以六月尽为禁售之期，浙省亦奏禁彩票以六月初一日实行，苏省事同一律，请饬各属如至六月晦日后倘有私售彩票之店铺，即由各地方官或巡警局照案治罪"等由，到本大臣。据此。查江南彩票业已停办并禁售外省彩票迭经札饬苏臬司通饬各属遵照谕禁在案，据呈前由，应再由司核明限期严饬各属一律晓谕禁售，如敢阳奉阴违仍有私行售票情事，即行按律禀请惩办，勿稍姑容。除札行苏臬司遵照办理外，为此札复谘议局查照。须至札者。

张督部堂札复禁止彩票刻日禁绝案
已电饬苏臬司严饬各属文　七月十四日

为札复事：据谘议局呈称"案查五月二十三日本局呈请通电各属以六月晦日后禁售彩票一案中略，相应呈请督部堂飞电各属刻日禁绝，如更查有私售情事，违法者固罪有应得，执法者亦咎有难辞，似此严定责成，庶几廓清可待。为此呈请督部堂迅予查照施行"等因，到本部堂。据此，除电饬苏臬司严饬各属一律查禁外，合抄电稿札复谘议局查照。须至札者。

计抄电稿：

致苏州电

左臬台：禁售彩票一事迭经行司通饬各属严禁，不啻三令五申，近闻各繁盛地方仍有私售情事，实属不成事体，应再由司严饬各属谕令各店一律闭歇，倘敢玩违，即行照章惩治，并饬将遵办情形报查。督。文。七月十二日发。

张督部堂札复禁止彩票严订考成案
已札行苏臬司等遵办具复文　七月二十九日

为札复事：据江苏谘议局呈，查本局前以各地违禁私售彩票中略，除票店按律惩办外，并治承禁者以应得之咎，庶专责成等由，并粘呈大得利七月份湖北彩票一纸到本大臣。据此。查禁售彩票一案迭经札行苏臬司饬属严行禁止，并电饬该司严饬申禁各在案。省垣重地，又为耳目切近之区，该商等尚敢照常设肆，明目张胆售买彩票，地方官何以一无觉察，殊不可解。省城且犹如此，外属更可想见，该地方官于特饬严禁之事何以迭次奉文后延不办理，玩愒至此，尚复成何事体，诚如谘议局所称弁髦禁令，言之实堪痛恨，应再严切申禁，限于文到五日内会同巡警各局将各店一律勒令闭歇，倘再玩违，即行提案惩办，并将遵办情行形通报查考。如该地方官查禁不力，即由苏臬司会同巡警道局严加考核，查取职名，详请惩处以儆玩泄。除札苏臬司、苏巡警道、宁巡警局并分札各府州饬属遵办具复外，为此札复谘议局查照。须至札者。

张督部堂札复推定江淮水利公司测量局长发给照会文　六月初六日

为札复事：据江苏谘议局呈称"四月初九日、十八日迭奉札开，江淮水利公司先从测量入手办法蒙允拨款设局测量在案。兹经本局协议，照案推定如皋县在籍绅士翰林院编修沙元炳为测量局长中略，理合呈请督部堂迅予照会沙编修到局任事以便早日程工，伏乞鉴核施行"等由，到本部堂。据此。除照会沙编修元炳到局任事并咨会苏抚部院、江北提部堂暨行宁苏两藩司转移各司道局一体查照外，为此查复谘议局查照。须至札者。

张督部堂札复饬拨江淮水利公司测量局经费文　七月二十七日

为札复事：据谘议局呈案查本年临时会议决筹兴江淮水利公司先从测量入手一案呈奉督部堂核准施行并奉咨明大部拨款给银三万五千两作为测量之用中略到本部堂准此。查此项测量经费前经电准度支部、盐政处准予筹拨，当经本部堂详加筹度，派由宁苏藩司各拨银三千两，淮运司拨银五千两，江安苏州两粮道、金陵苏州松沪三厘局、江南财政局各拨银四千两，淮运司及宁属道局各款解由宁藩司，苏属道局各款解由苏藩司存储候拨，并照会在籍翰林院编修沙绅为测量局长，均经分别咨行在案。查金陵厘局、江南财政局现并入财政公所，归宁藩司总理，苏沪两厘局现并入度支公所，归苏藩司总理，各该处款应仍照案动拨，既据谘议局来呈，沙绅到宁备办各项需款应用自应准予拨给。除分饬宁苏两藩司遵照拨用具报并咨明苏抚部院查照外，为此札复谘议局查照，即行知照沙绅赴司具领，须至札者。

张督部堂札复江淮水利公司测量局请发关防已饬财政公所刊给文　九月二十六日

为札复事：据江苏谘议局呈"案查本局第二届临时会议决筹兴江淮水利公司先从测量入手一案中略应恳俯准刊给关防一颗，文曰江淮水利公司测量局之关防，发由沙绅具领，于开局日启用，俾资信守"等由，到本部堂。据此。除咨财政公所饬匠刊刻备文移送转给具报外，为此札复谘议局查照。须至札者。

张督部堂札知准财政公所详遵照刊给
江淮水利公司测量局关防文　十月二十日

为札知事：据江南财政公所呈称"宣统二年九月二十六日奉宪台札开'据江苏谘议局呈，案查本局第二届临时会议决筹兴江淮水利公司先从测量入手一案中略到本部堂。据此，除札复外合行札饬该公所即便遵照饬匠刊刻关防一颗，文曰江淮水利公司测量局之关防，备文移送谘议局查收转给具报'等因。奉此。遵即饬匠刊就前项关防一颗，除备文移送谘议局查收转给启用外，理合具文呈报，伏候宪台鉴核查考"等情，到本部堂。据此，为此札行谘议局知照，须至札者。

程抚部院札复请刊给江淮水利公司测量局
关防应候督部堂主政文①　九月二十二日

为札复事：据谘议局呈称议决筹兴江淮水利公司先从测量入手一案，又据呈请刊给江淮水利公司测量局关防各等情前来。查此案应候督部堂主政。除咨督部堂查照外，为此札复谘议局照。须至札者。

张督部堂札复江淮水利公司测量所至应自行陈商
已转咨东皖两抚院查照文　九月二十六日

为札复事：据江苏谘议局呈中略到本部堂。据此。除咨请山东、安徽抚部院查照外，为此札复谘议局查照。至沙编修所有商请鲁皖两省协助事宜仍须随时呈明本部堂以备查考并由谘议局转致知照。须至札者。

---

① 原刊本本篇在下篇之后，而原刊本目录本篇在前。今依原刊本目录编排次序。

（三）呈请迅予裁夺事件

程抚部院札复规划全省教育案内甲之一丙之五六各条已饬宁苏两学司遵照办理文　七月初九日

为札复事：据谘议局呈称"正月内先后奉到督部堂、抚部院札开，将上届议会议决规画全省教育案内甲之一、丙之五六各条交令复议，当于三月间临时会复议，公同议决呈请裁夺中略，理应呈请抚部院迅予裁夺施行"等情。据此。查此案经宝抚部院饬司详复察夺，现尚未据复到。据呈前情，本部院检查全案，复加审核全省教育费，现既未能概由学务公所支放，自应查照复议案办理，由宁苏两学司移知各署局嗣后直接拨放之款须将拨款案由、支放日期随时移知提学司转告学务公所，如各该处末能移明，即照夏署学司原详办法具详请咨，庶免遗漏而有完全之统计。其丙之五条原议案以地方接办为本义，丙之六条以裁撤总办为本义，自可照行，案已公布，应即一体饬遵。除札行宁苏两学司遵照办理外，为此札复谘议局查照。须至札者。

（四）呈请札催详报事件

张督部堂札复规划全省教育案内乙之四条已饬宁苏两学司筹办详复文　七月十六日

为札复事：据谘议局呈"案查本局上届常年会议决规划全省教育案乙之四条内载筹设水产业中学其经费由两提学司会同两藩司筹拨等语，呈奉札复，已饬宁苏两学司妥为筹商办理在案中略，应请札行宁苏两学司将妥商办理情形刻日详候札行本局议决以便及时兴办"等由前来。查前项议案前经札行宁苏两学司妥为筹商办理迄今尚未具复，应即遵照前檄刻日筹办详复以凭核夺。除札催宁苏两学司外，为此札复谘议局查照。须至札者。

（五）呈请咨催核复事件

张督部堂札复续议整顿淮北盐务补救淮南盐务两案
已转咨督办盐政处核复文　七月初五日

为札复事：据谘议局呈称"三月间临时会复议议决盐务三案中略，本局复经会议，以三案中运商违章朦收一案已归本省士绅另呈在案，本局不复置议中略，用敢再请据情咨催督办盐政大臣务于七月内核复施行。除呈报抚部院外，为此呈请"前来。除咨催督办盐政大臣迅赐核复外，为此札复谘议局查照。须至札者。

程抚部院札复续议整顿淮北盐务补救淮南盐务案
已咨督部堂主政文　七月十三日

为札复事：宣统二年七月初一日据江苏谘议局呈称"临时会复议补救淮南盐务整顿淮北盐务两案原案语意似有未尽，复详加声叙呈请转咨核复，事将三月未奉札知，除再呈督部堂咨催督办盐政大臣务于七月内核复呈报查照"等情到本部院。据此。除咨请督部堂主政核办外，为此札复谘议局查照。须至札者。

张督部堂札复准督办盐政大臣咨整顿淮北盐务
补救淮南盐务两案文　九月十二日

为札复事：宣统二年八月二十日准督办盐政大臣咨准两江总督张咨送谘议局议决整顿淮北盐务一案、补救淮南盐务一案、运商违章朦收一案，嗣又准咨将谘议局声叙整顿淮北盐务案二条、补救淮南盐务案五条录送前来本大臣。查谘议局所议各案除运商违章蒙收一案业经本大臣核明分成摊扣应毋庸议外，其余原议两案及声叙两案应即一并核复于后。

整顿淮北盐务一案

一、革除积弊规复原额。查淮北盐务疲敝，由于贩情涣散，科则不平，不仅船私充斥一端。现经本大臣酌拟整顿票盐办法奏准施行在案，应即督饬在事人员切实办理以维颓纲。

一、添设豫卡以杜芦私。查淮北行豫票盐本以芦私充斥遂至壅滞，现经本大臣奏准规复河南西平、遂平、确山三县废岸，筹办官运，盐价贵贱均视芦盐为标准，自可与芦私相敌。此外各岸商运亦经减较成本以期畅销。其与芦界毗连之处择要设卡缉私，应饬在事人员随时相度情形酌量办理。

一、江滁六岸招商承运。查江运各岸及徐淮六食岸业经本大臣于整顿淮北票盐折内声明照旧由官办理在案。该局原案及声叙所言均以为招商承运可岁增税厘二十万千，大都悬揣之词，万一商办不善，不独目前官运余利转成无著，犹恐舞弊营私复蹈前办徐淮四岸邓商之故辙，淮北全纲之累何堪设想。所请招商承运应毋庸议。

一、济南余盐援案自运。查淮北垣商移铺新圩本系官运，何能竟以自运为请，若以同德昌及官圩为比较，本大臣正拟将该圩另议办法，更不能援以为例遽请自运。至缉费一项，该商等既已认捐在先，事后求免亦属无此办法。该局原案及声叙案所请应毋庸议。

补救淮南盐务一案

一、内河各捐宜禁移拨。查圩河坝工两项捐款当时本为专款，今该局所闻历年积存之款挪作别用而江督亦以为淮运司通融酌拨事或有之，是此两项捐款诚不免名不副实。该局原案及声叙案所言自系为圩河坝工关系紧要起见，应由本大臣札饬淮运司嗣后将此两项捐款专款存储作为圩河坝工之用，亦毋庸交商按月领回。至河内之应挑与否，坝工之应开应堵，该商等俱可随时勘明禀由官办，要知办事在人，得人则理，固不必以归官经理为无效、归商经理为无弊也。

一、缉私经费宜予核实。查谘议局原案所议此条计分两层，一系请调查实在新加牌价内之缉费发还归商，一系将商捐各缉私费全行归商领回自行分场募兵堵缉，业经江督分别札复，而该局声叙案内亦以自募堵缉为权限之所关，并不坚执前议，惟仍以调查新加牌价内之缉费实在数目拨还归商为请。查两淮近数年来整顿缉私岁需饷项为数甚巨，培养商灶新加牌价内之扣缴缉费未始非因饷糈支绌藉此补苴，目前即有余存亦不能不宽留有余为截长补短之计。所请拨还归商之处碍难准行。

一、食盐炊草宜清界限。查该局原案所议以营兵奉有查缉盐草之令，食盐炊草一律拘拿，民人被累。声叙案复分晰炊草灶草之界限，请调查明确宽留听用，自系为便民起见。惟民灶杂处，虽草荡界限分明，一经听其运售，恐影射之弊由此而起，且近年淮南产缺悉藉口于草贵草少，恐未必如原案所云。现在灶荡之草准煎盐之额奚止加倍者也。若营兵因查缉盐草果有扰累民户情事，应令切实查禁。

一、内河营兵宜还旧驻。查缉私以扼要为主，就堤巡缉尚有绕越之虞，若竟改驻沿江则散漫难稽，断不能如就堤之周密。惟该局原案及声叙案所言营兵滋扰，此乃约束之不严，不得尽以立法之未善为咎也。营兵本宜使之恪遵纪律，应咨明江督严饬该统领等实力整顿以清积弊。

一、煎丁困苦宜加体恤。查该局原案及声叙案均以接济灶丁为言。灶丁困苦情形本大臣亦所深悉，是以复价案内酌贴场商一款亦拟分成济灶以资补救。已饬淮运司会同淮南公所妥议矣。

以上本大臣核复谘议局议决整顿淮北盐务一案、补救淮南盐务一案相应咨复查照札行谘议局可也等因，到本大臣。准此。除咨明苏抚部院查照外，为此札复谘议局查照。须至札者。

程抚部院札行准宪政编查馆咨整顿契税方法内划拨公益捐及折价经征案文　七月初八日

为札行事：宣统二年六月二十七日准宪政编查馆咨"准贵抚咨称苏属交议整顿契税方法一案，前据谘议局将议决各条开折呈送，除允准照行并华洋道契一案另行核办外，尚有划拨公益捐三分、划一折价、自治会经征三节，两次札复，谘议局仍执前议等情前来本馆。查划拨公益捐一节部颁新章所谓卖契每两税九分，典契每两税六分，即系现行税率，业经指定用项，若划拨三分为公益捐，则指定之用项不敷，即与议减现行税率无异，碍难准行。所需地方自治公益捐自应由谘议局另行筹议。划一折价一节，现定税契之率已属匪轻，若于部定税率之外再于折价之中隐增税率，深恐税重而隐漏转多，该省谘议局所称浙省税契每两折收洋银一元五角或制钱二千文一层，江浙情形相同，如果浙省办法业经奉部核准，苏省应准援照办理。自治会经征一节，契税系属国家正税，将来应归何种机关征收俟国家颁定划一征收章程后一体办理，此时暂遵旧章毋庸议更。以上三节应由贵抚于下次谘议局开议时札行该局遵照。除咨明度支部外，咨复查照"等因，到本部院。准此。查苏省田房税契按照忙银定价折收系连公费规复在内，浙省征收税契每两折洋一元五角是否奉部核准，通用钱文之处是否折钱二千文，另外有无公费规复名目，除咨请浙江抚院抄录原案咨复核办，俟接准咨复另再札复暨先札行苏藩司外，为此先行札行谘议局查照，须至札者。①

程抚都院札复整顿税契方法内划拨公益捐及折价经征案已将宪政编查馆咨文札局文　七月十八日

为札复事：宣统二年七月初二日据江苏谘议局呈称"临时会会议议决第一届整顿税契案内划拨公益捐三分及划一折价、自治会经征三节，奉札抄录全案并咨宪政编查馆、资政院核办，迄今两月有余，未奉札知解决方法，呈请咨催迅予裁夺，俾七月内札复到局"等情，到本部院。据此。查此案于六月二十七日准宪政编查馆咨，即经札局查照在案，据呈前情，为此札复谘议局查照，须至札者。

程抚部院札行准浙江抚部院咨浙省征收契税划一折价办法文　九月二十六日

为札行事：宣统二年九月初四日准浙江抚院增咨"浙省征收契税经藩司会同财政局详奉奏准每两折收大洋一元五角，收解龙元墨银一概通用，其零找铜元照市折算，并无通用钱文之处间有解款用钱亦照本省粮捐定章每钱一千合洋一元，此外亦无公费规复等项名目。兹奉前因，理合检同刻印原详详候咨复等情，

---

① 编者按：原"第一年度协议会督抚复文"部分后附"勘误"有如下文字："又按整顿契税方法案，检查卷宗，或曰契税，或曰税契，文词时有变换，排印系照录原文，故先后未能一律，合并声明。"

到本部院。据此，咨明查照"等因，到本部院。准此。查浙省征收契税既经奏准每两折收大洋一元五角，苏省情形虽有不同，现经会议厅议决，应仍查照浙省办法每两折收大洋一元五角以利推行。除分行外，为此札行谘议局查照。须至札者。

程抚部院札行整顿契税方法案内
划一折价一节实行日期文　十月十三日

为札行事：案据江苏谘议局呈会议议决整顿契税方法案内议请划一折价查照浙省办法每税银一两折收大洋一元五角等情，业经会议厅议决应查照浙省办法每两折收大洋一元五角以利推行并札行苏藩司通饬各属一体遵照在案。查契税改章自应酌定实行期限，应定于十二月初一日一律实行，除咨明督部堂并札行苏藩司通饬各属一体遵照出示晓谕俾众周知外，为此札行谘议局查照。须至札者。

张督部堂札知准苏抚部院咨整顿契税方法案内
划一折价一节实行日期文　十月二十一日

为札知事：准江苏巡抚部院咨：案据江苏谘议局会议议决整顿契税方法案内议请划一折价查照浙省办法每税银一两折收大洋一元五角等情，业经会议厅议决应查照浙省办法每两折收大洋一元五角以利推行并札行苏藩司通饬各属一体遵照在案。查契税改章自当酌定实行期限，应定于十二月初一日一律实行。除札行苏藩司通饬各属一体遵照出示晓谕俾众周知并札谘议局查照外，相应咨请查照一体饬遵。等因，到本部堂。准此。除行宁藩司一体遵照外，为此札知谘议局查照。须知札者。

张督部堂、程抚部院札复设立公司开垦淮海苇荡营荒地案
已咨请江北提部堂迅复文　七月初九日

为札复事：据谘议局呈案查本年三月临时会本局复议上届设立公司开垦淮海苇荡营荒地一案呈请据情咨催迅予查照施行等由前来，除照录来呈会同苏抚部院咨请江北提部堂迅赐见复外，为此札复谘议局查照。再本部院会衔不会印，合并知照。须至札者。

程抚部院札复设立公司开垦淮海苇荡营荒地案
已咨催江北提部堂核复文　七月初九日

为札复事：宣统二年七月初三日据江苏谘议局呈称"查本年三月临时会本局复议上届设立公司开垦淮海苇荡营荒地一案中略，除呈督部堂外"等情，到本部院。据此。查谘议局复议设立公司开垦淮海苇荡营荒地一案业经宝前部院咨请会衔转咨江北提部堂核复在案，兹据呈催前来，除咨请督部堂会衔咨催江北提部堂核复外，为此先行札复谘议局查照。须至札者。

张督部堂、程抚部院札行准江北提部堂咨
设立公司开垦淮海苇荡营荒地案文　八月初六日

为札行事：宣统二年八月初二日准江北提部堂雷咨开"准贵部堂咨开'据江苏谘议局呈案查本年三月临时会本局复议上届设立公司开垦淮海苇荡营荒地一案呈奉札复录呈咨请江北提部堂核瓣见复等因在案，迄今时逾三月，未奉将提部堂核办情形札知。查开垦苇荡营荒地，本局议决请从履勘测量入手，意在考求其中纠葛困难各节，准情酌理——筹解决之方，俾消阻力而兴垦政，在本局循途而进不敢操切以程功，度提部堂于熟筹审处之余当无不以为然者，为此备文呈请据情咨催迅予查照施行。等由。据此，相应咨请查照办理迅赐见复施行'等因。准此。查谘议局设立公司开垦荒地请从苇荡营履勘测量入手一案，前准大咨即经行营查照咨复在案，嗣奉部文饬收荡地切实勘估分段招佃，并将左右营官荒地亩开领升科等事责成办理，又准台电议裁苇荡营薪饷各在案。是此项荡地理应遵照部文先由本部堂勘估后妥筹办法，况正在议裁该营薪饷之时，所有清还欠饷筹备善后等事尚无把握，若遽由公司履勘测绘，人心未免皇皇。总之为国家开利源亦须为小民谋生计，苇营之兵即荡地之民，即经议裁，未便遽令失所，应俟裁营事定后将已垦成熟及产长柴苇之地经樵兵与荡地住户承种多年者酌量给领，其余两营草地及盐蒿碱荒各地未经开垦者招人领垦，或归公司认垦，再定办法，相应咨请察照，即希转复江苏谘议局并希咨明江苏抚部院查照"等因，到本部堂。准此。为此札行谘议局查照。再本部院会衔不会印，合并札知。须至札者。

（六）呈请援案转咨事件

**程抚部院札复苏境浙西盐场筹办自治经费案业已咨明浙抚部院
札饬苏境各盐场遵照文**　六月初七日

为札复事：本月二十四日据江苏谘议局呈称：案查本局章程第二十一条第十二款，本局有收受人民陈请建议之责；又查章程第十二条，此项收受人民陈请建议事件得由常驻议员协议办理。本月二十日本局常驻议员协议决定收受川沙厅自治公所职员陆家骥等呈请代呈抚部院恳将本局上届议决业经督部堂、抚部院公布施行之筹定自治经费一案转咨浙江抚部院行知盐运司分饬江苏境内各盐场一体遵照办理等语。除呈报督部堂外，理合呈请迅予鉴核咨行并呈请议书。前来。查此案前据川沙同知成丞详请将厅境八团沿海涨滩由自治公所承领招种，已由本部院批示并将自治经费议案甲项第五条咨明浙抚部院札知盐运司分饬遵照在案，合抄原咨札复谘议局查照，须至札者。

计抄咨文一件：

为咨明事：查江苏谘议局议决筹定自治经费一案甲项第五条"自治区域内如有无主荒地或新涨洲地得由自治公所查报承领设法垦辟作为公产"等语，业经公布施行。现据松江府川沙同知成丞详称厅境八团沿海涨滩会绅勘丈由自治公所承领召种，本部院核与谘议局议决之案相符，自可照准，惟苏属川沙、南汇、奉贤、华亭、金山一带沿海涨出洲滩均属分隶场灶，受两浙盐运司管辖，相应将议案咨明，为此咨请贵部院请烦查照札知盐运司分饬江苏境内各盐场一体遵照办理。盼切施行。

（七）呈请并案办理事件

张督部堂札复呈送上海县滩地升科案牍并入查办苏松太道
蔡乃煌原案文　四月初五日

为札复事：据谘议局呈"苏松太道蔡乃煌已蒙派员查办在案。兹由松江府议员交来上海县滩地升科案牍印本颇可印证，呈送归案一并裁夺"等由，到本大臣。据此。查此案昨已派员查办在案。兹据前由除将印本札发查办委员外，为此札行谘议局查照。须至札者。

（八）呈请迅予札复事件

张督部堂札复宁苏合办女子师范学堂案已饬宁苏
两学司会商办理文　七月十六日

为札复事：据谘议局呈"案查本局于本年三月临时会复议上届宁苏合办女子师范请就南菁学堂改设一案呈奉督部堂札复。查宁苏两学司查照谘议局所议，或从新缔造，或就官款最多之一校改设，迅速会商妥办，一面移会两藩司商筹的款，一面拟具章程候核夺。又奉宝前抚部院札复，查宁苏合办完全女子师范学堂于江宁省城适中之地自属可行，惟从新缔造，当此公帑奇绌之时实有为难，只能照所议就官款最多之校改设为便，（扎）〔札〕宁苏两提学司会同妥办复夺各因在案中略，相应备文呈请查照，将改设女子师范学堂情形迅予裁夺"等由，前来。查前项议案前经札行宁苏两学司查照谘议局所议迅速会商妥办拟具章程呈候核夺在案，阅时已久，尚未具复。此案既经宝前抚部院核明采用改设之议，应由宁苏两学司赶紧会商办理，其关涉款项者，一面移会两藩司筹商，一面即将改设事宜拟具章呈详复察夺。除（扎）〔札〕催宁苏两学司遵照外，为此札复谘议局查照。须至札者。

张督部堂札复查办苏松太道蔡乃煌
违法案已经具奏并钦奉朱批文　七月十四日

为札复事：据谘议局呈纠举苏松太道蔡乃煌违法各款请饬查办一案，当经札饬江苏臬司左孝同、江苏候补道王仁东切实查明核办。嗣据该司道等逐款查复，经本大臣详加复核，于宣统二年五月二十九日附片具奏，兹于本年七月初四日差弁赍回原片，奉朱批"知道了"，钦此。又前奉寄谕饬查蔡道被参各款内公和祥承租滩地一节与谘议局纠举公和祥之案情事相同，并经派员查复，亦于是日恭折复奏，经差弁一并赍回原折，奉朱批"蔡乃煌著交部议处，余照所请，该部知道"，钦此。除分别咨行外，合就恭录谕旨并抄录原片原折札复谘议局查照。须至札者。

　　计抄片稿折稿一本折稿未录

　　再，江苏谘议局纠举江海关道蔡乃煌违法各款，经臣派委江苏按察使左孝同、候补道王仁东查明禀复，当经逐一确核。除公和祥承租滩地一节已于另折声叙外，如原呈所谓"上海租界命案向由上海县相验，会审委员不得干预，蔡乃煌明定章程租界验尸许领事派人参预"一节，查同治七年原定《洋泾浜设官章程》第三条"凡为外国服役及洋人延请之华民涉讼得由领事派员听审"，第四条"华人命案归上海县相验"等语，光绪三十四年八月间由领事会同领袖照会关道请将租界华人命案悉由道与领事公会各派一员会验，蔡乃煌以与向章不符本未允许，只准遇有为外国服役及洋人延请之华民命案彼此派员会验，后虽仍援前议一再要求，均经驳拒，迄今会验之举尚未实行。查为外国服役及洋人延请之华民，定章只准于涉讼时由领事派员听审，本无命案亦准会验之文，蔡乃煌当时所许虽系略予通融，究恐难免流弊，应饬设法取销。又原呈谓"上年二月各国领事向上海县要索将因案提惩之地保吴阿桃释放，因该县田宝荣严拒，蔡乃煌立予提到亲讯当堂保释"一节，查上海县知县田宝荣因已革地保吴阿桃平日盗卖强占民人田地，作恶多端，被控累累，饬差于上年七月在叉袋角河北华界地方拿获，就近解送巡警局，其家属捏称县差越界拔人，控由捕房向局取保，不允，发县讯供收押取具并非越界拔人切结，而领袖领事奉迭以县差违章越界照会关道蔡乃煌转饬将吴阿桃送廨，强词要挟，均经蔡乃煌驳拒。乃十二月初三日英德美三国领事同至县署坐索交人，直至二鼓相持不下，蔡乃煌即饬道署翻译委员传谕该县将吴阿桃解道提讯，供词含糊，因其病重交保医调，限令一月交案。当日领事与县争执，该道势不能不出而转圜。惟吴阿桃素行不法，人所切齿，原获并非租界，保领系属华民，仍应饬令该道勒保交回讯明惩办。又原呈谓"洋商转立道契必凭县印田单，蔡乃煌一以见好洋商为主义，有单地纠葛疑讼纷起而竟先给契者如公和祥一案是，有尚未立契交单而洋商径向道署商通收价转契者如小沙渡一案是"一节。查洋商转契照章应凭田单，惟公和祥一案始虽禀请转契，继因田单未确另照子地承租，重在该地是否与母地毗连，自与他项地亩转契之必凭田单者不同。至小沙渡一案因劝学所有接管充公之无粮田五亩坐落二十七（堡）〔保〕北十二图，宣统元年六月该所绅董以推广工业学堂校舍，议将此田变价应用，缴价六十千呈请升科，由县备移升科局报明江海关道，一面填单给执。蔡乃煌以其缴价太少，批饬照时价另估。旋准日本总领事以日商内外棉株式社会经由掮客张雨田向劝学所定买充公地五亩共银六千两，已付定银一千五百两，因日久不获印谕未能交易，查知劝学所并无出售公地之权，函请由道准予升科永租。蔡乃煌饬局勘明，以洋商租地无须另发升科印单，照章印给道契，听其租用，缴到找价银四千五百两，以三千两提归劝业协赞会，以一千五百两提归龙门师范学校，其劝学所已收定银一千五百两准归该所为工业学堂添建校舍之用。该所总董姚文枬遂以该道攘夺学款具控。查该地本系公产，因公变价，官绅本可和衷商办，乃劝学所绅董先未据实陈明即行定售，该道于找价之后又不拨给该所而另拨他用，办理均欠允洽，惟究系以公济公，似可毋庸置议。至当日该洋商既由张雨田向劝学所交付定银，因久候印谕未发，始请领事致函该道承租，其非径向道署商通似尚可信。又原呈谓"蔡乃煌徇私商之意仅以价值十数万元之房屋基地发售数十万元之集益保商彩票，未经禀承擅自批准开办"一节。查上年八月间上海公益地产实业公司职商王赓诗等以该公司因杨姓负欠巨款无力清还，仅存基地四十亩又已押抵于人，公议设立公司赎回建屋，得有盈余弥补前欠，嗣因招股仅得十万两，成本须在七十万两以上，一时无从周转，向法教首善堂抵押规元四十万两，复向信大庄借垫银二十万两始克竣事。惟押息不能清完，法教首善堂催逼甚急，该地与租界毗连，若不设法赎回，既受法教抑勒又恐损失主权，而市面银根甚紧，华商无此巨力，公议将前次价值七十万两之房屋基地分配作彩，售彩票一次，额投六万张，每张售洋十六元，悉数售罄可得洋九十六万元，合规银七十万两，凭湖北票号对彩，拟订章程，禀经蔡乃煌批准照办。嗣因谘议局呈禁止彩票，经臣与江苏抚臣核准电饬遵照，蔡乃煌亦即出示禁止。查该道当日批准开办先未禀报本有不合，惟在未经奉禁彩票以前发行，只准一次，意在保存华产，尚与借词渔利率行准办者有别。现在各省彩票均已议禁，自应饬令停止，勿任该公司违玩以除弊政。以上各节固不能谓蔡乃煌并无过失，惟地处租界，办事较难，今既查明或事未实行，或案经饬禁，责成分别取销遵办，拟请免予再议。谨附片具陈，伏乞圣鉴训示。谨奏。

张督部堂札行准吏部咨议奏苏松太道蔡乃煌处分案奉旨准其抵销文　八月初一日

为札知事：宣统二年七月二十五日准吏部咨"考功司案呈所有遵议江苏苏松太道蔡乃煌处分一折，宣统二年七月初五日具奏，奉旨'准其抵销'，钦此。相应刷印原奏移咨贵督可也"等因，并抄奏到本部堂。准此。除分别咨行外，为此抄奏札知谘议局查照。须至札者。

计抄奏稿一件：

吏部谨奏：为遵旨议奏事。军机处交出两江总督张人骏奏承准军机大臣字寄宣统元年十二月初九日奉上谕"有人奏关道罪状多端前疏仅举一节再列款奏参一折，著张人骏按照所参各节归并前奏确切查明迅速复奏毋稍徇隐，原折著抄给阅看"，钦此，遵旨寄信前来等因。当查前奏参款业经查明先行复奏在案，所有此次参款情节繁多，即派员逐一确查。去后。又据江苏谘议局列款纠举，又经另委按款详查以资印证。兹据分具详禀呈复前来，臣复加确核，并详加察访，上海地方交涉最繁，蔡乃煌到任以来尚能相机因应，今被参各款或事非一任，或案经奏咨，或系属讹传，或尚无错误，惟公和祥一案牵涉浚浦专约，该处附近地段外人每提子母相生应准租用之说，动滋轇轕，该道并未亲勘按部订条约另行会议定价,遽照前关道所定最高之四百五十两价值收取给契,以致贻人口实,未免办理疏忽,且因谘议局将纠举之议案登报,迭次申辨,断断不休,亦失大体,应如何量予处分之处,伏候圣裁。委员陆长蓓系本案承丈之员,当日既具报朦混,嗣经蔡乃煌迭饬妥为办理,迄无一字禀复,人言啧啧,谓其与龚琴生等勾通舞弊,恐非无因,实属异常玩泄,请将会丈局员江苏候补知县陆长蓓先行革职,仍候提到龚琴生等责讯明确分别究办,等因。宣统二年六月二十日奉朱批"蔡乃煌著交部议处,余著照所请,该部知道",钦此。钦遵到部。除江苏候补知县陆长蓓革职之处臣部另行办理外,查定例,官员拨补地亩不详,查部文原定款项错误拨取或原定款项有不便拨给情由并不预先详明辄行改拨者俱罚俸一年公罪;又例轻而案情较重者即照加等之例办理,其罚俸加等者自一个月至二年酌量递加,止于降一级留任各等语。此案该员蔡乃煌于外人租用地段并未亲勘、按部定条约另行会议定价遽照最高价值收取给契,实非寻常疏忽可比,且因谘议局将纠举之议案登报,迭次申辨,亦失大体,经该督奏请量予处分,钦奉谕旨交部议处,臣等公同商酌,仅予罚俸一年殊觉例轻案重,应请将苏松太道蔡乃煌照拨地错误罚俸一年公罪例加等议以降一级留任,公罪例准抵销。可否准其抵销之处,恭候钦定。所有臣等遵议缘由理合恭折具陈,伏乞皇上圣鉴。谨奏。

程抚部院札复查办苏松太道蔡乃煌
违法案已咨请督部堂示复文　七月十八日

为札复事:据谘议局呈称"查本局于本年三月临时会议决呈请查办苏松太道蔡乃煌违法一案呈奉督部堂、宝前抚部院札复遴派廉干大员前往上海确切查明禀复核办等因在案,迄今时逾三月,未奉将查办情形札知,殊深惶惑,相应备文呈催,为此呈请查照原呈事由迅予将查办情形札复"等情。据此。查此案前经督部堂会同前部院派据左臬司暨王道仁东查明禀复前来,业已据情咨请督部堂主政办理并札谘议局查照在案。据呈前情,除咨请督部堂将核办情形示复到院再行札局知照外,为此先行札复谘议局查照。须至札者。

程抚部院札知准督部堂咨片奏苏松太道蔡乃煌违法案已奉朱批文　七月三十日

为札知事：宣统二年七月十六日准南洋通商大臣张咨"为照本部堂于宣统二年五月二十九日附片具奏查明江苏谘议局纠举江海关道蔡乃煌违法各款责成分别取销遵办拟请免议一片，兹于本年七月初四日差弁赍回原片，奉朱批"知道了"，钦此，恭录谕旨抄录原片咨会钦遵查照"等因，到本抚院。准此，相应抄片，为此札知谘议局查照，须至札者。

计抄片见督院复文

程抚部院札知准督部堂咨复奏查明道员被参各款案已奉朱批文　七月三十日

为札知事：宣统二年七月十六日准南洋通商大臣张咨"为照本部堂于宣统二年五月二十九日恭折具奏遵旨查明道员被参各款据实复陈一折，兹于本年七月初四日差弁赍回原折，奉朱批'蔡乃煌交部议处，余照所请，该部知道'，钦此，相应恭录谕旨抄录原奏咨会钦遵查照"等因，到本部院。准此，相应抄奏，为此札知谘议局查照，须至札者。

计抄奏见督院复文

程抚部院札知准督部堂咨查办蔡道乃煌违法案已经分别札复文　八月初二日

为札知事：宣统二年七月二十六日准南洋通商大臣张咨"宣统二年七月十八日准贵部院咨，据谘议局呈请查办蔡乃煌违法各款请迅予将查办情形札复等情咨请查照见复等因，到本大臣。准此。查此案前经札委左臬司孝同、王道仁东会同切实查明核办，嗣据该司道等逐款查复，经本大臣详加复核，于宣统二年五月二十九日附片具奏，本年七月初四日差弁赍回原片，奉朱批"知道了"，钦此。又前奉寄谕饬查蔡道被参各款内公和祥承租滩地一节与谘议局纠举公和祥之案情事相同，并经派员查复，亦于是日恭折复奏，经差弁赍回原折，奉朱批"蔡乃煌著交部议处，余照所请，该部知道"，钦此，业经抄录原折片咨请贵部院钦遵并札复谘议局查照在案。兹准前因，咨复查照"等因，到本部院。准此。查此二案片折各稿前准分案咨会到院即经分别抄录札局查照在案，兹准前因，为此札知谘议局查照，须至札者。

程抚部院札知准督部堂咨吏部议奏苏松太道
蔡乃煌处分案准其抵销文　八月二十四日

为札知事：宣统二年八月初三日准南洋通商大臣张准"宣统二年七月二十五日准吏部咨考功司案呈所有遵议江苏苏松太道蔡乃煌处分一折，宣统二年七月初五日具奏，奉旨'准其抵销'，钦此，相应刷印原奏移知贵督可也等因并抄奏到本部堂。准此。除分行外，抄奏知会查照"等因，到本部院。准此，相应抄粘札知，为此札知谘议局查照，须至札者。

计抄原奏见督院复文

（九）呈请札交宣布及审查事件

张督部堂札复关于纠举蔡道乃煌原案各要件已饬江海关道录送
并具报文　八月二十日

为札复事：据谘议局呈前奉札复折片稿内声明饬令沪道将租界验尸许领事派人参预一节设法取销，又吴阿桃及革书龚琴生等应令勒交到案究治等情，应请札饬沪道将遵办情行禀报札知本局俾便于开会期内一并宣布。又请将光绪二十七年袁升道与英领事商定洋商升科之案抄录全文札交本局等由。本大臣据此。查本大臣前折所叙袁升道与英领事商定洋商升科之案系按照宁藩司等来详声叙，现令沪道将全文录送，俟送到再行札复。至前饬沪道设法取销各案并饬沪道将遵办情形具报。除札行江海关道外，为此札行谘议局查照。须至札者。

张督部堂札复据江海关道录送袁升道
与英领事商定承租子地案文 十一月十二日

为札复事：案查前据谘议局呈光绪二十七年经袁升道与英领事商定承租地一案请饬抄交等情，当经札饬江海关道录送核办在案。兹据该关道录送前来，为此抄案札复谘议局查照，须至札者。

计抄案一本

（十）呈请札交复议事件

张督部堂札行据宁藩司详节删宁属契税章程案商订宁苏
统一新章文 八月十五日

为札行事：据江苏谘议局呈上届议会本局议决节删宁属契税章程一案，现经逐条议决并请札饬藩司协商重订统一章程等由，当经札行宁藩司遵照筹商，去后。兹据该藩司拟议详复前来。查节删宁属契税章程现经该司复加查核，拟请停止契尾，专用官纸，一张收洋五角，虽与苏属办法未能一律，而较之原章十减六七似已稍纾民力，事属可行。其余两条，一查照谘议局所议即予删除，一仍循照原章无庸更改。既经该司参酌成规，亦即如议办理，候札行谘议局核议，俟议决后再行公布。除批示外，为此抄录该司来详札行谘议局复议。须至札者。

计抄粘来详一件：

江南财政公所为遵饬拟议详复事：案于宣统二年七月初六日奉宪台札开：据江苏谘议局呈称"案查本年三月临时会本局复议上届节删宁属契税章程案内声请札司协商重订宁苏统一新章一节呈奉督部堂札复在案，现经札饬藩司查照所议妥为协商，俟复到再行核夺。又奉前抚部院宝札复应俟妥定章程核明交局议决各等因在案。现距九月常会为期不远，查本届常会应行交议之案业经本局呈请侭七月十五日以前交局以便照章印刷先期通知在案，此项契税章程既奉饬司商订，应请查照前呈一体于七月十五日以前核明交局以便通知"等由，到本部堂。据此。查前节删宁属契税章程一案续于本年三月间据谘议局复议声请宁苏协商重订统一新章，当经本部堂复加察核，宁苏本属一省，办法未便两歧，所陈各节亦复言之成理，即经札行该司查取财政局章程会商苏藩司按照谘议局所议重订全省统一章程呈候核明交局决议再行公布在案。据呈前由，合就札行，札到该司即便遵照前今檄饬赶紧会议，刻日详复核夺毋稍迟延。再，江南财政局已改为江南财政公所，由该司督办毋庸另札，合并饬知，并先于本年三月间本司及财政局先后奉宪台札同前由各等因。奉此。查谘议局议决节删宁属契税章程一案暨遵札复议四则，除公益捐一节已由宪台另案札复毋庸赘议外，其余三则，谘议局既不以前财政局所复为然呈请饬司协商宁苏统一办法自应遵饬另议，当即电商苏藩司并准将苏属改用官纸章程咨送前来。本司复加研究，溯自上年十月遵行部定新章买税改收九分、典税改收六分，各省向收各捐以及学堂、善举、州县办公悉在其内，所谓统一办法全国皆然，宁苏久已奉行，本无二致，此无待协商者也。所参差者，苏属现行章程除补税仍粘用契尾外，确系单用官纸停止契尾，而宁则官纸、契尾仍然并行不悖。推原其故，当日财政局附设税契处刊行官纸系盖用该局关防，契尾则向盖司印，民间信用自是有间，所以详明仍兼用契尾，盖为慎重民业起见。迨上年部章颁行，其第八、九条内载有各省契尾户管执照官纸应暂准照旧之规定，是以如前通行沿而未革。今谘议局既以此为本省单行规则，按照局章例得删改，财政局复以归并公所径隶本司，此后官纸即铃盖司印，与契尾同一效用，则契尾自在可裁之列，嗣后拟请停止契尾专用官纸，俾与苏属一律。惟是官纸售价宁苏悬殊，自应量为核减。查财政局详定原章每官纸一张收银七钱二分，折合龙洋一元，以二成提给州县办公，所余八成除去印刷纸工，则以一半解司，一半留局为税契处员司薪膳杂支及司署书吏办公纸饭等费，余则留以抵补司局无著之款。现在财政公所成立，税契处业已裁并，毋庸再支前项局用，惟司书每年承办各属奏咨销册所需纸张薪饭费颇不赀，契尾既裁，别无进项，势不能枵腹从公顿增赔累，州县衙门情亦类似，经本司再三审核酌中定价，拟请嗣后每官纸一张收纸价洋五角，仍以二成合洋一角津贴州县，所余八成计洋四角除提还印刷纸工外作为司书各项办公之费及抵补司署无著之款，照此变通办理较之于苏虽尚见多，而比之原章十减六七，稽之部章尚不违背，经承书吏亦不至十分困顿置于勿顾，似尚属持平办法。如必与苏同值，丝丝入扣，乃为统一，则势必费无从出，遇事竭蹶，况宁苏虽为一省，地方情形迥乎不同，州县章程不一者正不止税契一端，即如丁漕帖税均系苏重宁轻不能一律，此明证也，其请删苛例一条，新章原无其例，自宜照删。检查税契处原章，虽订有自用土木起造房屋令比照地价加两倍纳税之条，其实开办年余各属罕有此项税款，税契处亦从未追问，迨遵行新章更不再议及此。是原例早同虚设消灭无形，特未明白取消。谘议局诚不无疑虑，指为秕政，现既重复决议，拟请如议明示免除以豁民累而符部章。至考核州县功过一条，事隶行政长官，不在谘议局议决范围以内，如虑及征税比较过严，民间受间接拘牵之累，则按之事实良不尽然。盖现方力谋宪政进行之际，人人具有纳税及服从忠实之义务，果使地方人民咸喻此旨，则有力置产者自必踊跃输税，一洗隐匿之弊。积弊既去，扰累何来，如其仍前隐匿朦蔽悭不报税，或税而短价，则是违反国家法令强制之服务，虽被追呼究罚，亦咎由自取，奚能概目为扰累，转欲在上者宽其督责，致启地方官吏敷衍因循之渐，此条拟请仍前照行勿庸更改。以上诸端，或应节删，或应裁汰，或应仍旧，均系折衷成规，参酌地方情形会商苏藩司悉心筹议，是否有当，理合拟议具文详请，仰祈宪台鉴核俯赐批示祗遵，一面札行谘议局决议公布，深为公便，伏乞照详施行。须至书册者。

程抚部院札复节删宁属契税章程案已饬宁藩司商订宁苏统一新章文　七月初九日

为札复事：宣统二年七月初三日据江苏谘议局呈称"临时会复议上届节删宁属契税章程案内声请札司协商重订宁苏统一新章一节呈奉札饬宁藩司查照所议妥为协商，现距九月常会为期不远，此项税契章程即奉饬司商订，应请查照前呈一体于七月十五日以前核明交局以便通知"等情，到本部院。据此。查此案前准督部堂咨开，宁苏本属一省，办法未便两歧，札司查取财政局章程会商苏藩司按照谘议局所议厘订全省统一章程在案。据呈前情，除札饬宁藩司遵照督部堂前札刻日会商苏藩司重订全省统一章程详候核复外，为此札复谘议局查照。须至札者。

张督部堂札发关于租界外民地买卖停转道契案宝山县租地案牍文　六月二十七日

为札发事：案据谘议局呈请将光绪二十五六两年宝山租地案牍饬抄交局复议等由并据呈催前来，兹将宝山县租地案牍饬承抄录，计禀批折共十五件，咨文一件，咨稿一件，札稿一件，应即由局查收复议。为此札发谘议局查照，须至札者。

计抄案一本，图一幅，仍还备案。

程抚部院札复关于租界外民地买卖停转道契案宝山县租地案牍应候督部堂饬交文　七月初三日

为札复事：宣统二年六月二十二日据谘议局呈报"本局于三月临时会议决租界外民地买卖停转道契一案呈请裁夺施行，旋奉督部堂札复'从前业经允许之案势难即予取销，应札饬江海关道转饬宝山县嗣后务须查明并无别项情节方准税契，不得任意填给以致漫无限制'等因，到局。奉此。本局复经会议中略，除再呈请督部堂将光绪二十五六两年宝山租地案牍迅饬抄交本局以便详细推求兼得挽回于万一外，为此呈报查照施行"等情，到本部院。据此。查此案既据并呈，应候督部堂饬抄交局以便推求，相应札复，为此札复谘议局查照。须至札者。

江苏谘议局第一届常年会议决案督部堂、抚部院复文补录

张督部堂札复议决高淳虚粮恳予豁免案文　十月十五日

为札复事：案据江苏谘议局议决高淳虚粮应予奏请豁除，又上年被水灾区共有十二万亩委勘仅报六万余亩等由开具清折呈送前来，当经本部堂以闾阎疾苦情形自应据实奏陈，为民请命，至上年被水灾区有十二万余亩并应饬令查复札行宁

藩司确查详办在案。兹据呈称"饬据高淳县禀淳邑虚粮于同治十三年经前县秦令曾熙一再具详奏请豁免以苏民困，至光绪四年始奉大部议准，嗣后并无熟田摊纳虚粮情事，并将上年被淹之区核实厘剔，实只被淹田八万三千一百十八亩九分，其中并无含混遗漏，由司复加查核，均与挡案相符"等情，到本部堂。据此，为此札复谘议局查照。再，此案原呈已据藩司声明并移谘议局查照，不再重录，合并札知。须至札者。

程抚部院札复议决田房典税免予征收案文　六月二十三日

为札复事：案据江苏谘议局呈称公决建议恳将田房典税免予征收一案，业经前抚部院会商督部堂饬令宁苏两藩司妥议详复。兹据该司等体察宁苏两属情形议复前来，经本部院详加核夺。查苏省民间习惯，以自业田房抵借银钱，按月交息，随时可以取赎，产由原主收管者谓之押；若立有契据，限年取赎，产由典主承受者谓之典。押与典性质截然不同，押据本无完税明文，至典产应纳税银系取诸受典之富户，与出典之贫民无涉。况此次奏颁部章变通旧例，典契加征六分，已奉谕旨允准，事在必行，理无中止，各省均已一律遵办，苏省势难独异，自应遵照部章办理，未便遽予代奏。为此札复谘议局查照，须至札者。

《江苏谘议局第二年度报告》第一册

江苏谘议局第三届第二年度常年会议案报告

第一类　已经决议案

甲一、督抚交议案

一、议订举绅分任禁烟事宜规则案督，修正后可决。

二、惩创讼棍案督，修正后可决。

三、东三省移民殖边案督，汇集他案修正后可决。

四、宁属宣统三年预算案督，汇集他案修正后可决。

五、流通民食案抚，修正后可决。

六、自治公所应整顿农务工艺案抚，汇集他案修正后可决。

七、严订禁烟规约案抚，汇集他案修正后可决。

八、禁制逃荒案抚，修正后可决。

九、兴办利国驿煤铁矿厂及织业榨油各事案抚，修正后可决。

十、推广房捐抵补膏捐案抚，否决。

十一、苏属宣统三年预算案抚，汇集他案修正后可决。

甲二、督抚交令复议案

一、节删宁属契税章程案督，仍执前议。

二、租界外民地卖买停转道契案督，更议。

三、限制州县罚款案督，仍执前议。

四、规定选举县视学章程案抚，更议。

五、公定苏属漕米折价案抚，更议。

甲三、督抚咨询案

一、提倡宁镇淮徐海垦牧案督。

二、振兴三牌楼新市案督。

三、宁属州县设立工厂案督。

四、支配地方财政案抚。

五、实行度量权衡新制案抚。

六、限制自治当选人谢绝案抚。

七、研究灾荒案抚。

八、淮扬水利案抚。

乙、议员提议案

一、公定苏属漕米折价案丁祖荫，修正后可决。

二、截留房捐充地方自治经费案丁祖荫，汇甲一四及甲一十一。

三、禁止卖空买空案刘永昌，否决。

四、轮船协助堤工案朱莘生，可决。

五、疏通淮北运河以工代赈案_{张鸿鼎}，修正后可决。

六、各厅州县对于督抚公布事件是否实行应由自治会调查报告案_{黄端履}，汇乙四十一。

七、设立医学堂案_{黄端履}，汇甲一四及甲一十一。

八、革除民间绝买田房产业加价恶习案_{黄端履}，可决。

九、请裁全省绿营案_{张延寿}，否决。

十、更正邮传部奏案申明商律以定人心案_{蒋炳章}，可决。

十一、请禁官员服贾案_{张延寿}，否决。

十二、请严定地方官膜视宪政处分案_{张延寿}，汇乙四十一。

十三、自治经费宜从已出案_{孙启椿}，否决。

十四、州县宜一律久任案_{周纮顺}，否决。

十五、请补行提议禁止缠足案_{周纮顺}，否决。

十六、谘议局决行事件慎防官吏玩延滋弊案_{周纮顺}，汇乙四十一。

十七、明定书差例规以杜纷扰案_{徐炳华}，否决。

十八、严行取缔吸烟人以绝将来烟毒案_{徐炳华}，否决。

十九、改良征收设法实行案_{李鸿筹}，否决。

二十、淮属屡被水灾请先浚河流以利宣泄案_{朱继之}，可决。

二十一、规定选举县视学章程案_{朱溥恩}，修正后可决。

二十二、学部酌订改良私塾章程请地方官责成自治公所实行案_{朱溥恩}，汇丙六。

二十三、裁革经书以除民蠹而补助自治之进行案_{蒋镛}，否决。

二十四、援例保存富家产业即以补助地方自治案_{顾忠宣}，否决。

二十五、昭文、镇洋海塘工款案_{顾忠宣}，修正后可决。

二十六、禁烟治末方法案_{陆祖馨}，汇甲一七。

二十七、请速筹初等实业教育案_{吴荣萃}，汇甲一四及甲一十一。

二十八、联合华侨开办南洋实业公司案_{陈允中}，否决。

二十九、各州县限定设立游民劝工所以清匪源案_{陈允中}，汇甲一六。

三十、江南贡院实行改建市场案_{陈允中}，可决。

三十一、宁属筹办自治质问案_{王嘉宾}，可决。

三十二、续请将高淳水利会同测量办法案王嘉宾，汇乙三十三。

三十三、宁府水患宜专设测量局案王嘉宾，汇集他案修正后可决。

三十四、赤山湖简易办法案蒋鸣庆，可决。

三十五、句容丁漕案蒋鸣庆，否决。

三十六、请通饬本省官立民立各学校实行检察生徒身体案崇朴，否决。

三十七、各卫屯田劈分嵌坐州县管辖征收案秦锡田，汇集他案修正后可决。

三十八、裁撤下沙、崇明各场大使案秦锡田，汇集他案修正后可决。

三十九、溧水虚粮邀免未尽援案请蠲案严懋修，修正后可决。

四十、禁烟宜定考成案朱家驹，汇甲一七。

四十一、拟订议决案公布及实行方法案夏曰琦等，汇集他案修正后改名如左：加议本局议案公布施行后之实行方法案，可决。

四十二、裁撤崇明盐场案苏云章，汇乙三十八。

四十三、建议改正各省法政学堂入学资格、学科、学年及名称案潘承锷，否决。

四十四、法令公布规则案全体常驻议员，修正后可决。

四十五、复议仍执前议事件办法歧异之质问案全体常驻议员，可决。

四十六、未实行之公布议决各案之质问案全体常驻议员，修正后改名如左：停止官纸专卖质问案，可决。

四十七、整顿税契方法案内疑义之质问案全体常驻议员，可决。

四十八、已革苏松太道蔡乃煌以国家行政官厅名义息借洋债代偿钱庄倒欠外国银行各款之质问案杨廷栋，修正后可决。

四十九、限制州县罚款案张鹤第，修正后可决。

五十、各厅州县节留官膏捐款移拨各地方办理戒烟会等事案张开圻，否决。

五十一、丰县、邳州违法朦收案高梅仙，修正后改名如左：丰县、邳州朦收质问案，可决。

五十二、已设官钱局各处试办直接收纳地丁漕粮案凌文渊，否决。

五十三、裁撤江南盐巡道暨江安督粮道两缺案黄炎培，可决。

五十四、借款维持市面质问案黄炎培，可决。

五十五、江苏一省巡警、劝业两道无庸宁苏各设一缺案姚文枬，可决。

五十六、徐海饥民南下情形危急力筹堵截资遣方法案周树年，可决。

五十七、已革苏松大道蔡乃煌以国家名义息借洋债代偿钱庄倒欠外国银行各款继续质问案秦瑞玠，可决。

五十八、呈请资政院核办江督违背法律案邵长镕，可决。

五十九、督部堂违背法律并侵夺谘议局权限呈请资政院核办案黄炎培，可决。

丙、人民请议案

一、各省宜设殖民局案刘垣，汇甲之一三。

二、振兴实业教育案季新益，汇甲一四及甲一十一。

三、撤回朱泾镇市河巡船案金山城议事会，否决。

四、解散佛教公会案王铨运，否决。

五、究惩龙嘴分卡横索私费案钱允中，否决。

六、推广初等教育方法案江苏教育总会，汇集他案修正后可决。

七、通饬截止报买沙滩案王元觐，修正后可决。

八、房捐厘税一律概照市价案朱昌炽，否决。

九、实行裁汰胥吏门稿案朱昌炽，否决。

十、实行官膏专卖案姚铣，否决。

十一、维持苏省军政案屠寄，否决。

十二、新辟盐池请立案配销案陈琴堂，否决。

十三、场书积弊误公害民案（杨炳章），否决。

十四、城镇乡自治成立视学员无庸兼劝学所总董案武阳城议事会，否决。

十五、征收经忏捐案金山城议事会，否决。

十六、清厘海州积谷亏欠案汪寿康等，修正后可决。

十七、署山阳县陈维藻挟嫌诬陷案高维寅等，否决。

十八、奸民造谣煽乱纠众焚抢拟请照律严办案鲍铨生，否决。

十九、亟开医学别科案屠筠，汇甲一四及甲一十一。

二十、拯救清河荐饥案闻溥等，可决。

二十一、禁止鸦片入境案海州筹备自治公所，否决。

二十二、收回学田充作地方教育经费案黄继曾，可决。

二十三、规画全省蚕桑事业案史家修，修正后可决。

二十四、速设农事讲习所案孙观澜，否决。

二十五、划分农工学校以期实效案孙观澜，修正后改名如左：
江南实业学堂正名高等并拟农工分办办法案，可决。

二十六、详陈屯田历来委曲情形案时国型等，汇乙三十七。

二十七、加修归仁河堤涵洞案卢辅清，修正后可决。

二十八、疏浚奎何案刘道昭，可决。

二十九、关于镇属议员马良资格之异议案高素恒，否决。

第二类　议而未决案

丁、议员提议案

一、征收丁漕统用国币豁除公费规复等名目案丁祖荫。

二、增补银行则例案潘承锷。

第三类　毋庸提议案

戊、人民请议案

一、关于海州议员施云鹭资格之异议案卢寅生。

二、关于常府议员苏高鼎资格之异议案张华氏。

三、屋基农地科粮宜有区别案顾典书。

四、备荒兴学名目宜急改正案顾典书。

五、劝止缠足方法案高寿耆。

六、苏州高等巡警学堂外省官费生改归自费案朱熙远等。

七、指定办理自治经费案如皋自治公所。

八、筹退伍征兵出路案王维镍。

九、调取湖北成法仿办统捐案王维镍。

十、匀拨善堂公款设贫民习艺所案王维镍。

十一、方言学堂学生施廷镛无端开除严办案沈梦兰等。

十二、追偿普育堂欠款案庆福钱庄。

十三、请议江南实业学堂监督劣迹案陈文豹。

十四、乡捐专办乡学案杨宗震。

第四类　未及审查案

己、人民请议案

一、请将清查荒地办法加注明白案 王道隆等。

二、邳宿睢三属水灾标本兼治案 崔荣甲等。

三、崇明北堡镇自治所长背法行贿案 尤步诠等。

四、请议两江法政学堂办法案 王靖南等。

五、江督偏听违法摧残公司案 窦以藩。

六、请查东洞庭山自治议长劣迹案 郑福元。

七、关于宁属议员侯瀛资格之异议案 元丰祥号。

江苏谘议局第三届第二年度常年会议决案汇录

（一）呈请公布施行事件

呈报督部堂、抚部院议决革除民间绝卖田房产业加价恶习案文　九月初九日

为呈报议决事件事：案查奏定《谘议局章程》第四十二条内开"凡议决事件，除议长、副议长同意认为应行秘密者外，均公布之，并应随时报告督抚及资政院"等语。兹于第三届第二年度常会期内九月初五日本局会议议决革除民间绝卖田房产业加价恶习案一件。查田房买卖之习惯，有活典者，有绝卖者。活典为债权之担保品，经过一定期间可备价赎还。绝卖则所有权永远转移。卖者买者既以合致之意思结成契约，则田房之如何处分，卖者均不得干涉，并不得向买者藉端加价，此中外之通例也。乃敝俗相沿讹索情借视为固然，倘业主稍稍吝惜且系懦弱畏事，则愈视为奇货，纠合市井游民哄扰逼勒，不遂其欲不止。似此恶俗

习而安之不以为怪，勤俭小民受害已不知凡几。契约为法律行为，契约而可以玩视，即法律之效力安伸？实为法治国人民之玷。为此议决示禁革除，理合备文呈报。除呈资政院暨抚部院、督部堂并本局自行公布外，为此呈请督部堂、抚部院公布施行。须至呈者。

呈报督部堂、抚部院议决公定苏藩司属漕米折价案文　九月初九日

为呈报议决事件事：案查奏定《谘议局章程》第四十二条内开"凡议决事件除议长、副议长同意认为应行秘密者外均公布之，并应随时报告督抚及资政院"等语。兹于第三届第二年度常会期内九月初八日本局会议议决公定苏藩司属漕米折价案一件。查本省漕折宁藩司所属系永定之折价，而苏藩司所属则随市准折，每岁将届开征之先，由藩司召集各州县会拟并会商绅士酌中定价详报核定，特会商者仅省城绅士，恐于外府州县市情米价不无隔膜，或未克副行政长官周咨博访之意。查《谘议局章程》第十二条常驻议员有应督抚召集至会议厅以备询考之规定，现拟参照办法自本届公定漕价为始由苏松常镇太五属议员每属公推三人呈请抚部院定期札知本局由公推各议员齐赴会议厅加入会议，照市平均定价公同议决，庶于官民两有裨益。所有以上议决案由理合备文呈报。除呈资政院暨抚部院、督部堂及本局自行公布外，为此呈报督部堂察核、呈请抚部院照议公布施行。须至呈者。

呈报督部堂、抚部院议决规定选举县视学章程案文　九月十二日

为呈报议决事件事：案查奏定《谘议局章程》第四十二条内开"凡议决事件，除议长、副议长同意认为应行秘密者外均公布之，并应随时报告督抚及资政院"等语。兹于第三届第二年度常会期内九月初十日会议议决规定选举县视学章程案一件。查学部定章各厅州县劝学所设视学一人兼学务总董，选本籍绅衿年三十以外品行端方曾经出洋游历或曾习师范者，由提学司札派充任。历来各厅州县选举视学员办法不一，举其多数之惯例，大约由各厅州县教育会公举，请地方官监督之，举定后呈请地方官转详提学司札派。似此办理，宁学司所属十居八九，苏学司所属事实上亦多有行之者。拟请将前项办法转饬提学司通饬各属选举

县视学时概由地方官照会教育会选出，仍由地方官呈报以归一律而昭慎重。以上议决案由理合备文呈报。除呈资政院暨抚部院、督部堂及本局自行公布外，为此呈请督部堂、抚部院照议公布施行。须至呈者。

呈报督部堂、抚部院议决轮船协助堤工案文　九月十九日

为呈报议决事件事：案查《谘议局章程》第四十二条内开"凡议决事件除议长、副议长同意认为应行秘密者外均公布之，并应随时报告督抚及资政院"等语。兹于第三届第二年度常会期内九月十六日议决轮船协助堤工案一件。查淮扬运河堤岸因轮船浪刷损坏过多，河道署及堤工局岁修之费不足补冲刷之患，拟令轮船协助工款以为历年浚修之费，应请督部堂、抚部院转饬关道实力劝募船商并咨明提部堂会饬该管理河工各道撙节估计要工妥筹办法以除后患。所有议决案由理合备文呈报。除呈资政院暨抚部院、督部堂及本局自行公布外，为此呈请督部堂、抚部院核夺施行。须至呈者。

呈报督部堂、抚部院议决截止报买沙滩案文　九月二十日

为呈报议决事件事：查奏定《谘议局章程》第四十二条内开"凡议决事件除议长、副议长同意认为应行秘密者外均公布之，并应随时报告督抚及资政院"等语。兹于第三届第二年度会期内九月十八日会议议决截止报买沙滩案一件。案查上届常会本局呈经督部堂、抚部院公布施行筹定自治经费一案，内载有凡自治区域内新涨洲地得由自治公所查报承领作公产等语。是凡属新涨之滩地，均应由各乡自治公所承领已无疑义。乃案经公布以后，各处指滩缴价之事尚复层见迭出，其故盖由势豪沙棍虑自治成立之后将无从染指，明知涨沙出水须在十年以外亦均纷纷预行化名报置，但希缴价入官即为他日藉口抢筑地步，遂致不顾地方公益，违背已经公布施行之议案，应请督部堂、抚部院札饬宁苏两藩司声明议决旧案，凡沿海沿江涨沙及湖河各滩，除自治公所外一律截止报买，并札行各该地方官遵照办理，一面出示晓谕俾众周知，不得援道光年间已废之子母相生旧例希图朦混以期保全自治区域之公产。所有议决案由理合备文呈报。除呈资政院暨抚部院、督部堂及本局自行公布外，为此呈请督部堂、抚部院核夺施行。须至呈者。

呈报督部堂、抚部院议决州县罚款分别限制案文　九月二十一日

为呈报议决事件事：案查奏定《谘议局章程》第四十二条内开"凡议决事件除议长、副议长同意认为应行秘密者外均公布之，并应随时报告督抚及资政院"等语。兹于第三届第二年度常会期内九月十八日会议议决州县罚款分别限制案一件。查宣统元年十二月奉旨允准法部奏案限制州县罚款，本省未见实行。本局遵照部章定为本省单行章程三条督促各州县实力奉行，其办法三条如下：

一、各州县所有罚款应责令遵照部章于每季之终将判罚案由及其实数榜示署外注明作何公用，分别已拨未拨，以便地方人民公同稽核。若遇州县交卸时，应将从前收支细数总结榜示。

二、如有隐匿情弊，准由地方禀揭，其受罚及同案之见证人均得据实声诉。

三、自奉查禁之后，不得违法滥收罚金，如仍有藉词苛罚者，应遵照部章办理。

以上议决案由理合备文呈报。除呈资政院暨抚部院、督部堂及本局自行公布外，为此呈请督部堂、抚部院核夺施行。须至呈者。

呈报督部堂议决抚交、抚部院议决交议
自治公所应整顿农务工艺案文　九月二十二日

为呈报议决事件事：案查奏定《谘议局章程》第四十二条内开"凡议决事件，除议长、副议长同意认为应行秘密者外均公布之，并应随时报告督抚及资政院"等语。兹于第三届第二年度常会期内九月二十日会议议决抚部院交议自治公所应整顿农务工艺案一件。查原案意在提倡实业而以整顿农工为商之根本，其归宿则责成自治公所为整顿之机关，并照城镇乡自治章程提出第五条第四项、第五项农业工艺及慈善事业等项酌定办法以期款不虚糜事有实效最为当今切要之图，所称濒海、濒江、濒太湖之地宜于提倡渔业，山地、荒地宜于讲求树艺，省城商埠以及繁盛市镇宜于多设工场仿造洋货以塞漏卮，或就地方人民习惯改良土货以广销售等语，尤为统筹扼要，所列二总八目均系利用自然之地力及固有之经费，不至高远难行。本局议定认为可行事件，应请督部堂、抚部院通饬各地方自治公所遵照原案办理其各地方贫民习习工场、省城艺徒实习工场，并请分别札饬

劝业道、农工商局及各地方官遵照原案迅筹改办以资倡导。所有议决案由理合备文呈报。除呈资政院暨抚部院、督部堂及本局自行公布外，为此呈请督部堂、抚部院公布施行。须至呈者。

附：原案

实业以农工为商之根本，而土旷宜重农，人满宜重工，尤为不刊之论。苏省江北号土旷，江南号人满，地方之水利不修者猝遇灾歉时有流亡。其附近商埠之处颇闻以农利稍厚、工厂稍兴，乡农雇工有时亦患缺乏，而商埠及繁盛城镇游手孔多，坐食而嬉，大为良民之累。于是识时之士复有城镇宜重工乡宜重农之说。现值官民交困之时，非注意生利事业使货毋弃于地、力毋不出于身，积困殆无复苏之望。如濒海、濒江、濒太湖之地宜于提倡渔业，山地、荒地宜于讲求树艺，省城商埠以及繁盛市镇宜于多设工场仿造洋货以塞漏卮，或就地方人民习惯改良土货以广销售。比来组织公司者投巨额之母财，经理不得其人，往往失败，虽未可因噎废食，孰若反求诸近，以自治公所为整顿农务工艺之机关，利用自然之地力及固有之经费相机筹画，实力经营，以期款不虚糜，事有速效，酌定办法如下，幸公同筹议决之：

一、各地方自治公所举办自治范围以内所列各事项应注重农务以开利源。

甲、自治公所对于农务总会分会及分所认为扶助之机关，其组织总会分会及分所之经费，自治公所应遵农工商部所定章程于本地方公款中酌量拨助。

乙、自治公所应各按地方土宜酌定推广树艺公约，按年考其成绩。例如林业当预计其地可容若干万株，第一年限令各业主分种若干株，第二年应加种若干株，第三年应加种若干株，以符预计之数。其业主无力种植者，自治公所得代定地租，督令租与有力者承种。

丙、各地方如有濒海、濒江、濒湖之地可兴渔业者，自治公所应清查渔户代为联合订公约以保护之。

丁、自治公所于本地方筹办水利，得用按亩出夫之法，于每岁农隙举行，其富户不出夫者，得出金代之。其水利关系二乡以上者则由关系二乡以上者则由二乡以上联合办理。

一、各地方自治公所举办自治范围以内所列各事项，除注重农务外，应先就慈善事业改良组织，注重工艺以裕生计。

甲、振兴工艺办法，分为三等：一艺徒实习工场，二贫民实习工场，三莠民实习工场。除莠民实习工场由地方官就化莠堂、流氓公所、改过所等改办外，其艺徒实习工场、贫民实习工场均照章定为自治范围应办之事。

乙、艺徒实习工场，除省城由农工商局就从前工艺局房屋改设为各属之倡外，各府、直隶州就本府州之公款公产筹设一所，或就本府州公共善堂改设。

丙、贫民实习工场，各厅州县于城治地方就本厅州县公共善堂改设，如栖流所、普济堂等其性质本为收养贫民者改良组织之。

丁、各地方女普济堂或清节堂等亦令一律实习工艺。

呈报督部堂议决交议、抚部院议决督交
东三省移民殖边案文　九月二十二日

为呈报议决事件事：案查奏定《谘议局章程》第四十二条内开"凡议决事件，除议长、副议长同意认为应行秘密者外均公布之，并应随时报告督抚及资政院"等语。兹于第三届第二年度常会期内九月二十日会议议决督部堂交议东三省移民殖边案一件。查东省土壤肥沃，水草腴润，为天然农林畜牧之场，只以地广民稀无人垦辟，利弃于地，鞠为茂草强邻逼处，至为危迫。东省为本朝发祥之地，全国根本，关系綦重，今则水陆交通往返便利，亟宜筹措巨费从事拓殖，在东三省为实边故圉，杜绝觊觎，在吾江苏则为培植富源，扩充生计。近年因避荒他徙及生计狭隘无可营谋者比比皆是。查本年资遣饥民回籍之经费仅就一邑而论，除发给口粮外，有多至千元以上者。倘能逐渐资遣迁往东省，一转移而乐利咸蒙，此实利国便民之要举。本局爰为之规定办法七条如左：

一、本省当规定殖民费至少每年十万元，宁苏分认，应请督部堂、抚部院列入预算案，归劝业道专款存储，为本省殖民局专事招工移民遣送之资。

二、省城设殖民总局，附于农务总会，各厅州县设殖民分局，附于农务分会农务分会未成立时附于自治会，自治会亦未成立附于商会，联合各自治会及商会设法鼓吹殖民，应请督部堂、抚部院通饬各处各农会于所订会章之内加此专条为现行之职务。

三、招工以口计，移民以户计，各分局劝导所及如有确系农工安分之民愿往

东三省拓殖者，开具名册陈送总局，由总局移请劝业道拨款送往预先指定之放垦地界。

四、招工或移民各分局陆续呈报总局，总局俟报满二十人以上即予请款资送。

五、凡轮船、汽车为国家营业者应奏请免费，商办减半。

六、总局须刊行殖民杂志，报告东省气候土宜及殖民状况，每月至少一次，分交各分局列入宣讲，为鼓吹劝导之资，使人民晓然于大利所在而生迁徙之观念。

七、凡通信寄款挈眷等事，总分局应尽照料保护之责。

以上各条举其大纲，其细则应俟殖民局设立另订。兹尚有应请督部堂咨商东督部堂者条列如左：

一、经本省殖民总局认为农工安分之民前往承领田亩，是否破格免其缴价抑系暂缓缴价？

二、凡东三省放垦之地，其经官办或公司办理已有庐舍、籽种、器具、牲畜借给殖民分期于垦牧获利中收回者若干处，其尚未经营而可以放垦分别最便次便者若干处，应请东督部堂饬查咨复。

以上俟咨复到日应请督部堂、抚部院札知本局及殖民总局，并一面出示通行晓谕各府厅州县地方军民人等，俾全省人民咸悉要领，而殖民局亦得有所率循。所有议决案由理合备文呈报。除呈资政院暨抚部院、督部堂及本局自行公布外，为此呈请督部堂、抚部院核夺施行。须至呈者。

附：原案

为札行事：宣统二年九月十三日准东三省总督部堂锡文电开："东省逼处两强，自日俄协约告成，视眈欲逐。俄于西伯利亚，日于南满均各注意拓殖，竭力经营，而我则地广而荒，弃沃壤为石田，边备空虚，莫此为甚。良忝任斯土，目击艰危，前经奏请筹款兴办垦务，奉旨俞允。惟经纶草昧，非一手一足所能为力。查日本北海道拓殖计画，始则对于个人直接保议，久而无效，继则从事道路之设置、水利之扩张、舟车之特别减费，近户口较前十年增至十四倍而强，国家设备之周至与国民进取气象之发达俱可崇仰。此间松花江、嫩江、乌苏里江各流域舟车可通，即气候土壤亦较北海道为胜，锦洮铁路不日先筑。良不敏，窃愿有所规画。现届举国开省议会之日，拟请转札各谘议局于移民殖边一事同尽劝导筹措之责，不致以大利让之外人，不特东省之幸，抑亦全局之福。夙纫公谊，企望苾筹示复。"等因，到本部堂，准此。除分行外，为此札行谘议局查照。须知札者。

呈报督部堂议决抚交、抚部院议决
交议禁止逃荒案文　九月二十三日

为呈报议决事件事：案查奏定《谘议局章程》第四十二条内开"凡议决事件，除议长、副议长同意认为应行秘密者外均公布之，并应随时报告督抚及资政院"等语。兹于第三届第二年度常会期内九月二十日会议议决抚部院交议禁制逃荒案一件。查原案本旨重在一种冒为逃荒之人，冬令则来南就食，春令则返北归农，结队成群，沿途骚扰，实为地方之害，自宜设法禁制，使之不能出境，惟必先筹就地安抚之法然后禁制有效。兹酌定办法如下：

一、地方自治公所逐渐成立，应亟仿办朱子社仓之法，按照自治区域分区设立社仓一所，专备凶荒之用，一切管理规则仿照成规公议酌定。

二、凡遇灾荒地方，应由本地方官出示放价招商贩运米粮杂谷，并详请通饬经过关卡免税放行以应急需。

三、责成自治公所调查户口查明极贫次贫之差等核实振给。

以上三条系就地安抚之办法。

四、声明光绪三十年省例通饬各州县不准发给逃荒护照，所有从前已发之照一律作废。

五、如有恃强胁众迫令出境逃荒者，由本管各州县查拿首要严加惩治。

六、照现行省例，各州县遇有聚众入境藉口逃荒恣行骚扰者，得由所在地方居民报官究办。

以上三条系不令出境之办法。

七、多设贫民劝工所，强迫招致，使无业贫民养成生活上之技能以资糊口。

八、开垦荒地，讲求畜牧，无力者由官绅设立因利局借给资本，定期偿还，或设立殖民局资送东三省垦牧。

九、灾歉之来大率由于水利不修所致，而江北为尤甚，应责成官绅就地筹款酌量修浚以工代振，庶款不虚縻而民资粒食。

以上三条系正本清源之办法。

所有以上各节，行之以力则游情之习可以渐除而他处不致受骚扰之害。至于严订规约一层，一府一县之风气不同，一乡一区之习惯又不同，似应由各处自治公所斟酌地方情形于小范围内各订规约呈请地方官批准，互相遵守，互相稽查，方有效力。抑更有请者，苏省受逃荒之害不独淮徐海人居多数，即邻近之安徽、山东等省人每至冬令亦复成群结队来苏就食，禁制本省人之出境而不禁制邻省人之入境，得失犹参半也。应请咨行安徽、山东两省一律禁制，庶几扰累之害可以尽除。至本年两湖饥民过境事非恒见，且系由沪往东三省移殖，姑置不论。所有议决案由理合备文呈报。除呈资政院暨抚部院、督部堂及本局自行公布外，为此呈请督部堂、抚部院核夺施行。须至呈者。

附：原案

江北淮徐海一带乡民每于秋收之后结帮南下，名曰逃荒，从前多以年岁不登迫而出此，近则不论稔歉，群以此为利途。询诸苏属各邑绅董，据云去年各处难民有来至七八次者，人数数十百千不等，大都有一二豪者拥之以行。其中本有足资生活不愿外出者，惟一家不去，则阖村相率往食，以致不能不从众而行。所到之处，扰乱秩序妨碍治安之事不一而足。地方官向来办法，无非派员堵截，给资遣回，纵极烦费，仍属补救之法，自宜正本清源，就地安抚，不令出境，方为上策。现城镇乡自治公所逐渐成立，应即公议严定规约，岁稔则各安衣食兼勤工作，不得挈众出境，习成游情。如实被水旱巨灾，无所得食，应开列贫户等差，官绅联合稽查振抚，就地留养，以免流离四出，庶几行者居者交受其福。现值调查户口之时，并非无可措手之处，应请公同议决。

呈报督部堂、抚部院议决遵札加议本局议案公布施行后之实行方法案文　九月二十五日

为呈报议决事件事：案查奏定《谘议局章程》第四十二条内开"凡议决事件，除议长、副议长同意认为应行秘密者外均公布之，并应随时报告督抚及资政

院"等语。兹于第三届第二年度常会期内会议议决遵札加议本局议案公布施行后之实行方法案一件。案查本月十七日、二十二日先后奉督部堂、抚部院札发宪政编查馆咨行《厘订谘议局议决呈请以及公布施行各项办法清单》第四条内载有"督抚批准公布施行之件，既由督抚行文，文到后行政官吏亟应实力奉行，惟须有限期与无限期之别。如明定期限，以到所定期限为断；不定期限之案，以到次期常年会为断。如于各该期限内而该管官吏未经声明窒碍情形详奉督抚批准展限在前，故意延宕不行者，该局得照局章第二十八条指明确据，呈候督抚查办"等语。然则行政官署及局所对于公布施行之案，以后如再有延宕不行，即为违法，得由本局据实纠举。是本局议决案一经札复公布即生效力。惟究竟实行与否不能不定一稽察之法以为查核之地。为此议定办法两条：

一、责成地方官及各局所按期禀报。凡公布施行各案，地方官及各局所搁置不行在所难免，应请严饬各主管衙署局所每月将各案分别依限实行情形详晰禀报。

一、随时派委密查。除上条严定限制外，倘或有禀报不实等弊，应请随时派委密查列入考成。

所有以上两条议决案由理合备文呈报。除呈资政院暨抚部院、督部堂及本局自行公布外，为此呈请督部堂、抚部院核夺施行。须至呈者。

附：原札

为札行事：宣统二年九月十二日承准宪政编查馆咨"查谘议局钦奉特旨设立，关系极重要，原订章程头绪繁多，条理细密，迭据各省咨询疑义，业经本馆随时详为解释，并按期印有解释汇抄通行在案。现在谘议局开办已历一年，第二次开会之期又届，嗣后各该局遵章议定可行事件，既经呈由各督抚公布后若不立见施行，不惟无以副朝廷好恶同民之怀，抑且甚非官府综核名实之计。本年资政院第一次召集议员行将开院，《谘议局章程》于权限争议各条既定有由督抚咨送资政院核议，或由谘议局呈请资政院核办各明文，设将来经由院核之件过多，则文牍往返之繁、官民隔阂之虞、政务因循之弊势必层见迭出，在疆吏既不免蒙摧残舆论之名，在该局亦难免负侵越政权之责。国家岁糜巨款创设各谘议局，原于本省地方应兴应革之利弊切实指陈，使国民与闻政事，负担义务，以示大公，除实系逾越范围、违背法律者由督抚照章办理外，其应办事宜，若局中之议决尽托空谈，官吏之施行鲜求实效，则该局直同虚设，其何以资振饬而济时艰。本馆体察情形，特将该局议决呈请以及公布施行暨交局复议各项办法按照章程分别厘订，使遇事各有一定之程，庶几可以范围不越，至于局用预算亦应力求画一，收支出入尤应严防冒滥以免纷歧而重公款。相应逐款开列清单咨行贵督查照办理并转行该局遵照可也"等因并单到本部堂。承准此。除咨行外，为此抄单札行谘议局查照办理。须至札者。

计抄单：

一、督抚对于谘议局议决呈请之件答复过迟以致不能复议，不但谘议局议论多而成功少，而使应兴应革之件淹滞，动逾年岁，于政事尤多不利，自以定明答复期限为是。惟各项事件中实有非详细调查不能答复者，此当分别三项办理：一督抚提交之案是必先已筹画研究无待议决后始行调查，此类议案可决后应限于呈到十日内答复。二、谘议局提议之案，于分配议事日表及草案之时，应一面分呈督抚俾得交会议厅先事调查研究，则议决呈请之后决定答复方针可不至多费时日，此项议案限于呈到十五日内答复。三、谘议局提议之案在各省各局署及会议厅并无案牍文报可稽，必须行取勘查始能答复者，其通电及汽车、轮船处所立须刻期派查，答复期限至迟不得过二十五日。其事非详细调查不能裁夺或不通轮电之地，事实上无可如何者，应将不能如期答复缘由先行札知谘议局查照，但于下期开会以前必须答复。

二、督抚对于谘议局议案既无不答复之理，则答复文中系非批准者，无论有无交局复议字样，谘议局得依据章程照督抚不以为然之件按章复议，再行呈请，未便遽认为侵夺谘议局权限辄行呈请资政院核办。如有不依定章任意禁止及拒绝复议明文或批驳取消者，方得适用侵夺权限之条，呈请资政院照章办理。

三、凡议案自须指明一定办法，若但作策策问之辞，即不成为议案。惟督抚对于谘议局有提议事件及咨询事件之别札行时，应于题目上标明提议或咨询字样。除咨询事件外，若题系议案而尚无一定办法或间作问辞者，得由谘议局呈请指明办法意旨然后付议。

四、督抚批准公布施行之件，既由督抚行文，文到后行政官吏亟应实力奉行，惟须有限期与无限期之别。如明定期限，以到所定之期限为断，不定期限之案以到次期常年会为断。如于各该期限内而该管官吏未经声明窒碍情形详奉督抚批准展延在前故意延宕不行者，该局得照局章第二十八条指明确据呈候督抚查办。

五、预算年度，所以统一国家会计，谘议局局用亦不能独异，且局章并无以九月为预算年度，明文应于本年开会时从本年九月截至本年十二月特别造一预算，另于明年正月起至十二月止造列全年正式预算，以后逐年递推，均以通行预算年度为准。至于经费出入，本系按月清查一次，则开会时对于议员即以按月实支数目造册凭其审查，而将九月以后应存应支数目按照本届特别预算附册声明，嗣后对于督抚清报仍以一年为终始，庶无含混之虞。至该局预算案呈报督抚时仍应由督抚严核有无滥费以定准驳，如决算不实，得照例临严行查办。

呈报督部堂、抚部院议决推广初等教育方法案文　九月二十六日

为呈报议决事件事：案查奏定《谘议局章程》第四十二条内开"凡议决事件，除议长、副议长同意认为应行秘密者外均公布之，并应随时报告督抚及资政院"等语。兹于第三届第二年度常会期内九月二十三日会议议决推广初等教育方法案一件，理合缮折备文呈报。除呈资政院暨抚部院、督部堂及本局自行公布外，为此呈请督部堂、抚部院核夺施行。须至呈者。

计开：

一、两镇乡自治公所应各负有设置初等小学之义务，其进行方法如左：

甲）调查本区域内学龄儿童数，限城镇乡自治公所成立后三个月内完竣，自治先已成立者限本案公布后三个月内完竣。

乙）视本区域内学龄儿童之多寡与儿童就学之利便，规定应设初等小学之数及其位置。

丙）依前项所规定，酌量财力，定分年推广之次序，限城镇乡自治公所成立后六个月内完竣，自治先已成立者，限本案公布后六个月内完竣。

丁）以上三项均分别绘造图表依限呈报自治监督并知会劝学所，嗣后逐年调查规画，于每年冬季行之。

理由：《城镇乡地方自治章程》第五条自治事宜第一款，本城镇乡之学务中

小学堂皆在其范围，现值初办自治之期，人财两窘，必先定入手之方法而后有切实之效果。日本小学校令以寻常小学之修业年限为义务教育之年限，而以市町村自治团体负设置寻常小学之义务，其设置之计画以足敷学龄儿童之就学为度，故学龄儿童之保护者得尽其使儿童就学之义务，欲期教育之普及舍此实更无良法。吾国宜仿其意，以初等小学之年限为义务教育之年限，以城镇乡自治公所负设置初等小学之义务，各以其本城本镇本乡公所成立之日为施行之期，是即强迫之预备而普及之先声也。

二、城镇乡自治经常费内教育费应占之分数各按其自治事务之繁简而规定之，最简者不得少于十分之八，最繁者亦不得少于十分之二，由各该城镇乡自治公所自行认定应占之分数每年列入预算表呈报自治监督。

理由：《城镇乡自治事宜章程》列为八款而实以教育为基本，故学务列于第一款。欲责以教育之义务而不先规定教育费则仍空言而已。城镇应办之事较多，诚不能以全力注重于教育。乡自治之规画目前殆无有更急于教育者，如亦按照八款之所列，事事具其形式，不特无此物力决难完备，即使勉强举行而人民之负担日增，其生活所必须之知识技能仍无丝毫之进步，此自毙之道也。据最近之调查，日本宫城县之松岛一村教育费至占自治费六分之五，其全力注重于教育盖可想见。今宜定教育费之标准为数等，城镇占自治费之若干，约分繁盛非繁盛为两等；乡占自治费之若干，约分偏僻非偏僻为两等，其所占至多之数可略比于日本之松岛村，而城镇教育费之占其少数者亦不得少于十分之二，各于其本城、本镇、本乡公所成立后按照等差自行认定，每年列入预算表呈报自治监督为考查公所成绩之根据以助地方自治之进行。

三、城镇乡所设之初等小学如额在六十人以内，应用单级编制法以免糜费。

理由：集公众之财以教公众之子女，此不啻公民之自教其子女，自治公所特代任其劳而已。苟由公所职员善为开导，则知此意者日多，教育自不难筹集。惟从前办学者但期目前之组织成立而皆无数年以后之规画，或定额数十人而一年之内已分为数教室，或每年新就学者无多而必为之增一教室，用是岁费日巨而财力恒苦不支，持久恐难，遑言推广。今就单级小学之利便言之。设如第一年之就学者仅及定额四分之一，第二年至四分之二，第三年至四分之三，第四年而足额，其四分之一即于是年毕业，第五年而新就学者又四分之一，仍足原额，而其经费仍可不逾乎第一年之数，必就学者已逾原额乃需另筹经费为增添教室之计画，则教育费可无丝毫之浪掷。大率一单级小学岁费至多三百元而能教六十人或多至八十人，视昔之岁费数千元而或不过三四十人者相去奚啻倍徙？谋教育之普及者将奚择焉？今所规定，凡以后添设之初等小学宜一律遵行，其旧设之初等小学，除本用单级编制外，如全校儿童未满六十人而不止一教室者，应渐改为单级，未满百二十人而不止两教室者应渐改为合级，即儿童增多而每教室未逾六十人暂勿再增教室以节经费。

四、各厅州县劝学所均应设立单级教授研究会，并酌设单级教授练习所，各地方初级师范学堂均应注重单级教授法并附设单级教授练习科。

理由：单级教授研究会备现充小学教员或私塾教员者之研究，无须多筹经费。单级教授练习所备曾任小学教员或现充私塾教员者练习，必特延讲员兼须有单级小学为实习之地，所费较多。故研究会为必应设立而练习所则可量地方之财力酌量设立也。初级师范学堂之注重单级教授法，应于附属小学内特设单级一部以备师范生之实习，附设之单级教授练习科备曾任教员或曾习师范而未习单级教授法者之补习。练习所与练习科之毕业期限均至少半年。

五、认明简易识字学塾与改良私塾均为补助教育，城镇乡自治公所不得因此妨碍其筹设初等小学之本务。

理由：部定《简易识字学塾章程》之原奏内称简易识字学塾以补小学教育之不及，宗旨本甚分明，定章第一条虽以年长失学与贫寒子弟两项并提，然既称年幼入塾者以三年毕业为宜，依此原奏，则此项贫寒之儿童可令入三年简易小学。初等小学既定为义务教育，自可酌量地方情形减免学费，不至妨碍贫儿就学之路也。故各城镇乡设立简易识字学塾，当专收学龄已过未入学堂而急于谋生者，以免淆乱学程。至定章第九条虽称地方官及自治会应任筹款之责，但原奏既以经费难筹为设立此项学塾之前提，则自治会筹款自以不妨碍筹设学堂为断。第十一条虽指令已设之学堂附设此项学塾，但原奏指明学堂经费稍裕者，本条文亦称岁入经费较充者，则其本意欲以学堂之余款为之，自以不妨碍本学堂之规画为断。又查部定《改良私塾章程》之原奏内称"改良私塾所以辅学堂之不足，其力能兴学之处仍当遵章设学，力图扩充，不可藉改良私塾为名转致废弛学务"，定章第三条内称"此项章程系因穷乡僻壤学堂一时未能徧及者而设，其力能举办之处仍应遵章设学"各等语,深切著明,自当一体遵照。其穷乡僻壤经地方官查明详报提学使察核实系限于财力不能设学者,自当按照部定《改良私塾章程》切实办理,其余非穷乡僻壤而设有私塾者亦应照章切实改良,勿任自为风气致妨统一。

六、凡本案所规定,各厅州县劝学所均负协助督促进行之责。

呈报督部堂、抚部院议决江北饥民南下情形危急力筹堵截资遣方法案 十月初五日

为呈报议决事件事:案查奏定《谘议局章程》第四十二条内开"凡议决事件,除议长、副议长同意认为应行秘密者外均公布之,并应随时报告督抚及资政院"等语。兹于第三届第二年度常会期内十月初三日会议议决江北饥民南下情形危急力筹堵截资遣方法案一件。查历年饥民出境逃荒皆于十月以后,今岁九月中邳州等处饥民已纷纷南徙,扬州郡城外现已聚有六千人,并四乡计之,数将逾万,官长劝其折回则抛掷砖石击伤兵勇,且攘夺本地居民农产物、殴伤老妇,农民聚众自卫,交哄益甚,幸由官长劝令和平,现成一相持之势,而售卖食物铺店被其抢去食物视为惯事,假使愈聚愈多,后患何堪设想。扬郡士绅现拟设法资遣。但求资遣有效,则清江必须堵截;求堵截有效,则灾区必须拯抚。拯抚之事非府州县官长之力所能任,必须督部堂、抚部院统筹全局设法维持。维持方法又不容旷日持久,致一发之后不易收拾。明知公家财政困难,不遑兼顾,但光绪三十二年未能先事预防,愈迟则用款愈巨,糜费百万,力益不逮。若不求补救,祸患更不可测。度扬郡地当冲要,首受其害,江南各郡县亦将渐受扰害。拟请督部堂、抚部院电饬藩司、运司从速筹款,选派员绅会同被灾各州县稽查户口,按名散放,一面电咨江北提部堂并饬令堵截委员实力堵截遣送回籍,再由饥民所到之地设法资遣,并酌令各府厅州县捐款助振。事实既生之后,舍实行振抚更无别法,若从容补救之说当俟之来年,盖就灾区放振较之留养事半功倍,失此不图患将益深。为此迫将议决案由理合备文呈报督部堂、抚部院迅予核夺施行。除呈资政院暨抚部院、督部堂及本局自行公布外,须至呈者。

呈报督部堂、抚部院议决昭文、镇洋海塘工款案文　十月初六日

为呈报议决事件事：案查奏定《谘议局章程》第四十二条内开"凡议决事件，除议长、副议长同意认为应行秘密者外均公布之，并应随时报告督抚及资政院"等语。兹于第三届第二年度常会期内十月初三日会议议决昭文、镇洋海塘工款案一件。查昭文、镇洋海塘工亩捐自光绪三十二年十二月二十四日经端前督部堂、陈前抚部院具奏估工需费银五万六千六百余两，援案仍于苏松太三属受益熟田项下每亩摊征钱二十文，分作两忙带收。而核之三属额田总数统计带征之钱当必有赢无绌。查同治十年曾前督部堂、张前抚部院奏准带征宝山塘工案内曾经声明"如有余剩，留备将来塘工，免再摊捐，并核定岁修经费存典生息"等语，是于兴办要工之中寓有体恤民艰之意。比来新政日繁，民力益困，所有光绪三十三、四两年带征昭镇塘工之余款自亦应援照同治十年奏案核实，钩稽三属各厅州县分征若干，共征若干，实支修塘工费若干，留存若干，每年生息若干，查案揭布以重公款而昭信实，应请札饬各该地方官遵照办理。再，此项带征系属附捐性质，按《城镇乡地方自治章程》第五条第四款，筹办水利系属自治事宜，以后设遇此项工程需有互相协助筹集款项之处，须经该城镇乡自治会或该厅州县自治会协议取决以符定章，应请通饬各该地方官遵照办理，并将遵办情形具报札知本局。所有议决案由理合备文呈报，除呈资政院暨抚部院、督部堂及本局自行公布外，为此呈请抚部院、督部堂核夺施行。须至呈者。

呈报督部堂、抚部院议决清厘海州积谷亏欠案文　十月初六日

为呈报议决事件事：案查奏定《谘议局章程》第四十二条内开"凡议决事件，除议长、副议长同意认为应行秘密者外均公布之，并应随时报告督抚及资政院"等语。兹于第三届第二年度常会期内十月初三日会议议决清厘海州积谷亏欠案一件。查海州积谷存款二十余万，数年以来徒为官董饱其私橐，曾无丝毫实惠及于灾黎。频年凶歉，道殣相望，自不忍睹。屡经士绅上禀各大吏，虽迭经委员会同印官澈查，印委均含糊从事，迄未清厘，应将历届官董办理情形比较成迹，弊混自见，并请饬查历次控案，遴派公正大员澈底清查以重公款。所有议决案由理合备文呈报。除呈资政院暨抚部院、督部堂及本局自行公布外，为此呈请

报督部堂、抚部院核夺施行。须至呈者。

呈报督部堂、抚部院议决各卫屯田劈分嵌坐州县管辖征收案文 十月初七日

为呈报议决事件事：案查奏定《谘议局章程》第四十二条内开"凡议决事件，除议长、副议长同意认为应行秘密者外均公布之，并应随时报告督抚及资政院"等语。兹于第三届第二年度常会期内十月初三日会议议决各卫屯田劈分嵌坐州县管辖征收案一件。查屯饷改为丁粮归州县官经征，业于光绪二十八年正月五月间迭奉谕旨，至今尚未实行，经界财赋诸多，妨碍先朝德意，尤未便久虚民望。兹经议定实行办法三条如下：

一、苏州、太仓、镇洋、镇江、金山五卫屯田劈分嵌坐厅州县以清行政区域。按光绪二十八年正月上谕，将各省屯田地亩澈底查明报官税契，听其管业将屯饷改为丁粮，统归州县官经征。嗣五月间再奉上谕，催令各督抚认真清查分别妥筹办理，当经陈升抚院据司道议详苏州、太仓、镇洋、镇江、金山五卫屯田办法六条奏称，惟屯务仍令兼管州县经理，与他省均归嵌坐州县接办办法不同。但该省屯田纠葛较多，清查不易，该司道等所议系为专责成防推诿起见，自应责令依限查办，一俟蒇事，仍劈分嵌坐州县自行征收以归一律等因。查蒇事期限原定一年，当时嵌坐厅州县延未劈分，非所谓仁政必自经界始也。今当比照他省及宁属办法，依据原奏宗旨，将金山等卫凡屯田所嵌坐之厅州县与兼管厅州县实行劈分以正疆域而免歧异。

二、兼管厅州县移交清册解除越境征收之责任。按屯田嵌坐厅州县照章既应劈分，则兼管厅州县从前越境征收之责任本含义务性质，此后自当解除。查陈升抚院复奏内称，司道议详屯回办法六条，其第二条有查该五卫帮田坍没、缺额、失册、抛荒四项，核数甚巨，历年久远，清查匪易，应责成兼管厅州县按照从前注册实力查核造册详办，其失册、抛荒之田定限一年召佃开垦等语。迄今岁阅八载，逾限不为不久，除坍没、缺额例应造报请豁外，其失册、抛荒之田无论是否召佃开垦，当由兼管厅州县连同熟田悉数开列清册移交嵌坐厅州县，藉免历年代治之责任。

三、嵌坐厅州县实行辖地征收之职任。按兼管厅州县既将清册移交，则嵌坐

厅州县有辖地之权，自应按照接管清册据所开熟田承管花户顷亩科则一律造串征收，其有坍没缺额未经报豁、失册抛荒未经召垦者，亦须自行查办蒇事以尽职务。或谓执业之户向来纳粮于兼管厅州县，今乃改赴嵌坐厅州县，容多未便，核与陈升抚院原奏所叙司道议详办法第六节一丁管业之田零星坐散分报输将未免烦扰等语意正相同。惟卫帮业户既能向嵌坐厅州县之佃户分头收租，何不可趁此时会即向嵌坐厅州县之官署分报纳粮，是以原奏早已权衡其间，虽清查之法一准详文而征收之法仍遵谕旨也。

以上三条，应请督部堂、抚部院饬属照办。所有议决案由理合备文呈报。除呈资政院暨抚部院、督部堂及本局自行公布外，为此呈请督部堂、抚部院核夺施行。须至呈者。

呈报督部堂议决交议、抚部院议决督交议订举绅分任禁烟事宜规则案文　十月十三日

为呈报议决事件事：案查奏定《谘议局章程》第四十二条内开"凡议决事件，除议长、副议长同意认为应行秘密者外均公布之，并应随时报告督抚及资政院"等语。兹于第三届第二年度常会期内十月十一日会议议决督部堂交议议订举绅分任禁烟事宜规则案一件。查原案因现行禁烟章程类多阳奉阴违，拟举绅分任调查，由局议订规则，事求实际，协力进行，用意至善。惟仅举公正绅耆相助亦仍居于少数，耳目容①有未周，自宜推广范围，庶易收取实效。现时各地方自治会成立，禁烟本属自治事宜之一种，正可督促成立以资协助，况查《两江禁烟公所章程》调查类乙款第一至第十二等条规定关于禁烟公会之事有云：禁烟公会分劝董、调查两种，劝董公会先由各属地方官筹设一所调查公会，在城则按区段，在乡则按都图，各举公正有声望之绅耆联成一会，调查违章私混等弊报官查办，举发私弊三大事，以上由官奖励等语。此于督部堂原案举绅分任之意大致吻合，本已定有规则，只须查照实行，似无待另行议订。至原案又开"闻浙省办法甚为妥善，似可斟酌仿办"等语，查苏属各州县遵饬设立之禁烟公所章程，其大致即仿自浙省原案，应请督部堂调取苏属此项章程一律参订仿照办理。所有

---

① 《南洋官报》宣统二年十月三十日，第一百三十期所载"容"作"究"。

议决案由理合备文呈报。除呈资政院暨抚部院、督部堂及本局自行公布外，为此呈请督部堂、抚部院核夺施行。须至呈者。

附：原案

禁烟定限十年禁绝。现在江苏于禁种一端风行雷厉，亦既渐绝根株。此时办法亟当注重禁吃，自应无论官民一体严行查禁。除官吏由该管长官实力考核，有犯必惩外，至民间地广人众，虽经禁烟公所定有领照减瘾各项通行章程，然习俗渐染既久，仍恐不免阳奉阴违。前闻各属有勾串土店不减购数者，有预蓄烟土无照私吸者，甚或私开灯馆情事，虽经严札通行饬查，随时禁革，然地方官耳目难周，自非有公正绅耆相助为理，断难收廓清之效。闻浙省有公举正绅分任调查劝导办法，平时讲演利病，解释章程，可使民间不致违犯，如有沈溺不悛必须加以惩创者，由公举之绅知会行政官照章惩治。以本地之人查本地之事，闻见较真，证据易得，既难欺隐，复少冤滥，其办法甚为妥善，似可斟酌仿办，应由谘议局议订规则以助进行。

呈报督部堂议决抚交、抚部院议决交议
严订禁烟规约案文 十月十三日

为呈报议决事件事：案查奏定《谘议局章程》第四十二条内开"凡议决事件，除议长、副议长同意认为应行秘密者外均公布之，并应随时报告督抚及资政院"等语。兹于第三届第二年度常会期内十月十一日会议议决抚都院交议严订禁烟规约案一件。查原案注重严禁，官绅以资倡率，假权自治设法实行，深得法行自近之意，于禁烟一事可称扼要。惟官绅每相容隐，绅董之施禁较难，于吸户往往有举发而无惩儆，事仍无济。禁烟不患无方法而患不实行。兹就原案意旨酌拟办法数条列后：

一、凡现行各种有关禁烟之法令规则应由禁烟总公所广印分发各属城镇乡自治会及禁烟公会并送登本省官报。

二、本地方官绅及各项董事遇有违犯禁烟定章，除各该处自治会职员以外，凡照《谘议局章程》第三条与第六条所定得有选举权者及照《城镇乡自治章程》第十六条与第十七条所定得为该区选民者，均得有调查举发之权。

三、凡因违章举发呈控到官，即准予分别传提查究，不得延置不理。倘有故意徇纵等弊，应准由原人控诉，查照《禁烟条例》第六条分别议处。

四、凡因烟案处罚充公之款，应遵法部定章一律开具月日姓名及其案由与所罚数目按季榜示。

再，查督部堂、抚部院所交禁烟议案均注重于禁吸，以绅力辅官力之不足而有事于调查举发。惟现行各项章程，发给购吸牌照实系特许吸食而非禁止吸食，本意原为宽既往而杜新吸，现则一再补报朦领续发甚或利于多发牌照藉收捐费，殊失禁烟本旨，虽禁绝之限原定十年，而照民政部奏案各省督抚自得酌量变通缩短期限，是宜设法亟定限制。至土膏店代收牌照捐办法本系度支部奏定藉补土药税收不敷之数，更属筹款之意多而禁吸之事少，虽名寓禁于征，实则有征无禁，徒增日后担负。收捐愈重，筹补愈难，而禁终懈弛，土膏统捐及彩票承饷可为前鉴。是宜设法及早截止，使非于此项章程①妥为修正，虽举绅分任，其效力亦止于协加②查捐而非严行禁吸。兹就原案推广酌拟办法，应请督部堂、抚部院照准修改，一并条具于后：

一、宁苏两属前发吸烟人牌照，本照原报吸量分期匀减，统限三十个月一律戒断停换牌照，现仍各照原限，计宁属自宣统元年四月底报领截数后起算连闰扣至三年九月底止，苏属自宣统元年底报领截数后起算连闰扣至四年正月底止，均作为限满，应即将此项牌照一律停止给换。

二、当第一次清查定限报领吸烟人牌照时，有实因外出、回乡或自别处移徙，逾限始行报领者，虽得取具的保核明补给，惟吸量按期匀减，仍应核与限内报领之人同时减尽，不得递展③逾原章三十个月通定之期限。

三、报领吸烟人牌照，定章本限一次，宁苏两属业于宣统元年四月及八月底先后截止，即有一时遗漏，亦俾一月以内补报。现时逾限已久，除每季准换旧照外，概不准另行陆续报领新照。

四、旅客购烟执照弊窦最多，应自宣统三年正月起提前一律停止给领。

五、旅客携有别处购烟执照，无论过限与否，概不得于所至之各该地方

---

① 《南洋官报》宣统二年十月三十日，第一百三十期所载"此项章程"作"此两事"。
② 《南洋官报》宣统二年十月三十日，第一百三十期所载"加"作"助"。
③ 《南洋官报》宣统二年十月三十日，第一百三十期所载"展"字后有"至"字。

通用。

六、旅馆客栈等东主伙友虽经领有吃①烟牌照，亦不准于所设旅馆客栈内开灯吸食。

七、宁苏两属所有土膏店②及吸户各捐应俟筹得额数相当之的款一律停止抽收，以便实行禁绝。

八、现有之土膏店③及吸户各捐，除酌提禁烟用款以外，不得拨充别项行政经费、列作经常岁入，并不得再议递增捐数及另立名目藉以筹款。

九、苏省现时膏捐特重，每年两次照原额递增，收捐之成数与递减销膏之成数比例多寡悬殊，实为禁烟之害，应照宣统二年五月初一日以后销膏每两征收五百文之数，以此为定限，嗣后不再递增。

十、本省现行禁烟各项章程规则，除应照前列各条妥筹修改外，余仍各照向章办理。

所有议决案由理合备文呈报。除呈资政院暨抚部院、督部堂及本局自行公布外，为此呈请督部堂、抚部院核夺施行。须至呈者。④

附：原案

烟禁严密，迭经布告，本年六月复经行政会议厅议决，各厅州县戒烟公会限两月内一律设立，并实行《江南变通禁烟章程》第六条第七项其土行膏店熟筹统一稽查之法，向种莺粟地亩督种棉花及他项植物，并将去年禁烟议案谘议局议决之加入五条刊入《禁烟公所章程》各在案。惟官绅为地方表率，禁治更当警切，凡关乎官之一方面，既经调查多次，现正访查禁戒不实者严行惩处，其绅之一方面应由自治会调查举发以凭从严惩处。查宪政编查馆奏定《禁烟条例》十二条自为严重绅民，烟癖深锢不愿禁戒者其不惜名誉可想而知，自宜遵照馆章议定实行方法以佐烟禁之进行，庶几有烟害廓清之一日。应请公同议决。

---

① 《南洋官报》宣统二年十月三十日，第一百三十期所载"吃"作"吸"。
② 《南洋官报》宣统二年十月三十日，第一百三十期所载"店"字无。
③ 《南洋官报》宣统二年十月三十日，第一百三十期所载"店"字无。
④ 《南洋官报》宣统二年十月三十日，第一百三十期所载本句，无前一"督部堂"、后一"抚部院"及"须至呈者"等字。

附：宪政编查馆核订《禁烟条例》十二条

第一条　凡违背定章栽种莺粟、制造鸦片烟及兴贩图利者，处四等有期徒刑。

第二条　凡制造及贩卖吸食鸦片器具者处五等有期徒刑。

第三条　凡开设鸦片烟馆供人吸食者，处四等有期徒刑或一千元以下之罚金，房主知情者，房屋入官，不知者不坐。其茶肆酒馆娼寮等处附设烟铺者罪同。

第四条　凡违背定章吸食鸦片烟者，处二十元以上五百元以下之罚金。

第五条　凡在禁门以内及陵寝等处吸食鸦片烟者，处一等或二等有期徒刑。

第六条　凡该管官吏如有将犯前数条之罪之人而故纵者，与犯人同罪，赃重者仍从重论，其仅止失察者交部严加议处。

第七条　凡犯第一条至第五条之罪者，停止选举权及一切荣誉之权，如系官吏，并革职永不叙用。

第八条　凡已处本条例之刑而再犯者，各依本条例加一等。

第九条　凡谋犯本条例之罪而未遂者，各依本条例减一等或二等，因本人之意而中止者减二等或三等或宽免其刑。

第十条　凡徒刑依左列年限收入本地习艺所工作：

一等有期徒刑：十年以上十五年以下。

二等有期徒刑：十年未满五年以上。

三等有期徒刑：五年未满三年以上。

四等有期徒刑：三年未满一年以上。

五等有期徒刑一年：一年满二月以上。

第十一条　凡处徒刑应加减者，依前条之次序加减之。其处一等有期徒刑应加重者，长期可延至二十年。处五等有期徒刑应减轻者，可减作违警律之拘留。其处罚金刑应加减者以本条定数四分之一为一等。

第十二条　凡罚金于判结后限一月完纳，逾限不纳，以一日折算半元易以徒刑，但日数虽长，不得逾三年。如计日数在二月以下易以违警律之拘留。凡已易徒刑或拘留者，于刑期内完纳余剩罚金，准将已易之日数折算抵销。

呈报督部堂议决交令、抚部院议决督交复议
限制州县罚款案文　十月十三日

为呈报复议事件事：十月十一日本局会议议决督部堂交令复议限制州县罚款一案札文内开"查核所议各节于限制州县罚款颇为完密，自应准予公布。惟细绎第二条方法恐启地方刁棍挟嫌诬蔑之风，应如何预防以杜流弊，仍由谘议局妥为修改呈复再行核夺"等因，奉此。查本局原案第二条条文云：如有隐匿情弊准由地方禀揭，其受罚及同案之见证人均得据实声诉。此项条文系符合上年十二月间法部奏案而设。奏案内称"一面开列犯名、事由、银数若干张贴署外，俾众咸知，一面具报上司查考"等语，所谓"俾众咸知"正为禀揭及据实声诉之地，如恐人民举发长官致滋流弊，则知而不举，恐负奏案俾众咸知之盛意。奏案又称"该管上司如有意徇隐及失于觉察别经告发者，一并分别交部从严议处"等语，夫失于觉察而可以别经告发，则苟非地方禀揭及受罚之有关系人据实声诉，安有告发之人及告发之事？是告发因为奏案所许，且督部堂所虑者为刁棍挟嫌诬蔑。本局以为有此弊而举之谓之告发，无此弊而捏之谓之诬蔑。诬蔑官长则为刁棍，告发隐匿乃地方及身受者之所应为，州县果受诬蔑，自不难按法惩治，似不必将奏案所许之告发人与刁棍并为一谈以杜奏案实行之路而启州县隐匿之心。为此仍执前议，请如原案公布施行。所有复议案由理合备文呈报。除呈资政院暨抚部院、督部堂及本局自行公布外，为此呈请督部堂、抚部院核夺施行。须至呈者。

原札载入本届常会督院复文，兹不重录。

呈报督部堂议决抚交、抚部院议决交令复议公定
苏属漕米折价案文　十月十四日

为呈报复议事件事：九月二十八日奉抚部院札开交令复议苏属漕米折价案一件。兹于十月十一日会议议决。查原案系因历年漕价与市价相悬故欲规仿各厅州县照市平均定价以免过低过昂，其主意只求漕价与市价相合，此外原无别意。今抚部院札交复议说明原委，因办漕州县率赴无锡订购，故由苏藩司按照锡金商会报告米价规定，此不过因米市以无锡为最盛，米多则价贱而又米色齐一，易于解

兑，州县因以为利，故群向无锡订购，并非规定办漕必向无锡购米方能兑运也。即如浙江亦解漕米，未闻尽向无锡订购。抚部院以苏属办漕州县既赴锡市购米，故指照市折价之呈报案谓有窒碍之处，但呈报案原未认州县办漕必赴无锡购米，且知米折兼收之州县现在尚有多处，而各地方米价又彼此不同，故欲照市平均以定漕价之标准。现在抚部院既系以锡市米价作为漕价之标准，则与呈报案欲求漕价与市价平均之本旨并无不合，惟应声明者三端：

一、指定米色。应请饬令锡金商会接照各厅州县历届订购之漕米名色依据开价。

二、明定日期。应请饬令锡金商会将十月十一月逐日米价开单呈报。

三、会议厅会议。应请将锡金商会报告原单发交会议厅审查其是否核实折中定价，公同议决，以免官民互有赢绌之病。

总期漕价与锡市米价不致如往年之出入悬殊，未始非平均之方法。所有复议案由理合备文呈报。除呈资政院暨抚部院、督部堂及本局自行公布外，为此呈请督部堂、抚部院核夺施行。须至呈者。

原札载入本届常会督院复文，兹不重录。

呈报督部堂、抚部院议决法令公布规则案文　十月十六日

为呈报议决事件事：案查奏定《谘议局章程》第四十二条内开"凡议决事件，除议长、副议长同意认为应行秘密者外均公布之，并应随时报告督抚及资政院"等语。兹于第三届第二年度常会期内十月十四日会议议决法令公布规则案一件，谨具条文四条分列如左：

第一条　凡为谘议局议决经督部堂、抚部院批准施行之件，自批准之日起俟十日内公布之。

第二条　凡公布之件除分别揭示及行文各该管官吏转行出示外，并登载本省官报。

第三条　凡地方官奉文后应即日出示晓谕并传知各该地方自治公所。

第四条　凡省外最远之各厅州县奉文出示之期，至迟以督抚行文后一月为限。

所有议决案由理合备文呈报。除呈资政院暨抚部院、督部堂及本局自行公布

外，为此呈请督部堂、抚部院核夺施行。须至呈者。

呈报督部堂、抚部院议决赤山湖简易办法案文　十月十六日

为呈报议决事件事：案查奏定《谘议局章程》第四十二条内开"凡议决事件，除议长、副议长同意认为应行秘密者外均公布之，并应随时报告督抚及资政院"等语。兹于第三届第二年度常会期内十月十四日会议议决赤山湖简易办法案一件。查赤山湖地属句容，居上元、江宁、溧水之上游，容纳浮虬、瓦屋、崙胄诸山之水以灌注于秦淮，实为上江句溧水利，受患亦同一关系。全湖若能开浚，群生自受其福。惟工巨用繁，官民均无此财力，自宜从简易入手，庶可见诸施行。谨拟办法四条具列于左：

一、挑未涸之湖荡。湖虽日就干涸，尚存五荡，青草荡最大，周三里有余，余周一里内外。若能时加挑浚，自可逐渐深阔，不但有益湖田之灌溉，并可稍蓄来水，藉减悍流，非比挑河之议束散水而使之聚犹有冲突之患也。应请饬由地方官选谕妥董查明已垦湖滩共有若干亩，令于农隙之时按亩出夫，认真挑浚，能尽此项义务。其所垦之田准其永远营业，给予凭照或展升科年限以示鼓励。先行试办三年，如果有效再行会商上江溧水等县拨夫协助通力合作以竟要工。

二、保未垦之湖身。湖边较高之地早经开垦成熟，势难勒令抛荒，责成挑荡之议，兴实利亦所以定限制也。至湖中未垦之地，形势低洼，水大时尚可容储，若准人承垦，或承认芦课，则全湖废矣。广东南海等县贪筑新圩，与水争利，遂无岁不有水灾，老圩亦被其害。安徽万顷湖开垦成熟，高淳遂成泽国。殷鉴不远，应请立案永禁出示勒碑，则下游圩乡胥受其赐矣。

三、浚出江之新河。数百里秦淮出江之路仅下关一线。近来辟商场开铁路，添设洋桥数座，入江之路益形缓滞。庚子以后乡民咸归咎于此。端前督部堂于光绪三十二年在距下关不远之晏公庙地方另开新河一道以利宣泄，刻下已通舟楫，惟河面河身不甚深阔，遇水涨之时仍属宣泄不及，应请拨用公款再加开浚以竟前功，但能一律深通，圩乡固受其益，省城亦免浸灌之虞。如因公款艰难，亦可拨营工作似无大费，较之别项工程实事半而功倍矣。

四、禁添筑之桥坝。桥所以锁水太少则河流迅急。水年下游有冲突之虞，旱年上游失灌溉之利，若设桥过多则阻扼来水。赤山湖既不能容，归江又不能速，

势必泛滥平地冲决圩堤，为祸何堪设想。自秦淮发源之处数至下关，旧桥不及二十座，因地制宜，不疏不密，前人煞费苦心，后人遵守不替。左文襄督两江时从都人士之请于通济门外添筑滚水坝一道，次年上游遂遭水患，庶圩多冲决，坝亦旋废。往事未远，后患宜防，恐有不知轻重之徒藉口妄以添筑为请，一经添筑则出水愈迟，上游圩田必成泽国，为祸不可胜言。应请立案禁止，俾免水患日增，庶圩田犹有得半之望耳。

以上四条兴利虽微，防害甚巨，关系颇重，用费不多，应请督部堂、抚部院察核办理。所有议决案由理合备文呈报。除呈资政院暨抚部院、督部堂及本局自行公布外，为此呈请督部堂、抚部院核夺施行。须至呈者。

呈报督部堂、抚部院议决江宁府属水患宜
专设测量局案文　十月十六日

为呈报议决事件事：案查奏定《谘议局章程》第四十二条内开"凡议决事件，除议长、副议长同意认为应行秘密者外均公布之，并应随时报告督抚及资政院"等语。兹于第三届第二年度常会期内十月十四日会议议决江宁府属水患宜专设测量局案一件。查近年江宁府属元、宁、句、溧、高等县水患频仍，推原其故，湖底垫淤，水道浅塞，既无所容，又无所泄，积害已非一日，大治秦淮固属费巨难筹，目前补苴亦不能不择要修浚，欲图修浚必先从事测量。应请督部堂、抚部院转饬江宁府就元、宁、句、溧、高水利相关之各县设立测量总局，实地测量，以为日后筹议修浚之预备。再，查高淳境内东坝既填，天生桥又塞，水无所泄，年年成灾，现查天印山麓有河影一道至牛首山麓，约二十里而遥，开穿牛首支麓以达大江亦约二十里而遥。近来有机器炸药，开山较昔为易，惟里数较多，费必巨，是否力能办到亦非测量后难有把握。应俟测量总局成立后归并办理。所有议决案由理合备文呈报。除呈资政院暨抚部院、督部堂及本局自行公布外，为此呈请督部堂、抚部院核夺施行。须至呈者。

呈报督部堂、抚部院议决收回学田充地方
教育经费案文　十月十六日

为呈报议决事件事：案查奏定《谘议局章程》第四十二条内开"凡议决事

件，除议长、副议长同意认为应行秘密者外均公布之，并应随时报告督抚及资政院"等语。兹于第三届第二年度常会期内十月十四日会议议决收回学田充地方教育经费案一件。教育多术，全视经费如何以为设施之准，各属学田固办学筹经费所必应筹及者。查此项学田原为绅商捐集之产，以补助在学生员之膏奖，教官为之经理。迨书院宾兴公车等公款渐增，遂致学田专属之官，每岁收入之款或聊分微末以资贫生，绝未有人过问。今书院宾兴各公款悉数充作学堂之用，按照新官制教职又为文庙奉祀官，自有俸给，无关教育，此项学田纯是公产性质，应即各归地方自治公所经管作为办理各项学堂之基本产，以租入充费，不得移作他项之用。拟请饬将各府厅州县凡有学田者一律收回充办该府厅州县初等实业学堂或别项学堂，由本地方劝学所、教育会参酌情形办理，庶于教育前途不无裨益。所有议决案由理合备文呈报。除呈资政院暨抚部院、督部堂及本局自行公布外，为此呈请督部堂、抚部院核夺施行。须至呈者。

呈报督部堂、抚部院议决准属水灾请先浚河流以利宣泄案文　十月十七日

为呈报议决事件事：案查奏定《谘议局章程》第四十二条内开"凡议决事件，除议长、副议长同意认为应行秘密者外均公布之，并应随时报告督抚及资政院"等语。兹于第三届第二年度常会期内十月十四日会议议决准属水灾请先浚河流以利宣泄案一件。查淮安府属安东等县本年受灾颇重，地方困苦，非拨给官款修浚河流以工代振不足以拯救现时灾民兼防日后水患。夫以水利不修，是为致灾之由，择要疏浚即为弭灾之法，因灾而振不如以振治灾，应请督部堂、抚部院于该地方勘报灾情后派委勘估安东等县为害最重之河流，量予兴修，以工代振，俾灾民就地食力，不至流难滋扰，而瘠苦地方水利亦可渐兴，民生不无裨益。所有议决案由理合备文呈报。除呈资政院暨抚部院、督部堂及本局自行公布外，为此呈请督部堂、抚部院核夺施行。须至呈者。

呈报督部堂、抚部院议决加修归仁河堤涵洞案文　十月十七日

为呈报议决事件事：案查奏定《谘议局章程》第四十二条内开"凡议决事件，除议长、副议长同意认为应行秘密者外均公布之，并应随时报告督抚及资政

院等"语。兹于第三届第二年度常会期内十月十四日会议议决加修归仁河堤涵洞案一件。查归仁堤上下游桃宿人民因争泄水河道互斗，屡酿命案，均以工程浩大巨款难筹，无水之时群为漠视，及遇大水年分来源过旺，上游主通，下游主塞，如光绪二十三、四及三十二等年屡有冲决三堡水口之事。本年四月间司道派委会同桃宿两县前往勘视，以归仁堤虽保障下游，必使上游水有所归方能两全无害，仅恃民便河及安河实不足以资宣泄。欲为两邑永绝水患，非修张碻、鲍家等河不得分泄西来之水，当因堤内之民便河、堤外之安鲍张三河共长二百余里，同时并举，万难筹此巨款，势不得不先其所急先将民便向河及安河分别疏浚以利宣泄，鲍家、张碻等河暂从缓办。夫治水之法必分泄与疏导相助为理方能获益，若此次只挑民便河，舍分泄而专言疏导，则水患仍不能绝。亟筹补助之法，惟有于三堡水口修造涵洞以达张碻河，分泄与疏导二者并行则上游不至有漫溢之患，下游亦不至有冲决之虞。应请督部堂、抚部院饬督工委员就近详勘，果属有利无害，自宜乘时加修以收一劳永益之效。所有议决案由理合备文呈报。除呈资政院暨抚部院、督部堂及本局自行公布外，为此呈请督部堂、抚部院核夺施行。须至呈者。

呈报督部堂、抚部院议决疏通淮北运河以工代振①案文　十月十八日

为呈报议决事件事：案查奏定《谘议局章程》第四十二条内开"凡议决事件，除议长、副议长同意认为应行秘密者外均公布之，并应随时报告督抚及资政院"等语。兹于第三届第二年度常会期内十月十四日会议议决疏通淮北运河以工代振案一件。查徐州迭被水灾，皆以水道不通所致。运河逐年淤垫，水无所容，若不急筹疏浚，则邳宿睢数州县从此将无岁不灾、无岁不振，使数州县之民年年待振而活，是岂经久之计。况灾区甚广，米粮奇贵，纵有振果，未必全活。夫沿河数百里田亩既不当听其陆沉，况此河为南北交通所利赖，纵无水患，亦断无任令废弃之理。本局以为运河系旧有河道，并不必详细测量，而以工代振救灾即以兴利。应请督部堂、抚部院迅为筹办以济灾荒而苏民困。谨具办法四条如下：

---

① "振"，《汉语大词典》解释，有救济、赈济之意。"振"用作"赈"意，是清末习惯用法。下同。

一、以工代振。邳宿睢三州县本年应给之振款，以五成散给老弱贫民，以五成为专浚运河之用。

二、河身应行疏浚之处约长三百余里，专恃振款不敷尚巨，应请督部堂、抚部院另筹银五万两作为民借之款，由沿河受益田亩分年带征摊还，惟每亩每年收钱不得过二十文，以官款还清为止。

三、官督民办。此河于光绪三十三年曾经挑浚，糜款数万，在事工役但拦河筑坝随意翻土，并未运至岸外，水来冲刷，土仍淤垫，与未经挑浚无异。此次应由地方公举正绅合设工振局筹画办理，期于工归实济，万不可委任河工人员以致糜款无效。

四、事后公布。工振办毕以后，应由办事员绅将工需若干、拨到振款若干、带征若干——公布以昭核实。

所有议决案由理合备文呈报。除呈资政院暨抚部院、督部堂及本局自行公布外，为此呈请督部堂、抚部院核夺施行。须至呈者。

呈报督部堂、抚部院议决江南实业学堂正名高等并农工分办案文　十月十八日

为呈报议决事件事：案查奏定《谘议局章程》第四十二条内开"凡议决事件，除议长、副议长同意认为应行秘密者外均公布之，并应随时报告督抚及资政院"等语。兹于第三届第二年度常会期内十月十四日会议议决江南实业学堂正名高等并农工分办案一件。查江南实业学堂为本省实业教育之基，而实业教育又正在急宜整顿之际。今将整顿办法具列如左：

一、正等级。查江南实业学堂系就格致书院改办。原分农工商矿四科，旋拟改为南洋大学农工预科，继又拟改高等农工专科，近则以办法未定，简称江南实业学堂，不知同是学科等级既殊内容因之而变。本局以为论既往程度，诚不无权宜之出入，论未来办法，不可无确定之方针。查高等农业工业学堂章程，其宗旨均在授以高等学艺，而农业在养成各农业学堂教员、管理员，工业在养成各局厂工师及工业学堂教员、管理员。江南地大物博，各地实业正在次第举办，就省垣设校以立高等实业教育之基础，果使办理得宜，足资模范，亦自不可少之举，应即正名高等，所有学科、学年及一切办法均依高等实业办理，勿再更张。

二、农工分办。该校现于农业设有农学科，于工业设有电工、化工、矿工三科。农工性质不同，合为一校，学级参差，管理不易，窒碍一也。分派设备难于兼顾，闻去岁毕业生因无实习制造场派赴日本各地调查实习，耗银几及万两，将来岁有毕业终非久计，窒碍二也。外界物相每足令耳目混淆，百工居肆以成其事，管子治齐四民分处，所习者同始有比较有竞争。今农与工合，无比较竞争之益，转因事物之混淆纷其趋向，窒碍三也。是非将农工分办两校不可。

三、分办之规模。实业学堂原有之校舍专办农业。校舍既有二百余间，将来农学、森林、畜产、兽医诸科次第设立，亦不须添建屋宇，农事试验场环其三面，亦不患无实习之地。将空闲之旧时陆师学堂校舍地址改办工业，屋舍尤多，操场亦广，足供建设实习工场之用。一则正名为高等农业学堂，一则正名为高等工业学堂，各设监督以专责成，画分经费以清界限，各就现设学科大加整顿，就现定款项核实开支，不必谋经费之增加而各获专精之实益。

所有议决案由理合备文呈报。除呈资政院暨抚部院、督部堂及本局自行公布外，为此呈请督部堂、抚部院核夺施行。须至呈者。

呈报督部堂、抚部院议决规画全省蚕桑事业案文　十月十八日

为呈报议决事件事：案查奏定《谘议局章程》第四十二条内开"凡议决事件，除议长、副议长同意认为应行秘密者外均公布之，并应随时报告督抚及资政院"等语。兹于第三届第二年度常会期内十月十四日会议议决规画全省蚕桑事业案一件。查江浙两省为丝茧产地，丝茧又为出口货大宗。惟业此者墨守旧法，不知改良，致内地种毒日滋，出口丝量年减。丝茧盛衰为江浙两省地方生计所系，亦即国家富力所关，自非亟图整顿之方不足以保持固有之实业。谨具办法四条分列如左：

一、设女子蚕业学堂。我国女子之生利事业以育蚕、制丝、纺织为最普通最盛大。迨洋布及美日棉纱输入后，旧时棉纱纺织仅十存一二，厂丝盛行，肥丝又大减色。为今之计惟有提倡蚕桑业以资补苴，而根本上之办法应多设女子蚕业学堂，以为女子研究学理及实地试验之地。查本省原有上海女子蚕业学校一所，成绩尚优，惟系私人创立，经费有限，未能推广。拟就宁垣原办之蚕桑学堂稍事扩充，改办女子蚕业学堂一所，更于苏属择茧丝繁盛之地筹设女子蚕业学堂一所，

编制、设备、教授科目一切应力求完备，并多设学额，令通省各州县按定额数派生就学，毕业后即分向各地方兴办蚕业及开设女子蚕业讲习所，导人改良，成材既多则专业自盛。

二、农业学堂中应兼设蚕桑科。宁垣原设之蚕桑学堂系高等实业学堂附属之校，规模既欠宏展，内容亦不甚完善，故开办数年成效未著。蚕桑业与农业关系最切，似无庸另立专校，应责成本省中等、高等农业学堂各按照蚕桑学堂程度兼办蚕桑一科，至现设之蚕桑学堂员生即并入现议分设之江南高等农业学堂分科肄业，苏州农业学堂办理未见完善，应大加整理，并即兼设蚕桑科以求实际。

三、农业学堂蚕桑科及女子蚕业学堂附设制种所。丝茧之劣多由于蚕种之挟毒，自应准据学理精制蚕种以备育蚕之户购用并可代蚕户考验蚕种，去其有毒者。

四、上海设立生丝检查所。出口生丝向系由各洋商丝行购运，并非本国商人直接输出，故生丝销数畅滞其权皆操之洋商，本商受亏至巨，应请督部堂、抚部院咨商农工商部参酌日本办法设立生丝检查所一所于上海，聘用学术经验两俱优长之专门家为检查员，检定各丝厂及各地方所产生丝之优劣，按各牌号及国内外之时价评定价格以救现时间接贸易之亏损。

所有议决案由理合备文呈报。除呈资政院暨抚部院、督部堂及本局自行公布外，为此呈请督部堂、抚部院核夺施行。须至呈者。

呈报督部堂、抚部院议决溧水虚粮邀免未尽援案请蠲案文 十月二十日

为呈报议决事件事：案查奏定《谘议局章程》第四十二条内开"凡议决事件，除议长、副议长同意认为应行秘密者外均公布之，并应随时报告督抚及资政院"等语。兹于第三届第二年度常会期内十月二十日会议议决溧水虚粮邀免未尽（授）〔援〕案请蠲案一件。查溧水古为吴楚分域，汉为溧阳，隋开皇析溧水、溧阳为二县，明宏治后析溧水南地为高淳，当三湖逆流之险，地本低洼，水大之年禾稼被淹，此其故。缘明时建都金陵，欲通运道，于广通镇（即今东坝）置石闸以时启闭，以石臼湖注水通运省垣。迨永乐北迁，珈河旋废，苏人吴相五奏筑土坝设官监守，厉禁綦严，增高三丈，厥后又筑西坝以扼下流而保苏属。其

时溧水天生桥之引河尚有线流可通，稍苏民困。现则东西坝坚筑高巩于南，天生桥尘沙淤塞于北，而溧水石臼湖之田地涸复无时，永为泽国。检县志，前人屡有建议及此，数百年来究未有能为北流疏一去路者。直至光绪六年以疮痍方定，负累难堪，一再禀请体恤，始蒙前督部堂刘、前抚部院吴、前漕运总督谭（汇）〔会〕奏照实存熟田赔完虚粮七百三十一顷零，先行豁除，其余沈没虚粮田三百数十顷以及坍废诸田，仍候续垦有效另行查办。伏念溧邑地民贫瘠，新政经费百端麇集于亩捐，圩水无通流之路，湖田有屡患之灾，一困再困，已累难累。本届会议提议及此，依据光绪六年原案查核藩司衙门征册内开光绪六年熟田仅有二千七百七十八顷零，宣统元年熟田已有三千五百三十九顷零，两相比较已增出熟田七百六十一顷零，核与刘、吴、谭会奏所称沈没虚粮田亩及坍废诸田候续垦有效另行查办之说，应可为续垦有效之证，自应援照原案声请查办以免赔累。所有议决案由理合备文呈报。除呈资政院暨抚部院、督部堂及本局自行公布外，为此呈请督部堂、抚部院核夺施行。须至呈者。

（二）呈请更正施行事件

呈报督部堂议决交议、抚部院议决督交惩创讼棍案文　九月十四日

为呈报议决事件事：案查奏定《谘议局章程》第四十二条内开"凡议决事件，除议长、副议长同意认为应行秘密者外均公布之，并应随时报告督抚及资政院"等语。兹于第三届第二年度常会期内九月十二日会议议决督部堂交议惩创讼棍案一件。查外国有律师藉以达两造之意而官亦利用之以得其实情，中国有讼棍而官民交受其累，两者不同，盖以律师能就本案之正当理由为民辩护，而讼棍则务以架捏唆使兴讼渔利为能事，故虽类似而实迥殊，且有不容两立之势。督部堂所以有惩创讼棍之交议案者，意殆为此。然欲除讼棍永久弊害，自非改良法律审判，使听断公平，民无冤抑，不足以正本清源而永除民害。现时民刑及诉讼一切法律渐次编订定期实行，各级审判、检察等厅亦渐次成立，果使按照筹备清单

切实实行，依限筹备，讼棍自无从施其鬼蜮而流毒可冀悉除。治本之计莫切于此。惟目前未克骤臻此境，不得已而以惩创为治标之策，亦足仰见苦心。然督部堂交议原案拟责成自治议绅调查举发报闻地方官访拿惩办，此则不免流弊。盖调查举发必须得有实据，即原案所谓受害之案据、唆串之实迹是也。我国词讼听断既无绅士陪审之制，而法廷又并不公开，且内地各州县公堂案全不钞发，自治议绅其势无由探刺详悉，抑且司法之与自治权限各分尤未使逾越干预，故与其以举发之事委之士绅，尚不如委之地方官为便，自应仍由各该地方官严密查访分别轻重缉拿惩办。盖所谓受害之案据及唆串之实迹，惟司审判者能详查案卷、观察情状、一一指摘之，士绅无此专责也。讼棍既为民害则彼亲受其害者自必能举实告发，但使证据确凿讯无诬陷情事，自可施其惩创，不必更以调查举发之事委之自治议绅。若果无受害告发之人，则其并不为害，自非讼棍可想而知，虽地方官亦且不能任意罗织横被以讼棍之名，何况地方士绅更何敢风影排击，设竟委以调查举发，恐黠者借以修怨，转开攻讦之门，愿者慑于凶焰，仍多顾忌之处，实效差少，流弊转多。原案所以必士绅任举发之责者，不过因官吏迭有更代，声明旧案非借助于士绅不可耳。然讼棍既系著名，且经到官按律治罪，衙署档案具存，似无借乎士绅代为存记而举发之，且各地方著名为害之讼棍谅亦为数无多，应否专立名册在各该地方官署或有必须之处，至自治公所则不过按照《谘议局章程》第六条及《城镇乡地方自治章程》第十七条所定以剥夺公权为理由不许其为选民而止，似无须另立讼棍名册，似此则责任专而权限明，讼棍亦知所儆戒，盖使讼棍得所惩创而地方不至侵越官权。本局用意如此。所有议决案由理合备文呈报。除呈资政院暨抚部院、督部堂及本局自行公布外，为此呈请督部堂、抚部院核夺施行。须至呈者。

附：原案

民间词讼诈伪百出，大抵皆讼棍之所为，迹其祷张为幻之情千状万态不可究诘，虽经地方官随时访拿惩办，然被其害而破家者已不可胜数，且事急则窜匿跧伏，事过则故态复萌，死灰复燃，其毒益烈。推求其故，盖由官吏有更代，能箝制于一时而不能禁制于永久也。欲除讼棍永久弊害，似非由公正士绅就地调查举发，设法惩创不可。夫讼棍之名非可强加也，必有受害之案据、唆串之实迹。自治议绅既为舆论推举，自必熟习地方情形，里党之间孰良孰莠亦必能烛照而数计，宜令于著名讼棍加意查察，倘能查得实在证据，除闻诸官吏按律治罪外，复于地方官署暨自治公所专立讼棍名册存为案档，凡著名籍内之人非五年或十年无过不得削除此项名目，并将所有公权概予剥夺，再有违犯即由绅士声明旧案加等治罪，如此则既为清议所不容，即为社会所不齿，名实尽丧，亏损实多，或不敢轻蹈而薄俗，庶有豸乎此亦宁人息事之一端，盍议决其可行与否。

呈报督部堂议决交令、抚部院议决督交复议租界外民地买卖停转道契案文　九月十八日

为呈报议决事件事：案查奏定《谘议局章程》第四十二条内开"凡议决事件，除议长、副议长同意认为应行秘密者外均公布之，并应随时报告督抚及资政院"等语。兹于第三届第二年度常会期内九月十六日会议议决督部堂札交复议租界外民地买卖停转道契案一件。查奉督部堂发到光绪二十五、六两年宝山租地案卷，本局逐细研究，诚如督部堂前次札文所称从前业经允许之案势难即予取消，且细绎原案，曾声明以后租地必须先行报由领事照会饬县查明并无侵占盗卖情弊方准税契以免蟠辕等情，实于查察之中并寓限制之法，用意至为深远。惟本局之意与其以声报之责专归重洋商，恐事后查明即有侵占盗卖情弊不准税契，蟠辕已多，挽回不易，孰若以声报之责先归重华民，不得因无侵占盗卖情弊遽与洋商成交，庶于私自出租之风亦较易于限制。且查察机关专责诸地方官厅不若兼责诸地方，自治团体尤足藉资臂助。拟请嗣后上海、宝山两县凡遇有洋商租地，应责令该地主及地保先行报明自治机关，必经该县自治委员之勘丈再经参事会之审查、议事会之决议方准给契，其县自治未成立以前宝邑暂应报由清丈田地局勘丈、上邑暂应报由城自治公所勘丈，所有旧设之会丈局已成弊窟，自应迅予撤销藉收改弦更张之效。以上各节应请督部堂、抚部院札饬上海道查照办理，务使保守主权，维持国际，官民同负责任。所有议决案由理合备文呈报。除呈资政院暨抚部院、督部堂及本局自行公布外，为此呈请督部堂、抚部院核夺施行。须至呈者。

原札见第一年度协议会督院复文，兹不再录。

呈报督部堂议决交令、抚部院议决督交复议节删宁属契税章程案文 九月二十日

为呈报议决事件事：案查奏定《谘议局章程》第四十二条内开"凡议决事件，除议长、副议长同意认为应行秘密者外均公布之，并应随时报告督抚及资政院"等语。兹于第三届第二年度常会期内九月十八日会议议决复议上届议决节删宁属契税章程案一件。案查督部堂续复札文内开：据藩司议详除请删苛例一条允许删除外，售卖官纸一张仅改令收洋五角，观其立论有书吏每年承办各属奏咨销册所费不赀，若与苏省一律办理势必费无从出等语。查宁属定章官纸一张只准取银一钱，作钱一百四十文，见于光绪三十年苏属刊章之内，且苏属因仿宁属而减至此数，至今未改，同是书吏，同办报销，何以苏费轻而宁费独重？且同是宁属，相距不过三年，何以昔费轻而今费忽重？但云费无从出，殊难据为理由。本局对于此案之意在求宁苏须有统一之办法，似不应以减轻数目遂谓足厌吾民之望。至考核州县功过不必由本局决议，前呈业已声明，但既载入章程，即有法律之性质而非行政长官命令可比。即在局章第二十一条第六项范围之内按之本局职任权限增删修订，事非越俎，田房卖买断无按年按月平均之理，此条未便认为无庸更改，且本局三月十三日呈报复议上届议决节删宁属契税章程案内业经呈请札饬宁苏两藩司协商重订统一新章详送察核，交由本局于本年常会议决。今仅据宁藩司议详并未见及重订统一新章亦觉挂漏，应请督部堂、抚部院迅饬两藩司协商重订新章交由本局议决以重宪政。所有议决案由理合备文呈报。除呈资政院暨抚部院、督部堂及本局自行公布外，为此呈请督部堂、抚部院核夺施行。须至呈者。

呈报督部堂议决抚交、抚部院议决交议流通民食案文 九月二十日

为呈报议决事件事：案查奏定《谘议局章程》第四十二条内开"凡议决事件，除议长、副议长同意认为应行秘密者外均公布之，并应随时报告督抚及资政院"等语。兹于第三届第二年度常会期内九月十八日会议议决抚部院交议流通民食案一件。查原案系因本年浙省缺米，浙抚部院增电奏请申运米出洋之禁内地

毗连各省仍准照旧流通而发，在抚部院之意以为业经度支部核议奉旨咨行自应遵照办理，而又恐愚民误以出境为出洋致内地之米反不得流通于邻省，故欲责成自治公所布告理由预防遏籴，但内地米谷向本流通，其有禁运出境者必因该处收成歉薄，自计谷数尚不敷本地民食所需，焉能曲应他人反置内忧于不顾，此乃出于一时之权宜并非永久使之不得流通也。果使秋成丰稔，产米甚饶，自能任听流通不加限制，且更亟盼他人之纷来采购善价而沽，岂有反自遏籴以致坐受谷贱伤农之害。故民食之流通与否视各该处之岁收丰歉以为衡，其在丰收之处则虽禁之出境而不能，其在歉收之处则迫之出境而亦不得。部奏所称各省盖藏空虚以致渐分畛域诚为洞见症结。江苏本境各属不全产米，所恃皖赣湘鄂诸省源源接济因得以其余米转饷邻省，彼此交通，各得其所。是以本局以为原案主意既重在以此省有余接济彼省不足，自非统筹本省全局不可。各地方自治公所但知一隅情形，无从统筹，且恐畛域益分冲突更易似非善法。窃谓流通民食办法，谕旨通盘筹画、部奏察看内地存米多寡两语最为扼要，惟此事关系调查统计，应请责成劝业道随时察看本省岁收丰歉米谷多少善为酌剂，设遇邻省歉收本省岁收尚熟市有余粮，应部查照旧章妥订办法指定处所量为流通以资接济。至本省之中更得意存畛域不予流通，一面仍责成劝业道严饬各地方官督同商会、农会就本地情形研究办法认真稽查，毋使奸商藉口流通暗道出洋，并责成自治公所劝导居户除酌留需用米谷外，不得囤积居奇，庶本源既清流弊亦以绝矣。所有议决案由理合备文呈报。除呈资政院暨抚部院、督部堂及本局自行公布外，为此呈请督部堂、抚部院核夺施行。须至呈者。

附：原案

自灾变迭兴，群以遏籴为救荒之惟一政策，有识之士莫不怒焉忧之，审其非国中之幸福。盖一国如一身，必其声息相属血脉流通方能无病。遏籴者是绝其声息而凝滞其血脉也，有不立毙者乎？姑无论救灾恤邻种种高义，即就目前巨害而论，东邻常饥则西邻岂能独饱，如湘鄂之吃捱饭是也湘鄂灾民往往聚数千人或数百人赴有米之区捱家食之，谓之吃捱饭。他处不能得食未尝不扰及此处，如近年难民纷至沓来而常有扰乱秩序之事是也。况夫谷贱伤农中外同此学理，若饶米之区而阻米出境未有不伤农者。夫遏籴之有害既知彼而其无利又如此，然而上下人士率都以是为美谈，则以眼光之不远而思虑之不深也。凡物以溢于所需而贱，以不敷所需而贵，若此处米谷缺乏则价必昂，而采买者无所得利，必将顾而之他，且或从米贱之乡运而之此，是为自然平均之道，亦即经济之原理。本年浙抚增中丞电奏请申运米出洋之禁内地毗连各省仍准照旧流通，业经度支部核议奉旨咨行在案，应由自治公所将以上各种理由布告乡里，抑或恐愚民疑虑不信可调查各区所储，除按照户口支配外，公议每区可运若干石。总之熟权利害则遏籴之习不禁而自除矣。应请公同议决。

计抄部咨原奏：

度支部等谨奏为遵旨议奏恭折仰祈圣鉴事：宣统二年五月十八日奉旨"增韫电奏请饬两江、安徽、江西各督抚申运米出洋之禁，内地毗连各省如非大宗私运仍准照旧流通等语，著该部议奏"，钦此。由军机处抄交到部。查原电内称"三月间钦奉寄谕'沿江各省年岁歉收，米价腾贵，饬令通盘筹画分别缓急'等因，钦此。钦遵在案。查两浙以蚕桑为业，产米无多，向仰给于邻省。去岁收成歉薄，米价骤昂，前已饬司息借商款采购西贡米三万石开局平粜，惟地广日长，不敷尚巨，办瞬青黄不接，邻近产米省分又禁运米出境，招商承办而运源已穷，洋米灌输而漏卮更大，且食为民天，不容一日缺乏，来源既绝，米价益高，必至酿成巨患。一省坐困牵动全局，可为悚栗，拟请旨饬下两江、安徽、江西各省督抚均申出洋之禁，内地毗连各省分如非大宗私运仍准照旧流通，商人运米官给三联护照，货照相符完税放行"等语。臣等伏查光绪二十九年四月间臣部会同外务部议复两江总督等条奏江海各口运米办法折内声明，应如该督等所奏随时察看内地存米多寡以权衡禁期之久暂，嗣后封禁开禁均随时奏明等因在案。嗣于三十三年五月间遵旨严申米禁，复经臣等公同筹议请饬沿江沿海各督抚申明二十九年会议章程严行遵办，并令按年汇报各口出入米数以凭考核，诚以出口米粮一有不慎即易启出洋之渐，固不敢稍形疏懈也。比年东南各省偏灾，迭告米缺价贵，大致相同，如宁苏皖赣等省本年四月间均经奉旨重申米禁，业据两江总督、江西巡抚将转办情形先后奏报各在案。兹据浙抚奏称以该省岁收歉薄米价骤昂民食维艰，请饬各该督抚申运米出洋之禁等语。外务部查米谷等粮照约不准运出外国，所以重民食而慎盖藏，无论年岁丰歉向来均未弛禁，但恐日久弊生，不免有奸商偷运情事。际此各省灾歉频仍尤当严申禁令。应请饬下南北洋大臣分饬各关遵照约载严防偷漏,准其相度机宜随时设法之条,各就该口情形严定稽查办法,不得稍有流弊。惟米谷由此口运彼口与运出洋者不同,咸丰八年《通商善后条约》既订明米谷运往中国通商别口照铜钱一律办理,光绪二十八年《中英商约》又订明如遇饥荒禁止米粮出口须先于二十一日前出示,禁运期内除漕米军米外,其余一概不准转运出口各等语。两江、安徽、江西各省均有通商口岸,或禁或弛,均应照约办理,免滋交涉。至原奏所称内地毗连各省分如非大宗私运仍准照旧流通等语,度支部查内地米粮本应彼此流通藉资挹注,近因各省盖藏空虚以致渐分畛域,浙省产米无多,向系仰给邻境,现值连岁灾歉之余,虽各省米粮同一缺乏,而浙省以来源既绝需米孔亟,情形尤为窘迫,自非通盘筹画量为接济恐无以弭隐患而维全局,相应请旨饬下两江总督、安徽江西各巡抚,所有浙省应需振粜米石无论官运商运由该抚酌定数目先行咨明前往采运省分再行发给护照以凭采买,照常纳税放行,庶于斟酌流通之中仍防藉端影射之弊。抑臣等更有请者,本年东南各省同时缺粮为向来所未有,其尤为缺乏急需振粜省分亦应令毗连各省一律流通藉资接济,庶足顾全大局,如蒙俞允,即由臣等咨行各该督抚遵照办理。所有臣等遵议缘由理合恭折具陈,伏乞皇上圣鉴。再,此折系度支部主稿,会同外务部办理,合并声明。谨奏。

呈报督部堂议决抚交、抚部院议决交令复议规定选举县视学章程案文　十月十三日

为呈报复议事件事:九月二十二日奉抚部院札交复议规定选举县视学章程案一件,十月十一日议会复议。查札复内开"教育会未经成立地方暂由地方公正绅士选举,俟府厅州县自治公所成立后一律改由府厅州县自治公所选举,至选举之法应加倍选出"等语,用意周匝,自应遵照。惟公正绅士四字范围难定。查各地方之教育会本为学务士绅所组织,应请改为学务士绅四字庶与由教育会选举之本意相符。又自治公所四字含有议事会与参事会两种机关,应请改为议事会三字庶无混淆之虑。所有议决案由理合备文呈报。除呈资政院暨抚部院、督部堂及本局自行公布外,为此呈请督部堂、抚部院核夺施行。须至呈者。

呈报督部堂议决抚交、抚部院议决交议兴办利国驿煤铁矿及织业榨油各事案文 十月二十三日

为呈报议决事件事：案查奏定《谘议局章程》第四十二条内开"凡议决事件，除议长、副议长同意认为应行秘密者外均公布之，并应随时报告督抚及资政院"等语。兹于第三届第二年度常会期内十月二十日会议议决抚部院交议规画实业案一件。查利国驿矿徐属人民咸称矿质良好，在宋时即已掘采，惟以土工开挖所赢不敷销费，现在如改用机器兼以津浦铁路将次可通，自为急应兴办之事。惟矿务重在实地测勘，原案虽详叙汉阳铁厂化验之说，未可即为实勘之证，应请先饬劝业道派熟习矿师前往详细测勘，将矿层面积一一勘明，绘具图说，确有把握而后再议筹款，此为第一步。将来筹款兴办应照公司办法招集商股，不足，或官商合办，至公债一层如遇临时缺款可酌募若干以备补助，若全恃公债为基本金而别无他项资本，似非稳固办法，应亦预为声明。至织布榨油二事亦以商办为是，公家应任奖励之责，如核减税厘之类，将来开办时应请查明优予核轻以资提倡。所有议决案由理合备文呈报。除呈资政院暨抚部院、督部堂及本局自行公布外，为此备文连同原图呈请督部堂、抚部院核夺施行。须至呈者。

附：原案

据阳湖县附生刘垣禀称"窃江苏一省政繁赋重，生计日艰，不谋开源，久成坐困。垣从事商业，观察较详，前曾上书本省劝业道未见施行，现届谘议局正在开会，凡实业及公债事项为地方应议之权限，实业由绅经办，公债由官发行，实为发达本省之要举。议将从前自备资斧测勘化验之徐州利国驿煤铁矿厂说略、估单、图表各件并织业及榨油说帖各一件呈请钧核札行谘议局议决施行，实为公便"等情，并附呈折三件、表三纸到本部院。据此。查苏省人民生计日就困难，亟应研究生利事业以图补救。该生禀陈表折各件均有深见，其如何规画进行之处应交谘议局公同议决。

附：清折三件、表图三张

徐州煤铁公司之规画

徐州利国驿之铁矿蕴藏甚多，曾经汉阳铁厂化验每百分合铁六十四分余，凡铁矿含铁百之五十以上者俱为优等，适乎开采，今利矿含铁在六十以上，与大冶相等，此不经见之佳矿也。而利国附近煤矿尤多，煤铁矿产于一地，此在欧美视为至宝，较之汉冶萍取煤于湘、取铁于大冶，所省运费殆难缕计。运货既省，获利自可操券。自津浦路约成后，英德两国皆亟注意，盖此为南北段之中心，又当路线冲要，我不亟办必启外人觊觎殆无可疑。

利国附近之煤矿甚多，但能否炼焦殊无把握，应延矿师勘验，若有可以炼焦之煤矿，则煤铁矿同时并举，若煤质不适于炼焦，可购煤于峄矿，设窿炼焦，盖峄矿煤质之佳等于萍乡故也。既购煤于峄，则专意经营，惟在炼铁成本自轻。今为约略估计如左：

新法化铁炉一座，每日出铁二百五十吨至三百吨。

购机建厂做地脚等，约银四百万元。

新法炼马丁钢炉一座，每日出钢二百吨。

购机建厂做地脚等，约银三百五十万元。

其余建筑及购办各种机件等费约一百五十万元，合共九百万元。今拟集股二三百万元为基本金，余则募集外债，但直接募债必启英德两国之争，今拟由公家募得巨款转借于公司，债主不能直接干预矿事而足以杜英德两国之觊觎，计无有善于此者。至徐州若设钢铁厂其便利较汉冶萍不啻倍蓰，姑就汉冶萍取用煤铁成本与之一一比较，则徐矿之利厚可恃，不容不办，其理更明显易知矣。

萍焦成本合官利开支等在内，每吨三两，自萍运汉水脚四两，故汉厂购萍焦作价每吨七两。

峄焦成本与萍焦等，加峄矿赢利每吨一两，作价四两，是每用焦一吨可省三两，其便利一也。

大冶铁矿砂运汉，除开采工赀不计外，轮船水脚及上下力至少需每吨一两，而利国则就矿设厂，无此搬运之费，此便利之二也。

化铁一吨须用焦吨之六。假如以萍焦与峄焦成本对核，是萍焦须价四两二钱、峄焦止须二两四钱，每炼铁一吨可减成本一两八钱。又每矿砂两吨炼成铁一吨，汉厂须加成本每吨二两，合计利国设厂每炼一吨可较汉冶萍减省成本三两八钱，其他用煤所省尚不在内，此为显而易见之事。汉冶萍公司日就发达，英美各国久已交相注目，徐厂若成必占东南美利可断言也。

又或有谓利国矿山面积不广，不足比大冶，恐开采无利者。冶矿面积诚大，然汉厂所炼每日不过千吨而止，自余以砂出售及留以有待者不知凡几。徐矿以面积论仅有百年之计，但因其仅有百年之利遂弃之不顾，是地已吝其宝藏于江苏，江苏人又并此区区之宝藏而蔑视之，何暴殄天物至此。夫徐矿开则为百年之利，究胜于不开而并无一日之利。其为百年之利者计算若何？石之重量一方丈一尺厚之积重在五吨以上，铁之重量一方丈一尺厚之积重在三十顿以上，徐矿粗计之为石四铁六，则一方丈一尺厚之积重为二十吨。设如汉厂每日炼砂千吨则需一方丈一尺厚之积五十个，一年三百六十日需一方丈一尺厚之积一万八千个，凡地一里为方一丈者二万二千四百个，则一方里一尺厚之矿可供炼铁一年余，若有方十里之面积即可炼铁百余年。此犹以一尺厚之积言也。若其厚为一丈即可炼铁千余年矣。故谓徐矿不及冶矿亘数百千里之广，是属诚然。然为炼铁计亦何必定亘数百千里乎？是则疑其地小者误也。

冶矿自炼之外，兼售矿砂，徐矿则售砂须经铁道运出江口，售砂为不合算。又铁矿无层折亦不在深处，山之有铁者即系铁山，此可测勘而得之，不赘。

苏省织业之规画

苏省跨扬子江而治，江以南松江、太仓所属各州县，江以北通州、海门、崇明到处产棉，虽无确切调查，然约略估计中稔之年通崇海产棉可净花一百万担，松太两属倍之。复查自庚【子】以后上海纺纱厂顿添数家，内地如通州、海门、崇明、常熟、江阴、无锡、太仓等处以次增设，总计细纱锭数在五十万左右，较庚子以前几加数倍，不可谓无进步。但各厂皆注重于纺纱而罕留意于织布者。日本近来用机器仿造我苏省所出之土布，如通崇海及上海、松江、常熟、太仓等处乡人所织各种之土布，彼皆一一仿造运售东三省，价廉而物美，足以夺我销场，土布滞销，纺纱厂所出之纱必蒙影响，此不可不计及者也。世界公例，人工必不能与机器争胜，况日人仿造之布自本国运往大连湾止纳进口税一道即可通行无阻，而我苏省土布逢关纳税、遇卡抽厘，重规迭矩，计自产地运至营口，所出税厘较日本增至三倍，而纱捐尚不在内日本布止税布，而我国土布系购洋纱所织者，洋纱已含有税厘包在价内也，以此相遇，乌得不败。然则今日之计惟有提倡机器织布足以敌人，舍此固无他法。

复查光绪三十四年海关贸易册，中国每年棉花出口值银一千万两有奇，棉纱进口值银四千五百万两有奇，各种洋布类进口值银五千二百万两有奇，而棉纱、洋布两种进口货物当全国各种进口货物四分之一，其为一大漏卮也已可概见，不亟亟图维，何以自立？棉花出口多输送日本，以上海、通州花为最多，每担以十五两计市价不止如此，但海关估价向本照市价略小也约有六七十万担，此六七十万担浸假而尽成为纱，价值可以加半，浸假而尽成为布，价值可以加倍，则我苏省每年可以增殖一千万两之产，而苏省人民可获支配此一千万两内之工赀工赀约含十分之五，其利固无待言。但织布技术较难于纺纱而获利亦或不能如纺纱之有把握，我地方大吏宜以奖励为接倡，明示奖励方法，凡有华商在内地设立纺纱厂兼织布者，官当特别补助。补助之法，或免其税厘，或附以官股，即不然有募股不足者公家与以轻息之借款，俾得资为周转。商家得一分补助即得一分效力殆可断言矣。

浦口榨油之规画

近年大豆功用与其贸易忽然发见于世界，为惟一重要商品，于是以东三省为各国商务烧点。夫大豆产地不仅东三省，三省之外以皖豫徐淮之产品为大宗，向年皆荟萃于清江浦，由运河输转镇江。今津浦铁路不日告成，路线所经皆产豆最盛之区，此大豆贸易之发达必将占世界第二之位置而必以浦口为贸易之中心点可无疑义。但大豆功用在乎榨油，与其输出生货，何如输出熟货，更为有利，故在今日宜提倡设立榨油厂，直接使吾民得工作之资。工人既沾其利，而间接则使农产价格增高，农民亦隐受其益。比年以来岁屡不登，皖豫徐淮之民盖藏一空，艰困极矣，惟有多开榨油厂可以奖励农工，使之从事力作，训农惠工两者兼之。但近年金融困难，商务疲败，言及招股，十九不应。故非大吏提倡难于见功，似宜仿前条办法，或附入官股，或酌予轻息借款，俾得早事成立，实为切要之图。

徐州利国驿铁矿铁厂预算一览表

铁矿		
开办成本合计十五万两		
建筑项下		
项目	银数	说明
总局	约银四万五千两	
矿工局		
转运局		
运输项下		
项目	银数	说明
开山费	约银三万两	
挂线费	约银五千两	照二千五百法尺算，每法尺二钱。
吊车	约银三万两	计五百辆，每辆银六十两。
天桥	约银四万两	计两【座】。
常年经费合计十六万两		
营业项下		
项目	银数	说明
薪水	约银四万两	连工食在内。
杂用	约银七千两	
官息	约银二万一千两	照成本三十万两，长年七厘计。
设备项下		
项目	银数	说明
添置机器	约银二万两	开矿机器
开矿用品	约银一万两	炸药、铜帽、药线等。

续表

开矿项下		
项目	银数	说明
包工费	约银六万两	每吨计银二钱，作三十万吨算。
运输		
项目项下	银数	说明
车线修理费	约银一千两	
车线运费	约银一千两	
预备活本十五万两		
铁厂		
开办成本合计二百三十八万两		
建筑项下		
项目	银数	说明
房屋	约银十五万两	计六所
化铁厂	约银一百二十万两	连机器在内
斜度桥	约银十三万两	一座，卸矿铁用
机器厂修机器用	约银三十万两	连机器在内
电机厂	约银三十万两	连机器在内
化学室	约银二万两	试验机器在内
运输项下		
项目	银数	说明
车站	约银二万两	两处
铁道	约银十万两	厂线在内约十余里
车辆	约银十五万两	车头四辆，货车一百辆
常年经费合计一百零六万两		
营业项下		
项目	银数	说明
薪水	约银十三万五千两	
杂用	约银一万五千两	
官息	约银十八万九千两	照成本二百七十万两，长年七厘计。
设备项下		

续表

项目	银数	说明
添置机器	约银三万两	机器厂用
材料用品	约银一万一千两	炼铁用

炼铁项下

项目	银数	说明
焦煤	约银五十五万两	炼铁七万吨,照汉阳比较。
石灰		

运输项下

项目	银数	说明
车路修理费	约银一万两	
本路转运费	约银二万两	由厂运至津浦路线
津浦路运费	约银十万两	由本线至浦口

预备活本三十二万两

出入对照表

入款合计一百五十九万五千两

项目	银数	说明
熟铁七万吨售价	约一百五十二万两	每吨照大冶最□价约二十二两算
矿铁十五万吨售价	约七万五千两	每吨作五钱算

出款合计一百二十二万两

项目	银数	说明
矿山常年经费	约十六万两	
铁厂常年经费	约一百零六万两	

余款

项目	银数	说明
每年核计第三年起	约三十七万五千两	已除官息

筹办徐州利国驿煤铁公司拟发行公债票说略并分年摊还表

拟发七厘息十七年摊还公债票三百万两,第一年至第五年付息不拨本,第六年起至第十七年分年作两期摊还,每期十八万六千八百十八两四钱九分,每年应摊还三十七万三千六百三十六两九钱八分,照预算表第三年起营业应有赢余五十八万五千两,除官息二十一万两外,尚余三十七万五千两,第六年起至第十七年止即于赢余项下提还本利，每年可余二十一万一千三百六十六两四分。兹将开办及常年预算总数列左，末附公债摊还表以备参考。

开办预算		
一、收入项下	公债	三百万两
一、支出项下	铁矿铁厂成本	二百五十三万两
	预备活本	四十七万两
常年预算第三年起		
一、收入项下	矿铁售价	七万五千两
	熟铁售价	一百五十二万两
合计一百五十九万两		
一、支出项下	铁矿用款	十六万两官息在内
	铁厂用款	一百六万两官息在内
合计一百二十二万两		
一、赢余项下已除官息	三十七万五千两	第六年起即以此款抵还本利，尚余提存官息二十一万两。

公债分年摊还表

年度		还本额	付息额两钱分	合计两钱分
第一年度	上半期		一〇五〇〇〇两〇钱〇分	二一〇〇〇〇两〇钱〇分
	下半期		一〇五〇〇〇两〇钱〇分	
第二年度	上半期		同上	同上
	下半期			
第三年度	上半期		同上	同上
	下半期			
第四年度	上半期		同上	同上
	下半期			
第五年度	上半期		同上	同上
	下半期			

续表

第六年度	上半期	八一八一八两四钱九分	一〇五〇〇〇两〇钱〇分	三七三六三六两九钱八分
	下半期	八四六八二两一钱四分	一〇二一三六两三钱五分	
第七年度	上半期	八七六四六两〇钱二分	九九一七二两四钱七分	同上
	下半期	九〇七一三两六钱四分	九六一〇四两八钱五分	
第八年度	上半期	九三八八八两六钱〇分	九二九二九两八钱九分	同上
	下半期	九七一七四两七钱一分	八九六四三两七钱八分	
第九年度	上半期	一〇〇五七五两八钱四分	八六二四二两六钱五分	同上
	下半期	一〇四〇九五两九钱八分	八二七二二两五钱一分	
第十年度	上半期	一〇七三九两三钱三分	七九〇七九两一钱六分	同上
	下半期	一一一五一〇两二钱一分	七五三〇八两二钱八分	
第十一度	上半期	一一五四一三两〇钱六分	七一四〇五两四钱三分	同上
	下半期	一一九四五二两五钱三分	六七三六五两九钱六分	
第十二度	上半期	一二三六三三两三钱六分	六三一〇五两一钱三分	同上
	下半期	一二七九六〇两五钱三分	五八八五七两九钱六分	
第十三度	上半期	一三二四三九两一钱七分	五四三七九两三钱二分	同上
	下半期	一三七〇七四两五钱三分	四九七四三两九钱六分	
第十四度	上半期	一四一八七二两一钱三分	四四九四六两三钱六分	同上
	下半期	一四七八三七两六钱七分	三九九八〇两八钱二分	
第十五度	上半期	一五一九七六两九钱七分	三四八四一两五钱二分	同上
	下半期	一五七二六六两一钱五分	二九五五二两三钱四分	
第十六度	上半期	一六二八〇一两五钱四分	二四〇一六两九钱五分	同上
	下半期	一六八四九九两五钱三分	一八三一八两九钱六分	
第十七度	上半期	一七四三九七两〇钱二分	一二四二一两四钱七分	同上
	下半期	一八〇五〇〇两九钱一分	六三一七两五钱八分	

徐州利国矿分析表

百分中					
标品	第一铁盐铁	第二铁盐铁	硅酸	硫磺	磷
清国产铁矿	一一二七	五三四九	三五〇	痕迹	〇〇一四

六四七六

图从略

呈报督部堂议决抚交、抚部院议决交议
推广房捐抵补膏捐案文　十一月初九日

　　为并案呈报事。案奉抚部院札开"照得苏属地方行政经费表册及裁减并抄案，业经本部院札交谘议局在案中略，并入预算案议复"等因，奉此。兹于十月二十日会议，随预算案议决，膏捐一项本非正当收入，现在厉行烟禁，则抵补方法断不容缓。惟各地房捐向只取之铺户，已不免隐匿短欠，则办理为难可知。今更推之住宅，即使从轻定率，其难当较甚于前。各属举办自治调查户口，无知愚民每以增收捐税为虑，或致酿为风潮。今年人心初定，似未宜以推广房捐滋其误会而转妨自治之进行，且收入亦微，利不敌害，计除先就原有房捐设法稽查整顿外，惟有从支出款项节省腾挪。查上海巡警总局之设立，当时以上海巡警事属创办，苏省又未有统辖机关，是以于闸北特设总局，分科办事，需费虽巨，亦非得已。今既就省垣巡警道衙门设立警务公所统辖全省警务，而仍于上海地方用总局名义留此总办、科长、科员诸名目，于体例既嫌骈枝，于事权转妨统一，亟宜裁撤，就预算册删去该项经费，计可腾出七万六千余两，原有房捐逐渐整顿，苟增五分之一，亦可得四五万两。即此两项已足抵膏捐总额四分之三。他如上海洋务局、上海发审局等各项经费开支颇巨，苟能稍加删减，即可将膏捐尽数免收以去厉行烟禁之顾忌。依此办理，似较推广房捐流弊少而实行亦易。所有遵札议复案由理合备文呈报。除呈资政院暨督部堂、抚部院外，为此呈请抚部院、督部堂核夺施行。须至呈者。

附：原案

　　照得苏属地方行政经费表册及裁减并抄案，业经本部院札交谘议局在案。查本届预算不敷之数业经度支部往返电商删减，岁出五十余万，不特所短尚巨，而岁入各款且有未可深恃者，即如膏捐一项，长元吴三县、太湖厅约岁收六万五千两，拨充省城巡警路经费。其余各属岁共收七万五千余两专备凑解赔款。此项膏捐与烟禁不容并存而其用途又万难短缺，此时税法未定，未便以新增税目提出交议，拟就原有之捐整顿推广以资抵补。

　　查苏属房捐近年岁收约二十三四万两，税率百分之一五，主客各半，按月征

收,但有铺户而不及住宅,办法本未平允,且其中隐匿短欠之数亦正不少,应先设法稽查整顿藉保固有之捐。此外城厢市镇住宅亦应一律收捐,惟税率不妨从轻,乡僻之地暂行缓办,前经会议厅提议或已产或租赁,每月房金,租赁则据收入,已产则从估计,凡价值在十元以上者酌量收捐,税率以二十分之一或三十分之一计,除已产自住全数由产主输纳外,所有租赁之屋可以主六客四分任完纳,当经公决,认为正当之捐倘能议定实行,膏捐既可抵补,烟禁亦可严厉进行,所需经费犹可取诸目前尚去尽绝之膏捐,似此通筹并顾较有把握,如别有抵补方法亦可筹议举办作为筹补预算不敷之一助。为此札行谘议局查照并入预算案议复。

(三) 呈复咨询事件

呈报督部堂议决交议、抚部院议决督交
振兴三牌楼新市案文　九月十四日

为呈报议决事件事:案查奏定《谘议局章程》第四十二条内开"凡议决事件,除议长、副议长同意认为应行秘密者外均公布之,并应随时报告督抚及资政院"等语。兹于第三届第二年度常会期内九月十二日会议议决督部堂交议振兴三牌楼新市案一件。查督部堂交议原案拟令城南妓寮迁居新市,秦淮游舫改入后湖,转移不出一城,为利为病皆在省垣以内,似无庸由本局决议。原案既为士绅同情退无异议起见,应请督部堂札行首府县交元宁城自治议事会或江宁商会决议呈报详复核办最为正当。所有议决案由理合备文呈报。除呈资政院暨抚部院、督部堂及本局自行公布外,为此呈请督部堂、抚部院核夺施行。须至呈者。

附:原案

据江宁劝业道详称:"据省垣三牌商店新记、宏裕、上建、益利、振兴公司等禀称:'窃维金陵素称财赋之区,自发逆窃踞,居民荡然,曾文正公克复后安抚遗孑,招集流亡,迄今四十余年,城南商铺民居益见增盛。近年人稠地狭,街

市逐渐北延而城外自开辟商埠。津浦铁路兴工以来下关一带地为之满，于是城北素号荒阔因城南下关之逼凑亦骎骎乎有兴辟之机焉。适前督宪端奏请开办南洋劝业会，于丁家桥三牌楼之间增设会场，中外官商士庶联骈云集，督宪暨宪台以开会之时期实励商之机会，招谕商等在三牌楼马路左右筹集赀本建筑市房，便商旅之往来，立新市之基础，原欲使市面与会场继续相成，期于永久，故不惜筹巨款以办会，即可因劝业会以兴商，立法至为周美。如果市肆日多，俟津浦铁路南北合轨，下关市面有长江限于北，势必推广而南，三牌楼新市适当其冲，将来城内外固可相连，城南北亦可衔接，此固列宪通商惠工之盛意，亦即高商等投赀建市之一初心。乃自开会以来，赁租市房开设商店者初尚踊跃争先，近则因营业艰难逐渐收闭。在各商虽知创业之初不无稍有折阅，日久终可取赢，然以目前新市尚如此冷落，诚恐会场期满市场亦因而涣散，故已到者既意存收束，未来者更观望不前，若不力筹长策预谋补救，一经散歇，招集更难。且市房久闲势必鞠为茂草，不但各商贾受亏耗，即商等数十万赀本亦将弃掷。目下情形实为危栗。思维再四，只有酌盈剂虚，将城南商民量为迁移，使人人知新关市场与劝业会场有别，一经迁入之后便可永远营业，则新市方能持久。但安土重迁人情所共，既难强行勒迫，则补救终属空言。惟钓鱼巷扬州妓女本系招致而来，也乐窝、萃芳居多系土娼，此等妓馆驱逐迁移悉听官府之命，若谕令一律移入三牌楼，则附属以迁者如柴米蔬果日用之需、海味酒肴供客之品自必相应而至。有此数项，约计不下数千人，加以商旅流连，贩夫奔走，不招自至，渐而推及各项营业为数更多，数年之后必臻极盛，施行甚易，收效更速。顾说者谓妓馆迁移，秦淮两岸房屋及河中画舫必至失业，或虑不无阻碍。不知秦淮一水本属清流，桃叶乌衣传为胜迹，自有妓馆，上流社会游居所至多涉嫌疑，妓馆房屋不过十余所，而两岸大小房屋以污秽嚣杂，故近年闲空甚多，一旦扩清，则风流延赏赁居者必不乏人，旧日妓寮即可改为正业，于洁净卫生亦有裨益。且三牌楼距后湖甚近，湖中游踪不盛，率以船少之故。妓馆迁移，秦淮画舫将来即可移入元武湖，湖中风景远胜秦淮，游人更当麇集，是船屋两项不但无虞失业，嗣后且可期发达。商等筹议再四，意见相同，为此披沥上禀，敢祈宪台俯赐批准转禀督宪札饬巡警局宪及上江两县谕令钓鱼巷也乐窝、萃芳居等妓馆刻日一律迁入三牌楼择便居住，商等一面会议减租之法以示招徕，似此办理，则新市先有众至久居之人，将来各项陆续量移,市面之根基自固矣。商等为血本攸关力筹长策起见,用特联名禀陈,伏祈鉴核批示施行。'等情。据此。查此项筹设新市事宜节经职道会同劝业会人员设法提倡,鼓舞商民,所有三牌楼一带业已建筑劝业路招集商店,粗有规模,诚使从此推广历久不渝,城北市廛当可日有起色。无如闭会期近,各商民因该处生意全恃会场,而会场又非永久机关,诚恐沧桑一变,赀本虚掷,以致徘徊观望,裹足不前,设不早事维持,一经闭会,必至仍复萧条,无可补救。职道现拟筹设工厂,招致公司,兴办各种实业,藉资补救。虽经迭次筹议,皆属事关重大,初非旦夕可成。及今欲筹善策,自宜急则治标,先使该路一带人民奔赴,商贾可安,而后次第著手,始克就绪。金陵城南兵燹后亦凤号荒凉,自宪台曾招集游船规复秦淮旧迹,始克商贾辐辏,蔚然可观。今城南市面已兴,良莠杂居,反形不便,诚使按照该商等所拟办法勒令各妓寮一律迁入劝业路建屋居住,并将各游船移入后湖,划定界限,使与居民不相混淆,庶几城南芜秽既可廓清而城北市廛亦得渐以繁盛,洵属一举两得。夫东西各国本有取缔妓寮之制,规则綦严。今秦淮久失疏浚,水道秽浊,街巷逼窄,于卫生种种有碍,即不为劝业路兴市起见,亦应另划区宇勒令迁移,不使清浊混处致伤风化,矧可藉此裨补商场,因势利导,更属甚便。缘事关地方,必本省士绅共表同情始可退无异议。兹据前情,拟乞宪台发交谘议局于九月开会期内提议呈复以便施行,相应具文详祈鉴核批示饬遵。"等情,到本大臣。据此。除批示据详已悉候札行谘议局议复到日再行核办仰即遵照缴印发外,为此札行谘议局查照复议。

呈报督部堂议决抚咨、呈复抚部院议决咨询淮扬水利案文 九月十八日

为呈报、呈复事:九月初九日奉抚部院札发咨询淮扬水利案一件,兹于十六日议决申复。查淮扬水利自乾隆以来其大势之规画已较前代为完密,惟近年河湖淤浅,当水势盛涨之时一线东堤岌岌可危,遂以开坝为救急之策,下河受害日深。考旧时坝下原有引河,然仅据当时河臣奏牍所言,其河身以外有无堤岸不得而知,且历年既久,至于今日已无遗迹。泰东士绅黄澍深等所请虽援引前人学说有所依据,但仅能敷陈意见,未能条举办法。考靳文襄以原议河面一百五十丈即照冯氏之议分为两河,其面积当亦相等。一亩之地计六十方丈,由是推算,开河一里须占地四百五十亩,是否如乔氏所虑毁民村落、攘民垄亩,若将河面缩小,

是否能敷泄水之用，且开河筑堤需费孔巨，应预算堤身高宽及河身深阔，每里应糜费若干，二百数十里之大工需款千万，即工程力求简略亦必须数百万，权其损益能否相准，应请抚部院札饬泰州知州、东台县知县令建议之人博访周咨，指明拟开河道经行之处绘图帖说，估计经费，交由淮扬水利公司测量员复堪再行决议以昭慎重。所有议决申复缘由理合备文呈报呈复。除呈抚部院、督部堂外，为此呈请督部堂、抚部院核夺施行。须至呈者。

附：原案

据泰州黄澍深、陆钟庠、李作霖、黄应，东台县刘谦、刘逊禀称："淮扬各坝为御下河水患而设，清水潭决口以来，左文襄奏增志桩、蒯前道力主保坝，泰东九邑乐丰收而感厚泽者四十余年，以故向之低田皆成沃壤，且多年无水，农民住所大率平地起造。孰意时事变迁，年来各省水灾迭见，洪湖水势亦较从前为大，岁在丙午不得已而放坝，虽其时秋收未损而麦熟全无，房屋尽圮，其损失不知几千万，计罹害不知几百万家。尤可悯者，时当弛禁，民食维艰，语所谓谷贵饿农者乃交困于水灾之一时，而盐场灶民受害尤深。大宪鉴于清水潭决口之祸，奏改志桩以重民命。夫重民命不得不改志桩，改志桩不得不有水患。去今两年相继开坝，可见放坝泄水而今而后无岁无之。生等世居此土，固属灾切剥肤，重以哀鸿遍野，苦不胜言，平粜粥厂难乎其为继矣。现当自治进行之际，民邀生等上陈惨状力求挽兹水劫。生等再四踌躇，因博访周咨，谨择冯公《淮扬水利书》筑堤束水归海一条，其法本之靳文襄之成议，《先正事略·文襄传》载此颇详，布告乡众，均谓下河水利果如此办法则一劳永逸矣。昔曾文正督两江时见冯公水利书嘉赏以为得未曾有，召其子某赴辕相期按图举行。旋以文正抱病，其事遂寝，至今父老犹传为恨事。生等不揣谫陋，公拟《刍言》上呈电核，惟望从速决议施行以除民害。"并附《刍言》一纸、《淮扬水利图说》一本，到本部院。据此。查淮扬水利攸关江北各州县民命财产，谘议局近正筹设淮扬水利公司，亟应公同研究以期有水利而无水患。除分别咨行外，相应札知谘议局公同决议复办。

计抄粘并《淮扬水利图说》一本。

泰东九邑水利刍言

天下事行所无事则事无不治，不能行所无事则事不治，而贻患且无穷，有如今之淮扬水利不其然与？考淮扬古称泽国，淮水发源于豫之胎簪，受汝颍濉洧泚涡河等水乘势东下，至徐扬之界又合盱眙睢宁泗虹五河并七十二涧之流齐集山阳之洪泽，然后或入于江，或归诸海，惟我下河适当归海去路，历代水患不可胜言，筑堤设坝苟有可以御患者前人殆无法不备。无如水势过大犹有防不及防之害。乃者各大宪以人命为重，鉴于四十年前清水潭决口伤人之害，忽焉奏改志桩，窃维届兹以后溺由己溺，忧幸免矣，然而水荒年年不死于水而死于食，恐大宪已饥之患从此弥深。况下河各场盐灶俱在，一有水淹，十余场同行受害。方今财政困难，盐课攸关，尤为急务。某等世居此地，灾切剥肤，现当谘议局博采舆论预备实行，妥考《淮扬水利书》，遍访诸父老传闻及近今地势高卑，力求一劳永逸之良策，以上供刍荛之献。夫千古善治水者佥美禹功，故虽洪水泛滥，不闻八年以后及禹之身更有水害者何也？禹能顺水之性行所无事也。孟子论天下之言性征于禹之治水，且屡言而屡赞之。呜呼水性就下自古如斯，彼白圭愈禹举世咸指其非，又安有奇技异能出神禹之上乎？必不能也。更安有论治水者出孟子上乎？必不能也。然则居今日而治下河水患法，最善者莫如东亭冯先生务堂著《漕河放坝筑堤束水归海》一图导水归海而云筑堤束水者，盖下河形如釜底，外高于内，筑堤束水，海潮虽大，能高于平地之水，绝不得高于堤内所束之水故也与海陵高先生星仲导水入海之论，曰：淮扬各坝为御七十二道山河水也，如导此水入海，坝工省坝官亦可俱省。若谓窒碍难行，则新政之铁轨何以毫无窒碍耶。此以知今之治水者皆鲧法非禹法也。至若冯公水利一书，其法又本之周洽《竹冈日记》及王文通、李书芸、徐旭旦、靳文襄诸公之成议，惜夫未见施行者。由此言之，舍导水归海一法则将来下河其不致年年知冯公所著《漕堤放坝水不归海一片汪洋图》者几何？诚以上坝一启水即四散，周围千里数月不退，无衣无食者惟有泣对洪波束手待毙而已，然后知束水归海则水由地中不由民田，其转祸为福之景象何如也。抑闻之去岁省中谘议局提议此事，有以冯公图书上者，大宪曾派员测量，以外高于内疑今昔地势不同，遂改议建筑石工。第下河形如釜底，彼冯公不曰开河导水而曰筑堤束水亦正以其外高于内也。顾某等所迫切者经费难筹兴工不能计日，然而不难也。以筑石工之款为束水之堤，当无不足相抵之虑。即不然，此堤一筑，坝工坝官或可俱省，则官款酌任一分，盐场保全盐务酌任一分，民田不伤亩捐酌任一分，筹款虽巨，众擎易举，又何不可从速决议、从速兴工之有？大宪为民除害，从速决议兴工，早治一年，早免一年之害，非所谓生死人而肉白骨者与？我下河亿万姓顶礼以祝之矣。不揣冒昧，谨上刍言。

呈报督部堂议决抚交、呈复抚部院议决交议限制自治当选人谢绝案文　九月二十日

为呈报呈复事：案奉抚部院交议咨询限制自治当选人谢绝案一件，兹于第三届第二度常会期内九月十八日会议议决，照章申复。查原案意在不使资格优者相率谢绝当选，而致犯消极资格者转得滥幸充数。前者拟筹挽留解释之方，后者拟定稽查取消之法，仰见抚部院顾念地方慎重自治之盛心。惟两者均属事实问题，无从于定章以外更为悬拟通行之规则。查自治当选人之谢绝《城镇乡地方自治章程》第二十一条早已明示限制，使非有法定确实之事迹，必经议会临时之允准，否则不论其有何等原因、具何等心理，总之不得无故谢绝。此本有定章可据，无俟另议。惟自治萌芽诸多阻抗，势不能专责任事者以勉尽义务而地方官绅全不为之竭力协助。谢绝之原因固非一辙，即挽留之方法亦非一端，此因其人其时其事其地而各殊，无从预为之拟议。定章第二十二条虽有惩谢绝者停其选权之明文，然究竟停止与否仍一任议会之议决，并非强制必使执行，自可无资格优者益致久于屏弃之疑虑。至欲于其谢绝之原因为之解释，此则定章第二十一条第五项所谓其他事由固极包括谢绝之允准与否既由议事会主之，即其原因之若何解释亦惟议事会决之，随时酌定则自合机宜，先事预谋转失之偏隘，此均属事实问题而无从悬拟办法者也。至犯消极资格者亦间有滥竽充数之事，此仍宜还按之于定章所谓消极资格者果否适合定章第十七及第十九条所列之各款并已否得有确定之实据。各该区选民耳目甚近，稽查取消固自不难，所虑者或因意见而渐起纷争致以撷拾而侵成攻讦，此亦属于事实问题而无从悬拟办法者也。惟有申明定章通饬办事各员按切奉行并责成各地方官随时尽力协助，庶贤者乐于任事而不肖者亦无从滥竽矣。所有议决申复缘由理合备文呈报呈复。除呈抚部院、督部堂外，为此呈请督部堂、抚部院察核施行。须至呈者。

附：原案

地方自治为一国行政之基础，故议事会、董事会及乡董乡佐均得其人则基础完固。然乡党自好之士不肯问事已为中国社会上心理之习惯，故《城镇乡地方自治章程》有第二十一条、第二十二条之限制，盖深虑夫当选人之谢绝也。本部院披阅各属自治选举文牍，其仅足定额三分之一者比此而是，并访问有当选人相率谢绝，而犯消极资格之人亦滥竽充数者。以今日之社会情形言则谢绝者之心理未必尽由于放弃义务，此又不待言而决者也。要之资格优者既皆谢绝，则应选者之资格转不如业经谢绝之人，自治之基础已极可危。若遵章程而惩谢绝者停其选权，则资格优者遂久于屏弃，自治之将来更不堪问矣。总之法理者准乎心理而生，谢绝者之心理既别有其原因，则章程所规定宜熟审其权变。现在议事会率多成立，董事会员及乡董乡佐即由议事会而发生，若不早为筹防，则自治前途之危险极为可怖。嗣后凡当选人无第二十一条理由而谢绝者宜如何设法挽留，或于其谢绝之原因预为解释，其以消极资格充数者应如何稽查取消，请公同筹议决之。

呈复督部堂议决交议、呈报抚部院议决督交
提倡宁镇淮徐海垦牧案文　九月二十二日

为呈复呈报事：前奉督部堂交议提倡宁镇淮徐海垦牧一案，兹于九月二十日会议议决按照局章第二十一条第十项及宪政编查馆新订议决呈请办法第三条认为咨询事件，照章申复。查原案以宁镇淮徐海各属野多旷土，不宜久任荒芜，拟责成各该处士绅多方提倡集股筹办树艺畜牧各公司，令本局妥定章程，以期有利无弊。查本局上年第一届常年会前抚部院瑞交议清查荒地一案，深惜大江南北千里沃衍弃利于地，因以清查荒地为振兴农业推广农林之入手办法，用意正复相同，当经本局议决呈报办法八条，嗣于本年第二届临时会交令复议，复增入附则一条呈奉护抚部院陆、督部堂先后札复公布各在案。虽五属荒地较他处为多，然前案条文已包举在内，应请札问各该地方官曾否遵照前饬分别官荒、民荒、有主、无主，会绅实力清查。又前案第三条查之有主民荒应催令该业主赶速自行垦种云云曾否切实遵办。至创设树艺畜牧各公司，前督部堂、前抚部院筹集巨款由官倡办。淮徐海诸属正苦饥民遍地，给予资粮招令垦牧，以救荒之善政为兴利之宏

图，实属法良意美，否则惟有仍请严饬各该地方官遵照前案将领荒缴价数目、升科年限切实申明会同士绅善为劝导。前案八条具在，无庸另定章程。若各项公司成立，自应依律由公司自订章程，更未便预行规定。所有议决申复缘由理合备文呈复呈报。除呈抚部院、督部堂外，为此呈请督部堂、抚部院察核施行。须至呈者。

附：原案

宁镇淮徐海各属野多旷土久任荒芜，地方何由富庶，若由各该处士绅多方提倡仿照通海海赣各垦牧公司，或树艺，或畜牧，各就其地之所宜集股筹办，庶于地方不无裨益。应如何妥定章程以期有利无弊，即由谘议局议决具复以便察夺施行。

呈报督部堂议决抚交、呈复抚部院议决交议
实行度量权衡新制案文　九月二十二日

为呈报呈复事：前奉抚部院交议实行度量权衡新制一案，兹于九月二十二日会议议决申复。查原案大旨在遵照部章兼顾社会习惯以冀易于推行，用意甚盛。惟查本局去年议决案，内有瑞升部交议度量权衡改制推行案一件已于十月十四日会议议决呈请就原案办法酌改者二条、申明者二条，嗣以瑞升部院尚有意见磋商交令复议，又于本年三月间临时会复议议决补具条文三条、补义一条呈经公布施行各在案。此次复核旧案与新案实有相异之点：旧案在径用新器，新案则意在留用旧器一种，相异者一也；旧案在各地方同时进行，新案则意在先从省城办起，相异者二也。有此二点，虽同一根据部章，而本局对于已经公布施行之案未便违反前议，况宁省度量权衡总局业经查照上届议案将各处习用之器一一此对部颁新器折算升降之数详细列表，会同自治局、商务局出示晓谕并将各州县沿用度量权衡比较移送本局各在案，似苏属更应急起直追以符端升部院两次交议之本意。惟有仍请督部堂、抚部院查照前案切实施行。至罗委员检定表内声明限于省城之范围，是尚非四府一州完全之比较，其条陈各条亦系对于省城而发，并非通省完全之计画，除第四条交议案内已决暂缓行外，其余各条虽省城以外未尝不可参酌仿行，但既未有完全列表，未便置议，合并声明。所有议决申复案由理合备文呈报

呈复。除呈抚部院、督部堂外,为此呈请督部堂、抚部院鉴核施行。须至呈者。

附: 原案

度量权衡改制早奉部章,目前只应有官器留用器二种,去年业经藩司派员检查在案。兹事体大,改革维艰,部章与社会之习惯必须两面并顾方能实行。该检查员谓部章所规定者系由留用器时期入新器时期之计画,而不知由废止器时期入留用器时期之计画更难于千万云云。所言未尝无见。除巡警侦查一条或恐扰民应暂缓行外,究竟该员检定各表暨条陈各条是否可行抑或别有补助推行之法,应请公议决之。

附录: 检查员罗良鉴原禀

敬禀者:窃良鉴前奉钧札检查省城所用度量权衡,将应行留用及废止各器折算列表具复,其黔省办法是否可以仿照一并声复等因。良鉴遵即前往商会、自治公所详细讨论。据称省城通行各器于度则裁尺、于量则枫斛、于权衡则漕平及天平秤。查推行章程第十七条无论度量权衡每处每样以留最通行之一种为断。今苏省之裁尺、枫斛、漕平、天平秤既最通行,自应照章留用,其余旧器应即照章废止。至黔省办法本系就该地方通行各器斟酌留用,兹但遵部章而行即能与黔章无异,似无庸置议。谨将苏省新旧器及拟定留用废止器比较长短大小轻重分别列表于左:

苏省沿用之度量权衡与官器比较表:

度	类别	比较	较数
官器	营造尺	一尺	
沿用器	裁尺	一尺九分五厘二毫强	长九分五厘二毫强
	鲁班尺	八寸四分九厘九毫强	短一寸五分一毫弱
	木行尺	一尺五分一厘六毫弱	长五分一厘六毫弱
	步弓尺	一尺八分四厘弱	长八分四厘弱

按:苏省裁尺亦间有参差,然通行者断推此种。其他卷尺、折尺之属系用密达或用英尺居多,以本尺制者尚少。

度	类别	比较	较数
官器	漕斛	一石	
沿用器	枫斛	九斗七升三合	少二升七合
	海斛	一石七升八合四勺强	多七升八合四勺强
	常熟斛	一石四合九勺弱	多四合九勺弱
	锡斛	九斗八升五合三勺弱	少一升四合七勺强

按：枫斛以枫桥得名，城内通用此种。然近来各乡差异颇巨。此表限于省城之范围，不宜溷入，特为附表以资稽考。

地名	比较漕斛	较数
长邑城外	九斗八升	少二升
胥门外	九斗八升八合	少一升二合
浒关、六墓、通安桥	九斗八升	少二升
相城、六巷、黄埭、蠡口	一石三升	多三升
外跨塘	相准	
车坊、泊泾	一石三升	多三升
陈墓、甪直、唯亭	一石五升	多五升
东渚、光福、横泾、蠡市	一石一升	多一升
木渎、横塘、胥口	九斗八升	少二升

权衡	类别	比较	较数
官器	库平	一百两	
沿用器	漕平	九十八两三分九厘二毫强	少一两九钱六分八毫弱
	局平	九十九两九钱二分七厘五毫弱	少七分二厘五毫强
	湘平	九十六两二钱四分五厘一毫弱	少三两七钱五分四厘九毫强

按：苏省虽名为通用漕平，其实用生银时不多，则平亦成虚设，不过为名式上所公认而已。省城另有所谓广平者，制造较为美观，然分量与漕平无异，故不列入。

权衡	类别	比较	较数
官器	杆秤	十六两（库平以下仿此）	
	天平秤	十五两六钱八分六厘三毫弱	少三钱一分二厘七毫强
沿用器	公盐秤、堂盐秤	十三两弱	少三两强
	丝行秤	十七两六钱四分七厘一毫弱	多一两六钱四分七厘一毫弱
	药行秤	十五两九钱八分四毫弱	少一分九厘六毫强
	酒行秤	自十五两六钱八分六厘三毫弱至十九两六钱七分八毫强不等	少三钱一分二厘七毫强至多三两六钱七分八毫强不等
	酱行秤	自十五两六钱八分六厘三毫弱至十九两六钱七分八毫强不等	少三钱一分二厘七毫强至多三两六钱七分八毫强不等
	油行秤	十五两	少一两
	南货秤	自十五两至十五两六钱八分六厘三毫弱不等	少一两至三钱一分三厘七毫强不等
	煤炭秤	十五两	少一两
	漆铺秤	十四两一分九厘六毫强	少一两九钱八分四毫弱
	糖果秤	十四两一分九厘六毫强	少一两九钱八分四毫弱
	水果秤	十四两一分九厘六毫强	少一两九钱八分四毫弱
	肉秤	十五两五钱弱	少数钱不等
	鲜鱼秤	自十两至十五两六钱八分不等	少六两至数钱不等

苏省留用之度量权衡与废止器比较表：

度	类别	比较	较数
留用器	裁尺	一尺	
废止器	鲁班尺	八寸	短二寸
	木行尺	九寸六分	短四分
	步弓尺	九寸六分	短四分

度	类别	比较	较数
留用器	枫斛	一石	
废止器	海斛	一石一斗	多一斗
	常熟斛	一石二升五合	多二升五合
	锡斛	一石五合	多五合

权衡	类别	比较	较数
留用器	漕平	一百两	
废止器	局平	一百一两九钱二分六厘	多一两九钱二分六厘
	湘平	九十八两一钱七分弱	少一两八钱三分强

权衡	类别	比较	较数
留用器	天平秤	十六两漕平	
废止器	公盐秤、堂盐秤	十三两弱	少三两强
	丝行秤	自十六两至十八两不等	多数钱至二两不等
	药行秤	十六两三钱	多三钱
	酒行秤	自十六两至二十两不等	多数钱至四两不等
	酱行秤	自十六两至二十两不等	多数钱至四两不等
	油行秤	十五两三钱	少七钱
	南货秤	自十五两三钱至十六两不等	少七钱至九钱余不等
	煤炭秤	十五两三钱	少七钱
	漆铺秤	十四两三钱	少一两七钱
	糖果秤	十四两三钱	少一两七钱
	水果秤	十四两三钱	少一两七钱
	肉秤	十六两弱	少数钱不等
	鲜鱼秤	自十两至十六两不等	少六两至数钱不等

以上所述系就钩札指饬各节之范围缕陈大略。然良鉴窃有虑者，盖检定匪难而实行不易。斛之与平苏省种类不多，整齐较易为力，惟尺与秤则民间自出心裁，各为风气，不独此户与彼户不同也，即一家宅一店铺往往尺有数种、秤有数具，其沿用则成习惯之自然，其入亦为社会所公认，一旦骤与废止，令其改张，愿者则因惜费而未安，黠者转以不便为借口。良鉴循绎部章，察其辗转预备期以十年，未始不有见于此。然其所预备者，由留用器时期入新器时期之计画居多，而不知由废止器时期入留用器时期之计画之更难于千万也。故现在所当讨论者端在废止旧器一层，既须潜移默化，使民间无纷扰之虞，又须令出风从，俾部章有实行之效。管见所及谨陈数条以备采择：

一、应由自治公所编白话广告遍谕商民，俾知尺秤各器虽有改革，然价值可与物之大小、长短、轻重为伸缩，则出入仍与曩时无异。

一、应由商会传集各行业公议禁约，互相举发，以辅官吏检查之不及。

一、官用各器先定改革期限以为民倡。夫上有道揆则下有法守，查推行章程第七条至十三条所载各节头绪纷繁，必须饬令各衙门局所先行预备筹议方法，俾得如期办理方足以风示齐民。

一、订检查章程，责成警察以时侦查。

一、订惩罚章程。查推行章程第二十三条商店不能核实折合行用，查出惩罚，自应分别情节轻重详细订章以资遵守。

一、设较准处。照章目前只应有官器及留用器一种，其余各器俱在废止之列，然终不免民间私用。若时时取器较验，不胜其繁。拟请设一较准处，谕令商民于三个月内将准其留用之器持来较验，合者烙印留用二字，以后无此烙印者概不准用，以免随时较验之繁。

一、省城制造各器之店，先行调查户数，再次调查其暂留旧器之制造已成者，将实数详细登记，嗣后只准售卖不准再行制造，并将推行章程第二十条出简明告示以俾通晓。

一、推行章程第十五条所载各店号均应先行调查户数，某户应领某器几件，均须先行报明以便将来领给。

以上各节系为先事预备免致随时扰累起见。总之就留用器言，必使民间瞭然于留用之可信而后能著整齐划一之规；就废止器言，必使民间晓然以废止为无妨而后能收剖斗折衡之效。良鉴于度量权衡学素未研究，妄摅意见，自审无当，然于办事之为难、社会之器杂亦觉稍有体会，故敢为此出位之言，惟垂察而赐教焉。

呈报督部堂议决抚交、呈复抚部院议决交议
支配地方财政案文　九月二十三日

为呈报呈复事：前奉抚部院交议支配地方财政案一件，兹于九月二十日会议议决申复。查原案交议之意，各地方附捐、特捐暨公款、公产在自治范围之内，而其拨用或不尽属自治，究其用途与来源不甚符合，在任事者之于用款复前后不相顾、彼此不相谋，流弊丛生，贻害要政。谓宜将原有之附捐、特捐、公款、公

产及其有待于清查举办者，各就来源之性质规定用途之界限，妥为支配，用意甚盛。查此项公款、公产、附捐、特捐，其来源用途淆乱至此之故，一由于自治章程昔未颁布一，由于地方董理昔无专责，致令任意腾挪、设词移借而莫之问。今地方自治开办伊始，需之亟则不能不问，责之专则不敢不问。查本局上届常年会议决瑞升抚部院交议清查公款公产办法纲要一案，业奉札准公布施行。现城镇乡自治不久将一律成立，所有清查未尽事宜应请责成各该自治公所继续办理，即将旧有及新办之各项附捐、特捐、公款、公产究其用途是否属诸自治，设有不合，随时呈请自治监督饬令更正，果于用途上严加限制，使自治范围以内之款勿得充自治范围以外之用，界限画然，于自治不少裨益。至支配规画某款抵充某用与某款应拨某区，本局只能示之标准以便地方遵率全省推行，若然则上届议决公布之画定自治经费甲之三条，又规画全省教育案甲之三条条文具在，但须申明前案随时督促进行，无庸另行规定。至原案附录支配所宜注意者两条合并答复如左：一、续议自治经费。是条所主张可析为两节，前节谓各地方前办之附捐、特捐充学务、善举经费者，自自治成立，不得有独立办理之权，应归自治公所统筹移拨，持论甚正。惟后节谓宜节省善举、学务用款拨充地方自治及调查户口、创办巡警各项新政经费则有不谓然者。筹办巡警非自治范围内事，而欲移自治范围以内学务、善举之余款拨充经费已嫌界限不清，且为教育普及计，小学只宜推广，未便以学生数少遂加裁并而复以余款移充他用，按之上届议决公布之规画全省教育案甲之二条教育费务使有增无减之旨未免相背。一抵补地方学堂经费。大意以学堂在城镇为多，而积谷亩捐城镇较乡为少，因为城镇筹抵补之法，改积谷捐为厅州县附捐，以积谷所办之学堂属之厅州县，一策也。初等小学简易识字学塾归之城镇乡，高等小学以上归之厅州县，二策也。查积谷亩捐城镇固属较少，然他项特捐亦或较多于乡，论规画教育费应以本区域内自治费总额为比例，于一种附捐之盈朒关系不多。至以初等小学归城镇乡、高等小学归厅州县，明载于上届公布议决之规画全省教育案，是第二策已明为规定，而第一策在上届公布案内亦已浑言其性质当俟厅州县自治成立之日再与城镇乡详细划分，似无庸别为支配矣。所有议决申复案由理合备文呈报、呈复。除呈抚部院、督部堂外，为此呈请督部堂、抚部院察核施行。须至呈者。

附：原案

地方财力困敝已达极点，筹备要政年复滋多，往日已忧其不支，来年将何以应付。查各厅州县原有之各种附捐特捐暨各项之公款公产，其拨用之处或在自治范围之内，或在官治范围之内，于来源之性质、用途之界限本属未遑计及，且往往任前事者竭泽而渔则后事无所措手，办此事者搜罗如愿则彼事势必不敷，于是或互起争端，或流为放弃，二者有一于此，则地方要政已受其害矣。是宜将原有之附捐、特捐及公款、公产详列表册，就来源之性质、用途之界限妥为支配，其待议办之附捐、特捐及待查出之公款、公产亦应早为规画以为逐年筹办之预备。总之民生凋敝则量出为入之学说难以通行，筹付无方则有名无实之事业最为可虑，其应如何就各地方调查支配规画之处应请公同议决。

附录：支配财政所宜注意者二条

一、续议自治经费

自治经费。前抚部院端于谘议局第一期会议提出，已经议决公布通饬办理在案。察核原案所议，不外就部定附捐特捐提前办理以供筹办自治之用，为解决自治经费问题计固无逾于此，然本部院尚欲续议者，以为此案并应计及各地方前办具有附捐特捐性质各款与此次因自治经费所拟办之附捐特捐应否合一之问题。附捐之大者不外积谷、税契两种。苏属积谷每漕粮一石带征钱一百文，自各地方兴办学务，大半移作学堂之用。税契项下应行抵补学堂、善举之款亦自不乏，其特捐如酒捐、肉捐之款名目更繁难更仆数。大率地方可筹之款其大宗已因办学搜剔靡遗，此次自治经费仅于此外设法重征，收数自然有限，自治进行濡滞，职此之由，此原案虽已议决实行，而半年以来收效颇薄之由来也。学务、善举均属自治事项之一部，自治成立以后不得有独立办理之权，故其所需用款只能由自治公所统筹全局移拨抵用，断无于自治公所应征附捐特捐外别有学务、善举另征之捐，则今日虽分异日必合已属无可疑义。目前自治经费各属均有不敷，其他新政如调查户口、创办巡（筹）〔警〕百端待举，尤属不可胜穷。善举所得捐数果使核实节省除抵补正项外当有羡余可资挹注，其乡镇蒙小学堂仅有学生数人可加裁并而节用费者更属所在多有，如使早为合一，令各学堂核实节省并由自治机关统计善举所得捐款移拨抵用，则于自治及新政经费必可增出一大部分，而小民负担之力亦可缘此稍轻。目前地方筹款之方似无易此，自治责任当以剔除积弊使应办事项立定基础为大端，原非以一投票一选举遂足尽义务而无余憾。谘议局前期议决清理公款公产一案不能待自治公所成立后自为清理，是其显证。此案关系尤巨，不特为经费计宜然，即为税法计、为自治公所办事计亦莫不宜然也。

二、抵补地方学堂经费

续议自治经费案内所称附捐特捐办法仅为加增自治筹办经费起见，于地方学堂之存立及其所需用款尚无碍也。然察核情势，此种特附捐特捐兴办之学堂至自治成立后实有不能维持久存之势，故抵补经费之案不得不缘之以起。查苏属以积谷之款全充地方办学之用者自锡金始，其后各州县援案陈请所在皆然，迭经京外官绅磋商始以中稔之年五成积谷五成兴学，由藩学两司会详定案。惟大熟之年仍以全款抵作学务用费，为当时计不扰民而岁得巨款诚无逾于此者。然积谷由田赋带征本系附捐性质，自治成立后只能于附捐征收足额不能于附捐外尚存一积谷之名，而城镇乡各有范围，其征税之权亦不能及于所辖区域之外。故以情势论之，学堂设立自以城镇繁盛之地为多，而附以田亩之捐则在城镇范围者颇少。乡自治除田亩附捐外别无大宗入款，岂能移所入以供城镇办学之需。是前之积谷后之附捐在乡自治视之不过名目之更移，在地方学堂视之直以有著之款易为无著而势将消灭矣。抵补之法或将此种学堂隶属厅州县自治名义之下，则积谷名目可易为厅州县自治之附捐移拨抵充，或就学堂规模之大小、程度之高下别为等级，而以初等小学或简易识字学塾归入城镇乡下级自治，以高等小学以上及其他同等之学堂归入厅州县上级自治亦可抵补其失。惟由前之策办法较为简易，然使厅州县自治专任城镇学务，既虑乡自治藉口起争，若城镇乡并任，则如初等小学及简易识字学塾将来各乡寖推寖广而亦概责之厅州县自治恐有力不能胜之时。由后之策办法虽为持平，然或谓抵补问题本在自治成立之后，似应俟各议事会自行提议办理，不知自治既分区域，则乡自治不必为城镇代谋，而厅州县自治与城镇乡自治成立本不同时，城镇乡自治成立又各不同时，学款无时可缺，待空乏而求抵补贻误必多，况以积谷办学苏属全体莫不皆然，现虽未尽照行，尤不可无画一办法以免歧异。此抵补之款所以宜预为讲求也。或就前列二法补其罅漏俾可实行，或于二法外别求至当之法，均应早为议决以便公布施行。

呈报督部堂议决抚交、呈复抚部院议决交议研究灾荒案文 十月十二日

为呈报、呈复事：案查抚部院交议研究灾荒案一件，兹于第三届第二年度常会期内十月十一日会议议决按照局章第二十一条第十项宪政编查馆新订议决呈请办法第三条认为咨询事件，照章申复。谨举灾荒之种类三大端分别于下：

一、水灾。本省地滨江海，夙多水患，滨海各州县出水之路因潮汐往来易致淤垫，宜未雨绸缪，俾免壅塞。宁镇常三属近山各邑每以山洪暴发叠见偏灾，宜为过量之水预谋去路，俾免冲决圩堤。滨江滨河各州县田地卑下，筑圩捍水势不容缓，历年苦潦，民有惰志，宜加策励。淮扬两属居淮下游，仰洪泽湖灌溉之利，类于附近太湖各邑，惟淮水源远多沙，水量冬小夏大，偏于泄水则忧旱，偏于蓄水则溃堤，操纵之权宜有方略。长淮以北沟洫不修，患不在淮而在沂泗，骆马等湖则淤垫矣，微山湖则占垦矣，徐属南境各邑入淮支流则湮没矣。大患所在，非其本境民力所可消除，赖有伟大之略者起而拯救之。谋本省所以备水灾者如此。

二、旱灾。本省储水之大湖二，其附属之泽薮又不可数计，旱灾固应较少于水灾。然江南之宁镇二府、江北扬州皆有近山高田，专赖塘水灌溉，苟雨泽愆期灾象即见。前代所兴水利如镇郡之丹阳湖、扬郡之五塘，见于史乘，固宜相机规复，而农民力所能为者尤莫如多开塘涧以资灌溉。徐淮海三属患潦之地即为苦旱之区，盖平原广漠而无储水之所，设非有余即忧不足，其入海之河流宜以全省之力为之谋，其本境之沟洫宜由绅民渐次修治，勿以播种旱谷遂忘水利。谋本省所以备旱灾者又如此。

三、虫灾。近年不苦旱而苦潦，蝗灾倘不多见。有时蝗蝻发生，各州县以考成攸关捕治尚称得力，但能每年注意于此，其患犹显而易防。近时为农家隐患者厥为白莠。白莠者虫生于稻本之中，稻遂秀而不实。又有微细之虫专食稻根。他若害虫滋生稻叶之上而叶即互相连接，名为接头。此举其习见而言。舍此之外犹难更仆，凡斯虫害见于高亢硗瘠之地者较少，见于近水肥沃之区者较多，盖因雨旸风雾之不时传种速而滋生众，蚩蚩之氓均沿用相传旧法，如雪水浸种、砒药治田之类，皆无确实效果。是宜集田主之富于经验者详言害虫之现象与农学专家互

相讨论以为思患预防之计。谋本省所以备虫灾者又如此。

综斯三者，非徒坐而言也，实贵起而行之。水利之大纲应由行政长官主持。现已筹拨官款设立水利测量局，远大之图肇端于此。其他支流应请饬下各州县负其责任，督同自治公所规画本境水利以预防旱潦。至于虫害一端关系专门学术，应由省垣农务总会、各州县农务分会从事调查，特聘农学专家加意研究，继续进行，必有成效可观。所有议决申复缘由理合备文呈报、呈复。除呈抚部院、督部堂外，为此呈请督部堂、抚部院察核施行。须至呈者。

附：原案

灾荒之来何国蔑有，但各国通例于致灾之由必研究而整理之。譬如今年水患则明年必不再水，纵令有之，亦必别一原因，或工程未浚之故。我中国则不然，被灾之后绝不研究，听天委命而已，临灾之际亦不研究，求人募振而已。比来各地方几于无岁不灾，无岁不振，岂天心之弃予，实人力有未尽。凡向患水旱各地方应即详细察勘研究其所以然，估计工程，绘具图说，克期改良，以为一劳永逸之计。其关于蝗灾等患亦应联合研究预为防范。其应如何办理并酌订规章之处，应请公同议决。

呈报督部堂咨询宁属设立工厂案文　十月十三日

为呈报事：九月十七日奉督部堂札行咨询宁属州县设立工厂一案，兹于本月十一日议会议决。案查局章第十二条、第二十一条，凡咨询事件得由议长委任常驻议员协议办理。本届闭会之期转瞬即至，此项咨询事件尚非急待申复之端，因是公同议决俟闭会后由议长将此案委任常驻议员协议办理。除俟本届常驻议员选定后由议长委任外，理合先行呈复。为此呈请督部堂鉴察，须至呈者。

附：原案

案查续准宪政编查馆咨行章程第三条督抚对于谘议局咨询事件应于题目上标明咨询字样等语。查历年迭奉明诏提倡农工，江宁省垣及江北向设工艺局，近则江北工艺局已改为农事试验场，宁垣城北之工艺局亦因无款停闭，只有前商务局附设之官办工艺局藉资提倡，开办以来虽每年教授艺徒皆有百数十人，学成而去，于小民生计不无裨益，究之经费支绌，货物滞销，办理既有为难，收效亦不能及远。查通海一带经地方绅士创办各种工厂，成绩昭然，不特劳动者直接以资其生，即营运者亦间接以收其利，故地方有大工厂即不啻为千万小民开衣食之源。宁属州县以数十计，若使悉如通海遍设工厂，又何患邑有游民。惟是振兴之责固赖官司有以开其先，而协助之方宜由士庶集合团体就宁省应办工业之重要者凑集巨资创办极大工厂，多聘专门技师授以机器及手工制造之艺，或附设讲习所以教导贫民，庶几大利可兴，民无游手。其入手之方法与进行之秩序应即札行咨询。为此札行谘议局查照议复察夺。

（四）呈请建议事件

呈报督部堂、抚部院议决呈请奏咨更正邮传部前奏申明商律建议案文　九月初八日

为呈报议决事件事：案查奏定《谘议局章程》第四十二条内开"凡议决事件，除议长、副议长同意认为应行秘密者外均公布之，并应随时报告督抚及资政院"等语。兹于九月初五日本局会议议决呈请奏咨更正邮传部前奏申明商律案一件。查近日邮传部奏铁路公司与普通公司情形不同一片，大致谓铁路在各国属于国有者居多，吾国幅员辽阔，亟谋实业特许立公司商办等语。既谓公司，既定商办，而钦定《大清商律》又系专为公司而订定之，各省发起商办之铁路公司人民入股者皆视公司律文为根据，大部即欲特订路律别资遵守，亦当别有办法，使根据前日之商律者进退得以自由，不令组织在前之股东强遵颁布在后之路律。盖保全法律之效力乃可以定民心，保全商律之效力乃可以兴实业，朝令暮改则信用扫地，商民何所恃而苏息于国权之下乎？而况路律并未颁行，只因浙江一路之争执不惜弁髦钦定之商律以应付之，似非政体所宜，且使商民对于钦定之商律应否视为铁据以自保障尤觉无所适从。商业之全局岌岌可危，所关非细。本局以本省方谋提倡实业，又自有一商办之铁路公司，众情所迫，本局不敢壅于上闻，为

此呈请迅予分别奏咨更正邮传部前奏，申明商律以定人心。除呈资政院暨抚部院、督部堂及本局自行公布外，理合呈请督部堂、抚部院鉴核施行。须至呈者。

呈报督部堂、抚部院议决裁撤下砂、崇明等场盐大使建议案文　九月二十五日

为呈报议决事件事：案查奏定《谘议局章程》第四十二条内开"凡议决事件，除议长、副议长同意认为应行秘密者外均公布之，并应随时报告督抚及资政院"等语。兹于第三届第二年度常会期内九月二十三日会议议决裁撤下砂头二三场暨崇明场盐大使建议案一件。查坐落南汇县、川沙厅两境之浙运司属下砂头场及二三场均已久不产盐，场大使除征灶课各数千两外无所事事，由是越俎代谋常干预地方词讼，胥役骚扰，上下交损。查南汇县、川沙厅本各有该管灶课，按年征解浙运库，若将下砂头场及二三场两大使裁撤，其应征灶课并归南汇县、川沙厅分别兼管，随同旧管灶课一并照额批解浙运库，为浙江节行政经费，为江苏谋行政统一，实属有利无弊。又查崇明盐课自国初摊入地丁，当时崇地额定盐灶八十六副，民食有余，由浙运司派大使驻崇收买余盐。近十年来地淡灶减，迄今只有十三副，大使驻崇无从收买余盐，终岁无所事事，惟有藉缉私为名四出骚扰，不免为地方之蠹。近知缉私无效，乃借化私为公之说，每年除征一千二百四十千文之盐厘外，又重抽小贩规费，盐价因之昂贵。今若将大使裁撤，所有盐厘灶课并归崇明县照额征解浙运库，于行政上诸多便利，而民间亦受其赐矣。以上两节应请督部堂、抚部院移咨浙抚部院会咨盐政大臣奏明办理。所有议决建议案由理合备文呈报。除呈资政院暨抚部院、督部堂及本局自行全布外，为此呈请督部堂、抚部院核夺施行，须至呈者。

呈报督部堂、抚部院议决裁撤江南盐巡道暨江安督粮道两缺建议案文　十月初六日

为呈报议决呈请建议事件事：案查奏定《谘议局章程》第四十二条内开"凡议决事件，除议长、副议长同意认为应行秘密者外均公布之，并应随时报告督抚及资政院"等语。兹于第三届第二年度常会期内十月初三日会议议决教撤江南盐巡道暨江安督粮道两缺建议议案一件。窃伏读光绪三十年五月二十七日上

谕"各项差缺有应裁汰归并者著各督抚破除情面认真厘剔奏明裁并以节虚縻"等因，钦此。又伏读光绪三十三年五月二十七日上谕"奕劻等奏称各省增设巡警道、劝业道，裁撤分守分巡各道应即次第施行，著由东三省先行开办，此外直隶、江苏两省风气渐开，亦应择地先为试办"等因，钦此，是苟有冗官本应遵旨裁汰，况添设新官非量裁旧缺则行政经费从何增出，各省设巡警、劝业道皆裁他项道缺以相抵，如安徽则裁安庐滁和道，河南则裁粮储道，江西则裁盐法道，山东则裁督粮道，四川则裁成绵龙茂道。今江苏既设巡警、劝业道矣，而于不甚事事久经冗废之官如江南盐巡道、江安督粮道置不裁并，似非朝廷综核名实之盛心，且非国家财政奇绌时所宜有。查江南盐巡道所掌为整饬江南盐法分巡江宁兼管金陵关，依各省官制通则巡道本应一律裁撤，至论盐法，若长芦，若山东，若两浙皆以盐运使兼管，广东亦无盐法道。计除两淮外，凡盐运使驻扎省分均不另设盐法道。两淮盐运使近驻扬州，所有江南盐法俱可归并管理，或仿江西例归藩司兼管。若金陵关权务远殊镇江、江海之繁，当时不过因有盐道遂令兼管，本非特立。今既设劝业道，其所职掌船路邮电及交通事务皆与权务大有关系，责令兼管较之盐道其名尤顺，其事尤便，且更无因此一关特设专员致縻巨帑之理，则盐巡道之极应裁撤已无疑义。江安督粮道所掌系督理江安徽宁池太庐凤淮扬十府粮储，现在河运久停，该道所辖各地漕粮早经改折，卫所屯粮亦已裁归各州县清查征收，该道职掌除文书承转外无所事事。查光绪三十年政务处议复端前督部堂裁改职官折，于裁撤江安督粮一节不过称"该道向同两江总督驻扎宁垣，所有重要局差多委经理，今若遽行裁并，该省城实缺司道仅有两员，各局所皆将委之候补各员，资望过轻不足以资表率"等语，此外并无不能裁并之理由。今昔情形不同，无论各局所多已裁并，即论省垣实缺，司道现有布政、提学、交涉三司劝业一道，苟有委任均足以资表率。本年四月间督部堂会同前抚部院宝奏设巡警道时以江安粮道现虽停止河运而承办奏销一时尚难遽裁，知贤大吏循名课实本无终不欲裁之意。窃阅札交明年预算江南岁出入不敷至巨，为本省计兼为督部堂所辖之安徽邻省计，辄体焦劳之隐贡其一得之愚，披沥建议，请将江南盐巡道、江安督粮道两缺一并奏请裁撤，所属官吏酌量裁并，计两衙门可省不下二十余万，国计幸甚。所有议决建议案由理合备文呈请据情代奏。除呈资政院暨抚部院、督部堂及本局自行公布外，为此呈请督部堂、抚部院核夺施行，须至呈者。

呈报督部堂、抚部院议决江苏一省巡警劝业两道无庸宁苏各设一缺建议案文　十月初六日

为呈报议决陈请建议事件事：案查奏定《谘议局章程》第四十二条内开"凡议决事件，除议长、副议长同意认为应行秘密者外均公布之，并应随时报告督抚及资政院"等语。兹于第三届第二年度常会期内十月初三日会议议决江苏一省巡警、劝业两道无庸宁苏各设一缺建议案一件。查新官制，巡警劝业两道皆上禀部章下颁省令以为疆臣佐理之专员，省各一人，无虞不给。江苏地不加大，事不加繁，徒以旧设两藩司似对立者然，遂于宁设劝业道、苏设巡警道时皆声明后来尚预备各添一缺，顾迟久而不更保员试署者，督部堂、抚部院之盛意固亦深谅行政经费之支绌，不忍縻此永久之国帑也。近观宁劝业道实业之规画，如督部堂交议之案，则以宁镇准徐海之垦务为一议题，言垦政而宁苏合一矣，劝业道方测勘赤山湖为兴利除害之计，而赤山湖又分隶宁苏各邑矣。即此以观，倘分设两劝业道，徒多移会往复之烦而终不免事势牵掣之虑。至巡警道则宣布警政督促各地方官。江苏数十州县较之他省加繁之故安在，而一经分设，则两衙署之畦畛互相牵制而有余，两衙署之开支已较他省而加倍，财政拮据莫如今日，督部堂、抚部院固廑忧劳人民亦何敢不共筹补救。本局用敢披沥建议，恳请督部堂、抚部院据情代奏扩充现设巡警、劝业两道之职权，俾各以全省为限，而于前日分设之计画声明作罢，实于政体民艰两俱大有裨益，所有议决建议案由理合备文呈请据情代奏。除呈资政院暨抚部院、督部堂及本局自行公布外，为此呈请督部堂、抚部院核夺施行。须至呈者。

（五）呈请批答事件

呈请督部堂、抚部院批答革道蔡乃煌息借洋债之质问案文　九月初八日

为呈请事：查《谘议局章程》第二十六条内开"谘议局于本省行政事件及会议厅议决事件如有疑问，得呈请督抚批答"等语。九月初五日本局会议议决已革苏松太道蔡乃煌以国家之行政官厅名义息借洋债代偿钱庄倒欠外国银行之质问案一件理合呈请督部堂、抚部院照章批答。除呈资政院暨抚部院、督部堂外，为此呈请督部堂、抚部院迅予答复，须至呈者。

计呈清折一扣：

查正元等三庄倒欠华洋各款一案，蔡革道以息借洋债项下拨还外国银行所执正元等三家庄票一百四十万两，以商人倒欠商人款项而由国家借款代还，无论商界非商界皆谓其后患无穷。不逾一月，比总领事复以华比银行执有元丰等四家庄票十六万照请援正元等庄例办理。夫谕旨不云饬沪道悉心筹画慎防流弊乎，胡使比总领事有此照会耶？外交不慎自寻荆棘，无裨一时遗害百世，蔡革道之居心殊不可解。商人之对于洋款与官吏之对于商人各有定则可循，官吏发帑贷款以救市面，遇有倒欠洋款者由洋商禀请官吏向股东严追摊还，不足则以破产律处之，未有率以官款代为偿还者也。揆蔡革道持议之故有二：一曰沪市大例，遇有钱庄倒欠，先理拆票，次理庄与庄往来各账，又其次为存款；一曰维持华洋贸易信用，免各银行追收放出数千万之拆票。但所云先理次理究属何说，如以向股东追索摊还被欠者谓之理，则外国银行所执正元等三家庄票当向正元等庄股东严追摊还，不应在借款项下拨偿；如以国家借款代还谓之理，则此等理法未之前闻。蔡革道所称沪市大例何所据而云然，其称外国银行所执正元等三家庄票为拆票尤为自欺欺人。查上海钱庄向银行直接借银二天期者谓之拆票，其事专其责重，因银行信用在钱庄也。由洋行间接向银行代借十天期者谓之更票此项更票均由详行担保，其

事缓其责轻，因银行信用本不在钱庄也。其余出货票则洋布、洋纱期五天，广货、杂货期十天，亦俱由洋行间接。今外国银行所执正元等三家庄票多属更票及其他出货之票，而蔡革道混称拆票，是否有意朦混抑系不明沪市大例不欲悬揣。又正元等三庄倒闭时钱庄拆票总数一千一百三十六万，除去中国大清银行三百二十一万、通商银行六十一万，欠外国银行实只七百五十四万元，见六月十七日查仓单；又六月二十四日查仓单，拆票总数九百四十二万，除去中国大清、通商两银行三百九十万，欠外国银行者亦实只五百五十二万，而蔡革道朦称数千万，是否有意虚张声势以愚长官抑系误听人言亦不欲悬揣。惟所持迫收钱庄拆票一节似是而非。正元等庄倒欠在六月望日，而蔡革道签字在七月初旬，如外国银行因正元倒欠之故必欲将其他各庄拆票悉数收回，则待蔡革道维持已恐不及。或谓蔡革道于十七日在洋务局会议时早经担任，故外国银行始不迫收别庄拆票，斯言尤谬。盖各庄所欠外国银行拆票自六月望日至七月初旬凡半月间固无日不在迫索中，然一面迫索一面仍复拆出者，知商业贵乎流通。若将陆续拆出之款一旦收回，则虽极平静之金融界亦起恐慌，是不特中国为然，外国银行熟知利害，故声言迫收而实行发放，非有爱于钱庄也，实为己也。且如蔡革道所言以借款拨还为免迫收钱庄拆票计，然则此后外国银行拆票遂永远不复能迫索乎？抑订定此项庄票他日概由国家借款贷还，外国银行不得向钱庄迫索乎？其必无是理可知。或又谓蔡革道此举为维持钱庄信用计，斯言也于信用之义全属误解。信用云者，谓信任负债者之必能履行债务也，例如钱庄向银行拆银，银行受钱庄拆票，是信任钱庄到期必能清债。今正元等庄所负之债自不能偿而由国家借款偿还，谓能维持其他钱庄之信用，无论外国银行决不吾信，即果信之亦信任国家能为倒闭之钱庄代偿债务耳，非信任钱庄自能清偿债务也。质而言之，是信任以后钱庄再倒国家能再借洋款代偿之而已。如是，则此后外国银行发放拆票不必择殷实之钱庄而信任之，遇有发放拆票者即有代偿之人立诸其后，祸中于国家者可胜言耶。是蔡革道所持二说皆不能成立。办理此案之要著既误，其他更无是处，且还款之期定为五年，仅佟四星期内付清扣抵之一百四十余万两，能否向正元等三庄追足？即云贷息所余亦自有数可稽，贷款三百五十万两，常年四厘行息，计十四万两，除扣抵一百四十万两，尚余二百十万两，转放八厘行息，计得十六万八千两，相抵每年余二万八千两，合五年共得十四万两，藉此以偿相抵之款，不敷至一百二十六万两。此以二百十万两实行存储本息可靠而言其亏数已如此之巨，况上海道与各银行原订合同第一条明云"此项借款应将各银行所执倒闭之正元等三庄庄票共银一百三十九万九千余两先行付清，再将各银行、各洋行所执未付各庄票务令以上各钱庄及其余钱庄从速照付"等语，是除现扣之一百四十万两外，尚须将余存实借之二百十万两转行借给正元等庄清偿银行、洋行所执未付各票款，而并推及其余各钱庄，然则该革道所谓照奏案为储存之款者仍储存于正元等三庄及其余已倒未倒总之无力付票之各庄耳。已倒之庄何得托以存储？即未倒而业已无力付票之各庄又何足托以专案奏定严重存储之外债？盖照合同之文，其所谓存储者，已大半归已倒之庄，即稍有尚存于未倒之庄者，亦不甚稳固，是本且无著，何谓五年利息数有可观乎？至所谓将来追出之款在正元等庄是否能追缴足数，该革道谅有把握，本局更无从悬揣。所订合同以蔡乃煌及其后任道台同担完全之责任，债票上盖用道印，是非蔡乃煌一人之事，而实中国国家之事，因上海道乃国家行政官厅，非蔡乃煌私家之称号也。统观以上各节，本局所疑问之点有三，理合呈请批答如左：

一、商人倒欠华洋各款，不论票现，总之只能由官从严代追，不能承认代偿，此中外一定之通例。以国家行政官厅名义所借之洋债代还钱庄倒欠之外款，不惜为正元等庄创例作俑，设以后华洋贸易倒欠更巨，外商援例交涉，其奈之何？应请责令蔡革道与洋商妥订后不为例确据详由督抚宪分别奏咨立案并通告各国公使、领事免胎后患。

二、此次借款，既系维持市面，则必有实与市面相关之办法。今但闻广借外债，但闻扣款代偿商欠，而于市面之如何维持及所借之款如何存放归偿并未确定方法，虽案经奏准而于谕旨妥筹善后、慎防流弊之语全未顾及，未识当时蔡革道面禀若何措词？此中亏折之处督部堂原奏曾否据实声叙？

三、正元等三庄股东本非殷实，倒欠至三四百万之巨，追缴所得能有几何？此次所借三百五十万两之外款，其现扣之一百四十万及转放生息之二百十万究竟有无确实抵押物件及担保凭证，设有亏短，非特江苏人民不能因此凭空增加义务，即国家亦何能无端代任损失。奉上月二十七日上谕严饬蔡革道将经手款项俟两月内悉数缴清，本案是否谨遵钦限归并办理？

再，查蔡革道通电军机处、外务部、度支部及四川、江苏督抚等禀，声叙正元等三庄倒欠息借外款三百五十万之外，有"同时另有各庄号受挤万分危急，复由职道担措二百余万两竭力维持"等语。究竟所指同时受挤之各庄为何等庄号？所担措之二百余万向何处担措？期限、利息及将来归偿之方法若何？曾否奏明在先由度支部议准此项借款？又系放给何人？有无确实抵押物件及担保凭证？设有亏短谁任其责？

以上各节呈请督部堂、抚部院迅予照章批答。

呈请督部堂、抚部院批答宁属创办自治质问案文　九月初八日

为呈请事：案查奏定《谘议局章程》第二十六条内开"谘议局于本省行政事件及会议厅议决事件，如有疑问，得呈请督抚批答"等语。九月初五日本局会议议决宁属筹办自治质问案一件。查宁藩司所属江南自治总局设已数年，苏藩司所属自治筹办处成立在后。今苏藩司所属各州县城自治会均已成立，而宁藩司所属则甚属寥寥，既无自治之机关，何以促自治之进行，预备期限瞬届两年，宁苏两属如骖之靳，宁属各府何以瞠乎独后，拟请督部堂、抚部院将宁属江南自治总局所督促筹办之各府现在成立自治会者若干处，尚事调查者若干处，或虽已立局实未调查者若干处，究竟尚须经过若干时始能一律成立，应请督部堂、抚部院迅予批答。除呈资政院外，理合呈请督部堂、抚部院鉴核施行，须至呈者。

呈请抚部院批答整顿契税方法质问案并呈报督部堂文　九月十一日

为呈请事：案查奏定《谘议局章程》第二十六条内开"谘议局于本省行政事件及会议厅议决事件如有疑问，得呈请督抚批答"，又第四十二条内开"凡议决事件，除议长、副议长同意认为应行秘密者外，均公布之，并应随时报告督抚及资政院"各等语。本年七月初五日接奉抚部院札开："六月二十七日准宪政编查馆咨'准贵抚咨称苏属交议整顿契税方法一案前据谘议局将议决各条开折呈送，除允准照行并华洋道契一条另行核办外，倘有划拨公益捐三分、划一折价、自治会经征三节两次札复谘议局仍执前议等情，前来。本馆查划拨公益捐一节，部颁新章所谓卖契每两税九分、典契每两税六分，即系现行税率业经指定用项，若划拨三分为公益捐则指定之用项不敷，即与议减现行税率无异，碍难准行。所需地方公益捐自应由谘议局另行筹议，应由贵抚于下次谘议局开议时札行该局遵

照'等因。准此,为此札行查照,"等因。奉此。本局捧诵之下发生疑问五条,兹于第三届第二年度常会期内九月初八日会议议决遵章呈请批答:

一、局章第二十四条所称咨送资政院核议原系专指复议仍执前议之事件而言。查本局决议契税内遵章拨还公益捐划定三分一节,先奉瑞升部院于筹定自治案内裁夺可行,公布通饬,忽又奉陆护抚院于藩司议复整顿契税方法案内札称勿庸置议。在陆护部院则谓此案非谘议局所得议决,不必交令复议,本局则谓所议并未逾越权限,况已经公布之案,不应取销,札呈往复,尚未解决。窃思此案一经反复,已纠成许多层折,故欲解决应否划拨之问题,先须解决应交复议与否之问题,而欲解决应交复议与否之问题,先须解决应否将已经公布议案取消之问题。乃此次馆咨竟将此项事件与复议仍执前议之各项事件一例核复,毫无区别,岂知本未交令复议,即无所谓仍执前议。本局未识宝前部院咨送原文曾否将此节未交复议之处明晰声叙,所请核议曾否指明何种问题。谨请抚部院检阅挡案核明批答。

二、馆咨内称划拨公益捐三分一节与议减现行税率无异,碍难准行等因。查本局议决原案系遵照部定新章第三条、第十三条请将原有附收款目实行拨还,其划定三分系为全省一律起见,乃陆护部院抹去请遵部章而指为议减税率,业经本局于本年临时会三月十一日具呈明白声辨在案。乃馆咨仍指为议减税率,别无驳辨之语,似于本局议决原文及声辨原文均未寓目,且以外应待解决各种问题馆咨亦毫未提及,本局均所未喻,未识宝前部院咨送此案是否抄录全文抑有删节省略,谨请抚部院查悉批答。

三、本局议决整顿契税方法案并无宁属苏属之区别,此案交议者为瑞升部院系统辖宁苏两属之江苏巡抚,亦不得仅云苏属交议,乃馆咨声叙原咨有苏属交议整顿契税方法一案之文,本局不识是否原文如此,谨请抚部院查悉批答。

四、本局议决契税案内遵章拨还公益捐划定三分一节系列入议复端升部院交议筹定自治经费案内乙项第三节,而于议复整顿契税方法案内第一节又有宽定拨还附捐之决议,两案相同,但自治案呈报在先,亦先奉到札复。乃此次馆咨专提整顿契税方法一案,是否宝前部院将筹定自治经费一案漏未咨送,如或并未漏送则是否抄录全文抑有节删省略。应请抚部院一并查悉批答。

五、契税向有附捐,各邑多寡不等,系充育婴、义渡、善堂、学务种种要需。现值督促自治筹款愈亟，万不至夺其固有，惟向系带收于正税三分之外有外加而从无内扣，今奉拨还于新章九分之内，许内扣而不准外加，上年本局议决此案之时增税部章颁到，正在开始试办之际，急待规定办法，故原案特著其文曰"应自部定新章实行之日起"，乃因案经反复忽又一年，此一年中宁苏两藩司对于此项旧有附捐是否遵章内扣抑系听任外加，有无详定办法，谨请抚部院查明批答。

再，此外尚有对于宪政编查馆之疑问，拟俟此次奉到札复批答后呈请资政院核示，合并声明。以上议决案由理合呈请抚部院照章批答。除呈资政院暨督部堂及本局自行公布外，为此呈请抚部院迅予批答。须至呈者。

呈请督部堂批答复议仍执前议事件办法歧异质问案并呈报抚部院文　九月十二日

为呈请事：案查奏定《谘议局章程》第二十六条内开"谘议局于本省行政事件及会议厅议决事件如有疑问得呈请督抚批答"，又第四十二条内开"凡议决事件，除议长、副议长同意认为应行秘密者外均公布之，并应随时报告督抚及资政院"等语。兹于第三届第二年度常会期内九月初八日会议议决复议仍执前议事件办法歧异质问案一件。查《谘议局章程》第二十四条内开"谘议局于督抚交令复议事件若仍执前议，督抚得将全案咨送资政院核议"等语。又查札发《谘议局章程解释汇钞》宣统元年九月十八日宪政编查馆致各省督抚电开："现在资政院未成立以前，如有关系该局争执事件暂准自督抚分别据情电咨核复以昭慎重而清权限"等因。又十月二十九日浙江巡抚电询宪政编查馆，以现在资政院尚未成立，如有急待判断照行之件，是否遵上月漾电由督抚分别电咨钧馆及主管官署核复抑或待资政院成立再送。十月三十日宪政编查馆复电，谘议局争执事件应暂由督抚分别电咨本馆核复等因。综绎上列各节，是督抚于谘议局复议仍执前议事件在资政院成立以后应照《谘议局章程》送院核议，在资政院未成立以前应遵宪政编查馆电文咨馆核复，不问如何事由，其他官署均无解决争执之权，馆电所谓昭慎重而清权限也。兹查上年常会本局呈报议决学务公所整顿事宜案内议长议绅照额倍选呈请择定一条，本年三月十二日督部堂交令复议，十六日呈报复议仍请公布施行，二十五日奉督部堂札复，以既据谘议局一再来呈仍执前议，应查照谘议局所议咨请学部核复等因，似于局章、馆电均有歧异，如以所议有关学部定章改咨学部，则如本局呈报复议仍执前议之整顿契税方法案有关部定章程并未奉咨度支部核复，是知督部堂、抚部院办理此项事件悉经按照局章、馆电，固不问议案内容如何也，独此案奉咨学部未奉咨由宪政编查馆核复是何理由，理合呈请督部堂照章批答俾释群疑。除呈资政院暨抚部院及本局自行公布外，为此呈请督部堂迅予批答。须至呈者。

呈请督部堂批答借款维持市面质问案文　十月初六日

为呈请事：查奏定《谘议局章程》第二十六条内开"谘议局于本省行政事件及会议厅议决事件如有疑问得呈请督抚批答"，其第二项"督抚认为必当秘密者应将大致缘由声明"各等语。兹于第三届第二年度常会期内十月初三日会议议决，因九月间上海市面恐慌，督部堂赴沪维持，当时报章腾播传说不一，加以前任苏松太蔡䕫道之殷鉴，本局为本省大局计不无悬念。爰有十八日所呈一电，其文曰："报载借款三百万由宁筹还有无其事，乞赐电复。"此电未蒙答复。窃以本局于本省行政事件实有疑问而不呈请批答则本局部即有违章之咎，理合补具文牍呈请批答以符局章，为此呈请督部堂迅予批答，须至呈者。

呈请督部堂批答停止官纸专卖质问案并呈报抚部院文　十月十六日

为呈请批答事：十月十四日议会议决停止官纸专卖质问案一件。查局章第二十三条谘议局议定不可行事件得呈请督抚更正施行，第四十六条后附之案语谓所以重行政长官之责任。据此，则本局所议决之案一经批准施行，其责任全在行政长官。乃本局于南洋官印刷厂停止官纸专卖一案早经督部堂批准更正施行，而本年八月间淮安之盐城县署又设一印刷官厂分销处，并由县署账房专办，凡词讼状纸白禀以及合同借券婚帖等皆须一律遵用，违不受理。该处士绅函请邑令查询详复，该县函复以地方行政衙门须听上官命令，既未奉准停止明文，而各署暨上台衙门现准行销官纸，敝署不能独异为辞，似此案虽经督部堂批准施行，而于此项官纸尚未札饬各衙署一律停止。本局对此不能不生疑问，理合援据局章第二十六条呈请批答，除呈资政院暨抚部院外，为此呈请督部堂照章批答，须至呈者。

呈请督部堂、抚部院批答蔡革道息借洋债继续质问案文　十月十六日

为呈请事：十月十四日议会议决革道蔡乃煌息借洋债代偿钱庄倒欠外国银行各款继续质问案一件。查本局前因蔡革道乃煌以国家行政官厅名义息借洋债代偿钱庄倒欠外国银行之款有疑义质问，计分两事：一因正元等三庄倒闭时息借三百五十万之款，又一则同时另有各庄号受挤复由蔡革道担借二百余万之款，业经议决呈请督部堂、抚部院照章批答。九月二十三日奉抚部院将蔡革道详送借款合同之批示札复本局并声明事经督部堂奏准，应候督部堂主政札复等因在案。嗣于十月初九日奉督部堂札复到局。寻释来文，督部堂仅追述当日蔡革道面禀浮混之词，未体谕旨转饬慎防流弊之意，且按照本局原呈，除第一节第二条所问当时蔡革道面禀若何措词一语确承批示外，其余有关紧要各端亦概未按呈切实逐一答复，仍未能解释本局之疑虑，不得不继续质问，呈请督部堂、抚部院迅予照章批答。查督部堂此次札复仅追述六月间蔡革道乃煌及上海商会总理周道晋镳来辕面禀之词，声明当时即以须先扣款代还三庄所欠一百四十万两为可疑，业经反复辨论，又归结于办理情形自应由该道钦遵谕旨慎防流弊各等语。无论案经督部堂出奏并由督部堂奉旨转饬遵办，固不尽以该道等免禀之词为重，即就札文所述当日该道等面禀之词言之，亦有积疑莫释者：

第一层，指明正元等庄所出之票为拆票，且称当时各国银行共出拆票二千余万，拟同时收回，此系危词耸听，原呈早已辨明，且更有一事足以证明其所言之谬者。查正元等庄倒欠外国银行之款计共一百三十九万九千五百二十九两四钱一分，却系全无拆票在内。拆票与非拆票之显有区别，非特字号数目各不相同，且拆票必为整数，或数万两，或数十万两，断无几两几钱几分之畸零小数，其有小数者盖洋行间接向银行代借期限十天之更票，若用以出货则谓之出货票，货价应视金磅、马克、法朗而定，故以之折合银两必有畸零小数。今札复所称分给各业向洋行出贷是即明为更票出货票而非拆票毫无疑义。督部堂政务殷繁，或不及注意于商事习惯，蔡革道身任江海关务，不应于此懵然，且周道既充商会总理，必更情形熟悉，何以贸然合词陈请，得毋有意串蔽。此应请批答者一也。

第二层，所称力任设法代还，此中外各国自古所无，断然不能准许之事，诚如抚部院札开所谓藩篱一撤，恐此后洋商有所藉口，钱庄益复肆无忌惮，即督部

堂当时亦早以此事为可疑，则何不博询士绅，或照局章召集常驻议员询考，而竟据该道等一面之词准予出奏，未识是否猝被欺蒙致为分谤，抑督部堂亦确信商欠洋款应由国家代还。此应请批答者二也。

第三层，蔡革道与周道徒称借款四厘利息之合算又转放九厘利息之可沾润。使果所言不虚，本利确实，未必无微息可取。然息余有限固已远不逮扣偿一百四十万虚借之款，况照原合同第一条所定，除现扣一百四十万两以外，其余二百十万亦须代为已倒之各钱庄偿还各国银行所执未付之票款，是则二百十万两之放本且虑无著，何有于四厘与九厘相较之息余得以弥补扣偿一百四十万两之巨款，无论转放之息为九厘八厘，总不能以凭空预计将虚作实，此二百十万两转放之款现究存放何等庄号，本金利率、借户牌号及其抵押保证若何，最应详细注意得有著落。札文所述洋商出借现银交道择上海殷商存放，此等应有证实，未宜含混不提。此应请批答者三也。

第四层，蔡革道及周道又云普通七厘与特别轻息四厘较以三百五十万，计五年所减之息亦得五十二万五千两，又云此项借款既无抵押，则以上等产业七拆押款计，实已腾出产价三百万两留存华商之手云云，似乎计划甚巧，然名为借款三百五十万两，而实借仅二百十万两，此一百四十万两之实利虚本受亏已巨，顾尚以四厘七厘较余之息为得计，且腾出押产价值较之以上海道印信及督部堂奏案为担保孰轻孰重不辨自明，而犹以蔡革道及周道所论各节为非无据。此应请批答者四也。

第五层，即照蔡革道及周道所凭定计划极力设法三项凑抵，尚短三十五万两，欲于陈逸卿名下押存洋行股票产业等件设法腾出数十万两。夫既押存洋行，抵欠尚有不敷，而谓可设法腾出数十万两之巨款，其谁信之？至云正元等三家股东均尚富厚，果尔又何必倒闭巨款？且更何必息借洋债为之代还，此尤掩耳盗铃自欺欺人之语。此应请批答看者五也。

以上皆蔡革道等蒙混面禀显然可指之处，为当日不应借款代偿之证。至既借以后则重在慎防流弊，现时可不必论蔡革道及周道之当日措词若何，总之督部堂既允代奏，想必以借债代偿商欠为事属可行，且以转放之债款为本利有著，本局所急须呈请批答者只在以后流弊如何杜绝，借到之款如何存放、归还以及万一亏短谁任偿还之责。再，三百五十万两以外另借之二百万两究因何用及如何存放归偿担任亏短，事关财政，后患堪虞，仍应请按照原质问案紧要之处一并逐条确切批答以符局章而释疑虑，理合将原案四条一并抄粘呈请察核。除呈资政院暨抚部院、督部堂及本局自行公布外，为此呈请督部堂、抚部院迅予批答，须至呈者。

计抄粘：

一、商人倒欠华洋各款不论票现，总之只能由官从严代追，不能承认代偿，此中外一定之通例。以国家行政官厅名义所借之洋债代还钱庄倒欠之外款不惜为正元等庄创例作俑，设以后华洋贸易倒欠更巨，外商按例交涉其奈之何？应否责令蔡革道与洋商妥订后不为例确据详由督抚宪分别奏咨立案并通告各国公使、领事免贻后患。

二、此次借款既系维持市面，则必有实与市面相关之办法。今但闻广借外债，但闻扣款代偿商欠而于市面之如何维持及所借之款如何存放归偿并未确定方法，虽案经奏准而于谕旨妥筹善后慎防流弊之语全未顾及，未识当时蔡革道面禀若何措词？此中亏折之处督部堂原奏曾否据实声叙？

三、正元等三庄股东本非殷实，倒欠至三四百万之巨，追缴所得能有几何？此次所借三百五十万两之外款，其现扣之一百四十万及转放生息之二百十万究竟有无确实抵押物件及担保凭证，设有亏短，非特江苏人民不能因此凭空增加义务，即国家亦何能无端代任损失。奉上月二十七日上谕严饬蔡革道将经手款项侭两月内悉数缴清，本案是否谨遵钦限归并办理？

四、查蔡革道通电军机处、外务部、度支部及四川、江苏督抚等禀，声叙正元等三庄倒欠息借外款三百五十万之外，有"同时另有各庄号受挤万分危急，复由职道担措二百余万两端力维持"等语。究竟所指同时受挤之各庄号为何等庄号？所担措之二百余万向何处担措？期限、利息及将来归偿之方法若何？曾否奏明在先由度支部议准此项借款？又系放给何人？有无确实抵押物件及担保凭证？设有亏短谁任其责？

呈请督部堂、抚部院批答丰县、邳州违法朦收质问案文　十月十七日

为呈请批答事：十月十四日议会议决徐州府属丰县、邳州违法朦收质问案一件。查丰县于宣统元年冬漕带征自治经费钱八十文并补征上下忙未完钱九十文，于宣统二年上下忙带征自治经费钱六十文并各补征元年上下忙自治经费钱四十

文,又邳州于宣统二年上忙带征自治经费钱六十文,均于官串加印红戳。案查上年七月间宁藩司以徐州府禀称"前由自治局详定各属自治研究员经费,仿照江宁府属办法,于积谷项下每地丁银一两带收钱二十文,漕米一石带收钱四十文之处,徐属除铜、萧二县外均不敷派解,请将阖属漕忙改为每两带收钱六十文、每石带收钱八十文,统提分拨以归划一等"因,详由督部堂于八月间批准在案。又查元年十月十五日本局会议议决之筹定自治经费案内乙项第二条明定有宁属各厅州县前经江南筹办地方自治局详定每地丁银一两带征自治经费钱二十文、漕米一石带征钱四十文,本年暂充省城自治研究所学费,以后永远作为地方自治专款等语,业经督部堂、抚部院公布施行在案。据此,则上年八月间督部堂批准徐属加收自治经费系指宣统元年充省城自治研究所学费而言,自宣统二年起即应改为地方自治专款,各厅州县自应遵照公布施行之自治经费案所定带征之数办理。今邳州、丰县于宣统二年上下忙仍带收自治经费钱六十文,比照本局议决案所定二十文之数每两溢出钱四十文,是否朦混浮收,且据印串所加之红戳,丰县元年冬漕于补征自治经费八十文外已带补上下忙未完钱九十文,二年分上下忙又各补征元年上下忙自治经费钱四十文,其元年冬漕带补之未完钱九十文究指何项带征未据该县载明串上。一补再补,迹近重征,理合按照局章第二十六条呈请查核批答。除呈抚部院、督部堂外,为此备文粘同印串呈请照章迅予批答。须至呈者。

计呈丰县印串三纸、邳州印串一纸。

江苏谘议局第三届第二年度常年会专呈资政院文件、议决案汇录

（一）呈复咨询事件

呈复资政院咨询预算岁入有无不符或遗漏文　十月二十八日

为申复事：九月三十日奉钧院给咨询艳电内开"本年试办明年预算，各省报告岁入数目有无多少不符或遗漏款目望各就所知查明电复，一面详细申复以备参考。资政院。艳"等因。奉此。查本年试办预算奉江督部堂、苏抚部院交到岁入岁出全册，遵奉钧电于审查时随处钩稽，察其有无隐漏，其中零星款目难于指摘，而其最堪异者，全国财政皆经清理，独江苏有未受清理之财政，谨为钧院陈之。江苏设有江北提督，查宁属交议预算全册，其岁入册经常门第二类第二款第五项、第二十二项均有江北协款，岁出册经常门第二类第一款第九项，第三款第十四、十五、十九、二十四、二十八、四十九等项均有协江北之款，据此即知江北财政未入宁册，宁属尚无完全之预算，当时疑不敢决，即函请江督部堂复示，于初二日奉到督部堂复函，内开"查江北财政除各州县经征地丁钱漕等项向归宁藩司衙门汇办外，所有关涉漕河、陆军各款案均由提署主持，自行设局清理造册，报部预算表并不列入"等因。奉此，乃知江北财政实与清理局无涉，在江北自有地方行政经费，不交谘议局议决，已破坏本年试办预算之部章，而其应入国家岁入岁出范围之款目未知度支部如何查核，如何奏交钧院议决。本局既有所见，理合遵电申复，为此呈请钧院核夺施行。须至呈者。

（二）呈请核办事件

呈请资政院核办议决张督部堂违背法律并侵夺如谘议局权限案文　十月二十二日

为呈请核办事：查《谘议局章程》第二十七条内载"本省督抚如有侵夺谘议局权限或违背法律等事，谘议局得呈请资政院核办"等语。今因张督部堂确有侵夺本局权限及违背法律情事，援照局章第二十七条于十月二十日会议议决呈请钧院核办。分列督部堂违背法律及侵夺权限之确据如左：

一、本年六月间上海正元等三钱庄倒欠华洋商人巨款，由已革苏松太道蔡乃煌及上海商会总理周道晋镲朦禀督部堂奏准官借外债三百五十万两代商人偿还亏倒洋行之款，督部堂不加审察，遽信蔡、周两道之朦禀，即据以奏请，旋经本局会议质问，奉督部堂批答，仅述蔡周两道朦禀之词，并将遵旨慎防流弊一层悉诿过于属吏而于善后方法置之不议，答非所问，经本局继续质问，闭会期迫，迄未批答。但观第一次批答已足证明督部堂实允借债代偿商欠，无论显背此次谕旨转饬慎防流弊之意，且查中国与各国所订条约，均有华人倒欠洋款官吏只能代追不能保偿之语，此系历朝特旨所批准之件，即为本国官员所应恪守之法，督部堂又系身任南洋通商大臣，于办理华洋交涉更有专责，乃一切不顾，偏信属吏，朦奏朝廷，又以谕旨所谆饬应行恪遵者仅诿之于属吏而已若无与，召外交无穷之患，增财政困难之忧，实较寻常违背法律仅关内政者情事尤重。兹就本国与各国订定经历朝特旨批准遵行不准官吏代偿商欠之各条约汇列若干条，并本局迭次质问督部堂及督部堂批答之文一并抄粘，照章呈请核办。

二、本年九月初本局闻有督部堂向上海洋商借款三百万两由宁筹还之说，时以督部堂因事在沪，曾照局章先行电询，久置不答。旋于十月初三日由本局议决补具公文呈请批答，始奉札复，内称与各国银行筹商借债，以三百万两为率，以六年为期，本利由宁省设法匀还等语，乃知此项借款确有其事，并非风说。查局章第二十一条第四款议决本省税法及公债事件，又第五款议决本省担任义务之增加事件，此项借款既声明本利由宁筹还，是即本省公债及本省担任义务之增加事件，与局章第二十一条第四、第五两款相符，照章为本局应办事件，关系既极紧要，而事在九月初间又值本局常年会开会之期，乃竟不交局议，径与洋商订约借款，实与局章第二十七条按语相符，使非照章呈请钧院核办，势必于谘议局应有之权限悉被侵夺，因是再将质问电胶及督部堂批答之文一并抄粘照章呈请核办。

以上二条核与局章第二十七条所开督抚违背法律侵夺权限之文相合，理合备文抄粘呈请钧院察核施行。须至呈者。

计抄粘：

一、汇列本国与各国订定条约

中俄条约第八款：

两国商人遇有发卖及赊欠含混相争大小事故，听其自行择人调处，俄国领事官与中国地方官止可帮同和解，其赊欠账目不能代赔。

中英条约第二十二款：

中国人有欠英国人债务不偿或潜行逃避者，中国官务须认真严拿追缴。

中法条约第三十七款：

将来若有中国人负欠大法国人船主及商人债项者，无论亏负诓骗等情，大法国人不得照旧例向保商追取，惟应皆告知领事官照会地方官查办出力责令照例赔偿，但负欠之人或缉捕不获，或死亡不存，或家产绝无力赔偿，大法国商人不得向官取赔。

中美条约第二十四款：

中国人有该欠大合众国人债项者，准其按例控追，一经领事官照知，地方官立即设法查究严追领给。倘大合众国人有该欠华民者，亦准由领事官知会讨取或直向领事官控追俱可。但两国官员均不保偿。

中德条约第三十七款：

中国人有负欠布国其德意志通商税务公会和约各国属民债项而不偿还或潜行逃避者，中国官一经收到债主主呈词，务须认真责令债主赔偿，严拿逃犯，追缴债主。布国及德意志通商税务公会和约各国民人有欠中国人之债而不还或潜行逃避者，布国及德意志通商税务公会和约各国官员亦应一体办理。但均不得向两国官员取偿。

中国瑞典那威条约第十六款：

中国商人遇有拖欠瑞典、那威国等人债项或诓骗财物，听瑞典国、那威国等人自向讨取，不能官为保偿。若控告到官，中国地方官接到领事官照会，即应秉公查明催追还欠，倘欠债之人实已身亡产绝，诓骗之犯实已逃匿无踪，瑞典国、那威国等人不得执洋行代赔之旧例呈请著赔。

中丹条约第二十二款：

丹国人民若有华民欠债不偿，约准地方官认真代为催缴，或有潜行逃避情事，应严为缉拿追还。丹人欠债不偿或潜行逃避者，丹国官亦应一体办理。但均不能官为赔偿。

中荷条约第六款：

华民有欠和民债务潜逃者，若地方官查知，自当严拿追究。和民有欠华民债务潜逃者，和国官吏查知，亦当严拿追究。两国官均不代为赔偿。

中国日斯巴尼亚条约第十九款：

日斯巴尼亚国民人若有华民欠债不偿，约准地方官认真代为催缴，或有潜行逃避情事，应严为缉拿追还。日斯巴尼亚国人欠债不偿或潜行逃避者，日斯巴尼亚国官亦应一体办理。均不能官为赔偿。

中葡条约第四十九款：

大清国人有欠大西洋国人债务不偿或潜行逃避者，中国官必须认真严行查拿，如果系账据确凿力能赔缴者，务须追缴。大西洋国人有欠大清国人债务不偿者，大西洋国领事官亦一体追缴。但不论是何情形，两国均不保偿民人欠项。

中韩条约第七款：

倘有两国商民欺罔衒卖贷借不偿等事，两国官吏严拿该逋商民令追办债欠，但两国政府不能代偿。

中比条约第十八款：

比国民人若有华民欠债不偿，约准地方官认真代为催缴，或有潜行逃避情事，应严为缉拿追还。比人欠债不偿或潜行逃避者，比国官亦应一体办理，但均不能官为赔偿。

中义条约第二十三款：

义国民人若有华民欠债不偿，约准地方官认真代为催缴，或有潜行逃避情事，应严为缉拿追还。义人欠债不偿或潜行逃避者，义国官亦应一体办理，但均不能官为赔偿。

中奥条约第二十四款：

奥斯马加国民人若有华民欠债不偿，约准地方官认真代为催缴，或有潜行逃避情事应严为缉拿追还。奥斯马加国人欠债不偿或潜行逃避者，奥斯马加国官亦应一体办理，但均不能官为赔偿。

中日通商行船条约第二十三款：

中国人有欠日本人债务不偿或诡诈逃避者，中国官务须严拿追缴。

二、关于蔡革道息借洋债质问案及札复文

呈请督部堂批答已革苏松太道蔡乃煌以国家行政官厅名义息借洋债代偿钱庄倒欠质问案文 九月初八日

按此文已于九月十三日呈报钧院在案，兹不重录见本届常年会呈报议决案文。

督部堂批答蔡革道息借洋债质问案札文 十月初九日

原文全抄见本届常年会督部堂复文。

呈请督部堂批答蔡革道乃煌息借洋债继续质问案文 十月十六日

按此文已于十月十八日呈报钧院在案，兹不重录见本届常年会呈报议决案文。

三、关于督部堂借款维持市面电牍及札复文

致督部堂电 九月十八日

原文全抄见呈请督部堂批答借款维持市面案文内。

呈请督部堂批答借款维持市面质问案文 十月初八日

原文全抄见本届常年会呈报议决案文。

督部堂批答借款维持市面质问案札文 十月十四日

原文全抄见本届常年会督部堂札复文。

呈请资政院核办议决张督部堂违背法律案文　十月二十二日

为呈请核办事：谨按《谘议局章程》第二十七条内开"本省督抚如有侵夺谘议局权限或违背法律等事，谘议局得呈请资政院核办"，其附加之案语载有"本条所定系为保护谘议局之权限并预防督抚滥用其权力而设。盖督抚如有侵夺

谘议局权限或违背法律等事，谘议局得呈请资政院核办，则督抚限于众议不致有病国害民之举"等语。是本省督抚苟有违法情事，本局实负纠举之责。兹于十月二十日会议议决，查本省海丰、永丰、大丰三公司经饥民聚众焚抢，张督部堂对于此案，其奏办折文所引之例核与现行新律所载颇有未合。法律为全国人民托命之地，若行政、司法之长官可以上下其手，人民无所适从，小之有身家财产之忧，大之为地方治安之累。今督部堂办理此案实有违背法律之处，自应谨遵局章第二十七条权限呈请核办。分列督部堂违法之确据如左：

一、督部堂奏称海州饥民众至数万，州牧暂行闭城，饥民因就食不得，转向海丰公司求索，途抢某油坊豆饼船只并攫取旁船柴薪，逼近公司者二三百人，群向喧闹，毁其栅栏花墙，取其麻袋焚烧，并用砖石向内抛击等情。查现行刑律内载"直省不法之徒如乘地方歉收，伙众抢夺扰害善良、挟制官长，或因振贷稍迟抢夺村市、喧闹公堂者，俱照光棍例治罪"盗贼门；又例载"光棍为首者绞立决，为从者俱绞监候"盗贼门；又例载"饥民爬抢，除纠伙执持军器刀械威吓、接捺事主、搜劫多赃者，仍照强盗本律科断外，如有聚众十人以上至数十人执持木棍等项，爬抢粮食并无攫取别赃者，为首拟绞监候，为从发极边足四千里安置"盗贼门各等语。今按督部堂所奏情形，是海丰公司一案恰与第一条例文"直省不法之徒如乘地方歉收，伙众抢夺扰害善良、挟制官长"数语相合，其应照光棍例拟办实无可疑，即于三公司失事之后督部堂电饬清江奭道、徐州张道等保护面粉公司明文亦引饥民爬抢一条正例，乃于奏牍内竟不引用此条正例，仅引无当之徒手爬抢为首满徒之文驳议见下条，显系故出入人罪。其违法者一。

一、督部堂奏称饥民并未开枪，例以徒手爬抢，亦只于为首满徒，况系爬抢未成等情。查《现行刑律》内载"饥民爬抢，如十人以下持械爬抢者，为首亦照前安置承上句发极边足四千里安置言之，为从减一等，其徒手并未持械者仍照抢夺本律科断"盗贼门。又《例注》："凡刀械石块皆是持仗。"盗贼门又《律注》："凡先定有强谋执有器械，带有火光，公然直至事主之家攻打门墙者，是谓已行。若为事主所拒，邻保所援，不能得财，虽事主之家无损而强盗之谋已行，不分首从，皆应满流"各等语。今按督部堂奏称饥民逼近海丰公司已二三百人而用砖石抛击毁其栅栏花墙，焚烧麻袋，是其谋已行，其事已著，而督部堂转引饥民爬抢十人以下之例，并谓系徒手行抢，且系爬抢未成，未免纵容乱民，实属弁髦法律。其违法者二。

一、前周督部堂于光绪三十二年电奏土棍率饥民抢劫米店，派兵严拿首要重办，倘或拒捕或聚众抢劫，不服解散，准其格杀勿论。又宣统元年因海州麦船被劐，经前护督部堂樊、前抚部院瑞、前江北提部堂王先后电饬照三十二年成案，如敢抗违拒捕并准格杀勿论等因。又查现行刑律内载："事主因贼犯偷窃财物，登时追捕殴打至死者，不问是否已离盗所，捕者人数多寡，贼犯已未得财，俱徒二年半。如贼犯持仗拒捕者，登时格杀，仍依律勿论。"又注云："凡刃械石块皆是持仗，事在顷刻，势出仓卒，谓之登时抵格而杀，谓之格杀。"盗贼门各等语。例案朗列，理宜照办。今督部当所奏既查明海州饥民是日逼近公司，业已毁其栅栏花墙，焚烧麻袋，抛击砖石，则仓卒格抵正与登时格杀之例相符，而转谓公司轻率动手，枪毙无辜饥民，应照凶手问罪，是直视例案如弁髦，将使不法棍徒一遇歉收即可藉饥纠抢，藐视国法而不畏。其违法者三。

一、督部堂奏称永丰公司被焚抢一案系由棍徒煽动饥民用火油焚抢，亦正犯前引二条正例，案情甚重，而督部堂亦不引照比此例从严究办犯事之棍徒，而转归咎于永丰之谋业不臧，自贻伊戚，是不独纵容棍徒扰乱治安，显干法律，且大背朝廷振兴实业之至意，反对宪政之进行。其违法者四。

一、饥民爬抢之案属于民政，实为巡抚职掌，又为江北提督管辖之区，即由江督主政主稿，亦应与江苏巡抚、江北提督会同入奏。恭查嘉庆八年上谕"例应会衔具奏事件，总当先期咨会公同商定，俟有回文始行具奏，倘应会不会，或仅于事后关会者，即著应行会衔之员据实奏参，交部议处，以杜专擅之弊"等因，钦此。今据报章所登，督部堂奏稿并未会同抚提两院，特是单衔具奏，亦与定制不合，未免专擅。其违法者五。

以上五条核与局章第十七条所开督抚违背法律之文相合，理合备文呈请钧院核办。须至呈者。

《江苏谘议局议决宣统三年宁属地方行政经费预算案附会议厅审定各款理由表册》

江苏谘议局议决预算宣统三年宁属地方行政岁出经费清册

江苏谘议局谨将第三届第二年度常年会奉督部堂交议宁属宣统三年地方行政经费划定的款各数开具统计清册恭呈钧鉴。

计开：

一、总册：共库平银二四七七二七四两·一五九。

二、别册：共库平银八〇四二·四六一。

以上统计划定的款：共库平银二四八五三一六·六二〇。

内划减裁减并案：共库平银六九五二五·八〇〇。

前项系两江师范学堂一万两，地方自治经费六千两，补助私立学堂经费八千九百余两，图书馆六千两，矿政局一万二千两，铁路局七千两，官报局八千九百余两，巡警学堂四千二百两，法政学堂二千一百八十八两八钱，初级师范学堂九百二十九两，江南高等学堂八百六十六两，暨南学堂一百八两，江宁府中学堂一百八十两，江宁四区小学总汇处六百七十余两，模范小学公所八十四两，中西医院一千五百两，共符前数。

改入国家：共库平银二七九三八·八〇八。

前项系缉捕费一万五千八百六十三两七钱八分四厘，军事书报印刷所经费一万一千零八十两零三钱二分四厘，清理田赋经费九百九十四两七钱，共符前数。

会议厅审定此条，已奏明国家经费、地方经费取资同在岁入总数之内，是届国家税、地方税尚未分划，应无庸改。

改入自治：共库平银三四二二三·三一四。

前项系冬防经费三千八百二十四两四钱四分四厘，积谷费三千九百七十二两六分，拒烟会一千二百九十一两六分三厘，禁烟分所二百九十九两二钱八分六厘，宣讲圣谕九十两，自治研究所三千四百八十八两九分七厘，各府厅州县地方自治经费二万一千二百五十八两三钱六分四厘，共符前数。

会议厅审定此条，已奏明自治无专款可指，应俟自治经费稍充再行改入。

检出重复：共库平银三〇〇〇〇·〇〇〇。

前项系谘议局经费内检出，合列前数。

会议厅审定此条，已行清理财政局于编制宣统四年预算时核明更正。

检出误列：共库平银二·六九六。

前项系两淮盐务官立学堂经费项下多列二两七钱，省城及各府厅州县劝学所经费项下少列四厘，两抵合符前数。

会议厅审定此条，已行清理财政局于编制宣统四年预算时核明更正。

以上五项应于总数内减去：共库平银一六一六九〇·六一八。

以上统计实存划定的款：共库平银二三二三六二六·〇〇二。

江苏谘议局谨将第三届第二年度常年会十月二十日议决督部堂交议宁属宣统三年地方行政经费岁出预算案开具清册恭呈钧鉴：

全案之总说明：

一、岁出总数以足交议预算总册及别列各厅州县补助善举经费册案中但言别册之总额为度，但其中各分数互有增减。

二、裁减并案内，已裁减并之数及应划归国家行政或地方自治事宜之款，又复列及误列之数，均先于交议总额内分别剔还。

三、除款系补助各事项外，凡巡警饷乾学堂局所员役薪工，应遵部颁预算例言第十三条注明员数名数及每员每名若干，今因原册未列故暂阙。

四、新增之事项暂阙。

五、女子师范、女子蚕桑、水产中学，医学、工业教员讲习所皆本省所亟宜设备，故增列。

六、各厅州县地方自治宁属成绩较少，又共进会所以提倡实业，均系现在切要之务，亟宜由官力提倡补助以促进行，故增列。

七、凡属不急、无谓及无庸代谋之事项，如通志局、考送学生、津贴上江中学等均裁以纾财力。

会议厅审定此条各项说明见后附表册内。

八、原册临时门第二类第二款第一项有出洋学费二十二万八千一百八十两，笼统开列，无从议决，且查与此下各项迹近重复，故裁。如果实有此项学生，应请将留学何国、学生几名、每名每年学费若干、何年可以毕业详细札知本局，所有应支学费即在教育预备费内如数动支。

会议厅审定此条说明见后附表册内。

计开：

一、经常门

第一类、民政费：共库平银五〇七一九〇·八一四。

第一款、谘议局经费：共库平银三〇〇〇〇·〇〇〇。

项目另册开列。

说明：查谘议局常年经费岁需银六万两，奏明宁苏两属各半分摊，预算分载两册各银三万两，其项目未便分列两册，故另册开载。凡宁苏两属共同担负之款仿此。

会议厅审定此案，前准部饬核减，据局呈咨请核销，现复准度支部咨以各项支数太滥，特别费内所列招待各项并未报部率行开支尤属不合，应饬提回并饬造册呈核，业已转行在案，合即标明。

第二款、省城及各府厅州县巡警经费：共库银二九三三四九·二六三。

第一项、省城巡警经费： 银一七一八一四·九三九。

第一目、各区巡警经费： 银一五六六六三·二八八。

说明：别列拟省城扩充巡警经费一册，计需银四万四千余两，应于本册原数及总局费内撙节腾出。

会议厅审定此项说明见后附表册内省城扩充巡警经费项下。

第二目、消防队经费： 银三八九三·三八九。

第三目、宁省铁路巡警经费： 银五八〇八·〇二四。

第四目、金陵商埠巡警经费： 银五〇三一·一三一。

第五目、上河镇巡警经费： 银四一九·一〇七。

第二项、各府厅州县巡警经费： 银一二一五三四·三二四。

第一目、句容县巡警经费： 银二六八五·一五〇。

第二目、六合县巡警经费： 银八四四·一五〇。

第三目、高淳县巡警经费： 银二七四九·一一〇。

第四目、溧水县巡警经费： 银六八九·〇〇〇。

第五目、江浦县巡警经费： 银四四九·七〇〇。

第六目、扬州府巡警经费： 银三五九二九·〇六二。

第七目、扬子县巡警经费： 银一〇一四九·一三一。

说明：此系原册第三项第十三目及第四项第四目总数。

第八目、高邮州巡警经费： 银二七三八·八九八。

第九目、兴化县巡警经费： 银三一一一·一一一。

第十目、宝应县巡警经费： 银三七一七·八六一。

第十一目、泰州巡警经费： 银五一三四·五〇〇。

第十二目、东台县巡警经费： 银二〇四九·〇五二。

第十三目、山阳县巡警经费： 银三九六六·八九三。

第十四目、盐城县巡警经费： 银一六〇九·三一〇。

第十五目、阜宁县巡警经费： 银五〇一·二六七。

第十六目、桃源县巡警经费： 银一四九七·九〇〇。

第十七目、徐州府巡警经费： 银三七〇四·五〇二。

第十八目、铜山县巡警经费： 银四七五·〇五九。

第十九目、睢宁县巡警经费： 银四五一〇·〇〇〇。

第二十目、邳州巡警经费： 银一七八〇·八〇〇。

第二十一目、丰县巡警经费： 银二二二·八四〇。

第二十二目、沛县巡警经费： 银五一三·七一八。

第二十三目、萧县巡警经费： 银七〇一·九四〇。

第二十四目、砀山县巡警经费： 银七三三·〇〇〇。

第二十五目、通州巡警经费： 银一四六五五·三八〇。

说明：此系原册第三项第二十五目、第四项第一第三目总数。

第二十六目、如皋县巡警经费： 银四二九二·〇〇〇。

第二十七目、泰兴县巡警经费： 银一五六五·八〇〇。

第二十八目、海州巡警经费：　　　　　　银一七六六·六八〇。

说明：此系原册第三项第二十八目及第四项第二目总数。

第二十九目、赣榆县巡警经费：　　　　　银一八七四·二一二。

第三十目、海门厅巡警经费：　　　　　　银六一五·一八一。

第三十一目、正阳盐厘局经放巡警经费：　银七六五·一一七。

说明：原册未载承受此项经费州县应查补。

第三款、巡警学堂经费：　　　　　　　　共库平银一九四三六·九七五。

第一项、江南高等巡警学堂经费：　　　　银一九四三六·九七五。

目暂阙。

说明：总数即奉部饬认减，各目细数亦应照减，今暂阙。

第四款、善举经费：　　　　　　　　　　共库平银一三七五六二·〇〇七。

第一项、各府厅州县孤贫口粮费：　　　　银八七三七·一七三。

第一目、上元县孤贫口粮：　　　　　　　银九八二·五四二。

第二目、江宁县孤贫口粮：　　　　　　　银三四七·二五六。

第三目、句容县孤食口粮：　　　　　　　银八二·一三二。

第四目、六合县孤贫口粮：　　　　　　　银一三六·七六五。

第五目、高淳县孤贫口粮：　　　　　　　银二四七·六三三。

第六目、溧水县孤贫口粮：　　　　　　　银三八一·四六二。

第七目、江浦县孤贫口粮：　　　　　　　银八二·九六四。

第八目、扬州府孤贫口粮：　　　　　　　银二三〇·三九一。

第九目、江都县孤贫口粮：　　　　　　　银三二三·〇二一。

第十目、甘泉县孤贫口粮：　　　　　　　银三〇七·五〇一。

第十一目、扬子县孤贫口粮：　　　　　　银八七·二六四。

第十二目、高邮州孤贫口粮：　　　　　　银三七四·八三三。

第十三目、兴化县孤贫口粮：　　　　　　银二三一·〇〇一。

第十四目、宝应县孤贫口粮：　　　　　　银一四〇·四四七。

第十五目、泰州孤贫口粮：　　　　　　　银五五〇·三〇八。

第十六目、东台县孤贫口粮：　　　　　　银四九六·八六八。

第十七目、山阳县孤贫口粮：　　　　　　银五六六·四二七。

第十八目、清河县孤贫口粮：　　　　　银八·八五六。

第十九目、盐城县孤贫口粮：　　　　　银一七七·一一二。

第二十目、阜宁县孤贫口粮：　　　　　银二一三·二五六。

第二十一目、安东县孤贫口粮：　　　　银六三·五五六。

第二十二目、桃源县孤贫口粮：　　　　银一二七·一六三。

第二十三目、铜山县孤贫口粮：　　　　银八八·五〇四。

第二十四目、宿迁县孤贫口粮：　　　　银四七·九一五。

第二十五目、睢宁县孤贫口粮：　　　　银一七·四二四。

第二十六目、邳州孤贫口粮：　　　　　银六八·〇〇〇。

第二十七目、丰县孤贫口粮：　　　　　银一一一·二〇九。

第二十目、沛县孤贫口粮：　　　　　　银二五六·五二七。

第二十九目、萧县孤贫口粮：　　　　　银六一·九五二。

第三十目、砀山县孤贫口粮：　　　　　银九八·〇六九。

第三十一目、通州孤贫口粮：　　　　　银七四三·四三六。

第三十二目、如皋县孤贫口粮：　　　　银二〇二·六四九。

第三十三目、泰兴县孤贫日粮：　　　　银五三一·二〇六。

第三十四目、海州孤贫口粮：　　　　　银一一七·三三一。

第三十五目、赣榆县孤贫口粮：　　　　银二二六·一九三。

第三十六目、沭阳县孤贫口粮：　　　　银八·〇〇〇。

第二项、省城补助善举经费：　　　　　银一三五二八·一三八。

目暂阙。

说明：此系原册第一项第一、第二、第三、第五、第六目及第七、第八项之总数，原册误以支放机关列目，应查明用途分别更正。

第三项、各府厅州县补助善举经费：　　银一一五二九六·六九六。

第一目、江宁府善举经费：　　　　　　银五四〇六·六八一。

第二目、扬州府善举经费：　　　　　　银二〇三一·四九六。

第三目、淮安府善举经费：　　　　　　银二二〇·四〇〇。

说明：此系原册第一项第四目及第十目总数。

第四目、徐州府善举经费：　　　　　　银三〇〇五·七五六。

说明：此系原册第七目及第十一目总数。

第五目、通州善举经费： 银三三六三·八三八。

说明：此系原册第一项第十二目及第二项第三目总数。

第六目、海州善举经费： 银七五六四·三六八。

说明：此系原册第二项第四目及第九第十目、别册第一款第一项第十七目总数。

第七目、上元县善举经费： 银二七五·六八四。

说明：此系别册第一款第一项第一目之数。

第八目、江宁县善举经费： 银一〇二一·三六七。

第九目、句容县善举经费： 银一三〇·〇〇〇。

说明：此系别册第一款第一项第二目之数。

第十目、高淳县善举经费： 银五三·六三六。

说明：此系别册第一款第一项第三目之数。

第十一目、溧水县善举经费： 银一〇九·三三四。

说明：此系别册第一款第一项第四目之数。

第十二目、江都县善举经费： 银一七九·九一〇。

说明：此系别册第一款第一项第五目之数。

第十三目、甘泉县善举经费： 银三一一·七九〇。

第十四目、高邮州善举经费： 银六一·九〇五。

说明：此系别册第一款第一项第六目之数。

第十五目、泰州善举经费： 银一四八七·五六〇。

说明：此系原册第一项第十三目及第九项总数。

第十六目、东台县善举经费： 银六四八·九三三。

说明：此系原册第一项第十六目又别册第一款第一项第七目总数。

第十七目、兴化县善举经费： 银四四〇二·二〇〇。

说明：此系原册第一项第十七目及第二项第七第八目总数。

第十八目、扬子县善举经费： 银一三七二一·三一一。

说明：此系原册第一项第十八目及第二项第十一目、别册第一款第一项第八目总数。

第十九目、桃源县善举经费： 银九一二・三二〇。

说明：此系原册第一项第二十目及别册第一款第一项第九目总数。

第二十目、盐城县善举经费： 银五九九・七四〇。

说明：此系别册第一款第一项第十目之数。

第二十一目、铜山县善举经费： 银一九〇・〇二四。

说明：此系原册第一项第二十一目及别册第一款第一项第十一目总数。

第二十二目、宿迁县善举经费： 银四三三・三三三。

说明：此系别册第一款第一项第十二目之数。

第二十三目、睢宁县善举经费： 银二九・二五〇。

说明：此系别册第一款第一项第十三目之数。

第二十四目、萧县善举经费： 银六三・三七一。

说明：此系别册第一款第一项第十四目之数。

第二十五目、如皋县善举经费： 银四一四四・五四三。

说明：此系原册第一项第十九目及二项第五第六目、别册第一款第一项第十五目总数。

第二十六目、泰兴县善举经费： 银二一三九・三六三。

说明：此系别册第一款第一项第十六目之数。

第二十七目、赣榆县善举经费： 银一六・〇〇〇。

第二十八目、海门厅善举经费： 银一四六六・四七二。

第二十九目、两淮运司经放善举经费： 银三六三〇・一四四一。

第三十目、淮南总局经放善举经费： 银一七五四九・三九〇。

第三十一目、湖北督销局经放善举经费： 银一九七一・五八八。

第三十二目、皖岸督销局经放善举经费： 银八九〇・六七五。

第三十三目、江宁食岸督销局经放善举经费： 银一五六・〇〇〇。

第三十四目、宜昌盐厘局经放善举经费： 银一一七四・七九七。

第三十五目、正阳盐厘局经放善举经费： 银四七二・七六八。

第三十六目、五河盐厘局经放善举经费： 银二七八九・六五二。

说明：以上第二十九目至三十六目系从原册第二项第一第二目及第十二至第十七目移列于此，查原册未载承受此项经费之州县应查补。

第二编　江苏谘议局时期

第五款、官医局及补助私立医院经费：　　共库平银二六八四二·五六九。
第一项、官立医学堂经费：　　　　　　　银一五〇〇〇·〇〇〇。
目暂阙。
说明：此项学堂应就中西医院设立，该费即就院款内撙节腾出。
会议厅审定此项说明见后附表册内。
第二项、官立医院经费：　　　　　　　　银一〇四三二·（人）〔八〕九二。
目暂阙。
说明：中西医院应正名为官立医院，将原册第二项第一目并入。
会议厅审定此项说明见后附表册内。
第三项、各府厅州县官医局经费：　　　　银一四〇九·六七七。
第一目：溧水县官医局经费：　　　　　　银一三〇·五五六。
第二目、徐州府官医局经费：　　　　　　银七四八·八二一。
说明：此系原册第二项第二第三第六目之总数。
第三目、兴化县官医局经费：　　　　　　银七一·四〇〇。
第四目、沛县官医局经费：　　　　　　　银六八·九〇〇。
第五目、砀山县官医局经费：　　　　　　银三九〇·〇〇〇。
第二类、教育费：　　　　　　　　　　　共库平银八七〇五五九·二四三。
第一款、官立学堂经费：　　　　　　　　共库平银三三〇八七九·四八一。
第一项、两江法政学堂经费：　　　　　　银三五七五四·七七〇。
原册无目，应查补。
说明：员司薪水照宣统元年该堂实支每月一千一百九十六两，以十三个月计止一万五千五百四十八两，预算报告分册该项开三万四千三百二十六两一钱三分六厘之多，何至骤增一倍有余？应照数核减。又报告分册载办公用消耗品三千二百三十五两二钱八分六厘，在器具书报试验消耗印刷杂费各专项之外，实系浮开。又补助学员绅费一万一千八百九十一两四钱九分三厘，显背部章，均删，计照原数减三万三千九百四两九钱一分五厘。
会议厅审定此项说明见后附表册内。
第二项、江南高等学堂经费：　　　　　　银六四一六三·六四八。

原册无目，应查补。

说明：该堂认减八百六十六两，今照减。

会议厅审定此项说明见后附清册内。

第三项、两江优级师范学堂经费： 银九三四六〇·〇〇〇。

原册无目，应查补。

说明：原据认减一万两，今再减二万两。

会议厅审定此项说明见后附表册内。

第四项、两江优级师范学堂附属中学及小学经费：

银二一四三九·〇〇〇。

原册无目，应查补。

第五项、宁属初级师范学堂经费： 银三三〇二〇·〇〇〇。

原册无目，应查补。

说明：原据认减九百二十九两，今再减六千七百八十六两五钱五分七厘。

会议厅审定此项说明见后附表册内。

第六项、南洋方言学堂经费： 银一四五五四·五〇〇。

原册无目，应查补。

说明：该堂应遵光绪三十四年四月二十六日奏案办理，其经费照比较表所载宣统元年实支数酌减四分之一。

会议厅审定此项说明见后附表册内

第七项、暨南学堂经费： 银五九八八七·五六三。

原册无目，应查补。

说明：该堂照比较表增数颇巨，既据认减一百八两并说明添收学生三班，姑照列。

第八项、全省女子师范学堂经费： 银六〇〇〇·〇〇〇。

目应载另册。

说明：此系宁苏两属共同担负之款，说明见第一类第一款。

第九项、全省女子师范学堂附属幼稚园经费：

银二六〇〇·〇〇〇。

原册无目，应查补另册。

说明：该园旧隶粹敏女学，今应改隶师范。

第二款、补助地方教育经费： 共库平银四六〇八八五·三七三。

第一项、省城辅助教育经费： 银六一三八六·〇六九。

第一目、上元高等小学堂经费： 银六九四三·六六六。

第二目、江宁高等小学堂经费： 银六五二七·一二四。

说明：依该堂分册所载预算额开列，其兼设之简字学堂应停办，惟分册未开细目，应责令该堂自行按照删减。

会议厅审定此项说明见后附表册内。

第三目、四区模范两等小学四所经费： 银一一七一六·六六五。

说明：该堂认减八十四两，今照减，惟不应另设公所，应由劝学所将该公所经费匀拨四校切实扩充。

第四目、江宁四区小学高等四所、初等三十四所经费：

银二三七一三·九八四。

说明：该堂认减六百七十余两，今依整数减列。

第五目、江宁四区小学总汇处附设艺徒学堂经费：

银六四三五·六三〇。

第六目、督署模范两等小学堂经费： 银五四二三·八〇〇。

说明：以上第一至第六目俟县自治公所成立可归地方接办。

第七目：阅书报社经费： 银六二五·二〇〇。

第二项、各府厅州县补助教育经费： 银三七六二七五·四一二。

第一目、公立初级女师范学校经费： 银二二三九·四六三。

第二目、公立女学校经费： 银九三八〇·一八〇。

说明：此系原册第四款第十四项第一第二目之总数。

第三目、义塾经费： 银九〇·九五四。

第四目、江宁府教育经费： 银五七九九·六九五。

第五目、上元县学堂经费： 银八六九·七〇〇。

第六目、上元县教育经费： 银五九五〇·六四九。

第七目、江宁县教育经费： 银一二九一·五六〇。

第八目、句容县教育经费： 银四八九四·〇〇〇。

第九目、六合县教育经费：　　　　　　　银四一六八·三五九。

说明：此系原册第一款第二项第十目及第四款第八项第一目之总数。

第十目、高淳县教育经费：　　　　　　　银二九四二·六九五。

第十一目、溧水县教育经费：　　　　　　银九八〇·八二〇。

第十二目、江浦县教育经费：　　　　　　银一五三九·六七六。

第十三目、扬州府教育经费：　　　　　　银五七七一·〇二七。

第十四目、江都县教育经费：　　　　　　银二五六五·〇〇〇。

第十五目、甘泉县教育经费：　　　　　　银二五五〇·〇〇〇。

第十六目、扬子县教育经费：　　　　　　银七六五五·〇一四。

说明：此系原册第一款第二项第二十一目及第四项第二目总数。

第十七目、高邮州教育经费：　　　　　　银七七三〇·九五七。

第十八目、兴化县教育经费：　　　　　　银六九二二·一〇三。

说明：此系原册第一款第二项第二十目及第四项第七目第十目之总数。

第十九目、宝应县教育经费：　　　　　　银四〇六六·五八七。

第二十目、泰州教育经费：　　　　　　　银八三六三·四八三。

说明：此系原册第一款第二项第十六目及第四项第五目之总数。

第二十一目、东台县教育经费：　　　　　银二八七三·六三一。

说明：此系原册第一款第二项第十九目及第四项第八目、第九目之总数。

第二十二目、淮安府教育经费：　　　　　银九三二八·七六四。

说明：此系原册第一款第二项第二、第四目之总数。

第二十三目、山阳县教育经费：　　　　　银二八〇〇·〇〇〇。

第二十四目、清河县教育经费：　　　　　银二三九七·二九六。

第二十五目、盐城县教育经费：　　　　　银一七五五·三五三。

第二十六目、阜宁县教育经费：　　　　　银一一四〇·二七九。

第二十七目、安东县教育经费：　　　　　银八四七·一三一。

第二十八目、桃源县教育经费：　　　　　银二八五六·四〇〇。

第二十九目、徐州府教育经费：　　　　　银一六八一七·七五八。

说明：此系原册第一款第二项第一、第五目之总数。

第三十目、铜山县教育经费：　　　　　　银一四二五·一七八。

第三十一目、宿迁县教育经费：　　　　银二五一二·二九七。
第三十二目、睢宁县教育经费：　　　　银二〇四〇·〇〇〇。
第三十三目、邳州教育经费：　　　　　银六一〇·五一八。
第三十四目、丰县教育经费：　　　　　银一〇〇六·四七四。
第三十五目、沛县教育经费：　　　　　银六一五·五五四。
第三十六目、萧县教育经费：　　　　　银二三一三·〇〇〇。
第三十七目、砀山县教育经费：　　　　银八一五·九七八。
第三十八目、通州教育经费：　　　　　银六八五九三·七一七。

说明：此系原册第一款第二项第三十六目及第四项第四目之总数。

第三十九目、通州国文专修馆经费：　　银三一二六·五〇〇。
第四十目、泰兴县教育经费：　　　　　银一九九四七·四〇〇。
第四十一目、如皋县教育经费：　　　　银七〇五八八·三八〇。
第四十二目、海门厅教育经费：　　　　银七七六五·九八六。
第四十三目、海州教育经费：　　　　　银三四三四六·九六二。

说明：此系原册第一款第二项第四十一目及第四项第三、第六、第十一目之总数。

第四十四目、赣榆县教育经费：　　　　银二九二八·九三四。
第四十五目、沭阳县教育经费：　　　　银二四五〇·〇〇〇。
第四十六目、两淮运司经放教育经费：　银二八六〇〇·〇〇〇。

说明：原册未载承受此项经费之州县应查补。

第三项、补助劝学所经费：　　　　　　银一七七七三·〇〇八。
第一目、上元县劝学所经费：　　　　　银二八六九·五七二。
第二目、上元县宣讲所经费：　　　　　银八二·八〇〇。
第三目、上元县单级教授研究会经费：　银六九·〇〇〇。
第四目、江宁县劝学所经费：　　　　　银二四四一·一六二。
第五目、六合县劝学所经费：　　　　　银六八五·六八五。
第六目、高淳县劝学所经费：　　　　　银一一八·一八二。
第七目、江都县劝学所经费：　　　　　银三三六·七五四。
第八目、甘泉县劝学所经费：　　　　　银七三四·〇〇〇。

第九目、高邮州劝学所经费： 银四六一・一〇〇。

第十目、兴化县劝学所经费： 银七一四・九〇〇。

第十一目、宝应县劝学所经费： 银三六〇三・四〇〇。

第十二目、泰州劝学所经费： 银七九六・八六四。

第十三目、东台县劝学所经费： 银二五〇・〇〇〇。

第十四目、山阳县劝学所经费： 银一二〇・六〇二。

第十五目、盐城县劝学所经费： 银一四二六・九〇七。

说明：此系原册第二款第五项第十三目及第二项第二目之总数。

第十六目、安东县劝学所经费： 银一五〇・〇〇〇。

第十七目、铜山县劝学研经费： 银四七五・〇五九。

第十八目、睢宁县劝学所经费： 银二七六・四三〇。

第十九目、丰县劝学所经费： 银八五・〇〇〇。

第二十目、萧县劝学所经费： 银二五三・五九〇。

第二十一目、通州劝学所经费： 银九八〇・〇〇〇。

第二十二目、泰兴县劝学所经费： 银四七八・〇〇〇。

第二十三目、海门厅劝学所经费： 银三六四・〇〇〇。

第四项、补助教育会经费： 银五四五〇・八八四。

第一目、江苏教育总会经费： 银二六九三・六〇〇。

第二目、睢宁县教育分会经费： 银二八〇・〇〇〇。

第三目、通州教育分会经费： 银一六〇九・〇〇〇。

第四目、泰兴县教育分会经费： 银七一六・〇〇〇。

第五目、赣榆县教育分会经费： 银一五二・二八四。

第三款、图书馆经费： 共库平银六四一八・〇二九。

第一项、江南图书馆经费： 银六四一八・〇二九。

目暂阙。

说明：原据认减银六千两，现除通志局缓办外，核列前数，惟原册第一、二、三项均属糜费，应将项目全删，改归学务公所图书科兼管其经费，专事添置图书，为扩充之用。

会议厅审定此项说明见后附表册内。

第四款、补助私立学堂经费： 共库平银七二三七六·三六〇。

第一项、省城补助私立学堂经费： 银五四二四·四〇〇。

第一目、钟英中学堂经费： 银三七五一·八〇〇。

第二目、幼幼小学堂经费： 银一三〇〇·〇〇〇。

第三目、上元县私立学堂经费： 银三七二·六〇〇。

第二项、各府厅州县补助私立学堂经费： 银六六九五一·九六〇。

第一目、句容县私立学堂经费： 银一七八九·〇〇〇

第二目、高淳县私立学堂经费： 银一四六九·六五〇。

第三目、高邮州私立学堂经费： 银九〇一·〇〇〇。

第四目、兴化县草堰场私立学堂经费： 银八〇·四〇〇。

第五目、东台县何垛场私立学堂经费： 银一九七·八七九。

第六目、淮安府私立学堂经费： 银一一八·〇〇〇。

第七目、山阳县私立敬恭学堂经费： 银二〇〇·〇〇〇。

第八目、清河县私立初等小学经费： 银三八一·六〇〇。

第九目、盐城县私立蚕桑学堂经费： 银六七·六一七。

第十目、盐城县私立女学堂经费： 银四四·九七四。

说明：此即原册第四款第十四项第三目之数。

第十一目、铜山县私立学堂经费： 银四二三·七五三。

第十二目、睢宁县私立初等小学经费： 银二〇〇·〇〇〇。

第十三目、萧县私立学堂经费： 银一九·四一七。

第十四目、通州私立学堂经费： 银三〇九八三·〇〇〇。

第十五目、通州石港场私立学堂经费： 银二一·二八〇。

第十六目、通州余东场私立学堂经费： 银六一六·〇〇〇。

第十七目、通州余西场私立学堂经费： 银五〇〇·〇〇〇。

第十八目、泰兴县私立学堂经费： 银五一二六·二五六。

第十九目、如皋县私立学堂经费： 银六三〇九·三九七。

第二十目、海门厅私立学堂经费： 银一六五六·〇〇〇。

第二十一目、海州中正场私立学堂经费：

银三七七·五八〇。

第二十二目、海州临兴场私立学堂经费：

银六七·八三七。

第二十三目、沭阳县私立学堂经费：　　银四七七·〇〇〇。

第二十四目、皖岸督销局经放私立学堂经费银四二四·三二〇。

说明：原册未载学堂坐落州县应查补。

第三类、实业费：　　　　　　　　共库平银一七五〇六三·六四七。

第一款、农工商矿各学堂经费：　　共库平银一四九九二九·六六三。

第一项、江南高等农业学堂经费：　　银二〇〇〇〇·〇〇〇。

目暂阙。

说明：现办之高等实业学堂应专办农业，该费除酌分工业外，合留前数。

会议厅审定此项说明见后附表册内实业学堂项下。

第二项、江南高等农业学堂附设中等蚕桑科经费：

银九七五四·〇八六。

目暂阙。

说明：此系将江南蚕桑学堂款移拨。

会议厅审定此项说明见后附表册内江南蚕桑学堂项下。

第三项、驻防开通中等蚕桑学堂经费：　　银一七〇四一·七六四。

说明：此条原册第二类第一款第一项第十六目查已改办蚕桑学堂，特改今名移列于此。

第四项、江北农业中学堂经费：　　银七九一三·〇〇六。

目暂阙。

说明：此即原册第三款第二项第二目清江工艺局，本局临时会议决呈报改办，合依本款列入。

第五项：江南高等工业学堂经费：　　银四〇〇〇〇·〇〇〇。

目暂阙。

说明：应从现办之高等实业学堂内分设。查该堂分册预算开银五万三千三百一十二两零，除将留充办农业外，合列前数。

会议厅审定此项说明见后附表册内实业学堂项下。

第六项、工业教员讲习所经费： 银五〇〇〇·〇〇〇。

目暂阙。

说明：此项工业教员讲习所可仿苏属例附设高等工业学堂内以节经费。

第七项、江南高中两等商业学堂经费： 银三二七二〇·八〇七。

原册无目应查补。

说明：比较表骤增及半，分册未据说明理由，应照旧额开列。

会议厅审定此项说明见后附表册内。

第八项、女子蚕桑学堂经费： 银一〇〇〇〇·〇〇〇。

目暂阙。

第九项、全省水产中学堂经费： 银七五〇〇·〇〇〇。

目应载另册。

说明：此系宁苏两属共同担负之款，说明见第一类第一款。

第二款、农事试验场经费： 共库平银九七二八·三〇四。

第一项、省城农事试验场经费： 银五七九〇·〇九九。

原册无目，应查补。

第二项、桃源县农事试验场经费： 银二〇六三·九一六。

原册无目，应查补。

第三项、植茶试验场经费： 银一八七四·二八九。

原册无目，应查补。

说明：此系原册第三项改定今名并应附属省城农事试验场办理。

第三款、工艺局经费： 共库平银七八三七·四五三。

第一项、江南劝业工艺局经费： 银六五六五·四四一。

原册无目，应查补。

说明：比较表骤增一倍，检阅分册出入两抵不敷，大与工艺性质相反，合照旧数开列，惟闻该局现经停办，事关振兴工艺，未可中辍，仍应切实续办。

会议厅审定此项说明见后附表册内。

第二项、淮安关工艺局经费： 银六五〇·〇〇〇。

原册无目，应查补。

第三项、高邮州工艺局经费： 银六二二·〇一二。

原册无目，应查补。

第四款、商品陈列所经费：　　　　　　　共库平银二一六八·二二七。

第一项、江南商品陈列所经费：　　　　　银二一六八·二二七。

目暂阙。

第五款、赛会经费：　　　　　　　　　　共库平银五四〇〇·〇〇〇。

第一项、补助各厅州县共进会经费：　　　银五四〇〇·〇〇〇。

第一目、上元县共进会经费：　　　　　　银一五〇·〇〇〇。

第二目、江宁县共进会经费：　　　　　　银一五〇·〇〇〇。

第三目、句容县共进会经费：　　　　　　银一五〇·〇〇〇。

第四目、六合县共进会经费：　　　　　　银一五〇·〇〇〇。

第五目、高淳县共进会经费：　　　　　　银一五〇·〇〇〇。

第六目、溧水县共进会经费：　　　　　　银一五〇·〇〇〇。

第七目、江浦县共进会经费：　　　　　　银一五〇·〇〇〇。

第八目、江都县共进会经费：　　　　　　银一五〇·〇〇〇。

第九目、甘泉县共进会经费：　　　　　　银一五〇·〇〇〇。

第十目、宝应县共进会经费：　　　　　　银一五〇·〇〇〇。

第十一目、东台县共进会经费：　　　　　银一五〇·〇〇〇。

第十三目、兴化县共进会经费：　　　　　银一五〇·〇〇〇。

第十三目、扬子县共进会经费：　　　　　银一五〇·〇〇〇。

第十四目、高邮州共进会经费：　　　　　银一五〇·〇〇〇。

第十五目、泰州共进会经费：　　　　　　银一五〇·〇〇〇。

第十六目、山阳县共进会经费：　　　　　银一五〇·〇〇〇。

第十七目、清河县共进会经费：　　　　　银一五〇·〇〇〇。

第十八目、桃源县共进会经费：　　　　　银一五〇·〇〇〇。

第十九目、安东县共进会经费：　　　　　银一五〇·〇〇〇。

第二十目、盐城城共进会经费：　　　　　银一五〇·〇〇〇。

第二十一目、阜宁县共进会经费：　　　　银一五〇·〇〇〇。

第二十二目、铜山县共进会经费：　　　　银一五〇·〇〇〇。

第二十三目、宿迁县共进会经费：　　　　银一五〇·〇〇〇。

第二十四目、邳州共进会经费：　　　　　　银一五〇·〇〇〇。

第二十五目、睢宁县共进会经费：　　　　　银一五〇·〇〇〇。

第二十六目、丰县共进会经费：　　　　　　银一五〇·〇〇〇。

第二十七目、沛县共进会经费：　　　　　　银一五〇·〇〇〇。

第二十八目、萧县共进会经费：　　　　　　银一五〇·〇〇〇。

第二十九目、砀山县共进会经费：　　　　　银一五〇·〇〇〇。

第三十目、通州共进会经费：　　　　　　　银一五〇·〇〇〇。

第三十一目、泰兴县共进会经费：　　　　　银一五〇·〇〇〇。

第三十二目、如皋县共进会经费：　　　　　银一五〇·〇〇〇。

第三十三目、海门厅共进会经费：　　　　　银一五〇·〇〇〇。

第三十四目、海州共进会经费：　　　　　　银一五〇·〇〇〇。

第三十五目、沭阳县共进会经费：　　　　　银一五〇·〇〇〇。

第三十六目、赣榆县共进会经费：　　　　　银一五〇·〇〇〇。

说明：各厅州县应设共进会须官力补助以资提倡。

第四类、交通费

无款。

第五类、官业支出：　　　　　　　　　　　共库平银八四〇三八·四〇三。

第一款、官办铁路经费：　　　　　　　　　共库平银四九九二四·九六一。

第一项、宁省铁路经费：　　　　　　　　　银四九九二四·九六一。

目暂阙。

说明：部电核减七千两，今照减。

第二款、造纸印刷局经费：　　　　　　　　共库平银三四一一三·四四二。

第一项、南洋印刷厂经费：　　　　　　　　银三四一一三·四四二。

原册无目，应查补。

说明：部电以官报局并入减银八千九百两，今照并减。

会议厅审定此项前据另案呈请停办业已咨明阁部，应候核示办理。

以上统计经常经费：　　　　　　　　　　　共库平银一六三六八五二·一〇七。

二、临时门

第一类、民政费：　　　　　　　　　　　　共库平银一三五三〇〇·四九六。

第一款、补助地方自治经费： 共库平银三一三八七·七七〇。

第一项、筹办地方自治局经费： 银九七八七·七七〇。

原册无目，应查补。

说明：照分册改定今名，该局认减六千两，今照减。

第二项、各厅州县地方自治经费： 银二一六〇〇·〇〇〇。

目暂阙。

说明：原册说明自治经费由各属地漕项下带征云云，款系带征，不应列入本册，但各属自治亟待提倡，自应另由官款补助以促进行，约每厅州县平均各支六百两，合列前数。

第二款、赈恤经费： 共库平银七三六七九·二一九。

第一项、省城及各厅州县赈恤经费： 银七三六七九·二一九。

目暂阙。

说明：此系就原册第一、二、三项各数并入定为今名。

第三款、临时补助善举经费： 共库平银二〇二三三·五〇七。

第一项、省城及各厅州县补助善举经费： 银二〇二三三·五〇七。

目暂阙。

说明：此系就原册第一、二、三项及第二款第一项、第二类第一款第二项各支数并入定为今名，内施放丹丸费、考生恩课费即就本项内拨放。

第四款、医学堂开办费： 共库平银一〇〇〇〇·〇〇〇。

第一项、官立医学堂开办经费： 银一〇〇〇〇·〇〇〇。

会议厅审定该堂开办费只拨宣统二年截存银二千余两，此项应即删除。

第二类、教育费： 共库平银三六三一三九·六六〇。

第一款、学堂开办费： 共库平银五〇〇〇·〇〇〇。

第一项、全省女子师范学堂开办经费： 银五〇〇〇·〇〇〇。

目应载另册。

说明：此系宁苏两属共同担负之款，说明见经常门第一类第一款。

第二款、遣派出洋留学经费： 共库平银七三〇二六·五三二。

第一项、留学生经费： 银七三〇二六·五三二。

第一目、西洋留学经费： 银三九八五二·〇〇〇。

说明：此系就原册第二、三、六项并列今目。

第二目、东洋留学经费： 银三三一七四·五三二。

说明：此系就原册第四、五、九、十项并列今目。

第三款、预备教育经费： 共库平银二八五一一三·一二八。

第三类、实业费： 共库平银七四四三三·一二八。

第一款、各实业学堂开办经费： 共库平银一七五〇〇·〇〇〇。

第一项、女子蚕桑学堂开办经费： 银一〇〇〇〇·〇〇〇。

目暂阙。

第三项、水产中学堂开办经费： 银七五〇〇·〇〇〇。

目暂阙。

第二款、预备实业经费： 共库平银五六九三三·一二八。

第四类、工程费： 共库平银一一三九〇〇·六一一。

第一款、修缮道路桥梁渡船等经费： 共库平银九九八〇三·五八五。

第一项、省城修筑马路桥梁等经费： 银八〇二四〇·七四五。

目暂阙。

说明：此系原册第一项第二项并列之数。

第二项、各府厅州县修缮道路桥梁等经费：银一九五六二·八四〇。

目暂阙。

说明：此系原册第二项第一、二、三目并列之数。

第二款、治水堤防经费： 共库平银一一二二九·三九四。

第一项、各府厅州县治水堤防经费： 银一一二二九·三九四。

第一目、运河西堤修理经费： 银七四七六·九〇四。

第二目、淮扬运河修浚经费： 银三二四六·七五〇。

第三目、东台堤坝修理经费： 银五〇五·七四〇。

第三款、公园经费： 共库平银二八六七·六三二。

第一项、江南公园经费： 银二八六七·六三二。

原册无目，应查补。

说明：阅该园分册，开支大宜樽节，今减如前数。该园非实业性质，从原册经常门第三类移列于此。

会议厅审定此项说明见后附表册内。

以上统计临时经费： 共库平银六八六七七三·八九五。

以上总计地方行政经常临时经费： 共库平银二三二三六二六·〇〇二。

会议厅审定册内所有补益移就各项续据谘议局陈明。

资政院通电核与政务处正月初九日来电议驳并四月初十日钦奉谕旨未能符合，应俟此项问题解决再行筹办。

对于原册之总说明

一、经常门

第一类、共删银三万三千八十七两五钱四分，别册并入八千四十二两四钱六分一厘。

第一款、原册开载六万两，查岁入册载苏属协解谘议局经费三万两，此数自是抵销之款，故本册仅列三万两，其抵销之数作为复列。

第二款、原列九项改为二项，删银一万九千六百八十八两二钱二分八厘，第一、第二、第五、第六、第七等项并为第一项，其原册第一项第一目及第二、五、六、七等项改为本册第一项下之各目，第三项、第四项并为第二项，第八项、第九项裁，删银一万九千六百八十八两二钱二分八厘，原册第一项照部饬减二万四千两，应由总局经费内核减，故本册仍照原数开列。

第三款：原列三项改为一项，删银七千四百五十一两五钱六分。第一项、第二项并为第一项，遵部饬删银四千二百两。第三项既有高等巡警学堂，不应重设，今裁，删银三千二百五十一两五钱六分。

第四款：原列十项改为二项，删银五千六百五十二两四钱九厘。第一项、第二项分别移置改为第二项、第三项，定名为省城补助善举经费、各厅州县补助善举经费。第三项改为第一项，第四、第五、第六、第十项属自治范围，均裁，删银五千六百五十二两四钱九厘。第七、第八项并入第二项，第九项并入第三项。

第五款：删银二百九十五两三钱四分三厘。第一项改为第二项，第二项改为第一项，第二项下第二至第八等目改为第三项，定名为各府厅州县官医局经费，其第二至第八等目为该项下之各目。第九目裁，删银二百四十八两三钱四分三厘。第三项裁，删银四十七两。

第二类：共删银十六万五千六百二两七分五厘，移入第三类银一万七千四十一两七钱六分四厘。

第一款：原列四项改为九项，删银十二万六千三百七十七两六钱五分九厘，移出银四十三万九千七十四两五钱六分，移入银二千六百两。第一项改原册之名称，以原项下之一、二、三、四等目为一、二、三、四等项。第一目改第一项，删银三万三千九百四两九钱一分五厘。第二目改第三项，删银三万两。第三目改第四项。第四目改第二项，删银八百六十六两。第五目改第五项，删银七千七百一十五两五钱五分七厘。第六目改第七项，删银一百八两。第七目改第六项，删银一万五千六百八十八两五钱。第十七目改第八项，删银四千七百八十五两八钱八分一厘。第八、九等目均裁，删银三万一千九百六十二两三分四厘。第十六目移入第三类。余共删银一千三百四十六两七钱七分二厘，均改入第二款第一项下等目。第二项改为第二款第二项，第三项改列第二款第二项，第四项并入第二款第二项。

第二款：改标题为补助教育经费，共六项改为四项，删银二千三百六十四两九钱五分六厘，移入银四十三万七千六百六十一两四钱八分一厘。第一项改列第四项，另立第一项，定名为省城补助教育经费，列目七。第二项改为各府厅州县补助教育经费，列目四十六。第一目裁，删银三千三百六十四两九钱五分六厘。第二目改列第三项，第三项改列第五项。第四项改为补助教育会经费，增目一。第五项改为第三项，正名为补助劝学所经费，增目二。第六项并入第三项。

第三款：共四项，删为一项，删银二万八千二十六两七钱四分。第一、第二、第三项并为第一项，删银六千两。第四项裁，删银二万二千二十六两七钱四分。

第四款：共十六项，删为二项，删银八千八百三十二两七钱二分，移出银一万八千二百二十八两六钱八分五厘。第一、二项裁，删银八千八百三十二两七钱二分，另立第一项，正名为省城补助私立学堂经费，列目三。第二项正名为各府厅州县补助私立学堂经费，列目二十四。第三项改为第一项目，第四项改列第二款第二项，第五、六、七项改为第二项目，第八项改列第二款第二项，第九项改列第二款第一项，第十项改列第二款第二项，第十一项改为第二项目，第十二项改列第一款第九项，第十三、十四项改列第二款第二项，第十五、十六项并列第二项内，第十五项第二目提列第一项。

第三类：共删三银二万六千五百一两七钱五分一厘，增银二万七千九百两，增删相抵实增银一千三百九十八两二钱四分九厘，移入临时第四类银二千八百六十七两六钱三分二厘，从第二类移入银一万七千四十一两七钱六分四厘。

第一款：原列一项改为九项，删银一万八千八十两三钱六分七厘，增银二万二千五百两，移入银二万四千九百五十四两七钱七分。第一项下之各目改为第一、第二、第七等项。第一目改第七项，删银一万六千八百四十四两五钱一分一厘。第二目改第一项及第四项，删银一千二百三十五两八钱五分六厘。第三目改第二项。

第二款：原列一项改为三项，删银一千两，移去银二千八百六十七两三分二厘。第一、二、三项仍照列，第四项改入临时门第四类。

第三款：原列二项改为三项，删银六千七百六十一两八分一厘，移去银七千九百一十三两六厘。第一项删银六千七百六十一两八分一厘，第二项第一目改第二项，第二目改列第一款第四项。

第四款：裁，删银六百六十两三钱三厘。

第五款：改第四款，原列二项并为一项，增第五款，增银五千四百两。

第四类：原无款。

第五类：原列三款改为二款，删银三万九千六百六十一两五钱四分九厘。

第一款：遵部饬裁，删银一万二千六百八十一两二钱二分五厘。

第二款：改第一款，删银七千两。第一、第二、第三、第四项并为第一项，遵部电删银七千两。

第三款：改第二款。原列三项改为一项，删银一万九千九百八十两三钱二分四厘。第一、第二项并为第一项，遵部电删银八千九百两。第三项属军政，系行政范围，裁，删银一万一千八十两三钱二分四厘。

别册：第一类第一款第一项并入第一类第四款第三项。

以上经常门总计增删两抵共删银二十三万六千九百五十二两九钱一分五厘，移至临时门银二千八百六十七两六钱三分二厘。

二、临时门

第一类、共删银三万七百四十六两四钱六分一厘，增银三万一千六百两，增删相抵实增银八百五十三两五钱三分九厘，从第二类移入银七百七十五两七钱九分一厘。

第一款、原列三项改为二项，删银三万七百四十六两一钱六分，增银二万一千六百两。第一项改正名称，删银六千两。第二项裁，删银三千四百八十八两九分七厘。第一目查据明年停办，故删。第二目照原册说明不应入地方行政范围，亦删。第三项改为第二项，删银二万一千二百五十八两三钱六分四厘，增银二万一千六百两。原册第三项不应入地方行政范围，故全删。

第二款：并入第三款。

第三款：改为第二款。第一、第二、第三项并为第一项，改名为省城及各厅州县赈恤经费。

第四款：改为第三款，移入银七百七十五两七钱九分一厘。第一、第二、第三项并入第一项，改名为省城及各厅州县补助善举经费，增第四款，增银一万两。

第二类、原列二款改为三款，删银二十五万九千一百四十两一钱二厘，增银二十九万一百一十三两一钱二分八厘，增删相抵实增银三万九百七十三两二分六厘，移至第一类银七百七十五两七钱九分一厘。

第一款：改标题为学堂开办经费，增银五千两，删银八千四百九十七两四钱二厘，移至第一类银七百七十五两七钱九分一厘。第一项改为女子师范学堂开办费，删银三千二十四两六分七厘，增银五千两。第二项改入第一类第三款。第三项第四项裁，删银五千四百七十三两三钱三分五厘。

第二款：原列十项改为一项，共删银二十五万六百四十二两七钱。第一项裁，删银二十三万八千一百八十两。第二、三、六项并为第一项第一目。第四、五、九、十项并为第一项第二目。第七、八项裁，删银二万二千四百六十二两七钱。增第三款，增银二十八万五千一百一十三两一钱二分八厘。

第三类：原列一款改为二款，删银九百九十四两七钱，增银七万四千四百三十三两一钱二分八厘，增删两抵实增银七万三千四百三十八两四钱二分八厘。

第一款：裁，删银九百九十四两七钱。另立第一款、第二款为各实业学堂开办经费及预备经费，增银七万四千四百三十三两一钱二分八厘。

第四类：原列二款改为三款，从经常门第三类移入银二千八百六十七两六钱三分二厘。

第一款：第一项、第二项并为第一项，正名为省城修筑马路桥梁等经费。第三项改为第二项，正名为各府厅州县修缮道路桥梁等经费。

第二款：第一、第二、第三项并为第一项，其原册之项改为本册第一项下之各目，增第三款，从经常门第三类移入银二千八百六十七两六钱三分二厘。

以上临时门总计增删两抵共增银十万五千二百六十四两九钱九分三厘，从经常门移入银二千八百六十七两六钱三分二厘。

以上经常临时两门增删两抵共删银一十三万一千六百八十七两九钱二分二厘。

江苏谘议局第四届第二年度临时会复议宣统三年宁属预算案清册

江苏谘议局谨将宣统三年本局第四届第二年度临时会议决督院札交复议宣统三年宁属预算案缮列清册恭呈钧鉴：

计开：

矿政局调查经费交议册列银六百六十两三钱三厘。

江南公园交复议单列银一千两

前二项既奉照裁，无庸复议。

两江督辕医费交议册列银二百四十八两五钱六分一厘。

裕宁官钱局津贴药费交议册列银二百四十八两三钱四分三厘。

查前二项之裕宁项下既奉督院札复说明为重列之款，应补入检出重复数内于划定的款总数中减去此数，惟零数与督辕项下所支之款不符，想系钱洋折价署局互异之故，应遵奏颁币制则例查照宣统二年四月十六日市价折合确数。至督辕项下一款仍应由裕宁官钱局移拨官立医院。

图书馆原案册列银六千四百十八两二分九厘：

既奉督院札复说明事由，自应酌改前议，在总数内划定五千两专为添置图书扩充之用，其余留作馆内办事人员薪水、工食、杂费开支。

中西医院交复议单列银一万五千两并声明裁减并案已认减一千五百两：

中西医院正名为官立医院，仍执前议，至督院札交所谓就医院改为医学堂而以医院附设其内，与本局前议并无歧异，但虽就原有地位原有经费办理，而划分支配一节本局仍执前议。至前议学堂开办费一万两已列入临时门，既奉督院札开拨宣统二年截存银二千余两作为开办经费，则原案开办费一万两可以腾出，议改入教育预备费，应将临时门第一类第四款项目删除，而于第二类第三款加银一万两。

通志局经费交复议单列银二万二千二十六两七钱四分：

通志为一统志之张本，诚为必要，尤须先令各府州县修志为通志之张本。今不从基础注意而先于省城著手设局，位置冗员，糜费无益，实非舆论所许，仍请照裁。

再，该局试办宣统三年预算分册，经本局向清理财政局调取，接到函复，言通志仅有分表而无分册。本局检阅该表，长宽尺寸过于部式一倍有余而字数寥寥，苟且粗略，既未能自立体例，而按之造表适用之部颁例言第一条、第二条、第十条、第十一条、第十三条、第十六条，无一不相背触。其岁出表以薪工局用火食为经常费，以编纂、修膳、采访、舟车为临时费已属可诧，而临时费但有总数无每目之数，其说明则称此项本难预算，因经费已经禀定，不能不照此核算云云，是但识支销定额，毫无办事方针，实与预算原理大相背触，岂可听其滥用。岁入表以一万八十两为经常费，以九千两为临时费，岁入而称之曰费已属不合，及观其末行备考，方知造表者之用意以抵额支者为经常、抵活支者为临时。统观两表，知造表者于经常、临时分门之意义实系茫昧，其岁入备考内称活支一项甫经禀准尚未按月具领，可见以前但有局用开支并无编纂采访。其岁出备考内称临时费宁苏分认每年只有九千两，惟额支内尚余二千四百两并入凑用，一若损局用以益编纂采访有德色者，然殊觉鄙陋。至以通志经费为补助教育之款大书特书，不自知其谬误。此等学识厕于作者之林不亦羞当世之士乎。夫全国预算所以表示全国行政之方针，一局部预算所以表示一局部办事之方针，今观此表非但无办事方针，亦并无办事思想，是此款实无不裁之理。或谓通志本为应办之事，腐败但系整顿问题，此言极是。但腐败至无可整顿，惟有迅予裁撤，俟后重新组织，盖修志万不能惜费，而借修志名义以浪费万不能不从严革除也。

督标巡警学堂经费交复议单列银三千二百五十一两五钱六分：

巡警学堂与督标无关，名义不相联属，应即停办。至该堂之常年经费既由营弁月课项下裁改拨用，即与月课全不相干，况金陵厘捐现亦非专供军事之用，是来源用途均无军事费性质，应请督院照裁改拨，即现有第三班学生尚未毕业，尽可另行设法，或即并入高等巡警学堂酌量程度分班教练。

江南劝业工艺局交复议单列银六千七百六十一两八分一厘：

查督院札开，据劝业道折称拟迁往会场整顿扩充另行组织办法，本局未得其详，函询劝业道。现据劝业公所复称，工艺局所领官钱局成本漕平银三万两内有商务局借用银五千四百两，该局实领银二万四千六百两，每岁额支活支之数约计五千六百四十余两，截止上年冬间尚余现湘平钱六千两，存货约估值银八千四百六十余两。又称拟筹足现银五万两作为营业资本，因一时无款可拨，查有劝业会华侨股本七万余圆尚未发给，当经电商江太史孔殷请其转商华侨作为股本，现准复电，此款碍难拨用，以致尚未著手云云。本局查该公所所称系宣统二年以前岁支之数，核之本局原案照旧数开列之六千五百六十五两零本已较二年岁支增多九百二十五两，可不必再议增加，况以后欲另行组织，应先筹足营业资本以备购料开工，而每岁额支活支之款均即在此中取给，亦不必更为该局另筹常年经费。现股款既尚无著，则原案所列之六千五百六十余两暂可无须动用，应移入临时门，与该局现存湘平银六千两及存货估价银八千四百六十余两一并留充另行组织之用。再，商务局所借之五千四百两本在劝业工艺局原领成本三万两之内，以后集有资本另行组织扩充之时，此款应由商务局归还以符原款而厚资力。合并声明。

江南机器制造局药费交复议单列银四十七两

遵照督院札文缓裁加入临时门第一类第三款第一项补助善举经费内。

省城扩充巡警经费交复议单列银四万四千六十八两三钱四分二厘：

查原册省城各区巡警费银十五万六千六百六十余两，合之督院札文所称总局开支二万七千六百余两，计共十八万余两，若只腾出一万四千四百两有奇作为添设马巡队及菜市场之用，不过百分之八，撙节匪难，无庸添列，此款仍请照裁。至其他教练所考绩员、检验诊断所巡逻队各项应照督院札文暂从缓办。

思益小学堂经费交复议单列银五千一百六十六两七钱二分：

该堂改为官立，既经督院札复说明，则与省城各官立小学性质相同，办法自不容歧异。惟据本局调查员报告谓可节省八百元左右，复加钩稽，如空闲校舍二进，每月租金三十圆，是其可省者一。小学每星期授足三十六时，恐儿童脑力勿胜，若酌减每级受课钟点，酌加每教员授课钟点，堂长照部章兼任教课，体操、手工、唱歌、图画等科并级教授，则员司薪水减，是其可省者二。此外杂费略加樽节，实不难核减，此数应就督院札文所开实只领银三千五百二十八两数内再酌减银五百两，藉祛虚糜之弊，以三千二十八两补列入册，列为经常门第二类第二款第一项第八目。

养正小学堂经费交复议单列银三千六百六十六两：

查交议原册列入补助私立项下。今查该堂专恃官款并非私立，若援小学由官款办理者不予遽删之例，可与思益学堂一律办理，应正名为官立小学。惟查得该校兼办达材初级师范，办法宜大改良，自应责令切实整顿，目前应照督院札文所开实仅领银二千五百二十两之数，列入预算，列为经常门第二类第二款第一项第九目。

津贴上江中学堂经费交复议单列银一万四千三百十一两：

查财政公所所拨每月三百两之补助费，既系南洋大学之款，则此三千九百两不应挪移，仍须照删。至皖籍绅商等捐款、田租及学生学费等银一万四百十一两系私立经费性质，属于自治范围，不应列入本册，自应出入并删。惟查岁入册但有上江学堂田租二十八两、学费二千五百九两，并无盐商捐二千九百余两及皖绅捐四千九百余两，自应将岁入册所有之二千五百三十七两补列改入自治数内，于划定的款内减去此数。

江宁府中学堂经费交复议单列银一万七千六百五十一两三分四厘：

此案移归地方筹办，系与苏州省城中学一律办理，碍难改议。惟既奉说明有学费总括在内，自应查照岁入册载九百六两一钱五分三厘并膳费二千八百六十九两四钱八分五厘，两共三千七百七十五两六钱三分八厘之数加列改入自治数内，于划定的款总数内减去此数。至该堂所恃经费，查本系从前书院之款性质，亦系地方范围，论其实际亦应于岁入册内划出抵支。

江宁高等小学兼设之简字学堂交复议单列银五百九十二两五钱七分二厘：

既奉照议停办说明数目，应于经常门第二类第二款第一项第二目江宁高等小学堂经费内减银五百九十二两五钱七分二厘。

粹敏女学堂经费交复议单列银一万七百八十五两八钱八分一厘：

查女子师范学堂开办费一万两、常年费一万二千两，宁苏各半，预算列册，经费有著，岂可因循。此案仍执前议。

江苏私塾改良会经费交复议单列银二千三百六十四两九钱五分六厘：

已奉停给，与本局前议相符，无庸复议。

考送京师各学堂学生津贴交复议单列银三千二十四两六分七厘：

既已奉裁，与本局前议相符，无庸复议。

海州支出存古学堂月课交复议单列银三百二十六两三分八厘：

既奉照裁，无庸复议，惟谓并无专款，则系岁入问题，本局议案但就岁出之数划定支配，未可牵涉岁入扯动交议原案。

两淮盐务临时补助教育费交复议单列银五千一百四十七两二钱九分七厘：

遵照督院札交缓裁，移入临时门第二类第三款，照数加入教育预备费内，无庸别立项目。

出洋留学费交复议单列银二十二万八千一百八十两：

此案查交议原案宁藩司支出二十一万二千五百六十两，江南制造局支出一万五千六百两，现绎督院札文，则藩司支出数内移送学司汇寄者九万二千九百两八分五厘，其余系教练处汇寄，并无细数可核，前经督院行查所入何校、所习何科，制造局业已复到提学司查复人数而无校名科目，教练处则并未查复。至督院札发之海军学费清军系另一款，与此款不涉。东洋学费上年销册是否在此款之内亦无眉目可寻，实系无可审查，亦即无从复议。原案既说明查明以后动支预备费，则于事实上无所出入，无庸变更前议，仍请督院将发给细数及学生姓名、学校科目严催查复札知本局。

遣送留学生考试用费交复议单列银一万七千六百五十二两七钱：

此项总数开列银一万七千六百五十二两七钱。今据督院札复细数，实共银一万八千一百十余两，数目不符，一可异也。自余建侯往日本核算学费、川资银以下至梵王渡约翰书院经费各节，督院札复说明或系特别用款，此后无此等事件，或系一次之事，以后无须再给，是固早知该款之无庸列入预算，何以交议原册中仍行开列，二可异也。督院札文又谓"遣送李汝宏、邹应蕙游美川资银五百六十两系照部章办理。无论此系决算之款，即照来文所开此后如有遣送之事仍应照章给发"等语，现在此项遣送学生既不能预知其有无多寡，自应俟临时发生，在预备费内动拨。惟既据章每名治装银三百圆、川资五百圆，李、邹二生应共发给一千六百圆，约各得银五百六十两，何以两人只给一人之费，三可异也。至留日学生监督田吴炤由东发电费银五百七十七两三钱五分，未来之电费不知何以能定其确数，及观文末所开改列监督处销册一语，始知又误预算为决算矣。自应将各款依照督院札复准裁之。赴京应试银七千余两一并照裁。仍执前议。

西洋留学生监督经费交复议单列银四千八百十两：

此项经费虽由各省分筹，然在国家行政范围以内，自应改入国家本册，仍应照裁。

两江法政学堂交复议单列银三万一千七百十六两零：

查该校原开列预算银六万九千六百五十九两零，本局原案议减银三万一千七百十六一两零，今督院札复谓通盘筹画，仅能减银六千三百十二两零。节经本局推员调查，兹据报告，将该校经费细为支配，除该堂认减银六千三百十二两零及学绅补助费该校监督已允不再由校支给，计全裁银一万一千八百九十一两零外，尚可再减银一万四千七百六十九两零，计分六项，胪列于下：

甲）职员：原支银九千六百九十八两零，今定银七千二百四十五两零，可减二千四百五十三两零。

按既有斋务长，则监学可减为一人，检察可裁去一人。又部章法政学堂寄宿舍规条舍内整顿卫生等事由检察官随时检察，并无舍监名目，则舍监可裁。又司事可裁去三人，掌书改司事，酌减薪水。

乙）教员：原支银二万一千三百四十四两零，今定银一万八千四百零三两零，可减银二千九百四十一两零。

按原支数为该堂已经认减之数，今支数为调查员支配之数，依计钟支脩之法每一小时合银一两三钱零四厘，日本教员加倍计算。

丙）夫役：原支银三千九百两零，今定银三千二百五十两零，可减银六百五十两零。

按护兵二名全裁，其他夫役裁去八名。

丁）火食：原支银一万零一百八十六两零，今定银六千五百五十三两零，可减银三千六百三十三两零。

按学生三百七十八名，兼任教员十二人，每年作三百日，每人每餐以库平银五分计；又教员十八人，每年作三百日，职员十二人，每年作三百八十日，每人每日以库平银一钱计。

戊）杂支：原支银九千三百二十五两零，今定银五千五百两零，可减银三千八百二十五两零。

按该校杂支糜费甚多，即以印刷纸张一项而论，二年分用纸至七百四十五领之多，如以上课二百五十天计，每天用纸三领，每领五百张，每张裁成八页，是每一学生每天有讲义三十余页之多。该校讲义用活版排印，每页可容千字。此中糜费必可大加撙节。今以月支五百两为限。

己）中学修金：可减银一千二百六十七两零。

按该堂下学期拟添办中学，加授东文，以为升入本科直接听讲东文讲义地步。查宣统二年十二月初七日《政治官报》载奏颁《法政学堂新章》，有日文、德文、法文、英文各科，而于各科目并无必须专用东文讲义之限制，自无庸特设中学加授东文，转糜经费。

以上共可减银三万二千九百七十二两零，比之原案所减有盈无绌，仍执前议。

两江优级师范学堂交复议单列银二万两：

调查该校开支，其可以节省者不止一端，平心审察，务求于事实上可以勉为而无碍于学堂之管理之教授。如监学多至四员，既系优级师范，学生贵能自治，无庸如许管理员，其可以节省者一。司事有二十六人之多，收发、誊写、校对讲义多至十员，食堂、浴堂、调养室至各特设专员，实可大加裁并酌减四分之一当敷办公，其可以节省者又一。学生不过六百而夫役多至一百三十五名，年费至九千余圆，以学堂而有亲兵、有巡丁，有鼓号兵，有薙发匠，有用印家人，尤为可异，虽校舍较宏，学额较多，然裁减五分之二当已足资指挥，其可以节省者又一。学生每名年发操衣冠履三副，仅一服于上操时，决非一年间所能垢敝，此其可以省者又一。至杂支一项可省者尤不少，今酌定如下：

监学裁一人：　　　　　　　减一千三百圆。

司事裁七人：　　　　　　　减一千三百圆。

夫役裁五十五人：　　　　　减三千九百余圆。

学生服装费每生减四圆：　　共减二千四百圆。

杂费减二成：　　　　　　　计减六千圆。

以上共减银一万四千九百余圆，约合库平银一万两，应于经常门第二类第一款第三项内加银一万两。

宁属初级师范学堂交复议单列银六千七百八十六两五钱五分七厘：

查原案议减银六千七百八十六两零，今督院札文谓已减三千一百三十六两，是尚差三千六百五十两零。据该校报告，预算原定库平银三万六千八百四十余两，经督饬前后裁减六百余两，认减已多。添办附属小学本应增加经费，今连小学并计亦不过比宣统元年多七百余两，除小学计之，与谘议局议减之数无甚出入云云。第查该校开支可节省处尚多，如职员薪水均可酌减，约年减银一千两；管理有一监学、两舍监已足，其一监学可裁，约减银五百两；以学堂而有稿书、有亲兵，学生不论二百，夫役多至五十七名，定可裁减过半，每名工食以三两计，约减一千二百两。此外杂支酌减一二成，合计银数与原案所减之数已相符合，是照原案数目，所有附属小学经费本可包括在内。此案仍执前议。

江南实业学堂交复议单列银一千二百三十五两八钱五分六厘：

该堂农工分办一节业经另文呈复。本年既未分办，且奉列入复议，自应细为查核。查该堂预算交议册列银六万一千二百三十五两八钱五分六厘，而调阅该堂分册、经常临时岁出只共银五万三千三百十二两四钱三分二厘。将其前后按语详加寻绎，方知该堂因札发凡例有以宣统元年为本年一语，不惟其数目求与元年报册合符，即其项目亦悉照元年报册开列，故虽本年已无电科生而员司薪水项下仍列电专科教员，类此者不一而足。似此办法，目前预算既苦无从钩稽，即将来决算更恐无从核对，殊非预算正当办法。该分册临时总数列银一万二千五百二十八两一钱五分一厘，按语称此系元年支用已经清结之数，其支用未给结之数未曾列入。又称册载某款可为宣统三年农矿化三专科实习添备修缮等用，某款可为宣统三年矿专科添购书器、试验实习等用；又据农化两专科教员单开应需添购书器银若干、试验实习用品银若干，计宣统三年共需支银二万八百十六两零云云。合之经常总数四万两零，与交议册所列数目大致尚合。惟各专科既非本年始行开办，三科学生总数不过七十余人，农科实习之试验场又已另册预算，而所列试验实习添备修缮至二万余两之多，其中定可大加樽节。又全堂学生总数只一百八十二人，而夫役有五十六名，亦可酌量裁汰。据该堂报称，自上年八月起每月业已裁减湘平银一百两，计可省者当尚不止此数。今姑以该堂分册原列经常、临时总数五万三千三百十二两四钱三分二厘入册，列经常门第三类第一款第一项，其原列第一项之高等农业学堂二万两、第五项之高等工业学堂四万两、第六项之工业教员讲习所五千两均删，共删六万五千两，以与五万三千三百十二两四钱三分二厘相抵，实删银一万一千六百八十七两五钱六分八厘。

南洋方言学堂交复议单列银一万五千六百八十八两五钱：

查该校常年额支二万七千一百十八圆，颇有可以节省之处。如监督、教务长等宜兼功课，钟点较少之教员薪水太巨，收掌司书可归并，夫役名数可酌减，约计可减一千五百圆，应支二万五千六百十八圆，约合库平银一万七千七十八两六钱六分七厘。另活支三千两，应加撙节，核减一千两，两共一万九千七十八两六钱六分七厘，应于经常门第二类第一款第六项内加银四千五百二十四两一钱六分七厘。

又查该校方前监督亏宕甚巨，请严追以重公款。

江南高中两等商业学堂交复议单列银一万六千八百四十四两五钱一分一厘：

查奉督院札复声明，该校增出一万六千八百余两，系宣统元年与光绪三十四年之比较，且因添招学生、增聘教员之故未便议减。兹由本局调查实有可以节省之处，计分三项酌减如下：

甲、员司薪水项下减九百六十二圆。按既有文案官，又有教务书记、文牍书记，则高等文案可裁。既有会计官，又有中等司帐，则高等司帐可裁。关于校对、缮写、收发、讲义管理印刷之员多至五人，可减去二员。共减如前数。

乙、杂支项下减四千一百七十八圆。按原支一万八千八百六十圆内员司火食二千四百六十七圆无庸议减。毕业用费一千五百元，酌留五分之一俾足敷用，其余统减二成，共减如前数。

丙、夫役工食项下减六百八十六元。按门号房可并，夫役头可裁，每职员室各一人可酌省，高中两校各减去夫役六名，共减如前数。

以上共减银五千八百二十六元，合库平银三千八百八十四两，照交议原册减去此数实得四万五千六百八十一两三钱一分八厘，应于经常门第三类第一款第七项内加银一万二千九百六十两五钱一分一厘。再，查该校学生膳费，按日计算不无出入，询之庶务长，据云盈余作为公积，似非正办，此后当将膳费收支并列实报实销。至该校积欠之款，有宣统二年财政公所借拨湘平银五千两，系建造商品陈列所之用，裕宁官银钱局息借湘平银二千零八十七两七钱三分，系开办银行实践室之用。据称两项均报销有案，惟声明款系借拨，随后筹还。查学堂无筹款之权，且正当办法总宜实报实销，不应为还欠地步听其浮领，况查岁入册经常门第六类亦并未列有归还官款金一款。

又查高等商业、中等商业各有特立性质，两校混合为一，徒乱学生视听，急应规划分办。中等不应称堂长，宜改称监督，兼任教课。据庶务长言，本年下学期高等拟添本科一班，并有增设初等之议。查中等甲班生毕业人少，暑假招生不易，不如缓设。至添办初等商业尤于学制未合，因复议并议及此。

江南蚕桑学堂交复议单列银九千七百五十四两八分六厘

该堂原议并入高等农业，今督院札复，谓应俟此班毕业后高等农业成立照局议并入。查高等农业目前既未分划，自无从骤行并入，惟该堂预算册列银九千七百五十四两八分六厘，而据调查，该堂实支员司薪水四千六百八十二两零，夫役工资五百九十八两零，员役火食七百十七两零，各项杂支二千六百三十四两零，共银八千六百三十一两零，姑皆以库平计，预算册尚多列银一千一百二十三两零，是其应减者一。学生不过五十余人，夫役至二十二名之多，姑为减去四名，计每年约可省工食银二百十八元。杂支项下，酒席费、三节例支等均可节省，除实习饲蚕费、试验消耗费、电话报纸费三项外，统减三成，可省银七百六十三元，两共可省钱九百八十一元，约合库平银六百五十四两，是其可减者又一。应共减银一千七百七十八两，以七千九百七十六两八分六厘列入经常门第三类第一款第二项，仍暂称江南蚕桑学堂。

又查该校宣统二年上学期一览表，出入相抵当余一千六百余两，加以半年存息，为数匪细，此款如果积存，应请督院转饬于决算时切实声明。至该堂既奉督院复称俟此班毕业照议并入高等农业，则本年自可无庸招生添班。

粹敏女学费附设幼稚园经费交复议单列银二千六百两：

该园应附属于女子师范，此案仍执前议。

会议厅审定以上三十二宗照准及未能照准理由于后附清册及始末办理情形表内分别说明。

附：复议宁属预算案之统计

增于原案者： 共库平银三八二二六·九七五。

江南制造局药费：	银四七·〇〇〇
思益小学堂经费：	银三〇二八〇〇〇
养正小学堂经费：	银二五二〇·〇〇〇

右三件增项。

两江优级师范学堂经费：	银一〇〇〇〇·〇〇〇
南洋方言学堂经费：	银四五二四·一六七
江南高中两等商业学堂经费：	银一二九六〇·五一一
预备教育经费：	银五一四七·二九七

右四件原项增数。

| 减于原案者： | 共库平银一四〇五八·一四〇 |
| 江宁高等小学经费： | 银五九二·五七二 |

右一件原项减数。

| 江南实业学堂经费： | 银一一六八七·五六八 |
| 江南蚕桑学堂经费： | 银一七七八·〇〇〇 |

右两件改项减数。

以上增减相抵实增岁出库平银二万四千一百六十八两八钱三分五厘。又就交令复议各款目中核有检出重复及改入自治、改入国家各一件，自应出入并删。胪列如下：

一、检出重复：裕宁官钱局津贴药费　　银二四八·三四三

二、改入自治：两中学田租学膳费　　银六三一二·六三八

名目	岁入册					
	门	类	款	项	目	此件应于岁入数内剔除，故为此表。
上江中学田租	经常	三	三	四	二	
上江中学学费	经常	九	三	一	二	
江宁府中学学费	经常	九	三	一	九	
江宁府中学膳费	经常	九	三	二	六	

三改入国家：两洋留学生监督经费　　银四八一〇·〇〇〇

以上三件共银一万一千三百七十两九钱八分一厘，应于划定的款总数内照减，在原议决案岁出总数并无出入。又府中学堂所支从前书院之款性质亦系地方范围，论其实际亦应于岁入册内划出抵支。

两江督署会议厅审定谘议局复议宁属宣统三年地方行政经费预算案理由清册

计开：

一、矿政局调查经费交议册札复单均列银六百六十两三钱三厘。

二、江南公园经费交议册列银三千八百六十七两六钱三分二厘，札复单均列银一千两，系局册议减之故。

查矿政局调查经费，谘议局原案未表列入册，上年札复案业已准裁。又江南公园经费，谘议局原案说明阅该园分册宜大加樽节，减银一千两。札复案叙明自应照裁。复议案称既奉照准，无庸复议。尚无出入。

一、两江督辕医费交议册札复单均列银二百四十八两五钱六分一厘。

一、裕宁官钱局津贴药费交议册札复单均列银二百四十八两三钱四分三厘。

查两江督辕医费，谘议局原案并入所议中西医院正名之官立医院，官钱局津贴药费原案删去，札复单于裕宁顶下叙明即系支给大行宫督辕官医局之款，预算册重列，应行清理财政局更正。督辕项下叙明此项经费系职董陈嗣泰等创设督辕官医局施种牛痘，禀准前端督院于裕宁余利项下拨助。现附近既有中西医院，应即停止。又于中西医院项下叙明，不如就该医院改为医学堂，而以医院附设其内，即佋原有之经费支配组织并行知裕宁官钱局及中西医院各在案。此次谘议局复议案以既系重复之款，应于划定的款总数中减去此数，仍请将督辕项下之款由裕宁官钱局移拨所议正名之官立医院，自可照办。惟前据中西医院来禀仅请拨宣统二年截存款二千余两作为开办经费，此外佋原有经费开支。当此库帑奇绌之际，省一分则多一分之实用，督辕项下之款自应仍照前案停止，毋庸移拨。

一、图书馆经费交议册列银一万二千四百十八两零二分九厘，札复单列银六千四百十八两二分九厘，系裁减并案认减后之数。

查此项去年谘议局原案请归并学务公所图书科兼管，业经札复叙明。学务公所距图书馆甚远，难以兼顾，应酌量核减力求樽节在案。复议案称札复说明事由，自应酌改前议，在总数内划定五千两专为添置图书扩充之用，其余留作馆内办事人员薪水、工食、杂费开支等语。查该馆自前端督院创办时即购致浙中旧家藏书六十万卷，加以官绅陆续购发寄赠及调取他省局书，共不下八十万卷，每日到馆阅书者亦复络绎不绝。规模既大，则管理在在需人，馆内监督、提调、典守、检书、发券各员及杂役等薪工伙食每月至少亦须三百余两，若如局议分配之数实属万不敷用，且添购书籍亦不必限定五千两之数。现议将通志局并入该馆，即以该馆归其兼管，一面裁汰冗员，既可通融办理，又可以省杂费。已照会该馆监督缪绅荃荪并饬通志局总办张道彬就该馆经费六千四百余两及通志局经费二万二千余两范围内通盘筹划，详候核办矣。

一、中系医院经费交议册列银二万五千一百八十四两三钱三分一厘，裁减并案认减一千五百两在内。

查此项谘议局预算原案划分一万五千两作为所议官立之医学堂经费，而以一万四百三十二两八钱九分三厘并督辕医费银二百四十八两五钱六分一厘归并在内为所议中西医院应正名为官立医院经费。札复案叙明不如就该院改为医学堂而以医院附设其内，即佽原有经费支配组织。复议案称虽就原有地位原有经费办理，而划分支配一节本局仍执前议等语。查局议划分支配之法严定界限未尝不可，惟一划定款项照章不能通融动用。该院原有经费二万五千一百八十四两三钱三分一厘，除认减一千五百两，仅有二万三千六百八十四两三钱三分一厘，本系施诊用项，贫病者求诊之多寡原难预定，若必划定款项，万一求诊者多，定必以款目不能通融动用诸形窒碍，所议划分支配办法殊难照办。至援前札拨宣统二年截存银二千余两作为开办经费，请将原案开办经费一万两删除，应即照办。

一、通志局经费交议册札复单均列银二万二千二十六两七钱四分。

查此项谘议局前议裁撤，业经札复详叙。通志为一统志之张本，万难中途废辍。本届复议案痛诋该局分表不合体式，仍请裁撤。查该局预算表不合预算体例，系属表式填注之事，乃预算编制问题与修志事实无关，似未可因噎废食。又称腐败至无可整顿，惟有迅予裁撤，俟后重新组织等语。查该局纂就之稿业已积有卷帙，前札亦已叙明，遽予裁撤，既未免前功尽弃，俟后重新组织又须繁费，何如就现在办法妥为整顿，庶得事半功倍之效。现议将该局移并图书馆。馆内藏书颇富，既可以资参考，且馆局合并又可节省经费，已饬该局总办张道彬并照会图书馆监督缪绅荃荪，就该局经费二万二千余两及图书馆经费六千四百余两范围内通盘筹画，详候核办矣。

一、督标巡警学堂经费交议册札复单均列银三千二百五十一两五钱六分。

查此项谘议局议决原案，以既有高等巡警学堂，不应重设。札复单叙明其经费属于军事性质，应俟第三班学生毕业后再行分别办理。复议案以为来源用途均无军事性质，仍请照裁改拨，其未毕业之第三班学生以为佽可设法，或即并入高等巡警学堂。自为节省行政经费起见。惟该项学堂光绪三十二年正月政务处会同兵部议复巡警部奏《绿营疲弱请一律改为巡警以收实用折》称"各省兴办巡警应需经费颇巨，自应将绿营挑改巡警，化无用为有用。该尚书等所请挑选制兵改编巡警以饷项充警费及设立学堂教练各办法均尚妥洽"等语，奉旨允准通行各省，经前署督院周咨会苏皖赣三抚并札行督抚提各标中军等遵照办理各在案。当时兵部、巡警部原奏所称以饷项充警费，是其经费来源确系军事性质，惟现在各省巡警学堂民政部已有专章，自应力求统一，已饬令停招新班，于第三班毕业后即行停办，其第三班尚未毕业以前仍应照常办理较为妥洽。

一、江南劝业工艺局交议册列银一万三千三百二十六两五钱二分二厘，札复单列银六千七百六十一两八分一厘，系局册议减之数。

查此项谘议局原案称此较表骤增一倍应照旧数开列六千五百六十五两。札复案叙明据劝业道折称拟迁往劝业会场整顿扩充系便贫民起见，未便议减。复议案称据劝业公所函称工艺局所领官钱局成本漕平银三万两内有商务局借用银五千四百两，该局实领银二万四千六百两，每岁额支活支之数约计五千六百四十余两，截止上年冬间尚余现湘平银六千两，存货估价约值银八千四百六十余两。又拟筹足现银五万两作为营业资本等因。公所所称系宣统二年以前岁支之数，核之本局原案照旧数开列之六千五百六十五两零已较二年岁支增多九百二十五两，可不必再议增加等语，尚属可行。至称商务局所借之五千四百余两应由商务局归还一节，查商务局从前借用此款已经动用无存，嗣商务局裁撤并未筹有现银移交，现在劝业公所无从归还，应俟另筹的款再行抵补，已饬劝业道妥速议复核办矣。

一、江南机器制造局药费交议册札复单均列银四十七两。

查此项谘议局原案未列入册。札复单叙明为该局捐助上海仁济医院慈善之举，似可缓裁。复议案加入临时门补助善举经费内，尚属无所出入。

一、省城扩充巡警经费交议册札复单均列银四万四千六十八两三钱四分二厘。

查此项谘议局原案称应由总局经费撙节腾出全数删去。札复单叙明总局经费每年开支仅二万七千余两无可撙节，一再筹维，惟有斟酌缓急，择要先办，如添设马巡队需银一万一千两有奇，设菜市场需银三千四百两有奇，均属事不容缓，其余各项暂从缓办。复议案称原册省城各区巡警费银十五万六千六百六十余两并札复原案总局开支二万七千余两，计共十八万余两，若只腾出一万四千四百两有奇作为添设马巡队及菜市场之用，不过百分之八，樽节匪难，毋庸添列等语，似可照行。惟总局经费已一再核减，局中一切动用实系万分支绌，各区地方辽阔甲于各省，配置已嫌不周，支用亦殊省约，自属腾无可腾，碍难照办。

一、思益小学堂经费交议册札复单均列银五千一百六十六两七钱二分

查此项谘议局原案未列入册，以为应归地方办理，无庸代谋。札复单叙明该堂纯系官立，实只领银三千五百二十八两，应俟官立小学一律改归地方办理后照局议删除。复议案称既经札复说明理由，则与省城官立小学性质相同，办法自不容歧异，议请补列入册。与札复案尚属相符。惟称略加撙节，不难核减，请减银五百两，应俟学司确定标准后通盘筹画再行核办。

一、养正小学堂经费交议册札复单均列银三千六百六十六两

查此项谘议局原案未列入册，以为应归地方办理，无庸代谋。札复单叙明该堂本系私立，由官补助，实只领银二千五百二十两，应俟现有学生毕业后停止官款。复议案称，查该堂专恃官款并非私立，可与思益学堂一律办理，应正名为官【立】小学，将所领银数列入预算等语。查该堂每年不敷银数百两多，由该堂长等自行筹补，并非纯恃官款，未便改为官立，应仍照札复原案办理。至补助该堂经费是否尚须核减，应俟学司确定标准后一并办理。

一、津贴上江公学经费交议册札复单均列银一万四千三百十一两，实只三千九百两

查此项谘议局原案未列入册，以为无庸代谋。札复单叙明多系皖籍绅商捐款及学费等，其在宁省财政公所拨给补助费每月三百两系盐务各局卡提拨南洋大学堂常年经费项下之款。现在大学尚未成立，江安两省之关系与他省不同，仍应照给。复议案称既系大学之款，仍应照删等语。果使皖籍士绅不生异议，自可于岁出上节省涓埃。惟现准皖省朱抚院咨称"据安徽谘议局呈称中略，查江南名称为苏皖两省所公共，凡宁垣所立官学堂冠以江南字样均系苏皖合办，为皖人应享之权利，皖省对于江南所负种种税务岁不下三百余万之多尚未划分，今于合办之学堂及公学之经费忽生异议，似非情理之平。事关本省权利，应请迅咨督院主持，将江南所有苏皖两省合办之各学堂及上江公学经费悉仍其旧等情咨请酌核主持"等因，并据安徽谘议局、教育会呈同前由。查《谘议局章程》第二十九条内开"凡他省与本省争论事件，谘议局得呈请督抚咨送资政院核决"等语。现虽未据本省谘议局呈请，惟既准皖抚院咨称及皖谘议局、教育会呈称各节，除苏皖两省

合办之学堂苏谘议局并未议改为苏省独有外，所有津贴上江公学经费银每月三百两自应照章咨送资政院核决以昭公允。

一、江宁府中学堂经费交议册札复单均列银一万七千六百五十一两三分四厘

查此项谘议局原案未列入册，声明应移归地方筹办。札复单叙明该堂经费原系每月一千两，通年共一万二千两，有闰之年照加，前已每年认减一百八十两，现查该堂每年再减二百二十两，并前共每年认减四百两，局册多列银数千两，系将学生学费总括在内。惟中小学移归地方办理自属正办，但两税既未划分，地方款项无可猝筹，应俟划分之后再为议移。复议案称，此案移归地方筹办，系与苏州省城中学一律办理，碍难改议等语。查宁苏情形不同，骤令该堂集此巨款，实属无从筹措，若如局议办理，势非停办不可，自属碍难实行。又称岁入册载学费、膳费应改入自治数内于划定的款数内减去此数等语，似尚合理。惟现既未能移归地方办理，自无庸改入地方自治。又称该堂所恃经费本系从前书院之款，性质亦系地方范围，论其实际亦应于岁入册内划出抵交等语。查此款系由官收官放，若于岁入册内划出，转与出入总数不符，应毋庸改。至该堂经费实领之数是否尚须核减，抑照原数支给，应俟学司确定标准后再行核办。

一、江宁高等小学兼简字学堂交议册列银七千一百十九两八钱九分六厘，札复单列银五百九十二两五钱七分二厘。

查此项交议册列银七千一百一十九两八钱九分六厘，谘议局原案于江宁高等小学经费项下列银六千五百二十七两一钱二分四厘，称兼设之简字学堂应停办，惟分册未开细目，应责令该堂自行按照删减等语。札复单于简字学堂项下列银五百九十二两，叙明应照局议停办。复议案称应于经常门江宁高等小学堂经费内减去此数尚属合理，应即照办。

一、粹敏女学堂经费交议册札复单均列银一万七百八十五两八钱八分一厘

查此项谘议局预算原案未列入册，札复单叙明宁苏现议合办全省女子师范即可以粹敏女学作为师范基础，应俟苏属派定经费合筹办法，一面招生开学，一面将原有学生陆续续毕业，以后不再开班，此时未便议裁。复议案称女子师范开办经费一万两，常年费一万二千两，宁苏各半，预算列册，经费有著，岂可因循，此案仍执前议等语。查该堂学生二百名，附属幼稚园学生八十一名，著遽予删裁，势非停办不可，各生等级不同，未易转入他校，致令中途废学，殊非提倡女

子教育办法，应仍照札复原案办理方无窒碍。至该堂经费一万七百余两是否尚须核减，应俟学司确定标准后再行核办。

一、江苏私塾改良会经费交议册札复单均列银二千三百六十四两九钱五分六厘

一、考送京师各学堂学生津贴交议册札复单均列银三千二十四两六分七厘

一、海州支出存古学堂月课交议册札复单均列银三百二十六两三分八厘

查以上三项谘议局原案未列入册，札复单业已叙明原委准裁，复议案以为毋庸复议，尚属无所出入。

一、两淮盐务临时补助教育费交议册札复单均列银五千一百四十七两二钱九分七厘

查此项谘议局原案未列入册，札复案叙明系备补盐务所立各学堂购置书籍器具、修理校舍以及安徽正阳关梅羹学堂不敷等用，系由淮南北商捐项下动拨，似难遽裁。复议案移入临时门照数加入教育预备费内，尚属无所出入。

一、出洋留学费交议册札复单均列银二十二万八千一百八十两

查此项谘议局原案声明笼统开列无从议决，请将留学何国、学生几名、每名每年学费若干、何年可以毕业详细札知。札复案叙明已饬宁学司及督练公所教练处分移各国留学生监督处查明移复，俟复到后再行札知。复议案称，制造局业已复到提学司查复人数而无校名，教练处则并未查复，无可审查，亦即无从复议，仍请严催查复等语。查各国远隔重洋，公牍往还难免久稽时日，是以多未复到。现又分电各国钦使转饬查明，仅准驻德公使、驻日本公使咨复，一俟各处复齐应即汇案札知。

一、遣送留学生用费交议册札复单均列银一万七千六百五十二两七钱

查此项谘议局原案未列入册。札复单叙明学部奏准《管理欧洲游学生监督处章程》，凡游学欧洲官费学生应给治装费及川资各有定数，此后如有遣送欧美学生仍应照给，此外赴京应试各项均应照裁。复议案称札复细数实共银一万八千一百十余两，与总数不符。查交议册及札复单总数系照库平开列细数，则据核销数目照湘平开列原札漏未叙明，是以两歧。至称遣送此项学生既不能预知其有无多寡，自应俟临时发生时在预备费内动支等语，查遣送欧美学生均应查照部章给予治装费及川资，但既不能预知其有无多寡，应俟临时酌量办理，暂将此项与札复单开列各项银两全数照裁。

一、西洋留学生监督处经费交议册札复单均列银四千八百十两

查此项谘议局原案未列入册。札复案叙明此项经费系学部奏定，仍应由各省分寄，未便议裁。复议案称在国家行政范围以内，自应改入国家行政经费等语。查当此国家税地方税尚未划分之际，国家与地方经费同取资于一切岁入之中，似无庸改。

一、两江法政学堂交议册列银六万九千六百五十九两六钱八分五厘，札复单列银三万一千七百十六两，系局册议减之数。

查此项交议册列银六万九千六百五十九两零，局册议减银三万三千九百四两九钱一分五厘，除裁减并案，该堂认减二千一百八十八两八钱，局册议减之数实三万一千七百十六两零。札复单叙明通盘筹划，设法变通，连同裁减并案认减之数，共减银六千三百十二两二钱一分，其官班补助费系从贫员津贴项下指拨银八千九百七十八两五钱五分八厘，仍应由堂照旧领给，与堂内经费无涉。其学绅补助费银二千九百十二两九钱三分三厘业准局议照裁。复议案称除该堂认减银六千三百十二两零及员绅补助费，该校监督已允不再由校支给。计全裁银一万一千八百九十一两零外，尚可再减银一万四千七百六十九两零，计分职员、教员、夫役、伙食、杂支、中学脩金六项分列核减之数，计银一万四千七百六十九两零，谓可共减银三万二千九百七十二两零，比之原案所减有盈无绌，仍执前议等语。查该堂宣统三年预算表，除去员绅补助费外，本堂全年经费通共库平银五万七千七百六十八两二钱九分二厘，该堂初次详请每月减领活支银一百两，全年连闰节省银一千三百两。二次详请每月裁减员司薪水、杂役工食湘平银八十二两四钱，全年连闰节省银一千七十一两二钱。三次详请变通堂中办法，正科少请日本教习一人，中学迟至下学期招生，并退赁寄宿房屋租金，全年连闰减湘平银四千二百三十二两五钱三分，共裁减湘平银六千六百零二两七钱三分，合库平银六千三百十二两二钱一分。以上之数原在预算本堂全年经费银五万七千七百六十八两零之内设法裁减，即从职员、教员、夫役伙食杂支项下变通支配，若照该局所列六项可减数目办理，亦应将此认减之数六千三百十二两零并入核算再加应减之数方能适合，不应除去认减之数不计，再减银一万四千七百六十九两零。本年正月复据该堂监督详请准咨补习科归并预科升入本科减一堂教习钟点暨各项用款，又减聘日本教员一人，共减银五千八十七两四分九厘，连前共减银一万一千三百九十九两九钱五分九厘，全年共支库平银四万六千三百六十八两二钱三分三厘。该堂学生上下学期平均计算共四百四十人，监学、舍监均有应办之事，教员薪水系照钟点计脩，夫役人数无多，皆有专责，学员伙食按日计算，本年加闰未可以十个月为限，教员伙食未可只算三百日，兼任教员伙食亦未能只备一餐，杂支应撙节动用，未可以月支五百两为限，且纯以十一个月计算于事实上殊多窒碍。开办中学，因恐将来招考正科时仍前不能足额，预备毕业升学碍难停办，惟不必注重东文，若照该局议减之数仅存库平银三万六千六百八十七两六钱八分五厘，诚恐未能办到。况复议案所列六项应领之数合计银四万零九百五十一两，照交议册除去此数只应减银二万八千七百零八两，乃所减之数为三万二千九百七十二两零，又复不能适合，应统俟学司确定标准后再行核办。

一、两江优级师范学堂交议册列银十二万三千四百六十两，札复单列银二万两，系局减之数。

查此项交议册列银十二万三千四百六十两，局册议减二万两并裁减并案认减一万两，共减三万两。札复单叙明业经部议核减咨部尚未得复，自应候部示遵办。嗣据部准减银一万两。复议案称调查该堂开支其可以节省者不止一端，历举各节，就原减二万之数核减一万两，请于局议原册经常门第二类第一款第三项加银一万两，是否应减此数，应统使俟学司确定标准后再行核办。

一、宁属初级师范学堂交议册列银四万零七百三十五两五钱五分七厘，札复单列银六千七百八十六两五钱五分七厘，系局册议减之数。

查此项交议册列银四万零七百三十五两五钱五分七厘，局册除认减九百二十九两外，再减六千七百八十六两五钱五分七厘。札复单叙明共只支银三万七千六百两，较交议原册已核减三千一百三十六两。复议案称，据该校报告开支可节省处尚多，仍持前议等语。是否核实，应俟学司确定标准后再行核办。

一、江南实业学堂交议册列银六万一千二百三十五两八钱五分六厘，札复单列银一千二百二十五两八钱五分六厘，系局议农工分办支配核减之数。

查该堂交议册列银六万一千二百三十五两八钱五分六厘，谘议局原册议分为农工两校，说明应提六万两，以二万两为分办高等农业学堂，四万两为分办高等工业学堂之用，计照交议册减银一千二百三十五两八钱五分六厘。札复单叙明据宁学司详称若遽行分办，非筹有巨款必至均成敷衍，不如暂行照旧办理，俟筹有的款再行分办。本年二月又据谘议局呈请于宣统四年实行分办，已饬学司妥为筹议详复核办。复议案称，本年既未分办，自应细为调查调阅该堂分册，又据农化两专科单开各端，其中定可大加樽节，夫役亦可酌量裁减，今姑以该堂分册原列经常临时总数五万三千三百十二两四钱三分二厘入册等语，与交议册对核，实删银七千九百二十三两四钱二分四厘。是否翔实，应俟学司确定标准后再行核办。

一、南洋方言学堂交议册列银三万二百四十三两，札复单列银一万五千六百八十八两五钱，系局册议减之数。

查此项交议册列银三万二百四十三两、局册减银一万五千六百八十八两五钱，计应领银一万四千五百五十四两五钱，谓应遵光绪三十四年四月二十六日奏案办理等语。札复单叙明未便中途废辍，应俟三班毕业后再行停办。复议案复行核议，于原案所列之数外再加银四千五百二十四两一钱六分七厘。是否应照局议增加，统俟学司确定标准后再行核办。至称该校方前监督亏空甚巨请行严追一节，应即饬司查办。

一、江南高中两等商业学堂交议册列银四万九千五百六十五两三钱一分八厘，札复单列银一万六千八百四十四两五钱一分一厘，系局册议减之数。

查此项交议册列银四万九千五百六十五两三钱一分八厘，局册减银一万六千八百四十四两五钱一分一厘，称比较表骤增及半，分册未据说明理由，应照旧额开列等语。札复案叙明该校增出一万六千八百余两，系宣统元年与光绪三十四年之比较，且因高中两等合并后添招学生、增聘教员，故与光绪三十四年用款不同，未便议减。复议案列举员司薪水、夫役工食各款共减银三千八百八十四两，比原减之数实增加银一万二千九百六十两五钱一分一厘，是否应增此数，当俟学司确定标准后再行核办。又称高等商业、中等商业各有特别性质，两校混合为一，徒乱学生视听，急应规划分办等语。查高中两等前本分办，宣统元年五月间经端前督院奏准合并办理在案，未便再议更张。又称膳费盈余作为公积似非正办，此后当将膳费收支并列实报实销等语，洵为正当办法，该校应即照行。至称该校积欠之款有宣统二年财政公所借拨湘平银五千两，系建造商品陈列所之用，裕宁官钱局息借湘平银二千零八十七两七钱三分，系开办银行实践室之用，学堂无筹款之权，且正当办法总宜实报实销，不应为还欠地步听其浮领等语。查前年该堂为建造商品陈列所，以款无所出，呈请拨借湘平银五千两，当即饬向财政公所具领，仍于宣统二年节省项下按期归还。去年八月据该堂监督禀称，是年为变更校舍、添招学生等用，所余之款无多，请俟三年春季仍在节省项下陆续归还等情，当即准令暂缓一年，此项似应照旧办理方无窒碍。至开办银行实践室，去年八月据该堂监督黄学士禀请札饬劝业道由官钱局拨款补助三千元，当即饬司议复核办，嗣据宁藩学司详称案据清理财政局复称宁省财政困难实无余力可以增支等语，本司意见相同等因，当即移会黄学士知照如有息借之事仍应由该堂监督自行设法筹还以重公款。

一、江南蚕桑学堂交议册札复单列银九千七百五十四两八分六厘

查此项局议原案未列入册，声明应并入所议分办之高等农业学堂。札复单叙明应俟此班毕业后高等农业成立自应照议并入。复议案核减一千七百七十八两，请以七千九百七十六两八分六厘入册，是否尚须核减，应俟学司确定标准后再行核办。又称该堂宣统二年上学期一览表出入相抵尚余一千六百余两，请饬于决算时切实声明。查此项业已于上年七月份报销册列入旧管项下在案。

一、粹敏女学堂附设幼稚园交议册札复单均列银二千六百两

查此项谘议局原案未列入册，声明应并入议办之全省女子师范学堂。札复单叙明该园本附属粹敏女学内，将来粹敏改办全省女子师范学堂时自当并入。现全省女子师范尚未成立，仍应照旧办理。复议案称该园应附属于女子师范，仍执前议等语，应俟女子师范成立时即行并入。至该园经费是否尚须核减，统俟学司确定标准后再行核办。

附：江南高等学堂经费交议册列银六万五千另二十九两六钱四分八厘

查此项交议册列银六万五千零二十九两六钱四分八厘，上届常会谘议局议决预算原案未据核减，本届临时会呈称此案已于去年预算时认为无庸核减。兹届复议各学堂预算，因查江宁府中学堂用款系向高等学堂转领，调查中学用费不得不并及高等，并称应裁应减之标准必令该堂知悉庶能加意撙节俾于决算时得资引证以昭核实等语，将该堂应行裁减各款粘单请饬该堂遵照自行撙节办理，计开：监学兼帮办、斋务长等项共减银二千四百九十四两三钱三分四厘。查该堂监督即系谘议局副议长，该堂经费既据核减，是否翔实，应统俟学司确定标准后再行核办。

对于督院宣谕附发宣统三年宁属预算案始末办理情形简明表之声明

督院原表							声明
交议册案项目	裁减并列银数	谘议局议决案及可行不可行理由 认减银数	谘议局原议案删减并增银数及其说明	札复案分别照准及未照准理由	谘议局复议案争执理由	难以遵准及碍难照准理由	
矿政局调查（旅）〔经〕费	银陆拾两叁钱叁厘		全删	照办			
江南公园经费	银叁千捌百陆拾柒两陆钱叁分贰厘		减银壹千两	照办			
督辕医费	银贰百肆拾捌两伍钱陆分壹厘		并入所议中西医院应正名为官立医院	系拨助陈嗣泰等在大行宫创设督辕官医局施种牛痘经费，现附近既有中西医院，应即停止。	仍执前议	中西医院倘系有经费开支，仍照停止	此款复议并无仍执前议字样，表载失实，盖局议既将此项银数并入，则原列项目即自停止，故札复实已裁夺可行，无所用其仍执也。至医院正名云云，另是一项，无庸牵涉。
裕宁官钱局津贴药费	银贰百肆拾捌两叁钱肆分叁厘		全删	即系支给督辕官医局重列之款，支付两列以致重复，行清理财政局更正。	既系重列之款，应于划定的款总数中减去此数。	照办	
图书馆经费	银壹万贰千肆百拾捌两零贰分玖厘	银陆仟两	应改归学务公所图书科兼管，其经费专事添置图书扩充之用。	学务公所距图书馆甚远，未便兼管。	改议在总数内划定伍千两作为添置图书之用，其余留作馆内办事人员薪工杂费等。	该馆藏书不下八十万卷，每日到馆阅书者甚众，管理需人，每月开支至少亦需叁百两左右，现拟将通志局移入该馆，已分饬详复核办以期节省。	此款局议本未删减，表载管理开支至少月三百两云云，只因交复议时未经说明数目，致照札改议之时定数不敷，自非各执一见不能解决之事件，只须磋商案语，而款项数目毫未改动。

续表

督院原表 项目 \ 交议册列 \ 裁减并案认减银数 \ 谘议局议决案及可行不可行理由				谘议局原议案删减并增银数及其说明	札复案分别照准及未照准理由	谘议局复议案争执理由	难以遵准及碍难照准理由	声明
中西医院经费	银贰万伍千壹百捌拾肆两叁钱叁分壹厘。		银壹千伍百两	中西医院应正名为官立医院，列银壹万零肆百叁拾贰两捌钱玖分贰厘，将督辕医费银贰百肆拾捌两叁钱肆分叁厘并入，又划定壹万伍千两作为议设之官立医学堂经费。	不如就医院改为医学堂，而以医院附设其内，而俾原有经费支配组织。	虽就原有地位原有经费办理，而划分支配一节仍执前议。	划定款项照章不能通融动用。该院原系施诊而设，贫病者求诊之多寡殊难豫定，万一求诊者必以款项不能通融动用，诸多窒碍，未便照办。督辕医费一款仍应停止无庸并入。	此款问题有四。一为正名问题。局议中西医院正名为官立医院，而交复议案及此表仍称中西，是否裁夺不可行，有何裁夺不可行之原委事由，均未奉明白宣谕。一为并入问题。督辕之停支医费，局议并入医院，交复议时并无异议。此表忽称无庸并入是何原委事由未奉明白宣谕。一为认减问题。原案认减之一千五百两局议仍列人数中，因兼办医学恐难减去也，交复议案及此表并无异议。一为划定问题。此表所称求诊之多自当计及，但果因此漫支，自应归决算办理，何以竟据为不能划定之理由。若谓不能通融动用即为窒碍，是否与预算原理相合，宣谕仍未明白。
通志局经费	银贰万贰千贰佰拾陆两柒钱肆分。			不应目前开设，留待宪政完成百度稍定之日编纂方可施行，请即照裁。	现在派员采访调查将及其半，编纂之稿又已积有卷帙，且民政部方修一统志，各省均在开办为一统志之张本，江苏一省未便中途废辍。	糜费无益，实非舆论所许，且该局预算分表多未便式，仍请照裁。	预算分表填注错误系属编制预算册问题，与修志事实无关，未便因噎废食，现将该局移入图书馆内以期节省经费，已分饬详复核办。	复议案仍请照裁，系鉴于位置冗员糜费无益而发，且调阅该局所填表式可诧处至多，即如以编纂修膳采访舟车为临时费，但列总数无每月之数，其混滥可想。此表仅称移入图书馆以期节省，究竟如何剔除冗滥之处未奉明白宣谕。

续表

督院原表							声明
交议册列项目	裁减并案认减银数	谘议局议决案及可行不可行理由增银数	谘议局原议案删减并案银数及其说明	札复案分别照准及未照准理由	谘议局复议案争执理由	难以遵准及碍难照准理由	
督标巡警学堂经费	银叁千贰百伍拾壹两伍钱陆分		既有高等巡警学堂，不应重设。	常年经费系由前总督端于督练公所兵事研究所原提营弁月课项下银伍百两内每月拨还应用，并查此项月课银系光绪二十四年前总督刘奏准由金陵厘捐局拨用，其经费属于军事性质，应俟第三班学生毕业后再行分别办理。	常年经费既由月课饷下拨用，即与月课全不相涉，况金陵厘捐现亦非专供军事之用，是其来源用途均无军事费性质，仍请照裁改拨。	查光绪三十二年正月政务处会同兵部议复巡警部奏《绿营疲弱请一律改为巡警以收实用折》称，制兵改编巡警以饷项充警费等语，是其来源确系军事性质，惟现在巡警学堂民政部已有专章，自应力求统一，现已饬令停招新班，俟第三班毕业后即行停办。	此款交议时既列入地方册，即已定为非军事性质。此表称"巡警学堂民政部已有专章，自应力求统一"云云，正与局议同意。至谓俟第三班毕业停办，何时毕业，未奉明白宣谕。
江南劝业工艺局经费	银壹万叁千叁百贰拾陆两伍钱贰分贰厘。		比较表骤增一倍，应照旧数开列陆仟伍百陆拾伍两肆钱肆分壹厘。	据劝业道禀称拟迁往劝业会场整顿扩充，前项经费系便贫民起见，未便照减。	据劝业道函称每岁额支活支之数约计伍千陆百肆拾余两，原案照旧数开列陆千伍百陆拾伍两零，已较二年岁支增多玖百贰拾伍两，可不必再议增加。	照办	

续表

督院原表						声明
交议册列项目	裁减并案认减银数	谘议局议决案及可行不可行理由	谘议局原议案删减并增银数及其说明	札复案分别照准及未照准理由	谘议局复议案争执理由	难以遵准及碍难照准理由	
江南机器制造局药费	银肆拾柒两		全删	为该局捐助上海仁济医院慈善之举,似可缓裁。	加入临时门补助善举经费内	照办	
省城扩充巡警经费	银肆万肆千陆拾捌两叁钱肆分贰厘		全数删除,以为应由总局经费撙节腾出。	总局开支每年仅贰万柒千余两,一再筹维,惟有斟酌缓急,择要先办,如添设马巡队需银壹万壹千两有奇,设菜市场需银叁千肆百两有奇,均属事不容缓,其余各项暂从缓办。	原册省城各区巡警费银拾伍万千陆百陆拾余两,札复案分别支绌,各区地方辽阔甲于各省,配置已嫌不周,支用亦殊省约,均属腾无可腾,碍难照办,毋庸添列。	总局经费已一再核减,局中一切动用实系十分支绌,各区地方辽阔甲于各省,配置已嫌不周,支用亦殊省约,均属腾无可腾,碍难照办。	此款交议时本未列入正册,局议何从删除,表载失实,督院既因筹无的款不入正册,局议亦未敢加入,故但说明腾出耳。复议案谓十八万余两腾出一万四千四百两有奇,撙节匪难云云,实非理想之谈,缘巡警总监李道于二月十一日列席议场当众报告,谓十八万余两者实用十六万余两云云,是明可撙节二万两也。
思益小学堂经费	银五千壹百陆拾陆两柒钱贰分	银壹千五百五拾两	全数删除,以为应归地方办理,无庸代谋。	该堂纯系官立,与谘议局议案小学堂纯由官款办理者不予遽删之例相符,且已认减三成,实领库平银三千五百二十八两,应俟凡官立小学一律改归地方后照局议删除。	既与省城官立小学性质相同,办理自不容歧异,补列入册,减银五百两。	俟饬学司核定标准后核办。	此款交复议案说明认减三成,实支三千五百二十八两,局议再减五百两,其种种可减理由由叙入议案,究竟有何碍难照准之理由,未奉明白宣谕。

续表

督院原表			谘议局原议案删减并增银数及其说明	札复案分别照准及未照准理由	谘议局复议案争执理由	难以遵准及碍难照准理由	声明
交议册项目	裁减并列案减银数	谘议局议决案及可行不可行理由认减银数					
养正小学堂经费	银叁千陆百陆拾陆两		全数删除,以为应归地方办理,无庸代谋。	本系私立,由官补助,实只领银一千五百二十两,应俟现有学生毕业后停止官款。	查该堂专恃官款并非私立,应正名为官立小学,将所领银数列入预算。	该堂经费每年不敷银数百两,多由该堂长等自行筹补,并非专恃官款,未便改为官立,应仍照札复原案办理。惟补助该堂经费应否核减,俟学司核定标准后核办。	此款交复议案说明认减三成,实支二千五百二十两,局议照列。至该堂专恃官款由局调查确实,且堂长由司札派,是以认为官立,决议正名。督院既认为私立,则立者何人,未奉明白宣谕。
津贴上江公学经费	银壹万肆千叁百拾壹两		全数删除,以为无庸代谋之款。	多系皖籍绅商捐款及学费等,其在宁省财政公所拨给补助费每月实只三百两,系盐务各局卡提拨南洋大学堂常年经费项下之款,且江安两省之关系与他省不同,仍应照给。	既系大学之款,仍应照删。	现准安徽巡抚朱咨称,据安徽谘议局呈称,皖省对于江南所负税务岁不下三百余万之多尚未划分,所有上江公学经费咨请主持等情咨请酌核办理等因,自应照章咨送资政院核办以昭公允。	此款交复议既声明补助,其非官立可知,列入官立缪一。官款补助但由三千九百两,乃竟混将田租绅捐等私款并作行政费,缪二。三千九百两系奏定兴办南洋大学之款,经局质问用何法拨还,札复称将来再行设法,未免蔑弃奏案,缪三。局议删去一万四百十一两系审查官款私款性质分别界限,但删去于宁省地方行政费预算册,而于上江公学之收入并无丝毫之损。至删去三千九百两意在保全奏案专款。南洋大学苏皖共之,且不惟苏皖共之,皖绅误会,督院正当明白宣谕,岂得辄认为局章第二十九条争论事件,且未经由局呈请遵行送院,何云照章。

续表

督院原表				谘议局原议案删减并增银数及其说明	札复案分别照准及未照准理由	谘议局复议案争执理由	难以遵准及碍难照准理由	声明
交议册项目	裁减并案列银数	认减银数	谘议局议决案及可行不可行理由					
江宁府中学堂经费	银壹万柒千陆百五拾壹两叁分肆厘	银肆百两	全数删除，以为应移归地方筹办。	国家地方两税既未划分，地方款项无可猝办，应俟划分之后再为议移。	此案移归地方筹办，与苏州省城中学一律办理，仍执前议。	宁苏情形不同，骤令该堂集此巨款，实属无从筹措，若如局议办理，势非停办不可，殊难实行。至该堂经费是否尚须核减，俟学司核定标准后核办。	此款复议声明该堂本恃书院之款，亦应于岁入册内划出抵支等语，照此办法何至停办，究竟复议原案有何碍难照办之理由，未奉明白宣谕。
江宁高等小学兼简字学堂	银柒千壹百拾玖两捌钱玖分陆厘		江宁高等小学堂经费项下列银陆千贰拾柒两零，请将兼办之简字学堂停办。	照办	既已停办，应于经常门江宁高等小学堂经费内减银伍百玖拾贰两伍钱柒分贰厘。	照办	
粹敏女学堂经费	银壹万柒百捌拾伍两捌钱捌分壹厘		全数删除	宁苏现议合办全省女子师范，即可以粹敏女学作为基础，俟苏属派定经费合筹办法，一面招生开学，一面将现有学生陆续毕业后不再开班，此时未便议裁。	女子师范学堂开办费壹万两常年费壹万贰千两，宁苏各半，预算列册，经费有着，岂可因循，此案仍执前议。	该堂学生贰百名，附属幼稚园学生捌拾壹名，各生等级不同，未易转入他校，若如局议，窒碍之处甚多，未便照办。至该堂经费是否尚须核减，俟学司定标准核办。	此款系照前届临时会督院交复议案，将粹敏改办女师范，宁苏公同担负，宁册但列半数。此表忽以学生等级不同未易转入他校为词，殊所未谕。查该校师范生及幼稚生本无须转入他校，即小学亦可改作附属，转校本属少数，何以遂至窒碍，未奉明白宣谕。
江苏私塾改良会经费	银贰千叁百陆拾肆两玖钱伍分陆厘		全数删除	部咨饬停，当即照裁。			

续表

督院原表 项目 \ 交议册列银数 \ 裁减并案认减银数			谘议局议决案及可行不可行理由	谘议局原议案删减并增银数及其说明	札复案分别照准及未照准理由	谘议局复议案争执理由	难以遵准及碍难照准理由	声明
考送京师各学堂学生津贴	银叁千贰拾肆两陆分柒厘			全数删除	照办			
海州支出存古学堂月课	银叁百贰拾陆两叁分捌厘			全数删除	照办			
两淮盐务临时补助教育费	银伍千壹百肆拾柒两贰钱玖分柒厘			全数删除	系备补助盐务所立各学堂购办书籍器具、修理校舍以及安徽正阳关梅羹学堂不敷等用，似难遽裁。	移入临时门，照数加入教育预备费内。	照办		
出洋留学费	银贰拾贰万捌千壹百捌拾两			全数删除，声明笼统开列无从议决。如果实有此项学生，应请将留学何国、学生几名、每名每年学费若干、何年可以毕业详细札知，所有应支学费即在教育预备费内动支。	已饬宁学司及督练公所教练处分移各国留学生监督处查明移复，俟复到后再行札知。	以为制造局业已复到，提学司复人数而无校名，教练处则并未查复，无可审查，亦即无从复议，仍请严催查复札知。	各国远隔重洋，公牍往还难免久稽时日。现又分电各国钦使转饬查明，一俟复到后应即汇案札知。	此款改列预备费，本为执行活动而设，此表既称分电各国查复札知，即与局议同意，并非各执一见、不能解决之事件。

续表

督院原表 项目 \ 交议册列 \ 裁减并案认减银数 \ 谘议局议决案及可行不可行理由				谘议局原议案删减并增银数及其说明	札复案分别照准及未照准理由	谘议局复议案争执理由	难以遵准及碍难照准理由	声明
遣送留学生用费		银壹万柒千陆百伍拾贰两柒钱		全数删除	查学部奏准《管理欧洲游学生监督处章程》，凡游学欧洲官费学生应给治装费及川资各有定数，此后如有遣送欧美学生仍应照给。此外如赴京应试川资各项均应裁。	此项遣送学生既不能豫知其有无多寡，自应俟临时发生时在预备费内动支，应与赴京应试各项一并照裁。	应俟临时酌量办理，暂将此项与札复单开列各项银壹万柒千余两全数照裁。	
西洋留学生监督处经费		银肆千捌百拾两		全数删除	此项经费系学部奏定，仍应由各省分寄，未便议裁。	此项经费在国家行政范围以内，自应改入国家行政经费。	当此国家税地方税尚未划分之际，国家与地方经费同取资于一切岁人之中，似无可改。	此款局议认为国家行政范围以内之款，督院并无异议，但以国家、地方同取资于一切岁人之中似无可改为词。查岁人未分岁出早分，何以此款独异，未奉明白宣谕。

续表

督院原表							声明
交议册列项目	裁减并银数	认减银数	谘议局议决案及可行不可行理由	谘议局原议案删减并增银数及其说明	札复案分别照准及未照准理由	谘议局复议案争执理由	难以遵准及碍难照准理由
两江法政学堂经费	银陆万玖千陆百伍拾玖两陆钱捌分伍厘	银贰千壹百捌拾捌两捌钱	通盘筹划，设法变通，又认减肆千余两，并前认减之数，共减银陆千叁百拾贰两贰钱壹分，其官班补助费系从贫员津贴项下指拨，仍应旧支给，至学绅补助费诚与部章不合，应即照裁。	除认减外，并学员补助费等壹万壹千余两，再减银叁万壹千柒百拾陆两零。	除该堂认减银陆千叁百拾贰两零及员绅补助费，该校监督已允不再由校支给。计全裁壹万壹千捌百玖拾贰两零外，尚可再减壹万肆千柒百拾玖两零，计开职员、教员薪水等六项分别核减之数，计银壹万肆千柒百拾余两，谓可共减银叁万贰千玖百柒拾贰两零，比之原数有盈无绌，仍执前议。	该堂前已认减银陆千叁百拾贰两零，即从职员教员等项变通节省。本年正月又据该堂详请减省办法，又减银伍千捌拾柒两零，并前共减银壹万壹千叁百玖拾玖两零。再除学绅补助费贰万玖千余两业已照裁，官班补助费捌千玖百柒拾余两虽仍由该堂领给与堂内用项无关外，实只应领银肆万陆千叁百陆拾捌两零。若如局议之数仅存叁万陆千陆百捌拾柒两零，自未易实行，应统俟学司核定标准后核办。	此款照表而论与局议相差不满一万两，但复议时调查核减之一万四千余两其可减之理由分甲、乙、丙、丁、戊、己六项详细说明，究系何项碍难照办未奉明白宣谕。

续表

督院原表 项目 \ 交议册列 \ 裁减并案认减银数 \ 并案认减银数			谘议局议决案及可行不可行理由	札复案分别照准及未照准理由	谘议局复议案争执理由	难以遵准及碍难照准理由	声明
两江优级师范学堂经费	银拾贰万叁千肆百陆拾两	银壹万两	除认减银壹万两外,再减贰万两。	业经部议核减咨部尚未得复,应候部示遵办。	调查该堂开支,其可以节省者不止一端,就原减贰万之数核减一万两,请于原册该堂经费项下加银一万两。	俟学司明定标准后核办。	此款由该堂监督列席磋商,现在有何碍难照办之理由未奉明白宣谕。
宁属初级师范学堂经费	银肆万零柒百叁拾伍两伍钱伍分柒厘	银玖百叁拾玖两	除认减银玖百叁拾玖两外再减银陆千柒百捌拾陆两伍钱伍分柒厘。	共只支银叁万柒千陆两,较交议原册已核减叁千壹百叁拾陆两。	该堂开支可节省处尚多,仍执前议。	俟学司核定标准后核办。	此款复议说明可减之理由,现在有何碍难照办之理由未奉明白宣谕。
江南实业学堂经费	银陆万壹千贰百叁拾伍两捌钱伍分陆厘		议分为农工两校,提银陆万两,以贰万两作为分办之高等农业学堂经费,肆万两作为高等工业学堂经费。	据宁学司详称,若遽行分办,非筹有巨款必至均成敷衍,不如暂行照旧办理,俟筹有款再行分办。	本年既未分办,姑以该堂分册原列总数伍万叁千叁百拾贰两肆钱叁分贰厘入册。	与交议册对核,实删银柒万陆千贰百贰拾肆两肆钱贰分肆厘,俟学司核定标准后核办。	此款原议农工分办,因本年不及,故复议暂仍原办。至数目由该堂监督列席议场详细磋商,现在有何碍难照办之理由未奉明白宣谕。
南洋方言学堂经费	银叁万贰百肆拾叁两		减银壹万陆百捌拾两伍钱,声明应遵光绪叁拾肆年肆月贰拾陆日奏案办理。	未便中途废辍,应俟三班学生毕业后再行停办。	就原案所列壹万肆千伍百拾捌两伍钱之数加银肆千壹百贰拾肆两壹钱陆分柒厘。	俟学司核定标准后核办。	此款由该堂监督来局磋商定数,现在有何碍难照办之理由未奉明白宣谕。复议原案请追欠一节未奉裁夺。

续表

督院原表			谘议局原议案删减并增银数及其说明	札复案分别照准及未照准理由	谘议局复议案争执理由	难以遵准及碍难照准理由	声明
交议册列项目	裁减并案认银数	谘议局议决案及可行不可行理由增减银数					
江南高中两等商业学堂经费	银肆万玖千肆拾伍两叁钱壹分捌厘		减银壹万陆千捌百肆拾两伍钱壹分壹厘,声明此较表骤增及半,分册未据说明理由,应照旧额开列。	所谓骤增及半,乃系宣统元年与光绪三十四年比较增多之数,非宣统三年骤增此数,且因高等与中等合并后添招学生、增聘教员,与光绪三十四年用款不同,未便议减。	列举员司薪水、杂支各款共减银叁千捌百肆拾肆两,比原减之数增银壹万贰千玖百陆拾两零。	俟学司核定标准后核办。	此款有何碍难兴办之理由未奉明白宣谕。复议原案有禁止浮领还欠一节,有高、中不宜混合一节,均未奉裁夺。
江南蚕桑学堂经费	银玖千柒百伍拾肆两捌分陆厘		全数删除,声明应并入所议分办之高等农业学堂。	应俟此班毕业,高等农业学堂成立后应即并入。	高等农业学堂目前既未分划,无从骤行并入,议减银壹千柒拾捌两,以柒千玖百柒拾陆两捌分陆厘入册。	俟学司核定标准后核办。	见前江南实业款。
粹敏女学堂附设幼稚园经费	银贰千陆百两		全数删除,声明应并入议办之全省女子师范学堂。	该园本附属粹敏女学堂内,将来全省女子师范学堂成立时自当并入。现仍应照旧办理。	该园应附属女子师范学堂,仍执前议。	应俟全省女子师范学堂成立时即行照办,至该园经费是否尚须核减,统俟学司核定标准后核办。	见前粹敏女学款。

督院原表 项目	交议册裁减并列银数	议案认减银数	谘议局议决案及可行不可行理由	谘议局原议案删减并增银数及其说明	札复案分别照准及未照准理由	谘议局复议案争执理由	难以遵准及碍难照准理由	声明
备考				再此外谘议局上届常会议决宁属宣统三年预算原册增加各项:计工业讲习所经费银伍千两,女子蚕桑学堂经费银壹万两,女子蚕桑学堂开办费银壹万两,全省水产中学堂经费银柒千伍百两,水产中学堂开办费银柒千伍百两,全省女子师范学堂经费银陆千两,全省女子师范学堂开办费银伍千两,官立医学堂经费银壹万伍千两,官立医学堂开办费银壹万两,预备教育经费贰拾捌万伍千壹百叁拾叁两壹钱贰分捌厘,各厅州县自治经费银叁百贰拾壹两陆钱叁分陆厘,补助各厅州县共进会经费银伍千肆百两,高等农业学堂附属蚕桑科银玖千柒百伍拾肆两零捌分陆厘,全省女子师范附属幼稚园银贰千陆百两等,共增银叁拾柒万玖千贰百余两。改入国家各项:计缉捕银壹万伍千捌百陆拾叁两柒钱捌分肆厘,军事书报印刷所经费银壹万壹千零捌拾两叁钱贰分肆厘,清理田赋经费银玖百玖拾贰两柒钱,共计银贰万柒千玖百叁拾余两。改入自治各项:计冬防经费银叁千捌百贰拾肆两肆钱肆分肆厘,积谷费银叁千玖百柒拾贰两陆分,拒烟会银壹千玖百拾贰两陆分叁厘,禁烟分所银贰百玖拾两贰钱捌分陆厘,宣讲圣谕银玖拾两,自治研究所银叁千肆百捌拾捌两玖分柒厘,各府厅州县地方自治经费银贰万壹千贰百伍拾捌两叁钱陆分肆厘,共计银叁万肆千贰百贰拾余两。附记于此以资参考。			谨案:督院交复议札文内开,接据呈报议决宁属预算各册,计删减改并事项共三十二宗,议增议改暨预备费事项一十四宗,以移缓就急之主义为哀多益寡之补苴。就此宗旨而论自属正办云云。今观此表所列,即所谓三十二宗者也。表尾历数增加之款,即所谓一十四宗也。但女师范以粹敏改办,附属幼稚园亦系粹敏原办,农学附属蚕桑科以蚕桑学堂归并,医学堂就医院设立,均用原有经费。乃此表既将粹敏、幼稚、蚕桑、医院列为三十二宗之四,指为裁减;又将女师范常费开办费、幼稚常费、蚕桑常费、医学堂常费开办费,列为十四宗之六,指为增设,且预备费亦列为十四宗之一,殊令阅者目眩。 三十二宗之内如裕宁、图书二宗并无增删关系者凡六千六百六十六两有奇,局议删而札复同意者如矿政、公园、劝业工艺、简字学堂、私塾改良、送京津贴、海州存古、遣送考试八宗共三万五千二百二十九两有奇;同意不删或删而不删者,制造局药费、养正小学、盐务教育费、出洋留学费四宗共二十三万三千四百六十两有奇;或局议改办,或改入国家、改入自治,或本非册载而督院误认为删减者如医院、女学、幼稚园、留学监督、江宁中学、扩充巡警六宗,共七万三千五百二十七两有奇;局议删减而札未同意者如通志、标警、思益、上江、法政、优师、初师、实业、方言、商业、蚕桑等十一宗共七万九千八十九两有奇;局议删并札复删而不并者督辖医费一宗二百四十八两有奇。	

宣统三年宁属预算案始末办理情形简明表

编者按：内容同上文"简明表之声明"除"声明"外之部分。略。

《江苏谘议局厘金改办认捐案文牍》

前瑞抚部院交议改订厘金征收方法原案

编者按：见《江苏谘议局第一年度报告》第一册《江苏谘议局第一届常年会议决案汇录》载《十月十七日会议议决抚部院交议改订厘金征收方法案》附录原案

呈报议决改订厘金征收方法案文

编者按：见《江苏谘议局第一年度报告》第一册《江苏谘议局第一届常年会议决案汇录》载《十月十七日会议议决抚部院交议改订厘金征收方法案》

抚部院札复本局呈报改订厘金征收方法案文

编者按：见《江苏谘议局第一年度报告》第二册《江苏谘议局第一届常年会议决案督抚复文汇录》载《十月三十日瑞抚部院复交议改订厘金征收方法案札文》

督部堂札复本局呈报改订厘金征收方法案文

编者按：见《江苏谘议局第一年度报告》第二册《江苏谘议局第一届常年会议决案督抚复文汇录》载《十二月初三日张督部堂复抚部院交议改订厘金征收方法案札文》

呈请公布改订厘金征收方法案文

编者按：见《江苏谘议局第一年度报告》第二册《江苏谘议局第一届常年会议决议案续呈文件汇录》载《正月二十四日呈请督抚公布改订厘金征收方法案文》

抚部院札复议决改订厘金征收方法案咨督核明登报公布文

编者按：见《江苏谘议局第一年度报告》第二册《江苏谘议局第一届常年会议决案督抚复文汇录》载《四月初八日宝抚部院复改订厘金征收方法案札文》

督部堂札饬南洋官报局公布谘议局议决改订厘金征收方法案文

札行事：据谘议局呈议决改订厘金征收方法一案开折请示前来。查此案接准瑞升抚院咨会酌减捐则改收洋元既据公同议决，自应暂循旧章免于纷更，仍俟各业认捐议定切实办法，果于国家正税无损再行酌核办理。除行苏沪两厘局遵照外，咨会查照等因。除分行金陵厘捐局、江北收支局遵照并札复谘议局外，合抄议案札行，札到该局即便遵照登入官报，勿违！此札。

调查苏属商会对于厘金改办认捐意见一览表

会名	该管厅州县	开谈话会日期	到会人数	开会之结果	函复大意
苏州商务总会	长洲、元和、吴	正月二十七日	三十余人	多数签名赞成	
昆新商务分会	昆山、新阳	正月二十六日	三十余人	赞成	赞成，惟本地通过税多，将来认捐由本地调查向日情形妥酌办理
常昭商务分会	常熟、昭文	正月二十四日	三十余人	赞成	赞成
何市花业商务分会	昭文	函去			开会多数赞成，并举定调查董事
梅里商务分会	常熟	函去			赞成
东塘市商务分会	常熟	函去			赞成，希望坚持速办
江震商务分会	吴江、震泽	总理外出，未开会，留函致意			极赞成
平望商务分会	震泽	二月十一日	二十人	赞成	极赞成

续表

会名	该管厅州县	开谈话会日期	到会人数	开会之结果	函复大意
盛泽商务分会	吴江	二月十二日	五十人	赞成	
松江商务分会	华亭、娄	二月十四日	三十人	赞成	全体赞成,请重提议
上海商务总会	上海	未开会		总理表同意,愿共提倡	
沪南商务分会	上海	未开会		总理言事甚佳,此间认捐者本多	
闵行商务分会	上海	函去			赞成
泗泾商务分会	娄县	二月十六日	二十人	全体起立赞成	赞成,请鼎力促成
莘庄商务分会	娄县	函去			全体赞成,惟期望松沪厘局及糖捐总公所一律裁撤
庄行商务分会	奉贤	函去			开会全体赞成,请重提议
朱泾商务分会	金山	函去			赞成
张堰商务分会	金山	松江开会日面询其总理并函去		总理道赞成	
青浦商务分会	青浦	二月十七日	十余人	赞成	极赞成
朱家角商务分会	青浦	二月十八日	十余人	总理不至,未决	撤卡认捐诚为良法,各埠商家承认,敝镇无不赞成
南汇商务分会	南汇	函去			赞成
周浦商务分会	南汇	函去			赞成,惟言镇市零星商业散漫,将来认捐较费事
太仓商务分会	太仓	二月初七日	十人	赞成	赞成
浏河商务分会	镇洋	函去			极赞成
川沙商务分会	川沙	函去			开会报告全体赞成
嘉定商务分会	嘉定	二月二十一日	十人	赞成	极赞成
南翔商务分会	嘉定	未开会		总理代表全体赞成	极赞成
崇明商务分会	崇明	二月初七日	十人	全县本包认,无厘卡	

续表

会名	该管厅州县	开谈话会日期	到会人数	开会之结果	函复大意
吴淞商务分会	宝山	总理为钓船捐局加捐酿命事赴沪,未开会			赞成
罗店商务分会	宝山	函去			
武阳商务分会	武进、阳湖	二月二十三日	六十余人	赞成	赞成,并言将来办法应设会议机关俾得联络磋商
锡金商务分会	无锡、金匮	二月二十五日	五十余人	赞成	全体赞成,惟将来认捐不能照现在捐数,须妥商办理
江阴商务分会	江阴	未开会		总理道赞成	赞成,惟言其地通过税多,将来捐数不可以现在比较为标准
宜荆商务分会	宜兴、荆溪	函去			赞成
镇江商务分会	丹徒	二月二十六日	二十人	赞成	赞成
丹阳商务分会	丹阳	二月二十七日	十余人	赞成	极赞成
金坛商务分会	金坛	函去			赞成,惟言本境向无厘卡。
溧阳商务分会	溧阳	函去			赞成,并条举将来办法若端备参酌

调查宁属商会对于厘金改办认捐意见一览表

会名	设在地	意见	特别情形
江宁商务总会	南京	极力赞成,任提倡	
句容商务分会	句容		
溧水商务分会	溧水		
江浦商务分会			
六合商务分会	六合	赞成	
高淳商务分会	东坝镇	赞成	向受皖省建平县定埠镇厘卡之苦
淮安府商会	淮城	赞成	
盐城商务分会	上冈镇	赞成	多重征之捐

续表

会名	设在地	意见	特别情形
清河商务分会	清江浦	赞成	各地受淮关之害更甚于厘卡
桃源商务分会	众兴镇	赞成	
阜宁商务分会			
扬州商会	扬州	赞成	
扬子商务分会	扬子		
兴化商务分会	兴化	赞成	本系认捐,境内无卡
宝应商务分会	宝应	赞成	该处苦厘尤甚
泰州商务分会	泰州	赞成	土货多行户包捐,外货多船户包捐,与厘卡无直接利害
东台商务分会	东台	赞成	
海安镇商务分会	海安镇	赞成	
徐州商会	铜山	有特别情形	进出货多习用洋票,不受厘金之害
宿迁商务分会	宿迁	有特别情形	进货多洋票,或船户包捐,市面又极小
萧县商务分会	萧县	赞成	境内本无厘卡
邳州商务分会	窑湾镇	赞成	
丰县商务分会	丰县		
海赣商会	青口镇	赞成	
沭阳商务分会	沭阳	赞成	
海门商务分会	海门		
通崇海商务分会	通州		
如皋商务分会	如皋		
泰兴商务分会	泰兴		

苏牙厘局抄送各分局光绪三十四年分比较数清单

苏城厘局每年货捐钱二十三万七千五百九千。

米捐钱二万二千二百三千零。

丝茧捐洋一万四千四百五十五元零。

厂纱捐银一万九千三百八十七两。

以银洋钱并计共应列比钱三十万五千一百八十六千零。

木渎厘局每年货捐钱一万二千四百二十千。
　　米捐钱二千九百八十九千零。
　　茧捐洋二千一百二十八元零。
　　丝捐洋一千五百十八元。
　　以钱洋钱并计共应列比钱一万九千五十五千零。
车坊厘局每年货捐钱三万二千五百九十五千。
　　米捐钱二万七千二百二十五千零。
　　茧捐洋二百六十三元。
　　以钱洋并计共应列比钱六万八十三千零。
盛泽厘局每年货捐钱九万九百九十五千。
　　米捐钱二千九百十九千零。
　　丝茧捐洋六千九百三十八元。
　　以钱洋并计共应列比钱十万八百五十二千零。
同里厘局每年货捐钱三万四千五百八十二千零。
　　米捐钱一万三千七十六千零。
　　茧捐洋四百三十元零。
　　丝经捐洋五千五百八十四元零。
　　以钱洋并计共应列比钱五万三千六百七十二千零。
海口厘局每年货捐钱四万九百四十九千零。
　　米捐钱一千二百五十八千零。
　　共应列比钱四万二千二百七千零。
　　内河厘局每年货捐钱七万四千六百三十零。
　　米捐钱三万二千六百二十六千零。
　　茧捐洋九百九十八元零。
　　厂纱捐银三千五百六十五两零。
　　以银洋钱并计共应列比钱十一万三千九百三十一千零。
锡金厘局每年货捐钱九万五千九百五千。
　　米捐钱十万二千九百五十千。
　　茧捐洋二十三万四千一百三元零。

丝捐洋三万四千八十一元。

厂纱捐银二万四百十五两。

以银洋钱并计共应列比钱四十九万九千七百三千零。

奔牛厘局每年货捐钱五万四千九百五十三千。

米捐钱三万二千四百五千零。

茧捐洋五万九千四百九十九元零。

丝捐洋一千六十九元。

以钱洋并计共应列比钱十四万七千九百二十六千零。

宜荆厘局每年货捐钱二万八千九百六十七千零。

米捐钱二万四千九百六千零。

茧捐洋六千弍百三十五元零。

丝捐洋九百九十八元零。

以钱洋并计共应列比钱六万一千一百六千零。

江阴厘局每年货捐钱四万七千三百七十八千。

米捐钱八千三十五千零。

茧捐洋七万五千二百七十七元。

以钱洋并计共应列比钱十三万六百九十千零。

南渡厘局每年货捐钱一万一千八百四十四千零。

米捐钱九千七百七十一千零。

丝茧捐洋二万八千四百六十九元零。

以钱洋并计共应列比钱五万八十四千零。

下游厘局每年货捐钱二十一万二千七百三十五千。

米捐钱四千六百七十八千零。

丝捐洋一千一百八十七元。

以钱洋并计共应列比钱二十一万八千六百千零。

上游瓜泗厘局每年米捐钱九万二千八百五十四千零。

总计各局卡通年银洋钱并计共应列比钱一百八十九万五千九百四十九千零。

以上所开系详定各分局货米丝经茧纱各捐比较额数，此外尚有向不列比之牙帖捐、运沪菜牛捐、邮政包裹捐、烧酒灶捐、烟酒坐贾及加抽茶糖捐、沪纱运苏落地捐、苏锡纱厂绵花落地捐、丝茧带收各捐、各货船捐及罚款、平余、色余三项均不在比较数内。前已将近三年收入总数开送在案，合并声明。

淞沪厘局抄送各局卡光绪三十四年分比较数清单

货捐正局货捐额定：银二十三万二十四两、钱九万五千七百三十千文、洋三千八百三十九元。

糖捐额定：银三万二千九百两。

米捐额定：银八百五十两、钱四千八百四十千文。

吴淞货捐分局货捐额定：银十一万七千五百六十二两、钱五万九千六百九十三千文。

米捐额定：银五百五十五两、钱一千一百三十五千文。

绸捐南北卡货捐额定：银七万二千八百十三两。

米捐额定：银三百五两、钱三万二千一百七十八千文。

稽查北卡米捐额定：银二百九十两、钱三万六千八百四十七千文。

浏河厘局货捐额定：银九千四百六十四两，钱六万三千九百八十千文、洋一千六百八十三元。

米捐额定：钱二千五百十千文。

吴淞钓船局货捐额定：银四千二百式十三两、钱十万九百十一千文。

吴淞江厘卡货捐额定：钱八万九千六百三十八千文。

米捐额定：钱四万六千七百六千文。

闵行厘卡货捐额定：钱十四万三千六百十七千文。

米捐额定：钱五千五百三千文。

五厍厘卡货捐额定：钱八万三千六百五十千文。

米捐额定：钱三万五千三百千文。

出口兼布木捐局出口捐额定：钱七千七百五十三千文。

土布捐额定：钱四万八千四百四千文。

树木捐额定：钱四万三千六百十八千文。

震泽丝捐局丝捐额定：洋十一万八千八百八十五元。

吴淞江所辖虹朱等卡收货捐：钱八千四百三十文。

收米捐：钱一千八百九十一千文。

筹防捐局收出口捐：银四千七百五十八两。

上海出口兼布木捐局收布货捐：银六千五百四十一两。

货捐局收进浦钓船捐：银三十六两。

  收棉纱卡捐：钱一万七千二百弍十六千文。

  收验补卡厘：银十七两、钱一千弍百九十七千文。

  收加抽弍成茶捐：银三百五十一两。

崇明县收厘捐：钱四万八千九百七十千文。

  收新太两港分半厘捐：银一百十两、钱九十八千文。

  收米捐五千贰十千文。

上海糖捐收加抽贰成糖厘：银一千六百七十八两。

丝茶南北卡收丝捐：洋廿五元、银七十贰两。

浏河厘卡收茧捐：洋贰千四元。

吴淞钓船局收米捐：钱一百贰十五千文。

闵行厘卡收茧捐：洋三十三元。

五厍厘卡收枫泾丝捐：钱十五千文。

沪宁铁路厘局收火车运货捐款：银一百六十一两、钱六千三百六十八千文、洋五百二十七元。

沪嘉铁路厘局收火车运货捐款：钱八十千文。

上海绸绢南卡代收五厍绸船船捐：钱十一千文。

总巡委员收巡捕捐：钱三百十七千文。

浙江厘局收浙丝沪捐：洋七万一千四百八十四元。

  收浙茧沪捐：洋三万一千六百六十三元。

苏牙厘局收苏茧沪捐：洋八万八千三百九十六元。

代收沪属火车运货捐款：银十二两、钱二千十七千文、洋七千一百六十五元。

金陵厘局拨还三成棉捐：银一万三千六百八十六两。

沪关税务司代收邮局包裹捐款：银六千八百四十四两。

江海关拨还民轮纱税拨补厘金：银一万八千三百九十七两。

崇明大生分厂纱捐：银二万三千三百十四两。

　　花捐：钱二千三百十八千丈。

牙帖捐款：银八千八十两。

各局卡收烟酒捐：钱一万六千六百七十六千文。

以上统共计：库平银五十五万三千四十三两、钱一百五万二千八百四十三千文、洋三十二万五千七百四元。

　　又：苏牙厘局协济沪局洋款：银十二万两。

　　支销各局卡薪费约共：银八万余两。

　　奉拨各款：

每年拨解税司洋款：库平银一百二十万两。

拨解江南财政局陆军小学堂经费：库平银二千五百两。

拨解司库本省饷需：库平银十余万两。

拨解司库海军经费：库平银二万两。

拨解司库谘议局建筑常年两项经费：库平银八千两。

拨解司库崇陵工费：库平银一万两。

调查金陵、苏州、淞沪三厘局光绪三十四年收入总数清单

金陵厘局：除芜湖米捐不在认数外，三十四年实收银六十九万八千五百八两零。

苏州厘局：三十四年实收银十一万九千九百两零、洋五十五万七千四百九十七元零、钱一百五十六万五千四百八十七千零。

淞沪厘局：三十四年实收银五十一万八千七百六十两零、洋三十一万八千八百四十二元零、钱八十一万二千九百四十四千零。

以上两共收钱二百三十七万八千四百三十一千零以每二千合银一两算。

前项钱文应合银一百十八万九千二百十五两五钱零。

又两共收洋八十七万六千三百三十九元零以一元五角合银一两算。

前项洋元应合银五十八万四千二百二十六两零。

以上钱洋两项均合作银并原收银数：

三共实收银三百十一万零六百零九两零。

此外，本省尚有江北厘局未经查到收数，约揣当与金陵局收额相近，则合四局所收计之约不出三百数十万之谱，以八府三州之商埠、省垣府县城镇调查市面大小分等匀摊之，或可以知所从事矣。

记各地方特别情形及同人研究之意见

各地对于此事之意见大约可分为两种：

甲、赞成。

乙、地方有特别情形须提出磋议。

计调查员所到之四十余处商会及未到通函之廿余处商会，其两种意见之多少约可分析如下：

甲、十之七八赞成者。

乙、十之二三有特别情形必须磋议者。

赞成者其词大半以此举便国利商，亟应合力进行为言。函牍备存本局卷，可勿录。

有特别情形者理由颇杂，兹为述之如左，约有十二种：

甲）该地商业极微，境内本无厘卡，未愿添出认捐者。

乙）商市虽非极微，而境内设卡甚少，未愿添出认捐者。

丙）地多坐贾，或货物向归船户行户包捐，于厘卡不受直接之弊害者。

丁）该地进出货多习用洋单，不甚受厘金之害者。

戊）该地受常关之害甚于厘金，有偏重在去关害而于厘金不甚出入者。

己）有厘卡稽查不严之地，货物向多偷漏，未愿确认一定捐数者。

庚）该地大宗土货向多私贩白拉收贩外埠，虑撤卡后商家认其捐而私贩白拉益甚者。

辛）船户包运之地水脚多与捐数并计，虑认捐后船户水脚仍不能核减者。

壬）该地大宗出产视年之丰歉为盈缩，虑认捐后一遇歉年必缴不足数因此迟徊者。

癸）有著名大宗货物为厘局稽查极严，无从偷漏，多捐实数。今议认捐，不愿照现在实捐数认定者。

子）本地销场有限，多半系通过他州县之货，如议认捐，不愿以现在比较数为准者。

丑）地偏邻省，多隔省通过之货，尤难于照比较数认捐者。

综以上特别情形十二条，同人等迭经研究并与各地熟悉商业情形者咨问商略。兹将对于各条研究所得续列于后以备审察。

甲条

该地商业虽极微，境内本无厘卡，然每系一地待给于他处之物，不能无有即不能无输入之货，此货虽无局卡加收本地厘金，而于他处经过则未尝不纳此项之捐，客户运贩已暗增于买卖价格之中，表面无损实在则无不损也。今如通省办认捐，则向来客户运贩之价自必剔去此项捐数以定价格，即仍无所谓增出。至地上商业极微，自宜于调查分等时酌定一极次等之捐数以期于该地市面适当为主。

乙条

情形与甲条略同。世界各国通例，商民营业大都不能免税，矧外来之物已无不暗增捐数于其中。认捐则本地明出捐数，不认捐则暗出捐数，实无彼此之分。

丙条

船户行户包运捐数仍暗取之坐贾，（持）〔特〕坐贾不直接纳捐耳，故船户行户之代纳者如归于认捐自纳，只有减省，当无加增。

丁条

挂洋单者完值百抽二五之数，加以杂用，亦须合值百抽五之数，如办定认捐，以全省之三百数十万匀摊于八府三州各业，虽未能预定把握，然当不致超出值百抽五之数，以向日挂洋单之费改纳于认捐，既不致亏缺，亦何不可认。

戊条

常关之害可以另案呈请督宪饬照旧章不得有违法征收情事，如欲并议裁常关，须看将来国家施行营业税时再行提议，今若能先去厘金之害，虽于一地未见益，而于全省大局实有关，且亦逐步进行扫除弊政之机，将来即可渐次研究到常关征收改良也。

己条

偷漏之弊查出则全数有充公之危，既非正办，此等地方如本系商业市面平常，将来调查分等通省匀派自不致过令多出捐数。

庚条

私贩白拉可以另定禁罚章程办理。

辛条

船户包捐水脚混计在内，此等地方将来既不令其代捐，自应将水脚酌裁。

壬条

销场市面有因年分丰歉分衰旺者，此等种类宜详细酌中定数，或仿照上海花业、苏州洋货业认捐之法以旺年盈余匀补不足年分。

癸条

大宗货物实数报捐不外丝茧等项，将来以通省应认之数各业匀摊自可详细参酌各业认捐成数办理，但求能合总以符应认之数。凡属本省商业同人自无不可磋商，以求彼此平均。

子条

此次筹议认捐，如泥定通过税讨论，虽数日不易解决，莫若撇去此层，另从调查各地市面销场大小着手分列等次，为将来支配之标准，则此条自无虑矣。

丑条

此条与子条稍有同异，大约通省认捐以本省邻府县之通过税摊入各地认捐者，无论何种货物必有一落地之处，有落地则该地认捐之时已将此应销之数纳入于已认之中，特不纳于向之通过处而纳于今之销售处耳。其关于邻省输入输出货之通过税，输入者仍有一落地处，其捐亦已在认捐数中，其输出者免除本省输之捐，正可发展本省商人行运事业，极应如是也。

就同人研究之见，似各处提出特别情形各条皆可解释，至将来收缴办法，查上海花业、苏州洋货业章程，由该业公所按各商家生意多少令按月收捐，将收抵解，尚有盈余，除提出数成作为公积以备收数不足时之抵补，此外，按各商家出捐之多少悉数摊还。此办法似甚公允，平望商会总理凌君亦主此议，实行时或可仿照办理。惟方事之始，所难者一则为共同组织一认捐机关，群策群力，使之进行有效，一则为商情疑阻之处，全在各商会诸公就地开导，不致不就范围，则此事自渐底于成耳。

调查浙省嘉兴向办认捐情形

一、嘉郡各业均由本业认捐，有一业合认者，有各铺各认者，认时呈明。如合认者，以后添店不增捐闭店不减捐，如各认者，遇有一业中新开店则加收，新报闭则减收。

二、认捐之数由同业自查，大约以向来行商所纳之数及各业进出货两种为标准，初认时分商铺、航户两项分认，照向认常年捐数有加二三倍者，有加五六倍者。

三、认捐之数按月摊缴，此外无增减，抗捐者移县追收。嘉属除丝捐外，每年认定缴十六万元，分十二个月缴，如逢闰年，则分十三个月缴，并不加认分文。现因上海航船改走洋关，烟酒重征改办印花税，故捐数比较认定时已短一万余元。

四、缴捐之法。本业有公所者归公所收解，无公所者归同业轮流收解，一业中有各户各认者则归各户各缴。

五、已认捐后，一切输入输出通过之货均无捐，通过货俟出嘉兴境后遇首卡补捐，故仍无偷漏。

六、认捐不限年期。

七、认定十六万之捐额，以七成作本属销品，以三成作他属销品，故各业各照认数可填三成捐票出运他属免捐，如过三成则须向他属首卡补捐，不能再填出运免捐之票。如此业常年派认一千元则能填出运浙省他府免捐票三百元。

现在收捐局所舞弊情形，如此业年认千元，本可填三百元出运浙省他府免捐联票，而彼业亦年认千元本亦可年填三百元出运浙省他府免捐联票，乃此业之货每年销至他府者通年不过百元，而彼业之货通年销至他府者有五百元之多，局所司员即将此业之票移填彼业，彼业即私送司员或百元或数十元即可邀免他府首卡补捐之二百元，局所中通年核计但须核至照通年认捐总数不逾三成即无须添解公中正数捐项，约计近年局中私收陋规以全属论每年有二万余元之谱。

本局临时会议议决厘金改办认捐进行方法案

编者按：《江苏谘议局第一年度报告》第五册《江苏谘议局第二届第一年度

临时会呈报议决案汇录》载《三月二十七日议决厘金改办认捐进行方法案》

通知全省商会开联合会启

敬启者：厘金改办认捐一节案经公布，敝局又委任议员数位亲诣各贵会浃洽，俱荷赞成并督以从速进行，早祛积弊。本年三月临时会议决进行方法，略定条目，希各贵会同负组织之任。查南洋劝业会现正开会，夏秋之间灿然大备，正各团体踊跃观览之时，而商界诸公于实业之竞争对于劝业会必尤鼓舞。兹特奉订各贵会于劝业会期中择定七月十八日在江宁省城假总商会内开一全省商界联合大会讨论厘与认捐之得失及其办法为最后之解决。既谐劝业之盛情并勉裁厘之大计，一举两得，想荷惠允。耑此拜订，并附本届议案呈察，敬请公安不备。

报告全省商会联合会厘金改办认捐案概略

谘议局有指陈通省利病、筹计地方治安之责，厘金为国家弊政、商民锢病。去岁本为预有提议之案，会瑞升部院以此案酌减捐则改收洋码交议局议，以钱码改洋码尚多窒碍申复，复因本局提议裁厘改办认捐，遂汇合为一案呈报，先后奉到督抚宪札复，改用洋码一层准暂循旧章免予纷更，认捐一层俟各业认捐议定切实办法，果于国家正税无损再行酌核办理并饬登《南洋官报》（分）〔公〕布及分行金陵、江北、苏州、淞沪四厘局一体遵照。本局以督抚宪已有核准可以改办认捐之允许，因亟议从调查入手，委定王君嘉宾、顾君咏葵、张君伯英赴宁属各商会调查，黄君炎培、洪君锡范、储君南强赴苏属各商会调查。本年正月下旬苏属调查员由局出发，所到总分商会共二十三处，又通函询问情形者一十五处，各地于撤卡认捐问题大都踊跃赞成，愿从速举办，亦间有特别情形须临时提出磋议者另撮录其理由述为各地对于此事之意见附后。其调查之详情，有各商会之意见书及复函，有调查员之日记及报告，有苏沪牙厘局抄到各件，均存本局卷备查。宁属调查员于二月间正在出发，适宁属各商会均来宁赴总商会之常会，调查员因往接洽，报告此事缘始，全体亦多赞成，惟须调查得有端绪方能再定办法，当议由宁总会拟具调查表式分致各分会照表先行填列，一面再往调查。其时正届本局三月临时会之际，调查员即汇集两属赞成情形报告大会，另议定进行方法四节，以趋重于全省商会开一联合大会研究此问题为主，俟联合会议有办法再移由本局九月常年大会公决呈报督抚宪实行筹办此案业经前日随信附致，计已察阅。临时会闭后，王君嘉宾赴宁郡之六合、高淳等处调查，顾君咏葵赴淮扬两属调查，张君伯英赴徐海两属调查，计共到商会二十处，余均通信询问，各地对于此事意见亦大多数赞成，而特别情形亦有如苏属者，亦有在苏属所有几种以外，兹一并汇入附述之各地对于此事之意见中，其详另有调查报告及各商会复函、淮扬徐海等处所得之局卡收支一览表等件，均存本局卷备查。此本局对于裁厘认捐案所有调查及议决之大概情形也。兹值总、分商会诸公惠然如约成此联合大会，其赞成此举之盛心曷胜钦佩。理合将此案前后情形连同附件送呈公鉴。至本届会议之结果与此后进行之主持，本局居于议事地位，其执行实全赖诸公肩任之，尤以为祷。谨此报告。

全省商会联合会纪事录

七月十八日下午二时在宁垣复成桥商园内就江宁商务总会议事厅特开全省商会联合大会，计宁苏沪通四总会及各分会、各业代表到者得一百三十余人，筹议厘金改办认捐事。首由谘议局议长张季直君致欢迎全省商会热诚赞成之意；次公推主席，全体公推张君，张君辞，请四总会代表出席共主其事；次主席报告谘议局厘金改办认捐案概略；次储君铸侬报告谘议局临时会议决进行方法，分四层：一、研究，二、开联合大会，三、组织筹办认捐公所，四、报告结果于谘议局呈请督抚咨部实行；次黄君韧之报告调查苏属情形，其详已刊报纸，兹撮其大要言之，所历商会二十三处，通函者十五处，先后均表同情，惟赞成之中其情形特别而亟须研究者如下：一、本地商业甚微向无厘卡而无可认捐者；二、商业虽非甚微而局卡甚少，受害尚轻者；三、本地只有坐贾而无行商，货归行户船户包认者；四、出入货物多用洋单与局卡不涉者，五、所苦在关【害】而厘毒较浅者；六、税多偷漏局卡稽查不及者；七、地多私贩白拉，认捐后商业恐难振作者；八、航户包运货物，厘捐纳入水脚，恐认捐后水脚未必能核减者；九、大宗产物视年之丰歉而定额，恐认定后致歉岁受亏者；十、正项货物厘卡稽查过苛毫无走漏，难照现额认捐者；十一、只有通过税而无出产落地两项者；十二、地处边隅，货多由邻省通过者。以上十二种困难之处另具解决方法，可由各代表讨论之。苏沪两地认捐者不少，沪已占三分之二，成效颇著，如苏州之洋货业、上海之棉花业办法最佳，足资考镜。次张君少溥报告调查宁属情形，大旨不外黄君所述之十二种。次储君铸侬报告各商会临时提出之意见书共十二余份，除关系一地一业外，先以有关全局者提出之一，上海洋货商业公会意见谓，认捐须由本业自任，不准本业以外之人入手，须先调查其办法，宁简不宜繁，宁宽不宜严。太仓及常昭商会意见书主张裁撤厘卡改办营业税较改办认捐可免偏枯之弊，论营业税之利益有四层。如皋商会意见书对于谘议局临时会所议进行方法答案四条：一、分地认法或分业认法两者以分地为善，二、出产与落地亦宜两地分认，三、大宗货宜专抽落地捐，四、洋货子口半税，为如皋由沪镇两处运来皆无子口半税，有碍认捐。松江商会意见书大旨谓土货客货两项，土货宜由产地一道收足，客货宜分产地落地两处担认。上海商会酒业代表意见书谓，认捐略如包捐，惟有困难处：一、租界上而无落地捐可包，二、浙湖货来自隔省，势难一律包入，三、偷漏甚多亦难总包，四、租界收捐不易，须先咨商税务司得入租界抽查方有把握。次黄君报告请讨论所汇集之各地调查情形及本局同人研究之意见，须知认捐与包捐二者不同，一经误会，流弊实多。现在江苏除江北外，厘金每年其征银不过三百十一万两有零，以照局章用九厘算，国家尚应开支三十余万两，商家之溢出更不知凡几，则改办认捐之利弊不待智者而知之。当由张君右企报告浙江嘉兴府认捐之原因及结果，该府未办认捐之前共设卡九十一处，巡船一百八十余艘，重征苛敛，收捐多至十五万八千，少亦十一万五千，时商家困扰已极，乃由当地绅士发起一府除丝捐外合认十六万，反对者十居八九，有两说是以破坏之：一谓产地税只有四万而通过税十二万之多，不能担任；一谓嘉府商业之维持实赖厘卡，行商一经几道卡捐亏损已巨，其势不得他往。六阅月后，费无数之心力始渐就绪，由各业分认，未及一年商人称便云。主席请公决应否实行筹办，全体起立赞成，即议决宁苏两省垣各设一筹办江苏全省认捐总事务所，推定通崇海商会坐办张君右企、武阳商会坐办于君瑾怀二人起草。主席复宣告谓改办认捐为目前过渡之办法，有人提议应陈请资政院提议速行加税裁厘方足为根本上之解决。于君瑾怀复畅发赞成意见。主席问众意如何，皆起立赞成，公决向资政院请议。迨散会已六时余矣。

十九日下午一时谘议局开招待会，宴全省总分会代表于劝业会场内饮食业出品所。起草员张君右企、于君瑾怀报告筹办江苏全省认捐总事务所简章及进行日期表草案章表另录，逐条议决，经费每所约三千元，当由四总会各认垫洋三百元，宁属分会三十一处各认垫洋七十七元，苏属分会三十八处各认垫洋六十三元，如有余照成拨还，或不敷则由四总会筹垫。地址：宁苏皆设于商务总会，其费俟八月十五日前各交半数于总事务所，即以是日开始筹办云。

筹办江苏全省认捐事务所简章

一、本事务所按照江苏谘议局议决案经全省商会联合会之公决组织成立。

二、本事务所筹办入手先行调查全省各属各业厘卡情形暨商务情形，汇集研究公订认捐方法，报经谘议局之议决，呈请督抚核准公布实行撤卡认捐，本事务所责任为终止。

三、本事务所分设宁苏两省城，宁曰筹办江苏全省认捐宁事务所，苏曰筹办江苏全省认捐苏事务所。

四、本事务所以各总会总理为所长，各分会总理为评议员。

五、本事务所设驻所干事长一人，商承所长掌理事务所一切事宜；调查员二人，周历各属，会同商会切实调查；书记兼会计员一人，掌文牍收支事宜。均由所长遴选委任，分别致送薪水。

六、总会各设专任调查员二人，分会各设专任调查员一人，专任调查本地情形。商会各业董皆为名誉调查员，分任调查本业情形，各按所定期限会同本事务所调查员切实调查。除名誉调查员不支公费外，其专任调查员如需酌给公费时，由各总分会自行筹给。

七、本事务所经费宁苏各约以三千元为率，总会各认垫洋三百元，宁属分会各认垫洋七十七元，苏属分会各认垫洋六十三元，俟认捐实行后如数筹拨归还。

八、各总分会认垫经费，于本事务所成立之日先缴半数，其余分期续缴，所认经费缴齐后设尚不敷由总会设法筹垫，筹办完竣如有余款按数摊还。

九、本事务所筹办事宜悉依进行日期表办理，不得逾期日期表另订。

十、本事务所各项调查表式及调查方法均由干事长会同调查员拟经所长核定即送各总分会按式填写，随时报告。

十一、本事务所开会时于所长中公推一人为主席。

十二、本事务所开会时，评议员设有事故不能到会者，得于本分会议董或职员中举人代理，予以委托证书并完全职权。

十三、本事务所调查报告及研究结束，由干事长会同调查员编辑后经所长核定印送各总分会开联合会公决。

十四、本简章如有未尽事宜得随时增补以期完密。

地址：宁属总事务所假设南京复成桥江宁商务总会

苏属总事务所假设苏州刘家滨苏州商务总会

筹办江苏全省认捐事务所进行日期表

一、宁苏两处筹办认捐事务所开办各职员应由所长先期委定到所任事

                     八月十五日

二、定调查表式及方法印发各商会　　　　八月十六日至二十日

三、调查员预备出发　　　　　　　　　　八月二十一日至三十日

四、调查开始　　　　　　　　　　　　　九月初一日

五、调查完毕　　　　　　　　　　　　　十二月十五日

六、编辑报告　　　　　　　　　　　　　十二月十六日至正月十五日

七、两事务所干事长及调查员开联合研究会

             正月十六日至二十日五月①继续开会

八、印发报告及预备开会研究事宜　　　　正月二十一日至二月初五日

九、全省商会开联合会研究办法并公决

             二月初六日至初十日五月②继续开会

十、编定联合会公决之认捐实行方法报告谘议局　　二月十一日至十五日

筹办至此为一结束，事务所暂停办事，俟谘议局公决呈经督抚核准公布后筹设认捐公所成立，两事务所责任终止，即日撤消。

---

① 此处原书在"五月"的"月"字上加盖了红字"十"。
② 此处原书在"五月"的"月"字上加盖了红字"十"。

第二部分 《申报》、《南洋官报》所载江苏谘议局资料（补充）

苏省谘议局预备会欢迎议员

十八日下午为苏省谘议局预备会欢迎议员之期，以高等学堂为会场，到者约三百人，开会闭会悉用军乐，兼以来宾会员纷纷演说，形式精神两者俱备，惟天气甚热，列坐者均不能自由。散会时已六钟。到会者均一律款以茶点。

《申报》，宣统元年七月二十三日（1909年9月7日）

江苏谘议局举定正副议长

宁苏两属议员经江督于八月初一日召集公举假定正副议长以为预备议案之计，旋经议员公决，此次公举正副议长作为提前正式选举，不必再用假定名目，并以徐州人数未齐改于初三日，当场举定张謇为正议长，蒋炳章苏州、仇继恒宁属为副议长。其开会及选举详情容再续录。

《申报》，宣统元年八月初五日（1909年9月18日）

续志江苏谘议局选举议长详情

江苏谘议局议员于八月初一日由督帅召集，即借宁属筹办处为会所。是日午后二钟由督帅委宁藩樊方伯到场监督，议员到会者共七十余人。先由樊方伯宣布宗旨，谓此次先行召集实为预备一切，今日可以提前商议，遂公推张季直君为临时会长，孟庸生、雷季兴二君为书记员。苏属议员之意以到会人数已逾半数以上，照章可以开议，请于下一日先行提前选定议长副议长以便预备一切；宁属议员之意以目前徐海等处交通不便，到者寥寥，事实上不能不略为展期。辩论良久，樊方伯起言："鄙人之意，拟展缓三天再行开会如何？"宁属赞成而苏属不允，遂由张季直君酌定初三日午后二钟开会，众皆赞成，遂提议选举规则三条，当场决定：一、用记名投票法，选举人须于选举票上署名。二、副议长二人一宁一苏分次选定。三、议长副议长分三次选举，每次开票如无过半数者将得票最多之被选人加倍开列再行投票决选。议至此，天色已晚，遂散会。

初三日午后二钟，到会者共九十五人，仍由樊方伯莅场监督，遂开会选举。先举正议长，仇继恒得四十七票，张謇得四十六票，夏寅官得二票，皆未足数，遂将仇、张二君开示，用决选法，张謇得五十一票，仇继恒得四十四票，张当选为正议长。选毕，再选副议长，宁属仇继恒得五十六票当选，苏属蒋炳章亦得五十六票当选，照章票同者以抽签定先后。此时樊方伯已去，遂由正会长当场抽定，蒋炳章在前，仇继恒在后，并由正会长委任起草员雷奋、孟森等四人拟定一切细则，约定二十日再行齐集开会。

《申报》，宣统元年八月初六日（1909年9月19日）

苏抚致宪政编查馆电

宪政编查馆鉴：谘议局第六章第二十一条内载第七项议决本省权利之存废事件，其案语则谓六七两项为参预立法事宜云云，应作何解释，请详悉电示。瑞澂。东。

宪政编查馆复苏抚电

苏州抚台鉴：东电悉。查权利存废事件亦应由谘议局议定单行章程以便施行，局章第二十一条案语所谓参预立法事宜即指议决单行章程而言，此款业由本馆于议复考察宪政于大臣折内详细叙明，即希查照是荷。此复。宪政编查馆。江。

《申报》，宣统元年八月十二日（1909年9月25日）

江苏谘议局开预备会初志

江苏谘议局议员二十日午后二时在筹办处开会集议，到者七十余人。先由张季直议长报告在九月初一日开正式会以前应须预备各事，随将谘议局办事处办事细则草案交各议员集议通过,其大略计分四课:一、议事课,二、文牍课,三、庶务课,四、会计课。其中各条或分或并,或增或删,经议员逐条商决,当日一一通过草案全文甚长容后补登。时已六时,即行散会。

二十二日午后二时仍开会于筹办处,到者六十余人,张议长报告委定书记长一人:孟君森,书记四人;议事课长袁君希濂,文牍课长华君申祺,庶务课长张君福【桢】,会计课长徐君钟令。报告毕,随将谘议局议事细则草案交各议员通过,起草员雷季兴君将起草之次序先行宣布,中分三章,第一章议事之秩序,第二章议场之秩序,第三章常驻议员规定。今日先就第一章所拟条文逐条研究公众商决,通至第十六条时已上灯,遂摇铃散会。

《申报》,宣统元年八月二十四日(1909年10月7日)

江苏谘议局开预备会续志

二十三日午后二钟续行开会,议长宣告本日请假,由副议长蒋炳章君主席,仍由起草员雷继兴宣读条文,自第十七条起通至第五十条而止。

二十四日午后二钟续行开会,张会长主席,仍由雷继兴宣读条文,自第五十一条起通至第八十二条而止。

二十五日午后张会长因咳呛便血请假,仍由蒋副议长主席,通至第一百十三条,天色已晚,其第四章常驻议员规则由蒋副议长约定二十九日再行通过云。所有《议事细则》及《旁听规则》明日揭登。

《申报》,宣统元年八月二十七日(1909年10月10日)

江苏谘议局开预备会三志

江苏谘议局自八月二十日起至二十五日逐日开会预备情形已两志本报。兹悉二十五日起草员雷继兴君宣读条文时通至第二章议场之秩序第一节议场规则，于议员入场时服式有言九月初一日开会大典宜用礼服者，有言宜照平常入议场时但加一大帽以示区别者，断断争辩，为时甚久，故通至第一百十三条，天色已晚。兹将所定九月初一日开局礼节单录左：

九月初一日上午九时

议员冠服齐集谘议局内，就议员憩息室。

督抚宪及以次行政官冠服莅谘议局，各就行政长次官憩息室。

行政官议员同至礼堂左右立行相见礼三揖。

摇铃开会。

行政官退往会场入行政官席。

议员退往会场入议员席。

行政官、议长、议员同时起立恭上筹办宪政旷典开始，视词读毕就坐。

督抚宪登台宣诵开会词。

议长登台宣诵答词。

摇铃散会。

行政官、议员同退。

行政官、议员至茶会厅茶会。

《申报》，宣统元年八月二十八日（1909年10月11日）

江苏谘议局开预备会四志

八月二十八日下午江苏谘议局议员在八旗会馆开会，先由议长报告谘议局办事内容，并宣布书记长孟森君已由督宪交札委派，孟君即宣读札文，辞退议员。次仍由起草员雷奋君续通议事细则第七章常驻议员规则，自第一百条至第一百十条。议事细则均已通完。次由议长抽签定各议员席次，继又讨论初一日冠服问题。至五时散会。

《申报》，宣统元年九月初二日（1909年10月15日）

江苏谘议局旁听规则

第一条　旁听席分官员席、外宾席、公众席及报馆记者席四种。

第二条　凡官员旁听席应由所属官厅知会本局书记长承议长之指挥，限其员数照送旁听券。

凡受本国聘用之洋员不经领事介绍由所属官厅照会者一律入官员旁听席。

第三条　凡领事或领事介绍之外宾旁听，应由督抚或本省外交官知会本局书记长，承议长之指挥，限其员数照送旁听券。

第四条　公众旁听由议员介绍之。

书记长，承议长之指挥，预定公众旁听之员数分送旁听券于各议员。凡由议员介绍之外宾一律入公众旁听席。

第五条　凡开设本省各埠之日报馆，应由书记长承议长之指挥，分送报馆记者旁听券，每报馆以一人为限。其不在本省之报馆亦欲派人旁听者应俟该报馆之通知照送旁听券。

第六条　凡议事开始之后过一小时旁听席仍有空位者，书记长得因议员之介绍，承议长之指挥，临时发给旁听券。

第七条　旁听人应以旁听券交守卫验明，以守卫指示之所入席。

第八条　凡入旁听席者应遵守左列各项之规定：

一、不得携带雨具、洋伞、风帽、斗篷、水旱烟具等物入席。

二、不得在旁听席饮食、吸烟或涕唾在地。

三、不得对于议员之言论表示可否。

四、不得谈笑妨碍议事。

第九条　凡携带凶器及酒醉者不得入旁听席。

第十条　凡旁听人无论何等事由不得阑入议场。

第十一条　旁听人已经入席以后，如经谘议局按照谘议局章程决议禁止旁听时，应由议长宣告即令全体旁听人退出。

第十二条　凡旁听人有妨碍审议场秩序者，议长得令其退出，遇有必须送交巡警者得令守卫执行之。

旁听席如有骚扰情事，议长得令全体旁听人一律退出旁听席。

《申报》，宣统元年九月初一日（1909年10月14日）

江苏谘议局办事处办事细则

总　纲

第一条　本处照章以所置书记长一人书记四人任办事之责。

第二条　本处所办之事照章由议长副议长监理。

第三条　本处分四课办事，即以每一书记为每课课长。

　　第一课　议事课

　　第二课　文牍课

　　第三课　庶务课

　　第四课　会计课

第四条　各课需用课员由书记商同书记长办理。

第五条　书记长汇各课之总，如有事故由第一课课长兼代。各课长如有事故由书记长商定他课长兼代。

第六条　书记长有保管本局关防之责。

第七条　书记长对于本处应办各事，有每日定时会同各课长核议之责，其议会特别文件如不由议会另举起草员，即由书记长撰拟。

第八条　各课课长对于其本课应办各事，有每日按照定时会同核议之责。

第九条　各课课长得于会期内各请相当之员助理。

第十条　本处应办各事除遵守本细则外，悉照议事细则整备。

第十一条　本处应编纂每届议会先例录及每年度办事报告，由各课汇集材料，书记长任编纂之责。

第十二条　闭会后本处照常办事，即例假之日亦必轮值到处。

第十三条　本处设书到簿，亲自签名并注明到处离处时刻。

第十四条　本处设请假簿，书记长、课长请假须得议长之允许，课员请假须得书记长之允许。惟寻常请假每月不得过二日。

第十五条　本细则视办事经验随时由书记长酌改具草请议会核定，值闭会时由议长核定，报告下届议会。

议事课职务

第十六条　议事课专掌记录议会及审议会审查会一切议事节目，制成议事录，兼掌记录其语言，制成速记录并任其审实及保存之资，其议事录、速记录之制法别照定式办理。

第十七条　凡与议事相关之准备，由本课先期准备其主任之事，并会同书记长检点及知照互相关联之各课。

第十八条　本课专掌议员假簿按日呈议长察核，不请假而不到者分别记明。

第十九条　本课对于会期内应办各事悉照议事细则内关于本课所掌之责办理。其速记因无专门人员暂于会期内添请林临时书记记录简单之语。至长篇演说由各演说员自录副稿交本课汇集编成速记录。

第二十条　本课对于闭会后应办各事，凡遇常驻员协议事件记录其议事节目并制议事录，与会期内之关于议事者同，惟省去速记录。

文牍课职务

第二十一条　文牍课专掌本局公牍书函之收发保存，并任分别保存卷宗之责。

第二十二条　会期内凡议会所决议及审查会审查之事件，每事归作一起卷宗而保存之。

第二十三条　闭会后凡常驻员承接议会交付之事件亦每事分卷保存。

第二十四条　外来文牍一切先由本课录由登簿，其应归入卷宗者将原件分别保存；无需归卷者排日保存其原件。

第二十五条　发出文牍一切由本课录底保存，其应归入卷宗者更录副分别保存。

第二十六条　本课缮写一切发出文牍，其寻常文件不由议会推定起草员及特交书记长起草者，即由本课拟稿会同书记长呈议长核定缮发。

第二十七条　来往电信由本课翻译录簿保存原底，其应归入卷宗者将原底分别保存。

第二十八条　凡应将真笔版印刷之文件由本课专司其事。

第二十九条　一切往来函牍电信大约以对于资政院及本省督抚、对于他省谘议局、对于本省自治会及各种团体或个人、对于本局之议员及下届已选未接任之议员、对于本局派出之员等等，视其繁简之宜酌分数册为分卷及录由存底之纲领。

庶务课职务

第三十条　庶务课专掌购办图籍物品及一切杂务。

第三十一条　凡各课所需物品须先时知照本课供给。

第三十二条　本课掌管议员之名簿，凡辞职补缺等变动事项，由本课记明情节及月日。

第三十三条　本课对于议员查考之书籍及阅览之京外官私旬月周日各报，专设一书报所，派一课员专管。

第三十四条　本课专掌本局各种礼式之事。

第三十五条　本课专掌议员入场券、旁听券、执事执役徽章及议员到局验照给券之事。

第三十六条　本课专掌本处职员书到簿、请假簿。

第三十七条　本课专掌供办局内选举之事。

会计课职务

第三十八条　会计课专任收支款项及整理保存账簿之责。

第三十九条　本课编制本局预算录交议会核议。

第四十条　本课兼制本局决算录交议会审查。

第四十一条　本课承领款项会同书记长向议长承领，由本课司其局钥。

第四十二条　本课支付款项凭议长签字凭条照付造册以待清查。

《申报》，宣统元年九月初二、初三日（1909年10月15、16日）

江苏谘议局呈督宪请饬抄曾文正公忙漕公费原案文

呈请事。窃本局遵奉抚部院交议案件第二条补救州县困难案内称：苏省兵燹以前忙银一两漕米一石动辄浮收十数千，自前督部堂曾明定公费后遂将忙漕银价米价分忙分漕随市涨落，随时奏报定案，而忙银公费每两收六百，漕米公费每石收一千，有一定数目，有奏明案据各等语。兹查谘议局审查事件以财政为大端，而案关明定章程，亦非目睹全文不足以资考核而决疑问。拟请饬抄前督部堂曾在两江总督任内原定全案发局，俾得审查。为此备文呈请鉴核，迅予施行。须至呈者。

《南洋官报》第五十七期，宣统元年九月三十日（1909年11月12日）

江苏谘议局议员互守规约

第一条　本规约取《议事细则》第九十二条第三项之意议定名为议员互守规约。

第二条　本规约订定之宗旨在求各议员恪守规章勉尽职务。

第三条　本规约所应订定之范围如左：

一、关于各议员请假之事。

二、关于会议时各议员到会时刻之事。

第四条　凡赴召集之议员在开会期中，除非疾病及寔有要事，不得任意请假。

第五条　议员如遇有事故请假，务须照《议事细则》第九十二条第一二项所定之方法办理。议员请假之理由应于谘议局预发之请假用纸确寔注明。议员有事故请假者以收到谘议局发给之议员假证为得议长许可或追认之据。

第六条　议员每日之出席簿应备置于议员休憩室以便公同查阅。

第七条　凡到会之议员应尽下午一时以前投刺签到，不得过迟。

第八条　凡既经开议后续到之议员须将名片交与议长，俟其应接而后入席。

第九条　凡既经开议后续到之议员如遇选举投票或议事表决之际，应俟该项投票截止或表决终了以后始行入席。

第十条　议员既入席以后，除照章休息外，非至散会时刻不得任意退出谘议局。

第十一条　议员偶有休息时间始行报到或即行退席者，应具事由向议长声明。

第十二条　凡《议事细则》及本规约所定关于请假及到会时刻之事，除本细则第八第九两条所定情形以外，在各项审查会开会时亦一律准照办理。

第十三条　本规约自经议员公同认定后即应一律施行。

第十四条　本规约所有未尽事宜或不免窒碍之处仍得随时提议修改。

《南洋官报》第五十七期，宣统元年九月三十日（1909年11月12日）

江苏谘议局呈报督部堂、抚部院本局闭会日期文

呈报闭会日期事：案查奏定《谘议局章程》第三十二条内载常年会每年一次，会期以四十日为率，自九月初一日起至十月十一日止，其有必须接续会议之事得延长会期十日以内等语。本局自九月初一日起遵章开会，接续议至十月十一日止，已届四十日规定闭会之期，惟因所议各事未经议决者尚多，爰更照章展期延长十日。兹定于本月二十日照章闭会。理合将闭会日期具文呈报并请转咨资政院鉴察。为此呈请督部堂、抚部院鉴核施行。须至呈者。

《南洋官报》第六十二期，宣统元年十月二十五日（1909年12月7日）

江苏巡抚瑞会同两江总督张奏苏属谘议局经费报销片

再，查江苏省苏属谘议局筹办处开办经费暨一切开支业经前抚臣陈启泰等于

胪陈第一届办理情形折内声明均由苏藩司筹拨作正开销分别奏咨在案。兹据苏州布政使陆钟琦详准苏属谘议局筹办处移称，现在筹办谘议局各事行将告竣，所有上年九月十六日开办起截止本年六月底止所用各款决算统计银一万一千四百三十六两零，应先造册请销，由该藩司查核，册开支用各款尚属撙节，照造清册详请奏咨，前来。奴才复核无异。除将清册咨送宪政编查馆、度支部查照核销外，谨会同两江总督臣张人骏附片具陈。伏乞圣鉴。谨奏。宣统元年十月十一日奉朱批：该衙门知道。钦此。

《南洋官报》第六十三期，宣统元年十月三十日（1909年12月12日）

两江总督张、江苏巡抚瑞会奏筹拨谘议局建筑银两及常年经费片

再，谘议局各项经费恳恩准予作正开销业经前任督抚臣端方等于本年二月间奏奉朱批："该衙门知道"，钦此。钦遵在案。臣等查该局会场地址经筹办处官绅在江宁省城丁家桥地方勘购停妥，自调查员由日本回国即遵照宪政编查馆电饬参仿各国规制议绘会场室屋图式至上海招工承估，业与殷实匠头订定合同，于五月开工建筑。计价购地亩需银一万两，建筑会场工料需规元银九万八千两，加以敷设会场添置器具亦需万两以外，综计购地建筑开办经费共需银十二万两。至常年经费，臣等体察本省情形，参照各省办法，分别拟定议长公费月给一百五十两，副议长公费月给各一百廿两，常驻议员公费月给各七十两，书记长暨书记等员因系全局办事枢纽，职务颇重，拟书记长月给一百两，书记月给各五十两。议员旅费道路有远近，会期有久暂，应由议员分别等差照章议决。综计各项薪费暨写生守卫员役薪工一切杂费预备费每岁约计应需银六万两以上，需用银数均经筹办处官绅分别核议，复由臣等往返筹商详加考核，饬由宁苏司关道局分认筹解，陆续拨给应用。伏念江苏地居江海要冲，议员复多于他省，固不敢徒侈外观力求

华美，然视听所系，形式规模要当力求完备。是以建筑费用暨常年经费需款不免稍巨，尚无虚滥之弊。所有筹拨谘议局建筑银两暨常年经费各缘由，除将估单图式保结钞咨宪政编查馆、度支部、民政部分别查照外，谨合词附片具奏。依乞圣鉴。谨奏。宣统元年十月十二日奉朱批：该衙门知道，钦此。

《南洋官报》第六十四期，宣统元年十一月初五日（1909年12月17日）

组织谘议局机关之反对者

江苏同乡京官以本省开设谘议局公举议员辅佐行政，京都为首善之区，定须立一总机关以相联络，自秋间择梁家园惜字会房屋，每间一星期即十四日招集同人于下午到会集议，业已举行四次，赞成者尚不乏人。现公议推陆润庠、陈名侃二君为代表，而陆陈二公颇示反对之意，不知能达目的否也。

《申报》，宣统元年十一月初八日（1909年12月20日）

督部堂张札江宁司道局所府县按照谘议局续呈议案所列事宜各具意见书备文申送文

札饬事。照得谘议局呈送议案除会议厅第一次开会议决十一条业经本部堂复加裁夺札行谘议局并行宁苏藩司分别移行知照外，查谘议局续呈议案已有多件，亟应印发各司道及主管局所按照议案所列事宜各具意见书，务于七日以内一律备文申送，凡由各该衙门局所主管之事固应详加研究，说明可行或不可行之理由，即事非主管而具有意见亦即剀切指陈以收集思广益之效。本部堂俟意见书商集后即当克日开会公同议决。事关宪政要端,万勿稽延。特札。

《南洋官报》第六十八期,宣统元年十一月二十五日(1910年1月6日)

江苏谘议局移各府厅州县请送各属志书文

移请事。查敝局所有议案皆关系地方利病,而地方利病大都载于各属志书。欲从事研究,必以志书为根据。相应移请贵署将贵属志书移送一部以备敝局常驻议员参考。为此合移贵署请烦查照,迅即移送。须至移者。

《南洋官报》第七十二期,宣统元年十二月十五日(1910年2月4日)

谘议局致江督函

为淮海赶筹工赈事

敬肃者:昨奉一函,缘东台滋事一节,尚未奉复,想荷饬办。顷又接清江急电,饥民滋闹,事关民命,更非凭空误会之比。所请电吁大部一层,想非此亦无以为拯溺救焚之计。恳钧座代为转电,以救此一方。无任感激哀恳之至。附录来电,肃请崇安。张謇、蒋炳章、仇继恒顿首。

附:淮海原电

南京谘议局公鉴:初八,饥民数千围大丰,提道宪派兵弹压,散而夺食;初九,周家庄抢赣丰豆船八只;十三,饥民万余围海丰强夺。人众势迫,淮海地方异常恐慌,公恳速转邮、商两部,赶筹工赈,以救灾民,而防意外。淮海绅学界闻溥、程逵鸿等八十人公电。咸。

《申报》,宣统二年三月十九日(1910年4月28日)

奉省江苏同乡官为筹汇江北振款致张议长函

季直先生阁下:年前锡程帅交阅张安帅电,以江北连年巨灾,海、赣、沭三属六月又遭大水,其他各属并皆歉收,民穷财尽,饬筹振款,等因。弟等当即分函省外各处广为募捐,凑集小洋二千六百零四元一角,漕平银一百二十二两,其细数已随时登载东三省日报,计共折合漕平银一千六百五十一两。现值春融,正青黄不接之时,谨如数汇解台端,以资振抚。并希赐复。肃请台安。钱镠、管云臣、韩国钧、廖世经、邓邦述、史善诒、祁祖彝、管凤龢同顿首。二月二十九日。

《申报》,宣统二年四月初八日(1910年5月16日)

复奉省江苏同乡官函

敬复者:雒诵来书,钦迟曷已。敬谂诸公关怀桑梓,垂注殷拳。敝局成立已来,不能大有所补益,用滋愧汗,仍望诲言。振款一节,已奉汇信,另函复谢。移民一事,为东省固圉大计,亦为腹地移殖良图,果能办到,公私皆益。近闻鄂省已有成议而中止。在内地固以资遣为难,在东省究须行政官主持安插。事端宏大，幸诸公时时留意，勉督以所不及。内外合力，徐图有济。不胜至愿。会章及题名录敬存。规划周详，预想能力扩张，定为吾乡增一异采。惟望时赐教益，共图翼进。不尽区区，复请任安。江苏谘议局议长张謇等谨启。三月十六日。

《申报》，宣统二年四月初八日（1910年5月16日）

督部堂张札复谘议局呈谢奏请截漕及筹款购粮免厘文

札复事。据谘议局呈：近日米粮昂贵，两泽过多，上游湘省滋事以来民情尤相浮动，现蒙奏请截漕及筹款采办奏请免厘呈明谢悃等由，前来。本部堂忝膺疆寄，未能感召休嘉，早夜以思，引为内疚。昨者会同苏抚部院奏请缓运漕米十万石，并采购米粮免于厘税，仰蒙俞允，圣恩浩荡，钦感同深。本部堂宣播皇仁，何力之有，披阅来牍愧不敢承。除饬令承办各员将应办事宜核实经理并咨明苏抚部院外，为此札复谘议局查照。须至札者。

《南洋官报》第九十二期，宣统二年四月二十日（1910年5月28日）

江苏谘议局清查荒地议案苏抚部院咨督部堂文

咨行事。案照谘议局议决清查荒地一案，前据呈催，业将饬司细加审核缘由先行札复，一面行催在案。兹据苏藩司详复前来，除将公同决议应行应改各节逐条登注汇开清单札复谘议局分别复议查照并分行外，相应照录清单咨会。为此合咨贵部堂请烦查照,并札宁藩司查照施行。须至咨者。

《南洋官报》第九十六期,宣统二年五月初十日(1910年6月16日)

宁藩司樊移知各司关道局奏定谘议局建筑
常年经费宁苏各半分认银两部文

　　移知事。奉督部堂张札开,宣统二年五月初十日准度支部咨制用司案呈准两江总督咨称据江宁布政使樊增祥详称,案奉札开谘议局建筑经费银十二万两,常年经费银六万两,照案系由宁苏各半分认,业经奏定由各司关道局分认筹解,并经分行遵照在案,准咨前因,除苏属认筹一半银九万两外,札司遵照会同金陵关、江粮道、财政局、厘捐局分认筹解数目详候核办等因,奉此。查建筑经费项下宁属派筹一半银六万两,兹拟司库筹银七千五百两,淮运司筹银一万五千两,金陵关筹银七千五百两,江粮道筹银一万五千两,财政局筹银七千五百两,厘捐局筹银七千五百两,计共认筹银六万两。又常年经费一半银三万两,拟由司库筹银三千七百五十两,淮运司筹银七千五百两,金陵关筹银三千七百五十两,江粮道筹银七千五百两,财政局筹银三千七百五十两,厘捐局筹银三千七百五十两,共计每年筹定银三万两。除分移外,合先具文详复饬遵以便拨解济用,并据兼署苏州布政使樊恭煦详称,奉批司详谘议局建筑常年两项经费酌数分派认筹一案由,奉批,谘议局建筑会场工料需规元银九万八千两,价购地亩需银一万两,加以敷设会场添置器具亦需万两以外,综计购地建筑开办经费共须银十二万两,常年经费银六万两,饬由宁苏各司关道局分认筹解,业经会奏在案。今该司以建筑费银九万八千两认筹一半银四万九千两,自系未将会场添置器具等项价银核计摊派,应由司查照建筑前项经费银十二万两、常年经费银六万两照案各半分筹,另行酌拟分派数目详候分饬该司关道局遵照筹解以符原案。仰即遵照办理,仍候抚部院批示。缴。等因。又先奉前抚宪瑞批开,谘议局建筑常年两项经费,苏属认筹一半，办法甚是，来详请派之建筑经费应再由江海关加认三千两，司库镇关各加认千五百两；常年经费由江海关加认千五百两，司库镇关各加认一千两，以足其数。仰即移行遵照等因。奉经移请分别认筹解司汇解归垫在案。查苏省应派开办建筑费银六万两，常年费银三万两，计开办建筑费项下江海关共认派银二万两，内原认银一万二千两，加派银八千两；司库及镇江关各共认派银一万二千两，内原认银七千五百两，加派银四千五百两；牙厘局认筹银六千两，淞沪局认筹银五千两，苏州关及苏粮道各认筹银二千五百两。以上共合银六万两。又常年费项下，江海关共认派银八千五百两，内原认银五千两，加派银一千两；牙厘局认筹银三千五百两，淞沪局认筹银三千两，苏州关及苏粮道各认筹一千五百两，以上共合银三万两。除分别移请照数认筹外，理合具文详请咨部立案作正开销各等因。据此。查前项经费业经奏明作正开销，应行咨部立案以重款目。为此咨部查照立案等因前来。查江省谘议局建筑经费银十二万两，常年经费银六万两，据称宁苏各半分筹，既经该督将司关道局分认数目声叙明晰，自应准其立案作正开销。惟查检上案，该督奏谘议局建筑银两及常年经费恳予作正开销，当经本部行令将该局建筑估单图式并常年额支活支各款详细开单送部等因在案。除估单图式业经送到外，应令迅将常年经费造具细数清单专案送部以备稽核，毋再迟延。相应咨行两江总督查照可也，等因，到本部堂。准此。除分行外，札司分移一体查照等因，到司，奉此。除将宁属司关道局摊认数目一体分别移知外，为此移知司关道局查照施行。

《南洋官报》第一百八期，宣统二年七月初十日（1910年8月14日）

督部堂张札宁藩司邳州应牧祖锡撤销选举议员禀撤不实应记大过一次由司注册文

札行事。据谘议局呈称：案照《谘议局章程》第二十一条第十二项内载收受本省自治会或人民陈请建议事件,又第十二条内载常驻议员于第二十一条第九至第十二各款得由议长委任协议办理等语。去年九月常会、本年三月临时会迭据邳州土山镇商会分所会董焦寅恭、邳州教育会会长崔荣申、邳州州视学庄增藩等,以该州复选当选人陈士髦为该州应牧违章诬禀撤销,呈请按照局章第二十一条、二十八条核议等情并抄粘先后各禀批前来。当经公决:以陈士髦撤销议员之根据在素行诡谲及现充小学教员两层,查阅抄呈禀批内有奉藩司批开"此事本司在谘议局筹办处悉心调查,得该生品行并无闲言,惟辞退教员一节无禀牍可据,此该生之疏也。事已如此。素行诡谲四字本司为生削之。惟未经上禀辞退之教员实未合议员格局,勿再怂争可也"等因。据此,则陈士髦之应否撤消议员应专以当日是否充任小学教员为断,迭经呈请学司查复。兹奉复开"据省视学王举人登云禀复陈士髦宣统元年确系传习所教员,并非圮上小学教员情形,据实陈复等情,前来,据此。除批。据禀已悉,仰候移复江苏谘议局察核办理,此批。印发外,相应抄禀移知。为此合移贵局请烦查照核办施行"等因,并抄粘原禀到局。奉此。即于本月十八日常驻议员临时协议会议决"陈士髦复选当选之日既据学司复称确非小学教员,则当选资格并无不合,自应亟予开复,其前次递补该员学额之胡伯言仍应缴销执照,退为后候补当选人,以保公权而重选举。至邳州应牧禀撤不实应否予以惩处,事在行政官厅,本局毋庸拟议。所有陈士髦撤消议员一案由本局常驻议员议决情形相应备文呈请鉴核等情,到本部堂。据此,查陈绅士髦既据查明确非小学教员,应即如呈由该府照章办理。其前此递补之胡绅伯言即行缴销执照,退为候补当选人。至应牧禀撤不实,殊属不合。查该员现经另案撤任,应记大过一次,由司注册以示薄惩。除行徐州府遵照办理并札复谘议局外,合行札饬。札到该司即便遵照办理,并报明苏抚部院查考。毋违。此札。

《南洋官报》第一百十一期,宣统二年七月二十五日(1910年8月29日)

督部堂张批准属议员周虎臣等禀公寓期迫再请饬府拨款以应急需由

　　查此案前据淮安府详复,当经批饬会同周绅等查照办理在案。兹核来禀,各属议员皆有旅馆,独淮属尚付缺如。查建筑旅馆本为一劳永逸之计,虽地方财力优绌不同,该府仍应妥为挹注,务使足敷建筑之用。应再会商周绅等详议酌办。仰淮安府遵照办理。仍先照会周绅等知照。此批。禀抄发。

《南洋官报》第一百十五期,宣统二年八月十五日(1910年9月18日)

江苏谘议局之质问案

　　江苏谘议局以上届公布议决各案至今未见实行,特向江督、苏抚具呈质问,略云:查局章第二十二、二十三条,谘议局议定可行或不可行事件,得呈请督抚公布,或更正施行。第二十四条后附之按语谓,所以重行政长官之责任。据此,则本局所议决之案,或公布施行,或更正施行,其责任全在行政长官。乃自上年开局以来,凡本局议决事件,即经督部堂、抚部院所批准公布者,如下开可行不可行各案,以各属议员之闻见,至今均未实行。如此漠视定章,既乖朝廷采取舆论之盛心,亦非督部堂、抚部院批准公布之初意。究竟具何理由,不能不生疑问。爰据局章第二十六条,呈请逐案批答。计开:

　　关于可行事件:一实行禁烟案;一整顿征收丁漕积弊案;一整顿契税方法案此条关于撤除旧例及革除浮费两条,宁属未实行;一整顿商会案;一整顿淮安关卡以苏商困案；一本省单行章程规则截清已行未行界限，分别交存交议案。

关于不可行事件：一永远停止彩票案；一积谷钱款严禁州县存库案。

《申报》，宣统二年九月初七日（1910年10月9日）

江苏谘议局呈请更正邮部奏案

江苏谘议局以邮传部前奏申明商律谓铁路公司与普通公司情形不同等语，恐有窒碍，业于前日决议呈请抚奏咨更正。文云：查奏定《谘议局章程》第四十二条内开"凡议决事件，除议长、副议长同意认为应行秘密者外，均公布之，并应随时报告督抚及资政院"等语。九月初五日本局议决，呈请奏咨更正邮传部前奏申明商律一件。查近日邮传部奏铁路公司与普通公司情形不同一片，大致谓铁路在各国属于国有者居多，吾国幅员辽阔，亟谋实业，特许设立公司商办，等语。既设公司，既定商办，而钦定大清商律又系专为公司而订定之，各省发起商办之铁路公司，人民入股者皆视公司律文为根据，大部即欲特订路律，别资遵守，亦当别有办法，使根据前日之商律者，进退得以自由，不令组织在前之股东，强遵颁布在后之路律。盖保全法律之效力，乃可以定民心；保全商律之效力，乃可以兴实业。朝令暮更，则信用扫地。商民何所恃而苏息于国权之下乎？而况路律并未颁行，只因浙江一路之争执，不惜弁髦钦定之商律以应付之，似非政体所宜。且使商民对于钦定之商律，应否视为铁据，以自保障，尤觉无所适从。商业之全局岌岌可危，所关非细。本局以本省方谋提倡实业，又自有一商办之铁路公司，众情所迫，本局不敢壅于上闻，为此呈请迅予分别奏咨更正邮传部前奏，申明商律，以定人心。除呈资政院并本局自行公布外，理合呈请督部堂、抚部院鉴核。

《申报》，宣统二年九月十三日（1910年10月15日）

苏议局临时会纪事

江苏谘议局因复议本届宁属预算案特于二月初一日开临时会。上午九时各议员莅局,九时半江督代表候补道虞汝钧、苏抚代表苏藩司陆方伯及各行政官皆莅局。憩息片时,遂摇铃开会,行政官、议长、议员皆往会场入座,督代表虞道、抚代表陆藩司登台宣读开会词,次由议长张殿撰登台宣读答词,毕,即摇铃散会。闻是日议员到者仅四十余人,不及半数,原定初二日即开正式会议,因是未便开议,已决定展缓一日再行编制议事日表。昨已由议长遍发传单通知各议员矣。兹将常驻议员协议事件及报告事件录下:

协议事件:甲、长元吴城议事会请议收管荒地事件。乙、宿邑教育会请议刷印普劝女子不缠足歌本事件。丙、审定前届协议录事件。

报告事件:甲、督院奏借洋款三百万两事件。乙、吴议员荣萃辞职事件。

《申报》宣统三年二月初四日(1911年3月4日)

江苏谘议局法律审查会报告书

审查督院札复停止官纸专卖质问案　二月初十日

本案经质问后,奉制台批答,谓招商承领及专代人印刷而不售纸两层事实上未能办到,核与前此公布饬厂遵办之旨不符。惟本局提议之意重在废除专卖章程,非必勒停营业,故本届预算案暂仍列入作为官业之一种。惟营业自有营业性质,至少必使收支相抵而有盈余无亏本利。现交复议所应申述者两端如左:

一、防垄断。查宣统二年六月度支部奏准官纸印刷办法，凡各项官用证券概归中央官纸印刷，而民间用纸并无专卖之理由，即部颁各种状纸亦无论官商各印刷厂均可承办。现在既由该厂代印，不妨照行，惟其余各项纸品仍应遵照原案更正方法之第二项办理以免垄断之害。

二、防亏耗。据札文，该厂现既领借官款湘平银十三万五千余两作为成本，一时难以招商承领，只有作为官营商业之一法。惟既系官营性质，自应估本计利，以最低之银行利率而论，常年三厘，亦须银四千余两，应请派员会同该厂将机器物品估定价目成本，以后逐年不准丝毫短少，并令每年缴出利银四成，一面并将核实办理情形造册呈报札局备查以防耗损。

至札文谓厂中经费所有额支活支皆由厂中自行开支不另请款云云，查预算交议册岁入经常门第八类官业收入第三款第三项官报收入银一万二千六百五十九两二钱零四厘、第六款第一项造纸印刷物品售价银一万九千六百七十二两八钱，以上两项入款共计银三万二千三百三十二两零零四厘，而本局预算案所列岁出第五类官业支出第二款第一项南洋印刷厂经费银三万四千一百十三两四钱四分二厘，若照该厂所云不另请款，此次预算总数内即可腾出银一千七百八十一两四钱三分八厘移作别项之用。合并声明。

《申报》，宣统三年二月十五日（1911年3月15日）

江苏谘议局议员周树年对于抚院咨询贫民劝工所及以工代赈办法意见书

抚台关心民瘼为救荒筹善后之策，本局亟宜赞成。惟上年本局议决限制逃荒案，其第七第八第九三条仅标明宗旨未定实行之方法，其设立殖民局办法已归入东三省移民殖边案内可姑置勿论，故抚台咨询案内但就第七条贫民劝工所、第九条以工代赈言之。窃维逃荒二字之意乃由荒而逃，以常理言之，如不荒亦逃始可限制，然认逃荒为正当理由，则以饥馑之民扰及完善之地不免妨害治安，于此则必赈抚焉以羁縻之，为和平限制之法。无如无岁不灾，即将无岁不赈，与其弥缝于既灾之后，何如筹画于未灾之前。抚台咨询之意殆欲防患未然。议员本斯意以分别研究，觉贫民劝工所为救贫政策中之一条件，不但灾区宜有，即完善郡邑亦宜徧设，且劝工一节为自治团体中应有之职务，无他人借著代筹之理，是赖各该邑官绅自行筹办。至以工代赈，今日为救灾论者几成一普通之名词，年复一年何尝贯行。盖工事必须规画审度，积日累月始可定施工之方针，而赈抚为急则治标之事，刻不容缓，故放赈之日欲兼图工事势不相及。且赈济散放口粮仅足救死，与工作给值所差实多，驱半饱之民为劳力之事非人情所愿，故于待赈之时而以工代赈不如于未灾之先而以工救灾。何谓以工救灾？曰兴江北水利而已。今就江苏全省之利害而论，一则曰米价昂贵，再则曰徐淮海灾荒。米价昂贵，其救济之法当于他案中言之。若徐淮海灾荒，向者间数岁而一见，今则每岁告灾。对于抚台之咨询应筹一切实可行之法，为未雨绸缪之计。若官以空言责诸民，民以空言报诸官，恐长淮以北剽悍之民将因屡灾而为流寇，隐忧所在，实非过言。查江淮水利公司已设测量局，应先将清江东北一带水道从事测量，本年先将六塘、潮盐诸河加以挑浚，大则有裨于江北全局，小亦有裨于淮北一隅，断无虚糜款项之理。事机急迫，不能卧积薪之上以待焚。且兴修上列水道与苇荡营开垦计画亦大有关系。所虑者，既兴大工必需巨款，数百万经费岂易仓卒募集。愚昧之见，谓天下事患不肯为，苟上下一心，共谋本省公益，亦何至无款可筹。日本以三岛之地国家岁入过于我国，苟征之有道，民不痛苦，亦何所顾虑而不行。即以江北论之，如下河之米、场灶之盐、淮北之麦豆杂粮皆为出产大宗，若于谷类行保护税，每岁可得巨数。盐斤加价能行与否未敢轻言，然观近年借运东芦盐，如经营得法，当可节省浮费以利公家。本届淮商筹出七万二千两以助赈济可为明证。设仍不足用，则由全省各州县劝谕自治、教育、农商各团体组织筹备工捐机关，变平日热心慈善之行为作规模宏远之事业，工事三年不成则期以五年，五年不成则期以十年，必有水土既平之一日，将来徐海各属农田一树百获，则令其按亩出捐，酬报本省，为全省之基本金。若迟疑不决，不幸盗弄潢池，各邑莠民相应而起，不独江北糜烂，江南亦岂能安枕？以上所陈理由仰乞大会公决后呈请制抚台详加察核，如以为然则交由本局常年会复议，将工程预算两事开列详细清册定期实行。

是否有当，尚希公决定议。

《申报》，宣统三年二月十八日（1911年3月18日）

江苏谘议局财政审查会报告书

审查孙绍祖等请议税契划一折价钱码尚不一律案　二月二十五日

此案似应照案呈报。苏属原章亦有钱一千文作银七钱之条文，自应一并改定。宁苏协商统一章程，应由常驻员协议呈催，务于本年常会前交议。是否，候公决。

请议书附印

为呈请事：窃查贵局第一次常年会议议决抚部院交议整顿税契案，划一折价一层于通用银元之处拟仿浙省办法每税银一两折洋一元五角，通用钱文之处宜照向章每税银一两折钱一千文，惟契价载钱数者应以每二千文折作价银一两，契载元数者亦应以一元五角折作价银一两，其一切规画之周匝备深钦感。乃近阅第二年度常会会期日刊载督抚宪札复内开应查照浙省办法每两折收大洋一元五角以利推行，并酌定实行期限，于十二月初一日一律实行等因，竟将折钱一层挂漏未及，是宁苏两属通用银元均沐此划一折价之实惠，而徐州单独用钱之区终将独承其弊，且议决原案系税价契价双方并举，针孔相对，积弊自清，而札文只论税银不言契价，失脱半面之理由，实不能为完全结束。查照部颁税契章程九分以外不得丝毫多取，是九分为确定之标准，自不论钱码洋码，折归实际即与定章之本旨适合，而主管之人欲上下其手即亦无所凭藉。绍祖等籍隶丰邑，立契用钱，税契以钱折银，所纳之数每两于九分之外溢出三分六厘，并闻同属各邑较此尤甚，总以不能划一折价之故而影响至此。夫银可以九分计，岂钱独不可以九分计耶？即曰税价需银，岂洋可以划一折算而钱即不可以划一折算耶？每银一两作钱二千，每钱二千转不能作银一两耶？同一事项故作名目之区别为辗转浮收之地步，苦累人民，显违部章，令人诧异。究其弊窦无非以宁属税章内有每钱一千作银七钱之条文藉口朦混。事关贵局节删宁属章程之议决案，此条决不可留，请即列入应删件内。况值缩短立宪时代，财政正宜清理，讵能容宁属独留此稗政？仰赖诸君子鼎力维持，俾折价问题早日解决，徐州用钱地方自获同沾大会争议之利益，不至独落划一范围外也。是否有当，请公决。请议人：孙绍祖、渠运可、魏介藩、郑又新。介绍人：高梅仙、叶蔚。

《申报》，宣统三年二月二十日（1911年3月20日）

苏议员调制年来预算之意见

江苏谘议局预算审查会报告对于调制宣统四年预算之意见两条：一、预算一年一度惟关于教育实业之各学堂局所苟亦一年一规画，枝枝节节无确定之方针，实于进行大有妨碍。今调制宣统四年预算，应请通饬关于教育实业之学堂局所各制一今后五年间进行计划表，例如学堂则预计逐年学级学科之增减，需用经费之多寡，一一列表；关于实业之局所例如工艺局则预计逐年工艺种类、应否增加艺徒名额、应否推广核奖、出品价值与其成本比较之赢绌，以定需用经费之多寡，一一列表。其他仿此。该表呈由行政长官统筹全局，一一核定，随同宣统四年预算一并交议。虽各事业之进行仍视逐年财力赢绌为准，并非一成不变，而得此表则教育实业进行方针稍稍以定，于前途大有裨益，而于新颁预算部章第二十一条尤可符合。一、部颁试办预算例言第十三条"遇有廉俸公费饷乾役食之类应注明员数名数及每员每名若干，遇有采办工程等应择要注明单位之价值"，立法本极精详，此次宁苏两属均未照办，宁册尤粗率，如各种学堂每堂各有项目可分而交议册内以学堂为一目，于是有十余万之巨款而仅以某学堂经费一语了之者，其中员薪总数若干、役食总数若干尚且无从分别，何况每员每名之数。尤其甚者，遣派出洋游学三十余万两亦为巨款，乃藩司则云"名数若干、是何姓名、入何学校、习何科，学司中无案可稽"，学司则云"各生所入何校、所习何科，各国经收学费报册均未填列，上年备文移查至今未复，实难悬拟"各等语。而海陆军学费则督练公所教练处奉督院行查仍未复到。偶举一端，已堪眉约。督院召集临时会札文内有"本届预算，初次试办，原册所列非尽符合"等语。窃思清理财政责有专归，以初次试办之故而未尽符合，在局外原应共谅，而当局之负其责与任其事者乃亦存此见解，视苟简为当然，宁非腾笑环球之事？现届调制宣统四年预算表册之际，奉到部颁新章，其第十九条即系例言第十三条之条文，本局要求将来交议表册务按此条办理以免审查困难。

《申报》，宣统三年二月二十一日（1911年3月21日）

呜呼宁属之议员

此次江苏谘议局开临时会，于某日提议移民实边事，苏属议员争设总局于上海，宁属议局争设总局于清江。盖总局所在地即十万金之经费所在地也，两方争论不已，乃用起立表决法。异哉！宁议员，其势汹汹然昌言不许用表决法。于是苏议员辨之曰："议场上取决事件不用表决法，尚有他法足以解决乎？"宁议员某忿然起立曰："如必欲表决，余声明不列可否之数。"苏议员曰："尔欲不加可否，请先出席。"某议员无言，乃卒表决，赞成设上海者多数，于是宁属淮海等议员十余人一哄而散，他事遂不能再议。

记者曰：资遣贫民，办理实边，非仅江北一部分之事业，而关系南数省之事业也。于势，设在上海为便利，乃宁议员若觊总局为权利渊薮而必欲争设于清江，可怪一。即欲争设于清江，亦必取决于多数，用表决法乃会场之通例，而宁议员竟昌言不许表决，其意岂欲废表决而用仇议长压力乎？可怪二。迨表决后，既出于少数，即使宁议员理长亦已无可如何矣，而乃不胜其忿激，群起哄散，致令谘议局不能再议他事，是欲破坏大局也，可怪三。呜呼，宁议员之知识人格如是，尚何言哉。

《申报》，宣统三年二月二十二日（1911年3月22日）

江苏谘议局呈报议决徐州盗贼纷扰应速设法整顿以保治安案

为呈报议决事件事：查奏定《谘议局章程》第四十二条内载"凡议决事件，除议长副议长同意认为应行秘密者外，均公布之，并应随时报告督抚及资政院"等语。兹于宣统三年本局第四届第二年度临时会期内二月十八日大会议决徐州盗贼纷扰应速设法整顿认真剿缉以保治安案一件。查徐州丰、沛、萧、砀、铜山五属，自去夏以来盗贼蜂起，入冬扰乱地方尤甚。著名土匪张化思、王金妮、吕四、李献金等勾结外匪巨魁商永贵、刘三啸聚党伙数百人各持快枪横行铜山西北境内萧砀间，掠人勒赎、焚掠抢劫，动辄数庄村，防营坐视，乡民束手。去岁十二月经本地士绅电禀督院饬镇道及胡统领巡视一次，虽拿获数匪，迄未兜剿。江北督督派营巡缉，匪悉客兵不能久留，暂行避匿，兵去复炽。乡民因兵不足恃，相率不敢报案，因经报案，所费不赀，既不能获匪，且反被匪报复，动至焚杀。如砀山汪绅所办之学堂堂舍全被焚毁，连及住房数百间，枪毙数命，是其前鉴。兵民及地方官均畏匪讳言，听其纷扰，遂至日益蔓延，究厥终极，必至酿成流寇，不可收拾。兼之境界毗连鲁豫皖三省，此窜彼伏，出没无常，形迹颇类捻匪初起之日，加以年岁凶荒，饥民（挺）〔铤〕而走险，胁从日多，不急剿除，后患何堪设想。镇道府县负保护地方之责，五属防营又系镇道管辖地方，扰乱至此，谅必有任其咎者。应请督抚院迅速设法整顿防营，勒限剿除贼匪以安地方，民生幸甚。所有议决案由理合具文呈报。为此呈请督抚院裁夺施行。

再，徐州巡防兵丁分属镇道及防营统领者共十九营，以一府之地防营如此其多，又有镇道大员监视于上，虽地方如何难治，盗贼如何强横，亦宜有所畏忌，何至掠人勒赎、此抢彼劫，啸聚动数十百人，行旅视为畏途，乡民不得安枕，徐州镇道充耳不闻，一筹莫展。值此荒歉洊仍，流亡载道，重以盗贼扰害，有岌岌不可终日之势。查各营分防地界，府城以西为镇道之兵，府城以东为各统领之兵，统领所辖各营较为整饬，饷亦较优，道署之兵饷糈最薄，步兵每人每日百二十文，食尚不足，焉能办贼。镇署营兵著名腐败，而防地则西北最为吃紧，因其毗连鲁豫，素称盗薮。以腐败之营当冲要之地，是以盗贼公行，毫无忌惮。布置既属乖方，又皆安坐不动，防而不巡，贼本聚散无常，兵则守株以待，岁糜巨款，养兵十数营而不能治区区之盗贼，愈酿愈多，蔓延日久，恐受其害者不仅徐州一隅已也。其整顿之法：一、裁汰老弱，归并数营。二、腾出底饷，以资饱腾，酌留数成作探缉之费。三、挑马步数营为游击兵，时时梭巡。至于分防处所则酌量缓急，随时变易，不得安坐不动，仍划分汛地以专责成，扫除推诿玩愒之弊，地方庶乎有豸，此为保卫治安起见，且防营由本省专政，与陆军编制无涉，是以条陈所见，冀弭大患。合并陈明。除呈督抚院暨资政院及本局自行公布外，须至呈者。

《申报》，宣统三年二月二十八日（1911年3月28日）

苏议局催请公布预算案

言者谆谆

江苏谘议局日前具呈督院，大致谓：本局于本年临时会期内复议议决宣统三年宁属预算一案，业于二月二十五日具文呈报。谨查上年宪政编查馆厘订督抚札复议案期限案内第一条内开"督抚提交之案是必先已筹画研究无待议决后始行调查，本类议案可决后应限于呈到十日内答复"等语，此次复议预算案呈报后距法定答复之限逾时已久，督院曾否核准公布现尚未奉札知。窃维上年试办预算为人民协赞财政之权舆，亦为吾国筹办宪政之根本。当此民力凋敝、新政待兴，而地方之财力耗于不正当之支销者尚不知凡几，长吏岂尽不察特下之因缘以为利者朦蔽怂恿遂堕其术中而不觉耳？是以凡有血气无不渴望预算案早日成立以资补救。此本局去年呈报预算案内所以有倘无甚不谓然之处仰望免交复议之请也。区区之忱未蒙鉴谅，本局未敢自逸，于是有召集临时会之请。乃复议呈报倏忽将匝月，迟未奉答。论者咸谓人民日夕焦盼之意不蒙见恤于长官，即宪政编查馆厘订之条文亦不足以解人民之饥渴。本局忝为全省人民代表，责望所属，昕夕难安。为特于本月二十日公同协议，遂照本局议事细则沥情陈请，仰祈督院俯赐鉴察，迅将前项复议宣统三年宁属预算案刻日核准公布施行札知本局。

再，上年议决宣统三年宁属预算案内凡未奉督院说明原委事由交令复议者自早在核准之列，应请一律公布施行，俾预算案不至消灭于若无若有之中。

《申报》，宣统三年三月廿五日（1911年4月23日）

辞职书

江苏谘议局议长张謇、副议长蒋炳章、仇继恒、常驻议员孙启椿、王乃屏、善润、谭庆藻、汪秉忠、张鹤第、王锡爵、张延寿、叶蔚、高梅仙、沈臧寿、施云鹭、丁祖荫、金祖泽、刘永昌、金咏榴、张开圻、黄端履、谢保衡、朱溥恩、屠宽、苏高鼎、陈义、陆祖馨、钱淦为呈报全体辞职事。上月三十日奉到督院札文，内开："据江苏谘议局呈请，此次复议预算案呈报后，距法定答复之限逾时已久，迅将前项复议预算案克日核准，公布施行，札知本局。再上年议决宣统三年宁属预算案内，凡未奉督院说明原委事由交令复议者，自早在核准之列，应请一律公布施行，俾预算案不至消灭于若无若有之中，庶重宪政，等由。据此，查谘议局本届临时会复议宣统三年试办预算案，其中增减数目于各学堂经费有以百分裁去四十余分者，有裁去百分之数分者，有同等学堂用数本多而减数甚微者，有用数本少而减数甚巨者，实无划一办法。上江公学之款，迭据安徽谘议局及安徽全省教育会具呈争执，自非核定标准，实无凭裁夺施行。查各省预算案亦尚多未成立，诚以初次试办，不能不审慎于始，未便徒恃理想，转忽事实，以致舛错窒碍。其预决案未经成立之先，自应暂照上年之案办理。此届预算，谘议局于临时会时，函请呈饬各学堂监督等前往讨论，比经莅会，各议员又不令入席协商，仍多执前议，本督院只能核照《谘议局章程》二十四条、二十九条，送资政院办理。合就札复谘议局查照。"等因，奉此。查各学堂经费其为核实与否，何尝有划一之成分？即安得有划一之办法？谓核减必计分数，未知据何典要？上江公学挪用江安两省合设之南洋大学经费，本局仍请照删，为本省即为皖省。该省谘议局、教育会之仍请拨款，系指该省协解南洋之款正多，其旅学应得补助，自为国家行政经费问题，所执极为正当。督院应从国家行政经费项下拨款补助，与本局所议地方行政费何关？即与此项预算案何涉？至督院所示核定标准之旨，何以未蒙核定于交议之先，并未蒙核定于交复议之日。本局调查事实以定议，何尝徒恃理想？各学堂监督，本由本局呈请督院札派到会讨论，蒙督院札称已札令会同提学使来局陈述，本局以各监督及提学使间有未如督院札文本意者，以致未能入席。要之，本局议决之权限，不因各监督入席与否而加损也。此事原委，谨就本局会期日刊，将当日呈札各文及速记录分别签呈，备咨资政院时印证。各省预算一案，凡议员之稍有信用者，必蒙各省督抚顾念宪政，俯采刍荛，即本省苏属预算亦早荷抚院照议施行。业口议停议办各事宜，并添拨预算不敷之款，列表印发，通行指定放款之司、关、道、局照办。惟宁属预算不蒙督院照察，纵交复议者，仍有不以为然，则不交复议者，何以并遭压阁？议停者，坐视其糜费一年；议办者，坐视其不举一事。为立宪国民教育前途计，岂堪遭此迁延？督院为国家重臣，南洋系行省领袖，老成硕画必不独后于各疆臣。自缘謇等材轻任重，信望不孚，以致上不见谅于长官，下不见容于父老。謇等不足惜，其如国家宪政何？其如本省行政何？为此公同协议，引咎辞职，以避贤路。谨于本日出局，合并声明。除呈资政院暨抚院外，理合呈报。为此备文检同本局会期日刊五张，分别签明，呈请督院鉴核。须至呈者。

《通告书》其一

启者，本局复议宁属预算案，所奉督院复文前已函陈，并声明俟初三日协议后再将办法通告等情，想蒙察及。一昨协议，佥以复议预算得此结果，实无以对全省父老。公决议长、副议长、常驻议员全体引咎辞职，即日出局。除呈报资政院、督院、抚院外，合亟奉闻，即希鉴察。此布。张謇敬启。

其二

敬启者，宁属预算一案，本局议员竭数十日审查之力，经两度之会议，仅克成之。何图上不见信于长官，藉送资政院核办之文，俾本年宁属预算隐为消灭。三年之预算如此，吾党亦何颜隐忍苟且，更议四年之预算乎？謇等承诸君之举，常川驻局，接触尤近，谨于本月初三日临时协议会公决，全体引咎先行辞职。除由局通知外，特再合词报告，即希亮察为荷！议长、副议长、常驻议员全体敬启。

《申报》，宣统三年四月初七日（1911年5月5日）

竟听江苏谘议局解散耶

我早知其结果不良

江督张制军于本月十二日札行谘议局书记文云：案据江苏谘议局因争执预算案，凭常驻议员协议具呈辞职缘由，经本督院于本年四月初七日电请军机处代奏，兹于四月十一日准军机处蒸电开：奉旨"张人骏奏江苏谘议局因争执预算案，仅凭常驻议员协议具呈辞职等语，谘议局议决本省预算只能议减实在浮滥之款，若强为增删移补即属逾越权限，况该局呈内措辞以责难国家行政经费，腾出地方行政经费为要旨，是竟涉及国家行政经费，尤为不合，岂得以违章辞职相要挟。督抚有行政之责,原应彼此和衷定议,倘竟不服劝告,亦自应照章办理,未便迁就。著张人骏明白剀切宣谕该局,一切务须遵守定章,不得逾越权限,倘仍不受该督之劝告,应即奏明请旨裁夺",钦此,等因。奉此,合亟札行谘议局书记著即转告各议员一体知照。

《申报》,宣统三年四月十五日(1911年5月13日)

江督为议员辞职事复苏抚电

谘议局常驻议员遽请解职,固由鄙人德薄不足相谅,惟所持在预算成立。查宁属预算案原系不足,初次试办,按岁出之数,虽有国家地方之别,而岁入共止此款,并未划分。该局常会议册内有改入国家行政费及删增移补之项,而教育会又具说争执,经交会议厅公决,佥言实有窒碍,只得电政务处请示应否允其成立。得复"查谘议局议决本省预算只能就确系可减之款议减,若强为补益移就,即属逾越权限,且此案未得督抚同意,预算即不成立,更无强令督抚施行之理。本年资政院议决全国预算,业奉谕旨分别办理,可以参证。希将以上各节切实劝告,如仍坚执,应将预算案不能成立理由开具简明表册详加说明及该局对于此案逾越权限情形奏闻请旨"等因。窃念该局为一省言论机关,总期开诚布公,从长商榷。适议长暨常驻员等呈请开临时会,当即遵章复允,依时召集。旋据该局呈请饬各主管署局学堂员绅前往陈述理由,以冀和衷公议。迨员绅到会,又复拒阻入席,仍多执前议,并指各国留学经费派作教育预备费目下。留学生既遽难一律撤回,议员马良又欲请拨十万两补助复旦公学,实属无从应付。议裁宁省补助上江公学经费,安徽谘议局、教育会又先后具呈争执,而苏议局常驻员协议呈称应于国家行政费内拨补,谓于地方费并此次预算无涉。国家税、地方税既未划分,尤属无凭核办。此次预算案其关于各署局凡在可从节省之列业已分饬办理,学务用项亦饬由宁学司订议整顿办法,明定标准,用期核实节缩,仍按《谘议局章程》二十四、二十九两条咨资政院核办。讵该局迫不及待，竟以辞职相要。查定章议员辞职皆属个人之事，无由常驻员协议解职明文，骏自不能承认该员等请辞。当经奏明，奉旨，"张人骏电奏江苏谘议局因争执预算案仅凭常驻议员协议具呈辞职"等语。谘议局议决本省预算只能议减实在浮滥之款，若强为增删移补，即属逾越权限。况该局呈内措辞以责难国家行政经费腾出地方行政经费为要旨，是竟涉及国家行政经费，尤为不合，岂得以违章辞职相要挟。督抚有行政之责，原应彼此和衷定议，倘竟不服劝告，亦自应照章办理，未便迁就。著张人骏明白剀切宣谕该局，一切务须遵守定章，不得逾越权限。倘仍不受该督之劝告，应即奏明请旨裁夺。"钦此，等因。廷意亦未允令该议员等辞职，业遵录札局在案。现准雪帅维持雅意，人骏办理此事悉系查照定章并咨商处部请旨遵行，于该局了无一毫成见。总期官民融洽，共支大局。区区之忱，诸希鉴察赐教为荷。骏。元。

《申报》，宣统三年四月十八日（1911年5月16日）

苏议局解散问题

希　夷

江苏谘议局续有二十一人辞职，合之前三次，已不留一人矣。是故今日江苏之人民一无机关之人民也，犹是光绪三十四年前之江苏而非宣统三年之江苏也。以开通最早之江苏竟不得已而解散谘议局，以人民所附丽之谘议局竟听其解散而绝不回顾，我议员可告无罪于人民矣，而人民将何法以自处。

或曰联合会已电请江督维持矣，然试问争之于江督有丝毫之效力否乎？

为今日计，各省联合会当竭力争之于内阁，江苏人民当竭力谋根本上之解决。

《申报》，宣统三年四月廿三日（1911年5月21日）

两江总督张人骏为宁属预算事电奏

江督张人骏奏：谘议局议决预算案删增经费，万难照行。议员马良欲提教育费十万拨助复旦公学尤有窒碍。现当预备立宪时代，宜上下一体共支危局。该议员等持论偏执，于国帑困难茫然不知，遵章万难再交局议。按：此即系议员辞职后第二次电奏

《申报》，宣统三年四月廿九日（1911年5月27日）

江苏京官大会纪事

二十五日下午江苏同乡京官在江苏会馆开会，出知单者为陆中堂、盛宫保，盖一为同乡领袖，一为赈务大臣也。两点钟后陆续到会者约一百余人。陆中堂、盛宫保、邹尚书、姚侍郎、秦都护、延阁学诸公均莅会。

一、议江皖赈务……

二、谘议局辞职事。赈务事略有结束，即有人将谘议局代表之报告书递出，请诸乡老阅看。旋由代表金剑花君报告谘议局议员全体辞职由于江督破坏预算，其详情已具报告书中，无庸赘述。江督反对宪法，为全国之公敌，对于江苏谘议局早有破坏之决心而又不欲明犯众怒，特借预算诬陷议员，仅以一面之词耸动政府，意在借政府解散议员，使人民归怨政府而自居于无可指摘之地位。其正月间与政务处来往之电并不宣布，此次奉到电旨，又以已经劝告电复政府，其居心已可概见。是以各议员不能不辞职以谢故乡父老耳。且江督既不居解散议局之名，

而我江苏议员既辞职不重行举选,则今年九月开会时天下皆有谘议局独江苏无之,如何是好?还请诸乡老主持。盛宫保言,此报告书中所述自可向政府道达。旋又有人言,谘议局既解散,则资政院议员由谘议局选出亦当辞职。果若是,则今年江苏本省既无谘议局,而资政院又无江苏议员,则江苏将成化外,又如何是好?语甚愤激。终又由金君等言欲解散则速解散以便重行选举,此意务乞诸乡老主持。同乡诸老当时有主调停者,有主激烈者。与会之资政院诸君有谓应呈请资政院辞职者,有谓俟谘议局解散后辞职者。反复研究,已钟鸣五下。同乡诸老主张从长计议,俟三日后再行解决,惟盛宫保之意已允将报告书代达。遂散会。

《申报》,宣统三年五月初二日（1911年5月29日）

江苏谘议局辞职议员呈内阁、资政院、宪政编查馆、度支部、督抚院文

江苏谘议局辞职议员张謇等百二十人为呈明事：窃謇等自呈报辞职后,接谘议局办事处通告奉两江督院札开："案据江苏谘议局因争执预算案,凭常驻议员协议具呈辞职缘由,经本督院于本年四月初七日电请军机处代奏,兹于四月十一日承准军机处蒸电开：奉旨见前报,从略钦此。为此札行谘议局钦遵查照。"等因。奉此,曷胜惶悚。窃思谘议局议决各案均系遵守定章,毫未逾越权限,实堪自信。此次议决预算案究竟两江督院之意以何款何项为不遵定章,以何款何项为逾越权限,两江督院并未遵旨明白宣谕,亦未将电奏原文抄发。正苦无从推测,嗣据上海报章登载两江督院致宪政编查馆、军机处、政务处、度支部辰电见各报,从略,謇等益深惶惑。查谘议局去年十月十六日奉资政院钧院咸电内开"各省本年预算,岁入既未划分,则议决岁出宜以督抚现交预算案之数为准,此中移缓就急、酌盈剂虚自属谘议局分内之事"等因,谘议局当即据以为审查标准。宁属预算,去年年会议决案暨本年临时会复议之议决案均照两江督院交议册划定的款

总数毫无溢出，其有所删减正谕旨所云实在浮滥之款，有所移补即奉资政院钧院咸电"移缓就急、酌盈剂虚"之意，初不自知其（遵）〔违〕章越权之所在。今两江督院电奏指明窒碍者仅各国留学经费一款、上江公学经费一款，请就此两款剖析言之。

查上江公学一款，原案开列共库平银一万四千三百十一两，审查收入之款，系田租二（千）〔十〕八两，学生纳费二千五百九两，又两江督院交复议原案说明皖籍盐商捐二千九百余两，皖绅捐四千九百余两，除上两项捐款余数并未叙明外，共计收入已得一万三百三十七两，另有月拨补助费三百两，以十三个月计，得银三千九百两，此款据两江督院交复议原案说明系于奏定南洋大学专款内挪移，连前共得一万四千二百三十七两，核之原案开列数目，则知上两项捐款余数共应七十四两，此谘议局审查所得之细数也。查皖籍绅商自行捐办学堂本系私立性质，所拨官款亦系补助名义，而两江督院交议册列作官立学堂，其谬一也。官款补助但有三千九百两之数，乃竟混将田租、绅捐等私款并作行政经费计算开列，浮至三倍有余，其谬二也。此项三千九百两系奏定兴办南洋大学之款，经谘议局质问用何法拨还原数，两江督院札复则谓将来再行设法，是编制预算之时已置奉旨交部议准之案于不顾，兴办南洋大学竟将消灭于无形，其谬三也。谘议局删去一万四百十一两，系审查官款私款性质，分别界限，以祛弊混；删去三千九百两，系遵照奏案保全南洋大学专款，均无不合，此其应辨明者一。此次谘议局所议系地方行政经费岁出册，遵照资政院钧院通电交议册总数为划定收入的款，而凡决议改入国家改入自治者，于该项下删去若干即于划定划定收入的款总数内扣除若干，并未将所删之款移拨他用，故执行者断无为难之处。此次复议上江公学改归自治删去出款一万四百十一两，而删去入款仅二千五百三十七两者，实因盐商捐款、皖绅捐款两项共计七千八百七十四两，曾将两江督院交局参考之岁入册经常门学堂经费第七类第二款第十九项、盐务收款第九类第一款第十一项至二十五项、临时门绅商捐第四类第二项详细检查，均未开（义）〔议〕，是此项七千八百七十四两之入款实系原册漏收并非议局漏删。总之，所删一万四百十一两，但于宁属地方行政经费预算册删去其所列之条项，而于上江公学之收入依然如故，并无丝毫之损，此其应辨明者二。三千九百两之所以删去者，是为郑重奏案专款之故，别无他意，而两江督院电奏语气视为苏皖争款。无论南洋大学之款仍系苏皖共同，即论宁属地方教育亦岂能将旅居子弟划出，况公学收生本无籍贯限制乎，皖人因未悉议案内容，或有误会，两江督院正当宣布明白以释其疑，奈何转藉为口实。若以两者之挑战为得计乎。此其应辨明者三。电奏所称局呈"措词要以责难国家行政经费，腾出地方行政经费为要旨"一语，初读之下不知所指，细审之下似即指上江公学一款。查骞等辞职原呈，因两江督院札文以皖谘议局、教育会呈文为藉口，而皖呈立论自系国家行政经费问题，故谓与地方费预算案不涉，措词并无不合。若谓损国家费以益地方，此则与谘议局议决原案适相剌谬，盖地方支出改归国家支出本系于划定收入的款总数内扣除，彼此之间并无损益。若以岁入额数比较，则转是损地方以益国家，目为责难，殊觉抱愧，两江督院电奏实有误会，此其应辨明者四。观以上四节之辨明，则知谘议局复议上江公学一款并无违章越权，亦无他种不合也。

至各国留学经费，共有廿二万八千余两，可谓巨款，而学生几人、游学何国、所入何校、所习何科，竟无只字开列，试问如何审查？如何讨论？既无从审查讨论，试问如何议决列册？不得已将此数加入教育预备费而删去本款，并说明俟查明详细札知即在教育预备费内如数动支等语，盖预备费专为执行活动而设，多留预备费正是为执行官多留执行活动之余地，此系曲顾执行一方面，实具苦心，持苛论者方以迁就行政官为诟病，迨至开临时会，满意人数学科查明札复，必可灿然列册，趁此复议一洗迁就之讥。乃审查两江督院札复各件，藩司则云"名数若干、是何姓名、入何学校、习何科学，司中无案可稽"，学司则云"各生所入何校、所习何科，各国经收学费报册均未填列，上年备文移查，至今未复，实难悬拟"各等语，仍系丝毫无眉目，不得不仍照原案办理。是谘议局对于此款竟蒙迁就之讥以为执行官曲留执行余地之故，一之不已而至于再。乃督院电奏反若执行为难，甚至有各国留学生既难立即撤回之语。试检查呈报原文及预算案之说明，何尝有一语涉及撤回，岂不于事实大相反背。至议员马良系由行政官札派为复旦公学监督，以该公学监督名义具呈请款，准驳之权自在两江督院，与谘议局议决案何涉？此更不待辨而自明者也。若夫各学堂经费两江督院于呈报复议案之札复指为裁减无划一办法、非核定标准无凭裁夺施行，电奏又称各学堂多具理由，未允如议办理，以行政长官而下待属僚之允办体统之谓何。各学堂开支浮滥，有以学生六百人之学堂而用夫役多至一百三十五名者，有一星期任课一点钟之体操教员而额定月薪至三十元者，类此甚多，一一载入按期呈报两江督院、江苏抚院之会期日刊，谘议局调查不实，以定议各学堂开支，既无划一之成分，即核减安得有划一之办法；以标准论，何以未蒙核定于交议之先，并何以未蒙核定于交复议之日。各学堂监督本由谘议局呈请两江督院札派到会陈述意见，蒙两江督院札称已札提学司会同来局陈述，乃提学司到会较迟，比及会同入席，有尚及陈述者，亦有经局议决在先者。要之谘议局议决之权限不因学堂监督入席与否而有所损益，自不得藉为口实。

总之，此次宁属预算两江督院交议原册种种紊乱不可殚述，盖出入总数倍于苏属，局面本大，积弊尤深，清理较难，而编制不善亦无可讳，故审查之难倍于苏属。谘议局实地调查郑重决议，既不敢稍事含糊草率，又恐预算不成立损失南洋重望，抱此宗旨，处处兼顾，处处求两全之法，煞费苦心，即此两江督院所指为窒碍数款适足见原交议册紊乱浮滥之处与谘议局确实调查郑重决议之处，亦实无丝毫违章越权之处。宁属地方行政费共二百三十余万，交复议者不及五分之一，复议时本多照两江督院札文改议，现两江督院指出之上江公学及留学经费两款，共数不及总数十分之一，即使果有碍难执行之处，亦不当因十分之一而并废十分之九，何况此十分之一亦并无不能执行之处，乃藉此为词搁起全案，议删者坐视其糜费一年，议办者坐视其不举一事。大凡预算成立，则财政清理，弊窦扫荡，利国利民而不利于中饱。观两江督院电奏各学堂未允照办一语，可知此次宁属预算一再留难，始则以江宁府教育会为词，继则以学堂经费未有划一标准为词，又以各省预算多未成立为词，电奏以责难国家经费为词，又以撤回留学生为词，前后宗旨屡变，实则以预算全案不成立照上年额支为抱定之宗旨。文电津津，一则曰江宁府教育会，再则曰安徽谘议局与教育总会，三则曰各国留学生，意在挑战于社会，又以国家地方为词，意在挑战于中央。凡此种种，不识两江督院因何而出此想。缘謇等材轻任重，信望不孚之故，除将辞职理由先经呈报两江督院、资政院、江苏抚院外，合就电奏所指违章越权各款具呈声辨，为此呈请钧馆、钧阁、钧院、钧部察核。须至呈者。

《申报》，宣统三年五月初七、初八日（1911年6月3、4日）

两江总督张人骏奏谘议局决议预算案删减增补碍难实行并陈始末办理情形折

奏为江苏谘议局决议预算案删减增补碍难实行具陈始末办理情形恭折仰祈圣鉴事：窃照宣统三年试办预算，由江宁清理财政局按照上年收支款目遵章分别门类核造册表并续议裁减并案先后咨送部核。旋准度支部汇集各省预算列表刊布例言所载，重在证合实际以待推求得失，次第改良。宁属岁出地方行政经费去年九月经谘议局常会审议，持舍缓求急、哀多益寡之说，多所删减增补，计删减三十余项，约银五十一万余两，增一十余项，约银一十万两左右，内有改入国家费、自治费，并检出重复误列共银一十六零。此外列作教育预备费者二十余万两，呈请于十日内公布施行。文册送到，已在该局闭会后二十余日。于是各主管局所叠陈为难情形，江宁府教育会并以据此决行舆论不洽具禀争执。尔时常会已散，无从再交复议。臣详加体察，本届预算原属不足之数，又系初次试办，际此财政支绌竭蹶补苴，凡举办要政皆系悬事以谋款，并非储款以待事，拟先就议删议减各项分饬酌办，其增补各项款目应从缓议，分别札复并咨部各在案，一面由电咨准政务处，复以"谘议局议决本省预算只能就确系可减之款议减，不得强为补益移就"等因。未及宣告，适据该局议长、常驻员等请于二月初一日开临时会以资讨论，当经复允，并据另呈札派各主管员绅赴会陈述意见。比至，而该局议员又复拒阻入席，遂凭局派审查报告定议内，计矿政局经费、江南公园经费、江南机器制造局药费、江宁高等小学兼设之简字学堂经费、江（南）〔苏〕私塾改良会经费、考送京师各学堂学生津贴、海州支出存古学堂月课银、两淮盐务临时补助教育费、出洋游学费及本省各高等学堂毕业生赴京考试川资，以上九项议裁均可照议办理。又两江督辕医费，中西医院经费，图书馆经费，通志局经费，督标巡警学堂经费，江南劝业工艺局经费，省城扩充巡警学堂经费，津贴上江公学经费，出洋留学费，思益、养正小学，江宁府中学，初级师范，粹敏女学并附属幼稚园，两江法政、优级师范，南洋实业、方言、高中两等商业、蚕桑各学堂经费，西洋留学监督处经费，以上二十三项或议归并，或议删减，或议提存作为预算，现正由臣督属分别将局所之可从并省者酌量实行。学堂之不免冒滥者，核定等级，划定标准，以明限制而期节缩。惟所议教育预备费包括出洋留学费二十余万两在内，而议员马良并欲拨助复旦公学银十万两。各国留学生徒既不能遽行撤回，所请增挪之款自属无从饬拨。若如局议预算案迁就成立，势必穷于应付。该局强迫施行，遂以辞职相要挟。查《谘议局章程》第十九条载议员辞职理由只系关于个人，无因争持议案得由常驻员协议联请解职明文。经臣电请军机处代奏请旨施行在案。此办理此案之始末情形也。臣伏查预算岁出，虽有国家地方之类别，而岁入尚未划分裁减并案。度支部列银十二万六千二百两，清理财政局则列十六万三千五百二十五两，谘议局列六万九千五百二十五两，核数均不相符。部省列数参差自为刊行总表之时尚有未经商定之款所致，谘议局拟改入国家费、自治费并检出重复误列各款计八万数千两。重复误列，清理财政局初次试办，不无疏忽舛错之处，自应核明更正。国家地方取资同在表列岁入各款之内，自治亦无专项可指，实属无从剖析。至议删宁省补助上江公学经费一项，此次该局常驻员呈请解职文内并请在国家行政费内拨助，以为于地方行政经费此项预算案无涉。当此预备立宪之时，诚宜上下一体，共支大局，议员等持论如此，似与目下帑藏竭蹶实情茫未计及。按局章第二十四条、第二十九条所载，自不能再令该局复议。除开列简明表咨明政务处并造册抄录全案分咨宪政编查馆、度支部汇办外，谨将宁属预算地方行政经费谘议局常会临时会两次执议并始末办理各缘（用）〔由〕恭折具陈，伏乞皇上圣鉴。谨奏。宣统三年四月二十八日奉朱批"度支部知道，片并发"，钦此。

《申报》，宣统三年五月初九日（1911年6月5日）

张謇觐见详陈江苏谘议局议员辞职原因

张謇与泽公一同召见，详陈江苏谘议局议员辞职原因。摄政王拟饬内阁电致江督速将预算颁布施行并明白奏复。

《申报》，宣统三年五月十八日（1911年6月14日）

宁苏议员复职之手续

宁属预算成立，奉督抚会札公布，已见前报。兹悉江苏预算维持会致谘议局议员公函略云：前以本省宁属预算久未成立，诸君子持不得其言则去之义，相继引咎辞职。同人等组织斯会继续请愿，顾以识薄才短，奔走累月，迄无结果。兹幸督抚院仰体阁旨，俯顺舆情，将宁属预算全案分别列册明白公布，虽新增事项有"行司筹办"字样，预备金有"归入决算内声明"字样，核定各学堂经费标准有"较原议尚有减省"字样，与局议未能悉符，然既经筹办自必有筹办之成绩。预备金本为行政上活支之用，各学堂经费标准如何规定方法虽未宣示，当必确有把握。是苏省预算案业已完全成立，而诸君子之确守权限、苦为分明、热忱毅力亦既大白于天下，即行政长官对于宣统三年预算系第一次试办，岁入未分，骤难正确，诚如督抚院札文"迟回审慎，未始无因"，其实事求是之心亦当为人民所共谅。窃谓时事多艰，会期伊迩，诸君子正当努力进行，顾全大局，预备提议各案，准期会集，尤愿常驻各议员先行回局，筹办一切，以慰全省人民之望。抑更有声明者，敝会设立时本定为暂设机关，兹经公决办法，谨俟议员回局之日即定为敝会解散之期,以符法理而正名实。

《申报》,宣统三年七月初六日(1911年8月29日)

江苏议员复职之宣言

江苏谘议局复预算维持会函云:謇等前以宁属预算一案,久未成立,自愧信用未孚,引咎辞职。贵会以预算案关系宪政前途至大,亟起维持,毅力热忱,终使此案底于成立,并不以謇等为无状,加以挽留謇等。窃维此次督、抚院所公布,较之局议尚多出入,诚如大示所云"未能悉符",然诸君子既以会期伊迩顾全大局相勖,謇等敢不同体斯旨。兹于本月二十日集议公决,议长、副议长、常驻议员先行复职,即日到局任事,预备九月大会事宜。除呈报并通告普通议员外,合亟函布,并志感忱,即希公鉴。

《申报》,宣统三年七月廿三日(1911年9月15日)

苏谘议局发起阻借洋兵电

致各省谘议局电:川鄂事变,于全国大局、世界公论均有极重之关系,拟各径电阁,表示人民意见。敝局电文曰:"鄂变踵川事而起,灾荒之后,复见兵革,诚危急存亡之秋。维持全局,责在钧阁。窃念武汉居全国中心,战祸为列强注目。苟慎外交,文明各国自无横来干预之理;深惧或进邪说,借助外兵,陷全国于必亡之地,远鉴前明,近鉴亡韩,心胆俱裂。人民与国家休戚相关,心所谓危,不敢不告,如不蒙鉴纳,是政府已代朝廷置国家于度外,人民爱国之诚何以自效?钧阁又何以自处?临电惶急。"云云。宁局。

《申报》,宣统三年九月初二日(1911年10月23日)

图书在版编目（CIP）数据

江苏谘议局 / 高洪兴编. — 太原：山西人民出版社，2020.6

（清末立宪运动史料丛刊 / 胡绳武主编）

ISBN 978-7-203-10388-2

Ⅰ. ①江… Ⅱ. ①高… Ⅲ. ①谘议局－史料－江苏－清后期 Ⅳ. ①D691.2

中国版本图书馆CIP数据核字（2018）第093745号

清末立宪运动史料丛刊·江苏谘议局（上、下卷）

主　　编：	胡绳武
副 主 编：	牛贯杰　戴鞍钢
编　　者：	高洪兴
责任编辑：	崔人杰
复　　审：	贺　权
终　　审：	蒙莉莉
装帧设计：	谢　成
出 版 者：	山西出版传媒集团·山西人民出版社
地　　址：	太原市建设南路21号
发行营销：	0351-4922220　4955996　4956039　4922127（传真）
天猫官网：	https://sxrmcbs.tmall.com　电话：0351-4922159
E - mail：	sxskcb@163.com　发行部
	sxskcb@126.com　总编室
网　　址：	www.sxskcb.com
经 销 者：	山西出版传媒集团·山西人民出版社
承 印 厂：	山西出版传媒集团·山西人民印刷有限责任公司
开　　本：	787mm×1092mm　1/16
印　　张：	66
字　　数：	1050千字
版　　次：	2020年6月　第1版
印　　次：	2020年6月　第1次印刷
书　　号：	ISBN 978-7-203-10388-2
定　　价：	407.00元（上、下卷）

如有印装质量问题请与本社联系调换